Niels Klußmann
Lexikon der Kommunikations- und Informationstechnik

Niels Klußmann

Lexikon der Kommunikations- und Informationstechnik

Telekommunikation · Datenkommunikation
Multimedia · Internet

Hüthig Verlag Heidelberg

Die Deutsche Bibliothek – CIP-Einheitsaufnahme

Klußmann, Niels:
Lexikon der Kommunikations- und Informationstechnik :
Telekommunikation, Datenkommunikation, Multimedia, Internet /
Niels Klußmann. - Heidelberg : Hüthig, 1997
ISBN 3-7785-2543-3

Gedruckt auf Papier aus 100% chlorfrei gebleichten Faserstoffen (TCF).
Printed in Germany
Druckerei: Neumann Druck, Heidelberg
Buchbinderei: IVB, Heppenheim
Grafik: Bildarchiv Superbild Eric Bach

Vorwort

„Information Highway“ und „Multimedia“ sind zwei Schlagworte, die den Weg in die Informationsgesellschaft kennzeichnen. Er verspricht eine neue Lebensqualität und wirtschaftliche Prosperität. Wer sich aber heute ernsthaft mit der Welt der Informations- und Kommunikationstechnik beschäftigt und sich in ihr sicher zurechtfinden möchte, der kommt nicht umhin, sich eine ebenso verwirrende wie auch umfassende Fachsprache aus deutschen und englischen Begriffen sowie Abkürzungen anzueignen. Darüber hinaus begegnen einem immer wieder und auch immer häufiger Begriffe aus fremden Fachbereichen, die mittlerweile für das Verstehen eines so umfassenden Gebietes wie der Informations- und Kommunikationstechnik nötig geworden sind. Seit einigen Jahren kommt darüber hinaus der Jargon einer ganz eigenen Welt dazu: das Vokabular der Internet-Gemeinde hält Einzug in die Branche.

Dieses Buch ist mit rund 4 500 Begriffen und Abkürzungen ein sehr ausführlicher Begleiter im täglichen Weg durch den Begriffsdschungel. Es umfaßt nicht nur den Schwerpunkt der Informations- und Kommunikationstechnik, sondern viele weitere Begriffe aus angrenzenden Bereichen, die mittlerweile durch die industrielle Konvergenz ganz verschiedener Fachgebiete in Richtung Information Highway streben. Das Buch ist daher an vielen Stellen mit Querverweisen in das Internet ausgestattet, da WWW-Adressen den Weg zu weiteren Informationen zeigen.

Insgesamt paßt sich das Buch dem Trend an, englische Fachwörter unverändert ins Deutsche zu übernehmen und nicht zu versuchen, neue deutsche Wörter einzuführen. Die deutschen Ausdrücke finden sich dennoch häufig mit Verweisen auf die englischen wieder. Ähnliches gilt für Abkürzungen, z.B. MSC, BS usw. Die Erläuterungen finden sich unter den eher gängigen Abkürzungen und nicht bei der Langform. Daneben wurden einige Produkt- und Herstellernamen aufgenommen, wobei ich mich an dieser Stelle bei den Mitarbeitern aus der Telekommunikations- und Computerindustrie bedanken möchte, die mir freundlicherweise diverse Whitepaper, Prospekte, Hauszeitschriften und anderes Material zur Verfügung stellten.

Beim Nachschlagen ist zu beachten, daß wegen der vielen verschiedenen Schreibweisen, mit oder ohne Sonderzeichen (Querstrich, Bindestrich, Leerzeichen), der Pfad der reinen ASCII- oder gar lexikalischen Anordnung der Stichworte verlassen wurde. Vielmehr orientiert sich die Reihenfolge lediglich an der Buchstabenfolge im Stichwort, ohne Rücksicht auf zusätzlich die Buchstaben trennende Sonderzeichen, da vielfach auch keine einheitliche Schreibweise mit Sonderzeichen oder Leerzeichen der Begriffe existiert.

Düsseldorf, im Mai 1997

Niels Klußmann

0 ... 9

1S

Andere Bezeichnung für sonst mit → *SS* gekennzeichnete und einseitig beschriebene → *Disketten.*

1TR6

Bezeichnung des nationalen D-Kanal-Protokolls im → *ISDN* in Deutschland. Wird nur noch bis zum Jahr 2000 unterstützt. Abgelöst wird es seit 1994 durch das Protokoll → *E-DSS1* (→ *Euro-ISDN*).
→ *EAZ.*

10Base2

Bezeichnung eines Kupferkoaxialkabels, das bei einer Variante von → *Ethernet* eingesetzt wird. Da es billiger ist, wird diese Variante auch als Cheapernet oder Thin Coax bezeichnet.

10Base5

Bezeichnung des normalen Kupferkoaxialkabels für → *Ethernet.* Da es im Vergleich zu anderen Ethernet-Kabeln einen großen Durchmesser hat, wird diese Variante auch als Thick-Ethernet oder Thickwire bezeichnet.

10BaseT

Bezeichnung eines → *UTP-Kabels* für → *Ethernet.* Genormt als IEEE 802.3i.

10BaseFL

Bezeichnung eines Glasfaserkabels für → *Ethernet*, bei dem zwei Glasfasern zur Übertragung genutzt werden, so daß Senden und Empfangen von Daten gleichzeitig möglich ist. Codiert wird mit → *NRZI.* Ermöglicht eine Bandbreite von 36 Mbit/s.

10Broad36

Bezeichnung eines Kabels für Breitbandanwendungen über → *Ethernet.*

100BaseT

Bezeichnung für einen Standard eines schnellen → *LANs.* Bekannter unter der Bezeichnung → *Fast-Ethernet.*

100BaseVG

Eine frühe und heute nicht mehr gebräuchliche Bezeichnung für → *VG-AnyLAN.*

100VG-AnyLAN

Andere Bezeichnung für → *VG-AnyLAN.*

2B1Q

Bezeichnung für ein Leitungscodierverfahren, das bei → *ADSL* angewendet werden sollte, sich aber nicht für die gleichzeitige Sprachübertragung eignet. Daher für → *HDSL* oder → *VHDSL* geeignet. Ebenso beim → *Euro-ISDN* genutzt.
Zwei Bit werden dabei in ein vierstufiges Leitungssignal umgewandelt, was die Schrittgeschwindigkeit auf der Leitung halbiert. Ein zweites Halbieren der Schrittgeschwindigkeit wird durch die Aufteilung des kompletten Datenstroms auf zwei Kanäle erreicht. Gegenüber dem → *HDB3*-Code steigt somit die Reichweite um den Faktor zwei bis drei. Insgesamt wird so ausgenutzt, daß bei verdrillten Zweidrahtleitungen die Dämpfung mit der Frequenz zunimmt und man daher mit möglichst niedrigen Frequenzen übertragen muß, um lange Strecken überbrücken zu können.
Im Gegensatz zum → *4B3T*-Code existiert nur eine Übersetzungstabelle:

2-Bit-Wort	10	11	01	00
Quaternäres Symbol	+3	+1	-1	-3

In Deutschland eingesetzt in Anschlußleitungsmultiplexern zur Übertragung von 2,048 Mbit/s seit 1992.

2S

Andere Bezeichnung für die sonst mit → *DS* gekennzeichneten zweiseitig nutzbaren → *Disketten.*

3D

Abk. für dreidimensional.

3W

Andere Bezeichnung für → *WWW.*

3174

Kurzbezeichnung für einen Terminal-Cluster-Controller aus dem Hause IBM, mit dem mehrere → *IBM 3270*-Terminals (die zusammen ein Cluster ergeben) über nur ein → *Koaxialkabel* an einen → *Mainframe* angeschlossen werden können.

3270

→ *IBM 3270.*

3964R-Protokoll

Bezeichnung für ein asynchrones Datenübertragungsprotokoll für Punkt-zu-Punkt-Verbindungen zwischen gleichberechtigten Stationen aus dem Hause Siemens, ähnlich dem → *MSV2*-Protokoll. Genutzt wird der Code nach dem → *ASCII*-Standard. Um bei gleichzeitig sendewilligen Stationen den Konflikt zu lösen, werden Prioritäten vergeben, so daß die höher priore Station in diesem Fall ihre Daten senden kann. Die sendewillige Station signalisiert ihren Sendewunsch, was von der Empfangsstation mit einer positiven Quittung beantwortet wird, woraufhin sofort die Daten gesendet werden (Datenübermittlungsphase).

Ist die Empfangsstation nicht bereit, erfolgt eine negative Quittung. Daraufhin kann die Sendestation erneut ihre Bereitschaft signalisieren (Anzahl der Versuche wählbar) oder die Sendeversuche einstellen.
In der Datenübermittlungsphase werden die Zeichenrahmen vom Sender zum Empfänger übertragen. Der Empfänger prüft die Zeit zwischen dem Eintreffen der Zeichenrahmen. Vergehen mehr als 220 ms (Zeichenverzugszeit), so sendet er eine negative Quittung und fordert damit das letzte Zeichen erneut an. Das Ende der Datenübertragung wird vom Sender angezeigt, woraufhin der Empfänger bei Vorliegen von Übertragungsfehlern eine negative Quittung sendet, so daß alle Zeichenrahmen erneut übertragen werden, oder den kompletten Empfang mit einer positiven Quittung bestätigt.
Die Sendestation zeigt daraufhin nach letztlich erfolgreicher Datenübertragung das Ende der kompletten Prozedur mit einem Steuerzeichen an (Abschlußphase).

4B3T

Leitungscodierverfahren, bei dem vier Bit eines binären und zu codierenden Signals in ein ternäres auf der Leitung zu übertragendes Signal abgebildet werden. Auch MMS 43-Code genannt.
Um eine möglichst niederfrequente Übertragung zu ermöglichen, gibt es eine Zuordnungstabelle, die den 16 Bitmustern zu je vier Bit die ternären Symbolfolgen zuordnet. Dabei werden jedem zu codierenden und aus vier Bit bestehenden Wort vier unterschiedliche Ternärfolgen zugeordnet.
Bei der Codierung wird in Abhängigkeit der zuletzt gewählten ternären Folge ein anderes ternäres Symbol für die aktuell zu codierenden vier Bit gewählt.
Das Verfahren wird als Übertragungsverfahren beim Basisanschluß des nationalen → *ISDN* in Deutschland von der Deutschen Telekom benutzt. Beim Übergang zum → *Euro-ISDN* wird mittels → *2B1Q* übertragen.

4B5B

Leitungscodierverfahren, bei dem vier Datenbit in eine Gruppe von fünf Datenbit codiert werden, um bei bestimmten Übertragungsmedien Effekte durch → *Wander* zu verringern und die Zahl der aufeinanderfolgenden Nullen zu reduzieren.
Wird oft in Verbindung mit → *NRZ* als Modulationsverfahren eingesetzt.

5551213

Eine in Spielfilmen aus Hollywood und in Anzeigen häufig vorkommende Telefonnummer, die deswegen in den USA nicht als normale (echte) Telefonnummer vergeben wird, um Telefonterror zu verhindern.
Die 1213 wird häufig benutzt, ist aber variabel und wird oft durch andere Ziffern ersetzt. Entscheidend ist die 555 am Anfang.

8B10B

Leitungscodierverfahren, bei dem acht Datenbit in eine Gruppe von zehn zu übertragenden Bit codiert werden. Entwickelt von IBM und eingesetzt bei Produkten aus dem Hause IBM.

A

AAE

Abk. für Allgemeine Anschalteerlaubnis.

Bis zum 23. Juli 1991 Allgemeine Benutzungserlaubnis für Endeinrichtungen (ABE) genannt.

Bezeichnung für die Verpflichtung, daß nur die Endgeräte von Teilnehmern am Netz der Deutschen Telekom angeschaltet werden können, die gewisse Sorgfaltspflichten einhalten, z.B. sich beim Kauf von Geräten nach deren Zulassung in Deutschland erkundigen etc.

AAL

Abk. für ATM Adaptation Layer.

→ *ATM*.

AAN

Abk. für All Area Network.

Bezeichnung für Techniken, die sowohl im → *LAN*, im → *MAN* und im → *WAN* oder → *GAN* eingesetzt werden können, z.B. → *ATM*.

a/b-Adapter

→ *a/b-Wandler*.

Abakus

Bezeichnung eines einfachen, aber wenn richtig bedient auch sehr wirkungsvollen weil schnellen mechanischen Rechenhilfsmittels, das in jeder Computerhistorie als erster Entwicklungsschritt genannt wird. Abwertend auch mit Idiotenharfe bezeichnet.

Realisiert wurde der Abakus ursprünglich als Brett (Holz, Steinplatte) mit Rillen oder mit einer andersartigen Halterung, in der bewegliche Kugeln, Scheibchen oder Ringe gemäß einem Zahlensystem hin- und hergeschoben werden konnten, wobei verschiedene Rillen oder Halterungen verschiedenwertige Stellen mit verschiedenen Wertigkeiten und die Anzahl der Elemente dort die Wichtung dieser Wertigkeitsstufe symbolisierten. Das abstrakte Konzept der verschiedenen Wertigkeit der Stellen einer Ziffer war seinerzeit ein entscheidender Schritt für die weitere Entwicklung auf nahezu allen wissenschaftlichen Gebieten.

Die Ursprünge des Abakus liegen im Dunkeln, werden aber den Babyloniern (3 000 v.Chr.) zugeschrieben.

Der Abakus ist seit dem Altertum als Rechenhilfsmittel bekannt und seit ca. dem 11. Jahrhundert v.Chr. in verschiedenen Formen neben den → *Rechenbrettern* als Rechenhilfsmittel im indochinesischen Kulturkreis weit verbreitet.

Um ca. 300 v. Chr. gaben die Römer dem Abakus die noch heute in Asien und Rußland gebräuchliche Form. Mit dem Aufkommen mechanischer Rechenmaschinen (ab 17. Jh.) verlor der Abakus in Europa zunehmend an Bedeutung.

Bei einem Wettbewerb in Japan ist noch 1946 ein japanischer Angestellter mit seinem Soroban (japanische Art des Abakus) schneller als ein amerikanischer Soldat mit einer mechanischen Bürorechenmaschine gewesen.

ABC

Abk. für Atanasoff-Berry-Computer.

Oft auch Electronic Linear Equation Solver genannt. Bezeichnung eines frühen, kleinen, digitalen Rechners Anfang der 40er Jahre, benannt nach seinen Entwicklern.

Das Rechenwerk bestand aus 300 Röhren und der Speicher aus zwei Trommeln, die mit 32 Reihen von je 51 Kondensatoren belegt waren (enthielten in codierter Form die Zahlen) und sich mit 1 U/s drehten (Takt von 60 Hz). Das ganze Gerät hatte Schreibtischgröße.

Mit dem ABC konnten Dualzahlen addiert und subtrahiert werden. Lineare Gleichungssysteme mit bis zu 30 Gleichungen und ebensoviel Unbekannten konnten gelöst werden.

Der Sohn bulgarischer Einwanderer und Professor für Physik und Mathematik, John Vincent Atanasoff (* 4. Oktober 1903, † 15. Juni 1995), vom Iowa State College in Ames fing nach ersten eigenen Ideen gegen Ende 1937 zwei Jahre später an, auf Grundlage des binären Systems eine digitale Rechenmaschine insbesondere zum Lösen algebraischer Gleichungen für 20 Examenskandidaten zu bauen.

Unterstützung erhielt er durch den Dekan R.E. Buchanan. Die Umgebung reagierte aber auch skeptisch, ablehnend und spöttisch, insbesondere wegen der seinerzeit fortschrittlichen Konzeption als Digitalrechner.

Atanasoffs Rechner war nach drei Jahren Bauzeit 1942 unter Mitwirkung seines Diplomanden Clifford E. Berry, der insbesondere für periphere Geräte und deren Anschluß verantwortlich war, fertig. Atanasoff ließ den Rechner jedoch weitgehend unbenutzt und wandte sich wegen des herannahenden Kriegseintritts der USA anderen Themen zu, weswegen es zu keiner Weiterentwicklung kam.

Bei einem Besuch im Juni 1941 bei Atanasoff hatte John Mauchly, der später die → *ENIAC* baute, den zu diesem Zeitpunkt noch nicht fertigen Rechner ABC besichtigt und ein bis dahin unveröffentlichtes Manuskript von Atanasoff eingesehen.

Der ABC geriet später in Vergessenheit und wurde in den frühen 50er Jahren aus Platzgründen zerlegt (nur der Trommelspeicher überlebte).

Erst 1973 wurde Atanasoff nach langen Diskussionen und einem Patentstreit zwischen Honeywell und Sperry-Univac von einem Gericht zum Erfinder des elektronischen digitalen Computers erklärt.

ABE

Abk. für Allgemeine Benutzungserlaubnis für Endeinrichtungen.

→ *AAE*.

Abfragestelle

→ *Console*.

ABK

Abk. für Arbeitskreis für Bildkommunikation.

Bezeichnung für einen im November 1994 eingerichteten Arbeitskreis von Herstellern beim → *BMPT*. Ziel ist die Förderung des Standards → *H.320* für → *Videokonferenzsysteme*, die Koordinierung von Marketingmaßnahmen, die Definition von Prüfverfahren und die Vergabe eines H.320-Konformitätszeichens nach erfolgreich bestandener Prüfung in einem unabhängigen Testlabor (Tel.: 07 11 / 13 89 60) in Stuttgart.

Ablaufspeicher

Bezeichnung einer Hardware-Entwicklungshilfe, die in einem Programm an einem Haltepunkt den letzten Zustand der Steuerleitungen und Busse speichert.

ABM

Abk. für Asynchronous Balanced Mode.

Bezeichnung eines Kommunikationsmodus von → *HDLC*. Es wird dabei eine Punkt-zu-Punkt-Verbindung zwischen den an ihr beteiligten Stationen aufgebaut. Beide Stationen können, wie beim → *ARM*, die Übertragung starten.

ABR

Abk. für Available Bit Rate.

Bezeichnung für die einem Teilnehmer an einem → *ATM*-Netz garantierte Bit-Rate, d.h., der Teilnehmer muß nicht die Bandbreite vorhersagen und dem Netz zu Beginn der Inanspruchnahme eines Dienstes mitteilen, damit das Netz entsprechende Bandbreite reserviert, sondern das Netz fährt bei Überlast die Bandbreite bis zur garantierten ABR zurück und verzichtet auf das Verwerfen von Daten (Totalverlust). Dies ist insbesondere für zeitunkritische Anwendungen (Datentransfer) und Anwendungen mit geringer Datenverlustrate interessant.

Ähnlich dem Mechanismus der → *CIR* beim → *Frame-Relay*-Protokoll.

Vorteil für einen Netzbetreiber: letzte Netzreserven können dem Kunden noch als eigener Dienst angeboten werden.

→ *CBR*, → *VBR*.

ABS

Abk. für Alternate Billing Service.

a/b-Schnittstelle

Zweidrahtverbindung zum Übertragen von Signalen bei analogen Endgeräten wie Standard-Telefon, → *Fax*- oder → *Btx*-Gerät, → *Modem* oder Anrufbeantworter (über Kupferkabel).

Benannt nach den Bezeichnungen a und b für die zwei Adern einer → *Zweidrahtleitung*.

Abschattung

Bezeichnung eines unerwünschten Störeffektes bei der Ausbreitung elektromagnetischer Wellen.

Abschattung entsteht durch Hindernisse im Freien (Berge, Gebäude, Wände, Bauwerke aller Art), die die freie Ausbreitung und den Empfang auf direktem Weg, insbesondere hochfrequenter Wellen, verhindern. Dies führt zu variierenden Signalpegeln über eine bestimmte Entfernung im Bereich des Schattens. Diese Pegeleinbrüche folgen einer logarithmischen Normalverteilung. Daher auch Log-Normal-Fading oder Long-Term-Fading genannt.

→ *Fading*.

Abstract Syntax (Notation)

→ *ASN.1*.

Abtastfrequenz

Die Abtast- oder Samplingfrequenz kennzeichnet die Zahl der Abtastungen pro Sekunde, mit denen das analoge Ausgangssignal gemessen und in digitale Werte umgewandelt wird. Zur exakten Darstellung eines Frequenzgemischs mit begrenzter Bandbreite muß die Abtastrate (in s^{-1}) mindestens doppelt so hoch sein wie die höchste vorkommende Frequenz (in Hz). Ist die Abtastfrequenz kleiner, kommt es zu sog. → *Aliasing*-Störungen.

Abtasttheorem

Besagt, daß ein N-stufiges Datensignal (für Binärsignale gilt $N = 2$) die maximale Bitrate

$$C = 2\,B\,ld\,N$$

hat, wenn B die Bandbreite in Hertz ist. Dieser Zusammenhang bezüglich der → *Shannonschen Kanalkapazität* wird auch Shannonsches Abtasttheorem genannt, obwohl der Zusammenhang schon vorher, 1939 von H. Raabe von der TU Berlin, angegeben wurde.

→ *Nyquistsches Abtasttheorem*.

Abtastung

Bezeichnung eines Verfahrens, das bei der Analog/Digital-Wandlung von Bedeutung ist.

Ein analoges Signal wird durch Abtastung zu regelmäßigen Zeitpunkten in eine Folge von einzelnen Impulsen umgewandelt, deren Amplitude der Signalamplitude zum Abtastzeitpunkt entspricht. Das analoge Signal ist damit immer noch wertkontinuierlich, aber durch die Abtastung ist es zeitdiskret geworden.

a/b-Wandler

Auch a/b-Adapter genannt. Bezeichnung für ein Bauteil, das eine → *a/b-Schnittstelle* zur Verfügung stellt, so daß herkömmliche analoge Endgeräte (Telefone, Geräte für → *Fax*, → *Anrufbeantworter*, → *Modem*) an das digitale → *ISDN* angeschlossen werden können. Üblicherweise verfügt ein a/b-Wandler über zwei Buchsen zum Anschluß analoger Geräte. Der Wandler selbst wird an die Network Termination (NT) des ISDN angeschlossen.

Jeder Buchse des Wandlers kann eine multiple Subscribernumber (→ *MSN*) zugewiesen werden. Darüber hinaus ist oft eine Dienstekennung für jede einzelne Buchse einstellbar, so daß über eine Buchse und das bei ihr angeschlossene Endgerät nur ein Dienst (z.B. nur Telefonie oder nur Fax) abgewickelt werden kann. Dies hat den Vorteil, daß beim Eingehen eines Faxes direkt die Buchse mit der Faxdienstkennung angesprochen wird.

Aufgabe ist die → *A/D-Wandlung* und die Umsetzung der Wählverfahren der analogen Geräte (→ *MFV*, → *IKZ*) auf das Signalisierungsprotokoll im D-Kanal des ISDN-Anschlusses.

Der Übergang vom (leistungsfähigen) a/b-Wandler zur ISDN-Anlage (kleine ISDN-fähige Nebenstellenanlage) ist mittlerweile hinsichtlich der Leistungsmerkmale und des Preises fließend. Viele ISDN-Anlagen stellen einige Anschlüsse für analoge Endgeräte zur Verfügung, d.h., es sind mehrere a/b-Wandler in die ISDN-Anlage integriert.

Faustregel: Eine ISDN-Anlage lohnt sich erst ab mehr als drei analog anzuschaltenden Endgeräten.

Abzweiger

Bezeichnung passiver Verteilkomponenten im → *Breitbandkabelverteilnetz*. Auch mit engl. Tap-Off bezeichnet. Es wird dabei Signalleistung in einen weiteren Zweig (oder in mehrere) ausgekoppelt. Der Abzweiger wird dazu in eine Stammleitung eingeschleift.

Beim idealen Abzweiger steht die eingespeiste Energie am Eingang abzüglich der Energie am Abzweig auch am Ausgang der Stammleitung wieder zur Verfügung. Real liegen Dämpfungsverluste vor. Ferner verteilt sich bei mehreren Abzweigen die insgesamt abgekoppelte Leistung ungleichmäßig auf die Zweige.

Bei Abzweigen in Richtkopplertechnik ist die Dämpfung richtungsabhängig, d.h. die Dämpfung vom Eingang in einen Zweig ist eine andere als vom Zweig zum Eingang. Dies führt zu einer besseren Entkopplung der einzelnen angeschlossenen Zweige.

→ *Splitter*.

Abzweigmultiplexer

Deutsche und selten gebrauchte Bezeichnung für die bei → *SDH*-Netzen benötigten → *Add-Drop-Multiplexer*.

AC

Abk. für Alternate Current.
Englisch für Wechselspannung.
→ *DC*.

A-Cache

Abk. für Asynchronous Cache.
Andere Bezeichnung ist auch Asynchronous-SRAM. Bezeichnung für → *SRAM*-Bausteine, die ohne Takt arbeiten und nur über Enable-Signale angesteuert werden. Sind schneller als → *DRAMs*.

ACARS

Abk. für Aircraft Communication Addressing and Reporting System.

ACB

Abk. für Automatic Call Back.
Bezeichnung einer Möglichkeit in → *Modems* und Routern zum automatischen Beenden einer Verbindung und anschließendem Neuaufbau der gleichen Verbindung in umgekehrter Richtung (vom zunächst Angerufenen zum Rufenden). Ziel ist die Verhinderung unerlaubter Verbindungen durch → *Hacker* oder → *Cracker*.

ACC

1. Abk. für Area Communications Controller oder auch Area Control Computer.
   Bezeichnung für einen Teil der Netzinfrastruktur des → *Modacom*-Systems. Ein ACC steuert mehrere → *BS*. Ein ACC besteht im wesentlichen aus den zwei Teilen Radio Network Controller (RNC), auf der Funkseite des ACC zur Kontrolle der BS, und dem Radio Network Gateway (RNG), das die Verbindung zu anderen ACCs oder zum Festnetz über das → *X.25*-Netz herstellt.
2. Abk. für ATM Cross Connector.
   Bezeichnung für → *Cross Connectoren* in → *ATM*-Netzen.

Access.bus

Bezeichnung eines bidirektionalen Busses zum Anschluß von Peripheriegeräten an PCs. Die Buchse am Gerät (z.B. Monitor) ist eine → *RJ 11*. Bis zu 125 Geräte können gemäß → *Daisy Chain* an einen PC angeschlossen werden.

Vorteil der Access.bus-Installation: der Nutzer braucht die Geräte nur zu verkabeln, die Identifikation und Konfiguration läuft automatisch ab, indem sich die Geräte über den Bus verständigen und selbständig konfigurieren. Der Standard wurde 1985 von DEC und Philips entwickelt. Weil er sehr einfach ist, ist er bei industriellen Anwendungen mittlerweile weit verbreitet.

Access Charge

Zugriffs- oder Zugangsgebühr. In den USA die Bezeichnung für die Gebühren bei Ferngesprächen, die an den lokalen Betreiber des Ortsnetzes gezahlt werden, über dessen Ortsnetz ein Teilnehmer Zugang zu einem Fernnetz erhält.
Bis zu 45% der Ferngesprächsgebühren werden an den Ortsnetzbetreiber gezahlt.
→ *Charging.*

Account

Von engl. account = Konto. Begriff aus der Netzwerktechnik. Bezeichnet das Zugangsrecht eines Teilnehmers und die Festlegung aller seiner Rechte im Netz und seinem Dateisystem sowie alle Parameter, die dies ermöglichen (Paßwörter, Benutzername, Benutzergruppe).
Der Begriff leitet sich davon ab, daß alle seine Rechte in Form einer Tabelle oder eines Kontos aufgeführt werden können.

Accounting

Bezeichnung für eines der fünf in der Empfehlung X.700 der → *ITU* definierten Functional Areas des System- und → *Netzmanagements.*
Bezeichnung für das Sammeln von abrechnungsrelevanten Daten in den Netzknoten, die periodisch an das Netzmanagement weitergegeben werden.
→ *Charging,* → *Billing.*

ACD

Abk. für Automatic Call Distribution (oder auch: Distributor, wenn das die Funktion ausführende Bauteil der Nebenstellenanlage gemeint ist), automatische Anrufverteilung.
Merkmal leistungsfähiger Nebenstellenanlagen in Verbindung mit → *Call Centern.* Realisiert als Software. Dabei werden Anrufe von der entgegennehmenden Nebenstellenanlage an der Rufnummer erkannt und an das ACD zur Weitervermittlung übergeben. Die Nummernanalyse berücksichtigt dabei eventuell vorhandene frei definierbare Prioritäten der Nummern, z.B. für Stammkunden, die immer zu den gleichen Agents im Call Center weitergeleitet werden.
ACD leitet den Ruf gezielt zu einem freien (üblicherweise dem am längsten freien) Mitarbeiter weiter, um eine gleichmäßige Auslastung der Mitarbeiter (genannt → *Agents*) in einem Call Center zu erreichen. Die Mitarbeiter an ihren Bedienplätzen sind meistens in Gruppen aufgeteilt.
Dabei wird üblicherweise dem Mitarbeiter eine bestimmte Zeit zur Anrufnachbearbeitung nach dem Gesprächsende zugebilligt, bis das nächste Gespräch zu ihm durchgestellt wird.

Als Ziele werden allgemein definiert:

- Innerhalb von 15 Sekunden sollen 80 % aller in dieser Zeit eingehenden Anrufe entgegengenommen werden.
- Weitere 15 % sollen in der Folgezeit über Warteschlangen weitergegeben werden können.
- Max. 5 % der Anrufe dürfen durch zu lange Wartezeiten oder Angst der Anrufer vor automatischen Systemen verloren gehen.

Zu den Leistungsmerkmalen von ACD-Anlagen gehört ferner die Identifikation von speziellen Kunden (VIP- oder Großkunden) anhand von ISDN-Nummern, die dann zu geeigneten Kundenberatern durchgeschaltet werden.
ACD-Systeme erlauben eine statistische Auswertung verschiedener Parameter:

- Wartezeiten der Anrufer (durchschnittlich, maximal und minimal)
- Warteschlangenlängen
- Gesprächsdauern (durchschnittlich, minimal, maximal)
- Gesprächsverluste (aus der Warteschlange ausscheidende Gespräche, die nicht angenommen wurden)
- Erreichungsgrad von Mindest- oder Höchstdauern für Gespräche
- Wiederholungsanrufe
- Verteilung der eingehenden Rufe auf angeschlossene Mitarbeiter
- Anrufgründe (können nach Gesprächen über Telefontastatur oder PC von Mitarbeitern als festeingestellte Aktivitätencodes eingegeben werden)

Ferner können Tages- und Wochenprofile erstellt werden.
Durch die Auswertung der statistischen Daten ist es möglich, in Abhängigkeit von Werbefeldzügen, Katalogauslieferungen, Rechnungsstellung, Ferienzeiten, Feiertagen und sogar Wetterlagen den Personaleinsatz optimal zu planen und Anrufverhalten von Kunden bis zu 90 % und in einzelnen Fällen sogar bis 98 % genau vorherzusagen. Der Anteil der bei Anlagen ohne ACD und statistische Auswertung sonst verlorengegangenen Gespräche beträgt erfahrungsgemäß ca. 10 bis 20 %.
Statistische Auswertungen sind insbesondere in der Einführungsphase eines Call Centers wichtig, um einen schnellen Übergang zu einem geregelten Betrieb zu gewährleisten. Üblicherweise werden die statistischen Werte in einstellbaren Intervallen (z.B. alle 10 oder 15 Minuten) in einer Datenbank zur langfristigen Analyse abgelegt.
Diese langfristigen Analysen auf Basis der statistischen Daten lassen z.B. grundsätzliche Änderungen des Anruferverhaltens infolge einer demographischen Änderung der Kundschaft etc. ermitteln.

Üblicherweise informieren Wand- oder Geräteanzeigen über den aktuellen Zustand der Warteschlangen und erlauben so den Mitarbeitern in Call Centern, situationsbedingt zu reagieren (Gespräche kurz zu fassen etc.). Ferner können die Mitarbeiter eines Call Centers sich per Knopfdruck am Gerät ab- und anmelden oder sich in den 'Reserve'-Status versetzen lassen, d.h. ein Anruf wird nur zu ihnen geleitet, wenn tatsächlich kein anderer Mitarbeiter frei ist. Derartiger Bedienkomfort erhöht die Akzeptanz durch die Mitarbeiter im Call Center ebenso wie deren Motivation.

ACD erlaubt es, die Mitarbeiter des Call Centers in Gruppen zusammenzufassen, die für verschiedene Bereiche zuständig sind (z.B. Reklamationen, Beratung, Neubestellungen, → *Inbound-* und → *Outbound*-Verkehr). Mitarbeiter können je nach Qualifikation dabei zu mehreren Gruppen gehören und verschiedene Prioritäten in den Gruppen besitzen.

Es ist üblich, daß in Spitzenzeiten die Anrufer in Warteschlangen geführt werden. Überschreitet die Warteschlangenlänge einen bestimmten Umfang, werden Gruppen für den Outbound-Verkehr kurzfristig zu Gruppen mit Inbound-Aufgaben.

Mit einem → *IVR* ist es möglich, die Wartezeit des Anrufers sinnvoll zu verkürzen und die richtige ACD-Gruppe herauszufinden. Ohne IVR übernimmt eine zentrale ACD-Gruppe die Ermittlung der Anrufergründe und Weitervermittlung zu einem Mitarbeiter der entsprechend qualifizierten ACD-Gruppe.

ACD-Systeme werden zu einer bestimmten Nebenstellenanlage vom Hersteller der Anlage selbst angeboten und häufig auch von unabhängigen Softwarehäusern.

ACELP

Abk. für Algebraic Code-Excited Linear Prediction.

→ *CELP.*

ACF

Abk. für Access Control Field.

ACID

→ *Transaktion.*

ACIT

Abk. für Adaptive Code Sub-Band Excited Transform.

ACK

Abk. für Acknowledgement.

Von engl. acknowledgement = Quittung, Bestätigung.

Bezeichnet bei der Datenübertragung die Bestätigung eines Empfängers an den Sender, daß Daten von ihm korrekt angekommen sind.

Die Verfahren, dies dem Sender mitzuteilen, sind vielfältig. Teilweise werden einzelne Pakete quittiert, teilweise Folgen von Paketen (z.B. durch → *Schiebefensterprotokolle* wie → *HDLC*) und wiederum ein anderes Mal ganze Nachrichten.

Beim → *Token-Ring*-Protokoll wird im Token ein einziges Bit zur Quittierung genutzt, bei anderen Protokollen sind komplette Bitmuster dafür nötig (z.B. → *Arcnet*).

ACM

Abk. für Association for Computing Machinery.

Bezeichnung einer am 15. September 1947 aus dem Zusammenschluß von Gruppen an der West- und Ostküste der USA gegründeten und damit ältesten technisch-wissenschaftlichen Vereinigung von in den Forschungs- und Entwicklungsabteilungen der Computerindustrie tätigen Personen. Hat rund 80 000 Mitglieder. Sitz ist New York. Verfügt auch über Auslandsgruppen.

→ *http://www.arc.org/*

ACR

1. Abk. für → *Advanced Call Routing.*
2. Abk. für Attenuation to Crosstalk Ratio.
   Bezeichnung für ein Qualitätsmaß bei der Verkabelung. ACR ist das Verhältnis von der Störung eines Signals durch Nahnebensprechen (XTA) zur normalen Kabeldämpfung (ATT) bezogen auf eine bestimmte Frequenz. Es gilt:

   $$ACR[dB] = XTA[dB] - ATT[dB]$$

ACS

Abk. für Advanced Cellular System.

Ein in Schweden von der Firma Comvik seit 1987 betriebenes analoges automatisches Mobilfunknetz.

→ *Downlink*: 450 bis 460 MHz, → *Uplink*: 460 bis 470 MHz. 400 Kanäle bei 25 kHz Kanalbandbreite.

Zentraler Unterschied dieses Systems im Vergleich zu anderen Systemen ist, daß große Teile der Vermittlungsintelligenz in die Endgeräte verlagert werden, wovon man sich gegenüber vergleichbaren Systemen (→ *NMT*) 25% Investitionsvorteil versprach. Darüber hinaus besteht die Möglichkeit, die → *BS*, die jeweils 16 Kanäle verwaltet, direkt an das lokale Festnetz anzuschließen, was allerdings nur → *MOC* erlaubt. Jedes → *MSC*, an dem mehrere BS hängen, kann max. 324 Kanäle verwalten.

Die Mobilstation (→ *MS*) überwacht die Empfangsqualität und leitet → *Handover* ein (dezentrales Handover).

Ein ähnliches System wird noch in Hongkong betrieben (833 Kanäle, Downlink: 824 bis 849 MHz, Uplink: 869 bis 894 MHz, 30 kHz Kanalbandbreite).

ACSE

Abk. für Association Control Service Element.

Ein Service Element aus der Menge der → *CASE* auf Schicht 7 des → *OSI-Referenzmodells*. Definiert zwischen zwei Teilnehmern den Aufbau, die Durchführung und den Abbau einer eine Anwendung betreffenden Kommunikationssitzung, die hier mit Assoziation bezeichnet wird.

Es existieren vier einzelne Dienstelemente:

- ASSOCIATE baut eine Assoziation auf.
- RELEASE löst sie auf.
- ABORT bricht sie durch den Benutzer ab.
- P-ABORT bricht sie durch die Anwendung selbst ab.

ACSSB

Abk. für Amplitude Companded Single Side Band.

Bezeichnung eines Modulationsverfahrens.

ACTA

Abk. für America's Carriers Telecommunication Association.

Bezeichnung einer Vereinigung von 160 mittleren und kleinen → *Carriern* in Nordamerika.

ACTAS

Abk. für Association of Computer Based Telephone Applications Suppliers.

Eine Vereinigung, die → *CTI* fördert.

Im Gegensatz zu → *ECTF* konzentriert sie sich auf Aspekte der PR und des Marketing.

ACTE

Abk. für Approvals Committee for Terminals.

Active-X

Bezeichnung für eine Programmiersprache und ein Konzept für verteilte Anwendungen in vernetzten Systemen, die dynamische Software z.B. im → *WWW* zuläßt. Hat dafür sehr viel von → *OLE* übernommen.

Gilt als Gegenstück aus dem Hause Microsoft zu → *Java* von Sun.

ACTS

Abk. für Advanced Communications Technologies and Services.

Bezeichnung für ein ab 1994 laufendes Forschungsprogramm der EU, das mehrere Vorgänger zusammenfaßt und nach Grundlagenforschung in diesen Vorläuferprojekten zu Produkten führen soll.

→ *ESPRIT*, → *RACE*, → *COST*.

A/D (-Wandlung)

Gängige Abkürzung für Analog-Digital-Wandlung, also die Wandlung eines zeit- und wertkontinuierlichen Signals in ein zeit- und wertdiskretes Signal. Die Wandlung besteht aus den Schritten → *Abtasten*, Diskretisieren (Quantisieren) und Codieren.

ADA

1. Abk. für Average Delay till Abort.
   Englischsprachige Bezeichnung für die durchschnittliche Zeit, die sich Anrufende in Warteschlangen (z.B. bei der Auskunft oder bei Servicetelefonen von Firmen) befinden, bevor sie noch vor ihrer Bedienung auflegen.
   → *ADH*.
2. Name einer universellen höheren → *Programmiersprache* der 3. Generation für die Entwicklung geschlossener und echtzeitfähiger Systeme (Prozeßrechner). Von der → *ISO* standardisiert (ISO 8652). Bei der Entwicklung wurde Ada von → *Pascal* beeinflußt.
   Ada geht zurück auf eine Initiative des US-Verteidigungsministeriums im Jahr 1973, welches sich nicht mit zu vielen Programmiersprachen für militärische Anwendungen beschäftigen wollte. Nach der Prüfung von 23 Sprachen, von denen keine die gestellten Anforderungen erfüllte, ging es 1979 auf den Vorschlag von CII Honeywell Bull ein und akzeptierte die in Frankreich neu entwickelte und bis dahin Green Language genannte Sprache Ada als universelle Sprache. Bis zur endgültigen Definition sollten weitere fünf Jahre vergehen. Die Bedeutung von Ada über das DoD hinaus hält sich seither jedoch in engen Grenzen.
   Benannt wurde Ada nach der Tochter von Lord Byron, Ada Byron Gräfin zu Lovelace, die Charles Babbage unterstützte.

Adapter

Universell gebrauchter Oberbegriff für ein Gerät, das zur Anpassung zwischen verschiedenen Systemen/Geräten genutzt wird. Manchmal abgewandelt und nicht ganz korrekt auch als anderes Wort für → *Schnittstelle* oder Schnittstellenkarte benutzt.

Adaptiver Prädiktor

→ *Prädiktor*.

ADC

1. Abk. für engl. American Digital Cellular.
   Andere ältere Bezeichnung für → *D-AMPS*.
2. Abk. für Analog to Digital Converter.
   Bauteil für eine Analog-Digital-Wandlung.
3. Abk. für Access Deficit Contribution.

ADCCP

Abk. für Advanced Data Communications Control Protocol (Procedure).

Andere Bezeichnung für → *HDLC*. Bezeichnung eines Protokolls auf Schicht 2 im → *OSI-Referenzmodell*. Von der → *ANSI* standardisiert.

ADCT

Abk. für Adaptive Discrete Cosine Transform Coding.
Bezeichnung eines Verfahrens zur Datenkompression von Video-Daten.

Add-Drop-Multiplexer

→ *ATM*.

ADE

Abk. für Above Deck Equipment.

Adidas-Netzwerk

Ironischer Begriff aus der Frühzeit der (noch nicht) miteinander verbunden Computer, als ein lokales Netzwerk von einem computerbegeisterten und Turnschuhe tragenden Studenten simuliert wurde, der die Disketten oder Bänder von Rechner zu Rechner trug und dadurch für den Datentransport sorgte.

ADM

1. Abk. für Adaptive Deltamodulation.
   → *Deltamodulation*.
2. Abk. für Add-Drop-Multiplexer.
   Ein Bestandteil der → *SDH*-Übertragungstechnik zum Einfügen oder Herauslösen eines einzelnen Kanals mit niedrigerer Bitrate aus einem Kanal mit hoher Bitrate. Prinzipiell ein → *Cross-Connector* mit geringerer Leistungsfähigkeit.
   Es wird unterschieden zwischen optischen und elektronischen Add-Drop-Multiplexern (E-ADM, O-ADM).

Prinzip der ADPCM

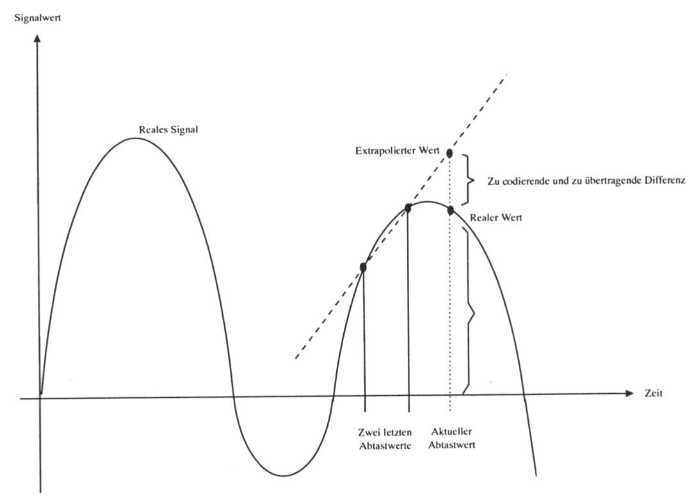

ADH

Abk. für Average Delay till Handling.
Bezeichnung für die durchschnittliche Zeit, die sich Anrufende bis zu ihrer Bedienung in Warteschlangen von Nebenstellenanlagen aufhalten, z.B. bei telefonischen Servicetelefonen (→ *Hotline*), realisiert durch → *Call Center*.
ADH ist ein Parameter für die Servicequalität.
→ *ACD*, → *ADA*.

Ad-Hoc LAN

→ *Wireless LAN*.

ADI

Abk. für Autodesk Device Interface.

ADMD

Abk. für Administrative Management Domain.
Bezeichnet in → *X.400*-Systemen eine → *Domain*, die von einer zentralen Stelle aus verwaltet wird, z.B. einem Service-Provider, einer Telefongesellschaft oder einem Datennetzbetreiber. Es können in einem Land mehrere ADMDs bestehen.
→ *PRMD*.

ADPCM

Abk. für Adaptive differentielle Puls-Code-Modulation.

Bezeichnet einen Sprachcodec, bei dem nicht die absolute Amplitude des Sprachsignals, sondern die Differenz zu dem vorangegangenen Signalwert codiert wird. Entwickelt in den 80er Jahren mit einem Standard der → *ITU* als G.721 im September 1986. Stellt gute Sprachqualität bei 8 000 Abtastwerten zu je 4 Bit (insges. 32 kbit/s) sicher.

Der Sender analysiert, beispielsweise, die letzten zwei Signale und extrapoliert (z.B. linear, siehe Bild auf Seite 9), wo etwa der nächste, zu übertragende Wert liegen müßte. Zu diesem Schätzwert wird dann die Differenz des tatsächlichen Signals gebildet. Diese Differenz (deren Amplitude um ein vielfaches geringer ist als das ursprüngliche Signal) wird dann codiert und übertragen.

Da die Amplitude der Differenz wesentlich geringer ist als die Amplitude des realen Signals, kann dieser geringere Betrag mit wesentlich weniger Bits codiert werden, was bei gleicher Abtastzahl zu einer niedrigeren Bitrate führt.

Der Empfänger kennt diesen Algorithmus, der den Schätzwert berechnet, und kann ebenfalls extrapolieren, so daß er mit der empfangenen Differenz zum echten Signal zurückrechnen kann.

Eine Variante wird in G.722 beschrieben (1985/86), die z.B. beim ISDN-Bildtelefon angewendet wird. Dabei wird ein 7-kHz-Audiosignal codiert und zusammen mit den Bilddaten über einen B-Kanal geschickt.

Daneben existieren andere Formen der ADPCM, die das grundlegende Prinzip beibehalten, aber nicht mehr mit 4 Bit, sondern mit nur noch 3 Bit oder 2 Bit je Abtastwert codieren, was die Datenmenge nochmals reduziert. In der Bezeichnung wird dies durch eine vorangestellte Zahl erkennbar, z.B. 3ADPCM oder 2ADPCM.

ADPCM wird z.B. bei → *DECT* angewendet und hat auch Eingang in den Standard für die → *CD-i* und für die → *CD-ROM-XA* gefunden. Daneben wenden mehrere digitale Anrufbeantworter diese Technik zur Datenkompression an.

ADR

Abk. für Astra Digital Radio.

Bezeichnung für die digitale Verbreitung von Hörrundfunkprogrammen über die Astra-Satelliten 1A, 1B, 1C und 1D, die im Tonunterträger von Fernsehprogrammen übertragen werden. Dabei werden je Fernsehkanal max. 12 Stereo- oder 24 Monokanäle mit → *QPSK* moduliert übertragen, was zu insgesamt 768 Stereoprogrammen für Astra 1A bis 1D führt. Die Programmsignale selbst sind im Studio nach dem Standard → *MUSICAM* quellcodiert (komprimiert um den Faktor Sieben bis Acht). Kanalabstand im 180-kHz-Raster. Übertragungsrate 192 kbit/s je Stereokanal, inklusive 9,6 kbit/s Zusatzdaten (→ *RDS* etc.) wie z.B. Name des aktuellen Interpreten und Musikstücks, CD-Bestellnummer etc. Unterstützter Audiobereich: 20 Hz bis 20 kHz bei einer Dynamik von 90 dB (CD-Qualität).

Der Empfang erfolgt mittels in Satellitenreceiver integrierten ADR-Empfängern. Entwickelt wurde ADR seit 1989. Start des Dienstes: September 1995 zur → *IFA*.

Das System ist inkompatibel zu → *DAB*, hat aber den Vorteil der früheren und preisgünstigen Verfügbarkeit (62 Spartenkanäle im Januar 1996 für ca. 20 DM).

Initiiert wurde das System vom europäischen Astra-Betreiber SES in Luxemburg und dem amerikanischen Pay-Radio-Anbieter DMX.

→ *DSR*, → *DVB*, → *SARA*.

Adresse

Universell einsetzbarer Oberbegriff. Beschreibt die logische oder physikalische Lokalität einer Sache.

1. Hardware-Adressen in Speichermedien setzen sich bei linear organisierten Speichern mit wahlfreiem Zugriff aus einer Nummer (der entsprechenden Speicherzelle) und bei anders organisierten Speichern (z.B. → *Diskette*, → *Festplatte*) aus mehreren Koordinaten (Zylinder-, Sektor-, Spur- und Blocknummer) zusammen.
2. In verteilten Systemen (→ *LANs*, Telekommunikationsnetze) bezeichnet die Adresse einer Station die eindeutige logische Bezeichnung, die diese Station identifizierbar macht, z.B. die Telefonnummer.

Adressmultiplex

Bezeichnung für eine Methode des → *Multiplex*, bei der auf einem physikalischen Kanal einer Anschlußleitung eines Paketvermittlungssystems verschiedene logische Kanäle realisiert werden, indem die Pakete individuelle Adressen ihrer jeweiligen Empfänger mit sich führen und nur diese erreichen.

ADSI

Abk. für Analogue Display Services Interface.

Bezeichnung eines von → *Bellcore* entwickelten offenen Protokolls zur Kommunikation zwischen einer Teilnehmervermittlung und einem herkömmlichen analogen Endgerät beim Teilnehmer, das mit einem Display ausgestattet ist.

Ziel dieses Protokolls ist, daß neue Dienste, die mit → *SS#7* und → *IN* problemlos im Netz realisiert werden können, schnell und einfach auch im Teilnehmeranschlußbereich eingeführt werden können, obwohl sie spezieller Bedienelemente (Knöpfe, Anzeigen etc.) und Bedienprozeduren beim Endteilnehmer zur komfortablen Bedienung bedürfen. Diese können nicht in Endgeräten fest eingebaut werden, da dann Endgeräte durch die Einführung neuer Dienste und Dienstmerkmale schnell veralten würden. Daher stellt bei ADSI ein Endgerät nur ein Display und → *Softkeys* zur Verfügung, die kontextabhängig von der Vermittlung gesteuert werden.

Ferner ist Datenübertragung auch während laufender Gespräche mit 1 200 bit/s möglich. Dafür werden von der Ortsvermittlungsstelle für 80 ms zwei Töne mit 2 130 und 2 750 Hz gleichzeitig generiert, die die Sprachübertragung deaktivieren. Signalisiert das Endgerät Empfangsbereitschaft, erfolgt die Datenübertragung (→ *Download*), dem eine Empfangsbestätigung und eine Freischaltung des Gesprächskanals folgt. Dieser Dienst kann → *Tele-Banking*, → *e-mail* und ähnliche Dienste ermöglichen.

In den USA sollen insbesondere → *CCS* und → *CLASS* dadurch gefördert werden.

Vorgestellt wurde ADSI von Bellcore im Februar 1992. Es entwickelte sich zum Industriestandard im Laufe der Zeit bis 1994.

ADSL

Abk. für Asymmetrical Digital Subscriber Line; asynchroner digitaler Teilnehmeranschluß.

Bezeichnet ein hauptsächlich von Bellcore entwickeltes digitales Übertragungsverfahren für verdrillte Zweidrahtleitungen aus Kupfer zum Endteilnehmer im Ortsnetzbereich für Breitbandanwendungen, das von der → *ANSI* in T1E1.4 und auch von der → *ETSI* genormt wird. Ein stabiler und umfassender ADSL-Standard wird für 1997 erwartet.

Man unterscheidet im Standard selbst verschiedene Konfigurationen (ADSL 1, ADSL 2 und 3), die sich durch die unterschiedlichen Bitraten im Hin- und Rückkanal unterscheiden. Die unterschiedlichen Kapazitäten im Hin- und Rückkanal bei jeder dieser Konfigurationen führten zu der Bezeichnung 'asymmetrisch'.

Im Zusammenhang mit geplanten interaktiven → *Multimedia*-Diensten wird diese Technik insbesondere in den USA und in GB diskutiert.

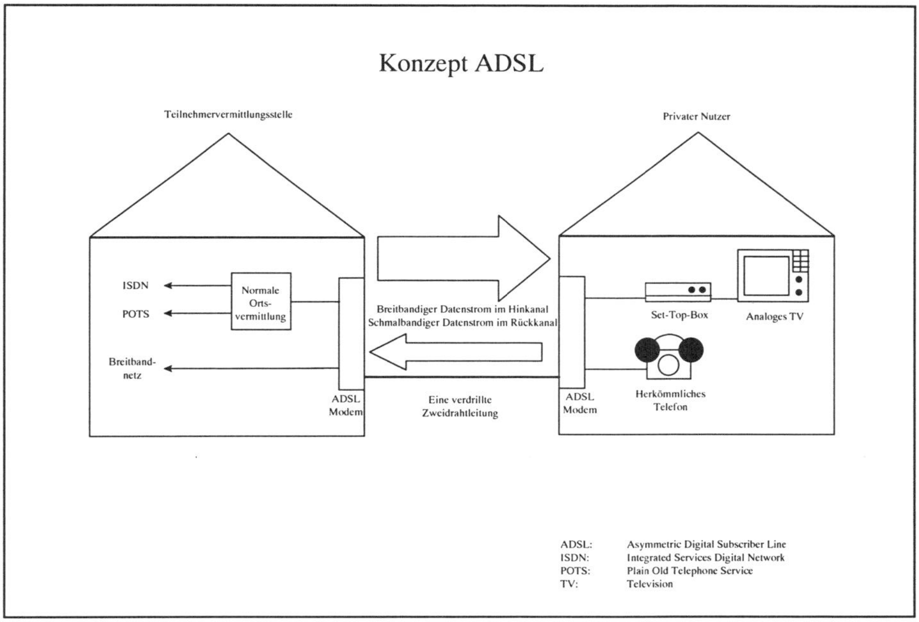

- ADSL 1 nutzt ein Twisted-Pair-Kabel und → *QAM* für 1,536 Mbit/s (→ *T1*) Übertragungen plus 16 kbit/s Steuerungskanal und analogen → *POTS*. Hiermit können z.B. Videos nach → *MPEG* 1 in reduzierter Qualität über maximal 5,5 km übertragen werden.
- ADSL 2 nutzt → *DMT* und kann z.B. mit MPEG 2 codierte Videos für 3,072 und 4,608 Mbit/s Daten übertragen und stellt einen Steuerkanal für 640 kbit/s zur Verfügung. Ferner kann er bis 384 kbit/s vollduplex übertragen. ADSL 2 ist allerdings nur für Distanzen um die 3 km vorgesehen.

  Neben DMT gibt es auch noch die Möglichkeit, → *FDM* zu nutzen.
- ADSL 3 ist für Distanzen bis lediglich 1,8 km projektiert, wobei dann 6,144 Mbit/s anvisiert werden.

Bei der → *ETSI* wird neben diesen von der amerikanischen ANSI genormten Raten an 2,048, 4,096 und 6,144 Mbit/s mit einem Rückkanal von 16 oder 64 kbit/s gearbeitet.
Duplexverbindungen sind ebenfalls mit 160 kbit/s (ermöglicht ISDN-Basisanschluß), 384 kbit/s und 576 kbit/s im Standard definiert.
Als Übertragungsverfahren sind verschiedene Verfahren der → *digitalen Modulation* in der Diskussion, z.B. → *CAP* oder → *DMT*. Damit ist eine fehlerfreie Übertragung über Strecken bis zu 3 km (2,048 Mbit/s, → *T1*), 2 km (4,096 Mbit/s) und 1,6 km (6,144 Mbit/s) möglich.
ISDN über ADSL ist ebenfalls möglich, jedoch noch nicht kommerziell verfügbar. Es gibt Probleme mit der max. zulässigen Zeitverzögerung der Daten (ISDN: max. 1,25 ms, ADSL: 2 ms real bedingt durch digitale Signalverarbeitung bei DMT) und der bei ADSL-Geräten nicht möglichen Fernspeisung, d.h., im Falle eines allgemeinen Stromausfalls fällt auch das ISDN-Telefon aus.
Neben ADSL existieren weitere Techniken, die es erlauben, daß die verdrillte Zweidrahtleitung im Anschlußbereich breitbandig genutzt wird, z.B. → *HDSL* und → *VHDSL*.
Durch einen speziellen Netzabschluß NT wird es bei ADSL möglich sein, die Breitbanddaten herauszufiltern und gleichzeitig das schmalbandige Telefon zu nutzen oder den Steuerkanal zu bedienen (z.B. Film stoppen, vor- und zurückspulen).
Vorteile der ADSL-Technik, insbesondere gegenüber 'echter' breitbandiger (Glasfaser-) Technik sind:

- Verdrillte Zweidrahtleitung steht flächendekkend zur Verfügung.
- Verdrillte Zweidrahtleitung steht jetzt zur Verfügung.
- ADSL steht technisch ausgereift jetzt zur Verfügung.
- Kompatibilität zum analogen Telefonanschluß besteht, Kompatibilität zu ISDN ist nah.
- ADSL-Modems können punktuell auch für einzelne Haushalte oder geringen Versorgungsgrad eingesetzt werden.
- Es stehen im Standard verschiedene Bitratenkonfigurationen für verschiedene Anwendungen zur Verfügung.
- ADSL-Modems können jederzeit eingesetzt, abgebaut und woanders wieder eingesetzt werden.
- ADSL deckt durch Weiterentwicklungen auch in Zukunft den Bandbreitenbedarf eines herkömmlichen Privathaushaltes ab.

Als Nachteile werden genannt:

- Nur ein Videofilm je Haushalt kann über die Leitung übertragen werden (nicht mehrere wie bei → *Breitbandkabelverteilnetzen*).
- ADSL ist nur für die Verkabelung in dichtbesiedelten Gebieten (max. 5 km Kabellänge) geeignet.
- Initialisierungsphase von 20 s bei → *DMT*.
- Nicht angeschlossen werden können Anschlüsse, die über PCM2-, PCM4-Leitungen oder Anschlußmultiplexer an eine Ortsvermittlung angeschlossen sind.
- Die weitere Standardisierung verläuft schleppend.
- Es existieren mit CAP und DMT zwei unterschiedliche digitale Modulationsverfahren.
- Niemand weiß, wie sich der Bandbreitenbedarf der Privathaushalte wirklich entwickeln wird. Glasfaser bietet nahezu unbegrenzte und damit zukunftssichere Bandbreite bis hin in den Gbit/s-Bereich, wohingegen bei ADSL wegen des verwendeten physikalischen Mediums auch in Zukunft immer eine Obergrenze für die Datenrate bzw. die überbrückbare Distanz bestehen wird.

Von vielen wird ADSL nur als Zwischenlösung und daher unnötige Investition gesehen, bis Glasfaseranschlüsse in einigen Jahren flächendeckend auch für Anschlüsse von Privathaushalten zur Verfügung stehen.
Andere wiederum sehen in ADSL das System, das zu günstigen Konditionen und auch in kleinen Stückzahlen die Anschlußleitung schnell digitalisiert und imstande ist, → *ISDN* Konkurrenz zu machen.
ADSL ist im Vergleich zu → *FITL* ab einem bestimmten Prozentsatz von angeschlossenen Haushalten in einem Versorgungsgebiet günstiger. Je nach Quelle liegt der Prozentsatz bei 20 bis 35 %.
ADSL wird insbesondere mit multimedialen Diensten für private Nutzer in Verbindung gebracht. Ursprünglich war ADSL gedacht, insbesondere den Zugang zu → *Video-on-Demand* zu ermöglichen. Als weltweit die Pilotversuche dafür erfolglos blieben, kam als neue Anwendung der breitbandige Zugang zum → *Internet* (insbesondere → *WWW*) in die Diskussion.
Seltener wird ADSL im Zusammenhang mit dem Zugang zu breitbandigen Backbone-Netzen (z.B. → *ATM*) genannt.
Seit 1989 wurde ADSL entwickelt und im November 1992 vorgestellt (ADSL 1). ADSL 1 wurde erfolgreich zuerst Ende 1992 bis Januar 1993 in diversen Schulen in New Jersey für Sprach-, Daten- und Videoübertragung getestet. Im Frühjahr 1993 erfolgte ein ausführlicher Test mehrerer Geräte verschiedener Hersteller (sog. 'ADSL Olympics') bei Bellcore, wo die höchste Datenrate über die längste Leitung ermittelt werden sollte.
ADSL 2 und 3 sind in der Entwicklung bzw. werden angedacht. ETSI arbeitet an einem Standard für ADSL 1 und hat bis zum Abschluß seiner Arbeiten als Anhang zum ANSI-Standard (mit DMT)

einen ETR verfaßt, der europäische Gegebenheiten berücksichtigt.
Es laufen einige Dutzend Feldversuche mit ADSL-Modems weltweit, in denen einige 10 000 ADSL-Modems im Einsatz sind.
→ *http://www.adsl.com/*
→ *http://www.sbexpos.com/adsl/adsl-tech.html/*

Advanced Call Routing

Vorbearbeitung eingehender Anrufe vor der Durchstellung zum B-Teilnehmer nach bestimmten Kriterien (A-Nummern-Analyse, Tageszeitanalyse, Durchschaltung zum Teilnehmer, Sperrung, Durchschalten zur Mailbox ...). Allgemein: → *Screening*, → *Forwarding*, → *Barring*.

Advice of Charge

→ *AOC*.

A/D-Wandler

→ *A/D*.

AE

Abk. für Anschlußeinheit. Andere Bezeichnung für die → *Teilnehmerschaltung* in Vermittlungsstellen.

AEEC

Abk. für Airlines Electronic Engineering Committee.

AES

Abk. für Aircraft Earth Station.

AEU

Abk. für Auxiliary Equipment Unit.

AFNOR

Abk. für Association Française de Normalisation.
Französisches nationales Normungsgremium. Das Pendant zum deutschen → *DIN*.

AFP

Abk. für Apple Filing Protocol.
Bezeichnung eines Client/Server-Protokolls aus dem Hause Apple für den Zugriff auf Dateien über ein Netz mit Macintosh-Rechnern. Ist Bestandteil der Netzsoftware → *Apple Share*.

AFS

Abk. für Advanced Freephone Service.

AFTN

Abk. für Aeronautical Fixed Telecommunications Network.

AFuG

Abk. für Amateurfunkgesetz.
Bezeichnung der gesetzlichen Grundlage zum unlizensierten Betrieb von Amateurfunkstationen in Deutschland. Verabschiedet am 14. März 1949.

AGA

Abk. für Alternative Graphics Adapter.
Bezeichnung eines proprietären Standards für Grafikkarten für frühe PCs aus dem Hause Commodore. Die Grafikkarte unterstützte sowohl den Hercules-Standard (→ *HGC*) als auch beide Betriebsarten des → *CGA*-Standards.

AGB

Abk. für Allgemeine Geschäftsbedingungen.
Speziell gemeint sind in der Telekommunikation häufig die AGB der Deutschen Telekom vom 1. Juli 1991, die die → *TKO* ablöste.
Es handelt sich bei den AGBs um ein umfassendes grundlegendes Regelwerk über die Bedingungen und Gebühren für alle von der Deutschen Telekom angebotenen Dienstleistungen und dem Teilnehmer überlassenen Geräte.

AGC

Abk. für Automatic Gain Control.
Ein elektronisches Bauteil das für eine ausgehende Leistung in konstanter Höhe eines eingehenden, in seiner Leistung schwankenden Audiosignals sorgt.

Agent

1. Oft auch zur Betonung ihrer Eigenschaften Smart oder Intelligent Agent genannt. Allgemein die Bezeichnung einer Software, die auf Anfrage bestimmte Informationen zurückliefert, die sie selbständig gesammelt hat. Erste Ideen und Konzepte für derartig selbständig agierende Software gab es bereits 1950 im Zuge eines Projektes des Pentagon, wo Agenten von John McCarty (Pionier der → *KI*) als kleine, autonom arbeitende Software, die ohne menschliche Kontrolle Aufgaben durchführt, definiert wurden.
   → *http://freeagent.genmagic.com/3100/demos.html/*
   → *http://www.verity.com/*
   → *http://www.agents-inc.com/*
   → *http://www.cs.umbc.edu/agents/*
   → *http://informant.dartmouth.edu/*
   → *http://www.firefly.com/*
   → *http://www.empirical.com/*
2. In der Netzwerktechnik ein gebräuchlicher Ausdruck für die Software in einem Netzelement, die für die Verwaltung (Konfiguration, Parameter ...) dieses Elementes und die Kommunikation mit anderen Netzelementen zu verwaltungstechnischen Zwekken zuständig ist.

3. In einem → *Call Center* die Bezeichnung für die Mitarbeiter, die dort mit der Abwicklung der Anrufe beschäftigt sind.

AHD/VHD

Abk. für Audio/Video High Density.
Bezeichnung eines analogen Videodatenaufzeichnungsverfahrens auf Platte. Entwickelt Anfang der 70er Jahre von JVC. Hatte nur bescheidenen Erfolg am Markt.
→ *TED*, → *VLP*.

AI

Abk. für Artifical Intelligence.
Andere Bezeichnung für Künstliche Intelligenz (→ *KI*).

AIM

Abk. für Apple, IBM, Motorola.
Kurzbezeichnung für die Kooperation bei der Herstellung des → *Power-PC* Chips.

AIN

→ *IN*.

Airtime, Airtime Charges

Branchenjargon im → *Mobilfunk*.

1. Die Zeit, die sich ein → *Service Provider* im Mobilfunk von einem Netzbetreiber einkauft, um sie an Kunden weiterzuverkaufen.
2. Die Zeit der Nutzung eines Mobilfunkdienstes, bei der der Funkkanal tatsächlich belegt wird, Nutzdaten übertragen werden und somit Gebühren (Airtime Charges) anfallen.

AIS

Abk. für Alarm Indication Signal.

AIX

Bezeichnung eines Derivates des → *Betriebssystems* → *Unix* aus dem Hause IBM.

Akkumulator

Abgekürzt mit Akku. Aus dem Lateinischen accumulare: etwas anhäufen, speichern, sammeln.

1. Andere Bezeichnung für Arbeitsregister. Bezeichnung eines speziellen → *Registers*, welches praktisch an jeder Operation innerhalb der → *CPU* beteiligt ist und Zwischenergebnisse speichert. Vor der Ausführung eines Befehls steht im Akku üblicherweise ein Operand und nach der Ausführung eines Befehls das Resultat des Befehls.
2. Bezeichnung für eine wiederaufladbare Batterie, eingesetzt in schnurlosen Telefonen, → *Laptops*, → *PDA*s oder → *Handies*. Nachteilig ist, daß es keinen Standard für Akkus (physikalische Abmessungen, Form der Kontakte, elektrische Eigenschaften etc.) gibt, weswegen nicht immer gewährleistet ist, daß entsprechende Akkutypen und Zubehör (z.B. Ladestationen) auf Dauer nachzukaufen sind.
   Akkus sind selbst bei guter Pflege nach einiger Zeit verbraucht. In Abhängigkeit der elektrischen Eigenschaften sind die Zahl der Ent- und Aufladungen sowie die Schadensanfälligkeit (z.B. durch Überladen) begrenzt.
   Man unterscheidet Nickel-Cadmium-Akkus (NiCd), Nickel-Metallhybridakkus (NiMh), Lithium-Ion-Akkus (Li/Ion) und Lithium-Polymer-Akkus (Li/Poly). Alle Akkus benötigen eigene Ladestationen.
   NiCd gelten als schwer, durch das Cadmium als umweltschädlich und störanfällig. Sie existieren bereits lange und werden kaum noch eingesetzt. Er muß immer vollständig ent- und vollständig wieder geladen werden. Problematisch ist daher der sog. Memory-Effekt. Ist der NiCd-Akku nicht ganz entladen und wird dann wieder komplett geladen, dann steht zur Nutzung nur noch das Niveau bis zum nicht vollständig entladenen Punkt zur Verfügung. Entgegenwirken durch mehrmaliges vollständiges Entladen und sofortiges vollständiges Laden.
   NiMh-Akkus bieten rund 60 % mehr Leistung und geringeren Memory-Effekt als NiCd-Akkus. Sie haben jedoch höhere Ansprüche an die Betriebsbedingungen (Temperatur) und benötigen längere Ladezeiten.
   Li/Ion-Akkus besitzen keinen Memory-Effekt, gelten als einigermaßen umweltverträglich und haben eine höhere Energiespeicherfähigkeit, weswegen derartige Akkus platzsparend sind.
   Li/Poly-Akkus sind neue Entwicklungen und haben nochmals eine gesteigerte Energiespeicherfähigkeit. Akkus aus diesem Material können nahezu beliebig geformt werden (gut für Anpassung an Gerätegehäuse).

Akustikkoppler

Bezeichnung für ein heute nur noch selten gebräuchliches Gerät zur Datenübertragung über das öffentliche analoge Fernsprechnetz. Wurde durch das → *Modem* ersetzt. Eine Funktionseinheit einer DÜE, die den Handapparat eines Fernsprechapparates benutzt, um die Kopplung zur Übertragungsleitung mittels akustischer Schwingungen herzustellen.
Im Gegensatz zum Modem besteht keine galvanische Kopplung zwischen dem Netz und der → *DÜE*, sondern ein Lautsprecher wandelt digitale Daten in akustische Schwingungen um, die direkt in einen herkömmlichen Telefonhörer einge-

speist werden. Dieser wird dazu in eine spezielle Mulde des Akustikkopplers gelegt.

Senden und Empfangen erfolgt über verschiedene Frequenzpaare. Datenrate sehr gering, z.B. 300 oder 1 200 bit/s.

Nachteile gegenüber einem Modem sind:

- Eine laute Umgebung verfälscht den Datentransport und zwingt häufig zu seiner Wiederholung.
- Verbindungen können nicht selbständig gewählt und entgegengenommen werden.
- Wegen des mechanischen Aufwands recht unkomfortabel.
- Die maximal realisierbare Datenrate ist sehr niedrig.

Akustische Anrufsignalisierung

Merkmal von Endgeräten. Ein eingehender Verbindungswunsch wird dabei durch akustische Signale angezeigt, z.B. durch eine mechanische Klingel (→ *Wecker*), einen Ton oder eine Melodie (→ *Elektronischer Tonruf*). In lauten oder großflächigen Umgebungen (Fabrik, Hof) können leistungsstarke Klingeln oder Lautsprecher das Telefonklingeln überall hörbar machen.

Akustische Anrufsignalisierung ist die häufigste Art der Anrufsignalisierung.

→ *Alert*, → *Optische Anrufsignalisierung*.

Akustische Raumüberwachung

→ *Leistungsmerkmal* von Telefonen. Sie können über ein eingebautes Mikrofon auch bei aufgelegtem Hörer einen Anruf entgegennehmen und die Geräusche des Raumes übertragen. Dient z.B. der Überwachung von Kranken, Alten oder Babys. Daher auch Babysitter-Funktion genannt.

Aktiver Hub

→ *Hub*.

Aktive ISDN-Karten

→ *ISDN*.

ALC

Abk. für Analogue Leased Circuit, engl. für analoge Festverbindung.

Alcatel SEL

Alcatel ist ein multinationaler Konzern (Belgien, Frankreich, Niederlande), der 1987 die SEL (Standard Elektrik Lorenz, Sitz: Stuttgart) aufgekauft hat, die 1956 aus der Firma Lorenz und aus der Firma Mix & Genest hervorgegangen war. Die Aktivitäten der SEL sind dabei in die Telecom-Sparte der Alcatel eingeordnet worden (Alcatel Telecom).

Ein Produkt ist das → *System 12*.

Alert, Alerting

Bezeichnung für den Zustand beim Aufbau einer Verbindung, in dem der → *B-Teilnehmer* frei und somit potentiell empfangsbereit ist und dies dem → *A-Teilnehmer* entsprechend signalisiert.

Beim Telefon bedeutet dies, daß es klingelt.

Algol

Abk. für Algorithmic Language.

Bezeichnung einer frühen und in Europa entwickelten höheren, imperativen Programmiersprache, die insbesondere im technisch-wissenschaftlichen Bereich verbreitet ist. Algol war die erste Programmiersprache, die nach informationstheoretischen Gesichtspunkten entwickelt wurde und viele Konzepte enthielt, die in späteren bekannteren Sprachen wieder aufgegriffen wurden. So beeinflußte Algol die Entwicklung von → *PL/1*, → *Pascal* und → *C*.

Erster Standard war 1960 Algol 60. Förderer von Algol 60 waren u.a. Quicksort-Erfinder C.A.R. Hoare und Nikolaus Wirth. Nächste Stufe war 1968 Algol 68, das erst 1973 abschließend definiert war. In Europa ist Algol mäßig und in den USA kaum verbreitet.

Algorithmus

Oberbegriff für eine Sammlung von eindeutigen Regeln, Arbeitsschritten, Anweisungen und Parametern zur erfolgsorientierten Abwicklung technischer, mathematischer oder wissenschaftlicher Verfahren.

Ein Rechenverfahren (z.B. zur Lösung quadratischer Gleichungen) ist ebenso ein Algorithmus wie ein Datenübertragungsprotokoll oder ein Kochrezept.

Die Dokumentation von Algorithmen und auch → *Protokollen* erfolgt mittlerweile bevorzugt durch spezielle symbolische Beschreibungssprachen wie → *SDL* oder → *ASN.1*, die den Vorzug haben, daß sie (annähernd) losgelöst von einer Nationalsprache international verständlich sind.

Aliasing

Begriff aus der Technik der Analog-Digital- und Digital-Analogwandlung. Wird ein beliebiges analoges Signal (das als viele einzelne sich ungestört überlagernde Schwingungen verschiedener Frequenzen interpretiert werden kann) abgetastet, so muß die Abtastfrequenz nach dem → *Abtasttheorem* mindestens doppelt so hoch sein wie die höchste im Signal selbst vorkommende Frequenz. Ist dies nicht der Fall, spricht man von Unterabtastung. In diesem Fall kann bei der Rückverwandlung vom digitalen Signal zum analogen Signal nicht mehr eindeutig das ursprüngliche analoge Signal rekonstruiert werden. Vielmehr wird es mit niederfrequenten Oberwellen überlagert (die abgetastet auch das gleiche digitale Signal ergeben wie das ursprüngliche korrekte Signal) und somit verfälscht.

Abhilfe dagegen wird durch Filter (Anti-Aliasing-Filter genannt, seltener auch, unkorrekterweise, Aliasing-Filter) erreicht, die vor der Abtastung beim analogen Signal Frequenzen oberhalb der halben Abtastfrequenz unterdrücken. Auf diese Art gibt es keine störenden Einflüsse, die zu einer mehrdeutigen Interpretation beim Empfänger führen können.

ALIS

Abk. für Access Lines in Service.

Bezeichnung für einen Vergleichsparameter. Bezeichnet die Anzahl in Betrieb befindlicher Hauptanschlüsse eines Netzes oder eines Vermittlungssystems. Die Größe wird oft von Netzbetreibern oder Herstellern von Vermittlungssystemen zur Darstellung ihrer Leistungskraft oder ihres Marktanteils angegeben.

Allomorphie

Bezeichnung aus der objektorientierten Lehre (→ *OO*). Bezeichnet die Eigenschaft von Objekten, mehreren Klassen zugehörig zu sein.

Aloha

Bezeichnung für ein Zugriffsprotokoll auf der Schicht 2 des → *OSI-Referenzmodells*. Entwickelt 1970 von Norman Abramson an der University of Hawaii. Es existieren mittlerweile eine ganze Reihe von Varianten. Allen gemein ist die Konkurrenz der beteiligten Stationen (kein → *Token*-Verfahren!) und eine feste Paketlänge. Die Aloha-Protokolle wurden häufig bei Satellitenstrecken eingesetzt.

Grundidee bei reinem Aloha ist, daß angeschlossene Stationen senden können wann immer sie senden möchten. Eventuelle → *Kollisionen* werden erkannt. Zerstörte Daten müssen erneut gesendet werden. Durchschnittlich ist mit 18 % Kanalbelegung und korrekt übertragenen Daten zu rechnen.

Das von Roberts entwickelte Slotted-Aloha (S-Aloha) legt hingegen feste und periodische Zeitpunkte fest, zu denen die Stationen senden dürfen. Die Zeitspanne zwischen ihnen reicht aus, um exakt ein Datenpaket zu versenden. Es ist somit die Möglichkeit ausgeschlossen, daß sich zwei Datenpakete um nur ein einziges Bit überschneiden und dadurch zerstört werden. Durchschnittlich ist hier mit 36% Kanalbelegung zu rechnen. Slotted-Aloha wird z.B. bei → *Mobitex* eingesetzt.

Alphabet

Ein vereinbarter, fester und einzig allein zulässiger Zeichenvorrat (Ziffern, Buchstaben, Symbole etc.), aus welchem die Zeichen bei der → *Codierung* verwendet werden.

Alphanumerisch

Eigenschaft einer Zeichenfolge. Diese besteht dann aus Buchstaben und Ziffern und nicht nur aus Ziffern (numerisch) oder nur aus Buchstaben (alphabetisch).

ALT

Abk. für Alternate Access Provider.

In den USA Bezeichnung für alternative Dienstanbieter die durch → *Service Bypassing* einem Teilnehmer direkten Zugriff auf ein Fernnetz unter Umgehung des Ortsnetzbetreibers ermöglicht.

Die Teilnehmer, die hierfür in Frage kommen sind in erster Linie Großkunden mit einem hohen Anteil an Fernverkehr.

Altair

1. Name eines ersten Kleinrechners für den Hobbybereich privater Nutzer.
   Er ist mit Intel 8080-Prozessor (8 Bit) ausgestattet und kommt mit 256 Byte Speicher auf den Markt. Er verfügt weder über Bildschirm noch Tastatur, die allerdings nachträglich angeschlossen werden können, sondern nur eine Reihe Schalter zur Eingabe und Leuchtdioden zur Ausgabe.
   Der Altair 8800 von Jerry Ogdin, Bill Yates und Ed Roberts (alle vom → *MIT*) Firma MITS (Micro Instrumentation Telemetry Systems) kam im Januar 1975 für 397 $ auf den Markt. Ab März kosteten weitere 256 Byte 34 $ extra. Trotz magerer Ausstattung war die Nachfrage enorm.
   Der Überlieferung nach ist der Rechner nach der Star-Trek-Episode 'Die Reise nach Altair' benannt worden. Auf diese Idee war eine Tochter der drei gekommen. Das Fachmagazin 'Popular Electronics' kündigte die Kiste auf der Titelseite an. Die Nachfrage war daraufhin enorm, denn MITS konnte gar nicht so viele Geräte herstellen. 2000 Stück wurden im ersten Jahr verkauft. Dennoch kam bereits Ende 1977 das Aus für MITS, die von einer anderen Firma übernommen wurde.
2. Produktname eines funkgestützten → *LAN*s (→ *Wireless LAN*) aus dem Hause Motorola. Im Richtfunkbereich von 18 GHz wird über 40 m bei Sichtverbindung (sonst: 15 m durch Wände) mit einem → *Aloha*-Protokoll übertragen.

Alternate Access Provider

→ *ALT*.

Alternative Infrastruktur

Begriff aus der Liberalisierung der Telekommunikation (→ *Deregulierung*). Als alternative Infrastruktur bezeichnet man die zu Telekommunikationszwecken nutzbare Infrastruktur von Unternehmen oder öffentlichen Institutionen, die selbst keine Telekommunikationsdienstleister sind.

Beispiele: Feuermeldernetz der Feuerwehr, Netz zur Ampelsteuerung einer Stadtverwaltung, Netz der Energieversorger entlang Hochspannungsleitungen oder Pipelines oder der Bahn etc.

Die Nutzung alternativer Infrastruktur, nicht nur zum eigenen Bedarf, wurde in Deutschland im Zuge der Deregulierung ab dem 1. Juli 1996 möglich.

ALU

Abk. für Arithmetic Logic Unit.

Bezeichnung für den Teil eines → *Mikroprozessors*, in dem grundlegende arithmetische Operationen wie Addition, Subtraktion, Inkrementieren, Dekrementieren und grundlegende logische Operationen wie Links- oder Rechtsschieben, UND, ODER, NICHT, XOR etc. durchgeführt werden.

AM

1. Abk. für Amplitudenmodulation.
   → *ASK*.
2. Abk. für Access Manager.
   Bezeichnung eines Teils der technischen Infrastruktur für das drahtlose → *WLL*-System → *PACS*.

Amateurfunk

Bezeichnung für Funkdienst, der von Funkamateuren aus eigenem Vergnügen, zur Ausbildung oder für technische Studien und nicht aus wirtschaftlichem Interesse wahrgenommen wird.

Die rechtliche Grundlage in Deutschland ist das → *AFuG*.

→ *CB-Funk*, → *Kurzstreckenfunk*.

Amateurfunkgesetz

→ *AFuG*.

AMCP

Abk. für Aeronautical Mobile Communications Panel.

America Online

Oft auch abgekürzt mit AOL. Bezeichnung eines Online-Dienstes in den USA, der noch vor → *CompuServe* und vor → *Prodigy* der größte in den USA und auch weltweit ist. Sitz ist Vienna/Virginia. Bertelsmann hält seit 1995 eine deutsche Beteiligung. Expansion nach Westeuropa erfolgte im September 1996 mit einem Markteintritt in Deutschland. Osteuropa soll später folgen.

AMI

→ *Bipolarverfahren*.

Amiga

Bezeichnung eines Kleincomputers aus dem Hause Commodore, der erstmals multimediale Daten verarbeitete.

Der Amiga 1000 mit 256 KByte RAM konnte 4 096 Farben darstellen und verfügte über eingebaute Videochips und Buchsen für Videooutput auf Fernseher und VCR. Zusätzlich war er mit Sprachsynthese sowie Text-zu-Sprache-Konvertierung ausgerüstet. Die eingebauten Chips trugen die Namen Agnes, Denise und Paula. Der Amiga 1000 wurde im Jahre 1985 für rund 1 200 $ auf den Markt gebracht. Erstmals tauchte damit das Wort → *Multimedia* auf, worunter sich zu diesem Zeitpunkt allerdings nur wenige etwas vorstellen konnten. Leider war sein Einführungspreis zu hoch und er lief nicht unter MS-DOS, weswegen er sich trotz einer beachtlichen eingeschworenen Fangemeinde nicht am Markt durchsetzen konnte.

→ *http://www.amiga.de/*

Amplitudenmodulation

→ *ASK*.

Amplitudenumtastung

→ *ASK*.

AMPS

Abk. für Advanced Mobile Phone System.

Bezeichnung für ein analoges zellulares Mobilfunksystem in Nordamerika im 850-MHz-Band. AMPS war das erste kommerzielle und → *zellulare System* überhaupt. Mittlerweile ist es weltweit verbreitet. AMPS wurde auch Grundlage für weitere Standards (→ *TACS*). Nach der Nummer ihres Standards wird AMPS auch IS 54 (Interim standard) genannt.

Uplink: 824 bis 849 MHz, Downlink: 869 bis 894 MHz. Die Kanalbandbreite für 666 Kanäle beträgt je 30 kHz, der Duplexabstand 45 MHz. Die Signalisierungsübertragung erfolgt mit → *PSK*, → *Manchestercodierung* und 10 kbit/s.

AMPS wurde (z.B. im Gegensatz zu → *NMT*) für die Benutzung in dichtbesiedelten Gebieten und in Städten entwickelt, was zu kleineren Zellen und höheren Kapazitäten führte. AMPS kann eine Verkehrslast von bis zu 12 Erl/km^2 abwickeln.

Üblich sind 12er- oder 7er-→ *Cluster* bei den Zellen mit omnidirektionalen Antennen (12er-Cluster) oder Sektorantennen in drei Sektoren je Zelle (7er-Cluster).

Nach Kapazitätsengpässen wurden weitere 2 mal 5 MHz Frequenzband von der → *FCC* in den USA zur Verfügung gestellt: Uplink 824 bis 849 MHz, Downlink 869 bis 894 MHz, 832 Kanäle.

Nichtgenutzte Kapazitäten führten zum Datenübertragungsverfahren → *CDPD*.

AMPS wurde in den 70er Jahren von den Bell Labs entwickelt und ist der heute weltweit (USA:

über 20 Mio. Nutzer) meistgenutzte Mobilfunkstandard.

Frequenzbereich von 40 MHz wurde 1974 zugewiesen. Erste Tests liefen 1977 in Chicago an. Das System ging 1983 auf einer Stadt-für-Stadt-Lizenzbasis in 30 Städten mit je zwei Lizenzen pro Stadt in den Wirkbetrieb. Dabei erhielten ein lokaler Betreiber des Festnetzes und ein reiner mobiler Anbieter jeweils 25 MHz (A- und B-Band).

AMPS wird nach und nach durch Digitalisierung einzelner Kanäle zu einem digitalen zellularen System (→ *D-AMPS*). Ferner ist es möglich, → *CDPD* über eine bestehende AMPS-Infrastruktur anzubieten.

Weltweit waren 1996 AMPS-Netze in 82 Ländern mit rund 41 Mio. Nutzern in Betrieb.

AMS

Abk. für Audio-visual Multimedia Services.

Bezeichnung für Anforderungen an Multimediadienste und → *APIs*, damit diese über → *ATM* abgewickelt werden können.

AMS befindet sich in der Definition durch das ATM Forum.

Amtsanlassung

Amtsdeutsch für die Nummer, die man in einer Nebenstellenanlage wählen muß, um eine Amtsleitung zu bekommen. In der Regel die '0'.

Amtsberechtigung

Begriff aus der Nebenstellentechnik. Dabei wird noch zwischen halber, voller und keiner Amtsberechtigung unterschieden.

- Volle Amtsberechtigung bedeutet, daß ein Anschluß an der Nebenstellenanlage sowohl externe Anrufe entgegennehmen und heraustelefonieren kann.
- Halbe Amtsberechtigung führt nur zum Empfang ankommender externer Rufe.
- Ohne Amtsberechtigung darf der Teilnehmer nur intern telefonieren.

Amtsholung

Auch spontane Amtsholung genannt. Begriff aus der Nebenstellentechnik. Bezeichnet ein → *Leistungsmerkmal* von Nebenstellenanlagen. Dabei schaltet die Nebenstellenanlage beim Abheben eines Hörers einer Nebenstellenanlage ohne Vorwahl einer Null automatisch eine Amtsleitung zu dieser Nebenstelle, so daß keine Sondernummer vorgewählt werden muß.

AN

Abk. für Access Network.

→ *Zugangsnetz.*

Analoge Übertragung

Übertragung eines zeitlich und im Wert kontinuierlich variierenden Signals.

Analogrechner

Im Gegensatz zum Digitalrechner (heute üblicher → *Computer* in allen Formen) ein System, das zeit- und wertkontinuierliche Signale aufnimmt, nach bestimmten Regeln transformiert und in gleicher Form ein Resultat abgibt.

Zahlenwerte werden dabei heute nicht als diskrete mehrstellige und -ziffrige Werte gespeichert und taktweise durch Befehle verarbeitet, sondern als kontinuierliche und real vorliegende physikalische Signale (meistens als elektrischer Spannungswert) über geeignete kombinierte Elemente der analogen Elektrotechnik (Spule, Kondensator, Widerstand) und deren elektromagnetische Eigenschaften abgebildet. Die erreichbare Genauigkeit eines Analogrechners hängt von der Güte der verwendeten Elemente ab.

Vorteil der Analogrechner ist deren Schnelligkeit (Echtzeit), weswegen sie oft bei sehr sicherheitssensitiven Fällen eingesetzt werden (chemische Industrie, Kernkraftwerke).

Nachteilig ist ihre starke Beschränkung im Einsatz auf Fälle, in denen physikalische Meßwerte unmittelbar vorliegen.

Analogrechner galten als erste Rechenmaschinen überhaupt. Prinzipiell ist auch der → *Rechenschieber* ein Analogrechner.

1814 schlug der deutsche Ingenieur J.H. Herrmann eine mechanische (analoge) Vorrichtung zur Ermittlung der von einer beliebigen Kurve umschlossenen Fläche vor. In den Folgejahren schlugen viele andere (u.a. Maxwell, die Thomson Brüder und Lord Kelvin) ähnliche Mechanismen als Kurvenscheibenintegrator vor. Der engl. Mathematiker Charles M. Babbage (* 1792, † 1871) entwickelte 1822 kleine Differenziermaschinen. Angeregt dazu wurde er von Gaspard Riche, Baron von Prony, der logarithmische und trigonometrische Funktionen berechnete. Zur Erleichterung baute Babbage eine kleine Differenziermaschine, deren Erfolg zu einem Dreijahresvertrag mit der britischen Regierung über den Bau einer Maschine führte, die sowohl rechnen als auch Tabellen mit Ergebnissen ausdrucken können sollte. Obwohl 17 000 Pfund aus der Regierungskasse und wohl der gleiche Betrag noch einmal aus Babbages Privatkasse in das Projekt flossen, kam es zu keinem Ergebnis. Gonella erfand 1824 den Reibrad-Integrator als ein lange Zeit eingesetztes analoges Rechenhilfsmittel. 1870 schließlich erfanden Thomson und Lord Kelvin einen wesentlich verbesserten Kurvenscheibenintegrator.

1926 erfand der Ingenieur J.H. Niemann einen Drehmomentverstärker, mit dem man mehrere Reibrad-Integratoren zusammenschalten kann. Mit diesem Drehmomentverstärker baute der amerik. Ingenieur Vannevar Bush (* 1890, † 1974) am MIT 1931, nach ersten Versuchen im Jahr 1926, die leistungsfähigste analoge Rechenanlage seiner Zeit: den Differentialanalysator mit acht Thomson-Integratoren zur Lösung von Differentialgleichungen zweiten Grades. Die Programmierung einer Lösung dauerte noch ein bis zwei Tage.

Dem Amerikaner G.A. Philbrick gelang 1938 die Erfindung des Operationsverstärkers durch eine elektrische Realisierung von Integration und Differentiation in einer Schaltung. Dank Lochstreifenprogrammierung konnte 1942 die Programmierzeit des Differentialanalysators von Bush auf fünf Minuten gesenkt werden. Das neueste Modell bestand aus 18 Integratoren, 2 000 Röhren, 150 Elektromotoren und einigen tausend Relais. Drei verschiedene Probleme konnten mit ihm gleichzeitig bearbeitet werden. Im gleichen Jahr wurde mit dem M-9 erstmals ein analoger elektronischer Rechner mit Operationsverstärkern für Feuerleitzwecke bei der amerikanischen Artillerie eingesetzt. Bereits zwei Jahre später waren zur Ermittlung ballistischer Tabellen für die Artillerie im ballistischen Rechenzentrum der USA insgesamt 24 Differentialanalysatoren im Einsatz.

Mit dem Aufkommen digitaler Rechner in den 40er und 50er Jahren verloren Analogrechner nach und nach an Bedeutung und wurden zu Exoten, die nur noch für Spezialaufgaben eingesetzt wurden.

A-Netz

Erstes analoges handvermitteltes Mobilfunknetz in Deutschland mit bis zu 10 784 Teilnehmern zu seinen besten Zeiten. Auch öbL-A (öffentlicher bewegter Landfunk Netz A) genannt. Es war 1971 das weltweit größte zusammenhängende öffentliche Mobilfunknetz. Allein 600 Beschäftigte arbeiteten in der Handvermittlung, was es teuer und dadurch letztlich unwirtschaftlich machte. Die Technik arbeitete im 150-MHz-Band (156 bis 174 MHz) mit 50 kHz Kanalabstand, Frequenzmodulation (→ *FM*) und 16 Kanälen. Deutschland (alte Bundesländer) war dazu in 136 Funkzonen eingeteilt. Die Sendeleistung betrug 10 W. Der Ruf der mobilen Station (→ *MS*) erfolgte durch Selektivruf. Ein mit gleicher Technik betriebenes A2-Netz versorgte mit weiteren 18 Kanälen Ballungsgebiete und Hauptverkehrsadern. In Hamburg wurde zusätzlich noch ein separates A3-Netz mit einem Kanalabstand von nur 20 kHz installiert. Die Verbindungsaufbauzeit betrug u.U. mehrere Minuten. In Deutschland wurden erste Mobilfunkteilnehmer bereits seit 1950 in Ballungsgebieten auf Frequenzen im 30-, 80- und 160-MHz-Bereich registriert. Diese Inselnetze wurden ab 1957 zu einem zusammenhängenden Netz mit einheitlicher Technik zusammengefaßt. 1958 nahm das A-Netz seinen Betrieb offiziell auf und wurde 1977 bei zuletzt 787 Teilnehmern eingestellt. Die bis dahin genutzten Frequenzen gingen im → *B-Netz* auf. Flächendeckung wurde im A-Netz nie erreicht. Lediglich 80 % der Fläche Westdeutschlands mit allerdings 95 % der Bevölkerung wurden versorgt (1968).

Angebot

Begriff aus der → *Verkehrstheorie*. Das Angebot bezeichnet den → *Verkehrswert*, der einem System zur Bearbeitung tatsächlich zugeführt wird, unabhängig davon, ob er dann auch bearbeitet wird oder nicht (wie z.B. in einem → *Verlustsystem*). Das Angebot A ergibt sich aus dem Produkt von der Anzahl der Belegungsversuche C_a und deren potentieller mittlerer Belegungsdauer t_m:

$$A = C_a * t_m$$

→ *Erlang*.

ANI

1. Abk. für Access Network Interface.
   Bezeichnet die Schnittstelle eines Teilnehmers zu einem Zugangsnetz, über das wiederum ein → *Backbone-* oder → *Core-Network* erreicht werden kann, das viele Zugangsnetze verbindet.
2. Abk. für Automatic Number Identification.
   Scherzhaft und abkürzend im englischen Sprachraum auch 'Annie' genannt. Andere Bezeichnung für → *CLI*.

ANIS

Abk. für Analoge Teilnehmer an → *ISDN*-fähigen Vermittlungsstellen.

Bezeichnung der seit Herbst 1993 für entsprechende Teilnehmer von der Deutschen Telekom angebotenen Dienstmerkmale für den analogen Fernsprechdienst wie → *Forwarding*, → *Anklopfen*, → *Makeln*, → *Dreierkonferenz* und → *Sperre*. Wurde kurze Zeit auch Butler-Service und T-Coach genannt und wurde ab Januar 1996 für kurze Zeit allen Teilnehmern kostenlos zur Verfügung gestellt (exklusive Forwarding). Bedingt durch technische Probleme erfolgte eine Rücknahme dieser Maßnahme mit einer kostenfreien Zuteilung auf Anforderung ab September 1996.

Anklopfen

Bezeichnung eines Dienstmerkmales von Nebenstellenanlagen, des → *ISDN* und → *GSM*. Auch Call Waiting genannt. Führt ein Teilnehmer gerade ein Gespräch, dann wird er durch ein akustisches Signal auf einen vorliegenden zweiten Verbindungswunsch aufmerksam gemacht. Er erkennt, daß jemand weiteres ihn sprechen möchte und kann z.B. den aktuellen Gesprächspartner parken und den neuen fragen, was er möchte oder kann das laufende Gespräch beenden und sich dem neuen zuwenden.

→ *Makeln*.

Anlagenanschluß

Bezeichnung für eine mögliche Anschlußvariante am → *Euro-ISDN*, bei dem nicht mehrere Endgeräte an einem Bus wie beim → *Mehrgeräteanschluß* betrieben werden können, sondern nur eine (kleine) TK-Anlage.

Annie

→ *ANI*.

Anonymous FTP

→ *FTP*.

Anrufer-Identifikation

→ *CLI*.

Anrufordner

Begriff aus der Ortsvermittlungstechnik mit elektromechanischen Wählern. Bezeichnet einen kleinen Wähler, der eine Menge von → *Anrufsuchern* (in der Regel zehn Stück) verwaltet und den nächsten freien Anrufsucher markiert.

Anrufschutz

Bezeichnung eines → *Leistungsmerkmals* von Endgeräten oder Nebenstellenanlagen. Auch Ruhe vor dem Telefon genannt.

Bezeichnet das Ausschalten der → *akustischen Anrufsignalisierung* am Telefon, um ungestört zu sein. Der → *A-Teilnehmer* erhält für gewöhnlich eine Ansage, daß der gerufene Teilnehmer derzeit nicht erreichbar sei. Je nach Leistungsfähigkeit kann diese Ansage individuell vom Angerufenen eingesprochen werden.

Abgehende Gespräche sind dabei ungehindert möglich.

Anrufsucher

Spezieller Wähler, der in elektromechanischen Ortsvermittlungen eingesetzt wird und die Aufgabe des Konzentrierens übernimmt. I.d.R. werden zehn eingehende Anschlußleitungen auf eine abgehende Vermittlungsleitung konzentriert. Sobald er von der → *Teilnehmerschaltung* ein Signal bekommen hat, sucht er die ihm zugeordneten zehn eingehenden Leitungen nach einem bestimmten, von der Teilnehmerschaltung auf die Leitung gelegten Potential ab. Nachdem er die Leitung gefunden hat, stellt er den Kontakt her, schaltet den Freiton durch und verbindet zum (ersten) → *Gruppenwähler*. Es werden somit keine vom Teilnehmer gewählten Ziffern ausgewertet.

→ *Anrufordner*, → *Leitungswähler*.

Anrufweiterschaltung

Auch selten Anrufweiterleitung genannt. Deutsche Bezeichnung für → *Forwarding*.

ANS

Abk. für Advanced Network and Services.

Bezeichnung einer Non-Profit-Organisation, die in den USA ein breitbandiges → *Backbone* des → *Internet* betreibt.

Anschlußbereich

Der Bereich um eine Ortsvermittlung herum, in dem Teilnehmer problemlos unter Berücksichtigung technischer Rahmenbedingungen (max. Planungsbezugsdämpfung von 8,2 dB, max. Schleifenwiderstand von 1 200 Ohm für die Teilnehmerschaltung, Anzahl der Anschlußeinheiten der Ortsvermittlungsstelle) angeschlossen werden können. In Deutschland ungefähr ein Radius von 5 km um eine Ortsvermittlungsstelle.

In kleinen Ortsnetzen fällt Anschlußbereich mit dem Ortsnetzbereich zusammen, da alle Teilnehmer an eine Vermittlung angeschlossen sind.

In Deutschland gibt es ca. 8 300 Anschlußbereiche in 5 000 Ortsnetzen der Deutschen Telekom.

Anschlußknoten

Netzknoten, an den Teilnehmer eines Dienstes angeschlossen werden können. Auch Teilnehmervermittlung o.ä. genannt.

Anschlußleitung

Bezeichnung für die Verbindung von der → *Teilnehmervermittlung* zum Netzabschluß (→ *NT*) beim Teilnehmer. In den USA beträgt die durchschnittliche Länge der Anschlußleitung 3,5 km, in Europa ca. 1,8 km.

Anschlußverkabelung

Andere Bezeichnung für die → *Tertiärverkabelung* in größeren → *LANs*.

ANSI

Abk. für American National Standards Institute.

Bezeichnung eines 1918 gegründeten nationalen Standardisierungsgremiums der USA. Es handelt sich um das dortige Gegenstück zum → *DIN*. Es vertritt die USA in der → *ISO*.

Computerhersteller und Anwenderverbände arbeiten in verschiedenen Untergremien der ANSI zu.

In Anlehnung an eines der frühesten Beispiele drahtloser Übermittlungsprotokolle (indianische Rauchzeichen) wird ANSI auch scherzhaft mit American National Smoke Institute übersetzt. Adresse:

ANSI
1430 Broadway
New York 10018
USA
Tel.: (+1) 02 12 / 6 42 49 00

→ *http://www.ansi.org/*

Antiope

Abk. für Aquisition Numérique et Télévisualition d'Images Organisées en Pages d'Écriture.
Ein französischer Standard, der beim dortigen System → *Minitel* den Bildschirmaufbau definiert (Zeichen, Grafiken etc.). Pendant zum deutschen → *Btx*-System, nur einfacher.

A-Nummer

Die Nummer des Anrufenden.
→ *B-Nummer*.

Anwendung

Anderes Wort: Applikation. Oberbegriff für Software, die auf Betriebsmittel des Betriebssystems zurückgreifen muß. Letztlich die Programme, die durch einen menschlichen Nutzer eines Rechners oder eines Rechnersystems genutzt wird, z.B. Textverarbeitung, Tabellenkalkulation, CAD-Programm, Datenbankverwaltung.

AOC

1. Abk. für Advice of Charge
   Bezeichnung für ein Dienstmerkmal in Telekommunikationsnetzen, z.B. bei → *GSM* und → *ISDN*. Dabei werden nach Beendigung einer Verbindung die angefallenen Gebühren in einer Anzeige dem Nutzer angezeigt.
2. Abk. für Aeronautical Operational Control Communications.

AOL

Abk. für → *America Online*.

AON

Abk. für Active Optical Network, aktives optisches Netz.
Bezeichnung eines Netzes auf Glasfaserbasis mit aktiven, d.h. eine eigene Spannungsversorgung benötigenden Teilen, die z.B. Signale verstärken.
→ *PON*.

AOW

Abk. für Asia and Oceanic Workshop.
Bezeichnung einer Workshoprunde der → *ISO* im asiatisch-pazifischen Raum.
→ *OIW*, → *EWOS*.

AP

Abk. für Access Point.
→ *Wireless-LAN*.

APC

1. Abk. für Adaptive Predictive Coding.
   Meist ergänzt um Zusätze wie -AB (mit Adaptive Bit Allocation), -HQ (mit Hybrid Quantization) oder -MQL (mit Maximum Likelihood Quantisation).
2. Abk. für American Personal Communications.
3. Abk. für Aeronautical Passenger Communications.
4. Abk. für Association for Progressive Communication.
   Bezeichnung eines weltweiten Zusammenschlusses alternativer oder sozial-progressiver → *Mailbox*systeme wie in Deutschland dem → *CL-Netz*.

APCO

Abk. für Association of Public Safety Communications Officers.
Name eines Verbandes in den USA. Zusammenschluß von Mitarbeitern von Polizei, Feuerwehr, Hilfsdiensten etc., das Standardisierungsgremien zuarbeitet und Sicherheitsfeatures und Mindestanforderungen in Telekommunikationsnetzen definiert (Notrufnummern, Netzkapazitäten etc.).

AP GS

Abk. für Airport Groundstation.
Teil der Netzinfrastruktur bei → *TFTS*.

Apertur (-strahl, -winkel)

Von lat. apertum = Öffnung.
Die von einem Punkt noch in ein optisches System eindringenden und dabei sich maximal voneinander entfernenden Strahlen (Randstrahlen, Aperturstrahlen) spannen einen Winkel auf, dessen Halbwinkel mit Aperturwinkel bezeichnet wird.
Der Sinus dieses Aperturwinkels wird abkürzend mit Apertur bezeichnet.
In Analogie zu dieser Definition bei optischen Systemen wird diese Definition auch bei funktechnischen Systemen (z.B. bei Hornantennen) angewendet. Dort geht es um die Einfallswinkel von Antennen.

API

Abk. für Application Programming Interface.
Oberbegriff bei technischen Systemen für veröffentlichte und allgemein zugängliche sowie standardisierte Software-Routinen, Protokolle und Schnittstellenbeschreibungen, die es freien Entwicklern von Software ermöglichen, Anwendungen auf Basis des technischen Systems zu erstellen. Dabei können vorhandene Routinen und Softwarebibliotheken genutzt werden.
Darüber hinaus ist die Portabilität der Software sichergestellt.
Bekannte APIs sind → *CAPI* und → *TAPI* oder → *TSAPI*.

APL

Abk. für A Programming Language.
Bezeichnung einer problemorientierten höheren Programmiersprache. Sie verfügt über keine Schlüsselwörter, sondern über Namen und (viele)

Operatoren. Vorteil ist, daß komplexe Probleme, z.B. Matrix- und Vektoroperationen, im Vergleich zu anderen Programmiersprachen wesentlich leichter formuliert werden können. Nachteilig ist die schwere Erlernbarkeit und erforderliche Routine und Erfahrung für die Erstellung effizienter Programme. Im praktischen Einsatz nur für kurze Programme geeignet. APL gilt ferner als nicht besonders schnell und effizient.

APL wurde seit 1960 von Kenneth E. Iverson (* 17. Dezember 1920) zusammen mit Adin Falkoff an der Harvard University für anspruchsvolle mathematische Probleme entwickelt und 1966 mit einem → *Interpreter* der Öffentlichkeit vorgestellt. Bei der IBM tagte 1969 eine von 500 Experten besuchte Konferenz über APL. Die Veranstaltung wurde später als 'Der Marsch auf Armonk' bekannt.

APL wird insbesondere im industriellen Bereich benutzt und ist dort etwa so stark verbreitet wie → *Cobol* im kaufmännischen Bereich. APL beeinflußte seinerseits die Entwicklung der Sprache → *J*.

APM

Abk. für Additional Packet Mode.

Bezeichnung eines neuen paketvermittelnden Dienstes zur Datenübertragung im → *D-Kanal* des → *ISDN* zwischen Ortsvermittlungsstelle und Teilnehmer (spezifiziert in Q.931) oder zwischen Vermittlungsstellen (spezifiziert in Q.731 bis 766).

Apogäum

Bezeichnung des erdfernsten Punktes bei elliptischen Umlaufbahnen von Satelliten um die Erde.

→ *Perigäum*, → *Apsiden*.

APON

Abk. für → *ATM* over Passive Optical Networks.

→ *PON*.

Apothekerschaltung

Traditionelle Bezeichnung für die Kopplung einer Nebenstellenanlage mit einer Gegensprech- und Öffnungsanlage für die Tür.

APPC

Abk. für Advanced Program-to-Program Communications.

Begriff aus der → *SNA*-Welt. Vorgestellt 1983. Bezeichnet dort die direkte Kommunikation zwischen zwei oder mehreren PCs in einem LAN ohne Einschalten von → *Hosts* oder → *Servern* und ohne Terminalemulation.

Im Gegensatz zu → *APPN* wird nicht auf Schicht 3 oder 4 die Verbindung hergestellt, sondern auf Schicht 7, d.h. die auf den PCs laufenden Anwendungsprogramme kommunizieren miteinander. Daher ist APPC eine Art → *API*.

Apple I

Bezeichnung eines frühen PCs für den privaten Nutzer zu Hobby- bzw. Bastlerzwecken. Das Gerät war spartanischer ausgestattet als der → *Altair* 8800. Besser ausgestattet und erster 'richtiger' Computer der Firma Apple wurde der → *Apple II*.

Grundlage für den Apple I war der 6502-Prozessor aus dem Hause Motorola. Er enthielt nur eine Platine mit 8 KByte → *RAM* und einem Bildschirmanschluß. Es waren kein Gehäuse, Netzteil oder Peripherie im Preis enthalten.

Am 1. April 1976 gründeten Steven Paul Jobs (damals 21) und Stephen G. Wozniak (damals 26) in Palo Alto in einer Garage von Jobs Eltern die Firma Apple und produzierten den ersten Apple I. Die offizielle rechtliche Gründung erfolgte am 3. Januar 1977. Startkapital der Garagen-Firma erhielten beide durch den Verkauf von Jobs altem VW-Bus und Wozniaks programmierbarem HP-Taschenrechner.

Vorher hatten sie ihre Pläne den Firmen Atari und Hewlett-Packard angeboten, die ablehnten.

Ihre Vision: One Person - One Computer. Erster Abnehmer war Paul Terrell, der in seinem 'Byte Shop' (Computerelektronik und -zubehör) ab Mai 50 Platinen für 666,66 $ mit dem Slogan 'Byte in an Apple' anbot, womit auch das Logo geboren war.

Den Namen erhielt der Rechner dadurch, daß man bewußt vermeiden wollte, einen technisch-wissenschaftlich klingenden Namen zu verwenden und weil, der Sage nach, einer der Gründer gerade aus gesundheitlichen Gründen nach einem Indien-Aufenthalt eine Apfel-Diät machen mußte.

Apple II

Name des ersten echten Arbeitsplatzrechners aus dem Hause Apple und neben dem → *TRS-80* oder dem → *PET* einer der ersten Arbeitsplatzrechner überhaupt, der das PC-Zeitalter einläutete.

Der Apple II nutzte als Prozessor den MCS 6502 aus dem Hause Motorola. Er hatte einen Fernsehanschluß oder einen Bildschirm mit einer Auflösung von 280 mal 192 Bildpunkten. Als Speicher nutzte er zuerst einen 16 KByte RAM- und ebensoviel ROM-Speicher (später bis zu 64 KByte).

1977 wurde er für 1 295 $ herausgebracht und wurde, dank der ersten Tabellenkalkulation Visicalc, ein echter Renner. 1978 verließ Apple die Garage und zog nach Cupertino. Der Apple II war mit einem Diskettenlaufwerk für 143 KByte ausgerüstet und wurde 1983, zum Apple IIe weiterentwickelt, Retter des gesamten Unternehmens, nachdem der → *Apple III* und der → *LISA* floppten, was Apple fast an den Rand des Ruins brachte. Schließlich wurde er durch den → *Macintosh* ersetzt.

Ab 1980 wurden in Cork/Irland Apple II für den Markt in Europa produziert.

Apple III

Name eines Arbeitsplatzrechners, der Nachfolger des Apple II werden sollte. Wurde von Apple mit einem Jahr Verspätung 1981 präsentiert. Es sollte ein Business-Computer für 3 450 $ sein. Er war technisch nicht ausgereift und hatte eine Ausfallrate von fast 100 %. Apple geriet durch ihn an den Rand des Ruins und wurde nur durch den weiterhin florierenden Verkauf des → *Apple II* gerettet.

Apple Share

Bezeichnung der Netzwerktechnik zur Vernetzung von Rechnern aus dem Hause Apple. Apple Share umfaßt die Software für den → *Server* und den Client. Das zwischen ihnen abgewickelte Protokoll ist Apple Share AFP.
Die Anzahl unterstützter Clients ist vom Servertyp abhängig: es sind 50 beim Macintosh-II-Server und 32 beim Macintosh-Plus und -SE.
→ *Apple Talk.*

Apple Talk

Bezeichnung einer Gruppe von Kommunikationsprotokollen innerhalb von → *Apple Share.* Sie basiert auf dem → *OSI-Referenzmodell* und deckt alle Schichten ab.

Applets

→ *Java.*

Application Sharing

Bezeichnung eines → *Leistungsmerkmals* bei Desk-Top-Videokonferenzen (→ *Videokonferenzsystem*) über → *ISDN* und mit dem → *PC* als Endgerät.
Dabei können die Teilnehmer an der Videokonferenz auf die auf einem PC laufenden Programme zugreifen, ohne daß diese Software auf dem eigenen Rechner installiert sein muß.
Ein Standard der → *ITU* hierfür ist → *T.120.*
→ *Joint-Editing*, → *Joint-Viewing.*

Applikation

Anderes Wort für → *Anwendung.*

APPN

Abk. für Advanced Peer-to-Peer Networking.
Begriff aus der → *SNA*-Welt. Prinzipiell eine Weiterentwicklung, die langfristig als Nachfolger von SNA gilt. Vorgestellt 1983.
Bezeichnet eine Punkt-zu-Punkt-Verbindung auf Ebene 3 oder 4 (im Gegensatz zu → *APPC*) zwischen PCs in einem LAN. Es ist kein → *Host* beteiligt. Zusätzlich werden Verzeichnisdienste und das → *Routing* zwischen mehreren → *APPC*-Systemen unterstützt, d.h. APPN realisiert die physikalische Verbindung im Rahmen von APPC. APPN erleichtert die Integration von Systemen, die auf SNA aufbauen, in herkömmliche → *LAN*-Strukturen.

APPV

Abk. für Advanced Pay-per-View.
Andere, seltenere Bezeichnung für Near Video on Demand, → *NVoD.*

Apsiden

Bezeichnung für das → *Apogäum* und das → *Perigäum*, die erdfernsten- und erdnächsten Punkte bei Umlaufbahnen von Raumflugkörpern.

AQ

Abk. für Adaptive Quantisation.

Arbeitsspeicher

Betriebsmittel in einem Rechner. Auch Hauptspeicher, Primärspeicher, Speicherwerk oder Speichersystem genannt. Bezeichnung des Speichers und seiner Ansteuerungslogik in einem Rechner, in dem die Programme laufen und Programme selbst und ihre zu bearbeitenden Daten während des Programmlaufs abgelegt werden. Der Arbeitsspeicher wird vom → *Betriebssystem* verwaltet.
Beim Aufruf eines Programms wird dieses durch das Betriebssystem von einem großen, langsamen und billigen Speicher (Festplatte, Diskette) in den teureren, kleineren, aber dafür sehr viel schnelleren Arbeits- oder Hauptspeicher eines Rechners geladen. Arbeitsspeicher ist technisch auf Halbleiterbasis in Form eines → *ROM* und eines → *RAM* realisiert. Im RAM-Teil des Arbeitsspeichers befindet sich das Programm und seine Daten, im ROM unveränderbare Systemprogramme.
Daten im RAM sind flüchtig und gehen ohne Extraspeicherung nach Ausschalten des Rechners verloren.
Zwischen dem Arbeitsspeicher und der → *CPU* befindet sich bei modernen Rechnern noch ein → *Cache.*

Archer-Group

Bezeichnung für die Verbindung der Häuser AT&T und Sun in den 80er Jahren zur Entwicklung eines auf SunOS und Unix System IV basierenden Standards von → *Unix*, das zu Unix System IV.4 führte. Als Reaktion darauf bildete sich → *OSF.*

Architektur

Allgemein die Bezeichnung für eine abstrahierte Beschreibung von Systemen aller Art, üblicherweise untergliedert in einzelne voneinander unabhängige, aber zusammengehörende Größen, die miteinander über Schnittstellen interagieren. Die Architektur beschreibt die Module, ihre Schnittstellen und die Interaktionsprozesse.
Ein Beispiel für eine derartige Architektur ist das → *OSI-Referenzmodell.*

Archie

Bezeichnung eines Systems, das (mindestens, üblicherweise) einmal im Monat jeden dort registrierten → *FTP*-Server anruft und von diesem die Namen seiner Verzeichnisse und Dateien erhält. Durch Anfragen bei Archie mit → *telnet* kann sich ein Nutzer informieren, welche Dateien wo im → *Internet* auf FTP-Servern verfügbar sind. Zusätzliche Informationen zu den einzelnen Dateien sind in einer Software Description Database (SDD) enthalten.

Mitte 1996 befand sich je ein Archie-System auf ca. 20 weltweit verteilten Hosts.

Archie ist für FTP das, was → *Veronica* für → *Gopher* ist. Es wurde von Programmierern der McGill-University in Kanada entwickelt.

ARCnet

Abk. für Attached Resource Computing Network.

Ein von der Firma Datapoint Corp. in der Mitte der 70er Jahre entwickeltes Übertragungsprotokoll für den → *LAN*-Bereich. Zugrunde liegt Baum-Topologie und ein → *Token*-Verfahren, da logisch ein Token-Ring nachgebildet wird. Medium ist ein mit 93 Ohm abgeschlossenes Koaxialkabel, das mit 2.5 Mbit/s überträgt oder für Hochgeschwindigkeitsanwendungen ein Glasfaserkabel für 100 Mbit/s (→ *TCNS*-System). Darüber hinaus existiert eine Variante für 2.5 Mbit/s über → *UTP*.

Maximal dürfen 254 Stationen (von denen jede eine Identifizierungsnummer 1 bis 255 hat) über aktive und passive → *Hub*s angeschlossen werden. Die Stationen dürfen maximal 6 000 m auseinanderliegen. Passive Hubs versorgen bis zu 30 m entfernt liegende Stationen, aktive Hubs bis zu 600 m entfernte Stationen. Korrekt empfangene Daten werden mittels der Sendung eines Bitmusters quittiert.

ARCnet gilt als billiger (und wesentlich langsamer) als → *Ethernet*.

Eine Variante ist ARCnetPlus, das mit 20 Mbit/s überträgt und → *ANSI*-Standard seit 1993 ist.

ARCnetPlus

→ *ARCnet*.

ARI

Abk. für Autofahrer-Rundfunk-Information.

Bezeichnung für ein in Deutschland, der Schweiz und Luxemburg betriebenes System zum gezielten Fernsteuern von Autoradios zum dortigen Einblenden eines Senders mit Verkehrsfunkinformationen.

Drei Signale ermöglichen ARI: eine Senderkennung, die durch ein zusätzliches Trägersignal von 57 kHz im Stereomultiplexsignal erreicht wird, kann ein Kanal erkannt werden, der grundsätzlich Verkehrsnachrichten aussendet. Diese Senderkennung ermöglicht so das automatische Suchen des Radios nach Sendern mit Verkehrsnachrichten. Eine Bereichskennung legt die Region fest, so daß ein Hörer auch tatsächlich die Informationen empfängt, die für seinen Aufenthaltsort relevant sind. Die hörbare Durchsagekennung (125 Hz, übertragen durch eine Zweiseitenband-Amplitudenmodulation des 57-kHz-Trägers) ermöglicht das gezielte Einblenden von Verkehrsnachrichten während z.B. die Kassette läuft.

Aries

Mobiles Satellitenfunksystem (→ *Satellitenmobilfunk*), von der Firma Constellation Communication betrieben. Soll zur Jahrtausendwende seinen Betrieb aufnehmen. Besteht aus 48 Satelliten in 1 018 km hohen LEOs. Stellt 50 Kanäle/Satellit zur Verfügung. Ein Satellit soll 7 bis 19 Zellen versorgen. Kosten: 170 bis 290 Mio $. Kosten je Satellit: 35 Mio. $.

ARL

Abk. für Adjusted Ring Length.

Bezeichnung einer Komponente, die in die Berechnung der maximalen Ringlänge beim → *Token-Ring* eingeht.

ARM

Abk. für Asynchronous Response Mode.

Bezeichnung eines Kommunikationsmodus von → *HDLC*. Es wird dabei eine Punkt-zu-Punkt-Verbindung zwischen den an ihr beteiligten Stationen aufgebaut, wobei eine Station die Rolle des Masters und eine die des Slave (auch Primary bzw. Secondary genannt) übernimmt. Beide Stationen können wie beim → *ABM* die Übertragung starten.

ARP

1. Finnisches analoges Mobilfunknetz aus der vor-zellularen Zeit. Erforderte manuelle Vermittlung. Operierte im 150-MHz-Band (146 bis 165 MHz, 5 MHz Duplexabstand, 25 kHz Kanalbandbreite). In Betrieb seit 1971. Stellt 80 Kanäle in zwei Bändern zu je 2 MHz zur Verfügung. War lange Zeit mit 35 000 Teilnehmern und landesweiter Versorgung eines der größten Mobilfunknetze weltweit.
2. Abk. für Adress Resolution Protocol.
   Bezeichnung eines Protokolls aus der Welt des → *Internets*. Es läuft meistens auf einem eigenen Rechner, dem Adress Resolution Server (ARS). Aufgabe des ARP ist, festzustellen, ob Adressen z.B. im Data-Link-Control Format (DLC, 48 Bit) oder im Internet Protocol Format (IP, 32 Bit) vorliegen. Ggfs. werden sie umgesetzt. Es wird z.B. bei der Verbindung von Netzen nach der → *IEEE 802*-Serie zu → *TCP*/IP-basierten Netzen verwendet. Eine Variante

ist RARP (Reverse ARP), mit Hilfe dessen eine Station in einem 802-LAN ihre eigene IP-Adresse erfragen kann, was besonders wichtig für laufwerklose Stationen zur Initialisierung ist. Eine andere Anwendung ist ein Mapping von IP-Adressen auf → *E.164*-Adressen, falls IP-Verbindungen über → *ATM*-Netze realisiert werden.

ARPA

Abk. für Advanced Research Agency, früher DARPA mit D für Defense.

Amerik. hochrangige Behörde des Verteidigungsministeriums (DoD, Department of Defense). Gegründet Ende der 50er Jahre nach dem Sputnik-Schock zur Förderung innovativer Projekte aller Art, insbes. für Forschungsprojekte auf dem Gebiet der Verteidigung. Der Sitz ist Arlington/Virginia.

Die Netzwerkprojekte fingen 1964 mit einem an Paul Baran erteilten Auftrag an. Es folgten eine ganze Reihe von Forschungsprojekten auf dem Gebiet der Computer-Netzwerke. Ergebnis war 1967 die Gründung des ARPANET, das im Dezember 1969 mit vier Knoten probeweise installiert wurde und erstes paketvermitteltes Netz überhaupt war. Seither wuchs es permanent weiter, wurde mit anderen Netzen verbunden usw. Ist seit seiner Deregulierung (1986) einer größeren Öffentlichkeit zugänglich und seither allg. unter dem Namen → *Internet* bekannt.

Arpanet

→ *ARPA*.

ARQ

Abk. für Automatic Repeat Request.

Allgemein ein Verfahren zur Datenübertragung, bei dem der Sender Daten sendet und auf deren korrekte Quittierung wartet. Ggfs. sendet er die Daten noch einmal. Dieser Vorgang wiederholt sich so lange, bis die Daten korrekt übertragen worden sind.

Es werden zwei Verfahren unterschieden:

- Stop-And-Wait-ARQ bei zeichenorientierten Protokollen, bei denen nach jedem übertragenen Zeichen auf dessen Quittierung gewartet wird.
- Continous-ARQ bei bitorientierten Protokollen, bei denen die Quittierung durch einen Fenstermechanismus geregelt wird, so daß bei richtiger Dimensionierung der Fenstergröße kontinuierlich gesendet werden kann (z.B. → *HDLC*).

ARS

Abk. für Adress Resolution Server.

→ *ARP*.

ARTS

Abk. von American Radio Telephone System.

Vorläufer von → *AMPS* mit 1989 noch 2 Mio. Teilnehmern.

AS

1. Abk. für Air Station.
   → *TFTS*.
2. Abk. für → *Anrufsucher*.
3. Abk. für Aktiver Sternkoppler.
   → *Hub*.

AsB, ASB

1. Abk. für → *Anschlußbereich*.
2. Abk. für Associated Body.
   Bezeichnet bei Normungsorganisationen assoziierte Organisationen, die den Normungsprozeß, z.B. durch Beratung, beeinflussen können.

ASCC

Abk. für Automatic Sequenced Controlled Computer.

Andere Bezeichnung für den → *Mark 1*.

ASCII

Abk. für American Standard Code for Information Interchange.

Er wird auch 7-Bit-Code, 7-Schritte-Code, → *IA5* oder Standard-ASCII genannt. Er ist ein weitverbreiteter 7-Bit-Code zur → *Codierung* von Buchstaben und gängigen Sonderzeichen, der, um länderspezifische Buchstaben erweitert, zu einem 8-Bit-Code wird.

Der Extended-ASCII ist der um ein 8. Bit erweiterte Standard-ASCII. Mit ihm können neben den 128 Standardzeichen weitere 128 (z.B. länderspezifische) Sonderzeichen und Grafiksymbole codiert werden.

Oft wird der Standard-ASCII-Code auch mit 8. Bit als Paritätsbit eingesetzt (7-plus-1-Code).

Verabschiedet von der ANSI am 17. Juni 1963. War später auch Grundlage für den Code der → *ISO* (ISO 646) und der → *ECMA* (ECMA-6).

→ *EBCDIC*.

ASE

1. Abk. für Amplified Spontaneous Emission.
   Bezeichnung für das in optischen Verstärkern (→ *OFA*) durch zufällig stimulierte Emission entstehende Rauschen.
2. Abk. für Application Service Elements.

ASIC

Abk. für Application Specific Integrated Circuit.

Bezeichnet einen Baustein aus der Halbleitertechnik, aber kein standardisiertes in sehr großen Serien für jeden produziertes Bauteil wie z.B. Speicherbausteine, Mikrocontroller oder Peripherie-

bausteine, sondern einen auf eine bestimmte Anwendung eines Kunden gebauten Mikrochip.
Vorteile des ASIC gegenüber Konstruktion der Schaltung aus anderen Standardbauteilen: geringerer Platzbedarf und Leistungsverbrauch, niedrigere Bestückungskosten.
Eine Alternative sind → *FPGA*s.
→ *Die*.

ASK

Abk. für Amplitude Shift Keying, Amplitudenmodulation.
Einfachstes Verfahren der → *digitalen Modulation*, bei dem die zu übertragenden digitalen Signale eine Schwingung auf dem Übertragungsmedium an- oder ausschalten. Wegen hohen Bandbreitenbedarfs und großer Störanfälligkeit wird dieses Verfahren heute kaum verwendet. Störungen auf der Übertragungsstrecke pflegen sich in der Regel immer auch auf die Amplitude auszuwirken, so daß die Sendeleistung groß sein muß (große Amplitude), um Amplitudenveränderungen durch Störungen tolerieren zu können. Ferner können leistungsschwache Signale (geringe Amplitude) selbst ohne externe störende Einwirkungen durch bereits schwache Dämpfung des Übertragungsmediums derart verändert werden, daß eine korrekte Dekodierung beim Empfänger nicht möglich ist.
Vorteil ist die einfache Realisierbarkeit. ASK kann aus den genannten Gründen nur bei relativ störungsfreien Übertragungsmedien eingesetzt werden, weswegen sie bei Glasfaserübertragungen (Licht an und Licht aus, → *Glasfasertechnik*) weitverbreitet ist. Dort auch als On-Off-Keying (OOK) bezeichnet.

Asl

Abk. für Anschlußleitung.

AslMx

Abk. für Anschlußleitungsmultiplexer.

ASME

Abk. für American Society of Mechanical Engineers.
Bezeichnung des amerikanischen Berufsverbandes der Maschinenbauingenieure, in etwa vergleichbar mit dem → *VDI* in Deutschland.

ASN.1

Abk. für Abstract Syntax Notation One.
Allgemein ist der Zweck einer abstrakten Beschreibung einer Syntax die Möglichkeit einer soft- und hardwareunabhängigen (und somit auch herstellerunabhängigen) Beschreibung der Syntax von Daten, Datensätzen und Datenstrukturen oder auch → *Algorithmen* und → *Protokollen*.
Konkret ist die ASN.1 ein von → *ISO* und → *ITU* in X.208 und X.209 genormtes, umfassendes und erweiterbares Werkzeug (ähnlich einer Programmiersprache wie → *C* oder → *Pascal*, auch mit → *PostScript* oder → *SDL* vergleichbar) zur Beschreibung des Datenaustauschs und der Datenübertragung zwischen heterogenen Netzen und Speicherumgebungen, insbesondere auf höheren Ebenen des → *OSI-Referenzmodells*.
Die Grundlagen sind als Basic Encoding Rules (BER) definiert.
ASN.1 wurde in den späten 70er Jahren im Hause Xerox im Palo Alto Research Centre (PARC) entwickelt und 1984 zur Grundlage der Dokumentation der → *X.400* Empfehlungen.
ISO und CCITT entwickelten beide zusammen ASN.1 als IS 8824 für die Darstellungsschicht des → *OSI-Referenzmodells*. Heute wird ASN.1 bei vielen Standards zur eindeutigen weil grafischen und damit überwiegend sprachunabhängigen Dokumentation genutzt.

ASP

Abk. für Active Splitting Point.
Andere Bezeichnung für → *Splitter*.

ASR

1. Abk. für Automatic Send-Receive Teletypewriter Machine.
   International gängige Bezeichnung für einen Fernschreiber (Teletype) mit Lochstreifensender und -empfänger.
2. Abk. für Automatic Speech Recognition, automatische Spracherkennung.
   Oberbegriff für Systeme, die menschliche Sprache analysieren können und daraus z.B. gedruckten Text generieren können oder bestimmte Aktionen in einem technischen System starten. Oft sind ASR-Systeme auch mit einem Sprachsyntheseprogramm zur Sprachausgabe gekoppelt.
   Die Entwicklung derartiger Systeme läuft schon seit langer Zeit. So sagte bereits 1980 H. Nixdorf den Durchbruch für Spracherkennung, -steuerung und -eingabe für Textverarbeitungssysteme bis 1990 voraus. Einfachste Systeme, die nur das Vorhandensein von Sprachaktivität erkennen konnten, kamen ab 1987 auf den Markt. Leistungsfähigere Geräte zum praktischen Einsatz z.B. in → *Call Center*n kamen mit der zweiten Generation ab 1990 und konnten einzelne Schlüsselwörter erkennen. Die Hersteller stellten für verschiedene Branchen und Anwendungsfälle verschiedene Vokabulare zur Verfügung. In Automobilen erfolgte ein Einsatz ab ca. 1995. Sprachsteuerung für Computer kommt 1997 mit einer neuen Version von → *OS/2* auf den Markt.
   Moderne ASR-Systeme können folgende Leistungsmerkmale besitzen:

- Erkennung von gesprochenen Buchstaben und Zahlen.
- Erkennen einzelner Schlüsselwörter in einem kontinuierlichen Sprachfluß (Word Spotting).
- Individuelle adaptive Sprechererkennung, d.h. das System trainiert sich selbst und kann neue Schlüsselwörter bei einer individuellen Person erkennen (z.B. Namen), die es dann geeignet weiterverknüpft (z.B. mit Telefonnummern) um Aktionen einzuleiten (z.B. einen Anruf tätigen).
- Sprecheridentifizierung anhand der akustischen Eigenarten des Sprechers (z.B. zu Sicherheitszwecken oder um automatisch auf individuelle Datenbestände zugreifen zu können).

Assembler, Assemblersprache

Bezeichnung einer symbolischen Sprache zur Programmierung von Rechenanlagen auf unterer Ebene. Die → *Maschinensprache* des Rechners wird dabei in mnemonische alphanumerische Buchstabenfolgen abgebildet, die sich leichter vom Menschen handhaben lassen, als die nur aus Bitfolgen bestehende Maschinensprache des Rechners. Die Umwandlung des Assemblercodes (Quellprogramm) in die vom Rechner verarbeitbare Maschinensprache (Objektprogramm) bleibt einem Programm (Übersetzer) überlassen, das auch Assembler heißt.

ASTRAL

Abk. für Alliance for Strategic Token Ring Advancement and Leadership.
Bezeichnung einer aus 16 Herstellern von → *Token*-Ring Hard- und Software bestehenden Vereinigung zur Weiterentwicklung des Token-Ring-Standards → *IEEE 802.5*.
→ *http://www.iol.unh.edu/*

ASU

Abk. für Asynchron-Synchron-Umsetzer.
Bezeichnung für ein Gerät, das den Anschluß asynchroner Endgeräte an synchron übertragende Netze wie z.B. das → *IDN* der Deutschen Telekom erlaubt.

ASVD

Abk. für Asynchronous Simultaneous Voice and Data.
→ *DSVD*.

Asynchrone Übertragung

Übertragungsverfahren bei dem der Gleichlauf zwischen Sender und Empfänger für eine Folge von Bits (i.A. ein Zeichen) durch die Endeinrichtung hergestellt wird. Der Gleichlauf wird dabei nicht durch einen Datentakt (→ *synchrone Übertragung*), sondern durch spezielle markierte Anfänge und Enden von Datenworten erreicht (z.B. Start-Stopbits).
Bekanntestes Beispiel für asynchrone Übertragung ist die Übertragung über die seriellen asynchronen Schnittstellen COM1 bis COM4 eines PCs.

AT

Abk. für Advanced Technology.
Bezeichnung von IBM für ihre → *PC*-Produkte nach der zweiten großen technischen Renovierungswelle, die mit dem 80286-Prozessor aus dem Hause Intel ausgerüstet waren. Vorgänger war die → *XT*-Generation. Nachfolgemodelle waren die Rechner der → *PS/2* Serie.
IBM brachte im August 1984 PCs mit dem 80286 Prozessor heraus. Sie war angeblich zwei- bis dreimal schneller als XT-Systeme. Neu war der 16-Bit-Bus (AT-Bus, → *ISA*) und ein Takt von 6 MHz, der später über 8 auf 10 MHz wächst. Ein plattenloses Einsteigersystem mit 256 KByte Speicher (erweiterbar bis 3 MByte) kostete 10 130 DM. Dazu kamen 1 206 DM für die Tastatur. Ein Komplettsystem mit zwei 20 MB Festplatten und 512 KByte Speicher war für 20 000 DM zu haben, plus Mehrwertsteuer.

ATB

Abk. für Automated Ticket and Boarding Pass.
Bezeichnung eines maschinenlesbaren Tickets oder einer entsprechenden Bordkarte.

AT-Befehlssatz

Hat nichts mit der gleichnamigen PC-Klasse zu tun (→ *AT*). Andere Bezeichnung für den → *Hayes-Befehlssatz*.

AT-Bus

→ *ISA*.

ATC

Abk. für Adaptive Transform Coding.
Bezeichnung eines Sprachcodierverfahrens bei dem die menschliche Sprache mit einer Datenrate zwischen 8 und 16 kbit/s codiert wird. ATC kombiniert die Verfahren Time Domain Harmonic Coding (TDHC), Linear Predictive Coding (→ *LPC*) und Vector Quantization (VC).

ATD

Abk. für Asynchronous Time Division (Multiplexing).
Eine Vorläufertechnik zu und Vorläuferbezeichnung für → *ATM*.

A-Teilnehmer

In einer Kommunikationsbeziehung die Partei, die sie initiiert hat. Bei z.B. einem Telefonat der Anrufende.
→ *B-Teilnehmer*.

ATF 1

Abk. für Autotelefoon Net 1.

Bezeichnung für das erste niederländische automatische analoge Mobilfunknetz.

Es war der Nachfolger von → *OLN* und war seit Ende 1980 in Betrieb.

Allerdings basierte es auf den Verkehrsdaten des vorigen manuellen OLN, was bereits nach einem Jahr Probleme bereitete, da Teilnehmer automatischer und damit komfortablerer Netze erfahrungsgemäß häufiger telefonieren als Teilnehmer manueller Netze. Dies führte zu unerwünschten Überlasteffekten.

Das Netz selbst ist technisch kompatibel zum → *B-Netz* in Deutschland.

ATLAS

Abk. für Abbreviated Test Language for Avionics Systems.

Eine höhere → *Programmiersprache* für computergestützte Testsysteme. Sie wurde ursprünglich innerhalb der Luftfahrtindustrie eingesetzt, später aber auch in anderen technischen Branchen genutzt.

ATM

Abk. für Automatic Teller Machine.

Englischsprachige Bezeichnung für Geldautomat.

ATM

Abk. für Asynchronous Transfer Mode.

Wird seltener auch Cell Relay genannt. Eine verbindungsorientierte Hochgeschwindigkeits-Multiplex- und Vermittlungstechnik, der die Zukunft gehört sowohl was den Aufbau globaler Netze als auch den Aufbau multimediafähiger Netze im → *LAN*-Bereich angeht.

Die Standardisierung gilt als noch nicht abgeschlossen. Verschiedene Gremien sind daran beteiligt, z.B. die beiden wichtigsten Gremien → *ITU* und ATM-Forum. Daneben arbeiten Gremien wie → *IETF*, → *Eurescom*, → *ETSI*, → *TTC*, → *ECMA*, → *DAVIC* und → *Bellcore* diesen Gremien zu.

Ziel bei der Entwicklung von ATM war eine Kombination der Vorteile von paket- und leitungsvermittelnden Netzen. ATM ist derzeit Grundlage für die Vermittlung von → *B-ISDN*, bzw. der Dienst B-ISDN wird über ein öffentliches Netz aus ATM-Knoten und → *SDH*-Leitungen realisiert. ATM wird sowohl in lokalen Netzen (privaten Netzen) als auch in öffentlichen Netzen eingesetzt.

ATM-Protokoll-Referenzmodell nach ITU I.321

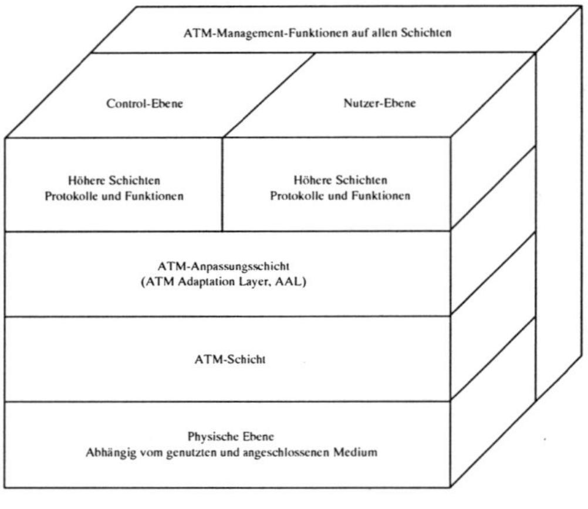

ATIS

Abk. für Alliance of Telecommunications Industry Solutions.

Bezeichnung eines Verbandes in den USA, der technische Standards und Betriebsvorschriften für Telekommunikationsnetze erarbeitet.

→ *TIA*.

→ *http://www.atis.org/*

Es ist die erste Technologie überhaupt, die das ermöglicht.
ATM ist eine Übertragungstechnik für jede Art von digital codierter Information: Sprache, Stand- und Bewegtbilder, Daten und Texte. Darüber hinaus werden auch Datenströme jeder Kapazität vermittelt, wovon sich im weiten Sinne auch die Eigenschaft 'asynchron' ableitet. Natürlich ist das genutzte Transportmedium synchron in dem Sinne zu verstehen, daß Sender und Empfänger getaktet sind und die Bit periodisch in genau definierten Abständen auf das Medium geschickt werden. Asynchron hingegen ist ATM deswegen, weil Zellen, die zu dem gleichen virtuellen Kanal gehören, nicht notwendigerweise periodisch auf dem Medium erscheinen. Dieses hingegen ist bei der heute vorhandenen Zeitvielfachtechnik (→ *TDMA*, → *PCM*) der herkömmlichen digitalen Vermittlungen, die Zeitschlitze verschiedener Zeitmultiplexleitungen für die Dauer der Verbindung in periodischen Abständen miteinander verknüpft, der Fall.
Beispielsweise ist der → *E1*-Carrier (2,048 Mbit/s, → *PCM 30*) aus 32 Kanälen zu je 64 kbit/s zusammengesetzt. Ein bestimmter Kanal taucht periodisch (in zeitlich konstanten und damit synchronen Abständen) immer wieder auf. Es existiert beim ATM-Vermittlungsprinzip also keine Bindung an einen periodischen Zeitrahmen.
Ferner wird ATM auch oft als statistisches Zeitmultiplexverfahren bezeichnet. Dies hat den Grund, daß die Eigenschaft der variablen Bitrate und weitere verkehrstheoretische Parameter bzw. deren statistisches Verhalten zur Netzdimensionierung herangezogen werden können. Es wird so ermöglicht, daß vielen Teilnehmern 'Bandbreite nach Bedarf' zur Verfügung gestellt werden kann, ohne daß es zu Problemen kommt, wenn jemand die komplette Bandbreite exklusiv nutzen möchte. Beispielsweise ist es so, daß wenn 100 angeschlossene Stationen mit der Last (= benötigten max. Bandbreite) von 1 und mit der Wahrscheinlichkeit p = 0,25 (was die variable Bandbreite symbolisiert) senden, daß dann sehr selten eine Last von größer als 40 (= 0,25 * 100) generiert wird. Man benötigt also nicht eine Kapazität von 100 um die Last der 100 Teilnehmer abzufangen. Permanent geschaltete oder leitungsvermittelt Verbindungen (z.B. beim Telefon) garantieren Echtzeit, bieten aber keine variblen Bitraten. Paketverbindungen hingegen bieten keine Echtzeitbedingungen, aber durchaus variable Bitraten. Nun gibt es aber neue Anwendungen bei denen variable Bitraten unter Echtzeitbedingungen gewünscht sind: Videoübertragung bei Videokonferenzen oder → *On-Demand-Diensten*, zum Beispiel. Sie werden heute noch über breitbandige und teure Mietleitungen sowie das leitungsvermittelte → *ISDN* angeboten. ATM bietet die gewünschten Bedingungen.
ATM belegt im → *OSI-Referenzmodell* Schicht 1 und große Teile von Schicht 2.
In einer ATM-Vermittlung werden als Übertragungseinheiten sog. Nachrichtenzellen der fe-

ATM Zellenaufbau und Schnittstellen

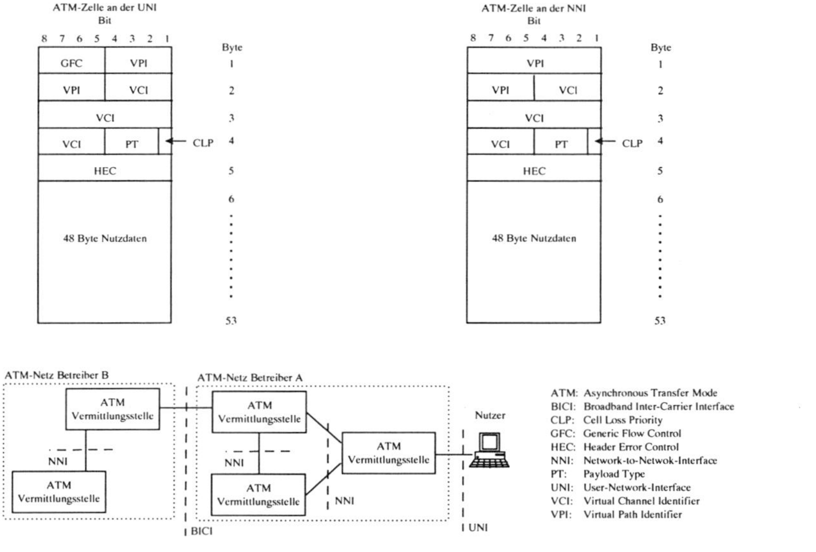

sten Länge 53 Bytes (im Gegensatz zu den Nachrichtenpaketen der Paketvermittlungstechnik, wie z.B. bei → *X.25*), die aus Kopf- (5 Bytes) und Informationsfeld (48 Bytes, sog. → *Payload*) bestehen, anhand der im Kopf enthaltenen Adressierung vermittelt. Es existieren dabei zwei verschiedene Zellenformate, von denen eines an der Teilnehmer-Netzschnittstelle (User-Network Interface, UNI) und eines an der Schnittstelle zwischen einem Netzknoten und einem anderen Netzknoten (Network-Node-Interface, NNI) zum Einsatz kommt. Sie unterscheiden sich lediglich im Format des ersten Oktetts vom Header. Daneben gibt es als weitere Schnittstelle das BICI (Broadband Intercarrier Interface) als Schnittstelle zwischen den Netzen verschiedener → *Carrier*. An der UNI sind mittlerweile Standards für 2, 34, 140, 155 und 622 Mbit/s definiert. Für die NNI und auch das BICI sind Datenraten von 34, 140, 155 und 622 Mbit/s definiert.

Ein ATM-Knoten analysiert nur den Kopf, um die Nutzdaten transparent zwischen den Endgeräten zu befördern. Diese Analyse geschieht hardwaremäßig ohne den Zugriff auf Softwareroutinen und wird dadurch nochmals effektiver. Dieses wird ermöglicht durch die kleinen Zellen und deren konstante Größe, d.h. die auszuwertenden Informationen stehen immer an den gleichen Stellen.

In der Literatur werden die Zellen auch Container oder Informationscontainer genannt. An die Stelle physikalischer Kanäle treten → *virtuelle Verbindungen*, d.h. im Gegensatz zu → *Paketvermittlungen* nehmen die Datencontainer alle den gleichen Weg.

Im Kopf sind das VPI-Feld (Virtual Path Identifier, 1 Byte) und das VCI-Feld (Virtual Channel Identifier, 2 Byte) von Bedeutung. Das VPI-Feld kennzeichnet einen virtuellen Weg, der eine gewisse, jeweils durch das VCI-Feld näher bezeichnete Menge virtueller Kanäle enthält. Das VPI-Feld wird ausgewählt, wenn die Verbindung ein virtueller Pfad ist. Sowohl VPI als auch VCI werden ausgewertet, wenn die Verbindung ein virtueller Kanal ist. Virtuelle Pfade gehören somit zum unteren Teil der ATM-Schicht, virtuelle Kanäle zum oberen Teil.

Weitere Daten im Header sind das Feld Generic Flow Control (GFC, 4 Bit, nur beim UNI), Payload Type Identifier (PTI, 3 Bit), Cell Loss Priority (CLP, 1 Bit) und Header Error Control (HEC). Mittels HEC wird also nur der Header auf Fehler überprüft, nicht jedoch die Nutzdaten! Insbesondere die Felder für VCI und VPI werden durch HEC geschützt, um Zellfehlleitungen innerhalb von ATM-Vermittlungsknoten zu vermeiden.

Bei der NNI-Zelle entfällt das GFC-Feld, das statt dessen das VPI-Feld verlängert. Das CLP-Bit zeigt, falls gesetzt, an, daß die Zelle, sofern es von der Vermittlung für nötig befunden (Überlast etc.) wird, zum Verlustverkehr gemacht werden kann, also nicht mehr weitertransportiert, sondern verworfen (bewußt gelöscht) wird. Dieses wird bei der Überlastkontrolle (Congestion Control, → *Congestion*) ausgenutzt.

Virtuelle Pfade und virtuelle Kanäle

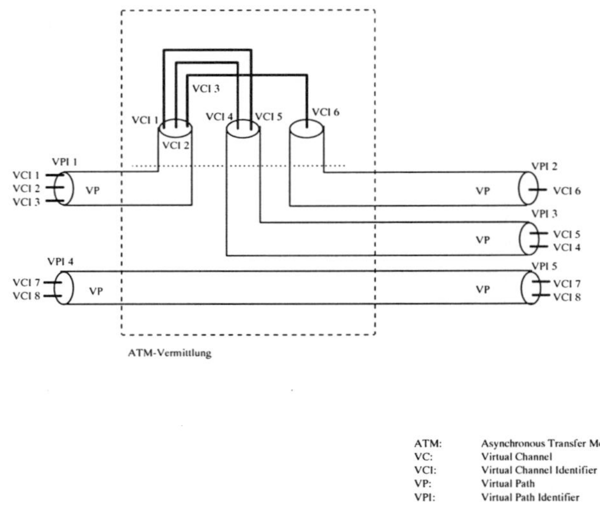

Obwohl die statistischen Eigenschaften der Signale ausgenutzt werden, ist es keineswegs auszuschließen, daß z.B. von 10 an einem ATM-Switch mit je 34 Mbit/s angeschlossenen Teilnehmern alle ihre maximale Bitrate nutzen, wobei die abgehende 155 Mbit/s-Leitung dies nicht mehr verarbeiten kann. Dieses Problem stellt sich nicht nur beim Teilnehmerswitch, sondern ebenso beim Netzknoten ohne angeschlossenen Teilnehmer.

Die ATM-Schicht sorgt für Überlastkontrolle, indem das CLP-Bit ausgewertet wird. ATM-Netze können so dimensioniert werden, daß Zellverlustraten von 10^{-8} auftreten. Dieser Wert ist allgemein tolerierbar, z.B. werden dann bei Videokonferenzen einzelne Bildpunkte oder Zeilen gestört, was kaum bemerkt wird. Steigt er jedoch auf 10^{-6} an, sind bei latenzzeittoleranten Anwendungen merkliche Qualitätseinbußen zu verzeichnen.

Datenverluste können durch genügend große Pufferspeicher (→ *Leaky Bucket*) in ATM-Switchen umgangen werden. Pufferspeicher sind zwar vorgesehen, müßten aber zur alleinigen Überlastkontrolle kostenspielig überdimensioniert sein.

Durch den Mechanismus des Closed-Loop Feedback (nur bei einem Dienst mit Available Bitrate, ABR) besteht die Möglichkeit, Netzüberlast an den Teilnehmer zu melden, so daß dieser, sofern er einen Dienst mit variabler Bitrate hat, seine Bitrate zurückfahren kann, um einem Datenverlust vorzubeugen. In der Praxis werden diese Daten beim Nutzer gepuffert. Realisiert wird dies durch EFCI (siehe unten), das zwar zum Empfänger gesendet wird, doch dieser kann eine kurze Nachricht an den Sender weiterleiten (Closed Loop !).

Derartige Mechanismen zur Überlastkontrolle setzen nur ein, wenn der Anwender oberhalb der minimalen für die Verbindung vereinbarten Bitrate Daten in das Netz einspeist (MCR, Minimum Cell Rate). Das Problem der Überlastkontrolle in den zellenvermittelnden ATM-Netzen mit den drei Stufen Weiterleiten, Zwischenspeichern im Netz, Puffern beim Teilnehmer und vollständiges Verwerfen ist jedoch noch nicht endgültig gelöst. In der Diskussion befinden sich Methoden zum Traffic-Shaping, um burstartig am Eingang von ATM-Netzen auftretenden Verkehr bereits vorher zu glätten.

Die PTI zeigt im ersten Bit an, welcher AAL-Typ beim Sender genutzt wurde. Das zweite Bit ermöglicht einen Mechanismus für FECN (Forward Explicit Congestion Notification), der hier mit EFCI (Explicit Forward Congestion Control) bezeichnet wird und über mögliche folgende Verzögerungen im aktuellen Zellenstrom einer Verbindung die Anwendung im Empfänger informiert. Das dritte Bit zeigt an, ob die Zelle OAM-Informationen (Operation and Maintenance) zur Netzwartung enthält.

Im Gegensatz zu den synchronen TDM-Verbindungen sind bei ATM die Informationen im Header nötig. In herkömmlichen zeitsynchronen TDM-Systemen bestimmt die Zeitlage einen logischen Kanal, weil ihm periodisch ein Slot innerhalb eines Multiplexsignals immer wieder zugeteilt ist. D.h. allein aus der Zeit, zu der Daten eintreffen, kann auf den logischen Kanal zu dem sie gehören, geschlossen werden.

Bei asynchronen Systemen wie ATM sind die Daten an keine feste Zeitlage innerhalb eines Multiplexsignals gebunden, daher sind zusätzliche Informationen nötig um sie einem logischen Kanal zuordnen zu können – der Header eben.

Es werden insbesondere in der Anfangsphase von öffentlichen ATM-Netzen festgeschaltete und vermittelnde ATM-Netze unterschieden. In ihnen werden die Betriebsmodi reserviert und semipermanent unterschieden.

In den vermittelnden Netzen geschieht die Steuerung der Verbindungen durch die Teilnehmer selbst, die mit einem Ruf-Server verbunden sind, der von dem eigentlichen ATM-Switch abgesetzt ist oder in ihn integriert ist.

Die reservierten Pfade (Standleitungen) werden fest von einem → *OMC* gesteuert. Eine virtuelle Verbindung von Endpunkt zu Endpunkt wird durch die CAC (Call Admission Control) aufgebaut. Alle Zellen mit der gleiche VCI oder VPI folgen dem dann festgelegten Pfad.

Ein AAL (ATM Adaptation Layer) übernimmt die Funktion, den vom Teilnehmer kommenden binären kontinuierlichen Datenstrom in die ATM-Zellen zu segmentieren. Dabei wird der AAL in zwei Unterschichten geteilt:

- Segmentation and Reassembly Sublayer (SAR),
- Convergence Sublayer.

Der AAL arbeitet in Abhängigkeit von der Art der Daten und definiert verschiedene Parameter, d.h. in Abhängigkeit von den zu verarbeitenden Nutzdaten bzw. der diese erzeugenden Anwendungen wurden fünf verschiedene AALs für verschiedene Arten von Telekommunikationsverkehr mit verschiedenen Ansprüchen an die Übertragungsqualität definiert:

- **AAL 1:** Verbindungsorientierte Emulation von Standardkanälen konstanter Bitrate (CBR, Constant Bit Rate, z.B. Sprachübertragung mit 64 kbit/s). Ein Zeitbezug zwischen Sender und Empfänger (Echtzeit) wird vorausgesetzt.
- **AAL 2:** Variable Bitraten bei verbindungsorientierter Echtzeitübertragung (VBR, Variable Bit Rate).
- **AAL 3:** Verbindungsloser Verkehr ohne Zeitbezug zwischen Sender und Empfänger mit variablen Bitraten, z.B. → *SDLC* und → *HDLC*.

- **AAL 4:** Für z.B. den → *CBDS* und → *SMDS* Dienst zur LAN-LAN-Kopplung (verbindungslos, variable Bitrate).
- **AAL 5:** Verbindungsloser Verkehr mit variabler Bitrate und ohne Zeitbezug, z.B. für → *Frame Relay*. Es wird erwartet, daß AAL 5 später AAL 3 und 4 mit übernehmen wird, da die nur aus Kompatibilitätsgründen für einige Hersteller definiert wurden.

Unterhalb des AAL liegt der ATM-Layer. In ihm wird die Hauptarbeit der Vermittlung gemacht: Analyse des Headers und Routing von VCs und VPs, Zellen-Multiplex- und -Demultiplexing, Flußkontrolle und Kontrolle der Qualitätsparameter.

Den Zusammenhang von Dienstklassen, AALs und den verschiedenen Parametern zeigt folgende Tabelle:

Klasse	A	B
Zeitbezug	Kontinuierlich	Kontinuierlich
Bitrate	Konstant	Variabel
Art	Verbindungsorientiert	
Parameter	PCR, CLR	PVR, SCR
	CDVT	CDVT, CLR
Beispiel	Sprache	Video
AAL	1	2

Klasse	C	D
Zeitbezug	Nicht kont.	Nicht kont.
Bitrate	Variabel	Variabel
Art	Verb.-Orient.	Verbindungslos
Parameter	PCR	PCR, MCR
Beispiel	LAN-Kopplung	Paketdaten
AAL	3 oder 5	4 oder 5

Die Dienstklassen wurden vom ATM-Forum definiert.

- Klasse A definiert eine Klasse für alle Dienste mit konstanter Bitrate.
- Klassen B und C sind Dienste für variable Bitraten für Echtzeitdienste und Nichtechtzeitdienste.
- Klasse D definiert einen Dienst für zeitunkritische Dienste mit einer nicht näher definierten Bitrate (UBR, Unspecified Bit Rate, z.B. → *e-mail*-Transfer, → *Telnet*). Es handelt sich um eine Art 'best effort'-Dienst, d.h. das Management des ATM-Netzes versucht, die aktuell bestmögliche Übertragungsleistung zu ermöglichen.

Den Zusammenhang der verschiedenen Klassen für die verschiedenen Bitratenmodelle CBR, VBR für Echtzeitdienste und nicht für Echtzeitdienste (VBR I und II), UBR und ABR und einigen realen Anwendungen als Beispiel ergibt sich aus folgender Tabelle:

Bitratentyp	ABR	UBR	VBR I	VBR II	CBR
Sprache			x		x
Video			x		x
Interaktives Video			x		x
Video- oder Audio-broadcast			x		x
Transaktionen	x	x		x	
e-mail, telnet	x	x			

Da die Zellen im ATM-Netz nicht zeitsynchron übermittelt werden, treffen sie in unterschiedlichen Abständen an der Vermittlungseinrichtung ein und werden, um Kollisionen mit Zellen anderer Verbindungen zu vermeiden, einem eingangsseitigen Pufferspeicher zugeführt.

Nach einer belastungsabhängigen Wartezeit gelangen sie dann auf die abgangsseitige Leitung. Wesentlicher Unterschied zur Paketvermittlungstechnik ist, daß die virtuellen Kanäle der Paketvermittlungstechnik noch eine feste Zeitlage haben.

Darüber hinaus liegt die Kapazität bei Paketvermittlungssystemen fest, wohingegen in ATM-Netzen beliebig viele Zellen in das Netz gelangen können.

Dies führt zu flexiblen Bitraten, d.h., während einer Verbindung kann die Bitrate schwanken, was insbesondere bei Videodiensten (Kompression z.B. mit → *MPEG II*) der Fall sein kann.

Der Nutzer schickt dann nur so viele Bit wie gerade benötigt ins Netz (und bezahlt auch nur diese tatsächlich übertragenen Bits, und nicht etwa die ihm zur Verfügung gestellte Maximalleistung).

Dennoch gehören zu den Kennwerten einer ATM-Verbindung folgende Größen:

- Eine obere Grenze für eine Bitrate (PCR, Peak Cell Rate),
- Eine Untergrenze (MCR, Minimum Cell Rate),
- Ein Mittelwert (SCR, Sustainable Cell Rate).

Das Verhältnis der beiden Größen PCR/SCR definiert die Burst-Charakteristik der virtuellen Verbindung. Sie kann für einen Videodienst, bedingt durch die variablen Bitraten und einzelne Bursts, sehr hoch sein, während sie für einen zeitkontinuierlichen Dienst (CBR, Constant Bit Rate, z.B. Transfer großer Dateien, Sprachkommunikation) nahe 1 liegt.

Andere Kennwerte, die vor dem Datentransfer festgelegt werden, sind z.B. die zulässige Zellenverlustrate (CLR, Cell Loss Ratio) und die zulässigen Zeitverzögerungen (CDTV, Cell Delay Variation Tolerance).

Trotz der nicht vorhandenen festen Kanalstruktur ist vorgesehen, feste Kanäle fester Bitraten z.B. für Sprachübertragung, durchzuschalten; dafür ist gerade der AAL 1 gedacht. ATM-Verbindungen werden durch einen Satz von Parametern definiert, die die genaue Anwendung (z.B. Daten-, Sprach- oder Bewegtbildübertragung) sowie dazu passende Qualitätsparameter festlegen (max. Verzögerung ...).

Wichtiges Vermittlungselement in ATM-Netzen sind sog. Add-Drop-Multiplexer, die Bitströme niedriger Raten an Netzknoten in höherratige Bitströme einsortieren. Ein anderes Element sind Cross-Connectoren, die virtuelle Pfade schalten können. Ein intelligenteres Vermittlungselement sind vollwertige ATM-Switche, die auch virtuelle Kanäle schalten können.

Das ATM-Forum hat nur bekannte Kabeltypen und Medien zum Standard erhoben, d.h. als Medien werden Schnittstellen zu Kupfer-Koaxialkabeln, verdrillten Zweidrahtleitungen und zu Multimode- und Monomode-Glasfasern definiert.

Die 100 Mbit/s Multimode-Glasfaser-Schnittstelle ist identisch mit der FDDI-Schnittstelle und wird daher insbesondere im MAN-Bereich verwendet. Die DS-3-Schnittstelle definiert die Übertragung mit 45,736 Mbit/s auf Koaxialkabeln. Ferner gibt es eine SONET/SDH-Schnittstelle zu entsprechenden Netzen mit 155 Mbit/s und höher.

Als Übertragungsverfahren über Fernnetze werden i.d.R. optische Medien oder bei geringen Datenraten bis 155 Mbit/s auch → *Richtfunk* auf Basis von → *SDH*-Netzen in Europa und → *SONET*-Netzen in den USA und Japan genutzt. ATM über → *PDH*-Netze ist auch möglich. So werden in Europa viele nationale ATM-Pilotversuche auf den noch weitverbreiteten PDH-Netzen basieren und erst nach und nach auf SDH-Netze umsteigen. Priorität in der Endkonfiguration hat allerdings SDH, da das → *Metran*-Projekt dies vorsieht.

Die Nutzungskosten von ATM in öffentlichen Netzen können sowohl entfernungs- als auch volumenabhängig sein. Darüber hinaus gehen auch noch weitere Parameter ein, wie z.B. die gewählte Spitzenzellenrate (ATM-Zellen/s), die nicht unbedingt mit der offiziellen Dimensionierung des Anschlusses identisch ist. Dies ist ein Mechanismus ähnlich der → *CIR* bei → *Frame-Relay*.

Es folgt eine Übersicht über vergangene und erwartete zukünftige Entwicklungen auf dem ATM-Sektor:

1983

Erste Ideen über ATM und angrenzende Gebiete werden von den amerikanischen Bell Labs und dem Forschungszentrum der France Télécom Centre National d'Études des Télécommunications (CNET) veröffentlicht. Sie werden als ATD (Asynchronous Time Division (Multiplexing)) bekannt.

1984

Erstmals wird in Standardisierungsgremien allgemein erkannt, daß neue Anwendungen mit entsprechend höheren Breitbandanforderungen ein völlig neues flexibles Technologiekonzept erfordern.

ATM wird als Technik für WANs betrachtet.

Auf der → *ISS* '84 in Florenz werden erstmals die Prinzipien des ATM diskutiert.

Alcatel Bell in Antwerpen beginnt mit Forschung in Sachen ATM in großem Umfang.

1985

Erste Demonstration des ATM Prinzips bei der CNET im Projekt Prélude.

1985 bis 1988

Mehrere unterschiedliche zellorientierte Systeme werden diskutieren, die z.B. mit einer Zellgröße von 24 Byte arbeiten.

Ende 1985 werden die ersten Proposals für konkrete Standards geschrieben.

1986

Die ITU definiert ATM als Transportsystem für das B-ISDN und verabschiedet erste B-ISDN-Standards.

1988

Die Deutsche Telekom erkennt ATM als Technologie mit Zukunft an und startet eigene Untersuchungen im → *FTZ*.

1989

Erste Breitband-ISDN-Vermittlung mit ATM-Technik im Rahmen des BERKOM-Projektes (Siemens Switch).

1990

ATM wird für den LAN-Bereich entdeckt. Erste Prototypen von LAN-Switches in ATM-Technik kommen auf den Markt (insbes. in den USA).

Im Sommer wird im historischen Kompromiß zwischen Europa und den USA die Zellänge auf 53 Byte festgeschrieben.

Die ITU verabschiedet in Matsuyama (Japan) die ersten 13 ATM-Standards.

1991

Erstellung von Konzepten für B-ISDN-Pilotprojekte.

Gründung des ATM-Forums (Brüssel) durch vier Firmen (CISCO, Adaptive/NET, Northern Telecom und Sprint), einer Vereinigung von mittlerweile über 850 Herstellern, Netzbetreibern und Dienstanbietern zur Unterstützung der Einführung von ATM-Technik und -Diensten. Erstes erklärtes Ziel ist die Durchführung von Pilotprojekten zur Förderung der Interoperabilität zwischen privaten und öffentlichen Anwendungen. Erst anschließend engagiert es sich auch in der Normung und arbeitet der ITU zu.

1992

Pilotanwender in Hochtechnologiebranchen nutzen ATM in speziellen Arbeitsgruppen im LAN-Bereich.

1993

ATM-Spezifikation über Signalisierung im LAN-Bereich durch das ATM-Forum wird fertiggestellt.

Erste Demonstrationen der Interoperabilität von ATM mit anderen Übertragungsverfahren sind erfolgreich.

ATM-Adapterkarten für Workstations in LANs kosten rund 2500 $.

Die Deutsche Telekom stellt auf der CeBIT ein ATM-Netz vor.

ATM-WAN-Feldversuche beginnen (z.B. erster Feldversuch in Europa in Finnland ab 3. Mai) mit nationalen Festverbindungen.

1994

Das ATM-Forum stellt die ATM-Spezifikationen zur LAN-Emulation fertig.

ATM-WAN-Feldversuche beginnen in Deutschland zur CeBIT 1994 mit nationalen Festverbindungen. Erste internationale Festverbindungen folgen im Juli, offizieller Startschuß für PEAN ist im Dezember.

ATM-Adapterkarten kosten ca. 1500 $.

Im Oktober wird erstmals eine interkontinentale ATM-Verbindung von Berlin zur in Kyoto tagenden ITU-Versammlung geschaltet.

1995

Die Preise für ATM-Adapterkarten sinken weiter, wodurch sich ATM im LAN-Bereich gegenüber Weiterentwicklungen bestehender LAN-Techniken behauptet.

Weitere Interoperabilitätstests werden erfolgreich beendet und das ATM-Forum verabschiedet relevante Spezifikationen.

1996

BT nimmt Ende Januar GBs erstes öffentliches kommerzielles ATM-Netz mit 155 Mbit/s für die Londoner Film- und Fernsehindustrie in Betrieb. 622 Mbit/s und internationale Verbindungen nach Hollywood werden als nächste Schritte geplant.

Die Deutsche Telekom nimmt im März weltweit das größte öffentliche ATM-Netz für das → *DFN* in Betrieb. Gegen Ende des Jahres werden Wählverbindungen in ihrem Netz möglich.

In Deutschland nimmt gegen Jahresende die Vebacom GmbH ihr eigenes ATM-Netz in Betrieb.

Feldversuche laufen für nationale Verbindungen sicher und erste Ergebnisse liegen vor.

Feldversuche der meisten öffentlichen Netze werden gegen Jahresende beendet und gehen in den Regelbetrieb über. Gleichzeitig wird nach dem Vorliegen erster Forschungsergebnisse mit der Standardisierung von Wireless ATM begonnen

1997

Schlüsselstandards für WAN-WAN-Verbindungen (z.B. für SVCs, switched virtual circuits) werden verabschiedet. Sämtliche Schlüsselfaktoren für eine breite Einführung von ATM im öffentlichen und privaten Bereich liegen vor.

Nach ausführlicher Auswertung der Feldversuche startet öffentlicher Netzausbau in Schlüsselzentren (Insellösungen).

1998

Einzelne Anwenderkreise implementieren ATM im LAN-Bereich.

Öffentlicher Netzausbau wird voran kommen (Flächendeckung).

B-ISDN wird für Geschäftskunden flächendekkend angeboten.

Erste Teilstandards für Wireless ATM werden fertig sein.

> 2000

Globale B-ISDN-Anwendungen werden angeboten.

In versorgten Gebieten wird es 5 % Breitbandanschlüsse geben.

> 2005

Integration von Sprachübertragung, Datenübertragung und Videobildübertragung in Echtzeit führt zum → *Information Highway*.

→ *http://www.atmforum.com/*

→ *http://www.npac.syr.edu/users/dpk/ ATM_knowledgebase/ATM-technology.html*

→ *http://cell-relay.indiana.edu/ cell-relay/FAQ/dictionary/dictionary.html*

ATMP

Abk. für Ascend Tunnel Management Protocol.

Bezeichnung eines vom Hause Ascend aus Kalifornien entwickelten Protokolls, das es erlaubt, → *IP*-Pakete eines internen Netzes in IP-Pakete des → *Internet*s zu verpacken (Encapsulation) und damit über das Internet zu einem weiteren internen Netz mit IP-Technologie zu verbinden, ohne daß es zu Adreßkonflikten wegen der verwendeten IP-Adressen kommt. Derartige Konstruktionen sind auch als → *Extranet* bekannt.

ATRAC

Abk. für Adaptive Transform Acoustic Coding.

Bezeichnung eines Kompressionsverfahrens für akustische Signale, insbesondere Musik, wobei die Charakteristika des menschlichen Ohrs bei der Wahrnehmung von Tönen ausgenutzt werden. Der ursprüngliche digitale Datenstrom wird dadurch auf ca. 20 % seiner ursprünglichen Größe reduziert.

Bei ATRAC wird das Signal mit 44,1 kHz abgetastet. Jeder Abtastwert wird mit 16 Bit codiert. Dieser Datenstrom wird in Einheiten zu je 20 ms unterteilt. Durch eine Fourieranalyse erhält man für verschiedene Frequenzen die Fourierkoeffizienten. Das so erzeugte Frequenzspektrum wird nach psychoakustischen Regeln weiter reduziert, da nur noch Frequenzanteile berücksichtigt bleiben, die das menschliche Ohr wahrnehmen kann. Berücksichtigt werden dabei die Hörschwelle und die Tatsache, daß leise Töne in unmittelbarer Nachbarschaft sehr lauter Töne kaum wahrgenommen werden.

In einem letzten Schritt werden die übriggebliebenen Daten passend codiert und mit Fehlerkorrekturdaten versehen.

Der Standard wurde Anfang der 90er Jahre entwickelt und kam 1994 in einer zweiten Version aus dem Hause Sony heraus. Kurz darauf folgte bereits ATRAC 3 und 1995 kam ATRAC 3.5. Seit August 1996 ist ATRAC 4 verfügbar.

Eingesetzt wird dieser Standard bei der Mini-Disc (→ *MD*).

ATS

1. Abk. für Analoge Teilnehmerschaltung.
   Bezeichnung für die Schnittstelle von ISDN-fähigen Nebenstellenanlagen zum Anschluß analoger Endgeräte.
   → *a/b-Wandler*.
2. Abk. für Air Traffic Services.

AT&T

Abk. für American Telephone & Telegraph.

Name eines amerikanischen Telekommunikationsriesen, der im Konzernverbund sowohl als Hersteller als auch als → *Carrier* aktiv ist.

Er war früher Monopolanbieter in den USA und wurde nach der ersten Deregulierungsentscheidung der → *FCC* Mitte der 80er Jahre in die Babybells (→ *RBOC*) zerlegt, die im regionalen und lokalen Bereich Telefondienste anbieten, wohingegen AT&T weiter für die Fernverbindungen zuständig ist. Zu Beginn 1996 wurde der Konzern weiter zerlegt (→ *Lucent*).

→ *http://www.att.com/*

→ *http://www.research.att.com/*

→ *http://www.attgis.com/*

ATT

Abk. für Attenuation.

→ *Dämpfung*.

Attribute

Bezeichnung für zusätzliche Parameter, die zur korrekten Verwaltung von Ressourcen nötig sind. Beispielsweise werden im Dateisystem des → *Betriebssystems* → *Unix* den Dateien die Attribute Lese- und Schreiberlaubnis für den Besitzer, die Gruppe des Besitzers und andere festgelegt.

ATU

Abk. für Arab Telecommunications Union.

Zusammenschluß arabischer → *PTTs* mit Sitz in Genf.

AU

1. Abk. für Administrative Unit.
   Bezeichnet bei → *SDH* Tributary Units, die sich unter der Hierarchie des STM-1-Rahmens befinden.
2. Abk. für Access Unit.
   Bezeichnet in → *X.400*-Systemen Schnittstellen zu anderen Übertragungssystemen.

Audiotext

Begriff, der in Anlehnung an → *Videotext* geschaffen wurde. Bezeichnet einen Mehrwertdienst (→ *VAS*) der das Telefonnetz nutzt. Dabei werden kostenpflichtige automatische Auskunfts- und Ansagedienste angeboten, erkennbar in Deutschland an der vorangestellten 0190er Nummer.

Aufholverstärker

Andere deutschsprachige Bezeichnung für → *Repeater*.

Auflösung

Bezeichnung für ein Maß der graphischen Darstellungsgenauigkeit bei Bildschirmen oder Faxgeräten. Grundlage ist die Definition darstellbarer Bildeinheiten je Flächenmaß, oft unterteilt in eine horizontale und eine vertikale Auflösung, z.B. Linien je mm oder Punkte je Zoll (→ *dpi*).

Aufmerksamkeitston

Akustischer eher dezenter Ton mit dem ein Ereignis in einer bestehenden Verbindung den Teilnehmern signalisiert wird, z.B. ein eingehender Ruf beim → *Anklopfen* oder beim → *Aufschalten*.

Aufrufbetrieb

Deutsche und selten benutzte Bezeichnung für den international gängigeren und häufiger verwendeten Begriff → *Polling*.

Aufschalten

Begriff aus der Nebenstellentechnik. Bezeichnet ein → *Leistungsmerkmal* von Nebenstellenanlagen. Aufschalten ist die Möglichkeit, sich in eine bestehende Verbindung einzuschalten, was den daran bereits Beteiligten mit einem akustischen Signal mitgeteilt wird.

→ *Makeln*, → *Dreierkonferenz*.

Aufsichtsgremien

Die Aufsicht über das Fernmeldewesen (Lizenzvergabe zum Betrieb von Netzen, Endgerätezulassung, Frequenzverteilung ...) ist in verschiedenen Staaten verschieden organisiert, zumeist gibt es jedoch eine oder mehrere Oberbehörden.

→ *MPT*, → *FCC*, → *OFTEL*, → *ZZF*, → *Standardisierungsgremien*, → *BAPT*, → *Regulierungsbehörde*.

AUI

Abk. für Attachment Unit Interface.

Bezeichnung eines speziellen Kabels (basierend auf geschirmter und verdrillter Zweidrahtleitung,

→ *STP*) mit einem 15-Pin-Stecker zur Verbindung von → *MAU* und einer an → *Ethernet* angeschlossenen Station.

Auslösen

Deutsche Bezeichnung für den Abbruch einer Verbindung.
→ *Verbindungsabbau*.

Ausscheidungsziffer

Andere offizielle Bezeichnung: → *Verkehrsausscheidungsziffer*.

Außenband-Signalisierung

Ein Verfahren der → *Zeichengabe*. Dabei werden Signalisierungsdaten in einem anderen logischen Kanal (auf einer anderen Frequenz, in einem anderen → *Slot*) als die Nutzdaten in periodischen Abständen übertragen.
Angewendet z.B. im → *ISDN* oder im → *GSM*.
Ein anderes und älteres Verfahren ist die → *In-Band-Signalisierung*.

Austastlücke

Bei der → *PAL*- und PAL-Plus-Fernsehnorm die zeitlichen Bereiche des analogen Fernsehsignals, die nicht zum sichtbaren Bild gehören. In ihnen wird z.B. die Information für → *Videotext* übertragen.
Man unterscheidet die vertikale und die horizontale Austastlücke. Erstere wird für den Rücksprung des Elektronenstrahls in der Bildröhre vom Zeilenende zum Zeilenanfang genutzt, letztere zum Rücksprung von der letzten Zeile des kompletten Halbbildes zur ersten Zeile des nächsten Halbbildes. Die vertikale Austastlücke betrifft 49 von 625 Zeilen, d.h. es sind 576 Zeilen sichtbares Bild.

AUTEX

Abk. für Automatische Telex-Teletex-Auskunft.

Authentifizierung

Bezeichnung für alle Vorgänge, die die Authentizität und den Ursprung bei der Übertragung von Informationen feststellen und überprüfen, z.B. durch Paßwörter. Bestandteil ist immer auch eine → *Identifizierung*.

Autoanswer

Bezeichnung für das → *Leistungsmerkmal* eines → *Modems*, eingehende Verbindungen selbständig entgegenzunehmen.

Autobaud

Bezeichnung für den automatischen Prozeß der Datenratenbestimmung und -anpassung. Angewendet z.B. bei → *Modems*. Dort Voraussetzung für Kompatibilität zum → *Hayes-Standard*.

Auto Call Back

Bezeichnung eines Sicherheitsmerkmals bei Verbindungen zwischen → *Modems*.
Dabei beendet ein angerufenes Modem oder eine andere Einrichtung in einem Netz die Verbindung, um kurz darauf den Verbindungspartner zurückzurufen. Dieses Verfahren dient der Vermeidung unautorisierter Zugriffe.

Auto Login

Bezeichnung für die automatische Eingabe und Übertragung von Identifikations- und/oder Authentifizierungsinformationen durch eine Kommunikationssoftware oder ein → *Modem* an einen → *Host*, z.B. in einem → *Online-Dienst*. Dient der Entlastung des Nutzers von manuellem Eintippen und weiteren Routineaufgaben.

Automatischer Rückruf

→ *Leistungsmerkmal* von Endgeräten an Nebenstellenanlagen. Auch selbsttätiger Rückruf genannt.
Ist der → *B-Teilnehmer* besetzt oder nicht erreichbar, kann der → *A-Teilnehmer*, sofern er dazu berechtigt ist, gezielt durch Tastendruck (→ *Nachwahl* eines Steuerungscodes) auf dem eigenen Endgerät beim Endgerät des B-Teilnehmers einen Rückruf anfordern.
Ist dieser dann anwesend und hebt den Hörer ab, wird automatisch ein Rückruf ohne erneute Rufnummerneingabe vom B-Teilnehmer zum A-Teilnehmer eingeleitet.

AV

Abk. für Audio-Visual.

AVC

Abk. für Audio Video Connection.
Bezeichnung für sehr frühe Versuche, bislang für Audioinformationen genutzte Speichermedien auch für Videoinformationen zu nutzen. Zum Einsatz kamen dabei Bildplattenspieler und Magnetbandgeräte.

AVI

Abk. für Audio-Video-Interleaved.
Bezeichnung für ein Dateiformat aus dem Hause Microsoft zur Speicherung von Ton- und Bildinformationen. Abgeleitet vom Dateiformat → *RIFF*.
Eine Datei besteht aus einzelnen Frames. Jeder Frame definiert ein Bild und den dazu gehörigen Ton.

AVL, AVI

1. Abk. für Automatic Vehicle Location.
   Bezeichnung für automatische Standortbestimmung von Fahrzeugen, z.B. mit → *GPS* zur Flottensteuerung oder mit GPS in Kom-

bination mit → *GSM* zur Ermittlung gestohlener Fahrzeuge.

2. Abk. für Amtsverbindungsleitung.
Amtliche Bezeichnung für Leitungen hoher Kapazität zwischen Vermittlungen.

AVMMS

Abk. für Audio-Visual Multimedia Services.
→ *Multimedia*.

AVON

Abk. für Amtliches Verzeichnis der (Fernmelde-) Ortsnetzkennzahlen.
Begriff der Deutschen Telekom. Bezeichnet das Verzeichnis aller nationalen und der wichtigsten internationalen Vorwahlen.
Es wird herausgegeben vom → *FTZ*.

A-Vst

Abk. für A-Vermittlungsstelle.
Bezeichnung der Vermittlungsstelle am Beginn einer Verbindung, an die der → *A-Teilnehmer* angeschlossen ist.

AWaDo

Abk. für Automatische Wechselschalter-Anschlußdose.
Bezeichnung der Deutschen Telekom für eine Anschalteeinheit am Telefonanschluß, die den Betrieb mehrerer Endeinrichtungen (Telefon, Anrufbeantworter, Fax) an einem Anschluß ermöglicht. Dafür ist das Gehäuse der Anschalteeinheit mit mehreren Buchsen ausgestattet.

AWAG

Abk. für Automatisches Wähl- und Ansagegerät.

AWG

Abk. für American Wire Gauge.
Bezeichnung eines nordamerikanischen Kennzeichnungssystems für Kabel.

AWS

Abk. für Anrufweiterschaltung.
Deutsche Bezeichnung für → *Forwarding*.

AWUG

Abk. für Automatisches Wähl- und Übertragungsgerät.

AXE 10

Digitales Vermittlungssystem der schwedischen Firma Ericsson. Wird in Fest- und Mobilfunknetzen eingesetzt. Vorgestellt in den 70er Jahren, zunächst noch als analoge Vermittlung. Konzipiert für 100 bis 200 000 Anschlüsse und 600 000 BHCAs.
Wird mit → *PLEX* programmiert.
In Deutschland eingesetzt von Mannesmann Mobilfunk und der o-tel-o GmbH.

B

B2-Netz

→ *B-Netz.*

B8ZS

Abk. für Bipolar (oder auch: Binary) Eight Zero Substitution.
Bezeichnung eines bipolaren Kanalcodierungsverfahrens, bei dem acht aufeinanderfolgende Nullen durch zwei aufeinanderfolgende unipolare Pulse ersetzt werden. Der Empfänger wandelt diese umgekehrt in acht Nullen zurück.

BA

Abk. für Basic Access.
Englischsprachige Bezeichnung für den Basisanschluß beim → *ISDN.*

BABT

Abk. für British Approvals Board for Telecommunications.
Die oberste Behörde in GB für die Gerätezulassung.

Baby Bells

→ *RBOC.*

Baby Board

Bezeichnung einer speziellen Platinengröße von → *Motherboards* bei PCs im Gegensatz zur bis zum → *AT* gebräuchlichen Standardgröße.

Babyruf

Andere Bezeichnung für → *Direktruf.*

Babysitter-Funktion

→ *Akustische Raumüberwachung.*

BAC

Abk. für Billing, Accounting and Charging.
Bezeichnung für alle Aufgaben, die mit einer periodischen Rechnungserstellung (→ *Billing*), dem Erfassen von Gebühren und dem Gebührensystem insgesamt (→ *Charging*) und dem Einrichten, Verwalten und Beenden von Anschlüssen und der Nutzbarmachung von Diensten und Dienstmerkmalen (→ *Accounting*) zusammenhängen.

Backbone

Von engl. backbone = Rückgrat. Auch neuerdings → *Datenautobahn* genannt.

1. Bezeichnet bei Netzwerken i.d.R. ein → *WAN* oder → *MAN*, welches mehrere → *LANs* miteinander über → *Bridges* oder → *Router* verbindet. In hierarchisch strukturierten Netzen üblicherweise das hierarchisch höchstgelegene Netz. In anderen Netzen das für den Fernverkehr zuständige Netz. Gekennzeichnet durch hohe Übertragungsraten, geringe Ausfallzeiten und fehlende Teilnehmeranschlüsse. Es wird zwischen → *Collapsed Backbone* und → *Distributed Backbone* unterschieden. Beispiel für eine häufig verwendete Technik: → *FDDI.*
2. Bezeichnet bei den → *Mailboxen* die hierarchisch höchststehende Mailbox.

   → *Fidonet.*

Backdesk

Andere Bezeichnung für → *Back Office.*

Backend

Bezeichnung des Teilnehmer-fernsten Teils in verteilten Systemen, der → *Server*-Charakter hat.

→ *Front End.*

Back Office

Auch Follow-Up, Backdesk oder Second Level Support genannt. Bezeichnung für Mitarbeiter telefonischer Benutzerservices (→ *Call Center*, → *Hotline*, → *Helpdesk*, → *FAQ*), die nicht unmittelbar am Telefon, sondern im Hintergrund sitzen und für Fragen und Probleme zur Verfügung stehen, die nicht direkt von der den Anruf entgegennehmenden Person im → *Front Office* gelöst werden können.

Üblicherweise mit qualifiziertem und teilweise auch hochspezialisiertem Personal ausgestattet.

Das Back Office befindet sich nicht notwendigerweise am Ort des Front Office. Mehrere Front Offices in geographisch verteilten Call Centern können an einem einzigen, zentralen Back Office hängen, z.B. über Standleitungen.

Backup

1. Bezeichnung für eine Sicherungskopie einer Datei oder eines ganzen Datenträgers (→ *Festplatte* etc.).
2. Der Vorgang selbst, diese Sicherungskopie zu erstellen. Wird in → *LAN*s meistens automatisch nachts gemacht. Man unterscheidet dabei zwischen einem Zuwachs-Backup (auch inkrementelles Backup genannt), bei dem nur die gegenüber dem letzten Zuwachs-Backup veränderten Dateien gesichert werden, und einem Voll-Backup, bei dem alle Dateien eines Datenträgers gesichert werden. Ein Mittelweg ist das Differenz-Backup (differentielles Backup), bei dem nur die Dateien, die seit dem letzten Voll-Backup geändert worden sind, gesichert werden. Üblicherweise werden mehrere Strategien zu einer Backup-Strategie kombiniert, z.B. wöchentliches Voll-

Backup und tägliches Differenz- oder Inkrement-Backup.
Problematisch bei Backups ist, daß verschiedene Systeminformationen in versteckten Dateien abgelegt sind, die nicht automatisch mit gesichert werden. Abhilfe schafft ein Image-Backup des Datenträgers. Dabei werden nicht einzelne logische Dateien und Dateibäume gesichert, sondern von dem Datenträger (üblicherweise eine → *Festplatte*) wird eine Kopie auf der physikalischen Ebene der Sektoren und Spuren gezogen, wodurch automatisch alle Dateien (auch die versteckten) mit gesichert werden.
Daneben muß bei einer Backup-Strategie überlegt werden, ob nur zentrale Datenbestände auf → *Servern* oder auch dezentrale Datenbestände auf den einzelnen PCs und Workstations gesichert werden sollen.
Ein weiterer Parameter einer Backup-Strategie ist die Anzahl der vorrätigen Generationen zurückliegender Backups, d.h. bis wie weit sich Datenbestände in der Vergangenheit rekonstruieren lassen. Weit verbreitet ist das Drei-Generationen-Schema Großvater, Vater und Sohn. Dabei wird ein monatliches Voll-Backup, die Voll-Backups der drei zurückliegenden Wochen sowie die täglichen Differenz- bzw. Inkrement-Backups einer laufenden Woche, gespeichert.
Backups werden üblicherweise durchgeführt, wenn kein anderer Nutzer mehr an Dateien arbeitet, z.B. in der Nacht. Mittlerweile bietet Backup-Software jedoch auch Mechanismen zur Datensicherung an für den Fall, daß an den Dateien gerade gearbeitet wird.
Als Speichermedien bieten sich → *Streamer* an, z.B. → *DAT*, → *QIC*, → *Video-8* oder → *DCC*.

BACP

Abk. für Bandwidth Allocation Control Protocol.
Bezeichnung eines Ende 1996 von der → *IETF* verabschiedeten Protokolls im → *Internet*, mit dem wie mit BAP (Bandwidth Allocation Protocol) innerhalb einer → *PPP*-Verbindung durch das Hinzufügen zusätzlicher virtueller Verbindungen (durch BAP) die Bandbreite während der Verbindungsdauer automatisch skaliert oder zwischen Anwendungen neu verteilt (BACP) werden kann. BACP wirkt dadurch auf BAP wie ein Steuerungsprotokoll.
BACP wird dabei erst nach einem erfolgreichen Start einer Verbindung durch PPP aktiviert. Während einer bestehenden Verbindung kann jede der beiden Seiten ein Zu- oder Abschalten weiterer Kanäle initiieren. Entsprechende Produkte können zwischen 2 bis 480 B-Kanäle des ISDN verwalten, wovon 2 bis 30 oder in Einzelfällen 60 Kanäle zu einer logischen Verbindung zusammengeschaltet werden können.

Bakelit

Handelsübliche Bezeichnung für eine Klasse von schwer entflammbaren Kunstharzpreßstoffen auf der Grundlage von Phenol- und Kresolharzen. Im Gegensatz zu später entwickelten und verwendeten Kunststoffen wirkt es optisch edel, sehr robust, zeitlos und wenig plastikartig.
Benannt ist diese Kunststoffklasse nach dem Chemiker Leo H. Baekeland (* 1863, † 1944), der zu Beginn dieses Jahrhunderts auf der Suche nach einem Ersatzstoff für den teuren Schellack in der Elektroindustrie war. Er entwickelte das Bakelit als ersten vollsynthetischen und duroplastischen Kunststoff überhaupt und meldete es 1908 zum Patent an.
Vorteil des Stoffes war seinerzeit, daß man durch die Verwendung passender Preßformen ihn in viele verschiedene Formen bringen konnte, z.B. für Gehäuse, Schalter, Steckverbindungen. Dadurch war die Industrie in der Lage, relativ preiswert viele Teile für Geräte aller Art (Radios, Haushaltgeräte aller Art, Steckdosen) in großer Stückzahl herzustellen. Erst in den 60er Jahren wurde Bakelit durch andere Kunststoffe verdrängt. In der Telekommunikation wurde es lange Zeit für Gehäuse und andere Teile (Wählscheiben, Schalter, Hörer, Griffe etc.) von Telefonen genutzt.

Balun

Abk. für Balanced Unbalanced (Adapter).
Bezeichnung eines Adapters, der ein Koaxialkabel mit einer verdrillten Zweidrahtleitung verbindet und die elektrischen Eigenschaften durch eine Impedanzanpassung und Symmetrierung berücksichtigt.

BAM

Abk. für Burst Mode Amplitude Modulation.
Bezeichnung einer bitseriellen Wechseltakt-Übertragungsverfahrens über kurze Entfernungen zum Anschluß von → *Terminals* an → *Mainframes*. Bitrate um die 230 kbit/s. Zugrundelegendes Kabel sind vierdrahtige Kupferkabel.

Band

1. Bezeichnung von Frequenzbereichen im Ton- und Fernsehrundfunk nach dem Kopenhagener Wellenplan.
2. Kurzform für → *Bandbreite*.

Bandbreite

1. Streng genommen die Differenz zwischen einer oberen und einer unteren Frequenzgröße (angegeben in Hertz, Hz) und somit ein Maß für die Übertragungskapazität eines Kanals.

2. Allgemeiner Begriff für die Übertragungskapazität eines Systems, nicht notwendigerweise in der Einheit der Frequenz (Hertz, Hz) angegeben, sondern in Bit, MBit oder ähnlichen Vielfachen.

Bandlaufwerk

Bezeichnung für ein externes Speichermedium zur zusätzlichen und selteneren Speicherung von Daten, z.B. für → *Backups*. Ein in einer Kassette (→ *Cartridge*) enthaltenes Kunststoffband mit magnetisierbarer Oberfläche ist das eigentliche Speichermedium.

Die Kapazität von Bändern hängt vom verwendeten Standard (→ *QIC*, → *DAT*, → *DCC*, → *Video-8*) ab und reicht von ca. 120 Mbyte bis hin in den Gbyte-Bereich.

Zu den Vorteilen derartiger Speichermedien gehören:

- Hohe Kapazität,
- Billig,
- Geringer Platzbedarf.

Zu den Nachteilen gehören:

- Neue Daten lassen sich nur an die alten Daten an einer ganz bestimmten Stelle auf dem Band speichern.
- Üblicherweise lange Zugriffszeit im Minutenbereich auf gewünschte Daten (Suchzeit).

→ *Streamer*.

Bangemann-Bericht

Bezeichnung eines im Juni 1994 veröffentlichten Berichtes einer aus Experten der Industrie und der Wissenschaft bestehenden Gremiums, das Anwendungsfelder und -strategien für den Aufbau einer europäischen Informationsinfrastruktur (EII) definieren sollte, um den Weg in die Informationsgesellschaft zu ebnen.

Dabei wurden zehn Anwendungsfelder identifiziert: Telearbeit, Fernlernen, Netze für Hochschulen und Forschungszentren, Telematik für → *KMU*, Straßenverkehrsmanagement, Flugsicherung, Netze für das Gesundheitswesen, elektronische Ausschreibungen, Netze für öffentliche Verwaltungen und Netze für Stadtinformationen für Bürger.

Benannt war das Gremium nach dem Kommissar der EU-Kommission für Wirtschaft, Informations- und Kommunikationstechnik, Martin Bangemann, dem einzigen Politiker in dem Gremium.

Banyan Netz

Bezeichnung für ein Netz mit einer Anzahl von Ein- und Ausgängen sowie diversen Knoten dazwischen, bei dem von einem Ein- zu einem Ausgang bzw. von einer angeschlossenen Station zu einer zweiten angeschlossenen Station exakt nur ein möglicher Weg existiert.

Diese Topologie wurde 1972 von Lipovski und Goke eingeführt.

BAP

Abk. für Bandwidth Allocation Protocol.

→ *BACP*.

BAPT

Abk. für Bundesamt für Post- und Telekommunikation.

Neutrales Ausführungsorgan des → *BMPT* bei hoheitlichen Aufgaben und auch von diesem am 1. August 1990 eingerichtet mit 55 Außenstellen in ganz Deutschland. Sitz ist Mainz, eine Nebenstelle befindet sich in Berlin. Aufgabe ist im wesentlichen die Genehmigung oder Lizenzierung von Funk- oder privaten Fernmeldeanlagen.

BAPT
Postfach 8001
55003 Mainz

Seit 1. September 1996 sind BAPT und → *BAZT* zusammengelegt. Das BAPT wird zum 31. Dezember 1997 in eine → *Regulierungsbehörde* überführt.

BAR

Abk. für Backward Adaptive Reencoding.

Bargain Finder

Bezeichnung für Informationssysteme in → *Online-Services*, die zu einem speziellen Informationsanbieter nicht über seinen Namen führen, sondern über kommerzielle kaufbare Güter oder Dienstleistungen, die von diesem angeboten werden.

Barring

Begriff von engl. to bar = sperren.

Bezeichnet das Nichtdurchschalten (Sperren) von Anrufen, z.B. nach Analyse der → *A-Nummer* oder in Abhängigkeit der Tageszeit.

Ferner kann es bei abgehenden Rufen zu verkehrsspezifischen Sperren z.B. für Ferngespräche oder internationale Gespräche kommen.

→ *Berechtigungsklassen*.

BAS

Abk. für Base Station.

In dieser Schreibweise gemeint ist die Basisstation als Teil der Netzinfrastruktur von → *Mobitex*.

→ *BS*.

BASA

Abk. für Bahnselbstwählanschluß.

Auch Bezeichnung für das Sondernetz der Deutschen Bahn AG (mittlerweile ausgegliedert in die DBKom) zur Wahrnehmung eigener Telekommunikationszwecke.

Base Station

→ *BS.*

Base Station Controller

→ *BSC.*

Basic

Abk. für Beginner's All-purpose Symbolic Instruction Code.
Name einer Programmiersprache für Kleinrechner (→ *PCs*). Ziel der Entwicklung war eine möglichst einfache Sprache, die auch ein Nicht-Techniker oder Geisteswissenschaftler lernen kann. Es wurde auf → *Fortran* zurückgegriffen, aus dem eine Art Dialekt entwickelt wurde.
Der ursprüngliche Befehlsumfang war nicht besonders groß, so daß viele Hersteller Erweiterungen anboten, wodurch sich mehrere Basic-Dialekte ergaben.
Die Grundlagen für Basic wurden von 1960 bis Herbst 1964 von John G. Kemeny (* 31. Mai 1926) und Thomas Kurtz am Dartmouth College in Hannover (New Hampshire) konzipiert. Sie suchten ursprünglich nach einem → *Betriebssystem* und einer Programmiersprache, die es Studenten erlauben sollte, den Umgang mit Computern zu erlernen. Daher wurde Basic zusammen mit dem → *Time-Sharing-Betriebssystem DTSS* (Dartmouth Time Sharing System) entwickelt.
Basic beeinflußte die Entwicklung der Sprache → *Comal.*

Basisanschluß

Bezeichnung einer Möglichkeit eines Teilnehmeranschlusses beim → *ISDN.*

Basisband

Der Frequenzbereich eines Signals in seiner Ursprungslage (nicht moduliert). Bei → *Basisbandübertragung* ist nur ein Informationskanal vorhanden, der von verschiedenen Stationen anteilig genutzt werden kann. Das Basisband bei der Sprachübertragung über analoge oder digitale Telekommunikationsnetze (herkömmliche Telefonie) liegt zwischen 0,3 und 3,4 kHz.
→ *TDMA.*

Basisband-Übertragung

1. Die Übertragung eines unveränderten Signals ohne jede Filterung (Bandbegrenzung) und → *Modulation* in seinem → *Basisband.*
2. Auch Leitungscodierung genannt. Ein Verfahren zur digitalen Nachrichtenübertragung, bei dem, im Gegensatz zur Breitbandübertragung (bei der i.d.R. digital moduliert wird), die zur Übertragung bestimmten digitalen Signale als Rechteckimpulse direkt auf das Übertragungsmedium (i.d.R. Kupferkabel) gegeben werden. Wird im → *LAN*-Bereich eingesetzt. Die Übertragungsgeschwindigkeit kann je nach Medium und Übertragungslänge bis zu 10 Mbit/s betragen. Ein derartiges Verfahren ist bei kupferbasierten Kabeln jedoch nur über kurze Entfernungen über einige 10 m möglich.

Basisfestverbindung

Nicht mehr gebräuchliche Produktbezeichnung der Deutschen Telekom für digitale → *Standardfestverbindungen* von 64 oder 128 kbit/s.

Batch

Von engl. batch = Stapel, daher oft Batch-Datei oder Batch-Bearbeitung.
Bezeichnung für eine Verarbeitungsart, bei der Programme und Daten in einen Computer eingegeben werden und der Reihe nach (sequentiell, hintereinander), als wenn sie nacheinander von einem Stapel heruntergenommen werden, abgearbeitet werden.
Das Gegenteil ist das Dialogverfahren, bei dem der Benutzer in den Programmablauf aktiv eingreifen kann.

Baud

Einheit der Schrittgeschwindigkeit für elektrische Signale. Kehrwert des Sollwertes der Schrittdauer bei impulsweiser Übertragung.
Benannt nach dem Franzosen Emile Baudot (* 1845, † 1903), einem Pionier der Telegraphie.
Die Einheit Baud (für die Schrittgeschwindigkeit elektrischer Signale) wird oft mit der Einheit Bit/s (für die Übertragungsgeschwindigkeit von Nutzdaten) verwechselt. Baudrate ist jedoch nicht immer gleich Bitrate.
Mit der Bitrate $V(Bit)$ und der Baudrate $V(Baud)$ gilt der Zusammenhang

$$V(Bit) = V(Baud)\, ld(N)$$

wobei N die Anzahl der möglichen diskreten Signalwerte je Schritt ist, die z.B. vom digitalen Modulationsverfahren abhängt. Nur für Binärsignale (Signale mit nur zwei möglichen Zuständen, N = 2) ergibt sich somit wegen N=2 die Beziehung V(Bit) = V(Baud).
Faustregel: bei Datenübertragung mit einer Bitrate unter 1 200 bit/s gilt Bitrate = Baudrate, oberhalb gilt Bitrate > Baudrate.
Beispiele: die Schnittstelle nach → *V.22* überträgt 2 400 bit/s mit 600 Baud, → *V.32* überträgt 9 600 bit/s mit 2 400 Baud.

Baum

Bezeichnung einer → *Netztopologie*. Auch Multibus genannt. Prinzipiell ein → *Bus*, an dem nicht nur Stationen hängen, sondern anstelle einer Stati-

on ein weiterer Bus, so daß sich eine verzweigte (Bus-) Struktur ergibt.
Man spricht von Blättern (Stationen an den, hierarchisch gesehen, untersten Bussen) und einer Wurzel (dem hierarchich höchstgelegenen Knoten).

BAV

Abk. für Breitband-Anschlußvermittlungsstelle.

Bezeichnung eines Teils der Netzinfrastruktur (Teilnehmeranschlußvermittlung, zweite untere Netzebene) im → *VBN*.

BB

Abk. für Broadband, Breitband.

→ *Breitbandübertragung*.

BBS

Abk. für Bulletin Board System.

Bezeichnung für elektronisch realisierte 'Schwarze Bretter' für öffentlich zugängliche thematisch sortierte Nachrichten und Informationen aller Art. Praktische Beispiele: → *Usenet* und Foren in → *Online* Services oder auch → *Mailboxen*.

BCC

Abk. für Block Check Character.

Bezeichnung der Menge von Prüfbits zur zyklischen Blockprüfung (→ *CRC*) bei zeichenorientierten Protokollen.

BCD

Abk. für Binary Coded Decimal.

Bezeichnung für einen Code, bei der jede Dezimalziffer 0...9 einer natürlichen Zahl durch je einen aus vier Bit bestehenden Code dargestellt wird. Dabei wird für jede Ziffer die normale binäre Darstellung gewählt.

Eine Erweiterung um Buchstaben ist der → *BCDIC*.

BCDIC

Abk. für Binary Code Decimal Interchange Code.

Bezeichnung eines Sieben-Bit-Codes zur Codierung der Ziffern 0...9, 26 Buchstaben und einigen Sonderzeichen. Abgeleitet vom → *BCD*. Die Erweiterung um ein Paritätsbit führt zum → *EBCDIC*.

BCP

1. Abk. für Basic Call Process.
2. Abk. für Bridging Control Protocol.

BCPN

Abk. für Business Customer Premises Network.

BCS

Abk. für British Computer Society.

Bezeichnung eines technisch-wissenschaftlichen Verbandes in GB. Gegründet am 14. Oktober 1957.

BCT 900

→ *CT3*.

Bd

Abk. für → *Baud*.

BDV

Abk. für Breitband-Durchgangs-Vermittlungsstelle.

Bezeichnung für die Vermittlungsknoten in der obersten Netzebene im → *VBN*.

Beaconing

Bezeichnet in der Netzwerktechnik bei → *LANs* Hardwarefehler (z.B. gebrochenes Kabel, lockere Steckverbindung).

Beam

Von engl. Strahl. Begriff aus der Satellitentechnik. Bezeichnet den auf die Erde gerichteten Sendestrahl des Satelliten bzw. auch dessen → *Footprint*.

Man unterscheidet Spot Beams, bei denen kleine Footprints mit hoher Leistung konzentriert versorgt werden, und Global Beams, bei denen großflächige Footprints mit geringerer Leistung versorgt werden.

Bearer-Service

International übliche Bezeichnung für einen Träger- oder Transportdienst. Bezeichnet die von Netzbetreibern angebotene Dienstleistung, lediglich die Datenübermittlung nutzen zu können, ohne z.B. Daten-wandlung in Terminals oder weitere Zusatzdienste wie Anrufweiterschaltung etc.

Dieser Dienst erstreckt sich somit lediglich über die unteren drei Schichten des → *OSI-Referenzmodells*.

→ *Teleservice*.

BECN

Abk. für Backward Explicit Congestion Notification.

Bezeichnung eines Feldes im → *Header* des → *Frame-Relay*-Pakets. Es dient zur Überlastkontrolle, indem von einem Netzknoten direkt eine Nachricht an den Sender geschickt wird, die dem Sender mitteilt, daß es aktuell zu Überlast im Netz kommt.

Der Sender kann dann die Datenrate selbständig herunterfahren, wenn er nicht Datenverluste riskieren möchte.

Üblicherweise wird der Mechanismus durch das Setzen eines einzelnen Bits im Header aktiviert.
→ *FECN.*

Bedienplatz

→ *Console.*

Bel

→ *Dezibel.*

Belegung

Begriff aus der Fernmeldetechnik. Bezeichnung für den Vorgang, Netzressourcen (z.B. Bandbreite) einer bestimmten Verbindung zuzuweisen und damit zu belegen.

Belegungsdauer

Begriff aus der Verkehrstheorie. Bezeichnet die zeitliche Dauer, die ein Anruf benötigt und in dieser Zeit Netzressourcen beansprucht (belegt, → *Belegung*). Startzeitpunkt ist das Abheben des Hörers, Endzeitpunkt das Auflegen des Hörers. Es wird also nicht nur die Phase der Nutzdatenübertragung berücksichtigt, sondern das Warten auf das Freizeichen, das Wählen, der Verbindungsaufbau, die hergestellte Verbindung, das Auslösen der Verbindung und das Auflegen des Hörers.

Bell 103

Amerikanischer Standard zur Datenübertragung mit 300 bit/s. Er entspricht etwa → *V.21* der → *ITU*, ist mit ihr wegen verschiedener Frequenzen jedoch nicht kompatibel, d.h. ein V.21-Modem kann sich nicht mit einem amerik. Modem nach Bell 103 unterhalten.

Bell 103 wurde bereits im Jahr 1950 von den Bell Laboratories entwickelt und eingeführt. Er war der erste Modemstandard überhaupt und wurde von anderen Herstellern auch übernommen. Mittlerweile ist er ohne jede Bedeutung, wird dennoch in der Literatur öfter erwähnt. Er erwies sich schnell als zu langsam und wurde dann zu → *Bell 212A* weiterentwickelt.

Bell 201

Amerikanischer Standard zur Datenübertragung mit 2 400 bit/s für synchrone Vollduplex-Verbindungen.

Der Standard hat keine Bedeutung für die Welt vernetzter → *PCs* und ist fast ausschließlich in der Großrechnerwelt des Hauses IBM zu finden.

Bell 212 A

Amerikanischer Standard zur Datenübertragung mit 1 200 bit/s. Der Standard wurde in → *Modems* und in → *Akustikkopplern* genutzt. Er war in der Version als Akustikkoppler sehr anfällig für Störgeräusche im Hintergrund.

Bell 212 A ist heute nur noch in den USA von Bedeutung. Entspricht etwa → *V.22* der CCITT, da er sich nur unwesentlich von ihr unterscheidet.

Modemkommunikation von V.22 nach Bell 212 A funktioniert meistens.

Entwickelt von Bell, die das Verfahren an andere Hersteller lizensierte. Nach einer Zeit der sehr hohen Preise entwickelten Rockwell und andere Chiphersteller integrierte Versionen, was zu einem Preisverfall und zu einer weiten Verbreitung führte.

Bellcore

Abk. für Bell Communications Research, auch Bell Laboratories oder Bell Labs genannt.

Benannt nach Alexander Graham Bell, dem Erfinder des kommerziell nutzbaren Telefons, 1876.

Bellcore ist die Bezeichnung für das Forschungszentrum der amerikanischen → *RBOCs* mit Hauptsitz in Morristown, New Jersey.

Bellcore ist organisatorisch in fünf Divisions gegliedert:

- Applied Research Group für Grundlagenforschung in den Bereichen Informatik, Photonik, Werkstoffwissenschaften und Netze sowie zuständig für Consulting aller Art.
- Die Technologies Resources Division ist für den Aufbau von Netzen und die Standardisierung zuständig.
- Die Customer Solutions Group kümmert sich um alles, was mit dem Ortsnetz zu tun hat (Planung, Aufbau, Wartung, Management).
- Die Software Group erstellt und vermarktet Software.
- Das Technical Education Center ist im Fortbildungssektor aktiv.

Entstanden ist Bellcore unter dieser Bezeichnung ursprünglich im April 1984, nachdem AT&T in den überregionalen Zweig und in die RBOCs aufgespalten wurde. Der Anteil der RBOCs an den vorherigen Bell Laboratories wurde zu Bellcore. In beiden wurde im Laufe der Zeit weltweit wichtige Grundlagenforschung betrieben.

1996 ging das Bell Lab zusammen mit anderen Teilen von AT&T in → *Lucent* auf.

Benchmark-Test

Bezeichnung für einen standardisierten Test zur Leistungsermittlung und zum Vergleich von Computerleistungen.

→ *Dhrystones,* → *SPEC,* → *Gibson-Mix,* → *Linpack.*

Benutzerführung

Durch die Benutzerführung wird einem Nutzer die Bedienung und die Benutzung eines Endgerätes (z.B. Telefon, Faxgerät, → *Handy*) erleichtert und teilweise erst ermöglicht. Die Benutzerführung

wird unter verschiedenen Gesichtspunkten vom Hersteller konzipiert und gruppiert ähnliche oder inhaltlich zusammengehörige Aktionen und Bedienelemente, die dem Nutzer eine leichte und ergonomisch-intuitive Bedienung erlauben.
Der Nutzer erhält im Rahmen der Benutzerführung vom Endgerät Hinweise für Eingaben oder Reaktionen, die von ihm auszuführen sind.
Benutzerführung kann durch verschiedene Hard- und Softwaremechanismen ermöglicht werden, z.B. durch:

- Verwendung eines Displays (mit Hinweistexten und/oder Symbolen),
- Verwendung sonstiger Leuchtanzeigen (LED, etc.),
- Verwendung eines Tongenerators und eines Lautsprechers,
- → *Funktionstasten.*

Teilweise werden, je nach Endgerät und Telekommunikationsdienst, Informationen von der Teilnehmervermittlungsstelle über den aktuellen Zustand einer Verbindung gegeben, z.B. bei → *ADSI.*

BER

1. Abk. für Bit Error Rate, Bitfehlerrate.
   Ein Qualitätsmerkmal digitaler Kanäle. Wird angegeben als Verhältnis der Anzahl fehlerhafter Bit zu der Gesamtzahl der betrachteten Bit in einer bestimmten zeitlichen Periode. Die BER gibt damit an, auf wieviele korrekte Bits ein fehlerhaftes (gekipptes) Bit kommt.
   → *Bitfehler.*
2. Abk. für Basic Encoding Rules.
   Grundlegende Regeln zur Datenstrukturbeschreibung mit → *ASN.1.*

Berechtigungsklassen

Bezeichnung für die Zuweisung von Rechten an Anschlüssen in Nebenstellenanlagen. Insbesondere in Nebenstellenanlagen können den einzelnen angeschlossenen Endgeräten eine Vielzahl unterschiedlicher Berechtigungen zugeordnet werden. Üblicherweise unterscheidet man:

- Vollamtsberechtigung: Von der Nebenstelle aus können ohne Einschaltung der Zentrale Amtsleitungen selbsttätig in abgehender Richtung erreicht werden.
- Halbamtsberechtigung: Nebenstellen können mit Amtsleitungen abgehend nur durch Vermitteln oder Zuteilen durch die Zentrale verbunden werden. Ankommende Amtsanrufe können problemlos angenommen werden.
- Nichtamtsberechtigung: Von der Nebenstelle aus können nur Innenverbindungen hergestellt werden, eine Verbindung mit Amtsleitungen ist weder abgehend noch ankommend möglich.

BERKOM

Abk. für Berliner Kommunikationsnetz.
Ein am 1. Februar 1986 in Berlin zunächst als zeitlich befristetes Projekt der DBP Telekom gestartetes Projekt zur Förderung der Entwicklung von Diensten, Anwendungen und Endsystemen für das auf einem Glasfasernetz basierende → *B-ISDN.*
Mittlerweile führte dies zur Gründung einer Betreibergesellschaft als Forschungsinstitution der Deutschen Telekom auf dem Gebiet innovativer und multimedialer Breitbandanwendungen mit der Bezeichnung → *DeTeBerkom.*
→ *http://www.deteberkom.de/*

BERNET

Abk. für Berliner (Forschungs-) Netz.
Bezeichnung der Keimzelle des → *WiN*, das in den Jahren 1977 bis 1982 in Berlin im Rahmen eines Projektes zur Erforschung der Kommunikation offener Systeme errichtet wurde.

Betriebsfunk

Bezeichnung für Systeme des → *Mobilfunks*, bei denen einzelnen Betrieben (Behörden oder allgemein: geschlossenen Benutzergruppen) komplette Frequenzen zugeteilt werden, die diese exklusiv nutzen können. Daher handelt es sich um nichtöffentlichen Mobilfunk. Technische Kennzeichen sind die geringe Reichweite der Funkanlagen und die geringe Kapazität.
Die nur sporadische Nutzung dieses Dienstes und die daraus folgende Verschwendung wertvoller Frequenzen durch Behörden führte zur technischen Weiterentwicklung und damit zum → *Bündelfunk.*
Betreiber des weltweit größten Betriebsfunknetzes ist die Deutsche Bahn AG, die rund 80 000 tragbare oder fahrende analoge Endgeräte auf ihrem 44 000 km langen Streckennetz in Betrieb hat.
Insgesamt ist Betriebsfunk insbesondere für die Gruppe der → *BOS* interessant. Diese hat alleine in Deutschland rund 350 000 fest installierte, portable oder mobile Endgeräte in Betrieb.

Betriebsmittel

Bezeichnung der elementaren Hardware- und Software-Komponenten, die von einem → *Prozeß* zur Durchführung seiner Aktionen auf einem Computer benötigt werden. Sie werden durch das → *Betriebssystem* verwaltet.
Beispiele für Betriebsmittel: Prozessor(en), Arbeitsspeicher (-bereiche), → *Cache*, externe Speicher (→ *Festplatte*), Drucker, Datenbanken, → *Compiler*, Dienstprogramme (→ *Utilities*), andere Peripheriegeräte (→ *Tastatur*, → *Maus*) etc.

Betriebssystem

Oberbegriff für die Programme eines digitalen Rechners, die folgende Aufgaben wahrnehmen:

- Verwaltung von → *Betriebsmitteln* wie z.B. → *Arbeitsspeicher*, → *CPU*-Arbeitszeit, Peripheriegeräte (Maus, Tastatur, Bildschirm, Drucker ...),
- Verwaltung von Dateien,
- Durchführung von I/O-Operationen,
- Fehlerbehandlung.

Es ist in der Regel modular aufgebaut, so daß sich nur die gerade aktuell benötigten Programme des Betriebssystems selber im → *Arbeitsspeicher* befinden und Platz benötigen.

Der Begriff ist in DIN 44300 definiert:

Die Programme eines digitalen Rechensystems, die zusammen mit den Eigenschaften der Rechenanlage die Basis der möglichen Betriebsarten des digitalen Rechensystems bilden und insbesondere die Abwicklung von Programmen steuern und überwachen.

Beispiele für Betriebssysteme im oder aus dem Großrechnerbereich sowie auch für Workstations sind → *MVS*, → *VSE*, → *Unix* oder → *VM/SP*.

Im PC- und Workstation-Bereich sind → *DOS*, → *OS/2*, → *NextStep*, → *Linux*, → *Solaris*, → *Windows NT*, → *Windows 95*, → *Plan 9*, → *Taligent* oder → *CP/M* zu nennen.

Beugung

Bezeichnung für einen Effekt des → *Fading* bei der Ausbreitung elektromagnetischer Wellen. Beugung ist die weitere Ausbreitung von Wellen hinter Hindernissen in deren Schattenbereich hinein, d.h. die Welle dringt in Bereiche ein, in die sie sonst nur auf direktem Weg gelangen könnte. Je größer die Wellenlänge im Verhältnis zu einem Hindernis ist, um so stärker wird die Welle im Bereich hinter dem Hindernis in den Schattenbereich hineinlaufen (um das Hindernis herum gebeugt). Dies trifft für alle Arten von Wellen (auch Wasserwellen) zu.

Dieser Effekt wird bei Frequenzen für elektromagnetische Wellen oberhalb von 1 GHz vernachlässigt.

Dieser Effekt ist auf den Huygens-Fresnelschen Effekt zurückzuführen, nach dem jeder Punkt eines Wellenzuges Ausgangspunkt einer sich gleichförmig in alle Richtungen des Raumes ausbreitenden neuen Welle sein kann.

BFH

Abk. für Bitfehlerhäufigkeit.

Gängigere Bezeichnung ist Bit Error Rate (→ *BER*).

BGP

Abk. für Border Gateway Protocol.

Bezeichnung für ein Protokoll im → *Internet*, das zu der Klasse der → *EGP* gehört. Es existiert mittlerweile in Version 4 und ist definiert im RFC 1771.

BHC

Abk. für Busy Hour Calls.

Bezeichnung für die in der → *Hauptverkehrsstunde* tatsächlich zustande gekommenen Verbindungen (im Gegensatz zum → *BHCA*).

BHCA

Abk. von Busy Hour Call Attempt.

Eine einheitliche genormte Definition existiert nicht. Häufig ist die in der 'Busy Hour' maximal abwickelbare Zahl der Belegungswünsche gemeint (dann eigentlich → *BHC*), manchmal aber auch die Zahl aller überhaupt eingehenden Belegungswünsche. Gilt als Leistungsmerkmal von Vermittlungen.

BIBA

Abk. für → *Bilingualer Basisanschluß*.

BICI

Abk. für Broadband Inter-Carrier Interface.

Bezeichnung für eine Schnittstelle zwischen → *ATM*-Netzen verschiedener Netzbetreiber.

BID-Gruppe

Branchenjargon aus den 70er und 80er Jahren für die Rechnerhersteller der ersten Reihe: Burroughs, IBM und DEC.

→ *BUNCH*-Gruppe.

Bidirektional

Bezeichnung für Kommunikation in zwei Richtungen (Sender zum Empfänger und auch zurück). Gegensatz: → *Unidirektional.*

BIE

Abk. für Base Station Interface Equipment.

Bezeichnung für die Geräte, die bei einer → *BS* die Schnittstelle zu den anderen Elementen der Netzinfrastruktur zur Verfügung stellen.

Big Blue

Branchenjargon für den Computerriesen IBM. Leitet sich aus einer bei IBM üblichen Praxis in den 50er Jahren ab, bei der die Mitarbeiter durch eine einheitlich blaue Kleidung an einen gemeinsamen Teamgeist gewöhnt werden sollten.

BIGFERN

Abk. für Breitbandintegriertes Glasfaser Fernnetz.

Bezeichnung eines Pilotversuchs der Deutschen Telekom zu Anfang der 80er Jahre mit dem Ziel, den Einsatz von → *Glasfasertechnik* im Fernnetz durch einen kreativen Ideenwettbewerb der Industrie mit anschließender Testphase vorzubereiten. Es kamen dabei Laser bei 1 300 nm zum Einsatz, die Übertragungsraten von 140 Mbit/s ermöglichten.

Im Rahmen von BIGFERN wurden die sieben Inseln der → *BIGFON*-Projekte miteinander vernetzt. Erster Einsatz erfolgte von Hamburg nach Hannover (18 km Regenerator- und 1 km Spleißabstand), wobei drei Inseln mit 60 Fasern verbunden wurden.

Resultat des BIGFERN-Versuchs war die Beherrschung dieser Technik, so daß ab 1983 die Glasfasertechnik im Regeleinsatz im Fernnetz und bei der Verbindung digitaler Vermittlungen in Ortsnetzen mit mehreren Vermittlungsstellen eingeführt wurde.

BIGFON

Abk. für Breitbandintegriertes Fernmeldeortsnetz.

Bezeichnung eines 1983 von der Telekom gestarteten Pilotversuchs in Düsseldorf, Berlin, München, Hannover, Hamburg, Stuttgart und Nürnberg mit insgesamt 350 ausgesuchten Teilnehmern, der auf nur sehr lockere Vorgaben der Telekom hin firmenspezifische Lösungen auf Glasfaserbasis in Inselnetzen realisierte. Ziel war eine vollständige Versorgung der Teilnehmer mit gegenwärtigen und zukünftigen schmal- und breitbandigen Individual- und Verteildiensten.

Start am 29. November 1983 in Berlin-Wedding mit 28 Teilnehmern. Nach drei Jahren Versuchsdauer wurde die Versuchsphase um ein Jahr verlängert.

→ *BIGFERN.*

Bigpipe

Branchenjargon für alle Breitbandübertragungsnetze und -verfahren mit einer Übertragungsleistung von mehr als 100 Mbit/s.

→ *Trunk.*

BIIS 1200

Abk. für Binary Interchange of Information and Signalling.

Name eines europäischen → *Bündelfunkstandards*, von der ETSI als I-ETS 300.230 genormt. Definiert wurde die Luftschnittstelle zwischen mobilen Terminals und den Anlagen der Infrastruktur wie Relais, Basistationen und Betreiber- sowie Teilnehmeranschlüssen. Basis ist eine digitale Signalisierung mit 1 200 bit/s und eine → *FFSK*-Modulation. Es umfaßt die unteren drei Schichten des → *OSI-Referenzmodells*.

→ *MPT 1327.*

Bildschirmtext

→ *Telekom Online.*

Bildtelefon, Bildtelefonie

Früher auch Bildfernsprechen genannt. Bezeichnung für die gleichzeitige Übertragung von Sprache und eines bewegten Bildes der sprechenden Person.

Im Gegensatz zu → *Videokonferenzsystemen* findet dabei eine Kommunikation nur zwischen zwei Teilnehmern statt, die nur Sprache und Bild (und keine Daten z.B. zum → *Application Sharing* oder → *Joint Editing*) austauschen.

Technische Basis für Bildtelefonie ist heute das → *ISDN*, der Standard → *H.320* und ein Bildtelefon oder der PC als Endgerät.

Es hat in der Vergangenheit verschiedene Versuche gegeben, Bildtelefonie in großem Maßstab für geschäftliche und/oder private Anwendungen zu etablieren. So z.B. Pilotversuch der Deutschen Telekom 1992 oder das europäische Bildtelefon Testprojekt. Alle Versuche scheiterten jedoch an den hohen bis sehr hohen Kosten für die Endgeräte (1992 bis zu 38 500 DM, heute um die 3 000 DM für ISDN-basierte Endgeräte), der geringen Verbreitung derartiger Geräte und dem nur geringen Zusatznutzen für die Verwender.

Bildwechselfrequenz, -rate

Andere Bezeichnung für → *Bildwiederholfrequenz.*

Bildwiederholfrequenz, -rate

Auch Bildwechselfrequenz, Vertikalfrequenz oder Refreshrate genannt. Parameter bei Monitoren. Sagt aus, wie häufig pro Sekunde das gesamte Bild neu auf den Bildschirm geschrieben wird. Ist ein Maß für die Flimmerfreiheit.

Für die menschlichen Augen gilt eine Bildwiederholrate von 75 Hz und höher als angenehm, die auch von der → *VESA* und der Ergonomienorm ISO 9241-3 gefordert wird., da dann das menschliche Auge eine Darstellung vor weißem Hintergrund ohne störendes Flimmern empfindet

→ *Zeilenfrequenz.*

Bilingual, Bilingualer Basisanschluß

Abgekürzt mit BIBA (Bilingualer Basisanschluß).

Bezeichnung für einen Basisanschluß im → *ISDN* der sowohl das nationale D-Kanalprotokoll (in Deutschland → *1TR6*) als auch das europaweit gültige D-Kanalprotokoll → *E-DSS1* beherrscht.

Billing

Bezeichnung für eins der fünf Functional Areas des System- und Netzmanagements, die in der Empfehlung X.700 der → *ITU* definiert sind.

Das Billing ist prinzipiell die Rechnungserstellung, -versendung und -weiterverfolgung. Es verarbeitet gemäß den Regeln des → *Charging* die Daten des → *Accounting* und erstellt Rechnungen für Kunden.

BINAC

Abk. für Binary Automatic Computer.
→ *UNIVAC.*

Binär

Eigenschaft die ausdrückt, daß ein bestimmter Sachverhalt (ein bestimmtes Zeichen) durch eine Folge von Symbolen beschrieben (codiert) werden kann, die aus einem Symbolvorrat (→ *Alphabet*) von nur zwei Zeichen besteht.
Beispiel für diesen Symbolvorrat sind die Mengen {0, 1} oder {EIN, AUS}. Bei der → *digitalen Modulation* werden noch andere Symbole elektrischer Natur verwendet.

Binder

Bezeichnung für eine Software, die mehrere Objektprogramme (z.B. Funktionen) zu einem lauffähigen und ladefähigen Programm zusammenführt (bindet).

BIOS

Abk. für Basic Input/Output System.
Oberbegriff für eine Gruppe von kleinen Programmen im → *ROM*, die beim → *Booten* eines PCs Selbsttests durchführt und die → *CPU* mit dem Speicher, Drucker, Festplatte, Tastatur, Maus und weiteren Peripheriegeräten zur Ein- und Ausgabe verbindet.

BIP-8

Abk. für Bit Interleaved Parity-8.
Bezeichnung eines Prüfsummenalgorithmus zur Bitfehlerüberwachung. Wird z.B. bei → *SDH* angewendet.

Bipolarverfahren

Ein Verfahren zur Darstellung binär codierter Signale, bei dem logische Nullen als Pegel Null und logische Einsen mit wechselnden Pegeln +1 und -1 dargestellt wird. Der Gleichstromanteil wird dadurch Null. Das Verfahren ist nicht selbsttaktend. Es wird auch AMI genannt (Alternative Mark Inversion).

Bird

Branchenjargon für Satellit.

Birdie

→ *Telepoint.*

B-ISDN

Abk. für Broadband Integrated Services Digital Network.
Auch einfach nur Breitband-ISDN genannt. Bezeichnung für ISDN für Breitbanddienste ab 2 Mbit/s bis 155 Mbit/s, z.B. für hochauflösende Videokonferenzen, Übertragung hochqualitativer Standbilder (Röntgenbilder ...) oder schnelle Datenübertragung.
Die mit B-ISDN avisierten Standarddienste sind in I.211 festgelegt. B-ISDN selbst in I.321. Es gibt zwei Vermittlungstechniken für B-ISDN (→ *ATM* und → *STM*), von denen ATM offiziell als Transportplattform vorgesehen ist.
Ursprünglich sollte B-ISDN eine Erweiterung von ISDN sein. Mittlerweile hat sich infolge technischen Fortschritts die Entwicklung verselbständigt, so daß lediglich noch Gemeinsamkeiten bei den funktionellen Gruppen NT1, NT2, TE, TA und den jeweiligen Referenzpunkten besteht.
Standardisierung startete 1990.

BISM

Abk. für Bit Interleaved Subrate Multiplexing.
Bezeichnung für ein Multiplexverfahren bei dem leitungs- und paketvermittelte Daten miteinander gemischt und mit Datenraten zwischen 14,4 kbit/s bis 64 kbit/s übertragen werden.

BISON

Abk. für Bull, ICL, Siemens, Olivetti und Nixdorf.
Bezeichnung einer 1984 gegründeten Gruppe von europäischen Unternehmen, die offiziell ihre Derivate des → *Betriebssystems* → *Unix* vereinheitlichen wollten. Eine andere Interpretation spricht davon, daß es darum ging, ein Gegengewicht zur AT&T-Dominanz zu bilden.
Aus ihr ging im wesentlichen → *X/Open* hervor.

BISYNC

→ *BSC.*

Bit, bit

1. Großgeschrieben das Kunstwort von engl. binary digit. Kleinste Einheit in der Computertechnik zur Codierung (Verschlüsseln) von Zeichen, also Buchstaben oder Zahlen, die den Wert 'Null' oder 'Eins' annehmen können. Zur digitalen Übertragung müssen Signale in den logischen Zuständen 0 und 1 dargestellt werden können. Durch ein Bit kann eine Nachricht in der einfachsten Form als Strom/kein Strom oder Spannung/keine Spannung auf drahtgebundenen Medien übertragen werden. Bitfolgen ergeben sich daher im einfachsten und idealen, aber in der Realität eher seltenen Fall als eine Folge von Rechteckimpulsen. Bei Funkstrecken und langen Kabelstrecken mit entsprechender Signalverzerrung erfolgt die Codierung der 0 und 1 durch Verfahren der → *digitalen Modulation*, da sich elektromagnetische Wellen beim Funk nicht rechteckförmig ausbreiten, sondern analog und weil Rechteckimpulse auf längeren drahtgebundenen Übertragungsstrecken verzerrt wer-

den und am Ende nicht mehr als saubere Rechteckimpulse zu erkennen sind.
In Verbindung mit Präfixen wird Bit mit einem kleinen 'b' abgekürzt, um einen Unterschied zum Byte, das mit einem großen 'B' abgekürzt wird, deutlich zu machen. 1 MB sind daher 1 Megabyte.

2. In der Informationstheorie wird bit (kleingeschrieben) häufig als kleinstmögliche Informationsmenge bezeichnet, die bei binären Entscheidungen (entweder/oder) anfällt. Dann leitet sich bit ab von Basic Indissoluble Information Unit.

Bitfehler

Bezeichnung für gekippte Bit, die nicht ihrem ursprünglichen Zustand entsprechen. Bitfehler treten üblicherweise bei der Datenübertragung über unzureichend geschirmte Kanäle (z.B. Funkkanal) auf. Die analytische Untersuchung von Bitfehlern mit Methoden der Statistik und Wahrscheinlichkeitsrechnung gilt als nicht trivial. H.O. Burton erklärte betreits 1972: 'The most precise statement that can be made about errors in data transmission is that they will occur.'
→ *Cluster*, → *Bursts*, → *BER.*

Bitfehlerrate

→ *BER.*

BITNET

Abk. für 'Because it's Time Network'.
Ein akademisches Netz in den USA, Südamerika und Japan, das auch an das → *Internet* angeschlossen ist.
Startete 1981 in New York an der City University und verband ursprünglich → *Mainframes* aus dem Hause IBM mit 9,6-kbit/s-Leitungen. Verbindet mittlerweile über 300 Institutionen.
Die wichtigste Funktion des BITNET ist das automatische Mailingprogramm Listserv, das auf Listserv-Fileservern automatisch Diskussionsforen verwaltet.
BITNET unterstützt nicht → *Telnet* und → *FTP*,
→ *EARN*, → *NorthNet*, → *Internet.*

Bitrate

Anzahl der übertragenen Bit pro Sekunde, angegeben in bit/s, kbit/s (o.ä.) oder bps.

Bitronics

Bezeichnung eines proprietären Standards zur parallelen Datenübertragung über eine → *Centronics*-Schnittstelle. Auf den Markt gebracht von Hewlett-Packard zum Anschluß von → *Postscript-Druckern* an → *PCs.*

Bit Slice Prozessor

Bezeichnung für Prozessoren mit einer Wortlänge n, die man k-fach zu einem Prozessor der Wortlänge k * n zusammenschalten kann. Sind überwiegend in bipolarer Technik ausgeführt und enthalten kein fest verdrahtetes Mikroprogramm. Sie sind im Leistungsvermögen Prozessoren mit fester Wortlänge überlegen und gestatten den Aufbau von Rechnern mit leicht modifizierbarem Befehlssatz.

Bitstopfen

Um Anfang und Ende von Nutzdaten innerhalb eines Datenstromes zu kennzeichnen, wird dort ein → *Flag* genanntes Bitmuster 01111110 eingefügt, welches aber auch zufällig im Nutzdatenteil vorkommen kann. Um das zu verhindern, wird beim Sender nach fünf im Nutzdatenstrom aufeinanderfolgenden Einsen eine 0 eingefügt. Dieser Vorgang des Einfügens einzelner → *Bits* heißt Bitstopfen. Er wird von der Schicht 2 im → *OSI-Referenzmodell* vorgenommen.
→ *Zeichenstopfen.*

B-Kanal

Abk. für Bearer-Kanal, Trägerkanal.
Bezeichnung eines digitalen duplexfähigen Übertragungskanals für Nutzdaten im → *ISDN* mit einer Kapazität von 64 kbit/s.
→ *Bearerservice*, → *D-Kanal.*

BK

1. Abk. für → *Breitbandkabelverteilnetz.*
2. Abk. für Breitbandkommunikation.

BK 450

Abk. für → *Breitbandkabelverteilnetz* bis 450 MHz.

BKS

Abk. für Bundesverband Kabel und Satellit.
Bezeichnung eines Interessenverbandes, der 1990 im → *VPRT* aufging.

Blank

1. In der Lochkartentechnik die Bezeichnung für Spalten in denen kein einziges Loch vorkommt.
2. Davon abgeleitet auch in der Neuzeit die Bezeichnung für ein Leerzeichen oder eine Leerstelle als alphanumerisches Zeichen.

BLOB

Abk. für Binary Language Objects.

Block

Eine Gruppe zusammenhängender Zeichen (Steuer- und/oder Nutzdaten), die für Übertragungszwecke gebildet wurde. In → *TDMA*-Systemen versteht man unter Block (Frame) die Gesamtheit aller einem Kanal zugeteilten Zeitschlitze, die periodisch auftauchen.

Blockierung

Bei einem Vermittlungssystem (z.B. Netzknoten in einem Telefonnetz) der Zustand, bei dem der Aufbau einer Verbindung unmöglich ist. Entweder weil kein Weg mehr innerhalb der Vermittlung frei ist (z.B. alle Zeitschlitze belegt oder Vermittlung ohne vollständige → *Erreichbarkeit*) oder weil alle abgehenden Leitungen belegt sind.

Erster Fall wird als vermittlungsinterne Blockierung, zweiter als Abnehmerblockierung bezeichnet.

→ *Erlang B*.

Blockierungswahrscheinlichkeit

Andere Bezeichnung für Verlustwahrscheinlichkeit. Kann mit der → *Erlang-B*-Formel ermittelt werden und beschreibt, wie hoch die Wahrscheinlichkeit eines Mißerfolgs beim Verbindungsaufbau unter bestimmten Annahmen über die Anzahl der Verbindungswünsche und die der zur Verfügung stehenden Leitungen ist.

→ *QoS*.

Blocking

Andere Bezeichnung für → *Barring*.

Blocktarif

Bezeichnung für eine Art der Tarifierung, bei der die Gebühr nicht nach Zeiteinheiten oder Entfernung berechnet wird, sondern pro Anruf sozusagen en bloc (mit u.U. gleich mehreren Gebühreneinheiten) abgerechnet wird. Wurde in Deutschland erstmals Ende 1994 beim 'Scall' angewendet.

Man unterscheidet verschiedene Blocktarife:

- Beim einmaligen Blocktarif werden zu Beginn einer Verbindung einmalig Gebühren in einer bestimmten Höhe erhoben.
- Beim periodischen Blocktarif werden in bestimmten periodischen Zeitabständen Gebühren (i.d.R. mehrere Einheiten) erhoben.
- Beim verzögerten Blocktarif kann eine Verbindung eine Zeit lang kostenlos genutzt werden und erst nach einer bestimmten Zeit wird ein Block Gebühren erhoben.

Blockwahl

Bezeichnung aus dem Nebenstellenbereich für ein → *Leistungsmerkmal* einer Nebenstellenanlage.

Bei der Blockwahl wird erst die komplette Rufnummer eingegeben, die auf einem Display des Telefons kontrolliert werden kann. Dies erlaubt dem Wählenden die Korrektur seiner eingegebenen Nummer. Erst nach Eingabe der vollständigen Nummer erfolgt der Verbindungsaufbau, d.h. die Nummer wird dem Netz en bloc übergeben.

BLQAM

Abk. für Blackman Quadrature Amplitude Modulation.

Bezeichnung einer speziellen → *QAM*.

Blue Book

1. Name eines neuen Standards für CD-ROMs von der US-Firma Optical Disc Corporation. Abtastlaser mit 670 nm und Kapazität 2,5 GByte. Datenübertragungsrate 3 Mbit/s.
2. Bezeichnung der Standards der CCITT die 1964 (Kleine FDM-Systeme, Carriersysteme für Unterwasserkabel) und, 1988, dann in Melbourne, (→ *MHS*, → *ASN.1*, → *TMN*, → *X.500*, → *B-ISDN*) in einer Serie von Büchern mit blauem Umschlag herausgegeben wurden.

Blue Boxing

Aus den USA kommende Bezeichnung für das bewußte falsche Ansteuern öffentlicher Vermittlungsstellen und unbefugte sowie kostenlose Aktivierung und Nutzung von für einen Teilnehmer nicht freigegebener Dienstmerkmale. Hintergrund war die Einführung des → *MFV*. Im Netz wurden Signalisierungs- und Verwaltungsdaten ebenfalls mit Tönen übertragen, die entweder durch richtige Nutzung des eigenen Wählfeldes oder durch selbstgebaute Tongeneratoren (die üblicherweise in kleinen blauen Kästen untergebracht waren, daher der Name, und vor das Mikrophon des Hörers gehalten wurden) auch von Teilnehmern selbst erzeugt werden konnten. Mittlerweile nicht mehr in den USA möglich.

Andere Länder, die ihrerseits nun bis zu 20 Jahre später ihre Netze auf MFV umstellen, haben mit den gleichen Problemen zu kämpfen.

BMPT

Abk. für Bundesministerium für Post und Telekommunikation.

Sitz: Bonn/Berlin. Hat seit der Postreform II 1994 nur noch rein politische und hoheitliche Aufgaben wahrzunehmen (Zuteilung von Frequenzen, ...).

Im Zuge der Deregulierung wird das BMPT vorraussichtlich zum 31. Dezember 1997 aufhören zu existieren. Seine dann noch verbleibenden Aufgaben werden in einer → *Regulierungsbehörde* aufgehen (→ *BAPT*).

BNC (-Buchse)

Abk. für Bayonet-Neill-Concelman oder auch für Bayonet Nut Connector.

Bezeichnung eines speziellen Steckers mit Bajonettverschluß zur Verbindung oder zum Anschluß von Koaxialkabeln. Das Gehäuse des Steckers führt Masse, der Pin das Signal.

Genutzt z.B. für Anschlüsse an ein Thin-Ethernet (→ *Ethernet*), zur Verbindung mehrerer Koaxialkabelsegmente oder von Monitoren mit separaten → *RGB*-Eingängen an Computer. Auch in der professionellen Video- und Studiotechnik verbreitet.

B-Netz

Erstes vollautomatisches analoges Mobilfunknetz in Deutschland für 26 000 Teilnehmer. Auch öbL-B (öffentlicher bewegter Landfunk Netz B) genannt.

Operierte im 150-MHz-Band (146 bis 156 MHz) mit zunächst 37 Duplexsprechkanälen und 20 kHz Kanalabstand bei 4,6 MHz Duplexabstand. Die 158 → *BS* (Funkzonen) versorgten Gebiete mit je rund 25 km Durchmesser. BS-Leistung: 20 Watt, → *MS*-Leistung: 10 Watt. Nur für Telefondienst ausgelegt.

Der Teilnehmer mußte öfter eine 'Positionsmeldung' dem Netz geben. Der Anrufende mußte stets wissen, in welcher Funkzone (von 150 insgesamt) sich der angerufene mobile Teilnehmer befindet. Der Durchmesser der Funkrufzonen konnte bis 150 km betragen. Die Verbindungsaufbauzeit lag im Sekundenbereich.

Wurde von der Firma TEKADE bis August 1971 entwickelt, im September 1971 auf der IFA in Berlin vorgestellt, ging 1972 vor den Olympischen Spielen in München in Betrieb und wurde dann schrittweise bis 1977 ausgebaut.

Es übernahm dann auch die Frequenzen des → *A-Netzes* und wurde, nachdem 1979 die Netzkapazitäten mit 13 000 Teilnehmern fast erschöpft waren, 1982 um weitere 37 Kanäle erweitert und zum B2-Netz mit bis zu 26 000 Teilnehmern (tatsächliche max. Zahl 1986: 26 911). Ermöglichte ab 1980 int. Telefonate nach Österreich, Niederlande und Luxemburg, die voll kompatible Netze errichtet hatten.

Das B-Netz wurde zum 31. Dezember 1994 mit zuletzt 4 400 Teilnehmern außer Betrieb genommen.

BNK

1. Abk. für Bereichs-Netzknoten.

   Neue Bezeichnung der Deutschen Telekom für Orts- und Knotenvermittlungen.

   → *WNK.*

2. Abk. für Betriebsnetzknoten.

   Bezeichnung für von der Deutschen Telekom eingeführte Netzknoten für das → *Netzmanagement.* Dabei werden in BNKs mehrere digitale Vermittlungsstellen verwaltet. Dieses Konzept löste bis 1997 proprietäre lokale Managementsysteme der Vermittlungsstellen ab.

B-Nummer

Die Nummer des Angerufenen.

→ *A-Nummer.*

BOC

Abk. für Bell Operating Company.

Bezeichnung für die 22 nach der Zerschlagung von AT&T zum 1. Januar 1984 entstandenen lokalen Betreibergesellschaften von Fernmeldenetzen.

BOCs sind für den Netzzugang zuständig und dürfen innerhalb ihres ihnen zugewiesenen Bereichs (Bundesstaat, → *LATA*) vermittelte Dienste anbieten.

Mehrere BOCs sind jeweils einer → *RBOC* als Holding zugeordnet.

Boden-Oberflächenwellen

Bezeichnung einer Klasse elektromagnetischer Wellen, die sich der Erdkrümmung folgend ausbreiten. Es handelt sich um Wellen niedriger Frequenz (bis ca. 3 MHz) und großer Wellenlänge, die eine große Reichweite haben (um die 1 000 km) und z.B. auch in Tunnels eindringen können.

Die Eigenschaft, der Erdkrümmung zu folgen beruht dabei auf dem physikalischen Effekt der → *Beugung.*

Bodensegment

Bezeichnet bei der Beschreibung von Satellitensystemen alle technischen Systeme, die am Boden auf der Erde installiert sind. Hierzu gehören:

- Anzahl, Lokalität und Funktion der Bodenstationen,
- Gateways zu anderen Telekommunikationsnetzen,
- Verbindungsleitungen zwischen den Bodenstationen.

Bogus

Jargon im → *Internet.* Bezeichnet illegal eingerichtete Diskussionsgruppen (→ *Newsgroups*) im → *Usenet.*

Das Wort 'illegal' bezieht sich dabei auf ein Verfahren der Einrichtung der Diskussionsgruppe, das sich nicht an die im Internet üblichen Verfahren hält.

→ *RFD*, → *CFV.*

BOM

Abk. für Beginning of Message.

Bonding

Abk. für Bandwidth on Demand Interoperability Group.

Bezeichnung für eine Gruppe verschiedener Hersteller von → *inversen Multiplexern*, die sich mit dem Ziel des Schaffens eines Standards zusammengeschlossen haben.

Man unterscheidet gemäß der Bonding fünf Modes nach denen inverse Multiplexer über das → *ISDN* oder ein → *LAN* zusammenarbeiten können. Dies sind der Transparent Mode und die Modes 0, 1, 2 und 3. Davon sind der Transparent Mode und Mode 1 zwingend erforderlich in den Geräten zu implementieren, wohingegen die anderen Modes freiwillig sind, Mode 0 aber sehr häufig ebenfalls installiert ist.

- Transparent Mode: Zwischen zwei inversen Multiplexern wird eine Verbindung ohne jede Kontrolle des → *Delays* und damit ohne Synchronisation von Sender und Empfänger und auch ohne Fehlerkorrektur aufgebaut.
- Mode 0: Zwischen zwei inversen Multiplexern erfolgt über einen Kanal ein Anruf eines inversen Multiplexers an einen zweiten um eine Verbindung zu initialisieren.

  Es erfolgt keine Delaykontrolle oder Fehlerkorrektur.
- Mode 1: Zwischen zwei inversen Multiplexern werden auf mehreren voneinander unabhängigen Kanälen Daten ohne jede Synchronisation (Delaykontrolle) und Fehlerkorrektur übertragen.

  Im Falle des Auftretens von Fehlern wird die gesamte Verbindung abgebrochen und neu gestartet.
- Mode 2: Zwischen zwei inversen Multiplexern werden auf mehreren voneinander unabhängigen Kanälen Daten mit Synchronisation (Delaykontrolle) und Fehlerkorrektur übertragen.

  Die erfoderlichen Synchronisations- und Fehlererkennungsdaten werden dabei zusammen mit den Nutzdaten als Overhead in den Nutzkanälen mit übertragen.

  Dieses Verfahren läßt die Nutzdatenrate auf ca. 98,44 % der Nenndatenrate sinken.
- Mode 3: Zwischen zwei inversen Multiplexern werden auf mehreren voneinander unabhängigen Kanälen Daten mit Synchronisation (Delaykontrolle) und Fehlerkorrektur übertragen.

  Erforderliche Synchronisations- und Fehlererkennungsdaten werden dabei aber nicht als Overhead in den Nutzkanälen mit übertragen, sondern über separate Kanäle geführt, so daß der Nutzkanal zu 100 % den Nutzdaten zur Verfügung steht.

BONT

Abk. für Broadband Optical Network Termination.

Bezeichnet in hybriden Breitbandnetzen aus Glasfaser- und Kupferkabel den Netzabschluß, an dem eine optisch-elektrische Wandlung vorgenommen wird und das aus der Glasfaser kommende optische Signal in ein elektrisches Signal verwandelt und als solches in ein Kupferkabelnetz eingespeist wird.

Bookmark

Engl. für Lesezeichen. Jargon für von einem → *Browser* verwaltete bevorzugte Netzadressen im → *WWW*. Bookmarks ermöglichen es dem Nutzer zu interessanten oder häufiger benötigten Seiten später noch einmal zurückzukehren, indem der Browser sich die Adresse der Seite merkt (speichert) und zu ihr durch einfaches Anklicken ohne manuelle und zeitraubende Neueingabe der kompletten Adresse über die Tastatur zurückgekehrt werden kann.

Mehrere Bookmarks können dabei geordnet durch den Browser gemäß vom Nutzer frei definierter Kategorien gespeichert werden.

Booster

Bezeichnung eines bestimmten, leistungsschwachen Geräten nachgeschalteten Verstärkers zur Erhöhung einer Verstärkerausgangsleistung für Mobilfunk-Endgeräte.

Ein → *Handy* mit z.B. 0,75 W wird dabei in eine Halterung (z.B. im Auto) eingesteckt. Ein Kontakt schließt sich dadurch automatisch und die zu sendenden Daten werden vom Handy über den Kontakt in der Halterung zum Booster weitergeleitet, dort verstärkt und mit einer Außenantenne von z.B. 2 oder 5 W abgestrahlt.

Booten

Bezeichnung für das Hochfahren eines technischen, mikroprozessorgesteuerten Systems.

Dabei werden vollautomatisch einfache Rechnerbefehle ausgeführt, um Speicher vorzubesetzen (initialisieren), diverse Bausteine und insbesondere den Hauptspeicher zu testen und Peripheriegeräte anzusprechen.

→ *BIOS*.

Bootsektor

Bezeichnung für den speziellen Sektor (meistens in der äußeren Spur) auf einer → *Festplatte* oder → *Diskette*, in welchem das zum → *Booten* benötigte Startprogramm gespeichert ist.

Bootsektor-Virus

→ *Systemvirus*.

BORSCHT

Kunstwort, Eselsbrücke zum leichteren Umschreiben der Funktionen der → *Teilnehmerschaltung* in einer Vermittlungsstelle.

Diese Funktionen bilden mit ihren Anfangsbuchstaben das Wort BORSCHT:

- Battery Feed (→ *Zentralbatteriebetrieb*),
- Overvoltage Protection (Überspannungsschutz),
- Ringing (Ruf des Teilnehmers),
- Signaling (Signalisierung, → *Zeichengabe*),
- Coding (PCM-Wandlung),

- Hybrid (Gabelschaltung),
- Testing (Ermöglichen von Prüf-, Test- und Wartungszwecken).

BOS

Begriff aus dem Marketing von Telekommunikationsprodukten. Beschreibt die Gruppe von Behörden und Organisationen mit Sicherheitsaufgaben.
Beispiele sind Feuerwehr, Polizei, Straßenmeisterei, Zoll, Katastrophen- und Grenzschutz etc.
Nutzer aus diesen Bereichen stellen hinsichtlich Dienstverfügbarkeit, Datensicherheit, Gerätedesign, Systempreis, Lebensdauer und anderer Parameter spezielle Anforderungen an die Produkte.

BPI

Abk. für Bit per Inch.
Bezeichnung für die Aufzeichnungsdichte auf einem magnetischen Speichermedium wie z.B. → *Festplatte* oder → *Diskette.*

bpp

Abk. für Bit per Pixel.
Bezeichnet bei der digitalen Bilddarstellung die Farbtiefe, d.h. wieviele Farben je Bildpunkt darstellbar sind.
→ *HiColor*, → *True Color.*

BPR

Abk. für Business Process Reengineering.
Auch Business Process Re-Design genannt. Deutsche Bezeichnung etwa: Geschäftsprozeßoptimierung oder Reorganisation (von Organisationseinheiten und Prozessen).
Es gibt keine allgemeinverbindliche Definition, aber allgemein wird unter dem Begriff die Definition und Optimierung von einzelnen Arbeitsabläufen und kompletten Geschäftsprozessen in Unternehmen und u.U. zwischen mehreren Unternehmen unter Effektivitätsgesichtspunkten (Zeit- und Ressourceneinsparung) mit Hilfe von Hard- und Software der Datenverarbeitung und (neuerdings auch) der Telekommunikation.
Am Ende des Prozesses steht oft ein → *Workflow-Management-System*, ein → *Data Warehouse* oder der Einsatz von → *Groupware.*
→ *Intranet.*

BPRT

→ *VPRT.*

Bps, bps

Abk. für Bit per Second.
Die Datenrate bei i.d.R. serieller Datenübertragung.

BPSK

Abk. für Binary Phase Shift Keying.
→ *PSK.*

Break In, Break Out

Bezeichnung für den Übergang einer Verbindung im → *VPN*, vom VPN ins öffentliche Netz (oder umgekehrt) im Rahmen von → *Least Cost Routing.*

Brechungsindex

Auch Brechzahl genannt. Bezeichnung für einen Materialkennwert lichtdurchlässiger Stoffe aus der Optik, von praktischer Bedeutung z.B. in der → *Glasfasertechnik.* Ein dimensionsloser Faktor, der beschreibt, um welchen Faktor sich das Licht in einem Medium relativ zum Vakuum langsamer ausbreitet.
Vakuum hat daher den Brechungsindex 1. Für normales Glas nimmt der Brechungsindex n Werte zwischen 1,4 und 1,6 an.

Brechzahl

Andere verkürzte Bezeichnung für → *Brechungsindex.*

Breitbandkabelverteilnetz

Auch BK 450, BK-Netz, Kabelfernsehnetz oder BVN genannt. Bezeichnung der Breitbandkabelnetze für Kabelfernsehen u.ä. der Deutschen Telekom und anderer Betreiber.
Erste Verkabelungen (KTV, Kabel-Television) starteten 1972 als reine Insellösungen, z.B. um Abschattungsgebiete in Tälern oder hinter Hochhäusern mit Fernsehen zu versorgen. In großem Maßstab startete die Verkabelung 1984 mit der steigenden Anzahl von privaten Fernsehsendern und Hörfunkprogrammen vor Augen, für die man wg. begrenzter Bandbreite für Fernsehen und Hörfunk im terrestrischen Funk neue Übertragungswege suchte. Der Frequenzbereich von 47 MHz bis 446 MHz wird mit verschieden breiten Kanälen in verschiedenen Bereichen unterschiedlich genutzt. Man unterscheidet:

- Fernsehbereich I von 47 MHz bis 68 MHz mit drei analogen Fernsehkanälen K2 bis K4 zu je 7 MHz,
- UKW-Bereich von 87,5 MHz bis 108 MHz für 30 analoge Tonrundfunksender,
- Digitalen Rundfunkbereich für 16 Sender nach dem → *DSR*-Standard von 111 MHz bis 125 MHz,
- Unterer Sonderkanalbereich (USB) von 125 MHz bis 174 MHz mit sieben analogen Fernsehkanälen S4 bis S10 zu je 7 MHz,
- Fernsehbereich III von 174 MHz bis 230 MHz mit acht analogen Fernsehkanälen K5 bis K12 zu je 7 MHz,
- Oberer Sonderkanalbereich (OSB) von 230 MHz bis 300 MHz mit zehn analogen Fernsehkanälen zu je 7 MHz,

- Erweiterter Sonderkanalbereich (ESB) von 302 MHz bis 446 MHz mit 18 Kanälen zu je 8 MHz, vorgesehen für digitale Fernsehkanäle.

Planungen gehen davon aus, daß mittels digitaler Übertragung und Kompressionstechniken die Netzkapazität je Kanal um den Faktor 4 bis 10 erhöht werden kann. Im Hyperband (300 bis 450 MHz) können dann neben drei analogen TV-Kanälen in PAL-Qualität (302 bis 326 MHz) weitere 15 digitale TV-Kanäle zu je 8 MHz übertragen werden. Ein digitalisiertes PAL-Signal ohne Komprimierung erfordert eine Datenrate von ca. 135 Mbit/s.

Weitere Planungen sehen eine Nutzung des Frequenzbereiches bis 606 oder auch 862 MHz vor. Das Netz besitzt Sternstruktur von den Verteilstellen zu den Verstärkerstellen, von dem es aus mit einer Baum- oder auch Linienstruktur zu den angeschlossenen Haushalten geht.

Wegen der hohen Dämpfungsverluste ist ca. alle 400 m ein Verstärker zur Anhebung der Signalpegel erforderlich. Problem für Programme im Hyperband: nur ca. 20 % aller Fernseher waren 1994 für den Empfang dieser Programme ausgerüstet. Wegen der hohen Nutzungszeit von TV-Geräten in Deutschland steigt dieser Anteil nur sehr langsam. Für deren Empfang sind daher spezielle Adaptergeräte nötig, deren Entwicklung läuft.

Bei der Versorgungsdichte in Deutschland gibt es starke regionale Schwankungen. 60 % der Anschlußleitungen sind kürzer als 2 km.

Das größte zusammenhängende Kabelfernsehnetz Deutschlands und Europas ist das Berliner Kabelnetz mit 1 Mio. Anschlüsse Ende 1994.

Breitbandübertragung

Der Begriff 'Breitbandübertragungssystem' ist definiert in der Empfehlung I.113 der → *ITU* und bezeichnet alle Datenraten, die über die Primärmultiplexrate (2,048 Mbit/s) hinausgehen. Für den Bereich 2 Mbit/s bis 45 Mbit/s wird manchmal auch der Begriff Weitband benutzt. Alles unter 2 Mbit/s ist Schmalbandübertragung.

Breitbandübertragung ist eine Technik zur digitalen Nachrichtenübertragung bei der durch aufwendige Verfahren (Trägerfrequenztechnik, Frequenzmultiplex) ein Übertragungsmedium hoher Bandbreite (z.B. Koaxialkabel) für die Übertragung großer Informationsmengen (einige hundert Mbit/s) verfügbar gemacht wird. Die Stationen müssen entsprechend aufwendig gestaltet sein.

Analog zu den allmählich wachsenden Möglichkeiten und Bedürfnissen, digitale Daten aller Art schneller zu übertragen, wird der Begriff 'breitbandig' historisch und anwendungsbezogen bedingt unterschiedlich gebraucht.

Datenübertragung über das normale Telefonnetz (Fernsprechkanal bis heute i.d.R. mit 9,6, 14,4 oder 28,8 kbit/s, in Zukunft mehr, → *Modem*) ist schmalbandig. Damit verglichen sind die 64 kbit/s des → *ISDN* breitbandig.

Diese jedoch verglichen mit den Übertragungsraten zwischen Rechnern an lokalen Netzen (im 5- bis 10-Mbit/s-Bereich) verdienen ebenfalls nur das Prädikat 'schmalbandig'.

→ *B-ISDN* fängt allerdings erst wieder bei 155 Mbit/s an und geht in den Gbit/s Bereich.

Es scheint sich jedoch durchzusetzen, daß die Eigenschaft "breitbandig" dort beginnt, wo Videoübertragung in akzeptabler Qualität (mindestens VHS) möglich ist. Dies wäre bei 2 Mbit/s (→ *E1*) der Fall.

Typische Breitbandanwendungen: digitales Fernsehen (→ *HDTV*), → *Videokonferenzsysteme*, Datenübertragung großer Dateien oder hochqualitativer Standbilder.

Als Übertragungstechniken haben sich drei Techniken etabliert: 'langsames' → *Frame Relay*, 'mittleres' bis 'schnelles' → *DQDB* und 'schnelles' → *ATM*.

BRI

1. Abk. für Basic Rate Interface.
   Englische Bezeichnung des Basisanschlusses beim → *ISDN*.
2. Abk. für Bridging (Field).

Bridge

Von engl. bridge = Brücke. Eine Einrichtung, die zwei auf Schicht 1 nach dem → *OSI-Referenzmodell* gleichartige Netze miteinander verbindet.

Es erfolgt keine Protokollumsetzung wie beim Gateway und keine Vermittlung wie beim → *Router*. Die Brücke arbeitet auf der unteren Ebene der Schicht 2 und überträgt Datenpakete von einem Teilnetz ins andere durch Analyse der → *MAC*-Adresse.

Unter Multiport Bridges versteht man Bridges, die nicht nur zwei LANs, sondern mehrere verbinden (→ *Switch*).

Remote Bridges sind Bridges, die aus zwei Geräten bestehen, weil z.B. die Netze nicht unmittelbar aneinander grenzen oder sogar geografisch weit entfernt sind. In diesem Fall werden die beiden Geräte über geeignete, fest installierte Datenleitungen miteinander verbunden.

Bei der Segmentierung eines Netzes durch den Einsatz einer Bridge ist sorgfältig zu planen, wer mit wem über das eigene Netzsegment oder über die Brücke kommuniziert, da sonst (zu viel Verkehr von einem Segment ins andere) die Bridge schnell der Flaschenhals des Systems ist und nichts gegenüber der Situation ohne Brücke gewonnen ist.

Allgemein unterscheidet man Transparent- und Source-Routing-Bridges. Beide Strategien können in einem Gerät implementiert sein. Bei der ersten Variante wird jede einzelne MAC-Adresse geprüft

und (anhand einer programmierten oder manuell eingegebenen Tabelle) entschieden, ob die Zielstation im einen oder anderen Segment liegt. Ggfs. wird das Datenpaket ins andere Segment weitergeleitet.
Bei der zweiten Art der Brücke (insbes. bei → *Token-Ring*-LANs eingesetzt) werden vor der eigentlichen Nutzdatenübertragung Pakete ausgesendet, die auf allen möglichen Wegen zum Empfänger gelangen. Der Weg wird im Datenpaket selbst protokolliert. Die Zielstation wertet diese Informationen aus und schickt ein Paket mit dem so ermittelten richtigen Weg zurück an den Sender, so daß dieser Weg nun immer für die Nutzdaten genommen wird. Die Bridge nimmt hierbei die nötigen Übertragungsentscheidungen zwischen den einzelnen Segmenten vor.
Bridges haben durch die von ihnen selbst durchzuführenden Operationen eine Verzögerung (→ *Delay*) von ca. 140 bis 200 ms.
→ *Gateway*, → *Repeater*, → *Router*.

Bridging Router

Bezeichnung von universell einsetzbaren Kopplungselementen heterogener Netze, die sowohl als → *Bridge* als auch als → *Router* arbeiten können.
Üblicherweise werden bestimmte Protokollstapel durch die Router- und andere durch die Bridge-Funktionalitäten bearbeitet.
Oft früher auch als Brouter bezeichnet, was allerdings meistens proprietäre Systeme waren, die heute kaum noch eingesetzt werden.

Brilliant Pebbles

Bezeichnung eines Forschungsprogramms im Rahmen der SDI-Forschung der 80er Jahre in den USA. Ursprüngliches Ziel war der Aufbau eines globalen Schutzschirms aus 1 000 Satelliten, die Interkontinentalraketen rammen sollten. Im Rahmen des Projektes wurden viele Aspekte untersucht (Bahngeometrien, Inter-Satelliten-Links), die jetzt im Projekt → *Teledesic* wieder aufgegriffen werden.

Broadcast

Bezeichnung für das Aussenden einer Nachricht an, im Gegensatz zu → *Unicast* oder → *Multicast*, eine größere Gruppe unbestimmter Empfänger.

1. Allgemein: Rundfunk, unabhängig vom gewählten Verteildienst (Satellit, Kabel, terrestrische Verteilung via Antenne).
2. Unter Broadcast Medium versteht man eine Klasse von Übertragungsmedien, welche allen angeschlossenen Stationen den Empfang eines von einer anderen Station gesendeten Signals ermöglicht. Es werden so Verteildienste möglich. Z.B. Hörfunk.
3. Im LAN-Bereich versteht man unter Broadcast das Senden einer Nachricht an alle angeschlossenen Stationen, z.B. zur Information über Netzlast, Druckerprobleme etc.

Brouter

Abk. für → *Bridging Router*.
Die Bezeichnung Brouter ist heute nicht mehr gebräuchlich.

Browser

Von engl. to browse = schmökern, stöbern, grasen, durchblättern.
Auch Navigator oder Navigationsprogramm genannt. Einfach zu bedienendes und fensterorientiertes Programm mit grafischer Nutzeroberfläche zum bequemen Verschaffen eines Überblicks über große Datenbestände und Untersuchung und Bearbeitung einzelner Datensätze im Detail.
Häufig im Zusammenhang mit dem → *WWW* erwähnt (Netbrowser). Dabei integriert der Browser mittlerweile nicht nur die Funktionalität des WWW, sondern ebenso anderer Dienste des → *Internets* wie z.B. → *e-mail*, → *FTP* und → *Usenet*.
Die Funktionalität von Browsern kann oft durch → *Plug-Ins* erweitert werden.
Zu den am weitest verbreiteten Browsern für das WWW gehören die Browser von Netscape, Mosaik und Microsoft Explorer.
→ *http://www.netscape.com/comprod/mirror/index.html/*
→ *http://www.microsoft.com/*

Brücke

→ *Bridge*.

BS

Abk. für Base Station.
Begriff aus der Mobilfunktechnik. Bezeichnet allgemein die eine Funkzelle versorgende Betriebseinheit mit Antenne und Hochfrequenztechnik. Es werden lediglich Funktionen der Schichten 1 bis 3 im → *OSI-Referenzmodell* wahrgenommen. Es erfolgt keine Vermittlungsfunktion.
→ *BSC*, → *BSS*.

BS 2000

Bezeichnung eines → *Betriebssystems* aus dem Hause Siemens. Vorgestellt 1969. Es ging seinerzeit aus der Kooperation von Siemens mit dem amerikanischen Haus RCA hervor und ist ursprünglich für Großrechner entwickelt worden, seit 1985 aber auch für → *PCs* verfügbar. BS 2000 ist insbesondere auf Dialogbetrieb ausgelegt.

BSA

1. Abk. für Business Software Alliance.
   Bezeichnung eines Schutzverbandes für legale Software mit dem Ziel, durch gezielte Aufklärung die Verbreitung von Raubko-

pien zu verhindern. Mitglieder der Initiative sind die Häuser Adobe, Autodesk, Bentley, Intergraph, Lotus, Microsoft, Novell, SCO und Symantec.

2. Abk. für Basic Service Area.
→ *Wireless LAN.*

BSAM

Abk. für Basic Sequential Access Method.
Bezeichnung einer Datenbank-Zugriffsmethode aus den 60er Jahren zur starren und logisch fortlaufenden Bearbeitung der Daten.

BSC

1. Abk. für engl. Base Station Controller.
Bezeichnet in manchen → *PLMN* eine i.d.R. mehreren → *BS* vorgeschaltete Einheit, die diese kontrolliert und steuert. Es werden dabei keine Vermittlungsfunktionen wahrgenommen.
→ *MSC.*
2. Abk. für Binary Synchronous Communication.
Auch BISYNC genannt. Bezeichnung eines von IBM entwickelten bitsynchronen und zeichenorientierten Kommunikationsprotokolls auf Schicht 2 des → *OSI-Referenzmodells* für → *Polling*. Ist in Industrie für Polling entfernter Terminals und für andere Anwendungen im Halbduplex-Betrieb verbreitet. Als Zeichencode wird häufig → *EBCDIC* genutzt.
Die Leitstation fordert eine Unterstation auf, Daten zu senden was mit einer negativen Quittung (keine Daten zu senden) oder mit den zu sendenden Daten beantwortet wird.
Nach dem Empfang eines Blockes durch die Leitstation wird dieser auf Fehler überprüft und gegebenenfalls neu angefordert oder positiv quittiert.
Die Leitstation kann eine Unterstation auch auffordern, Daten zu empfangen. Ist die Unterstation bereit zum Empfang, wird eine positive Quittung gesendet, anderenfalls eine negative Quittung. BSC kann für Punkt-zu-Punkt-Verbindungen und für Punkt-zu-Mehrpunkt-Verbindungen genutzt werden.
Entwickelt wurde es Mitte der 70er Jahre zur Kommunikation zwischen → *Terminal* und → *Mainframe*-Rechner. Die Übertragungsgeschwindigkeit liegt bei 9,6 kbit/s.

BSD

Abk. für Berkeley Software Distribution.
Bezeichnet die Institution, die mit dem Vertrieb des → *Betriebssystems* → *Unix* in Form eines Derivates der Berkeley-Universität betraut ist.

BSI

1. Abk. für engl. British Standards Institute, das dortige Gegenstück zu → *DIN*. Vertritt GB in der → *ISO*. Sitz ist London.
2. Abk. für Bundesamt für Sicherheit in der Informationstechnik.
Es vergibt Zertifikate für sicherheitsfördernde Hard- und Software nach bestandener Prüfung gemäß den Richtlinien der europäischen → *ITSEC* zum Schutz vor unbefugtem Nutzen einer Soft- oder Hardwareeinrichtung.
Dafür sind Sicherheitsklassen gemäß dem amerikanischen → *Orange-Book* definiert worden. Ferner verfügt es über ein → *CERT.*
Adresse:
Bundesamt für Sicherheit in der Informationstechnik
Postfach 20 03 63
53133 Bonn
Tel: 02 28 / 9 58 20
Hotline: 02 28 / 9 58 21 11
Fax: 02 28 / 9 58 24 55
Mailbox: 02 28 / 9 58 09 71
3. Abk. für Boot Sector Infector.
Andere Bezeichnung für → *Systemvirus.*
→ *Viren.*

BSS

1. Abk. für engl. Base Station Subsystem.
Bezeichnet in → *PLMN* die Einheit von → *BS* und → *BSC.*
2. Abk. für Basic Service Set.
→ *IEEE 802.11.*

BT

Abk. für British Telecom.
Seit der → *Deregulierung* in GB 1982 der offizielle Name des ehemaligen nationalen und staatlichen britischen → *Carriers.*
→ *http://www.bt.net/*

BTA

Abk. für Basic Trading Area.
→ *MTA.*

B-Teilnehmer

In einer Kommunikationsbeziehung die Partei, die nicht die Beziehung angestoßen, sondern sie akzeptiert und angenommen hat. Beim Telefonieren z.B. der Angerufene.
→ *A-Teilnehmer.*

BTL

Abk. für Bell Telephone Laboratories.
Heute nicht mehr gebräuchliche Bezeichnung für → *Bellcore.*

BTN

Abk. für Basic Telephony Network.

Selten gebrauchte Bezeichnung ähnlich dem Begriff → *POTS* oder → *PSTN*. Bezeichnet das herkömmliche analoge Telefonnetz ohne jedes zusätzliche Leistungsmerkmal, wie sie z.B. durch → *IN* ermöglicht wird.

BTS

Abk. für Base Tranceiver Station.

Andere Bezeichnung für → *BS*.

Btx

Abk. für Bildschirmtext.

Bezeichnung des deutschen → *Videotext*-Systems, das sich zu → *Datex-J* und schließlich zu → *Telekom Online* weiterentwickelte.

Btx-Decoder

Software, um die über das Modem empfangenen Btx-Daten auf dem Bildschirm darzustellen.

Btx-StV

Abk. für Btx-Staatsvertrag.

1982 geschlossener Staatsvertrag der Länder als legislative Grundlage von Btx, dem heutigen → *Telekom Online*.

Bubble-Jet-Drucker

→ *Tintenstrahldrucker*.

Bündelfunk, -systeme

Auf kommerzielle Anwendungen in einem räumlich begrenzten Bereich hin optimiertes Mobilfunknetz für geschlossene Anwendergruppen wie z.B. einen Betrieb mit Außendienstmitarbeitern.

Bündelfunk gilt als älteste Form des → *Mobilfunks*, da er schon sehr früh für Behörden und Sicherheitskräfte eingesetzt wurde (→ *BOS*, ÖPNV, Bahn).

Sprach- und/oder Datenkommunikation auf Halbduplexkanälen wird von der Fest- zur Mobilstation ermöglicht. Im Gegensatz zum → *Betriebsfunk* nutzen aber mehrere Anwender das komplette Frequenzspektrum. Die Trennung der Benutzer erfolgt also auf vermittlungstechnischem Wege.

In Europa hat sich der britische Standard von 1991 genannt → *MPT 1327* durchgesetzt. In Deutschland von der Deutschen Telekom unter dem Produktnamen 'Chekker' und von privaten Betreibern angeboten. Es ist nur eine monatliche Grundgebühr zu zahlen (keine extra Gesprächsgebühren). Darüber hinaus ist die Gesprächsdauer auf 1 Minute Halbduplexverkehr begrenzt.

Als Vorteile von Bündelfunksystemen gelten:

- Kurze → *Setup-Time*,
- Einfache Bedienung,
- Für bestimmte Einsatzzwecke interessante Dienstmerkmale (Gruppenruf),
- Günstige Gebühren (im Vergleich zu Mobilfunksystemen).

Zu den Nachteilen zählen:

- Begrenzte Gesprächsdauer,
- Nur regionale Reichweite (Übergang auf andere Bündelfunk-Regionalnetze geplant),
- Keine Netzübergänge ins öffentliche Festnetz.

Ein neuer europäischer und digitaler Standard für die 90er Jahre ist → *Tetra* mit dem analogen Konkurrenzstandard → *Tetrapol*.

Bündelungsgewinn

Bezeichnung für die Tatsache, daß sich größere Leitungsbündel höher auslasten lassen als kleinere.

Buffer-Insertion

Von engl. buffer = Puffer.

Ein Zugriffsprotokoll bei Ring-Netzen für den kollisionsfreien Zugang zum gemeinsamen Übertragungsmedium.

Empfangene Daten werden in einer Station zwischengespeichert und, wenn nicht für diese bestimmt, im Anschluß an die eigene Datenübertragung wieder eingespeist.

Bug

Englisch für Küchenschabe, Laus, Motte. In der Computerwelt insbesondere die Bezeichnung für unerwünschte Fehler aller Art, sowohl Hard- als auch Softwarefehler. Abgeleitet vom Hauptwort finden sich allerlei andere Begriffe wie z.B. die Bezeichnung 'debuggen' (Entlausen) für das Testen und Korrigieren von Software mit einem → *Debugger* als Werkzeug dafür.

Die amerikanische promovierte Mathematikerin Grace Murray Hopper (* 17. Dezember 1906, † 1992), in Diensten der US-Marine, entdeckte im Sommer 1945 in dem Rechner → *Mark I* eine Küchenschabe, die ein Relais blockierte. Sie notierte im Logbuch des Rechners, das seinen Betrieb und seine Probleme dokumentierte, sie „debugged the computer“. Fortan stand 'Bug' in der Computertechnik für Fehler aller Art.

Hopper, auch genannt „Amazing Grace“, wurde später die Mutter von → *Cobol*, entwarf das Konzept des → *Compilers*, stieg zum Konteradmiral bei der US-Marine auf und wurde Präsidentenberaterin.

Bulletin Board (-System)

→ *BBS*.

BUNCH-Gruppe

Bezeichnung aus den 70er und 80er Jahren für die Rechnerhersteller der zweiten Linie: Burroughs, Univac, NCR, Control Data, Honeywell.
→ *BID-Gruppe.*

Bundling

Bezeichnung für den Verkauf zweier sich sinnvoll ergänzender, aber dennoch nicht notwendig nur zusammen funktionierender Dinge, z.B. PC zusammen mit Internetzugang, mit Standardsoftware oder mit Videokonferenzsystem.

Burst

1. Ganz allgemein eine Bezeichnung für eine plötzlich gebündelt auftretende Menge von irgendetwas.
2. Burst Errors bezeichnen bei der Datenübertragung das gehäufte Auftreten von durch ein einziges Ereignis hervorgerufenen Fehlern in einem Datenstrom.
   Beispiel ist der Blitz, der in einem Funkkanal eines Mobilfunksystems mehrere benachbarte Bits stört und so zu einem Fehlerbüschel führt.
3. Bursty Traffic ist das plötzliche Auftreten von hohem Verkehr auf einem Medium. Bestimmte Anwendungen (z.B. auftretender Verkehr auf LAN-LAN-Verbindungen oder die Echtzeitübertragung komprimierter Videofilme (→ *VBR*) sind durch Bursty Braffic gekennzeichnet. Sowohl nicht-konstante Datenraten mit kurzzeitigen Spitzen als auch sehr kurze konstante Datenströme fallen unter Bursty Traffic.
4. In der Computertechnik mehrere aufeinanderfolgende Speicherzugriffe bei denen der erste Zugriff zum Transfer der Adresse der betroffenen Speicherzelle übertragen wird. Alle anderen folgenden Zugriffe betreffen den Datentransfer. Die Anzahl dieser Zugriffe wird als Burst-Zyklus bezeichnet.

Burst-EDO (-DRAM)

Abk. für Burst Extended Data Out (Dynamic Random Access Memory).
Bezeichnung für → *DRAMs*, die sowohl bei Schreib- als auch bei Lesezugriffen höhere Geschwindigkeiten erlauben als herkömmliche DRAMs oder → *EDO*-DRAMs.

Bus

1. Abk. für Binary Utility System, oder auch einfach von Omnibus = 'für alle' abgeleitet. Kennzeichnende Merkmale sind Busbreite und Taktfrequenz. Im LAN-Bereich Bezeichnung für eine Topologie. Gemeinsames drahtgebundenes Übertragungsmedium auf welches alle angeschlossenen Stationen Zugriff haben.
   Im Bereich der Rechnerarchitektur ein computerinternes Verbindungssystem, das von den angeschlossenen Einheiten zum Datentransport genutzt werden kann.
   In Abhängigkeit der übertragenen Daten ist vom Datenbus oder Adressbus die Rede.
   → *ISA*, → *EISA*, → *Local Bus*, → *MCA*.
2. Abk. für Broadcast and Unknown Server.

Business Process Reengineering

→ *BPR*.

Busy Hour

Von engl. Hauptverkehrsstunde. Die aufeinanderfolgenden 60 Minuten eines Tages mit den höchsten Verkehrswerten. Im Telefonnetz i.d.R. vormittags zwischen 10.30 und 11.30 Uhr. Am Nachmittag folgt eine weitere Busy Hour, die jedoch nicht so ausgeprägt ist wie die am Vormittag. Die in der Busy Hour abfertigbaren Belegungswünsche kennzeichnen die Leistungsfähigkeit eines Netzes, einer Nebenstellenanlage oder einer Vermittlung.
Als Kennwert wird die Last in Erl (→ *Erlang*) oder in der Anzahl der Verbindungswünsche angegeben (→ *BHCA-Wert*). In der Praxis werden Netze, Nebenstellenanlagen und Vermittlungen nicht so dimensioniert, daß sie den Verkehr der Busy Hour zu 100 % abwickeln. In der Regel ist mit einem Verlust in der Busy Hour von 2 % bis 5 % zu rechnen.

BVB

Abk. für Bundesverband Büro- und Informationssysteme.

BVN

Abk. für → *Breitbandkabelverteilnetz.*

Bypass-Switch

Bei aufwendig in ein → *LAN* integrierten Stationen ein Schalter, der die Station wieder vom Medium entfernt. Wird z.B. bei Glasfasernetzen wie → *FDDI* benutzt oder auch in → *Token-Ring* LANs. Defekte Stationen können so den Rest des regulär laufenden Netzes nicht beeinträchtigen.

Bypassing

1. Allgemein das Umgehen von Netzen oder Netzteilen in bestimmten Situationen.
2. In LANs zumeist das Einrichten alternativer Verbindungen im Fehlerfall (→ *FDDI*, → *Token Ring*).
3. Aufbau einer Verbindung, bei welcher mindestens ein Teil des öffentlichen Netzes umgangen wird. Beim Service-Bypassing wird ein öffentlicher Dienst durch einen privaten Dienst auf Mietleitungsbasis umgangen. Beim Facility-Bypassing wird auch ein privater Übertragungsweg benutzt.

Byte

Eine Gruppe von acht Bit, auch oft (insbesondere in Standards der → *ITU*) → *Oktett* genannt. Das Byte als Größe mit 8 Bit hielt 1964 mit der Vorstellung des Großrechners → *IBM /360* den Einzug als feste Größe der Computertechnik. Zuvor gab es den Begriff zwar auch schon, jedoch bezeichnete er in Abhängigkeit des jeweiligen Herstellers und des betreffenden Computers auch Gruppen mit nur sieben oder mit sogar neun Bit. Die Wortschöpfung selbst wird Werner Buchholz (*24. Oktober 1922) zugeschrieben, der im Hause IBM zum Entwicklungsteam der → *IBM 701* gehörte und in den 50er Jahren den Begriff entwikkelte.

Eine weitere Variante besagt, daß die in zwei Zeilen übereinander geschriebenen Nullen eines nur aus Nullen bestehenden → *Worts* eines Computers wie ein Gebiß bzw. nur ein Biß (engl. bite) aussehen.

BZT

Abk. für Bundesamt für Zulassungen in der Telekommunikation.

Ausführungsbehörde des → *BMPT* mit Sitz in Saarbrücken. Ging im März 1992 aus dem → *ZZF* hervor und ist seit dem 1. September 1996 Bestandteil des → *BAPT*.

Seine Aufgabe ist die Prüfung und Zulassung von Endgeräten.

C

C 64

Bezeichnung eines erfolgreichen Kleincomputers ohne Festplatte, Diskettenlaufwerk und Monitor (Anschluß an Fernseher) aus dem Hause Commodore. War das Folgemodell des → *VC 20.*

Er verfügte über einen → *RAM*-Speicher von 64 KByte und ein externes Cassettenlaufwerk als dauerhaften Massenspeicher.

Im → *ROM* (20 KByte) befand sich die Programmiersprache → *Basic* aus dem Hause Microsoft.

Vorgestellt wurde der C 64 im Jahre 1982 auf der Consumer Electronics Fair in Las Vegas. Für anfangs 595 $ (wenig später nur noch 200 $) kam er auf den Markt. Ab 1984 war er auch in Deutschland erhältlich.

Er ist wahrscheinlich der meistverkaufte Rechner aller Zeiten (Angaben schwanken: 4 oder 17 bis 22 Mio. Exemplare) und war für sehr viele der Einstieg in die private Beschäftigung mit dem Computer. Gleichzeitig war der C 64 der erste Rechner mit einem eingebauten Synthesizer.

C 450

→ *C-Netz.*

C&W

Abk. für → *Cable & Wireless.*

C

1. Bezeichnung einer höheren, prozeduralen und maschinennahen → *Programmiersprache*, ursprünglich zur Programmentwicklung für Mikrocomputer entwickelt und dort auch am weitesten verbreitet. Mittlerweile im gesamten technischen Raum verbreitet. C führt mit kurzen und knappen Programmcodes zu effizienten Programmen.
   Besonders weit ist C auf Rechnern unter dem Betriebssystem → *Unix* verbreitet, das selbst auch zu großen Teilen in C geschrieben ist. Dies führt zu hoher Portabilität, weswegen C auch in der Entwicklung kommerzieller Software sehr beliebt ist.
   Bei der Entwicklung des Betriebssystems Unix entwickelte Ken Thompson 1969 in den Bell Labs die Sprache B, die schließlich Dennis M. Ritchie (* 1941) unter Beteiligung von Richard W. Kernighan 1970 zu C weiterentwickelte. Von der → *ANSI* wurde C in den 80er Jahren standardisiert. Anfang der 80er Jahre entwickelten sich die objektorientierten Varianten → *C++* und → *Objective-C.*
2. In Verbindung mit zwei Zahlen (z.B. C11 oder C32) Abk. für Container. Begriff aus der → *SDH.* Bezeichnet dort bestimmte Einheiten, die für verschiedene Nutzlastkapazitäten definiert sind. Um → *POH*-Informationen ergänzt wird aus dem Container ein virtueller Container (VC).

C++

Bezeichnung einer objektorientierten (→ *OO*) höheren Programmiersprache, die eine Obermenge von → *C* darstellt.

1982 hatte Bjarne Stroustrup erste Gedanken für die objektorientierte Programmierung und veröffentlichte den Artikel 'An Abstract Data Type Facility for the C Language'. Ein Jahr später stellte er C++ der Öffentlichkeit vor.

C++ wurde von → *C* und → *Smalltalk* beeinflußt und spielte selbst bei der Entwicklung von → *Java* eine Rolle.

→ *STL.*

C-Verstärker

Bezeichnung für das letzte aktive Element im → *Breitbandkabelverteilnetz* in der Anschlußleitung vor dem angeschlossenen Teilnehmer.

C³I

Abk. für Command, Control, Communication and Intelligence System.

Bezeichnet Kommando- und Informationssysteme für das Militär, die Polizei und die Feuerwehr sowie ähnliche Organisationen aus den Bereichen Sicherheit und Verwaltung.

→ *BOS.*

CAA

Abk. für Autocommutateur à Autonomie d'Acheminement.

In Frankreich die Bezeichnung für einen Netzknoten der höchsten Hierarchiestufe.

→ *CL.*

Cable & Wireless

Name eines weltweit agierenden Telekommunikationsunternehmens mit eigenem (wahrscheinlich dem größten) globalen privaten Netz. Sitz ist London.

Cable Modem

→ *Kabelmodem.*

CAC

1. Abk. für Call Admission Control.
   → *ATM.*
2. Abk. für Customer Access Connection.
3. Abk. für Commercial Action Committee.
   Bezeichnung für eine Arbeitsgruppe der → *CEPT.*

Cache, Cache Hit, Cache Miss

Vom französischen Wort cache = Versteck. Deutsche aber sehr selten benutzte Bezeichnung ist Vorhaltespeicher.

Bezeichnung sehr schneller Zwischenspeicher mit niedrigen Zugriffszeiten (< 30 ns) auf Halbleiterbasis, die in der Speicherhierarchie zwischen Registern der → *CPU* und dem → *RAM* als Arbeitsspeicher angesiedelt sind.

Sie nehmen kurzfristig benötigte Daten und Befehle auf, da beim Programmablauf große Sprünge die Ausnahme sind und sich das Programm meistens gemächlich vorwärtsbewegt. Sie dienen der Verkürzung der Zugriffszeiten auf den Arbeitsspeicher. Physikalisch gesehen sind sie in der CPU untergebracht.

Oft ist der Cache geteilt für Befehle und Daten, z.B. beim Pentium aus dem Hause Intel und bei Prozessoren der → *Power-PC*-Familie.

Von Cache Hit spricht man, wenn die von der CPU angeforderten Daten tatsächlich im Cache vorhanden sind und von Cache Miss wenn sie nicht da sind.

Man unterscheidet die First Level Caches und die Second Level Caches.

Erstere sind direkt auf dem Prozessor integriert und dienen dazu, sehr häufig benötigte Befehle z.B. bei Programmschleifen, in der Nähe des Prozessors zur Verfügung zu halten; die zweiten sind dagegen als separate Bausteine (schnelle → *SRAMS*, die keinen Refresh wie die → *DRAMs* benötigen) realisiert und dienen dazu, schnelle CPUs ohne spürbaren Verlust an Geschwindigkeit mit langsameren → *RAM*s (→ *DRAMS*, die einen Refresh benötigen) oder auch mit der → *Festplatte* zu koppeln.

Erste Ideen für einen schnellen Zwischenspeicher reichen zurück bis ins Jahr 1965, als Maurice Wilkes auf Anregung von Gordon Scarott das Konzept konkretisierte.

CAD

Abk. für Computer Aided Design.

In den 80er Jahren aufgekommene Bezeichnung für die Benutzung für Grafikprogrammen auf → *Workstations*, insbesondere in der Automobilindustrie, dem Maschinenbau und der Architektur. Mittlerweile ist CAD in vielen anderen Formen mit reduzierter Funktionalität zur Selbstverständlichkeit auf nahezu jedem → *PC* geworden.

Caddy

Bezeichnung für ein flaches und stabiles Schutzgehäuse, in das eine → *CD-ROM* eingelegt wird und mit dem diese in das CD-ROM-Laufwerk eines Computers eingeschoben und dort ausgerichtet wird.

Der Caddy dient dem mechanischen Schutz von CD-ROMs, wenn diese häufig eingelegt und wieder herausgenommen werden. Aus Kostengründen werden immer weniger Caddys eingesetzt, weswegen nur noch wenige Laufwerke für Caddys gebaut werden.

CAE

Abk. für Common Applications Environment.

Bezeichnung einer Definition für Hard- und Softwaresysteme der → *X/Open*-Gruppe, die Portabilität von Software zwischen Hardware der X/Open-Gruppe ermöglichen soll.

CAER

Abk. für Conférence Administrative Extraordinaire des Radiocommunications.

Bezeichnung für eine außerordentliche Funkverwaltungskonferenz.

CAFM

Abk. für Computer Aided Facility Management.

Bezeichnet z.B. intelligente Haus- und Gebäudetechnik (Heizung - Klima - Sanitär - Beleuchtung etc.), die vollautomatisch mit Hilfe von Computern geregelt wird.

CAI

Abk. für Common Air Interface.

→ *CT2*.

Calcomp

Bezeichnung eines speziellen Grafikdateiformats zur Ansteuerung von Vektorplottern (→ *Plotter*).

Call

Generischer Begriff für Anruf, Gespräch, Verbindung. Nicht notwendigerweise eine Sprachübertragung, obwohl dies meistens damit gemeint ist.

Call-and-Fax-Back

→ *Fax-on-Demand.*

Call Back Services

Bezeichnung für eine Klasse von Diensten, bei denen Telekommunikationsgebühren für internationale Verbindungen gesenkt werden können, indem die Tatsache ausgenutzt wird, daß der → *A-Teilnehmer* die Gebühren zahlt und in bestimmten Ländern die Telefongebühren niedriger sind als im eigenen oder im Zielland.

Bei Call Back Services, deren Anbieter in einem Land mit niedrigen internationalen Tarifen angesiedelt sind, kann man anrufen und nach einer Identifizierung die Nummer des gewünschten Ziellandes und -ortes per → *MFV* eingeben. Nachdem man aufgelegt hat, wird man automatisch zurückgerufen und ist mit dem gewünschten Teilnehmer verbunden.

Call Center

Begriff aus der Anwendungstechnik der Telekommunikation. Bezeichnet eine Gruppe von speziellen Mitarbeitern, genannt Agents, zur Bearbeitung telefonischer Anfragen, z.B. in Versicherungen, Versandhäusern, beim Home-oder Direkt-Banking, Kartenvorverkauf oder für Computer-Hotlines (Hard- und Software). Im entferntesten Sinn beinhaltet ein Call Center alles, was mit telefonischer Beratung durch mehrere nur dafür vorgesehene Personen, die über eine entsprechende technische Ausstattung verfügen, zu tun hat. Die Bedeutung dieser seit einigen Jahren im Zuge wachsender Dienstleistungsorientierung an Bedeutung gewinnender Systeme läßt sich durch folgende Fakten begründen:

- Mehrfaches Weiterverbinden sorgt für ein schlechtes Image (Unorganisiertheit) und Kundenverlust.
- 50 % aller Anrufer legen auf, wenn sie länger als eine Minute warten müssen.
- Ansprechpartner mit Kundenkontakt in einem Unternehmen nennen sehr häufig nicht oder nur undeutlich ihren Namen.
- Ansprechpartner mit Kundenkontakt in einem Unternehmen fragen häufig nicht nach dem Namen des Gesprächspartners oder sprechen ihn nicht mit seinem Namen an.
- Rückrufe nehmen durch gut dimensionierte Call Center für eingehenden Telefonverkehr ab, wodurch sich üblicherweise 10 % Gesprächsgebühren für Rückrufe sparen lassen.

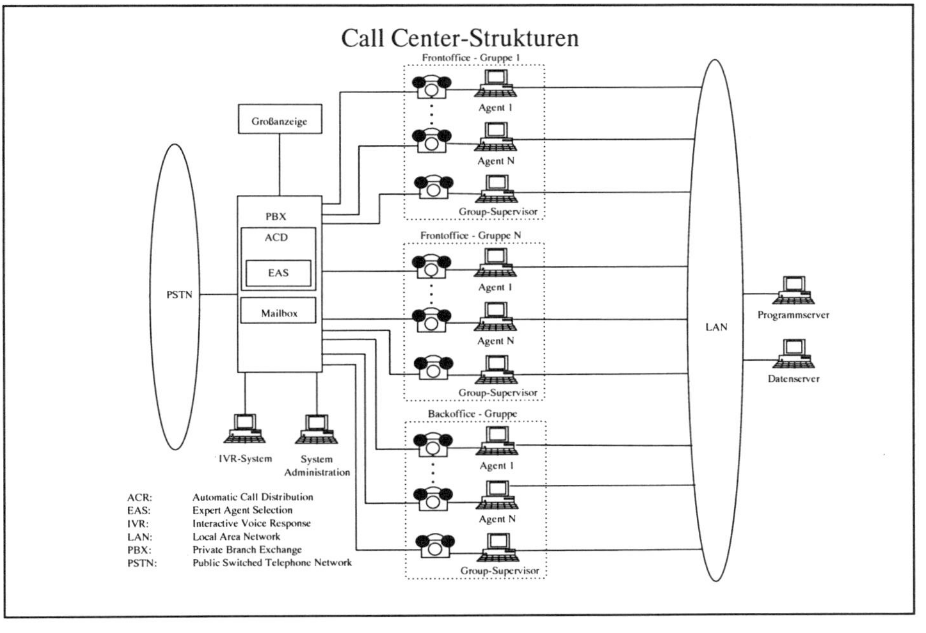

- Die Telefonzentrale ist häufig der erste Kontaktpunkt eines Kunden zu einem Unternehmen.
- Bereits 70 % aller Kundenkontakte finden über das Telefon statt.
- Bei Handelsunternehmen mit Privatkunden finden bis zu 80 % der Bestellvorgänge per Telefon statt (Versandhäuser).
- Bei Handelsunternehmen mit Geschäftskunden finden bis zu 50 % der Bestellvorgänge per Telefon statt.
- Nur 20 % aller Anrufer erreichen den gewünschten Gesprächspartner beim ersten Anruf.
- Daten für Zwecke der Marktforschung lassen sich vom Kunden häufig bei geschickter Interviewtechnik durch den Agent unbemerkt gezielt bei normalen Kundenkontakten miterfragen. Beispiele sind Alter, Geschlecht, Familienstand, Haushaltsgröße, Haushaltsausstattung mit bestimmten Produkten, Wohnort, Telefonnummer, Nutzungsgewohnheiten von bestimmten eigenen Produkten oder Konkurrenzprodukten etc.

Insgesamt geht es um das Primärziel der Steigerung der Kundenzufriedenheit aus folgenden Gründen:

- Ein unzufriedener Kunde erzählt zwischen neun bis 15 anderen Personen in seinem Umfeld von seiner Unzufriedenheit.
- Es kostet ca. sechsmal mehr Geld, einen Neukunden zu gewinnen, als einen Stammkunden zu halten.

Daher ist das Ziel eines Call Centers, die Kundenzufriedenheit durch zwei Maßnahmen zu steigern:

- Einsatz effizienter Technik, die Telefonnebenstellenanlage, PC und Datenbanksystem zusammenführt, um alle relevanten Daten (Kundendaten) sofort durch einen Sachbearbeiter einsehen zu lassen.
- Speziell geschulte Telefonbetreuer.

Das System integriert eine digitale Telekommunikationsanlage, PCs oder Client-Server-Architekturen und → *CTI* zur einfachen Handhabung von z.B. Kundendaten oder technischen Unterlagen.
Man unterscheidet Inbound Call Center, die nur eingehende Anrufe bearbeiten (→ *Hotlines*, Reklamationen, → *DRTV*) und Outbound Call Centers, die ausgehenden Verkehr abwickeln (aktives Telefonmarketing, Vertriebscallcenter, Neukundengewinnung). Um die Auslastung von Call Centern zu erhöhen sind gemischte Systeme möglich, d.h. in verkehrsschwachen Zeiten telefonieren die Mitarbeiter zu Vertriebszwecken nach draußen.
Beurteilungskriterien für Call Center sind:

- Genauigkeit der Anrufvolumensplanung und des darauf abgestimmten Mitarbeitereinsatzes.
- Kundenservicehöhe (Wartezeiten des Anrufers für die Gesprächsannahme und auf die Abwicklung des Anliegens durch einen Mitarbeiter).
- Auslastung der Mitarbeiter.
- Qualifikation der Mitarbeiter hinsichtlich der Technik bei der Gesprächsführung.
- Motivation der Mitarbeiter.

Call Center beeinflussen die Verkaufsergebnisse und die Kundenzufriedenheit, insbesondere die Motivation der Call-Center-Mitarbeiter ist daher für eine freundliche und erfolgreiche Bearbeitung der eingehenden Gespräche notwendig. Intensive Schulung gehört daher zu den Grundlagen des Call-Center-Betriebs.
Die Pausenzeiten der Mitarbeiter und Dienstpläne müssen an die Tagesprofile der Lastkurven angepaßt werden, um nicht allzuviele Anrufe zu verlieren und Kundenzufriedenheit sicherzustellen. Umgekehrt hat es sich als sehr nachteilig für die Motivation der Call-Center-Mitarbeiter herausgestellt, Mindestzahlen für zu führende Gespräche festzulegen.
Bestandteil von Call Centern ist auf alle Fälle ein → *ACD,* vielleicht auch mit einer → *EAS.* Üblicherweise zerfallen Call Center in ein → *Frontoffice* und ein → *Backoffice*, in das alle Anfragen weitergegeben werden, die das Frontoffice nicht bearbeiten kann.
Das Frontoffice besteht meistens auch aus mehreren einzelnen Gruppen mit mehreren Agents. Verschiedene Gruppen können dabei verschiedene Aufgaben (z.B. Bestellannahme, Reklamationen und Neukundenwerbung) übernehmen. In leistungsfähigen Call Centern können dabei nicht ausgelastete Agents einer Gruppe temporär anderen Gruppen mit aktuell hoher Last zugeordnet werden.
Um Überlaufverkehr oder Routineanfragen ohne Einschalten eines Agents abzuwickeln, kann ein → *IVR*-System (Interactive Voice Response) eingesetzt werden. Hierbei kommt es auf die richtige Mischung von unpersönlichen automatischen Systemen und persönlicher Betreuung durch Operator an.
Um die Zeit den Anrufern in der Warteschlange zu verkürzen und angenehm zu gestalten, gibt es neben IVR weitere Möglichkeiten:

- Einspielen von → *Music on Hold.*
- Ansage häufig angefragter Daten (Adresse des Call Center Betreibers, Telefonnummer, Faxnummer, WWW-Adresse, Öffnungszeiten, Filialadressen).
- Ansage von Produktinformationen.

Organisatorisch ist zu unterscheiden, ob ein Unternehmen selbst ein Call Center einrichten möchte oder sich an einen professionellen Betreiber eines Call Centers wendet (→ *Outsourcing*). Bei dieser Entscheidung spielen folgende Punkte eine Rolle:

- Tatsächliche strategische Bedeutung des Telefonkontakts zum Kunden.
- Vorhandene eigene technische Infrastruktur bzw. nötige Investitionen zum Aufbau eines eigenen Call Centers.
- Vorhandenes eigenes geschultes Personal bzw. Investitionen in neu einzustellendes und zu schulendes Personal.
- Zeithorizont: einmalige kurzfristige PR-Aktion (→ *DRTV*) oder langfristiger Kundenservice?
- Mögliche zu nutzende Zusatzdienstleistungen externer Call Center: Unterlagenversand, Adressdatenbanken, → *Fax-Polling*, → *Fax-on-Demand.*

Mischformen auch möglich, z.B. tagsüber oder bei normalem Geschäft ein eigenes unternehmensinternes Call Center und außerhalb der Geschäftszeiten und bei großangelegten PR-Feldzügen gemietete Kapazitäten in externem Call Center.
Die Einrichtung eines eigenen Call Centers von der Inbetriebnahme bis hin zum erfolgreichen

Dauerbetrieb und einer Steigerung der Kundenzufriedenheit dauert ca. 6 bis 9 Monate.

Die Einrichtung eines eigenen Call Centers lohnt sich (Daumenregel) ab 10 ausschließlich mit Telefonsupport beschäftigten Mitarbeitern innerhalb eines Unternehmens.

Als große Call Center gelten solche mit mehr als 70 ständig belegten Abfrageplätzen.

Zu Beginn sind die Kundenwünsche sorgfältig zu analysieren (Kundenbefragung, Analyse durch Vertriebsmitarbeiter) hinsichtlich:

- Gewünschte Zeiten der Erreichbarkeit,
- Gewünschte Qualifikation des Personals,
- Gewünschte Funktionalität des Call Centers.

Call Completion

Bezeichnung für das Herstellen einer vermittelten Verbindung zwischen zwei Teilnehmern eines Telekommunikationsnetzes. Hauptziel aller → *Carrier*, da nur dann Gebühren berechnet werden, d.h. Call Completion setzt eine Entgegennahme des Calls voraus. Call Completion beim Telefonieren erfolgt z.B. nicht, wenn der Gerufene besetzt ist oder nicht abhebt. Dies generiert unnötige, weil nicht bezahlte Last im Netz.

Mittel zur Erhöhung von Call Completion:

- Förderung des Einsatzes von Anrufbeantwortern in Unternehmen und Privathaushalten.
- Anbieten einer → *Mailbox* im Netz.
- Anbieten von → *Dienstmerkmalen* wie z.B. → *Forwarding*, → *CCBS* oder → *CCNR*.

Call Waiting

Bezeichnung eines Dienstmerkmals moderner Telekommunikationsnetze. Andere Bezeichnung für → *Anklopfen*.

CALS

Abk. für Computer Aided Acquisition and Logistics Support.

Cambridge Ring

→ *Data Ring*.

CAMC

Abk. für Customer Access Maintenance Center.

Campus-LAN

Bezeichnung für Netz größer als ein → *LAN* aber kleiner als ein → *MAN*, das z.B. ein Werksgelände oder eine Universität versorgt.

Campusverkabelung

Andere Bezeichnung für → *Primärverkabelung*.

CAN

Abk. für Customer Access Network.

Cannonstecker

Bezeichnung für weitverbreitete Stecker, die es in männlichen und weiblichen Ausführungen (mit Pins oder Hülsen) gibt. Die Stecker sind üblicherweise mittlerweile mit Schraub- oder Klemmverschlüssen ausgestattet, so daß sie auf Dauer zuverlässig zu befestigen sind.

Die bekanntesten Stecker haben 9, 15 oder 25 Pole, wobei jeweils zwei zentrierte Reihen von Polen übereinander angeordnet sind, von denen die obere Reihe einen Pol mehr als die untere Reihe hat.

Die Pole sind durchnumeriert, und zwar bei den Pins von links nach rechts mit der oberen Reihe beginnend. Die Pole bei den Hülsensteckern sind dementsprechend spiegelverkehrt numeriert.

CAP

1. Abk. für Carrierless Amplitude- and Phasemodulation.

   Bezeichnung eines digitalen Übertragungsverfahrens, ein Einträgerverfahren.

   Durch eine bestimmte Wahl der Trägerfrequenz wird verhindert, diese selbst übertragen zu müssen. Es liegt dabei eine spezielle Form der 64-QAM zu Grunde. Modulation im Sender durch zwei FIR-Filter (Finite Impulse Response), die jeweils zueinander orthogonale Impulsantworten besitzen. Demodulation im Empfänger findet in zwei adaptiven, digitalen, entscheidungsrückgekoppelten Filtern statt (Decision Feedback Equalization, DFE).

   Wird wie → *DMT* auch bei → *ADSL* angewendet.

   Entwickelt von Bellcore. Erstmals vorgeschlagen 1988.
2. Abk. für Competitive Access Provider.

   Begriff aus der Regulierung der Telekommunikation in den USA. Dort die Bezeichnung für mehrere in einem Gebiet miteinander konkurrierende Netzbetreiber, die dort neben den ca. 1 400 lokalen → *Carriern* Zugangsnetze (z.B. zu Fernnetzen) zur Verfügung stellen. Diese Leistung wird z.B. Großkunden in Form von → *CN* zur Verfügung gestellt.

CAPI

Abk. für Common ISDN Application Programming Interface.

Bezeichnung einer standardisierten Software-Schnittstelle, über die → *ISDN*-Kommunikationsprogramme von Anwendungsprogrammen auf die in einem Rechner (PC) befindliche ISDN-Karte, unabhängig von deren genauer Hardwareplattform, zugreifen können.

Entwickelt von deutschen Herstellern von ISDN-Karten zusammen mit dem → *FTZ*.

CAPS

Abk. für Call Attempts per Second.
Bezeichnung für die bei technischen Einheiten in Telekommunikationsnetzen auflaufende Last. Bezeichnet die Anzahl der Verbindungswünsche, die dort bearbeitet werden müssen. Dies sagt nichts über die Leistungsfähigkeit der technischen Einheit aus, diese erfolgreich zu bearbeiten.
→ *BHCA*, → *CCS*, → *Erlang*.

Capture-Effekt

Bezeichnung für den Effekt in Funknetzen, daß aus zwei sich überlagernden Signalen dennoch eines fehlerfrei extrahiert werden kann.

CAR

Abk. für Computer Assisted Radiology.
Bezeichnung für den Einsatz von Computern in der Radiologie zur Bildspeicherung, Archivierung, Weiterleitung und Nachbearbeitung.

Carrier

1. International allgemein gängige Bezeichnung eines Netzbetreibers und Dienstanbieters für Übertragungsdienste. Anderes Wort auch: Network-Provider. Im Gegensatz zu → *PTO* können aber auch private Netzbetreiber gemeint sein. Man unterscheidet üblicherweise nach dem Gebiet, in dem der Carrier seine Leistungen anbietet:

    - Globale Carrier (Einzelunternehmen wie z.B. AT&T oder Konsortien wie GlobalOne),
    - Nationale Carrier (z.B. o-tel-o GmbH, Deutsche Telekom AG),
    - Regionale Carrier (z.B. Energieversorger wie Viag Interkom GmbH),
    - Lokale Carrier (z.B. Stadtwerke).

2. Bezeichnet in der Übertragungstechnik einen Kanal (Zeitlage oder -scheibe, → *TDMA*) oder eine Frequenz (→ *FDMA*).

CARS

Abk. für Cable Television Relay Station.
In den USA die Bezeichnung für Mikrowellenverbindungen zum Weiterleiten von Fernsehsignalen zu den Einspeisestationen (Kopfstationen) in → *CATV*-Netze.

Carterphone Decision

Begriff aus der frühen Liberalisierung des Tk-Marktes in den USA. Bezeichnung einer Entscheidung der → *FCC* aus dem Jahre 1968, nach der auch Nicht-Bell-Endgräte an das Bell-Telefonnetz angeschlossen werden dürfen, solange diese gewissen technischen Minimalanforderungen genügen. War ein erster Meilenstein auf dem Gebiet der → *Deregulierung* und der Anfang vom Endgerätemonopol von AT&T. Ursache für den Rechtsstreit war der Anschluß von 1966 erfundenen → *Akustikkopplern* der Firma Carterphone an das damalige Monopolnetz von Bell. Bell behauptete seinerzeit, der Anschluß dieses Gerätes könne den technischen Betrieb des Netzes stören.

Eine weitere Liberalisierung des Endgerätemarktes in den USA ergab sich durch → *Part 68*.

Cartridge

Allgemeine Bezeichnung für eine Schachtel, Kassette oder Gehäuse.

1. Im Großrechnerbereich die Bezeichnung für Bandkassetten, die Bänder zur Datenspeicherung enthalten.
2. Im PC-Bereich die Bezeichnung für Kassetten, die in einen speziellen Schacht des Druckers gesteckt werden und diesen eine weitere Schrift drucken lassen können.

CAS

1. Abk. für Communication Applications Specifications.

    Bezeichnung einer Programmierschnittstelle für die Realisierung von → *Fax* auf dem → *PC* aus dem Hause Intel und DCA. Sie definiert eine Schnittstelle, die Funktionen eines Faxmodems unabhängig von der Hardwareplattform geeigneten Anwendungsprogrammen zur Verfügung stellt und hat sich nicht durchsetzen können.

2. Abk. für Channel Associated Signalling.

    Internationale Bezeichnung für → *In-Band-Signalisierung*.

CASE

1. Abk. für Common Application Service Elements.

    Eine Gruppe von Anwendungsdienstelementen auf Schicht 7 des → *OSI-Referenzmodells*. Beispiele sind → *ACSE*, → *RTSE*, → *ROSE*, → *CCRSE*, → *SASE*.

2. Abk. für Computer Aided Software Engineering.

    Begriff aus dem → *Software-Engineering*. Bezeichnung für den Vorgang, mit einer Menge von Programmen (→ *Tools*), die den Entwicklungsprozeß von → *Software* unterstützen und effektiver gestalten, selbst Programme zu entwickeln.

    Der Begriff und die Abkürzung wurden durch einen Artikel im Wall Street Journal im Jahr 1986 populär gemacht. Entsprechende CASE-Tools existieren seit Ende der 80er Jahre, fanden aber erst am Anfang der 90er Jahre breitere Akzeptanz.

Cassegrainantenne

Bezeichnung einer bestimmten Bauart einer Parabolantenne. Dabei ist im Fokus der Parabolantenne ein hyperbolischer Subreflektor (auch Fangreflektor genannt) angebracht, der die Strahlen ein zweites Mal auf den eigentlichen Empfänger fokussiert, der sich so z.B. auf oder in dem eigentlichen großen parabolischen Reflektor befindet.

CAST

Abk. für Computer Aided Software Testing.
Bezeichnung für Methoden und Programme im Rahmen des → *Software Engineering* zum automatischen Test, zur Fehlerverfolgung, zur Freigabe und zur Qualitätssicherung bei der Erstellung von Computerprogrammen mit Hilfe von speziellen Programmen.

CATV, CATV-Network

1. Abk. für Community Antenna Television. Bezeichnet die Verteilung von mehreren über eine Gemeinschaftsantenne, z.B. bei einem Wohnblock, empfangene Fernsehprogramme in eine größere Menge angeschlossener Haushalte im selben Gebäude oder Stadtviertel.
2. Seit Einführung von Kabelfernsehnetzen auch int. übliche Abk. für engl. cable television = Kabelfernsehen oder auch → *Breitbandkabelverteilnetz*.

CAV

Abk. für Constant Angular Velocity.
Bezeichnung einer Technik bei Laufwerken für → *CD-ROMs*. Dabei dreht sich die CD-ROM mit konstanter Drehzahl, was in Abhängigkeit der Position des Lesekopfes (innen/außen) zu unterschiedlichen Datenraten führt.
→ *CLV*.

CB

1. Abk. für → *Crossbar-Wähler*.
2. Abk. für Citizen-Band.
   → *CB-Funk*.

C-Band

Für Satellitendienste zugewiesenes Frequenzband von 3,6 bis 4,2 GHz für den → *Downlink* und 5,8 bis 6,4 GHz für den → *Uplink*. Im Vergleich zum → *K-Band* weniger wetteranfällig. Genutzt traditionell für geostationäre Satelliten.

CBB

Abk. für Conceptual Building Blocks.

CB-Funk

Abk. für Citizens Band (Radio).
Bezeichnung für den Funkbereich, in dem ohne Amateurfunklizenz von jedermann gesendet werden darf. Betriebsarten und Sendeleistung sind im Vergleich zum echten → *Amateurfunk* begrenzt.
Sendet auf 40 Kanälen im Bereich von 26,960 bis 27,410 MHz und erlaubt Halbduplex-Verkehr in mäßiger Qualität. Max. zulässige Sendeleistung sind 5 Watt, was üblicherweise für eine Reichweite von 10 bis 15 km sorgt.
CB-Funk hat sich in Deutschland überwiegend als Kommunikationssystem in Fernfahrerkreisen etabliert. Es gibt in Deutschland schätzungsweise 1,8 bis 2 Mio. CB-Funker.

CBDS

→ *SMDS*.

CBEMA

Abk. für Computer and Business Equipment Manufacturers Association.
Branchenverband, der zwar keine Standards festlegt, aber Aktivitäten, die zu Standards auf Anregung seiner Mitglieder führen, vorschlägt und in entsprechenden Gremien sponsert.

CBMS

Abk. für Computer Based Message System.
Früher Begriff für → *e-mail*-Systeme. Heute ist eher die Abkürzung → *MHS* (Message Handling System) üblich.

CBO

Abk. für Continuous Bitstream Oriented (Application).
Bezeichnung für Anwendungen, die kontinuierlich Bitströme (die aber nicht zwangsläufig von konstanter Höhe sein müssen) erzeugen.
Gegenteil: → *Bursty Traffic*.

CBR

Abk. für Constant Bit Rate.
Bezeichnet Verbindungen mit einer permanent konstanten Bitrate, z.B. für Sprachübertragung (im Gegensatz zur Übertragung von komprimierten Videobildern).
→ *ATM*, → *Kompression*.

CBS

Abk. für Common Base Station.
→ *BS*.

CBT

Abk. für Computer Based Training.
Bezeichnung für alle Techniken im Schulungs- und Ausbildungsbereich, die den Computer (z.B. zusammen mit Multi-Media-Systemen wie → *CD-ROM*-Laufwerken) nutzen. Der Schulungsrechner und der Schüler befinden sich dabei an einem Ort und der Schulungsrechner ist höchstens lokal vernetzt.
Nicht zu verwechseln mit → *Tele-Learning*.

CBX

Abk. von Computerized Branch Exchange.

International gängige, aber selten benutzte Abk. für computergesteuerte, datenvermittlungstüchtige und private Nebenstellenanlagen.

CBS sind für den unteren Geschwindigkeitsbereich eine billige Alternative zu LANs. Eine CBX übermittelt im Gegensatz zu den PBX nicht nur Sprache, sondern auch Daten. Im Gegensatz zu LANs wird dabei kanalvermittelt übertragen.

Einst, Anfang der 80er Jahre, ein erstes Konzept, als sich die Konvergenz von Nebenstellen- und LAN-Technik am Horizont abzeichnete. Dann jedoch ohne Erfolg und lange in Vergessenheit. Ihnen wurde eine große Zukunft vorausgesagt, doch mittlerweile wird davon ausgegangen, daß → *LAN*s selbst sehr günstig sind und Nebenstellenanlagen (→ *PBX*) sowieso digital und computergesteuert sind, so daß sie sich durch nichts mehr von einer CBX unterscheiden.

Neuere Konzepte sind → *CTI*.

CC

1. Abk. für Call Confirm.
   Bezeichnung für ein bei der Beschreibung von Vermittlungsvorgängen häufig benutztes → *Dienstprimitiv*.
2. Abk. für Country Code.
   Bezeichnung für einen bei der Beschreibung von → *Numerierungsplänen* auftauchenden Begriff, der die internationale ein- bis dreistellige Vorwahl eines Landes bezeichnet, für die USA z.B. die 1, für Deutschland die 49. Definiert in → *E.163* und → *E.164*.
3. Abk. für → *Cross-Connect*.
4. Abk. für Countdown Counter.
   Bezeichnung für einen Zähler zur Verwaltung verteilter Warteschlangen bei → *DQ-DB*.
5. Abk. für Call Control.
6. Abk. für Carbon Copy.
   Ist das englische Wort für Durchschlag. Eine Möglichkeit in → *e-mail*-Systemen, eine Mail nicht nur an den Adressaten, sondern als Kopie auch an (einen) weitere(n) Empfänger zur Kenntnisnahme zu senden.
7. Abk. für Computer Communications.
   Oberbegriff für Datenkommunikation zwischen digitalen Rechenanlagen.
8. Abk. für Connection Control.

CCA

Abk. für CENELEC Certification Agreement.

Bezeichnung des Abkommens der → *CENELEC* über die gegenseitige Anerkennung technischer Prüfungen.

CCAF

Abk. für Call Control Agent Function.

→ *IN*.

CCBS

Abk. für Call Completion to Busy Subscriber.

Bezeichnung eines Dienstmerkmals für → *ISDN* und → *GSM* in Phase 2+, bei dem ein Gespräch auf alle Fälle mit nur einem Versuch zustand kommt (→ *Call Completion*), indem im Besetztfalle das Netz sich die Nummer des → *B-Teilnehmers* merkt und, wenn dieser wieder frei ist, automatisch eine Verbindung zwischen diesem und dem → *A-Teilnehmer* wiederherstellt.

CCC

Abk. für Chaos Computer Club.

Ein Verein aus computerbegeisterten → *Hackern* mit Sitz in Hamburg, der durch verschiedene aufsehenerregende Aktionen und fachliche Stellungnahmen auf Sicherheitslücken in vernetzten Computersystemen aufmerksam gemacht hat.

CCD

Abk. für Charge Coupled Devices.

Bezeichnet eine Fotodiodenzeile (mehrere hintereinander geschaltete Fotodioden, Prinzip des Schieberegisters). Prinzipiell werden dabei elektrische Ladungen zur Speicherung einer Information (und nicht magnetisierbare Partikel wie bei → *Festplatten*) genutzt. Einsatzgebiet sind Videokameras, bei denen CCD zum Abtasten des einfallenden Lichtes eingesetzt werden.

Bausteine in CCD-Technik wurden 1970 von W.S. Boyle und G.E. Smith in den Bell Laboratories entwickelt.

CCETT

Abk. für Centre Commun d'Étude de Télédiffusion et Télécommunications.

CCF

Abk. für Call Control Function.

CCFG

Abk. für Configuration Control Frame Generator.

CCIR

Abk. für Consultative Commitee for Radiocommunication.

Gegründet 1927 in Washington. Bis 1992 ein beratender Ausschuß der → *ITU* mit zwölf Study Groups (SG) für den Bereich des Funkwesens. Nach der Reform der → *ITU* mit dem → *IFBR* zur ITU-R zusammengelegt.

→ *CCITT*, → *CMTT*.

CCIR 601

Norm für die digitale Darstellung eines ursprünglich analogen Videosignals in der → *YUV* oder → *YIQ*-Darstellung in Studioqualität. War erste derartige Norm überhaupt. Dies erfordert 166 Mbit/s oder 216 Mbit/s bei 8 oder 10 Bit Tiefe und 720 → *Luminanz*-Werten je Zeile bei 50 Halbbilder/s. Mittels → *MPEG II* soll diese Rate für die Sendung des Signals über → *Breitbandkabelverteilnetze* auf 4 bis 5 Mbit/s komprimiert werden.
Mittlerweile nach Auflösung der → *CCIR* umbenannt in ITU-RB T.601.

CCIS

Abk. für Common Channel Interoffice Signalling.
Ein von AT&T in den frühen 70er Jahren entwikkeltes außerbandiges Zeichengabeverfahren für digitale Telefonnetze die auf dem Vermittlungssystem → *ESS#5* basiert. Die Verbindungsaufbauzeit wurde damit von 10 s auf 2 s verkürzt.
Nutzt ein separates paketorientiertes Netz für Signalisierungsinformationen mit 2,4 kbit/s. Die Pakete sind 28 Bit groß, wovon 8 zu Prüfzwecken genutzt werden.
Wurde international als → *SS#6* genormt. Dieses führte letztlich wiederum zu → *SS#7*.

CCITT

Abk. für Comité Consultatif International Télégraphique et Téléphonique.
Gegründet 1932. Bis zum 28. Februar 1993 beratender Ausschuß als Unterorganisation der → *ITU*, die meistens von nationalen → *PTTs* kontrolliert wurde. Dann ersetzt durch ITU-T.
Aufgabe der CCITT war ursprünglich das Erarbeiten und das Veröffentlichen von internationalen technischen Empfehlungen für Telefon, Telegrafie und Datenkommunikation.
Die CCITT gliederte sich in 18 Study Groups (SG). Die Ergebnisse der CCITT wurden am Ende einer Studienperiode alle vier Jahre in andersfarbigen Bücherserien herausgegeben. Daher findet man in der Literatur Hinweise wie '... nach Blaubuch folgt ...'. Es gab folgende Bücher:

1960:	Rot	1980:	Gelb
1964:	Blau	1984:	Rot
1968:	Weiß	1988:	Blau
1972:	Grün	1992:	Weiß
1976:	Orange		

CCL

Abk. für Common Command Language.
Bezeichnung eines europäischen Standards einer Abfragesprache bei Online-Datenbanken.

CCM

Abk. für Cross Connect Multiplexer.
→ *Cross Connect*.

CCN

Abk. für Cordless Communication Network.
Bezeichnung für Netze, bei denen ein zellulares Netz aus → *Pico-Zellen*, basierend auf einer Schnurlostechnik (→ *DECT*), mit einer → *PBX* zur Versorgung eines Unternehmensstandortes gekoppelt wird.

CCNR

Abk. für Completion of Call on no Reply.
Bezeichnung eines → *Dienstmerkmals* des → *ISDN* mit dem Ziel der → *Call Completion*.
Dabei merkt sich im Falle eines Anrufes bei dem der → *B-Teilnehmer* nicht anwesend war und den Anruf nicht entgegengenommen hat die Teilnehmervermittlungsstelle des B-Teilnehmers die Rufnummer des → *A-Teilnehmers* und signalisiert dem B-Teilnehmer den Anruf des A-Teilnehmers im Display seines Endgerätes. Hebt der B-Teilnehmer ab, wird automatisch eine Verbindung zum A-Teilnehmer hergestellt.

CCP

Abk. für Compression Control Protocol.

CCR

1. Abk. für Commitment, Concurrency, Recovery.
   → *CCRSE*.
2. Abk. für Current Cell Rate.

CCRSE

Abk. für Commitment Concurrency and Recovery Service Element.
Ein Serviceelement auf Schicht 7 des → *OSI-Referenzmodells* aus der Gruppe der → *CASE*.
Aufgabe ist die Koordinierung von Interaktionen zwischen mehreren Instanzen unter den Gesichtspunkten zuverlässiger Übergabe von Daten zwischen ihnen, Mehrfachbearbeitung und Maßnahmen zur Wiederherstellung des Originalzustandes von Datenbeständen im Fehlerfall.

CCS

1. Abk. für Common Channel Signalling (System).
   → *SS#7*.
2. Abk. für Custom Calling Services.
   Bezeichnung in den USA für bislang → *ISDN* vorbehaltenen Dienstmerkmalen wie → *Forwarding*, → *Call Waiting* etc. für analoge Anschlüsse.
3. Abk. für Cent Call Seconds.
   In Nordamerika gebräuchliche Einheit für den generierten Verkehr in Telekommunikationsnetzen.
   Bezeichnet die Anzahl von Verbindungseinheiten von 100 Sekunden Länge, d.h. ein 230 Sekunden langes Telefonat entspricht

2,3 ccs. Die Umrechnung in die in Europa gebräuchliche Einheit → *Erlang* erfolgt durch Multiplizierung mit 100 und Division durch 3 600.

→ *HCS.*

CCS#7

Abk. für Common Channel Signalling No. 7.

→ *SS#7.*

CCSN 7

Abk. für Common Channel Signalling Network No. 7.

→ *SS#7.*

CCSS

Abk. für Common Channel Signalling System.

→ *Außenband-Signalisierung*, → *SS#6*, → *SS#7*, → *Zeichengabe.*

CD

1. Abk. für Committee Draft.
   Bezeichnung für einen vorläufigen Entwurf eines Standards, der von einem Ausschuß eines Normungsgremiums diesem zu einer ersten Diskussion vorgelegt wurde.
2. Abk. für Compact Disc.
   Bezeichnung für einen optischen Speicher, der im Vergleich zu einer Reihe anderer Speichermedien über Vorteile verfügt:

   - Hohe Speicherdichte,
   - Unempfindliche Oberfläche,
   - Berührungsloser Schreib-/Lesevorgang (kein Verschleiß),
   - Wahlfreier Zugriff auf alle Speicherbereiche innerhalb einer Sekunde,
   - Kostengünstige Herstellung durch Pressen (ca. 2 bis 3 DM/CD).

   Die Scheibe selbst ist 12 cm (4,75") im Durchmesser und 1,2 mm dick mit einer Speicherkapazität von insgesamt 682 oder 778 MB (Mode 1 und 2).

   Die Daten sind spiralförmig von innen nach außen in Form von kleinen unterschiedlich langen Vertiefungen (sog. Pits) fixiert. Eine CD enthält ca. fünf Mrd. Pits, von denen jeder nur 0,6 tausendstel Millimeter breit und 0,12 tausendstel Millimeter tief ist. Pro mm Radius haben 630 Datenspuren Platz.

   Um eine konstante Lesegeschwindigkeit von innen nach außen zu erreichen, rotiert die CD mit 500 U/min wenn am inneren und mit 200 U/min, wenn am äußeren Rand gelesen wird. Ungefähr die Hälfte aller Daten auf einer CD dient der Fehlererkennung und -korrektur.

   Die einzelnen Pits in den Spuren werden von einem Laser abgetastet. Ein optisches System registriert die Reflexion des Lasers in Abhängigkeit der Pits, wodurch die Pits ausgewertet und damit der Speicherinhalt gelesen werden kann.

   In der Zeit von 1979 bis 1996 wurden allein in den USA 120 Mio. CD-Player und rund 3 Mrd. CDs verkauft.

   Man unterscheidet verschiedene CD-Formate und verwandte Formate anderer optischer Speichermedien:

   → *CD+G*, → *CD-DA*, → *CD-MO*, → *CD-Midi*, → *CD-R*, → *CD-ROM*, → *CD-ROM-XA*, → *CD:i*, → *CD-V*, → *CD-WORM*, → *MD*, → *LD.*

CDA

Abk. für Communications Decency Act.

Bezeichnung für das aktuell gültige Telekommunikationsgesetz in den USA.

Nach der Verabschiedung durch den US-Kongreß am 1. Februar 1996 und seit seiner Unterzeichnung am 8. Februar 1996 durch Präsident Bill Clinton ist das Telekommunikationswesen der USA einen weiteren Schritt dereguliert.

Es war die größte Änderung des TK-Rechtes in den USA seit 62 Jahren, die insbesondere viele deregulatorische Hürden beseitigte und mehr Wettbewerb zuläßt, insbesondere zwischen Kabelfernsehnetzbetreibern und Telekommunikationsnetzbetreibern sowie zwischen Fernnetzbetreibern und Ortsnetzbetreibern.

CDC

Abk. für Control Data Corporation.

Amerikanischer Hersteller von → *Mainframe-* und → *Supercomputern* genannt Cyber. Gegründet 1957 mit Sitz in Minneapolis/Minnesota.

1964 stellte er für 16 Mio. $ mit der CDC 6600 den ersten kommerziellen Supercomputer vor. Sie wog 7,5 Tonnen, beinhaltete 130 km Draht und 350 000 Transistoren. Seine Leistung betrug 9 MFLOPs bzw. 1 Mio. Multiplikationen in der Sekunde. Konstruiert wurde sie vom CDC-Mitgründer und späterem Gründer einer eigenen Firma (→ *Cray*), Seymour Cray.

1967 hatte CDC einen Auftrag des Lawrence Livermore National Laboratory zum Bau eines Vektorrechners erhalten. Aus diesem Projekt sollte die CDC Star entstehen.

Sie war bei ihrer späten Fertigstellung in den 70er Jahren der erste Vektorrechner überhaupt. Ihre Fertigstellung verzögerte sich aber derartig, daß erste Ideen bereits zuvor in der CDC 7600 eingebaut wurden.

Die CDC 7600 kam zwar schon zuvor, 1968, auf den Markt und leistete 40 MFLOPs, aber ab 1971 wurden Resultate des Star-Projektes durch Frank McMahon bei ihr berücksichtigt.

Gegen Ende 1974 wurde die CDC Star-100 ausgeliefert. Sie verfügte noch über einen 8 MByte großen → *Magnetkernspeicher*.
Die CDC-Star wurde allerdings nie in Großserie hergestellt, beeinflußte jedoch viele weitere Superrechner aus dem Hause CDC und der Konkurrenz, z.B. die 1979 vorgestellte Cyber 203 sowie deren Nachfolger 205 (auch in Versionen Cyber 175 und Cyber 176) und ebenfalls die → *Cray 1*.
Die erfolgreichste Zeit lag für CDC in den späten 70er und frühen 80er Jahren mit den Rechnern der Cyber-Serie.
1980 folgte die ebenfalls auf dem Star-Projekt basierende und maßgeblich von Chefdesigner Neil Lincoln konzipierte Cyber 205, die die Leistung selbst der bisherigen Computer des Hauses → *Cray* übertraf.
Sie war seinerzeit der schnellste Rechner der Welt. Gegenüber der 203 war sie mit einer leistungsstärkeren Skalareinheit ausgerüstet. Ihre Leistung lag bei 800 MIPS. Sie sollte der Cray-1 und der Cray XMP Marktanteile abnehmen. Im Laufe der Zeit wurden 30 Stück verkauft, davon vier nach Deutschland.
1983 gründete CDC die ETA Systems Inc. und fing an, die ETA als eine neue Superrechnergeneration zu entwickeln. Sie wurde 1986 als Vektorrechner ETA-10 mit CMOS-Technik und Flüssigstickstoff-Kühlung auf den Markt gebracht.
Ihre Leistung lag bei 10 Mio. Rechenoperationen/Sekunde. Sie verfügte über 2 GByte Hauptspeicher und konnte mit 2 bis 8 CPUs ausgerüstet werden. Prinzipiell handelte es sich um ein aus mehreren Vektorrechnern bestehendes Multiprozessor-System.
Trotz aller Erfolge zog sich CDC im April 1989 aus dem Supercomputergeschäft zurück, nachdem absehbar war, daß dieses Marktsegment stark schrumpfen würde.

CD-DA

Abk. für CD Digital Audio.
Bezeichnet den ursprünglichen Standard der Audio-CD.
Die CD-DA kann 99 logische Stücke (Tracks) auf 74 Minuten speichern. Die Tracks wiederum sind in kleinere Einheiten (Sektoren) zu je 1/75 Sekunde unterteilt. Alle 2 352 Bytes eines Sektors sind Nutzdaten.
Das Audiosignal wird mit 44,1 kHz abgetastet und auf 256 Pegelstufen abgebildet. Das Red-Book erlaubt 250 korrigierbare Fehler je Sekunde.
Weitere Daten zur CD (Format, Prinzip) → *CD*.
In Entwicklung war die CD ab 1979 nach Vorarbeiten von Philips (Bildplatte) und Sony (→ *PCM*-Audio-Aufzeichnung auf Video-Cassetten). 1982 wurde der Standard von Sony und Philips im sog. Red-Book veröffentlicht. Erste Player gab es 1983 und seither gab es einen beispiellosen Siegeszug, der die herkömmlichen analogen Vinylplatten fast komplett innerhalb von acht Jahren aus den Läden verbannte und den CD-Player zum Konsumgut machte.
Auf Basis der CD-DA entwickelten sich zahlreiche andere Varianten zur Nutzung insbesondere im Computerbereich. Als letzte Stufe dieser Entwicklung gilt die → *DVD*.

CDDI

Abk. für Copper Distributed Data Interface.
Es handelt sich um eine Variante von → *FDDI* auf Kupferkabeln (→ *UTP*, mit 100 Ohm abgeschlossen) mit Datenraten von 100 Mbit/s.
Basiert allerdings auf einer Sterntopologie und erlaubt lediglich Entfernungen von 100 m zwischen Konzentrator und angeschlossener Station. Demzufolge existieren auch nur Single-Attachement-Stations.

CD-E

Abk. für CD-Erasable.
→ *CD-MO*.

CDE

Abk. für Common Desktop Environment.
Bezeichnung für Aktivitäten der → *X/Open*-Gruppe, eine einheitliche grafische Benutzeroberfläche für Computer zu definieren.

CD+G

Abk. für CD plus Graphic.
Zusätzlich zur Norm der normalen (Musik-) CD aus dem → *Red-Book* wurden auf der CD+G 3600 Byte/s für Grafik- bzw. Textinformation untergebracht. Diese Informationen können parallel zur Musik auf einem Fernseher sichtbar gemacht werden. Dieses Verfahren konnte sich jedoch wie → *CD+MIDI* nicht durchsetzen, obwohl es in Fernost für Karaoke-Anwendungen (Videoclip mit Originalmusik, unterlegt mit Liedertexten auf einem Monitor zum Mitsingen) weit verbreitet ist.

CD:i

Abk. für Compact Disc Interactive.
Interaktives System mit der CD als Speichermedium für i.d.R. als → *Multimedia* bezeichnete Ton- und Bildinformation. Genormt im sogenannten Green-Book-Standard. Technisch gesehen entspricht die CD:i einer → *CD-ROM* mit integriertem Prozessor und eigenem → *Betriebssystem*. Das interne Betriebssystem der CD:i-Prozessoren ist → *OS-9*.
Der Nutzer hat dabei die Möglichkeit, den Lauf der Ereignisse, z.B. eines Spielfilms, zu beeinflussen (vorspulen, Pause, zurückspulen). Eine CD:i kann rund 74 Min. → *MPEG-1* codierte Videos speichern.
Das System ist insbesondere für Marketing-Einsätze gedacht und kann so z.B. für → *PoS* oder

→ *PoI* eingesetzt werden. Dem Vorteil der geringen Investitionskosten bei den interaktiven Terminals stehen hohe Kosten bei der Erstellung interaktiver Programme entgegen.
Daneben werden Spielfilme auf CD:i veröffentlicht, ergänzt um Zusatzinformationen (Interview mit dem Regisseur etc.), die gezielt mit Steuerbefehlen aufgerufen oder eingeblendet werden können.
Die CD:i wurde 1987 von Philips und Sony im → *Green-Book* (enthält Teile des Red Book der → *CD-DA* und des Yellow-Book der → *CD-ROM*) definiert und 1992 von Philips auf den Markt gebracht.
Seither hat sich das System nur in Nischen etablieren können.

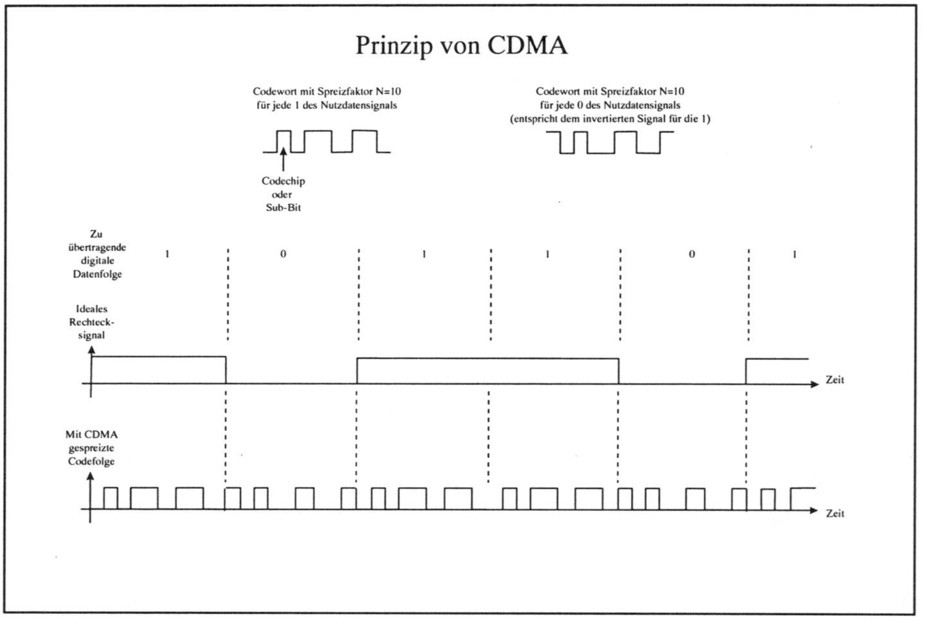

CDLC

Abk. für engl. Cellular Data Link Control.
Datenkommunikationsprotokoll zum Austausch von Rechnerdaten über das Funktelefonnetz.

CDMA

Abk. von Code Division Multiple Access.
Wie → *TDMA*, → *FDMA* und → *SDMA* ein Verfahren zum Kanalzugriff, das z.B. in → *zellularen Systemen* für → *Mobilfunk* oder für → *WLL* genutzt werden kann.
Ein schmalbandiges Signal wird mittels Code zu einem breitbandigen Signal gespreizt. Dies erfolgt dadurch, daß ein zu übertragender digitaler Datenstrom nicht als Folge der Bitwerte 0 und 1 übertragen wird, sondern die digitalen Nutzdatenwerte 0 und 1 durch eine Folge von N ebenfalls binären Symbolen (sogenannten Codechips oder Sub-Bits) repräsentiert werden. Die N-stellige Folge der Codechips für die 0 und die 1 ist dabei jeweils invertiert.
Die gesamte Folge der Codechips wird dann letztlich übertragen. Resultat dieses Verfahrens ist jedoch, daß sich die benötigte Bandbreite um den Faktor N (Spreizfaktor) erhöht. Dies wird dadurch ausgeglichen, daß jedem Teilnehmer das gesamte Frequenzspektrum zur Nutzung zur Verfügung steht.
Für das CDMA-System sind Spreizfaktoren von N=10 sinnvoll.
Teilt man nun verschiedenen Stationen verschiedene Codes (Folgen von Codechips) zu, so kann ein breitbandiger Funkkanal einer Frequenz zu einer Zeit mehrfach genutzt werden. Die so erhaltenen Signale werden von den Sendern zeitgleich im gleichen Frequenzband übertragen. Die Codiervorschriften müssen so gewählt sein, daß die Interferenzen bei den Empfängern trotz zeitgleicher Übertragung minimal bleiben. Die Anwendung eines sog. Pseudo-Noise-Code zur Trägermodulation der zu übertragenden Daten erfüllt diese Bedingung.
Die Trennung im Empfänger erfolgt durch Korrelationsanalyse des empfangenen Datenstroms der Codechips mit dem beim Empfänger bekannten Code.

Zur Realisierung der spektralen Spreizung werden zwei Verfahren angewendet: Direct Sequencing (auch SS-CDMA genannt; Spread Spectrum CDMA) und → *Frequency Hopping*.

CDMA ist störsicherer als → *TDMA* oder → *FDMA*, da es weniger anfällig für → *Fading* ist. Durch das Spreizen aller Nutzdateninformationen auf einem breitbandigen Kanal erfolgt durch Interferenzen nur eine schmalbandige Störung, die in weiten Grenzen toleriert werden kann. Darüber hinaus hat CDMA den Vorteil, daß keine Zeitsynchronisation zwischen Sender und Empfänger nötig ist. Daneben gilt es als extrem abhörsicher.

Entscheidender Vorteil ist aber, daß CDMA das vorhandene Frequenzspektrum durch den Verzicht auf → *Guard-Bänder* und → *Guard-Time* besser ausnutzt. Es wird damit gerechnet, daß CDMA-Systeme rund das vierfache an Kapazität abwikkeln können wie TDMA-Systeme (anfänglich war sogar von einem Faktor 40 die Rede).

Nachteilig ist eine erhöhte Fehlerkorrektur, da Sender pseudozufällig gleiche Sequenzen erzeugen und nicht mehr von verschiedenen Empfängern detektiert werden können.

Anschaulich läßt sich CDMA dadurch erklären, daß sich viele Leute unterhalten, davon die Gesprächspartner jeweils in einer eigenen Sprache. Es ist dennoch für den Menschen möglich, daß man sich im Stimmengewirr auf eine Sprache konzentriert und diese verstehen kann.

Das System gilt insgesamt als technisch schwer beherrschbar und galt bis 1995 als noch nicht ausgereift.

CDMA könnte das Zugriffsverfahren für neue Mobilfunksysteme werden und ist seit Juli 1993 unter IS-95 (auf Basis von 1,25 MHz-Bändern) von der TIA genormt. Diese konkrete Version des Verfahrens basiert auf logischen Kanälen mit 9,6 kbit/s zur Nutzdatenübertragung, die auf einen breitbandigen Kanal von 1,2288 Mbit/s gespreizt wird (128 Kanäle). Dabei wird ein → *Faltungscodierer* (1 zu 2) und Interleaving genutzt. Zusätzlich wird das Signal mit einem von 64 möglichen orthogonalen Codes (Walsh-Funktion) gespreizt.

Insbesondere in den USA und mittlerweile auch in Asien wird sehr viel auf CDMA (speziell gepusht von Qualcom und AT&T, in zweiter Reihe von Northern Telecom) gesetzt als dem möglichen Nachfolger von → *D-AMPS*. Aus diesem Grund wird CDMA oft auch als Synonym für den D-AMPS-Nachfolger genommen.

CDMA galt wegen technischer Unausgegorenheit fast als Verlierer im Rennen um die → *PCS*-Technik (deren Lizenzen Ende 1994 versteigert wurden) in den USA, konnte sich aber neben → *PCS 1900* dann doch etablieren.

Weiterhin ist CDMA als Zugriffsverfahren für → *UMTS* im Gespräch. Satellitengestützte Mobilfunksysteme planen ebenfalls den Einsatz von CDMA (→ *Odyssey*, → *Globalstar*).

Darüber hinaus gibt es (z.B. von AT&T) Systeme für → *WLL*, die auf CDMA als Zugriffsverfahren setzen.

CDMA wurde von der US-Firma Quallcom Ende der 80er Jahre für militärische Anwendungen entwickelt. Nach Freigabe der Technik wurde die Lizenz auch anderen Unternehmen zugänglich gemacht. Ein Feldversuch lief Ende 1991 in San Diego, und die kalifornische Firma Airtouch Communications (Tochter von Pacific Bell) betrieb seinerzeit einzelne CDMA-Zellen in Los Angeles und erreicht dort seit Ende 1996, nach Start des Serienbetriebs 1995, eine Flächendeckung von 80 %.

Auch andere Mobilfunknetzbetreiber wollen in den USA in mehreren Städten CDMA-Netze errichten.

In Deutschland erprobt die Deutsche Telekom mit eigenen Mitarbeitern in Münster seit Ende 1996 ein aus drei Zellen bestehendes CDMA-System.

CD+MIDI

Abk. für CD plus MIDI-Information.

Bezeichnet wie CD+G eine Erweiterung des normalen CD-Standards aus dem → *Red Book*, bei dem parallel zur eigentlichen Musikinformation → *MIDI*-Informationen abgelegt sind.

CD-MO

Abk. für CD magneto-optical, auch mit CD-E für Erasable (löschbar) bezeichnet.

Bezeichnet CDs, die einmal beschrieben werden können.

Die Oberfläche der CD ist magnetisch und wird beim Schreibvorgang thermisch per Laser an den Curie-Punkt gebracht, wodurch ein Magnetfeld angelegt wird und der Punkt magnetisch polarisiert wird. Nach dem Erkalten innerhalb von Bruchteilen einer Sekunde bleibt die Polarisation erhalten und kann ausgelesen werden, da sie den Laserstrahl in Abhängigkeit der Polarisationsrichtung unterschiedlich reflektiert (Kerr-Effekt). Derartige Platten können aber auf normalen CD-ROM-Geräten nicht gelesen werden.

Beschrieben im Teil 1 des Orange Book, das 1991 von Philips und Sony herausgebracht wurde.

CDN

Abk. für Customer Dedicated (Defined) Network.

Bezeichnung für Netze, die im Kundenauftrag und an spezielle Kundenwünsche angepaßt von Telekommunikationsdienstleistern (Netzbetreibern) eingerichtet und betrieben werden.

CDPD

Abk. für Cellular Digital Packet Data.

Auch Celluplan II genannt. In den USA untersuchte Möglichkeit, nicht genutzte Kapazitäten in

→ *AMPS*-Netzen zur paketorientierten digitalen Datenübertragung mit 19,2 kbit/s zu nutzen. Dabei erfolgt eine Übertragung nach dem → *X.25*-Protokoll, dem → *Frame-Relay*- Standard oder mit dem → *PPP*.

Dabei werden die Daten von einem Nutzer, der an einem CDPD-Backbone-Netz angeschlossen ist, über eigene Basisstationen (MDBS, Mobile Data Base Station) ausgesendet, die über ein zwischengeschaltetes System (MD-IS, Mobile Data Intermediate System) angesteuert werden.

Befindet sich der betreffende mobile Nutzer (MD-ES, Mobile Data End System) nur in Reichweite einer AMPS-Basisstation, die allerdings CDPD-fähig sein muß, dann erfolgt vom MD-IS ein Übergang ins AMPS-Netz, von wo aus der Ruf über eine kombinierte BS+MDBS-Einheit abgesetzt wird.

Zur Lokalisierung des MD-ES und Bestimmung der passenden BS wird jede MD-ES einem Home MD-IS zugeordnet, der eine Datenbank führt, in der (ähnlich dem → *HLR* im → *GSM*-System) die aktuelle BS des aktuellen MD-IS aufgeführt ist.

CDPD wurde vom Hause IBM entwickelt und dann ab Ende 1992 von einer Interessengruppe, in der sich diverse CDPD-Service-Provider und Hersteller zusammengeschlossen hatten, gefördert. Resultat war ein CDPD-Standard im Juni 1993 (Release 1.0) und anschließend ein festerer Zusammenschluß der bis dahin losen Interessengruppe von rund 100 Unternehmen im CDPD-Forum Inc. gegen Mitte 1994. Nächster Schritt war die Weiterentwicklung des Standards zum Release 1.1 im Januar 1995.

Mittlerweile existieren CDPD-Dienste in rund 50 Städten der USA und mehrere Betreiber von AMPS-Netzen in Asien und Lateinamerika prüfen ein Angebot von CDPD.

Die Abkürzung CDPD wird aber auch teilweise allgemein als Bezeichnung mobiler paketorientierter Datennetze in der Literatur verwendet.

→ *Modacom*, → *Mobitex*.

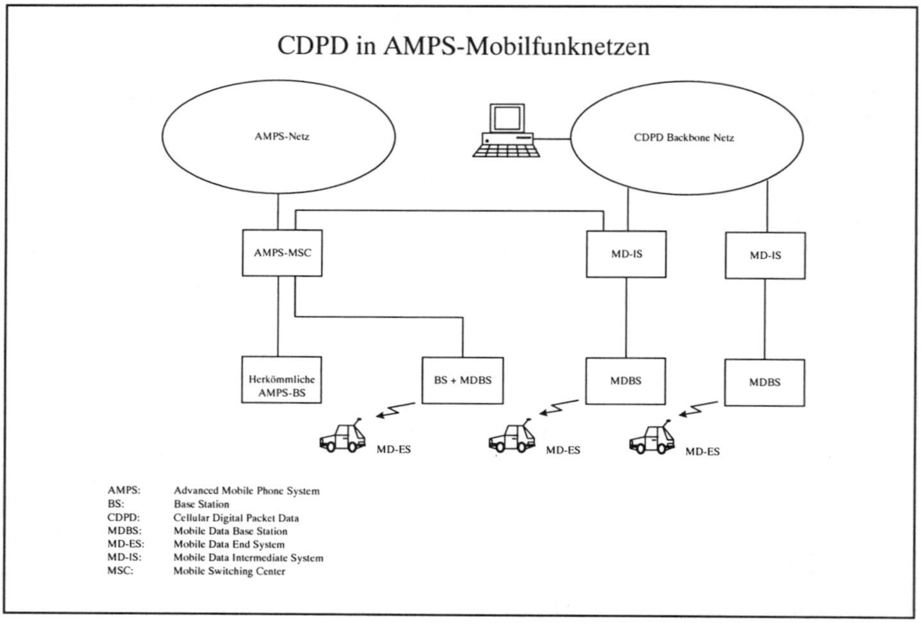

CDPD in AMPS-Mobilfunknetzen

CD-R

Abk. für Compact Disc Recordable, auch CD-WO für Write Once genannt.

Bezeichnet eine einmalig in einem Zug bespielbare CD, die z.B. dann in → *CD:i*- oder → *CD-ROM*-Systemen eingesetzt werden kann. Genormt im Teil 2 des Orange-Book. Die Scheiben selbst sind goldfarben. Dieses System eignet sich insbesondere für Kleinserien, bei denen CD-ROMs zu teuer sind. Andere Anwendungen sind Masteraufnahmen in Tonstudios. Einbrenngeräte sind mittlerweile für deutlich unter 1 000 DM zu erhalten.

→ *CD-WORM*, → *CD-MO*.

CD-ROM

Abk. für Compact Disc Read Only Memory.

Genormt von der → *ISO* als ISO 9660 und im Gelbbuch (Yellow Book) der Firmen Philips und Sony 1985 beschrieben. Bezeichnung für eine CD, die über ein CD-ROM-Laufwerk in einem Rechner gelesen werden kann.

Es handelt sich dabei um einen billigen Massenspeicher mit sehr hoher Kapazität, der nicht kopiert werden kann und daher aus Herstellersicht erfreulich das Raubkopieren erschwert, sofern nicht, wie in Asien, gleich die komplette CD neu hergestellt wird.
Ein CD-ROM-Laufwerk gilt mit dem Aufkommen von → *Multimedia* seit ca. Ende 1995 zur Standardausrüstung eines PCs.
Leistungskenngrößen sind folgende Werte:

- Umdrehungsgeschwindigkeit,
- Mittlere → *Zugriffszeit,*
- Transferrate.

Es ergaben sich im Zuge technischen Fortschritts immer höhere Umdrehungsgeschwindigkeiten, die als Vielfaches der Umdrehungsgeschwindigkeit der ersten am Markt erhältlichen Laufwerke angegeben werden. Dieser Faktor ist mittlerweile die zentrale Typkennung verschiedener Laufwerkklassen.
Für die verschiedenen Klassen ergeben sich folgende Werte:

Typ	Transferrate	Zugriffszeit
1x	150 KB/s	400 - 600 ms
2x	300 KB/s	200 - 360 ms
3x	450 KB/s	195 - 250 ms
4x	600 KB/s	140 - 350 ms
6x	900 KB/s	125 - 225 ms
8x	1,2 MB/s	ca. 195 ms

Die mittlere Zugriffszeit einer CD-ROM ist damit erheblich länger als bei → *Festplatten.* Ferner muß zur Leistungsbeurteilung beachtet werden, daß sie von den auf der CD-ROM enthaltenen Informationen abhängt. Software, die direkt von der CD-ROM gelesen wird, ist oft so geschrieben, daß sie kompatibel zu der langsamsten, derzeit noch im Markt vertretenen Technik (üblicherweise 2x-Laufwerke) ist. Dies führt durch die Nutzung mit z.B. 8x-Laufwerken nicht zu entscheidenden Leistungszuwächsen.
Die Wellenlänge des Lasers liegt bei 780 nm; neue Techniken nutzen auch Laser mit einer Wellenlänge von 685 nm.
Bis Anfang 1995 dominierten Laufwerke mit doppelter Geschwindigkeit (2x) den Markt. Es folgten die Laufwerke mit dreifacher (3x) und vierfacher Geschwindigkeit (4x), von denen nur die 4x-Laufwerke eine größere Rolle im Markt spielten. 1996 übernahmen Laufwerke mit sechsfacher Geschwindigkeit (6x) die Führung. Es wird damit gerechnet, daß sich Laufwerke mit achtfacher Geschwindigkeit (8x) 1997 als Standard durchsetzen werden, sowie 10x- und 12x-Laufwerke auf den Markt kommen.
1995 wurden weltweit ungefähr 34 Mio. CD-ROM-Laufwerke verkauft. Für 1996 rechnet man weltweit mit 50 Mio. verkauften Laufwerken.
Es existieren unterschiedliche Sektorenformate (Mode 1 und 2), die zu unterschiedlichen Spiellängen führen, wenn man eine CD-ROM komplett in einem der beiden Modes bespielt.

CD-Standards

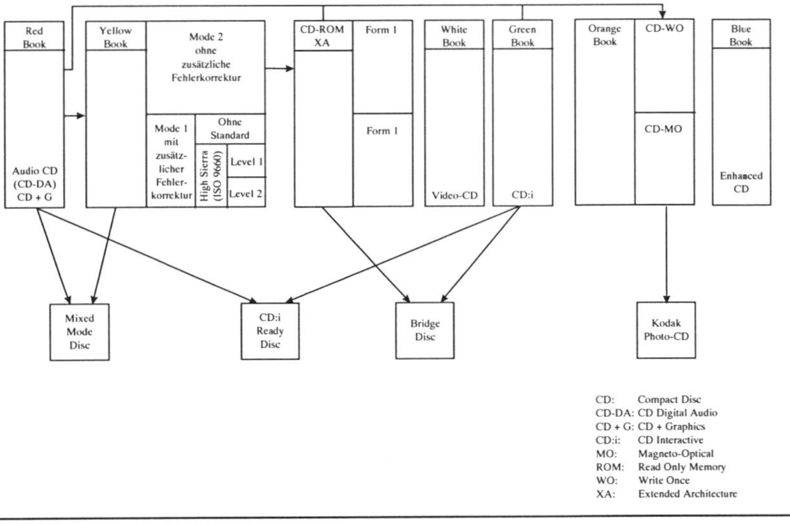

Mode 1 verfügt über zusätzliche Daten zur Fehlerkorrektur, auf die im Mode 2 verzichtet wird, weswegen im Mode 2 mehr Nutzdaten zur Verfügung stehen.
Die letzten 14 Minuten Spielzeit der CD-ROM belegen die äußeren 5 mm und werden bei Längenangaben oft nicht gerechnet, da hier häufig Produktionsschwierigkeiten entstehen, die zu Fehlern führen. Diese Kapazität wird daher oft nicht genutzt. Das Inhaltsverzeichnis einer CD-ROM befindet sich auf den inneren 4 mm im sog. Lead-In.
Die ursprüngliche Audio-CD (→ *CD-DA*) wurde im → *Red Book* genormt.
→ *CAV*, → *CLV*, → *CD-ROM-XA*, → *EB*, → *MD*.

CD-ROM-XA

Abk. für CD-ROM with Extended Architecture.
Eine Erweiterung des → *CD-ROM*-Standards von 1989, die Audio- und Videodaten verbindet und so eine Bild-Ton-Synchronisation erlaubt. Das System entstand aus einer Übereinkunft von Philips, Sony und Microsoft. Definiert im Green Book, das auch den → *CD:i*-Standard umfaßt. Es nutzt → *ADPCM* zur Sprachkodierung. Die im Vergleich zur Audio-CD geringere Klangqualität erlaubt dadurch eine Ausweitung der Spielzeit.
Heutige CD-ROM-Laufwerke sind auch CD-ROM-XA-fähig und werden daher als Multimode-Laufwerke bezeichnet. Für qualitativ befriedigende Multimedia-Anwendungen sind CD-ROM-XA-fähige Laufwerke heute State-of-the-Art. Es stehen drei Qualitätslevel zur Verfügung:

Qualitätsstufe	A	B	C
Abtastfrequenz in kHz	37.8	37.8	18.9
Bit/Kanal	8	4	4
Kompression	1:2	1:4	1:8
Spielzeit Mono Std.:Min.	4:48	9:36	19:12
Spielzeit Mono Std.:Min.	2:24	4:48	9:36

Microsoft pushte die Entwicklung der CD-ROM-XA. Das → *Green Book* der CD:i stand bei der Entwicklung Pate. Kodak nutzte dieses System 1992 bei der Entwicklung der Photo-CD (definiert im Teil 2 des Orange Book).
Photo-CDs sind goldfarben und haben sich zu einer Familie von Anwendungen entwickelt: 'Portfolio-Standard' zum Erstellen von Bildbänden mit Photos, Text und Ton sowie 'Catalog Disc Standard' für Kataloge (Bild und Text).

CDRTOS

Abk. für Compact Disk Real Time Operating System.
Bezeichnung des → *Betriebssystems* für die technische Plattform der → *CD:i*. Ist aus → *OS-9* hervorgegangen.

CDS

Abk. für Cabin Distribution System.

CDV, CDVT

Abk. für Cell Delay Variation (Tolerance).
Bezeichnung für die Varianz der Verzögerung bei der Übertragung von Zellen in einem Datenstrom. CDV ist ein Qualitätsparameter in → *ATM*-Netzen.

CD-V

Abk. für CD Video.
Nach der → *CD-DA* die erste musikfremde Anwendung der CD. Der Standard wurde im Blue Book festgeschrieben.
Er vereint digitalen Ton und analoges Standbild nach dem alten Laserdisc-Verfahren auf einem Träger. Ermöglicht 20 Min. Ton und 6 Min. Bild. Hat nie größere Bedeutung erlangt.

CD-WO

Abk. für CD-Write Once.
Manchmal benutzte andere Bezeichnung für die → *CD-R*. Man beachte den Unterschied zur → *CD-WORM*!

CD-WORM

Abk. für CD-Write Once Read Multiple.
Bezeichnet einen Standard zum einmaligen Beschreiben einer CD. Das Beschreiben kann in mehreren Schritten geschehen (multisession). Kapazität beträgt 128 MByte. Diese Technik ist mit der → *CD-R* eng verwandt.
→ *CD-MO*.

CE

1. Abk. für Circuit Emulation.
   → *ATM*.
2. Abk. für Connection Element.

CeBIT

Abk. für Centrum für Büro- und Informationstechnik.
Alljährlich im März stattfindende weltgrößte Investitions- und Konsumentengüterschau für Büro-, Informations- und Telekommunikationstechnik in Hannover, die sich ursprünglich aus der Hannover Messe Industrie herausbildete, deren Bestandteil sie lange Zeit war.
Die Ursprünge liegen im Jahr 1970, als auf der Hannover Messe Industrie die Datenverarbeitungsbranche mit 230 Ausstellern erstmals in der neuen extra für sie gebauten Halle 1 untergebracht war wohin sie aus den Hallen 17 und 17a gezogen sind. Die separate Ausstellung bekam den Namen CeBIT für Centrum der Büro- und Informationstechnik. Mit knapper Mehrheit wurde CeBOT (...Organisationstechnik) im Ausstellerbeirat abgelehnt. Halle 1 war seinerzeit mit 70 000 m² die

größte Messehalle der Welt und hatte 55 Mio. DM gekostet. Schon am Tag der Eröffnung war klar, daß sie zu klein ist.

Erstmals fand die CeBIT 1985 unabhängig von der Hannover Messe Industrie statt. Die Trennung wurde seinerzeit heftig diskutiert, dennoch wurde die CeBIT im Laufe der Zeit zur zweitgrößten Messe der Welt überhaupt (hinter der Hannover Messe Industrie) und zur größten Messe für Informations- und Kommunikationstechnik.

1987 kam es zum Schneesturm auf der CeBIT, die deswegen scherzhaft in Schneebit umbenannt wurde.

1995 wurde beschlossen, ab 1996 die CeBIT um einen Tag zu kürzen und im zweijährigen Wechsel mit der Berliner Funkausstellung (→ *IFA*) im Herbst eine mehr konsumentenorientierte Messe für PCs, Spiele und sonstige semiprofessionelle Software zu veranstalten (CeBIT Home). Die erste derartige Veranstaltung fand 1996 statt und erreichte Besucher- und Ausstellerziele knapp.

→ *http://www.cebit.de/*

CEbus

Abk. für Consumer Electronics Bus.

Bezeichnung für eine in den USA entwickelte Technik, hausinterne Energieversorgungsleitungen (Strom) zur Übertragung von digitalen Daten zu nutzen. Primär gedacht zur Steuerung von elektrischen Haushaltskomponenten, z.B. Fernsteuerung von elektrischen Jalousien, Garagentoren oder der Beleuchtung.

Im Standardformat steht eine Datenrate von 10 kbit/s zur Verfügung. Neuere Überlegungen gehen in Bereiche von bis zu 1 Mbit/s, wodurch das im Haus befindliche Stromversorgungsnetz als → *LAN* genutzt werden und z.B. → *PC* und → *Drucker* miteinander verbinden kann.

Die Protokollspezifikation belegt die Schichten 1 bis 4 des → *OSI-Referenzmodells*. Als Zugangsprotokoll in der → *MAC*-Teilschicht von Schicht 2 wird → *CSMA/CD* genutzt. Es stehen zwei Kommunikationskanäle zur Verfügung. Neben einem Control-Channel zur Übertragung kurzer Nachrichten in Echtzeit gibt es einen Data-Channel zur Übertragung größerer Datenmengen.

→ *EIB*.

CECC

Abk. für CENELEC Electronic Components Committee.

Normungsgremium der → *CENELEC* zur Normung elektronischer Bauelemente.

→ *ECQAC*.

CEI

Abk. für Commission Electrotechnique Internationale.

Französische Bezeichnung der → *IEC*.

Cell Relay

Oberbegriff für asynchrone Übertragungssysteme nach dem Zeitmultiplexsystem mit festen (häufig) oder variablen (selten) Paketgrößen wie → *ATM* oder → *SMDS*. Sehr hohe Übertragungsgeschwindigkeiten ab 34 Mbit/s aufwärts.

Celluplan II.

→ *CDPD*.

CELP

Abk. für Code-Excited Linear Prediction Algorithm.

Ein Half-Rate-Codec für Sprache mit guter Sprachqualität, der Sprache mit 9,6 kbit/s oder auch in Zukunft mit 4,8 kbit/s codiert. Wird technisch mit Hilfe von → *DSP* realisiert. Delay des Verfahrens beträgt weniger als 100 ms.

Anwendungsgebiete liegen im terrestrischen und im satellitengestützten Mobilfunk (→ *Tetrapol*) sowie bei der Sprachübertragung über paketvermittelte Netze (→ *X.25*, → *FrameRelay*). Daneben verwenden digitale Anrufbeantworter diesen Algorithmus zur Sprachkompression.

Weiterentwicklungen zur Sprachcodierung mit 8 kbit/s ist ACELP (Algebraic Code-Excited Linear Prediction), definiert in G.729, und LDCELP (Low Delay CELP) mit 16 kbit/s, definiert in → *G.728*.

→ *Vocoder*, → *VSELP*.

CEMA

Abk. für Consumer Electronics Manufacturers Association.

Bezeichnung für den Zusammenschluß von Herstellern der Unterhaltungsgeräteindustrie in den USA.

Die CEMA eine Unterorganisation der → *EIA* mit Sitz in Arlington/Virginia.

CEME

Abk. für Customer Equipment Management Entity.

CEN

Abk. von Comité Européen de Normalisation.

Äquivalent zur internationalen → *ISO* in Europa mit dem Unterschied, daß CEN-Standards verbindlich sind. Man erkennt Standards der CEN am vorangestellten EN.

→ *CENELEC*.

Adresse:

CEN
Rue Brederode 2
B-1000 Bruxelles
Belgique
Tel.: (+ 32) 02 / 5 19 68 11

CENELEC

Abk. für Comité Européen des Normalisation Électrotechniques.
Vorgängerorganisation war CENELCOM. Die CENELEC erarbeitet Standards im Bereich der Elektrotechnik und ist europäisches Äquivalent zur internationalen → *IEC*.
Ziel ist der Abbau von Handelshemmnissen innerhalb der EU aufgrund unterschiedlicher Herstellernormen.
Die von der CENELEC erarbeiteten Standards mit der Kennzeichnung EN müssen als nationale Standards veröffentlicht und angewendet werden, die mit ENV gekennzeichneten können freiwillig angewendet werden.
Adresse wie → *CEN*.

CENTREX

Abk. für Central Office Exchange Service.
Bezeichnung eines Dienstes von Netzbetreibern. Oberbegriff für das Bereitstellen von → *Dienstmerkmalen*, die bislang nur von Nebenstellenanlagen bekannt waren, für Hauptanschlüsse des öffentlichen Netzes. Dabei schließt der Teilnehmer sein Nebenstellenendgerät an den eigenen Hauptanschluß (ohne zwischengeschaltete Nebenstellenanlage) an.
Dies beinhaltet z.B. die Bereitstellung von Warteschlangen, in die Anrufer eingereiht werden, wenn der Anschluß besetzt ist, das → *Makeln* oder die → *Anrufweiterschaltung*.
Erste Tests 1958 in Colorado Springs/USA; Regelbetrieb ab 1959 in Chicago.

Centronics-Schnittstelle

Andere Bezeichnung für die Schnittstelle → *RS-232*.

CEPIS

Abk. für Council of European Professional Informatics Societies.
Europäische Dachorganisation von aktuell 20 nationalen Informatik-Gesellschaften. Ihr angegliedert ist seit März 1995 die → *IFIP*.
Deutsches Mitglied ist die → *ITG*.

CEPT

Abk. für Conference Européen des Postes et Télégraphique.
Mitglieder der 1959 gegründeten Organisation sind europäische → *PTTs* und Telefonnetzbetreiber (1992: 31 Mitglieder). CEPT war bis 1988 für die Erarbeitung von Standards zuständig. Viele der von ihr ausgearbeiteten Empfehlungen wurden von der → *CCITT* in internationale Standards übernommen. Durch die Gründung der → *ETSI* wurden viele Aufgaben der CEPT auf die ETSI übertragen. Die CEPT bleibt jedoch weiter zuständig für Fragen der Bereiche Strategie und Planung.
Diese Umorganisation war die Reaktion auf die → *Deregulierung* in den Mitgliedsländern, die die Trennung von Netzbetreibern und z.B. technischen Zulassungsbehörde zur Folge hatte.
Der Sitz der CEPT wechselt alle zwei Jahre von einer nat. Postverwaltung zu einer anderen.
Zentraler Ansprechpunkt ist:

CEPT Liaison Office
Seilerstraße 22
CH - 3008 Bern
Schweiz
Tel.: (+ 41) 0 31 / 62 20 81
Fax: (+ 41) 0 31 / 62 20 78

→ *ERC*.

CERN

Abk. für Centre Européen pour la Recherche Nucléaire.
Europäisches Kernforschungszentrum. Sitz ist Genf. Beispielweise wurde → *WWW* dort entwikkelt.

CERT

Abk. für Computer Emergency Response Team.

1. Im speziellen die Bezeichnung eines das → *Internet* mit betreuenden Gremiums von Spezialisten für Sicherheitsfragen für vernetzte Computersysteme. Geleitet von Richard Petthia. Angesiedelt am Software Engineering Institute der Carnegie Mellon University.
   → *http://www.cert.org/*
2. Im allgemeinen die Bezeichnung eines Gremiums von Computerexperten einer Firma, einer Universität, einer speziellen Behörde oder einer sonstigen Institution, die sich mit der Sicherheit ihres vernetzten Computersystems beschäftigt. In Deutschland unterhält das → *BSI* oder auch der → *DFN* ein CERT.
   → *http://www.cert.dfn.de/*

CES

1. Abk. für Coast Earth Station.
   Bezeichnung für die Bodenstationen im → *Inmarsat*-Satellitennetz, auch wenn diese nicht unmittelbar an der Küste stehen. CES in Deutschland ist in Raisting.
2. Abk. für Circuit Emulation Service.
   → *ATM*.

CF

Abk. für Coordinating Function.
→ *IEEE 802.11*.

CFS

Abk. für Common Functional Specifications.

CFT

Abk. für Cosinusflanken-Tiefpaß.

CFV

Abk. für Call for Votes.

Bezeichnung für den Aufruf zu einer Abstimmung über neue Diskussionsgruppen im → *Internet*. Der CFV wird nach fruchtbarer und positiv verlaufener Diskussion (→ *RFD*) in der Diskussionsgruppe news.announce.newsgroups des → *Usenets* veröffentlicht und bestimmt eine e-mail-Adresse und zeitliche Fristen für eine Abstimmung.

CGA

Abk. für Colour Graphics Array.

Bezeichnung eines Standards für Grafikkarten aus dem Hause IBM. Gehörte zu den ersten Standards für Farbgrafikkarten überhaupt.

Der Standard unterstützte zwei Betriebsarten: erstens einen Modus mit einer Auflösung von 320 * 200 Bildpunkten bei einer Darstellung mit vier von 16 Farben. Dabei können dann 40 Zeichen (8 * 8 Bildpunkte) in 25 Zeilen dargestellt werden.

Der zweite Modus verfügt über 640 * 200 Bildpunkte bei einer Darstellung mit zwei von 16 Farben. Dabei werden 80 Zeichen (8 * 8 Bildpunkte) in 25 Zeilen dargestellt.

Es werden drei digitale Signale getrennt für die Farbanteile (→ *RGB*) und ein Signal für die Farbintensität an einen entsprechenden Monitor gesendet.

CGA verfügt über eine horizontale Ablenkfrequenz von 15 750 Hz und eine Zeilenfrequenz von. Beides ist derart gewählt, daß auch Fernseher als Monitore genutzt werden können.

CGA-Grafikkarten verfügen über einen Bildspeicher von 16 KByte.

Später erweiterte IBM den Standard zu MCGA (Multi Colour Graphics Array). Er konnte dann bei 320 * 200 Bildpunkten insgesamt 256 Farben aus 262 144 möglichen Farben oder 64 Graustufen darstellen. Bei einer Auflösung von 640 * 400 Bildpunkten 16 Farben und bei 640 * 480 nur zwei Farben. MCGA erlangte keine große Bedeutung.

CGI

Abk. für Common Gateway Interface.

Bezeichnung einer Technik, die es erlaubt, Daten zwischen → *WWW*-Anwendungen und herkömmlichen Programmen auszutauschen.

CGI stellt dabei kein → *Protokoll* im strengen Sinn dar, sondern definiert einen Satz Parameter und Übergabekonventionen, mit dem Daten zwischen einem → *HTTP*-Server und seiner unmittelbaren Systemumgebung ausgetauscht werden können.

Das Verfahren ist damit einem Funktions-, Prozedur- oder Unterprogrammaufruf in normalen Programmen ähnlich.

CHAD

Abk. für Call Handling Device.

Genereller Oberbegriff für Bauteile von Vermittlungseinrichtungen, die einzelne Verbindungen betreffen.

CHAP

Abk. für Challenge Handshake Authentication Protocol.

Bezeichnung der Authentifizierungsprozedur des Protokolls → *PPP*, bei dem ein → *Passwort* nicht nur zum Aufbau einer Verbindung (am Anfang einer Verbindung), sondern auch immer während der Verbindung selbst benötigt wird.

Charging

1. Von engl. to charge = belasten, Gebühren erheben.

   Auch mit Tarifierung oder, nicht ganz korrekt, → *Billing* bezeichnet. Ganz allgemein der Oberbegriff für die Kostenabrechnung für die Nutzung eines Dienstes. Je nach Tarifschema (Charging-Scheme) können viele verschiedene Parameter in die Kostenberechnung eingehen, die für eine Telekommunikationsdienstleistung berechnet werden. Beispiele sind:

   - Einmalgebühren für:
     - Bonitätsprüfung,
     - Anschlußbereitstellung,
     - Tarifwechsel,
     - Endgerätwechsel,
     - Wunschrufnummer,
     - Rufnummernwechsel,
     - Abmeldung,
   - Sondernummern,
   - Nutzungsdauer,
   - Nutzungszeitpunkt,
   - Geographische Entfernung zwischen den verbundenen Teilnehmern,
   - Anzahl adressierter oder verbundener Teilnehmer,
   - Garantierte Datenrate,
   - Genutzte Datenrate,
   - Spitzen-Datenrate,
   - Fehlerrate,
   - Systemverfügbarkeit,
   - Tages- und Wochenzeit,
   - Großkundenrabatt,
   - Treuerabatt,
   - Vorkassenrabatt,
   - Rabatte bei langen Vertragslaufzeiten.

   Aufgrund dieser Vielzahl der möglicherweise eingehenden Parameter ist Charging auch ein erhebliches technisches Problem innerhalb der Vermittlungseinrichtungen. Darüber hinaus sind administrative Probleme beim Inkasso nicht zu unterschätzen. Diskutiert werden daher auch Pauschalsysteme (→ *Flat Rate*) mit festen Gebühren für einen Dienst ohne Einbeziehung der tatsächlichen Dienstnutzung, wie es sie z.B. bei → *Pagingdiensten*, Internet-Zugängen (→ *ISP*) oder → *Bündelfunksystemen* gibt.

Als ein Sondertarif kann beispielweise Vorkasse gelten, d.h., wer größere Kontingente an Gebühreneinheiten im voraus kauft oder wer langfristige Verträge abschließt, erhält Rabatt oder Bonus-Gebühreneinheiten dazu. Dies kann gekoppelt werden mit Systemen, in denen bestimmte (Mindest-) Gebührenkontingente innerhalb bestimmter Zeiten genutzt werden müssen, bzw., bei denen meistens sehr geringe monatliche Basispreise gewährt werden, die dann aber voraussetzen, daß ein weiteres nutzungsabhängiges Gebührenkontingent erzeugt wird, um auf einen Mindestbetrag zu kommen. Dies wird aktuell beim Mobilfunk angewendet, wo Service-Provider mit geringen monatlichen Festbeträgen locken, die sich aber automatisch verdoppeln, wenn nicht für die gleiche Menge telefoniert wird.

Bei dem sehr häufig genutzten Parameter Verbindungsdauer kann nach der Granularität unterschieden werden, d.h. der Gebührentakt spielt eine Rolle (z.B. 12-Sekunden-Takt oder sekundengenaue Abrechnung). Eine andere Möglichkeit ist die gesprächsdauerabhängige Tarifierung, bei der je Zeiteinheit höhere Gebühren anfallen, je länger man die Verbindung nutzt. Ziel ist eine möglichst kurze Verbindungsdauer, was sich insbesondere bei niedrigkapazitiven Netzen anbietet. Eine andere Form des gesprächsdauerabhängigen Chargings ist eine pauschale Berechung für die erste Minute (oder auch erste Minuten) mit erst anschließend folgender sekunden- oder minutengenauer Abrechnung mit einem festen Satz.

Aus Kundensicht kann allerdings festgestellt werden, daß insbesondere Kunden aus dem privaten Bereich ein einfaches, leicht zu durchschauendes und leicht zu merkendes Schema einem komplizierten System (selbst wenn es für sie einige Vorteile birgt) vorziehen.

→ *Blocktarif*, → *Access Charge*, → *Reverse Charging*, → *Shared Billing*, → *Premium Rate*.

2. Speziell die Bezeichnung für eine der fünf Functional Areas des Netz- und Systemmanagement, die in der Empfehlung X.700 der → *ITU* definiert sind. Bezeichnet das Verfahren der Leistungsabrechnung (wer zahlt wann für was an wen). Das Charging definiert Verarbeitungsvorschriften für das → *Billing* und Anforderungen an das → *Accounting*.

Chat, Chatten

Von engl. to chat = plaudern, quatschen, sich lokker und ungezwungen unterhalten.

In → *Online-Services* das Zusammenschalten zweier oder mehrerer Leute zum formlosen und inhaltlich nicht fixierten Gespräch durch echtzeitnahe Texteingabe und -anzeige.

Üblicherweise werden dafür spezielle an Themen orientierte Gruppen geschaffen, bei denen sich ein Teilnehmer erst unter einer fiktiven Bezeichnung (→ *Screenname*) anmelden muß.

Bestandteil der Funktionalität derartiger Chat-Umgebungen sind ferner die Etablierung neuer Gruppen mit neuen Themen oder auch die gezielte Ansprache eines Teilnehmers, ohne daß andere Teilnehmer am öffentlichen Chat davon Kenntnis nehmen können.

→ *IRC*.

Cheapernet

→ *Ethernet*.

Chekker

→ *Bündelfunksysteme*.

Chess

→ *PC*.

CHG

Abk. für Charging (Message).

→ *Charging*.

Chicago

→ *Windows 95*.

CHILL

Abk. für CCITT High Level Language.

Bezeichnung für eine standardisierte und hierarchische Programmiersprache (Hochsprache) mit Blockstruktur für die Entwicklung von Telekommunikationssystemen und zur Programmierung von → *SPC*-Vermittlungen.

Es handelt sich um eine Real-Time-Sprache, die speziell für Prozeßrechner konzipiert wurde und entfernte Ähnlichkeiten mit → *Pascal* hat.

CHILL wurde von der → *CCITT* nach Vorschlägen aus den 60er Jahren ab 1975 aus acht Sprachen heraus entwickelt und im November 1980 als Z.200 genormt.

Verschiedene Hersteller von Vermittlungssystemen begannen in den 80er Jahren mit der Implementierung von CHILL-Systemen zur Programmierung ihrer Vermittlungen und nahmen so Abstand von ihren eigenen proprietären Programmiersprachen, obwohl andere Hersteller gleich den

Schritt zu anderen weitverbreiteten Programmiersprachen machten. Mittlerweile zeichnet sich ab, daß CHILL insbesondere die Ziele hinsichtlich der Effektivität nicht erreicht hat und durch modernere, objektorientierte Sprachen wie → *C++* verdrängt wird. Gleichzeitig gibt es Bestrebungen, ein objektorientiertes CHILL zu entwickeln.

Chip

Bezeichnung eines aus einem → *Wafer* durch Teilung gewonnenen Halbleiterbausteins mit monolithisch integrierten Schalt- und Speicherfunktionen.
→ *Die*, → *Mikroprozessor.*

Chipkarte

→ *Smartcard.*

Christensen-Protokoll

Andere Bezeichnung für das → *X-Modem*-Protokoll.

Chrominanz

Bezeichnung für die Farbinformation bei Videosignalen.
→ *Luminanz*, → *YUV.*

CHRP

Abk. für Common Hardware Reference Platform.
Bezeichnung für die allen → *Power-PCs* verschiedener Hersteller mit dem Power-Chip gemeinsame Hardware-Basis.

CI

1. Abk. für Congestion Indicator.
2. Abk. für Cell Identification.
   In Mobilfunknetzen nach dem → *GSM*-Standard eine eindeutige Identifikationsnummer, mit der der Versorgungsbereich einer Basisstation (→ *BS*) eindeutig durch das Netz identifiziert werden kann.
   → *Zellulare Systeme.*

CIC

Abk. für Circuit Identification Code.
Bezeichnung für eine eindeutige Kennung eines Signalisierungskanals im → *SS#7*-Netz, die einer Nutzdatenverbindung zugeordnet ist.

CID

Abk. für Configuration, Installation (and) Distribution.
Bezeichnung für einen proprietären Standard zur automatischen Ferninstallation und -wartung aus dem Hause IBM.

CIDCW

Abk. für Calling Line Identification on Call Waiting.
Bezeichnung für ein → *Dienstmerkmal* beim Telefondienst, der die beiden Dienstmerkmale → *CLI* und → *Call Waiting* zusammenfaßt. Dabei ertönt bei einem auflaufenden weiteren Gespräch während einer bestehenden Verbindung beim → *B-Teilnehmer* nicht nur ein Signalton, so daß zu diesem umgeschaltet werden kann, sondern während der bisherige Gesprächspartner wartet (Call Waiting), wird dem B-Teilnehmer die Nummer des potentiellen neuen → *A-Teilnehmers* zuvor zur Identifikation noch angezeigt.

CIDR

Abk. für Classless Inter-Domain Routing (Protocol).
Bezeichnung eines im → *Internet* genutzten Protokolls zur Verringerung der in den → *Routern* gespeicherten Routing-Tabellen. Dabei erhält jede → *IP*-Adresse einen Präfix, der einen großen Internet Service Provider (→ *ISP*) bzw. Betreiber eines großen Teils des Internets identifiziert. Prinzipiell werden dadurch mehrere darunter liegende Netze zusammengefaßt (Supernetting). Da deren Zahl weltweit kleiner ist als die Zahl der Teilnehmer am Internet mit eigener IP-Adresse, brauchen in den → *Routern* nur noch kleinere Routing-Tabellen der Präfixe und ISPs gespeichert zu werden, und nicht mehr alle IP-Adressen weltweit.
Entwickelt und eingesetzt ab 1992.

CIE

Abk. für Computer Integrated Enterprise.

CIF

Abk. für Common Intermediate Format.
Bezeichnung eines möglichen Formates eines zu einer Videosequenz zugehörigen Bildes, das nach → *H.261* als Teil von → *H.320* codiert wurde. Auflösung 288 * 352 Pixel bei 30 Bildern je Sekunde. Um den Gegensatz zum weniger auflösenden → *QCIF* zu betonen, wird CIF oft auch Full-CIF genannt.

CIM

1. Abk. für Computer Integrated Manufacturing
2. Abk. für CompuServe Information Manager.
   → *CompuServe.*

CIME

Abk. für Customer Installation Maintenance Entity.

CIR

Abk. für Committed Information Rate.
Bezeichnet beim → *Frame Relay* Protokoll die dem Teilnehmer garantierte Datenrate unterhalb der Nennrate seines Anschlusses. Bis zur CIR

werden Daten entgegengenommen, oberhalb der CIR kurzfristig nur, wenn die Netzlast dies zuläßt. Dies dient zum Abfangen von → *Bursts*, wie sie z.B. typischerweise bei LAN-LAN-Kopplungen auftreten. Teilnehmer, die eine CIR akzeptieren, können mit niedrigeren Gebühren rechnen. Die CIR ist eine statistische Größe, da sie die mittlere Rate in bit/s angibt, die dem jeweiligen Anschluß über eine virtuelle Verbindung durch das Frame-Relay-Netz zur Verfügung gestellt wird.
→ *EIR*.

CIRC

Abk. für Cross Interleave Reed Solomon Code.
Bezeichnung für ein Fehlerkorrekturverfahren, das z.B. auf → *CD-DA* angewendet wird.

Circuit Emulation

Bezeichnung für die Emulation heutiger, üblicher durchgeschalteter Verbindungen (→ *verbindungsorientierte* Übertragung, → *CBR*), wie z.B. 64 kbit/s oder 2 Mbit/s durch → *ATM*-Netze.

CIS

Abk. für CompuServe Information Services.
Offizielle Bezeichnung des → *Online*-Dienstes der Firma → *CompuServe*.

CISC

Abk. für Complex Instruction Set Computer.
Bezeichnet im Gegensatz zu → *RISC* die Rechner, die über einen großen Befehlssatz häufig komplexer Befehle verfügen (u.U. mehrere hundert Stück). Diese sind zwar mächtig und leistungsfähig, bedürfen aber dafür einer längeren Abarbeitungszeit (Takte) durch die → *CPU*.
→ *Harvard-Architektur*.

CISPR

Abk. für Comité International Spécial des Pertubations Radioélectriques.
Ein int. Gremium der → *IEC*, das sich mit Störungen bei Funkübertragung beschäftigt.

CIT

Abk. für Computer Integrated Telephony.
→ *CTI*.

CITEL

Abk. für Committee for Inter-American Telecommunications.
Bezeichnung der interamerikanischen Konferenz über das Nachrichten- und Telekommunikationswesen. Sitz: Buenos Aires.

Cityruf

Bezeichnung für ein Produkt der Deutschen Telekom. Seit März 1989 bestehender digitaler Pagingdienst (→ *Paging*) nach dem → *POCSAG*-Code, bei dem drei verschiedene Rufklassen (mit dann auch drei verschieden hohen monatlichen Gebühren) unterschieden werden:

1. Nur vier verschiedene Töne,
2. Nur Ziffernkombinationen (→ *Numerik*),
3. Alphanumerische Nachrichten (→ *Alphanumerik*) bis zu einer maximalen Länge.

Die Nachrichten werden dabei über eine oder mehrere Funkrufregionen (zunächst 50, seit Herbst 1995 nur noch 16 Regionalbereiche) verbreitet. Es erfolgt keine Flächendeckung. Gruppenruf ist möglich. In Europa haben sich mehrere dieser Systeme verbreitet, die entweder im Frequenzband 150 bis 170 MHz oder 440 bis 470 MHz (in Deutschland: um die 466 MHz) arbeiten. Die Übertragungsrate liegt bei 512 bit/s oder 1 200 bit/s. Auf dem Funkkanal wird nach → *DFSK* moduliert. Deutschland wird von gut 500 Sendeanlagen abgedeckt.

CIX

Abk. für Commercial Internet Exchange.
Bezeichnung für Server und Leitungen im nordamerikanischen → *Internet*, die von kommerziellen Internet Service Providern (→ *ISP*) neben der → *NSF* betrieben und finanziert werden, um schnellen und unkomplizierten nationalen Datenaustausch zwischen kommerziellen (privaten) Nutzern des Internet zu ermöglichen.
Wurde gegründet als Reaktion auf das Bestreben der NSF, die Internet-Nutzung durch kommerzielle Nutzer zu beschränken.

CL

1. Abk. für Connectionless.
   → *verbindungslose Datenübertragung*.
2. Abk. für Commutateur Local.
   In Frankreich die Bezeichnung für eine → *Ortsvermittlung*.

Cladding

→ *Glasfasertechnik*.

CLAN

Abk. für Cordless LAN.
Selten gebrauchte Bezeichnung für drahtlose LANs, die auf Funkübertragung basieren.
→ *Wireless LAN*.

Clarke Orbit

Jargon für geostationäre Umlaufbahnen von Satelliten (→ *GEO*), benannt nach dem Offizier im Radardienst der britischen Luftwaffe und späteren Science-Fiction-Autor (2001: A Space Odyssey, 2010: Odyssey Two) Dr. Arthur Charles Clarke (* 16. Dezember 1917).
Er schlug 1945 in dem Artikel 'Extra-Terrestrial Relays, Can Radio Stations give world-wide Ra-

dio Coverage?' in der 'Wireless World' vom Oktober unter dem Eindruck deutscher Raketentechnik vor, drei bemannte (!) Vermittlungsstationen in 36 000 km Höhe geostationär über der Erde anzubringen und lag damit dem Satellitengedanken 20 Jahre voraus.

CLASS

Abk. für Custom Local Area Signalling Services.

In Nordamerika gebräuchliche Bezeichnung für → *ISDN*-ähnliche → *Dienstmerkmale* des Telefondienstes für normale Nicht-ISDN-Anschlüsse wie z.B. Anklopfen, Dreierkonferenz, → *Makeln*, Rückfragen, → *Forwarding*, unterschiedliche Ruftöne und → *Barring*. Realisiert auf der Basis von → *IN*.

→ *ADSI*, → *Centrex*.

Class Licence

Begiff aus der Regulierung. Bezeichnung für eine Lizenz zur Erbringung von Diensten einer bestimmten Kategorie.

CLCC

Abk. für Closed Loop Congestion Control.

Bezeichnung für eine Klasse von Verfahren zur Vermeidung von Überlast in → *ATM*-Netzen.

Clearing-Stelle

→ *EDIFACT*.

CLI

Abk. für Calling Line Identification oder Identity.

Bezeichnet das → *Dienstmerkmal*, das ein eingehender Anruf die Nummer des → *A-Teilnehmers* mitliefert, die beim → *B-Teilnehmer* angezeigt wird, so daß dieser schon vor dem Annehmen des Rufes weiß, wer ihn anruft. Die mitgelieferte Nummer wird oft auch als CLI selbst (Identity) bezeichnet. Wird z.B. in → *ISDN* angeboten. Zur Unterdrückung der Weitergabe der eigenen Nummer kann am Endgerät ein Knopf gedrückt werden (z.B. bei Umfragen). Dies wird mit → *CLIR* bezeichnet.

CLID

Abk. für Calling Line Identification.

→ *CLI*.

Client

→ *Server*.

CLIP

1. Abk. für Calling Line Identification Presentation.

   Bezeichnung für die Realisierung des → *Dienstmerkmals* → *CLI* in einem Endgerät (z.B. Telefonapparat oder → *Handy*), in dem die Telefonnummer des Anrufers auf einem Display angezeigt wird.
2. Abk. für Calling Line Identification Parameters.

   Bezeichnung für die technischen Parameter, die über ein Telekommunikationsnetz übertragen werden müssen, um → *CLI* zu ermöglichen.

CLIR

Abk. für Calling Line Identification Restriction.

→ *Dienstmerkmal* bei dem die Weitergabe der eigenen Rufnummer an den Angerufenen unterdrückt wird.

→ *CLI*.

CLLM

Abk. für Consolidate Link Layer Management.

Bezeichnung für einen von der → *ANSI* definierten Signalisierungsmechanismus zur Anzeige von Überlast bei → *Frame Relay*. Wird heute jedoch (noch) nicht verwendet. CLLM kann ergänzend zu → *BECN* und → *FECN* bzw. als deren Ersatz eingesetzt werden.

Grundidee ist, daß der Mechanismus → *BECN* nicht greift, wenn keine Daten vom Empfänger in Richtung zurück zum Sender übertragen werden, um ihm Informationen über den Verlauf der Datenübertragung zu geben.

Es ist daher nötig einen Mechanismus zu definieren, der bei unidirektionalem Betrieb dem Empfänger es dennoch ermöglicht, Steuerungsdaten zu erzeugen.

CLLM erlaubt es Netzknoten eigene Rahmen zu erzeugen und an den betroffenen Sender zu schikken. Dabei wird der Wert 1023 als → *DLCI* gesetzt, was dem Empfänger dieser Rahmen (der Sender der Nutzdaten) ankündigt, daß die folgenden Daten keine Nutzdaten, sondern Signalisierungsdaten sind. Die Signalisierungsdaten enthalten einen Code, der den Grund für Netzüberlast anzeigt und alle betroffenen DLCIs.

Der Empfänger kann dann dem Sender mitteilen, daß sich die zu diesen DLCIs gehörenden Verbindungen auf die Überlast einstellen müssen, woraufhin der Sender Gegenmaßnahmen ergreifen kann.

CLNAP

Abk. für Connectionless Network Access Protocol.

→ *CLS*.

CL-Netz

Bezeichnung eines dezentral organisierten → *Mailbox*systems in Deutschland, Österreich, Schweiz, Italien und dem ehemaligen Jugoslawien mit ca. 600 Mailboxen. Der Name wurde abgeleitet von Computernetzwerk Linksystem. Im Gegen-

satz zu anderen Mailboxsystemen (→ *Fidonet*, → *MausNet*, → *Z-Netz*) stehen gesellschaftlich relevante Themen bei den Diskussionsforen im Mittelpunkt.
Erste Konzepte für dieses System gehen bis 1981 zurück. Realisierung erfolgte 1988 innerhalb des Z-Netz. 1991 wurde das CL-Netz durch Zusammenschluß mehrerer Umwelt-Mailboxen selbständig.

CLNIP

Abk. für Connectionless Network Interface Protocol.
→ *CLS*.

CLNP

Abk. für Connectionless Network Protocol.
Ein Protokoll auf Schicht 3 des → *OSI-Referenzmodells* zur verbindungslosen Datenkommunikation. Das CLNP ist das Gegenstück der → *ISO* zum → *IP* des → *Internet*. Daher auch oft ISO IP genannt.
Im Gegensatz zum IP haben CLNP-Adressen eine Länge von 20 Bytes.
CLNP wurde in Betracht gezogen als Grundlage für die Weiterentwicklung von IPv4 zu IPv6.

CLNS

Abk. für Connectionless Network Service.
Bezeichnung für Dienste über Netze, die auf → *verbindungsloser Datenübertragung* basieren.

Clone

Bezeichnung für kompatible Nachbauten von Computern, die einen De-facto-Standard gesetzt haben. Als standardsetzende Originale gelten die Apple-Rechner und der IBM-PC. Clones sind die entsprechenden dazu kompatiblen Rechner anderer großer Hersteller und vor allem die fernöstlichen Billigrechner.
Nach dem Erscheinen des PC aus dem Hause IBM im Jahr 1981 brachte Columbia Data Products den ersten PC-Clone im Jahr 1982 auf den Markt. Der tragbare und vollkompatible Laptop 'Portable' aus dem Hause Compaq brachte im gleichen Jahr später die Welle der Clones dann richtig zum Rollen. 1983 tauchten schließlich erste PC-Clones aus Fernost auf.
Der erste Apple-Clone erschien 1983 und trug den Namen 'Orange'.
→ *PCM*.

CLP

Abk. für Cell Loss Priority.
Bezeichnung für ein Feld im Zellenheader bei → *ATM*-Zellen zum Setzen von Prioritäten (1 = geringe Priorität, 0 = hohe Priorität). Eine niedrige Priorität deutet an, daß die betreffende Zelle im Falle von Überlast im Netz verworfen (gelöscht und nicht weitertransportiert) werden darf.

CLR

Abk. für Cell Loss Ratio.
→ *ATM*.

CLS

Abk. für Connectionless Server.
Bezeichnung für funktionale Einheiten in → *ATM*-Vermittlungen, die verbindungslose Dienste unterstützen, indem sie als Zwischenspeicher fungieren und so nach außen hin einen verbindungslosen Dienst (z.B. → *Frame Relay*) emulieren. Eingegangene Daten vom Nutzer des emulierten Dienstes werden entsprechend gespeichert, aufbereitet und schließlich über die ATM-Vermittlung zum CLS in der Ziel-Vermittlung weitertransportiert. Dort wird dann wieder vom CLS eine Verbindung zum Empfänger hergestellt.
Die Kommunikation mit dem Nutzer wird über das CLNAP (Connectionless Network Access Protocol), die Kommunikation mit den anderen CLS mit dem CLNIP (Connectionless Network Interface Protocol) abgewickelt.

CLSF

Abk. für Connectionless Service Function.

CLTP

Abk. für Connectionless Transport Protocol.
Bezeichnung eines Protokolls auf Schicht 3 des → *OSI-Referenzmodells*. Ist das Gegenstück der → *ISO* zu → *UDP* aus der → *Internet*-Welt.

CLTS

Abk. für Connectionless Transport Service.

Cluster

1. Bei der Datenübertragung die Bezeichnung für die Häufung von fehlerhaften Bits im Datenstrom.
2. Bei zellularen Mobilfunknetzen (→ *zellulare Systeme*) die Gruppe benachbarter Zellen, die das zur Verfügung stehende Frequenzspektrum einmal komplett ausnutzt. Meistens eine Anordnung von sieben Zellen (z.B. im deutschen → *C-Netz*). Die Anzahl der zu einem Cluster zusammengefaßten Zellen wird Cluster-Faktor genannt und kann in Abhängigkeit geografischer Gegebenheiten innerhalb eines Netzes variieren.
3. Bei zusammengeschalteten Rechnernetzen die Bezeichnung einer Gruppe von → *Workstations*, die gemeinsam einen Auftrag bearbeiten und duch das Zusammenschalten ihre Leistung optimieren können. Teilweise wird dadurch parallele Verarbeitung ermöglicht.
4. Bezeichnung für ein Mehrplatzsystem, d.h. eine → *Mainframe* mit angeschlossenen → *Terminals*.

CLV

Abk. für Constant Linear Velocity.

Bezeichnung einer Technik bei → *CD-ROM*-Laufwerken. Dabei rotiert die CD-ROM in Abhängigkeit von der Position des Lesekopfes (innen/außen) mit jeweils unterschiedlicher Drehzahl (z.B. zwischen 200 und 500 U/Min.) zum Ausgleich der unterschiedlichen Spurlängen, um bei konstanter Datendichte auf den Spuren eine konstante gelesene Datenrate zu ermöglichen.

→ *CAV*.

CM

Abk. für Configuration Management.

CMC-7-Schrift

Abk. für Caractère Magnétique Code à 7 Bâtonnets.

Bezeichnung einer international durch die → *ISO* standardisierten maschinen- und menschenlesbaren Schrift bestehend aus 10 Ziffern, 26 Buchstaben und 5 Sonderzeichen. Auch in Deutschland als DIN 66 007 genormt.

Es werden dabei mit sieben senkrechten magnetischen Streifen die einzelnen Zeichen nachgebildet.

CME

Abk. für Conformant Management Entity.

CMI

1. Abk. für Coded Mark Inversion.
   → *AMI*.
2. Abk. für Common Management Information.

CMIP

Abk. für Common Management Information Protocol.

Bezeichnung aus der Welt des → *Netzmanagements* von → *LANs*, das den Transport der Netzmanagementinformationen betrifft und deckt alle Schichten des → *OSI-Referenzmodells* ab (im Gegensatz zu → *CMOL*, → *CMOT*). Verfügt über eine hierarchische baumartige Struktur, weswegen es eher als → *SNMP* für große und komplexe Netze geeignet ist, daher auch eher für öffentliche Telekommunikationsnetze geeignet. Dank schleppender Standardisierung von CMIP (in X.711) ist jedoch heute → *SNMP* verbreiteter, insbesondere im Bereich der LANs.

Problem war, daß große Netzwerke mit vielen Knoten oft von einer zentralen Stelle aus verwaltet werden müssen. Dies ermöglicht CMIP. Von nur einer Stelle aus lassen sich mit CMIP die Parameter der einzelnen Knoten abfragen und auch verändern (Paßwörter, Software, ...). Ferner lassen sich automatische Fehlermeldungen empfangen (z.B. Speicherplatz knapp oder nicht mehr vorhanden, Leitungszusammenbruch, Stromausfall, ...).

Dieser Ansatz, ein Netz von einer zentralen Stelle aus zu verwalten, stammt aus dem LAN-Bereich, findet aber auch zunehmend beim Management öffentlicher Netze Anwendung (→ *TMN*).

CMIS, CMISE

Abk. für Common Management Information Services (Element).

Ein Begriff aus der Netzmanagement-Technik. Der Dienst CMIS ist ein Dienst im Rahmen von → *CMIP* und besteht aus zwei Klassen: den Management Operation Services und den Management Notification Services.

CMN

Abk. für Customer Management Network.

CMOL

Abk. für CMIP over LLC.

Bezeichnet eine Variante von → *CMIP*, die auf dem für die → *IEEE 802*-Serie unabhängigen → *LLC* basiert. Ist geeignet, um → *Ethernet*- und → *Token-Ring*-Netze zu verwalten.

CMOS

Abk. für Complementary Metall Oxyde Semiconductor.

Oberbegriff für eine Halbleiterschaltungstechnik als Nachfolgerin der Bipolartechnik. → *Chips* in CMOS-Technik erlauben feinere Strukturen der integrierten Bauelemente und Leiterbahnen, so daß sich kleinere Chips und mehr Bausteine auf einem Chip ergeben, was insgesamt zu einer Platzersparnis führt.

Die Betriebstemperatur eines CMOS-Chips liegt wegen seiner geringen statischen Verlustleistung (< 10 nW) unter der vergleichbarer Chips in Bipolartechnik, so daß geringere Aufwendungen zur Kühlung gemacht werden müssen (Luft- statt Wasserkühlung). Produktionskosten sind ebenfalls niedriger.

Nachteilig ist die gegenwärtig noch geringere Schaltgeschwindigkeit.

CMOT

Abk. für CMIP over TCP/IP.

Bezeichnet eine spezielle → *CMIP*-Variante. Analog zu → *CMOL* basiert CMOT nicht auf allen Schichten des → *OSI-Referenzmodells*, sondern auf der → *TCP/IP*-Familie. Ziel war eine Nutzung des Netzmanagementansatzes der → *ISO* um TCP/IP-basierte Netze (→ *Internet*) zu managen.

CMP

Abk. für Cluster Management Processor.

CMRS

Abk. für Commercial Mobile Radio Services.

In den USA der Oberbegriff für öffentlichen kommerziellen Mobilfunk (kein Mobilfunk für Feuerwehr, Polizei, Ärzte etc.). Eingeführt durch den Omnibus Budget Reconciliation Act 1993.

CMS

Abk. für Computerised Message Switching.

Bezeichnung für frühe hausinterne → *e-mail*-Systeme, als Rechner erstmals das Speichern und Weiterleiten von Texten erlaubten.

CMT

Abk. für Connection Management.

Bezeichnung eines Protokolls für → *FDDI*.

CMTT

Abk. für franz. Commission Mixte CCIR/CCITT pour les Transmissions Télévisuelles et Sonares.

Bis 1992 die gemeinsame Kommission von → *CCITT* und → *CCIR* für beide Gremien betreffende Angelegenheiten.

CN

Abk. für → *Corporate Networks*.

CNET

Abk. für Centre National d'Études des Télécommunications.

Bezeichnung für das Forschungszentrum der France Télécom, vergleichbar mit dem → *FTZ* der Deutschen Telekom.

C-Netz

Analoges vollautomatisches, zellulares Mobilfunknetz in Deutschland. Dieses auch C 450 genannte System (von Siemens komplett entwickelt und geliefert) fand sonst nur noch in Portugal Verbreitung (dort 1989 eingeführt) und in Südafrika. Im internationalen Vergleich (z.B. mit → *NMT 450*) gilt die Technik des C-Netzes als teuer. C-Netz-Nummern sind an der Vorwahl 0161 zu erkennen. Es wird von der DeTeMobil betrieben.

Das System stellt 222 Funkkanalpaare im 450-MHz-Band zur Verfügung (→ *Uplink*: 450 bis 455,74 MHz, → *Downlink*: 461 bis 465,74 MHz). Duplexkanalabstand 11 MHz bei einer Kanalbreite von 20 kHz. Überträgt Sprache mit Phasenmodulation.

Verbindungsauf- und -abbau wird über einen digitalen Organisationskanal abgewickelt. Daten während des Gesprächs (Gebühren, → *Handover*,...) werden mittels → *In-Band-Signalisierung* übertragen. Dazu wird das analoge Nutzsignal alle 12,5 Sek. so komprimiert (um ca. 10 %), daß dadurch ein Zeitschlitz von 1,14 ms entsteht, in dem 4 Bit übertragen werden können. Insgesamt steht eine Datenübertragungskapazität von 5,28 kbit/s zur Verfügung

Mit dem C-Netz wurde erstmals nationales Roaming und Datenübertragung über ein Mobilfunknetz in Deutschland möglich.

→ *Handover* ist möglich, dafür sendet jede BS Signalisierungsdaten aus, die die MS auswertet und die Signallaufzeit ermittelt. Hiervon kann auf die Entfernung zur BS geschlossen werden, was zu einem Handover führt oder (noch) nicht.

Innerhalb einer Zelle ist ebenfalls ein Kanalwechsel möglich.

Deutschland gliedert sich in einzelne Funkzonen (Zellen). Max. 150 dieser Zellen können an ein → *MSC* angeschlossen sein. Es werden 7er-Cluster genutzt. Je Zelle stehen ca. 30 Kanäle zur Verfügung. Die MSCs sind untereinander mit → *SS#7*-Verbindungen verbunden. Die Sendeanlagen (→ *BS*) verfügen über eine Leistung von 35, 25 oder 8 Watt. → *MS* senden mit max. 16 W.

Neben der Sprachübertragung ist Datenübertragung mittels Modem (also kein separater Datenkanal wie bei → *GSM*) und mit 2 400 bit/s möglich.

C-Netz nutzt Smart-Card mit → *PIN*.

Konzeptuell erdacht bei der damaligen Deutschen Bundespost und entwickelt nach Ausschreibung von Siemens seit 1979; erste Feldversuche 1983 im Raum Darmstadt durch Siemens, ab 1985 mit rund zweijähriger Verspätung in 175 Zellen (zwei → *MSCs*) in Frankfurt, Düsseldorf und Hamburg in Betrieb (Probebetrieb ab 1. September 1985, Wirkbetrieb ab 1. Mai 1986, Flächendeckung ab 1992 mit rund 1 900 Zellen) für zunächst 450 000 Teilnehmer, durch Erweiterungen Ende der 80er Jahre für bis zu 900 000 Teilnehmer. Max. Teilnehmerzahl jedoch 1994 bei ca. 770 000. Seither sehr langsam sinkende Teilnehmerzahlen durch die Konkurrenz der D-Netze.

Ab Ende 1986 hatte es bereits mehr Nutzer als das damals noch in Betrieb befindliche → *B-Netz*.

CNG

Abk. für Calling (Tone).

Bezeichnung eines von (neueren) Faxgeräten (→ *Fax*) gesendeten Erkennungstones (0,5 s lang 1 100 Hz, gefolgt von 3 s Pause). Entsprechende → *Modems* senden mit 1 300 Hz.

Zweck ist die Steuerung von → *Faxweichen*.

CNIDR

Abk. für Clearinghouse for Networked Information Discovery and Retrieval.

CNIU

Abk. für Customer Network Interface Unit.

Bezeichnung für die Hardware, die einem Kunden eines Netzbetreibers den Zugang zu dem ihm exklusiv zur Verfügung gestellten Netz (→ *CDN*) des Netzbetreibers ermöglicht.

CNM

Abk. für Customer Network Management.

Bezeichnung für vom Teilnehmer aus steuerbares Netzmanagement für den Teil des öffentlichen Netzes, das ihm z.B. für ein → *VPN* zur Verfügung gestellt wurde.

Beispiele sind die Zuweisung von Bandbreite (im Rahmen der Anschlußbandbreite) oder die Beeinflussung von Qualitätsparametern und Prioritäten.

Unter Teilnehmer ist dabei an kommerzielle Service-Provider gedacht, die bei einem Network-Provider (Carrier) Netzkapazitäten kaufen, um mit diesen Dienste für Endverbraucher anzubieten.

CNM wurde definiert in X.160. Die Realisierung nach Prinzipien des → *TMN* in X.162, die über → *X.400* und → *EDI* in X.163.

CNRI

Abk. für Corporation for National Research Initiatives.

Bezeichnung einer 1985 von Robert Kahn (→ *Internet*) gegründeten US-amerikanischen nichtkommerziellen Koordinierungsstelle mit dem Ziel, alle am Aufbau der → *NII* beteiligten Stellen und alle betroffenen Projekte zu koordinieren und dadurch ihren Aufbau mitzugestalten. Kahn gründete seinerzeit die CNRI um ein ziviles und akademisches Gegengewicht zur → *ARPA* zu schaffen.

CO

1. Abk. für Central Office.
   Oft bei Beschreibung von Netzen der USA zu findende Bezeichnung für eine → *Teilnehmervermittlung*, ähnlich wie Central Exchange.
2. Abk. für Connection Oriented.
   Bezeichnung für → *verbindungsorientierte Übertragung*.

Coating

Ganz allgemein eine dünne Schutzschicht als mechanischer Schutz vor einfachen Beschädigungen wie Kratzern und äußeren Einflüssen wie Hitze, Wärme, Feuchtigkeit oder Licht.

Manchmal werden mehrere Schichten zum Schutz aufgetragen, so daß vom First oder Second Coating gesprochen wird.

1. Bezeichnung einer dünnen keramischen Schutzschicht auf dem magnetischen Speichermedium von → *Festplatten*.
2. Bezeichnung einer dünnen Schutzschicht aus Kunststoff als Ummantelung einzelner Glasfasern.

Cobol

Abk. für Common Business Oriented Language.

Eine frühe und problemorientierte Programmiersprache insbesondere für den kaufmännischen und administrativen Bereich. Besitzt Sprachelemente für die Bearbeitung großer Datenmengen. Ist die weltweit am weitesten verbreitete Sprache im kaufmännischen und administrativen Bereich. Programmcode liest sich dank ausführlicher und englischsprachiger Syntax fast wie normaler Text.

Es gibt zwar mehrere Dialekte, jedoch sind die Unterschiede derart gering, daß es eine große → *Portabilität* von Programmen gibt.

Cobol beeinflußte die Entwicklung der Sprache → *PL/1*.

Entwickelt wurde Cobol maßgeblich von der amerikanischen promovierten Mathematikerin Grace Murray Hopper (* 1906, † 1992). Erstmals war am 28. Mai 1959 im Rahmen von → *Codasyl* von Cobol die Rede. Bei einer weiteren Konferenz im Pentagon im April 1960 einigten sich Vertreter von Industrie und Regierung auf einen Standard von Cobol, der als Cobol 61 (auch Codasyl-Cobol genannt) veröffentlicht wurde. Weitere Versionen sind vorläufige Definitionen durch die → *ANSI* im Jahr 1968 als Cobol 68 und durch die → *ISO* 1974. 1985 schließlich standardisierte die ANSI wiederum Cobol 85, auch bekannt als ANSI Cobol. Seither wird auch strukturierte Programmierung unterstützt. Dieser Standard ist aber nicht in allen Details identisch mit dem bis dahin gebräuchlichen Codasyl-Cobol.

Eine weitere Revision von Cobol wird für 1997 erwartet.

COBRA

Abk. für Common Object Request Broker Architecture.

Bezeichnung eines standardisierten Modells zur Beschreibung von verteilten objektorientierten Systemen (Distributed Object Computing, DOC) und deren Zusammenwirken. COBRA wurde entwickelt von der 1989 gegründeten Object Management Group (→ *OMG*), einem industriellen Standardisierungsgremium. COBRA ist somit das definierte Kommunikationsmodell und erfüllt die Forderungen von → *OMA*.

COBRA unterstützt die Kommunikation zwischen verteilten Objekten und definiert eine große Menge von Operationen, die das Arbeiten und Zusammenwirken von verteilten Systemen und verschiedenen Prozessen in ihnen ermöglicht.

Die Hauptbestandteile von COBRA sind statische und dynamische Kommunikationsschnittstellen (Static and Dynamic Invocation Interface, SII und DII), eine Interface Definition Language (IDL), ein Mapping der Beschreibung zur Programmiersprache → *C*, eine Menge von Schnittstellen, Schnittstellen zu einem Object Request Broker (ORB) und zu Servern.

Der ORB stellt Kommunikationsdienste für eine symmetrische Kooperation von Objekten bereit. In heterogenen Rechnerumgebungen müssen mehrere ORBs miteinander kommunizieren, was durch ein

General Inter-ORB Protocol (GIOP) auf → *TCP/IP*-Basis ermöglicht wird.

IDL wird genutzt, um die Verbindungen zwischen den Objekten zu beschreiben. Beschreibungen in IDL sind protokollunabhängig und können in verschiedene Hochsprachen kompiliert werden.

COBRA in der Version 1.0 ging 1991 aus ihrem Vorgänger → *OMA* hervor und ist weit mehr detailliert.

Codasyl

Abk. für Conference (auch: Committee) on Data Systems Language.

Ein Standardisierungsgremium, gegründet noch unter anderem Namen am 28. Mai 1959, das sich in den 70er Jahren mit der Normierung von → *DBMS* beschäftigte und zu ihrem Erfolg beitrug. Zuvor entwickelte es in den 60er Jahren maßgeblich → *Cobol* mit.

Ursprünglich war es unter Einflußnahme des US-Verteidigungsministeriums gegründet worden, um für Computer verschiedener Hersteller einheitliche Programmierstandards festzulegen.

Code

→ *Codierung.*

Codec

Abk. für Coder-Decoder.

Bezeichnung für Bausteine, die die Funktionen eines Coders und Decoders in sich vereinen, da bei der Übertragung von Informationen zwischen zwei Punkten häufig in beide Richtungen übertragen wird. Manchmal ist der Codec speziell auf Charakteristika eines Eingangssignals (z.B. Sprache oder Videosignale) zugeschnitten.

Die praktische Realisierung erfolgt üblicherweise als Hardware durch → *DSP*s.

Codemultiplex

→ *CDMA.*

Codierung

Der Vorgang des Umsetzens eines Zeichens eines Alphabets in ein anderes Zeichen eines anderen Alphabets, auch Bildmenge genannt. Die Zuordnungsvorschrift selbst, nach der das geschieht, wird als Code bezeichnet. Oft wird auch die Bildmenge selbst als Code bezeichnet.

COFDM

Abk. für Coded Orthogonal Frequency Division Multiplex.

Bezeichnung eines Modulationsverfahrens, bei dem jeder Träger moduliert wird. Eine Kombination von QPSK (→ *PSK*) und QAM (→ *AM*).

Genutzt z.B. beim digitalen Fernsehen → *HD-Divine.*

→ *FDM.*

Collaborative Work

Bezeichnung für die Unterstützung von Teamwork und kooperativem Arbeiten mit Hilfe von Computertechnik wie z.B. → *LAN*, → *Groupware.*

Die Einbeziehung multimedialer Techniken führt zu → *CSCW.*

Collapsed Backbone

Bezeichnung für ein → *Backbone*, das streng genommen nur aus der Verkabelung auf der → *Backplane* eines → *Hubs* besteht und nicht aus einem → *LAN* oder → *WAN.* Voraussetzung ist ein leistungsfähiger Hub als zentraler Knoten und eine sternförmige Verkabelung, d.h., das Backbone wird durch einen Knoten ersetzt.

→ *Distributed Backbone.*

Collision Domain

In einem → *LAN* nach dem Standard → *Ethernet* die Bezeichnung für alle → *Segmente*, die mit → *Repeatern* untereinander verbunden sind, so daß sich eine → *Kollision* im gesamten Bereich bemerkbar macht. Dies impliziert, daß in einer Collision Domain zu einer Zeit auch nur jeweils ein Datenpaket übertragen werden kann.

Colossus

Bezeichnung eines frühen aus elektromechanischen Teilen aufgebauten → *Computers* in GB.

Konstruiert wurde Colossus von Tommy Flowers und einem Team aus mehreren Ingenieuren in den Post Office Research Laboratories in Dollis Hill. Max Newman und Alan M. Turing waren ebenfalls an den Entwicklungsarbeiten beteiligt.

Ein erstes Modell (C I) mit 250 Röhren wurde bis Januar 1944 fertiggestellt und ab 5. Februar 1944 im geheimen Dechiffrierzentrum der britischen Armee, betrieben vom britischen Außenministerium, in Bletchley Park, rund 60 km vor den Toren von London, eingesetzt.

Ein verändertes Modell (C II) mit rund 2 400 Röhren wurde nach Verbesserung im deutschen Chiffrierwesen ab März 1944 gebaut und am 1. Juni 1944 in Betrieb genommen. Nach und nach wurden immer mehr derartige Geräte gebaut und in Betrieb genommen, bis am Ende des 2. Weltkrieges insgesamt 10 Colossusmaschinen im Einsatz waren. Sie galten als erstaunlich zuverlässig und waren 24 Std./Tag in Betrieb. Von ihnen wurden gegen Ende 1945 alle bis auf zwei zerstört.

Genutzt wurden die Rechner zum Codebrechen der von den Deutschen gesendeten verschlüsselten Funksprüche, wobei sie sehr erfolgreich waren. Bedient wurden sie durch Frauen des Women's Royal Naval Service (WRNS). Nach dem Krieg arbeiteten viele Ingenieure, die am Colossus mitgearbeitet hatten, an weiteren britischen Experimentalrechnern mit.

Die Existenz und genaue Konstruktion der Rechner blieb jahrzehntelang ein extrem gut gehütetes Geheimnis. 1960 wurden sogar alle originalen Konstruktionsunterlagen vernichtet.

Erst 1970 wurde die Existenz bestätigt und durch einen Zeitungsartikel, veröffentlicht durch den ehemaligen Bediener Jack Good, kamen einige Details ans Licht.

Zwei Jahre später veröffentlichte ein weiterer ehemaliger Bediener, Donald Michie, weitere Informationen.

Bis zu diesem Zeitpunkt waren nur wenige Details und einige Fotos veröffentlicht worden.

Nach der Freigabe aller bislang geheimen Informationen wurde im November 1993 von Tony Sale, der ehemals beim MI5 gearbeitet hatte und Direktor des Bletchley Park Museums ist, ein Projekt zum möglichst detailgenauen Nachbau am Originalstandort (Block H in Bletchley Park) eines Colossus-Rechners ins Leben gerufen. Am 6. Juni 1996 wurde der zu 90 % originalgetreue Nachbau offiziell in Betrieb genommen.

→ *http://www.cranfield.ac.uk/CCC/Bpark/colossus/*

COM

Abk. für Continuation of Message.

COMAL

Abk. für Common Algorithmic Language.

Eine höhere leicht erlernbare Programmiersprache, die Elemente von → *Pascal* enthält, vor allem aber → *BASIC*-ähnlich ist (da sie von BASIC abgeleitet wurde) und wie diese auch für didaktischen Einsatz (Informatikunterricht an Schulen) entwickelt wurde. Einige Mängel von BASIC wurden nicht übernommen. Zusätzliche Pascal-Elemente sorgen dafür, daß Comal auch für strukturierte Programmierung geeignet ist.

Comal wurde 1971 der Öffentlichkeit in Dänemark vorgestellt.

Comdex

Größte Computer- und Telekommunikationsmesse in den USA. Findet seit den 70er Jahren alljährlich im Frühjahr und Herbst (Comdex Spring and Fall) in Las Vegas statt.

Comfort-Noise

Beim Empfänger künstlich erzeugtes und eingespieltes Rauschen für Gesprächspausen, bei denen für Sekundenbruchteile nichts über den Kanal übertragen wird. Dem Empfänger ist vertrautes Rauschen angenehmer als Totenstille.

→ *VOX*.

Communication Highway

→ *NII*.

Compiler

Bezeichnung für ein Programm, welches ein in einer höheren → *Programmiersprache* geschriebenes Programm in den Maschinencode (→ *Maschinensprache*) eines → *Prozessors* übersetzt. Der generierte Maschinencode wird dabei nicht ausgeführt. Im Gegensatz zum Vorgehen eines → *Interpreters* wird bei dem Vorgang des Kompilierens ein speicherbarer und mehrfach ausführbarer Code generiert.

Componentware

Bezeichnung für modular aufgebaute → *Software*, bei der nicht das komplette Anwendungsprogramm mit sämtlichen Funktionen in den Speicher eines Rechners geladen und initialisiert wird, sondern nur eine mit den Grundfunktionen ausgestattete Version. Weitergehende Funktionalität wird zwar angeboten, jedoch werden die entsprechenden Programmteile erst bei ihrem expliziten Aufruf geladen und initialisiert.

Vorteil dieses Verfahrens ist das schnellere Laden der Software, die damit eher betriebsbereit ist und ein ökonomischerer Umgang mit Speicher.

CompuServe

Bezeichnung des weltweit größten kommerziellen → *Online-Dienst*betreibers aus Columbus/Ohio und Bezeichnung seines Dienstes selbst.

Gestartet mit 1 200 Teilnehmern 1979 mit → *e-mail* und einigen Datenbanken. Ging aus einem elektronischen Mehrwertdienstnetz für Steuerberater und andere im Finanzwesen tätige Institutionen hervor, das ähnlich der Datev in Deutschland ein Geschäft betreibt.

In Deutschland ist CompuServe seit 1991 vertreten. Es verfügt über rund 430 Einwahlpunkte weltweit und gilt thematisch als computerlastig.

Den Teilnehmern (Members, Mitglieder genannt) wird als Software der CompuServe Information Manager (CIM) zur Verfügung gestellt. Zugang erfolgt über PC mit CIM und Modem mit 9,6 oder mittlerweile auch 28,8 kbit/s und → *ISDN*.

→ *http://www.compuserve.de/*

Computer

Lehnwort aus dem Englischen, dort aus dem Lateinischen eingeführt, von computare für zusammenzählen, abrechnen, berechnen, ermitteln.

Oberbegriff für den frühen Terminus Elektronenrechner (-gehirn), elektronische Rechner, Digitalrechner und Datenverarbeitungsanlage.

Zum Vergleich der Leistungsfähigkeit von Computern existieren verschiedene, nicht immer unumstrittene Verfahren, z.B. → *CPW*, → *GAMM-Mix*, → *Gibson-Mix*, → *SPEC* oder → *Linpack*.

Am Anfang stand als erstes Rechenhilfsmittel überhaupt der → *Abakus*, gefolgt vom → *Rechenschieber*. Es entwickelten sich weitere mechanische und zu Beginn des 20. Jahrhunderts auch elektronische → *Analogrechner*, bevor ab den 30er Jahren in diesem Jahrhundert ernsthaft an leistungsfähigen und universell einsetzbaren digitalen und elektronischen Rechenanlagen gearbeitet wurde, die die Grundlage für die heute bekannten Computer bilden.

Bei den modernen elektromechanischen oder elektronischen Computern unterscheidet man für gewöhnlich mehrere Generationen. Die ersten Computer waren Einzelstücke mit Relais und später Röhren (→ *ABC*, → *Colossus*, → *ENIAC*, → *Mark I*, → *SSEC*, → *EDSAC*, → *PERM*).

Computer-Entwicklung

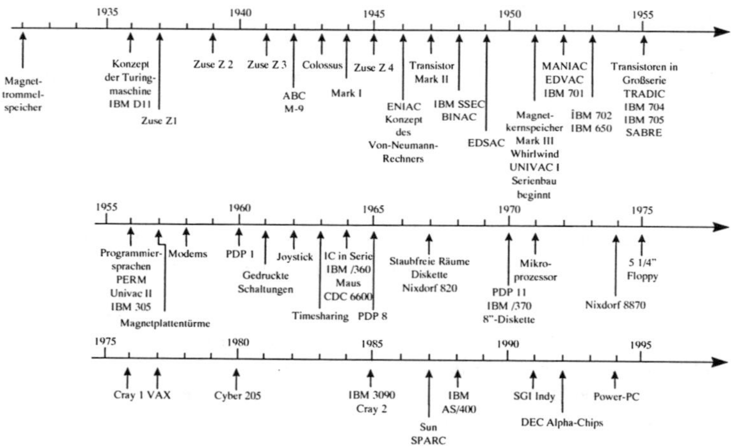

Erster programmgesteuerter Rechner war dabei die → *Z 1* im Jahre 1941, allerdings noch mit einem hohen Anteil an unzuverlässiger Mechanik. Erster programmgesteuerter elektronischer Rechner war 1943 die → *Z 3*. Rechner dieser ersten Generation haben teilweise ihre Wurzeln in den 30er Jahren und wurden während des 2. Weltkrieges oder Ende der 40er Jahre in Betrieb genommen.

Serienmäßiger Bau erfolgte ab 1951 (→ *UNIVAC*). Erste Computer nur für kaufmännische Zwecke tauchten Anfang der 50er Jahre auf (→ *LEO*), gefolgt von ersten Halbleiterrechnern gegen Mitte der 50er Jahre (→ *Tradic*).

Eine spezielle Klasse besonders leistungsfähiger Großrechner sind → *Supercomputer* und später → *Vektorrechner*, deren Ära aber auch schon 1951 begann (→ *Whirlwind*, → *Cray*, → *CDC*). Die Rechengeschwindigkeit erhöhte sich und 1960 wurde mit der Univac 1107 der erste digitale kommerzielle Rechner für Echtzeitanwendungen gebaut.

Die Zeit der großen elektronisch gesteuerten → *Mainframes* begann 1964 (→ *IBM /360*). In den 70er Jahren entwickelten sich Tischrechner in einer kleineren Klasse, die als → *Minicomputer* (→ *VAX*) bekannt wurden. Ihnen folgten in den 80er Jahren wiederum kleinere Rechner mit der Bezeichnung → *Mikrocomputer* (→ *TRS 80* und *100*, → *PET 2000*, → *PC*, → *XT*, → *AT*, → *Apple I, II, III*, → *LISA* etc.), die auch Arbeitsplatzrechner genannt wurden. Wegen seiner Dominanz und dem massiven Überschwemmen des Marktes mit → *Clones* wurde diese Klasse auch einfach nur mit PC bezeichnet. Derartige Tischrechner mit besonders hoher Leistung und für spezielle Anwendungen bezeichnet man als → *Workstations*.

Es folgten in den 80er Jahren → *Laptops* (obwohl es auch schon früher tragbare Rechner gab: → *IBM 5100*) und in den 90er Jahren → *PDAs*. Das neueste Konzept seit 1996 schließlich ist der → *NC*.

→ *http://grid.let.rug.nl/ahc/welcome/*

COMSAT

Abk. für Communication Satellites Corporation. Amerikanische private Betreibergesellschaft von Fernmeldesatelliten mit Sitz in Washington zum Betrieb US-amerikanischer Satelliten.

Comvik

→ *ACS*.

Concurrent CP/M

→ *CP/M*.

Congestion

Von engl. congestion = Andrang, Stauung oder Überfüllung.
Begriff aus der Speichervermittlungstechnik. Bezeichnet Überlastfälle im Netz bzw. den Konflikt, der durch mangelnde Netzkapazitäten einerseits und dem Teilnehmer garantierte Übertragungsraten und -qualität andererseits entsteht. Wird insbesondere im Zusammenhang mit → *Frame Relay* und → *ATM* diskutiert.

CONP

Abk. für Connection Oriented Network Protocol.
Bezeichnet ein Schicht-4-Protokoll im → *OSI-Referenzmodell*.

CONS

Abk. für Connection Oriented Network Service.
Bezeichnung für Netzdienste, die auf → *verbindungsorientierten Verbindungen* basieren.

Console

Auch Consolenterminal genannt. Allgemein ein mit diversen Möglichkeiten zu Steuerungs- und Kontrollzwecken ausgestatteter Platz zur Kontrolle rechnergesteuerter Anlagen.
Üblicherweise ist die Console der Platz des → *Sysops*, der mit besonderen Rechten im System ausgestattet ist. Oft können bestimmte Befehle zur Systemverwaltung nur von der Console aus und einem dort besonders autorisierten Nutzer durchgeführt werden.
Man unterscheidet insbesondere folgende Consolen:

1. Zentraler Steuerungsstand von Großcomputern (→ *Mainframe*) mit Bildschirm und Tastatur zur Kontrolle des Rechners und der Peripherie.
2. In → *LANs* der zentrale Platz, von dem aus das Netz gesteuert wird und einzelne Netzelemente konfiguriert werden.
3. Begriff aus der Nebenstellentechnik. Bezeichnet dort den Platz mit → *Operator* an der zentralen Vermittlungsstelle, von der aus jedes Telefonat verwaltet und vermittelt werden kann. Auch Vermittlung, Zentrale, Abfragestelle, Operatorplatz oder Bedienplatz genannt.

Contention

Bezeichnung für Datenübertragungsverfahren bei denen nicht, wie beim → *Polling*, eine zentrale Station die angeschlossenen → *Terminals* abfragt, ob sie Daten zu übertragen haben, sondern die Terminals selbst der Zentrale mitteilen, daß sie Daten zum Übertragen vorliegen haben.
Voraussetzung ist eine Sternkonfiguration des Netzes.

Controller

Oberbegriff für eine ganze Gruppe von nicht universell einsetzbaren Peripheriebausteinen in Rechensystemen, die die Steuerung von Peripheriegeräten (→ *Festplatte*, → *Drucker*, → *Speicher*, Ein-/Ausgabesysteme) übernehmen und dafür optimiert sind.
Mikrocontroller sind dabei Bausteine aus einem Chip, die auf diesem alles integrieren, was sie für die Bewältigung ihrer Aufgabe benötigen: Prozessorkern, Datenspeicher, Befehlsspeicher und Anschlüsse für Ein- und Ausgabe.
Beispiele für Controller außerhalb von Rechnern sind Taschenrechner, Armbanduhren, Waschmaschinen etc. Grenzen zwischen Controllern, Prozessoren und Computern sind fließend.

Copland

Bezeichnung für ein → *Betriebssystem* für PCs aus dem Hause Apple, das Mitte 1997 das bisherige System MacOS ersetzen soll. Der Termin wurde bereits mehrmals verschoben.

Coprozessor

Bezeichnung spezialisierter Prozessoren, die in Zusammenarbeit mit dem zentralen Prozessor (→ *CPU*) besondere Aufgaben übernehmen, z.B. Gleitkommaarithmetik.
Beispiel für Coprozessoren sind die 80287 und 80387, die die 80286 und 80386 aus dem Hause Intel ergänzen.
In späteren Prozessormodellen sind die Funktionen des Coprozessors mit im zentralen Prozessor integriert.

COPSK

Abk. für Coded Octal Phase Shift Keying.
Eine Sonderform der → *PSK*. Bezeichnung eines Verfahrens der → *digitalen Modulation* für hohe Datenraten (z.B. 140 Mbit/s).

Core

1. In der → *Glasfasertechnik* der das Licht führende Kern einer Glasfaser.
2. Bei → *Betriebssystemen* der wichtigste Teil mit den am häufigsten benötigten Programmteilen. Auch → *Kernel* genannt.
3. In der Computertechnik Bezeichnung für den Teil des → *Hauptspeichers*, in dem Teile des → *Betriebssystems* während des Computerbetriebs liegen.

Core Network

Bezeichnung des Netzes, an das keine Teilnehmer oder andere Verkehr generierenden Einheiten angeschlossen sind, sondern das zur Verbindung von Zugangsnetzen (Access Networks) mit an diesen angeschlossene Teilnehmer dient. Häufig auch Fernnetz oder → *Backbone* genannt.

Cornet

Bezeichnung eines proprietären Signalisierungsprotokolls aus dem Hause Siemens zur Kopplung von → *PBX*en.

→ *QSIG*.

Corporate Network

Abgekürzt mit CN. Grundsätzlich ein Telekommunikationsnetz innerhalb einer Unternehmung oder einer Organisation mit geographisch verteilten Standorten. Darüber hinaus die Bezeichnung eines Mehrwertdienstes in Telekommunikationsnetzen, dessen Begriffsbestimmung noch nicht abgeschlossen ist.

Waren zunächst CNs nur Datennetze, so ist heute die Integration verschiedener Telekommunikationsdienste in einem CN möglich.

CNs versprechen bei sorgfältigem Aufbau u.U. Kostenreduktionen im Bereich der TK-Kosten eines Unternehmens von 30 bis 40 % für die hausinterne Kommunikation bei Großunternehmen.

In Deutschland können CNs seit 1. Januar 1993 nach Angleichung des → *Fernmeldeanlagengesetzes* an das europäische Recht (Europäische Richtlinie 90/388/EWG) durch Verfügungen ('Genehmigungskonzept für CN') des → *BMPT* von Dritten und auch für die Vermittlung von Sprache in geschlossenen Benutzergruppen nach Genehmigung durch das BMPT betrieben werden. Somit ist CN ein ordnungspolitischer und weniger ein technischer Begriff. Das Betreiben von Fernmeldeanlagen für die Vermittlung von Sprache für andere zwischen zusammengefaßten Unternehmen wurde genehmigt.

Welche Unternehmen dies sind, wurde in der Telekommunikations-Verleihungsordnung vom BMPT vom 19. Oktober 1995 beschrieben, wobei man sich an Begriffe aus dem Aktiengesetz hielt. Diese Regelung wurde an andere Rechtsformen (GmbHs und Einzelkaufleute) angepaßt. Der Begriff des 'zusammengefaßten Unternehmens' wurde zunächst nur auf einen Konzern bezogen und schließlich auf Unternehmen, die in 'einer gesellschaftlichen oder schuldrechtlichen Beziehung zueinander stehen' erweitert. Diese Auslegung erlaubt das Einrichten von CNs überall, wo langfristige Lieferantenverhältnisse existieren, also z.B. zwischen Automobilherstellern und ihren Zulieferern, auch wenn diese nicht zu einem Konzern gehören. Grundsätzlich wird bei CNs von geographisch über mehrere voneinander getrennte Grundstücke verteilten Teilnehmern eine geschlossene Benutzergruppe gebildet, die sich innerhalb des Netzes nur untereinander erreichen können und somit den Eindruck haben, ihnen stünde ein eigenes Netz zur Verfügung.

Es ist Sprach-, Daten- und Bildkommunikation möglich.

Der Betreiber des CN ist nicht immer gleich dem Nutzer des CN, da seit der Freigabe von CNs diese Leistung von Dritten erbracht werden darf. Daraus ergeben sich drei grundsätzliche Realisierungsmöglichkeiten:

- Aufbau eines eigenen CNs durch ein Unternehmen und ausschließlich eigene Nutzung.
- Aufbau eines eigenen CNs durch ein Unternehmen und Vermarktung von Überkapazitäten an Dritte.
- Outsourcing, d.h. Einkauf notwendiger Kapazitäten bei Dritten, z.B. professionellen Betreibern von CNs.

Prinzipiell sind in CNs die PBXen einer Firma an mehreren Standorten über Festverbindungen miteinander verbunden. Dabei ist die Topologie wichtig, die sich bei dem Aufbau eines CNs aus einer ersten Kommunikationsanalyse ergibt. Es sollte davon ausgegangen werden, daß historisch gewachsene Topologien grundsätzlich durch den Aufbau eines CNs geändert werden müssen.

- Ist-Analyse: Welche Dienste (Sprach-, Datenkommunikation) werden an welchen Standorten mit welcher Intensität genutzt?
- Ermittlung der Kommunikationsbeziehungen zwischen den Standorten (Volumen, auch in Abhängigkeit von der Tageszeit und vom Wochentag).
- Daraus ist eine möglichst optimale Topologie abzuleiten (→ *Backbone*-Netz wird gebildet durch breitbandige Leitungen).

Es helfen beim Netzaufbau einige grundsätzliche Regeln:

- Vollvermaschung der Standorte führt zu kleinem → *Bündelungsgewinn*, hat aber niedrige Kosten dank einfacher Multiplexer.
- Teilvermaschung führt zu höherem → *Bündelungsgewinn* mit aber teurerem Gerät (→ *Routing* nötig).
- Offene Netze sollten vermieden werden, da dann bei Störung einer Leitung ein oder sogar mehrere Standorte abgeschnitten sind.
- Große Netze mit vielen Knoten werden üblicherweise hierarchisch aufgebaut.

Gegenüber dem internen Aufbau mit Mietleitungen ist eine andere mögliche Realisierung ein Outsourcing an einen privaten Netzbetreiber, der sein Netz vielen anderen Nutzern zur Einrichtung

von CNs zur Verfügung stellt, d.h. es werden nur → *CUGs* auf einem Netz realisiert.
In diesem Fall sollte der Nutzer des CN folgende Punkte beachten:

- Zur Verfügung gestellte Dienste und Dienstmerkmale,
- Bedingungen für anschließbare Geräte,
- Sicherheitsfeatures,
- Zuverlässigkeit im Fehlerfall (Ersatzschaltungen, Verfügbarkeit etc.),
- Quality of Service Garantien,
- Aufwand für zukünftige Änderungen hinsichtlich Topologie, Bandbreite, Dienstspektrum,
- Eigener Einfluß auf Teile des Netzes (Kapazitätsmanagement etc.),
- Kosten,
- Art der Rechnungsdatenübermittlung.

Eine weitere Möglichkeit des Outsourcings sind → *Virtual Private Networks* (VPN), bei denen CNs über öffentliche Netze vom Netzbetreiber realisiert werden.
Echte CNs werden in der Regel von großen Firmen genutzt, da für kleine Unternehmen der Aufwand und die Kosten zu hoch sind. Kleine und mittlere Unternehmen nutzen eher VPNs.

COS

Abk. für Corporation for Open Systems (International).
Bezeichnung eines Standardisierungsgremiums in den USA, das → *ISDN* fördert.

COSE

Abk. für Common Open Software Environment.
Bezeichnung einer offenen Software-Entwicklungsumgebung für → *Workstations* mit dem → *Betriebssystem* → *Unix*. Entwickelt von einer Vereinigung von Hard- und Softwareherstellern.

COSINE

Abk. für Cooperation for Open System Interconnection Networking in Europe.
Bezeichnung für ein von der EU initiiertes und finanziertes Projekt zur Verbindung verschiedener nationaler Forschungsnetze in Europa auf der Basis von Protokollen, die auf dem → *OSI-Referenzmodell* aufbauen.

COSPAS

→ *GDSS*.

COST

Abk. von engl. Cooperation in the Field of Scientific and Technical Research.
Forschungsprogramm der EU.
→ *ESPRIT*, → *RACE*, → *ACTS*.

COSY

Abk. für Cell Oriented System.

COTM

Abk. für Circuit oriented Transfer Mode.

COTS

Abk. für Connection Oriented Transport Protocol.

COW

Abk. für Cluster of Workstations.
→ *Cluster*, → *Workstations*.

CPE

Abk. für Customer Premises Equipment.
Amerik. geprägter Begriff. Ursprünglich nur die Bezeichnung für die Geräte, die ein Teilnehmer nicht von der Telefongesellschaft gekauft hat, an die er angeschlossen war. Mittlerweile alle Geräte, die vom Endteilnehmer auf eigene Rechnung gekauft, angeschlossen und gewartet werden. I.d.R. Endgeräte wie Modems, Telefone, aber auch u.U. komplette Sub-Netze (Customer Premises Networks, CPN), die über → *Brücken*, → *Router*, → *Gateways* oder → *Hubs* angeschlossen sind.

CPFSK

Abk. für Continuous Phase Frequency Shift Keying.
→ *FSK*.

CPI

Abk. für Customer Price Index.

CPN

Abk. für Customer Premises Network.
→ *CPE*.

CP/M

Abk. von Control Program (for) Microprocessors.
Bezeichnung eines ersten → *Betriebssystems* für Arbeitsplatzrechner mit 8-Bit-Prozessoren, wie dem Z80 aus dem Hause Zilog oder dem 8080 aus dem Hause Intel.
Der Professor für Compiler-Design und Chef von Digital Research, Gary Kildall, entwickelte CP/M 1975 auf einer PDP-10 von DEC und verkaufte es für 70 $/Stück. Für den Vertrieb gründete er 'Intergalactic Digital Research'. Den ersten Teil des Namens strich er später. Kurze Zeit später schwamm er im Geld.
CP/M war Ende der 70er Jahre das am weitesten verbreitete Betriebssystem für 8-Bit-Rechner. Eine Weiterentwicklung war CP/M-86 für den 8086-Prozessor (16-Bit) aus dem Hause Intel.
1980 fragte IBM auf der Suche nach einem Standardbetriebssystem für ihren ersten PC im Privathaus bei Kildall an. Es wird jedoch berichtet, daß Kildall beim Surfen war, so daß dieser Auftrag an Microsoft ging. Letzte PCs mit CP/M kamen um

1985 neu auf den Markt. Concurrent CP/M erlaubte zu dieser Zeit das Nutzen von MS-DOS-Programmen unter CP/M. Außerdem war es multiprogrammingfähig.

Bis Ende der 80er Jahre verschwand CP/M schließlich vollständig.

CPM

Abk. für Continuous Phase Modulation.

→ *PM*.

CPP

Abk. für Calling Party Pays oder auch Caller Party Pays.

Bezeichnung eines Gebührenschemas für numerische → *Paging*dienste, bei dem nicht, wie sonst üblich, der Besitzer des Pagers (der Teilnehmer am Paging-Dienst) für den einzelnen Ruf (und zusätzlich noch eine monatliche Pauschale) bezahlt, sondern derjenige, der den Ruf absetzt. Die Kosten liegen je nach Länge des abgesetzten Rufes und Anbieters zwischen 70 Pfg. und 1,50 DM.

Dieses Gebührenschema führte in Europa 1994/95 erst dazu, daß Paging auch für große Kreise von Privatkunden interessant wurde. Zielgruppe sind dabei in erster Linie aktive, junge (18 bis 35 Jahre), trendbewußte, mobile und gesellige Konsumenten, für die ein Mobiltelefon zu teuer und auch unnötig ist, die aber selten zu Hause und daher schwer erreichbar sind.

Vorteil für Netzbetreiber ist, daß nach der Sättigung des Geschäftskundenmarktes ein neues Marktsegment erschlossen wurde und die Netzinfrastruktur durch die Gewohnheiten der Privatkunden (Aktivität nach 17 Uhr) außerhalb der Spitzenverkehrszeiten gleichmäßiger ausgelastet wird. Darüber hinaus nutzen Privatkunden den Pagingdienst ca. dreimal öfter als Geschäftskunden.

Voraussetzung für den Erfolg waren neue Vertriebswege (Verkauf da, wo private Konsumenten einkaufen), einfache Handhabung (kaufen, auspacken, benutzen; kein Papierkrieg zur Anmeldung) und aggressive Marketingstrategien, die auf Trends und Lifestyle setzen.

Wird gegenwärtig nur für numerisches Paging genutzt, weswegen sich diverse Codes gebildet haben, mit denen Mitteilungen mit Hilfe von Ziffernkombinationen übertragen werden können. Alphanumerisches Paging im Privatkundenbereich wird für Ende des Jahrzehnts erwartet.

In Europa erstmals eingesetzt nach zweijährigen Vorstudien durch die schwedische Telia im April 1993, gefolgt von British Telecom und Mercury im September 1994 in GB und der PTT Telecom in den Niederlanden im November 1994. In Deutschland erstmals von der Deutschen Telekom bei Scall eingesetzt. Mittlerweile auch bei anderen Anbietern in Deutschland verfügbar.

CPS

Abk. für Character per Second.

1. Maßeinheit für die Übertragungsgeschwindigkeit bei der Übertragung alphanumerischer Zeichen.
2. Maßeinheit für die Druckgeschwindigkeit zeichenorientierter Drucker, wie dem → *Typenraddrucker* oder dem → *Kettendrucker*.

CPSR

Abk. für Computer Professionals for Social Responsibility.

Bezeichnung einer Vereinigung in den USA sozial engagierter Persönlichkeiten aus der Computerbranche, die sich mit Fragen der Wirkung von Computern, Datenverarbeitungsanlagen, Telekommunikation und dem technischen Fortschritt allgemein auf die menschliche Gesellschaft beschäftigt.

CPSS

1. Abk. für Control Packet Switching System.
2. Abk. für Call Processing Subsystem.

CPT

Abk. für Cooperative Programming Tool.

CPU

Abk. für Central Processing Unit.

Auch Zentraleinheit genannt. Bezeichnung für die zentrale Einheit eines Rechensystems, das wiederum aus den funktionellen Einheiten Steuerwerk, Leitwerk, Rechenwerk (→ *Mikroprozessor*) und Hauptspeicher besteht.

Die Konzepte heutiger CPUs basieren auf dem Konzept des → *von-Neumann-Rechners*.

→ *Chip*, → *RISC*, → *CISC*.

CPW

Abk. für Commercial Processing Workload.

Bezeichnung einer Sammlung von Programmen zur Bestimmung der Leistungsfähigkeit verschiedener Modelle der Computerlinie AS/400 aus dem Hause IBM.

CPW ging dabei aus dem bereits in der Vergangenheit genutzten TPC-C hervor und simuliert neun Datenbankanwendungen und fünf weitere typisch geschäftliche Anwendungen mit bis zu mehreren tausend Anwendern.

Eingeführt wurde die CPW-Skala im Herbst 1996, als sie den Test RAMP-C ablöste.

CR

Abk. für Carriage Return.

International gängige Kurzbezeichnung für das Betätigen der Return-Taste auf Computertastaturen. Die Bezeichnung leitet sich von frühen elektrischen Schreibmaschinen ab, bei denen das Betätigen der Taste einen Wagenrücklauf (Carriage Return) auslöste.

Cracker

Bezeichnung für Personen, die ohne jede Autorisierung in Computersysteme eindringen. Im Gegensatz zu → *Hackern*, die dies vorwiegend aus 'sportlichen' Gründen (zum persönlichen Vergnügen) tun, richten Cracker dabei bewußt Schäden an. Auch Cyberpunks genannt.

Crashmail

In der → *Mailbox*-Szene die Bezeichnung für eine eilige → *e-mail*, die außerhalb der Zeit des → *Netcalls* vom Sender zum Empfänger übertragen werden muß. Dazu nimmt die Mailbox des Senders direkt mit der Mailbox des Empfängers Kontakt auf, unabhängig von der evtl. vorhandenen hierarchischen Struktur des Netzes oder anderen vorbestimmten Pfaden zur geordneten Weitergabe von Nachrichten.

Cray

Name eines Unternehmens, das → *Supercomputer* für technisch-wissenschaftliche Anwendungen herstellt und diese Rechnerklasse prinzipiell, trotz einigen Vorläufermodellen, erst begründete.

Benannt ist das Unternehmen nach ihrem Gründer Seymour Cray (* 1928, † 1996), der zuvor bei der → *CDC* gearbeitet hatte.

1972 verließt Seymour Cray die von ihm mitgegründete, aber ihm mittlerweile zu groß und schwerfällig gewordene Control Data Corp. (CDC) und gründete Cray Research in Chippewa Falls/Wisconsin über der lokalen Bank und in einer alten Schuhfabrik.

Erstes Modell und erster kommerziell erhältlicher → *Vektorrechner* überhaupt war die Cray-1, vorgestellt 1976 im Los Alamos Scientific Laboratory in New Mexiko. Sie war noch stark von der CDC-Star (→ *CDC*) beeinflußt und hatte wie diese 8 MByte Hauptspeicher, realisiert allerdings durch Halbleiter. Die Leistung betrug zunächst 80 MFLOPS, später 160 oder sogar 200 MFLOPS. Preis für Anlage mittlerer Größe: 13 Mio. DM. Es handelte sich um einen 64-Bit-Vektorrechner mit acht Vektorregistern und parallel arbeitenden, als Pipeline organisierten, Funktionseinheiten. Sie verfügte über eine Freon-Flüssigkeitskühlung und war in Bipolar-Technik aufgebaut. Der Takt betrug 20 MHz. Die Cray-1 war fünfmal so schnell wie die → *CDC* 7600 und wog fünf Tonnen. Sie verbrauchte 100 kW.

Konstruktionsprinzip war die Vermeidung von langen Strecken für elektrische Signale. Das längste Kabel ist daher 120 cm lang.

1980 erfolgte die erste Cray-1-Installation in Europa bei der Max-Planck-Gesellschaft in Garching für 20 Mio. DM. 1981 waren weltweit 35 Cray-1-Rechner installiert. 1984 wurde die Herstellung der Cray-1 eingestellt. 65 Exemplare wurden bis dahin insgesamt gebaut, fünf davon stehen in Deutschland.

Die Cray 1/S wurde als verbesserte Version der Cray-1 1979 in zwölf Versionen vorgestellt, die immer noch in Bipolar-Technik aufgebaut waren. Die Preise reichten von 9 bis 30 Mio. DM. Es folgte die Cray-1/M in MOS-Technologie und in drei Versionen mit verschieden ausgebauten Hauptspeichern.

Bei der 1982 vorgestellten und von der Cray-1 abgeleiteten Cray X-MP handelte es sich prinzipiell um zwei speichergekoppelte Rechner vom Typ Cray-1 mit einem, zwei oder maximal vier Prozessoren und bis zu 128 MByte Hauptspeicher. Die max. theoretische Leistung lag bei 1 412 MFLOPS. Als → *Betriebssystem* wurden das Cray Operating System (COS) oder ein → *Unix*-Derivat Unicos genutzt.

Die 1985 vorgestellte Cray-2 mit zwei bis maximal vier Prozessoren konnte 1,2 Mrd. Rechenoperationen je Sekunde ausführen (max. 2 GFLOPS bei vier Prozessoren). Sie unterstützte einen Adreßraum von 32 GByte und einen Hauptspeicher bis 2 GByte. Zur Kühlung tauchte man die Prozessoren in eine kolorierte Kühlflüssigkeit. Unix als Betriebssystem war möglich (Unicos).

Die Cray-Y-MP mit max. acht speichergekoppelten Prozessoren verfügte über die 30fache Rechenleistung der Cray-1.

1991 wurde die Cray Y-MP C90 mit 16 Prozessoren und einer Leistung von 16 GFLOP vorgestellt.

1992 folgte, mit zweijähriger Verspätung, die Cray-3, die auf Prozessoren aus Gallium-Arsenid basieren sollte. Bereits feste Bestellungen waren allerdings wegen der Verzögerung mittlerweile storniert worden.

Die Cray T-90 zum Preis von min. 2,5 Mio. $ war 1995 eine weitere Rechnerfamilie. Das Spitzenmodell T-932 mit 32 Prozessoren leistete 60 GFLOPS.

Cray wurde, durch den schrumpfenden Markt für Supercomputer wirtschaftlich angeschlagen, 1996 an SGI verkauft.

→ *http://www.cray.com/*

CRC

Abk. für Cyclic Redundancy Check.

Bezeichnet eine bestimmte Gruppe von Algorithmen zur Fehlererkennung und -korrektur, die aus einem Bitmuster nach einer bestimmten mathematischen Vorschrift ein Kontrollbitmuster bilden (üblicherweise 16 oder 32 Bit lang) und dieses zusätzlich den Nutzdaten hinzufügt.

Die zu übertragende Bitgruppe (Länge: n Bit) wird dabei als Nachrichtenpolynom (Polynom n-1-ten Grades) aufgefaßt und beim Sender modulo-2 durch ein Generatorpolynom geteilt. Der entstehende Divisionsrest wird als CRC bezeichnet und ebenfalls, z.B. im Header, mit übertragen. Beim Empfänger, dem das Generatorpolynom ebenfalls bekannt ist, wird diese Prozedur wiederholt und der entstehende Rest mit dem übertragenen Rest verglichen. Anhand von Differenzen und dem bei der Prüfung ermittelten Rest können Fehler erkannt und u.U. auch korrigiert werden.

Der CRC-Check wird üblicherweise in speziellen Hardwarebausteinen durchgeführt, die für verschiedene standardisierte Verfahren von der Industrie in Großserie produziert und angeboten werden.

Angewendet wird ein CRC z.B. bei → *HDLC*.

Crippleware

Bezeichnung für 'verkrüppelte' Testversionen von Software, die kostenlos oder für wenig Geld ausgegeben werden, ihre volle Funktionsfähigkeit aber erst nach Bezahlung und Registrierung erhält. Beispiele sind Textverarbeitungen, die das Speichern oder Ausdrucken von Texten in der Crippleware-Version nicht ermöglichen.

→ *Dongleware*, → *Freeware*, → *Public Domain Software*, → *Shareware*.

CRJ

Abk. für Call Record Journal.

Bezeichnung für automatische Rufdatenaufzeichnung (RDA). Dient der Erfassung notwendiger Daten für das → *Charging* (Rufdauer, -distanz, -zeitpunkt) und zur Statistik (Verkehrsdatenerfassung; Ruf erfolgreich oder nicht, -dauer).

Entsprechende Daten werden automatisch ausgewertet.

CRMA

Abk. für Cyclic Reservation Multiple Access.

Bezeichnung eines Protokolls auf der → *MAC*-Teilschicht von Schicht 2 des → *OSI-Referenzmodells*, das den Zugriff auf ein Transportmedium regelt. CRMA ist eine Weiterentwicklung von → *CSMA/CD* und soll bei → *FFOL* eingesetzt werden.

Cross Compiler

Bezeichnung für einen → *Compiler*, der Objekt- oder Maschinencode in einer Sprache erzeugt, die nicht kompatibel zum eigenen → *Prozessor* des Computers, auf dem der Cross-Compiler läuft, sondern zu einem externen Prozessor eines anderen Computers ist. Diese Programme können mit Hilfe eines Simulationsprogramms auf dem gleichen Rechner getestet werden.

Crossbar-Switch

Elektromechanisches Bauteil aus der Frühzeit der Vermittlungstechnik, auch Koordinatenschalter genannt, bei dem rechtwinklig über Kreuz gelegte Hebelchen mit anmontierten 'Nasen' durch ein Relais gekippt wurden, wodurch eine Nase den Kontakt zu einer anderen Nase eines zweiten, (um 90° zum ersten gedrehten) ebenfalls gekippten Hebelchens herstellte und somit eine Verbindung ermöglichte. Vor allem in den USA sehr weit verbreitete Technik.

Die Crossbar-Technik war nach Strowgers → *Heb-Drehwähler* der nächste große Schritt der Vermittlungstechnik.

Erfunden wurde das Crossbar-Prinzip 1913 von J.N. Reynolds. 1919 erst baute G.A. Betulander in Schweden den ersten gebrauchsfähigen Koordinatenschalter. Auf seine Initiative hin wurden derartige Schaltsysteme in Schweden von 1920 bis 1939 in stärkerem Maße eingesetzt. Der Crossbar-Switch war zu dieser Zeit der einzige, der edelmetallbeschichtete Kontakte hatte (Silber).

1938 erste große vollständig auf Crossbar-Switches basierende Vermittlung in den USA: System #1 Crossbar von Western Electric, zunächst für Nebenstellenbereich. 1948 folgte #5 Crossbar für den öffentlichen Bereich. Das 1953 entstandene System #4A Crossbar (hervorgegangen aus dem #4 Crossbar von 1943) war bis zur Vorstellung von → *ESS No. 4* im Jahr 1976 das größte Vermittlungssystem weltweit.

Cross Connect

1. Bezeichnung für einen Baustein der Vermittlungstechnik, oft auch mit CC abgekürzt. Deutsche Bezeichnung: Kanalgruppen-Umsetzer. Bezeichnung für Vermittlungselemente, die nicht einzelne Kanäle für Teilnehmer schalten, sondern ganze Gruppen von Nutzdatenkanälen auf andere Übertragungswege umschalten (ohne die komplette Multiplex-Hierarchie durchlaufen zu müssen), z.B. bei Störungen oder im Überlastfall. Es werden also nicht Signalisierungsinformationen des Teilnehmers ausgewertet (kein → *Routing*), sondern Befehle eines Steuerprogramms oder eines Operators ausgeführt.

   Vorteil beim Einsatz derartiger Bauteile: Kanalzuordnung ist schnell und flexibel per Steuerbefehl änderbar (kein manuelles Schalten von Leitungen mehr durch Ändern der Verdrahtung am Verteiler) und kann aktuellen Betriebserfordernissen angepaßt werden. Möglich ist auch die Integration von Funktionen eines → *Multiplexers*. Dann ist von Cross-Connect-Multiplexern die Rede (CCM). Cross Connects werden insbesondere in Fernnetzen auf der Basis von → *SDH* eingesetzt. In z.B. → *ATM*-basierten Netzen schalten Cross Connects lediglich virtuelle Pfade und keine virtuellen Kanäle.

   → *NKÜ 2000*, → *VISYON*, → *Grooming*.
2. Oft auch allgemein als Synonym für ein rechnergesteuertes Koppelfeld (z.B. in → *SPC*-Vermittlungen) benutzt.

CRS

Abk. für Computer Reservation System.

Bezeichnung für große weltweite → *Teilhabersysteme* in der Touristik, z.B. Amadeus, Galileo, Sabre.

CRT

Abk. für Cathode Ray Tube.

Englische Bezeichnung für Bildröhre (Braunsche Röhre).

CS 1, 2, 3

Abk. für Capability Set.

→ *IN*.

CSA

Abk. für Carrier Serving Area.

CSAU

Abk. für Circuit Switched Access Units.

CSCW

Abk. für Computer Supported Cooperative Work.

Bezeichnung für das wissenschaftliche Forschungsgebiet über unterschiedliche Theorien, Methoden und praktische technische Realisierungen zur computergestützten Zusammenarbeit von Personen in Gruppen.

Durch Anwendung von CSCW wird eine Arbeitsumgebung geschaffen, die das Zusammenarbeiten mehrerer unter Umständen über mehrere Standorte geographisch verteilte Mitarbeiter durch den massiven Einsatz von Computern und Telekommunikation ermöglichen. Dabei kommen bei der Realisierung als Hardwareplattform z.B. → *LANs* oder → *ISDN* und als Softwareplattform → *Groupware*, → *Workflow Management Systeme* oder auch → *Videokonferenzen* in Frage.

CSCW geht über den Ansatz der einfachen Verbindung von Computern zum Übertragen von Daten hinaus, indem Anwendungen geteilt werden (→ *Application Sharing*) und multimediale Elemente (Audio- und Videokommunikation) hinzukommen.

Geschaffen wurde der Begriff am MIT, wo man sich seit 1984 mit CSCW beschäftigt.

CSE

Abk. für Cooperative Software Engineering.

CSELT

Abk. für Centro Studi E Laboratori Telecomunicazioni.

Bezeichnung der Entwicklungs- und Forschungslaboratorien der italienischen Telekom mit Sitz in Turin.

CSMA/CA

Abk. für Carrier Sense Multiple Access (with) Collision Avoidance.

Ein Zugangsverfahren für den gleichberechtigten Zugang mehrerer angeschlossener Stationen zum gemeinsamen Übertragungsmedium auf der → *MAC*-Schicht von Schicht 2 des → *OSI-Referenzmodells*. Im Gegensatz zu → *CSMA/CD* kommt es erst gar nicht zu einer Kollision. Statt dessen sorgt ein Mechanismus für eine klare Verteilung des Zugriffsrechtes.

Sendewillige Stationen horchen am Medium, ob eine Übertragung aktuell stattfindet und senden nach einer Zeit mit Zufallslänge ein 'Ready-to-Send'-Signal (RTS), was alle anderen Stationen im Sendebereich empfangen, woraufhin diese keinen Sendeversuch unternehmen.

Die Empfangsstationen senden ein 'Clear-to-Send'-Signal (CTS). Daraufhin ist das Medium exklusiv für beide Stationen reserviert und sie tauschen ihre Daten aus, was von der empfangenden Station am Ende mit einem ACK-Signal beendet wird.

Prinzipiell handelt es sich damit fast um ein → *Token*-Verfahren, weil das Senderecht exklusiv an eine Station vergeben wird.

Da Kollisionen vermieden werden, eignet sich CSMA/CA im Gegensatz zu CSMA/CD für Techniken, bei denen die angeschlossene Station eine Kollision selbst nicht detektieren kann, z.B. wenn das Medium ein Funkkanal ist.

CSMA/CD

Abk. für Carrier Sense Multiple Access (with) Collision Detection.

Ein Zugangsverfahren für den gleichberechtigten Zugang zum gemeinsamen Übertragungsmedium mehrerer angeschlossener Stationen auf der → *MAC*-Schicht von Schicht 2 des → *OSI-Referenzmodells*. Durch 'Abhören' des Mediums überprüft die sendewillige Station, ob das Medium für eine Übertragung frei ist.

Auch während des Sendens wird mitgehört, so daß eine Kollision erkannt wird und in diesem Fall nach einer zufallsgesteuerten Zeit erneut gesendet wird. Stellt die sendende Station eine Kollision fest, so stellt sie das Senden ein und sendet eine kurze spezielle Kennung (JAM-Signal) aus. Hiermit werden alle anderen Stationen am Medium über die Kollision informiert und stellen ihrerseits Sendeversuche ein.

Vorteil des Verfahrens ist, daß es einfach zu implementieren ist und ein passives Verfahren ist, d.h., daß eine ausgeschaltete oder ausgefallene Station bzw. das Hinzufügen einer neuen Station oder das Herausnehmen einer alten Statione während des laufenden Betriebs nicht die Funktion des restlichen Netzes behindert.

Nachteilig ist, daß die Anzahl der Stationen am zu verwaltenden Medium gering sein muß bzw., daß

bei vielen Stationen die Bandbreite wegen vieler Kollisionen nur ineffektiv genutz wird. In der Praxis werden daher große Netze mit diesem Zugriffsverfahren geeignet durch → *Switches* unterteilt, so daß sich innerhalb einer → *Collision Domain* nur wenige Stationen befinden.
Von der IEEE genormt als 802.3 Standard. Im → *Ethernet* als Zugriffsverfahren eingesetzt. Arbeitet auf der → *MAC* des Layer 2.

CSNET

Abk. für Computer and Science Network.
Bezeichnung eines Forschungsnetzes zwischen Unternehmen, freien Forschungseinrichtungen und Universitäten in den USA, das zusätzlich über einige internationale Verbindungen verfügt.

CSTA

Abk. für Computer Supported Telephony Applications.
Bezeichnet einen von der → *ECMA* angestrebten Standard zur Kopplung von Telefon (Nebenstellenanlage) und Computer (→ *CTI*). Maßgeblich initiiert 1987 und beeinflußt von Siemens, BT und DEC. Stabiler Standard ab Sommer 1991. Es werden dabei im Standard Aufbau und Art der Nachrichten für die Aktivierung der verschiedenen Dienstmerkmale (z.B. → *Rufumleitung*, → *Makeln* etc.) definiert. Hierauf aufbauend stehen bei Herstellern von Netzbetriebssystemen Programmierschnittstellen zur Verfügung, z.B. → *TSAPI* von Novell und AT&T oder → *TAPI* von Microsoft.

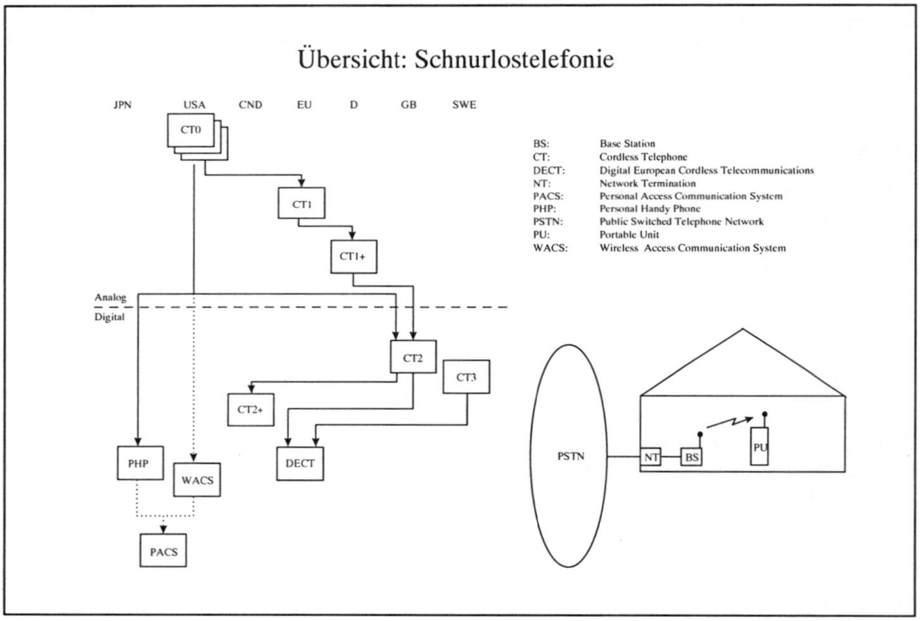

CSPDN

Abk. für Circuit Switched Public Data Network.
Bezeichnung für ein öffentliches, leitungsvermittelndes Datennetz, z.B. früher Datex-L der Deutschen Telekom.
→ *PSPDN*, → *DFPDN*.

CSS7

Abk. für Channel Signalling System.
→ *SS#7*.

CST

Abk. für Computer Supported Telephony.
Andere weniger gebräuchliche Bezeichnung für → *CTI*.

Einige Softwarepakete, die diese Schnittstellen nutzen, sind derartig leistungsfähig, daß ein Voiceserver genannter → *Server* am → *LAN* u.U. eine komplette Nebenstellenanlage ersetzen kann.

CT

Abk. für Cordless Telephone.
Allgemein gebräuchlicher Begriff für schnurlose Telefone, bei denen das Kabel zwischen Hörer und Terminal durch eine Funkstrecke ersetzt wird. Derartige Systeme sind nicht zu verwechseln mit Mobilfunksystemen, bei denen das Kabel zwischen Ortsvermittlung und Terminal durch eine Funkstrecke ersetzt wird.
Es werden verschiedene Technologien (analoge und digitale) unterschieden. Siehe CT0, CT1,

CT1+, CT2, CT2 plus, CT3 und DECT, PHP sowie UMTS.
Allen gemein ist die begrenzte Reichweite von ca. 50 m/300 m (innen/außen), die nur eine → *lokale Mobilität* ermöglicht. In Deutschland sind als maximale Leistung 10 mW für die Handgeräte zugelassen. Begrifflich wird zwischen dem Mobilteil (Mobile Station, MS), auch genannt: Handheldunit (Handheld) oder Portableunit (PU) sowie der Basisstation (Basestation, BS) unterschieden. Die Basisstation ist dabei unmittelbar mit dem Netzabschluß des Festnetzes verbunden.

CT0

CT0 war die erste Gruppe von Schnurlos-Standards überhaupt. Es gibt dabei keinen explizit festgeschriebenen Standard, sondern vielmehr eine Menge von nationalen Hersteller-Lösungen, die bestenfalls im Grunddesign des Systems Gemeinsamkeiten aufweisen und erst im Laufe der Zeit unter der Bezeichnung CT0 zusammengefaßt wurden.
Häufig gemeint wegen seiner weiten Verbreitung ist aber auch die frühe US-Lösung.
Geräte des Standards sind sehr leicht abzuhören und in Europa bis auf Frankreich, Niederlande, Spanien und England nicht zugelassen. CT0 ermöglichte fremden Mobilteilen (→ *MS*) den Zugriff auf Amtsleitungen fremder Basisstationen (→ *BS*), z.B. vom Nachbarn. Die Funkfrequenzen sind an den Geräten fest eingestellt. Die Reichweite kann bis zu 1 000 m betragen.
Diese Standards existieren weltweit (F, GB, ESP, NL). Der britische Standard ist auch als MPT 1322 bekannt.
Die verschiedenen Standards unterscheiden sich in der Anzahl zur Verfügung gestellter Kanäle (8 - 15) und im genutzten Frequenzspektrum.
So wird allgemein im Bereich z.B. von 16 MHz, zwischen 24 bis 27 MHz (→ *Uplink*) und 41 bzw. 46 bis 49 MHz (→ *Downlink*) mit Frequenzmodulation gesendet. Dieser Bereich ist in Deutschland anderweitig vergeben, weswegen diese Geräte in Deutschland verboten sind.

Region	Uplink	Downlink	Kanäle
GB	47,5	~1,7	8
F	26	41	15
USA (1978)	~1,6	48,8-49,0	5
USA (1984)	46,6-47,0	48,6-49,0	10
USA (1992)	44	49	15

CT0-Geräte sind seit 1978 in Nordamerika und Asien verbreitete sehr einfache analoge Lösungen für Schnurlostelefonie. Viele Geräte wurden in den 80er Jahren durch Touristen, insbesondere aus Asien, schwarz nach Europa gebracht und in Betrieb genommen, was einen Druck auf die Normungsbehörden und → *PTT*s erzeugte. Dies führte zum CT1-Standard. Auch in den 90er Jahren wurden weitere Entwicklungen dieser einfachen Geräte vorgestellt und zugelassen. Für die amerikanischen CT0-Standards waren 1995 ca. 60 Mio. Geräte in Betrieb mit einem jährlichen Zuwachs von mittlerweile 15 Mio.

CT1

Analoger europäischer Standard für Schnurlostelefone. War erster weitverbreiteter echter Standard überhaupt.
Verfügt über Inbandsignalisierung (alle 15 Sekunden hörbar). CT1 ist aktiv im 900-MHz-Band (→ *Uplink*: 914 bis 915 MHz, → *Downlink*: 959 bis 960 MHz, 45 MHz Duplexabstand) mit 40 Duplexkanälen mit 25 kHz Kanalabstand mit → *FDMA*, → FDD und dynamischer Kanalverwaltung, d.h. Kanalwechsel alle 15 Sek. Übertragen wird mit → FSK.
Die Frequenzen werden 1997 gesperrt und für → *GSM* freigegeben. → *MS* senden mit max. 10 mW. Max. Reichweite bei 300 m.
Die Möglichkeit, über fremde → *BS* zu telefonieren wurde dadurch ausgeschlossen, daß jeder BS eine zusammen mit ihr verkaufte MS fest zugeordnet wurde. Eine dies sicherstellende Kennung wird per Funk im Rahmen der In-Band-Signalisierung regelmäßig ausgetauscht.
Erreichbare Verkehrskapazität: 200 Erl/km².
CT1 gilt als nicht ganz abhörsicher, erfordert dafür aber einen höheren technischen Aufwand als CT0-Geräte. Es existieren trotz → *CEPT*-Standard leichte Differenzen zwischen einzelnen nationalen CT1-Versionen. I.A. können daher Handgeräte eines Herstellers nur mit Basisstationen desselben Herstellers kommunizieren. Wegen des begrenzten Signalisierungskanals ist CT1 nicht geeignet für professionelle Anwendungen im Nebenstellensektor.
In Japan ist eine Variante mit 89 Duplexkanälen im 254-MHz-Band (Uplink) und 380-MHz-Band (Downlink) bei 12,5 kHz Kanalabstand und Frequenzmodulation zugelassen. BS übertragen mit maximal 10 mW. Im Gegensatz zum echten CT1-Standard existieren zusätzlich zwei Dedicated Control Channels zum schnellen Verbindungsaufbau und zum Battery Management.
Als Reaktion auf → *CT0* definierte 1983 die → *CEPT* den verbesserten Standard CT1, der 1984 endgültig beschlossen und in 10 europ. Ländern eingeführt wurde.

CT1+

Analoger europäischer Standard für Schnurlostelefone in Deutschland, Belgien und der Schweiz. Weiterentwicklung von → *CT1*.
Doppelte Anzahl Kanäle und anderer Frequenzbereich als CT1: 80 Kanäle mit → *Uplink* bei 885 bis 887 MHz und → *Downlink* bei 930 bis 932 MHz

mit einem zusätzlichen Organisationskanal. Zur Übertragung wird → *FSK* genutzt. Auch CT1+ ist nicht ganz abhörsicher. Durch die Änderung des Frequenzbereiches wird zwar ein Scanner (und kein normaler Weltempfänger) nötig, doch mit diesem ist es nach wie vor möglich. Die Sprachverschleierung wird, ähnlich wie im → *C-Netz*, durch analoge Frequenzinvertierung erreicht. Die Luftschnittstelle ist als CAI (Common Air Interface) von mehreren deutschen Herstellern spezifiziert worden, so daß eine → *MS* mit den → *BS* anderer Hersteller kommunizieren kann.

Wegen des begrenzten Signalisierungskanals ist CT1+ wie auch CT1 nicht geeignet für professionelle Anwendungen im Nebenstellensektor.

CT1+ wurde 1989 in Belgien, Deutschland und der Schweiz eingeführt, als sich die CT1-Frequenzen in Ballungsgebieten als nicht mehr aufnahmefähig erwiesen sowie neue Frequenzen für den Telepointversuch der Deutschen Telekom nötig und die ursprünglichen CT1-Frequenzen für das → *GSM*-System reserviert wurden.

CT2

Erster digitaler Standard für Schnurlostelefone, entwickelt in GB. War auch erster Standard, der neben Sprach- auch Datenübertragung ermöglichte und für → *Telepoint* geeignet war.

CT2 baut auf CT1 auf und verwendet → *FDMA* und → *TDD* mit 1 μs Rahmenlänge auf 40 Kanälen mit 100 kHz Kanalabstand im Frequenzband von 864,1 bis 868,1 MHz.

Sprache wird mit → *ADPCM* (32 kbit/s, nach G.721) codiert und nach → *GFSK* zusammen mit Signalisierungsdaten mit 72 kbit/s über die Luftschnittstelle übertragen. Die Sendeleistung des Handgerätes beträgt maximal 10 und im Durchschnitt 5 mW. Die Reichweite liegt bei maximal 200 m.

Insgesamt ist CT2 sehr abhörsicher. CT2 sieht mehrzellige Konstruktionen mit Handover vor, wobei es sich um einen zentralen Handover (von BS initiiert) ohne jede Messung der Sprachqualität der MS handelt. Dies ist ein Nachteil für die Sprachqualität. Durch die mehrzellige Konstruktion lassen sich Systeme bis zu einer Verkehrskapazität von max. 5 000 Erlang/m^2 erreichen.

Neben herkömmlicher Sprachübertragung unterstützt CT2 auch Datenübertragung mit 2,4 kbit/s und höheren Raten, die die 32 kbit/s der Bearer-Kapazität (mehrere Kanäle, ohne Fehlerkorrektur) direkt nutzen.

Die Funkschnittstelle ist auch unter der Bezeichnung CAI bekannt (Common Air Interface) und nach der englischen Normung als MPT 1375 mittlerweile von der → *ETSI* unter I-ETS 300-131 genormt. CT2 ist daher für → *Telepoint*anwendungen (one way, d.h. nur abgehende Rufe) und zum Anschluß an → *PBX* bis zu max. 100 Nebenstellen ausgelegt. Telepointanwendungen wurden 1989 bis 1993 erfolglos in GB getestet. In Asien hingegen (Hong-Kong, Malaysia, China, Singapur, Thailand) und auch in Frankreich laufen Telepoint-Anwendungen. Ein Derivat des Standards ist → *CT2 plus*.

Er ist insbesondere in GB verbreitet und wurde dort auch 1989 von der British Telecom als erstes genormt (MPT 1334).

Angeregt durch Erfolge der CT0-Geräte wurde dabei, neben dem Einsatz im privaten Bereich, auch an den Einsatz im geschäftlichen Bereich gedacht.

Durch relativ hohe Kosten ist insgesamt jedoch kein wirtschaftlicher Erfolg für die Hersteller absehbar (zumal Schnittstellen zu → *ISDN* oder → *GSM* fehlen), auch wenn mittlerweile andere Länder auf der Welt, insbesondere in Asien, diesen Standard übernommen und zur Grundlage von Telepointanwendungen gemacht haben.

Ein weiteres Handicap liegt darin, daß schon zur Vorstellung von CT2 der leistungsfähigere → *DECT*-Standard am Horizont sichtbar war.

In Europa wurden 1994 ca. 0,4 Mio. Geräte verkauft bei einer bis dahin installierten Zahl von 0,6 Mio.

CT2 plus

Kanadischer digitaler Standard für Schnurlostelefonie.

Der Standard baut auf → *CT2* auf, sendet aber im Bereich von 944 bis 948 MHz und stellt 100 Frequenzen zur Verfügung, von denen fünf für → *Außen-Band-Signalisierung* reserviert sind. Auf den Frequenzen werden mit → *TDMA* je 12 Kanäle unterstützt. Diese Signalisierung unterstützt zahlreiche Features wie Location Updating, Location Registration und Paging, was → *Telepoint*-Anwendungen auch mit eingehenden Rufen ermöglicht.

CT3

Normungsvorschlag der schwedischen Firma Ericsson für ein digitales, schnurloses und zellulares Telefonsystem.

Wird auch DCT 900 (für Digital Cordless Telephone) oder BCT 900 (für Business Cordless Telephone) genannt.

Operiert im 900- bis 1 000-MHz Bereich (862 bis 864 MHz, bzw. in Erweiterung bis 866 MHz) bei 32 oder auch 64 Vollduplex-Kanälen. CT3 nutzt wie → *CT2* → *TDMA* und → *TDD* (im Gegensatz zu → *FDMA* bei anderen CT-Technologien) sowie → *ADPCM* zur Sprachcodierung und → *GMSK* zur Modulation. Dabei wird ein FDMA-Kanal für je 10 ms an 12 Kanäle vergeben, die jeweils 5/12 ms für zusammen 5 ms den Downlink und dann für 5 ms den Uplink nutzen. CT3 wurde mit Blick auf größere Nebenstellenanlagen hin konstruiert (bis zu 8 Basisstationen und 64 Mobilteile mit max. 100 mW). Der Handover zwischen verschiedenen Funkzellen (max. Radius von 300 m) der einzelnen Basisstationen ist möglich (im Gegensatz zu → *CT0*, → *CT1*, → *CT1+*, → *CT2*-Technik). CT3 war auch für Telepointanwendungen gedacht (two way, d.h. abgehende und ankommende Rufe im Gegensatz zu CT2).

CT3 war das erste Schnurlossystem, das → *Picozellen* zuließ.

Der CT3-Standard wurde nie von der ETSI zum offiziellen Standard erklärt. Er wird in der Literatur aber dennoch häufiger erwähnt, da er die Entwicklung von DECT sehr beeinflußte. Daher ist er auch sehr DECT-ähnlich und wurde in Europa von einigen Prototypen (für die → *CeBIT* 93) abgesehen nie umgesetzt.

Ericsson vertreibt Geräte dieses Standards allerdings weiterhin in Nord- und Südamerika sowie Australien, teilweise parallel zu ihren eigenen DECT-Produkten.

CTE

Abk. für Customer Terminal.

CTI

Abk. für Computer-Telephone-Integration.

Bezeichnet die Möglichkeit einer Schnittstelle vom Telefondienst zum Computer z.B. in der Kundenberatung einer Bank oder Versicherung (→ *Call Center*). Zentrales Merkmal ist die Lieferung der → *A-Nummer* an einen Rechner, der automatisch zum Anrufer passende Daten ausgibt. Ferner sind TK-Managementfunktionen per PC einfach zu handhaben (→ *Forwarding*, → *Screening*, → *Barring*).

Octel und VMX waren seinerzeit führende Anbieter, mittlerweile hat Octel VMX übernommen.

Die ursprüngliche Idee wurde 1987 von DEC als CIT (Computer Integrated Telephony) eingeführt. Erste stabile Anwendungen basierten auf Client/Server-Software und vielen Protokollen zur Verbindung von Vermittlung (→ *PBX*) und PC sowie einer Anwendungsschnittstelle (→ *API*). Derartige Produkte kamen um 1989 auf den Markt.

Es haben sich mittlerweile verschiedene Hard- und Software-Standards herausgebildet, z.B. → *SCSA* (Signal Computing System Architecture) von Dialogic, zur Implementierung von Sprachanwendungen über PCs.

Für die Schnittstelle zwischen einer Anwendungssoftware auf einem PC und der CTI-Software haben sich mehrere Standards herausgebildet: Microsoft förderte → *TAPI* (Telephony Applications Programming Interface) und Novell sowie AT&T pushten ihr → *TSAPI* (Telephony Service Applications Programming Interface).

Darüber hinaus unterscheidet man verschiedene Kontrollstrukturen. Bei Desktop CTI (auch First-Party-Control oder Direct-Call-Control genannt) kontrolliert der Nutzer von CTI an seinem PC sein Telefongerät und seine an ihn gerichteten Anrufe. Diese Art von CTI ist eher personenorientiert und findet Anwendung in individuellen beratungsintensiven Umgebungen, wie z.B. bei → *Tele-Banking* oder bei Versicherungen.

Bei Central CTI (auch Third-Party-Control oder Indirect-Call-Control genannt) kontrolliert ein unabhängiger CTI-Platz mehrere einzelne CTI-Anwendungen, um das Arbeiten dieser Gruppe zu optimieren. Beispiele für typische Anwendungen sind → *Hotlines*, große Bestellcenter oder → *Tele-Marketing*.

→ *Versit*, → *ECTF*, → *ECMA*, → *CSTA*, → *ACTAS*, → *MVIP*, → *USB*, → *GeoPort*.

CTIA

Abk. für Cellular Telecommunications Industry Association.

US-Verband von Herstellern, die Geräte für zellulare Mobilfunknetze produzieren. Sitz: Washington D.C.

CTM

Abk. für Circuit Transfer Mode.

CTP

Abk. für Connection Termination Point.

CTR

Abk. für Common Technical Regulations.

Offizielle Bezeichnung der → *ETSI* für ein von ihr verfaßtes Dokument, das Mindestanforderungen an technische Systeme zur Zulassung in der EU definiert. CTRs ermöglichen vereinfachte gesetzliche Verfahren zum Zugang zum EU-Binnenmarkt. Sie basieren auf → *TBRs*.

CTS

1. Abk. für Conformance Testing Service.
2. Abk. für Clear to Send.
   → *CSMA/CA*.

CTU

Abk. für Cabin Telecommunication Unit.

→ *Skyphone*.

Cu

Abk. für Kupfer, von lat. cuprum.

Das Grundmaterial für leitende Kabel bei der → *verdrillten Zweidrahtleitung* und beim → *Koaxialkabel*.

Cu-Asl

Abk. für Kupfer-Anschlußleitung.

CUG

Abk. für Closed User Groups.

Bezeichnet ein → *Dienstmerkmal* in digitalen Fernmeldenetzen, geschlossene Benutzergruppen (z.B. eine Firma und ihren Außendienst) zu definieren, deren Mitglieder Verbindungen nur untereinander schalten können.

Curie-Temperatur

Bezeichnung der Temperatur, bei der Ferromagnetika (Eisen, Kobalt, Nickel, Gadlinium) vom ferromagnetischen in den paramagnetischen Zustand übergehen.

Cursor

Schreibmarke. Bezeichnung für das Symbol (oft blinkend), das auf dem Bildschirm anzeigt, an welcher Stelle die nächste Eingabe erfolgt, wenn die Tastatur benutzt wird.

Als Cursor wird oft ein senkrechter oder ein waagerechter Strich (Unterstrich) benutzt.

→ *Prompt.*

Cut-Through-Switch

→ *Switch.*

CVrPkt

Abk. für C-Verstärker-Punkt.

Bezeichnung des Ortes im → *Breitbandkabelverteilnetz*, an dem sich der C-Verstärker befindet.

CVSD, CVSDM

Abk. für Continous Variable Slope Delta (Modulation).

Neben → *PCM* und → *ADPCM* ein weiteres Verfahren, analoge Sprache in einen digitalen Datenstrom zu wandeln (→ *Sprachübertragung*).

Dabei wird, ähnlich wie bei der → *Deltamodulation*, davon ausgegangen, daß sich benachbarte Abtastwerte nur gering unterscheiden. Eine positive Änderung der Abtastwerte wird durch eine 1 angezeigt, eine negative Änderung durch eine 0. Üblicherweise führt dies zu einer Datenübertragungsrate für Sprache von 32 kbit/s.

Nachteil: Bei Signalen mit nur geringer Änderung führt dies zu einem deutlichen → *Quantisierungsrauschen*, weswegen sich CVSD nicht zur Datenübertragung über 4,8 kbit/s eignet, sofern die Daten zuvor mit einem → *Modem* codiert wurden.

Vorteil: Einfache Konstruktion der Codierer.

Cybercafé

Auch Internet-Café genannt. Bezeichnung für normale Cafés, Bistros oder Kneipen, bei denen Sitzplätze mit Computern ausgerüstet sind, mit denen Besucher des Cafés für eine Stundenpauschale Zugang zum → *Internet* erhalten, um so zu kommunizieren oder zu surfen.

Cyberpunks

Andere Bezeichnung für → *Cracker.*

Cyberspace

Bezeichnung für eine mit → *Computern* produzierte Erlebniswelt, welche dem menschlichen Benutzer mittels spezieller Helme und Anzüge oder Anzugteile (Datenhandschuh) simuliert wird.

Dabei projiziert ein im Helm befindliches System Bilder, die gemäß der Bewegungen der Person mit ihrem Anzug verändert werden, so daß die Person das Gefühl hat, sich in einem echten Raum zu bewegen. Sensoren im Anzug werten die Bewegungen des Kopfes, der Beine, der Arme, Hände und Finger etc. aus und melden diese an einen Computer. Dieser ermittelt aus den von den Sensoren gelieferten Daten ein entsprechendes darzustellendes Bild.

Die Technik ist noch relativ neu. Experten versprechen sich jedoch viele Anwendungen in allen Bereichen, in denen zu erstellende Objekte geplant werden und vor Baubeginn ein Eindruck vermittelt werden soll (z.B. Architektur, Bauingenieurwesen, Design, Messebau, Dekorationshandwerk, Landschaftsbau, Innenausstattung, ...). Ferner in der Medizin.

Von dieser ‘strengen’ Definition abgeleitet ergibt sich der Cyberspace allgemein als jene Erlebniswelt, in der sich alle intensiven Nutzer von → *Online-Services* bewegen. Sie ergibt sich aus ihren eigenen Regeln (→ *Netiquette*), ihrem sprachlichen Jargon und allen sonstigen gesamtgesellschaftlichen Entwicklungen die damit zusammenhängen (Kleidung, Musikrichtungen, Fachzeitschriften etc.).

Eingeführt wurde der Begriff vom Science-Fiction-Autor William Gibson 1985 in seinem Roman 'Newromancer', in dem → *Hacker* ihre Gehirne an Computernetze anschließen, um sich so in einer scheinbaren virtuellen Welt (virtuellen Realität) zu bewegen. Angeregt zu diesem Roman haben Gibson die scheinbar völlig unansprechbaren Kinder vor Computerspielautomaten in Spielhallen seiner Heimatstadt Vancouver.

Das Wortteil 'Cyber' ist dabei von Kybernetik abgeleitet.

Cycle Stealing

Bezeichnung für den Vorgang des Anhaltens der → *CPU* durch einen anderen Baustein des → *Computers*, um gemeinsam genutzte → *Betriebsmittel* exklusiv zu nutzen. So könnte z.B. ein → *DMA*-Controller die CPU nur für einen Takt anhalten, um einen Zugriff auf den Speicher durchzuführen.

CYREC

Abk. für Cyclic Request Control.

D

D1 Netz

Digitales zellulares Mobilfunknetz nach dem → *GSM*-Standard. Von der Tochter der Deutschen Telekom T-Mobil-Net GmbH (früher: → *DeTe-Mobil*) betrieben.

D1-Nummern sind an der Vorwahl 01 71 erkennbar.

D2-MAC

MAC ist Abk. für Multiplexed Analogue Components. Eine europäische Fernsehnorm mit analogem Bildsignal und digitalem Ton (D2: duobinäre Codierung), die für die Ausstrahlung über Satellit entwickelt wurde.

Das Bildverhältnis beträgt 4:3 und 16:9 mit 625 Zeilen, von denen 575 sichtbar sind. Jede Bildzeile wird während 64 μs übertragen.

Es ist ein Fernsehübertragungsverfahren nach dem Zeitmultiplexsystem zur Vermeidung der gegenseitigen Störung des analogen Leuchtdichte- und Farbsignals. Leuchtdichtesignal wird im Verhältnis 3:2 und das Farbsignal im Verhältnis 3:1 komprimiert.

Es ist kompatibel zu HD-MAC.

Das Tonsignal kann flexibel genutzt werden, z.B. für hochqualitative Stereokanäle mit einer Dynamik von 80 dB oder für bis zu acht verschiedensprachige Tonkanäle in verringerter Qualität.

D2-MAC wurde einst eine große Zukunft vorausgesagt bis der Standard im Gewirr konkurrierender Standards, rasanten technischen Fortschritts (digitalisierte Bilder) und nationaler Interessen unterging, obwohl ein MoU am 28. Juni 1985 zwischen Deutschland und Frankreich unterzeichnet wurde.

Es wurden eine Zeit lang Programme in dieser Norm über TV-Sat ausgestrahlt und in das → *Hyperband* des → *Breitbandkabelverteilnetzes* eingespeist.

→ *HD-MAC*.

D2 Netz

Digitales zellulares Mobilfunknetz nach dem → *GSM*-Standard. Von Mannesmann Mobilfunk betrieben, daher erstes privates Telekommunikationsnetz in Deutschland.

D2-Nummern sind an der Vorwahl 01 72 erkennbar.

DA

1. Abk. für Doppelader.
   Andere Bezeichnung für die kupferbasierte verdrillte → *Zweidrahtleitung*.
2. Abk. für Destination Address.
3. Abk. für Digital Access.
4. Abk. für Demand Assignment.

DAB

Abk. für Digital Audio Broadcasting.

Bezeichnung für digitalen Rundfunk mit erweiterten Möglichkeiten, z.B. Pay-Radio. Das System ist für die Übertragung von digitalen Audio-Informationen optimiert und bietet zusätzlich Kapazitäten zur Datenübertragung.

Weltweit sind mehrere Systeme im Test, von denen in Europa ein Verfahren mit der Bezeichnung Eureka 147 eingesetzt wird, das von der → *ETSI* und der → *ITU* bereits standardisiert wurde.

Übertragungsqualität soll mit rund 1,5 Mbit/s der → *CD* entsprechen. Audio-Coding erfolgt nach → *MPEG II*. Dabei werden in diesem Datenstrom sechs oder sieben Stereoprogramme (zu je 128 oder 192 kbit/s) und ein Datenstrom mit 32 oder 64 kbit/s übertragen.

Gesendet wird in Deutschland auf 223 bis 230 MHz und im → *L-Band* (nur in Ballungsräumen). International hat die → *WARC* 1992 den Bereich von 1,452 - 1,492 GHz reserviert. Viele Länder setzen jedoch eigene Frequenzen fest, teilweise getrennt für terrestrische Verteilung oder Satellitenausstrahlung.

Zusätzlich zur reinen Ausstrahlung von Audioinformationen unterscheidet man zwei Kategorien von zusätzlich übertragenen Daten:

- Programmbegleitende Daten (PAD, Program Associated Data),
- Nicht-Programmbegleitende Daten (NPAD, .Non-Program Associated Data).

Daten der ersten Klasse haben unmittelbaren Bezug zu dem gerade ausgestrahlten Programm. Anwendungen sind z.B.:

- Typ des Senders (Klassik, Jazz, Pop ...),
- Name des gerade gespielten Stückes,
- Name des Moderators,
- Interpret, Komponist, Texter des gerade gespielten Stückes,
- CD-Bestellnummer,
- Liedtexte etc.

Daten der zweiten Klasse sind Daten, die keinen Bezug zum aktuell laufenden Programm haben. Anwendungen sind z.B.:

- Verkehrsleit- und -informationstechnik,
- Nachrichten aller Art,
- Wetternachrichten,
- Kleinanzeigen,
- Produktwerbung,
- Informationsdienste aller Art (Veranstaltungshinweise etc.).

Diese Daten können auf entsprechenden Anzeigen in den Endgeräten angezeigt werden.

DAB stellt ferner Leistungsmerkmale zur Verfügung, die → *RDS* für analoge Systeme ebenfalls leistet. Eine einmal im Autoradio gewählte Station wird konstant während der Fahrt beibehalten, auch wenn der Einzugsbereich eines ausstrahlenden Senders verlassen wird. Das Gerät sucht sich automatisch den nächsten, stärkeren Sender der gleichen Station und schaltet unbemerkt auf diese Frequenz um.

Das von deutschen Firmen dominierte Projekt Eureka 147 startete 1987. Zweijährige Pilotversuche in Deutschland ab September 1995 zur IFA in Berlin-Brandenburg, Bayern, Baden-Württemberg und dem Saarland. Wahrscheinlich folgen noch Tests in Nordrhein-Westfalen, Rheinland-Pfalz und Sachsen-Anhalt mit Thüringen. Offizielle Einführung wird für die IFA 1997 erwartet, zunächst nur mit Endgeräten für den mobilen Einsatz (Autoradios).

→ *DSR*, → *SARA*, → *ASR*, → *DVB*.

→ *http://www.dab-plattform.de/*

DAC

Abk. für Digital-Analog-Converter.

Ein elektronisches Bauteil zur Digital-Analog-Wandlung.

DACS

Abk. für Digital Access Cross Connect System.

Bezeichnung eines Vermittlungselementes, speziell für Datennetze, der auf dem Prinzip des → *Crossbar-Switches* aufbaut. Prinzipiell eine Sonderbauart des → *Cross-Connects* zum Durchschalten auf Fernstrecken von Teilbitraten mit Kapazitäten von n x 64 kbit/s außerhalb der offiziellen Bitratenhierarchien → *E1* und → *T1*.

Daemon

Abk. für Disk and Execution Monitor.

Oft auch nur Demon genannt. Ein aus der Mythologie entlehnter Begriff. Bezeichnung für einen ständig im Hintergrund laufenden und auf bestimmte Ereignisse reagierenden Prozeß, insbesondere in der → *Unix*-Welt anzutreffen.

Dämpfung

Ganz allgemein der unerwünschte Verlust an Energie eines Signals bei der Übertragung über ein physikalisches Medium.

Gegenmaßnahmen sind Verstärker, z.B. → *Repeater*.

Bei der Funkübertragung ist Dämpfung eine Ursache für → *Fading* bei der Ausbreitung elektromagnetischer Wellen in der freien Natur. Durch natürliche Vorgänge (Regen, Nebel, Schneefall etc.) verändern sich die Bedingungen, unter denen sich Wellen ausbreiten. Diese Bedingungen sorgen für eine weitere Abschwächung der Leistung eines Signals. Diese Dämpfung ist frequenzabhängig (→ *Dispersion*). Hohe Frequenzen wie sie z.B. beim → *Richtfunk* ab 12 GHz verwendet werden, werden durch Nebel sehr stark gedämpft. Ein Maß, dies zu erfassen ist die → *Freiraumdämpfung*. Nahezu ohne Dämpfung kann man optische Signale über Glasfasern übertragen (→ *Glasfasertechnik*).

DAF

Abk. für Directory Access Function.

Daisy Chain

Bezeichnung für das Hintereinanderschalten verschiedener Geräte in Reihe. Angewendet z.B. beim → *USB*.

Daisy Wheel Printer

Englischsprachige Bezeichnung für den → *Typenraddrucker*. Er hat seine Bezeichnung daher, daß das Typenrad entfernte Ähnlichkeit mit einem Gänseblümchen (engl. daisy) hat.

DAL, DAI

1. Abk. für Drahtlose Anschlußleitung.
   Bezeichnung für funkgestützten Anschluß von Nutzern von Telekommunikationsdiensten an ein Telekommunikationsnetz.
   Diese Technik wird meist übergangsweise dort eingesetzt, wo man nicht die Zeit zum Verlegen von Kabeln für drahtgebundene Anschlußleitungen hat, ein schneller Anschluß aber dennoch nötig oder erwünscht ist. Eingesetzt in Deutschland z.B. in den neuen Bundesländern.
   → *RITL*.
2. Abk. für Datenanschlußleitung.
   Begriff der Deutschen Telekom, der auf der unteren Netzebene des → *IDN* die Leitungen zwischen der Datenvermittlungsstelle (→ *DVSt*) und der Endstelle bzw. der Datenumsetzerstelle (→ *DUSt*) bezeichnet.

DAM

Abk. für Diagnostic Acceptability Measure.

Bezeichnung eines Qualitätsmaßes zur Beschreibung der Qualität digitaler Sprachkodierungsverfahren.

→ *DRT*.

DAMA

Abk. für Demand Assigned Multiple Access.

Bezeichnung eines Zugriffsverfahrens auf Satellitenfrequenzen, bei dem mehrere Erdfunkstellen um Frequenzen konkurrieren. Ist prinzipiell das Gegenteil von → *PAMA*.

D-AMPS

Abk. für Digital Advanced Mobile Phone System.

Bezeichnet das US-amerikanische digitale, zellulare Mobilfunksystem, auch genannt American Digital Cellular (ADC), US Digital Cellular (USDC) oder nach seiner Norm IS 136 (Interim Standard).

Sendet im 900-MHz-Bereich (Frequenzen für Up- und Downlink → *AMPS*). Überträgt mit Pi/4-DQPSK und 24,3 kBaud, was zu einer Datenrate von 48,6 kbit/s über die Luftschnittstelle für eine Frequenz führt.

Baut auf dem analogen System → *AMPS* auf, in dem die analogen Kanäle zu je 30 kHz mit → *FDMA* in drei digitale Kanäle mit → *TDMA*-Verfahren unterteilt werden. Dabei wird die Kapazität von 48,6 kbit/s mit TDMA auf sechs Timeslots verteilt, wovon je zwei zu damit drei Duplexkanälen zusammengefaßt werden. Genutzt wird dabei ein Vocoder (VSELP, Vectorsum Excited Linear Prediction), der 7,95 kbit/s an Sprachdaten und 13 kbit/s inklusive Fehlerkorrektur überträgt.

Durch die Einführung von in der Entwicklung befindlichen Half-Rate-Codecs kann die Zahl der Kanäle ein weiteres Mal verdoppelt werden.

In den einzelnen Netzen wird Kanal nach Kanal auf digitale Technik umgestellt. Es können daher sowohl analoge als auch digitale Endgeräte verwendet werden. Außerdem wird ein Abschalten von Netzen oder ein vorzeitiges Ausmustern noch nutzbarer Technik verhindert.

Die Verkehrskapazität liegt ca. 50 % höher als im → *GSM*-System, die Sprachqualität unter der des GSM-Systems.

Nach wie vor nutzt D-AMPS aber auch einen analogen Kanal, um beim Call-Setup auf einen digitalen Verkehrskanal zuzugreifen.

Unter IS-136 ist eine Variante von D-AMPS (IS-54 Rev. C) definiert, die digitale Signalisierungskanäle mit 48,6 kbit/s vorsieht. Dadurch wird → *SMS*, → *CUG*, Broadcast-Messages, Private User Groups und → *Paging* möglich.

In der Entwicklung seit 1988, genormt 1990 von der → *TIA*.

DAP

Abk. für Directory Access Protocol.

→ *X.500*.

DAPSK

Abk. für Differential Amplitude Phase Shift Keying.

Bezeichnung einer Sonderform der → *PSK*.

DARC

Abk. für Deutscher Amateur-Radio-Club.

Deutsche Amateurfunkervereinigung. Gegründet 1950. Ca. 60 000 Mitglieder. Sitz: Kassel. Ist deutsches Mitglied der → *IARU*.

Dark Fibre

Bezeichnung für ein Produkt, das von vielen → *Carriern* angeboten wird. Es bezeichnet die Dienstleistung, für eine Punkt-zu-Punkt-Verbindung lediglich eine Glasfaser einer bestimmten Art (→ *Glasfasertechnik*) ohne jede Beschaltung und ohne jedes weitere Zusatzgerät bereitzustellen. Es bleibt damit dem Nutzer überlassen, die Glasfaser selbst zu beschalten und zu eigenen beliebigen Zwecken zu nutzen.

Dieses Produkt wird häufig von flächendeckenden, ehemaligen Monopolanbietern (in Deutschland z.B. die Deutsche Telekom) neuen Wettbewerbern zur Verfügung gestellt, damit diese sich eine eigene Netzinfrastruktur aufbauen können.

Darüber hinaus ist es für Großunternehmen interessant, die sich damit ein → *Corporate Network* aufbauen möchten.

DARPA

→ *ARPA*.

DAS

1. Abk. für Dual Attached Station.
   → *FDDI*.
2. Abk. für Digital Accouncement System.
   In der Terminologie des Konzeptes des → *IN* eine Funktionseinheit, die digital gespeicherte Ansagen in eine Telefonverbindung einspielen kann, z.B. „Kein Anschluß unter dieser Nummer“.

DASS 2

Abk. für Digital Access Signalling System 2.

Bezeichnung des nationalen Protokolls zur Signalisierung im D-Kanal des → *ISDN* in GB, genutzt von British Telecom und Mercury.

DAT

Abk. für Digital Audio Tape.

Bezeichnung für eine Variante der digitalen Musikaufzeichnung auf Kassetten. Auf dem Markt seit 1987.

Wird dank Entwicklungen im Hause Sony und Hewlett-Packard in der Datenverarbeitung häufig als externes → *Bandlaufwerk* und Datensicherungsmedium für → *Backups* in → *Streamern* eingesetzt.

Beide Unternehmen definierten verschiedene Standards für Digital Data Storage (DDS). Das Band selbst ist 4 mm breit und hat eine Kapazität von 2 (DDS-1), 4 (DDS-2) oder 8 GByte (DDS-3) bzw. 24 GByte (DDS-3 bei Verdoppelung des Schreibtaktes und langem Band; gekennzeichnet mit DC für Double Capacity). Das Bandmaterial von DDS-2 ist dünner als das Band für DDS-1. Bis zu 1 MByte/s lassen sich sichern. Nach welchem Standard ein Band beschrieben wird, ist durch ein Media Recognition System (MRS, Streifencode) zu Beginn des Bandes festgelegt. MRS fehlt bei reinen DAT-Audio-Bändern. Darüber hinaus können DAT-Streamer die DAT-Audio-Kassetten nicht lesen, da bei Audio-Bändern eine Fehlerkorrektur weniger angewendet wird.

DAT nutzt Read-after-Write, d.h., als zusätzliche Korrektur werden auf das Band geschriebene Daten direkt nach dem Schreibvorgang wieder gelesen. Das Leseergebnis wird mit den ursprünglichen Daten verglichen.

Die Suchzeit für eine an beliebiger Position des Bandes gespeicherte Datei liegt bei max. 30 Sek. (DDS-1). Das Suchen erfolgt mit 100- bis 200facher Normalgeschwindigkeit, was durch den geringen Umspannungswinkel des Bandes um den Schreib-Lesekopf von 90° erreicht wird.

Für die Speicherung von Audiodaten werden diese mit einer Abtastrate von 48 kHz AD-gewandelt und im Schrägspurverfahren bei einer Neigung von 6° über eine schnell rotierende Trommel (2 000 bis 8 500 U/min) mit je zwei Schreib- und Leseköpfen auf ein sich mit 0,5 m/min daran langsam vorbeibewegendes 60, 90 oder 120 m langes Band aufgezeichnet, das sich in einer auswechselbaren → *Cartridge* befindet. Je Cartridge beträgt die Lebensdauer 25 bis 100 Durchläufe. Die Position des Schreib-/Lesekopfs wird permanent kontrolliert und ggfs. korrigiert.

Durch die langsame Bandgeschwindigkeit sind DAT-Streamer sehr leise und können daher in allen Büroumgebungen eingesetzt werden.

Es können Kratzer oder Knicke auf dem Bandmaterial bis zu 0,3 mm Länge hingenommen werden (Fehlerkorrektur erfolgt durch einen Reed-Solomon-Code). Größere Schäden führen zu einem Datenverlust.

→ *QIC*, → *Video-8*.

Data Dictionary

Andere Bezeichnung für → *Repository*.

Data over Voice

→ *DOV*.

Datagramm

1. Nicht klar definierter Begriff. Sehr oft synonym zu 'Paket' benutzt. Im Gegensatz zu diesem jedoch genau genommen die Bezeichnung einer kompletten, zu übertragenden Nachricht (Daten zeitunkritischer Art, wie z.B. Dateien, e-mails etc.) plus Verwaltungsinformationen (→ *Header*), die durch ein Netz mittels → *Message-Switching* übertragen werden, d.h. Datagramme beinhalten komplette Nachrichten, Pakete nur Teile davon.
2. Oft gemeint ist das spezielle Paketformat im → *ARPANET*, das Datagramm benannt wurde.

Data Marts

Bezeichnung für ein → *Data Warehouse*, das im Umfang der verwalteten Datenmenge allerdings sehr eingeschränkt ist, d.h., es handelt sich um eine kleine Anwendung, z.B. für einzelne Abteilungen, Niederlassungen oder kleinere Tochterunternehmen.

Die Datenbasis für derartige Data Marts kann allerdings aus den Daten des Data Warehouse oder Teilen davon stammen.

Data Mining

Im Frühjahr 1996 im Zusammenhang mit → *Data Warehouse* aufgekommener Begriff, der unter sich verschiedene Techniken (Mustererkennung, statistische Auswertungen, Zeitreihenanalysen, Datenmodellierung, neuronale Netze) summiert, mit denen aus umfangreichen, sehr detaillierten und verteilten Datenbeständen bislang unerkannte Informationen und Zusammenhänge zwischen den einzelnen Daten extrahiert werden können. Der Vorgang wird zwar durch Software-Tools gestützt durchgeführt, beinhaltet aber auch menschliche Vorgaben und Eingriffe.

Typischerweise steht am Ende des Mining-Prozesses ein bestimmtes Daten- und Zusammenhangmodell, das zunächst geeignet geprüft werden muß. Am Ende der Prüfung steht dann, ob der Mining-Prozeß mit veränderten Parametern und Suchkriterien erneut gestartet werden muß, so daß es zu einem iterativen Vorgehen kommen kann.

Anwendungsbeispiele: Ermittlung von Kundenprofilen aus Bestell-, Adress-, Zahlungs- und Reklamationsdateien oder die Marktsegmentbestimmung.

Data Ring

Bezeichnung eines kommerziell erhältlichen → *LAN*s. Entwickelt an der University of Cambridge als Cambridge-Ring.

Technische Grundlage ist die Bustopologie. Max. Übertragungsrate sind 10 Mbit/s, wobei einer angeschlossenen Station max. 1 Mbit/s zugewiesen wird. Datenpakete sind 38 Bit lang, davon 16 Nutzbits (Bit Nr. 20 bis 35).

Data Warehouse

Neben → *OLAP* eine weitere mögliche Realisierung eines Management-Informationssystems (MIS), obwohl Data Warehouses durch ihre Funktionalität neben dem Management auch für größere Kreise von Anwendern in einem Unternehmen interessant sind. Man spricht häufig auch von einem liberalerem oder demokratischerem Ansatz.

Dabei bezeichnet Data Warehouse eine Form der Datenverwaltung in Unternehmen. Als Wegbereiter der Idee des Data Warehouse gilt Bill Inmon, der den Begriff 1992 prägte und das Konzept zunächst bei IBM entwickelte und später die Firma Prism gründete, um entsprechende Produkte selbst zu entwickeln und zu vertreiben.

Bis zur Einführung eines Data Warehouses in einem Unternehmen waren EDV-Systeme in Unternehmen häufig nur auf administrative und organisatorische Zwecke ausgerichtet. Darüber hinaus hatten verschiedene Abteilungen häufig individuelle Software und individuelle sowie teilweise sehr detaillierte Datenstrukturen, die nicht zu der Software und zu den Datenstrukturen anderer Abteilungen kompatibel waren. Ferner wurden oft Daten nicht dauerhaft gespeichert, um langfristige Analysen über Entwicklungen durchzuführen.

Dies alles führte dazu, daß die in den Abteilungen der Unternehmen anfallenden Daten nicht oder nur sehr schwer gesammelt und ganzheitlich mit komplexen Systemen ausgewertet werden konnten, um strategische Entscheidungen vorzubereiten.

Beim Data Warehouse handelt es sich um eine eigene und, vom operativen Datenbestand, getrennte Datenbank, in die spezielle, klar definierte aktuelle und historische Daten aus dem gesamten in einem Unternehmen anfallenden operativen und, verteilt in anderen Datenbanken, gespeicherten Datenbestand automatisch, unabhängig von Soft- und Hardwareplattformen oder dem Kenntnisstand des Benutzers, einfließen. Darüber hinaus können weitere Daten aus externen Quellen (Fachzeitschriften, Onlinedienste etc.) berücksichtigt werden.

Dafür werden die ursprünglichen operativen Daten extrahiert, in ein einheitliches Format des Data Warehouse konvertiert und dann in dieses transferiert. Beim Schritt der Konvertierung kann es auch zu einer Integration kommen, indem in den operativen Datenbanken zuvor getrennte Datenbestände in einer Datenstruktur zusammengeführt werden.

Der dann entstandene Basisdatenbestand des Data Warehouses kann dann auf Anfrage von Nutzern gezielt nach speziellen Kriterien ausgewertet werden (Zeitreihenanalysen, Trendermittlungen), um auf diese Art Informationen zur Verfügung zu stellen, die dem Management als Basis zur Entscheidungsfindung dienen.

Die Information, wie und wo die ursprünglichen Daten gefunden und bearbeitet werden, werden als Meta-Daten bezeichnet und gesondert zur Rekonstruktion oder wiederholten Ausführung des Analysevorgangs gespeichert.

Ziel ist, daß Daten automatisch und auch langfristig von einem System gesammelt und ausgewertet werden, ohne daß eine Führungskraft in einem Unternehmen sich diese zunächst durch Telefonate selbst beschafft, verschiedenformatige Files oder sogar noch Papierausdrucke erhält und diese selbst, z.B. mit einer Tabellenkalkulation, erfassen und auswerten muß (→ *DSS*).

Ein weiteres Ziel ist, daß die Definition, welche Daten wie aufbereitet werden, nicht mit komplizierten, eine Schulung erforderlichen Abfragesprachen (z.B. → *SQL*) ermöglicht wird, sondern über bequeme, intuitive und grafische Benutzeroberflächen, die ihrerseits die Datenbank abfrage unsichtbar für den Nutzer im Hintergrund generiert (z.B. eine umfangreiches SQL-Abfrage erstellt) und an die Datenbank schickt.

Struktur eines Data Warehouse

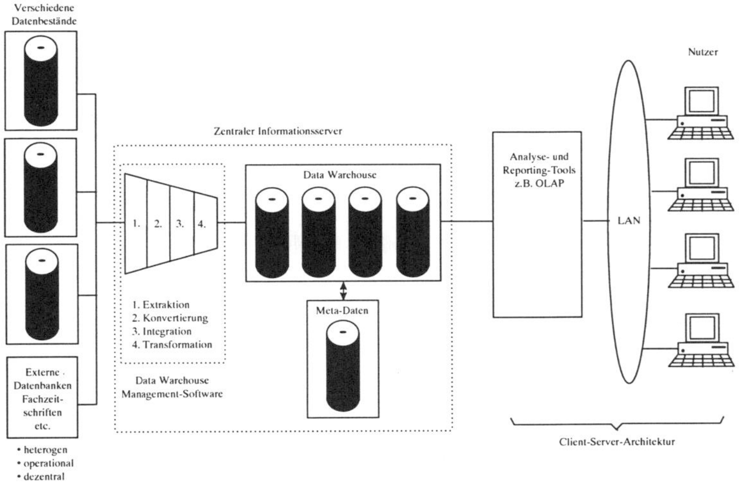

Die gesammelten Daten werden in einem Data Warehouse relativ lange gespeichert. Je nach Anwendung in Abhängigkeit von der Branche, können alle Daten oder Teile von ihnen für längerfristige Analysen für 12, 24, 48 oder noch mehr Monate gespeichert werden. Dies wirkt sich unmittelbar auf den benötigten Speicherbedarf aus.

Von dem Data Warehouse eines Unternehmens können kleinere Datenbestände mit nur kleinem Umfang als → *Data Marts* für einzelne Unternehmensteile abgeleitet werden.

Die technische Realisierung derartiger Systeme setzt folgende Komponenten voraus:

- Eine leistungsfähige Netzinfrastruktur, damit Daten in genügender Menge und schnell in das Data Warehouse einfließen können und damit Nutzer in angenehmer Antwortzeit Anfragen an das Data Warehouse stellen können.
- Einen großen bis sehr großen Speicher, realisiert durch → *Festplatten*, meistens im GByte- oder TByte-Bereich.
- Einen leistungsfähigen Rechner, oft ein paralleles System (→ *SMP*, → *MPP*).
- Ein relationales Datenbank-Managementsystem (→ *RDBMS*), das die Daten verwaltet.
- Eine mächtige und an die Nutzer leicht anpaßbare grafische Benutzeroberfläche (→ *GUI*), damit das System leicht mit Tools (Tabellenkalkulation etc.) zu bedienen ist. Bestandteil ist auch ein SQL-System, das die Anfragen der GUI in Anfragen umsetzt, die das RDBMS verstehen kann. Die GUIs für ein Data Warehouse können je nach Nutzer, der in verschiedenen Abteilungen sitzen kann, durchaus verschieden sein.
- Ein Data-Warehouse-Administrationssystem, das dem Administrator die Auswertung diverser Statistiken erlaubt (Zugriffshäufigkeiten aus Abteilungen und von einzelnen Nutzern, Antwortzeit, Größe des Datenbestandes, Fehler, ...) und insgesamt ein → *Monitoring* der Hard- und Software erlaubt.

Für die Schritte der Extraktion, Konvertierung, Integration und Transformation existieren verschiedene Tools:

- Code-Generatoren erzeugen aus dem eingehenden Datenbestand, nach vorher definierten Regeln, einen Basisdatenbestand des Data Warehouse, oft in Form von → *Cobol* Code. Code-Generatoren gelten als sehr flexibel und durch grafische Benutzerschnittstellen einfach zu bedienen.
- Daten-Replikatoren werden von Herstellern von RDBMS oft als Tool mitgeliefert. Sie erzeugen bei sich verändernden Daten automatisch Datenbestände der Alt-Daten gemäß einstellbarer Regeln. Der Umfang dabei vornehmbarer Änderungen der Datenformate ist aber sehr begrenzt, weswegen sich derartige Systeme nur für kleine Data Warehouses eignen (→ *Data Marts*).
- Copy-Management-Software repliziert schnell und einfach große Mengen von Daten, vermag dabei aber nur extrem wenige Transformationen vorzunehmen.

Datenbank-Gateways verzichten auf die Replikation von Daten und emulieren den eigenen Datenbestand eines Data Warehouses durch einen direkten Zugriff auf die operativen Daten. Sie gelten bei komplexen Operationen als langsam und in ihrer Funktionalität eingeschränkt.

→ *Data Mining.*

Dateizuordnungstabelle

→ *FAT.*

Datel-Dienste

1. Von der Deutschen Telekom geprägter Begriff aus der Vor-ISDN-Zeit, für Dienste, welche bisherige Fernmeldewege für die Datenübertragung nutzten. Abgeleitet von Data Telecommunications.
2. Auch int. übliche Bezeichnung für Datenübertragung über vermittelte Netze und Standleitungen aus öffentlichen Netzen.

Daten

Informationen, die verarbeitet oder übertragen werden sollen.

Datenautobahn

→ *NII.*

Datendirektverbindung

→ *DDV.*

Datenendstation

Deutsche, selten benutzte Bezeichnung für → *Terminal.*

Datenhandschuh

→ *Cyberspace.*

Datenkonferenz

Bezeichnung für → *Videokonferenzen* mit → *Application Sharing.*

→ *T.120.*

Datenpaketvermittlung

Deutsches, selten gebrauchtes Wort für → *Router.*

Datensichtgerät

Deutsche, selten benutzte Bezeichnung für → *Terminal.*

Datenvermittlung

Entscheidend bei der Vermittlung, besser: Übertragung, von Daten bzw. Dateien ist, daß der Verlust von Daten bzw. stark gestörte Daten, anders als bei → *Sprachvermittlung* oder bei der → *Videokonferenz*, nicht toleriert werden kann. Die Verzögerung bei der Übertragung (→ *Delay*) und eine nicht konstante Verzögerung über die Verbindungsdauer (→ *Jitter*) sind hingegen tolerierbar. Dies hat zu der Entwicklung der Technik der → *Paketvermittlung* geführt.

Datex-J

Abk. für Data Exchange für Jedermann.
Bezeichnung für den aus Btx hervorgegangenen Online-Service der Deutschen Telekom, der jetzt unter → *Telekom-Online* bekannt ist.

Datex-L

Leitungsvermittelter Dienst zur Datenübertragung der Deutschen Telekom. Ähnlich dem Fernsprechdienst, nur mit digitaler Basisbandübertragung, anderer Teilnehmerschnittstelle und geringeren Fehlerraten. Konzept wurde Mitte der 60er Jahre entwickelt. Netzausbau von 1975 bis 1980 mit Siemens-Komponenten (18 vollelektronische, digitale und speichergesteuerte Vermittlungsstellen EDS), erweitert 1984. Mittlerweile integriert ins → *IDN*. Verlor durch die Einführung von → *ISDN* zunehmend an Bedeutung und wurde Ende 1996 eingestellt. Andere europäische Länder haben ihren leitungsvermittelten Datendienst ebenfalls eingestellt.
Unterstützt wurden die Datenraten 0,3, 2,4, 4,8, 9,6 und 64 kbit/s.
Zugangsschnittstelle war → *X.21*.

Datex-M

Bezeichnung für ein Produkt der Deutschen Telekom. Angeboten wird der Datentransport über ein paketorientiertes Breitband-Datennetz. Das M hat keine exakt festgelegte Bedeutung und steht für Metropolitan, Multimegabit oder Multimedia.
In Betrieb ist das Netz mit dem dazugehörigen Dienst seit April 1994 mit 12 Knoten und auf doppelten Glasfaserkabeln basierend (vollduplex). Ende 1995 schon 200 Einwahlknoten. Basiert auf → *SMDS* als Dienst und → *DQDB* (IEEE 802.6) als Transportnetz. Bietet 34 Mbit/s Datentransfer im Netz und ist als temporäre → *LAN*-LAN-Verbindung gedacht. Zugangskanäle von 64 kbit/s bis 25 Mbit/s.
Tarifierung erfolgt unabhängig von Entfernung. Lediglich die Datenmenge ist entscheidend. Der Preis je Dateneinheit konnte in der Anfangszeit frei mit der Telekom ausgehandelt werden. Seit Februar 1995 besteht eine feste Tarifstruktur. Die Kosten ergeben sich aus einer einmaligen Anschlußgebühr, die je nach Datenrate zwischen 500 DM und 1 000 DM liegt plus eine monatliche Grundgebühr, in der allerdings bereits freie Datenvolumen enthalten sind, und den Datengebühren, die vom Sendevolumen abhängen.
Die Zugangskosten sind von den Kosten der Zugangsleitungen abhängig, die hierfür angemietet werden müssen. Hier ist allerdings schon kurz- bis mittelfristig mit einer erheblichen Vereinfachung zu rechnen, da das Netz um DQDB-Stationen erweitert wird und somit die Leitungen kürzer werden, was den Preis erheblich senkt.

Datex-P

Produktname für einen paketvermittelten Dienst (→ *X.25*) zur Datenübertragung der Deutschen Telekom seit Mitte 1982 (Testbetrieb seit 1981) auf Basis des Multiprozessorsystems SL 10 von Northern Telecom.
Seit Juli 1988 erweitert durch kompatible Einrichtungen von Siemens (EWSP). Insgesamt sind 21 Vermittlungsrechner in Deutschland in Betrieb. Es werden dabei nach einer Variante → *X.25* LAPB des → *HDLC*-Protokolls Datenblöcke zwischen den Vermittlungen übertragen. Auf den Leitungen des Netzes wird nach ATDM-Verfahren übertragen. Zugangsschnittstelle ist → *X.21*.
Ein erster internationalen Zugang, z.B. zu den US-paketvermittelten Netzen; hat schon seit 1977 über eine Vermittlung in Frankfurt bestanden.

Datex-S

Bezeichnung eines Produktes der Deutschen Telekom. Dabei werden leitungsvermittelte Wählverbindungen über Satelliten Punkt-zu-Punkt geschaltet. Wahlweise 64 kbit/s oder 2 Mbit/s.

DAU

Abk. für Digital-Analog-Umsetzer.

Dauergesprächszeit

Kenngröße der Belastbarkeit akkubetriebener Endgeräte wie z.B. → *Handies*.
Die Dauergesprächszeit gibt an, wie lange bei andauernder Nutzung durch ein Gespräch ohne Unterbrechung ein Endgerät mit einer Ladung des → *Akkus* genutzt werden kann.
Der in Prospekten und Datenblättern angegebene Wert ist abhängig von Umgebungstemperatur und der von der Netzabdeckung beeinflußten nötigen Sendeleistung des Endgerätes.
Eine andere Kenngröße der Belastbarkeit ist die → *Standby-Zeit*.

Dauerüberwachung

Dienstmerkmal im → *Euro-ISDN*. Dabei werden die → *Anschlußleitung* und einfache Endgeräte permanent hinsichtlich Funktionsfähigkeit und Übertragungsgüte überwacht.

DAVIC

Abk. für Digital Audio Visual Council.

Bezeichnung einer Arbeitsgruppe, die sich im Januar 1994 auf Initiative von Dr. Leonardo Chiariglione von der italienischen → *CSELT* gebildet hat. Offizieller Arbeitsbeginn war am 2. Juni 1994 in San José/Kalifornien. Der Sitz der Gruppe ist Genf. Mittlerweile hat sie um die 150 Mitglieder (Ende 1995).

Ihr Ziel ist, digitale audiovisuelle Anwendungen und Dienste durch internationale Harmonisierung der Standards zu fördern, beginnend mit Rundfunkdiensten. Erste technische Kommitees arbeiten daher an Empfehlungen für Video-Server, Broadband-Networks und → *Set-Top-Boxen*.

Dabei soll auf bereits existierende technische Standards von → *ITU*, → *ETSI* etc. zurückgegriffen werden, wie z.B. → *ADSL* oder → *MPEG*.

→ *http://airborne.cnm.bell-atl.com/davic/*

DAVID

Abk. für Digital Audio/Video-Interactive Decoder.

Bezeichnung einer Softwareplattform (Autorensystem) für digitale interaktive TV-Anwendungen aus dem Hause Microware. Läuft unter dem Betriebssystem → *OS-9*. Mit DAVID erzeugte Programme sollen Grundlage von → *Set-Top-Boxen* sein.

Bereits 20 Hersteller von Set-Top-Boxen und fünf Serverhersteller unterstützen DAVID.

dB

Abk. für → *Dezibel*.

DB

Abk. für Database, Datenbank.

Beispiele für DB in der TK: → *HLR*, → *VLR*.

DBI

Abk. für Database Interface.

Bezeichnung aller Funktionen, mit denen ein Nutzer auf eine Datenbank zugreifen kann.

DBMS

Abk. für Database Management System.

Bezeichnung für den Teil eines Datenbanksystems, das die Schnittstelle zu Anwendungen (anderen Programmen) oder zum Nutzer zur Verfügung stellt. Üblicherweise werden Operationen unterstützt wie Speichern, Einfügen, Ändern, Lesen und Löschen von Datensätzen.

→ *DDL*.

DBP

Abk. für Deutsche Bundespost.

Bis 31. Dezember 1994 die Bezeichnung der Dachgesellschaft von Telekom, Postbank und Postdienst.

DBPT

Abk. für Deutsche Bundespost Telekom.

Bezeichnung aus der Zeit vor der zweiten Postreform – vor dem 31. Dezember 1994.

DBR

Abk. für Distributed Bragg Reflector.

DBS

1. Abk. für Direct Broadcast Satellite.
   In den USA gebräuchliche Bezeichnung für den in Europa eher benutzten Begriff → *DTH* für Satellitenausstrahlung von Rundfunkprogrammen.
2. Abk. für Database System.

DC

1. Abk. für DLCI or DL-Core Control Indicator.
   Bezeichnung für ein spezielles Bit im Rahmenformat von → *Frame Relay* zur Anzeige der Verwendung der 6 hinteren Bit des → *DLCI*-Feldes.
2. Abk. für Direct Current.
   Englisch für Gleichspannung.
   → *AC*.

DCA

1. Abk. für Distributed Communication Architecture.
   Bezeichnet die Vernetzungsumgebung für Produkte der Firma Sperry Univac (heute: Unisys). Entwickelt in den 70er Jahren.
2. Abk. für Dynamic Channel Allocation.
   Bezeichnung eines Verfahrens zur Kanalzuteilung bei Mobilfunksystemen (insbes. bei schnurlosen Telefonen), wenn diese eine Verbindung zwischen → *MS* und → *BS* etablieren. Diese ändert sich bei DCA-Systemen von Mal zu Mal in Abhängigkeit, welche Kanäle frei sind etc. Bei anderen Systemen sind die Kanäle technisch fixiert (ab Werk eingestellt), d.h., das Gerät sendet nur auf einer oder auf bestimmten Frequenzen.
3. Abk. für Defense Communications Agency.
   Bezeichnung eines Amtes des US-Verteidigungsministeriums, welches das Defense Data Network (→ *DDN*) betreibt.

DCC

1. Abk. für Data Communication Channel.
   Bezeichnung für einen Kanal innerhalb des → *SDH*-Datenstroms für Netzmanagementinformationen.
2. Abk. für Digital Compact Cassette.
   Ein von Philips 1988 vorgestelltes System digitaler Audio-Kassetten. Erste Produkte waren erst ab Ende 1992 am Markt erhält-

lich. Das System ist abwärtskompatibel zum analogen Kassetten-System durch Verwendung des gleichen Gehäuseformates der Kassette und einen Magnetkopf im Abspielgerät, der auch herkömmliche analoge Kassetten lesen kann. Laufzeit des Bandes: 90 Minuten.

Mit dem PASC-Algorithmus (Precision Adaptive Subband Coding) wird die Datenmenge auf ¼ der herkömmlichen Datenmenge einer → *CD* komprimiert. Je Audiokanal stehen 192 kbit/s zur Verfügung.

3. Abk. für Digital Cross-Connect.

   → *Cross-Connect.*
4. Abk. für Data Country Code.

   → *CC.*
5. Abk. für Data Communication Conceptual (Block).

DCE

1. Abk. für Data Circuit-terminating Equipment.

   Ein i.d.R. vom Netzbetreiber zur Verfügung gestelltes Gerät, das den Netzabschluß für ein Endgerät nutzbar macht. Verschiedene Netze verfügen über verschiedene DCE.

   → *DTE.*
2. Abk. für Distributed Computing Environment.

   Bezeichnung einer von der → *OSF* erarbeiteten Spezifikation, die die Grundlagen von verteiltem Bearbeiten von Prozessen über → *WANs* auf mehreren Rechnern (verschiedener Hersteller) und somit die Grundlage von → *NOS* definiert. Darüber hinaus soll die Konfiguration und das Management von sehr großen → *LANs* (mit über 1 000 Einzelplatzrechnern wie → *PCs*) erleichtert werden.

   Ziel ist, daß eine ganze Reihe von im gesamten Netz (Clients und → *Server*) zur Verfügung stehenden Ressourcen jedem Nutzer unmerklich zur Verfügung gestellt werden können. Erste Version von DCE wurde von der OSF 1992 vorgestellt. Version 1.1. wurde im September 1994 veröffentlicht.

   Bestandteile sind ein → *X.500* Directory Service, die Benutzung von Remote Procedure Calls (RPC) als Grundlage der Kommunikation, eine Definition des netzweiten Timings, Sicherheitsmaßnahmen und die Verwaltung unabhängiger Prozesse.

   → *COBRA*, → *DOC*, → *Cluster.*

   → *http://www.osf.org/*

DCF

Abk. für Data Communications Function.

DCF 77

Abk. für Digital Code Frequency on 77,5 kHz.

Zeitsender mit Standort in Mainflingen bei Frankfurt/Hanau (24 km südöstlich gelegen). Sendeleistung: 24 kW. Genauigkeit: $3*10^{-14}$s. Die max. Abweichung pro Jahr liegt damit bei 1/100 000 s.

Der Träger sendet auf 77,5 kHz und ist amplitudenmoduliert mit Sekundenmarken. Durch Pulsdauermodulation der Sekundenmarken werden mit einem BCD-Code Uhrzeit und Datum (Sekunde, Minute, Stunde, Datum, Wochentag, Monat, Jahr) übertragen.

Der Sender ist in einem Radius von 1 500 km zu empfangen. Er wird von Atomuhr der PTB in Braunschweig getrieben.

Der Sender dient z.B. zur Synchronisation von Funkuhren, die mit eigenem Quarzlaufwerk ausgestattet sind, aber in bestimmten Intervallen (z.B. stündlich) ggfs. vom Funksignal korrigiert werden.

Andere derartige Systeme sind → *M8F*, → *HBG*, → *JG2AS* und → *WWVB*.

DCI

Abk. für Display Control Interface.

Bezeichnung für ein von Microsoft und Intel gemeinsam entwickeltes Verfahren zum direkten (schnellen) Schreiben von Informationen in den Bildspeicher einer Grafikkarte.

DCIT

Abk. für Digital Compression of Increased Transmission.

Bezeichnung eines seit Ende 1993 am Advanced Telecommunications Institute in Hoboken/New Jersey entwickelten Kompressionsverfahrens.

Das Verfahren ist unabhängig von der Art der zu komprimierenden Daten und gedacht für den Einsatz in Funksystemen. Es kombiniert ein Kompressions-, ein Kodierungs- und ein digitales Modulationsverfahren.

DCL

Abk. für Digital Command Language.

DCME

Abk. für Digital Circuit Multiplication Element.

Bezeichnung von Multiplexsystemen zur besseren Bandbreitennutzung von Satellitenübertragungsstrecken, z.B. durch → *VOX*.

DCN

Abk. für Data Communications Network.

1. Allgemein eine Bezeichnung für ein Datenkommunikationsnetz für Datenverkehr.
2. Im → *TMN* die Bezeichnung für das Netz, das nur für die Übertragung von Management-Daten zuständig ist.

DCOM

Abk. für Distributed Component Object Model.
Bezeichnung eines Gegenentwurfs aus dem Hause Microsoft zu → *COBRA*.

→ *http://www.microsoft.com/oledev/olemkt/oledcom/*

DCS

1. Abk. für Digital Cellular System.
   Ein insbes. in den USA benutzter Oberbegriff für digitale, zellulare Mobilfunksysteme. Häufig gemeint ist aber auch das System → *DCS 1800*.
2. Abk. für Digital Cross-Connect System.
   → *Cross-Connect*.

DCS 1800

Abk. für Digital Cellular System on 1800 MHz.
Bezeichnung für einen digitalen und zellularen Mobilfunkstandard (→ *zellulare Systeme*), der auf dem → *GSM*-Standard aufbaut mit dem Unterschied, daß nicht im 900-MHz-Band, sondern im 1,8-GHz-Band gesendet wird. Der Uplink beginnt bei 1710,2 MHz, der Downlink bei 1805,2 MHz (Duplexabstand: 95 MHz). Das System stellt 374 Trägerfrequenzen zur Verfügung.
Die Charakteristik der Funkausbreitung im 1,8-GHz-Band führt zu kleineren Zellen (→ *zellulares System*) mit einem Zellradius von 300 m in der Großstadt bis max. 8 km auf dem freien Land und somit geringerer nötiger Sendeleistung der Handgeräte (¼ bis 2 W, angestrebter Schnitt: 1 W). Dies führt in letzter Konsequenz zu im DCS 1800-Netz kleineren Handgeräten (→ *MS*) als im GSM-Netz.
Die → *BS* senden mit max. 20 W. Außerdem wird die Indoor-Versorgung besser sein und höhere Verkehrsdichten können abgewickelt werden (bis 500 Erlang/km^2). Netzbetreiber in Deutschland ist das 'e plus'-Konsortium. In der Zukunft kommt das Konsortium von Viag Interkom und → *BT* dazu (E2-Netz).
Als Dienste werden Sprachübertragung und Daten- sowie Faxübertragung mit max. 9 600 bit/s angeboten.
Neben DCS 1800 als eigenem Netz kann der Standard auch Grundlage für Underlay-Netze unter GSM sein, z.B. bei Kapazitätsproblemen in Ballungsgebieten.
Für Deutschland werden schätzungsweise 5 000 bis 6 000 BS benötigt.
DCS 1800 geht auf eine Initiative des britischen Handelsministeriums aus dem Frühjahr 1989 zurück, das seinerzeit ein → *PCN*-System ausgeschrieben hatte, welches zwischen → *DECT* und → *GSM* angesiedelt sein sollte, um aus damaliger Sicht primär Ballungsgebiete mit einem kostengünstigen Mobilfunksystem und tragbaren Endgeräten zu versorgen. Derartige Überlegungen sind durch den technischen Fortschritt überholt worden, so daß es sich mittlerweile nur um einen weiteren Standard in einem anderen Frequenzbereich handelt. Die Abweichungen vom GSM-Standard wurde in 11 sog. Delta-Papieren veröffentlicht. Erstes Netz nach dem Standard DCS 1800 war im September 1993 Mercury One2One in GB, gefolgt von Orange im April 1994 in GB und E-Plus in Deutschland im Mai 1994.

DCT

1. Abk. für diskrete Cosinus-Transformation.
   Ein Verfahren der linearen Transformation, das meistens als erster Schritt bei digitalen Verfahren der Bildkompression angewendet wird. DCT stellt einen Sonderfall der diskreten Fourieranalyse (→ *DFT*) dar, bei der nur die Anteile der Cosinustransformation berücksichtigt werden. Verfügt über gute Kompressionseigenschaften und wird deswegen bei → *JPEG* genutzt.
2. Abk. für Digital Cordless Telephony.
   Bezeichnet digitale schnurlose Telefone wie → *CT2*, → *PHP* und → *DECT*.
3. Abk. für Discrete Clock Transmitter.

DCT 900

Abk. für Digital Cordless Telephone at 900 MHz.
Eine andere Bezeichnung für den Standard für Schnurlostelefonie → *CT3*.

DD

Abk. für Double Density.
Bezeichnung für magnetische Speichermedien (→ *Disketten*), die eine doppelte Aufzeichnungsdichte im Vergleich zu → *SD* aufweisen. Es wird dazu → *MFM* zum Aufzeichnen der Daten genutzt.
Eine weitere Steigerung ist → *HD*.

DDBS

Abk. für Distributed Database System.
International gebräuchlicher Oberbegriff für ein (geographisch) verteiltes Datenbanksystem.

DDC

Abk. für Display Data Channel.
Bezeichnung eines von der → *VESA* definierten Standards für die Kommunikation zwischen Grafikkarte und Monitor, um Plug & Play-Systeme zu ermöglichen. Grundlage ist die Kommunikation über einen seriellen Kanal.
Der Standard unterscheidet verschiedene Stufen der Interaktion zwischen Monitor und Grafikkarte. In erster Stufe DDC 1 erkennt die Grafikkarte die Möglichkeiten des Monitors, der seine Daten in einem spezifizierten Format (EDID, Extended Display Identification Data, 128 Byte) einfach nur permanent ausgibt, d.h., der Datentransfer erfolgt lediglich unidirektional vom Monitor zur Grafik-

karte. Erkennbare Daten sind Kennummer des Monitors, Bildschirmgröße, Umfang des Supports von → *DPMS* und von der VESA definierte Timingparameter.

In einer zweiten Stufe DDC 2B können diese Daten geordnet von der Grafikkarte aus abgerufen werden. Dabei können Daten im EDID-Format und im umfangreicheren VDIF-Format (VESA Display Identification File) von der Grafikkarte angefordert werden.

In der folgenden, noch in der Entwicklung befindlichen Stufe DDC 2AB sollen die Monitorparameter (Helligkeit, Kontrast, Bildlage etc.) auch vom PC aus über Menüs auf dem Bildschirm und Maus- oder Tastatureingaben eingestellt werden können, d.h. Drucktasten oder Einstellräder am Monitor entfallen. DDC nutzt die Standard-VGA-Verbindungen, allerdings nur die, die nicht von → *VGA* genutzt wurden (Pin 12 und 15).

DDD

Abk. für Distance Direct Dialing.

In den USA gebräuchliche Bezeichnung für Selbstwahl im Fernnetz, auch → *LATA*-überschreitend.

DDF

Abk. für Digital Distribution Frame.

Bezeichnung für den Verteiler in einer digitalen Vermittlungsstelle, der die abgehenden Kabel mit der eigentlichen Vermittlung verbindet.

DDI

Abk. für Direct Dialing In.

Auch DID, Direct Inward Dialing, genannt. Bezeichnung aus der Nebenstellentechnik. Bezeichnet die Durchwahl zu einer Nebenstelle ohne Inanspruchnahme der Zentrale (→ *Console*).

DDL

Abk. für Data Description Language.

Datenbeschreibungssprache. Bezeichnet bei Datenbanksystemen die Sprache, die dem Datenbankverwalter die Definition von Datenstrukturen etc. erlaubt.

→ *SQL*.

DDN

1. Abk. für Defense Data Network.

   Bezeichnung eines 1982 aufgebauten Datennetzes in den USA, bestehend aus dem → *Milnet*, Teilen des → *Internet* und anderen, nicht-öffentlichen Netzen des Militärs. Wird betreut von der → *DCA*.

2. Abk. für Digital Data Network.

   Selten genutzter Oberbegriff für digitale Netze, die ausschließlich dem Datenverkehr vorbehalten sind.

DDS1, DDS2, DDS3

Abk. für Digital Data Storage 1 ... 3.

→ *DAT*.

DDV

Abk. für Datendirektverbindung.

Produktbezeichnung der Deutschen Telekom, die sich fast zum Gattungsbegriff gewandelt hat. Bezeichnet eine digitale Standleitung für Datenverkehr. Von der Deutschen Telekom werden DDVs mit verschiedenen Kapazitäten bis 2 Mbit/s zur Verfügung gestellt. Dabei geht die Leitung von Anschluß zu Anschluß ohne eine vermittlungstechnische Einrichtung dazwischen.

DDVs sind Produkte der Deutschen Telekom, die auf → *Monopolübertragungswegen* basieren. Im Gegensatz zu → *Standardfestverbindungen* haben DDVs eine bessere Qualität und höhere Verfügbarkeit, weswegen sie sich insbesondere für die Übertragung von Datenbeständen eignen.

Oft werden sie auch zum Aufbau von → *CN*s genutzt.

DE

1. Abk. für Discard Eligibility (Indication).

   Bezeichnung für ein Bit im Adressfeld des → *Headers* von → *Frame-Relay*-Datenpaketen, das anzeigt, ob im Falle von Überlast im Netz die Daten verworfen werden können (wenn Bit gesetzt zu 1).

   Das DE-Bit kann vom Sender selbst oder von hierarchisch hochgelegenen Netzknoten gesetzt werden. Das Netz wird dabei üblicherweise alle Daten, die oberhalb der dem Sender zugesicherten Datenrate liegen (→ *CIR*) als mit niedriger Priorität versehen definieren und dementsprechend DE auf 1 setzen.

2. Abk. für Datenentstörung.

Debugger, Debugging

Bezeichnung für eine an eine bestimmte → *Programmiersprache* gebundene Systemsoftware, oft Teil des → *Betriebssystems*, die es erlaubt, Programme Schritt für Schritt durchzugehen, um so Laufzeitfehler zu suchen und Programme zu testen. Parallel dazu kann der Quellcode Zeile für Zeile untersucht werden, Werte von Variablen abgefragt und das Programm angehalten werden.

Üblicherweise verfügen leistungsfähige Debugger heute über eine grafische Benutzeroberfläche die das Durchführen derartiger Operationen leicht erlaubt.

Die Bezeichnung bezieht sich auf die gängige Bezeichnung eines Fehlers als → *Bug* und der Vorgang selbst (Debugging) bedeutet soviel wie 'Entlausen'.

DEC

1. Int. gängige Kurzform für das Computer und Geräte für die Vernetzung herstellende Unternehmen Digital Equipment Corporation. Das Unternehmen wird oft auch nur kurz Digital genannt. Es entwickelte z.B. entscheidend → *Ethernet* mit, darüber hinaus → *DECnet* und eigenständig die Computer → *PDP* oder → *VAX*.
   → *http://www.digital.de/*
2. Abk. für Digital Echo Cancellation.
   Bezeichnung für Verfahren zur Unterdrükkung von Echos (z.B. am Übergang von Zweidraht- auf Vierdrahtleitungen) bei digitaler Datenübertragung.

DECT

Abk. für Digital European Cordless Telecommunications.
Bezeichnung eines europäischen Standards für digitale Schnurlostelefonie (→ *CT*).

DECT-Rahmenstrukturen

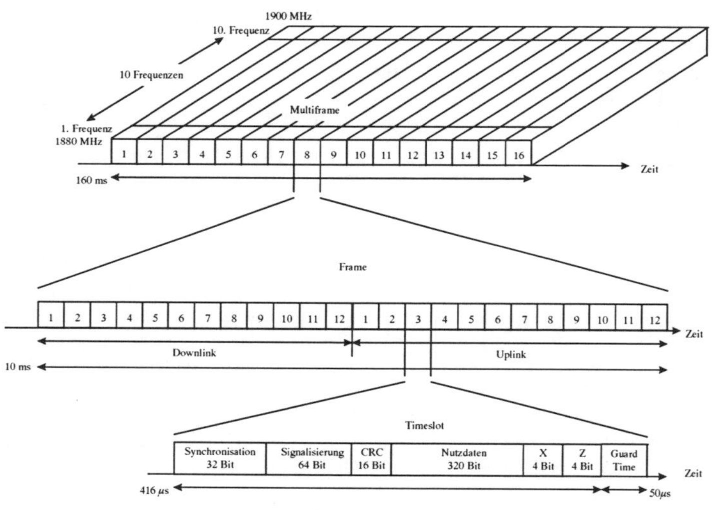

DE-CIX

Abk. für Deutschland Commercial Internet Exchange.
Bezeichnung eines zentralen Punktes in Deutschland, an dem sich einige kommerzielle Internet Service Provider (→ *ISP*) zusammengeschlossen haben, um direkt, ohne Umweg über transatlantische Verbindungen und USA, Nachrichten untereinander auszutauschen. Sitz ist Frankfurt/Main.
→ *DE-GIX*.

DECnet

Abk. für Digital Equipment Corporation Network.
Ähnlich wie → *SNA* ein proprietärer Netzwerkstandard für Großrechnerumgebungen (ursprünglich die VAX von DEC) mit Produkten der Firma Digital. Baut auf → *Ethernet* auf. Markteinführung 1975. Durch seine Flexibilität (Integration von → *PCs*, → *PDPs*, Macs und → *VAXen*) etablierte sich DECnet insbesondere im akademischen Bereich. Daher populär in den 70er und 80er Jahren, seither durch Multi-Vendor-Netze und Client-Server-Architekturen verdrängt. Dennoch in der Weiterentwicklung zur Phase V seit 1991 mit dem Ziel, die Protokolle an das → *OSI-Referenzmodell* anzupassen.

DECT arbeitet im Bereich von 1 880 bis 1 900 MHz bei späterer Erweiterungsmöglichkeit nach unten auf 1 850 MHz mit 10 Trägerfrequenzen (1,728 MHz. Trägerfrequenzabstand). Es wird → *FDMA* und → *TDD*, ebenso wie bei → *CT3*, sowie 2stufige → *GMSK*-Modulation genutzt.

Beim TDD-Verfahren unterscheidet man den DECT-Multiframe, der aus 16 DECT-Frames besteht, die sich alle 160 ms wiederholen. Die DECT-Frames bestehen aus 24 Timeslots zu je 416 µs, von denen die ersten 12 für den Down- und die anderen 12 für den Uplink reserviert sind.

DECT sieht eine → *ISDN*-Schnittstelle vor und ist gedacht für Mobilstationen bis zu einer Geschwindigkeit von ca. 20 km/h im Indoor-Bereich. Es ermöglicht dreidimensionale Zellenkonstruktionen (in Gebäuden) und daher Verkehrsdichten bis zu 10 000 Erlang/km² (!) bei der Abwicklung von Sprach- und Datenkommunikation. Wie → *CT2* benutzt DECT auch → *ADPCM* nach G.721 als Sprachcodec mit 32 kbit/s, die duplex übertragen wird. Die Gesamtbitrate über die Funkschnittstelle liegt bei 1 152 kbit/s, die bei Bedarf einem Nutzer exklusiv zur Verfügung gestellt werden kann (dann nur ein Nutzer an einer Basisstation).

Auf einer Frequenz können zwölf TDMA-Kanäle bedient werden (120 Duplexkanäle insges.), von denen jedoch mehrere zu einer Verbindung mit höherer Datenrate zusammengefaßt werden können, um so z.B. ISDN-Dienste anbieten zu können. In einfachster Ausbaustufe sieht DECT eine Zelle mit bis zu zwölf Handhelds vor (maximal 120). Bei mehrzelligen Anwendungen wird → *Handover* ermöglicht, der von der Mobilstation initiiert wird (dezentrales Handover, im Gegensatz zum zentralen Handover bei → *GSM*). Die Zellen selbst haben eine Ausdehnung von 200 m bis 250 m im Außenbereich und etwa 20 m bis 50 m im Innenbereich.

Insgesamt ist DECT sehr abhörsicher und verfügt über eine höhere Sprachqualität als GSM-Systeme. Die Luftschnittstelle für Telepoint-Anwendungen wird als GAP (generic access profile) bezeichnet. Ziel ist, eine Luftschnittstelle zur Verfügung zu stellen, über die → *MS* (bei DECT auch Portable Radio Termination, PRT, genannt) mit den → *BS* (bei DECT auch Fixed Radio Termination, FRT, genannt) anderer Hersteller kommunizieren kann.

Gedacht ist DECT für ein weites Spektrum von Anwendungen für private und professionelle Nutzer:

- Einzelne oder einige wenige Geräte zur Schnurlostelefonie im privaten Bereich (mit nur einer Basistation),
- Schnurlose TK-Anlagen mit zellularen Konstruktionen (mehrere Basisstationen) zur Abdeckung von Gebäuden oder Werksgeländen,
- → *Telepoint*-Anwendungen (Basisstationen an öffentlichen Orten),
- → *WLL*,
- Lokale Netze (→ *Wireless LAN*).

Die Entwicklung dieses Standards wurde 1985 noch von der → *CEPT* initiiert. Seit Januar 1988 erfolgte die massive Arbeit an einem europäischen Standard unterhalb von 2 GHz. Endgültig verabschiedet wurden im August 1992 von der ETSI die Standards ETS 300-175 und 176. Seither gab es marginale Änderungen bis zur Verabschiedung des GAP Ende 1994. Die Großserienfertigung von Geräten für den privaten Markt startete 1994. Erste Geräte (eine MS und eine BS) kosteten seinerzeit um die 1 500 DM.

DECUS

Abk. für Digital Equipment Corporation User Society.

Bezeichnung für eine 1961 gegründete Interessenvereinigung der Nutzer von Hard- und Software aus dem Hause → *DEC*. Ziel ist die Wissensvermittlung über neue Produkte aus dem Hause DEC, die Vermittlung praxisorientierten Trainings und das Feedback zum Hersteller. Dies wird erreicht über jährliche Symposien, regionale Treffen (LUGs, Local User Groups), Arbeitsgruppen (SIGs, Special Interest Groups), das DECUSnet und eine jedes Quartal erscheinende Zeitschrift.

Mittlerweile hat DECUS über 100 000 Mitglieder weltweit. Die Mitgliedschaft ist kostenlos. Der für Deutschland und Österreich zuständige Zweig ist erreichbar unter:

DECUS München e.V.
Freischützstr. 91
81927 München
Telefon: 0 89 / 95 91 10 82
Fax: 0 89 / 95 91 38 11

→ *http://www.decus.de/*

Dedicated Network

1. Englischer Begriff, etwa: zugewiesene Netze. Bezeichnung für Netze unter dem Gesichtspunkt der Zugehörigkeit angeschlossener Teilnehmer zu einer bestimmten, abgegrenzten Gemeinschaft. Ein LAN einer Abteilung oder über Mietleitungen verbundene PBXen sind z.B. Dedicated Networks. Das öffentliche Fernsprechnetz oder ein → *X.25*-Netz aber nicht. Vorteile von Dedicated Networks liegen in der höheren Datensicherheit und dem Schutz vor unbefugtem Zugriff. In öffentlichen Netzen können u.U. mit → *CUG*s Dedicated Networks simuliert werden.
2. Bezeichnung für ein Netz, das nur einen einzigen Dienst ermöglicht (z.B. Sprachübertragung).

DEE

Abk. für Datenendeinrichtung.

Bezeichnung für alle sendefähigen oder empfangsfähigen Datenstationen, z.B. → *Terminals* an einem → *Mainframe*.

→ *DTE*.

Default (-Wert, -Parameter)

Von engl. default = Fehlen, Nichterscheinen, Vermissen, Verzug.

Bei Software die Bezeichnung für Werte von Parametern, die für den weiteren Programmlauf genutzt werden, falls durch den Nutzer bei Abfragen oder bei der Installation des Programms keine anderen Angaben zu den Werten erfolgen.

Default-Werte werden bei Programmtests oder aus der Erfahrung gewonnen.

Default Route

Bezeichnung für einen Eintrag in einer Routing-Tabelle für einen einzigen voreingestellten Weg, d.h., es findet praktisch kein → *Routing* statt.

DE-GIX

Abk. für Deutschland Global Internet Exchange. Bezeichnung eines zentralen Punktes in Deutschland, an dem sich mehrere große Internet Service Provider (→ *ISP*) aus Deutschland zusammengeschlossen haben, um schnell und direkt, ohne Umweg Zugang zum globalen → *Internet* über → *GIX* zu erhalten.

Delay

Engl. für Verzögerung. Die Zeit, die z.B. zwischen dem Absenden und dem Empfangen einer Nachricht vergeht.

Delphie

Name eines kleinen → *Online-Service*anbieters in den USA.

DELTA

Abk. für Description Language for Taxonomy. Bezeichnung einer Beschreibungssprache für Datenformate, die speziell für Anwender entwickelt wurde, die keine Computerexperten sind und vorwiegend biologische Probleme mit dem Computer bearbeiten.

Prinzip der Deltamodulation

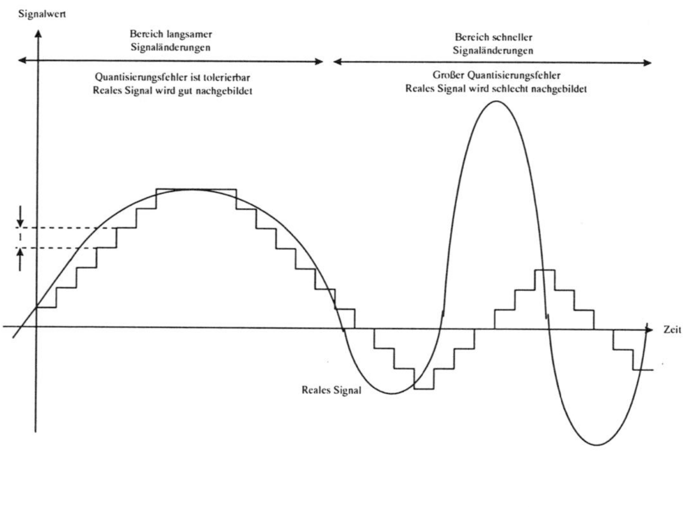

Sitz dieses Netzknotens ist München beim → *ECRC*.
→ *DE-CIX*.

Dekadenwahl

Bezeichnet die Auswertung von zwei Ziffern in → *EMD*-Wählern.

Dekameterwellen

Bezeichnung für elektromagnetische Wellen einer bestimmten Wellenlänge von 10 m bis 100 m und daher auch einer bestimmten Frequenz.
→ *HF*.

DEL

Abk. für Direct Exchange Line.

Entwickelt 1980 von M.J. Dallwitz, einem Etymologen der CSIRO (Commonwealth Scientific and Industrial Research Organization) in Canberra, Australien.

Deltamodulation

Eine Spezialform der differentiellen Pulscodemodulation (→ *DPCM*), bei der angenommen wird, daß sich benachbarte Abtastwerte nur um den Wert 1 oder -1 unterscheiden, so daß zur Codierung der Differenzen lediglich ein Bit benötigt wird. Die Deltamodulation ist sehr empfindlich für schnelle Signaländerungen. Dem hilft eine Erhöhung der Abtastrate, eine Vergrößerung der Stufenhöhe oder eine adaptive Stufenhöhe (adaptive Deltamodulation) ab.

Nachteilig ist ferner, daß gute Sprachqualität nur bei sehr hoher Bitrate (> 200 kbit/s) erreicht wird. Vorteil in jedem Fall aber: einfache Konstruktion und keine Wortsynchronisation nötig, da der Takt aus dem Signal erkennbar ist.

Beim Empfänger sorgt eine Tiefpaßfilterung für eine gleichmäßige Rekonstruktion des Eingangssignals.

Bei adaptiver Deltamodulation (ADM) wird die Stufenhöhe an das abzutastende Signal angepaßt. Gute Sprachqualität wird bei adaptiver Deltamodulation schon mit 16 kbit/s erreicht.

Erfunden wurde die Deltamodulation 1945 von dem Franzosen E.M. Deloraine.

Demand Priority

Bezeichnung eines Zugriffsverfahrens für ein mit → *Hubs* ausgestattetes → *LAN* nach dem Standard des → *Ethernet* mit den Kabeln nach 100Base-T. Dabei wird nicht mehr nach dem → *CSMA/CD*-Verfahren auf das Medium zugegriffen, sondern die sendewillige Station sendet eine mit einer Priorität versehene Anfrage an den Hub. Zeitkritische Multimedia-Anwendungen bekommen dabei die höchste Priorität. Die Priorität wird von der Anwendung selbst festgelegt, die → *MAC*-Schicht übergibt den Wunsch mit Priorität nur an den Hub, der über die Sendeberechtigung entscheidet.

Microsoft und Novell arbeiten an einer Realisierung dieses Verfahrens, das eigentlich kein echtes Ethernet mehr ist.

Demon

Andere Bezeichnung für → *Daemon.*

Demultiplexer

→ *Multiplexer.*

DENet

Bezeichnung des Forschungsnetzes in Dänemark, das nationales Teil des → *Internets* ist. Betreut durch das nationale dänische Computerzentrum UNI-C.

Depesche

Von dem französischen dépêcher = sich beeilen, etwas eilig abschicken; abgeleitete Ursprungsbezeichnung für per Telegrafie übermittelte Nachrichten.

Am 6. April 1852 schlug E.P. Smith im 'Albany Evening Journal' in Rochester/New York vor, anstelle des Wortes Depesche das Wort → *Telegramm* zu benutzen.

DEPSK

Abk. für Differentially Encoded Phase Shift Keying.

Eine Sonderform der → *PSK.*

Deregulierung

Begriff, der die Liberalisierung des Telekommunikationssektors und die gerechte Verteilung aller für die Anbietung von Telekommunikationsdiensten benötigten knappen Ressourcen (Numerierung, Wegerechte, Satellitenpositionen auf → *GEOs*, Frequenzen) auf Mehrere Anbieter bezeichnet. Umfaßt auch Privatisierung bisheriger staatlicher Monopole. Soll zu mehr Wettbewerb unter Dienstanbietern und System- sowie Endgeräteherstellern führen.

Üblicherweise wird zwischen Wettbewerbsregulierung (Marktmacht von Anbietern) und technischer Regulierung (Numerierungspläne, → *Interconnection*, → *Frequenzzuweisung und -zuteilung*) unterschieden.

In der EU wird das staatliche Monopol auf Telefondienste am 1. Januar 1998 fallen, bzw. für einige weniger weit entwickelte Staaten fünf Jahre später, nachdem es in den 80er Jahren bereits zu einer Deregulierung auf dem Endgerätemarkt gekommen ist.

Man unterscheidet allgemein zwischen einer symmetrischen Regulierung, bei der alle Marktteilnehmer den gleichen Regeln unterworfen werden, und einer unsymmetrischen oder auch asymmetrischen Regulierung, bei der der Marktführer (üblicherweise der alte nationale Carrier) besonderen Regeln unterliegt (→ *USO*).

In den USA werden unter Deregulierung auch Fragen behandelt, wie Long-Distance-Dienste, Informationsdienste, Dienstanbieter vs. Netzbetreiber, Kabelfernsehnetze und Telekommunikationsnetze etc. In Deutschland entwickelte sich die Deregulierung wie folgt:

1971

Die Kommission 'Deutsche Bundespost' leitet dem Bundestag den Entwurf eines Postverfassungsgesetzes zu. Darin ist eine Trennung der Bundespost vom zuständigen Ministerium und eine Lockerung des Dienst- und Haushaltsrechts vorgesehen. Der Entwurf kommt nicht durch.

1973 bis 1976

Die Kommission für den Ausbau des technischen Kommunikationssystems (KtK) definiert in einem Telekommunikationsbericht als Ziele die Vollversorgung mit Telefondienst, Einführung von Kabelfernsehen sowie neue Text-, Daten- und Bildkommunikationsdienste. Die Forderungen werden in den Folgejahren alle erfüllt.

Ende der 70er Jahre

Sachverständigenbericht über die Trennung von Postbetrieb und Telekommunikationsbetrieb.

14. März 1984

Verabschiedung des Regierungsberichtes zur Informations-Technik.

13. März 1985

Gründung der Regierungskommission Fernmeldewesen.

Februar 1987
Verabschiedung des Grundsatzpapiers zur künftigen Fernmeldepolitik.
1987
Die Bundesregierung ernennt eine Kommission zur Überprüfung der Notwendigkeit und Möglichkeiten einer Reform des Post- und Telekommunikationssektors.
März 1988
Referentenentwurf 'Post 2000'.
Juli 1989
Das → *Poststrukturgesetz* wird verabschiedet.
Trennung von Bundespost und Ministerium, Aufteilung in Telekom, Postdienst und Postbank.
Januar 1990
Einrichtung des → *BAPT* und Umgliederung des → *ZZF*.
Februar 1990
Erteilung einer Lizenz für Mobilfunk an Mannesmann.
Juli, August und Oktober 1990
Veröffentlichung bzw. Ergänzungen einer Verwaltungsvorschrift über die Schaffung von Chancengleichheit im Mobilfunkmarkt.
August 1990
Ergänzung der Mannesmann-Lizenz um die Genehmigung für die Errichtung eigener Strecken für → *Richtfunk*.
Erteilung von 32 Lizenzen für → *Bündelfunk*.
Januar 1991
Verwaltungsvorschrift der Telekom zur Trennung zwischen Monopol- und Wettbewerbsbereichen in der Kostenrechnung zur Verhinderung von Quersubventionen.
Februar 1991
Veröffentlichung eines Eckpunktepapiers zur bisherigen und zukünftigen Weiterentwicklung des Poststrukturgesetzes mit Blick auf das Telefondienstmonopol.
März 1991
Verwaltungsvorschrift der Telekom führt zu mehr Wettbewerb im Endgerätemarkt.
Neudefinition des Grundstückbegriffs führt zu liberaleren Auflagen für Kundenendeinrichtungen.
April 1991
Vergabe von sechs Bündelfunklizenzen.
September 1991
Definition des auf die Telekom übertragenen Rechtes des Netzmonopols und Ausgabe einer entsprechenden Verwaltungsvorschrift.
Bestimmung von Höchstpreisen für Monopoltarife für die Nutzung zu Mobilfunkzwecken führt zu reduzierten Tarifen.
Oktober 1991
Ausschreibung weiterer 22 Bündelfunklizenzen für A-Regionen, die im April 1992 vergeben werden.
November 1991
Ausgabe einer Verwaltungsvorschrift über Chancengleichheit im Bündelfunk.
Dezember 1991
Veröffentlichung von Grundsätzen über die Genehmigung von Tarifen für → *Monopolübertragungswege* durch das BMPT.
Tarifgenehmigung für die Mobilfunknetze D1 und D2 für ein Jahr.
März 1992
Umbenennung des ZZF zum → *BZT*.
Mai 1992
Ausgabe von Verwaltungsvorschriften für die 14 Bündelfunkregionen der Deutschen Telekom in A-Regionen.
Juli 1992
Ausgabe einer Verwaltungsvorschrift für das Telefondienstmonopol. Sie konkretisiert die Zuständigkeiten des Bundes, der Deutschen Telekom und zusätzlicher Netzbetreiber und Dienstanbieter.
1. Januar 1993
Zulassung von → *Corporate Networks*.
März 1993
Lizenzvergabe der 3. Mobilfunklizenz an das E-Plus-Konsortium.
Einführung einer → *Price-Cap*-Regulierung für Monopoldienste der Deutschen Telekom, die Mobilfunkanbietern angeboten werden.
Ergänzung der Bündelfunklizenzen um die Erlaubnis des Betriebs von Richtfunkstrecken.
August 1993
Ausgabe einer Verwaltungsvorschrift, die die Nutzung eigener Infrastruktur im regionalen Bereich für → *Corporate Networks* gestattet.
Oktober 1993
Ausschreibung einer Datenfunklizenz.
1994
Änderung von Art. 87 des Grundgesetzes, der die Privatisierung der Postbetriebe verbot.
1. Januar 1995
Zweite Stufe der Postreform tritt mit dem Postneuordnungsgesetz in Kraft.
27. März 1995
Veröffentlichung eines Eckpunktepapiers zum erwarteten Tk-Gesetz.
Juni 1995
Der Referentenentwurf für ein Telekommunikationsgesetzt (TKG) wird vom → *BMPT* veröffentlicht und diskutiert.
November 1995
Die → *Telekommunikations-Verleihordnung* tritt in Kraft.
Januar 1996
Das Bundeskabinett billigt einen modifizierten Entwurf des TKG und leitet ihn an den Bundestag weiter.
März 1996
Der Bundestag diskutiert das TKG in den Ausschüssen.

1. Juli 1996
Die alternative Infrastruktur von Energieversorgern, Stadtwerken, der Bahn etc. wird für die Nutzung durch Dritte freigegeben.
5. Juli 1996
Der Bundestag verabschiedet das TKG.
17. Juli 1996
Ausschreiben einer 4. Mobilfunklizenz.
1. August 1996
Das TKG tritt in Kraft.
November 1996
Die Deutsche Telekom geht an die Börse.
Januar 1997
Vergabe der 4. Mobilfunklizenz an E2.
1. Januar 1998
Öffentliche Sprachvermittlung wird freigegeben.

Derivat

Bezeichnung für Abkömmlinge, Dialekte und ähnliche Versionen mit nur kleinen Unterschieden einer → *Programmiersprache*, eines → *Betriebssystems* oder anderer → *Software*.

DES

Abk. für Data Encryption Standard.
Bezeichnet ein auf einem Chip realisierbares symmetrisches Verfahren (Two-Way-Verschlüsselungsfunktion, → *Private-Key*-Verfahren) zu gleichzeitiger Kompression und Verschlüsselung von Daten zur Übertragung über öffentliche Netze.
Es handelt sich um einen 64-Bit-Blockchiffrieralgorithmus mit 56 Bit langem Schlüssel (mit Parität: 64-Bit-Schlüssel), d.h., ein Text wird in Blöcke zu je 64 Bit zerlegt. Jeder dieser Klartext-Blöcke wir mit dem 56 Bit langen Schlüssel in einen ebenfalls 64 Bit langen Block mit Geheimtext verwandelt, der nur sehr wenig mit dem Klartext korreliert. Mit dem gleichen Schlüssel (symmetrisches Verfahren) werden die verschlüsselten Blöcke auch wieder entschlüsselt.
Neuere Versionen, Triple DES, verwenden 168-Bit lange Schlüssel. Die zu verschlüsselnden Daten werden dabei in Blöcke fester Länge zerlegt, die alle mit dem gleichen Verfahren verschlüsselt werden.
Das Verfahren kann zur Datenverschlüsselung und für digitale Unterschriften gleichermaßen herangezogen werden. Es gilt als 1 000 bis 10 000 mal schneller als → *RSA*, da es ideal in Hardware implementiert werden kann.
→ *Elgamal-Algorithmus*, → *Public Key*, → *IDEA*, → *PGP*.
Verabschiedet wurde DES 1977 von der → *ANSI* in den USA, nach Vorarbeiten der IBM seit 1972. War der erste Verschlüsselungsstandard für öffentliche Anwendungen. Wird hauptsächlich bei US-Behörden und Banken verwendet und ist dort weit verbreitet. Seit 1977 wurde es alle fünf Jahre als Standardverfahren durch die US-Regierung für amtliche Nutzungen gewählt.
Neuere und leistungsfähigere Verfahren lassen DES in seiner einfachsten Version allerdings als nicht mehr sicher genug erscheinen.

Descrambler

→ *Scrambler*.

Desktop

Bezeichnung einer Form von Gehäusen für die Aufnahme der Hauptbestandteile des → *PCs*. Das Gehäuse in flacher Quaderform ist (im Gegensatz zum → *Tower*) dazu vorgesehen, auf dem Schreibtisch (Desk) drauf (top) zu stehen. Auf dem Desktop-Gehäuse wiederum ist üblicherweise der → *Monitor* positioniert.
→ *Laptop*, → *Palmtop*.

DeTeCon

Tochterunternehmen der Deutscher Telekom und diverser Banken, das Beratungsleistungen auf dem Gebiet der Telekommunikation erbringt. Bis 1993 auch Betreiberin des → *D1*-Netzes. Sitz ist Bonn. Gegründet 1977.

DeTeMobil

Tochterunternehmen der Deutschen Telekom, die das analoge → *C-Netz* und das digitale → *D1-Netz* nach dem → *GSM*-Standard betreibt. Wird in Zukunft auch ein → *TFTS* anbieten.
Darüber hinaus werden auch die Leistungen von → *INMARSAT* in Deutschland vermarktet. Sitz ist Bonn.

Devine

→ *HD-Devine*.

Dezibel

Der zehnte Teil des Bel, abgekürzt mit dB. Benannt nach dem Erfinders des praktisch gebrauchbaren Telefons, Alexander Graham Bell (* 1848, † 1922), der auch diese 'Einheit' entwickelt hat.
Sie bezeichnet eine Pseudoeinheit für dimensionslose Größen und deutet an, daß zur Bildung des logarithmierten Verhältnisses zweier dimensionsgleicher Größen (meistens Leistungen, Pegel) der Zehnerlogarithmus benutzt wurde.
Diese Größe wird überall dort verwendet, wo ein Meßwert in bezug gesetzt wird zu einem Ausgangswert, z.B. die Ausgangsleistung eines Verstärkers in bezug zur Eingangsleistung oder die Leistung eines gedämpften Signals am Ende einer Glasfaserleitung zur eingespeisten Signalleistung am Anfang der Übertragungsstrecke.
Entwickelt wurde diese Meßmethode von Alexander Graham Bell während seiner Untersuchungen über das Gehör und das Hörverhalten. Testpersonen erklärten, sie empfänden Töne lediglich als doppelt so laut, wenn die Leistung des Tons ob-

jektiv durch Bell verzehnfacht wurde. Es lag also ein logarithmischer Zusammenhang zugrunde:

$$[dB] = 10 \log ([P_1]/[P_2])$$

Da die Zahlenwerte beim Benutzen des Bel zu unhandlich (zu groß) wurden, einigte man sich üblicherweise auf 1/10 davon, das Dezibel.

DFB

Abk. für Distributed Feedback (Laser).

DFE

Abk. für Decision Feedback Equalisation.

DFN

Abk. für Deutsches Forschungs-Netz. Bezeichnet einen deutschen Teil des → *Internet*, der vom Verein gleichen Namens getragen wird. Das Netz ist auch unter der Bezeichnung → *WiN* bekannt. Gegründet wurde der Trägerverein am 30. März 1984. Adresse:

DFN e.V.
Pariser Str. 44
10707 Berlin
Tel.: 0 30 / 88 42 99 23

DFP

Abk. für Distributed Functional Plane.
→ *IN*.

DFPDN

Abk. für Digital Fixed Public Data Network.
Bezeichnung für ein digitales Festnetz zur Bereitstellung von → *Festverbindungen* für Datenübertragung.
→ *PSPDN*, → *CSPDN*.

DFS

Abk. für Deutscher Fernmeldesatellit.
Name eines Fernmeldesatelliten, betrieben von der Deutschen Telekom.

DFSK

Abk. für Direct Frequency Shift Keying.
Deutsche Bezeichnung: Direkte Frequenzumtastung. Ein Verfahren der → *digitalen Modulation*, das eine spezielle Form der → *FSK* ist.

DFSM

Abk. für Dispersion Flattened Single Mode.

DFT

Abk. für Diskrete Fourier Transformation.
Bezeichnung für eine spezielle Form der Fourier-Transformation.
DFT ist eine lineare Transformation, die im Bereich der digitalen Bildbearbeitung zur Bildkompression (→ *Kompression*) eingesetzt wird. Heute nicht mehr weit verbreitet, weil effektivere Verfahren eingesetzt werden.
Die DFT zerlegt ein aus einzelnen Bildelementen (→ *Pixel*) bestehendes Bild in seine spektralen Komponenten Frequenz und Amplitude der Helligkeit. Große Flächen konstanter Helligkeit in einem Bild resultieren dabei in niedrigen Frequenzanteilen und viele kleine Flächen konstanter Helligkeit (d.h. ein detailreiches Bild) resultieren in hohen Frequenzanteilen. Das menschliche Auge nimmt jedoch als Eindruck eines Bildes eher große Flächen wahr, weswegen die hohen Frequenzen niedriger gewichtet und die Amplitudenwerte zu Null gesetzt werden.
Nachteilig bei diesem Verfahren sind dabei der sehr hohe Rechenaufwand und in ungünstigen Fällen starke Diskontinuitäten durch Periodizität. Diese Nachteile vermeidet die → *DCT*.

DFÜ

Abk. für Datenfernübertragung.
Bezeichnung für die Übertragung von Daten zwischen digitalen Rechenanlagen über Telekommunikationsnetze.

DFV

Abk. für Datenfernverarbeitung.
In Deutschland eine mittlerweile nur noch selten benutzte Bezeichnung für das verteilte Verarbeiten von Daten in digitalen Rechenanlagen. Dabei werden die Daten zwischen den zusammengeschalteten Rechenanlagen über Telekommunikationsnetze transportiert.

DFWMAC

Abk. für Distributed Foundation Wireless Media Access Control.
→ *IEEE 802.11*.

DGPS

Abk. für Differential Global Positioning System.
Bezeichnet ein neues und gegenüber dem bekannten → *GPS* genaueres System zur Positionserfassung mittels Satelliten.
Dabei wird ein GPS-Empfänger an einem Referenzpunkt mit exakt bekannten Koordinaten untergebracht und seine Position wird mittels des herkömmlichen GPS bestimmt. Anschließend wird die Differenz zwischen dem exakten Soll- und dem mit GPS ermittelten Istwert ermittelt. Diese Differenz wird zur Korrektur allen anderen GPS-Empfängern in der Nähe des Referenz-GPS-Empfängers per Funk zur Verfügung gestellt, so daß diese den Fehler berücksichtigen können. Die Genauigkeit dieses Systems wird in normalen kommerziellen Anwendungen so auf 10 m in der Horizontalen bei 95 % Wahrscheinlichkeit erhöht.
Spezielle Systeme erlauben bei exakten Daten eine Genauigkeit im Millimeter-Bereich.

DHCP

Abk. für Dynamic Host Configuration Protocol.

Bezeichnung für ein im → *Internet* genutzten Protokolls. Es dient dazu, temporär an das Internet angeschalteten Nutzern nur für diese Zeit eine → *IP*-Adresse aus einem Pool zur Verfügung zu stellen. Die Adreßknappheit des IP Version 4 wird dadurch gemildert. Es nutzt dabei Kommandos, die auch das → *Bootstrap*-Protocol nutzt. Im Vergleich zu diesem gilt es als sicherer und leichter zu handhaben. Entwickelt 1993 und verabschiedet als RFC 1541 1996. Gepusht insbesondere vom Hause Microsoft.

DHSD

Abk. für Duplex High Speed Data.

Dhrystones

Bezeichnung aus der Leistungsbewertung und dem Vergleich von Computern. Dabei wird die Zahl der je Sekunde abgearbeiteten (standardisierten) Prozeduren eines Programmes angegeben.

→ *Benchmark*-Test.

Dialback

Bezeichnung eines Sicherheitsmerkmals von → *Modems*, das sicherstellen soll, daß nicht unauthorisierte Personen Zugang über Modemverbindungen in Rechnersysteme erhalten.

Nach Durchgabe des Paßwortes unterbricht das zunächst abgerufene Modem die Verbindung und ruft die mit diesem Paßwort in Verbindung gebrachte Rufnummer zur eigentlich gewünschten Verbindung mit Nutzdatenübertragung zurück.

Dialekt

Bezeichnung für verschiedene Versionen einer → *Programmiersprache*, die um Details differieren.

Dialing Machines

Begriff aus der Nebenstellentechnik. Bezeichnung für Funktionseinheiten, die automatisch Nummern wählen, bis der Teilnehmer entweder frei ist oder an den Apparat geht. Vorteil: der → *A-Teilnehmer* wird vom häufigen Wählen entlastet; Nachteil: es wird hoher ungenutzter und überflüssiger Verkehr auf dem Netz generiert, da jeder Verbindungsversuch das Netz belastet. Aus diesem Grund sind Dialing Machines nicht in jedem Land bzw. Netz erlaubt.

Zulässig sind u.U. Varianten, z.B. daß eine Dialing Machine nicht permanent versucht, einen Anrufer zu erreichen falls dieser besetzt ist, sondern nur in, z.B., 5-Minuten-Abständen oder maximal dreimal mit zeitlich wachsenden Abständen zwischen den Versuchen.

Dialog

In → *Online-Services* die Bezeichnung für das Zusammenschalten von zwei Teilnehmern zum sicheren, ungestörten und direkten Austausch von Informationen in Echtzeit.

Dialogtaste

Deutsche und seltener gebrauchte Bezeichnung für → *Soft Key*.

Dialogverarbeitung

Bezeichnung für eine interaktive Verarbeitungsstrategie von Aufträgen in Rechensystemen, bei der im Gegensatz zur → *Batchbearbeitung* der Benutzer die Aufträge jeweils nacheinander erteilt, z.B. weil die Eingabe des einen Auftrages zuvor die Ausgabe eines anderen Auftrages bedingt.

DIANE

Abk. für Direct Information Access Network for Europe.

Bezeichnung eines europäischen Datennetzes für Informationsdienste.

Dibit

Eine Gruppe von zwei Bit. Begriff aus der Modulationstechnik, wo mit entsprechenden Codierungstechniken zwei Bit mittels eines Signals (Symbols) über einen Kanal geschickt werden können.

Dickkernfaser

Bezeichnung aus der → *Glasfasertechnik* für dikke → *Multimode-Fasern*.

DICOM

Abk. für Digital Imaging and Communications in Medicine.

Bezeichnung eines nordamerikanischen Standards für in digitaler Form vorliegende medizinische Informationen aller Art wie z.B. Röntgenbilder, Computertomographie, Ultraschallbilder und Patientendaten.

Entwickelt ab 1983 vom American College of Radiology (ACR) und der National Electrical Manufacturers Association (NEMA). Mittlerweile in Version 3.0 vorliegend.

→ *http://www.xray.hmc.psu.edu/*

→ *Tele-Medizin*.

DID

→ *DDI*.

Die

Bezeichnung für das den Schaltkreis tragende Siliziumplättchen innerhalb eines Gehäuses eines → *ASICs*.

Dienst

1. Engl.: Service. Kurzbezeichnungen für Dienstleistungen in Telekommunikationsnetzen, die der Betreiber in Gestalt bestimmter Funktionalitäten und i.d.R. gegen eine Gebühr einem Nutzer zur Verfügung stellt. Damit ist diese Interpretation des Dienstbegriffs ähnlich einem Produkt.
   Der Umfang und die Dienstgüte werden durch → *Dienstmerkmale* (→ *Forwarding*, → *Screening*, → *Barring*, → *Gebührenanzeige* ...) festgelegt, die eine Beeinflussung von oder Informationen über das den Dienst ermöglichende Vermittlungssystem erlauben.
   Beispiele für Dienste sind: Telefonie, → *Fax*, → *Teletext*, Paketdatenübertragung.
   Der Begriff Service ist von der → *ITU* in G.106 und E.800 definiert worden.
   → *VAS*.
2. Im Rahmen des → *OSI-Referenzmodells* die Kurzbezeichnung für den Leistungsumfang einer Schicht, den diese mit Hilfe eines Schichtprotokolls der darüberliegenden Schicht über einen → *Dienstzugangspunkt* erbringt.

Dienstelement

→ *Dienstprimitiv*.

Dienstmerkmal

→ *Dienste*.

Dienstprimitiv

Auch Dienstelement oder Service Primitive genannt. Abstrakter, generalisierender Begriff. Bei der Beschreibung von Protokollen können viele Vorgänge in verschiedenen Protokollen auf einige einheitliche, allen gemeinsame grundsätzliche Bestandteile reduziert werden, die man Primitive oder auch Dienstprimitive nennt. Diese sind i.A. die vier Primitive:

- Indication,
- Confirm,
- Request,
- Response.

Die vier Primitive werden mit einer weiteren Vokabel des eigentlichen Dienstes kombiniert. Die Darstellung erfolgt durch Verbindung beider Wörter mit Punkt oder Unterstrich. So zeigt beispielsweise ein von einer Controller-Unit an eine zweite ausgesendete Connect.Request an, daß jemand eine Verbindung aufbauen will. Der zweite Controller empfängt den Request als Connect.Indication und sendet als Bestätigung ein Connect.Response, was der erste als Connect.Confirm empfängt. Der Begriff des Service Primitives ist von der → *ITU* in X.210 definiert.

Dienstzugangspunkt

1. Abstrakter Begriff aus dem → *OSI-Referenzmodell*, der den Punkt bezeichnet, an dem eine Schicht als Diensterbringer einen → *Dienst* einer anderen, darüberliegenden Schicht als Dienstnutzer zur Verfügung stellt. Über diesen Dienstzugangspunkt kommunizieren Diensterbringer und Dienstnutzer mittels → *Dienstprimitiven*.
2. Abstrakter Begriff aus der Netztechnik. Bezeichnet den Punkt, an dem über ein Telekommunikationsnetz eine von einem Telekommunikationsdienstleister zu kommerziellen Zwecken angebotene Dienstleistung durch einen Nutzer genutzt werden kann.

Differential SCSI

→ *SCSI*.

Differenz-Backup

→ *Backup*.

DIGI

Abk. für Deutsche Interessengemeinschaft Internet e.V.

Bezeichnung eines 1992 gegründeten Vereins, der gleichzeitig das deutsche Chapter der Internet Society (→ *ISOC*) repräsentiert. Mitglieder sind insbesondere Universitäten, wissenschaftliche Einrichtungen, Unternehmen und Einzelpersonen, die sich der Technik des Internets bedienen.

Ziele des Vereins sind eine Förderung des Informations- und Erfahrungsaustausches seiner Mitglieder, eine Sicherstellung einer geordneten Weiterentwicklung des Internets in Deutschland, Weiterentwicklung der technischen Grundlagen des Internets, Förderung des fairen Wettbewerbs, der Koordination und der Zusammenarbeit von → *ISPs* zur Preis- und Qualitätsoptimierung im Sinne der Nutzer sowie Bildung eines Forums zur Formulierung von Nutzerinteressen.

Die Arbeit gliedert sich in mehrere Arbeitskreise.

Adresse:

DIGI e.V.
Bretonischer Ring 7
85630 Grasbrunn
Tel.: 0 89 / 4 56 91 10
Fax: 0 89 / 45 69 11 21

→ *http://www.digi.de/*

Digital

Bezeichnung für die Beschreibung eines Signals durch Zahlen. Im Gegensatz zu → *analogen* Vorgängen, bei denen Zeit- und Wertkontinuen vorliegen, erfolgt die Beschreibung mit digitalen Methoden durch diskrete Zeitpunkte und diskrete Werte, d.h. digitale Signale existieren nur zu fest definierten Zeitpunkten als bestimmte, erlaubte Werte.

Digitale Modulation

Bezeichnet eine Gruppe von Verfahren, zu übertragende digitale Signale in für analoge Signale und analoge Übertragung geeignete Signalformen zu überführen. Man unterscheidet dabei Basisbandübertragung und Bandpaßübertragung.

Digitale Signale, die über eine Leitung übertragen werden sollen, können nur über geringe Entfernungen als die digitale Signalfolge von Nullen und Einsen ideal repräsentierende Rechteckschwingungen oder in ähnlicher idealer Impulsform übertragen werden (z.B. vom PC zum Drucker). Bei größeren Entfernungen sorgen die Kabeldämpfung und Störeinflüsse bei dieser Technik für eine Verzerrung der Signale, so daß die Daten verfälscht ankommen und nicht mehr korrekt decodiert werden können. Beispiele für andere Übertragungsverfahren binärer Signale sind → *NRZ* oder das → *Bipolarverfahren.*

Analoge Signale (Schwingungen) können jedoch relativ problemlos auch über größere Entfernungen unverfälscht übertragen werden, weswegen die Idee der digitalen Modulation ist, digitale Signale durch analoge Signale zu repräsentieren (zu codieren) und diese analogen Signale über physische Medien zu übertragen. Grundsätzlich besteht damit das Problem, digitale Daten über analoge Kanäle übertragen zu müssen (Kabel, Funkkanal). Es wird also eine Vorschrift benötigt, die digitale Daten auf analoge Signale (Sinusschwingungen) abbildet. Dies wird durch eine Bandpaßübertragung erreicht. Dabei ist zu beachten, daß der Kanal eine bestimmte Übertragungsqualität zur Verfügung stellen muß, die sich in einem → *SNR* ausdrückt.

Hohe Qualitäten bei der Übertragung erreicht man durch das Zusammenfassen mehrerer Bit und deren Übertragung durch nur einen analogen Signalschritt (oft dann auch Symbol genannt). Beispielsweise kann durch ein Signal mit 64 möglichen Stufen (oft auch Zustände genannt) eine Gruppe von 6 Bit codiert werden ($2^6 = 64$).

Der Empfänger muß jedoch in der Lage sein, die durch den Übertragungskanal gestörten (verzerrten und gedämpften) Signale zu unterscheiden und zu dekodieren. Dies ist (Faustregel) nur möglich, wenn ein SNR von 6 dB je in einem Signal zu kodierendem Bit gegeben ist.

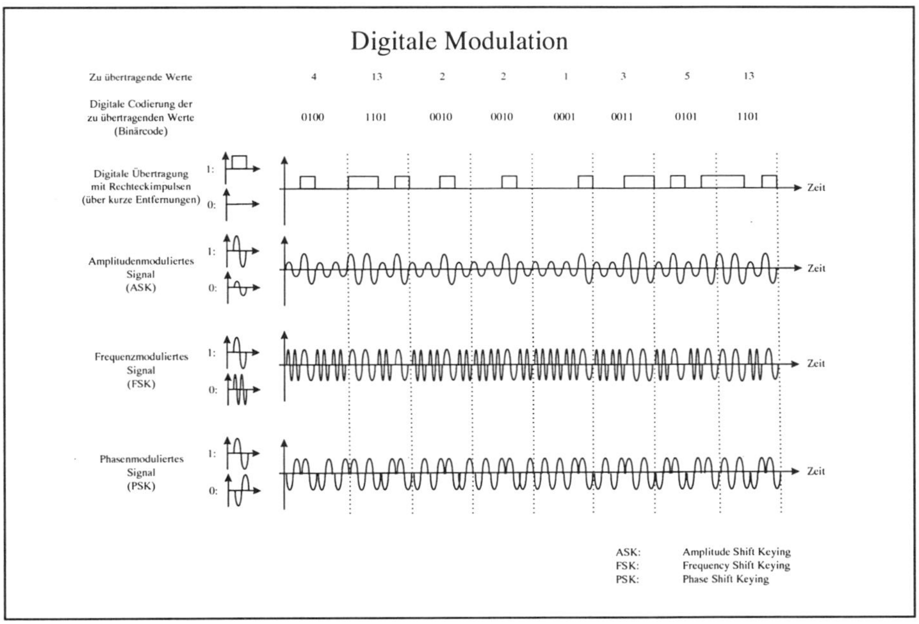

Man unterscheidet verschiedene Verfahren, wie z.B. → *ASK*, → *FSK*, → *PSK*, → *CAP* oder → *DMT*.

Digitalisierung

Unter Digitalisierung versteht man in der Telekommunikation den Übergang von der analogen Übertragungs- und Vermittlungstechnik hin zu digitaler Übertragungs- und Vermittlungstechnik.

Grundsätzliche Vorteile digitaler Bauteile und Systeme, sowohl bei der Vermittlungs- als auch der Übertragungstechnik, sind:

- Energieersparnis,
- Hoher Automatisierungsgrad,
- Geringerer Wartungsaufwand,

- Hoher Standardisierungsgrad,
- Kostengünstigere Bauteile,
- Durch programmierbare Bauteile größere Flexibilität.

Vorteile der digitalen Technologie bei der Datenübertragung zwischen den Vermittlungen sind:

- Hohe Übertragungsqualität durch die Möglichkeit der Fehlererkennung und -korrektur.
- Hoher Datenschutz durch Verschlüsselungsmöglichkeiten.
- Hohe Übertragungskapazität durch bessere Ressourcenausnutzung von Frequenzen und der Zeitdimension.
- Möglichkeit der Einrichtung von leistungsfähigen und zentralen Netzmanagementsystemen.

Vorteile, speziell der digitalen Vermittlungstechnik, sind:

- Schneller Verbindungsaufbau.
- Leistungsfähigere weil größere Vermittlungen
- Gleichzeitig räumlich wesentlich kleinere Vermittlungen.
- Integration von Sprach- und Datenverkehr hin zu multimedialen Systemen.
- Schnelle und kostengünstige Einführbarkeit neuer Dienste und Dienstmerkmale.

Das Fernsprechnetz war zunächst ein analoges Netz. Erste digitale Übertragungsstrecken im Fernbereich für → *PCM*-Übertragung wurden kupferkabelgebunden bereits 1973 eingesetzt (in großem Umfang ab 1975). Feldversuche mit digitalen Anschlußleitungen gab es von der damaligen Bundespost 1979/80 in Berlin.
Erst mit der Digitalisierung der Vermittlungsstellen können jedoch Verbindungen durchgehend digital aufgebaut werden (→ *ISDN*). Mit dem Einsatz digitaler Fernvermittlungsstellen wurde von der damaligen Bundespost 1983, mit dem Einsatz digitaler Ortsvermittlungsstellen 1984 begonnen. Die Fernebene ist seit Juni 1994 digitalisiert, die Ortsebene mit rund 5 300 Ortsnetzen wird nach aktuellen Planungen erst Anfang 1998 voll digitalisiert sein (ursprüngliche Planungen: 2019, dann 2013, dann 2000). Die 50 größten Ortsnetze der Deutschen Telekom waren allerdings bereits Ende 1996 digitalisiert.
Digitaler → *Richtfunk* wurde ab 1981 eingesetzt.
Als Übertragungsmedium im Fernbereich wurde schon früh die → *Glasfaser* eingesetzt. Dabei wurde insbesondere die Monomodefaser verwandt.
Vorläufer der volldigitalen Vermittlungen waren in den 60er Jahren elektronisch gesteuerte oder auch speicherprogrammierbare elektronische Vermittlungen (→ *SPC*). Die erste elektronische Vermittlung wurde dabei 1966 in GB installiert.

Digital Video

→ *DV*.

DIGON

Abk. für Digitales Ortsnetz.
War in den frühen 80er Jahren die Bezeichnung der Deutschen Telekom für Feldtests, in denen Ortsnetze digitalisiert wurden.
→ *Digitalisierung*, → *ISDN*.

DII

Abk. für Dynamic Invocation Interface.
→ *COBRA*.

DIL

Abk. für Dual In Line.
Bezeichnung für eine bestimmte Bauart von Bauelementegehäusen, wobei die Anschlüsse in zwei parallelen Reihen angeordnet sind. Die Anzahl der Anschlüsse schwankt zwischen vier und 64.

DIML

Abk. für Digitale Internationale Mietleitung.

DIN

Abk. für Deutsches Institut für Normung.
Deutsches Normungsgremium, das auch Mitglied der → *ISO* ist. Ein Verzeichnis der bestehenden Normentitel (nicht die Texte der Normen selbst) können über das WWW eingesehen werden. Sitz des DIN ist Berlin.
Adresse:

DIN
Burggrafenstr. 6
10787 Berlin
Tel.: 0 30 / 2 60 10
Fax: 0 30 / 26 01 12 31

→ *http://www.din.de/*

DIP (-Schalter)

1. Abk. für Dual Inline Packaging.
   Bezeichnung für kleine hin- und herschiebbare, einrastende Schalter in Druckern, PCs oder auf Einschubkarten, die dort zur Konfiguration genutzt werden.
   Oft auch scherzhaft als 'Mäuseklavier' bezeichnet.
   Entwickelt von Bryant 'Buck' Rogers 1964 im Hause Fairchild.
2. Abk. für Document Image Processing.
   Bezeichnung für automatische Bildverarbeitung bei → *EDI*.

Direct Access

Bezeichnung für die direkte Kopplung eines → *CNs* mit dem → *MSC* eines Mobilfunknetzes unter Umgehung des öffentlichen Netzes. Dieses Verfahren spart Kosten.
→ *Least Cost Routing*.

Direkt gesteuerte Vermittlung

Vermittlungsprinzip, bei dem die Verbindung sequentiell nach Ziffernanalyse durch das Netz freigeschaltet wird.
Das Prinzip baut meistens auf einem sehr streng hierarchischen Numerierungsplan auf. Es ist heute nicht mehr Stand der Technik und wurde realisiert mit mechanischen Vermittlungen aus → *Heb-Dreh-Wählern* und mit → *EMD-Wählern*, wobei letztere auch schon indirekte Steuerung zuließen.
→ *Indirekt gesteuerte Vermittlung.*

Direktor

Begriff aus der Antennentechnik. Bezeichnet das Element einer → *Yagi-Uda-Antenne*, das die zu empfangende Strahlung in Richtung gespeistes Antennenelement bündelt und vor diesem angeordnet ist.

Direktruf

Auch selbsttätiger Verbindungsaufbau genannt. Bezeichnung für ein → *Leistungsmerkmal* von → *Komforttelefonen* oder Nebenstellenanlagen.
Bezeichnet die Möglichkeit, daß eine vorher bestimmte und am Endgerät eingestellte (jedoch bei Bedarf änderbare) Rufnummer ohne besondere Aktion gewählt wird. Ist für Kleinkinder (daher auch Babyruf genannt) und ältere Menschen (für Notfälle) gedacht.
Der Direktruf kann z.B. in folgenden Fällen ausgelöst werden:

- Sofort nach dem Abheben,
- Nach dem Abheben und einer längeren Zeit ohne Eingabe einer Wählinformation,
- Nach dem Drücken einer beliebigen Taste.

Die entsprechende Rufnummer muß vorher am Endgerät einprogrammiert werden.
In Nebenstellenanlagen ist häufig die Nummer der Zentrale fest programmiert, so daß man problemlos durch Drücken einer beliebigen Taste mit ihr verbunden wird.
→ *Kurzwahl*, → *Rufnummerngeber.*

Direktweg

Begriff aus der Vermittlungstechnik. Bezeichnet die kürzest mögliche Verbindung zwischen zwei Netzknoten (Vermittlungsstellen).
→ *Letztweg.*

DIS

Abk. für Draft International Standard.
Bezeichnung für aus → *DP* hervorgegangene Entwürfe von später international gültigen Standards der → *ISO*, aus denen → *IS* werden.

Diskette

Bezeichnung für ein externes Speichermedium. Es handelt sich dabei um portable Magnetplatten in einer sie schützenden Kunststoffhülle, die insbesondere zur individuellen unsystematischen Datensicherung und zum Transport kleiner Datenmengen benutzt werden.
Es wurden verschiedene Bauformen entwickelt. Die gängigsten Formate sind 8" (heute sehr selten nur noch im Großrechnerbereich anzutreffen), 5,25" (Floppy-Disk) und 3,5", wobei heute die 3,5"-Diskette Standard ist.
Die Diskette besteht aus einer Metallplatte mit einem ca. 1 μm dicken magnetisierbaren Auftrag (Eisenoxid). Diese magnetische Schicht ist wie bei der → *Festplatte* auch in konzentrische Spuren mit mehreren Sektoren unterteilt.
Die Metallscheibe befindet sich in einer schützenden Kunststoffhülle, die bei 5,25"-Disketten flexibel (→ *Floppy*, → *Jacket*) und bei 3,5"-Disketten starr (→ *Cartridge*) ist. Die Hülle ist innen mit einem Vlies ausgestattet, das Fremdpartikel absorbiert.
Obwohl in der Frühzeit der Tischcomputer in den 70er und frühen 80er Jahren insbesondere unter dem → *Betriebssystem* → *CP/M* viele verschiedene Diskettenformate hinsichtlich Anzahl Spuren, Sektoren und Verzeichnisstruktur existierten, ergab sich durch Einführung des IBM-PCs eine einheitlichere Linie für Disketten.
Es befinden sich dort auf jeder Seite 80 Spuren (anfangs nur 40) mit 9 oder 15 (anfangs nur 8) Sektoren bei 5,25"-Laufwerken und 9 bzw. 18 Sektoren je Spur bei 3,5"-Laufwerken. Die Sektoren haben dabei jeweils auf einer Spur eine Speicherkapazität von 512 Byte (zusätzlich eine Sektorkennung).
Die Platte der Diskette rotiert mit 300 U/Min. (5,25" und 3,5") oder 360 U/Min. (8"). Andere Entwicklungen, z.B. mit 600 U/Min. haben sich nicht durchsetzen können.
Die gelesenen Daten werden je nach Typ des Diskettenlaufwerks mit 250 bis 500 kbit/s von der Diskette zum → *RAM* transportiert.
Folgende Formate und Kapazitäten wurden bei PCs eingesetzt:

Format	Kapazität
5,25"	160 Kbyte (einseitig, 8 Sektoren)
5,25"	180 Kbyte (einseitig, 9 Sektoren)
5,25"	320 Kbyte (zweiseitig, 8 Sektoren)
5,25"	1,2 Mbyte (zweiseitig, 15 Sektoren)
3,5"	720 Kbyte (einseitig)
3,5"	1,44 MByte (zweiseitig)
3,5"	2,88 MByte

Das 3,5"-Laufwerk zur Nutzung von 1,44 MByte fassenden Disketten ist dabei das am weitesten verbreitete.
Die 8"-Diskette wurde 1970 von IBM vorgestellt. Sie verfügte über dieses Format, da sie auf Maschinen hergestellt wurde, die sonst Langspielplatten produzierten, welche genau dieses Format

hatten. Speicherkapazität: 130 KByte. Sie hatte noch keinen Erfolg.

Erst 1973 stellte IBM die neuen Großrechner vom Typ 3740 mit eingebautem Diskettenlaufwerk (8") vor. Mittlerweile hatte eine 8" Disk eine Kapazität von 250 KByte (etwas später sogar 400 KByte, mittlerweile bis zu 1,6 und 2,4 MByte). Die Branche akzeptierte diese neue Technik und war begeistert.

Erster Konkurrent mit → *Floppys* war Memorex. Memorex wurde von neun Mitarbeitern und Alan Shugart verlassen. Sie gründeten eine neue Firma, Shugart Associates. Innerhalb von neun Jahren verkauften sie 1 Mio. Laufwerke.

1975 wurde auf der National Computer Conference in New York die 5,25"-Floppy vorgestellt.

1976 führte IBM doppelseitige 8"-Disketten ein, Shugart stellte ein 5,25"-Laufwerk für Floppys vor und Raid Anderson, Elektroingenieur von der Kodak-Tochter Verbatim in Silicon Valley, sicherte sich eine IBM-Disketten-Lizenz und startete die Massenfertigung. 1981 schließlich kamen 3,5"-Disketten auf den Markt, die bei den PS/2-Modellen aus dem Hause IBM erstmals serienmäßig in großem Stil eingebaut wurden.

Die 3"-Disketten von Sony hingegen setzten sich bis auf Spezialanwendungen nicht durch und auch 2,5"-Anwendungen wurden nur in der Frühzeit der Laptops Ende der 80er Jahre eingesetzt.

80-Spur-Disketten wurden zusammen mit dem PC-Modell → *AT* im Jahr 1984 eingeführt.

DISP

Abk. für Draft International Standard Profile.

→ *DIS*.

Dispersion

1. Allgemein die Abhängigkeit von Ausbreitungsparametern elektromagnetischer Wellen in Abhängigkeit von der Frequenz. Elektromagnetische Wellen verschiedener Frequenzen verhalten sich bei Ausbreitung in einem bestimmten Medium unterschiedlich. Dispersion ist üblicherweise auf verschiedene Ursachen zurückzuführen.
2. Bezeichnet bei Glasfasern darüber hinaus die zeitliche Verbreiterung des optischen Eingangsimpulses bei der Signalübertragung durch Laufzeitunterschiede der verschiedenen Lichtwellen (→ *Moden*).
   Sie setzt sich aus verschiedenen Anteilen wie Modendispersion, Materialdispersion und Wellenleiterdispersion zusammen.

Display

Anzeige in oder an Geräten zur Darstellung → *numerischer*, symbolischer oder → *alphanumerischer* Informationen.

Displays sind Teil eines einfachen → *MMI*. Meistens werden sie auf Basis von → *LCD* oder auch → *LED* realisiert. Bei → *Komforttelefonen* werden als → *Leistungsmerkmal* häufig angezeigt:

- Aktuelle Uhrzeit,
- Symbole für betätigte → *Funktionstasten*,
- Gewählte Rufnummer,
- Rufnummer des Anrufers (→ *CLID*),
- Speicherplatznummern,
- Zeichen (Symbole, Buchstaben, Worte) zur → *Benutzerführung*,
- Gebühreninformationen in Form von DM oder Zeiteinheiten (→ *Charging*),
- Statusmeldungen aller Art (Status der Verbindung, des Endgerätes oder eines seiner Teile),
- Aktivierte → *Leistungsmerkmale*, → *Dienstmerkmale* und → *Dienste* (Text oder Symbole).

Distance Learning

Oft auch mit → *Tele-Learning* bezeichnet.

Bezeichnung für alle Anwendungen, bei denen eine Telekommunikationsinfrastruktur für Anwendungen aus den Bereichen Fortbilden und Erziehen zur Verfügung gestellt wird, um räumlich voneinander getrennte Lehrer und Schüler zu verbinden.

In letzter Zeit in Verbindung mit → *Videokonferenzen* und → *Multimedia* diskutiert.

Distributed Backbone

Bezeichnung für eine weitere Realisierungsvariante von → *Backbones* (neben dem → *Collapsed Backbone*), bei der ein echtes Backbone in Form eines → *LANs* oder → *MANs* vorhanden ist und unterschiedliche Arbeitsgruppen oder Netze mittels → *Switches* oder → *Router* verbindet.

Als Faustregel wird das Backbone bei der Erstinstallation doppelt überdimensioniert, d.h., 50 % der Bandbreite verbleiben zunächst ungenutzt für den späteren Ausbau.

DIT

Abk. für Directory Information Tree.

→ *X.500*.

Dithern, Dithering

Bezeichnung für das Verfahren, bei Computergrafiken mit einem begrenzten Farbenvorrat nicht in diesem Vorrat befindliche Mischfarben zu erzeugen, indem man bei unmittelbar nebeneinanderliegenden Bildpunkten zwei verschiedene zulässige Farben wählt.

Aus einigem Abstand betrachtet hat das menschliche Auge den Eindruck einer homogenen Mischfarbe durch ein Verschwimmen der nebeneinanderliegenden unterschiedlichen Farben.

DIV 200, 400

1. Abk. für Digitale Vermittlung.
   Bezeichnung eines Produktes der Vermittlungstechnik aus dem Hause TEKADE, bzw. PKI.
   Bezeichnung eines digitalen Vermittlungssystems zum Einsatz im öffentlichen Bereich. Entwickelt von der TEKADE (heute: → *PKI*) in Nürnberg.
   Es basierte technisch auf dem Philips-System PRX/D, das wiederum aus dem System PRX hervorgegangen ist. DIV 200 und 400 waren an der Ausschreibung für digitale Vermittlungen in Deutschland 1982/83 beteiligt, konnte sich jedoch nicht gegen → *System 12* oder → *EWSD* durchsetzen.
2. Darüber hinaus ist DIV allgemein die Abk. für digitale Vermittlung. Entstanden ist die Abkürzung in den 80er Jahren bei der Umrüstung der analogen Vermittlungen auf digitale, → *ISDN*-fähige Vermittlungen. Man unterscheidet oft die DIV-O für den Ortsbereich und DIV-F für den Fernbereich.

Diversity-Empfang

Bezeichnung für verschiedene Methoden, den Signalempfang bei der Funkübertragung zu verbessern.

Bei Funkübertragung kann es unter ungünstigen Bedingungen selbst bei nur geringer Entfernung zwischen Sender und Empfänger zu Störungen bzw. kompletten Ausfällen des Empfangs infolge von Absorptions-, Polarisations- oder Interferenzschwund kommen (→ *Fading*). Insbesondere in Innenräumen von Stahlbetonbauten treten derartige Effekte auf, wenn beim Empfänger eine direkte Welle und ihre Reflektion mit einer Phasenverschiebung von 180° aufeinandertreffen und sich auslöschen (Interferenz). Diversity-Empfang kann die Fehlerquote auf 1/10 bis 1/100 senken.

Durch den Einsatz von Diversity-Empfängern mit zwei räumlich voneinander getrennten Empfängern, zwischen denen elektronisch jeweils hin- und hergeschaltet wird und der mit dem stärksten Signal genommen wird, kann dieses Problem gelöst werden.

Neben diesem Raum-Diversity-Verfahren existiert das Frequenz-Diversity-Verfahren, bei dem mit ein und demselben Empfänger mehrere Frequenzen ausgewertet werden, von denen die am wenigsten gestörte weitergegeben wird. Wegen des großen Frequenzbedarfs wird üblicherweise der Raumdiversity der Vorzug gegeben.

Strecken-Diversity wird bei Richtfunksystemen angewendet. Dabei wird ein Signal auf zwei verschiedenen Strecken (über Relaisstellen) zum Empfänger geleitet. Dadurch wird Absorptionsschwund infolge von Niederschlägen bei Frequenzen über 15 GHz umgangen.

Divestiture

Bezeichnung der Entflechtung der AT&T in sieben → *RBOCS* und 22 → *BOCs* zum 1. Januar 1984.

DIVF

Abk. für Digitale Vermittlung auf der Fernebene.

→ *DIV*.

DIVO

Abk. für Digitale Vermittlung auf der Ortsebene.

→ *DIV*.

DIX

Abk. für DEC, Intel, Xerox.

Bezeichnung für die Allianz zur Vermarktung des von Xerox entwickelten → *Ethernet*.

D-Kanal

Abk. für Daten-Kanal.

Bezeichnung des Signalisierungskanals (→ *Zeichengabe*) beim → *ISDN* mit einer Kapazität von 16 kbit/s beim Basis- und von 64 kbit/s beim Primärmultiplexanschluß.

DKE

Abk. für Deutsche Kommission für Elektrotechnik.

Auch häufig einfacher Deutsche elektrotechnische Kommission genannt. Sie hat ihren Sitz in Frankfurt/Main beim → *VDE* und ist zuständig für die Harmonisierung bestehender elektrotechnischer Normen im Rahmen der EU und nationale Normprüfungen in Deutschland.

Gegründet am 13. Oktober 1970 durch → *DIN* und VDE.

DLC

1. Abk. für Digital Leased Circuit.
   Int. Bezeichnung für eine digitale Standleitung.
2. Abk. für Digital Loop Carrier.

DLCI

Abk. für Data Link Connection Identifier.

Bei → *Frame Relay* ein 10, 16 oder 23 Bit langes Feld im 2, 3 oder 4 Byte langen → *Header* zur Identifizierung einer virtuellen Frame-Relay-Verbindung auf Schicht 2 des → *OSI-Referenzmodells*. Darüber hinaus kann anhand des DLCI die Unterscheidung der übertragenen Rahmen nach Nutzdatenrahmen und Managementdatenrahmen vorgenommen werden. Das DLCI kann auf 2 bis 4 Oktetts verteilt sein, wird aber bei der Auswertung einfach als zusammenhängend betrachtet, d.h., die einzelnen Teile werden aneinandergehängt. Heute ist der DLCI in bestehenden Frame-Relay-Netzen üblicherweise 2 Oktetts lang.

Einige Werte des DLCI sind für Sonderaufgaben reserviert:

Wert	Bedeutung
0	Kennzeichnet Inband-Signalisierung
1 - 15	Reserviert für zukünftige Weiterentwicklungen
16 - 10007	Frame-Relay-Verbindungen
1008 - 1016	Reserviert für zukünftige Entwicklungen
1019 - 1022	Reserviert für Gruppen, die Multicast nutzen
1023	→ *CLLM*

6 Bit des DLCI-Feldes können, sofern das DC-Bit im Frame Relay Header gesetzt ist, DL-Core Control Informationen zum Transport spezieller Informationen nach I.233 transportieren.
Im Falle von → *SVCs* wird den DLCIs eine bestimmte Nummer zugewiesen und es wird in den Routingtabellen der betroffenen Netzknoten ein passender Pfad festgelegt.

DLL

Abk. für Dynamic Link Library.
Unter den → *Betriebssystemen* → *OS/2* und → *Windows* 3.0 oder höher die Bezeichnung für Dateien mit Unterroutinen in Form von bereits kompiliertem Code, die aber erst zur Laufzeit und, wenn benötigt, von dem zugehörigen Hauptprogramm aufgerufen und ausgeführt werden.
Ferner können die Unterprogramme gleichzeitig von mehreren verschiedenen Programmen bzw. von mehreren Instanzen des gleichen Programms gleichzeitig genutzt werden, so daß dieses Unterprogramm nicht von jedem Hauptprogramm zusätzlich aufgerufen und in den Hauptspeicher geholt wird.
Dies verringert die Größe des Hauptprogramms und damit den Platz, den dieses im Hauptspeicher benötigt.

DLS

Abk. für Data Link Switching.
Bezeichnung einer Technik aus dem Hause IBM, die → *SNA*- → und *LAN*-Verkehr beim Datentransfer über → *WANs* integriert.

DLT

Abk. für Digital Linear Tape.
Bezeichnung eines digitalen, linearen Aufzeichnungsverfahrens auf Bandmedien.
→ *QIC*.

DM

Abk. für → *Deltamodulation*.

DMA

Abk. für Direct Memory Access.
Bezeichnung für eine spezielle Art des direkten Speicherzugriffs in Computern. Bei dieser Art Speicherzugriff ist es Aufgabe eines speziellen DMA-Bausteins und nicht der → *CPU*, den Zugriff durchzuführen und den gelesenen Inhalt des Speichers über den Systembus in andere Teile des Speichers oder zu Peripheriebausteinen zu transportieren. Dieses Verfahren ist schneller als wenn der Prozessor selbst den Zugriff und Transfer abwickeln müßte.
Vorteil: die CPU wird entlastet. Nachteil: während der DMA-Controller auf den Speicher zugreift, kann die CPU selbst nicht zugreifen.

DMC

Abk. für Desktop Multimedia Conferencing.
Oberbegriff für → *PC*-basierte → *Videokonferenzsysteme*. Die PCs verfügen dabei über eine Karte mit → *ISDN*-Anschluß.

DMCS 900

Herstellerkonsortium von ANT, Philips PKI und Bosch Telecom (ehemals: Telenorma). Stellt Vermittlungssysteme nach dem → *GSM*-Standard her.

DMI

1. Abk. für Desktop Management Interface. Bezeichnung einer Schnittstelle, die von der → *DMTF* zum Management von an ein Netz angeschlossener Endstationen definiert wurde.
2. Abk. für Definitions of Management Informations.

DMMV

Abk. für Deutscher Multimedia-Verband.
Bezeichnung eines Verbandes für Personen, die in allen mit → *Multimedia* zusammenhängenden Berufen und Branchen tätig sind.

DMPDU

Abk. für Derived Media Access Control Protocol Data Unit.
→ *MAC*, → *PDU*.

DMS 10

Digitales Vermittlungssystem des kanadischen Herstellers Northern Telecom. Vorgestellt 1981. Für 200 bis 6 000 Anschlüsse im Ortsbereich konzipiert. → *BHCA*-Wert: 350 000.

DMS 100

Digitales Vermittlungssystem des kanadischen Herstellers Northern Telecom. Für 2 000 bis 100 000 Anschlüsse im Fernbereich konzipiert.
→ *BHCA*-Wert: 700 000.

DMSP

Abk. für Distributed Mail System Protocol.
Bezeichnung für ein Protokoll aus dem Jahr 1986 zum verbindungslosen Zugriff auf → *e-mails* auf

einem Message Transfer Agent (→ *MTA*) von einem Useragent (→ *UA*) aus.

DMT

1. Abk. für Discrete Multi Tone.
   Ein digitales Übertragungsverfahren für kurze Distanzen und drahtgebundene Übertragung.
   Das zur Verfügung stehende Frequenzspektrum von 20 kHz bis 1,104 MHz wird dabei in 255 Sub-Kanäle (Vielfache von 4,3125 kHz) eingeteilt, von denen 225 für den Hochraten- und 30 für den Steuerkanal genutzt werden. Auf jedem (bis auf die unteren bei 20 kHz um Interferenzen mit dem Telefonkanal zu vermeiden) dieser Kanäle werden mit → 64-*QAM* Daten übertragen. Prozessoren passen div. Übertragungsparameter (Anzahl der Bit je Subkanal, welche Subkanäle überhaupt genutzt werden sollen) während einer Initialisierungsphase und auch während der Übertragung der Leitungsqualität (Störabstand) an und erreichen dadurch Übertragungsraten (über Twisted Pair) bis zu sechs Mbit/s. Wird wie → *CAP* auch bei → *ADSL* eingesetzt.
   Entwickelt von Amati Communications, Mountain View/Kalifornien. Marktfähige DMT-Chips (Motorola, Analog Devices) kamen 1996 auf den Markt.
2. Abk. für Desktop Management Interface.
   Bezeichnung für eine Hard- und Software-Technologie, die die Verwaltung von PC-Netzen und insbesondere die Konfigurierung der einzelnen PCs von nur einem Platz aus ermöglicht. Derartige Systeme sind angekündigt, jedoch aktuell noch nicht auf dem Markt.
   → *DMTF*.

DMTF

Abk. für Desktop Management Task Force.

Bezeichnung einer Gruppe von Herstellern, die ein Netzmanagementsystem für das Management auch der Endgeräte entwickelt. Diese Initiative nutzt als Ansatz → *SNMP*.

→ *http://www.dmtf.org/*

DMW

Abk. für Digital Medium Waves.

DN

1. Abk. für Dedicated Network.
2. Abk. für Directory Number.

DNA

Abk. für Digital Network Architecture.

Bezeichnung der Netzarchitektur für → *LAN*s und zur Vernetzung von Rechnern und Peripheriegeräten aus dem Hause DEC.

Prinzipiell das Gegenstück zu → *SNA* aus dem Hause IBM.

→ *DECnet*.

DNAE

Abk. für Datennetzabschlußeinrichtungen.

Selten benutzter deutscher Begriff für → *NT*. Bezeichnungen für die bei einem Teilnehmer an einem Datennetz installierte Hard- und Software, die den Netzabschluß (Anschlußbuchse) darstellt.

DNHR

Abk. für Dynamic Nonhierarchical Routing.

Bezeichnung für eine Technik im Telefonnetz des Hauses AT&T in den USA, Ferngespräche durch möglichst nicht mehr als vier Fernvermittlungsstellen zu leiten.

DNIC

Abk. für Data Network Identification Code.

Bezeichnung für die internationale 'Vorwahl' für Datennetze.

Definiert wurde der Code von der → *ITU* in X.121. Dabei legen drei Ziffern das Land bzw. den Netzbetreiber fest. Die vierte Zahl kann von diesem frei zur Unterscheidung mehrerer eigener Netze gewählt, muß der ITU aber gemeldet werden.

DNS

Abk. für Domain Name System.

Bezeichnung für ein im → *Internet* genutztes System verteilter Datenbanken auf verschiedenen über das Internet zugänglichen → *Servern*. Das Datenbanksystem ist in der Lage, von Menschen lesbare und aus umgangssprachlichen Worten bzw. mnemoischen Wortbausteinen bestehende Adressen in offizielle numerische → *IP*-Adressen zu verwandeln. Durch das ganze zusammengeschaltete Internet bieten DNS-Server einen hierarchisch geordneten Namensraum, der Firmen die Möglichkeit gibt, Maschinennamen und Adressen selbst zu bestimmen.

Zudem unterstützt DNS auch verschiedene Verzeichnislisten zwischen elektronischer Post und IP-Adressen. Die hierzulande oberste → *Domain* (Top-Level-Domain) hat das Kürzel DE (für Deutschland) und wird in Karlsruhe verwaltet.

DOC

1. Abk. für Distributed Object Computing.
   Allgemeine Bezeichnung für objektorientierte Konzepte (→ *OO*), die ihren Einsatz bei der Beschreibung von verteilten Rechnerarchitekturen (z.B. Client-Server-Architekturen, → *Server*) finden.
   Eine Möglichkeit der konkreten Definition ist → *COBRA*.

2. Abk. für Department of Communication. Bezeichnung der Regulierungsbehörde in Kanada, das dortige Gegenstück zur → *FCC* der USA.

Document Sharing

Andere Bezeichnung für → *Joint Editing*.

DoD

Abk. für Department of Defense.
Bezeichnung für das US-amerikanische Verteidigungsministerium, das eigene Standards für Netze definiert und mit am Aufbau des → *Internet* beteiligt war.
→ *ARPA*.

Domain

Bezeichnet in Kommunikationsnetzen auf Basis von → *TCP/IP* (→ *Internet*) einen durch ein spezielles System ermöglichten (→ *DNS*) und einzelnen, streng abgegrenzten adressierbaren Bereich.
Mehrere Domains können hierarchisch angeordnet werden, so daß gezielt in der Hierarchie unten befindliche Domains adressiert werden können, etwa durch eine mit Punkten getrennte Auflistung der Domains (und Subdomains), die von der obersten Ebene durchlaufen werden müssen, um zur gewünschten untersten zu gelangen.
Ein Teilnehmer wird durch seine lokale Identifikation mit folgendem @ (→ *Klammeraffe*) vorangestellt, etwa:

pmeier@uni.centernet.de

Man unterscheidet auf höchster Ebene (Top-Level-Domain) die Länderdomäne (de: Deutschland, fi: Finnland, nl: Niederlande, us: USA etc.) und sechs ursprünglich im nationalen Internet der USA genutzte Domänen zum Auseinanderhalten bestimmter Nutzerklassen.
Erstere werden auch als Two-Letter-Domain bezeichnet, da die Länderbezeichnungen immer nur aus zwei Buchstaben bestehen, wohingegen die andere Domänenkategorie mit Three-Letter-Domain bezeichnet wird und folgende Klassen definiert:

Abkürzung	Bedeutung
com	Kommerzielle Unternehmen
edu	Schulen, Universitäten und andere Einrichtungen des Erziehungs- und Bildungswesens
gov	Nationale und regionale Regierungsbehörden und -stellen
mil	Militärische Dienststellen
net	Institutionen und Organe, die selbst mit dem Betrieb oder der Weiterentwicklung des Internet befaßt sind
org	Nicht-kommerzielle Organisationen aller Art

DOMSAT

Abk. für Domestic Satellite.
Bezeichnung für Satelliten in → *GEO*s.
→ *Clarke-Orbit*.

Dongleware

Bezeichnung für eine spezielle Art der → *Public Domain* Software. Dabei ist der Erwerb einer Software zunächst kostenfrei. Sie darf auch frei kopiert oder weitergegeben werden.

Volle Leistungsentfaltung ist jedoch nur gegeben, wenn Zusatzinformationen (Handbücher, Freischaltungscodes etc.) für Geld erworben wurden.

Namensgeber war die Firma Dongleware, die Computerspiele auf den Markt brachte, die man nur bis zu einem bestimmten Schwierigkeitsgrad spielen konnte. Erst nach Erwerben von Codewörtern gelangte man in anspruchsvollere Spielabschnitte.

→ *Crippleware*, → *Freeware*, → *Shareware*.

Doppelader

Andere Bezeichnung für die verdrillte → *Zweidrahtleitung*.

Doppelstern

Name einer Netztopologie. Dabei wird eine Hierarchie von → Sternen aufgebaut, d.h., an einem Stern hängen nicht nur Stationen, sondern wiederum ein oder mehrere Sterne.

DOS

Abk. für Disk Operating System.

Ein generischer Name für eine ganze Klasse von → *Betriebssystemen* für → *PCs*. Der Name rührt daher, daß sich das Betriebssystem zunächst auf Disketten befand und beim Booten eines Rechners erst von dort in den Speicher geladen werden mußte.

Oft wird unter DOS allerdings das am weitesten verbreitete DOS verstanden, Microsoft DOS (→ *MS-DOS*).

Üblich ist, vor dem DOS ein Kürzel zu verwenden, welches den Hersteller angibt (DR-DOS = Digital Research DOS).

DOV

Abk. für Data over Voice.

Bezeichnet Übertragungsverfahren über Telefonleitungen, bei denen Breitbandanwendungen und Telefondienst über das normale Twisted Pair-Telefonkabel gleichzeitig abgewickelt werden können (z.B. mittels → *ADSL*), indem Frequenzen oberhalb der Frequenzen für den Sprachkanal genutzt werden.

→ *DUV*.

Downlink

Bezeichnet in Mobilfunksystemen das Frequenzband für das Senden der Basisstation (→ *BS*) zur Mobilstation (→ *MS*).
→ *Uplink*.

Download, Downloading

Bezeichnung für das Übertragen von Daten von einem → *Server* über ein Netz zum Client. Das Netz kann dabei ein lokales Netz mit geringer Ausdehnung sein oder ein öffentliches Weitverkehrsnetz mit großer Ausdehnung.
Bei → *Online-Services* geeignet, um gesammelte Daten auf den eigenen Rechner zu transferieren, um sie off-line bearbeiten zu können, was Kosten für die Zugangsleitung spart.
Gegenteil:→ *Upload*.

Downsizing

Begriff aus der Rechnertechnik und Organisationslehre. Bezeichnet das Bemühen der Firmen, Datenbestände zu dezentralisieren und die Rechenlast von Mainframes oder Rechnern der mittleren Datentechnik (MDT) auf untere, nachgeordnete und mittlerweile leistungsfähigere Rechner (→ *PCs*, → *Workstations*) abzuwälzen. Die dadurch freigewordenen Kapazitäten auf den → *Mainframes* können besser genutzt werden. Ein Konzept des Downsizing ist das Client-Server-Computing (→ *Server*).

Downstream

Bezeichnet in Festnetzen den Kanal einer Verbindung von der Teilnehmervermittlung zum Teilnehmer hin. Wird üblicherweise nur bei der Beschreibung digitaler Kanäle benutzt.

DP

1. Abk. für Draft Proposal
   Bezeichnung für sich in der Diskussion befindliche, vorläufige Entwürfe zu Standards der → *ISO*. Aus DPs gehen → *DIS* hervor.
2. Abk. für Data Processing, Datenverarbeitung.
3. Abk. für Dial Pulse.
   Bezeichnung eines einzelnen Wählimpulses beim Impulswählverfahren (→ *IWV*).
4. Abk. für Distribution Points.

DPA

Abk. für Document Printing Application.
Bezeichnung für ein Protokoll zum Drucken gespeicherter Daten.

DPC

Abk. für Destination Point Code.
Bezeichnung für das 14 Bit lange Feld einer Signalisierungsnachricht in → *SS#7*-Netzen, das den Identifizierungscode der Zielvermittlungsstelle enthält.

DPCM

Abk. für differentielle Pulscodemodulation (→ *PCM*).
Ein spezielles Sprachdigitalisierungsverfahren, bei dem nicht einzelne Abtastwerte codiert werden, sondern die starke Korrelation benachbarter Abtastwerte ausgenutzt und nur die Differenz zwischen zwei aufeinanderfolgenden Abtastwerten codiert wird. Dies beruht auf der Annahme, daß bei, z.B., 8 Bit zur Codierung (2^8 = 256 Abtastwerten, Einheiten) Größenänderungen zwischen zwei benachbarten Werten größer als 16 sehr selten sind, so daß 5 anstelle von 8 Bit zur Codierung jedes Abtastwertes ausreichen. Dies führt insgesamt zu einer Datenreduzierung.
Fehler treten bei diesem Verfahren bei größeren Änderungen als 16 auf, sind aber i.d.R. für den Menschen bei Sprachübertragung nicht wahrnehmbar. Darüber hinaus treten bei einem Fehler eines DPCM-Wertes (z.B. infolge einer Kanalstörung) Folgefehler auf. Lösung dieses Problems: nach mehreren Abtastwerten wird der Abtastwert mit 8 Bit normalem PCM-Code übertragen (Reset auf korrekten Wert), womit man das Problem des 'Weglaufens' des Originalsignals bei zu großen Änderungen ebenfalls gelöst hat.
→ *Deltamodulation*, → *ADPCM*.

dpi

Abk. für Dots per Inch.
Bezeichnung aus der Bildbearbeitung. Beschreibt eine Auflösungsdichte in Punkte je Zoll.

DPM

Abk. für Digital Phase Modulation.

DPMS

Abk. für Display Power Management Signalling.
Bezeichnung für einen von der → *VESA* entwickelten Standard zur Energiesparschaltung bei Monitoren.
Da der Monitor selbst die Aktivitäten der Peripheriegeräte → *Maus* und → *Tastatur* nicht überwachen kann, muß diese Aufgabe von entsprechender Software, die meistens zur Grafikkarte passend ausgeliefert wird, wahrgenommen werden. Diese überwacht die Aktivitäten und leitet ggfs. Energiesparaktivitäten verschiedener Stärken ein.
Zunächst geht der Monitor in den Doze-Modus über. Dabei werden die → *RGB*-Bildsignale abgeschaltet, was zu ca. 20 % Stromeinsparung führt. Es folgt der Stand-By-Modus, bei dem zunächst der horizontale Synchronimpuls abgeschaltet wird (ca. nochmal 65 % Einsparung). Danach geht der Monitor durch Abschalten des vertikalen Synchronimpulses in den Suspend-Modus über (nochmal 5 % Einsparung). DPMS ist ein Stan-

dard, der dabei das Zusammenspiel der Elemente regelt und die verschiedenen Energiesparlevel (Doze, Stand-By, Suspend) definiert.
→ *NUTEK.*

DPN-100

Bezeichnung eines vermittlungstechnischen Produktes aus dem Hause Northern Telecom. Bezeichnet dort das Paketvermittlungssystem (Data Packet Network, DPN).

DPNSS

Abk. für Digital Private Network Signalling System.
Bezeichnung eines von der British Telecom 1980 entwickelten Netzprotokolls zur Verbindung mehrerer → *PBX* über das öffentliche Netz, meistens mit ISDN-Leitungen.
Gilt im Markt für Nebenstellenanlagen fast als Quasi-Standard, auch zur Kopplung von Anlagen verschiedener Hersteller. Hat jedoch außerhalb von GB nur begrenzte Bedeutung erlangt.
→ *QSIG.*

DPP

Abk. für Demand Priority Protocol.
Bezeichnung eines Zugriffsverfahrens auf der → *MAC*-Schicht des → *OSI-Referenzmodells.*
→ *Demand Priority.*

DPSK

Abk. für Difference Phase Shift Keying.
→ *PSK.*

DQDB

Abk. für Distributed Queue Dual Bus.
Ein Hochgeschwindigkeits-Paketvermittlungsprotokoll (Zugriffsverfahren), spezifiziert durch die → *IEEE 802.6.*
Physikalisch liegt die Struktur eines entgegengesetzt betriebenen Doppel-Busses vor (entspricht dem Dual-Ring bei → *FDDI*), der mit Bitraten nach G.703 (34,368, 44,736, 139,264 und 155 Mbit/s) betrieben wird, getaktet wird und sich über einige 100 km erstrecken kann. Bei entsprechender Bandbreite können aber auch → *Koaxialkabel* und Mikrowellenverbindungen einzelne Segmente bilden. Der Ring fängt jedoch bei einer zentralen Station an und endet bei dieser, so daß logisch zwei gegenläufige Bussysteme vorliegen. Diese können als offener dualer Bus (Open Dual Bus) oder als geschliffener dualer Bus (Looped Dual Bus), der sich bei einer Station wieder schließt, betrieben werden.
Das Verfahren hat die Eigenschaft, daß sendewillige Stationen eine verteilte Warteschlange bilden, die dezentral über Zähler in jeder Station für jeden einzelnen Bus verwaltet wird. Möchte, beispielsweise, eine Station auf Bus B übertragen, so wird auf Bus A ein Request-Bit in einer die Station passierenden Zelle gesetzt. Damit sind alle Stationen oberhalb (bzgl. Bus B) der sendewilligen Station über den Request informiert. Mittels eines Request- und eines Countdown-Zählers, die jede Station jeweils für beide Busse verwaltet, ist es für die Station möglich zu ermitteln, wann auf welchem Bus kein Sendewunsch mehr vorliegt und sie senden darf.
Es werden Sprach- und Videoübertragungen unterstützt, ohne jedoch feste Kanalstrukturen zu bilden. Statt dessen werden kleine Pakete, sog. Slots, geformt (53 Byte, → *ATM*-Format). Kompatibilität zu → *B-ISDN* ist somit gegeben. Durch den Overhead der Verwaltungsdaten reduziert sich die Nutzdatenrate auf 24,578, 32,768 und 110,592 Mbit/s.
Reservierungsstrategien befinden sich in Entwicklung, um außer dem asynchronen Paketverkehr auch plesiochronen Verkehr zu ermöglichen.
DQDB arbeitet bei hoher Last sehr effizient; fast die gesamte Buskapazität steht zur Verfügung.
Nachteil: kein faires Verfahren, d.h., nicht alle Stationen werden gleich behandelt (allerdings erst ab 90 % Netzauslastung).
Spezielle Netzknoten fungieren als Edge Gateways (EGW), die administrative Funktionen, wie z.B. Verkehrsstatistiken, ausführen oder → *Charging* vornehmen.
Ursprünglich entwickelt in den 80er Jahren von der australischen Telecom und der University of Western Australia in Perth. Die IEEE 802.6-Arbeit an → *MANs* allgemein startete 1982 und wurde zunächst massiv von der Satellitenlobby und → *CATV*-Betreibern unterstützt, die eine kostengünstige Zulieferleitung zu Bodenstationen bzw. ein Medium für Video- und Datenverkehr suchten. Zwischen 1982 und 1987 erfolgten viele Untersuchungen. Spät in 1987, nachdem im Laufe des gleichen Jahres mit QPSX (für Queued Packet and Synchronous Exchange) schon eine Firma von der Uni und der Telecom Australia zur weiteren Entwicklung und Vermarktung gegründet wurde, einigte man sich auf den Vorschlag der Australischen Telecom. Im August 1989 erfolgte die festschreibung der Nutzdatenlänge auf 48 Byte, um spätere Migration zu ATM zu ermöglichen. Ein stabiler Standard liegt seit Dezember 1990 vor. In den USA seit 1992 von Bell Atlantic und anderen Anbietern kommerziell genutzt als Transportplattform des → *SMDS*-Dienstes.
DQDB wurde in Deutschland von der Deutschen Telekom in einjährigen Pilotprojekten in München (Siemens, Leibniz-Rechenzentrum) und Stuttgart (Daimler-Benz in Stuttgart und Esslingen, Porsche in Weissach, Uni Stuttgart) seit November 1991 erprobt. Die Deutsche Telekom vermarktet seit der CeBIT '93 ihren → *SMDS* auf Grundlage von DQDB unter dem Produktnamen → *Datex M* und bietet ihn flächendeckend über Zugangsknoten in 200 Städten an.

DQPSK

Abk. für Differential Quadratur Phase Shift Keying.
→ *PSK*.

Drahtharfe

→ *Trinitron-Technik*.

Drahtlose LANs

→ *Wireless LANs*.

DRAM

Abk. für Dynamic RAM.

Bezeichnet → *RAMs*, bei denen die Information in Form einer Ladung dynamisch (kapazitiv) gespeichert wird, die zyklisch durch einen Lesezugriff aufgefrischt werden muß (Refresh, Refresh-Zyklus). Die Durchführung des regelmäßigen Refreshs wird durch einen → *DMA* Controller übernommen.

Eine beim Lesen höhere Geschwindigkeit bieten → *EDO-DRAMs*, beim Lesen und Schreiben sind → *Burst-EDOs* schneller.

Entwickelt wurden DRAMs im Hause Intel im Jahr 1970 als DRAM Speicherchip 1103 mit einer Kapazität von 128 Bit. Die kleinsten Verbindungen auf dem Chip hatten eine Ausdehung von 6,5 μm (zum Vergleich: 1995 waren Strukturen von 0,35 μm üblich).

Der Chip wurde so stark nachgefragt, daß die Produktion zur Konkurrenz ausgelagert werden mußte, um die Nachfrage zu befriedigen.

DRCS

Abk. für Dynamically Redefinable Character Set.

Bezeichnung für vom Anbieter frei definierbare Sonderzeichen im → *Btx*.

Der Anbieter kann dabei 92 Sonderzeichen im Raster 10 * 12 frei definieren. Sie werden ggfs. zu Beginn der Nutzung des Dienstes zum Teilnehmer heruntergeladen.

Dreierkonferenz

Bezeichnet in Nebenstellenanlagen und mittlerweile auch in öffentlichen Netzen das → *Dienstmerkmal*, drei Teilnehmer zu einer Konferenzschaltung zusammenzufassen. Sowohl in digitalen (→ *ISDN*) als auch in analogen öffentlichen Netzen möglich.

Dreifach TAE

Bezeichnung für eine → *TAE* mit drei Buchsen.

DRG

Abk. für Direction de la Réglementation Générale.

Bezeichnung einer Regulierungsbehörde in Frankreich.

Drive

Kurzbezeichnung für Diskdrive. Ein lokales Disketten- oder auch CD-ROM-Laufwerk an oder in einem → *PC*.

Driver

Englische Bezeichnung für → *Treiber*.

DRR

Abk. für Direct Response Radio.

Begriff aus dem → *Tele-Marketing*. Bezeichnet Werbespots im Hörrundfunk mit der Durchsage einer Telefonnummer. Ähnlich dem → *DRTV*.

DRS

1. Abk. für Digital (Microwave) Radio Systems.
   Bezeichnung für digitalen → *Richtfunk*.
2. Abk. für Digitales → *Richtfunk*-System.

DRT

Abk. für Diagnostic Rhyme Test.

Bezeichnung eines Testverfahrens zur Qualitätsbestimmung von digitalen Sprachkodierverfahren.
→ *DAM*.

DRTV

Abk. für Direct Response Television.

Begriff, der ursprünglich aus dem Marketing stammt (→ *Tele-Marketing*). Bezeichnet Werbespots, bei denen Telefonnummern zur direkten Kontaktaufnahme eingeblendet werden. Dies zieht starke Anfangsspitzenbelastungen beim entsprechenden Anschluß nach sich und muß bei der Dimensionierung und Auslegung der Nebenstellenanlage (Anschlußzahl, Warteschlangen- und Bedienplätze etc., → *Call Center*, → *ACD*, → *IVR*) berücksichtigt werden.

Drucker

Oberbegriff für verschiedene Peripheriegeräte eines Computers zur Ausgabe von Texten, Daten und Bildern auf Papier, bei denen, im Gegensatz zum → *Plotter*, nicht Linienzüge, sondern einzelne Symbole oder Punkte dargestellt werden und ein Druckbild ergeben.

Nach der verwendeten Drucktechnik werden mechanische Drucker (Impact-Drucker) wie → *Kettendrucker*, → *Nadeldrucker* oder → *Typenraddrucker* und nichtmechanische Drucker (Non-Impact-Drucker) wie → *Laserdrucker*, → *Thermodrucker* oder → *Tintenstrahldrucker* unterschieden.

DS

1. Abk. für Double Sided.
   Bezeichnung für beidseitig nutzbare → *Disketten*. Auch mit 2S bezeichnet.
2. Abk. für Draft Standard.

Bezeichnung für den Status eines vorläufig beschlossenen → *RFCs*.

DS 0, 1, 2, 3

Abk. für Digital Signal Level No. 0, 1, 2, 3.
Bezeichnung für eine Hierarchie von Datenraten in Nordamerika der → *PDH*. Dabei ergibt sich jede höhere Stufe aus ganzzahligen Vielfachen der darunterliegenden Stufe.
Die entsprechende europäische Bitratenhierarchie ist → *E 0, 1, 2, 3, 4*.
DS 0 bezeichnet einen Kanal für eine feste Datenrate von 64 kbit/s.
DS 1 bezeichnet einen Kanal für eine feste Datenrate von 1.544 Mbit/s (24 DS-0-Kanäle). Genormt in G.733. Wird auch oft als → *T 1* bezeichnet.
DS 1C bezeichnet einen Kanal von 3,152 Mbit/s mit 48 DS-0 Kanälen.
DS 2 bezeichnet einen Kanal für eine feste Datenrate von 6,312 MBit/s (vier DS-1-Kanäle, 96 DS-0-Kanäle). Genormt in G.743. Wird auch oft als → *T 2* bezeichnet.
DS 3 bezeichnet einen Kanal für eine feste Datenrate von 44,736 Mbit/s, was 28 DS-1-Kanälen oder sieben DS-2-Kanälen bzw. 672 DS-0-Kanälen entspricht. Genormt in G.752.
DS 4 bezeichnet einen Kanal für eine feste Datenrate von 274,176 MBit/s mit 4 032 DS-0-Kanälen.

DS-CDMA

Abk. für Direct Sequence Code Division Multiple Access.
Eine spezielle Variante des → *CDMA*.

DSA

1. Abk. für Digital Signature Algorithm.

   Bezeichnung eines Algorithmus für digitale, elektronische Unterschriften.
2. Abk. für Directory System Agents.

   → *X.500*.

DSB-AM

Abk. für Double Side Band Amplitude Modulation.

DSB-SC-AM

Abk. für Double Side Band Suppressed Carrier Amplitude Modulation.

DSF

Abk. für Directory System Function.

DSI

1. Abk. für Digital Speech Interpolation.

   Bezeichnung einer Entwicklung zur Sprachdatenkompression (Ausnutzung von Gesprächspausen) zur Verbesserung der Auslastung von Satellitenkanälen. Unter günstigen Umständen kann die Kapazität für Sprachkanäle verdoppelt werden.

   → *TASI*.
2. Abk. für Detailed Spectrum Investigation.

   Bezeichnung eines Projektes der → *ERC* zur Harmonisierung der Frequenzpläne in Europa bis zum Jahr 2008. Zerfällt in zwei Phasen, von denen die erste (Frequenzbereich 2,4 bis 105 GHz) abgeschlossen ist und die zweite (29,7 bis 960 MHz) läuft.

DSL

Abk. für Digital Subscriber Line.
Bezeichnet mehrere Verfahren zur digitalen, breitbandigen Nutzung der analogen verdrillten Zweidrahtleitung im Anschlußbereich analoger Netze. Diese Verfahren sind → *ADSL*, → *HDSL* und → *VHDSL*. Daher oft auch mit xDSL bezeichnet.

DSMA

Abk. für Digital Sense Multiple Access.
Bezeichnung eines Protokolls auf der → *MAC*-Teilschicht von Schicht 2 im → *OSI-Referenzmodell*.

DSOM

Abk. für Distributes System Object Model.
Bezeichnung für ein Modell verteilter Objekte bei Systemen der Datenkommunikation aus dem Hause IBM. Gilt als IBM-Gegenstück zu → *COBRA*.

DSP

Abk. für Digital Signal Processor.
Bezeichnung von hochspezialisierten, aber dennoch standardisierten und in Großserie hergestellten Bausteinen zur extrem schnellen Bearbeitung (Echtzeit) einer eng begrenzten Menge von Eingangssignalen, auf deren Charakteristika der Befehlssatz des DSP optimiert ist.
Prinzipiell ist der DSP daher eine Art auf einen bestimmten rechenintensiven Zweck hin optimierter → *Mikroprozessor* mit speziellen Befehlssätzen. Diese Befehlssätze stellen auf Assemblerebene einzelne Befehle, die auf den speziellen Einsatzzweck des DSP hin optimiert sind, zur Verfügung (z.B. Multiplizieren und Akkumulieren in einem Befehl). Diese Befehle würden bei herkömmlichen Mikroprozessoren mehrere Befehle erfordern und entsprechend langsamer ablaufen.
Individuelle DSPs werden durch Kombination eines DSP-Kernes mit → *ASIC*-Elementen auf einem Chip ermöglicht.
Zu den Kenngrößen von DSPs gehören die Rechengeschwindigkeit, die Rechengenauigkeit, das Speichervolumen auf dem Chip und der Einsatzzweck.
Typische Anwendungen sind Sprachcodierung in → *Handys*, Spracherkennung in → *IVR*-Systemen,

Bewegtbildcodierung auf Videokarten oder Datenkompression in → *Modems*.
Erste DSPs kamen am Anfang der 80er Jahre auf. Erstes Modell überhaupt war der TMS 320C1x aus dem Hause Texas Instruments. Es handelte sich um einen 16-Bit-Prozessor mit Festkommaarithmetik.
DSPs wurden bis Anfang der 90er Jahre nur in eng begrenzten Feldern eingesetzt. Seither entwickelten sich immer mehr Einsatzfelder in Geräten (auch für den Hausgebrauch), die in sehr hohen Stückzahlen gefertigt wurden und die Stückpreise für DSPs selbst sanken bei weiter steigender Leistung. Ein weiterer Faktor, der den Einsatz von DSPs stimulierte, ist die Entwicklung diverser Tools zur Simulierung des Verhaltens von DSPs, zu ihrer Entwicklung und Programmierung.

DSR

Abk. für digitalen Satellitenrundfunk.
Bezeichnung für digitalen unkomprimierten Rundfunk in sehr hoher Qualität. Die Ausstrahlung startete 1989 auf der IFA. Serienbetrieb seit 1991. 16 Programme werden über die Satelliten TV-Sat und Kopernikus, der in Deutschland nur von wenigen empfangen wird, ausgestrahlt und über das Breitbandkabelverteilnetz verbreitet.
Nur rund 150 000 Hörer. Eine Ausweitung ist nicht geplant. Zusätzliche Konkurrenz erhält das System durch das vielfältigere → *ADR*.
→ *DRB*, → *DVB*.

DSS

1. Abk. für Digital Signature Standard.
   Bezeichnung eines am 30. August 1991 von der → *NIST* in den USA veröffentlichten Entwurfs für einen Standard für digitale Unterschriften. Genutzt wird dabei der → *DSA*.
2. Abk. für Decision Support System.
   Bezeichnung für Systeme der → *EDV*, die Entscheidungen des Managements in Unternehmen durch Datensammlung, -auswertung und -aufbereitung unterstützen und vorbereiten.
   DSS kann, wie auch → *MIS*, ein Teil eines → *Data Warehouse* sein.
   → *EIS*.
3. Abk. für Delta Stereophony System.

DSS1

Abk. für Digital Signalling System No. 1.
Bezeichnung des europaweit genutzten Signalisierungsprotokolls im D-Kanal des → *ISDN*, auch nur kurz → *Euro-ISDN* genannt.

DSSR

Abk. für Digital Short Range Radio.
→ *Kurzstreckenfunk*.

DSSS, DSSST

Abk. für Direct Sequence Spread Spectrum (Technology).
Bezeichnung für ein Bandspreizverfahren, bei dem ein Bit mit einem Pseudo-Zufallsverfahren verschlüsselt und somit mit mehreren Bit codiert (gespreizt) wird. Aus einem schmalbandigen Eingangssignal wird so ein breitbandiges Ausgangssignal, das über den gesamten zur Verfügung stehenden Frequenzbereich übertragen wird. Beim Empfänger wird die Codierung wieder rückgängig gemacht.
Vorteil: schmalbandige Störungen werden beim Empfänger herausgefiltert.
Nachteil: teuer in der Implementierung.
→ *CDMA*.

DSSSL

Abk. für Document Style Semantics and Specification Language.
Bezeichnung einer Seitenbeschreibungssprache wie → *SGML* oder auch → *HTML*, das es beeinflußte.

DSU

1. Abk. für Data Service Unit.
   Bezeichnung für den Netzabschluß eines → *DQDB*-Netzes beim Teilnehmer, der verschiedene Schnittstellen zur Verfügung stellt.
2. Abk. für Digital Switching Unit.
3. Abk. für Distribution Switching Unit.

DSVD

Abk. für Digital Simultaneous Voice and Data.
Bezeichnung eines Verfahrens zur gleichzeitigen Übertragung digitaler Daten und digitalisierter Sprache mittels Modem über analoge Telefonleitungen.
Dabei wird ausgenutzt, daß 60 % der Sprache aus Pausen bestehen. Die Sprachinformation kann somit in eine Bitfolge von 5,5 bis 13 kbit/s umgewandelt und zusammen mit den Datensignalen digital moduliert werden. Sprachdaten werden dabei mit Vorrang behandelt. Ein Modem nach → *V.34* mit max. 28,8 kbit/s übernimmt den Datentransport. Es stehen somit für Datentransport minimal zwischen 15,8 bis 23,3 kbit/s zur Verfügung.
Erste ausgereifte Technik ist seit 1994 in den USA und seit Mitte 1995 in Europa auf dem Markt.
Wenn Sprache unverändert in analoger Form über die Telefonleitung übertragen wird und simultan dazu Daten ohne Verschachtelung in anderen Kanälen, spricht man von Analogue Simultaneous Voice and Data (ASVD).
Anwendungen dieser Technik sind diverse Tele-Dienste oder → *Multimedia* wie → *Tele-Medizin* und insbesondere → *Tele-Working*.

DT

Abk. für Deutsche Telekom.

DTA

Abk. für Datenträgeraustausch.
→ *EDI.*

DTAG

Abk. für Deutsche Telekom AG.
→ *http://www.dtag.de/*

DTAM

Abk. für Document Transfer and Manipulation.

DTBS

Abk. für Distributed Time-Bounded Services.

DTE

Abk. für Data Terminal Equipment.
Eine generische Bezeichnung für jedes nutzbare und an ein Datennetzwerk anschließbare Endgerät wie → *Terminals*, → *PCs*, → *Workstations*, ... Im deutschen Sprachgebrauch auch DEE (Daten Endeinrichtung) genannt.
→ *DCE.*

DTH

Abk. für Direct To Home.
Der Begriff wird insbesondere in den USA verwendet. Bezeichnung aus der Satellitentechnik. Bezeichnet die Ausstrahlung von Rundfunkprogrammen über Satelliten und Empfang dieser Programme direkt per Satellitenempfangsantenne (Satellite-Dish). Es erfolgt also nicht unbedingt ein Empfang an den Kopfstationen der Kabelfernsehnetze und Einspeisung in dieselben.

DTMF

Abk. für Dual Tone Multiple Frequency.
In Deutschland häufig Tonwahl genannt.
→ *MFV.*

DTP

1. Abk. für Desk-Top-Publishing.
   Bezeichnung für die Herstellung druckfähiger, elektronisch vorliegender Layoutvorlagen am → *PC*. Dafür existieren verschiedene Programme, die sich in ihrer Leistung teilweise stark unterscheiden. Daher ist der Einsatzzweck vor der Entscheidung für ein DTP-Programm genau zu untersuchen. Zur Bewertung eines DTP-Programms betrachtet man seine Leistungsfähigkeit i.d.R. hinsichtlich folgender Punkte:

   - Texteditor,
   - Formeleditor,
   - Tabelleneditor,
   - Vektorgrafikeditor,
   - Pixelgrafikeditor (→ *Pixel*),
   - Grafikimport (für verschiedene Formate),
   - Layouterstellung,
   - Unterstützung verschiedener Schriften (Typografie),
   - Unterstützung von Farbe und visuellen Effekten,
   - Unterstützung von sehr großen Dokumenten (Bücher),
   - Vorschaufunktion (Preview),
   - Unterstützung von Druckfunktionen,
   - Integration in bestehende Systeme.

2. Abk. für Data Grade Twisted Pair.

DTS

1. Abk. für 'Der Telefax Standard'.
   Bezeichnung eines in Deutschland von der Arbeitsgemeinschaft Telefax des → *VDMA* entwickelten Standards für → *Fax*, der nach der Umwandlung von Kompatibilitätsvorschriften in freiwillig einzuhaltende Richtlinien für den Datenaustausch zwischen den Faxgeräten der Deutschen Telekom zu Beginn der 90er Jahre nicht nur die Anschaltefähigkeit der Faxgeräte an ein Telekommunikationsnetz sicherstellt, sondern auch die Kompatibilität der Geräte untereinander. Die erarbeiteten Richtlinien basieren auf Richtlinien des → *FTZ* und der → *ETSI*. Es wird nach einer Prüfung ein Kompatibilitätssiegel vergeben. Erste Geräte damit wurden zur CeBIT '96 vorgestellt.
2. Abk. für Digital Termination Systems.
   Amerik. Bezeichnung digitalisierter und breitbandiger Zugangsnetze.

DTX

Abk. für Discontinuous Transmission.
Andere Bezeichnung für → *VOX.*

DUA

Abk. für Directory User Agent.
→ *X.500.*

Dual Homed Gateway

→ *Firewall.*

Dual Mode

Bezeichnung für Geräte, die zwei technische Standards unterstützen, z.B. → *Handys*, die → *GSM* und → *DECT* beherrschen.

Dublette

Begriff aus der Datenbanktechnik. Bezeichnet in relationalen Datenbanken doppelt vorkommende Zeilen in Tabellen, z.B. aufgrund von doppelt eingegebenen Datensätzen, die irrtümlich infolge mangelnder Koordination von verschiedenen Sachbearbeitern eingegeben wurden. Derartige

Dubletten führen zu Inkonsistenzen und Speicherplatzverschwendung, der in Abhängigkeit des Anteils der Dubletten an der Anzahl aller Datenbestände (Duplizität, angegeben in %) sehr groß sein kann. Als Dublette wird auch ein zu einem anderen Datensatz ähnlicher Datensatz gezählt, z.B. aufgrund eines Schreibfehlers im Nachnamen.

Duo-Feed-Empfang, (-sanlage)

Bezeichnung für den Empfang von zwei Fernsehsatellitensystemen mit unterschiedlicher Position auf der Umlaufbahn um die Erde mit nur einer Empfangsanlage (Antenne und Empfänger) auf der Erde.

Duopoly Review

Begriff aus der Regulierung. Bezeichnet die Aufhebung des Duopols 1990 und 1991 in Großbritannien nach der Einführung von begrenztem Wettbewerb durch ein Duopol für sieben Jahre seit 1983, als Mercury als zweiter TK-Dienstleister neben → *BT* zugelassen wurde.

DUP

Abk. für Data User Part.
→ *SS#7.*

Dupes

Begriff aus der → *Mailbox*szene. Bezeichnet dort beim Übergang von einem Mailboxsystem zum nächsten über → *Gateways* irrtümlich verdoppelte Nachrichten.
→ *Nopes.*

Duplex, Duplexverfahren

Betriebsart, bei der gleichzeitig Sende- und Empfangsbetrieb möglich ist. Auch zur Betonung 'Vollduplex' genannt.
Üblicherweise gibt es zwei Verfahren, gleichzeitigen Sende- und Empfangsbetrieb auf einem physischen Kanal zu realisieren: → *FDD* und → *TDD.*

Duplexabstand

Bei Funksystemen für Duplexbetrieb mit → *FDD* der Abstand zwischen dem → *Uplink* und dem → *Downlink*, d.h. zwischen den beiden Kanälen (Hin- und Zurück), die eine Duplexverbindung ermöglichen. Üblicherweise in MHz gemessen.

Duplizität

→ *Dublette.*

Durchgangsdose

Bezeichnung einer Antennensteckdose, bei der die das signalzuführende Leitung nicht mit der Dose ihren Abschluß findet, sondern zu weiteren Dosen weitergeführt wird. Die Auskopplung von Signalen aus der Stammleitung kann dabei frequenzselektiv oder breitbandig erfolgen.
→ *Stichdose*, → *Filterdose.*

Durchwahl

Bezeichnung der Nummer, die vom → *A-Teilnehmer* gewählt werden muß, um eine Nebenstelle einer Nebenstellenanlage direkt anzuwählen, ohne über einen Bedienplatz (Zentrale, Vermittlung, → *Console*) verbunden werden zu müssen.
Auch Bezeichnung für den Vorgang selbst.

DUSt

Abk. für Datenumsetzerstelle.
Begriff der Deutschen Telekom für eine Stelle im → *IDN* zwischen der Anschlußebene (an der die Endstellen der Teilnehmer hängen) und der unteren Netzebene, an der vom Teilnehmer kommende Daten in ein IDN-Format umgesetzt werden.
→ *DAI*, → *DVSt*, → *DVI.*

DUV

Abk. für Data Under Voice.
Bezeichnung für Systeme, bei denen Frequenzen unterhalb denen, die für die Übertragung von Sprache verwendet werden, zur Datenübertragung im analogen Fernsprechnetz genutzt werden.
→ *DOV.*

DV

1. Abk. für Datenverarbeitung.
2. Abk. für Digital Video.

   Bezeichnung eines 1996 verabschiedeten Standards für digitale Aufzeichnungstechnik für Videodaten. Betroffen sind Camcorder und neue digitale Videorecorder. Der Standard definiert dabei das → *Kompressionsverfahren*, die Gerätemechanik und das zur Speicherung zu verwendende Speichermedium (Magnetband).

   Das Kompressionsverfahren komprimiert mit einer Rate von 5:1 und arbeitet wegen der konstanten Bandlaufgeschwindigkeit mit einer konstanten Datenrate von 5 MByte/s. Es ähnelt → *MJPEG.*

   Der Quelldatenstrom im → *RGB*-Standard hat ein Volumen von rund 31 MByte/s und wird in einem ersten Schritt nach → *YUV* transformiert. In einem zweiten Schritt erfolgt eine Reduzierung der Auflösung des Farbsignals um die Hälfte, wodurch die Datenrate auf rund 20,5 MByte/s sinkt.

   Als dritter Schritt wird das Farbsignal noch einmal in seiner Wichtung um die Hälfte reduziert, indem ein Farbwert den Farbwert von nicht nur einem, sondern von vier Bildpunkten (→ *Pixeln*) beschreibt.

   Ein letzter Schritt komprimiert die Datenrate von rund 15,5 MByte/s auf 3,125 MByte/s.

   Die konstante Datenrate von 5 MByte/s wird erreicht durch Hinzufügen von Audio-,

Timing- und anderen administrativen Daten zu den reinen Videodaten.

Zur Verbindung von Videorecorder und TV-Gerät oder anderen Videorecordern dient eine Verbindung nach → *IEEE 1394.*

DVA

Abk. für Datenverarbeitungsanlage.

DVB

Abk. für Digital Video Broadcasting.

Oberbegriff für neue digitale Fernsehverteildienste, die z.B. über Satelliten ausgestrahlt werden.

Im September 1993 erfolgte die Unterzeichnung eines entsprechenden → *MoU* (mittlerweile rund 180 Mitgliedsfirmen aus 21 Ländern), welches die Entwicklung eines digitalen Fernsehstandards in Europa fördern soll.

Erste Standards betreffen Datenkompressionsverfahren (→ *MPEG II* für Audio, → *MUSICAM*-Verfahren, und Video akzeptiert), Verfahren der digitalen → *Modulation* für Satelliten- und Kabelfernsehverbreitung sowie für terrestrische Verbreitung, Systeme für Videotext und Programminformationen sowie für Signalverschlüsselung.

Digitales Fernsehen startete in Deutschland im Sommer 1996 mit dem → *Pay-TV*-Sender DF1.

→ *HD-Divine*, → *DAB*, → *DSR*, → *SARA*, → *ADR*.

DVC

Abk. für Desktop Videoconferencing (System).

→ *Videokonferenzsysteme.*

DVD

Abk. für Digital Versatile Disc.

Ursprünglich war Digital Video Disc neben → *SD-ROM* die andere Bezeichnung für einen von zwei konkurrierenden Standards für die Speicherung multimedialer Informationen auf einer hochkapazitiven → *CD*. Seit Anfang 1996 ist DVD die offizielle Bezeichnung für den aus beiden Standards hervorgegangenen einheitlichen Standard und man ist vom ‘Video’ abgekommen, da die Softwareindustrie auch auf eine DVD-ROM gedrängt hatte und man nicht nur Videofilme auf dem Medium anbieten wollte.

Es existieren viele Ähnlichkeiten zur normalen → *CD*. Durchmesser des Trägermediums 12 cm (Miniversion: 8 cm), Stärke des mechanischen Trägermediums aus Polycarbonat 1,2 mm. Darauf eingepresste → *Pits* (Spurabstand 0,74 μm, Länge 0,4 - 1,14 μm) als Träger der Information. Zweite Schicht mit weiterer Dateninformation auch möglich durch Auftragen eines Halbreflektors (Dicke 0,05 μm) und einer Photopolymerschicht (Dicke 0,4 μm). In Kombination mit bespielter Ober- und Unterseite ergeben sich insgesamt vier DVD-Formate (DVD-5, DVD-10, DVD-15 und DVD-18). Das Datenvolumen läßt sich so nahezu vervierfachen.

Ein Wechsel der Schicht beim Lesen erfolgt durch eine veränderte Fokussierung des Laserstrahls innerhalb von 5 ms. In einer Schicht sind die Informationen von innen nach außen verteilt, in der zweiten Schicht von außen nach innen.

Die Abtastung erfolgt durch einen stark gebündelten Laserstrahl mit einer Wellenlänge von 650 oder 635 nm. Drehzahl 570 bis 1390 U/Min. Speichervolumen von 4,7 GByte bei ein Nutzung einer Schicht, was auf einer Seite 133 Min. nach → *MPEG 2* komprimiertem Film mit hochauflösenden Bildern und Surround-Ton (drei Dolby-Kanäle) entspricht.

Eine einseitige Nutzung beider Schichten ergibt eine Speicherkapazität von 8,5 GByte, da die zweite Schicht nicht die hohe Dichte der ersten Schicht erreicht. Insgesamt, bei voller Ausnutzung der Speicherkapazität, sind 17 GByte möglich. Bis zu acht unabhängige Audio-Kanäle und 32 (verschiedensprachige) Untertitel werden unterstützt.

Die DVD ging aus mehreren konkurrierenden Standards (→ *SD-ROM* und → *Video-Disc*) auf Druck der Computer- und Softwareindustrie im September 1995 hervor. Ein erster Standard (DVD 1.0) liegt seit einem Treffen der beteiligten Unternehmen in Brüssel im September 1996 vor.

Die DVD kombiniert dabei das Prinzip der beidseitigen Nutzbarkeit und das Fehlerkorrekturverfahren aus dem Hause Toshiba mit der Ton- und Videospeichertechnik von Philips und Sony.

Die Einigung auf einen Standard rief große Euphorie hervor und die Elektronikindustrie hoffte auf Geräte ab Herbst 1996 und einen Boom bereits zum Weihnachtsgeschäft 1996, der sich jedoch nicht erfüllte. Erste wenige Produkte (DVD-ROM) gab es in Japan ab November 1996 und in den USA erst Ende 1996.

Ein weltweiter Massenmarkt wird ab Ende 1997 oder auch erst ab Mitte 1998 erwartet. Dabei werden zunächst DVD-ROM-Anwendungen im Bereich der Computerindustrie erwartet, gefolgt von Home-Consumer-Anwendungen (DVD-Video), für die allerdings ein genügend großes Potential attraktiver Spielfilme (mindestens 250 Stück) zur Verfügung stehen muß. Die Filmindustrie verzögerte jedoch Markteinführung mit der Forderung nach regionalen Hardwareversionen, damit Kinofilmstarts in einem Land nicht durch importierte DVD-Releases des gleichen Films aus anderen Ländern mit früherem Kinostart gestört werden.

Darüber hinaus müssen aus dem gleichen Grund Kopierschutzsysteme (→ *ISRC*) zur Verfügung stehen.

Es sollen später auch Musik-DVDs (DVD-Audio) und interaktive DVDs (DVD-Interactive) aus den bestehenden Standards heraus entwickelt werden.

Weitere erwartete DVD-Anwendungen sind auch einfach beschreibbare DVDs (ab Ende 1998 erwartet) und mehrmals beschreibbare DVDs (nach dem Jahr 2000 erwartet).

DVG

Abk. für Deutsche Verbund Gesellschaft.
Verband der deutschen Energieversorgungsunternehmen mit Sitz in Heidelberg.

DVI

Abk. für Digital Video Interactive.
Ein De-facto-Standard der amerik. Firma Intel (mitentwickelt von RCA, General Electric, IBM, Matsushita und Olivetti) für Multimedia-Anwendungen.
Er beschreibt die Speicherstruktur von komprimierten Medien wie Bildern, Text und Ton auf einem Datenträger.
Es stehen dafür zwei Verfahren zur Verfügung: PLV (Production Level Video) füllt den Bildschirm mit 6 Mbit/s in ordentlicher Qualität (640 * 480 Pixel und 30 Frames/s) und beruht auf asymmetrischer Technik (ähnlich → *MPEG*), wohingegen RTV (Real Time Video) nur 1/4 Bildschirm mit allerdings weniger Bandbreite füllt und in seiner Arbeitsweise dem Motion-JPEG (→ *JPEG*) entspricht.
DVI ist auf dem Intel-Chip i750 implementiert (Decodierung).
Etwa 70 Minuten Video können mit DVI auf einer → *CD-ROM* gespeichert werden.
Die Entwicklung von DVI startete 1982 im David Sarnoff Research Center in Princeton (RCA Laboratories) nach einer Idee von Larry Ryan. Basis sollte zunächst die analoge Bildplatte sein.
1984 zog sich RCA aus dem Bildplattenmarkt zurück und das Konzept änderte sich daraufin Richtung eines kompletten digitalen Systems auf Basis der CD-ROM. Es wurden einige Demos und zwei spezielle Prozessoren dafür entwickelt.
1986 kaufte General Electric das Labor und im März 1987 wurde die Technik in Seattle auf einer Konferenz des Hauses Microsoft über multimediale CD-ROM-Anwendungen der Öffentlichkeit vorgestellt.
Intel fand daran Interesse und kaufte 1988 von General Electric die Rechte. Daraufhin startete die Entwicklung des i750 und als erstes fertiges Produkt entstand gegen Ende der 80er Jahre ein 386er PC mit noch sieben Steckkarten.
Im Februar 1990 folgte eine Lösung mit nur noch zwei Steckkarten.
Die Version 2.0 des Chipsatzes wurde am 5. November 1990 in New York vorgestellt.
DVI wurde seinerzeit zusammen mit MPEG dem Normungsgremium vorgeschlagen, fiel aber wegen schlechterer Qualität durch.

DVl

Abk. für Datenverbindungsleitung.
Telekom-Begriff, der die Leitungen im IDN zwischen den Datenvermittlungsstellen (→ *DVSt*) auf der oberen Netzebene bezeichnet.
→ *DAl*, → *DUst*.

DVMRP

Abk. für Distance Vector Multicast Routing Protocol.
Bezeichnung für ein Protokoll für → *Routing* zum Ermöglichen von → *Multicasting* im → *Internet*.

DVSt

Abk. für Datenvermittlungsstelle.
Begriff der Deutschen Telekom für eine Vermittlungsstelle in der oberen Netzebene des → *IDN*.
→ *DVl*, → *DAl*, → *DUSt*.

DVT

Abk. für Digital Video Tape.

DW

Abk. für → *Data Warehouse*.

DWDM

Abk. für Dense Wavelength Division Multiplexing.
→ *WDM*.

DWMT

Abk. für Discrete Wavelet Multi Tone.
Eine Form von Multicarrier-Modulation, die → *Wavelet-Codierung* nutzt.

DXC

Abk. für Digital Cross Connect (System).
Bezeichnung für einen digitalen Schaltverteiler. Eine Baugruppe moderner digitaler Vermittlungsanlagen.
Oft angegeben in der Form DXC n/m. Dabei geben die Zahlen n und m die Spannweite über die Schaltebenen der → *SDH* bzw. die Datenkapazitäten der in ihnen transportierten virtuellen Container (VCs) an. DXC 4/1 kann dabei von der höchsten bis zur niedrigsten (von 155 Mbit/s über 140 Mbit/s, 34 Mbit/s bis zu 2 Mbit/s) Hierarchiestufe alle Datenraten schalten.
Der DXC 4/4 hingegen schaltet lediglich die höchste Ebene VC-4 (155 Mbit/s).
→ *Cross Connect*.

DXI

Abk. für Data Exchange Interface.

Dynamisches Routing

→ *Routing*.

E

E 0, 1, 2, 3, 4

Abk. für European Digital Signal Level No. 1, 2, 3, 4.
Kurzbezeichnung von standardisierten Datenraten der europäischen → *PDH*-Multiplexhierarchie, definiert durch die → *ITU* in G.704. Die Datenrate einer höheren Signalebene ergibt sich aus ganzzahligen Vielfachen der darunterliegenden Ebene. Die Gegenstücke in Nordamerika und Japan sind → *T 1, 2, 3, 4*.
E-0 entspricht 64 kbit/s.
E-1 entspricht 32 E-0-Kanälen, davon einen Service- und einen Synchronkanal, und somit insgesamt 2,048 Mbit/s (→ *PCM 30*, → *ISDN*).
E-2 entspricht vier E-1-Kanälen und somit insgesamt 8,448 Mbit/s.
E-3 entspricht vier E-2-Kanälen und somit insgesamt 34,368 Mbit/s.
E-4 entspricht vier E-3-Kanälen und somit 139,264 Mbit/s insgesamt.

E2-Netz

→ *E-Netz*.

E 10

Name eines digitalen Vermittlungssystems aus dem Hause Alcatel, das ursprünglich vom Vorgängerkonzern ITT entwickelt wurde. Es wird parallel angeboten zum → *System 12* der Alcatel-SEL. Es arbeitet mit zentraler Steuerung und war das erste digitale System überhaupt, das in öffentlichen Netzen zum Einsatz kam. Neuerdings 1000 E 10 genannt.

E 13 B Schrift

Bezeichnung einer maschinen- und menschenlesbaren magnetischen Schrift. Insbesondere in den USA im Bankengewerbe verbreitet. Die Zeichen werden in Form eines magnetisierten Aufdrucks auf Schecks, Überweisungen etc. aufgetragen.

E.163 und 164

→ *Numerierungsplan*.

E 911

Abk. für Emergency Number 911.
In den USA die Kurzbezeichnung für Notrufdienste in allen Telefonnetzen (mobil/fest) mit der Nummer 911 (vergleichbar mit 110/112 in Deutschland).

EACEM

Abk. für European Association of Consumer Electronics Manufacturers.
Bezeichnung für den Zusammenschluß europäischer Hersteller von Unterhaltungselektronik.

EAEC

Abk. für European Airlines Electronics Committee.

EAN-Code

Abk. für Europäisches Artikelnummernsystem.
Bezeichnung eines maschinenlesbaren Strichcodes. Basiert auf 13stelliger Artikelnummer, bestehend aus zwei Länderkennziffern, fünf national zu vergebenden Herstellerziffern, fünf Artikelziffern (vergeben durch den Hersteller) und einer Prüfziffer. Die Artikelnummer ist in → *OCR-B*-Schrift unterhalb des Strichcodes zur Eingabe per Hand verzeichnet.
Auch einfach nur Strich-, Bar- oder Balkencode genannt, obwohl der EAN-Code nur einer von vielen, wenn auch der bekannteste, ist.
Genormt ist der Strichcode durch das → *DIN* in DIN 66236. Er kann mit Lasern fotoelektrisch gelesen werden und wird im Einzelhandel zur Kodierung von Artikeln (nicht von Preisen) eingesetzt. Die Artikelnummer dient aber in einer entsprechenden Kasse zum Ermitteln des Preises durch eine kasseninterne Liste, die Artikelnummern einen aktuellen gültigen Preis zuordnet.
Eingeführt wurde der Code 1978 von zwölf Staaten. Inzwischen wurde er von 48 Staaten weltweit übernommen.

EACM

Abk. für European Association of Consumer Electronic Manufacturers.
Europäische Vereinigung der Hersteller von Unterhaltungselektronik.

EAPROM

Abk. für Electrically Alterable Programmable Read Only Memory.
Andere Bezeichnung für den → *EEPROM*. Die Anzahl der möglichen Zugriffe während der Lebensdauer des Bausteins ist auf ca. 10^7 beschränkt.

EARN

Abk. für European Academic Research Network.
Bezeichnung des europäischen und vorwiegend akademisch genutzten Forschungsnetzes. Es umfaßt rund 600 akademische Einrichtungen in Europa, dem Mittleren Osten und Afrika. Es arbeitet eng mit dem technisch ähnlichen → *BITNET* und dem → *NetNorth* zusammen.
Inbetriebnahme am 27. Februar 1984 anläßlich einer Konferenz in Genf. Es wird massiv von IBM unterstützt.

EAS

Abk. für Expert Agent Selection.
Bezeichnung eines Merkmals von Nebenstellen in → *ACD*-Anlagen von → *Call Centern*. Dabei werden z.B. mit → *CLI* die Nummern der Anrufer

analysiert, so daß sie direkt einem regionalen Sachbearbeiter zugeleitet werden.
Andere Auswertesysteme sortieren anhand von Listen nach VIP- oder Großkunden.
Im Zusammenwirken mit → *IVR* können darüber hinaus gezielt Kundenwünsche abgefragt und, darauf abgestimmt, der Anrufer zu einem → *Agent* durchgeschaltet werden.

EAZ

Abk. für Endgeräteauswahlziffer.
Bezeichnung für die letzte Ziffer einer Telefonnummer eines → *ISDN*-Anschlusses mit dem nur in Deutschland genutzten D-Kanal-Protokoll 1TR6, die ein Endgerät am S_0-Bus auswählt. Es stehen dafür die Ziffern 0 bis 9 zur Verfügung. Die EAZ wird am Gerät selbst eingestellt. Dabei bewirkt eine gewählte 0 ein Klingeln aller am Bus angeschlossenen Geräte, unabhängig von ihrer jeweils eingestellten EAZ.
Umgekehrt bewirkt eine an einem Gerät eingestellte EAZ von 9, daß dieses eine Gerät immer klingelt, unabhängig von der gewählten EAZ.

EB

Abk. für Electronic Book.
Bezeichnet den Sony-Firmenstandard aus dem Jahr 1990 einer CD mit 8 cm Durchmesser und 200 MByte Speicherplatz.
Anwendungen waren kleine mobile Terminals mit LCD-Monochromschirm. Das System konnte sich bislang nicht durchsetzen.
→ *CD-ROM*, → *MD*.

EBCD

Abk. für Extended Binary Coded Decimal.
Bezeichnung eines Zeichencodes mit sechs Daten- und einem Paritätsbit.

EBCDIC

Abk. für Extended Binary Coded Decimal Interchange Code.
Ein von der IBM in den 60er Jahren entwickelter 8-Bit-Code für Großrechenanlagen (→ *Mainframe*, → *IBM /360*), daher manchmal auch IBM-Code genannt. Er wird kaum noch verwendet.
Abgeleitet vom → *BCDIC*, der um ein Paritätsbit zur Erkennung von Fehlern bei der Datenübertragung erweitert wurde.

EBG

Abk. für ECTEL Broadband Group.
Bezeichnung für ein Gremium in der → *ECTEL*, das sich mit Breitbanddiensten und auch -netzen beschäftigt.

EBIT

Abk. für European Broadband Interconnection Trial.
Bezeichnung für einen europäischen Breitband-Verbundnetz-Versuch.

EBONE

Abk. für European Backbone.
Bezeichnung eines europäischen → *Backbones* des → *Internets*, das von mehreren Internet Service Providern (→ *ISP*) und verschiedenen nationalen großen Carriern betrieben wird und dem Austausch von Nachrichten aller Art untereinander, ohne Umweg über die USA, dient.
EBONE verbindet über 60 regionale Netze in über 25 europäischen Ländern.

EBU

Abk. für European Broadcasting Union.
Sitz in Genf. Zusammenschluß europäischer Rundfunkanstalten, der Normen für die Übertragung und Verteilung von Hörfunk- und Fernsehprogrammen und -informationen über Satelliten erarbeitet.
→ *http://www.ebu.ch/*

EC

Abk. für Echo Cancellation.
→ *Echokompensation*.

ECC

Abk. für Embedded Control Channel.
Bezeichnung für einen Kanal im Übertragungssystem der → *SDH*, der nur zur Übertragung von Managementinformationen und nicht für Nutzdaten vorgesehen ist.

ECCO

Bezeichnung eines von den Unternehmen Constellation Communications und der brasilianischen PTT Telebras initiierten und 500 Mio. $ teuren Systems für → *Satellitenmobilfunk*, das ab 1999 in Betrieb gehen soll.
Dabei sollen 11 Satelliten (425 kg) in eine zirkulare Umlaufbahn in 2 000 km Höhe gebracht werden, die nur den Gürtel um den Äquator versorgen sollen.
Dabei wird als Zugriffsmethode → *CDMA* genutzt. Uplink wird über Frequenzen im → *L-Band* und der Downlink über Frequenzen im → *S-Band* abgewickelt.
Es sollen neben Sprachübertragung Datendienste bis 9,6 kbit/s angeboten werden.

Echokompensator, -kompensation

Schaltung in Datenübertragungseinrichtungen beim Übergang von Vierdraht- auf Zweidrahtleitungen mit Gabelschaltung zur Unterdrückung von Rückkopplungen des Sendesignals auf den eigenen Empfangskanal. Dabei wird das Echoverhalten der Übertragungsleitung nachgebildet und das Echo der Sendesignale mit Transversalfiltern erzeugt. Dieses Kompensationssignal wird von dem empfangenden Signal subtrahiert, so daß das echolose, ursprünglich gesendete Signal ermittelt wird.

ECIC

Abk. für Electronic Communication Implementation Committee.

Bezeichnung eines 1993 gegründeten Gremiums im Rahmen der → *TCIF* mit dem Ziel der Förderung von → *TMN* in Telekommunikationsnetzen, insbesondere unter dem Gesichtspunkt des Datenaustausches zwischen verschiedenen Service-Providern.

→ *http://www.atis.org/tcif/*

ECITC

Abk. für European Committee for Information Technology Testing and Certifications.

ECM-Betrieb

Abk. für Error Correction Mode.

Ein integriertes Fehlerkorrekturverfahren bei Telefax-Geräten (→ *Fax*) der Gruppe 3. Voraussetzung zur Anwendung des Verfahrens ist, daß beide an der Faxübertragung beteiligten Geräte ECM beherrschen.

Es werden die zu übertragenden Faxdaten in Pakete des → *HDLC* Formates gepackt. Dies erlaubt den Faxgeräten, die fehlerhaften einzelnen Datenpakete erneut anzufordern, was die Übertragungsqualität und damit die grafische Qualität des eingegangenen Faxes verbessert.

Definiert in T.4 und T.30.

ECMA

Abk. für European Computer Manufacturers Associations.

Im Mai 1961 gegründet, nach einer Konferenz am 27. April 1960 in Brüssel aller europäischer Computerhersteller mit heute ca. 20 Rechnerherstellern als Mitglieder. Erarbeiten auf freiwilliger Basis Standards nach dem → *OSI-Referenzmodell*.

Kontakte:

ECMA
114 Rue du Rhône
1204 Genf
Schweiz
Tel.: (+ 41) 02 / 27 35 36 34
Fax: (+ 41) 02 / 27 86 52 31

→ *JEEC*.

→ *http://www.ecma.ch/*

ECN

Abk. für Explicit Congestion Notification.

Oberbegriff für Mechanismen wie → *BECN*, → *CLLM* oder → *FECN* zur Überlastkontrolle in Datennetzen.

ECP

Abk. für Encryption Control Protocol.

ECQAC

Abk. für Electronic Components Quality Ensurance Committee.

Bezeichnung für ein Gremium innerhalb des → *CECC*, das über die Prüfstelle des → *VDE* Gütezertifikate an die Hersteller elektronischer Bauelemente vergibt.

ECRC

Abk. für European Computer-Industry Research Center.

Bezeichnung einer 1984 von Bull SA, ICL Plc. und der Siemens AG gegründeten Forschungseinrichtung in München.

Seit 1994 bietet ECRC auch kommerzielle Dienste auf Basis seines eigenen Netzes am Markt an und tritt als → *ISP* in Erscheinung. Ferner betreibt ECRC den → *DE-GIX*.

ECRC GmbH
Arabellastr. 17
81925 München
Tel.: 0 89 / 92 69 91 04
Fax: 0 89 / 92 69 91 70

→ *http://www.ecrc.de/*

ECS

Abk. für European Communication Satellite.

Name eines Telekommunikationssatelliten, betrieben von → *Eutelsat*.

ECSA

1. Abk. für Exchange Carriers Standards Association.

   US-amerikanisches Normungsgremium zur Standardisierung von Verfahren des Zusammenwirkens mehrerer unabhängiger Telekommunikationsanbieter nach der → *Divestiture*. ECSA arbeitet der → *ANSI* zu.
2. Abk. für European Computing Software Association.

ECSP

Abk. für Electronic Communications Service Providers.

Bezeichnung eines Gremiums in den USA, besetzt aus Regierungsvertretern und Vertretern der Industrie, das anderen Standardisierungsgremien auf dem Gebiet der kontrollierten zulässigen Überwachung (Abhören, Fangschaltungen etc.) zuarbeitet.

ECTEL

Abk. für European Committee of Telecommunications and Electronic Professionals Industries.

Europäischer Verband mit div. nationalen Industrieverbänden als Mitglieder. Wirkt als Mittler zwischen EU, nationalen Verbänden der Industrie und der → *ETSI*. ECTEL ist auch selbst Mitglied bei ETSI.

ECTF

Abk. für Enterprise Computer Telephony Forum.
Bezeichnung eines Zusammenschlusses aus Herstellern und Anwendern von → *CTI* zur Förderung dieser Technologie und zur Entwicklung von Interoperabilität zwischen den verschiedenen Standards (→ *TAPI*, → *TSAPI*).
Im Gegensatz zu → *ACTIS* widmet sich ECTF technischen Fragen der Hard- und Softwareentwicklung. Gegründet am 11. April 1995 von Ericsson, Dialogic, DEC, HP und Northern Telecom. Mittlerweile 12 Mitglieder.

ECTF Inc.
303 Vintage Park Drive
Foster City Ca, 94404
Tel.: (+1) 0 41 / 55 78 68 52
Fax: (+1) 0 41 / 53 78 66 92

→ *http://www.ectf.org/*

ECTRA

Abk. für European Committee on Telecommunications Regulatory Affairs.
Bezeichnung für eines der drei Gremien der → *CEPT*.
Während ECTRA ein politisches und entscheidendes Gremium ist, erfolgt die Ausführung bzw. Vorbereitung von Entscheidungen in seinem Auftrag durch das → *ETO*.

ECTUA

Abk. für European Council of Telecommunications Users Associations.
Bezeichnung des europäischen Dachverbandes der einzelnen nationalen Nutzerverbände von Telekommunikationsdienstleistungen.
Deutsches Mitglied bei ECTUA ist → *Telecom e.V.*
→ *INTUG*.

EDAC

Abk. für Error Detection and Correction (Code).
Bezeichnung eines Fehlererkennungscodes, der Längs- und Querparität (→ *Paritätsbit*) nutzt. Angewendet wird der Code z.B. bei → *HDDR*.

EDFA

Abk. für Erbrium-dotated (doped) Fibre Amplifier.
→ *OFA*.

EDI

Abk. für Electronic Data Interchange.
Bezeichnet den Austausch von Dokumenten über Datennetze in einem genormten Format, so daß der Empfänger die Daten direkt nach dem Empfang in seiner EDV-Anlage automatisch weiterverarbeiten kann. Die elektronischen Formulare spiegeln dabei reale Standardformulare wider, wie z.B. Rechnung, Bestellschein, Lieferschein. Sender und Empfänger stehen dabei üblicherweise in einem dauerhaften geschäftlichen Verhältnis zu-

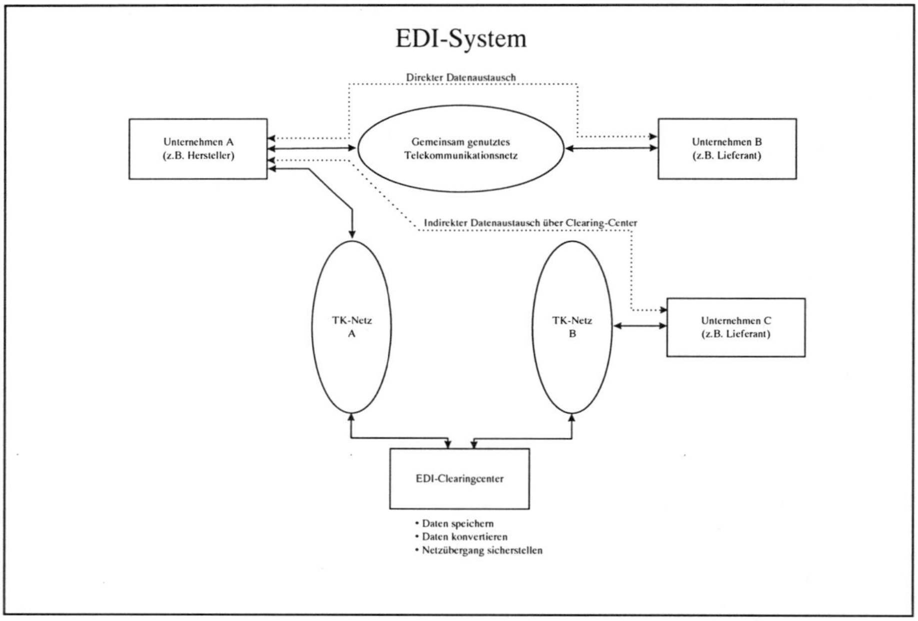

einander (z.B. Zulieferer und Großindustrie). EDI ist Grundlage für das Verfahren der Just-in-Time-Lieferung.
Grund für die Einführung eines genormten Verfahrens waren die bei den Anwendern vorherrschenden unterschiedlichen Kommunikationsplattformen und Anwendungsprogramme, die einen einheitlichen Mittler benötigten.
Vorteile von EDI sind:

- Geringere Personalkosten,
- Schnellere Bearbeitungs- und Durchlaufzeiten,
- Automatisierte und automatisch dokumentierte Abläufe,
- Minimierung von Fehlern (die durch die manuelle Handhabung entstehen könnten), Qualitätssteigerung.

Es wird zwischen zwei Übertragungsarten unterschieden. Bei Punkt-zu-Punkt-Übertragungen wird vom Sender direkt zum Empfänger übertragen, beim Store-and-Forward-Betrieb werden die Daten vom Sender einem zwischengeschalteten Service Provider oder Mehrwertdienstleister (Betreiber eines sog. Clearing-Centers) übergeben, der sie ggfs. zwischenspeichert, konvertiert und weiterleitet. Darüber hinaus übernehmen die Betreiber derartiger Clearing-Center auch Aufgaben bei der Beratung von Unternehmen, die EDI einsetzen wollen, bei der Einführung von EDI-Systemen und bei deren weiterem Ausbau.
Gängige Industriestandards sind → *EDIFACT* für kaufmännische und administrative Anwendungen und → *Odette* für die Automobilindustrie sowie VDA Inovert, SEDAS, ANSIX 12, → *SWIFT* und TRADACOMS.
EDI entstand in den 60er Jahren in der amerikanischen Automobilindustrie, die damit besser mit ihren Zulieferern kommunizieren konnte. Unter der Führung von General Electric Information Services (GEIS) wurde eine Art elektronisches Formular entwickelt, an das sich die ganze Industrie hielt.
Derartige Vorläufersysteme waren in Deutschland als Datenträgeraustausch (DTA) in den 60er Jahren bekannt. Dabei wurden Daten auf Bänder geschrieben, per Post oder Kurier transportiert und am Ziel vom Band gelesen und weiterverarbeitet.
In Deutschland waren die Banken in den frühen 70er Jahren mit genormten, institutsunabhängigen und maschinenlesbaren Formularen und der Einführung der Bankleitzahl führend, gefolgt von Initiativen der VDA und der CCG (Centrale für Coorganisation).
Insgesamt gilt Deutschland hinsichtlich EDI als „Entwicklungsland“. Dies wird auch dadurch deutlich, daß EDI-Rechnungen rechtlich nicht bindend sind. Üblich ist daher immer noch eine Sammelrechnung auf Papier im Anschluß an den Abschluß von EDI-Transaktionen. Die Einführung von EDI in einem Unternehmen ist nicht nur ein technisches Problem, sondern auch ein organisatorisches, da bisher papiergestützte Geschäftsprozesse u.U. komplett durch die EDV abgewickelt werden können, wodurch evtl. Arbeitsplätze völlig neu gestaltet werden oder wegfallen. Dies erfodert eine andere Organisation.
Aus technischer Sicht sind folgende Punkte zu beachten:

- Welcher EDI-Standard kommt in Frage?
- Wie umfangreich sind die durch ihn abwikkelbaren Transaktionen und welche werden davon jetzt und nicht in naher oder fernerer Zukunft benötigt?
- Über welche Netzplattform werden die EDI-Transaktionen mit den EDI-Partnern abgewickelt?
- Welche Datenformate benötigt die hausinterne EDV und welche Formatkonvertierung ist dafür notwendig?
- Welche Funktionalität und welche → *APIs* stellt die hausinterne EDV zur Verfügung?
- Wie wird der Prozeß des Empfangens, Verarbeitens und Sendens von EDI-Nachrichten gesteuert, kontrolliert und auch protokolliert?

→ *http://www.editie.nl/*
→ *http://polaris.disa.org/edi/edihome.htp/*
→ *http://www.premenos.com/*

EDID

Abk. für Extended Display Identification Data.
→ *DDC*.

EDIFACT

Abk. für Electronic Data Interchange for Administration, Commerce and Transport.
Weltweit der bekannteste und meistgenutzte Standard für → *EDI*. Gepflegt vom EDIFACT-Board mit Sitz in Brüssel.
EDIFACT ging aus dem Bedürfnis hervor, die sich aus der EDI-Idee entwickelnden branchenspezifischen Standards zu vereinheitlichen, um ein universell einsetzbares Grundgerüst hinsichtlich der Datenstruktur zur Verfügung zu stellen. Genormt durch die → *ISO* in ISO 9735.
EDIFACT basiert auf der Trennzeichensyntax. Vorreiter bei der Einfürhung in Deutschland waren die Automobilindustrie, der Handel und die Konsumgüterbranche. Eingeführt wurde EDIFACT im September 1987.
Derzeit wenden in Deutschland ca. 3 000 Firmen (davon ca. 1 500 aus der Automobilindustrie) EDIFACT an. Weltweit wird mit einer Vervierfachung der EDIFACT-Anwendungen von 1995 bis zum Jahr 2000 gerechnet.
Die einzelnen elektronischen Dokumente werden üblicherweise vor ihrer Übertragung in Dateien

zusammengefaßt, um so mit einer Datenübertragung möglichst viele Einzeldokumente ökonomisch übertragen zu können.
Die Begriffshierarchie ist wie folgt:

- Einzelne Zahlen oder Buchstabenketten (Strings) bilden ein Datenelement.
- Mehrere Datenelemente bilden eine Datenelementgruppe.
- Mehrere Datenelementgruppen bilden ein Segment.
- Mehrere Segmente bilden Segmentgruppen.
- Mehrere Segmentgruppen bilden eine EDIFACT-Nachricht eines bestimmten Typs.
- Verschiedene EDIFACT-Nachrichtentypen bilden einen EDIFACT-Standard (Subset).

Zur Übertragung der in elektronischer Form vorliegenden Dokumente stehen zwei Verfahren zur Verfügung. Beim Hub- and Spoke-Verfahren werden die Dokumente bei zeitunkritischer Datenübermittlung zu einer Clearing-Stelle genannten zentralen Instanz (EDI-Dienstleister, → *VANS*-Provider) vom Sender transferiert, dort gespeichert, nötigenfalls in ihrer Form bearbeitet (konvertiert) und vom Empfänger bei Bedarf abgeholt. Dies hat den Vorteil, daß keine Koordination der Datenübertragung von Sender und Empfänger notwendig ist und das Clearing-Center eine Datenformatanpassung vornehmen kann. Darüber hinaus stellt das Clearing-Center den Transport über verschiedene Netze sicher.
Bei zeitkritischen Verfahren (Just-in-time-Zulieferung) werden die Daten ohne Clearing-Stelle direkt vom Sender zum Empfänger übertragen.
EDIFACT definiert lediglich die Datenstruktur, nicht aber eine technische Plattform, auf der diese Daten transportiert werden. Dies können verschiedene Netze sein. Als Übertragungsmedien werden → *ISDN*, → *X.25*, Standleitungen oder → *Modem*-Verbindungen über analoge Telefonleitungen genutzt.
Für verschiedene Branchen existieren unterschiedliche Standards, sog. Subsets, die durch die Vereinfachung der komplexen ISO-Formate entstehen:

Bezeichnung	Branche
CEFIC	für die chemische Industrie
EANCOM	für die Konsumgüterwirtschaft
EDIBDB	für Baumärkte
EDIFICE	für die Elektroindustrie
EDIFURN	für die Möbelindustrie
EDIOFFICE	für die Bürobedarfsbranche
EDITEX	für die Textilindustrie

Nicht alle Subsets hatten als positive Wirkung eine förderliche Verbreitung von EDIFACT zur Folge. Viele Anwender haben in der Vergangenheit die Subsets als verwirrend und hinderlich empfunden. Darüber hinaus bildeten sich sogar selbstentwikkelte Datenformate in kleinen und kleinsten EDI-Inseln heraus. Mittlerweile sind Arbeitskreise damit beschäftigt, die Strukturen der Subsets wieder zu vereinheitlichen. Leistungsstarke EDIFACT-Konverter können bereits sämtliche Subsets verarbeiten und in unternehmensintern genutzte Datenformate zur Weiterverarbeitung in Standardsoftware, z.B. der Finanzbuchhaltung, konvertieren.

EDIMS

Abk. für Electronic Data Interchange Messaging Systems.

Editor

Programm zur Texteingabe, Textspeicherung und Textmanipulation im → *ASCII*-Format, d.h., es wird keine Dokument-, Text- oder Zeichenformatierung (Seitenformate, Schrifttyp, Schriftgröße etc.) wie bei einer Textverarbeitung vorgenommen. Dafür verfügt ein Editor üblicherweise über mehr mächtige Funktionen zur Textmanipulation (Zwischenspeicher, Textmarkierungen, Sprünge der Eingabemarke im Dokument etc.).
Editoren gehören zum standardmäßigen Leistungsumfang eines → *Betriebssystems.*

EDO-DRAM

Abk. für Extended Data Out Dynamic Random Access Memory.
Seltener auch Hyper Page Mode DRAM genannt. Bezeichnung für schnelle dynamische Halbleiterspeicherbausteine, die beim Lesevorgang (nicht beim Schreiben) Vorteile gegenüber herkömmlichen → *DRAMS* bieten, allerdings auch teurer sind als diese. Entwickelt wurde die Technik in der 1. Hälfte der 90er Jahre mit Einführung 1994 und größerer Verbreitung 1995.
Die zu lesenden Daten bleiben länger am Ausgang des Speichers verfügbar, was es zugreifenden Einheiten ermöglicht, überlappende, schnellere Lesevorgänge durchzuführen, indem während des Lesens der Daten aus einer Speicherzelle bereits die Adresse der nächsten Speicherzelle ermittelt wird, d.h., es wird ein Taktzyklus eingespart.
Lesevorgänge können damit bis zu 30 % schneller als herkömmliche DRAM-Zugriffe ausgeführt werden.
EDO-DRAMs können durch ein schnelles Cache-System überflüssig werden.
Nächster Entwicklungsschritt ist das → *Burst-EDO.*

EDS

Abk. für Electronic Data Switching System.
Bezeichnet ein digitales Vermittlungssystem der Firma Siemens zur Vermittlung von Datenströmen. Es löste Ende der 70er Jahre die elektromechanischen Fernschreibvermittlungen ab und er-

möglichte integrierte Text- und Datendienste im → *IDN*.

EDSAC

Abk. für Electronic Relay Storage Automatic Calculator.

Bezeichnung eines frühen elektromechanischen Computers. Der EDSAC war der erste → *Von-Neumann-Rechner* und der erste echte speicherprogrammierbare Rechner überhaupt.

Er bestand aus 4 500 Röhren und hatte einen Takt von 500 kHz. Addition benötigte 1,4 ms, Multiplikation 5,4 ms.

Ein- und Ausgabegeräte waren Lochstreifenleser und -stanzer sowie Fernschreiber (→ *Telex*). Der Speicher dieser Anlage bestand aus Quecksilber-Verzögerungsstrecken mit Ultraschall. Diese Technologie fand jedoch keine weitere Verbreitung.

Die Briten begannen ihre Entwicklungsarbeiten am EDSAC 1946 und stellten EDSAC am 6. Mai 1949 vor, als er sein erstes, von D.J. Wheeler geschriebenes Programm (Berechnung von Quadratzahlen) ausführte.

Entwickelt wurde er maßgeblich von Maurice V. Wilkes (* 1913), W. Renwick, S. Barton und D.J. Wheeler an der Cambridge Universität von Manchester. Er blieb bis Juli 1958 in Betrieb und gilt als Vorläufer für einen der ersten kommerziell hergestellten Computer, den LEO (Lyons Electronic Office).

Der LEO wurde nach mehreren Jahren der Entwicklung von der Lyons Company 1953 auf den Markt gebracht.

E-DSS1

Abk. für European Digital Subscriber Signalling No. 1.

Ein Signalisierungsverfahren (→ *Zeichengabe*) auf dem D-Kanal vom Teilnehmer zur Ortsvermittlung. Angewendet beim → *Euro-ISDN*.

→ *ISDN*.

EDTV

Abk. für Extended Definition Television. Andere Bezeichnung für → *PAL* Plus.

Edutainment

Kunstwort, zusammengesetzt aus Education und Entertainment. Bezeichnet Lernprogramme für Erwachsene, die in multimedialer Form unterhaltend neues Wissen vermitteln.

Derartige Systeme werden heute oft mit Hilfe der → *CD-ROM* realisiert, jedoch werden vermehrt auch Anwendungen über das → *Internet* oder auch über → *Intranets* diskutiert.

EDV

Abk. für Elektronische Datenverarbeitung.

EDVA

Abk. für Elektronische Datenverarbeitungsanlage.

EE

1. Abk. für Endeinrichtung
2. Abk. für Equipment Engineering.
   Kurzbezeichnung eines Gremiums der → *ETSI*.

EEA

Abk. für Electrical Equipment Association.

Bezeichnung eines britischen Industrieverbands.

EEMA

Abk. für European Electronic Messaging (Mail) Association.

Bezeichnung einer im März 1987 gegründeten Non-Profit-Organisation mit dem Ziel, ein Forum des Austausches zwischen Herstellern, Service-Providern, Normungsgremien und Anwendern zu sein. Die Anwendung elektronischer Messaging-Systeme (wie z.B. → *X.400*) soll dabei gefördert werden. Die EEMA ist der EMA angegliedert.

EEPROM

Abk. für Electrically Erasable Programmable ROM.

Ein → *ROM*, das mehrfach beschrieben und gelöscht werden kann. Im Gegensatz zum → *EPROM* wird dabei der Inhalt nicht mittels UV-Licht, sondern durch Anlegen einer Spannung (also auf elektrischem Weg) gelöscht.

EF

Abk. für Elementary Function.

→ *IN*.

EFCI

Abk. für Explicit Forward Congestion Identification.

Bezeichnung einer Methode zur rechtzeitigen Erkennung von Überlastzuständen in → *ATM*-Netzen.

EFF

Abk. für Electronic Frontier Foundation.

Bezeichnung eines Gremiums, das als Stimme aller → *Internet*-Nutzer fungiert und insbesondere Meinungsfreiheit im Internet zu sichern beabsichtigt. Gegründet im Juli 1990.

EFS

1. Abk. für Erdfunkstelle.
   Bezeichnung der Bodenstation bei Satellitennetzen.
   → *Bodensegment*.
2. Abk. für European Freephone Service.

3. Abk. für Error Free Seconds.

   Bezeichnung eines Gütemaßes für den Fernsprechverkehr, angegeben in %. Es bezeichnet den Anteil von Sekunden bei der Sprachübertragung, der fehlerfrei ist. Ein Anteil von 92 % wird als akzeptable Qualität angesehen.

   → *ES*, → *SES*.

EFT

1. Abk. für European File Transfer.

   Ein aus dem französischen Protokoll 'Télédiquette' abgeleitetes und von der → *ETSI* genormtes Anwendungsprotokoll zum Datentransfer über das ISDN. Inkompatibel zu allen anderen gängigen Verfahren ähnlicher Art und daher selten von Standardsoftware unterstützt. Wenig verbreitet.

2. Abk. für Electronic Funds Transfer.

   Oberbegriff für verschiedene Formen des bargeldlosen Zahlungsverkehrs. Üblicherweise mit der Zahlung per Kreditkarte und der Prüfung der Kreditkartendaten mit Hilfe der Datenübertragung über Telekommunikationsnetze (üblicherweise → *X.25* oder → *ISDN*) in Verbindung gebracht.

   → *POS*.

EFT, EFTPOS

Abk. für Electronic Fund Transfer (at Point of Sale).

Bezeichnung für bargeldlose elektronische Zahlungsvorgänge und Verrechnungsverfahren, z.B. per Euroscheck oder Kreditkarte. Zumeist am Point-of-Sale (→ *POS*) eingesetzt, wo entsprechende Lesegeräte plaziert sind.

EGA

Abk. für Enhanced Graphics Adapter.

Bezeichnung eines Standards für Grafikkarten, ursprünglich entwickelt von IBM. Der Standard war Abwärtskompatibel zu → *MDA* und → *CGA*. Eingesetzt in → *PCs* ab 1985.

Auflösung zunächst 640 * 350 Bildpunkte bei einer Darstellung mit 16 (Codierung mit 4 Bit) von 64 möglichen Farben. Später auch weitere Modi möglich.

Die Grafikkarte verfügte über einen Videospeicher von 256 KByte.

EGN

Abk. für Einzelgebührennachweis.

Bezeichnung für detaillierte Abrechnungen für Telekommunikationsdienstleistungen, aus denen jede einzelne Verbindung (Verbindungsziel, Verbindungsdauer, Uhrzeit) und die auf sie angefallenen Gebühren hervorgehen.

EGP

Abk. für Exterior Gateway Protocol.

Bezeichnung für ein 1983 entwickeltes Routingprotokoll im → *Internet*. Mit dem EGP werden Routinginformationen zwischen den Routern ausgetauscht, die zu verschiedenen hierarchisch getrennten Teilen (autonome Systeme) des Internets gehören.

EGP setzt eine Baumstruktur des Netzes als Topologie voraus. Dies bedeutet für das Internet die Annahme einer Entwicklung aus einem einzigen → *Backbone* heraus und eine hierarchische Strukturierung der unter dem Backbone gelegenen Netze. Über diese Struktur wurden die Routinginformationen nicht als Broadcast weitergegeben, sondern mit EGP ganz gezielt zwischen benachbarten Routern verschiedener Netze im Rahmen von Punkt-zu-Punkt-Verbindungen.

Da das Internet schnell und unkontrolliert wuchs konnte diese Bedingung des hierarchischen Netzaufbaus nicht eingehalten werden, was zur Entwicklung des Border Gateway Protocols (BGP) führte, das EGP ersetzte.

EGW

Abk. für Edge Gateway.

Bezeichnung eines Netzelementes im → *MAN* gemäß → *DQDB*.

EHF

Abk. für Extremly High Frequency.

Bezeichnung für das Frequenzband von 30 GHz. bis 275 GHz. Es wird heute noch nicht in großem Maßstab genutzt. Viele Aspekte befinden sich noch in der Forschung. Der Nachbarbereich ist → *SHF*.

EHKP

Abk. für Einheitliches, höheres Kommunikations-Protokoll.

Bezeichnung für das Datenübertragungsprotokoll im → *Btx*, über das externe Rechner über ein → *X.25*-Netz mit den Btx-Vermittlungsstellen kommunizieren.

Beinhaltet Funktionen der Schichten 4 und 6 im → *OSI-Referenzmodell*, weswegen oft auch die entsprechenden Funktionalitäten mit EHKP 4 und EHKP 6 bezeichnet werden.

Entwickelt wurde das EHKP vom Bundesinnenministerium.

EIA

Abk. von Electronic Industries Associations.

Amerikanischer Fachverband der Elektroindustrie mit Sitz in Washington D.C. Er ist teilweise auch auf dem Gebiet der Normung im Bereich der Tele- oder Datenkommunikation aktiv. Auf diesen Gebieten arbeitet er nationalen und internationalen Gremien zu. Standards der EIA werden mit RS (für Related EIA Standard) gekennzeichnet. Bekannte derartige Standards sind → *RS 232 C* oder → *RS 449*. Adresse:

EIA
Washington D.C. 20006
USA

→ *TIA*.

EIB, EIBA

Abk. für Europäischer Installations Bus.

Bezeichnet in der Haus- und Gebäudetechnik einen europaweit genormten → *Bus*, der technische Geräte aller Art steuern kann.

Beispiele hierfür sind die Innen- und Außenbeleuchtung, Heizung, Lüftung, Klimaanlagen, Türschließanlagen, Garagentore, Jalousien, Alarmanlagen, Feuermelder etc.

Die Steuerung von EIB-tauglichen Geräten kann über den im Haus verlegten Bus von einem herkömmlichen → *PC* aus vorgenommen werden, wozu eine Assistent genannte Software auf dem PC dient.

Darüber hinaus ist es möglich, daß sich ein externer und an einem anderen Ort befindlicher Wartungstechniker (z.B. vom Hersteller eines EIB-tauglichen und im Gebäude eingesetzten Gerätes) über die Telefonleitung in das lokale EIB-Netz einschaltet und die Geräte wartet oder prüft.

Initiiert wurde der EIB von Siemens. Mittlerweile haben sich über 80 führende Unternehmen der Haus- und Installationstechnik angeschlossen und sich zur EIB-Association (EIBA) mit Sitz in Brüssel vereinigt.

Der EIB gilt im Zweckbau (Bürogebäude, Produktionshallen etc.) als etabliert und wird zunehmend auch in privaten Wohnhäusern eingesetzt.

Ein Nachteil ist die schwierige Realisierung von länger andauernden Regelvorgängen, die permanente Überwachung und Steuerung erfordern.

→ *LON*.

Eiffel

Bezeichnung einer höheren Programmiersprache, entwickelt von Bertrand Meyer.

EII

Abk. für European Information Infrastructure.

Das Gegenstück zur → *NII* der Amerikaner und zur weltweiten → *GII*.

→ *Bangemann-Bericht*.

Einheitenkonto

Komfortmerkmal von Telefonen, die mit einer Karte und Eingabe einer → *PIN* bedient werden. Dabei kann dem Besitzer einer PIN eine → *Berechtigungsklasse* und u.U. ein Einheitenlimit zugewiesen werden. Es dient der Kontrolle der Telefonrechnung, z.B. in Familien, Wohngemeinschaften oder Unternehmen.

Einheitenzähler

Gerät zur Zählung und Anzeige der verbrauchten Einheiten. Entweder in ein Endgerät integriert oder als eigene Einheit ausgeführt. Zeigt die verbrauchten Einheiten und/oder die gesamten seit Inbetriebnahme verbrauchten Einheiten und/oder die Kosten der verbrauchten Einheiten an.

Im Festnetz der Telekom muß dafür der Einheitenimpuls von der → *Teilnehmervermittlung* zum Teilnehmer durchgeschaltet werden, wofür die Telekom gesondert beauftragt werden muß.

Einmoden Faser

Begriff aus der → *Glasfasertechnik*. Bezeichnet Glasfasern, in denen nur ein Modus (→ *Moden*) der Faser im dünnen Kern (Durchmesser entspricht einer Wellenlänge, 9 μm) der Faser geführt wird, d.h. die → *Modendispersion* ist Null.

Derartige Fasern wirken wie ein (optischer) Hohlleiter und können höhere Frequenzen als die → *Multimode-Gradienten-Indexfasern* oder als die → *Multimode-Stufenindex-Fasern* übertragen (bis zu 2,4 Gbit/s) und überbrücken bis zu 100 km. Sie werden daher vorwiegend über weite Strecken eingesetzt.

Nachteil ist die sehr präzise und daher teure Anschlußtechnik aufgrund des geringen Kerndurchmessers.

Einrichten

Deutscher Begriff aus der Fernsprechtechnik. Bezeichnet den Vorgang des Durchschaltens (Vermittelns) einer Verbindung vom Sender zum Empfänger.

Das Einrichten ist neben der → *Initiierung* und der → *Belegung* sowie dem Rufen des Empfängers ein Teil der Phase → *Verbindungsaufbau*.

Eintritt

Deutscher Begriff aus der Fernsprechtechnik. Bezeichnet den Vorgang des Akzeptierens eines Verbindungswunsches durch den → *B-Teilnehmer*, z.B. indem dieser den Hörer abhebt und dadurch in die Verbindung eintritt.

Der Eintritt ist letzter Teil der Phase des → *Verbindungsaufbaus*.

EIR

1. Abk. für Equipment Identification Register. Bezeichnung der im → *GSM*-System erstmals in einem Mobilfunknetz eingeführten Datenbank, die die elektronischen Identifikationscodes (→ *IMEI*) von MS enthält, und diese im Falle eines Diebstahls sperren kann. Das EIR wurde erst spät in GSM-Netzen eingeführt (ab 1994). Zu seinem sinnvollen Betrieb ist ein Datenaustausch zwischen Netzbetreibern, zumindest einer Region, notwendig. Europäische Netzbe-

treiber haben sich daher entschlossen, eine zentrale Stelle in Dublin in Irland einzurichten.

2. Abk. für Excess Information Rate.
Bezeichnet beim → *Frame* Relay-Protokoll die Datenrate, oberhalb derer vom Teilnehmer kommende Daten auf alle Fälle nicht mehr bei Netzüberlast akzeptiert wird. Die EIR liegt zwischen der Nenndatenrate des Anschlusses und der → *CIR*. Zwischen der CIR und EIR werden nur gekennzeichnete Pakete (→ *DE*-Bit) verworfen.

EIRP

Abk. für Equivalent Isotropic Radiated Power.
Bezeichnung eines Gütemaßes von Antennen. EIRP faßt die charakteristischen Parameter einer Antenne (Sendeleistung P_S und Antennengewinn G_S) bei Ausstrahlung in eine bestimmte Richtung relativ zu einer isotropen Antenne in einer Größe zusammen:

$$EIRP = P_S * G_S$$

EIS

Abk. für Executive Informations System oder auch Enterprise Information System.
Wie → *MIS* auch eine Bezeichnung aus den frühen 80er Jahren für unternehmensweite Informationssysteme, die für die Führung eines Unternehmens wichtige Informationen sammeln und aufbereiten.
Neuere Ansätze sind das → *Data Warehouse* und → *OLAP*.

EISA

Abk. für Extended Industrial Standard Architecture.
Name eines von einem Firmenkonsortium entwikkelten, maximal 32 Bit breiten Rechnerbusses zum Einsatz in IBM-kompatiblen → *PC*s.
Überträgt mit 8 oder 16 MByte/s, maximal bis zu 33 MByte/s. Wird mit 8,33 MHz getaktet. Verfügt über hohe Latenzzeiten bei mittleren Kosten. Kann 4 GByte adressieren und 8, 16 oder 32 Bit parallel übertragen. Ist aufwärtskompatibel zum → *ISA*-Bus.
Wurde 1988 von mehreren Herstellern (AST, Epson, HP, NEC, Olivetti, Tandy, Wyse, Zenith unter der Führung von Compaq, auch Watchzone, gebildet aus den Anfangsbuchstaben der beteiligten Unternehmen, genannt) als Antwort auf IBMs → *MCA*-Bus entwickelt. Erstes Produkt war 1989 ein 486-PC von HP. Der EISA-Bus erreichte nicht die Verbreitung des ISA-Busses.

EIUF

Abk. für European ISDN User Forum.
Bezeichnung einer europäischen Interessenvereinigung von Nutzern des → *ISDN*.

ELAN

1. Abk. für Elementary Language.
Bezeichnung einer höheren Programmiersprache für Ausbildungszwecke.
→ *EUMEL*.
2. Abk. für Emulated LAN.

ELBA

Abk. für Emergency Location Beacon.
Bezeichnung für schwimmfähige Bojen mit Rettungssendern für Flugzeuge.
Empfang der Notrufe durch Satelliten auf international festgelegten Frequenzen.
→ *EPIRB*, → *GDSS*.

Electronic Highway

→ *NII*.

Electronic Mail

→ *e-mail*.

Electronic Publishing

Bezeichnung für die Veröffentlichung sonst auch in gedruckter Form vorliegender Informationen aller Art in elektronischen Medien, insbesondere in → *Online-Services* oder im → *Internet* (→ *WWW*).
Das Informationsangebot finanziert sich entweder über einen einmaligen oder permanenten (Abonnement) finanziellen Beitrag des Nutzers (Lesers), der sich zu Beginn der Nutzung entsprechend authentifizieren muß, oder durch Sponsoring bzw. Marketingmaßnahmen (eingeblendete Anzeigen, Werbelogos). Mischformen hiervon sind ebenfalls denkbar.
Neben der reinen Präsentation der (aktuellen) Informationen werden meistens auch Archivsysteme und Suchfunktionen in derartigen Systemen bereitgestellt.

Elektronenrechner

Aus der Frühzeit der Entwicklung elektronischer Rechenanlagen stammende und heute nur noch selten gebrauchte Bezeichnung für Rechengeräte, die im Gegensatz zu mechanischen Rechengeräten wie → *Abakus* oder → *Rechenschieber* mit Strom betrieben werden.
Das Wort Elektronenrechner wurde schnell durch das Wort → *Computer* verdrängt.

Elektronischer Tonruf

Bezeichnung für ein → *Leistungsmerkmal* von Endgeräten. Eine Möglichkeit der → *akustischen Anrufsignalisierung*, bei der ein eingehender Verbindungswunsch nicht durch einen mechanisch mit Glocke und Klöppel (→ *Wecker*) erzeugten Rufton angezeigt wird, sondern elektronisch durch ein zumeist in Lautstärke und Melodie veränderba-

res akustisches und durch einen Tongenerator im Endgerät erzeugtes Signal angezeigt wird.
Bei Nebenstellenanlagen können durch unterschiedliche Tonfolgen interne oder externe Anrufe angezeigt werden.

Elektronisches Codeschloß

Bezeichnung für ein → *Leistungsmerkmal* von Endgeräten. Dabei können Teilnehmer nur das Endgerät nutzen, wenn sie zuvor eine festgelegte geheime → *PIN* eingegeben haben. Üblicherweise bleiben die Nummern für Notrufe davon unberührt.
Dient dem Schutz vor unberechtigter Benutzung.

Elektrosmog

Bezeichnung für die lästige bis schädliche Wirkung leistungsstarker elektromagnetischer Strahlung auf Menschen, Tiere und Pflanzen. Diese resultieren aus der Aufnahme der ausgesendeten Energie im Körper (Erwärmung), aus der Induktion von im Körper fließenden Strömen oder aus Berührungsspannungen.
Die Wirkung elektromagnetischer Strahlung in Extremfällen gilt trotz weltweiter und bereits länger andauernder Untersuchungen wissenschaftlich als umstritten.
Im Mai 1996 wurde in Deutschland von der Bundesregierung eine Verordnung über elektromagnetische Felder vorgeschlagen, die von Betreibern von Sendeanlagen, Einrichtungen zur Stromversorgung, den Eisenbahnen und dem öffentlichen Personennahverkehr einzuhalten ist. Der Vorschlag definiert für drei Hochfrequenz- und zwei Niederfrequenzbereiche Effektivwerte der elektrischen und magnetischen Feldstärke.
→ *EMV*.

Elevation

Bezeichnung für den Winkel, gemessen von der Horizontalen, um den man eine Empfangsantenne aufrichten muß, um einen über dem Horizont stehenden Satelliten zu empfangen.

Elevator Seeking

Begriff aus der Festplatten-Optimierung. Beschreibt eine spezielle Lesetechnik, bei der auf der → *Festplatte* angeordnete Dateien nicht in der Folge ihrer logischen Anordnung, sondern in der Folge des Vorfindens durch den Schreib-Lesekopf gelesen wird. Die dann gelesenen, aber u.U. nicht oder noch nicht explizit angeforderten Dateien stehen bei ihrer tatsächlichen Anforderung dann ohne erneuten Zugriff auf die Festplatte zur Verfügung.

ELF

Abk. für Extremely Low Frequency.
Bezeichnet alle Frequenzen unter 3 kHz. Breitet sich beim Funk als Oberflächenwelle aus. Wird weltweit für militärische Zwecke eingesetzt (z.B. U-Boot-Funk mit Schleppantennen, auch in großer Tiefe möglich). Der nächste obere Bereich ist → *VLF*.

Elfe

Abkürzung der Deutschen Telekom für Elektronische Fernmelderechnung.
Bezeichnung einer → *EDIFACT*-Anwendung, bei der Großkunden eine Fernmelderechnung mit dem → *X.400*-Dienst der Deutschen Telekom zugestellt wird.

ELFPD

Abk. für Electro Luminescent Flat Panel Display.
Bezeichnung für eine neue platz- und energiesparende Technik, flache Bildschirme herzustellen.

Elgamal-Algorithmus

Bezeichnung eines nach seinem Entwickler benannten Verfahrens zur Datenverschlüsselung. Basiert auf der Schwierigkeit der Berechnung diskreter Algorithmen.
→ *DES*, → *RSA*.

Ellipso

Bezeichnung eines vom Unternehmen MCHI geplanten und rund 500 Mio. $ teuren Systems für → *Satellitenmobilfunk*, das ab 1998 in Betrieb genommen werden soll.
Dabei sollen auf zwei elliptischen Umlaufbahnen in einer Höhe zwischen 520 und 7 846 km zehn Satelliten die Nordhalbkugel versorgen und sechs Satelliten auf einer zirkularen Umlaufbahn in 8 040 km Höhe bestimmte Gebiete auf der Südhalbkugel.
Jeder Satellit soll 500 kg wiegen. Der Uplink wird über Frequenzen im → *L-Band* abgewickelt, der Downlink liegt im → *S-Band*. Das Zugriffsverfahren ist → *CDMA*. Es werden im Gegensatz zu anderen Systemen des Satellitenmobilfunks keine Inter-Satelliten-Verbindungen genutzt.
Es werden Datenraten von 9,6 kbit/s ermöglicht.

EM

Abk. für Element Manager.

EMA

Abk. für Electronic Mail Association.
Internationaler Verband von Herstellern und Anwendern von elektronischen Nachrichtensystemen (→ *MHS*) mit dem Ziel, derartige Systeme zu fördern. Der Sitz befindet sich in Washington D.C.

e-mail

Abk. für Electronic Mail.
Bezeichnung für elektronische Post, bei der Daten (üblicherweise Text) von einem Teilnehmer zum anderen gesendet werden. Dabei wird diese Funktionalität zwischen lokal eng beieinander befind-

lichen Nutzern (in einem Unternehmen) üblicherweise durch → *Groupware* ermöglicht. Weitere technische e-mail-Systeme sind → *Mailboxen* oder das → *Internet* sowie → *X.400*-Systeme.

Der Datentransfer erfolgt dabei in der Regel zwar innerhalb von Sekunden, aber über → *Store-and-Forward*-Netze, also nicht in Echtzeit.

Beim Empfänger werden die e-mails in einer → *Mailbox* gespeichert, so daß er sie sich zu beliebigen Zeiten abrufen, ansehen und ggfs. weiterverarbeiten, sie beantworten, weiterhin zwischenspeichern, ordnen, ausdrucken oder löschen kann.

Das Modell eines e-mail-Systems, an dem sich die meisten bekannten Standards wie → *X.400* und → *SMTP* orientieren, besteht aus folgenden Elementen:

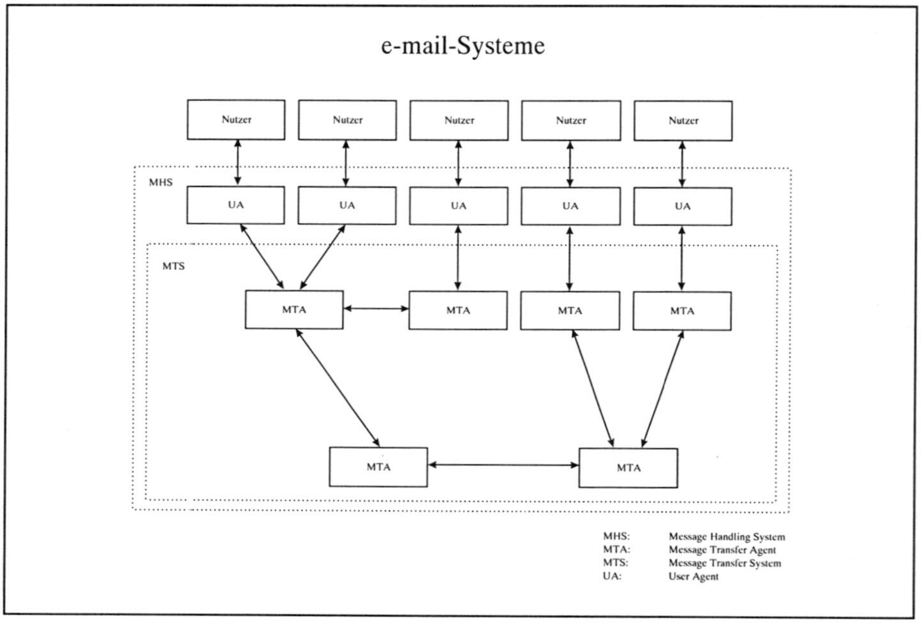

- Message Handling System (→ *MHS*),
- User Agent (→ *UA*),
- Message Transfer System (→ *MTS*),
- Message Transfer Agent (→ *MTA*).

EMC

Abk. für Edelmetall-Multi-Crosspoint.

Bezeichnung für den kleinsten → *Crossbar-Schalter* mit 16 Spalten und 16 Zeilen. Er wurde 1976 von Siemens entwickelt.

EMD-Wähler

Abk. für Edelmetall-Motor-Drehwähler.

Bezeichnung eines von Siemens entwickelten elektromechanischen Drehwählers für analoge Vermittlungen. Er gilt als äußerst robust, langlebig, vielseitig einsetzbar und im Vergleich zu vorangegangenen → *Heb-Dreh-Wählern* als geräuscharm. Wurde in Deutschland durch digitale Technik ersetzt. Die Zuverlässigkeit dokumentieren statistische → *MTBF*-Werte von 200 Jahren.

Er verfügte über korrosionsfreie Palladium-Silberkontakte und ein lötstellenfreies Kontaktfeld. Der Wähler wird mit vier (Ortsbereich) oder acht (Fernbereich, je vier für kommenden und abgehenden Verkehr) Kontaktarmen zur Wegedurchschaltung auf 56 bis 224 Ausgänge ausgestattet. Bei jeder Vierergruppe schleifen zwei unedle Kontakte für Steuer- und Prüfzwecke.

Die Impulse der Nummernwahl steuern nicht mehr Antriebsmagnete, sondern lassen den freien Lauf des Wählers zu. Es ist dabei (→ *direkte Steuerung*) sowohl Einzelschrittsteuerung als auch Gruppenschrittsteuerung mit automatischem Freilauf (zum Suchen einer freien Leitung) möglich.

Die Grundgeschwindigkeit beim Drehen konnte 180 Schritte/Sekunde oder 360 Schritte/Sekunde betragen.

In Ortsvermittlungen wurde er i.d.R. direkt gesteuert, in Fernvermittlungen indirekt.

Entwickelt wurde der EMD-Wähler seit 1930. Seine Entwicklung wurde durch den 2. Weltkrieg gebremst. Erste Anwendungen erfolgten um 1953, in großem Umfang wurde er dann eingesetzt in Deutschland seit dem 9. April 1954 im Test, dann groß eingesetzt seit 1955 im Wählsystem 55 und 55v (vereinfacht). Bis in die 90er Jahre war er in Deutschland noch weit verbreitet. Neu angeschafft

wurde er bis 1982 für Neuanschaltungen und bis 1989 für Ersatzbedarf. Er soll bis Ende 1997 (frühere Planungen: 2020, dann 2013, schließlich 2000) in Deutschland komplett ausgemustert werden.
→ *Digitalisierung.*

EMI

Abk. für Electro-Magnetic Interference.
Störsignale die durch externe Quellen hervorgerufen wurden.

EMK-Wähler

Abk. für Edelmetall-Motor-Koordinatenwähler.
Ein grundlegendes Vermittlungselement, das ähnlich dem → *EMD-Wähler* seit 1930 entwickelt wurde, jedoch nur in wenigen Vermittlungen eingesetzt war. Kennzeichen waren die direkte Steuerung, zwei Bewegungsvorgänge (Schieben und Drehen) und eine hohe Einstellgeschwindigkeit.

EML

Abk. für Element Management Layer.

Emoticon

Kunstwort, zusammengesetzt aus Emotion (Gefühl) und Icon (Symbol). Andere Bezeichnung für → *Smiley.*

Empfangsbetrieb

→ *Richtungsbetrieb.*

Empfehlung

Auch Recommendation genannt. Von der → *ISO* definiert als 'A binding document which contains legislative, regulatory or administrative rules and which is adopted and published by an authority legally vested with the necessary power'.
Die von der → *ITU* entwickelten Vorlagen werden auch mit Empfehlung bezeichnet. Prinzipiell handelt es sich aber um → *Standards.*

EMRP

Abk. für Effective Monopole Radiated Power.
Bezeichnung für die äquivalente monopole Strahlungsleistung. Sie ist definiert aus dem Produkt der einer Antenne zugeführten Leistung und ihrem Gewinn, bezogen auf gleichen Wert einer normierten kurzen Vertikalantenne in einer gegebenen Richtung.

EMS

1. Name eines rechnergesteuerten Vermittlungssystems im Nebenstellenbereich der Firma Siemens aus den 60er und 70er Jahren. Eingesetzt wurden kompakte elektromechanische Koppelfelder aus Relais. Nachfolgesystem wurde ab 1984 das digitale System Hicom.
2. Abk. für Electronic Message System. Andere Bezeichnung für ein → *MHS.*

Emulator

Bezeichnung für eine technische Einrichtung, die es ermöglicht, daß auf einer technischen Plattform nur für eine andere technische Plattform geeignete Operationen ausgeführt werden. Beispiele für praktische Anwendungen von Emulatoren:

- Druckeremulatoren, die es erlauben, daß der Drucker eines Herstellers wie der Drucker eines anderen Herstellers angesteuert wird.
- Softwareemulatoren, die es erlauben, daß die für einen bestimmten Computertyp entwikkelten Programme auf einem anderen Computertyp laufen.

EMV

Abk. für elektromagnetische Verträglichkeit.
Oberbegriff für die Eigenschaft elektromagnetischer Wellen, sich ohne Schäden auf den menschlichen Organismus auszuwirken.
Konkret handelt es sich um die Fähigkeit von elektrischen bzw. elektronischen Geräten, Anlagen und Systemen, in ihrer vorgesehenen Umgebung ohne Beeinflussung ihrer Funktion zufriedenstellend zu arbeiten und andere Geräte und den Menschen in dieser Umgebung nicht unzulässig zu beeinflussen. EMV ist ein Aspekt, der z.B. bei → *strukturierter Verkabelung* beachtet werden muß. Generell sind bei EMV zwei Aspekte zu beachten:

- Geräte müssen eine bestimmte Störfestigkeit haben, d.h., sie müssen unempfindlich gegenüber den normalen Umgebungseinflüssen sein, die in der vorgesehenen Umgebung üblicherweise auftreten.
- Geräte müssen gegen die Emission unerwünschter Störgrößen angemessen geschützt sein, damit sie nicht andere Geräte in ihrer Umgebung stören.

Seit 9. Oktober 1992 ist in Deutschland das Gesetz über die EMV in Kraft (EMVG), das auf der EU-Richtlinie 89/336/EWG basiert. Das EMVG ist am 30. August 1995 geringfügig geändert worden und definiert Schutzziele, die die Einhaltung bestimmter Störaussendungs- und -festigkeitsnormen bedingen. Seit 1. Januar 1996 sind daher, nach einer dreijährigen Übergangsfrist, hierzu ergangene europäische Normen verbindlich einzuhalten, die sich auf die Emission elektromagnetischer Strahlung (EN 50081-1) und die Unempfindlichkeit (Immunität) dagegen (EN 50082-1) beziehen. Maßnahmen, die geeinget sind EMV sicherzustellen, können sein:

- Erdung,
- Abschirmung,

- Filterung,
- Geeignete Verkabelung,
- Überspannungsschutz.

→ *Elektrosmog.*

EMVG

→ *EMV.*

EMWAC

Abk. für European Microsoft Windows NT Academic Consortium.

EN

Abk. für European Norm.
Bezieht sich auf die von → *CEN* und → *CENELEC* erarbeiteten Normen.

Encapsulation

Andere Bezeichnung für → *Tunneling.*

Endleitung

Bezeichnet die Verbindungsleitungen der Knotenvermittlungsebene zu den Ortsvermittlungsstellen. Sie ist nicht mit der → *Endstellenleitung* zu verwechseln.
→ *Hauptanschlußleitung.*

Endlosschleife

Bezeichnung für eine in einem Computerprogramm programmierte und von diesem immer wieder durchlaufene Schleife ohne Unterbrechungsmöglichkeit.
Endlosschleifen sind meistens Programmierfehler. Ein Computerprogramm, das sich in einer Endlosschleife befindet, kann nur durch Programmabbruch verlassen werden.

Enhanced Pay-per-View

Andere Bezeichnung für → *Near-Video-on-Demand.*
→ *Pay-per-View.*

Endstellenleitung

Bezeichnet die Leitung im Ortsnetz von der → *TAE*-Dose beim Teilnehmer zum → *Endverzweiger.* Sie ist in Deutschland üblicherweise max. 100 m lang. Der internationale Durchschnitt liegt bei 300 M.

Endvermittlungsstelle

Bezeichnung für einen zentralen Netzknoten in hierarchich aufgebauten Netzen, der den Abschluß des Fernnetzes bei einer Verbindung darstellt. Es handelt sich um den Zielknoten, der durch eine Vorwahl identifiziert wird.
Die Endvermittlungsstelle ist nicht mit der → *Teilnehmervermittlung* zu verwechseln.

Endverzweiger

Bezeichnet im → *Ortsnetz* den Punkt, an dem mehrere von verschiedenen Teilnehmern kommende → *Endstellenleitungen* zu einem → *Verzweigungskabel* zusammengefaßt werden. Üblicherweise wird zwischen Endverzweigern zum vor der Witterung geschützten Einsatz in Gebäuden, z.B. in großen Wohnblöcken, und zum ungeschützten Aufstellen auf freiem Feld (Installation in einem Kasten, am Straßenrand oder in einem Kasten, aufgehängt an einem Mast) unterschieden.

E-Netz

In Anlehnung an die Tradition in Deutschland, die Mobilfunknetze durchzubuchstabieren, wird das vom 'e-Plus'-Konsortium betriebene erste Mobilfunknetz nach dem Standard → *DCS 1800* auch E-Netz genannt. Seit der Vergabe einer zweiten Lizenz für ein weiteres Netz nach diesem Standard im Frühjahr 1997 wird zwischen dem E1-Netz und dem E2-Netz, betrieben von der Viag und → *BT,* differenziert.
Die Vergabe der ersten Lizenz erfolgte im Mai 1993. Der offizielle Start erfolgte im Mai 1994 im Raum Berlin und anschließend im Juni 1994 im Raum Halle-Dessau-Leipzig. Der Netzausbau konzentrierte sich zunächst auf verschiedene Ballungsräume, insbesondere in den neuen Bundesländern, und dann auf Strecken entlang wichtiger Autobahnen. Bundesweite Flächendeckung wurde Ende 1996 erreicht. Bedingt durch die am Anfang nur sehr lückenhafte Flächendeckung wuchsen die Teilnehmerzahlen zunächst nur sehr langsam. Erste Zielgruppen waren wegen der Konzentration auf die Ballungsräume verschiedene Kleingewerbetreibende wie Handwerker etc., die nur einen lokalen Aktionsradius benötigen. Hauptsystemlieferant ist die finnische Firma Nokia.
→ *http://www.eplus.de/*

ENIAC

Abk. für Electronic Numerical Integrator and Computer.
Bezeichnung für einen der ersten großen Universalrechner mit vorwiegend elektronischer Steuerung aus den 40er Jahren. Er konnte 20 zehnstellige Dezimalzahlen speichern, bestand aus 17 468 Röhren, 1 500 Relais, 10 000 Kondensatoren, 70 000 Widerständen, wog 30 Tonnen und benötigte 174 kW als Leistung, soviel wie eine Rundfunkstation. Der Systemtakt betrug 100 kHz. Die benötigte Grundfläche des ENIAC lag bei 140 m^2.
ENIAC war bereits 2 000mal schneller als die → *Mark I.* Für eine Addition benötigte er nur noch 200 Mikrosekunden und für eine Multiplikation nur noch 2,6 Millisekunden.
Die Unterprogrammierung mit Steckverbindern nahm bis zu zwei Tage in Anspruch. Dennoch war die Zuverlässigkeit im Vergleich zum Mark I be-

reits derartig gestiegen, daß pro Woche nur noch ein bis drei Röhren ausfielen, was auch daran lag, daß sie nur mit ¼ ihrer maximal zulässigen Leistung betrieben wurden.

Anwendungen des ENIAC waren ballistische Berechnungen für die Armee, daneben Wettervorhersagen und Berechnungen für den Bau der Wasserstoffbombe.

Der Beginn der Entwicklung des ENIAC reicht zurück bis 1941. Bei einem Besuch im Iowa State College im Juni 1941 hatte der Physiker John W. Mauchly (* 1907, † 1980) dort den noch nicht fertigen → *ABC* besichtigt und ein bis dahin unveröffentlichtes Manuskript eingesehen. Mauchly und der Ingenieur J. Prosper Eckert (* 1919, † 1995) konzipierten im April 1942, zusammen mit John Brainerd von der Moore School of Electrical Engineering der Universität von Pennsylvania in Pittsburgh, auf dem Papier einen Großcomputer und leiteten das Konzept an die Aberdeen Providing Group (APG) der US-Army.

Der Armeeleutnant Hermann H. Goldstine (* 13. September 1919) erkannte dort die Tragweite dieses Projektes für die Verteidigung (ballistische Berechnungen) und fing an, es zu fördern. Am 4. Juni 1943 wurde hierzu ein Vertrag zwischen der US-Army und der Moore School geschlossen.

Die Entwicklung von ENIAC durch ein 50-Mann-Team begann daraufhin nach langen Diskussionen 1944 unter der Leitung von Mauchly und Eckert. Die IBM beteiligte sich an dem Projekt mit den Ziel, innerhalb eines Jahres einen großen elektronischen Mehrzweckrechner zu bauen.

Goldstine berichtete im gleichen Jahr dem ungarischen Immigranten und Berater beim Atombomben-Projekt in Los Alamos, John von Neumann (* 1903, † 1957) vom Institute vor Advanced Studies in Princeton, von den Arbeiten am ENIAC. Neumann nahm Kontakt auf und eine Zusammenarbeit begann.

Im Sommer 1945 war die Arbeit bereits derartig weit fortgeschritten, daß noch vor der offiziellen Inbetriebnahme Physiker aus Los Alamos die ENIAC für Berechnungen zum Atombombenprogramm nutzten. Offizieller Testbetrieb erfolgte dann ab November 1945.

Im Sommer 1946 nahm ENIAC offiziell die Arbeit auf. Standort des Rechners war das US-Army-Versuchsgelände (Ballistic Research Laboratories, BRL) in Aberdeen.

1947 beantragten Eckert und Mauchly in Unkenntnis der Arbeiten Zuses in Deutschland (→ *Z1*) ein Patent für eine digitale Rechenmaschine.

1948 erfolgte erstmals ein 24 Stunden Dauerbetrieb ohne Unterbrechung durch Fehler.

Der Rechner wurde einige Male noch verbessert und blieb bis 2. Oktober 1955 in Betrieb. Ab 1956 wurde er demontiert. Einzelne Teile befinden sich als Ausstellungsstücke in nordamerikanischen Instituten.

ENSAD

Abk. für Einheitliches Nachrichtensystem für analoge und digitale Vermittlung.

Bezeichnung eines Vermittlungssystems, das in den 70er Jahren von der DDR und der UdSSR als Nachbau des → *EWSO* entwickelt wurde. Im Test befand es sich ab 1979. Bis 1994 wurde es gebaut und nach Rußland geliefert. Sein Hersteller wurde Anfang der 90er Jahre von Alcatel SEL übernommen.

Entbündelung

Begriff aus der → *Deregulierung* von Telekommunikationsmärkten. Definiert in der Netzzugangsverordnung (→ *NZV*) und im → *Telekommunikationsgesetz*.

Der Begriff bezeichnet den Anspruch eines Anbieters von Telekommunikationsdienstleistungen auf die von ihm genau benötigte und beim marktbeherrschenden Anbieter nachgefragte wesentliche Dienstleistung, sofern diese als eigenständige Einzelleistung realisierbar und sachlich abgrenzbar ist.

Diese von den eigentlichen am Markt angebotenen Produkten des marktbeherrschenden Anbieters entbündelte Leistung muß grundsätzlich zu den Bedingungen und Konditionen durch den marktbeherrschenden Anbieter für Wettbewerber erbracht werden, die der marktbeherrschende Anbieter sich (z.B. zu Zwecken der internen Kostenrechnung) selbst einräumt.

Ziel dieser Regelung ist, daß der Nachfrager nicht Leistungen, zwangsweise, mit abnehmen und bezahlen muß, die er gar nicht benötigt.

Beispiele sind eine Glasfaserleitung, von der aber nur ein Teil der technisch realisierbaren Bandbreite benötigt wird oder reine Übertragungsdienstleistungen ohne Vermittlungsfunktionen des diese Übertragungsfunktion realisierenden Netzes.

Enterprise Server

Neue Bezeichnung in den 90er Jahren für Großrechner und → *Mainframes*, die jetzt über → *LANs* und auch → *WANs* von → *PCs* angesprochen werden können und so zum → *Server* (hauptsächlich Datenserver) für ein ganzes Unternehmen werden.

Entgeltregulierungsverordnung

→ *EV*.

Entropie

Begriff aus der Informationstheorie. Auch Informationsgehalt genannt. Bezeichnet die optimale minimale Anzahl von Bit, mit der ein mit einer bestimmten Wahrscheinlichkeit auftretendes Symbol

unter dem Aspekt der Redundanzreduzierung minimal kodiert werden kann.
Falls aus einem Zeichenvorrat von *n* Symbolen das Symbol S_i mit einer Wahrscheinlichkeit p_i auftritt, ergibt sich die Entropie *H* aus:

$$\sum_{i=1}^{n} p_i \log_2 p_i$$

Envelope

Bezeichnung für eine zu übertragende und zusammengehörige Bitgruppe in Datennetzen, bestehend aus z.B. acht Daten- und zwei Steuerbit zur Synchronisation und Datenkennung nach der → *ITU*-Empfehlung X.50 im → *IDN* der Deutschen Telekom.

E/O

Abk. für elektrisch-optische Wandlung.
Bezeichnet in Telekommunikationsnetzen mit elektronischen Vermittlungen und optischen Übertragungsstrecken die Wandlung an den Schnittstellen von elektrischen in optische Signale bzw. umgekehrt (O/E).
→ *BONT*.

EoB

Abk. für End of Bus.

EOM

Abk. für End of Message.

EOT

Abk. für End of Transmission.
Abkürzende Bezeichnung für das Steuerzeichen, das bei zeichenorientierter Datenübertragung das Ende der Übertragung anzeigt.

EPA

Abk. für Energy and Power Administration.
Bezeichnung für die oberste amerikanische Behörde für den Energiebereich, die auch viele für Geräte des täglichen Bedarfs relevante Vorschriften über Energiesparschaltungen herausgibt.

EPABX, EPBX

→ *PBX*.

EPIRB

Abk. für Emergency Positioning Indicating Radio Beacon.
Bezeichnung eines Funksignale aussendenden Notrufsenders, der mit einer Boje von Schiffen ausgesetzt werden kann. Nutzt → *Inmarsat*.
→ *GDSS*, → *ELBA*.

Epitaxie

Bezeichnet im Prozeß der Herstellung integrierter Schaltungen (→ *IC*) nach Herstellung eines reinen Silizium-Einkristalls den zweiten Schritt im Produktionsprozeß. Dabei werden aus dem monolithischen und bereits mit Dotierungselementen verunreinigten Block einzelne runde einkristalline Halbleiterscheiben ausgeschieden, um unterschiedlich dotierte Siliziumschichten zu erhalten.

e plus

→ *E-Netz*.

EPOS

Abk. für Electronic Point-of-Sale.
→ *POS*.

EPRA

Abk. für Enhanced Performance Router Access Unit.

EPROM

Abk. für Erasable and Programable Read Only Memory.
Ein mehrfach beschreibbarer und löschbarer Speicherbaustein auf Halbleiterbasis, der nach dem Einbau in ein Gerät dort lediglich mehrmals gelesen wird. Die einbeschriebene Information bleibt nach Abschalten der Spannungsversorgung erhalten und wird mit ultraviolettem Licht gelöscht.
Erster EPROM wurde 1971 von Intel als Typ 1702 mit einer Kapazität von 2 kbit vorgestellt.

ERC

Abk. für European Radiocommunications Committee.
Bezeichnung für ein weitgehend autonomes, sechsköpfiges europäisches Normungsgremium, das im Frühjahr 1990 aus dem Radiocommunications Committee der → *CEPT* hervorging. Sitz des Büros, des European Radiocommunications Office (ERO), ist Kopenhagen. Schwerpunkt seiner Aktivitäten sind die Harmonisierung der Frequenzpläne der Mitgliedsländer, langfristige Spektrumsplanung und die Festlegung gemeinsamer Standards für Typprüfung und -zulassung.
Die ERC zerfällt in drei permanente Arbeitsgruppen

- Frequency Management,
- Radio Regulatory,
- Spectrum Engineering.

Bei Bedarf werden darüber hinaus Ad-hoc-Arbeitsgruppen eingerichtet.

Erdkabel

Bezeichnung einer Verlegetechnik bei Kabeln im Gegensatz zu → *Röhrenkabeln*. Dabei werden die Kabel direkt im Erdreich ca. 80 bis 100 cm unter der Erdoberfläche verlegt.
Vorteile sind die einfache und kostengünstige Verlegung. Nachteile die schwere Reparatur und Wartung.

Erlang

Auch Traffic Unit (TU) oder Verkehrseinheit genannt. Ein Begriff aus der → *Verkehrstheorie*. Pseudoeinheit des → *Verkehrswertes* (abgekürzt Erl.), der die Belastung eines Netzes beschreibt. Beispiele:

- Ein Verkehrswert von 1 Erlang entsteht auf einer Leitung mit einer Kapazität von einem Gespräch, wenn ein Teilnehmer ununterbrochen telefoniert, die Leitung also pro Stunde auch 60 Minuten permanent besetzt ist.
- Eine Leitung, die in einer Stunde nur 45 Minuten besetzt ist wurde mit 0,75 Erl belastet.
- Ein Verkehrswert von 0 Erlang kennzeichnet eine permanent freie Leitung.

Durch Umrechnung ergibt sich 1 Erl = 36 CCS (→ *CCS*).
Man geht davon aus, daß je Telefonanschluß in einem Fernsprechnetz ein Verkehr von 7 mE generiert wird. Nutzer von Telefonanschlüssen mit Nutzung von → *Online Services* generieren hingegen erfahrungsgemäß 21 mE.
Beim Vergleich von Erlang-Werten muß beachtet werden, unter welchen Nebenbedingungen, z.B. ob in der → *Busy Hour* oder nicht, die Last anfiel.
Das Erlang wurde durch die → *CCIF* 1946 benannt zu Ehren des dänischen Mathematikers Prof. Agner Krarup Erlang (* 1878, † 1929). Er veröffentlichte 1918 in der britischen Zeitschrift 'The Post Office Electrical Engineer's Journal' eine Arbeit über das Thema → *Blockierung*. In ihr veröffentlichte er die → *Erlang-B* Formel. Erlang ging dabei von einer → *Poisson-Verteilung* der Zwischenankunftszeiten der Anrufe aus und einer exponentiellen Verteilung der Anrufdauer. Erlang entwickelte auf diesen Annahmen beruhende Formeln (→ *Erlang B*, → *Erlang C*), die noch heute Gültigkeit haben und gilt als Begründer der Verkehrstheorie.

Erlang B

Begriff aus der Verkehrstheorie. Bezeichnung einer von A.K. → *Erlang* entwickelten Formel, die den → *Verlustverkehr* (ohne jede Warteschlange) beschreibt.
Dient zur Dimensionierung von öffentlichen und privaten Netzen sowie Nebenstellenanlagen.
Die Verlustwahrscheinlichkeit oder auch Blockierwahrscheinlichkeit B ergibt sich demnach aus:

$$B = (A^n/n!)/(1 + A + A^2/2 + \ldots + A^n/n!)$$

wenn A das → *Angebot* und n die Anzahl der zur Verfügung stehenden Leitungen ist.

Erlang C

Begriff aus der Verkehrstheorie. Bezeichnung einer von A.K. → *Erlang* entwickelten Formel, die den → *Warteverkehr* (bei Nutzung von Warteschlangen) beschreibt.
Dient zur Dimensionierung von öffentlichen und privaten Netzen sowie Nebenstellenanlagen.

ERM

Abk. für Explicit Rate Marketing.
Bezeichnung eines Kontrollmechanismus zum Erkennen von Überlast in → *ATM*-Netzen.

ERMES

Abk. für European Radio Messaging System.
Bezeichnung für einen digitalen, europaweiten und in Zukunft u.U. auch globalen Funkrufdienst (→ *Paging*).
ERMES sendet im Frequenzbereich von 169,4125 bis 169,8125 MHz. Die Kanalbandbreite der 16 Kanäle ist 25 kHz und die Teilnehmerkapazität liegt bei 32 Millionen Teilnehmern je Land.
Die Signale werden mittels 4-PAM/FM digital moduliert (→ *digitale Modulation*). Als Fehlerkorrektur wird ein vom BCH (31, 21) abgeleiteter, verkürzter zyklischer (30, 18) Code verwendet. Dieser wird durch einen Interleaver der Tiefe 9 unterstützt. Über die Funkschnittstelle gehen 6,25 kbit/s.
Den Pagern wird ein Code für einen Funkkanal zugewiesen (FSN, Frequency Subset Number), auf dem sie nach Nachrichten für sie suchen. Der Netzbetreiber hat so eine Kontrolle über das Wachsen des Netzes, indem er Kanal für Kanal freigibt und die Pager gezielt bestimmten Kanälen zuweist. Jeder Pager selbst verfügt über eine individuelle 18 Bit lange Kennung, seine Adresse.
Die 16 Kanäle sind verschiedenen Ländern zugeteilt worden, um so Interferenzen in Grenzbereichen benachbarter Länder zu vermeiden.
Der Standard definiert sechs Schnittstellen zwischen den Netzelementen.
Schnittstelle 1 ist die Funkschnittstelle zwischen den Pagern und der Base Station (BS). Für Deutschland wird mit ca. 1 000 BS je Netz gerechnet.
Schnittstelle 2 liegt zwischen der BS und dem Paging Area Controller (PAC).
Schnittstelle 3 liegt zwischen dem Paging Network Controller (PNC) und dem PAC. Von dem PNC existiert einer je ERMES-Netz, in dem sich auch das Operation- and Maintenance Center (OMC) zum Netzmanagement befindet.
Um Funkrufe zwischen Netzen verschiedener Netzbetreiber zu ermöglichen, existiert Schnittstelle 4 zwischen den PNCs der Netzbetreiber. Üblicherweise wird hierfür ein → *X.25*-Netz genutzt.
Schnittstelle 5 liegt zwischen dem PNC und den Zugangsnetzen (→ *ISDN*, → *PSTN*, → *PSPDN*, ...). Die Schnittstelle 6 ist die Schnittstelle zwischen der einen Funkruf absetzenden Person und den Zugangsnetzen. Es stehen Möglichkeiten zur

Übertragung von Nur-Ton-Nachrichten (acht verschiedene Töne werden unterstützt), numerischen Nachrichten (20 bis 16 000 Ziffern), alphanumerischen Nachrichten von (400 bis 9 000 Zeichen) und Datentransfer mit 64 kbit/s zur Verfügung.

Der Zeichenvorrat für alphanumerische Nachrichten verfügt über alle gängigen Groß- und Kleinbuchstaben sowie eine Reihe von nationalen Sonderzeichen, so daß die Nachrichten in korrekter landesspezifischer Rechtschreibung übertragen werden können.

Ferner sind folgende → *Dienstmerkmale* geplant:

- Rufe an eine geschlossene Benutzergruppe (identifiziert durch eine Radio Identity, RI),
- Rufe an mehrere geschlossene Benutzergruppen,
- Broadcast-Messages an alle Pager in einem Paging-Area (Narrowcasting),
- Nachrichtenverschlüsselung,
- Unterschiedliche Rufprioritäten,
- → *Forwarding*,
- Internationales → *Roaming*,
- Maßnahmen gegen Rufverluste (Speicherung der Messages in Netzknoten zum wiederholten erneuten Abrufen durch den Empfänger).

Die Nachrichten an einen Empfänger werden durchnumeriert, so daß er feststellen kann, ob Nachrichten, z.B. bei abgeschaltetem Gerät oder ungünstigen Empfangsbedingungen, ihn erreicht haben oder nicht.

Die Dienste sind vom Lizenzvergeber in Pflichtdienste und optionale Dienste untergliedert. Über die optionalen Dienste wird der Wettbewerb zwischen den verschiedenen Dienstanbietern ausgetragen, die eine der Lizenzen für Deutschland erhalten.

ERMES geht zurück auf eine Initiative der → *ETSI* aus dem Jahr 1987. Der Standard wurde in den Jahren 1992 und 1993 in großen Teilen definiert und befindet sich zu anderen Teilen noch in der Normung.

Obwohl es sich bei Ermes um einen relativ jungen Standard handelt, haben sich weltweit bereits eine Reihe von Unternehmen und Telekom-Verwaltungen entschlossen, Pagingsysteme nach diesem Standard zu errichten. Das → *MoU* hat 37 Unterzeichner aus 22 Ländern. Erste ERMES-Netze wurden in Ungarn und Frankreich 1994 in Betrieb genommen. Das erste ERMES-Roaming-Abkommen wurde auf der → *Telecom* in Genf im Herbst 1995 unterzeichnet.

Die → *ITU* empfiehlt Ermes als globalen Paging-Standard.

Im Endausbau der europäischen Netze (ursprünglich geplant für Ende 1997) sollen 80 % der europäischen Bevölkerung durch ERMES-Netze erreicht werden können. Als Weiterentwicklung wird auch an einem Ermes-System für Two-Way-Paging gearbeitet, wobei an eine Quittierung (Empfangsbestätigung) und eine kurze Antwortmöglichkeit (Auswahl aus mehreren vorbereiteten Nachrichten) gedacht wird.

In Deutschland wurden am 23. September 1996 drei bundesweite und zehn regionale ERMES-Lizenzen versteigert.

Die drei nationalen Lizenzen gingen an die Unternehmen T-Mobil (Deutsche Telekom), an Miniruf und an Mobile-InfoDienste. Diese drei Unternehmen ersteigerten auch alle regionalen Lizenzen (je drei an Mobile-InfoDienste und Miniruf, vier an T-Mobil).

Erstmals kam dabei in Deutschland das → *multiple Versteigerungsverfahren* zum Zuge, bei dem das Mindestgebot für eine bundesweite Lizenz bei 670 000 DM und für eine regionale Lizenz bei 170 000 DM lag.

Insgesamt ergaben sich bei der Versteigerung Einnahmen von 2 013 000 DM für bundesweite und 1 847 000 DM für regionale Lizenzen, die dem Bund zugeführt wurden.

Durch die Versteigerung ergaben sich folgende Frequenzverteilungen für die regionalen und nationalen Lizenzen:

Frequenz in MHz	Kanal	Ausdehnung	Anbieter
169,425	1	Reg.	Mobile InfoDienste GmbH
169,450	2	Reg.	Mobile InfoDienste GmbH
169,500	4	Reg.	Mobile InfoDienste GmbH
169,525	5	Reg.	T-Mobil GmbH
169,550	6	Reg.	T-Mobil GmbH
169,575	7	Nat.	Mobile InfoDienste GmbH
169,600	8	Reg.	Miniruf GmbH
169,625	9	Reg.	Miniruf GmbH
169,650	10	Reg.	Miniruf GmbH
169,675	11	Nat.	Miniruf GmbH
169,700	12	Reg.	T-Mobil GmbH
169,725	13	Nat.	T-Mobil GmbH
169,775	15	Reg.	T-Mobil GmbH

ERO

→ *ERC*.

ERP

1. Abk. für Exterior Routing Protocol.
   Bezeichnung einer Klasse von Protokollen, die im → *Internet* den Austausch von detaillierten Routinginformationen zwischen → *Routern* ermöglichen, die sich in verschiedenen autonomen Teilnetzen des Internets befinden.
   Insbesondere werden Informationen ausgetauscht, welche weiteren autonomen Netze über ein Netz erreicht werden können. Beispiel für ein ERP ist → *BGP*.
2. Abk. für Effective Radiated Power.
3. Abk. für Electronic Retail Purchasing.

Erreichbarkeit

Begriff aus der Vermittlungstechnik. Bezeichnet bei vermittlungstechnischen Bauteilen (z.B. → *Koppelfeldern*) die Eigenschaft, daß von einem beliebigen Eingang aus, unabhängig von anderen aktuellen Beschaltungen innerhalb des Bauteils, jeder beliebige Ausgang erreicht werden kann (vollständige Erreichbarkeit).
Dies muß nicht immer der Fall sein, wenn z.B. komplexe Koppelfelder aus mehreren konzentrierenden und/oder hintereinander geschalteten → *Crossbar-Switches* aufgebaut werden. In derartigen Fällen spricht man von → *Blockierung.*

ERS

Abk. für Emergency Response Service.
Internationale Bezeichnung für die Realisierung landesweiter oder auch grenzüberschreitender, einheitlicher Notrufnummern für Polizei, Feuerwehr und andere Notrufinstitutionen.
→ *BOS.*

Erweiterte Wahlwiederholung

Auch History-Funktion genannt. Bezeichnung eines → *Leistungsmerkmals* von Endgeräten. Dabei wird nicht nur, wie bei der → *Wahlwiederholung,* die eine zuletzt gewählte Telefonnummer gespeichert, sondern eine bestimmte Anzahl aller zuletzt gewählter Nummern (üblicherweise 10 bis 20). Diese werden im Endgerät gespeichert und auf einem → *Display* angezeigt. Dort kann eine über → *Funktionstasten* ausgewählt und erneut angewählt werden.

ES

Abk. für Error Seconds.
Bezeichnung eines Gütemaßes in der Fernsprechtechnik, angegeben in %. Bezeichnet den Anteil an nur leicht gestörten Sekunden (Bitfehlerrate von unter 10^{-3}, → *BER*) bei der Sprachübertragung.
Ein Anteil von max. 8 % gilt als akzeptabel.
→ *EFS,* → *SES.*

ESA

Abk. für Extended Service Area.
→ *Wireless-LAN.*

ESB

1. Abk. für Einseitenband (-Telefoniesystem). Bezeichnung für Datenübertragung und Telefonie über Hochspannungsleitungen.
2. Abk. für erweiterten Sonderkanalbereich.
   → *Breitbandkabelverteilnetz.*

ESD

Abk. für Electrostatic Discharge.
Bezeichnung für elektrostatische Entladungen niedriger Kapazität im menschlichen Umfeld. Für den Menschen ungefährlich. Durch ESDs kann es zu kurzen, seltenen und unregelmäßigen Störungen (Schaltfehler) elektronischer Geräte, z.B. der Kommunikationselektronik kommen.

ESDI

Abk. für Enhanced Small Device Interface.
Bezeichnung einer speziellen schnellen Schnittstelle und eines → *Controllers* der 2. Generation für → *Festplatten.*

ESER

Abk. für Einheitliches System der elektronischen Rechentechnik.
Bezeichnung für die bis 1990 existierende Norm für Großrechenanlagen im Ostblock. Prinzipiell ein → *IBM /360-* und /370-Nachbau der → *Mainframes* aus dem Hause IBM.

ESF

Abk. für European Science Foundation.

ESI

Abk. für Equivalent Step Index.

ESIG

Abk. für European SMDS Interest Group.
Ein Gremium von Herstellern und Carriern zur Einführung und Verbreitung von → *SMDS.*

ESK-Relais, -Streifen

Abk. für Edelmetall-Schnellkontakt-Relais.
Elektromechanisches Bauteil in gleichartigen Vermittlungen der 60er, 70er und 80er Jahre. Erfunden 1954 von Siemens.
Im Laufe der Zeit entwickelten sich verschiedene Bauformen. Üblicherweise wurden fünf Relais zu einer kleinen kompakten Schalteinheit (ESK-Streifen) zusammengefaßt. Schließung des Kontaktes durch Anlegen eines Magnetfeldes, woraufhin sich die Silber-Palladium-, Platin-Wolfram- oder Gold-Nickel-Kontakte schließen.
Daneben existierten sog. ESK-Printrelais und Schutzgas-Metallrelais (SGM).
Gilt als Alternative zu → *Crossbar*-Systemen.

ESMR

Abk. für Emergency (auch: Enhanced) Specialized Mobile Radio.
In den USA der Oberbegriff für Mobilfunkdienste im Notfallbereich (Ärzte, Krankenhäuser, Feuerwehr, Polizei).
→ *CMRS.*

ESP

Abk. für Enhanced Service Provider.
Begriff aus der Deregulierung in den USA. Bezeichnet dort die Anbieter von Mehrwertdiensten (→ *VAS*), die dort Mehrwertdienste gemäß einer an das → *OSI-Referenzmodell* angelehnten Netz-

architektur (Open Network Architecture, ONA) anbieten.

ESPA

Abk. für European Society of Paging Associations.

Europäischer Verband der Hersteller von → *Paging*-Geräten. Hat eine ähnliche Rolle wie → *ECTEL*. Gilt als Vertretung der Industrie gegenüber der EU und → *ETSI*.

ESPRIT

Abk. von European Strategic Program for Information Technology.

Forschungsprogramm der EU auf dem Gebiet der Hochtechnologie. Aufgelegt 1984 mit dem Ziel, die Elektronik- und Computerforschung voranzutreiben, um gegen die Übermacht der Amerikaner und Japaner bestehen zu können.

Bestand aus fünf Schwerpunkten: Informationsverarbeitung, Software, Mikroelektronik, Büroautomation und Computer Integrated Manufacturing (CIM).

→ *RACE*, → *ACTS*, → *COST*.

ESS

Abk. für Exchange Support System.

ESS 1

Abk. für Electronic Switching System No. 1.

Analoges Vermittlungssystem aus dem Hause AT&T. Es war das erste serienmäßig hergestellte → *SPC*-Vermittlungssystem und verfügte aus Sicherheitsgründen über zwei parallel arbeitende digitale Computer zur Steuerung.

Erste gelieferte Vermittlung wurde in Succasunna/New Jersey im Mai 1965 in Betrieb genommen. Das ESS 1 wurde nach Anfangsproblemen sehr erfolgreich weltweit eingesetzt. Es arbeitet mit → *Reed-Relais* und kann bis zu 65 000 Anschlüsse bedienen. Gedacht ist es für hohe Verkehrsaufkommen in dichtbesiedelten Gebieten. Die Dokumentation umfaßte seinerzeit ca. 800 Seiten. Im Vergleich mit heutigen Systemen sehr wenig.

ESS 2

Abk. für Electronic Switching System No. 2.

Gegen Ende des Jahres 1970 vorgestelltes analoges Vermittlungssystem, das aus → *ESS 1* und einer Nebenstellenanlage ESS 101 für mittelgroße Vermittlungen von 2 000 bis 10 000 Teilnehmern entwickelt wurde. Koppelelement ist nach wie vor der Ferreed-Kontakt.

ESS 3

Abk. für Electronic Switching System No. 3.

Analoges Vermittlungssystem. Hergestellt von der Firma AT&T. Vorgestellt 1976. Bis zu 5 000 Anschlüsse, gedacht für kleine Ortsvermittlungen. Es war ein → *SPC*-System mit Ferreedrelais.

ESS 4

Abk. für Electronic Switching System No. 4.

Digitales Vermittlungssystem, hergestellt von der Firma AT&T. Vorgestellt 1976; erste Installation in Chicago. Erstes digitales System im kommerziellen Einsatz überhaupt. Gedacht für große Verkehrskapazitäten (bis zu 1,5 Mio. → *BHCAs*) in Durchgangsvermittlungen. Bis zu 53 760 Duplexverbindungen können geschaltet werden.

ESS 5

Abk. für Electronic Switching System No. 5.

Digitales Vermittlungssystem des amerik. Herstellers AT&T, das fünfte seiner Art (Electronic Switching System) von diesem Hersteller. Offiziell vorgestellt im Oktober 1982. Erste Installation am 25. März 1982 in Seneca/Illinois. Sehr flexibel, kann 1 000 bis 110 000 Anschlüsse versorgen.

→ *BHCA*-Wert: 650 000.

ESSI

Abk. für European Systems and Software Initiative.

Bezeichnung eines Förderungsprogramms der Europäischen Kommission zum verbesserten Einsatz von Technologien und Methoden im Softwareentwicklungsprozeß.

ET

Abk. für Exchange Termination

Selten benutzte Bezeichnung für den Vermittlungsabschluß, d.h. die Schnittstelle innerhalb einer Vermittlungsstelle zwischen dem Leitungsabschluß (→ *LT*) und den eigentlichen, den Vermittlungsvorgang wirklich ausführenden Einheiten (→ *Koppelfeld*).

E-TACS

Abk. für Extended Total Access Communication System.

Bezeichnet ein analoges, zellulares Mobilfunksystem, das aus dem → *TACS*-Standard mit leicht veränderten Kennwerten hervorging. Uplink: 872 bis 905 MHz, Downlink: 917 bis 950 MHz mit 1 320 Kanälen.

Wird im Großraum London eingesetzt. Dient zur Entlastung des dortigen TACS-Netzes.

ETB

1. Abk. für elektronisches Telefonbuch.

   Eines der populärsten Informationsangebote bei → *Telekom-Online*.
2. Abk. für End of Transmissionblock.

   Bezeichnung für das Steuerzeichen bei der zeichenorientierten Datenübertragung, welches das Ende eines Übertragungsblockes anzeigt.

E-TDMA

Abk. für Enhanced Time Division Multiple Access.

Zugriffsverfahren nach → *TDMA* mit spezieller Erkennung und Nutzung von Gesprächspausen (DSI, Digital Speech Interpolation). Ist auch Bezeichnung einer Technik der Firma Hughes zur Kapazitätserweiterung des → *AMPS*-Systems um den Faktor 15. Soll kompatibel zu → *D-AMPS* sein.

ETE

Abk. für Equivalent Telephone Erlangs.

Bezeichnung einer Rechenhilfsgröße zur Vergleichbarkeit verschiedener mobiler, digitaler und zellularer Telekommunikationssysteme hinsichtlich ihrer Verkehrskapazität. Wegen der Vielfalt technischer Parameter (unterschiedliche Zellradien, unterschiedliche Datenraten, unterschiedliche, angebotene Dienste und → *Dienstmerkmale*, unterschiedliche Kanalkapazitäten aufgrund unterschiedlicher Kompressionsverfahren z.B. für Sprache ...) wurde mit ETE eine Hilfsgröße geschaffen, auf die alle technischen Systeme zurückgerechnet werden können und eine vergleichbare Zahl in → *Erlang* wie im herkömmlichen Telefonfestnetz ergeben.

Ethernet

Produktname eines ursprünglich von den Firmen Intel, DEC und Xerox vertriebenen → *LANs*. Rund 45 % aller → *LANs* bauen auf Ethernet auf (30% → *Token Ring*). Gilt als gelungene Vereinigung der Eigenschaften Bandbreite, Kosten und Problemlosigkeit der Installation und Wartung.

Stützt sich auf → *CSMA/CD* und wird häufig (fälschlicherweise) als Synonym für dieses benutzt. Ethernet stützt sich auf Bus oder Sterntopologie (→ *Hub*) und überträgt mit 10 Mbit/s. Übertragungsmedium: Koaxialkabel (wobei zwischen zwei Kabeltypen, thin und thick wire, unterschieden wird), verdrillte Zweidrahtleitung (→ *UTP*) und Glasfaser.

Bei Thick-Wire beträgt die max. Gesamtlänge 2,8 km, ein Segment darf 500 m lang sein und max. 100 Transceiver (Mindestabstand: 0,5 m) unterstützen. Max. 1 024 Stationen werden insgesamt mittels eines → *Tap* angeschlossen. Die Thick-Wire-Version wird auch Yellow Cable genannt. Das Kabel wird mit einem 50-Ohm-Widerstand abgeschlossen und mit Frequenzen von 50 MHz betrieben. Das entprechende gelbe Kabel ist 4fach abgeschirmt.

Die billigere Version 10Base2 basiert auf einem dünneren Koaxialkabel und ist als Thin-Wire bzw. als Cheapernet bekannt, obwohl zwischen diesen beiden Varianten geringfügige Unterschiede bestehen. Thin-Wire ist doppelt abgeschirmt, Cheapernet nur einfach.

Bei Thin-Ethernet können die Segmente 185 Meter lang sein. Max. 30 → *Transceiver* je Segment bei einem Mindestabstand von 0,5 m, eine max. Gesamtausdehnung von 925 m und max. 1 024 Stationen werden unterstützt. Das Kabel wird mit

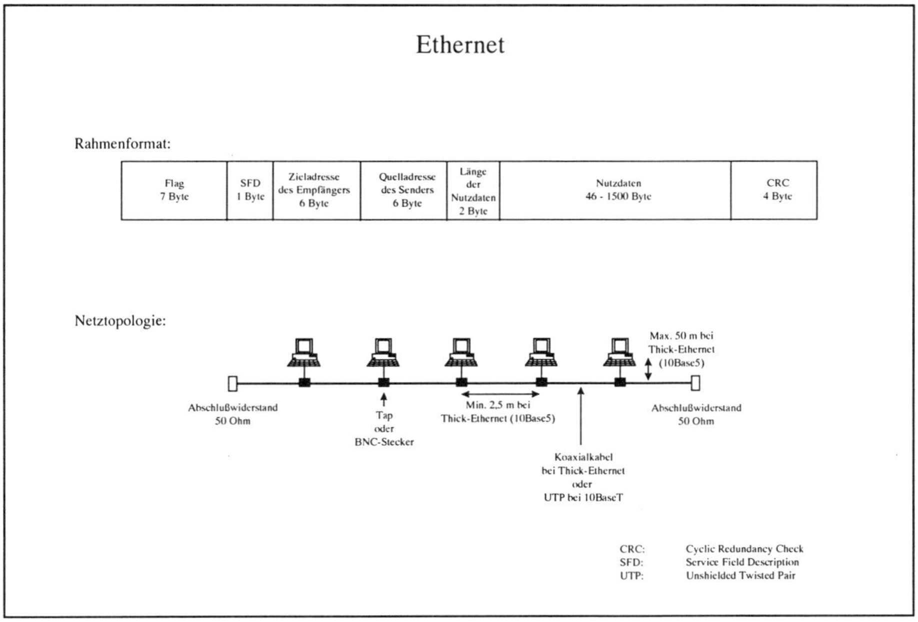

einem 50-Ohm-Widerstand abgeschlossen.

Eine noch billigere Version 10BaseT sieht als Übertragungsmedium ungeschirmte Zweidrahtleitung UTP vor (ähnlich wie bei → *Token Ring* von IBM). Die einzelnen Segmente dürfen dabei eine Ausdehnung von max. 100 m haben. Kategorie 5 Kabel ermöglichen dabei Übertragungsgeschwindigkeiten bis 100 Mbit/s, Kategorie 4 bis zu 20 Mbit/s und Kategorie 3 bis zu 16 Mbit/s. Kategorie 1 und 2 sind zwar am billigsten, unterstützen aber nur max. 5 Mbit/s und eignen sich kaum für größere LANs im geschäftlichen Einsatz. Kategorie 3 und 4 sind dabei am weitesten verbreitet. Das Übertragungsmedium muß an beiden Enden mit einem 50-Ohm-Abschlußwiderstand abgeschlossen sein. Der Standard 10BaseFL hat Glasfaserkabel als Medium und ist ähnlich dem 10BaseT Standard. Einzelne Segmente können bis zu 2 km lang sein.

Weitere Varianten sind 1Base5 (1 Mbit/s, Basisbandübertragung, 500 m Segmentlänge) oder auch 10Broad36 für → *CATV*-Anwendungen über 75-Ohm-CATV-Kabel. Dabei kann allerdings nur über maximal 3 600 m mit 10 Mbit/s übertragen werden.

Die Daten selbst werden in sog. Datagrammen übertragen, deren Länge in IEEE 802.2 als flexibel definiert wurde. Die minimale Länge beträgt 72 Byte (davon 46 für Daten), die maximale Länge ist 1 525 Byte. Die meisten Adapterkarten übertragen allerdings mit einer festen Größe. Fehlersicherung erfolgt durch eine Checksumme.

Über das physikalische Medium wird mit → *Manchester Codierung* übertragen.

→ *Fast Ethernet.*

Ethernet war das erste → *LAN* überhaupt: CSMA/CD war in der Entwicklung bei Xerox Palo Alto Research Labs seit 1972. Dabei wurde es maßgeblich von Robert Metcalfe (der darüber 1974 in Harvard promovierte) und David Boggs entwickelt.

Die erste lauffähige Version existierte im Mai 1973. Ethernet entstand im Rahmen des Projektes 'Alto', in dessen Rahmen auch die → *Maus*, eine grafische Fensteroberfläche (→ *GUI*), die objektorientierte Programmiersprache → *Smalltalk* und andere Dinge entwickelt wurden. Nur Ethernet und Smalltalk überlebten und Ethernet wurde 1976 in einer stabilen Version vorgestellt.

1979 waren bei Xerox schon 2 000 Arbeitsplätze mit Ethernet vernetzt. Genauer spezifiziert wurde es in einer ersten Version im September 1980, nachdem sich kurz zuvor DEC und Intel der Initiative anschlossen und die Vermarktung als Produkt starteten. Die Spezifikation wurde veröffentlicht und sorgte so für eine weite Verbreitung. 1982 wurde die Version 2 der Spezifikation vorgestellt, an der sich auch IEEE 802.3 von 1984 orientiert und die als 10Base5 bekannt ist (Thick-Wire).

Ether Talk

Bestandteil der → *Apple Talk* Familie. Bezeichnet das Protokoll, das Apple Talk Daten zur Übertragung über ein → *Ethernet* verpackt.

ETIS

Abk. für European Telecommunications Informatics Services.

Ein Gremium, gegründet 1991, mit dem Ziel, europäische Integration und Interoperabilität bei Diensten in den Bereichen des → *TMN* zu erreichen. Kontakte:

ETIS Central Office
Boulevard Bishoffsheim 33
1000 Brussels
Belgium
Tel.: (+ 32) 02 / 2 23 07 71
Fax: (+ 32) 02 / 2 19 26 28

ETNO

Abk. für European Public Telecommunications Network Operators' Association.

Europäischer Dachverband von 36 öffentlichen Netzbetreibern mit dem Ziel, allgemeine regulatorische Grundsätze zur Harmonisierung der Netze und Dienste in Europa zu erarbeiten. Sitz: Brüssel.

ETNS

Abk. für European Telecommunications Numbering Scheme.

Bezeichnung eines angestrebten einheitlichen Numerierungsplans für Europa.

Er soll von → *ETO* erarbeitet werden.

ETO

Abk. für European Telecommunication Office.

Bezeichnung eines von der → *ECTRA* durch ein von 23 Staaten am 30. April 1994 unterzeichneten → *MoU* gegründeten Gremiums zur Bearbeitung von Regulierungsfragen mit europäischer Dimension, hauptsächlich Lizensierungspolitik und Numerierung. ETO entwickelt mit einem europäischen → *Numerierungsplan* (→ *ETNS*). ETO agiert im Auftrag von ECTRA und erstellt zur Entscheidungsvorbereitung Studien auf seinen speziellen Fachgebieten.

Das ETO nahm am 1. September 1994 seine Arbeit auf und wurde über ein weiteres MoU am 9. September 1994 an die EU angebunden.

Adresse:

ETO
Holsteingrade 63
2100 Kopenhagen
Dänemark
Tel.: (+ 45) 0 35 / 43 80 05
Fax: (+ 45) 0 35 / 43 60 05

→ *http://www.eto.dk/*

ETR

Abk. für European Technical Report.

Bezeichnung für technische Berichte, die das → *ETSI* zur Information der interessierten und fachlich versierten Öffentlichkeit herausgibt und aus denen nach weiterer Diskussion Standards (→ *ETS*) der ETSI werden können.

ETS

Abk. für European Telecommunications Standards.

Bezeichnet die von der → *ETSI* beschlossenen dauerhaften Standards, die aus den → *ETR* hervorgegangen sind.

→ *I-ETS*.

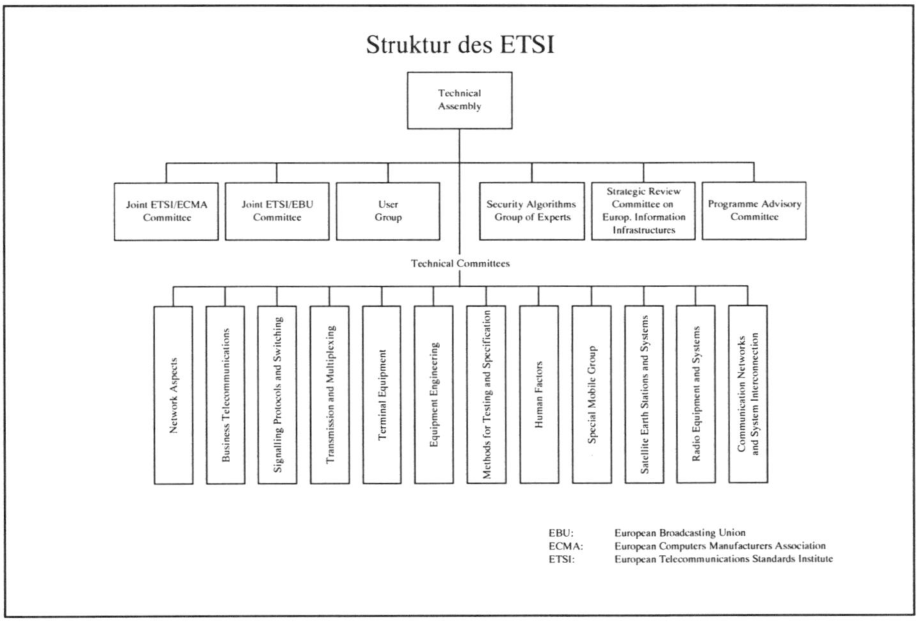

ETSI

Abk. für European Telecommunications Standards Institute.

Im Frühjahr 1988 auf Forderung des → *Green Papers* vom September 1987 der Europäischen Kommission gegründetes Normungsgremium mit Sitz in der High-Tech-Region Sophia-Antipolis zwischen Nizza und Cannes in Frankreich.

Ursprüngliche Intention war die Angleichung von TK-Standards im europäischen Binnenmarkt gewesen. Mittlerweile ist die ETSI ein auf vielen Feldern und auch international aktives Normungsgremium, das auch der → *ITU* zuarbeitet.

Es übernahm viele Standardisierungsaufgaben der → *CEPT* durch Übernahme von fünf Arbeitsgruppen. Eine Ausweitung der Tätigkeiten erfolgte danach durch Einsetzung weiterer sieben Gruppen.

Neben den Arbeitsgruppen sind die Generalversammlung und der mit 25 Personen besetzte Vorstand weitere Organe der ETSI.

Arbeitsgegenstand sind alle Bereiche der Telekommunikation sowie angrenzende Bereiche der Informationstechnik und der Rundfunktechnik.

Es werden folgende Publikationen unterschieden:

- Standards (European Telecommunication Standard, ETS): Sie werden von einem Gremium verabschiedet und gelten überwiegend als freiwillig einzuhaltende Richtlinie (→ *Recommendation*), sofern sie nicht von der EU oder nationalen Gremien als rechtlich verbindliche De-jure-Standards übernommen werden.
- Interim Standards (I-ETS): Sie gelten im Gegensatz zu den ETS als provisorische Standards für Fälle, in denen die Arbeit weitergeht, aber bereits Nachfrage nach einer vorläufigen Lösung besteht.
- Technische Reports (ETR): Sie liefern zusätzliche Informationen und Begründungen für die Standards während des Verfahrens und werden in einem einfacheren Prozeß als die abschließenden ETS erstellt.

Daneben erstellt ETSI zum internen Gebrauch Dokumente, die aber ebenfalls öffentlich zugänglich sind:

- Technical Committee Technical Reports (TC-TR),
- Technical Committee Reference Technical Report (TCR-TR).

Ferner erstellt ETSI auf spezielle Anfrage der EU entsprechende Papiere (Technical Bases for Regulation, TBR), die sich mit technischen Aspekten der → *Deregulierung* befassen, z.B. → *Interconnection*. Neu gegenüber der CEPT war, daß neben den → *PTTs* und Netzbetreibern auch Hersteller und Nutzer Mitglied werden können. Ende 1995 hatte ETSI über 370 Vollmitglieder und mit den assoziierten Mitgliedern und den Beobachtern über 500 Mitglieder aus 30 Ländern insgesamt.
→ *CTR*, → *ETS*, → *ITSTC*, → *TBR*.
Kontakte:

ETSI
Espace Beethoven
Sophia Antipolis BP 62
F-06561 Valbonne Cedex
Frankreich
Tel.: (+ 33) 0 92 / 94 42 00
Fax: (+ 33) 0 92 / 65 47 16

→ *http://www.etsi.fr/*

EUMEL

Abk. für Extendable Multi User Microprocessor Elan-System.
Bezeichnung eines 1978 für den Schul- und Ausbildungsbereich entwickelten → *Betriebssystems* für 8- und 16-Bit-Rechner. Als dazu passende Programmiersprache wurde → *ELAN* entwickelt.

EUnet

Abk. für European Unix Network.
Bezeichnung eines europäischen Forschungsnetzes. Wurde 1982 gegründet und 1987 an das → *Internet* angeschlossen. Es nutzt die Variante → *RIPE* des → *IP*.

EUREKA

Abk. für European Collaborative Program for Technology Research and Development.
Bezeichnung einer zentralen europäischen Koordinierungsstelle und eines Forschungsprogramms für Forschung und Wissenschaft.
Beteiligt sind 24 Länder und die Europäische Kommission, d.h., EUREKA ist keine Initiative der EU, sondern internationaler organisiert.

Eurescom

Abk. für European Institute for Research and Strategic Studies in Telecommunications.
Eine Forschungseinrichtung von 20 europäischen → *Carriern* aus 16 Ländern für langfristige strategische Studien auf dem Gebiet der Telekommunikation. Gegründet wurde sie im Januar 1990, die Aufnahme der Arbeit erfolgte im März 1991. Ihr Sitz ist Heidelberg.

Eurescom GmbH
Schloß-Wolfsbrunnen-Weg 35
69118 Heidelberg
Tel.: 0 62 21 / 98 90
Fax: 0 62 21 / 98 92 09

Euro-AV-Buchse, -Stecker, -Anschluß

Andere Bezeichnung für → *Scart-Buchse*.

Eurobit

Abk. für European Association of Business Machines Manufacturers and Information Technology Industry.
Bezeichnung eines Zusammenschlusses der europäischen Hersteller von Geräten der Büroelektronik.
→ *ECMA*.

EUROCAE

Abk. für European Organisation for Civil Aviation Electronics.

Euro-ISDN

International gängige Kurzbezeichnung für den ISDN-Anschluß, der mit einem europaweit standardisierten und genutzten Signalisierungsprotokoll im D-Kanal des → *ISDN* betrieben wird. Das D-Kanal-Protokoll E-DSS1 (auch nur DSS1 genannt) basiert auf den unteren drei Schichten des → *OSI-Referenzmodells* und ist als Q.931 mittlerweile durch die → *ITU* standardisiert.
Um europaweit auf ein gemeinsames → *ISDN* mit einheitlichen Dienstmerkmalen zugreifen zu können, haben im April 1989 einige Länder ein → *MoU* dafür unterzeichnet, das die Einführung des Euro-ISDN genannten Dienstes für 1992 vorsah, was dann nicht realisiert werden konnte.
Am 14. Dezember 1993 wiederum haben 22 Netzbetreiber aus 17 Ländern (mittlerweile 26 Netzbetreiber aus 20 Ländern) beschlossen, Dienste und Dienstmerkmale zu harmonisieren.
Dadurch werden für Verbraucher erstmals europaweit einheitliche Endgeräte verfügbar, was einen verstärkten Wettbewerb und fallende Endgerätepreise nach sich ziehen soll. Ziel ist auch, daß andere Länder außerhalb Europas den Euro-ISDN-Standard nutzen und so der Markt für Endgeräte weiter wächst.
Von einer signifikanten Verbreitung von Euro-ISDN in Deutschland kann seit 1995 gesprochen werden. Ab 1999 wird mit Flächendeckung in Europa gerechnet.
Ziel sind neue einheitliche Dienstmerkmale, ein paketvermittelnder Dienst über B- und D-Kanäle und internationale ISDN-Verbindungen mit entsprechenden Dienstmerkmalen.
Die Unterschiede zwischen Euro-ISDN und dem bisherigen nationalen ISDN in Deutschland am Beispiel der Anschlüsse der Deutschen Telekom verdeutlicht folgende Tabelle:

Dienstmerkmal	Euro-ISDN Mehrgeräte-anschluß	Euro-ISDN Anlagen-anschluß	Nationales ISDN
CLI	Ja	Ja	Ja
CLI unterdrükken	Ja	Ja	Ja
Mehrfachrufnr.	Nein	Ja	Durch EAZ
Makeln	Ja	Nein	Ja
Anklopfen	Ja	Nein	Ja
Forwarding sofort	Ja	Ja	Ja
Forwarding im Besetztfall	Ja	Ja	Nein
Forwarding bei Nicht-Annahme	Ja	Ja	Ja
Sperren	Ja	Nein	Ja
Dreierkonferenz	Ja	Nein	Ja
CUG	Ja	Ja	Ja
Tarifinformation	Ja	Ja	Ja
Subadressierung	Ja	Ja	Nein

Es ist dabei zu beachten, daß dies nur die technische Machbarkeit darstellt. Üblicherweise wird noch zwischen einem normalen ISDN-Anschluß und einem Komfortanschluß mit jeweils einer unterschiedlichen Menge von den obigen Dienstmerkmalen unterschieden.

Beim Mehrgeräteanschluß können bis zu acht Endgeräte angeschlossen werden, beim Anlagenanschluß nur eine (kleine) Telefonanlage als Endgerät.

Es wird erwartet, daß es dennoch zu kleinen Differenzen zwischen den D-Kanal-Protokollen kommt, da die ETSI-Standards für Euro-ISDN nicht alle Details beschreiben.

Euromessage

Seit März 1990 bestehender Funkrufdienst auf Basis des → *Cityruf* in Deutschland, Frankreich, Italien und Großbritannien.

EURONET

Abk. für European Network.

Bezeichnung eines Netzes, das auf Initiative der EU aus einzelnen nationalen Netzen entstanden ist, um den Informationsdienst → *DIANE* zu nutzen.

Eurosignal

Ein 1968 von der → *CEPT* genormter und seit 1974 in Deutschland bestehender analoger → *Pagingdienst*.

Eurosignal verfügt über vier Kanäle mit je 25 kHz Bandbreite um die 87 MHz. Das deutsche Eurosignalnetz ist für 300 000 Teilnehmer in fünf Funkrufzonen ausgelegt, die derzeit von 100 Sendeanlagen versorgt werden. Der Anrufer muß wissen, in welcher Funkrufzone sich der Gerufene befindet. Angeboten wird ein Pagingdienst nach diesem Standard in Deutschland, Frankreich (seit 1975) und der Schweiz (seit 1985). Dabei können von jedem → *MFV*-fähigen Telefon bis zu vier Signale an den Empfänger übertragen werden, die diesem durch verschiedene Lampen am Empfänger angezeigt werden. Jedes Signal hat dabei eine vorher zwischen Sender und Empfänger abgesprochene Bedeutung. Jedes Signal kostet dabei extra (8,05 DM/Monat). Einmalige Anschlußgebühr 50 DM, monatliche Gebühr 28,50 DM (international: 35 DM). Teure Empfänger (1 000.- bis 2 000.- DM)

Eurosignal wurde von der CEPT entwickelt und sollte europaweit eingeführt werden. Es beteiligten sich jedoch nur die genannten Länder.

1994 verfügte Eurosignal über ca. 230 000 Teilnehmer mit seit 1992 langsam sinkender Tendenz. Eurosignal wird voraussichtlich nur noch bis Ende 1997 unterstützt.

EUT

Abk. von Equipment under Test.

EUTELSAT

Abk. für European Telecommunications Satellite Organization.

1982 von den 28 Mitgliedsländern der → *CEPT* gegründete Betreibergesellschaft von Satelliten für Telekommunikations- und Rundfunkdienste. Sitz: Paris.

→ *http://www.eutelsat.org/home.html/*

EUUG

Abk. für European Unix User Group.

Bezeichnung des Zusammenschlusses europäischer Anwender des → *Betriebssystems* → *UNIX*.

EV

Abk. für Entgeltregulierungsverordnung.

Bezeichnung für eine im Oktober 1996 von der Bundesregierung beschlossene Verordnung, die Teil des → *TKG* ist.

EVA

Abk. für Empfangsverteilanlage.

Bezeichnung für die hausinterne Verkabelung bei Kabelfernsehanlagen im Haus hinter dem Hausübergabepunkt (→ *HÜP*).

EVGA

Abk. für Enhanced VGA (Video Graphics Array).

Bezeichnung für eine Weiterentwicklung des → *VGA*-Standards für → *PC*-Grafikkarten mit geringem Erfolg, da durch die nächste Weiterentwicklung → *SVGA* überholt.

EVGA unterstützte eine Auflösung von 800 * 600 Pixeln.

EVN

Abk. für Einzelverbindungsnachweis.
Bezeichnung für eine detaillierte Rechnung mit Abrechnung und Aufführung jeder einzelnen, durchgeführten Verbindung und der Verbindungsparameter (Zieladresse wie z.B. Telefonnummer, Zeitpunkt des Verbindungsbeginns, Dauer, für die Abrechnung relevanter Tarif).

EVSt

Abk. für → *Endvermittlungsstelle.*

EVU

Abk. für Energieversorgungsunternehmen.

EVUA

Abk. für European Voice User Association.

EVz

Abk. für → *Endverzweiger.*

eWorld

Bezeichnung des → *Online Services* aus dem Hause Apple mit weltweit ca. 50 000 Teilnehmern (1995). Start in Deutschland im Sommer 1995 mit anschließender Umwandlung in einen Dienst im → *Internet.*

EWOS

Abk. für European Workshop for Open Systems.
Bezeichnung eines regionalen Workshops der → *ISO.*
→ *ODA/ODIF.*

EWS I

Abk. für Elektronisches Wählsystem.
Bezeichnet ein analoges elektronisches Vermittlungssystem von Siemens. Entwickelt Ende der 60er bis Mitte der 70er Jahre unter Führung von Siemens von DeTeWe, SEL, Telenorma und Siemens selbst. Später benannt → *EWSF.* Basiert auf dem System IV von Siemens.

EWSD

Abk. für Elektronisches Wählsystem Digital.
Produktname des indirekt gesteuerten digitalen Vermittlungssystems, das von Siemens (Führung), DeTeWe und Bosch Telecom (Telenorma, ANT, ...) hergestellt wird. Entwickelt in den 70er Jahren als Nachfolger von EWSA.
EWSD wird in Fest- und Mobilfunknetzen eingesetzt.
Erste EWSD-Vermittlung wurde im November 1980 als Ortsvermittlung in Johannesburg/Südafrika (Ortsvermittlungsstelle Sunninghill Park) eingesetzt. Der Einsatz in Deutschland erfolgte ab 1983 im Netz der Deutschen Telekom.
Konzipiert wurde es für 200 bis 100 000 Anschlüsse und 1 Mio. → *BHCA*s.

EWSF

→ *EWSO.*

EWSM

Abk. für Electronic Switching System for Metropolitan Area Networks.
Bezeichnet das Vermittlungssystem der Firma Siemens für → *MAN*s.

EWSO

Abk. für Elektronisches Wählsystem für den Ortsbereich.
Ein indirekt gesteuertes analoges Vermittlungssystem aus dem Hause Siemens, das in den 70er Jahren entwickelt wurde und nur begrenzt zum Einsatz kam, da kurz nach seiner Einführung die vollständige Digitalisierung des Fernsprechnetzes beschlossen wurde. Es soll bis 1993 wieder vollständig ersetzt worden sein. Das Schwestersystem EWSF für den Fernbereich wurde aus gleichem Grund gar nicht erst zu Ende entwickelt.

EXAPT

Bezeichnung einer Programmierumgebung zur numerischen Programmierung von Werkzeugmaschinen.

Externspeicher

→ *Speicher.*

Extranet

Bezeichnung für, im Gegensatz zu → *Intranets,* mehrere einzelne und voneinander isolierte Netze auf der Basis der im → *Internet* weitverbreiteten Technologie des → *IP-Protokolls,* die über das Internet selbst miteinander verbunden sind und so ein eigenes Sub-Netz bilden. Das Sub-Netz ist durch eine eigene IP-Adressierung komplett vom nur zur Verbindung genutzten restlichen Internet abgekoppelt.
Dabei wird zum Datentransport über das Internet → *Tunneling* genutzt, damit es zu keinen Problemen mit den IP-Adressen kommt.

EXU

Abk. für Extension Unit.

EY-NPMA

Abk. für Elimination Yield Non-Preemptive Channel Access.
Eine dreiphasige Variante des → *CDMA*-Verfahrens für den Kanalzugriff auf der → *MAC*-Teilschicht von Schicht 2 des → *OSI-Referenzmodells.*
Dabei verfügen die Stationen über Prioritäten, die sie dem Netz in einem festgelegten Zeitslot mitteilen (Prioritätssignalisierungsphase) und so auch erfahren, welche Prioritäten sendewilliger Stationen noch existieren. Die Stationen mit niedriger Priorität verzichten sodann freiwillig auf weitere

Sendeversuche. In einem zweiten Schritt senden die restlichen Stationen (dann nur noch gleicher Priorität) in einer Eliminationsphase einen Puls zufälliger Länge. Zugriff zum Medium erhält die Station mit dem längsten Impuls (können auch mehrere mit gleich langem Puls sein), die anschließend prüft, ob das Medium noch frei ist (Yield-Phase) und dann anfängt zu senden.
Im Fall von Kollisionen wird dies erkannt und der Prozeß startet erneut.

EZM
Abk. für Elektronische, zentral markierte Fernsprech-Ortsvermittlung.
Bezeichnung einer analogen und aus dem Nebenstellenbereich abgeleiteten Vermittlungsstelle zum Einsatz in öffentlichen Netzen aus den Häusern AEG und ANT. Erster Test erfolgte ab 4. Dezember 1967 in Stuttgart-Bad Cannstatt.
Das Koppelfeld bestand aus Ordinaten-Haftschaltern.

F

F.50

→ *Numerierungsplan* für Telexnetze.

FA

Abk. für Feature Activator.

Facility-Bypassing

→ *Bypassing.*

Facsimile (-Übertragung)

→ *Fax.*

Fading

Bezeichnet die Schwankung eines über einen Funkkanal empfangenen Signals infolge von ausbreitungsspezifischen Störungen. Diese resultieren in Interferenzen beim Empfänger, die das Signal dämpfen (u.U. auslöschen), verzerren oder verstärken können.
Man klassifiziert je nach Dauer der Störungen die Arten:

- Short Term Fading, z.B. durch → *Störimpulse*, → *Dämpfung*, → *Mehrwegeausbreitung*, → *Beugung*, → *Reflexion*, → *Dopplereffekt* und → *frequenzselektive Ausbreitung.*
- Long Term Fading, z.B. durch → *Funklöcher* oder → *Abschattung.*

FAG

Abk. für → *Fernmeldeanlagen-Gesetz.*

Fallforward

Begriff aus der → *Modem*technik. Die an der Übertragung beteiligten Modems überprüfen laufend die Leitungsqualität und erhöhen die Übertragungsrate, z.B. nach einem → *Fallback*, sobald dies möglich ist, d.h., wenn die Leitungsqualität wieder ein bestimmtes Niveau überschritten hat und beide an der Übertragung beteiligten Modems überhaupt den Fallforward beherrschen.

Fallback

Begriff aus der → *Modem*technik. Wird die Leitungsqualität schlechter, einigen sich die verbundenen Modems (sofern möglich) auf eine niedrigere Übertragungsrate als vorher gewählt. Auch wenn einer der beteiligten Rechner mit einem Multitasking-Betriebssystem arbeitet und der Datenübertragung vorübergehend weniger Rechenzeit zuweist, können die Modems zurückschalten. Nur wenn beide Modems das → *Fall-Forward* beherrschen, wird die ursprünglich gewählte Übertragungsgeschwindigkeit wieder aufgenommen, sobald sich die Leitungsqualität verbessert hat.

Fallwähler

Name eines elektromechanischen Wählers. Erstmals eingesetzt 1934 und damals seiner Zeit voraus. Nicht ganz so verbreitet wie der → *Heb-Dreh-Wähler*, aber mit diesem vergleichbar.

FAM

Abk. für Functional Architecture Model.

Fan-Out

Bezeichnung für die Anzahl der an einen Hardware-Baustein anschaltbaren weiteren Bausteine. U.U. ermöglicht der Einsatz von → *Treibern* den Anschluß mehrerer Bausteine über den Fan-Out hinaus.

FAQ

Abk. für Frequently Asked Questions, häufig gestellte Fragen.

1. Im Zusammenhang mit dem → *Internet* die Bezeichnung für die im → *Usenet* gespeicherten Listen mit den FAQs und entsprechenden Antworten, die unnötige weil sehr häufig gestellte und ebenso häufig bereits beantwortete Fragen zu allen möglichen Themen verhindern sollen.
   Üblicherweise existiert eine Person, die eine Liste mit FAQs pflegt und regelmäßig (z.B. einmal/Quartal) in der entsprechenden → *newsgroup* veröffentlicht. Ferner existiert eine newsgroup in der ausschließlich die FAQs veröffentlicht werden.
2. Im Zusammenhang mit → *Call Centern* oder → *Helpdesks* alle häufig gestellten Fragen von Anrufern (Kunden), auf die der Operator sofort die Antwort kennen sollte, um nur noch in wenigen Fällen weitervermitteln zu müssen. Üblicherweise wird davon ausgegangen, daß 80 % aller Anfragen FAQs sind und nur 20 % an das → *Back Office* weitergeleitet werden brauchen.
   Die Liste der FAQs ist dynamisch, muß periodisch nach Auswertung der Kundenanfragen aktualisiert werden und entwickelt sich nach der Inbetriebnahme rasch selbst.

Farnet

Abk. für Federation of American Research Networks.
Bezeichnung einer Interessenvereinigung der Betreiber der nordamerikanischen Forschungsnetze.

FAS

Abk. für Flexible Access System.

Faser

Andere Bezeichnung für Glasfaser.
→ *Glasfasertechnik.*

Fast Ethernet

Schneller Netzwerkstandard, genormt von der IEEE 802.3 im Jahr 1995. Auch 100BaseT genannt. Gilt als Nachfolgenorm zu → *Ethernet*. Überträgt mit 100 Mbit/s auf Glasfaser (100Base-FX), herkömmliche Ethernet-Kabel (100BaseT4) und Kabel nach dem → *Verkabelungs*standard der Kategorien 1 oder 5 (geschirmte oder ungeschirmte, verdrillte Zweidrahtleitung, 100Base-TX). An einer weiteren Varianten (100BaseT2) wird gegenwärtig gearbeitet.

Fast Ethernet wird teilweise mit → *Demand Priority* als → *MAC*-Protokoll auf Schicht 2 des → *OSI-Referenzmodells* betrieben. Mit einer entsprechend gewählten Topologie (Sternnetz, Switching-Technologie) können Echtzeitverbindungen über ein Fast-Ethernet abgewickelt werden.

Maximal können 1 024 Stationen an den max. 205 m langen Bus angeschlossen werden. Dabei dürfen die Stationen bis zu 100 m vom Hub entfernt, zwei Hubs wiederum dürfen 5 m auseinander sein. Die Pakete dürfen max. 1 500 Byte groß sein.

Fast Packet Services

1. Allgemeine Bezeichnung für schnelle paket- oder zellorientierte Vermittlungsverfahren in öffentlichen Netzen wie → *Frame Relay*, → *ATM*, → *Cell-Relay*.
2. Ursprünglich die Bezeichnung eines paketvermittelnden Verfahrens aus dem Hause der Bell Labs, das 1983 vorgestellt wurde und sich zu → *Frame Relay* weiterentwikkelte.

Fast SCSI

→ *SCSI*.

FAT

1. Abk. für File Allocation Table.
   Bezeichnung des Inhaltsverzeichnisses einer Speichereinheit (→ *Diskette*, → *Festplatte*, Partition). Enthält die Zuordnung des Namens einer Datei zu ihrer physikalischen Adresse auf dieser Speichereinheit (Zylinder-, Block-, Spurnummer).
2. Abk. für Flexible Access Termination.

FAU

Abk. für Fixed Access Unit.

Bezeichnung für die Anschalteeinheit eines normalen Telefons beim Teilnehmer, der allerdings von der FAU zur → *Teilnehmervermittlung* über ein Funksystem (→ *WLL*) verbunden ist.

Fax

Kunstwort, Abk. für Telefax, Fernkopierverfahren.

Abgeleitet von Faksimile, der Bezeichnung für die originalgetreue Reproduktion einer Vorlage. Vom Prinzip her ein Kopierer, bei dem Einzug und Auswurfschacht an zwei verschiedenen und weit voneinander entfernten Orten stehen und über eine Telefonleitung miteinander verbunden sind.

Das eingezogene Bild wird gescannt, einer Quellcodierung zur Datenreduktion und einer Kanalcodierung zur Fehlerkorrektur unterworfen und dann über die Telefonleitung übertragen. Beim Empfänger erfolgt die Reproduktion der grafischen Vorlage auf Papier und die Ausgabe.

Durch die technische Entwicklung entstanden mehrere Standards, die als Gruppen definiert werden. Je höher die Gruppe, desto besser sind die Codierverfahren und desto kürzer ist die Übertragungsdauer:

- Gruppe 1 überträgt dabei mit Frequenzmodulation (Mittenfrequenz: 1 700 Hz, Weiß: 2 100 Hz, Schwarz: 1 300 Hz, Graustufen dazwischen).
- Gruppe 2 überträgt durch eine duobinäre Kodierung mit Amplituden- und Phasenmodulation in der Hälfte der Zeit. Gruppe 2 ist inkompatibel zu Gruppe 1.
- Gruppe-3-Faxe sind der heutige Standard und seit Februar 1982 zugelassen. Sie übertragen digital moduliert.
- Gruppe-4-Faxe (Standard seit 1984) werden im → *ISDN* eingesetzt, können aber auch mit Gruppe-3-Geräten dann mit den Gruppe-3-Protokollen kommunizieren. Gruppe-4-Faxe gelten als schnell, teuer und selten.

Von Bedeutung sind heute lediglich noch Gruppe-3- und, sehr langsam zunehmend, auch Gruppe-4-Faxe.

Gruppe 1 ist in Europa und Nordamerika verschieden standardisiert worden (in USA von TR 29 der → *EIA*). Die Gruppen 2 bis 4 sind international einheitlich, z.B. Gruppe 3 in T.4.

Die Übertragungsdauer hängt neben dem benutzten Standard von der zu übertragenden Vorlage ab. Faustregel: je schwärzer und unregelmäßiger die Vorlage, um so mehr Daten müssen übertragen werden. Kleingeschriebene Texte (sehr unregelmäßiges Muster) dauern am längsten, großzügige Handskizzen mit wenigen Strichen am kürzesten.

Ungefähre Regel für die Übertragungsdauer einer DIN-A4-Seite ist, daß Gruppe-1-Faxe in 6 Minuten, Gruppe-2-Faxe in 3 Minuten und Gruppe-3-Faxe (Gruppe 2 nutzt eindimensionale modifizierte → *Huffmann*-Codierung oder den zweidimensionalen modifizierten → *READ*-Code als Quellcodierung) in unter 1 Minute übertragen werden.

Ziel für Gruppe 4 ist eine Übertragung in unter 9 Sekunden, u.a. durch → *MMR*-Codierung (Modified Modified Read).

Für die Übertragung von Gruppe-3-Faxen werden die Standards → *V.27ter*, → *V.17* und → *V.29* genutzt, von denen der letztere meistens verwendet wird.

Gruppe	1	2	3	4
Bildpunkte/Zeile	1728	1728	1728	2592
Zeilen/mm	3,85	3,85	3,75	12/7,7
Übertragungszeit	6 Min.	3 Min.	30 Sek.	9 Sek.
Modulation	FSK/RSB	4-PSK	-	8-PSK
Grautonfähig?	Ja	Ja	Nein	Nein
Verarbeitung	Analog	Analog	Digital	Digital

Anmerkung: 3,85 Zeilen/mm entsprechen 98 dpi.

Der Fax-Dienst ist in der Empfehlung der → *ITU* F.180. Der Verbindungsauf- und -abbau von Gruppe 3 ist in T.30 und das Datenformat, die Kompressionstechniken etc. in T.4 definiert.

Neben der normalen, gezielten Übertragung von Faxen gibt es auch → *Fax-Polling* und → *Fax-on-Demand* im Rahmen von → *Telemarketing*. Derartige Dienste werden von zahlreichen Unternehmen als Mehrwertdienst (→ *VAS*) angeboten.

Das erste Patent für eine Übertragung graphischer Vorlagen mittels Telegraphie wurde 1843 dem schottischen Psychologen Alexander Bain erteilt. Der Sender schrieb seine Nachricht auf elektrostatisches Papier, das er um eine Rolle wickelte, über die sich ein Pendel quer zur Rollbewegungsrichtung hinwegbewegte. Die Spitze war derart justiert, daß sie dort, wo die Oberfläche der Rolle über erhabene Schrift verfügte, einen elektrischen Kreis schloß und dieses kurze Signal über einen Draht zum Empfänger übertrug, wo ein synchrones Pendel den Prozeß umkehrte und die Schrift Punkt für Punkt auf eine zweite Rolle mit photosensitivem Material schrieb. Die praktische Anwendung dieses Prinzips gelang Frederick Blakewell 1851 auf der Weltaustellung. 1856 entwickelte der italienische Herausgeber einer naturwissenschaftlichen Fachzeitschrift, Giovanni Caselli, den 'Pantelegraph' zur Übertragung graphischer Vorgaben. Von 1865 bis 1870 verband er mit einem ersten kommerziellen Faxdienst auf dieser Basis große französische Städte, nachdem Napoleon III. ihn bereits 1860 besucht und das Gerät für gut befunden hatte. Bestrebungen, entsprechende Dienste in GB und China zu etablieren, scheiterten jedoch. Die gesamte Technologie zerbrach auch daran, daß die Betreibergesellschaft nicht genug unternahm, um das System erfolgreich neben der aufkommenden herkömmlichen Morsetelegraphie zu etablieren.

Weitere Innovationen folgten 1902, als der deutsche Arthur Korn die photoelektrische Abtastung graphischer Vorlagen (Photos) entwickelte. Ab 1910 wandten insbesondere Zeitungen dieses Verfahren an und 1922 wurden per Funk erste Bilder zwischen Europa und Nordamerika übertragen. Es dauerte bis in die 60er Jahre, ehe diese Technik nicht nur in der Zeitungsbranche, sondern auch in anderen Branchen angewendet wurde und die Elektronikindustrie den Markt entdeckte. Die ersten Vor-Standards im Jahre 1968 definierten für Gruppe 1 Übertragungszeiten von 20 Min. als Ziel. Um 1970 gab es in Nordamerika ca. 50 000 Faxgeräte. 1980 war das Ziel das Unterbieten von 1 Minute für eine DIN-A4-Seite. Faxdienst wurde am 1. Januar 1979 in Deutschland mit Gruppe 1 eingeführt. Erst 1980 wurde der Standard für Gruppe-1-Faxe endgültig verabschiedet.

Der Erfolg der Faxgeräte seit Beginn der 80er Jahre leitet sich von folgenden Faktoren ab:

- Einfache Bedienung,
- Zahlreiche, den Komfort weiter steigernde → *Leistungsmerkmale* von Faxgeräten,
- Geringen Kommunikationskosten,
- Im Laufe der Zeit geringen Anschaffungskosten für Geräte,
- Weltweiter Kompatibilität durch Standards (Gruppe 3),
- Schnelle Diffusion und dadurch große Verbreitung.

In Deutschland waren 1995 ca. 5 Mio. Faxgeräte, Kombigeräte und Faxkarten installiert. Seit 1994 setzte sich, nicht zuletzt dank Fax-Software für PCs, das Fax auch im privaten Sektor immer weiter durch. Es wird erwartet, daß im Jahre 2000 ca. 17 Mio. Faxgeräte installiert sein werden.

Experten sind unterschiedlicher Meinung, wie lange das Fax noch angesichts von → *Online Services* und → *e-mail* existieren wird.

Nach Wegfall monopolartiger Vorschriften der Bundespost, Anfang der 90er Jahre, bzw. deren Umwandlung in freiwillig einzuhaltende Richtlinien existiert in Deutschland → *DTS*.

Fax-Back

Andere Bezeichnung für → *Fax-on-Demand*.

Fax-on-Demand

Auch Fax-Back, Call-and-Fax-Back oder Faxabruf genannt. Bezeichnung für eine Anwendung der → *Fax*-Technik als Werkzeug des → *Tele-Marketing* zum Abruf von vorbereiteten Dokumenten/Informationen.

Dabei ruft jemand das Fax-on-Demand-Gerät an, das mit einer Spracherkennung ausgerüstet ist. Der Anrufer kann aus den im Faxgerät gespeicherten Dokumenten gezielt welche auswählen (z.B. durch → *Tonwahlverfahren*) und nennt die Nummer seines eigenen Faxgerätes bzw. gibt diese per Tastatur ein. Nach seinem Auflegen werden ihm die gewünschten Dokumente auf sein Faxgerät übertragen, d.h. es erfolgt (im Gegensatz zum → *Fax-Polling*) eine zweite Verbindung.

Fax-Polling

Bezeichnung für eine Anwendung der → *Fax-Technik* als Werkzeug des → *Tele-Marketing* zum Abruf von vorbereiteten Dokumenten oder Informationen.

Dabei ruft ein Faxgerät das Fax-Polling-Gerät an, welches das gewünschte Dokument vorrätig hält. Das angerufene Gerät überträgt die entsprechenden Daten während dieser Verbindung (im Gegensatz zu → *Fax-on-Demand*, wo ein Rückruf erfolgt) auf das Anruferfax. Das Anruferfax ist dafür auf die Betriebsart Polling (ungeschütztes Empfangen) einzustellen.

Fax-Weiche

In Telefon-Fax-Geräten eine Funktion, die anhand des → *CNG*-Signals erkennt, ob der ankommende Verbindungswunsch zu einem Telefonat (Sprachübertragung) oder einer Faxverbindung gehört und das Endgerät entsprechend anschaltet.

FBAS

Abk. für Farbbild-Austast-Synchron (Signal).

Bezeichnung für ein Signal zu Beginn der zu einer Bildzeile gehörigen Daten im Datenstrom der Fernsehstandards → *PAL*, → *NTSC* und → *Secam*.

FC

1. Abk. für → *Fibre Channel.*
2. Abk. für Functional Control.
3. Abk. für Functional Component.

FCAPS

Abk. für Fault-, Configuration-, Account-, Performance- and Security-Management.

Kurzbezeichnung für alle Netzmanagementaufgaben und das entsprechende Funktionsmodell von → *CMIP*.

FCC

Abk. für Federal Communications Commission.

In den USA die wichtigste regulative Behörde auf dem Gebiet der Telekommunikation, die z.B. das Frequenzspektrum verwaltet und zuteilt, sowohl auf lokaler, regionaler als auch auf nationaler Ebene. Bestandteil der FCC ist u.a. auch das → *OST*.

Gegründet 1934 als Folge des Communications Act aus dem gleichen Jahr. Vorgänger der FCC war die Federal Radio Commission (FRC).

FCFS

Abk. für First Come - First Serve.

→ *FIFO*.

FCS

1. Abk. für Frame Check Sequence.
   Bezeichnet ein Bitfeld zur Datensicherung von Nutzdaten bei bitorientierten Sicherungsprotokollen. Der Umfang der durch die FCS gesicherten Daten ist von Protokoll zu Protokoll unterschiedlich: mal sind nur die Nutzdaten gesichert, mal auch Teile des Headers (wie z.B. bei den IEEE-Protokollen der 802-Serie, → *IEEE 802*).
   → *FEC*.
2. Abk. für Fiber Channel Standard.
   → *Fibre Channel.*
3. Abk. für Fast Circuit Switching.

FDCT

Abk. für Forward Discrete Cosine Transformation.

FDD

Abk. für Frequency Division Duplex.

Bezeichnet eine Technik zur Realisierung von Duplexkanälen in Funksystemen, indem Hin- und Rückkanal auf zwei verschiedenen Frequenzen (→ *Uplink*, → *Downlink*) realisiert werden. Eingesetzt z.B. bei → *GSM* und anderen → *zellularen Systemen*.

→ *TDD*.

FDDI

Abk. für Fiber Distributed Data Interface.

Oft auch FDDI I genannt. Schneller verbindungsloser Netzwerkstandard, der einzige genormte 100-Mbit/s-Standard.

FDDI deckt die Schichten 1 und 2 des → *OSI-Referenzmodells* ab und wird meistens als schnelles → *Backbone* zur Verbindung mehrerer herkömmlicher, lokaler, kupferaderbasierter Netze im → *MAN*-Bereich eingesetzt. Ein Einsatz als Hochleistungs-LAN (z.B. für → *Workstations*) ist ebenfalls denkbar. FDDI basiert ursprünglich auf Glasfaser als Übertragungsmedium und aus Sicherheitsgründen einer Doppelringtopologie (je zwei Fasern) mit maximal 500 angeschlossenen Stationen, die maximal 2 km entfernt sein dürfen (Glasfaser). Die maximal zulässige Ringlänge liegt bei 200 km (Doppelring also 100 km). FDDI nutzt Laser und, aus Kostengründen, vor allem LEDs mit einer Wellenlänge von 1 300 nm.

Wenn Glasfaser als Medium verwendet wird, kommen bei derart niedrigen Datenraten aus Kostengründen üblicherweise → *Multimode-Glasfasern* zum Einsatz. Die PMD-Schicht besteht dann aus einem LCF-PMD (Low-Cost-PMD). Sollten doch Monomode-Fasern zur Überbrückung großer Entfernungen zwischen einzelnen Stationen eingesetzt werden, kommt ein SMF-PMD (Single-Mode-Fibre-PMD) zum Einsatz.

Neben diesen PMD existiert auch noch eine auf

→ *SONET* basierende PMD-Komponente (SPM-PMD, Sonet Physical Layer Mapping PMD).
Seit 1991 ist neben der Glasfaser auch → *UTP* als Medium möglich, insbesondere um nur kurze Entfernungen zwischen angeschlossenen Stationen kostengünstig überbrücken zu können.
Die Norm des Green-Books TP-PMD (Twisted Pair - Physical Layer Medium Dependent) der ANSI definiert UTP-Kabel der Kategorie 5 (100 Ohm) oder STP-Kabel (150 Ohm), die ungefähr nur 1/3 von Glasfaserkabeln kosten (genannt Shielded Distributed Data Interface, SDDI, 'FDDI over Copper'). Stationen dürfen dann maximal 100 m vom Ring entfernt sein. Es entfällt unter diesen Bedingungen die Doppelringtopologie zugunsten einer Sternkonfiguration. Die Codierung auf dem Medium ist eine → *NRZI*.
Der Mediumzugriff auf der MAC-Teilschicht erfolgt nach dem Token-Prinzip, da der gesamte Standard auf → *IEEE 802.5* aufbaut. Der Token wird aber, im Gegensatz zu IEEE 802.5, vom LAN entfernt, und nicht in ein belegtes umgewandelt. Außerdem erfolgt die Token-Weitergabe mittels des Append-Token-Prinzips (→ *Token*).
Man unterscheidet zwei Typen angeschlossener Stationen (mittels → *Bypass-Switch*):

- Dual-Attachement-Stationen (DAS) mit vier Anschlüssen je Leitung des Doppelrings.
- Single Attachement-Stationen (SAS) mit Anschluß an nur einen der zwei Ringe bzw. mit Anschluß an einen Konzentrator. Eine SAS kostet ca. nur 2/3 einer DAS.

Neben diesen Stationen unterscheidet man, wie bei diesen, auch noch zwei verschiedene Konzentratoren. An diese Konzentratoren können im Gegensatz zu DAS und SAS weitere Stationen bzw. auch Konzentratoren angeschlossen werden, wodurch an einem Standort mehrere Stationen unter Beibehaltung der Ringtopologie angeschlossen werden können:

- Dual Attached Concentrator (DAC), der in den FDDI-Ring eingefügt werden kann und an den weitere Konzentratoren oder SAS angeschlossen werden können,
- Single Attached Concentrator (SAC), der über einen DAC an den FDDI-Ring angeschlossen werden kann und an den weitere SAS angeschlossen werden können.

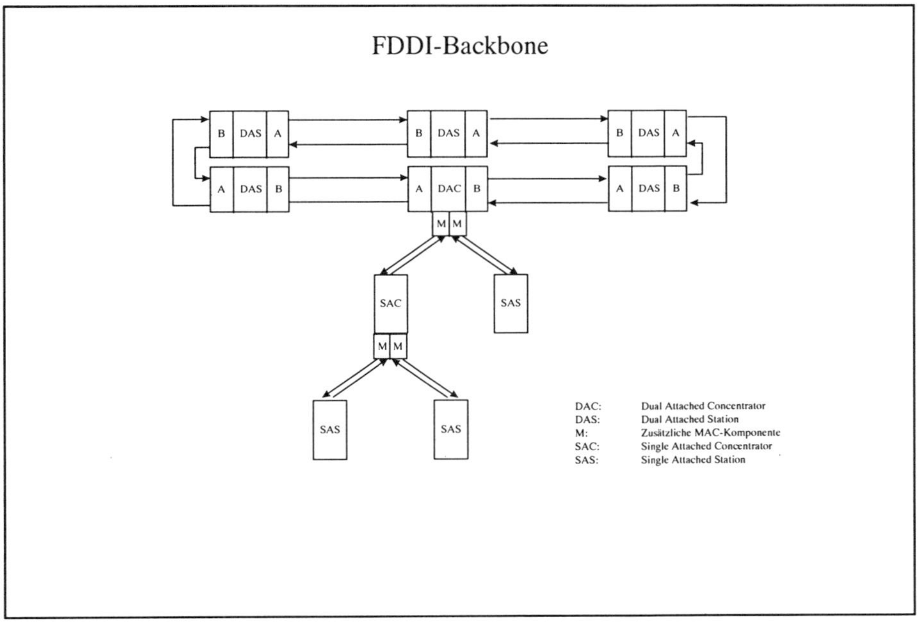

Stationen und Konzentratoren können beliebig kombiniert werden, solange die Struktur der zwei gegenläufigen Ringe beibehalten wird.
Auf diese Weise ist es möglich, die Topologie an viele Gegebenheiten und Ausfallerfordernisse anzupassen. Hierbei muß jedoch beachtet werden, daß im Störfall bei automatischer Umweglenkung über den zweiten Ring die maximale Ringlänge nicht überschritten wird.
Die Durchschnittskosten je angeschlossener Station (inkl. Konzentrator und Adapter) lagen vor einigen Jahren (1995) noch bei rund 2 000 DM, ha-

ben sich aber mittlerweile halbiert. Damit ist FDDI immer noch teurer, aber auch wesentlich schneller als bekannte 10- oder 16-Mbit/s-Technologien.
Zu den Vorteilen von FDDI zählen folgende Aspekte:

- Übliche Vorteile des Token-Prinzips,
- Hohe Ausfallsicherheit durch Doppelring und Dezentralität,
- Sehr Fehlertolerant dank zahlreicher eingebauter Fehlererkennungs- und Behebungsmechanismen.

FDDI ist logisch in vier Komponenten geteilt:

- PMD-Layer (Physical Medium Dependent)
- PHY-Layer (Physical Layer Protocol)
- MAC-Layer (Media Access Control)
- SMT-Layer (Station Management)

Da FDDI größere Paketgrößen (bis zu 4 500 Byte) erlaubt als z.B. → *Ethernet* oder Token-Ring, müssen die Pakete zwischen diesen Netzen zerteilt oder wieder zusammengesetzt werden.
Der MAC-Layer nimmt Pakete bis zu 9 000 Byte entgegen und zerteilt sie in Pakete bis max. 4 500 Byte (inkl. Header), die er an den PHY-Layer weitergibt. Auf der anderen Seite kommuniziert der MAC-Layer mit höheren Protokollen wie z.B. → *TCP/IP*, → *DECnet*, → *SNA* und → *Appletalk*.
Ferner sorgt der MAC-Layer dafür, daß empfangene Daten auf der Sendeseite wieder auf das Netz gehen. Ergibt die Überprüfung der Adresse, daß die Daten für die Station bestimmt sind, werden die Daten in den eigenen Speicher kopiert und als empfangen gekennzeichnet weitergesendet. Jede sendende Station hat ferner dafür Sorge zu tragen, daß sie empfangene Daten vom Netz entfernt.
Der PHY-Layer sorgt für das Coding und Encoding der Pakete in den Datenstrom auf dem Medium und für die Taktsynchronisation der Daten auf dem Medium.
Der PMD-Layer ist für die Übertragung auf dem Medium zwischen den einzelnen Stationen zuständig. Für verschiedene Medien wurden daher verschiedene PMDs definiert.
SMT ist ein Protokoll, das parallel zu den anderen hierarchisch geordneten Protokollen für Dinge wie Nachbar-Identifikation (Ring-Initialisierung), Fehlererkennung und Rekonfiguration des Ringes im Fehlerfall sorgt.
Es existieren dafür drei Grundfunktionen:

- Vorschriften zum Austausch von Management-Informationen zwischen angeschlossenen Stationen über den Ring,
- Vorschriften über das Connection Management (CMT), das die Verbindungen auf der physikalischen Ebene (PHY) überwacht,
- Vorschriften über die Ring-Steuerung durch die MAC-Komponenten.

FDDI muß sich im LAN- und MAN-Bereich gegen → *ATM* behaupten. Es gilt aber als zuverlässig, erprobt, stabil und ideal für LAN-Kopplungen

FDDI-Fehlertoleranz

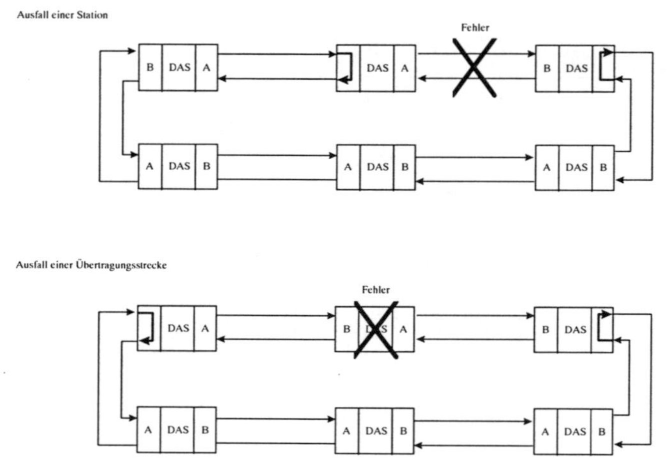

im MAN-Bereich. Dort hält FDDI knapp 50 % Marktanteile.

Erst ab 1997 ist mit schrumpfendem Anteil zu rechnen, da ATM- → *100VG-AnyLAN* und auch → *Fast-Ethernet*-Produkte laufend billiger werden, die Preise für FDDI-Geräte aber nicht so schnell sinken.

Eine ergänzende Norm für zeitkritische Anwendungen ist → *FDDI-II*. Als Nachfolgenorm insgesamt ist → *FFOL* im Gespräch.

In der Entwicklung war FDDI seit 1980 und diente ursprünglich als Kopplung von → *Supercomputern*. Dann wurde es kommerziell 1982 vorgestellt und von der → *ANSI* 1987 als X3T9.5 genormt. Seither ist es weit verbreitet für Backbones als Campusnetz oder MAN.

FDDI-I

Andere Bezeichnung für → *FDDI*.

FDDI-II

Abk. für Fiber Distributed Data Interface No. 2.

Andere Bezeichnung auch: Hybrid Ring Control (HRC). FDDI-II ist eine ergänzende Norm zu → *FDDI*, wodurch FDDI als ein Mehrdienstenetz genutzt werden kann.

Es ist zusätzlich mit einer isochronen → *MAC*-Komponente ausgestattet. Das Problem des Tokenprinzips, welches zeitkritische Datenvermittlung verhinderte, wird dabei durch die Weiterleitung von zeitlich festen Rahmen (Cycles) und Prioritäten, was zu einer Art festen Kanalstruktur führt, umgangen.

Dadurch kann bei Bedarf Bandbreite gezielt einzelnen Stationen, z.B. für zeitkritische Echtzeitanwendungen, zugewiesen werden. Herkömmliche, paketorientierte Übertragung, wie bei FDDI, ist aber auch möglich.

FDDI-II ist seit 1986 in der Diskussion. Es kann zusätzlich zum herkömmlichen FDDI noch synchrone, leitungsvermittelte → *PCM*-Daten für Sprache oder komprimierte Video-Daten verarbeiten (z.B. zur Kopplung von → *PBX* oder → *CBX*).

Es gibt Zweifel, ob dieser Standard je Erfolg haben wird angesichts des starken Drucks der Industrie, sich auf → *ATM* zu konzentrieren und anderer, breitbandiger Konkurrenzstandards aus dem LAN-Bereich. Es wird allgemein angenommen, daß FDDI-II trotz einer großen installierten FDDI-Basis im Backbone-Bereich zu spät und mit zu geringer Leistung kommt.

FDI

Abk. für Feeder Distribution Interface.

Internationale Bezeichnung für → *Kabelverzweiger*.

FDMA

Abk. von Frequency Division Multiple Access.

Abgekürzt mit FDMA. Zugriffsverfahren auf einen Kanal, bei dem die insgesamt einem technischen System zur Datenübertragung zur Verfügung stehende Bandbreite in verschiedene einzelne Frequenzbänder unterteilt wird.

Die einzelnen Frequenzbänder werden durch ein kleines und nicht genutztes Schutzband (Guard Band) zur Vermeidung von Interferenzen zwischen den einzelnen Frequenzbändern (Kanälen) voneinander getrennt.

Einer sendenden Station wird dann nicht die gesamte zur Verfügung stehende Bandbreite, sondern eben nur ein einzelnes Frequenzband zur Verfügung gestellt.

Dadurch ist es möglich, daß das gesamte zur Verfügung stehende Frequenzspektrum gleichzeitig in jeweils klar definierten, sich nicht überschneidenden Frequenzbereichen (Bändern) von verschiedenen Stationen zur Datenübertragung genutzt wird, wodurch die gesamte Kapazität des Systems, im Vergleich zur Nutzung durch nur eine Station, erheblich ansteigt.

Die Einteilung des Frequenzspektrums in Bänder wird erreicht, indem man unterschiedliche Trägerfrequenzen mit den jeweils zu übertragenden Nachrichten moduliert. Nach einer Frequenzumsetzung erfolgt die Übertragung über ein gemeinsames Medium (z.B. Funkkanal).

Die Trennung der Signale im Empfänger, der zunächst alle Frequenzbänder zusammen empfängt, erfolgt durch relativ steilflankige Filter. Sie erlauben ein gezieltes Herausfiltern eines gewünschten Frequenzbandes aus der Menge aller möglichen Bänder.

Typische Anwendung von FDMA-Systemen zur analogen Datenübertragung sind Koaxialkabel, Mikrowellenverbindungen und andere funkgestützte Systeme.

FDMA wird auch mit anderen Multiplexmethoden zur weiteren Optimierung der Ressourcenausnutzung kombiniert, z.B. mit TDMA im → *GSM*-System.

Die analogen deutschen Mobilfunknetze A, B und C realisieren den Kanalzugriff der Mobilstation auf den Funkkanal mit FDMA.

→ *TDMA*, → *SDMA*, → *CDMA*.

FDSE

Abk. für Full Duplex Switched Ethernet.

Bezeichnung für eine Weiterentwicklung von Switched Ethernet (→ *Switch*, → *Ethernet*).

Die → *IEEE* arbeitet an einem Standard (aktuell 802.3x genannt) für 10 und 100 Mbit/s, der Duplexverbindungen auf Basis des geswitchten Ethernets bereitstellen wird.

FDX

Abk. für Full Duplex.

→ *Duplex.*

F & E

Abk. für Forschung und Entwicklung.

→ *R&D.*

Fe

1. Abk. für → *Fernsprechen.*

   Das Kürzel wird oft in Verbindung mit anderen Worten benutzt, z.B. Fe-Netz oder Fe-Apparat.
2. Abk. für Functional Entity.

   Bezeichnung für Funktionseinheiten im → *IN.*

FeA, FEA

1. Abk. für Fernsprechauskunft.

   Heute nicht mehr übliche deutsche Bezeichnung für den telefonischen Auskunftsdienst.
2. Abk. für Functional Entity Action.

   → *IN.*

FeAp

Abk. für Fernsprechapparat.

Andere von der Deutschen Telekom vor 1990 geprägte und heute nur noch selten gebrauchte Bezeichnung für das → *Telefon.*

→ *Fernsprechen.*

FEBE

Abk. für Far End Block Error.

FEC

Abk. für Forward Error Correction.

Bezeichnet eine Maßnahme zur Fehlererkennung und -korrektur in Systemen zur digitalen Datenübertragung. Gehört zur Kanalcodierung.

Durch gezieltes Hinzufügen von Redundanz (bis zu 50 % der Nutzdatenlänge) wird ein Datenpaket (einige zig Bits) mit einer Frame Check Sequence (FCS) geschützt, die aus den zu schützenden Datenbits mathematisch bestimmt werden kann (mittels Boolescher Algebra). Der Empfänger kann anhand dieser Kontrollsequenz und der empfangenen Datenbits innerhalb der Datenbits eine bestimmte Anzahl von Fehlern erkennen und auch korrigieren.

Gegenüber → *ARQ*-Protokollen entfällt das Anfordern fehlerhafter Daten, was trotz des Overheads durch die FCS zu effektiverer Datenübertragung führt. Eine Verbindung in Gegenrichtung entfällt komplett.

FECN

Abk. für Forward Explicit Congestion Notification.

Bezeichnung für bei → *Frame Relay*- und → *ATM*-Netzen übliche Verfahren zur Überlastkontrolle. Ein Netzknoten teilt dabei dem Empfänger (nicht dem Sender, wie bei → *BECN*) mit, daß es aktuell zu Überlast im Netz kommt. Dieser kann dann an den Sender der ersten Daten eine Nachricht schicken und ihn dazu veranlassen, seine Datenrate herunterzufahren, wenn er nicht Datenverlust riskieren möchte.

Üblicherweise wird der Mechanismus durch das Setzen eines einzelnen Bits im → *Header* aktiviert.

Fehlerbüschel

→ *Burst.*

Fehlerhäufigkeit

→ *BER.*

Fensterprotokolle

Bezeichnung für Datenübertragungsprotokolle, bei denen die Bestätigung korrekt übertragener Datenblöcke durch Quittungen vom Empfänger an den Sender erfolgt. Damit aber nicht nach jedem einzelnen Block dieser erst geprüft und quittiert werden muß, existiert eine Anzahl, bis zu der der Sender Pakete übertragen darf, ohne zunächst auf die korrekte Quittierung zu warten. Der Empfänger quittiert diese dann en bloc. Die Zahl der so erlaubten zu übertragenden Blöcke wird als Fenster (Fenstergröße) bezeichnet.

Typischer Vertreter derartiger Protokolle ist → *HDLC.*

FEP

Abk. für Front End Processor.

→ *Front End.*

FERF

Abk. für Far End Receive Failure.

Fernabfrage

→ *Leistungsmerkmal* von Anrufbeantwortern, die sich über das Telefonnetz fernsteuern, u.a. aber auch abhören lassen.

Dabei werden die Tonsignale von → *MFV*-fähigen Telefonen oder entsprechende Töne zigarettenschachtelgroßer, portabler Tongeneratoren vom angerufenen Anrufbeantworter ausgewertet.

Die Tongeneratoren sind frei käuflich und werden vor die Sprechmuschel des Hörers gehalten.

→ *Toll-Saver.*

Ferngruppenwähler

Bei elektromechanischen Vermittlungsstellen mit → *EMD*-Wählern die Bezeichnung für eine bestimmte Wählerstufe im absteigenden Bereich des Kennzahlwegs.

Fernkopieren

→ *Fax*.

Fernmeldeanlagengesetz

Verabschiedet am 14. Januar 1928, Neufassung vom 3. Juli 1989 als Folge von Art. 5 des → *Poststrukturgesetzes*.

Es regelt die Zuständigkeit von Bund und Ländern sowie Behörden im Bereich der Telekommunikation in Deutschland. Seit der → *Deregulierung* in den 80er Jahren sind Betriebs- und Hoheitsaufgaben getrennt. Hoheitsaufgaben nimmt das → *BMPT* wahr, Betriebsaufgaben die Deutsche Telekom und in Zukunft auch weitere Anbieter.

Fernmeldeordnung

→ *FO*.

Fernnebensprechen

→ *FEXT*.

Fernnetz

Das Telekommunikationsnetz, über welches die Verbindungen beim Wählen von Ortsnetzkennzahlen hergestellt werden.

Im Falle von digitalen Netzen mit reiner Transportfunktion (→ *SDH*, → *Sonet*) wird auch von → *Backbone* gesprochen.

Das Fernnetz der Deutschen Telekom bestand lange Zeit in Deutschland aus drei hierarchischen Ebenen (→ *Knotenvermittlung*, → *Hauptvermittlung*, → *Zentralvermittlung*). Die höchste Ebene ist voll vermascht, wohingegen das bei den unteren Ebenen nicht immer der Fall ist. Ferner gibt es → *Querwege*. Der Übergang von analogen zu digitalen Vermittlungen vollzieht sich kontinuierlich. Ebenso soll das komplette → *Festnetz* langfristig aus nur noch zwei Ebenen aufgebaut sein.

Das Fernnetz der Deutschen Telekom in Deutschland versorgt ca. 35 Mio. Teilnehmer mit rund 8 000 Ortsvermittlungsstellen und 600 Fernvermittlungen.

→ *Ortsnetz*, → *Letztweg*.

Fernschreiben, Fernschreiber

Andere Bezeichnung für → *Telex*.

Fernsprechen, Fernsprechdienst

Deutsche Bezeichnung für Telefonie.

Das Begriffspaar Fernsprechen und Fernsprecher wurde eingeführt durch den Generalpostmeister und Freund der deutschen Sprache Heinrich von Stephan (* 1831, † 1897), der Ende der 70er Jahre des 19. Jahrhunderts die ersten → *Telefone* in Deutschland testete und keine Fremdwörter duldete. Erst 1980 wurde der Begriff durch die damalige Bundespost wieder offiziell abgeschafft.

Fernwirken

Auch → *Temex* (Telemetry Exchange) genannt. Oberbegriff für Fernüberwachen und Fernsteuern technischer Anlagen (Heizungen, Lüftungen, Klimaanlagen, Feuermelder, Videoüberwachung, Alarmanlagen, Pumpstationen etc.) über das öffentliche Telekommunikationsnetz.

Ferritantenne

Bezeichnung einer in ihrer Bauform sehr kleinen Antenne für den Mittel- und Langwellenbereich. Wegen ihrer Bauform ist sie gut für den Einbau in kleine kompakte Radios geeignet. Ein Ferritkern in Stabform ist dabei mit einer Spule des Abstimmkreises oder einer Koppelspule umwickelt.

Sie besitzt eine Richtwirkung, so daß durch Drehen des Radios der Empfang verbessert werden kann.

Ferritkernspeicher

Andere Bezeichnung für → *Magnetkernspeicher*.

Festadertechnik

Begriff aus der → *Glasfasertechnik*. Gegenteil der → *Hohladertechnik*. Bezeichnet eine spezielle Bauart von Glasfaserkabeln.

Dabei werden Glasfasern fest in eine Aderhülle aus Kunststoff mit gleichem Innendurchmesser wie der Außendurchmesser der Glasfaser eingelegt.

Zu den Vorteilen zählen:

- Sehr kompakte Bauart,
- Leichte Konstruktion,
- Flexibles und druckbeständiges Kabel.

Zu den Nachteilen gehören:

- Schlecht einzusetzen bei Kabeln unter Zug- und Temperaturbeanspruchung.

Festnetz

Bezeichnung des landgestützten Telefon- und/oder Datennetzes ohne eine Unterstützung der → *persönlichen Mobilität* oder von → *Terminalmobilität* von angeschlossenen Teilnehmern (wie beim → *Mobilfunk*).

Teile des Netzes können darüber hinaus durchaus durch funkgestützte Systeme realisiert sein (→ *Richtfunk*). Ebenso kann → *lokale Mobilität*, z.B. durch Schnurlostelefone (→ CT) oder drahtlose Zugangssysteme (→ *WLL*), unterstützt werden.

Ferner gibt es Systeme, die auch persönliche Mobilität in Festnetzen ermöglichen (→ *UPT*).

Üblicherweise unterscheidet man beim Festnetz zwischen den Elementen:

- Fernnetz (→ *Backbone*),
- Ortsnetz,
- → *Zugangsnetz* (auch genannt: Local Loop, Last Mile).

Das erste Festnetz im weitesten Sinne geht auf Napoleon I. zurück, der den optischen, von Claude Chappe um 1790 erfundenen, Semaphor-Telegrafen einführte, bei dem in Sichtabstand Telegrafen über Signalmasten mit Hebeln Signale von einem zum nächsten Posten weitergaben und so Nachrichten übermittelten. Dieses System war über 50 Jahre in Betrieb, bevor es durch elektrische Telegrafenleitungen ersetzt wurde.

nicht berührt, was anderenfalls zu Beschädigungen führen könnte.
Auf der Magnetschicht wird als einfacher mechanischer Schutz eine dünne keramische Schicht (Coating) angebracht. Zusätzlich ist diese Schicht mit einem dünnen Gleitfilm versehen, um leichte Berührungen von Schreib-/Lesekopf und Plattenoberfläche abfangen zu können (→ *Headcrash*).
Mehrere derartige Platten können, zur Erhöhung der Speicherkapazität, übereinander auf einer Achse montiert, zu einem Plattenstapel zusammengefaßt werden.
Die Speicherkapazität einer Festplatte oder eines ähnlichen Datenträgers wird in Vielfachen von → *Byte* (nicht Bit) gemessen.

Grundlegende Festnetzstruktur

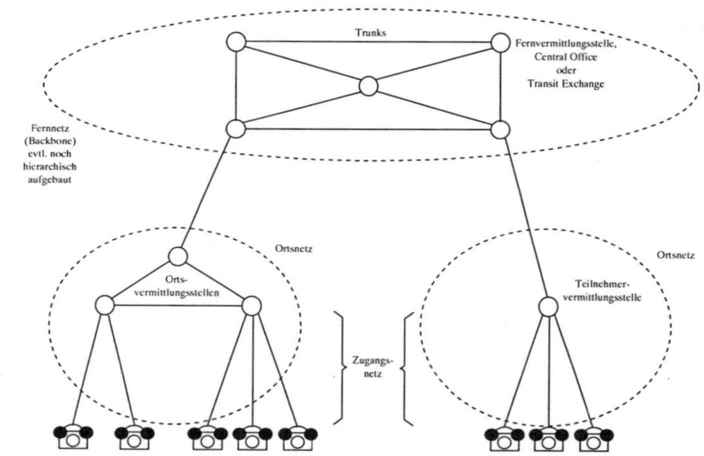

Festplatte

Bezeichnung eines externen Speichers in Rechensystemen. Auch Magnetplattenspeicher, Winchesterplatte, Platte oder Harddisk genannt.
Dabei ist magnetisches Material (z.B. Gamma-Eisenoxid) als Speichermedium auf eine Platte (Aluminium, Format früher 5,25", heute eher 3,5") aufgebracht. Die Platte rotiert mit konstanter Geschwindigkeit (ab 1 000 U/min, moderne Festplatte mit 4 500 U/min, Spitzenfabrikate bis zu 7 200 U/min und höher).
Durch die Rotation wird ein Luftstrom erzeugt, der dafür sorgt, daß sich die Schreib-/Leseköpfe leicht von der Plattenoberfläche abheben und sie

Die einzelnen Platten sind in konzentrische Spuren eingeteilt. Die Spuren eines aus mehreren, übereinander angeordneten Platten bestehenden Stapels bilden Zylinder. Jede Spur ist in Abschnitte unterteilt, die mit Sektoren (zu je 512 Byte) bezeichnet werden.
Die Daten werden mit einem beweglichen Schreib-/Lesekopf gelesen oder geschrieben, der sich in einer Entfernung von ca. 1 μm oder auch nur 0,5 μm von der magnetischen Plattenoberfläche befindet (auch Flughöhe genannt).
Beim Abschalten einer Festplatte fährt der Schreib-/Lesekopf automatisch in eine Ruheposition (auch Parkposition genannt) und wird dort festgestellt.

Fest in Geräte montierte Platten, bei denen ein Wechseln nur komplett, zusammen mit den Köpfen möglich ist, werden auch als Winchesterplatten bezeichnet. Platten, die ohne Köpfe getauscht werden können, heißen Wechselplatten.

Dich wichtigsten Parameter zur Kennzeichnung von Festplatten sind:

- Speicherkapazität auf der Platte in MByte, GByte oder TByte,
- Zugriffszeit in ms,
- Datentransferrate,
- Speichergröße des internen Caches in KByte,
- Aufzeichnungsdichte in Mbit/Inch,
- Rotationsgeschwindigkeit.

Die Zugriffszeit (auch Zugriffsgeschwindigkeit genannt) drückt aus, wie lange es im Mittel dauert, bis ein Schreib-/Lesekopf angeforderte Daten findet. Es ist zu beachten, daß diese Zeit nicht den Transfer von Daten in den Hauptspeicher des Rechners beinhaltet. Sie lag bei den ersten PC-Festplatten bei ca. 30 ms bis 50 ms. Heute sind Platten mit 10 ms bis 15 ms üblich. Hochleistungsfestplatten erreichen knapp 8 ms. Die Zugriffszeiten werden mit speziellen Testprogrammen ermittelt, die allerdings nicht immer die Leistungsanforderungen der alltäglichen PC-Nutzung widerspiegeln, weswegen ihre Aussagekraft begrenzt ist, zumal noch der Controllertyp (→ *IDE* oder → *SCSI*) eine Rolle spielt.

Ein weiteres Kennzeichen für die Leistungsfähigkeit von Festplatten ist ihre Datentransferrate, d.h. die Datenrate, mit der auf der Platte gefundene Daten von der Platte zum RAM transportiert werden können. Sie reicht von 160 KByte/s bei alten Platten bis mittlerweile hin zu 1 MByte/s.

Um die Schreib- und Leseoperationen weiterhin zu erhöhen, werden entsprechende Daten zunächst gepuffert, d.h., Festplatten sind mit internem schnellem Speicher (→ *Cache*, 128, 256, 512 KByte oder mittlerweile auch bis zu 2 MByte) ausgerüstet, in die zunächst die Daten gespeichert werden. Von dort aus können dann die Daten auf der relativ langsamen Festplatte gespeichert werden.

Die empfindliche Mechanik (Spindelmotor, Schreib-/Leseköpfe) und das Speichermedium sind von der Ansteuerungselektronik getrennt in einer staubdichten Kammer (HDA, Head Disk Assembly) untergebracht.

→ *Read Ahead*, → *Fragmentierung*, → *Interleave-Faktor*, → *Partition*.

Die Entwicklung der Festplatte hat sehr früh begonnen. Der Deutsche Gerhard Dirks entwickelte 1945 einen → *Magnettrommelspeicher* und eine Magnetplatte. Letztere kann als Vorläufer der Winchesterplatte betrachtet werden. Dirks wanderte 1959 nach Kalifornien zur IBM aus.

IBM brachte als ersten Rechner mit Festplatte 1958 die → *RAMAC* auf den Markt.

Als erste externe Speicher außerhalb von den eigentlichen Computern wurden 1975 Magnetplattentürme vorgestellt.

1970 faßten die externen großen Magnetplattenspeicher 800 MByte. IBM stellte 1972 eine nur 14" große Festplatte mit einem damals schier unglaublichen Fassungsvermögen von 2 MByte vor.

Alan Shugart machte 1979 seine, nach seinem Weggang von Shugart Associates, 1975 gegründete Kneipe zu und gründete mit seinem ehemaligen Kollegen Finis Conner zusammen Seagate, um Floppylaufwerke für PCs und Festplatten von 20 bis 40 MByte zu entwickeln. Ein Jahr später brachten sie ihr erstes Festplattenprodukt heraus: eine 5,25"-Platte für 5 MB Speicherkapazität. Im ersten Jahr wurden 100 000 Einheiten verkauft.

In den frühen 80er Jahren stieg die Kapazität allmählich an: 5 MByte, 10 MByte, 20 MByte. Erste 10-MByte-Systeme kosteten seinerzeit zwischen 1 500 und 2 000 $.

Erste Festplatten für → *PCs* gab es am Anfang der 80er Jahre. Sie hatten Kapazitäten von 5 bis 20 MByte. Noch gegen Ende der 80er Jahre galt eine 120-MByte-Festplatte als „Massengrab". Mittlerweile sind Festplatten im GByte-Bereich üblich.

1994 kostete 1 MByte Festplatte rund 75 Pfg.; seit 1996 waren für 1 500 bis 2 000 $ 4 GByte große Festplatten erhältlich.

Festspeicher

Andere, deutschsprachige und selten gebrauchte Bezeichnung für → *ROM*.

Festverbindung

Andere Bezeichnung für Standleitung.

→ *DDV*.

FET

1. Abk. für Feldeffekt-Transistor.
2. Abk. für Functional Entity Type.

Fetex 150

Digitales Vermittlungssystem der japanischen Firma Fujitsu. Speziell für den ausländischen Markt entwickelt. Kann auch mit speziellen → *ATM*-Karten ausgerüstet werden und so breitbandige Datenströme schalten.

FEXT

Abk. für Far End Cross Talk.

Bezeichnung für das Fernnebensprechen, das im allgemeinen geringere Störungen verursacht als das Nahnebensprechen (→ *NEXT*).

FFOL

Abk. für FDDI Follow On LAN.

Der als Nachfolgenorm von → *FDDI* diskutierte Standard ist ein multiples Netzkonzept für die

Übermittlung von Daten, Audio, Video und Grafik via Mono- und Multimode-Fasern. Datenübertragungsrate im Gbit/s-Bereich. Es wird mit neuen Zugriffsstrategien wie → *CRMA* asynchroner und plesiochroner Verkehr ermöglicht.

FFQ

Abk. für Double Shielded Quart.
Bezeichnung für einen Kabeltyp, bei dem zwei → *verdrillte Zweidrahtleitungen* aus Kupfer doppelt geschirmt sind.

FFSK

Abk. für Fast Frequency Shift Keying.
Ein digitales Modulationsverfahren, ähnlich der → *FSK*, bei der die binäre Null und Eins jeweils durch zwei Schwingungen unterschiedlicher Frequenz codiert werden. Der Frequenzwechsel findet dabei allerdings, im Gegensatz zur FSK, immer im Nulldurchgang einer Schwingung statt.

FG

Abk. für Functional (Function) Group (Grouping).

FH, FH-TDMA

Abk. für → *Frequency Hopping* und Frequency Hopped → *TDMA*.

FHSS, FHSST

Abk. für Frequency Hopped Spread Spectrum (Technology).
→ *Frequency Hopping*.

Fibre Channel

Abgekürzt häufig mit FC oder mit FCA für Fibre Channel Architecture. Bezeichnung eines seriellen und ursprünglich Hochgeschwindigkeitprotokolls zur Datenübertragung in → *LANs*, das ursprünglich Glasfasern als Übertragungsmedium nutzte.
Fibre Channel wurde ursprünglich entwickelt für die Realisierung schneller und günstiger Ein-/Ausgabekanäle zum Anschluß von Peripheriegeräten an Großrechner. Der Einsatzbereich des Standards sind höhere Transferraten am oberen Ende von → *SCSI*. Fibre Channel verwendet auch das SCSI-Protokoll.
Fibre Channel nutzte ursprünglich die Glasfaser als Übertragungsmedium (→ *Monomode-* (9-µm-Kern) oder → *Multimodefaser* (50-µm- und 62,5-µm-Kerne)), ist aber mittlerweile auch für → *Koaxialkabel* und für → *STP* standardisiert. Bei der Verwendung dieser kupferbasierten Medien ergeben sich allerdings wesentlich geringere zu überbrückende Distanzen.
Die möglichen maximalen Übertragungsraten hängen vom verwendeten Medium und der maximal zu überbrückenden Distanz ab.
Mit speziellen Techniken, FC-AL für Arbitrated Loop, sind bei der Verwendung von Glasfasern bis zu 100 km möglich und 10 bis 100 m für Kupfermedien. Aus den Parametern Medium und Datenrate ergeben sich folgende Zusammenhänge für die zu überbrückende Distanz:

Medium	Max. Distanz	Max. Datenrate
Koaxialkabel oder STP	24 m	1,0625 Gbit/s
Monomodefaser, 9 µm	10 km	1,0625 Gbit/s
Multimodefaser, 50-µm-Kern	300 m	1,0625 Gbit/s
Multimodefaser, 62,5-µm-Kern	1 km	266 Mbit/s

Entwickelt wurde es seit 1988 von der → *ANSI* X3T11 als ein Protokollstapel mit fünf Schichten, wie → *HIPPI* auch, von dem Fibre Channel sich durch seine Komplexität und die serielle Übertragung unterscheidet. Der Standard besteht aus mehreren Teilen, von denen der erste die Grundlage ist und 1994 von der ANSI verabschiedet wurde:

Schicht	Funktion
FC-PH	Physikalisches Fundament und Signalisierung
FC-FP	Internetworking mit HIPPI
FCP	SCSI Fibre Channel Protocol
FC-SB	Single-Byte Steuerungsprotokoll
FC-AL	Fibre Channel Arbitrated Loop

Fibre Channel wird insbesondere unterstützt von IBM und HP.
→ *http://www.amdahl.com/ext/CARP/FCA/FCA.html/*

Fibre Optics

Englische Bezeichnung für → *Glasfasertechnik*.

Fido

Bezeichnung einer 1984 von Tom Jennings entwickelten Software zum automatischen Datentransfer zwischen zwei über → *Modem* und eine analoge Telefonleitung verbundene Rechner. Angeblich benannte er das Programm nach seinem Hund.
Innerhalb einer Sitzung können mehrere Dateien übertragen werden. Vor jeder Datei erfolgt die Übertragung einer TIC-Datei, die die eigentlich zu übertragenden Daten anhand diverser Verwaltungsinformationen charakterisiert und die korrekte Weiterverarbeitung beim Empfänger ermöglicht.
Das Protokoll wird im Rahmen des offiziellen → *Fidonet* benutzt und, weil weit verfügbar, in einer Reihe unabhängiger → *Mailbox*netze, den Fido Technology Networks (→ *FTN*).

Fidonet

Weltweites, nichtkommerzielles und 1984 gegründetes Computernetz mit (1996) 40 000 vernetzten → *Mailboxen* (ca. 6 500 in Deutschland), an denen die eigentlichen, ca. 1,5 Mio. Teilnehmer hängen. Basiert auf dem Programm → *Fido* zur Datenübertragung.

Das Netz ist hierarchisch aufgebaut. Ganz oben stehen sechs Zonen (1 für Nordamerika, 2 für Europa, 3 für Australien, 4 für Südamerika, 5 für Afrika und 6 für Asien) mit Knoten die ein Backbone bilden. Unter den Zonen befinden sich Hosts, die feste Regionen (klar abgegrenzte geografische Bereiche, z.B. Deutschland mit Kennzahl 24) versorgen. Unter diesen liegen einzelne Mailboxsysteme, die aus Nodes bestehen und welche die unterste Ebene darstellen. Sie versorgen die User bzw. einzelne Points, d.h. User, die nur einen Teil des gesamten Angebotes der Nodes in Anspruch nehmen.

Eine Mailbox wird über die sog. 4D-Adresse im Format <Zonennummer : Systemnummer / Mailboxnummer . Pointnummer> identifiziert, anhand derer man eine Mailbox sehr genau lokalisieren kann. Die einzelnen Kennziffern der Mailboxsysteme werden durch die nächst höhere Ebene einfach zugeteilt. Wöchentlich wird die Adressenliste mit den einzelnen Mailboxen, aufgrund der großen Fluktuation, aktualisiert.

Das Fidonet operiert nach dem Store & Forward-Prinzip, d.h. die Mailboxen als Netzknoten tauschen mails und Dateien nur zu bestimmten Zeiten aus (nachts zwischen 3.30 und 4.30 Uhr, Zone Mailing Hour ZMH, wenn die Telefontarife günstig sind). Bis zu diesem Zeitpunkt werden Daten zwischengespeichert. Es gibt keine Zentrale. Jeder Betreiber einer Mailbox ist für diese und seine lokalen Angebote und Oberflächen selbst verantwortlich und teilt selbständig Accounts für diese zu.

Der Zugang erfolgt teilweise schon sehr schnell über 28,8 kbit/s oder auch 64 kbit/s (→ *ISDN*).

Die Online-User der Mailboxen sind Benutzer, die → *Sysops* der Mailboxen sind Mitglieder.

Im Gegensatz zu anderen Netzen, speziell für die PC-Gemeinde (→ *Z-Netz*, → *CL-Netz*), liegt beim Fidonet der Schwerpunkt auf dem Softwarebereich (→ *Shareware*, Grafiken, Sound-Dateien etc.).

FIFO

Abk. für First in - First out.

Andere Bezeichnung: First Come - First Serve (FCFS). Begriff aus der Warteschlangentheorie. Beschreibt dabei den Zuteilungsalgorithmus, also die Frage der Reihenfolge des Abarbeitens einer vorliegenden Menge von Aufträgen, Sendewünschen etc. Basiert auf dem alten Prinzip 'Wer zuerst kommt, mahlt zuerst'. Im täglichen Leben zu beobachten bei allen Schlangen, die von Menschen gebildet werden, z.B. vor Schaltern, Bushaltestellen und Supermarktkassen.

→ *LIFO*.

File

Englische Bezeichnung einer Datei.

File Locking

Begriff aus der Datenbanktechnik. Beschreibt eine Technik, die die Konsistenz von Dateien sicherstellt, indem der Zugriff auf die komplette Datei anderen Prozessen verwehrt wird, solange der Zugriff eines Prozesses nicht komplett abgeschlossen ist. Eine andere Möglichkeit der Konsistenzsicherung ist → *Record Locking*.

File-Server

→ *Server*.

Filterdose

Bezeichnung einer speziellen Art der Antennensteckdose in privaten Haushalten, bei der das eingehende Signal in verschiedene Bereiche zerlegt wird und an verschiedenen Anschlußbuchsen für verschiedene Zwecke zur Verfügung steht (Radio, TV, Satellitenempfang).

→ *Stichdose*, → *Durchgangsdose*.

Fips

Abk. für Federal Information Processing Standard.

Firewall

Bezeichnung für alle Schutzmaßnahmen (Hard- und Software), die ein Netzwerk (z.B. ein → *LAN* mit angeschlossenen → *Servern* innerhalb eines Unternehmens) von einem anderen (z.B. dem weltweiten → *Internet* außerhalb des Unternehmens oder Einwahlroutern über das *ISDN* zum Remote-Zugriff für → *Tele-Worker*) abschotten.

Ziele sind die Verhinderung unerlaubten Zugriffs auf sensible Daten, Verhinderung von Datenverlust und Verhindern des Einschleppens von Computerviren. Prinzipiell erhöhen Firewalls durch folgende Mechanismen die Sicherheit:

- Beschränkung der extern nutzbaren Dienste,
- Beschränkung der Anzahl der betroffenen Kommunikationsrechner,
- Beschränkung von Zugriffsrechten (Schreib-/Leserechte),
- Authentifizierungs- und Identifikationsmechanismen,
- Datenverschlüsselung.

Zur Auswertung von Schäden und zum Management der Zuverlässigkeit des Firewalls werden darüber hinaus alle Vorgänge, die über den Firewall laufen, protokolliert. Möchte die abzuschottende Institution dennoch einige Daten öffentlich zur Verfügung stellen, ist eine mehrstufige Anordnung denkbar, die über einen Router erst den Zugang zu einem ersten unternehmenseigenen Netz (gelbes LAN) mit öffentlich zugänglichen ftp- oder WWW-Servern ermöglicht und den Zugang zu weiteren internen Ressourcen in ein LAN (rotes LAN) erst über einen Firewall.

Man unterscheidet grob drei Arten des Firewalls (geordnet nach steigender Sicherheit):

- Packet Filters,
- Circuit Relays,
- Application Gateways.

Darüber hinaus sind auch Hybridformen als Mischung dieser drei Arten möglich, z.B. ein Application Gateway mit der zusätzlichen Funktionalität eines Packet Filters. Derartige Systeme werden auch als Multilayer Inspection Firewalls bezeichnet.

Packet Filters gelten als einfachste Form, schnell und nicht sonderlich sicher, daher werden sie häufig betriebsintern zur Abschottung einzelner Abteilungen eingesetzt, die sowieso oft an zwei LANs hängen, die über einen → *Router* verbunden sind. Packet Filters analysieren einzelne Flags und auch ganze Felder von durch sie hindurchgehenden Datenpaketen und ermitteln daraus, was für Daten von wem in welche Richtung transferiert werden.

Anhand einer internen, z.B. vom Systemverwalter einstellbaren, Tabelle wird geprüft, ob derartige Operationen zulässig sind. Ggfs. wird das betreffende Datenpaket zurückgewiesen. Packet Filters basieren auf Mechanismen der Prüfung der Quell- und Zieladressen sowie der Portnummern von TCP- und UDP-Paketen. Ferner kann die Richtung des Datentransfers und das SYN-Bit in einem Paket, das anzeigt, ob eine Verbindung gerade erst aufgebaut wird oder schon besteht, geprüft werden.

Die Router können oft mit frei programmierbaren Tabellen ausgestattet werden, die, z.B., ein einfaches Adreßscreening (Screening Router) der IP-Adressen durchführen.

Eine Vereinfachung der Filterregeln wird bei diesem Verfahren dadurch erreicht, daß zwischen gehenden und kommenden Datenpaketen unterschieden wird. Derartige einfache Software wird von Herstellern der Router häufig mitgeliefert.

Es können so, z.B., die Absender geprüft werden und nur bestimmte Absender einer Liste dürfen bestimmte Ressourcen des Netzes nutzen.

Dies funktioniert aber nur bedingt, da häufig, z.B. bei Nutzern von Online-Diensten, IP-Adressen dynamisch vergeben werden.

Ferner kann grundsätzlich die Technik der Packet Filter insbesondere von Computerspezialisten leicht geknackt werden, da die Daten in den Paketen entsprechend gefälscht werden können (Address Spoofing). Darüber hinaus gilt die Definition der Screening-Tabellen als aufwendig und insbesondere bei umfangreichen Filterregelwerken fehleranfällig, da insbesondere ältere Router eigenmächtig Filterregeln modifizieren.

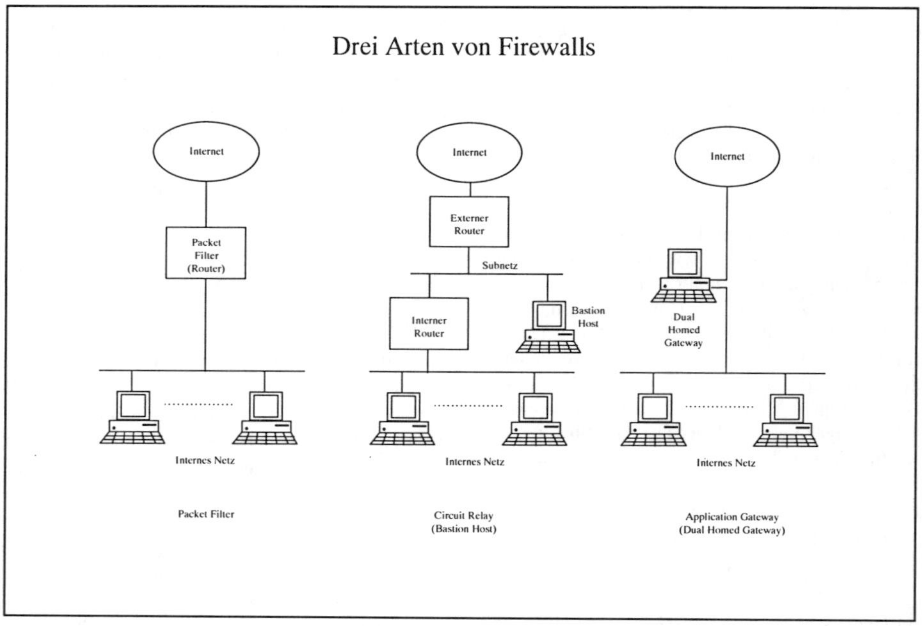

Circuit Relays (auch seltener Bastion Host, Relay Host oder Circuit Level Gateway genannt) sind Kommunikationsrechner in einem eigenen Subnetz (gelber Bereich genannt), von dem aus die Kommunikation über einen internen Router in das interne Netz (roter Bereich genannt) und nach Außen (externer Router) abgewickelt wird. Sie sind prinzipiell mit Packet Filters vergleichbar, arbeiten jedoch auf einer höheren Ebene des Protokollstacks. Für den Rechner, der die Verbindung in den zu schützenden Bereich wünscht, erscheint der Bastion Host als Verbindungspartner und der externe Rechner muß dort explizit eine Zugangsberechtigung besitzen. Auf diese Weise können keine internen Netzstrukturen für Eindringlinge sichtbar gemacht werden. Nachteilig ist der hohe Administrationsaufwand für die Zugangsberechtigungen.

Application Gateways sind langsamer und gelten als wenig flexibel, bieten aber auch wesentlich sicherere Zugangsmechanismen, wie z.B. → *Authentifizierung*, Nutzerprofile (verschiedene Zugriffsrechte für verschiedene Einzelpersonen oder Gruppen, Zeitpunkt des Zugriffs) oder nur einmal gültige → *Paßwörter*. Derartige Sicherheitsmechanismen werden durch verschiedene → *Proxy-Services* auf dem entsprechenden Gateway-Rechner sichergestellt.

Für jeden Dienst läuft dabei auf dem Server eine eigene Software-Instanz als Software-Gateway. Diese Gateway-Software nimmt die eingehenden Wünsche entgegen, analysiert sie auf Berechtigung und führt im internen Netz stellvertretend die zulässigen Operationen aus. Problem hierbei ist, daß oft nur einige wenige Dienste wie → *Telnet*, → *FTP* oder → *http* als Proxy-Service realisert werden und gewisse andere Dienste wie → *IRC* bislang noch von keinem einzigen Firewall-System abgeschirmt werden können. Darüber hinaus besteht immer eine gewisse Zeitverzögerung zwischen der Entwicklung eines neuen Protokolls im Internet und der Entwicklung eines passenden Firewall-Systems dazu, sofern der Entwickler eines Protokolls nicht gleich selbst den Firewall-Proxy-Service mitentwickelt.

Das gesamte Application-Gateway selbst ist üblicherweise ein spezieller Kommunikationsrechner, der über zwei physisch verschiedene Schnittstellen (dann auch Dual Homed Gateway genannt) mit dem externen und dem internen Netz kommuniziert, d.h., externe Daten können zwangsweise nur über den Gateway-Rechner in das interne Netz.

Selbst bei Ausfall des Firewalls oder seiner Funktionen kann niemand in das interne Netz. Da es sich um einen eigenen Kommunikationsrechner handelt, können alle Datentransfers lückenlos und im Detail protokolliert werden.

Eine weitere Erhöhung der Sicherheit aller drei Arten von Firewalls lassen sich durch folgende Maßnahmen erzielen:

- Protokollierung von IP-Adressen (Quell- und Zieladresse), Zeit, Datum und Dienst empfiehlt sich grundsätzlich bei jedem der drei Arten des Firewalls, um im Falle von Störungen oder einem Versagen des Firewalls Ursachenforschung betreiben zu können.
- Protokollierungsdaten sollten aus Sicherheitsgründen auf einem eigenen Rechner gehalten werden.
- Protokollierungsdaten sollten zum Protokollierungsrechner nur über ein eigenes Netz, z.B. das ansonsten auch zu Netzmanagementzwecken genutzte Netz, übertragen werden.
- Bei Ausfall der Protokollierung sollte sich der Firewall abschalten und keine Daten mehr in keine Richtung passieren lassen.
- Kein automatischer Neustart des Firewalls bei Störungen oder Ausfällen.
- Firewallsoftware sollte möglichst wenig Overhead, wie z.B. graphische Bedienoberflächen besitzen, da diese Rechenressourcen auf sich zieht und die Fehleranfälligkeit erhöht.
- An den Systemverantwortlichen sollte sofort eine Meldung bei besonderen Vorkommnissen, die u.U. selbst definiert werden können, gesendet werden.

Firewire

→ *IEEE 1394*.

Firmware

Neben → *Hard-* und → *Software* steht die Firmware, die beides beinhaltet. Es handelt sich um geringe Mengen Software (Mikroprogramme), die in Speicherbausteinen fest programmiert vom Hersteller in einem Gerät zum Einsatz kommt, beispielsweise in Gestalt von Boot-Routinen im → *ROM* eines → *PCs*.

Firmware kann nur ausgetauscht werden durch komplettes Auswechseln des betroffenen Hardware-Bausteins, in dem die Firmware fest gespeichert ist, oder durch neues Einspeichern, falls die Firmware in Flash-ROMs gespeichert ist.

FIRST

Abk. für Forum of Incident Response and Security Teams.

Bezeichnung eines Zusammenschlusses von Experten, die sich ähnlich → *CERT* mit der Sicherheit von vernetzten Computern beschäftigen.

First Level Cache

→ *Cache*.

First Level Support

→ *Front Office*.

FISU

Abk. für Fill In Signal Unit, Füllzeicheneinheit.
Bezeichnet im → *SS#7*-Netz Zeichengabenachrichten, die weder Informationen eines Anwendungsteils transportieren, noch Meldungen des Netzmanagements betreffen. Um dennoch eine Synchronisation der Verbindung sicherzustellen, werden FISUs als Pseudodaten verschickt.

FITCE

Abk. für Fédération des Ingénieurs des Télécommunications de la Communauté Européene.
Bezeichnung für den Verband europäischer Ingenieure in der Telekommunikation mit Sitz in Brüssel.

FITUG

Abk. für Förderverein Informationstechnik und Gesellschaft e.V.
→ *http://www.fitug.de/*

FKTG

Abk. für Film- und Kinotechnische Gesellschaft.
Bezeichnung für den deutschen Berufsverband aller Techniker und Ingenieure, die in der Film-, Kino- und Medienbranche tätig sind. Die FKTG ist damit das deutsche Gegenstück zur amerikanischen → *SMPTE*.
Offizielles Organ der FKTG ist die FKT (Film- und Kinotechnik).
→ *http://www.ifn.tu-bs.de/fktg/*

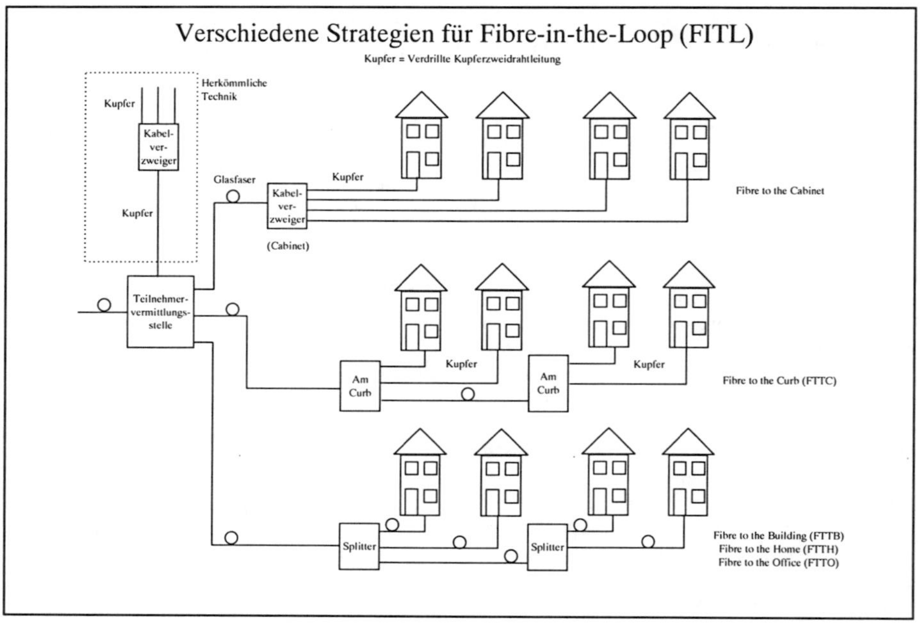

FITL

Abk. für Fibre in the Loop.
Anderes Wort ist auch FTTL (Fibre to the Loop). Beides bezeichnet international üblich das Nutzen von Glasfaserverbindungen im → *Anschlußnetz*, also zwischen der Ortsvermittlung und dem Teilnehmer. Für 'echte' Breitbandanwendungen unverzichtbar.
Unter den Oberbegriff FITL fallen verschiedene Strategien wie → *FTTA*, → *FTTH*, → *FTTC*, → *FTTB*, → *FTTO*.
FITL ist ab einem bestimmten Prozentsatz aller anzuschließenden Haushalte in einem Bereich günstiger als → *ADSL*. Die Zahl schwankt je nach Quelle knapp über 50 %.

Flachbettscanner

→ *Scanner*.

Flachrelais

Bezeichnung eines speziellen raumsparenden Relais. Dabei bestehen die Schließelemente des Relais aus Bandmaterial, wodurch das Relais sehr flach wird.

Flag

1. Von engl. flag = Flagge.
   Bei der digitalen Datenübertragung ein den Nutzdaten voran- und nachgestelltes Feld (Opening Flag und Closing Flag) mit charakteristischem Bitmuster zur Anzeige von

bestimmten Informationen, wie z.B. Blockanfängen, -enden, Status, Übertragungsmodus u.ä. Auch Präambel genannt. Üblicherweise ist das Flag 1 Byte lang und beinhaltet das Bitmuster 01111110, so z.B. bei → *Frame Relay* und → *HDLC*.

2. Bei der Rechnertechnik ein bestimmtes einzelnes Bit in einem speziellen Register, das über seinen Status (gesetzt oder ungesetzt, 1 oder 0) einen Zustand anzeigen kann. Durch Abfragen dieses Bit können im Programmverlauf Entscheidungen getroffen werden (Verzweigungen, → *Interrupts*, Unterprogrammaufrufe).
3. Abk. für Fibre Link Around the Globe.
   Bezeichnung für die Verlegung eines 27 000 km langen Glasfaserrings von GB nach Japan. FLAG ist privat von 30 Investoren finanziert (Kosten: ca. 1,2 Mrd. $). Der Ring wird zwei Fasern mit je 2,5 Gbit/s zur Verfügung stellen und 12 Länder verbinden.

Flame

Jargon für eine in ihrer subjektiven Meinung deutliche, böse, ärgerliche, vorwurfsvolle, persönlich verletzende oder unverschämte → *e-mail* an jemanden. Insbesondere im → *Internet* gebraucht.
→ *Netiquette*, → *Spam*.

Flame-Bait

Bezeichnung für einen Diskussionsbeitrag in einer → *Newsgroup* oder eine → *e-mail*, der oder die bewußt → *Flames* provoziert.

Flash ROM

→ *ROM*.

Flat Rate

Bezeichnung einer Möglichkeit des nutzungsunabhängigen → *Charging*. Dabei werden Gebühren nicht nach Zeit für die Benutzung eines Dienstes, die Menge übertragener Daten oder die Distanz der Verbindung berechnet, sondern es wird ein (monatlicher) Pauschalpreis zugrunde gelegt, in dem eine bestimmte Menge von Dienstleistungen enthalten ist.
Mit der Flat Rate verbunden sind oft extrem erhöhte Extragebühren für Leistungen, die über das mit der Flat Rate abgedeckte Dienstleistungsspektrum hinausgehen.
Ziel ist eine einfache, transparente Preisgestaltung für den Teilnehmer von, z.B., → *Online-Services*.

Flex

Bezeichnung für einen proprietären Standard für → *Paging* aus dem Hause Motorola.
Flex überträgt Daten mit 1 600 bit/s, 3 200 bit/s oder 6 400 bit/s. Roaming möglich. → *Digitale Modulation* mit 2- oder 4-FSK (+/- 4,8 kHz oder +/- 4,8 kHz und +/- 1,6 kHz).
Bis zu 600 000 Nutzer können von einem Kanal bedient werden. Das gesamte System kann zwei Mio. lokale Adressen in einer Zone und 1 Mrd. Adressen insgesamt verwalten.
Flex 1-Way ist ein herkömmliches Paging-System.
ReFlex ermöglicht Zweiwege-Paging durch Auswahl eines Rücksendesignals aus drei möglichen Rücksignalen durch den Empfänger des Funkrufs.
Vorgestellt wurde Flex 1993. Im Frühjahr 1996 gab es bereits 48 Flex-Netze weltweit.

FLP

Abk. für Fast Link Pulse.

Flußkontrolle, -steuerung

Bezeichnung einer Funktion auf der Schicht 2 des → *OSI-Referenzmodells*. Auch Datenflußkontrolle genannt.
Ziel der Flußkontrolle ist die Anpassung der Übertragungsgeschwindigkeit des Senders an die Aufnahmefähigkeit des Empfängers, wo die eintreffenden Daten u.U. erst weiterverarbeitet werden müssen, bevor neue Daten empfangen werden können. In gewissen Grenzen lassen sich derartige Probleme auch mit Pufferspeichern beim Empfänger umgehen, deren korrekte und wirtschaftliche Dimensionierung jedoch auch Schwierigkeiten bereiten kann.
Beispiel für ein Protokoll der Flußsteuerung ist das Protokoll → *XON/XOFF*.

FM, Fm

1. Abk. für Frequency Modulation.
   Frequenzmodulation. Bezeichnung einer analogen Schwingungsmodulation, bei der sich die Frequenz des Trägersignals in Abhängigkeit des zu modulierenden Signals ändert.
2. Abk. für das Vorwort Fernmelde..., das zumeist in Verbindung mit entsprechenden Ergänzungen verbunden wird, z.B. Fm-Netz etc.
3. Abk. für Fault Management.
   Oberbegriff für alles, was mit Fehlersuche und -behebung (Entstörung) zu tun hat.
4. Abk. für Flexible Multiplexer.
   → *FMUX*.
5. Abk. für Facility Management.
   Bezeichnung für technisches Gebäudemanagement (Heizung, Klima, Lüftung, Licht, Sicherheit).
   → *EIB*, → *UBIDEP*.
6. Abk. für Frame Mode.

FMBS

Abk. für Frame Mode Bearer Service.

FmNstA

Abk. für Fernmelde-Nebenstellenanlage.
Heute nur noch selten gebrauchter deutscher amtlicher Begriff für Nebenstellenanlagen. Gebräuchlicher sind → *PBX* oder → *PABX*.

FMUX

Abk. für Flexible Multiplexer.
Ein Baustein von Übertragungseinrichtungen der → *SDH*. Bezeichnet einen → *Multiplexer*, der mehrere Eingangsleitungen mit verschiedenen Bitraten auf eine Ausgangsleitung mit hoher Bitrate, die der Kapazität aller Eingangsleitungen entspricht, vereinigt. Wird daher teilnehmernah in → *Zugangsnetzen* zur Zusammenfassung mehrerer Teilnehmeranschlüsse auf einer breitbandigen Leitung eingesetzt.
→ *VISYON*.

FMV

Abk. für Full Motion Video.
Bezeichnung für die Darstellung von Videos in voller Bildschirmgröße in akzeptabler Qualität (ab 25 Bilder/s).

FMX

Abk. für Frequenzmultiplex.
→ *FDMA*.

FNC

Abk. für Federal Networking Council.
Bezeichnung eines staatlichen Gremiums zur Betreuung der generellen technischen Kommunikationsbedürfnisse der Behörden in den USA.
Bestellt zusammen mit der → *ISOC* den RFC-Editor (→ *RFC*).
Vorläufer war die → *FRICC*.

FO

1. Abk. für Fibre Optics.
   → *Glasfasertechnik*.
2. Abk. für Fernmeldeordnung.
   Eingeführt 1971. Sie wurde am 1. Januar 1988, wie andere Verordnungen im Bereich der Telekommunikation auch, durch die → *TKO* abgelöst, der 1991 die → *AGB* folgten.

FOIRL

Abk. für Fibre Optic Inter-Repeater Link.
Bezeichnung eines Standards zur Datenübertragung über Glasfaserkabel mit einer Datenrate von 10 Mbit/s. Mediumzugriff und Paketformat orientieren sich an → *IEEE 802.3*. Gedacht für die Verwendung von → *Ethernet* als → *Backbone*.

Follow Me

Bezeichnung eines → *Dienstmerkmals* für Telefondienste. Beschreibt eine bestimmte Art des → *Forwarding*, bei dem der Anruf von jedem beliebigen Anschluß aus weitergeleitet werden kann (ferngesteuertes Forwarding), so daß man den Anruf immer dorthin leiten kann, wo man sich gerade befindet. Dies steht im Gegensatz zum normalen Forwarding, bei dem nur einmalig ein Gespräch vom angewählten Anschluß aus umgeleitet werden kann.

Follow Up

Andere Bezeichnung für → *Back Office*.

Font

Bezeichnung für einen typografisch definierten Zeichensatz, der das auszugebende Schriftbild bestimmt.

Footprint

Ausleuchtbereich eines Satelliten auf der Erdoberfläche. Der Bereich, in dem man den Satelliten mit einer minimal notwendigen Signalleistung empfangen kann.

Formatieren

Bezeichnung für den Vorgang des Umwandelns eines fabrikneuen, völlig unbehandelten und leeren Datenträgers (→ *Diskette*, → *Festplatte*) in einen gebrauchsfähigen Datenträger. Dabei werden die einzelnen Spuren und Sektoren magnetisch auf dem Trägermaterial definiert. U.U. werden noch Inhaltsverzeichnisse (→ *FAT*) angelegt. Ergebnis der Formatierung ist, daß der Datenträger über eine von Geräten (z.B. Diskettenlaufwerk) adressierbare Speicherstruktur verfügt.

Forth

Bezeichnung einer → *Programmiersprache*, die insbesondere im technischen Bereich bei der Steuerung industrieller Prozesse in Echtzeit eingesetzt wird. Am bekanntesten ist ihr Einsatz 1985 bei der Programmierung des ferngesteuerten U-Bootes, welches das Wrack der Titanic im Nordatlantik entdeckte.
Der amerikanische Physiker Charles H. Moore fing 1961 mit der Arbeit an FORTH an. Zehn Jahre später wurde sie offiziell vorgestellt. Eigentlich sollte die Sprache FOURTH (die Vierte) heißen, da ihre Funktionalität weit über die der dritten Generation von Programmiersprachen hinausgeht, doch sein Rechner lies für Programme nur vier Buchstaben zu – also mußte das U 'daran glauben'.
Forth ist für viele Plattformen erhältlich, dennoch nicht sonderlich verbreitet.

Fortran

Abk. für Formula Translator.
Bezeichnung der ersten höheren → *Programmiersprache* überhaupt. Insbesondere für technisch-wissenschaftliche Probleme genutzt. Orientiert

sich an der mathematischen Formelschreibweise. Entwickelt wurde Fortran maßgeblich vom IBM-Mitarbeiter John Warner Backus (* 3. Dezember 1924), der dort Leiter des Entwicklungsteams war. Am 10. November 1954 wurde sein 'Preliminary Report' veröffentlicht, dessen endgültige Fassung am 15. Oktober 1956 fertiggestellt war. Dieses erste Manual einer Programmiersprache umfaßte lediglich 60 Seiten mit großzügigen Abständen.

Die Sprache war die erste höhere Programmiersprache und wurde auf einer → *IBM 704* zum Laufen gebracht.

Das erste Fortran-Programm außerhalb des Hauses IBM lief am 19. April 1957 auf einer IBM 704 im Rechenzentrum von Westinghouse bei Pittsburgh unter den Augen seines Leiters Herbert Bright.

Fortran stand ab 1957 für viele Rechner und technisch-wissenschaftliche Probleme in großem Umfang zur Verfügung. Es war leichter und billiger zu implementieren als die etwa gleichzeitig entwickelte Sprache → *LISP*. Viele Unternehmen entschieden sich daher für Fortran.

Gleichzeitig wurde Fortran als Fortran II definiert. Eine Verbesserung war dort, daß parametrierte Unterprogramme mit lokalen Variablen zugelassen waren.

1977 folgte der Standard Fortran 77.

Forum

1. Bezeichnung für einen int. Zusammenschluß von Herstellern, Anwendern und Forschungsinstituten mit dem Ziel, eine bestimmte Technologie zu fördern und den Markt dafür zu erschließen.

   Für verschiedene Techniken existieren mittlerweile eine Reihe von Foren (→ *ATM*-Forum, → *Frame Relay*-Forum, → *ADSL*-Forum). Foren arbeiten als Mittler zwischen Standardisierungsgremien und der Industrie oder dem Anwender.

   Gegenüber Industrieverbänden haben sie den Vorteil, daß auch Anwender und Forschungsinstitute Mitglieder werden können.

   Foren werden i.d.R. zunächst von einigen wenigen (<10) Herstellern eines neuen technischen Systems gegründet, können dann aber innerhalb weniger Jahre auf einige 100 Mitglieder wachsen.

   Foren widmen sich im Gegensatz zu vielen anderen ähnlichen Gremien (Standardisierungsgremien) oft sowohl der technischen Entwicklung als auch oft wirtschaftlichen Fragen der Erschließung der entsprechenden Märkte und dem Aufzeigen von Nutzungs- und Anwendungsmöglichkeiten.
2. In kommerziellen → *Online-Services* die Bezeichnung für thematisch eingegrenzte Echtzeitdiskussionen, auch → *Chats* genannt.

Forwarding

Auch Anrufweiterschaltung oder Rufumleitung genannt. → *Dienstmerkmal* moderner Telekommunikationsnetze. Der eingehende Anruf wird zu einer anderen Nummer weitergeschaltet. Forwarden ist nur einmal möglich, um unkontrollierte Ketten und Kreise zu vermeiden.

Allgemein werden folgende verschiedene Möglichkeiten unterschieden:

- Sofortiges Forwarding (sog. unconditional forwarding) ohne jede weitere Bedingung, bei der der Anruf sofort weitergeschaltet wird.
- Forwarding wenn niemand den Ruf entgegennimmt (d.h. nach einer bestimmten Anzahl von Rufzeichen ohne Rufannahme wird weitergeschaltet).
- Forwarding bei besetztem Anschluß.
- Forwarding unter anderen Bedingungen (z.B in Mobilfunknetzen, wenn der → *B-Teilnehmer* nicht in Reichweite einer Basisstation ist).

In privaten Netzen (Nebenstellenanlagen) ist dies schon heute problemlos möglich. Dort unterscheidet man üblicherweise:

- Feste Rufumleitung, d.h. Rufumleitung zu einer vor dem Aktivieren des Forwardings bereits festgelegten Nebenstelle,
- Variable Rufumleitung, d.h. Rufumleitung zu einer beim Aktivieren der Rufumleitung festzulegenden Sprechstelle.

In öffentlichen Netzen (analoges Telefonnetz, → *ISDN*, Mobilfunknetze) wird in verschiedenen Ländern seit 1990 Forwarding eingeführt.

Forwarding ist gebührenpflichtig. Die Gebühren bis zum ursprünglichen Anschluß zahlt der → *A-Teilnehmer*, die Gebühren vom → *B-Teilnehmer* zum Forward-Anschluß der B-Teilnehmer ("Jeder zahlt für das, was er verursacht").

→ *Follow-Me*.

FP

Abk. für Function Point.

Begriff aus dem → *Software-Engineering*. Bezeichnung für ein Maß für die Funktionalität einer Software, das oft zusammen mit → *SLOC* als SLOC/FP zur Beurteilung der Effizienz von Software herangezogen wird.

Das Maß FP/Zeit ist ein Maß für die Produktivität bei der Softwareerstellung, d.h. welche Zeit (Mann-Tage) wird benötigt um eine bestimmte Funktionalität zu implementieren.

Ein Function Point ist dabei eine von der Software ausgelöste und vom Benutzer gewünschte Aktion, z.B. ein Speicherzugriff, eine Ausgabe, eine Eingabe oder eine Berechnung, d.h. jede durch sie ausgelöste Aktion, die der → *CPU* zu funktionsorientierter Aktivität verhilft.

Eingeführt wurde der Begriff in den späten 70er Jahren vom Forscher und Entwickler Allan Albrecht aus dem Hause IBM zur Bestimmung der Produktivität von Programmierern. Mittlerweile gibt es in manchen Ländern (z.B. USA) die Möglichkeit, sich zum Function Point Analyst ausbilden zu lassen.

FPD

Abk. für Flat Panel Display, Flachbrett-Bildschirm.

FPGA

Abk. für Field Programmable Gate Array.

Eine preiswerte Alternative zu → *ASICs*. Der Vorteil ist, daß sie im Gegensatz zu ASICs vom Anwender selbst programmierbar sind. Dadurch können sie ASICs bei Kleinserien ersetzen oder bei der Entwicklung von ihnen als Prototypen dienen, da Fehler schnell und einfach korrigierbar sind.

Als Nachteil gilt, daß sie bei umfangreichen Schaltungen (> 10 000 Gatter) und Großserien (> 5 000 Stück) im Vergleich zu ASICs sehr teuer sind. Ihre Grenzfrequenz liegt bei 10 MHz.

FPLMTS

Abk. von Future Public Land Mobile Telecommunication System.

1994 umbenannt in → *IMT 2000*.

Fps, FPS

1. Abk. für Frames per Second.
   Bei → *Videokonferenzsystemen* ein Qualitätsmerkmal, das die Anzahl Bilder je Sekunde bezeichnet.
2. Abk. für → *Fast Packet Services* (Switching).

FR

Abk. für → *Frame Relay*.

FRA

Abk. für Fixed Radio Access.

Bezeichnung für drahtlose Anschlußtechnik im Ortsbereich. Andere Bezeichnungen: → *WLL*, → *RITL*.

Fractional T1

In Nordamerika die Bezeichnung für nur teilweise genutzte Kapazitäten einer → *T1*-Leitung. Abgekürzt mit FT1.

1. In weitem Sinne jede nicht komplett mit 24 Kanälen zu je 64 kbit/s genutzte T1-Leitung.
2. In engem Sinne die Anschlüsse für Kunden, denen eine T1-Leitung gelegt oder geschaltet wird, die jedoch davon weniger als 24 Kanäle nutzen und auch nur diese wenigen zu bezahlen brauchen.

FRAD

Abk. für Frame Relay Access Device.

Bezeichnung des beim Nutzer eines → *Frame-Relay*-Dienstes installierten Gerätes, das den Zugang dazu durch Nutzung anderer Zugangprotokolle (z.B. → *X.25* oder ein → *LAN*-Protokoll) ermöglicht.

Fragmentierung

Bei → *Festplatten* die Bezeichnung für eine Zersplitterung der einzelnen Sektoren der Platte in belegte und freie Bereiche, wobei zu einer Datei gehörende Daten bei den belegten Bereichen über diverse und physisch nicht benachbarte Sektoren verteilt sind. Dies hat den Nachteil, daß → *Read Ahead* nicht funktioniert und das Lesen oder Schreiben kompletter Dateien lange dauert, da die über die Festplatte verstreuten Daten zusammengesucht werden müssen.

Fragmentierte Festplatten entstehen automatisch im Laufe der Zeit durch häufige Schreib- und Löschoperationen.

Fragmentierte Festplatten lassen sich durch spezielle Programme (→ *Utilities*) durch Umspeichern von Daten wieder defragmentieren (optimieren).

Fraktale Kompression

Bezeichnung für eine Klasse von verlustbehafteten → *Kompressionsverfahren*. Sie sind asymmetrisch, da die Kompression langsam und die Dekompression schnell durchführbar ist.

Derartige Verfahren eignen sich sehr gut für Realbilder mit kontinuierlichem Farb- und Konturverlauf und weniger gut für abstrakte grafische Vorlagen (technische Zeichnungen etc.) mit strenger Geometrie, Text und starken Kontrasten. Fraktale Kompression führt bei geeigneten Vorlagen zu einer sehr hohen Kompressionsrate.

FRAM

Abk. für Ferroelectrical Random Access Memory.

Bezeichnung für → *RAM*-Bausteine, bei denen die Information durch Nutzung des ferroelektrischen Effekts gespeichert wird.

Ziel bei dieser Entwicklung ist die Kombination der Vorteile von → *EPROMS* (deren gleichzeitige Eigenschaft, Daten dauerhaft speichern zu können, diese aber auch nur aufwendig wieder ändern zu können) und → *DRAMS* (schnelle Beschreibbarkeit bei der Notwendigkeit von permanenter Spannungsversorgung).

Frame

Von engl. frame = Rahmen, Block. Der Begriff wird universell bei vielen Datenübertragungsprotokollen für bestimmte, klar abgrenzbare und häufig periodisch auftretende Einheiten von Daten mit einem bestimmten Format oder bei Videosequenzen als Bezeichnung für ein einzelnes Bild benutzt.

→ *Block*, → *Rahmen*.

1. In → *T1*-Signalen der gesamte Zeitschlitz, der allen 24 Nutzkanälen (zu je 8 Bit) zur Verfügung gestellt wird plus einem Frame-Bit (insgesamt 193 Bit).
2. Bei → *HDLC* alle Bits zwischen den → *Flags* eines Übertragungspaketes.

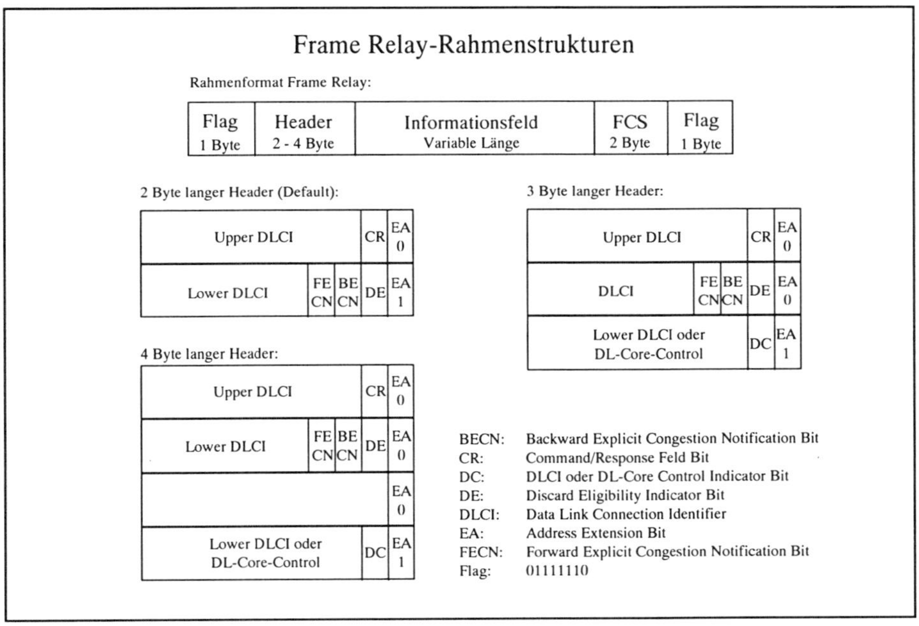

Frame-Grabber

Bezeichnung für eine Software, die bei der Nachbearbeitung von Videosequenzen, z.B. auf dem → *PC* eingesetzt wird.

Ein Frame-Grabber kann einzelne Bilder (Frames) aus mehreren herausgreifen und erlaubt deren gezielte Manipulation zur Weiterverarbeitung.

Frame Relay

Mittelschnelles bis schnelles paketorientiertes Übertragungssprotokoll für Punkt-zu-Punkt-Verbindungen.

Standardisiert von der → *ITU* in I.122, I.233 (Serviceaspekte), I.370, Q.921, Q.922 (Frameformate, → *LAPD*) und Q.933 (Signalisierung) und von der → *ANSI* in T1.606 (Service), T1.617 (Signalisierung) und T1.618 (Frameformate). Die Standardisierung für viele weitere Aspekte ist noch nicht abgeschlossen.

Frame Relay unterstützt eine variable Paketlänge von 262 Bytes (Defaultwert) bis 8 192 Bytes (8 KByte), daher entsteht bei großen Paketen nur ein geringer Protokoll-Overhead. Üblicherweise werden Framegrößen von 1 512 Byte genutzt.

Frame Relay arbeitet auf Schicht 1 und 2 des → *OSI-Referenzmodells* und ist auch für Breitbandanwendungen geeignet. Übertragungsgeschwindigkeit reicht von 56 bzw. 64 kbit/s (n * 64 kbit/s) bis 1,544/2,048 Mbit/s. Technisch sind Geschwindigkeiten bis 45 Mbit/s denkbar.

Viele Steuerungsmechanismen sind im → *Header* im → *DLCI*-Feld untergebracht. Das DLCI-Feld wird von den Netzknoten gelesen und ausgewertet. In Abhängigkeit der Auswertung und der Routingtabellen wird der Frame anschließend unverändert weiter zum nächsten Netzknoten gesendet.

Durch die Verwendung unterschiedlicher DLCIs auf ein und dem gleichen physikalischen Kanal (z.B. vom Sender zum ersten Netzknoten) können verschiedene Verbindungen zu unterschiedlichen Zielen gleichzeitig realisiert werden.

Dies unterstützt mehrere LAN-LAN-Verbindungen gleichzeitig, z.B. wenn in verschiedenen Fenstern eines Anwendungsprogramms auf einem PC verschiedene Ressourcen angesprochen werden, die über das Frame-Relay-Netz zu erreichen sind.

Die Übertragung zwischen den Netzknoten erfolgt → *Hop-by-Hop*.
Frame Relay ist prinzipiell eine abgemagerte X.25-Version und auch HDLC-ähnlich (→ *LAP-F*), jedoch mit dem Unterschied, daß hier das Multiplexen von logischen Kanälen auf Schicht 2 geregelt wird und die ausführliche Flußkontrolle und Fehlererkennungs- und Fehlerkorrekturmechanismen (sind in höhere Schichten bzw. in die Endgeräte verlegt) fehlen, da angenommen wurde, daß im LAN- und mittlerweile auch im WAN-Bereich die hochentwickelten digitalen Bausteine der Sender und Empfänger sowie Übertragungsmedien weitgehend fehlerfrei arbeiten, was zu geringeren → *Delays* und Bitfehlern führt. Insgesamt ist Frame Relay damit für → *Bursty* *Traffic* ausgelegt, wie er typischerweise bei LAN-Interconnections auftritt.
Einziger Fehlersicherungsmechanismus ist ein 2 Byte langes → *FCS*-Feld (CRC-16), wodurch Fehler erkannt werden können. Die Auswertung des CRC erfolgt erst durch höhere Protokollschichten am Ende der Verbindung, d.h. durch den Empfänger. Fehlerhafte Pakete werden sofort verworfen und durch das gesamte Netz vom Sender wieder angefordert. Hierin liegt ein Unterschied zu X.25, wo die Fehlerprüfung zwischen den einzelnen Netzknoten erfolgt und fehlerhafte Daten nur zwischen den Netzknoten erneut angefordert werden.
Ferner werden Daten vom Sender automatisch wiederholt übertragen, sobald innerhalb einer bestimmten voreingestellten Zeit keine positive Quittung durch den Empfänger erfolgt.
Ein Paket gilt auch als fehlerhaft, wenn der DLCI fehlerhaft ist.
Durch diesen Mechanismus arbeitet Frame Relay effizient, sofern eine → *BER* von 10^{-6} nicht überschritten wird.
Es werden permanente und geschaltete virtuelle Verbindungen (→ *PVC*, → *SVC*) unterstützt.
Frame Relay beinhaltet auch Überlastkontrolle wie z.B. → *BECN*, → *CLLM*, → *FECN* oder → *DE*.
Es ist dabei zu beachten, daß im Standard keine Verfahren zur Erkennung der Überlast durch die Netzknoten definiert sind, sondern nur zur Information über die Überlast, wenn diese bereits erkannt wurde.

Datenraten bei Frame Relay

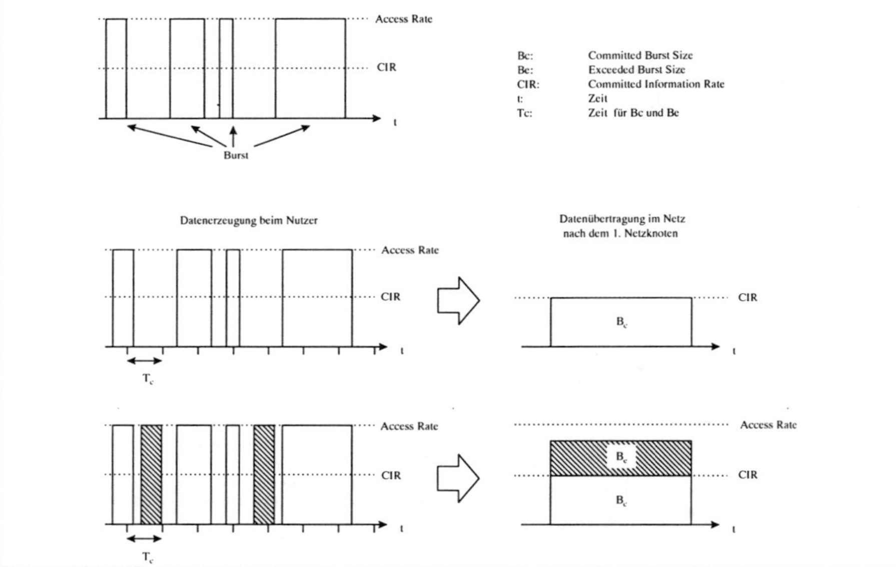

Beispiele für die Erkennung können jedoch sein:

- Ermittlung des Füllungsgrades des Speichers für eingehende Frames,
- Ermittlung des Füllungsgrades des Speichers für ausgehende Frames,
- Ermittlung der Auslastung der eigenen → *CPU*.

Signalisierung und Nutzdatentransport erfolgen getrennt über zwei verschiedene Protokollstapel (Control Plane und User Plane) der Schichten 1 bis 3, die sich erst wieder in der 4. Schicht vereinigen. Nachteil von Frame Relay, wie bei allen paketorientierten Verfahren, sind nicht vorhersehbare Laufzeiten von Ende zu Ende, daher eher ungeeignet für zeitkritische Anwendungen, wie z.B. Sprachübertragung, obwohl mittlerweile einige Firmen Zusatzeinrichtungen für die Kopplung von PBX im Rahmen von → *CNs* anbieten.

Zusammengefaßt existieren damit folgende Unterschiede zwischen Frame Relay und X.25-Netzen:

- Das Frame-Relay-Protokoll ist einfacher zu implementieren,
- Niedrigerer Protokoll-Overhead durch niedrige Sicherheitsmechanismen,
- Keine Flußsteuerung,
- Outband-Signalisierung,
- Niedrigerer Delay durch niedrigere Bearbeitungszeiten in den Netzknoten,
- Multicastverbindungen werden unterstützt.

Frame-Relay-Netzstruktur

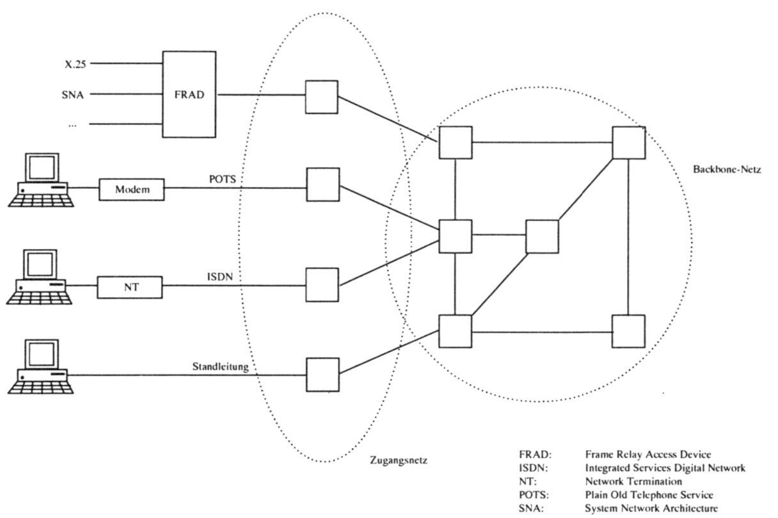

Reale Frame-Relay-Netze müssen nicht zwingenderweise zwischen den Netzknoten (eines Herstellers) nach den Frame-Relay-Protokollen übertragen, solange sie die Schnittstellenspezifikation zu den Nutzern einhalten (UNI, User to Network Interface). Vielmehr verwenden einige Hersteller eigene Übertragungsprotokolle.

Damit verschiedene Geräte verschiedener Hersteller dennoch miteinander kommunizieren können, hat das Frame-Relay-Forum eine eigene Schnittstellenbeschreibung (NNI, Network-to-Network-Interface) erarbeitet.

Kleine Netze werden oft nur teilvermascht mit besonderer Berücksichtigung von Ersatzpfaden (→ *Rerouting*). Größere Netze werden üblicherweise hierarchisch mit → *Backbone* und Zugangsknoten aufgebaut. Die Netze selbst können aus Betreiber- oder Kundensicht als verschiedene Modelle implementiert werden:

- Öffentliches Frame-Relay-Netz eines Netzbetreibers, an das jeder angeschlossen werden kann.
- Privates Frame-Relay-Netz innerhalb eines Konzerns mit Anschluß von Zulieferern oder anderen geschäftlich verbundenen Unternehmen (ähnlich einem → *CN*).
- Privates Frame-Relay-Netz als rein internes Netz.

An die Zugangsknoten können die Nutzer mit Wählverbindung (digital über → *ISDN* oder analog per → *Modem*) oder über eine Standleitung angeschlossen werden. Am Standort des Nutzers selbst erfolgt der Anschluß u.U. mittels eines Frame Relay Access Devices (→ *FRAD*).

Prinzipiell ist Frame Relay für alle Anwendungen mit burstartig auftretendem Verkehr geeignet (→ *Burst*) und nicht für Verkehr mit konstanter Bandbreite, die im ungünstigsten Fall noch der maximalen Bandbreite der Anschlußleitung entspricht.

Frame Relay wird daher allgemein als Backbone für → *LAN*-Interconnections im unteren bis mittleren Geschwindigkeitsbereich genutzt. Es gilt dort als einigermaßen preiswerte Alternative zu schmalbandigen ISDN-Wählverbindungen (die bei niedriger Last bei LAN-LAN-Kopplungen zwischen wenigen Standorten genutzt werden), breitbandigen und teuren Festverbindungen (ist aber teuerer als X.25) und kann auf vielen Plattformen implementiert werden. Der Teilnehmer kann darüber hinaus bei Frame Relay in der Regel eine sogenannte Committed Information Rate (CIR) festlegen. Diese Datenrate liegt unterhalb der offiziellen maximalen Datenrate seines Anschlusses (Access Rate) und wird ihm garantiert, wohingegen seine maximale Datenrate nur bei entsprechenden freien Kapazitäten im Netz zur Verfügung steht. Die CIR beträgt üblicherweise ¼ oder ½ der Access Rate.

Wenn die Datenrate über die CIR steigt, werden die betroffenen Frame-Relay-Rahmen gekennzeichnet (DE-Bit wird auf 1 gesetzt). Derartig gekennzeichnete Rahmen können bei Bedarf durch die Netzknoten verworfen werden.

So ist bei einem 64-kbit/s-Anschluß, beispielsweise, eine CIR von nur 32 kbit/s denkbar. In den USA gibt es sehr günstige Tarife mit CIR von 0, was bedeutet, daß im Falle einer Netzüberlastung kurzfristig keine Daten mehr ins Netz gelangen können. Dies ist ein Umstand, der aber in vielen Fällen toleriert werden kann und lediglich zu Zeitverzögerungen führt.

Neben der Access Rate und der CIR bestimmt auch die Committed Burst Size (Bc) eine Rolle. Sie gibt die Datenmenge an, die in einem Zeitintervall von Tc (hier wird üblicherweise 1 s gewählt) am Netzknoten ankommen darf. Die betreffende Datenmenge wird hinter dem ersten Netzknoten mit CIR durch das Netz zum Empfänger transportiert.

Ferner gibt die Excess Burst Size (Be) an, um wieviele Bit die Bc in der Zeit Tc überschritten werden darf. Der Netzknoten wird, sofern entsprechende Kapazitäten noch vorhanden sind, versuchen, die Datenmenge weiter zu übertragen. Be darf zusammen mit Bc an die Access Rate heranreichen.

Erste Entwicklung auf dem Weg zu Frame Relay war 1983 FPS (Fast Packet Switching) aus dem Hause der Bell Labs. Diese Technik entwickelte sich dann zum heutigen Frame Relay weiter, das Ende der 80er Jahre historisch aus dem Bedürfnis hervorging, für mittlerweile bessere digitale Leitungen (Glasfasern) und Übertragungsverfahren als in den 60er Jahren, einen einfacheren Paketvermittlungsmodus bereitzustellen als das bisher verwendete → *X.25*. Die → *ITU* und die → *ANSI* strebten beide ab Mitte der 80er Jahre einen Standard an, allerdings mit nur sehr niedrigem Tempo. Die Firmen Stratacom, Cisco-Systems, DEC und Northern Telecom ('Group of Four') waren die Hauptinitiatoren für die Verbreitung in Nordamerika ab 1990. Sie brachten auch die Standardisierung voran, die sich bis dahin nur schleppend entwickelte. Aus der Gruppe ging 1991 das Frame-Relay-Forum hervor, das mittlerweile über 100 Unternehmen umfaßt. Das Frame-Relay-Forum ist erreichbar unter:

The Frame Relay Forum
303 Vintage Park Drive
Foster City, CA 94404-1138
Tel. (+ 1) 04 15 / 5 78 69 80
Fax: (+ 1) 04 15 / 5 25 01 82

→ *http://www.frforum.com/*

→ *http://cell-relay.indiana.edu/*

FrameLink

Produktname der Deutschen Telekom für ihren → *Frame-Relay*-Dienst.

Frame Stealing

Bezeichnung für das Nutzen fremder Ressourcen zu dafür nicht vorgesehenen Zwecken in der Paketdatenübertragung. Dabei werden mit für Nutzdaten vorgesehenen Paketen (hier Frames genannt) Signalisierungsdaten übertragen.

FRC

Abk. für Federal Radio Commission.

Der Vorgänger der → *FCC*. Gegründet 1927. Ging 1934 in der FCC auf.

Freephone

Internationaler Jargon für gebührenfreie Anrufe. Ein Dienst des → *IN*.

→ *Greenline*.

Free-TV

Mitte der 90er Jahre geprägter Begriff, der im Gegensatz zum Begriff → *Pay-TV* das TV-Angebot nichtkommerzieller Veranstalter bezeichnet. Die Veranstalter sind meistens staatlich kontrollierte Sender oder öffentlich-rechtlich organisiert.

Irreführend ist dieser Begriff insofern, als daß Free-TV nicht zwangsläufig kostenlos ist. In der Regel werden monatliche Gebühren fällig, so in Deutschland z.B. für ARD und ZDF sowie ihre assoziierten Sender.

Freeware

Bezeichnung für Software, für die üblicherweise nur der Datenträger zu bezahlen ist, nicht jedoch die Software selbst. Andere Modelle sehen freiwillige Beiträge im nachhinein o.ä. vor.

→ *Dongleware*, → *Public Domain*.

Freilaufende Prozedur

Andere Bezeichnung für das → *Ready-Busy-Protokoll*.

Freiraumdämpfung

Bezeichnung eines Dämpfungsmaßes, das Effekte des → *Fading* wie → *Dämpfung*, → *Beugung*, → *Transmission* und → *Reflexion* berücksichtigt. Ist definiert als Differenz zwischen der empfangenen und der abgestrahlten Leistung:

$$L_0 = P_E - P_S$$
$$L_0 = -10 \log (P_E/P_S) = -20 \log (\lambda/4\pi d)$$

wobei gilt:

L_0	Freiraumdämpfung
P_E	Empfangsleistung
P_S	Sendeleistung
d	Entfernung
λ	Wellenlänge

Freisprecheinrichtung, Freisprechen

→ *Leistungsmerkmal* von Telefonapparaten und → *Handys*. Oft auch bei Kombigeräten Telefon-Anrufbeantworter zu finden. Dabei kann bei aufgelegtem Hörer gewählt, ein Anruf entgegengenommen oder gesprochen werden. Üblicherweise kann zwischen Freisprechen und Betrieb mit Hörer, auch während einer bestehenden Verbindung, durch Betätigen einer → *Funktionstaste* umgeschaltet werden.

Das Telefon ist dafür mit einem zusätzlichen Lautsprecher und einem Mikrofon ausgestattet. Darüber hinaus sind technische Vorkehrungen zur Verhinderung bzw. Dämpfung des akustischen Rückhörens zwischen Sende- und Empfangsrichtung zu treffen

Bei Autotelefonen oft in Verbindung mit einer → *Stummschaltung*.

Freiton

→ *Rufton*.

Fremdanschaltung

Bezeichnung für den Anschluß eines Teilnehmers an das → *ISDN* in einem fremden ISDN-fähigen Ortsnetz, wenn das Ortsnetz des Teilnehmers noch nicht ISDN-fähig ist. Ein Anschluß an die eigene ISDN-fähige nächstgelegene Vermittlungsstelle wird als Regelanschaltung bezeichnet.

Frequency Hopping

Von engl. frequency hopping = Frequenzsprungverfahren.

Auch FHSS für Frequency Hopping Spread Spectrum genannt.

Bei der Übertragung in Frequenzbändern mit → *FDMA* kommt es vor, daß bestimmte Frequenzen mehr gestört werden als andere. Um dennoch auch auf diesen Frequenzen Daten übertragen zu können, teilt man einem logischen Kanal diesen physischen Kanal (d.h. die Frequenz) jeweils nur für eine bestimmte Zeit zu und wechselt dann den Kanal. Da alle logischen Kanäle nach der Übertragung eines Datenpaketes die Frequenz wechseln, führt das dazu, daß viele wenig gestörte und daher korrigierbare Kanäle zur Verfügung stehen, anstelle eines schlechten (u.U. nicht korrigierbaren) und den restlichen sehr guten Kanälen.

Man unterscheidet das Slow Frequency Hopping und das Fast Frequency Hopping.

Beim Slow Frequency Hopping wird auf jeder Frequenz eine Gruppe von mehreren Bit übertragen, bevor zur nächsten Frequenz gesprungen wird. Dies ist beim Fast Frequency Hopping nicht der Fall.

Im → *GSM*-System ist Slow Frequency Hopping nach einem festgelegten Raster vorgesehen, wird aber (noch) nicht angewendet.

Fast Frequency Hopping gilt als teuer und technisch schwierig beherrschbar. Es wird vor allem im militärischen Bereich zur Datenverschlüsselung eingesetzt, wo Frequency Hopping seinen Ursprung hat und schon seit mehreren Jahren eingesetzt wird.

Ein anderes Anwendungsfeld für Frequency Hopping sind → *Wireless LAN*s.

Eine Sonderform ist → *Interferenz Diversity*.

Nachteilig beim Frequency Hopping ist der erhöhte Verwaltungs-Overhead für die Sprungreihenfolgen und eine Verringerung der Nutzdatenrate, da sowohl zusätzliche Verwaltungsdaten über den Funkkanal transportiert werden müssen als auch das System vor und nach dem Sprung immer etwas Zeit zum Einschwingen benötigt.

Frequenz

Anzahl der Schwingungen, die ein System in einer bestimmten Zeit durchführt. Einheit: 1/s, genannt Hertz.

Frequenzband

Bezeichnung für einen zusammenhängenden Bereich von Frequenzen aus dem Frequenzspektrum, die durch eine Unter- und eine Obergrenze definiert werden und mit einem Namen versehen wurden. Üblicherweise sind physikalische Eigenschaften gemeint, wenn von Frequenzbändern gesprochen wird (im Gegensatz zu Anwendungen bei → *Frequenzbereichen*).

Für verschiedene Bänder haben sich unterschiedliche Namen eingebürgert, die allerdings nicht fest definiert sind, so daß es auf den konkreten Einzelfall ankommt.

→ *P-Band*, → *L-Band*, → *S-Band*, → *C-Band*, → *X-Band*, → *K-Band*, → *Ku-Band*, → *Ka-Band*, → *Q-Band*, → *V-Band*.

Frequenzbereich

Ein für einen bestimmten Zweck (z.B. Mobilfunk) von einer Behörde zugeteiltes Bündel von Frequenzen aus dem Frequenzspektrum. Nicht notwendigerweise zusammenhängend.

→ *Bandbreite*, → *Frequenzband*.

Frequenzdiversityverfahren

Bezeichnung eines Verfahrens zur Empfangsverbesserung bei Funkverbindungen. Dabei wird eine Frequenz automatisch nach einer bestimmten

Vorschrift gewechselt, wenn die Empfangsqualität eine festgelegte Grenze unterschreitet. Hierfür muß der Empfänger alle möglichen Sendefrequenzen des Sender kennen.
→ *Diversity.*

Frequenzhub

→ *FSK.*

Frequenzmultiplex

→ *FDMA.*

Frequenzselektive Ausbreitung

Bezeichnung für einen Effekt bei der Ausbreitung elektromagnetischer Wellen. Bezeichnet die Eigenschaft, daß Wellen verschiedener Frequenzen verschiedene Ausbreitungscharakteristiken haben. Dies führt insbesondere bei breitbandigen Signalen zu unerwünschten Störungen.

Frequenzsprungverfahren

Deutsche Bezeichnung für → *Frequency Hopping.*

Frequenzumtastung

→ *FSK.*

Frequenzzuteilung

Bezeichnung für den Akt einer nationalen Behörde, die auf einen Antrag hin einer einzelnen Funkstelle oder einem Funksystem eines Betreibers einen Bereich des Frequenzspektrums zu genau festgelegten Zwecken und unter genau festgelegten Bedingungen (Sendeleistung etc.) zuteilt.
→ *Frequenzzuweisung.*

Frequenzzuweisung

Bezeichnung für den Akt einer nationalen oder internationalen Behörde der Reservierung eines Frequenzbereichs aus dem gesamten Frequenzspektrum für einen allgemeinen Zweck (z.B. terrestrischer Mobilfunk, Satellitenmobilfunk, Richtfunk, Rundfunk).
Dabei werden, im Gegensatz zur → *Frequenzzuteilung*, nicht einzelne Betreiber oder einzelne Funkanlagen betrachtet.

FRICC

Abk. für Federal Research Internet Coordinating Committee.
Bezeichnung des Vorläufergremiums der → *FNC.*

FRK

Abk. für Flach-Reed-Kontakt.
Bezeichnung einer Spezialform des Reed-Relais, das sich durch besonders flache und daher raumsparende Bauweise auszeichnet. Eingesetzt, z.B., in der → *SPC*-Vermittlung aus dem Hause Telenorma, die 1965 in Frankfurt versuchsweise eingesetzt wurde.
Nächster Entwicklungsschritt waren Multireed-Kontakte.

Front End

1. Bezeichnung in verteilten Systemen für die Schnittstelle zum Teilnehmer, beispielsweise → *Terminals* am → *Host* oder die Clients am → *Server.*
2. Oft auch genutzt als Bezeichnung eines Kommunikationsvorrechners, der die Kommunikation über das Netz für einen Großrechner abwickelt.
3. Bei Online-Services die Bezeichnung für die Schnittstellen zum Nutzer, d.h. das → *GUI* und dessen Funktionalität.

Front Office

Auch First Level Support genannt. Bei → *Call Centern* die Personen mit dem ersten Anruferkontakt, die einen Großteil der Anfragen verarbeiten sollen. Üblicherweise mit angelernten oder gering qualifizierten Mitarbeitern besetzt.
Vom Front Office nicht bearbeitete Anfragen werden an das → *Back Office* weitergeleitet.

FRSU

Abk. für Frame Relay Service Unit.
→ *Frame Relay.*

Fs

1. Abk. für Fernschreiber.
   → *Telex.*
2. Abk. für Functional Specification.
3. Abk. für Frame Switching.

FSF

Abk. für Free Software Foundation.
Bezeichnung eines von Richard M. Stallman initiierten Projektes, das zum Ziel hat, qualitativ hochwertige, aber gleichzeitig frei verfügbare Software zu entwickeln.
→ *GNU.*

FSK

Abk. für Frequency Shift Keying.
Bezeichnung eines digitalen Modulationsverfahren. Dabei wird die digitale Null durch eine analoge Schwingung einer Frequenz codiert und die digitale Eins durch eine analoge Schwingung in einer zweiten Frequenz. Anwendung, z.B., in → *V.21* und → *V.23.*
Die Frequenzen sind dabei symmetrisch um eine Trägerfrequenz angeordnet. Der Abstand zwischen Trägerfrequenz und Signalfrequenz wird als Frequenzhub bezeichnet. Der Modulationsindex ist das Verhältnis von Gesamthub (Differenz zwischen den Signalfrequenzen) zur Datenrate.
FSK wird technisch mittels zweier Oszillatoren realisiert, die wechselnd an- und ausgeschaltet werden. Nachteil hierbei: wechselnde Phasenlage

im Ausgangssignal. Daher: ein Oszillator, der gezielt verstimmt wird. Phasenlage bleibt dann kontinuierlich. Dies Verfahren wird als Continuous Phase FSK (CPFSK) bezeichnet.

Beträgt der Modulationsindex 0,5, so liegt Minimum Shift Keying (MSK) vor mit orthogonalen Signalen, die wegen des größtmöglichen Störabstands optimal vom Empfänger decodiert werden können.

Werden mehrere Frequenzen zur Verfügung gestellt, können auch mehrere digitale Daten zusammengefaßt werden. Drei Bit lassen sich in einem Schritt mittels acht Frequenzen übertragen.

→ *FFSK*

FSL

Abk. für Flexible Service Logic.

→ *IN*.

FSN

Abk. für Full Service Network.

Bezeichnung für universell nutzbare Netze für Sprach-, Daten- und multimediale Kommunikation, z.B. ein → *ATM*-Netz.

FSOQ

Abk. für Frequency Shift Offset Quadrature (Modulation).

Bezeichnung einer Sonderform der → *FSK*.

FSS

Abk. für Fixed Satellite Services.

FT

1. Abk. für France Télécom.
   Bezeichnung des nationalen Carriers in Frankreich.
   → *http://www.ftna.com/*
2. Abk. für File Transfer.
3. Abk. für Frame Transfer.

FT1

Abk. für → *Fractional T1*.

FTAM

Abk. für File Transfer, Administration and Management.

Bezeichnung eines Protokolls auf Schicht 7 des → *OSI-Referenzmodells*, das einige Dienste zum Dateitransfer, -zugriff und -verwaltung zur Verfügung stellt. Genormt durch die → *ISO* als ISO 8571, im Jahr 1988.

Prinzipiell steht nur ein Modell eines virtuellen Dateiverwaltungssystems zur Verfügung, da viele unterschiedliche Dateisysteme bereits existieren. Diese werden mittels Software auf das standardisierte FTAM-Modell abgebildet, so daß Nutzer des FTAM-Dienstes nicht wissen müssen, wie das lokale Dateisystem gegliedert ist und auf welchen Rechnern welcher Hersteller in welcher Konfiguration es installiert ist.

FTAM gilt als sehr komplex und umfangreich, weswegen die Funktionalität in neun Gruppen eingeteilt ist, von denen für eine Anwendung eine zwingend und die anderen optional sind.

FTAM wird zum Dateiaustausch im Rahmen von → *EDI* insbesondere von Banken genutzt.

FTN

Abk. für Fido-Technology Network.

Bezeichnung für nicht am → *Fidonet* offiziell hängende → Mailboxnetze, die aber das Transportprotokoll → *Fido* nutzen.

Im Gegensatz zum → *Fidonet* sind die FTN meistens Mailboxsysteme, die sich einem speziellen Thema widmen, z.B. Science-Fiction-Themen, Hilfsorganisationen wie DRK oder MHD oder Computerviren.

FTNs besitzen Zonenkennzahlen oberhalb der höchsten Fidonet-Zonenkennzahl 6.

FTP

1. Abk. für engl. File Transfer Protocol. Ein Protokoll auf den Schichten 5 bis 7 des → *OSI-Referenzmodells* zum Dateitransport (nicht zum Dateizugriff, → *FTAM*), das von der ARPA im → *Internet* zum Dateitransfer und zum Duchsuchen von Dateisystemen (mit den üblichen Kommandos wie ls, dir oder cd) auf entfernten Rechnern entwickelt wurde. Übertragungen sind im Bild- und Textmodus (Binär- und ASCII-Daten) möglich.

   Entsprechende Software, die das FTP nutzt, steht für alle gängigen Betriebssysteme zur Verfügung.

   Das FTP ist eine der Standardanwendungen, die die → *TCP/IP*-Familie nutzt.

   Üblich ist, daß der Zugriff auf einen FTP-Server mit → *Paßwort* geschützt ist. Oft reicht jedoch als → *Login* das Kürzel 'FTP' aus und als Paßwort wird die eigene e-mail-Adresse für statistische Zwecke etc. erwartet. Ein derartiges System wird auch Anonymous FTP genannt.

   Weltweit existieren viele FTP-Server, die so dem Teilnehmer den Zugriff und das Kopieren von Dateien ermöglichen ohne über spezielle Zugangsrechte verfügen zu müssen (kein Paßwort, kein → *Account* etc.).
2. Abk. für Foil (Screen) Twisted Pair.

   Bezeichnung für einen bestimmten Kabeltyp, bei dem → *verdrillte Zweidrahtkabel* aus Kupfer mit einer metallischen Folie abgeschirmt sind.

FTTA

Abk. für Fibre to the Amplifier.

Bezeichnet die Strategie, bei der Verkabelung das Glasfaserkabel bis zum letzten Verstärker vor dem Teilnehmer zu verlegen und ab dort das Kupferkabel zu nutzen.

Eine genaue Abgrenzung zu → *FTTB*, → *FTTC* und → *FTTH* fällt schwer.

→ *FITL.*

FTTB

Abk. für Fibre to the Building.

Bezeichnet die Strategie, bei der Verkabelung das Glasfaserkabel bis ins Haus (großer Wohnblock, große Anlage, wie z.B. Hotel, Krankenhaus, Bürohochhaus etc.) zu verlegen, um dann innerhalb des Hauses die bereits vorhandene Kupferkabelinfrastruktur zu nutzen.

→ *FITL.*

FTTC

Abk. für Fibre to the Curb, seltener: Fiber to the Cabinet.

Bezeichnet die Strategie, im Ortsbereich Glasfaser bis zum letzten Verteilpunkt vor dem Hausanschluß zu verlegen (... bis zum Straßenrand) und ab da die vorhandenen Kupferkabel zu nutzen. In Deutschland ist dieser Punkt der → *Kabelverzweiger*.

Diese Verlegestrategie wird üblicherweise eingesetzt in locker mit freistehenden Einfamilienhäusern bebauten Gebieten (Vororte).

FTTH

Abk. für Fibre to the Home.

International üblich wird damit die Strategie umschrieben, auch im Teilnehmeranschlußbereich Glasfasern zu verlegen, d.h. von der örtlichen Vermittlung zum Endgerät beim Teilnehmer. Für 'echte' und zukunftssichere Breitbandanwendungen unverzichtbar.

Diese Verlegestrategie wird angewandt in mit Wohnblöcken dicht bebauten Gebieten, z.B. in Innenstädten oder entlang von Hauptverkehrsstraßen.

FTTK

Abk. für Fiber to the Kerb.

Andere Schreibweise für → *Fiber to the Curb.*

FTTO

Abk. für Fibre to the Office.

Bezeichnung für das Verlegen von Glasfaserkabeln im Anschlußbereich von Geschäftskunden zur Bereitstellung breitbandiger Anschlüsse.

→ *FITL.*

FTTL

Abk. für Fibre to the loop.

Anderes Wort für → *FITL*. Oberbegriff für → *FTTA*, → *FTTB*, → *FTTC*, → *FTTO* und → *FTTR*.

FTTR

1. Abk. für Fibre to the Remote.
   In der Literatur dann und wann auftretende andere Abk. für → *FTTC*.
2. Abk. für Fibre to the Radio Drop.
   Bezeichnung für die Kombination von Glasfaserverkabelung mit drahtlosen Zugangsnetzen (→ *RLL*), wobei die Funkeinheit (Basisstation) per Glasfaserkabel an die Ortsvermittlung angeschlossen wird.

FTZ

Abk. für Forschungs- und Technologiezentrum (der Deutschen Telekom), bis 1990: Fernmeldetechnisches Zentralamt. Sitz: Darmstadt.

Das FTZ war die oberste Zentralbehörde bzw. oberste technische Forschungs- und Betriebseinheit der Deutschen Telekom. Gegründet wurde sie am 14. März 1949, als das 1947 gegründete Post- und Fernmeldetechnische Zentralamt aufgespalten wurde in das FTZ und das Posttechnische Zentralamt. Seit Ende 1995 ist das FTZ keine einheitliche Organisation mehr, sondern besteht aus einzelnen, unabhängigen Betriebseinheiten, von denen das Technologiezentrum (TZ) mit Sitz in Berlin und Darmstadt das größte und wichtigste ist. Die Zentren sind teilweise zum 1. Dezember 1995, zum 1. Januar 1996 oder zum 1. Mai 1996 eingerichtet worden. Die Zentren sind:

Kürzel	Bezeichnung
TZ	Technologiezentrum
ZÖTK	Zentrum öffentliche Telekommunikation
ZRA	Zentrum für Rundfunk und Audiovision
ZEG	Zentrum für Endgeräte
DLZKMR	Dienstleistungszentrum für Kommunikation, Marketing und Research des Vorstandsbereichs Personal und Recht
DLZ Fb	Dienstleistungszentrum Fortbildung
DLZ IN	Dienstleistungszentrum International
IDZ	Informations- und Dokumentationszentrum

Füllsender

Bezeichnung für einen Sender, der in geographisch ungünstigen Gebieten (Täler) zur Sicherung der Funkversorgung (z.B. mit Rundfunkdiensten) eingesetzt wird. Meistens mit begrenzter Sendeleistung.

FuFeD

Abk. für Funkfernsprechdienst.

In Deutschland ehemals gebräuchliche amtliche Bezeichnung für → *Mobilfunk.*

Full CIF

→ *CIF*.

Fullscan

Bezeichnung bei Monitoren, daß die gesamte sichtbare Bildschirmfläche auch zur Darstellung eines Monitorbildes genutzt wird.

Funk-LAN

→ *Wireless LAN*.

Funkloch

Bezeichnung für kleine Gebiete eines Mobilfunknetzes, in dem kein Empfang besteht.

Gründe können → *Funkschatten* oder funktechnisch nicht oder noch nicht versorgte Gebiete sein.

Funknetzplanung

In → *zellularen Systemen* die Bezeichnung für den Prozeß der genauen Planung der Funkzellen.

Ein geographisches Gebiet soll unter Berücksichtigung der dort vorliegenden Geographie, der Ausbreitungseigenschaften elektromagnetischer Wellen und für eine gegebene Leistungsfähigkeit (Kapazität) funktechnisch optimal versorgt werden.

Es existieren verschiedene Softwarepakete, die diese Aufgabe im Zusammenspiel mit geographischen Informationssystemen (→ *GIS*) übernehmen.

Üblicherweise wird zunächst die Größe der → *Cluster* in Abhängigkeit der folgenden Parameter festgelegt:

- Zur Verfügung stehende gesamte Bandbreite,
- Zellengröße und damit Sendeleistung,
- Genutztes Verfahren der → *Digitalen Modulation*,
- Technische Angaben der Hersteller der Basisstation (→ *BS*).

Die Größe einzelner Zellen ergibt sich durch:

- Potentielle und teilweise zwangsweise festgelegte Standorte der BS (vorhandene Liegenschaften),
- Geographie,
- Erwartete Teilnehmerdichte am Standort und deren prognostizierte Entwicklung in naher Zukunft.

Die Form einer Zelle kann in gewissen Grenzen durch die Wahl geeigneter Richtantennen und eine Variation des Antennenstandortes (Höhe) beeinflußt werden.

Ferner wird bei Kapazitätsproblemen in einer einzelnen Zelle, im Rahmen des Netzausbaus, ein Zellensplitting vorgenommen, bei dem eine Zelle in zwei oder mehrere dann kleinere Zellen geteilt wird. In der Phase des Netzaufbaus werden üblicherweise zwei Strategien unterschieden, von denen meistens die erste bevorzugt wird:

- Kapazitätsdeckung in Wirtschafts- und Ballungszentren sowie an den Hauptverkehrsstrecken entlang (Autobahnen), unter Inkaufnahme zahlreicher → *Funklöcher*, mit anschließendem Ausbau in die Fläche.
- Große Flächendeckung am Anfang zur Mobilitätssteigerung der ersten Kunden mit anschließender Verkleinerung der Funkzellen und punktueller Abdeckung in Bereichen mit Kapazitätsschwierigkeiten.

Funkruf (-systeme)

→ *Paging*.

Funkrufzone

Bezeichnung des Bereichs in einem → *Pagingsystem*, in dem ein Teilnehmer mit Hilfe des Netzes gerufen werden kann.

Ein System besteht üblicherweise aus mehreren Funkrufzonen.

→ *Eurosignal*, → *Cityruf*.

Funkschatten

Bezeichnung für eine Störung des Empfangs in Mobilfunknetzen durch Abschattung geographischer Gebiete. Gründe hierfür können Berge, Tunnel, Tiefgaragen, Fußgängerpassagen oder Hochhäuser sein.

Gegenmaßnahmen sind einfache Repeater und günstig positionierte Sendeantennen.

Funktionstaste

Bezeichnung für eine Taste an Endgeräten (z.B. → *Komforttelefon* oder → *Handy*), die durch einmalige oder mehrmalige Bedienung eine spezielle Aktion auslöst.

Einfach- und Doppelbelegung von Funktionstasten ist dabei möglich (z.B. Buchstaben zusätzlich auf einer 10er-Tastatur).

Die Anordnung und Ausführung der Funktionstasten sollte nach ergonomischen Gesichtspunkten erfolgen (→ *MMI*). Ihre reale technische Ausführung erfolgt sowohl als → *Hard-* als auch als → *Softkey*, dann oft zusammen mit einem → *Display*.

Häufig genutzte Einsatzarten sind:

- → *Dienstmerkmale* einrichten, setzen und löschen,
- → *Leistungsmerkmale* einrichten, setzen und löschen,
- Informationen abrufen bzw. editieren (z.B. Telefonnummerneingabe in Speicher).

FuÜ

Abk. für Funkübertragung.

FV

Abk. für Festverbindung.
Korrekter Name: → *Standardfestverbindung*. Bezeichnung eines Produktes der Deutschen Telekom im Bereich der → *Monopolübertragungswege*. Es werden verschiedene Gruppen von Festverbindungen unterschieden, die durch eine Zahl hinter dem FV kenntlich gemacht werden.

FVSat

Bezeichnung eines Produktes der Deutschen Telekom.

Oberbegriff für alle weltweiten Festverbindungen (→ *FV*) über Satellitenstrecken von Antenne zu Antenne. Es werden nur digitale Verbindungen mit 64 oder 128 kbit/s angeboten. Die Leitungen müssen im voraus für bestimmte Zeiten gebucht werden.

FVSt

1. Abk. für Fernvermittlungsstelle.
   → *Fernnetz*.
2. Abk. für Funkvermittlungsstelle.
   Deutsche und kaum noch gebrauchte Bezeichnung für → *MSCs* in heutigen Mobilfunknetzen. Die Bezeichnung stammt aus den Zeiten vor digitalen und zellularen Systemen.

G

G.703

Empfehlung der → *ITU*, die die Schnittstelle von Nicht-ISDN-Netzen zum → *ISDN* festlegt.

G.711

Empfehlung der → *ITU*, die die Digitalisierung von Audiodaten in Fernsprechqualität (3,1 kHz Bandbreite) mit einer Datenrate von 56 kbit/s beschreibt.

G.722, G.728

Standardfamilie von Normen der → *ITU* für die Übertragung von digitalen Audiosignalen sowie deren Komprimierung bzw. Dekomprimierung bei bestimmten Übertragungsraten (G. 722: 7 kHz Bandbreite auf 56 kbit/s oder auch 44 kbit/s; G.728: 3,1 kHz Bandbreite auf 16 kbit/s mit max. → *Delay* von 250 ms, nutzt → *LD-CELP*).

Intention ist die Nutzung dieser Empfehlungen in → *Videokonferenzsystemen*. So kann G.728 genutzt werden, um Videokonferenzen über nur einen B-Kanal des → *ISDN* zu ermöglichen.

GAA

Abk. für Geldausgabe-Automat.

Andere seltener gebrauchte Bezeichnung für Geldautomat.

→ *ATM*.

GaAs

Abk. für Gallium-Arsenid.

Bezeichnung eines Halbleiterwerkstoffes, aus dem die meisten optoelektronischen Komponenten gefertigt werden.

Vorteil dieses Werkstoffes gegenüber den herkömmlichen verwendeten Baustoffen der Halbleiterelektronik (Silizium und in geringem Umfang Germanium) sind die kürzeren Schaltzeiten und die besondere Eignung für optoelektronische Wandlungen.

Gabelschaltung

Der Ein-/Aussschalter des Telefons in der Hörerablage bzw. bei anderen Geräten (z.B. schnurlose Geräte) die Taste mit entsprechender Funktion.

Galvanische Kopplung/Verbindung

Zwischen zwei Punkten besteht eine galvanische Verbindung, wenn zwischen ihnen Gleichstrom übertragen werden kann, d.h., wenn zwischen ihnen dauerhaft eine elektrisch leitende Verbindung in Form gemeinsamer Impedanzen (durchgehender Draht) vorhanden ist.

→ *Kopplung*, → *Induktive Kopplung*, → *Kapazitive Kopplung*.

GAMM, GAMM-Mix

Abk. für Gesellschaft für angewandte Mathematik und Mechanik.

Die GAMM hat sich schon sehr früh für den Einsatz von Rechenanlagen zu technisch-wissenschaftlichen Zwecken eingesetzt.

Der GAMM-Mix ist eine Methode zur Leistungsbestimmung von → *Computern*, damit verschiedene Computer bezüglich ihrer Leistung, besonders bei technisch-wissenschaftlichen Problemen mit einem hohen Anteil mathematischer Berechnungen, miteinander verglichen werden können. Dafür wurde ein Mix aus verschiedenen Aufgaben definiert, für die die Zeit ermittelt wird, die der Computer zur Abarbeitung der Aufgaben benötigt.

Der GAMM-Mix-Kennwert T (in s gemessen) ergibt sich dann aus:

$$T = 1/300\ (T_1 + 2T_2 + 3T_3 + 4T_4 + 1/5T_5)$$

T_1:

Zeit zum Bilden eines Skalarproduktes zweier Vektoren mit 30 Komponenten;

T_2:

Zeit zum Bildes der Vektorsumme zweier Vektoren mit 30 Komponenten;

T_3:

Zeit zum Berechnen eines Polynoms 10. Grades nach der Methode von Horner;

T_4:

Zeit für das iterative Berechnen einer Quadratwurzel nach der Methode von Newton (fünf Iterationsschritte);

T_5:

Zeit für die Ermittlung der betragsgrößten Komponente eines Vektors mit 100 Komponenten;

GAN

Abk. für Global Area Network.

Bezeichnet, im Gegensatz zu → *LAN* oder → *WAN*, ein globales Kommunikationsnetz. Es wird üblicherweise mit Satelliten realisiert. Der Übertragungsrate von üblicherweise 2 Mbit/s steht allerdings eine hohe Signalverzögerung infolge der großen zu überbrückenden Distanzen gegenüber. GANs dienen der → *WAN*- oder auch → *LAN*-Kopplung.

GAP

Abk. für Generic Access Profile.

Bezeichnet die allgemeine Luftschnittstelle zu → *DECT*-Basisstationen, deren Standardisierung Ende 1994 erfolgte. Ziel ist eine offene Schnittstelle, so daß Mobilteile eines Herstellers mit den Basisstationen anderer Hersteller kommunizieren können. Dies wird bei → *Telepoint*-Anwendungen ausgenutzt. GAP ist somit das Gegenstück zum → *CAI* von → *CT 2*.

Gassenbesetzt

Zustand, bei dem ein Anruf nicht durchgeschaltet werden kann, weil der Teilnehmer möglicherweise zwar frei ist, nicht jedoch die Leitungen zwischen dem → *A*- und dem → *B-Teilnehmer.*

Gateway

1. Eine mit u.U. erheblicher Intelligenz ausgestattete Schnittstelle zwischen verschiedenen Netzen. Sie übersetzt Protokolldateneinheiten dieser nicht kompatiblen Netze ineinander und führt somit Funktionen der Schichten 3 oder höher (bis Schicht 7) des → *OSIReferenzmodells* aus. Gateways verbinden, z.B. → *PCs* mit IBM-Großrechnern oder E-mail-Produkte, die auf → *TCP/IP* basieren, mit → *X.400*-Systemen.

   → *Repeater,* → *Router,* → *Brouter,* → *Brücke.*
2. Ferner Überleiteinrichtungen zwischen öffentlichen Netzen verschiedener Betreiber oder zwischen verschiedenen nationalen Netzen. Aufgaben: Gebührenerfassung, Umsetzung von unterschiedlichen Signalisierungsprozeduren, Geschwindigkeitsanpassung etc.

Gateway Mobile Switching Center

→ *GMSC.*

GBG

Abk. für Geschlossene Benutzergruppe.
→ *CUG.*

GCLISP

Abk. für Golden Common List Processor.
Bezeichnung eines speziellen Dialektes der Programmiersprache → *Lisp.* Insbesondere für Anwendungen der künstlichen Intelligenz (→ *KI*) gedacht.

GDSS

1. Abk. für Group Decision Support Systems. Allgemeine Bezeichnung für computergestützte Systeme, die den Workflow innerhalb betrieblicher Arbeitsgruppen unterstützen, z.B. → *Groupware.*
2. Abk. für Global Distress Safety System. Oberbegriff für satellitengestützte Mobilfunksysteme, die nur Notrufe übermitteln.

   Beispiele sind: COSPAS, SARSAT (Search and Rescue Satellite Aided Tracking System), GOES (Geostationary Operational Environmental Satellites) und SERES (Search and Rescue Satellite). Internationale Notruffrequenz ist 406,025 MHz. Aufbau von 1992 bis 1999.

   → *ELBA,* → *EPIRB.*

GE

Abk. für Gebühreneinheiten.

Gebäudeverkabelung

→ *Verkabelung.*

Gedan

Abk. für Gerät zur dezentralen Anrufweiterschaltung.
Bezeichnung der Deutschen Telekom für die zusätzliche Hardware in Vermittlungsstellen, die das → *Forwarding* übernimmt. Bezeichnet ebenso nur das Forwarding als ein spezielles Dienstmerkmal der Telekom.
→ *Anis.*

Gegenbetrieb

Von → *DIN* geprägter deutscher Begriff für → *Duplexübertragung.*

GEN

Abk. für Global European Network (Project).
Ein seit September 1992 von fünf öffentlichen Netzbetreibern in Europa durchgeführtes Projekt mit dem Ziel des Aufbaus einer paneuropäischen digitalen gemanagten Netzinfrastruktur, zunächst nur für nichtvermittelte Datenverbindungen. Seit Frühjahr 1993 können europaweit Leitungen von n * 64 kbit/s bis zu 2 Mbit/s geschaltet werden. Nächste Stufe ist das → *METRAN*-Projekt. Mittlerweile haben sich weitere Partner dem Verbund angeschlossen.
Aus Deutschland ist die Deutsche Telekom mit drei Netzknoten in Stuttgart, Düsseldorf und Frankfurt/Main dabei, von wo aus ein Übergang ins → *IDN* erfolgt.

Generationsverluste

Begriff aus der digitalen Bildverarbeitung. Bezeichnet Qualitätsverluste bei mehrfachem Komprimieren und Dekomprimieren digitaler Bilder. Unter einer Generation wird dabei die Datei nach einmaligem Durchlaufen des Kompressionsverfahrens verstanden.
Entstehen meistens durch Rundungsfehler in den Kompressionsalgorithmen und die Technik der Algorithmen, aufgetretene und erkannte Fehler möglichst gleichmäßig auf das gesamte Bild zu verteilen.

GEnie

Abk. für General Electric Network for Information Exchange.
Bezeichnung des 1985 gegründeten kleinen → *Online-Services* der amerikanischen Firma General Electric. Anfang 1996 mit weniger als 100 000 Teilnehmern verkauft an eine andere Firmengruppe.

Gentex

Abk. für General Telegraph Exchange.
Bezeichnung für das am 2. Mai 1956 in Betrieb genommene, europaweite und vermittelte Telekommunikationsnetz europäischer Postverwaltungen für die Übermittlung von → *Telegrammen* und anderen internen Informationen.
Es ist in Deutschland seit den späten 70er Jahren in das → *IDN* integriert.

GEO

Abk. für Geostationary Earth Orbit.
Bezeichnet Satellitenbahnen in 35 768 km Höhe über dem Äquator, die für den Betrachter auf der Erde über dem Horizont feststehen (geostationär sind). Wird auch → *Clarke Orbit* genannt.
Mit drei Satelliten auf einer GEO ist daher eine Versorgung nahezu der gesamten Erdoberfläche möglich. Eine Ausnahme bilden die Pole, da zur Funkversorgung eine → *Elevation* von ca. 10 Grad notwendig ist. Diese Bedingung ist nur in Regionen bis ca. dem 50. Breitengrad erfüllt.
Diese Art von Bahn wird von den aktuellen → *INMARSAT*-Systemen genutzt.
Aktuell umkreisen ca. 320 Satelliten die Erde auf der GEO.
Die → *Inklination* liegt (weil Kreisbahn) bei 0°.
Für die mobile Kommunikation mit → *Handys* ist diese Bahn ungeeignet, da sie zu hoch ist und die Sendeleistung der Handys nicht ausreicht, um die Distanz zu überbrücken. Ferner sorgt die lange Signallaufzeit (250 ms für eine Strecke) für eine niedrige Dienstqualität. Alternativen zu GEOs sind → *MEOs* oder → *LEOs*.
Zu den Vorteilen der GEO gehört die einfache Konfiguration, da mit nur wenigen Satelliten fast die gesamte Erde erreicht werden kann. Das technische System selbst kann, falls es für Satellitenmobilfunk genutzt werden soll, ebenfalls einfach ausfallen, da es wegen der sehr großen → *Footprints* nur sehr selten zu Übergängen von Nutzern zwischen ihnen kommt (→ *Handover*).

GeoPort

Bezeichnung einer Buskonfiguration für Punkt-zu-Punkt-Verbindungen aus dem Hause Apple zur Verbindung des PCs mit peripheren Einheiten, wie dem Telefon oder einer Videokamera. GeoPort erlaubt isochrone Kommunikation bis zu 2 Mbit/s.
Ist von → *Versit* als physisches Interface für → *CTI* vorgesehen.

Gerade Parität

→ *Parität.*

GES

Abk. für Ground Earth Station.
Bezeichnung für die zentrale Bodenstation eines Satellitensystems. Teil des → *Bodensegments.*

Gesellschaft für Informatik

→ *GI.*

Gesprächsunterbrechung (-staste)

Ein → *Leistungsmerkmal* an Endgeräten, das durch Drücken einer → *Funktionstaste* ein Auflegen des Hörers simuliert und das Gerät für das Wählen einer neuen Nummer bereit macht. Dadurch wird das Wiederauflegen und erneute Abheben des Hörers vermieden.

GF

Selten gebräuchliche Abkürzung für Glasfaser.
→ *Glasfasertechnik.*

GFC

Abk. für Generic Flow Control.
→ *ATM.*

GFID/LCGN

Abk. für General Format Identifier/Logical Channel Group Number.
Bei → *X.25* die Bezeichnung für das Feld im → *Header*, das den Typ des Nutzdatenfeldes und die Gruppennummer des logischen Kanals definiert.

GFK

Abk. für Glasfaserkabel.
→ *Glasfasertechnik.*

GFP

Abk. für Global Functional Plane.
→ *IN.*

GFSK

Abk. für Gaussian Frequency Shift Keying.
Ein digitales Modulationsverfahren (→ *digitale Modulation*). Wird z.B. im → *GSM* angewendet.
Es handelt sich dabei um eine modifizierte → *FSK*, bei der anstelle des Sinusfilters ein Gaußfilter eingesetzt wird. Dadurch steht ein schmalbandigerer Sendebereich zur Verfügung, was zu einem geringeren Übersprechen führt. Primär geht es um eine Begrenzung der Bandbreite durch Herausfiltern eines Teils der Oberwellen.

GFT

Abk. für Gemeinschaft Fernmeldetechnik eG.
Bezeichnet einen Zusammenschluß von ca. 135 mittleren und kleinen Firmen aus dem Bereich Telefonbau und Telefonzubehör. Nimmt Funktionen von Einkauf, Weiterbildung sowie Marktforschung wahr.

GGA

Abk. für Großgemeinschafts-Antennenanlage.
Deutsche Bezeichnung für → *MATV.*

GI

Abk. für Gesellschaft für Informatik.
Bezeichnung einer deutschen technisch-wissenschaftlichen Vereinigung mit dem Ziel der Förderung der → *Informatik.*
Adresse:

Gesellschaft für Informatik e.V.
Wissenschaftszentrum
Ahrstraße 45
53175 Bonn
Tel.: 02 28 / 30 21 49
Fax: 02 28 / 30 21 67

→ *http://www.gi-ev.de/*

Gibson Mix

Bezeichnung für einen Mix von Befehlen zur Ermittlung der Leistungsfähigkeit und zum Vergleich von unterschiedlichen → *Computern* für technisch-wissenschaftliche Anwendungen mittels einer Mixkennzahl.
Dabei wird für die Befehle die Zeit gemessen, die für ihre Abarbeitung benötigt wird. Verschiedene Befehle gehen mit unterschiedlichen Wichtungen in die Mixkennzahl ein.

Befehlstyp	Anteil
Befehle ohne Registerzugriff	5,3 %
Boolsche Operationen	1,6 %
Festkomma-Addition, -Subtraktion	6,1 %
Festkomma-Division	0,2 %
Festkomma-Multiplikation	0,6 %
Gleitkomma-Addition, -Subtraktion	6,9 %
Gleitkomma-Division	1,5 %
Gleitkomma-Multiplikation	3,8 %
Indizierung	18,0 %
Laden, Speichern	31,2 %
Schiebeoperationen	4,4 %
Suchen, Vergleichen	3,8 %
Verzweigen, Testen	16,6 %

→ *Linpack*, → *SPEC*, → *GAMM-Mix.*

GIF

Abk. für Graphics Interleave Format.
Bezeichnung eines ehemals weitverbreiteten Dateiformates (Dateiendung .GIF) für Grafiken. Gleichzeitig auch die Bezeichnung eines Kompressionsverfahrens, das die Grafiken in das komprimierte Dateiformat umwandelt.
Das verlustlose Kompressionsverfahren codiert ein einzelnes Bildelement (→ *Pixel*) mit 8 Bit (256 Farben) und dem Verfahren → *LZW*, wodurch maximal eine Kompressionsrate von 5:1 erreicht wird.
Bedingt durch verschiedene Entwicklungen, wie leistungsfähigere Hardware und Lizenzprobleme bei Verwendung rechtlich geschützter LZW-Algorithmen verlor das Format an Bedeutung. Als Nachfolger gilt → *PNG.*

GIGO

Abk. für Garbage In - Garbage Out.
Jargon in Programmiererkreisen in Anlehnung an → *FIFO*, der besagt, daß falsche Eingaben zu falschen Ausgaben führen.

GIH

Abk. für Global Information Highway.
→ *GII.*

GII

Abk. für Global Information Infrastructure.
Auch Global Information Highway (GIH) genannt. Ein vom amerikanischen US-Vizepräsidenten Al Gore geprägter Begriff, der die Idee der → *NII* als nationales Netz von Netzen auf ein internationales globales Netz von Netzen überträgt, mit welchem multimediale Dienste aller Art für private und geschäftliche Anwender angeboten werden sollen.

Gillette-Prinzip

Grundlegendes Prinzip zur Vermarktung, bei dem zunächst etwas für sehr wenig Geld verkauft wird und der Verkäufer mit notwendigen Folgeinvestitionen des Käufers seinen Gewinn erzielt. Benannt nach dem Hersteller von Naßrasierern (billige Rasierer, teure Ersatzklingen). Das Prinzip selbst ist bereits uralt und wird oft auch 'Verschenke die Lampe und verkaufe das Öl' genannt.
In der Telekommunikation, z.B., angewendet beim (günstigen) Verkauf oder Leasing von Nebenstellenanlagen, die teure Wartungsverträge oder Software-Updates nach sich ziehen.
In der Computerindustrie, z.B., angewendet beim Verkauf von Druckern, die sehr billig abgegeben werden, für die aber der Kauf teurer Tonerkartuschen oder Tintenpatronen notwendig ist.
In der Softwareindustrie angewendet bei der nahezu kostenlosen Verbreitung einer frühen Version von Software (z.B. über das → *Internet*), deren Update zu einer leistungsfähigen Version dann etwas kostet.

GIOP

Abk. für General Inter ORB Protocol.
→ *COBRA.*

GIS

Abk. für Geographische Informationssysteme.
Bezeichnung für eine Klasse von Anwendungssoftware, das geographische Daten aller Art verarbeitet und darstellt.
Zu den Hauptanwendungsgebieten gehören:

- Stadtplanung und -verwaltung in allen Facetten (Verkehrsströme, andere Infrastrukturen wie Kabel, Leerrohre, Kanalisationen, Hochspannungstrassen, Bebauungspläne, Grundbuchverwaltung, Stadtpläne aller Art...);

- Landschaftsplanung und -verwaltung (Land- und Forstwirtschaft);
- Logistiksysteme (Speditionen, Nahverkehrssysteme, Standortlokalisierung, Routenplanung);
- Rohstoffsuche und -gewinnung, Lagerstättenerfassung und -verwaltung.

GIX

Abk. für Global Internet Exchange.

Bezeichnung eines zentralen Knotens des → *Internet* in den USA, wo das amerikanische Internet bzw. verschiedene amerikanische Netze des Internets ein → *Gateway* zur restlichen → *Internet*-Welt besitzen.

→ *DE-GIX*, → *CIX*.

Die Glasfasertechnik basiert dabei auf der Eigenschaft des Lichtes, am Übergang von einem optisch dichten zu einem optisch weniger dichten Medium total reflektiert zu werden, sofern der Grenzwinkel der Totalreflexion nicht überschritten wird.

Dieser Grenzwinkel ergibt sich aus den Materialeigenschaften der beiden aneinander liegenden Gläser, die jeweils durch den → *Brechungsindex* der verwendeten Gläser beschrieben werden.

Für Glasfaserkabel werden dünne Fasern als Kern (Core) aus hochtransparenten optischen Gläsern oder Kunststoffen (POF, Plastic Optical Fiber) mit einer Dicke von wenigen tausendstel Millimetern (1,3 bis 100 µm Durchmesser, Dickkernfaser mit Durchmesser >100 µm) verwendet. Diese werden

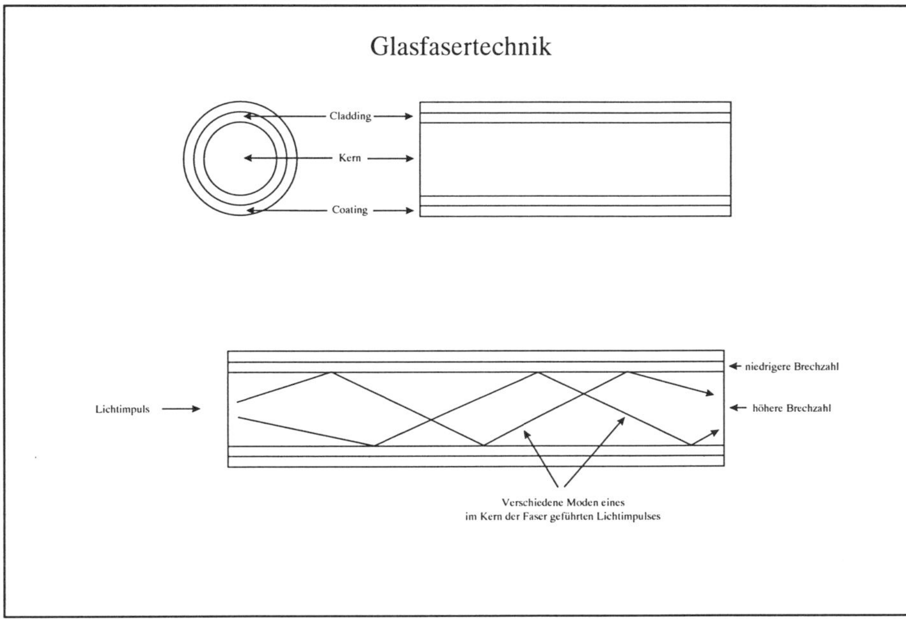

Glasfasertechnik

Oder engl.: fibre optics. Bezeichnung für das Anwendungsgebiet der Datenübertragung über nichtmetallische Übertragungsmedien, in denen die zu übertragenden Daten optisch mit Hilfe von Licht transportiert werden.

Breitbandanwendungen über 2 Mbit/s und nennenswerte Entfernungen sind i.d.R. nur mit Glasfasern als Übertragungsmedium zu realisieren. Als Alternative existiert für die breitbandige Übertragung bis in den Bereich von ca. 10 Mbit/s und bis zu einigen wenigen Kilometern (< 10 km) über die bereits vorhandene Infrastruktur der verdrillten Zweidrahtleitungen allerdings → *ADSL*, → *HDSL* und → *VADSL*.

zusätzlich von einem Mantel (Cladding, z.B. 125 µm Durchmesser) eines Glases mit niedrigerem Brechungsindex umgeben, um die obige Eigenschaft zu gewährleisten und so das Licht innerhalb der Faser führen zu können.

Beide Schichten (Core und Cladding) werden mit einer dünnen Schutzschicht aus Kunststoff (Coating) als einfacher, mechanischer Schutz vor äußeren Einflüssen umgeben, z.B. zum Schutz vor Kratzern.

Die technisch realisierbare Übertragungskapazität der Glasfasern vervierfacht sich alle vier oder fünf Jahre und liegt gegenwärtig bei 2,5 Gbit/s (kommerziell erhältliche Systeme) bzw. bei 10 Gbit/s (Laborsysteme). Hauptsächliche Grenzen sind die Dämpfung, die → *Dispersion* und die Nichtlinearität.

Man unterscheidet verschiedene Faserarten für unterschiedliche Zwecke (→ *Moden*):

- → *Einmoden-Faser*,
- → *Multimode-Stufenindex-Faser*,
- → *Multimode-Gradienten-Indexfaser*.

Die Einmoden-Faser wird hauptsächlich bei Fernverbindungen in öffentlichen Netzen genutzt. Die beiden anderen hauptsächlich bei Inhouse-Verkabelungen für → *LANs*.

Glasfasern neben diesen drei grundsätzlichen Arten werden durch den Durchmesser und ihre → *numerische Apertur* charakterisiert.

Es werden verschieden dicke Fasern für unterschiedliche Zwecke angeboten: 50/125 µm, 62.5/125 µm und 100/140 µm.

Glasfasern verfügen in Abhängigkeit von der benutzten Wellenlänge über nicht konstante Dämpfung. Die Bereiche, in denen die Dämpfung besonders niedrig ist, heißen (optische) Fenster. Charakteristisch für den Verlauf der Dämpfungskurve ist, daß die Dämpfung sinkt, je höher die Wellenlänge ist mit einem Ansteigen ab 1 600 nm (durch Absorption des Siliziums) und einem Peak bei 1 385 nm (durch Absorption bei Hydroxil-Ionen).

Als Trägerfrequenzen kommen drei Lichtfrequenzen in Frage, bei denen die Dämpfung besonders gering ist. Die Wellenlängen liegen dann bei 850, 1 300 und 1 550 nm. Die ersten bei 1 300 nm arbeitenden InGaAsP/InP-Laser wurden 1977 beschrieben, die ersten Einmoden-DFB-Laser mit 1 550 nm (ein Bereich, in dem die Glasfaser die geringste Dämpfung hat) 1981. Als Trägerfrequenzverfahren kommt die Wellenlängenmultiplextechnik zum Einsatz, bei der unterschiedliche Lichtwellenlängen Träger für einen Kanal zur Übertragung von Lichtpulsen sind. Die dabei erzielbare Datenrate hängt von der Empfindlichkeit (Schaltzeit) der Sendediode, den Übertragungseigenschaften der verwendeten Glasfaser (Amplitudendämpfung und Phasenverschiebung) und der optischen Trennschärfe der Empfangsdiode ab.

Glasfaserkabel eignen sich insbesondere für hohen Verkehr über weite Entfernungen bei Punkt-zu-Punkt-Verbindungen. Daher wurde Glasfaser zunächst nur im Fernbereich zwischen Vermittlungen eingesetzt. Der Migrationsprozeß in den Ortsbereich verläuft langsamer (→ *FITL*).

Neben dem Einsatz in öffentlichen Telekommunikationsnetzen werden Glasfasern zunehmend auch bei → *LANs* eingesetzt und neuerdings auch bei Bordsystemen (Flugzeuge, Schiffe, KFZ aller Art) oder sonstigen Bereichen der Meß-, Steuer- und Regelungstechnik.

Weitere Fortschritte erwartet man durch den Übergang auf neue Kunststoffe auf Fluor-Basis, die seit ca. 1982 entwickelt werden. Kunststoffasern sind in der Regel etwas größer im Durchmesser, was geringere Anforderungen an die Koppelelemente stellt, die daher in diesem Fall billiger sein können. Kunststoffasern werden insbesondere für niedrige Raten im LAN- oder On-Board-Bereich eingesetzt.

Der Preis für Glasfaserkabel sank von 1980 bis 1990 um 50 % und liegt heute bei 10 bis 20 Cent je Fuß. Bei statistischen Angaben ist sorgfältig zwischen Kabelkilometern und Faserkilometern zu unterscheiden.

Glasfasertechnik ist mittlerweile so kostengünstig geworden, daß sie auch in großem Maßstab im Anschlußbereich eingesetzt werden kann.

→ *FITL*, → *OLT*, → *ONU*, → *Splitter*, → *PON*.

Glasfasern bieten im Vergleich zu herkömmlichen Kupferleitungen viele technische und wirtschaftliche Vorteile gegenüber verdrillten Zweidrahtleitungen und Koaxialkabeln:

- Nahezu keine Dämpfungsprobleme (Anschlußleitungen können ohne optische Regeneratoren bis zu 20 oder sogar 40 km lang sein, gegenüber 5 km bei herkömmlichen Kupferleitungen, dies verringert Installations- und Wartungskosten);
- Niedrige Bitfehlerraten,
- Geringes Volumen und Gewicht je Kanal und laufendem Kilometer,
- Keine Oxidationsprobleme des Materials,
- Hohe → *MTBF* durch wenige aktive Komponenten in auf Glasfasern basierenden Übertragungssystemen,
- Keine Erdungsprobleme,
- Keine elektrostatischen Probleme (Funkenbildung),
- Hohe Bandbreiten,
- Kein → *Nebensprechen*,
- Keine → *EMV*-Probleme,
- Hohe Abhörsicherheit,
- Rohstoff (Silizium, Sand) ist unbegrenzt und unkompliziert verfügbar, was zu geringen Rohstoffkosten führt.

Nachteilig sind folgende Fakten:

- Hoher Aufwand beim Produktionsprozeß (noch relativ hohe Herstellungskosten),
- Komplizierte Anschluß-, Verbindungs- und Verzweigungstechnik (→ *Spleißen* oder hochpräzise, nicht immer genormte oder nur für Spezialzwecke verfügbare Steckverbindungen),
- Hohe Anschlußkosten für elektrooptische Elemente, weswegen sich Glasfaserverbindungen nur für Strecken über ca. 100 m lohnen.

- Hohe bis sehr hohe linientechnische Kosten (zu 80 % Bodenaushub), insbesondere im Anschlußbereich.

Die Entwicklung der Glasfasertechnik nahm folgenden Verlauf:

1960
R. Maimann entwickelt den Rubin-Laser.
1966
Charles K. Kao und George A. Hockham von der ITT veröffentlichen in einem grundlegenden Papier die Prinzipien über den Gebrauch von Glasfasern und Lichtimpulsen zur Datenübertragung.
1968
Eine Glasfaser hat einen Dämpfungswert von 1000 db/km.
1970
Eine Glasfaser hat einen Dämpfungswert von 20 db/km.
Erste praktische Durchführung von Glasfaserübertragung im Labor.
Der amerikanische Physiker Stewart Miller von den AT&T Laboratories hat erste Ideen zur Entwicklung integrierter opto-elektronischer Schaltkreise.
Mitte der 70er Jahre
Der wirtschaftliche Einsatz zeichnet sich ab, als Halbleiter-Laserdioden und Halbleiter-Empfängerdioden mit ausreichender spektraler Empfindlichkeit herstellbar werden und die Dämpfungseigenschaften des Glases oder der verwendeten Kunststoffasern um Größenordnungen verbessert werden.
1977
In den USA setzt Illinois-Bell erstmals Glasfaser zur kommerziellen Datenübertragung ein.
In Berlin wird am 1. September unter dem Projektnamen Berlin I ein Ortsverbindungskabel im Netz der Deutschen Telekom über 4,3 km verlegt, das der Erforschung des Langzeitverhaltens von Glasfaserkabeln unter Umweltbedingungen dient. Zum Einsatz kommt eine Multimode-Faser, die mit 34 Mbit/s betrieben wird.
1979
Am 14. Februar wird die erste Glasfaserstrecke im Fernnetz zwischen Frankfurt und Oberursel (15,4 km) zu Testzwecken in Betrieb genommen. Es können 480 Gespräche übertragen werden.
Am 21. August wird das erste kommerzielle Telefongespräch über Glasfaserkabel im Rahmen von Berlin I zwischen Ortsvermittlungen geschaltet.
1980
AT&T verlegt ein Glasfaserkabel zwischen New York und Washington D.C.
Erstes Unterwasser-Glasfaserkabel über 9,5 km in GB durch das Loch Fyne und in Japan in Izu-Inatori.
Installation eines Versuchsortsnetzes mit 76 Teilnehmern in Berlin-Wilmersdorf unter dem Projektnamen Berlin II.
1981
Erste Glasfaserstrecke im Regelbetrieb im Fernbereich zwischen Nürnberg und Schwabach mit 34 Mbit/s.
1983
Start des Feldversuchs für ein breitbandintegriertes Fernmeldeortsnetz (→ *BIGFON*) und Fernmeldefernnetz (→ *BIGFERN*).
1984
Erste Verlegung von Glasfaserkabeln im Fernnetz zwischen Hamburg und Hannover (60 Fasern für 1 920 Gespräche).
1986
In Deutschland erste Verlegung von Glasfasern im Regelbetrieb im Ortsnetzbereich zwischen Vermittlungen.
In Deutschland werden in neuen Gewerbegebieten Glasfaserkabel bis zum → *Kabelverzweiger* vorsorglich verlegt (→ *FTTC*).
1988
Erstes Transatlantikkabel basierend auf Glasfasertechnik (TAT-8) wird am 14. Dezember über 6 700 km in Betrieb genommen. Kapazität: 7 560 Sprechkreise, 280 Mbit/s.
1990
In Deutschland sind von der Deutschen Telekom rund 1 Mio. Faserkilometer verlegt. Davon ca. 25% im Orts- und 75% im Fernnetz. Der Anteil an allen Kabelkilometern im Fernnetz beträgt 23% (Rest sind Kupferkabel).
Sieben → *OPAL*-Pilotprojekte laufen an.
1991
Erstmals wird über Glasfaserkabel im Nordatlantik mehr Transatlantikverkehr abgewickelt als über Satelliten.
1992
Die Glasfaser-Transatlantikkabel TAT-9 und TAT-10 unterstützen 15 000 bzw. 23 000 Sprechkreise.
1993
In Deutschland sind von der Deutschen Telekom 1.5 Mio. Faserkilometer verlegt.
In den neuen Bundesländern wird ein OPAL-Folgeprojekt aufgelegt. Dabei kommen insbesondere die Verlegestrategien → *FTTC* und → *FTTB* zum Einsatz. Es handelt sich um den mengenmäßig weltweit größten Einsatz von Glasfaserverkabelung im Ortsnetzbereich.
1994
Weltweit erster serienmäßiger Einsatz von Glasfaserhauptanschlüssen im Ortsnetz in Quedlinburg und Gera.
Gute Glasfaserkabel haben einen Dämpfungswert von 0,195 db/km.
Das längste Glasfaser-Seekabel SEA-ME-WE wurde am 18. Oktober 1994 zwischen Südostasien über den Nahen Osten bis nach Westeuropa in Betrieb genommen und ist 18 000 km lang. Mit ihm wird der Glasfaserring um die ganze Erde geschlossen.

1995

Erstes komplettes Glasfaserortsnetz in Deutschland: In Forst, an der polnischen Grenze, wird das modernste Ortsnetz Deutschlands durch die Deutsche Telekom in Betrieb genommen.

In Deutschland sind 1,7 Mio. Faserkilometer und rund 80 000 Kabelkilometer von der Deutschen Telekom verlegt.

TAT-11 mit optischen Zwischenverstärkern wird in Betrieb genommen und überträgt 5 Gbit/s.

Die Planungen laufen an für ein 27 000 km langes Kabel von GB nach Japan (→ *FLAG*, Kosten: 1,2 Mrd. $), das ca. 300 000 Sprachkanäle übertragen soll.

1996

→ *Sea-Me-We* geht im November in Betrieb.

Die Deutsche Telekom hat in Deutschland rund 2,2 Mio. Faserkilometer verlegt.

1997

Africa One umrundet einmal Afrika und wird in Betrieb genommen.

Gleichkanalstörung

Begriff aus der Funktechnik. Bezeichnung für unerwünschte Störungen benachbarter Sender durch interferierende Signale gleicher Frequenz verschiedener Basisstationen (im Gegensatz dazu: → *Intersymbolinterferenz*), was zu elektromagnetischen Nichtlinearitäten der Funksignale führt.

Gleichstromübertragung

Bezeichnung eines Übertragungsverfahrens bei dem ein Gleichstrom mit dem zu übertragenden Nutzsignal moduliert wird.

Global Village

Ein vom kanadischen Kommunikationswissenschaftler Mashall McLuhan bereits 1964 in seinem Buch 'Understanding Media' geprägter Begriff. McLuhan nahm auf den Siegeszug des Fernsehens Bezug und sagte: 'The new electronic interdependance recreates the world in the image of a global village'. Diese These gewann neue Aktualität durch die → *NII*.

Globalstar

Mobiles Satellitenfunksystem, von der Firma Local Quallcom Satellite Services (LQSS) betrieben. Das gesamte Konsortium besteht aus 12 internationalen Telekommunikations-, Netz- und Dienstanbietern sowie Geräteherstellern und hat seinen Sitz in San José. Aus Deutschland ist die DASA beteiligt.

Die gesamten Kosten des Projektes werden angegeben mit 1,9 Mrd. $, die Kosten je Satellit mit 40 Mio. $.

Das Globalstar-System besteht aus 48 Satelliten (je sechs Satelliten auf acht Orbits; Umlaufzeit: 113,5 Min.) in 1 389 km hohen → *LEOs*. Stellt 2 700 Kanäle/Satellit zur Verfügung. Ein Satellit soll sechs Zellen versorgen. Gewicht des Satelliten: 320 kg. Keine Inter-Satellite-Links. Moduliert wird mit → *QPSK*. Fehlersicherung mit → *Faltungscodierung*. Nutzt → *CDMA*. Inklination von 52° bei minimaler Elevation von 20°. Bedeckt Erde zwischen 70° Nord und 70° Süd.

Angebotene Dienste: Sprach- und Datenübertragung sowie → *GPS*.

Soll 1997 mit ersten Satelliten seinen Betrieb aufnehmen. Ein Jahr später volle Funktionsfähigkeit. Erwartete Anzahl Teilnehmer weltweit: 2,7 Mio. 2002; 16 Mio. 2012.

GLONASS

Abk. für Global Navigation Satellite System.

Bezeichnung für ein ursprünglich rein militärisch genutztes satellitengestütztes Ortungs- und Navigationssystem (→ *GPS*), das vom Militär der Nachfolgestaaten der Sowjetunion betrieben wird.

Wie bei dem GPS-System der USA existieren zwei Ortsbestimmungssysteme für zivile und militärische Nutzer. Das zivile System arbeitet, im Gegensatz zu GPS, ohne künstlichen Fehler und erlaubt daher zivilen Nutzern eine höhere Genauigkeit bei der Ortsbestimmung.

Verfügt wie GPS über 21 Betriebssatelliten und drei Reservesatelliten in drei schwachelliptischen Umlaufbahnen (Exzentrizität von 0,01) in einer Höhe von 19 100 km bei einer Umlaufdauer von 11 Std. 16 Min. → *Inklination* von 64,8°.

Es existieren fünf Kontrollstationen auf russischem Gebiet.

Im Gegensatz zum US-GPS-System arbeitet Glonass schneller, da es ca. nur 1/3 der Zeit benötigt (unter 1 Min.).

GLT

Abk. für Gebäudeleittechnik.

Bezeichnung für integrierte Konzepte zur Kontrolle diverser Komponenten der Haustechnik (Heizung, Lüftung, Klima, Sanitär, Fahrstuhl, Garagentore, Tür- und Schließanlagen etc.) über ein System.

GMA

Abk. für Gefahrenmeldeanlage.

GMDSS

Abk. für Global Maritime Distress and Safety System.

→ *GDSS*.

GMSC

Abk. für Gateway Mobile Switching Centre.

Bezeichnet jenen Teil der Infrastruktur eines Mobilfunk- oder eines Satellitenmobilfunknetzes, welches die Verbindung zum Festnetz herstellt und Vermittlungsfunktionen wahrnimmt.

Ein Mobilfunknetz kann in Abhängigkeit seiner geographischen Größe und der anfallenden Verkehrsströme über ein GMSC oder mehrere verfügen, die u.U. miteinander verbunden sind. Darüber hinaus kann das GMSC Übergänge in verschiedene Festnetze zur Sprach- oder Datenübertragung herstellen.

An den GMSC hängen auf Seite des Mobilfunknetzes, wie an den → *MSC*, auch die → *BS* oder → *BSC*.

GMSK

Abk. für Gaussian Minimum Shift Keying.

Ein Verfahren der → digitalen Modulation. Dabei wird eine → *MSK* um einen vorgeschalteten Gauß-Filter ergänzt. Die GMSK wird z.B. beim → *GSM*-System eingesetzt.

GNS

Abk. für Green Number Service.

Andere und international übliche Bezeichnung für Freephone, also gebührenfreie Nummern (in Deutschland: 0130-Service).

Auch Toll Free (Service) genannt.

GNU

Abk. für GNU is not Unix.

Bewußt rekursive Bezeichnung für ein von Richard M. Stallman initiiertes Projekt im Rahmen der → *FSF* mit dem Ziel, ein herstellerunabhängiges und kostenloses → *Betriebssystem* zu schaffen und weiter zu entwickeln, das → *Unix* ähnlich ist.

GNU basiert auf der 3. Version eines → *Kernels* (bei GNU Hurd genannt) aus dem Projekt → *MACH*.

Im Zuge des gesamten Projektes und weiterer Aktivitäten der FSF sind eine Variante der Programmiersprache → *C* (GNU C) und von → *C++* (genannt gpp).

Die Weitergabe von GNU-Programmen ist unter den Auflagen der GNU Public License (gpl) gestattet, d.h. der gesamte Sourcecode muß mit dem Programmcode weitergegeben werden.

→ *http://www.gnu.ai.mit.edu/software/*

GOES

Abk. für Geostationary Operational Environmental Satellites.

→ *GDSS*.

Golay

Funkrufcode der amerik. Firma Motorola. Firmenstandard. Weltweit eingesetzt. Bietet Nur-Ton-Ruf, numerische und alphanumerische Nachrichten sowie kurze Sprachdurchsagen.

→ *POCSAC*, → *Paging*.

GOP

Abk. für Group of Pictures.

Bezeichnung aus dem Bereich der digitalen Bildbearbeitung und der Kompression. Behandelt mehrere Bilder einer Bildsequenz, die als eine Einheit betrachtet werden.

Gopher

Bezeichnung eines weltweit verteilten Informationssystems im → *Internet*. Es wurde 1991 von der University of Minnesota als Campuswide Information System (CWIS) zur Vernetzung der dortigen Informationsserver entwickelt und basiert auf dem Client-Server-Modell (→ *Server*). Definiert ist es im RFC 1436.

Gopher verwaltet einen Informationsbaum von Objekten, die Texte, Bilder, Tonsequenzen etc. enthalten und diese über eine benutzerfreundliche Schnittstelle und Menüs zugänglich machen. Alle miteinander vernetzten Daten bezeichnet man als Gopherspace.

Gopher ist ähnlich wie → *WWW*, jedoch mit einem anderen → *Look & Feel*, das als nicht so einfach zu bedienen gilt wie die → *Browser* des WWW. Dennoch baut auch WWW auf dem Gopherspace auf.

Der Name bezeichnet sonst die nordamerikanische Beutelratte, ein Tier groß wie ein Hamster, die sich wie ein Maulwurf durch die Erde wühlt, genauso wie man sich mit Gopher durch die Informationsmassen des Internet wühlt. Darüber hinaus ist Minnesota der Staat der 'Golden Gophers'. Die Sport-Teams der Universität Minnesota werden ebenfalls als 'the Golden Gophers' bezeichnet. Ferner kann Gopher als 'go for' (suche nach) interpretiert werden.

→ *WAIS*, → *Veronica*, → *Internet*.

GOS

Abk. für Grade of Service.

Andere Bezeichnung für → *QoS*.

GOSIP

Abk. für Government Open Systems Interconnect Profile.

Bezeichnung für eine spezielle Definition von Protokollen der → *ISO* nach dem → *OSI-Referenzmodell*, das für den Datenverkehr unter nordamerikanischen Regierungsstellen genutzt wird.

GPIB

Abk. für General Purpose Interface Bus.

Andere Bezeichnung des → *IEC-Bus*.

gpl

Abk. für GNU Public License.

→ *GNU*.

GPRS

Abk. für General Packet Radio Service.

Bezeichnet die Datenübertragung nach → *X.25* über → *GSM*.

GPS

1. Abk. für Global Positioning System. Oberbegriff für satellitengestützte Ortungssysteme. Man unterscheidet dabei zwischen aktiven und passiven Systemen. Bei ersteren müssen von der Station, deren Koordinaten bestimmt werden sollen, Signale an den Satelliten gesendet werden, bei letzterem werden am Boden Daten vom Satelliten empfangen und dort ausgewertet. GPS wird aktuell von verschiedenen Satellitensystemen angeboten und soll in Zukunft von weiteren Systemen (z.B. → *INMARSAT* C, → *PROJECT 21* oder → *IRIDIUM*) angeboten werden. Genauigkeit üblicherweise im 30 m-Bereich. Wurde ursprünglich vom amerikanischen und sowjetischen Militär zur Steuerung radarloser Tarnkappenbomber, von Cruise-Missiles oder zur schnellen Vermessung bei der Artillerie entwickelt. Kaum eine militärische Innovation ist derart schnell in das zivile Leben eingedrungen und wurde so schnell für verschiedene zivile Zwecke adaptiert wie GPS. Zivile Einsatzfelder sind z.B.:

   - Navigationshilfen in der Luftfahrt,
   - Handelsschiffahrt,
   - Segler, motorisierte Sportboote,
   - Wanderer,
   - Diebstahlschutz bei Automobilen,
   - Elektronische Lotsen in Automobilen,
   - Flottensteuerung von LKWs oder im öffentlichen Nahverkehr.

   GPS basiert auf der Auswertung durch herkömmliche Vermessungsverfahren der unterschiedlichen Signallaufzeiten von den Satelliten zu den mobilen Empfängern auf der Erdoberfläche und den bekannten Positionen der Satelliten. Heutige GPS-Geräte sind so groß wie Handfunkgeräte und erlauben auf Knopfdruck die Positionsbestimmung innerhalb weniger Minuten. Das US-System (2.) wird vom Verteidigungsministerium unterhalten. Entsprechendes russisches System ist → *Glonass*. Weitere Systeme wurde in den 80er Jahren in Japan und Europa konzipiert, aber nicht realisiert. → *DGPS*.

2. Das ursprüngliche amerikanische GPS-System basiert auf 24 GPS-Satelliten (21 permanent in Betrieb und drei in Reserve; Hersteller: Rockwell) des amerik. Verteidigungsministeriums auf sechs elliptischen Bahnen (Exzentrizität von 0,1) in einer Höhe von 20 183 km mit einer Umlaufzeit von 11 Std. 58 Min. → *Inklination* von 55°. Jederzeit sind mindestens vier Satelliten von jedem Punkt der Erde aus sichtbar, praktisch oft bis zu acht. Grundlage sind zwei Atomuhren (Caesium) in jedem Satelliten. Diese Uhren werden bei jedem Umlauf (12 Std., also zwei je Tag) mit einer Referenzuhr (UTC, Universal Co-ordinated Time) im US Naval Observatory verglichen und notfalls korrigiert.

   Der Satellit sendet die genaue aktuelle Zeit und seine eigene Position auf der Umlaufbahn auf 1575,42 MHz und 1227,6 MHz (L-Band, Frequenzen L1 und L2) zu dem mobilen Empfänger auf der Erdoberfläche. Dieser verfügt über eine Quarzuhr und kann aus den Laufzeiten der Signale und den Satellitenpositionen durch trigonometrische Berechnungen die eigene Position bestimmen.

   Da die Quarzuhr der Empfänger nicht so genau wie die Atomuhren der Satelliten geht, werden, sofern möglich, weitere Satelliten zu einer Vergleichs- und Korrekturmessung mit herangezogen. Der GPS-Empfänger kann aus den empfangenen Signalen der verschiedenen Satelliten (min. drei, max. sechs) im Idealfall seine Position bis auf Zentimeter genau bestimmen.

   Die Datenübertragung vom Satelliten zum Empfänger erfolgt mit 50 bit/s.

   Es werden das P- und das C/A-Signal (Precision und Coarse Acquisition) übertragen. Der P-Code ist verschlüsselt, wird auf der L1- sowie der L2-Frequenz übertragen und steht exklusiv dem US-Militär und seinen Verbündeten zur Verfügung (PPS, Precision Positioning Service), um dreidimensionale Positionsbestimmung bis auf 10 m genau zu ermöglichen.

   Normale zivile Nutzer erhalten nur einen SPS-Zugang (Standard Positioning Service), der für die horizontale Position eine Genauigkeit von 100 m bis 300 m und für die vertikale Position von 170 m bei 95 % Wahrscheinlichkeit erlaubt. Dies wird durch einen bewußt eingebauten, sich permanent ändernden Fehler (Selective Availability, SA) bei der Zeitangabe erreicht (Interferenz, → *Jitter*). Dieser kann aber auch ausgeschaltet werden (→ *DGPS*).

   GPS wird verwaltet vom 2nd Satellite Control Squadron der US-Luftwaffe mit Sitz auf der Falcon Station/Colorado und wird mit Consolidated Space Operations Center, CSCO bezeichnet. Ferner existieren Bodenstationen in Hawaii, Ascension Islands (Südatlantik), Diego Garcia (Indischer Ozean) und Kwajalein (Nordpazifik).

   Die Initiative für GPS ging vom damaligen US-Präsidenten Reagan, 1983, aus, nachdem ein südkoreanischer Jumbo-Jet sich

verflogen hatte und abgeschossen wurde. Entwicklungsarbeiten starteten 1984. Seither wurde GPS bei allen militärischen Operationen der Amerikaner genutzt. Offiziell wurde die volle Einsatzfähigkeit am 27. April 1995 erreicht.
→ *GLONASS*.
3. GPS über die → *Eutelsat*-Satelliten arbeiten mit zwei Satelliten und erlauben eine Positionsbestimmung bis zu 300 m genau (bei 95 % Wahrscheinlichkeit).

Gradienten-Indexfaser

Begriff aus der → *Glasfasertechnik*. Kurzbezeichnung für → *Multimode-Gradientenindex-Faser*.

Gray-Code

Bezeichnung eines mehrstelligen Codes zur → *Codierung* von Zeichen, bei dem sich von einem Codewort zum nächsten Codewort jeweils nur ein Bit ändert, d.h., es ist ein einschrittiger Code. Beim Dualcode ändern sich, im Gegensatz dazu, im ungünstigsten Falls alle Stellen, z.B. beim Übergang von der Sieben (0111) zur Acht (1000). Beispiel für einen dreistelligen Gray-Code:

Zeichen	Gray-Code
0	000
1	001
2	011
3	010
4	110
5	111
6	101
7	100

Green Book

1. Bezeichnung eines Standards für die → *CD:i*.
2. Bezeichnung der Empfehlungen der → *CCITT*-Sitzungen 1972 (digitale Übertragungssysteme, analog/digital-Wandlung, → *SS#6*), die in einer Serie von Büchern mit grünen Umschlägen veröffentlicht wurden.
3. Bezeichnung des Industriestandards aus dem Jahr 1991 für → *FDDI* mit STP-Verkabelung (150 Ohm).

Green Line Service

→ *GLS*.

Green Number Service

→ *GNS*.

Green Paper

1. Historisch gewachsene Bezeichnung (in Anlehnung an die Farbe der in Behörden gebräuchlichen Briefumschläge) für Regierungsberichte und -planungen größeren Umfanges mit thematischem Schwerpunkt.
2. Konkret auch ein 1987 von der EU publiziertes Papier (Grün-Buch), das die wirtschaftliche, soziale und politische Rolle der Telekommunikation betonte und zu großen Veränderungen der Telekommunikationswelt in Europa führte, z.B. der Gründung von → *ETSI*.
→ *Deregulierung*.
3. Das Green Paper der EU aus dem November 1990 beschäftigt sich mit dem gemeinsamen Vorgehen bezüglich der Satellitenkommunikation.

Gregory-Antenne

Bezeichnung für eine bestimmte Bauart einer Antenne mit doppeltem Reflektor. Dabei besteht der Hauptreflektor aus einem vollständigen oder teilweisen Paraboloid, der Subreflektor hingegen aus einem vollständigen oder teilweisen Ellipsoid.

Grooming

Bezeichnung für die Steigerung der Netzauslastung bei Übertragungsnetzen durch u.U. automatisches flexibles Umschalten und Dimensionieren von Leitungen in → *Cross-Connects* ohne Änderung der Hardware.

Groupware

Kunstwort, zusammengesetzt aus Group und Software. Keine einheitliche Definition existent. Bezeichnung für eine Form der Realisierung von → *CSCW*. Im Gegensatz zu → *Workflow-Management-Systemen* eignet sich Groupware insbesondere für nur schwach strukturierte Prozesse mit einem hohen Anteil an informaler Interaktion zwischen Personen.
Groupware ist ein Oberbegriff für eine Anwendungssoftware, die in → *LAN*s läuft und Dienste anbietet, die über ein LAN allen angeschlossenen Stationen und an ihnen arbeitenden Personen zur Verfügung stellt und Gruppenarbeit durch Tools für folgende Zwecke ermöglicht:

- Kommunikation, z.B. e-mail oder Diskussionsgruppen,
- Kooperation, z.B. Mehrbenutzereditoren,
- Koordination, z.B. Urlaubskalenderverwaltung, Terminkalenderverwaltung, oder Systeme zum Projektmanagement,
- Information, z.B. gemeinsam zu nutzende Telefon-, Raum- und Adreßkarteien.

Vorteil der Groupware gegenüber einzelnen Softwarepaketen, die jedes für sich Teile dieser Funktionalitäten anbieten (z.B. eine Software für den Terminkalender, eine andere für das Adressenverzeichnis, ...), ist die einheitliche Benutzeroberfläche und die Möglichkeit zum Datenaustausch zwischen den einzelnen Funktionen, d.h. eine Telefonnummer kann direkt mit der dazugehörigen Person in den Terminkalender übernommen werden, woraufhin einem Kollegen eine mail mit diesem Termin geschickt wird.

Weitere Elemente können, z.B., Entscheidungsunterstützungs-, Dateiverwaltungs- oder Auftragsverfolgungssysteme sein.

Ziel ist eine höhere Effizienz bei der Arbeit in (u.U. geographisch verteilten) Gruppen und Teams durch leistungsfähige Kommunikations- und Informationssysteme, die die in einem Unternehmen vorhandene Fach- und Methodenkompetenz allen zur Verfügung stellt.

Untersuchungen hatten ergeben, daß Mitarbeiter von Unternehmen in 40 % ihrer Zeit damit beschäftigt sind, verschiedene Unterlagen zu verwalten und weitere 40 % mit Kommunikation verbringen (Besprechungen, Telefon, → *Fax*, → *e-mail*). Groupware soll dabei helfen, beide Komplexe wesentlich effektiver zu gestalten.

Groupware-Systeme verfügen nicht notwendigerweise über alle oben genannten Funktionalitäten. Manche bieten nur Kalender- oder Telefon- und Adreßfunktionen.

Bei der Auswahl und konkreten Implementierung von Groupware und ihrer Funktionalitäten spielen folgende Punkte eine Rolle:

- Unterstützung von den gewünschten → *Betriebssystemen,*
- Unbedingte Netzwerkfähigkeit,
- Integration mit anderer, bestehender Büro-Software (z.B. Datenaustausch durch einfaches Drag & Drop),
- Integration mit anderer bestehender Kommunikationssoftware (z.B. mit bestehendem → *e-mail*-System),
- Integration von bestehender Hardware, wie z.B. Telefon/Nebenstellenanlage oder Faxgerät,
- Modularer Aufbau der Funktionalität, dadurch gezielte Konfiguration möglich,
- Mögliche Erweiterungen in der Zukunft,
- Gewünschte Managementmöglichkeiten des gesamten Systems (zentral oder dezentral),
- Möglichkeiten des → *Backups* der Datenbestände des Groupware-Systems.

Beispiele für größere Groupware-Systeme sind der Marktführer Lotus Notes und daneben Microsoft Exchange, Interoffice von Oracle oder Groupwise von Novell.

→ *Intranet.*

→ *http://www.collaborate.com/*

Grünbuch

→ *Green Paper.*

Gruppen 1, 2, 3, 4 (Fax)

Bezeichnungen für die verschiedenen Standards beim → *Fax.*

Gruppenruf

Bezeichnung eines → *Dienstmerkmals* von → *Paging*diensten, das insbesondere für professionelle Anwender von Nutzen ist.

Dabei können Nur-Ton-Signale gleichzeitig an mehrere Empfänger übertragen.

Möglich bei → *Cityruf* und → *Eurosignal.*

Gruppenwähler

Spezieller Wähler, der in elektromechanischen Ortsermittlungen eingesetzt, die Aufgabe des Verteilens übernimmt.

Dabei wird die vom → *Anrufsucher* kommende Leitung auf einen freien → *Leitungswähler* geschaltet.

In der Regel existieren in einer Vermittlung je Anrufsucher ein diesem auch zugeordneter Gruppenwähler und ebensoviele von allen Gruppenwählern erreichbare Leitungswähler. Allgemein üblich sind Stufen mehrerer Gruppenwähler, die hintereinandergeschaltet sind.

GS

Abk. für Ground Station.

→ *TFTS.*

GSC

Abk. für Ground Switching Center.

→ *TFTS.*

GSM

Abk. für Global System for Mobile Communications, ursprünglich für franz. Groupe Spécial Mobile, der Name eines Normungsgremiums der → *CEPT.*

Scherzhaft wird GSM wegen des sehr umfangreichen Standards (mehrere Meter Regal) und der umfangreichen Signalisierung, insbesondere im Zusammenhang mit dem Management der verschiedenen Versionen des Standards, mit „Great Signalling Monster" übersetzt.

GSM setzt sich aktuell als der Standard für digitale, zellulare Mobilfunknetze weltweit durch (→ *Zellulare Systeme*). Er ermöglicht mit Sprach- und Datenkommunikation sowie einer Menge anderer → *Dienstmerkmale* (Short Message Service, SMS, → *CLID*, → *Forwarding* ...) → *ISDN* Leistungen des Festnetzes in einem Mobilfunknetz. Darüber hinaus ist nationales und internationales → *Roaming* möglich.

Das System operiert im 900-MHz-Band (Uplink: 890 bis 915 MHz, Downlink: 935 bis 960 MHz) mit einem Kanalabstand von 200 kHz und 45 MHz Duplexabstand. Ober- und unterhalb des zugewiesenen Frequenzbereichs bleiben 10 kHz zur Inter-

ferenzvermeidung ungenutzt, d.h., die unterste genutzte Frequenz liegt bei 890,1 MHz.
Pro Frequenzband gibt es 124 Kanäle mit 8 Timeslots (577 ms) je Frequenzkanal (TDMA-Frame). Je Slot werden 114 Datenbit in zwei Blöcken für Nutzdaten und einige Schutzbit übertragen: 3 Bit Schutzzone, 57 Datenbit, 1 Bit Schutzzone, 26 Bit Präambel, 1 Schutzbit, 57 Datenbit, 3 Schutzbit und weitere 8,25 ungenutzte Schutzbit (→ *Guard Time*).
GSM nutzt → *TDMA* und → *FDMA* sowie → *GMSK* (mit $BT = 0{,}3$ und $h = 0{,}5$) als digitale Modulation und einen von Philips und IBM entwickelten Sprachcodec (RPE, LPC, LTP), der die 64 kbit/s → *PCM*-codierte Sprache zu 13 kbit/s komprimiert.

ternen Steuerung (Verbindungsauf- und -abbau, → *Handover* etc.) genutzt.
GSM ist für Verkehrsdichten bis zu 40 Erl/km² und Zellradien von rund 300 m (Innenstädte, hohe Verkehrslast) bis 35 km (flaches Land, geringe Verkehrslast) gedacht. Je Zelle werden minimal ein und maximal 15 Trägerfrequenzpaare zugewiesen.
Eine weitere Einrichtung zur Erreichung einer guten Qualität ist das → *Frequency-Hopping* (Slow and Fast), das aktuell nicht eingesetzt wird, aber in der Zukunft bei kleinen Zellen in dichtbesiedelten Gegenden (Innenstädten) aufgrund der dann bemerkbaren Eigenschaften der Funkausbreitung (Verzögerungen von 1 bis 2 μs durch Mehrwegeausbreitung) lange unkorrigierbare Er-

GSM-Netzinfrastruktur

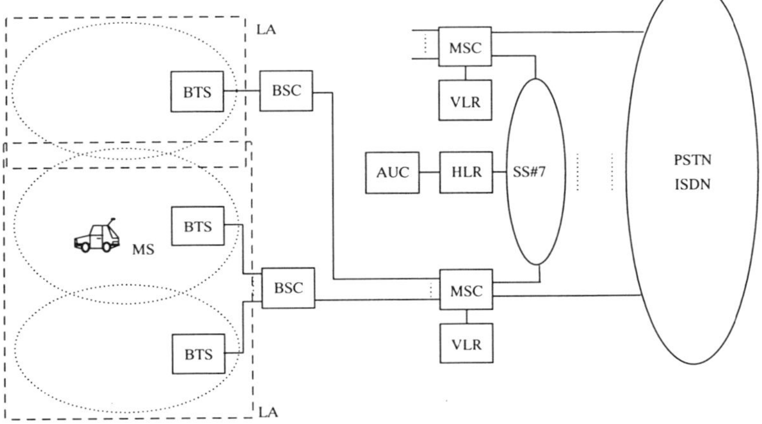

AUC: Authentication Center
BS: Base Station
BSC: Base Station Controller
HLR: Home Location Register
ISDN: Integrated Services Digital Network
LA: Location Area

MS: Mobilstation
MSC: Mobile Switching Center
PSTN: Public Switched Telephone Network
SS#7: Signalling System No. 7
VLR: Visitor Location Register

Mittels Kanalcodierung (Faltungscodierung und → *Interleaving*) wird die Datenrate auf 22,8 kbit/s erhöht.
Zur Kapazitätsverdopplung befindet sich ein Half-Rate-Codec in der Normung, dessen Einsatz in bestehenden, kommerziell genutzten GSM-Netzen für die Zeit ab Ende 1997 erwartet wird. Bei diesem wird nur jeder zweite Timeslot für die Sprachübertragung eines Nutzers verwendet.
Die physikalischen, durch Frequenzen festgelegten Kanäle werden durch das TDMA-Verfahren in weitere acht zeitlich gestaffelte Kanäle aufgeteilt. Von diesen werden einige als Traffic-Channels zur Abwicklung des eigentlichen Nutzdatentransports und andere durch Control Channels zur systemin-

rorbursts vermeiden hilft.
In Deutschland sind zwei Mobilfunknetze nach dem GSM-Standard in Betrieb:

- D1, betrieben von der DeTeMobil, Bonn;
- D2 Privat, betrieben von Mannesmann Mobilfunk, Düsseldorf.

Alle CEPT-Länder sowie sehr viele außereuropäische Länder bauen GSM-Mobilfunknetze auf. Somit zeichnet sich ab, daß GSM der Mobilfunkstandard weltweit werden wird.
Ein auf GSM basierender weiterer Standard ist → *DCS 1800*, von dem sich wiederum → *PCS 1900* ableitet.

Die unterste Netzebene besteht aus den jeweils eine Zelle bildenden Base Stations (BS) von denen mehrere an einen Base Station Controller (BSC) angeschlossen sind. Beide ergeben das Base Station Subsystem (BSS). Ein derartiges System versorgt eine oder mehrere Zellen, in denen sich eine MS bewegen kann, ohne daß es zu einem Location Update im HLR kommt. Ein derartiges Gebiet wird auch Location Area (LA) genannt.
Die Schnittstelle zwischen BTS und BSC wird Abis-Interface genannt. Jede BS wird durch einen Identificationscode vom Netz (→ *CI*) oder von einer MS (→ *BSIC*) identifiziert.
Mehrere BS werden zu → *Clustern* zusammengefaßt, die im GSM-System eine Größe von sieben oder neun Zellen haben.

ment Identification Register (EIR, F-Interface) und das Authentification Center (AC) mit dem HLR verbunden ist.

- Aufgabe des HLR ist die Verwaltung der Stammdaten eines Teilnehmers (Dienste oder Tarife, aktueller Aufenthaltsort, ob überhaupt eingeloggt, ob erreichbar etc.). Die Daten im HLR sind daher dauerhaft gespeichert.
- Aufgabe des VLR ist es, Daten über alle aktuell im Verwaltungsbereich des VLR befindlichen mobilen Teilnehmer zu speichern. Daten im VLR sind daher nur temporär gespeichert.
- Aufgabe des optionalen → *EIR* ist eine Überprüfung von mobilen Endgeräten mit Hilfe der → *IMEI*.

GSM-Rahmenstruktur der Funkschnittstelle

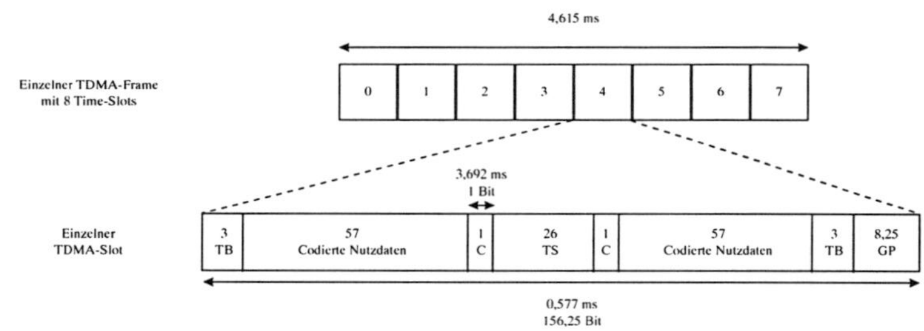

C:	Control Bit
GP:	Guard Period
GSM:	Global System for Mobile Communication
ms:	Millisekunde
TB:	Tail Bit
TDMA:	Time Division Multiple Access
TS:	Training Sequence

Die BSCs sind über das A-Interface an das Mobile Switching Center (MSC) angeschlossen. Diese sind untereinander über ein → *SS#7*-Netz verbunden. Gateway MSCs (GMSC) verfügen über Gateways zum → *ISDN*, → *PSPDN* und/oder → *PSTN*. Die Anpassung des GSM-Datenstroms an die Datenformate in diesen anderen Netzen übernimmt eine Interworkingfunction (IWF) in den GMSCs.
In der Praxis werden die A- und die A-bis-Schnittstelle durch herkömmliche 2 Mbit/s-Standleitungen realisiert. Über das B-Interface erhalten die MSCs Zugriff auf das Visitor Location Register (VLR), was entweder direkt in einem MSC integriert ist oder über ein SS#7-Netz genutzt werden kann. Gleiches gilt für das Home Location Register (HLR, C-Interface), das Equipment

- Aufgabe des AC ist eine sichere Verwaltung und auch Erzeugung (Schlüssel) der Authentifizierungsdaten.

Die permanente Überwachung und Steuerung des gesamten Systems aus NSS und BSS übernimmt für einen Netzbetreiber das Operation- and Maintenance Center (OMC), das zusammen mit dem AC und dem EIR das Operation and Maintenance System (OMS) ergibt.
MSC, GMSC, HLR, VLR, AC, EIR und das sie verbindende SS#7-Netz ergeben das Network Subsystem (NSS), manchmal auch Switching Subsystem genannt (SSS).
Die mobilen Stationen (MS) werden in fünf Leistungsklassen unterteilt:

Klasse	Leistung	Beispiel
1	20 W	Fest eingebautes Autotelefon
2	8 W	Tragbares Telefon
3	5 W	Handy
4	2 W	Handy
5	0,8 W	Handy

Fest eingebaute Autotelefone und leistungsstarke, aktenkoffergroße sowie tragbare Telefone waren ursprünglich bei der Entwicklung des Standards die anvisierten Hauptendgeräte. Technischer Fortschritt sorgte dafür, daß über 90 % der eingesetzten Endgeräte heute Handys sind, für die ursprünglich das System → *DCS 1800* entwickelt wurde.

Das GSM-System verfügt zur Vermeidung von Interferenzen über eine Steuerung der Sendeleistung der MS durch die sie empfangende BS. Dies erlaubt auch längere → *Stand-By-* und Dauergesprächszeiten.

Allgemein wird bei den über die GSM-Netzinfrastruktur abwickelbaren Diensten zwischen Trägerdiensten (→ *Bearer-Services*) und Telediensten (→ *Tele-Services*) unterschieden.

Trägerdienste sind dabei die Dienste, die nur eine Datenübertragung zur Verfügung stellen. Sie gliedern sich in eine Fülle von transparenten und nicht-transparenten (→ *HDLC*-ähnlich gesicherten) Übertragungsverfahren. Datenübertragung ist von 300 (in der Praxis: 2 400) bis 9 600 bit/s möglich. Durch Fehlererkennungs- und Fehlerkorrekturmechanismen kann eine BER von 10^{-6} bis 10^{-8} erreicht werden.

Als Teleservices werden angeboten: normaler Telefondienst, Telefonnotruf, Short Message Service (SMS, bis 160 alphanumerische Zeichen) und Telefax Gruppe 3.

Die Daten für den SMS werden dabei im Signalisierungs- und nicht in einem Nutzkanal übertragen, so daß auch während einer bestehenden Verbindung SMS-Daten zur MS übertragen werden können. Ist die MS offline, werden Nachrichten im Short Message Service Center (SMSC) des Netzbetreibers zwischengespeichert.

Man unterscheidet beim SMS den Punkt-zu-Punkt-Dienst (SMS-PP) und den Cell-Broadcast-Dienst (SMS-CB) innerhalb einer Funkzelle, bei dem alle Teilnehmer innerhalb der Zelle die gleiche, allerdings auf 93 Zeichen begrenzte Nachricht erhalten. Die Gelegenheit eine SMS-CB zu versenden, besteht allerdings nur einmal pro Minute innerhalb einer Zelle.

Bei der Einführung von Diensten aus dem gesamten GSM-Spektrum unterscheidet man Dienste der Klasse E (Essential), die zwingend für alle Betreiber von GSM-Netzen zu einem bestimmten Zeitpunkt einzuführen sind, und der Klasse A (Additional), bei denen lediglich der Netzbetreiber entscheidet, ob und wann er sie anbietet. Dabei ist er aber auch bei Klasse A an den GSM-Standard gebunden. Beispiele für Dienste der Klasse E1 (1991) sind Telefondienst und der Notruf. E2 (1994) sind Fax Gruppe 3. Beispiele für Dienste der Klasse A sind der SMS und Paketdatendienste.

1979 reservierte die → *WARC* im 900-MHz-Band Frequenzen für zellulare Mobilfunksysteme.

GSM selbst geht auf eine deutsch-französische Initiative zurück, ein europaweites Mobilfunksystem zu entwickeln. Diese wurde im Juni 1982 von der CEPT auf einer Vollversammlung in Wien übernommen mit dem Ziel, bis 1991 ein funktionierendes und standardisiertes System zu entwickeln.

Genormt wurde GSM dann durch die im gleichen Jahr gegründete Groupe Spéciale Mobile auf rund 8 000 Seiten von 1982 bis 1992.

1985 fiel die Entscheidung, ein digitales System zu entwickeln. 1986 waren die Kernparameter und grundsätzlichen Erfordernisse für die Entwicklung definiert. Sie legen auf wenigen Seiten die Erfordernisse für Dienste, Dienstqualität und Sicherheit, Frequenzökonomie, Netzaspekte und Kosten fest.

Im Januar 1987 erfolgte der Abschluß von acht Feldversuchen in Paris mit verschiedenen Technologien, die zu dem Entschluß führten, ein TDMA-System mit 8 Kanälen je Träger zu standardisieren. Unterzeichnung des → *MoU* von 13 Staaten im September 1987 nach Definition der wesentlichen Parameter und Beginn der Detailarbeit unter Beteiligung der Industrie. Standardisierungsarbeit wurde im Frühjahr 1989 von der CEPT zur neu gegründeten → *ETSI* verlagert, wo ein Jahr später ein eigenes technisches Komitee gegründet wurde. Im Januar 1990 wurde der GSM-Standard vorläufig eingefroren. Dieser Status mit den bis dahin definierten Diensten wird als Phase 1 bezeichnet. Weitere Arbeiten führten zu Phase 2 im Jahr 1993. Alle zusätzlichen Arbeiten gehen bereits über reine GSM-Netze hinaus (→ *UMTS*, Integration GSM mit → *DECT*) und werden als Phase 2+ bezeichnet.

Auf der → *Telecom* in Genf wurden 1991 erste funktionsfähige Prototypen vorgestellt. Die Standards für DCS 1800 wurden ebenfalls 1991 eingefroren.

Erste Netze gingen im Juni 1993 in einigen Ländern in Betrieb. Im März 1994 wurde mobile Datenübertragung mit GSM auf der → *CeBIT* demonstriert. Ende 1994 war GSM in 26 europäischen und weiteren 26 außereuropäischen Staaten eingeführt. Im Herbst 1995 gab es 104 GSM-Netze in 85 Ländern mit einem monatlichen Zuwachs von rund 750 000 Teilnehmern und rund 40 Mio. Verbindungen täglich. Ende 1995 gab es rund 12 Mio. GSM-Nutzer weltweit. Für rund 50 Mrd. $ wurde Netzinfrastruktur weltweit bis Ende 1995 installiert. Aus dem GSM-Standard wurde → *GSM-R* als Standard für eine Variante des → *Betriebsfunks* abgeleitet. Mitte 1996 waren weltweit 150 GSM-Netze in 86 Ländern in Betrieb, davon 76 Netze in Europa.

Prognosen gehen von 15 bis 20 Mio. GSM-Nutzern in Europa und 100 Mio. weltweit im Jahr 2000 aus.
Der GSM-Standard (Recommendations) unterteilt sich in 12 Serien. Jede Serie gliedert sich in weitere Kapitel und Unterkapitel, die wiederum im Laufe der Zeit verschiedentlich weiterentwickelt wurden.
Üblicherweise werden daher die Spezifikationen durch die Angabe der Seriennummer, Kapitel und Unterkapitel sowie der Versionsnummern bezeichnet, z.B. Recommendation 4.2.3.1 Version 2.0.1.
Die 12 Serien und ihre Inhalte sind:

Serie	Inhalt
1	Allgemeines
2	Dienstaspekte
3	Netzaspekte
4	Schnittstelle MS-BSS
5	Funkaspekte
6	Sprachcodierung
7	Terminaladapter
8	Schnittstelle BTS-BSC, Schnittstelle BSC-MSC
9	Signalisierung beim Anschluß des GSM-Netzes an ein Fremdnetz
10	Nutzdaten beim Anschluß des GSM-Netzes an ein Fremdnetz
11	Prüfverfahren für MS
12	Netzmanagement

→ *http://www.gsmworld.com/*

GSMFL

Abk. für GSM Facilities Limited.
Eine von den Unterzeichnern des → *GSM*-MoU 1994 ins Leben gerufene Organisation, die sich mit der internationalen Gerätezulassung für die Phase 2 des GSM-Systems beschäftigt.

GSMP

Abk. für General Switch Management Protocol.
Bezeichnung für ein in der Diskussion befindliches Protokoll zum Management von → *ATM*-Switches.

GSM-R

Abk. für Global System for Mobile Communication for Railways.
Bezeichnung für eine vom → *GSM*-Standard abgeleitete Variante eines Standards für → *Betriebsfunk*. Er arbeitet auf anderen Frequenzen als der GSM-Standard im 900-MHz-Band, die für Betriebsfunk reserviert sind. Als sich abzeichnete, daß die → *ETSI* mit einem neuen digitalen Standard für → *Bündelfunk* nicht schnell genug voran schreitet (→ *TETRA*), entwickelten die europäischen Eisenbahnen zusammen mit ihren Lieferanten und unter Führung von ETSI und dem Hause AEG Mobile Communications/Matra einen eigenen Betriebsfunk-Standard. Das Resultat GSM-R ist dabei eine Untermenge des Standards GSM II+. Das System wurde in Deutschland auf der Strecke Stuttgart-Mannheim erfolgreich getestet. Es wird aller Voraussicht nach ab 1997 bei vielen europäischen Bahngesellschaften eingesetzt werden.

GSN

Abk. für Global Subscriber Number.
→ *UIFN.*

GSTN

Abk. für General Switched Telephone Network.
In der → *ITU* gebräuchliche Abkürzung für das herkömmliche öffentliche, vermittelte Telefonnetz. Eine andere und eher gebräuchliche Abkürzung ist → *PSTN.*

GTD-5 EAX

Digitales Vermittlungssystem der britischen Firma GTE. Konzipiert für 500 bis 150 000 Anschlüsse.

GTFM

Abk. für Generalized Tamed Frequency Modulation.

Guard-Band

→ *FDMA.*

Guard-Time

→ *TDMA.*

Guerilla-Teleworking

→ *Tele-Working.*

GUI

Abk. für Graphical User Interface.
Eine visuelle Oberfläche, die Symbole für die Darstellung von Arbeitsflächenobjekten benutzt, die vom Benutzer mit einer Positionierungseinheit (→ *Maus*, → *Trackball*) manipuliert werden können. Eingaben von Befehlssequenzen über die Tastatur sind nicht oder nur sehr selten nötig. Wichtiges Merkmal ist die leichte Erlernbarkeit durch intuitive Bedienung.
→ *MMI.*

GUUG

Abk. für German UNIX User Group.
Bezeichnung der deutschen Interessenvereinigung von Nutzern des → *Betriebssystems* → *Unix.*
Adresse:

GUUG e.V.
Elsenheimerstr. 43
80687 München
Tel.: 0 89 / 5 70 76 97
Fax: 0 89 / 5 70 76 07

→ *http://www.guug.de/*

GW

Abk. für → *Gruppenwähler*.

GWL

Abk. für Gateway Link.
Bezeichnet bei satellitengestützten Mobilfunksystemen (→ *Satellitenmobilfunk*) die Funkverbindungen zwischen den Satelliten und den terrestrischen Vermittlungsstellen auf der Erdoberfläche, die Verbindungen ins herkömmliche Festnetz herstellen. Bei einigen Systemen wird eine Verbindung erst über verschiedene Satelliten und dann zu einer Bodenstation geschaltet.

→ *Bodensegment*, → *Raumsegment*, → *MUL*, → *ISL*.

H

H0, H1, H4, H11, H12, H21, H22

Bezeichnung für Kanäle im → *ISDN* mit verschiedenen Datenraten als ganzzahlige Mehrfache von 64 kbit/s, die nicht als eine Kombination mehrerer B-Kanäle zu je 64 kbit/s durchgeschaltet werden, sondern als einzelne Kanäle mit hoher Kapazität.

Die Einführung derartiger Kanäle wird nach Bereitstehen der dazu nötigen Techniken für die Zeit ab 1997 erwartet.

H0	384 kbit/s	H21	34.368 kbit/s
H11	1.544 kbit/s	H22	44.736 kbit/s
H12	2.048 kbit/s	H4	139.246 kbit/s

Gründet sich auf das gleiche Verfahren wie → *JPEG*. Aus einer räumlichen Pixelanordnung wird mit der diskreten Cosinustransformation (→ *DCT*) ein Frequenzspektrum errechnet, dessen Koeffizienten angeben, wie häufig welche Frequenzkomponenten im Bild auftreten.

Niedrige Frequenzen beschreiben dabei große, annähernd konstante Bildteile, wohingegen hohe Frequenzen kleine Bildausschnitte beschreiben. Durch Runden und Verzicht auf Nachkommastellen — diese repräsentieren vom Menschen nicht wahrnehmbare Bild- und Farbdetails — in einem Quantifizierer wird die Datenmenge reduziert.

Nächster Schritt ist eine → *Huffmann-Codierung* des restlichen Datenbestandes, was wiederum die Datenmenge reduziert.

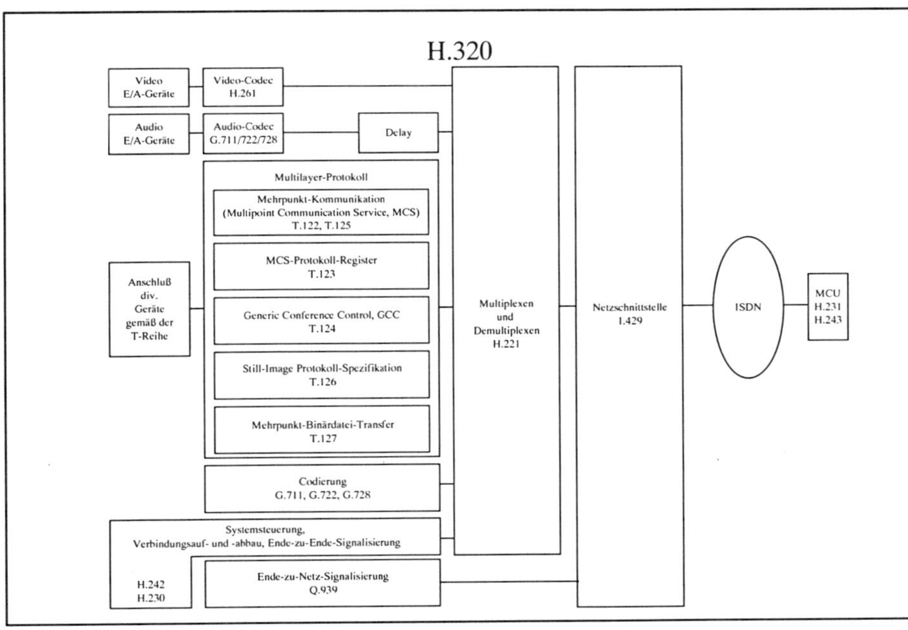

H.120

Bezeichnung des ersten Standards für Videodatenkompression überhaupt aus dem Jahr 1984. Gedacht und verwendet für → *Videokonferenzen* zwischen professionellen Videokonferenzstudios mit einer Datenrate von 2 Mbit/s. Heute kaum noch verwendet.

H.261

Ein 1990 von der → *ITU* verabschiedeter Standard für Grundprinzipien der digitalen Bewegtbildübertragung (Video) und Datenkompression. Der Standard ist offen, so daß Codierer eines Herstellers Datenströme erzeugen, die der Decoder eines anderen Herstellers verarbeiten kann.

Die Auflösung beträgt 352 Punkte * 288 Zeilen und ist unabhängig von der gewählten Übertragungsrate zwischen 64 kbit/s und 2 Mbit/s in 64 kbit/s-Schritten. Bildformat ist → *CIF*. Bildwiederholfrequenz liegt bei 30 Hz. Die Datenrate beeinflußt die Bildaufbauzeit. Es werden Verzögerungszeiten bei der Datenübertragung bis max. 150 ms toleriert.

Bei schnellen Bewegungen kommt es zu sog. Moskito- oder Blockartefakten (Fehlern).

→ *MPEG*.

Primär ist H.261 gedacht für ISDN-Anwendungen (und dabei insbesondere Videokonferenzen und Bildtelefonie), daher ist H.261 auch Teil von → *H.320*. Aus gleichem Grund basiert das Verfahren auf einem oder *n* * 64 kbit/s Kanälen, mit

$n < 30$. Solange nur moderate Bewegungen erfolgen, kann der Bilderstrom in akzeptabler Qualität übertragen werden.

H.320

Standard der → *ITU*, 1990 verabschiedet, der für den Videokonferenzdienst über ISDN-Leitungen (aber auch LANs zugelassen) mehrere Normen für die Video- und Audioübertragung festlegt und weitere Parameter definiert (Terminaltyp, Übertragungsmodus). Beinhaltet für die Übertragung des Bildes → *H.261* (→ *CIF*), H.221 zum Management verschiedener Kanäle, H.230 für die Signalisierung, H.233 für die Verschlüsselung, H.242 für Shakehand-Procedures.

Standards für die Audioübertragung sind definiert in G.722, G.728 und G.711.

Multipoint-Verbindungen werden durch H.231 und H.243 unterstützt.

Konkurrenzstandard war zunächst → *PCS*.

Das Zusammenwirken der einzelnen Standards wird aus dem Bild auf Seite 217 ersichtlich.

H.323

Ein Standard der → *ITU* für → *Videokonferenzen* über → *LANs*. Er ist das entsprechende Pendant zu → *H.320*.

H.324

Ein Standard der → *ITU* für → *Videokonferenzen* über analoge Leitungen. Grundlage ist ein Modem nach → *V.34*. H.324 ist das analoge Gegenstück zu → *H.320*. Ein stabiler Standard existiert seit Dezember 1995. Erste Produkte sind seit 1996 auf dem Markt.

Hacker

1. Bezeichnung für Personen, die ohne jede Autorisierung in Computersysteme eindringen. Im Gegensatz zu → *Crackern*, die hierbei Schäden anrichten, tun Hacker dies aus 'sportlichen' Gründen zum Vergnügen, Zeitvertreib, Nervenkitzel oder aus Neugier. Eine spezielle Sorte sind Phone Freaks, die in Telefonsysteme eindringen, um deren Ressourcen zu nutzen.
2. Bezeichnung für Personen, die vorwiegend programmieren und sich in Freizeit und Beruf mit nichts anderem beschäftigen.
3. Bezeichnung für Software-Experten für ein bestimmtes Programm, Betriebssystem oder eine bestimmte Programmiersprache.

Haftrelais

Bezeichnung für eine spezielle Bauart von → *Relais*, das in stromlosem Zustand durch den Restmagnetismus des Eisens selbsttätig geschlossen bleibt. Ein Öffnen erfolgt durch Erregung mit umgekehrter Feldstärke.

Halbbild, -verfahren

→ *Interlaced*.

Halbduplex

Eine Betriebsart, welche auf einem Kanal Sende- und Empfangsbetrieb ermöglicht, nicht jedoch gleichzeitig, sondern nur abwechselnd. Daher auch Wechselsprechen genannt. Typische Anwendung: Sprechfunkverkehr.

Ham

In den USA Jargon für Amateurfunker, ähnlich wie → *Oldman*. Herkunft des Begriffs ist ungeklärt, möglicherweise abgeleitet von Home-Amateur Mechanic Radio.

Hamilton-Group

Andere seltener gebrauchte Bezeichnung für → *OSF*.

Hammingabstand

Auch Hammingdistanz genannt.

Bezeichnung für die Anzahl Stellen, in denen sich zwei zugelassene Wörter aus dem Vorrat eines Codes unterscheiden. Der Hammingabstand ist ein Maß für seine → *Redundanz* und damit für seine Fähigkeit, Fehler zu erkennen oder sogar korrigieren zu können.

Handoff

Anderes Wort für → *Handover*.

Handover

In zellularen Mobilfunknetzen die Weitergabe eines laufenden Gesprächs (einer bestehenden Verbindung) von einer Basisstation zur nächsten beim Wechsel der Mobilstation von einer Zelle zur nächsten und alle dabei nötigen technischen Vorgänge. Die Dauer liegt in heutigen technischen Systemen bei 5 bis 10 ms. Insbesondere in Nordamerika ist auch der Begriff Handoff gebräuchlich.

Man unterscheidet von der Abwicklung her zwei Verfahren:

- Zentrales Handover: Handover wird von der Basisstation 'befohlen' (angewendet z.B. bei → *GSM*);
- Dezentrales Handover: Handover wird von der Mobilstation durchgeführt (angewendet z.B. bei → *DECT*).

Letztere Variante wird oft auch als Mobile Controlled Handover (MCHO) bezeichnet.

Weiterhin unterscheidet man die Handover nach der Herkunft der an der Entscheidung zum Handover eingegangenen Meßdaten:

- Assisted Handover: Die Entscheidung zum Handover basiert auch auf Messungen der

Funkqualität von der Mobilstation (Mobile Assisted Handover, MAHO). Dieses Verfahren wird bei allen neueren digitalen Mobilfunksystemen angewendet.

- Non-assisted-Handover: Nur die Basisstation mißt die Empfangsqualität (ältere Mobilfunksysteme).

Als Seamless Handover werden Techniken bezeichnet, bei denen der Handover für den Teilnehmer unbemerkt und ohne größere Qualitätseinbuße (Knistern, Pausen) realisiert wird. Er zeichnet sich in der Regel dadurch aus, daß zunächst in der neuen Zelle eine Verbindung aufgebaut und erst anschließend die Verbindung in der alten Zelle abgebaut wird.

Dies wird z.B. bei → *DECT* angewendet. Andere Techniken bauen erst die Verbindung in der alten Zelle ab und dann eine Verbindung in neuer Zelle auf (z.B. → *CT2*), weswegen dort einige Silben verschluckt werden bzw. die Verbindung unter ungünstigen Bedingungen komplett zusammenbricht.

In Mobilfunknetzen nach dem → *GSM*-Standard wird ferner unterschieden, welche administrativen Bereiche des Netzes gewechselt und welche Teile der Netzinfrastruktur davon betroffen sein werden. Man unterscheidet dabei:

- Intracell Handover: Handover innerhalb einer Zelle ohne Zellwechsel, aber mit Wechsel der Funkfrequenz. Gründe hierfür können in schlechtem Empfang der bisherigen Funkfrequenz liegen.
- Intercell Handover: Handover zwischen benachbarten Zellen, die aber von dem gleichen Base Station Controler (→ *BSC*) verwaltet werden.
- External Handover: Handover zwischen zwei Zellen, die von verschiedenen Base Station Controllern verwaltet werden.
- Basic Handover: Handover zwischen zwei Zellen, die von verschiedenen Base Station Controllern verwaltet werden, die wiederum an verschiedenen, miteinander verbundenen → *MSCs* hängen. Trotz seines Namens ein sehr komplizierter Prozeß, insbesondere dann, wenn die MSCs von verschiedenen Herstellern stammen.
- Subsequent Handover: Handover zwischen zwei Zellen, die von verschiedenen Base Station Controllern verwaltet werden, die wiederum an verschiedenen, allerdings nicht miteinander verbundenen → *MSCs* hängen, so daß eine dritte MSC eingeschaltet werden muß. Dieser Typ von Handover erfolgt üblicherweise nach einem Basic Handover, wenn sich die MS in den Einflußbereich einer dritten MSC bewegt.

→ *Roaming.*

Handshake-Verfahren

Andere Bezeichnung: Quittungsbetrieb. Allgemeine Bezeichnung für Verfahren, bei denen die Synchronisation von Sender und Empfänger durch sie selber vorgenommen wird. Umfaßt allgemein bei unregelmäßigen Übertragungen die Prozedur des Verbindungsaufbaus. Es wird verwendet, wenn Daten unregelmäßig anfallen. Der Sender signalisiert, wenn er neue Daten senden möchte/kann, der Empfänger, wenn er neue Daten empfangen möchte/kann.

Man unterscheidet den Hardware Handshake, bei dem über eine Leitung ein einzelnes Signal gesendet wird und den Software Handshake, bei dem ein Datenpaket mit u.U. einer Menge von Verwaltungsdaten genutzt wird, von denen eine bestimmte Bitkombination den Handshake andeutet.

Der Begriff wurde vom Händeschütteln zur Einleitung eines Treffens oder Gesprächs beim Menschen entlehnt.

Beispiel für ein Handshake-Verfahren ist → *XON/XOFF.*

Handscanner

→ *Scanner.*

Handy

In Deutschland übliche Bezeichnung für das tragbare und in die Hemdtasche passende Endgerät eines Mobilfunknetzes.

Der Begriff kam mit den D1- und D2-Netzen nach dem → *GSM*-Standard auf und leitet sich trotz seines Klanges nicht von Bezeichnungen in Nordamerika oder GB ab, wo insbesondere 'Mobile Phone' oder nur kurz 'Mobile', ansonsten auch 'Portable' oder 'Portable Phone' als Bezeichnung für derartige Geräte verbreitet sind.

Handys verfügen üblicherweise über ein mehrzeiliges und beleuchtetes Display zur Anzeige von Menüs und Informationen aller Art, → *Softkeys* zur Steuerung und einen beleuchteten Tastenblock mit vorbelegten Tasten (Ziffern 0...9, #, *, Ein/Aus und wichtige Grundfunktionen).

Handys sind zur Stromversorgung mit → *Akkus* ausgestattet und verfügen über eine Aufnahmemöglichkeit des → *SIM.*

Das Gewicht moderner Handys liegt mittlerweile zwischen 100 g und 200 g und die Größe wird inzwischen nicht mehr durch technische Zwänge, sondern durch den anatomisch festen Abstand zwischen Mund und Ohr festgelegt.

Die bisherige Entwicklung wurde durch technische Entwicklungen im Bereich der hochintegrierten → *ASICs* und der leistungsfähigeren und kompakteren → *Akku*s forciert.

Technologische Trends gehen in die Richtung größerer Displays, komfortablere Bedienerführung durch die dort angezeigten Menüs, größere Speicher für Telefonbucheinträge, leichtere Akkus und geringere Abmessungen.

Erste Handys kamen gegen Ende 1989 zum Weihnachtsgeschäft für rund 10 000 DM auf den Markt in Deutschland und wogen deutlich über 350 g. Mittlerweile sind über 90 % der verkauften Endgeräte für GSM-Netze Handys, ggfs. mit einem Autoeinbausatz. 1996 wurden in Deutschland ca. 2,6 Mio. Handys verkauft. Sie haben fest montierte Endgeräte fast vollständig verdrängt.

Happy Faces

Andere Bezeichnung für → *Smileys.*

Hardcopy

1. Andere Bezeichnung: Screen Shot. Bezeichnung für den originalen Ausdruck auf Papier oder die komplette Ansicht eines Computerbildschirms.
2. Auch Coredump genannt. Die Kopie eines Speicherinhalts (→ *RAM*). Manche Betriebssysteme sorgen vor dem Absturz eines Programms für eine Hardcopy des Hauptspeichers (Core) zur nachträglichen Fehleranalyse mit einem → *Debugger.*

Hardkey

Bezeichnung für, neben dem → *Softkey,* eine weitere mögliche Ausführung einer → *Funktionstaste.* Dabei ist eine mechanisch am Endgerät befindliche Taste mit genau definierten Funktionen belegt, die durch Drücken der Taste aktiviert werden, unabhängig von einem beliebigen Betriebszustand des Gerätes. Die Funktionen können nicht geändert werden.

Hardware

Die tatsächlich physikalisch vorliegenden Geräte, Bauteile, Maschinen etc. Oft mit HW abgekürzt. Gegensatz dazu: → *Software.*

→ *Firmware,* → *Paperware,* → *Slideware,* → *Vapourware.*

Harvard-Architektur

Name einer Prozessorarchitektur, die → *RISC* und → *CISC*-Ansätze vereinigt. Beispiel ist der Pentium von Intel oder auch der 80486.

Harvard Mark I

Andere Bezeichnung für → *Mark I.*

HAs

Abk. für Hauptanschluß.

Hatchen

Jargon aus der → *Mailbox*-Szene. Bezeichnet ähnlich dem Begriff → *Upload* das Einspeisen einer Datei in eine Mailbox.

Hauptanschlußleitung

Auch → *Endstellenleitung* genannt. Leitung, mit der ein Teilnehmerendgerät an die Ortsvermittlung angeschlossen ist. Ihre durchschnittliche Länge in Deutschland ist 2 km.

→ *Endleitung,* → *Hauptkabel.*

Hauptkabel

Bezeichnet in Ortsnetzen das Kabel zwischen → *Kabelverzweiger* und dem in der → *Ortsvermittlung* befindlichen → *Hauptverteiler.* An ein Hauptkabel werden üblicherweise zwischen sechs bis zehn Kabelverzweiger angeschlossen. In bestimmten Fällen werden → *Endverzweiger* direkt mit dem Hauptkabel verbunden.

Die Kabel verfügen über 490 kupferbasierte Doppeladern (international sind zwischen 400 und 600 Doppeladern üblich), sind als → *Röhrenkabel* verlegt und druckluftüberwacht.

Die typische mit dem Hauptkabel überbrückte Distanz sind im Mittel 3,5 km.

Hauptspeicher

Andere Bezeichnung für → *Arbeitsspeicher.*

Hauptverkehrsstunde

→ *Busy Hour.*

Hauptvermittlung

Lage Zeit die zweithöchste Hierarchieebene des analogen Vermittlungsnetzes der Telekom in Deutschland. Dabei konnten an eine Hauptvermittlungsstelle bis zu 10 → *Knotenvermittlungen* angeschlossen werden.

→ *Zentralvermittlung.*

Hauptvermittlungsleitung

Bezeichnung für die Verbindungsleitung zwischen → *Haupt-* und → *Zentralvermittlungsstelle.*

Hauptverteiler

Bezeichnet in → *Ortsnetzen* den Punkt in einer → *Ortsvermittlung,* an dem das → *Hauptkabel* angeschlossen ist.

Hayes-Befehlssatz, -Standard

Standardisierter Befehlssatz zur automatischen Steuerung von → *Modems,* von der amerik. Firma gleichen Namens entwickelt.

Das Konzept der Steuerung des Modems durch den angeschlossenen PC mittels einfacher Befehlssequenzen hatte derartigen Erfolg, daß andere Hersteller von Modems das gesamte System übernahmen. Daher galt dieser Befehlssatz lange als De-facto-Standard.

Der Hayes-Befehlssatz wird auch AT-Befehlssatz genannt, da alle Befehle mit den Buchstaben AT für 'Attention' beginnen. Leerzeichen, Groß- und Kleinschreibung sind nicht relevant. Nicht jedes angeblich zum Hayes-Befehlssatz kompatible Modem hält sich in allen Details an den Standard, so daß in Zweifelsfällen verschiedene Kommandos mit Parametern ausprobiert werden müssen.

Der Hayes-Befehlssatz wurde Anfang der 80er Jahre entwickelt und etablierte eine neue Klasse von Modems, die automatisch Wählverbindungen herstellen konnten und Smartmodems genannt wurden.

HBG

Zeitsender mit Standort in der Schweiz. Andere Zeitsender sind → *DCF77*, → *WWVB*, → *JG2AS* und → *M8F*.

HCD

Abk. für High Speed Copper Drop.

Bezeichnung für eine breitbandige, auf verdrillten Kupferkabeln basierende Teilnehmeranschlußleitung. Dies wird erreicht, z.B. mittels → *ADSL*.

HCDM

Abk. für Hybrid Companding Delta Modulation.

HCS

1. Abk. für Hundred Call Seconds. Bezeichnung einer in Nordamerika gebräuchlichen Einheit zur Messung der Verkehrslast. → *Erlang*, → *CCS*.
2. Abk. für Header Check Sequence.

HCT

Abk. für Home Communication Terminal.

Ein gelegentlich benutzter Begriff, der ein universell einsetzbares Endgerät im privaten Haushalt bezeichnet, mit dem diverse multimediale Telekommunikationsdienste realisiert werden sollen: → *Video-on-Demand*, → *Near-Video-on-Demand*, → *Pay-TV*, → *Videokonferenzen*, multimediale → *Online-Services*.

Dafür sind mehrere unterschiedliche Endgeräte anschließbar (Fernseher, PC, Telefon, Bildtelefon), ebenso verschiedene Netze (→ *ISDN*, → *PSTN* mit → *ADSL*, → *ATM*, → *BK-Netz*).

Die HCTs sind Geräte, die die Nachfolgegeneration der → *Set-Top-Box* darstellen und werden für Ende der 90er Jahre erwartet.

HD

1. Abk. für High Density.
   Bezeichnet bei → *Disketten* diejenigen mit doppelter Kapazität (doppelt so hoch wie bei → *DD*) aufgrund dichter gepackter Information auf der Diskette.
2. Abk. für Harmonisation Document.
   Bezeichnung eines Papiers, das Vorschriften zur Anpassung bislang unterschiedlicher technischer Standards enthält.

HD-Devine

Abk. für High Definition Digital Video Narrowband Emission.

Bezeichnung eines von Teracom Svensk Rundradio AB, der schwedischen Telia, dem schwedischen Fernsehen, Telecom Finland und Telecom A/S Denmark entwickelten Standards für digitales Fernsehen, der Grundlage für → *DVB* wurde.

Es ermöglicht vier digitale TV-Kanäle oder einen hochauflösenden TV-Kanal in einem heutigen analogen TV-Kanal. Nutzt dazu → *COFDM*.

HD-MAC

Abk. für High-Definition for Multiplexed Analogue Components.

Bezeichnung einer analogen Bildübertragungsnorm für hochauflösendes Fernsehen.

→ *D2-MAC*.

HDA

Abk. für Head Disk Assembly.

Bezeichnung des separaten Gehäuses einer → *Festplatte*, das Spindelmotor, Speichermedium und Schreib-/Leseköpfe enthält.

HDB3

Abk. für High Density Bipolar Code of Order 3.

Pseudoternäres, gleichstromfreies Leitungscodierverfahren, das über kurze Strecken (1 km) Bitraten im Bereich von 2 Mbit/s erlaubt.

HDB3 ist ein abgewandelter → *AMI-Code*, bei dem nach einer Folge von drei Nullen die nächste Null in eine Eins verwandelt wird. Ziel ist, auch bei langen Folgen von Nullen ein sich änderndes Signal zu erzeugen, um die Synchronität zwischen Sender und Empfänger zu gewährleisten. Der Code ist daher selbsttaktend.

Es sind auch entsprechende Codes höherer Ordnung als drei möglich.

HDD

Abk. für Hard Disk Drive.

Englische Bezeichnung für ein Laufwerk mit Festplatte.

HDDR

Abk. für High Density Digital Recording.

Bezeichnung für ein digitales Aufzeichnungsverfahren auf Magnetbändern mit hoher Packungsdichte von 33 kbit je Inch (entspricht 1,312 Bit je mm).

Fehlerschutz durch Längs- und Querparitätsprüfung mittels Error Detection and Correction Code (EDAC).

HDDV

Abk. für High Definition Digital Video.

HDLC

Abk. für High Level Data Link Control.
Ein bitorientiertes synchrones Steuerungsprotokoll auf der Schicht 2 des → *OSI-Referenzmodells* für Simplex-, Halbduplex- oder Duplexsynchronübertragung. Es kann sowohl für Punkt-zu-Punkt- als auch für Punkt-zu-Mehrpunkt-Verbindungen genutzt werden. Im Gegensatz zum ISO-7-Bit Code verwendet HDLC keine Steuerzeichen und ist codeunabhängig.
Die Datenübertragung mit HDLC zerfällt in die Phasen:

- Aufbau der Verbindung (über einen Netzabschnitt zwischen Netzknoten, keine Ende-zu-Ende-Verbindung zwischen Teilnehmern),
- Datenübertragung,
- Abbau der Verbindung zwischen den Netzknoten.

Es werden drei Kommunikationsmodi → *NRM*, → *ARM* und → *ABM* unterschieden. HDLC arbeitet mit einem Fenstermechanismus (zwei Fenstergrößen möglich, 7 oder 127, → *Fensterprotokoll*)), bei dem zu übertragende Datenrahmen durchnumeriert und mit → *Huckepackverfahren* übertragen werden.
Ein als fehlerhaft erkannter Rahmen wird vom Empfänger erneut angefordert und nochmal übertragen. Fehlerschutz durch eine → *FCS*.

Es existieren drei verschiedene HDLC- Rahmenformate:

- Unnumerierter Steuerrahmen (U-Block),
- Numerierter Steuerrahmen (S-Block),
- Informations- oder Datenrahmen (I-Block, enthält die zu übertragenden Nutzdaten).

Ihnen gemein ist das grundlegende Rahmenformat:

- 1 Byte Flag (01111110),
- 1 Byte Adreßfeld,
- 1 Byte Steuerungsfeld,
- Beliebig großes Datenfeld (Vielfache von 8 Bit, max. Größe von 1 024 Byte, nur I-Block) oder 3 Byte großes Datenfeld (nur U-Block),
- 2 Byte Sicherungsinformation, gebildet aus Adreß-, Steuer- und Datenfeldern (FCS).

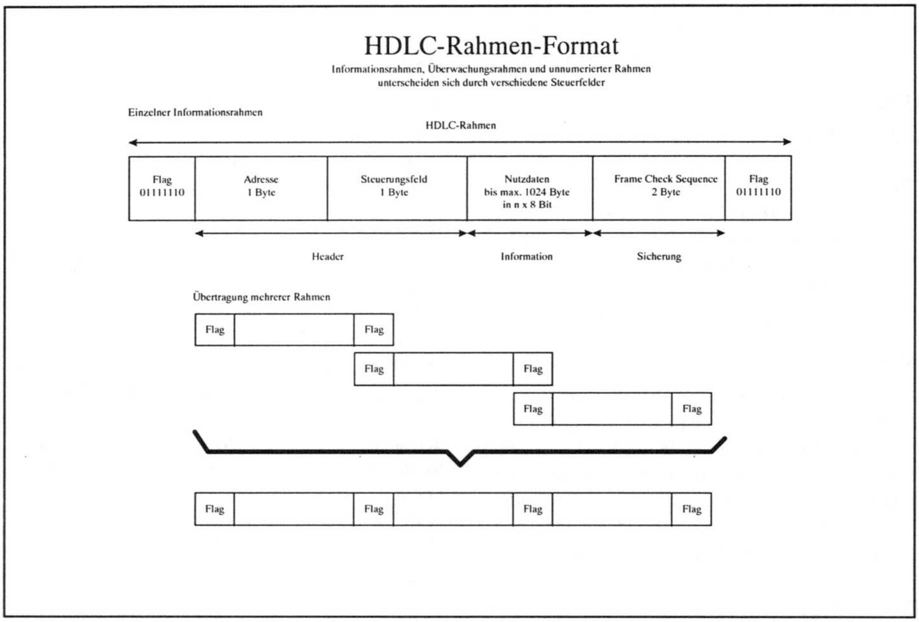

Während einer Datenübertragung werden die übertragenen Blöcke durchnumeriert, damit ein Blockverlust erkannt werden kann.
Die FCS besteht aus einem → *CRC* mit dem Generatorpolynom $X^{16}+X^{12}+X^5+1$.
HDLC ist als LAP-B Bestandteil von → *X.25*.
Ging aus dem → *SNA*-Protokoll der IBM → *SDLC* (Synchronous Data Link Protocol) hervor, von dem es sich durch die vervierfachte Länge des Datenfeldes unterscheidet. Entwickelt zwischen 1970 und 1977. Genormt 1980.

HDML

Abk. für Handheld Device Markup Language.
Bezeichnung eines Derivates von → *HTML*, das speziell für die Erstellung von Inhalten, die auf → *PDAs* dargestellt werden sollen, geeignet ist.

HDR

Abk. für High Data Rate. Keine einheitliche Definition festgelegt.
Bezeichnung für Datenraten über 64 kbit/s, besser: über 2 Mbit/s.
→ *Breitband*, → *LDR*.

HDSL

Abk. für High Bit Rate Digital Subscriber Line.
Ein Übertragungsverfahren für bidirektionale breitbandige Verbindungen auf einem Teilnehmeranschluß über normale Kupfertelefonleitung (Twisted Pair, → *Zweidrahtleitung*)
In Europa wird eine bidirektionale und symmetrische Verbindung von 2,048 Mbit/s (USA: 1,544 Mbit/s) über Entfernungen bis 3 km realisiert (→ *T1*- und → *E1*-fähig). Sie ermöglicht interaktive Videodienste (Fernsehen, Videokonferenz) oder 24 resp. 30 → *ISDN*-B-Kanäle.
Sind in einem Kabel genügend andere Zweidrahtleitungen unbeschaltet (keine Störungen durch Nebensprechen), dann können bis zu 80 % der anderen beschalteten Leitungen mit HDSL problemlos genutzt werden. Entscheidende Parameter sind daher die zu überbrückende Entfernung und die Charakteristika des Kabels.
Es wird mit dem HDSL-Dual-Duplex-Verfahren übertragen, bei dem die Datenrate auf je zwei Kanäle mit 1 168 bzw. 784 kbit/s aufgeteilt und erst beim Empfänger wieder zusammengesetzt wird, weswegen an beiden Seiten ein → *Echokompensator* notwendig ist. Als Leitungscodierverfahren wird → *2B1Q* genutzt, obwohl auch → *CAP* möglich wäre.
→ *ADSL*, → *VHDSL*
HDSL wurde angedacht 1988. Forschungsarbeiten begannen sogleich. 1992 kamen erste Produkte mit 800 kbit/s auf den Markt.

HDTV

Abk. für engl. high definition television = hochauflösendes Fernsehen.
Bezeichnet eine Familie neuer analoger Fernsehstandards in Europa und Japan mit anderem Bildformat (16:9 anstelle 4:3). Zweites Ziel war auch eine höhere Bildauflösung um den Faktor Zwei: 1920 Pixel in 1080 Zeilen. Dies entspricht einer digitalen Datenrate von 1,2 bis 1,5 Gbit/s. Nach der Entwicklung eines europäischen Systems kam man jedoch zu der Erkenntnis, daß dieses Verfahren zu teuer ist und trug die europäische Norm zu Zeiten der CeBIT '94 still zu Grabe. Im Angesicht dieses Desasters entschied man sich, → *PAL* nochmal weiter zu entwickeln zum höher auflösenden PAL Plus.
Ein japanisches Gegenstück zum europäischen HDTV ist → *MUSE*.

HDW

Abk. für → *Heb-Dreh-Wähler*.

HDWDM

Abk. für High Density Wavelength Division Multiplex.
→ *WDM*.

hdx

Abk. für → *halbduplex*.

HE

Abk. für Header Extension.

HE 60 L

Bezeichnung einer analogen → *SPC* Versuchsvermittlungsstelle von Anfang der 60er Jahre aus dem Hause SEL. Das System basiert auf → *Herkon-Relais* als Koppelelement und wurde 1963 in Stuttgart (Blumenstraße) für einige Jahre in Betrieb genommen.

Headcrash

Bezeichnung für einen Defekt einer → *Festplatte*. Dabei berühren die Schreib-/Leseköpfe, die sich ansonsten berührungslos über der Oberfläche befinden, das Speichermedium derart, daß Magnetschicht und ebenso die Leseköpfe beschädigt werden.
Nach der ersten Berührung wird der Schaden durch mehrfache Versuche, die Festplatte zu starten oder noch schnell → *Backups* zu erstellen größer.
Kennzeichen für Headcrashs: Fehlermeldungen beim Festplattenzugriff, langsame Zugriffe oder ungewöhnliche Geräusche der Festplatte.
Gründe für Headcrash: Unwucht der Platte durch falsche Handhabung (Stoß gegen Gehäuse, Herunterfallen etc.) oder eingedrungene Schmutzpartikel (Staub) auf der Oberfläche.
Gegenmaßnahme: sofortiges Ausschalten des Gerätes und Ausbau der Festplatte. Daten auf der Festplatte können mit speziellen Geräten gerettet werden.

Headend

Andere Bezeichnung für → *Kopfstelle*.

Header

Von engl. head = Kopf. Bezeichnet den Teil eines Datenpaketes, in dem keine Nutzdaten, sondern diverse Verwaltungsdaten enthalten sind, z.B. Adresse, Paketnummer, Senderkennung, Paketstatus etc. Die Daten zur Fehlererkennung bzw.

zur Fehlerkorrektur (z.B. → *CRC*) werden i.A. zu den Nutzdaten gezählt.

Heb-Dreh-Wähler

Auch nach seinem Erfinder Strowger-Wähler genannt. Abgekürzt mit HDW.
Elektromechanisches Vermittlungselement aus der Urzeit der Vermittlungstechnik zur Auswertung von bis zu zwei gewählten Ziffern. Die Wählimpulse des Teilnehmers steuern dabei zwei Elektromagneten, die Hebel anziehen (Magnetanker), welche über Raststellen zunächst einen Verbindungskontakt heben (Auswertung 1. Ziffer) und anschließend in eine Kontaktbank hineindrehen (Auswertung 2. Ziffer).
Die HDW-Systeme zählen zu den ersten automatischen Vermittlungssystemen, die die Probleme des Ortswählverkehrs zufriedenstellend lösten.
Heb-Dreh-Wähler galten als sehr verschleißempfindlich (dadurch auch sehr wartungsintensiv) wegen ihres hohen Anteils an Mechanik und waren sehr laut. Durch Funkenbildung an den Kontakten waren Vermittlungsstellen mit diesen Wählern immer mit Ozon belastet.
Entwickelt von dem schottischen Bestattungsunternehmer Almond Brown Strowger (* 1839, † 1902) in Kansas City, USA, bereits 1889 (!). Nach einer Anekdote beschwerte sich Strowger mehrmals darüber, daß die Handvermittlung gezielt Gespräche an die Konkurrenz weitervermittelte, angeblich weil die Frau des Konkurrenten als Operator in der Handvermittlung arbeitete. Daher wuchs in ihm der Wunsch nach einem automatischen und unbestechlichen Vermittlungssystem.
Das System fiel auf fruchtbaren Boden, da AT&T in den USA erkannte, daß bei dem Wachstum des US-Telefonnetzes um 1906 jede arbeitsfähige Amerikanerin zwischen 18 und 30 in einer Handvermittlung beschäftigt sein müßte, um das Verkehrsaufkommen zu bewältigen.
Es gab mehrere Fortentwicklungen des Wählers in Europa, z.B. in Deutschland von Siemens 1925 als → *Viereckwähler* auf den Markt gebracht. In Deutschland erstmals 1922 eingesetzt. Weiterentwicklungen dieses Wählers wurden, wie in den USA, auch in Deutschland bis 1950 neu beschafft. Ende der 70er Jahren waren noch rund 50 % der US-Vermittlungsstellen mit HDW-Technik ausgerüstet. Letzte derartige Systeme wurden in Deutschland 1995 ausgemustert.
Auch in anderen Ländern lange in Betrieb, z.B. in Irland bis 1989.

HEC

1. Abk. für Header Error Control.
   → *ATM.*
2. Abk. für Header Error Check.

HEL

Abk. für Header Extension Length.

Heliosynchrone Bahn

Begriff aus der Satellitentechnik.
Bezeichnet Bahnen um die Erde, die sich selbst während eines Jahres um 360° dreht, d.h. die niedrige Bahn folgt der Erdrotation. Folge ist, daß ein bestimmter Ort jeden Tag zur gleichen Zeit überflogen wird. Dies wird bei langfristigen Beobachtungen (z.B. für Umweltschutzzwecke) ausgenutzt.

Helixantenne

Begriff aus der Antennentechnik.
Bezeichnung einer speziellen Antennenbauart. Dabei ist der Strahler schraubenförmig auf einem zylindrischen Körper ausgebildet. In Abhängigkeit der Maße der Wendel wird die Antenne als Längs- oder Querstrahler wirksam.
Wegen der Zirkularpolarisation wird diese Antenne vorzugsweise in der Satellitenkommunikation eingesetzt.

Helpdesk

Bezeichnung aus dem Nebenstellenbereich. Bezeichnet eine spezielle Art der → *Hotline*, bei der nicht Informationen, sondern Auskünfte aller Art zu Problemen mit Produkten des Herstellers gegeben werden. Der Helpdesk ist dabei — im Gegensatz zur Hotline — nicht permanent Tag und Nacht besetzt, sondern nur zu bestimmten Zeiten. In der Regel kann er bundesweit unter einer einheitlichen Rufnummer erreicht werden.
Unterstützt wird der Mitarbeiter am Helpdesk, der den Anruf entgegennimmt und versucht, die Anfragen zunächst allein zu bearbeiten, durch Mitarbeiter im → *Back Office.*
→ *FAQ.*

HEO

Abk. für High Elliptical Orbit.
Bezeichnet Satellitenumlaufbahnen elliptischer Form, die sich bis zu 20 000 km von der Erdoberfläche entfernen und sich ihr bis auf 500 km annähern.

Heranholen (eines Anrufes)

Bezeichnung eines → *Leistungsmerkmales* von Nebenstellenanlagen.
Gruppen von Nebenstellenteilnehmern, die sich in gegenseitiger Sicht- und Hörweite befinden (z.B. alle, die sich in einem Büro befinden), können dabei Anrufe an einem beliebigen Telefon ihrer Gruppe durch Wahl eines Bedienungscodes auf ihr Endgerät übernehmen.
Vorteil: wenn ein Arbeitsplatz unbesetzt ist und bei kommendem Anruf ihn niemand entgegennimmt, kann der Anruf ohne zeitraubendes Aufstehen und hingehen übernommen werden.

Hercules-Karte

→ *HGC.*

Herkon-Relais

Abk. für (auf) hermetisch abgeschlossenen Kontakten (basierendes) Relais.
Es wird auch Schutzrohrkontakt genannt. Bezeichnung für ein Bauteil elektromechanischer Vermittlungen der 60er Jahre. Prinzipiell handelt es sich um eine Weiterentwicklung des → *Reed-Relais*. Entwickelt wurde das Herkon-Relais von W. B. Ellwood.
Zwei Kontaktzungen mit unedlen Kontakten befinden sich dabei im Inneren eines mit Schutzgas gefüllten Glasröhrchens, das sich wiederum im Inneren einer Magnetspule befindet. Durch Anlegen eines Steuerstromes an die Spulen schließen sich die Kontakte im Röhrchen.
Eingesetzt wurden Herkon-Relais in den Vermittlungssystemen → *HE 60 L* oder → *Metaconta*.

Heterochron

Anderes Wort für asynchron.

Hexadezimal

Abgekürzt häufig nur mit dem Kürzel Hex. Bezeichnung eines Zahlensystems mit der Basis 16.
Anstelle der Symbole 0 und 1 im → *binären Zahlensystem* und der Symbole 0, 1, 2...9 im herkömmlichen dezimalen Zahlensystem stehen im hexadezimalen Zahlensystem die Symbole 0...9 und A...F zur Verfügung.
Díe Darstellung im hexadezimalen System wird bevorzugt bei der Codierung und platzsparenden Darstellung sehr großer Zahlen (z.B. von Speicheradressen und Speicherinhalten) in der Informationstechnik eingesetzt.
Für die Zahlen 0 bis 15 ergibt sich folgende Zuordnung:

Dezimal	Hexadezimal	Dezimal	Hexadezimal
0	0	8	8
1	1	9	9
2	2	10	A
3	3	11	B
4	4	12	C
5	5	13	D
6	6	14	E
7	7	15	F

HF

1. Abk. für High Frequency.
   Fest definiertes Frequenzband von 3 MHz bis 30 MHz. Wird in Deutschland auch mit Kurzwelle, Dekameterwellenbereich oder Hochfrequenzbereich bezeichnet. Nachbarbereiche: → *MF*, → *VHF*. Mit HF-Verbindungen lassen sich kurze Entfernungen relativ problemlos überbrücken. Ihre große Reichweite erklärt sich durch die Reflexion (auch Mehrfachreflexion möglich) der Raumwelle an der → *Ionosphäre*. Diese ist jedoch nicht homogen, sondern verändert sich ständig, so daß dieser Effekt auch zu Schwankungen und Unzuverlässigkeiten führt, dem mit → *Diversity*-Empfang oder besonderen Übertragungscodes begegnet werden kann. Die Reichweite der Bodenwelle ist unbedeutend.
2. Generell die Abk. für Hochfrequenz.

HFBC

Abk. für High Frequency Broadcast Conference.

HFC

Abk. für Hybrid Fiber Coax.
Bezeichnet hybride Lösungen im Anschlußbereich, bei denen Glasfaser nicht durchgängig von der Teilnehmervermittlung zum Teilnehmer verlegt wird, sondern ab einem bestimmten Punkt auf ein bereits bestehendes Koaxialkabelnetz zurückgegriffen wird.
→ *BONT*, → *PON*, → *FTTH*, → *FTTC*.

HFD

1. Abk. für Hauptanschluß für Direktwahl.
   Bezeichnet bei der Deutschen Telekom den normalen Telefonhauptanschluß mit voller Amtsberechtigung.
2. Abk. für Hauptanschluß für Direktruf.
   Digitale Standleitungen von 50 bit/s bis 48 kbit/s. War seit 1973 das Vorgängerprodukt der Deutschen Telekom vor den → *DDV*.

HGC

Abk. für Hercules Graphics Card, auch nur Hercules-Karte oder MGA für Monochrome Graphics Adapter genannt.
Bezeichnung eines frühen Standards für Grafikkarten aus dem Hause Hercules bei Unterstützung von zwei Farben bei PCs aus den frühen 80er Jahren.
Zusätzlich zum → *MDA*-Standard wurde monochrome Grafik bei einer Auflösung von 720 * 350 Punkten bei Nichtdarstellung der obersten und untersten Punktzeilen möglich. Ansonsten 25 Zeilen zu je 80 Zeichen. Je Zeichen 14 * 9 Punkte.
Bildfrequenz von nur 50 Hz. Horizontalfrequenz von 18 430 Hz.
Es werden digitale Signale an den Monitor geschickt.

HiColor

Auch Real Color genannt.
Bezeichnung für eine Codierung der Farbe mit 15 oder 16 Bit je → *Pixel* bei der digitalen Bilddarstellung.
Damit können 32 768 bzw. 65 536 verschiedene Farben dargestellt werden. Die Aufteilung der Bit bei einer Breite von 15 Bit auf die Farben Rot, Grün und Blau beträgt 1:1:1.

Die Aufteilung der Bit bei einer Breite von 16 Bit auf die Farben Rot, Grün und Blau variiert je nach Hardwareplattform, z.B. 5, 6 und 5 Bit bei → *XGA* oder 6, 6 und 4 Bit bei dem Intel-Grafikprozessor i860.
→ *True Color.*

High Sierra

Umgangssprachliche Bezeichnung zunächst einer Normungsgruppe und dann ihrer von der → *ISO* bestätigten Norm selbst (ISO 9660, ab 1988) für die File-Struktur für Daten auf der → *CD-ROM*, benannt nach einem Hotel in Lake Tahoe/USA, in welchem die erste Sitzung des Normungsgremiums 1986 stattfand. Maßgeblich wurde der Standard von Philips und Sony beeinflußt.

Highspeed-Modems

Aus den 80er Jahren stammende Bezeichnung für alle → *Modems* mit einer Übertragungsgeschwindigkeit von mehr als 9 600 bit/s. Auch Synonym für proprietäre Lösungen, da die damalige CCITT (heute ITU-T) nicht schnell genug entsprechende Standards verabschiedete, wodurch sich zunächst verschiedene Firmenstandards entwickelten.
Mittlerweile existieren die Standards → *V.32*, → *V.32bis* und → *V.34*.

Highway

Bezeichnung der Sammelschiene in Bausteinen der Vermittlungstechnik, die nach dem TDM-Verfahren vermitteln.

HILI

Abk. für High Level Interface.
Bezeichnung für die in → *IEEE 802.1* für → *LANs* festgelegten höheren Protokolle der mehreren LAN-Standards gemeinsamen oberen Teilschicht von Schicht 2 des → *OSI-Referenzmodells*.

HiperLAN

Abk. für High Performance Radio LAN.
Bezeichnung eines seit 1992 bei der → *ETSI* in der Entwicklung befindlichen Standards für → *Wireless* LANs. Übertragungsrate für Nutzdaten ist 1 bis 4 Mbit/s. Übertragungsrate über Luftschnittstelle von 23,5294 Mbit/s.
Wird im → *IMS*-Band um die 5 150 bis 5 300 MHz (in einigen Ländern nur bis 5 200 MHz) plus weiteren 200 MHz von 17,1 bis 17,3 GHz in der Zukunft (dann auch Datenraten bis 155 Mbit/s möglich) operieren.
Sendeleistung max. 1 W. Im Standard sind drei Sende- und Empfangsklassen definiert. Reichweite bis 50 m bei 20 Mbit/s und 800 m bei 1 Mbit/s. Tolerierte Geschwindigkeit der Stationen max. 10 m/s. Modulation nach → *GMSK* mit BT = 0,3. Zugriffsverfahren auf der → *MAC*-Teilschicht ist → *EY-NPMA*.
HiperLAN ermöglicht die Übertragung multimedialer Daten.
Ist ähnlich wie → *IEEE 802.11*.
An einem weiteren Standard für Wireless-LANs im 17-GHz-Bereich wird bei ETSI ebenfalls gearbeitet.

HiPPI

Abk. für High Performance Parallel Interface.
Bezeichnung eines verbindungsorientierten High-Speed-LAN-Protokolls der → *ANSI* im Gremium X3T11.
Überträgt mit 800 Mbit/s oder 1,6 Gbit/s simplex oder duplex über ein 50paariges → *STP*-Kabel oder über Singlemode und Multimode-Glasfasern.
Überbrückt bis zu 50 m über STP, 300 m über Multimode-Faser und 10 km über Singlemode-Faser. Mit hintereinandergeschalteten Switches können bis zu 200 m über STP überbrückt werden.
160 ns Latenzzeit der Switche.
Verbindungen werden über ein einfaches Signalisierungsprotokoll mit nur drei → *Dienstprimitiven* (Request, Connect, Ready) etabliert. Verbindungsauf- und -abbau dauern 1 ms.
HIPPI-Adressen sind 24 Bit lang, was — in Abhängigkeit der von Switches genutzten Adreßformate (drei oder vier Bit) — die Kaskadierung von Switches begrenzt.
Wurde ursprünglich entwickelt zur Verbindung von Supercomputern untereinander und mit externen hochkapazitiven Speichermedien. Mittlerweile diverse verschiedene Anwendungen, die extreme Bandbreiten und kurze Schaltzeiten benötigen, z.B. als Backbone von Backbones, d.h., z.B. zur Verbindung von → *FDDI*-Ringen.
Standardisiert seit 1988. Die Standards wurden kontinuierlich erweitert, um die überbrückbaren Distanzen zu vergrößern und Protokolle zum Internetworking mit anderen Übertragungssystemen zu ermöglichen (→ *ATM*, → *Fibre Channel*, → *SONET*).
→ *http://www.esscom.com/hnf/*

Hit

Jargon für die Abfragen eines Teilnehmers von Informationen aus → *Online-Diensten* aus Sicht desjenigen, der die Informationen bereitstellt und nur an der Statistik interessiert ist, wie oft welche Informationen abgerufen werden.
Hat eine → *Homepage*, z.B., 1 500 Hits pro Tag, bedeutet dies, daß 1 500mal auf sie zugegriffen wurde. Es ist keine Aussage gemacht, ob es sich um Zugriffe verschiedener Teilnehmer handelt oder wie lang diese Zugriffe waren. Daher klassifiziert man noch Qualified Hits, die nicht durch zufälliges → *Surfen* auf die Homepage für kurze Zeit zustandegekommen sind, sondern bei denen, z.B., Informationen gezielt angefordert wurden oder mehrere hierarchisch tiefer gelegene Seiten

der → *Site* ebenfalls abgerufen wurden. Überdies ausgeschlossen bei Qualified Hits sind Anfragen von Programmen (Suchmaschinen).

Mehrere Hits ein und desselben Nutzers auf einem Server sind als Visit definiert. Dabei wird üblicherweise eine Zeit (meistens 30 Minuten) definiert, ab der bei keiner weiteren Aktivität des Nutzers ein erster Visit als beendet gilt.

Eine weitere Größe ist die der Netto-Nutzer, die mehrere Hits des gleichen Nutzers innerhalb der Beobachtungsperiode als einen Hit zählt.

Hk

Abk. für → *Hauptkabel.*

HKZ

Telekom-Abkürzung für Hauptanschlußkennzeichengabe.

Bezeichnet i.d.R. bei analogen Telefonhauptanschlüssen das Impulswählverfahren (→ *IWV*).

HLC

Abk. für Higher Layer Capabilities. Bezeichnung aus der Übertragungstechnik für die Funktionen der Schichten 4 - 7 des → *OSI-Referenzmodells* im Gegensatz zu den → *LLC.*

HLM

Abk. für Heterogenous LAN-Management.

Bezeichnung für Netzmanagementsysteme, die verschiedene Netze verwalten können, z.B. → *CMOL.*

HLPI

Abk. für High Layer Protocol Identifier.

HLR

Abk. für Home Location Register.

Bezeichnet allgemein in modernen automatischen zellularen Mobilfunksystemen die Datenbank, in welcher die Daten eines Subscribers (derzeitiger Aufenthaltsort, ob eingeloggt, welche erlaubten Dienste ...) permanent abgelegt sind und vom Netz abgefragt werden können.

Je Netz sind in Abhängigkeit der Größe des Netzes und der Leistungsfähigkeit der HLRs ein oder auch mehrere HLRs nötig.

Für Netze nach dem → *GSM*-Standard gilt, daß es über das Signalisierungsnetz des Mobilfunknetzes auch mit dem → *VLR* in Verbindung steht. Ferner ist es mit dem → *AUC* verbunden und wickelt mit diesem die Authentifizierungsprozedur ab.

Das HLR ist üblicherweise im → *RAM* eines → *MSCs* fest enthalten und kann je nach Hersteller einige 100 000 Datensätze verwalten. Jeder Datensatz verfügt über Daten im Umfang von ca. 300 Byte, ergänzt um die täglich anfallenden Gesprächsdaten (Dauer, Tarif etc.). Auf die einzelnen Datensätze des HLR wird im GSM-System mit der → *IMSI* zugegriffen.

HM I

Abk. für Harvard Mark I.

Andere Bezeichnung für den → *Mark I.*

HMMP

Abk. für HyperMedia Management Protocol.

Bezeichnung für ein Kommunikationsprotokoll für das → *Netzmanagement* durch → *WBEM.*

HMMP ermöglicht es, → *Browsern* für → *WWW* auf Daten von Managementplattformen (z.B. → *SNMP*) und Geräten zurückzugreifen, diese abzurufen und zu transportieren.

→ *HMMS,* → *HMON.*

HMMS

Abk. für HyperMedia Management Schema.

Bezeichnung für ein Datenmodell für das → *Netzmanagement* durch → *WBEM.*

Durch WBEM verwaltete Objekte werden durch bestimmte Mengen von Daten und Parametern repräsentiert, deren Struktur durch HMMS beschrieben wird.

→ *HMMP,* → *HMON.*

HMON

Abk. für HyperMedia Object Manager.

Bezeichnung für ein Protokoll für das → *Netzmanagement* durch → *WBEM.*

HMON sammelt Daten von Anwendungen, die auf → *SNMP,* → *DMI* oder vergleichbaren anderen Technologien basieren, so daß diese an einem zentralen Platz mittels → *Browsern* für das → *WWW* dargestellt werden können.

→ *HMMP,* → *HMMS.*

HMQAM

Abk. für Hamming Quadrature Amplitude Modulation.

Eine Sonderform der → *QAM.*

HoB

Abk. für Head of Bus.

Hohladertechnik

Begriff aus der → *Glasfasertechnik,* auch Siecor-Technik genannt. Gegenteil der → *Festadertechnik.* Bezeichnet eine spezielle Bauart von Glasfaserkabeln.

Dabei werden Glasfasern lose in eine Aderhülle aus Kunststoff mit größerem Innendurchmesser als Außendurchmesser der Glasfaser eingelegt. Um innere Ablagerungen (Kondenswasser etc.) zu vermeiden, wird das Innere des Röhrchens mit einer gelartigen Masse gefüllt. Vorteil: Die Fasern werden so mit klar definierter Überlänge frei von

Zugbelastungen des äußeren tragenden Kabels verlegt.
Nachteil: Hoher konstruktiver Aufwand, höhere Kosten und größerer Platzbedarf als bei Festadertechnik.

Home Location Register

→ *HLR.*

Home-Banking

→ *Tele-Banking.*

Home-Shopping

→ *Tele-Shopping.*

Home-Working

Eine Sonderform des → *Tele-Working.*

Homepage

1. Allgemein die Bezeichnung für die ersten Informationen (der Einstiegspunkt), die ein Nutzer eines Online-Services sieht, wenn er eine bestimmte Institution anwählt und von dieser aus zu weiteren Informationsangeboten dieser Institution verzweigt werden kann.
2. Besonders die erste Seite eines Angebotes eines Unternehmens im → *Internet,* das über → *WWW* genutzt werden kann.

Hook Flash

Bezeichnung für kurzes Drücken der Gabel bzw. des Gabelschalters am Telefon.
Wird im Ausland häufig für Rückfragen (→ *Makeln*) bei einer zweiten Leitung oder für die Anrufweiterleitung (→ *Forwarding*) eingesetzt.
Bei manchen modernen Telefongeräten wird zur Erzeugung des Hook-Flashs eine eigene Taste (genannt Erdtaste, Signaltaste oder R-Taste, für Rückfrage-Taste) verwendet.

Hop-by-Hop

Begriff aus der Paketvermittlungstechnik (→ *Store and Forward*).
Bezeichnet dort die abschnittsweise Weitergabe von Paketen, d.h., es müssen in einem Netzknoten erst alle zu einer Nachricht gehörenden Pakete eingetroffen sein, bevor die ersten in der Zwischenzeit gespeicherten Pakete weiter zum nächsten Netzknoten gesendet werden.
Dieses Verfahren stellt eine korrekte Reihenfolge beim Eintreffen der Pakete sicher.

Hops

Begriff aus dem Netzmanagement.
Bezeichnet die Anzahl Router, die ein Paket zwischen Sender und Empfänger in einem → *LAN* oder → *WAN* durchlaufen muß.
Aus diesem Grund basieren Routingprotokolle häufig auf dem Maß des Hops. In diesem Fall ist nur eine maximale Anzahl Hops für das Durchlaufen des Weges vom Sender zum Empfänger erlaubt.

Horizontalfrequenz

Andere Bezeichnung für → *Zeilenfrequenz.*

Hornparabolantenne

Begriff aus der Antennentechnik.
Bezeichnung einer bestimmten Antennenart mit guter Richtcharakteristik. Der Erreger wird in Form eines meist pyramidenförmigen Horns ausgebildet. Die Seitenwände werden bis an einen Reflektor in Form eines Parabolausschnitts herangeführt.

Host

1. Von engl. host = Gastgeber. Bezeichnung für einen zentralen Rechner (keiner bestimmten Größe), auf welchen die, z.B. mittels Terminals angeschlossenen Nutzer permanent (im Gegensatz zum → *Server*) zugreifen, da sie keine eigene Rechenintelligenz haben.
2. In Mailboxsystemen die zweithöchste Hierarchieebene.
   → *Fidonet.*

Hot Java

Bezeichnung des → *Browsers* für das → *WWW* aus dem Hause Sun. Existiert nur für die Betriebssysteme → *Unix* und → *X/Windows.*
Hot Java war der erste Browser, der mit → *Java.* erstellte WWW-Inhalte darstellen konnte.

Hotline

Bezeichnung aus der Nebenstellentechnik und aus dem → *Tele-Marketing.* Bezeichnet eine spezielle Form des → *Call Centers,* eine zentrale und üblicherweise permanent geöffnete Anlaufstelle für Auskünfte aller Art rund um Produkte und Vertriebsweisen eines Herstellers.
→ *FAQ,* → *Helpdesk.*

Hotspots

Sensible Bereiche in einer Darstellung auf einem Computerschirm, z.B. hervorgehobener Text, der angeklickt werden kann womit ein Video gestartet oder zum nächsten Schirm geblättert wird.

HOV

Sehr selten gebrauchte Abk. für → *Handover.*

HP

Abk. für Hewlett-Packard.
Hersteller von Computern, Druckern und Geräten der Meß- und Regelungstechnik.
→ *http://www.hewlett-packard.de/*

HP-IP

Abk. für Hewlett Packard Interface Bus.
Andere Bezeichnung für den → *IEC-Bus.*

HPN

Abk. für High Performance Network.
Bezeichnung eines militärischen Netzes der US-Marine zur Verbindung von Computern.

HPPA

Abk. für High Performance Packet Processor.

HPSN

Abk. für High Performance Scalable Networking.
Bezeichnung für Netze mit Übertragungsraten von 100 Mbit/s und höher, die Bandbreite nach Bedarf zur Verfügung stellen, z.B. mit → *FDDI* oder → *ATM-Technik.*

HRC

1. Abk. für Hybrid Ring Control.
   Andere Bezeichnung für → *FDDI II.*
2. Abk. für Horizontal Redundancy Check. Bezeichnung einer speziellen Art der Prüfung der horizontalen → *Parität.*

HSD

Abk. für High Speed Data.

HSLAN

Abk. für High Speed LAN.
Bezeichnet → *LANs* mit einer Übertragungsrate von deutlich mehr als 10 Mbit/s, i.d.R. um die 100 Mbit/s.
Beispiele: → *FDDI,* → *HiPPI,* → *VGAnyLAN,* → *TCNS* oder auch → *ATM* und → *Fast Ethernet.*

HSM

Abk. für Hierarchical Storage Management.
Bezeichnung für ein komplettes System zur automatischen Verwaltung von Speichermedien (→ *Festplatten,* → *File-Server,* → *Streamer,* optische Platten) in → *LANs.* Ziel ist eine Strategie für das → *Backup* und eine kostengünstige Ausnutzung der einzelnen Medien.

HSP

Abk. für High Speed Protocol.
Bezeichnung eines paketorientierten Datenübertragungsprotokolls ähnlich → *X.25.*

HSSI

Abk. für High Speed Serial Interface.
Bezeichnet eine Schnittstelle zu Hochgeschwindigkeitsnetzen (→ *WANs* über 34 Mbit/s). In Deutschland gibt es HSSI-Zugänge zu → *Datex-M* der Deutschen Telekom.

HST

Abk. für High Speed Technology.
Bezeichnung eines herstellereigenen Standards für → *Modems* aus dem Hause US-Robotics. Der Standard entwickelte sich nach und nach und sieht auf verschiedenen Stufen Datenübertragungsraten von 4 800, 7 200, 9 600, 12 000, 14 400 und 16 800 bit/s vor. Die Umrüstung eines Modems auf die nächst höhere Geschwindigkeit erfolgt durch einfaches Austauschen eines Speicherbausteins.
Kennzeichen für diesen Standard ist, daß die maximale Geschwindigkeit einer Stufe nur in eine Richtung erzielt werden kann. In Rückrichtung stehen lediglich 450 bit/s zu Steuerzwecken zur Verfügung. Modems nach HST können die Datenrate zwischen beiden Kanälen jedoch schnell wechseln.
Durch geschicktes Marketing (Betreiber von → *Mailboxen* erhielten Preisnachlässe) und frühe Zulassung in Deutschland sind Modems dieses Standards insbesondere in der → *Mailbox*-Szene weit verbreitet.

HTML

Abk. für Hypertext Markup Language.
Bezeichnung einer im → WWW genutzten Seitenbeschreibungssprache.
→ *http://www.cs.cmu.edu/tilt/cgh*
→ *http://www.jura.uni-sb.de/Hilfe/HTML.html*
→ *http://www.premier1.net/Learn-HTML.html*
→ *http://www.ncsa.uiuc.edu/General/Internet/www/HTMLprimer.html*
→ *http://iyokau.cc.matsuyama-u.ac.jp/A_Beginner's_Guide_to_HTML.html*
→ *http://uninn.ucsa.uiuc.ed:/80/HyperNews/get/www/html/guides/htm*

HTTP

Abk. für Hypertext Transfer Protocol.
→ *WWW.*

Hub

1. Keine einheitliche Bezeichnung existent, weswegen bis auf weiteres viele eigentlich unterschiedliche Geräte bzw. Geräte mit mittlerweile mehreren Funktionen mit diesem Begriff bezeichnet werden.
   Hubs arbeiten auf Schicht 1 des → *OSI-Referenzmodells* und sind → *transparent.*
   Aus dem amerikanischen übernommene Bezeichnung für einen i.d.R. aktiven Konzentrationspunkt von Terminalanschlüssen in lokalen Netzen, oft auch bürokratisch Abteilungskonzentrator (in Deutschland geprägter Begriff) oder intelligenter Systemkonzentrator genannt. Weiteres anderes deutschsprachiges Wort: Sternverteiler. An ihn werden Stationen oder weitere Hubs

(dann: kaskadiertes Netz) in Sterntopologie angeschlossen, meistens mittels → *UTP*-Kabeln. Die eingegangenen Signale werden alle an die angeschlossenen Stationen weitergegeben. Ein Hub ist eine → *logische Einrichtung*, der aktiv oder auch passiv sein kann. Aktive Hubs regenerieren die Signale (→ *Repeater*) und werden dann auch Repeating Hub genannt.
Zunächst bestand dabei ein Hub, der z.B. den Anschluß von mehreren Terminals an nur einen Tap beim Ethernet erlaubte, aus der reinen Verkabelung ohne weitere Intelligenz. Mittlerweile werden standardmäßig zumindest Funktionen eines Repeaters und u.U. auch höherer Schichten integriert. Switched oder Smart Hubs übertragen die einlaufenden Daten nicht an alle angeschlossenen Stationen, sondern nur an die eine adressierte. Die Stationen sind an den Hub über Anschlüsse (Ports) angeschlossen, die im Hub über eine leistungsfähige interne Verkabelung (Backplane) miteinander verbunden sind. Alle Ports gehören zu einem Segment eines LANs, so daß sich die angeschlossenen Stationen die Bandbreite des Hubs teilen.

2. In → *Mailboxsystemen* die Bezeichnung für die dritthöchste Hierarchieebene.
→ *Fidonet*.

Huckepackverfahren

Ein Quittierungsverfahren, bei dem Quittungen nicht in speziellen Datenrahmen, sondern zusammen mit Nutzdaten versendet werden. Wird z.B. im Duplexbetrieb bei → *HDLC* angewendet.

HÜP

Abk. für Hausübergabepunkt.
Bezeichnung für den Punkt, an dem das → *BK*-Netz in Netzebene vier im Inneren eines Hauses übergeht.

Huffmann-Coding

Ein Quellkodierungsverfahren zur verlustfreien Redundanzreduktion.
Dabei handelt es sich um eine Technik, die auf variablen Wortlängen beruht und den häufig vorkommenden Datenmustern kurze und den selteneren längere Codes zuweist. Auf diese Weise ist eine Annäherung an das theoretische Minimum bei der Quellcodierung möglich. Datenreduzierung um 50 % ist keine Seltenheit.
Der Algorithmus besteht aus vier Schritten. Es wird dabei ein Binärbaum aufgebaut, bei dem die zu codierenden Symbole als Blätter (Endknoten) auftreten.

i. Man schreibe alle zu codierenden Symbole mit ihrer Wahrscheinlichkeit des Auftretens (Häufigkeitsverteilung) auf.
ii. Man wähle die zwei Symbole mit der geringsten Wahrscheinlichkeit und markiere sie.
Man nehme das Symbol mit der nächst höheren Wahrscheinlichkeit und verbinde es über zwei Kanten mit den ersten Symbolen.
Zuletzt setze man die Wahrscheinlichkeit beim zuletzt hinzugefügten Symbol auf die Summe der beiden damit verbundenen Symbole.
iii. Man wiederhole den letzten Schritt, bis alle Symbole bis auf eines (Wurzel) im Baum enthalten sind.
iv. Die Kodierung eines Symboles ergibt sich aus dem Durchlaufen des Baums von der Wurzel aus, wobei an jeder Verzweigung ein Weg mit 0 und einer mit 1 definiert wird.

Entwickelt von D.A. Huffmann im Jahr 1952. Angewendet z.B. bei → *Fax* Gruppe 3.
→ *READ*-Code.

Hunt-Mode

Bezeichnung für den Zustand des Empfängers bei serieller, synchroner Übertragung am Beginn der Verbindung.
Der Empfänger wartet auf eine Trainingssequenz (bei ihm in einem → *Register* liegend) um sich mit dem Sender zu synchronisieren und den Beginn der Nutzdatenübertragung zu erkennen.

Hurenkind

Begriff aus der Satztechnik von Texten.
Wenn ein zusammengehöriger Text oder Textabschnitt etwas länger als eine Seite (Spalte) ist, wird die einzelne Zeile oder die wenigen Zeilen, die auf die nächste Seite (in die nächste Spalte) rutschen, als Hurenkind bezeichnet.
Abhilfe durch Textänderung (Weglassen von Füllwörtern) oder Layoutänderung (weniger Absätze, kleinere Schrift, Änderung der Satzbreite).

HvSt

Abk. für Hauptvermittlungsstelle.

HvStd

Abk. für Hauptverkehrsstunde.
→ *Busy Hour*.

HVt

Abk. für → *Hauptverteiler*.

HVV

Abk. für Haus-Verteil-Verstärker.
Bezeichnung für den Verstärker in einem Haus am Anschluß des → *Breitbandkabelverteilnetzes*, wenn innerhalb des Hauses mehrere Wohnungen seriell zu versorgen sind.
→ *WAL*, → *WAD*.

HW

Abk. für → *Hardware.*

hx

Abk. für → *Halbduplex.*

Hybridkarte

→ *Smart Card.*

Hyperband

Bezeichnet in BK-Netzen (Kabelfernsehen) in Deutschland den Frequenzbereich von 302 bis 450 MHz für die Sonderkanäle S21 bis S41 mit je 8 MHz Bandbreite.
→ *Breitbandkabelverteilnetz.*

HYPERchannel

Bezeichnung eines → *LANs* mit max. 50 Mbit/s auf einem → *Koaxialkabel.* Zulässig ist eine maximale Kabellänge von 1,6 km. Auf der → *MAC*-Teilschicht der Schicht 2 des → *OSI-Referenzmodells* wird → *CSMA/CA* genutzt. Netztopologie ist eine Busstruktur.
Entwickelt von der Firma Network Systems Corp. als Teil einer ganzen Familie von LANs.

Hyperlink

Bezeichnung für eine Verbindung zwischen verschiedenen Texten (auch auf voneinander entfernten Datenspeichern), die mittels eines → *Hypertextes* dem Anwender angezeigt wird.

Hypertext

Bezeichnung für sensible Textbereiche (dargestellt durch eine andere Farbe als normaler Text oder durch Unterstreichen) in Dokumenten, die auf Bildschirmen sichtbar sind und die mit einem Mauszeiger angeklickt werden, was eine Aktion auslöst, z.B. Einblenden einer Definition des angeklickten Begriffs oder eines weiteren völlig anderen Dokuments. Dient damit als Link (→ *Hyperlink*) zu weiteren Dokumenten.
Praktischer Nutzen: Hilfetexte bei Software und → *WWW*
Die Idee des Hypertextes ist bereits relativ alt, hat jedoch erst mit dem Aufkommen des WWW an Bedeutung massiv gewonnen.
Im Juli 1945 bereits erschien ein Aufsatz von Vannevar Bush 'As we may think' in der Zeitschrift Atlantic Monthly, der das ideale Informationssystem MEMEX beschrieb und einige Gedanken der Technik von Hypertext vorwegnahm.
1965 präzisierte Ted Nelson diese Vision und beschrieb in seiner Veröffentlichung 'Literary Machines' sein Informationssystem Xanadu als ein ideales, universelles und elektronisches Publishing-System und Archiv. Dabei führte er die Begriffe Hypertext und Hypermedia ein.
1987 fand in Chapel Hill (USA) die erste wissenschaftliche Konferenz nur über Hypertext-Anwendungen statt.
1988 gab es eine Entwicklung Hypercard aus dem Hause Apple.
1991 wurde schließlich das WWW entwickelt.

I

IA 5, IA Nr. 5

Abk. für International Alphabet No. 5.

Bezeichnung einer Empfehlung der → *ITU* in T.50 (V.4) und der → *ISO* in ISO 646. Standardisiert einen 7-Bit-Code, so daß 128 Zeichen codiert werden können.

IAB

Abk. für Internet Architecture Board.

Bezeichnung eines nichtkommerziellen, unabhängigen und für technische Fragen zuständigen Gremiums zur Koordination der Aktivitäten der Weiterentwicklung des → *Internet*. Wurde von einem Ausschuß des amerik. Verteidigungsministeriums gegründet und ist mit 20 gewählten freiwilligen Wissenschaftlern und Fachleuten besetzt.

Die Charta des IAB kann im RFC 1601 nachgelesen werden, der Zusammenhang mit anderen Gremien im RFC 1160.

Das IAB koordiniert die Arbeit mehrerer nachgeordneter Gruppen: → *IESG*, → *IETF*, → *IPRA*, → *IANA* und → *IRTF*.

Einen informellen Vorläufer des Gremiums gab es ab 1978, als die Internet-Väter Vinton Cerf und Robert Kahn sich mit mehreren Experten immer wieder mal trafen, um das Know-how über das Internet und seine technische Plattform möglichst weit zu streuen.

→ *http://www.iab.org/*

IAC

Abk. für Interconnection Access Charges.

→ *Access Charges*.

IAE

Abk. für ISDN-Anschluß-Einheit.

Ist die Anschlußbuchse für Endgeräte an → *ISDN*. Nicht zu verwechseln mit → *TA* oder → *NT*! Analoges Gegenstück zur IAE ist die → *TAE*.

IANA

Abk. für Internet Assigned Number Authority.

Bezeichnung eines das → *Internet* mitverwaltenden Gremiums, das aus den Network Information Centers (NICs) und den Domain Name Administrators besteht.

IARU

Abk. für International Amateur Radio Union.

Bezeichnung der internationalen Vereinigung der Amateurfunker (→ *Amateurfunk*) mit Sitz in Genf. Gegründet die IARU am 18. April 1925 noch in Paris.

IBCN

Abk. für Integrated Broadband Communication Network.

Englische Bezeichnung für ein auch die Verteildienste integrierendes → *B-ISDN*. Deutsche Bezeichnung: → *IBFN*.

IBFN

Abk. für Integriertes Breitband-Fernmeldenetz.

Bezeichnung der Deutschen Telekom aus den 80er Jahren für ein glasfaserbasiertes Universalnetz, das auch Dienste des → *B-ISDN* integrieren sollte. Heute ist der Ausdruck nicht mehr gebräuchlich; der Ansatz ist am ehesten mit → *ATM* vergleichbar.

IBM 305

Kurzbezeichnung für den → *RAMAC*.

IBM /360, /370

Bezeichnung eines sehr erfolgreichen Großrechners aus dem Hause IBM, der die Klasse der → *Mainframes* schuf und bis in die 70er Jahre hinein den Standard setzte.

Angekündigt am 7. April 1964. Wurde von Gene Amdahl maßgeblich entwickelt. Verfügte in seiner ersten Version noch über Ferritkernspeicher. Seine Entwicklung hat 5 Mrd. $ gekostet.

Er wurde ein Jahr später auf den Markt gebracht. Den Durchbruch hatte er ab 1966.

IBM brachte die größere Mainframe-Serie /370 im Jahr 1970 mit den Modellen 155 und 165 mit Halbleiterspeicher auf den Markt. Auf einer einzigen Steckkarte war die gesamte Logik des erfolgreichen IBM-Systems 1401 integriert. Das Modell 145 mit voller monolithischer Halbleiter-Speichertechnik folgte später im Herbst des gleichen Jahres. Die Magnetplattenspeicher hatten eine Kapazität von 800 MByte und die passenden Schnelldrucker druckten 2 000 Zeilen/Minute.

IBM 650

Bezeichnung des mit 1 800 verkauften Exemplaren erfolgreichsten, mit Röhren bestückten Computers der 50er Jahre aus dem Hause IBM. Dieser Rechner war der erste in Massen produzierte Computer und führte durch seine weite Verbreitung in den späten 50er Jahren zum neuen Berufsbild des Systemberaters.

Vorgestellt wurde das Modell als eine Serie mittelgroßer, preiswerter Computer im Jahr 1953. Er konnte schon in → *Fortran* programmiert werden und war mit einem langsamen, aber verläßlichen, → *Magnettrommelspeicher* ausgestattet, weswegen er auch unter der Bezeichnung 'the magnetic drum calculator' bekannt war.

Erster Anwender in Deutschland war 1956 die Allianz-Versicherung in München.

IBM 701, 702, 704, 705

IBM 701 war die Bezeichnung des ersten serienmäßig von IBM produzierten Computers, der sich an dem Konzept des → *von-Neumann*-Rechners orientierte.

Seine Entwicklung startete Ende 1950 für die US-Marine. Bezeichnung war zunächst 'Defense Calculator'. Öffentlich vorgestellt wurde er als IBM 701 im Jahre 1952. Sein Röhrenzentralspeicher umfaßte 2 048, später 4 096 36-Bit-Worte.

1953 folgte der IBM 702, der insbesondere für kaufmännische Anwendungen konzipiert war.

Der IBM 705 wurde 1955 als Nachfolger des 702 vorgestellt und war mit einem Ringkernspeicher mit 20 000 Stellen ausgerüstet. Er war das erste zeichenorientierte und damit kaufmännisch ausgelegte Gerät, das Befehle von fester, aber Daten von fast beliebiger Länge kannte.

Gegen Ende 1955 kam der IBM 704 auf den Markt, ebenfalls mit Magnetkernspeicher mit 4 096 Stellen.

IBM 3270

Bezeichnung eines weitverbreiteten Terminaltyps von IBM. Wird mittels Koaxialkabeln an → *Mainframes* angeschlossen. Synonym für eine ganze Klasse von → *Terminals* und auch → *Terminalemulationen.*

IBM 5100

Bezeichnung eines frühen portablen Computers mit der Bezeichnung 'Personal Computer' (→ *PC*, → *Laptop*).

Entwickelt wurde der Rechner 1975 im Hause IBM. Primär gedacht war er für technisch-kommerzielle Anwendungen. Preis: 9 000 $.

Die Branchenzeitungen meldeten seinerzeit, daß man das 25 kg schwere System 'bequem von Büro zu Büro tragen' könne. Es ist mit 16 KByte RAM, einem 16 * 64-Zeichen-Bildschirm und einem Bandlaufwerk als Massenspeicher ausgestattet.

IBM-Code

Andere Bezeichnung für den → *EBCDIC.*

IC

Abk. für Integrated Circuit.

Bezeichnung für Bausteine, die mehrere elektronische Bauelemente (Transistoren, Widerstände, Kondensatoren) platzsparend auf einem Halbleitersubstrat und in einem Trägergehäuse zusammenfassen.

Texas Instruments präsentierte 1958 den ersten integrierten Schaltkreis (Flip-Flop-Schaltung), erfunden von Jack St. Clair Kilby (* 8. November 1923). Dabei wurde ein von Hoerni entwickeltes Isolationsverfahren angewendet.

Ein halbes Jahr später hatte Robert Noyce von Fairchild Semiconductor aus Mountain View/Kalifornien ebenfalls einen IC entwickelt. Sein Produktionsverfahren (Planar-Technologie) auf Siliziumbasis setzte sich durch. Robert Noyce und Gordon Moore beantragten hierfür am 30. Juli 1959 ein Patent, woraufhin es zwischen Texas Instruments und Fairchild zum Rechtsstreit kam, der 1969 zugunsten von Fairchild entschieden wurde.

Allgemein anerkannt ist seither die Ansicht, daß Kilby den ersten IC erfunden und entwickelt hat, wohingegen Noyce und Moore ein Verfahren entwickelten, das ihn kommerziell nutzbar machte.

Kommerziell erhältlich waren die ersten ICs ab 1961 bei Fairchild.

Die weitere technische Entwicklung führte zunächst zu kleineren Abmessungen und höherer Integration durch die → *MOS*-Technik und später, in den frühen 70er Jahren, zu den → *Mikroprozessoren.*

ICs werden als Standardbausteine und als → *AS-ICs* auf speziellen Kundenwunsch hin gefertigt.

ICCS

Abk. für Integrated Communications Cabling System.

Bezeichnung eines Verkabelungssystems aus dem Hause Siemens für ihre Hicom-Nebenstellenanlagen und deren Zusammenwirken mit → *LANs* und der → *EDV.* Basis sind Kupfer- oder Glasfaserkabel.

→ *http://www.siemens.de/vs/*

ICD

Abk. für International Code Designator.

ICF

Abk. für Information Conversion Function.

ICI

1. Abk. für Intercarrier Interface.
   Bezeichnung für die Schnittstelle zwischen zwei u.U. technisch gleichen Netzen, die zwei unterschiedlichen Netzbetreibern gehören.
   → *Interconnection.*
2. Abk. für Interface Control Information. Bezeichnung für die Kontrollinformationen an den Schnittstellen zwischen zwei Schichten des → *OSI-Referenzmodells.*

ICMP

Abk. für Internet Control Message Protocol.

Bezeichnung eines Protokolls im → *Internet,* das zum Austausch von Steuerinformationen für Routingzwecke von → *IP* benutzt wird. Es meldet Ausfälle und Fehler bei der Übertragung von IP-Paketen (→ *TCP/IP*) und ist daher insbesondere bei der Verwendung von → *UDP* anstelle von TCP nützlich.

ICO

1. Bezeichnung eines Projektes des Unternehmens ICO Global für globalen → *Satellitenmobilfunk*. Dabei werden 10 Satelliten mit einem Gewicht von jeweils 2 t mit einer erwarteten Lebenszeit von 10 Jahren auf zwei Bahnen in 10 400 km Höhe befördert. Das System nutzt → *TDMA* mit einem → *Uplink* im Bereich von 1 980 MHz bis 2 010 MHz und einem → *Downlink* von 2 170 MHz bis 2 200 MHz. Angeboten werden sollen Sprachübertragung und Datenübertragung mit 2,4 kbit/s. Das System soll 1999 voll betriebsfähig sein und Investitionen in Höhe von 2,6 Mrd. $ erfordern.
2. Abk. für Intermediate Circular Orbit.

   Bezeichnet, wie → *MEO*, Satellitenbahnen in niedrigen Höhen zwischen 6 000 km und 36 000 km.
   → *HEO*, → *LEO* und → *GEO*.

Icon

Bezeichnung für ein Piktogramm in grafischen Benutzeroberflächen, eingedeutscht auch – selten – Ikone, Sinnbild oder Symbol genannt.

Ein Icon stellt Objekte (z.B. Dateien, Programme, Betriebsmittel) des zu bedienenden Systems (z.B. → *Betriebssystem* eines Computers) dar und dient zur intuitiven, leichten Bedienung.

Ein Icon ist insofern ein objektorientierter Ansatz, als daß Icons zwar alle nur Symbole sind, aber dennoch unterschiedliche Funktionalität besitzen, die mit dem Icon und seiner Bedeutung unmittelbar verbunden ist. Die gleiche Aktion (z.B. ein Doppelclick) auf verschiedene Icons angewendet, löst, in Abhängigkeit der Bedeutung des Icons, verschiedene Aktionen aus.

→ *OO*.

ICP

Abk. für Instituto das Comunicacones de Portugal.

Bezeichnung für die unabhängige Regulierungsbehörde in Portugal.

ICPC

Abk. für International Cable Protection Committee.

Bezeichnung eines zwischenstaatlichen Gremiums zum Schutz von Unterwasserkabeln. Dient in erster Linie der Aufklärung und Information betroffener Staaten und Industrien (Fischerei). Gegründet in den 70er Jahren, nachdem es ein ähnliches Gremium ('Cable Damage Committee') bereits zuvor in den 60er Jahren gegeben hatte.

ICS

Abk. für Implementation Conformance Statement.

ICT

Abk. für Information and Communication Technologies.

International gängige Abkürzung für das deutsche Kürzel → *IuK*.

ID

Abk. für Identification.

Allgemeine Bezeichnung eines → *Paßworts* oder einer → *PIN*. Dient der → *Authentifizierung*.

IDCT

Abk. für Inverse Discrete Cosine Transformation.

IDDD

Abk. für International Direct Distance Dialing.

Bezeichnung für den internationalen Selbstwählferndienst.

IDE

Abk. für Integrated Drive Electronics.

Bezeichnung für einen Standard bei → *Festplatten*.

DIE-Festplatten gelten als ein wenig kleiner und langsamer, aber auch im Preis günstiger als Festplatten mit einem → *SCSI*-Interface.

IDE-Festplatten gelten als Einsteigerfestplatten und werden oft in PCs von Discountern eingebaut. Sie haben heute Größen zwischen 500 MByte bis über 1 GByte.

Üblicherweise können je PC maximal zwei IDE-Festplatten eingebaut werden, von denen die zuerst eingebaute Festplatte mit Master und die zweite mit Slave bezeichnet wird.

IDEA

Abk. für International Data Encryption Algorithm.

Bezeichnung eines symmetrischen Verschlüsselungsverfahrens (→ *Kryptologie*). Entwickelt von James L. Massey und Xuejia Lai in Zürich an der ETH. Vorgestellt 1990. Nutzt einen 128 Bit langen Schlüssel und verschlüsselt einen Klartext in drei Stufen, wodurch die Korrelation zwischen Klar- und Geheimtext nur sehr schwer (schwerer als bei → *DES*) zu entdecken ist. Wird eingesetzt als Teil von → *PGP*.

→ *RSA*.

Identifizierung

Bezeichnung für den Prozeß der eindeutigen Zuordnung eines Nutzers eines Dienstes oder Systems zu seiner im Dienst oder System definierten Rolle, z.B. durch das → *Login*.

IDL

Abk. für Interface Description Language.

→ *COBRA*.

IDN

Abk. für Integrated Data Network (früher) bzw. Integrated Text- and Datanetwork oder auch Integrated Digital Network (heute).

Bezeichnung für eine Netzplattform bei der Deutschen Telekom. In der Vor-ISDN-Zeit ein reines Netz zur Datenübertragung. Diese Funktion ging im wesentlichen im → *ISDN* auf. Heute werden im IDN → *Telexnachrichten* und → *Telegramme* übertragen. Darüber hinaus werden Standleitungen zur Datenübertragung im IDN geschaltet.

Aufgebaut seit 1975 auf Basis der EDS-Vermittlungen von Siemens. Das IDN ist deutsches Bestandteil des → *Gentex*.

Zum Netzaufbau: → *DVSt*, → *DVl*, → *DAl*, → *DUSt*.

IDU

Abk. für Interface Data Unit.

Bezeichnung des Datenobjektes, das an der Grenze zweier Schichten im → *OSI-Referenzmodell* übertragen wird. Die IDU besteht dabei auf der Schicht *N* aus der → *ICI* (Interface Control Information) und der → *PDU* (Protocol Data Unit), die jeweils zu ICI und → *SDU* (Service Data Unit) auf der Schicht *N-1* werden.

IE

Abk. für International Exchange.

Bezeichnung für Transit-Vermittlungsstellen, die nationale Netze mit anderen Netzen im Ausland verbinden.

IEC

1. Abk. für Interexchange Carrier.
   → *IXC*.
2. Abk. für International Electrotechnical Commission.

   Bezeichnung einer 1906 gegründeten Einrichtung der UN (der → *ISO* angegliedert) mit Sitz in Genf zur Standardisierung elektrotechnischer Bauteile und Komponenten.

   Ihre Unterorganisation → *CISPR* (Comité international special perturbations radio) beschäftigt sich mit Radiointerferenzen als einem Problem, das auf alle Systeme, die das Frequenzspektrum nutzen, Auswirkungen hat. Ferner gibt die IEC das → *IEV* heraus.

   Kontakte:

   Int. Electrotechnical Commission
   PO Box 131
   3, Rue de Varembe
   CH-1211 Genève 20
   Suisse
   Tel.: (+ 41) 02 / 27 34 01 50

IEC-Bus

Auch GPIB (General Purpose Interface Bus), IEEE 488 oder Hewlett-Packard Interface Bus (HP-IB) genannt.

Bezeichnung eines im Hause HP entwickelten und später durch die IEC als IEC 625 und auch durch die IEEE als IEEE 488 genormten Mehrzweckbusses.

Verfügt über 16 parallele Leitungen, von denen acht zur gleichzeitigen Übertragung von Daten verwendet werden. Fünf dienen allgemeinen Steuersignalen und drei weitere werden für die Quittierung empfangener Daten verwendet.

Maximal können 14 periphere Geräte angeschlossen werden.

Wurde ursprünglich von Hewlett-Packard zur Verbindung von Mikroprozessoren mit der Peripherie entwickelt. Später von der IEEE genormt.

IECC

Abk. für International Electronic Components Committee.

Ein Gremium der → *CENELEC* zur Standardisierung elektronischer Bauelemente mit Sitz in Frankfurt/Main.

IEE

Abk. für Institution of Electrical Engineers.

Verband der Elektroingenieure in GB.

→ *http://www.iee.org.uk/*

IEEE

Abk. für Institute of Electrical and Electronics Engineers Inc.

Ein amerikanischer Zusammenschluß von Technikern und Ingenieuren mit eigenen Fachzeitschriften und Normungsgruppen.

Er ist stark international ausgerichtet und die größte technische Berufsvereinigung weltweit (über 350 000 Mitglieder). Er teilt sich in 10 weltweite Regionen auf, die wiederum in mehrere regionale und lokale Sektionen gegliedert sind. Neben der lokalen Unterteilung existiert eine fachliche Teilung in verschiedene Societies. Mitglieder können in mehreren Societies die Mitgliedschaft erwerben.

Die frühesten Wurzeln reichen zurück bis 1884. Die heutige IEEE ging 1963 aus dem Zusammenschluß des Institutes of Radio Engineers (→ *IRE*) und dem American Institute of Electrical Engineers hervor.

Die IEEE entwickelt De-facto-Standards, insbesondere im Bereich der Datenkommunikation.

Kontakte:

IEEE Inc.
445 Hoes Lane
PO Box 1331
Piscataway
NJ 08855 - 1331 USA

Tel.: (+1) 09 08 / 9 81 00 60
Fax: (+1) 09 08 / 9 81 96 67

oder:

IEEE Inc.
345 East 47th Street
New York NY 10017
USA

→ *http://www.ieee.org/*

Die Deutsche Sektion gehört zur Region 8 und findet sich unter:

→ *http://ieh.etec.uni-karlsruhe.de/ieee/*

IEEE 488

Offizielle Bezeichnung des durch die → *IEEE* genormten → *IEC*-Bus.

Seither wird an weiteren LAN-Normen und ergänzenden Standards, die einzelne spezielle Aspekte der LAN-Technologie betreffen gearbeitet, die alle die 802-Kennung tragen. IEEE 802 ist damit eine Gruppe von Normungsgremien auf dem Gebiet der LANs und MANs.

Die Arbeitsgruppen unterteilen sich weiter in einzelne Task Forces (Arbeitskreise) zu bestimmten Themen.

Die gesamte 802-Projektgruppe kommt jährlich zweimal zusammen. Nicht alle einzelnen Arbeitsgruppen arbeiten kontinuierlich. Sie können sich in einen Ruhezustand versetzen, der Hibernation genannt wird.

→ *http://stdsbbs.ieee.org/groups/802/index.html/*

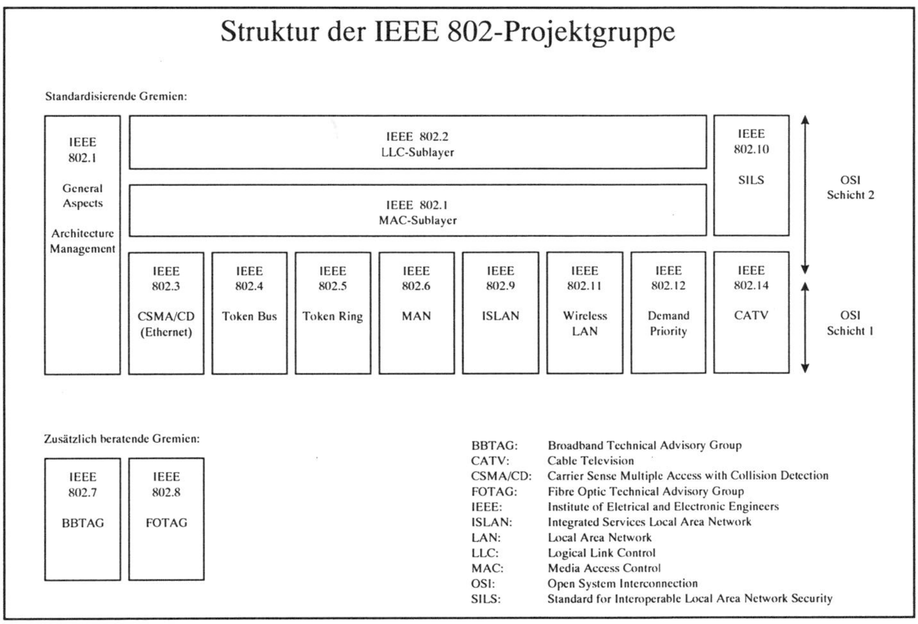

IEEE 802 Serie

Am 29. Februar 1980 startete die IEEE das Projekt 802 zur Definition eines → *Ethernet*-ähnlichen einheitlichen → *LAN*-Standards. Da im Laufe der Arbeit weitere technische Möglichkeiten in die Diskussion geworfen wurden (ab Dezember 1980 gab es eine eigene Normungsgruppe für Token Ring, ab Dezember 1981 auch für Token Bus), und sich die Vertreter der Hersteller in den Normungsgremien sich nicht auf einen Standard einigen konnten, kamen drei Normen (802.3 bis 5) zustande.

Parallel hierzu wurde in 802.1 und 802.2 an den alle drei Standards verbindenden Aspekten gearbeitet.

IEEE 802.1

Arbeitsgruppe der → *IEEE* und der von dieser ausgearbeitete Standard selbst, der mit der Definition des High Level Interface (HILI) Grundsätze zum Thema → *LAN* aufstellte und veröffentlichte. Von Bedeutung ist insbesondere das Management-Protokoll (Open System Standard).

Alle Empfehlungen der IEEE-802-Serie bauen auf den Definitionen und Regeln nach IEEE 802.1 für das Internetworking auf. Sie gliedern sich in verschiedene Teile. Diese wären:

802.1 B	Netzmanagement
802.1 D	→ *Spanning*-Tree-Algorithmus
802.1 E	System Load Protocol.

IEEE 802.2

Gremium und von diesem ausgearbeiteter Standard der → *IEEE*, welcher sich mit einer Unterschicht von Layer 2 (→ *OSI-Referenzmodell*) beschäftigt, dem Logical Link Control (LLC). Diese Schicht ist für IEEE 802.3 bis 6 (siehe jeweils dort) gleich und definiert Aufgaben der Fehlererkennung und -korrektur, Bitrahmenformate und Adressierungsmechanismen.

IEEE 802.3

Gremium und von diesem ausgearbeiteter Standard der → *IEEE*, der LANs mit Bustopologie und → *CSMA/CD*-Technik festlegt. Derzeitige Übertragungsraten liegen zwischen 2 und 20 Mbit/s.
→ *Ethernet*, → *StarLan*, → *Fast Ethernet*.

IEEE 802.4

Gremium und von diesem ausgearbeiteter Standard der → *IEEE*, der LANs mit Bustopologie und Token-Passing-Verfahren definiert.
→ *Token-Bus*.

IEEE 802.5

Gremium und von diesem ausgearbeiteter Standard der → *IEEE*, der LANs mit Ringtopologie und Token-Passing-Verfahren definiert.
→ *Token Ring*.

IEEE 802.6

Gremium und von diesem ausgearbeiteter Standard der → *IEEE*, der ab 1986 ein Paketvermittlungs-Protokoll (Zugriffsverfahren) für sehr schnelle → *MANs* spezifizierte, das auch als → *DQDB* (Distributed Queue Dual Bus) bekannt ist.

IEEE 802.7

Gremium der → *IEEE*, welches den anderen Gremien der Arbeitsgruppe 802 beratend in Fragen der Breitbanddienste zur Seite steht. Auch BBTAG für Broadband Technical Advisory Group genannt.

IEEE 802.8

Gremium der → *IEEE*, welches den anderen Gremien der Arbeitsgruppe 802 beratend in Fragen der Datenkommunikation über Glasfasermedien zur Seite steht. Auch FOTAG für Fibre Optic Technical Advisory Group genannt.

IEEE 802.9

Gremium und Standard der → *IEEE*, welcher seit 1989 die neue Norm → *isoEnet* (isochrones Ethernet) spezifiziert.

IEEE 802.10

Gremium und von ihm erarbeiteter Standard der → *IEEE*, welcher sich mit der Verschlüsselung des Datenverkehrs bei den zum Routen in Netzen notwendigen Protokoll-Headern beschäftigt.
Auch SILS (Standard for interoperable LAN Security) genannt.

IEEE 802.11

Gremium und von ihm erarbeiteter Standard der → *IEEE*, welcher sich mit dem Datenverkehr in lokalen Funknetzen beschäftigt (→ *Wireless LAN*, WLAN). Wegen der Ähnlichkeit der Zugriffsprotokolle wird der Standard auch oft Wireless Ethernet genannt.
Dieser Standard wird Point-to-Point-, Point-to-Multipoint- und Broadcast-Verbindungen unterstützen. Die Funkübertragung erfolgt im → *IMS*-Band von 2,4 bis 2,483 GHz mit Frequency Hopping über 79 Frequenzen (23 in der japanischen Version) oder Direct Sequence → *CDMA*. Varianten von 1,9 GHz oder von 2,471 bis 2,497 GHz (für Japan) sind auch im Gespräch.
Es werden Übertragungsraten von 1 Mbit/s oder 2 Mbit/s realisiert.
Der Standard selbst weist viele Parallelen zu → *HiperLAN* auf.
Die Gruppe wurde 1990 von NCR und Symbol Technologies ins Leben gerufen. 1992 wurde ein Entwurf für eine Schicht Wireless Media Access Control (WMAC) vorgestellt, der ein verteiltes Zugriffsprotokoll darstellt, auf dem andere Funktionen aufbauen (Synchronisation etc.). Aus WMAC entwickelte sich eine Variante Distributed Foundation Media Access Control (DFWMAC) als gemeinsame Entwicklung von NCR, Symbol Technologies und Xircom. Ein stabiler Standard wird für 1997 erwartet.
Nach diesem Standard werden mindestens zwei Funkstationen, die das WLAN bilden, als Basic Service Set (BSS) bezeichnet, die Funkressourcen innerhalb einer Funkzelle in Anspruch nehmen. Diese Inanspruchnahme wird durch eine Coordination Function (CF) gesteuert. Mehrere BSS werden mit einem drahtgebundenen Distribution System (DS) über Access Points (Base stations, BS) verbunden, um die Reichweite zu erhöhen. Es ergibt sich dann eine Extended Set (ES). Daneben besteht die Möglichkeit, daß Endgeräte untereinander direkt Verbindung aufnehmen und so ein eigenes Netz bilden, das als Ad-hoc-Netz bezeichnet wird.
Das System ist so konstruiert, daß sich die BSS und Ad-hoc-Netze überlagern können.
WLANs und weitere kabelgestützte Netze werden über Portale miteinander verbunden.

Anwendungsszenarien sind:

- Außendienstmitarbeiter oder Tele-Arbeiter (→ *Tele-Working*), die mit mobilen Endgeräten sich temporär in ihren Büros aufhalten und schnell und unkompliziert Zugang zu hausinternen Ressourcen haben müssen.
- Teilnehmer an Tagungen und Konferenzen nutzen File-Sharing und/oder Joint Editing durch Ad-hoc-Networks.

IEEE 802.12

Bezeichnung für ein Gremium der → *IEEE* und gleichzeitig den von ihm erarbeiteten Standard, welcher sich mit dem Standard → *100VG-AnyLAN* für ein → *LAN* beschäftigt.

ca. 150 bis 200 Personen aus rund 50 Unternehmen und Institutionen an der Arbeit.

Ziel des Standards ist die Etablierung eines technischen Verfahrens, um Datentransport auf bestehenden Kabelfernsehnetzen zu ermöglichen.

IEEE 1394

Auch Firewire genannt oder High Performance Serial Bus genannt.

Ein → *IEEE*-Gremium und Bezeichnung des von diesem verabschiedeten Standards, welches sich mit der Definition eines Standards für ein Bussystem in Computern und Systemen der Unterhaltungselektronik (Set-Top-Boxen, Videorecorder, TV, Stereoanlagen) zum Anschluß von Peripheriegeräten (→ *Drucker*, → *Scanner*, → *CD-ROM-*

Wireless LAN nach IEEE 802.11

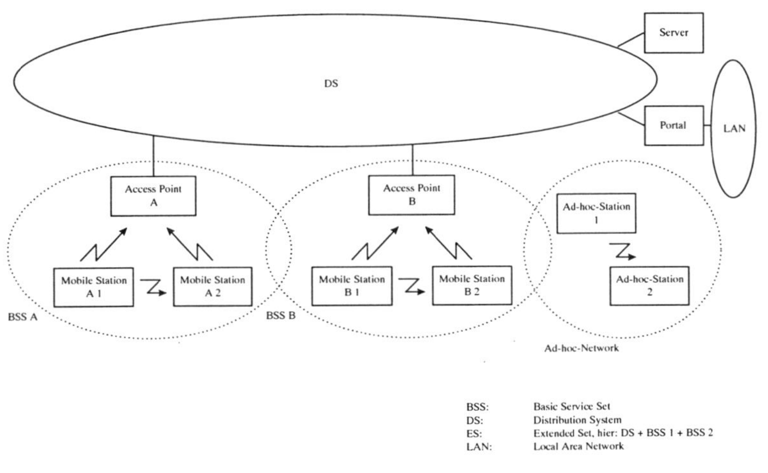

IEEE 802.14

Bezeichnung eines Gremiums und des von ihm erarbeiteten Standards der → *IEEE,* welcher sich seit 1994 mit verzweigten Bussystemen auf Koaxialkabel- oder Glasfaserbasis beschäftigt, wie sie in Kabelfernsehnetzen vorkommen. Aus diesem Grund wird die Gruppe auch Cable-TV Protocol Working Group genannt. Die 802.14-Gruppe hat sich aus Leuten der → *IEEE 802.6*-Gruppe auf Initiative der Kabelfernsehlobby gebildet, da die Betreiber von Cable-TV-Netzen in den USA nach fortschreitender → *Deregulierung* ebenfalls Telekommunikationsdienstleistungen über ihre Infrastruktur anbieten können. Die Gruppe führt zweimonatliche Treffen durch und es beteiligen sich

Laufwerke, → *Camcorder*) beschäftigt.

Der Bus erlaubt isochronen und asynchronen Verkehr mit hohen seriellen Datenraten von 100, 200 oder 400 Mbit/s.

Als Medium wird ein sechsadriges → *STP*-Kabel genommen, das mit Steckern ausgestattet ist, die auch beim 'Gameboy' aus dem Hause Nintendo Verwendung finden.

Der maximale Abstand zwischen den angeschlossenen Stationen, von denen bis zu 16 physikalische Geräte und 63 logische Einheiten hintereinander geschaltet werden können, beträgt 4,5 m.

Die Stecker verfügen über sechs Kontaktstifte für vier Daten- und zwei Stromversorgungsleitungen. Sind die Geräte selbst mit Strom versorgt, kom-

men nur vieradrige Kabel und Stecker mit den Datenleitungen zum Einsatz.
Das Firewire-Protokoll basiert auf drei Schichten:

- Transaction Layer: Diese oberste Schicht ist für die Grundoperationen Read, Write und Lock zuständig und kommuniziert einerseits mit dem PCI-Bus oder direkt mit dem Mikroprozessor sowie andererseits mit der darunterliegenden Schicht des Protokollstapels.
- Link Layer: Berücksichtigt spezielle Eigenschaften einer Station am Firewire-Bus. Ein Link Layer ist in jeder angeschlossenen Station vorhanden.
- Physical Layer: Zuständig für den Zugang einer angeschlossenen Station zum Firewire-Bus. Der Physical Layer ist in jeder angeschlossenen Station vorhanden.

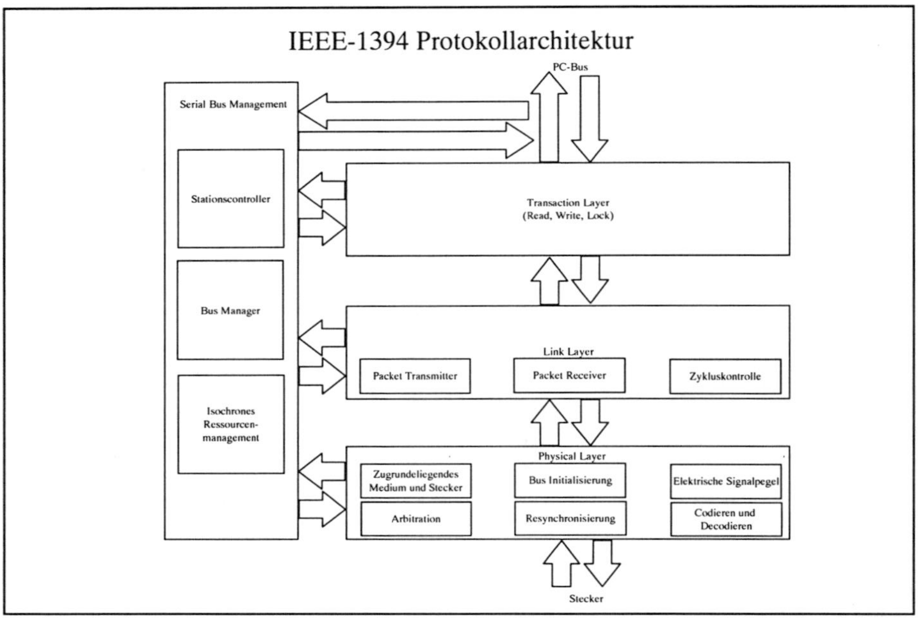

Der Firewire-Standard gilt als sehr vielseitig, flexibel einsetzbar, schnell und einfach zu handhaben, da er anspruchslos bei der Verkabelung ist und im laufenden Betrieb neue Geräte am Bus problemlos ein- und ausgesteckt werden können.
Ferner ist er, vergleichsweise, kostengünstig herzustellen. Als Konkurrent zu Firewire gilt der → *USB*.
Die Ursprünge des Standards reichen zurück bis ins Jahr 1986, als Apple – das den Begriff Firewire prägte und sich schützen ließ – einen schnellen Bus entwickelte, um verschiedene Peripheriegeräte des PCs mit nur einem Kabel- und Steckertyp anschließen zu können. Dem IEEE wurde diese Entwicklung als Standardvorschlag vorgelegt und er verabschiedete ihn Ende 1995. Erste Produkte des Firewire gab es im August 1996.
→ *http://www.skipstone.com/compcon.html/*
→ *http://www.adaptec.com/firewire/*

IEICE

Abk. für Institute of Electronics, Information and Communication Engineers.
Internationale Bezeichnung des japanischen Verbandes der in der Elektronik und Nachrichtentechnik tätigen Ingenieure. Er ist der größte japanische Berufsverband der Ingenieure mit über 41 000 Mitgliedern, vergleichbar mit dem → *VDE*. Gegründet wurde die IEICE 1917. Kontakt:

IEICE
Kikai-Shinko-Kaikan Bldg.
3-5-8 Shibakoen
Minato-Ku
Tokyo 105
Japan
Fax: (+ 81) 03 / 34 33 66 59

→ *http://www.ieice.or.jp/*

IESG

Abk. für Internet Engineering Steering Group.
Bezeichnung eines das → *Internet* mitverwaltenden Gremiums, das der → *IAB* direkt untersteht

und über der → *IETF* angesiedelt ist. Es ist das die Technik bestimmende Gremium und setzt sich aus dem Vorsitzenden der IETF und den Direktoren der technischen Sektionen der IETF zusammen.
Die IETF ist 1984 aus der IESG hervorgegangen, als zur Abwicklung der immer umfangreicher werdenden technischen Standardisierungsarbeit eine Neuorganisation notwendig wurde.
→ *http://www.ietf.org/iesg.html/*

IETF

Abk. für Internet Engineering Task Force.
Bezeichnet die der Internet Engineering Steering Group (→ *IESG*) unterstellte Gruppe, die im Internetbetrieb für technische Fragen zuständig ist, Protokolle und Standards definiert sowie die Weiterentwicklung bestimmt. Sie ist 1984 aus der → *IESG* selbst hervorgegangen und besteht aus vielen am Internet technisch interessierten Personen. Die IETF kommt selbst lediglich drei mal pro Jahr zu persönlichen Treffen zusammen.
Der Rest der Arbeit findet durch Nutzen der Möglichkeiten des → *Internet* selbst und seiner Dienste (z.B. durch → *e-mail* oder newsgroups im → *Usenet*) sowie anderer Telekommunikationsdienste verteilt statt.
Organisatorisch existieren ungefähr 80 thematisch orientierte Arbeitsgruppen, die zu neun technischen Fachgebieten (Areas) gruppiert sind.
→ *IAB.*
→ *http://www.ietf.org/*

I-ETS

Abk. für Intermediate European Technical Standard.
Bezeichnung für einen vorläufigen von der → *ETSI* definierten technischen Standard.

IEV

Abk. für International Electrotechnical Vocabulary.
Bezeichnung des von der → *IEC* herausgegebenen Nachschlagewerkes für Begriffe aus allen Fachbereichen der Elektrotechnik und Elektronik.

IFA

Abk. für Internationale Funkausstellung.
Bezeichnung für die alle zwei Jahre, in ungeraden Jahren, im September stattfindende Messe für entsprechende Consumer-Electronics in Berlin.
→ *http://www.ifa-berlin.de/*

IFBN

Abk. für Integriertes Fernmelde-Breitbandnetz.
Arbeitstitel der Deutschen Telekom Anfang der 80er Jahre als Oberbegriff für die Möglichkeiten der → *Glasfasertechnik* untersuchenden Projekte wie → *BIGFON* und → *BIGFERN.*

IFC

Abk. für Installed First Costs.
Bezeichnet bei der Installation eines technischen Systems die durch die Installation entstehenden Kosten.
→ *LCC.*

IFFT

Abk. für Inverse Fast Fourier Transformation.

IFIP

Abk. für International Federation of Information Processing.
Ein internationaler Dachverband nationaler Verbände für Informationsverarbeitung. Deutsches Mitglied ist die Gesellschaft für Informatik, die auch andere deutsche Interessen vertritt, und die → *ITG.*
Die IFIP kooperiert mit der → *CEPIS.*
Kontakte:

IFIP
3 Rue du Marche
CH-1204 Genf
Schweiz

IFMP

Abk. für IP Flow Management Protocol.
Bezeichnung eines im → *RFC* 1953 definierten Protokolls, das den Austauch von Managementinformationen zwischen ATM-Switches definiert, die mit dem Protokoll → *IP* transportierte Daten vermitteln.

IFPI

Abk. für International Federation of the Phonographic Industry.
Bezeichnung des internationalen Zusammenschlusses von phonographischen Verlagen zur Wahrnehmung von Urheberrechten. Entwickelt und fördert auch technische Verfahren (Kopierschutz), z.B. ISRC.

IFRB

Abk. für International Radio Frequency Registration Board.
Bezeichnung für ein internationales Gremium, das nach Klärung aller technischen Fragen durch die → *CCIR* alle Funkübertragungen kommerziellen, militärischen, wissenschaftlichen und privaten Ursprungs (auch Amateurfunk) regelt. Gegründet 1947 in Atlantic City und nach der Reform der → *ITU* mit der → *CCIR* zusammengelegt zur ITU-R. Sitz ist Genf.

IFU

Abk. für Internationale Fernmeldeunion.
Deutsche und mittlerweile nur noch selten gebrauchte Bezeichnung für die → *ITU.*

IFV

Abk. für Internationaler Fernmeldevertrag.
Gehört zu den internationalen Rechtsgrundlagen der Telekommunikation. Geschlossen 1973 zwischen den Mitgliedsländern der → *ITU*.

IGMP

Abk. für Internet Group Management Protocol.
Bezeichnung eines → *Routing* Protokolls das im → *Internet* genutzt wird.

IGN

Abk. für IBM Global Network.
Bezeichnung des globalen Netzes für Datenkommunikation des Hauses IBM. Das Netz wird zu eigenen Zwecken ebenso genutzt, wie seine Kapazitäten und Dienste als Dienstleistung auf dem freien Markt anderen Unternehmen angeboten werden.

IGP

Abk. für Interior Gateway Protocol.
Bezeichnung für Protokolle im → *Internet* zum netzinternen → *Routing* und zur Lastverteilung durch den Austausch von Routing-Informationen zwischen den → *Routern*. Die eingesetzten Protokolle sind → *RIP* und → *OSPF*.

IJF

Abk. für Intersymbol Jitter Free.
→ *Jitter*.

Ikone

Sehr selten benutzte eingedeutsche Bezeichnung für → *Icon*.

IKS

Abk. für Informations- und Kommunikationssystem.

IKT

Abk. für Informations- und Kommunikationstechnik.

IKZ

Abk. für Impulskennzeichengabe.
Anderes Wort für Impulswählverfahren (→ *IWV*). Bezeichnet ein analoges In-Band-Signalisierungsverfahren (→ *Zeichengabe*). Auch bekannt als IKZ 50, da 1950 eingeführt. IKZ wurde abgelöst durch das digitale Signalisierungsverfahren → *SS#7*.

ILMI

Abk. für Interim Local Management Interface. Auch nur mit LMI bezeichnet.
Bezeichnung eines von der → *ITU* definierten Protokolls im → *ATM* und bei → *Frame Relay* zur Übertragung von Netzmanagement- und Kontrollinformationen zwischen Geräten beim Teilnehmer und dem Netz bzw. seinen Netzknoten selbst. Abgeleitet vom → *SNMP*.

IMAP, IMAP4

Abk. für Internet Message Access.
Bezeichnung für ein 1988 entwickeltes Protokoll, das im → *Internet* für den verbindungslosen Online-Zugriff von User Agents (→ *UA*) auf Message Transfer Agents (→ *MTA*) zum Abholen dort eingetroffener → *e-mails*.
Es liegt mittlerweile in der 4. Version vor und beinhaltet auch → *POP3*.

IMBE

Abk. für Improved Multiband Excitation.
Bezeichnung für ein Verfahren zur Codierung menschlicher Sprache mit 2,4 bis 8 kbit/s. Das Verfahren nutzt dabei die Tatsache aus, daß bestimmte Frequenzen der menschlichen Sprache für das akustische Verständnis wichtiger sind als andere, die bei der Codierung entsprechend vernachlässigbar sind.

IMEI

Abk. für International Mobile Equipment Identity.
Im → *GSM*-System die ein Endgerät (Mobile Station, MS, z.B. → *Handy*) eindeutig identifizierende Nummer, die bei der Authentifizierung immer ebenfalls geprüft wird.
Die IMEIs sind auf verschiedenen Listen (White List, Grey List und Black List) im Equipment Identification Register (→ *EIR*) gespeichert und können bei den Geräten, z.B. → *Handys*, über eine bestimmte Funktion im Display angezeigt werden.
Ziel ist ein Stehlen von Endgeräten sinnlos zu machen, da gestohlene Endgeräte von der White List mit den zulässigen Endgeräten in die Black List der gestohlenen und damit auch gesperrten Endgeräte übernommen werden. Diese Funktion ist seit 1995 in den meisten Mobilfunknetzen nach dem GSM-Standard möglich.
Bei den meisten Endgeräten mit IMEI ist diese durch eine bestimmte Tastenkombination zu Servicezwecken abrufbar (Anzeige im Display).

IML

Abk. für Internationale Mietleitung.

IMP

Abk. für Interface Message Processor.
Andere und modernere Bezeichnungen sind → *Router* oder auch Packet Switch Node (PSN). Bezeichnung für die Vermittlungseinrichtungen (Netzknoten), die im ersten Computernetz überhaupt, dem ARPANET (→ *Internet*), zum Einsatz kamen. Prinzipiell handelt es sich um Paketvermittlungen, die speziell für das Internet von dem Unternehmen BBN entwickelt wurden. Die ersten

mittlerweile historischen IMPs paßten die proprietären Rechnersysteme an den Standorten der Netzknoten des frühen Internets an das gemeinsam genutzte Übertragungsprotokoll an. Sie wogen 450 kg und waren so groß wie ein Kühlschrank. Sie basierten auf einem Honeywell-516-Computer und hatten eine Leistungsaufnahme von 2 100 W.

Zu dieser Rechnereinheit gehörten ein Kommunikationssystem mit Modem der gleichen Größe, ein Lochstreifenleser zur Dateneingabe und ein Fernschreiber zur Datenausgabe.

Die IMPs nahmen die Daten vom angeschlossenen → *Host* entgegen, spalteten diese in Pakete von rund 100 Bit Länge auf, versahen dieses Paket mit Sender- und Empfängeradresse sowie Daten zur Fehlerkontrolle und versandten es über die Leitungen.

Die Begriffsschöpfung fällt ins Jahr 1967, als an der Universität von Michigan Wissenschaftler der → *ARPA* das Konzept der → *Paketvermittlung* diskutierten und Wesley Clark von der Washington Universität aus St. Louis auf der Rückfahrt zum Flughafen im Taxi erklärte, daß man dafür spezielle Kommunikationsrechner benötige. Jerry Roberts von der ARPA, ebenfalls im Taxi, bezeichnete diese Rechner mit IMPs.

Impact-Drucker

→ *Drucker.*

IMPDU

Abk. für Initial MAC Protocol Data Unit.

→ *MAC*, → *PDU.*

Impedanz

Bezeichnung für den Wechselströmen auf Leitungen entgegengesetzten Widerstand, der neben dem reinen Gleichstromwiderstand (Wirkwiderstand, R) auch kapazitive und induktive Einflüsse (Blindwiderstand, X) berücksichtigt.

Es handelt sich um einen Scheinwiderstand Z, der sich aus dem Quotienten von komplexer Amplitude von Strom und Spannung ergibt. In komplexer Schreibweise ergibt sich:

$$Z = R + jX$$

Der Betrag von Z ergibt sich dann nach Pythagoras aus der Wurzel der Summe der Quadrate von R und I.

IMSI

Abk. für International Mobile Subsciber Identity.

In Mobilfunknetzen nach dem → *GSM*-Standard die Bezeichnung für eine bis zu 15 Ziffern umfassende Zahl, die einen Teilnehmer an einem Mobilfunkdienst (Mobile Subscriber, → *MS*) eindeutig identifiziert. Sie ist dem Teilnehmer nicht bekannt und setzt sich zusammen aus Mobile Country Code (→ *MCC*), Mobile Network Code (→ *MNC*) und Mobile Subscriber Identity Number (→ *MSIN*). Sie wird vom Netzbetreiber einem neuen Teilnehmer fest zugeteilt und orientiert sich an der ITU-Empfehlung E.212. Sie ist im → *SIM* gespeichert und wird bei jedem Einloggen in ein Mobilfunknetz diesem mitgeteilt.

Sie dient der Identifizierung entsprechender Datensätze im → *HLR*, → *AUC* und → *VLR*.

IMT 2000

Abk. für International Mobile Telecommunications in the Year 2000.

Seit Anfang 1995 die neue Bezeichnung für FPLMTS. Bezeichnet ein wie → *UMTS* Netze und Dienste integrierendes Telekommunikationssystem (Mobilfunksystem der 3. Generation), das von der CCIR seit 1985 in der ITU-Empfehlung 687 definiert und untersucht wird. Es definiert verschiedene Funkschnittstellen (im Gegensatz zu UMTS). Von der → *WARC* wurden im März 1992 bereits Frequenzen im Bereich von 1 885 bis 2 025 MHz und 2 110 bis 2 200 MHz zugewiesen. Es ist eine Netto-Übertragungsrate von 2 Mbit/s vorgesehen. Bei der Standardisierung wird nicht zwischen öffentlichen und privaten Netzzugängen unterschieden.

→ *http://www.itu.ch/itudoc/itu-t/com1/fplmts.html/*

IMTC

Abk. für International Multimedia Teleconferencing Consortium.

Bezeichnung einer internationalen Vereinigung von Herstellern von → *Videokonferenzsystemen*, das den Standard → *H.320* und → *T.120* unterstützte.

→ *PCWG*, → *Versit.*

IMTS

Abk. für Improved Mobile Telephone Service.

1964 von AT&T entwickeltes und 1969 eingeführtes analoges Mobilfunksystem in den USA, das erstmals automatische Direktwahl und Vollduplexübertragung anbot. Operierte im 450-MHz-Band.

IN

Abk. für Intelligent Network.

Ein neuer kostengünstiger Ansatz, Dienste in Telekommunikationsnetzen zu definieren, begrenzt zum Test durch Teilnehmer einzuführen und letztlich als Regeldienst anzubieten. International ist IN definiert in den Empfehlungen der Q.1200-Serie von der → *ITU* und in Europa als eine Version Core-INAP (IN Application Protocol) durch das → *ETSI*.

Grundgedanke ist die Trennung von Vermittlungsfunktionen und Dienstfunktionen, d.h. die Mechanismen, die eine Verbindung aufbauen, liegen nicht mehr vollständig in der einzelnen Vermittlungsstelle, sondern sind zentralisiert in einem leistungsfähigen Computer und an einem Ort, wo sie leicht geändert werden können. Von diesem Ort aus werden entsprechende Daten zur lokalen Vermittlungsstelle weitergegeben, die dort den Verbindungsaufbau steuern.

Bisher konnten neue Dienste für Teilnehmer nur angeboten werden, sobald die lokale Vermittlung des Teilnehmers dafür technologisch umgerüstet war. Dieses Verfahren ist nicht nur teuer, sondern führt auch zu langen Vorlaufzeiten bei der Einführung neuer Dienste, bzw. verhinderte diese von vornherein.

Das Konzept des IN ist durch drei Punkte gekennzeichnet:

- Trennung von Vermittlungs- und Dienstfunktionen (verteilte Dienstmerkmalsteuerung),
- Definition von wiederverwendbaren, dienstunabhängigen Softwaremodulen, die anders kombiniert neue Dienste ermöglichen,
- Unterstützung von Kontrollmechanismen, die die Dienstsoftware mit den Vermittlungsfunktionen verbindet.

IN und seine Teile sind unabhängig von:

- angebotenen Diensten,
- technischer Ausrüstung im Netz (also unabhängig von Herstellern),
- zugrundeliegendem Netz (Daten- oder Fernsprechnetz, Fest- oder Mobilfunknetz, Schmal- oder Breitbandnetz).

Das gesamte Modell des IN definiert vier Stufen bei der Modellierung eines neuen IN-Dienstes:

- Service Plane, die einen Dienst global mit einer normalen textlichen Beschreibung definiert,
- Global Functional Plane (GFP), die einen Dienst mit Hilfe sog. Service Independent Blocks, SIB, modelliert,
- Distributed Functional Plane (DFP), welche die Funktionalität eines Dienstes auf Funktionseinheiten im Netz verteilt,
- Physical Plane, die den Dienst auf real vorhandene Einheiten wie Vermittlungsstellen und deren Prozessorkapazitäten etc. und Kommunikationsprotokolle herunterbricht.

Die Stufen der GFP und der DFP werden manchmal zusammengefaßt, weswegen in der Literatur oft auch nur von drei Ebenen die Rede ist.

Neu am Konzept des IN ist (dargestellt hier auf der GFP und der Physical Plane), daß die lokalen Vermittlungen nur noch mittels einer Service Switching Function (SSF) im Service Switching Point (SSP) erkennen brauchen, daß der Teilnehmer – repräsentiert durch eine Call Control Agent Function (CCAF) – einen speziellen Dienst wünscht (Ziffernanalyse des National Service Codes → *NSC*, z.B. in Deutschland bei 0130er, 0180er oder 0190er Nummern). Der SSP stellt den niedrigsten Punkt in der IN-Architektur dar und ist praktisch die Teilnehmervermittlungsstelle im Ortsnetz, an der der Teilnehmer direkt dranhängt.

Die SSF schaltet diese Verbindung dann in Abhängigkeit der Ergebnisse der Analyse durch die CCAF direkt an einen speziellen zentralen Steuerrechner in einem Serviceknoten (SCP, Service Control Point) im Netz weiter bzw. erwartet von diesem SCP Instruktionen, was mit dem eingegangenen Ruf geschehen soll.

Ein SSP kann dabei mit mehreren SCPs in Verbindung stehen, z.B. wenn es verschiedene IN-Dienste in einem Netz gibt, die durch verschiedene SCPs kontrolliert werden.

Da der neue Dienst nicht durch Funktionalität in der Vermittlung selbst realisiert wird, ist bei der Einführung neuer Dienste im Idealfall nur ein Netzknoten (der SCP) betroffen, der über ein → *SS#7*-Netz die Vermittlungsstellen dann "fernsteuert".

Eine Specialised Resource Function (SRF) am Ort der SSF erweitert Möglichkeiten für den Teilnehmer, durch z.B. Spracheingabe (und nicht nur Nummereingabe) mit dem Netz und IN-Funktionen zu interagieren.

Voraussetzung ist, daß der SSP über ein separates Netz mit dem SCP verbunden ist und über ein spezielles Protokoll (SS#7, genutzt wird der Transaction Capabilities Application Part, TCAP, und der IN Application Part, INAP) mit diesem kommunizieren kann, um zu erfahren, welche weiteren (Vermittlungs-) Schritte notwendig sind, um den Dienst zu erbringen. Der SCP muß zwei Aufgaben übernehmen:

- Call Processing,
- Data Processing.

Dafür verfügt er i.d.R. über eine Service Data Function (SDF), um nötige Daten zur Verfügung zu stellen. Der SCP als zentrales Steuerelement enthält daher auch Schnittstellen zu, z.B., → *X.25*, die ihn u.U. auch mit externen Datenbanken (Kreditinstitute etc.) verbinden.

Die SDF kann sich auch an einem geographisch anderen Ort befinden und wird dann ebenfalls über ein SS#7-Netz mit INAP an den SCP angeschlossen.

Die im SCP eingesetzten Funktionsblöcke (Service Independent Building Blocks, SIBs) sind weitgehend dienstunabhängig und können untereinander einfach zu neuen Diensten konfiguriert werden. Mit den SIBs ist es möglich, Programme zu erstellen, die die weitere Durchschaltung eines Anrufes zu einem Ziel beeinflussen.

Beispiele für Kategorien, für die es SIBs gibt, sind:

- Call Prompter, d.h. es werden vom → *A-Teilnehmer* weitere Angaben mittels Tastatureingabe (→ *DTMF*) oder Spracheingabe entgegengenommen,
- Zeitabhängige Verbindungssteuerung, d.h. in Abhängigkeit der Tageszeit oder des Wochentages werden verschiedene Ziele angesteuert,
- Ortsabhängige Verbindungssteuerung, d.h. in Abhängigkeit des geographischen Ursprungs der Verbindung wird die Verbindung durchgestellt.

Aus SIBs bestehende Software-Programme werden als Service Logic Program (SLP) bezeichnet. In einem SCP befinden sich mehrere SLPs (für verschiedene IN-Dienste), die jeweils aufgerufen werden, sobald eine entsprechende Aufforderung vom SSP gekommen ist.

Die Service-Verwaltung (Statistiken, Wartung) wird durch ein Service Management System (SMS) am Service Management Point (SMP) ermöglicht. Das SMS ist i.d.R. über ein → *X.25*-Netz mit den SCPs verbunden. Am SMP wird das IN und seine Dienst- und Kundendaten verwaltet. Bestandteile des SMP sind:

- Entsprechende Datenbanken,
- Die X.25-Anschlüsse,
- Basisdienste wie Fehleranalysen und Fehlerberichte, Systemschutz, Statistiken.

Ferner existiert am SMP eine Service Creation Environment (SCE), mit deren umfangreichen Tools (→ *CASE*) neue Dienste kreiert, simuliert, getestet, eingeführt und gewartet werden.

Die Trennung von SCP und SMP erlaubt es, beide Einheiten auf ihre jeweiligen Zwecke zu optimieren, d.h. am SCP werden Dienste im Betrieb realisiert und am SMP Dienste entwickelt. Die Entwicklung belastet somit nicht die Rechner, die bereits Dienste abwickeln.

Daneben kommt eine Intelligent Peripheral (IP) in den SMPs zum Einsatz, die den Kunden ein Kundenmanagement ihrer Dienste erlaubt.

Beim Design eines intelligenten Dienstes greift der Designer auf eine Hardware-unabhängige Flexible Service Logic (FSL) auf einer hohen Schicht zurück, die mehrere SIBs enthält.

Capability Sets (CS), stellen dienstunabhängige Funktionen zur Verfügung, aus denen diverse Dienste abgeleitet werden können.

Probleme bei der Implementierung von IN-Diensten ergeben sich i.d.R. bei Diensten, die mehrere Netze oder Carrier betreffen, da sie verschiedene Versionen von IN und → *SS#7* nutzen könnten.

Weitere Elemente in einer erweiterten Version IN/2 waren auch die Network Information Database (NID) und der Service Logic Interpreter (SLI).

Man unterscheidet drei Kategorien von Diensten, die mit IN realisiert werden können. In jeder Kategorie gibt es verschiedene denkbare Dienste:

- Personenbezogene IN-Dienste für IN-Service-Subscriber (INSS)
  - → *UPT*
  - → *Corporate Networks*
  - Landesweite Zugangsnummer
- Informationsbezogene IN-Dienste
  - Notrufdienst
  - → *Centrex*
  - → *Audiotext*
- Dienste mit integrierter Fremdfunktion
  - Telefonkarten mit Chipfunktion
  - Televotum
  - Alternative Gebührenschemata

Ursprüngliche Ideen kamen in den 80er Jahren aus den Bell Laboratories, als sich nach der → *Divestiture* der Wettbewerb verschärfte und neue Dienste und Dienstmerkmale zügig von den Telekommunikationsgesellschaften eingeführt werden mußten. Wesentlich beeinflußt wurde das Konzept weiterhin von IBM und Siemens in der Periode von 1986 bis 1988. Daneben entwickelte die US-Telefongesellschaft Ameritech schon 1985 den Vorschlag für ein "Feature Node/Service Interface", um neue Dienste schnell, einfach und kostengünstig anzubieten.

Der Begriff des Intelligent Networks kam von Bell 1986 im Zuge der ersten Version IN/1. Dies war ein zentralisiertes Konzept mit dem Fernsprechnetz als Basis und dem primären Ziel, gebührenfreie Telefonate zu ermöglichen. Dieses Konzept wurde in den USA auch umgesetzt. Dazu kamen später Überlegungen für Telefonchipkarten und → *VPN*s. IN/1 war also alleine noch nicht vollständig dienstunabhängig, da es sich auf den Telefondienst konzentrierte.

Es folgte 1987 IN/2 als Prototyp eines voll dienstunabhängigen und auch offenen Systems. Nachdem es Zweifel gab, den vollen Funktionsumfang von IN/2 realisieren zu können, wurde als Zwischenlösung IN/1+ 1988 veröffentlicht.

In den Jahren 1989 und 1990 verabschiedete die → *MVI* Grundlagen, die eine systematische Weiterentwicklung zum Ziel hatten.

Das IN-Modell unterliegt seither noch ständiger Weiterentwicklung. Teilweise wird im Zuge seiner Evolution auch schon von AIN (Advanced IN) gesprochen, ein von Bellcore bereits 1990 (für die → *RBOC*s vorgesehen) vorgestelltes Modell mit der Betonung der schnellen Einführung neuer Dienste.

1992 definierten ITU & ETSI die Capability Sets (CS) CS1 und CS1R sowie SIBs. Bellcore arbeitet

unterdessen an INA (Information Network Architecture).
Seit 1993 arbeitet auch → *TINA-C* an der Integration von IN, → *TMN* und → *ODP*.
Für 1997 wird eine erweiterte Funktionalität durch von der ITU standardisierte CS2 erwartet, die weitere Datenbankoperationen enthalten wird (XDM, Extended Data Management). Parallel arbeitet man an CS3 und erwartet unter dem Eindruck von TINA einen offenen Standard hinsichtlich Soft- und Hardware.

INA

Abk. für Information Network Architecture.
→ *IN*.

INAP

Abk. für Intelligent Network Application Protocol.
→ *IN*.

In-Band-Signalisierung

Ein Verfahren der → *Zeichengabe*. Dabei werden Signalisierungsdaten (im Gegensatz zu Nutzdaten) im gleichen Kanal (auf der gleichen Frequenz, im gleichen → *Slot*) wie die Nutzdaten in periodischen Abständen übertragen.
Angewendet z.B. bei → *CT0*, → *CT1* und → *CT1+* und auch bei herkömmlicher analoger Telefonie, z.B. mit → *DTMF* oder → *IWV*.
Ein anderes und moderneres Verfahren ist die → *Außenband-Signalisierung*.

Inbound Call Center

→ *Call Center*.

In-Circuit-Emulator

Hardwarebaustein, der das Entwicklungssystem von elektronischen Schaltungen direkt mit dem zu programmierenden Anwendersystem, in das die Schaltung eingesetzt werden soll, verbindet. Er ersetzt im Anwendungssystem die → *CPU* auf deren Sockel, in den der In-Circuit-Emulator eingesteckt ist.

Indeo

Abk. für Intel Video.
Bezeichnung eines proprietären Kompressionsalgorithmus aus dem Hause Intel für Videokonferenzen. Realisiert wird der Kompressionsalgorithmus in speziellen Intel-Chips. Dekompression durch einen 80486-Prozessor.
→ *PCS*, → *PCWG*

INDI

Abk. für Informations- und Dialogdienste.
Bezeichnung für spezielle reservierte Leitungen und Vermittlungseinrichtungen der Telekom zur Verbindung der Btx-Teilnehmer mit Btx-Vermittlungseinrichtungen. Benutzt von 1983 bis 1989.

Indirekt gesteuerte Vermittlung

Ein Vermittlungsprinzip bei dem die Vermittlungen nicht direkt durch die eingegebene Ziffernkombination (oder Teilen von ihr) gesteuert wird und eine Verbindung sukzessive freischalten, sondern bei dem dem Netz von der Verbindungsquelle eine Zieladresse komplett übergeben und ausgewertet wird. Das Netz analysiert diese in einem Register zwischengespeicherte Adresse in einem von der Durchschaltung unabhängigen Datenverarbeitungsprozeß und ermittelt, wie der Verbindungsaufbau am zweckmäßigsten zu erfolgen hat und welche weiteren Vermittlungen einzuschalten sind. Erst dann wird die Verbindung durchgeschaltet.
Zugrundeliegende Technik waren ab den 50er Jahren in Deutschland → *EMD*-Wähler und Koordinatenschalter (→ *Cross-Connects*).
→ *Direkt*-gesteuerte Vermittlung.

Induktive Kopplung

Zwei Punkte sind miteinander induktiv gekoppelt, wenn eine Kopplung über magnetische Felder vorliegt.
→ *Kopplung*, → *Galvanische Kopplung*, → *Kapazitive Kopplung*.

INET

Abk. für Institutional Network.
In den USA gebräuchliche Bezeichnung für LANs und WANs, die von öffentlichen Institutionen, Behörden, Ministerien etc. unterhalten werden.

Informatik

Lehre und Wissenschaft von der formalen, systematischen und automatischen Verarbeitung von Informationen mit Hilfe digitaler Rechenanlagen.
Die wissenschaftliche Disziplin der Informatik (international mit Computer Science bezeichnet) entstand erst relativ spät aus Teildisziplinen der Mathematik und des Elektroingenieurwesens.
In den USA richteten 1962 die Universitäten Stanford und Purdue erste Informatik-Fakultäten ein.
Der erste deutsche Informatik-Student erhielt 1971 sein Diplom. Es war Jochen Dietrich aus Karlsruhe.

Information at your Fingertips

Bezeichnung eines visionären Konzeptes aus dem Hause Microsoft, das den PC als universelle Kommunikationsplattform ansieht und ein Zusammenwachsen verschiedener Telekommunikations- und Computersysteme prophezeit. Mit ihnen und einer einfach zu bedienenden Benutzeroberfläche soll es gelingen, Informationen aller Art, die weltweit zu finden sind, auf Knopfdruck auf den eigenen Bildschirm zu holen. Erste Ideen reichen bis 1990 zurück; populär wurde das Konzept im Herbst 1994 nach einer Rede von Bill Gates auf der → *Comdex* in Las Vegas.

→ *NII*, → *Global Village*.

Information Highway

→ *NII*.

Information Superhighway

→ *NII*.

Informationsgehalt

Begriff aus der Informationstheorie. Der Informationsgehalt einer Nachricht hängt demnach lediglich von der Auftrittswahrscheinlichkeit dieser Nachricht ab. Seltene Nachrichten besitzen einen hohen Informationsgehalt, häufige Nachrichten einen niedrigen. Falls eine Nachricht y mit der Wahrscheinlichkeit p auftritt, so ergibt sich der Informationsgehalt dieser Nachricht aus:

$$I(y) = ld\,(1/(-p)) = -\,lp\,(p)$$

Der Informationsgehalt einer Nachricht, die aus mehreren Teilnachrichten oder Signalen besteht, ergibt sich aus der Summe der einzelnen Informationsgehalte.

→ *Entropie*.

Informationstheorie

Bezeichnung der von Claude Shannon und Norbert Wiener 1948 begründeten Theorie, informatorische Vorgänge in der Nachrichtentechnik begrifflich und mathematisch zu erfassen. Hauptziel ist eine Quantifizierung der Information.

Informations- und Kommunikationsdienstegesetz

→ *IuKDG*.

Initiierung

Begriff aus der Fernmeldetechnik.

Bezeichnet den ersten Teil der Phase des → *Verbindungsaufbaus*. Dabei meldet der → *A-Teilnehmer* den Wunsch, eine Verbindung herzustellen durch, z.B., Abheben des Telefonhörers.

→ *Belegung*, → *Einrichtung*.

Inklination

Bezeichnet bei Satellitenumlaufbahnen den Winkel, um den die Bahn des Satelliten zur Ebene des Äquators geneigt ist.

→ *GEOs* verfügen über eine Inklination von 0°, polare Umlaufbahnen über eine Inklination von 90°.

Inkrementelles Backup

→ *Backup*.

Inline-Technik

Bei Farbmonitoren die Bezeichnung dafür, daß die drei Strahlenquellen für die Elektronenstrahlen nicht, wie bei herkömmlichen Monitoren, im Dreieck angeordnet sind, sondern horizontal nebeneinander.

Dies verhindert vertikale Abweichungen bei der Konvergenz aller drei Strahlen auf einem Leuchtpunkt.

INMARSAT

Abk. für International Maritime Satellite Organisation.

1980 gegründet. Sitz in London. Derzeit 75 Mitgliedsländer. Ermöglicht globale Telekommunikationsdienste (Telefon, Fax, Datenübertragung) zwischen Küsten-Bodenstationen und Schiffen oder Förderplattformen.

1979 in Betrieb genommenes Satellitensystem, aus drei Satelliten bestehend, auf → *GEO* basierend, das sich auf das 1976 in Betrieb genommene → *MARISAT* System stützt und erstmal globale Telefonate zu Schiffen ermöglichte.

In den Polregionen ist das Nutzen nur mit Spezialantennen möglich. Die drei Satelliten sind positioniert auf 26° West (Atlantik), 63° Ost (Indischer Ozean) und 180° West (Pazifik). Das Kontrollzentrum für die Satelliten (Operational Control Centre, OCC) befindet sich in London.

→ *Inmarsat A*, → *Inmarsat B*, → *Inmarsat C*, → *Inmarsat M*, → *Project 21*.

INMARSAT A

Erster Satellitendienst der → *INMARSAT* Organisation. Unterstützt analoge Sprache, Telex, Fax und Datenübertragung bis 9.6 kbit/s. In der Hochgeschwindigkeitsversion Inmarsat A-HSD lassen sich mit Zusatzgeräten auch Daten mit 64 kbit/s übertragen. Nicht ganz vollautomatisch, da der von einem Satelliten ausgeleuchtete Ozean (pazifischer, atlantischer und indischer Ozean) als Aufenthaltsort des Teilnehmers schon bekannt sein muß, um diesen anwählen zu können. Insgesamt werden die Dienste vom Einsatzprofil noch in maritime, aeronautische und landgestützte Anwendungen unterteilt. Die Sendestationen senden mit 40 W und einem Antennendurchmesser von 0.8 bis 1,95 m, üblicherweise 1,2 m. Zusätzlich ca. 200 kg sonstiges Gerät.

Nachfolgesystem ist Inmarsat B.

INMARSAT B

Digitaler Nachfolgedienst des → *Inmarsat A*-Dienstes, der 1995 eingeführt wurde und kleinere Endgeräte (→ *VSAT*) ermöglicht.

INMARSAT C

1991 eingeführtes Satellitensystem mit 21 Standard- und drei Ersatzsatelliten, das die Übermittlung und den Empfang von Sprache und paketvermittelten Daten über 64 kbit/s Verbindungen überall auf der Welt gestattet. Es bietet auch → *GPS* an. 1995 waren ca. 16 000 Schiffe weltweit mit Inmarsat C-fähigen Empfängern ausgerüstet. 19 Bodenstationen weltweit kontrollieren die Datenströme.

INMARSAT E

Satellitengestützter Notrufdienst von → *Inmarsat.*

INMARSAT M

Von der internationalen Satellitenbetreiberorganisation Inmarsat angebotener Dienst, der mit aktenkoffergroßen Terminals Sprachübertragung über 4,8-kbit/s-Kanäle oder Daten und Faxübertragung auf 2,4-kbit/s-Kanälen ermöglicht. Uplink 1,5250 bis 1,5590 GHz, Downlink: 1,6265 bis 1,6605 GHz.

INMS

Abk. für Integrated Network Management System.
→ *Netzmanagement.*

INRIA

Name des nationalen franz. Instituts für Grundlagen- und angewandte Forschung auf dem Gebiet der Informationstechnologie. Sitz: Roquencourt und Le Chesney.
Die Inria hat seit 1995 die Weiterentwicklung des → *WWW* übernommen.

Inslot-Signalisierung

Andere Bezeichnung für → *Inband-Signalisierung.* Bezeichnung für die Übertragung von Informationen zur Verbindungssteuerung im gleichen Kanal wie die Nutzdaten bei digitalen Systemen. Gegenteil: Outslot-Signalisierung.
→ *Zeichengabe.*

Instanz

1. Abstrakter Begriff für ein aktives Element oder Bestandteil eines Systems. Es handelt sich üblicherweise um einen → *Prozeß* in einem Computersystem.
2. Andere Bezeichnungen: Entität oder Entity. Abstrakter Begriff, der einen Prozeß (kommunikationsfähigen Automaten) in einer Schicht des → *OSI-Referenzmodells* beschreibt. Instanzen zerfallen in einen COM- und einen CODEX-Prozeß. Ersterer regelt das interne Verhalten des Automaten, der zweite die Prozedur des Ver- und Entpackens von Daten in → *PDUs*, mit deren Hilfe mit anderen Instanzen kommuniziert wird. Dafür nutzt die Instanz der Schicht *n* die → *Dienste* der Schicht *n-1*.

Intelligent Agent

→ *Agent.*

Intelligent Network

→ *IN.*

INTELSAT

Abk. für International Telecommunications Satellite Organization.
Größter Betreiber eines Satellitenkommunikationssystems mit 20 Satelliten und 200 Erdfunkstellen in 100 Ländern. Neun weitere Satelliten folgen bis Ende 1997. Intelsat wurde 1964 in Washington von 14 Ländern gegründet. Mit dem Beitritt zu INTELSAT verpflichtet sich ein Staat, die Genehmigung zum Betrieb eigener Satelliten bei Intelsat einzuholen. Erster Satellit INTELSAT I war der 'Early Bird', gestartet 1965 mit einer Kapazität von 240 Fernsprechkanälen. Letzte Serie waren Intelsat-VI-Satelliten, welche die größten je gebauten zivilen Kommunikationssatelliten waren. Die technische Entwicklung der Satelliten nahm folgenden Verlauf:

Name:	Intelsat I	Intelsat II
Anzahl im All:	1	4
Erster Start:	1965	1967
Masse:	34 kg	76 kg
Fs-Kapazität:	240	240
TV-Kapazität:	-	-
Kosten/ Kanal:	32 500 $	11 400 $
Name:	Intelsat III	Intelsat IV
Anzahl im All:	8	7
Erster Start:	1968	1971
Masse:	294 kg	720 kg
Fs-Kapazität:	1 200	4 000
TV-Kapazität:	-	2
Kosten/ Kanal:	2 000 $	1 200 $
Name:	Intelsat IVa	Intelsat V
Anzahl im All:	5	9
Erster Start:	1975	1980
Masse:	1 515 kg	1 944 kg
Fs-Kapazität:	6 000	12 000
TV-Kapazität:	2	2
Kosten/ Kanal:	1.100 $	800 $
Name:	Intelsat Va	Intelsat Vb
Anzahl im All:	6	
Erster Start:	1984	1985
Masse:	2 016 kg	-
Fs-Kapazität:	15 000	30 000
TV-Kapazität:	2	-
Kosten/ Kanal:	-	-
Name:	Intelsat VI	
Anzahl im All:	4	
Erster Start:	1989	
Masse:	1 870 kg	
Fs-Kapazität:	24 000	
TV-Kapazität:	3	
Kosten/ Kanal:	-	

Planungen für Intelsat VII laufen.

Interaktives TV

→ *ITV.*

Intercom-Verbindung

→ *Leistungsmerkmal* schnurloser Telefone. Bezeichnung für Verbindungen zwischen dem Mobilteil und der Fest- bzw. Basisstation bei schnurlosen Telefonen.

Interconnection

Bezeichnet in deregulierten nationalen TK-Systemen die Zusammenschaltung lizenzierter Netze verschiedener Betreiber. Die Netzbetreiber sind dabei verpflichtet, sich mit jedem anderen Netzbetreiber über die Bedingungen der Interconnection zu einigen, diese in einem Vertrag zu definieren (Interconnection Agreement) und eine Zusammenschaltung zustandekommen zu lassen.
Angelegenheiten von Bedeutung für Interconnection sind:

- Ort der Zusammenschaltung (POI, Point of Interconnection),
- → *Nummernportabilität,*
- Zugangsgebühren (→ *Access Charges*),
- Übertragung von Signalisierungs- und Netzmanagement-Daten (z.B. Billinginformationen),
- Einträge in Telefonbücher,
- Auskunftssysteme,
- IN Interconnection (→ *IN*),
- Quality of Service (→ *QoS*).

Es gibt verschiedene Überlegungen, wie die Art der Interconnection und an welchem Ort sie zu erfolgen hat, z.B. zentral an einem Punkt oder dezentral an mehreren verteilten Punkten an denen sich die Netze verschiedener Netzbetreiber berühren.
Ferner kann der POI innerhalb der Liegenschaften eines Netzbetreibers liegen, was allerdings den Nachteil für einen Netzbetreiber hat, daß dieser eine Verbindung bis zum anderen Netzbetreiber herstellen muß, oder (sozusagen auf neutralem Grund) außerhalb der Liegenschaften der Netzbetreiber, zu dem beide Netzbetreiber Verbindungen herstellen müssen.
In Deutschland wird Interconnection zwischen Netzbetreibern durch das → *Telekommunikationsgesetz* (TKG) als ein spezieller Fall des Netzzugangs angesehen und ist daher in der entsprechenden Verordnung → *NZV* geregelt.
Prinzipiell ist nur der marktbeherrschende Netzbetreiber zur Interconnection verpflichtet. Die entsprechenden Bedingungen, zu denen dieses geschieht, sind Gegenstand von Verhandlungen und betreffen die oben genannten Punkte. Gemäß TKG sind die Netzbetreiber zu diesen Verhandlungen verpflichtet. Kommt es hierbei nicht zu einer Einigung, kann die → *Regulierungsbehörde* eingreifen und im Interesse der Allgemeinheit Interconnection anordnen.

Interexchange Carrier

→ *IXC.*

Interface

→ *Schnittstelle.*

Interferenz Diversity

Bezeichnung für eine Sonderform des → *Frequency-Hopping*, bei der einem Kanal eine zufällig aus einer Menge mehrerer zur Verfügung stehender Sprungfolgen zugeteilt wird. Dies führt zu einer gleichmäßigen Verteilung der Interferenzstörungen auf alle Kanäle.

Interlaced

Auch Zeilensprungverfahren oder Halbbildverfahren genannt.
Bezeichnung für ein Bilddarstellungsverfahren auf Monitoren, insbesondere bei TV-Monitoren. Dabei wird ein Bild nicht komplett zeilenweise dargestellt, sondern es wird erst jede gerade Zeile und anschließend jede ungerade Zeile auf dem Bildschirm wiedergegeben, so daß sich zwei Halbbilder von zwei verschiedenen Ganzbildern überlagern.
Vorteil ist eine größere Grafikauflösung ohne Vergrößerung der → *Bildwiederholrate.*
Nachteilig ist, daß es bei der Darstellung von kleinen Details (z.B. Anzüge mit Karomuster) zu Flimmern kommt.

Interleave Faktor

Begriff, der ein Verfahren zur Festplattenoptimierung beschreibt. Da viele Festplattencontroller nach dem Lesen eines Sektors auf der Festplatte Zeit brauchen, diese Daten weiterzugeben und dementsprechend nicht den physikalisch unmittelbar darauf folgenden Sektor lesen kann, wurde dieser nächste logisch folgende Sektor physikalisch erst als übernächster oder noch später auf der Platte angeordnet, so daß er gelesen werden kann, wenn der Controller die vorangegangenen Daten weitergegeben hat. Es wird so vermieden, daß sich die Platte ein komplettes Mal drehen muß, um den logisch nächsten Sektor zu lesen. Der Interleave-Faktor gibt an, um wieviele physikalische Blöcke diese Verschiebung erfolgt.

Interleaving

Von engl. interleaving = verschachteln. Bezeichnung für ein Verfahren zur Kanalcodierung, bei dem zu sendende Datenblöcke zunächst gesammelt und dann ineinander verschachtelt (interleaved) werden. Beispielsweise werden 9 Blöcke zu je 10 Bit in 10 neue Blöcke zu je 9 Bit umsortiert, d.h. der erste neue Block besteht aus den ersten Bits der alten Blöcke, der zweite aus den zweiten usw. Diese zweite Blockgruppe wird über den Funkkanal übertragen und im Empfänger, dem das Sortiermuster bekannt ist, wieder in die ursprünglichen Blöcke zurücksortiert (deinterleaved).

Sind auf dem Funkkanal nun, z.B., fünf hintereinanderfolgende oder unmittelbar benachbarte Bit (→ *Burst*) in einem Block gestört worden, so wird dieser 'große' Fehler (der u.U. durch normale Fehlermechanismen nicht mehr korrigierbar gewesen wäre) durch das Deinterleaven beim Empfänger wieder auf fünf verschiedene Blöcke mit jeweils einem falschen Bit (also fünf kleine Fehler) verteilt.

Diese mehreren kleinen Fehler können dann innerhalb der zurücksortierten Blöcke beim Empfänger durch, z.B., zyklische Codes (→ *FEC*) korrigiert werden.

Durch das Interleaven wird also ein großer und unter Umständen nicht mehr korrigierbarer Fehler in mehrere kleine auf jeden Fall korrigierbare Fehler aufgesplittet.

Die Interleavingtiefe gibt an, auf wieviele zu sendende Blöcke ein ursprünglicher Block verteilt wird.

Je größer sie ist, um so besser können auch große Fehlerbursts korrigiert werden, desto länger ist aber auch die für den Prozeß des Interleavens und Deinterleavens benötigte Zeit.

Interleavingtiefe

→ *Interleaving.*

Internet

Eigentlich existiert keine einheitliche Definition des Begriffs, weswegen eine Abgrenzung zwischen den das Internet bildenden einzelnen Netzen sowie den Diensten schwer fällt. Allgemein ist der Begriff aber die Bezeichnung des größten und bekanntesten globalen Computernetzwerkes, welches aus vielen miteinander verbundenen lokalen oder nationalen Netzen besteht. Das Internet wird daher auch als 'Netz der Netze' bezeichnet.

Enge und traditionelle Definition: Gesamtheit aller das → *IP* als Transportprotokoll nutzende Netze.

Mittlere Definition: Gesamtheit aller Netze, die Funktionalität wie → *Telnet*, → *FTP*, → *rlogin*, → *e-mail* oder → *WWW* nutzen und permanent angeschlossen sind.

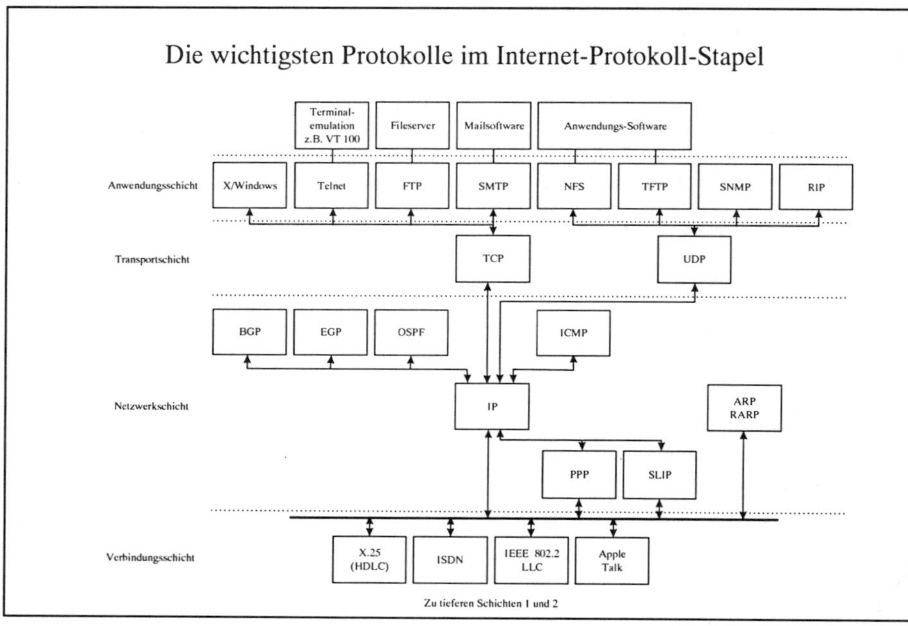

Die wichtigsten Protokolle im Internet-Protokoll-Stapel

Weite Definition: alle Netze, die per e-mail erreichbar sind (→ *Matrix*).

Aufgebaut seit Herbst 1969 aus dem Bedürfnis heraus, auch nach einem Atomkrieg über eine funktionierende Kommunikationsinfrastruktur zu verfügen. Also mußte diese möglichst dezentral organisiert sein.

Es ging offiziell erst 1986 aus dem ARPANET hervor (→ *ARPA*).

Das Internet besitzt → *Gateways* zu allen anderen wichtigen Rechnernetzen (Schätzungen schwanken zwischen 30 000 und 100 000) weltweit mit ungefähr 10 bis 15 großen internationalen → *Backbones*. Das Internet boomt seit Einführung des → *WWW*, obwohl auch noch andere Faktoren seine rasche Entwicklung begünstigt haben und das Internet zur ersten Anwendung der Tele- und Datenkommunikation gemacht haben, die massivst von den privaten Nutzern nachgefragt wurden und nicht erst mit großem Aufwand von Netzbetreibern oder Dienstanbietern in den Markt gebracht werden mußten.

Insgesamt werden zu den Erfolgsfaktoren des Internet gezählt:

- Die zugrundeliegenden technischen Standards sind von vielen Freiwilligen nahezu kostenlos erarbeitet worden.
- Die technischen Standards sind als → *RFCs* kostenlos weltweit auf vielen → *WWW*-Servern und → *FTP*-Servern für jeden und jedes Unternehmen, das Produkte für das Internet anbieten möchte, verfügbar.
- Nahezu jeder Hersteller hat Produkte im Angebot, die seine proprietäre Vernetzungstechnik mit der Internet-Welt verbinden können.
- Viele Teile der Internet-Protokolle sind im weitverbreiteten → *Betriebssystem* → *Unix* automatisch und für wenig Geld enthalten.
- Große Teile des Internets wurden von der Wissenschaft finanziert, wodurch viele Studenten mit dem Internet und seinen Diensten an den Universitäten groß geworden sind und diese Dienste, insbesondere → *e-mail*, auch in der Wirtschaft an ihren späteren Arbeitsplätzen nicht vermissen möchten.
- PCs und Modems sind auch bei privaten Anwendern weit verbreitet.
- Mit dem → *WWW* und den dazugehörigen → *Browsern* steht erstmals eine einfach zu bedienende grafische Benutzerschnittstelle zur Verfügung, die es auch Computerneulingen erlaubt, Internet-Dienste ohne lange Einarbeitung zu nutzen.
- Mit dem WWW können Informationen einfach strukturiert und auch multimedial präsentiert werden.

Wichtige Netze und Gateways, die am Internet hängen, sind z.B.: → *BITNET*, → *CIX*, → *DFN*, → *EARN*, → *GIX*, → *ISONET*, → *JANET*, → *NorthNet*, → *Online-Services*, → *WiN*

Zu den wichtigsten Diensten oder Anwendungen gehören:

→ *IRC*, → *telnet*, → *rlogin*, → *Gopher*, → *WAIS*, → *WWW*, → *e-mail*, → *NetNews*, → *FTP*, → *Veronica*

Zur Technik:

→ *ARP*, → *ATMP*, → *BACP*, → *BGP*, → *CIDR*, → *DHCP*, → *DNS*, → *EGP*, → *ICMP*, → *IDRP*, → *IGP*, → *ISA*, → *OSPF*, → *POP3*, → *PPP*, → *RARP*, → *RIP*, → *RSVP*, → *RTP*, → *SIPP*, → *SLIP*, → *SMTP*, → *SNMP*, → *TCP/IP*, → *TFTP*, → *TLD*, → *Tunneling*, → *UDP*.

Zu betreuenden Gremien:

→ *ANS*, → *CERT*, → *EFF*, → *IAB*, → *IANA*, → *IETF*, → *IESG*, → *Internet Society*, → *InterNIC*, → *IPRA*, → *IRTF*.

Zur Szene und zum Jargon:

→ *Cyberpunks*, → *Flame*, → *Hacker*, → *ISP*, → *Netiquette*, → *Netizen*, → *Netter*, → *Newbie*, → *Nickname*, → *Packet Sniffer*, → *Phone Phreaks*, → *Posting*, → *Signature*, → *Smileys*, → *Spam*, → *Surfen*.

Faktoren, die die Entwicklung des Internet beeinflußten, gab es bereits gegen Ende der 50er Jahre, obwohl die Geschichte des Internets selbst erst ein Jahrzehnt später begann.

1957

Die UdSSR startet mit dem 'Sputnik' den ersten Satelliten und löst den Sputnik-Schock aus. In den USA wird die → *ARPA* als Antwort gegründet, um technologisch nicht zurückzufallen.

Ende der 50er Jahre

Die US-Regierung wird sich des Problems der Kommunikation nach einem Atomkrieg bewußt und hat die Idee eines dezentralen verteilten Systems, das auch noch funktioniert, wenn Teile von ihm zerstört sind.

1960

Die US-Regierung beauftragt die Rand Corporation mit der Lösung dieses Problems. In den folgenden Jahren wird daran garbeitet.

1964

Paul Boran von der Rand liefert einen Bericht an die US-Regierung zum Thema 'Verteilte Computersysteme' ab.

1967

Das Konzept eines paketvermittelnden Netzes zur Datenübertragung wird zum ersten Mal auf dem Symposium der → *ACM* über Grundlagen der → *Betriebssysteme* erwähnt.

1968

Eine Abteilung des US-Ministeriums für Verteidigung, das Information Processing Techniques Office, startet eine Versuchsreihe mit dem Ziel, Grundlagen über Rechner-Rechner-Verbindungen auf gemultiplexten Netzen zu erarbeiten. Als Resultat wurde ein kleiner Computer vorgeschlagen, der als Vorrechner die Kommunikationsvorbearbeitung übernehmen soll. Die Kommunikation selbst lief über Telefonleitungen mit 2 400 bit/s.

Das National Physical Laboratory in GB testet ein derartiges Netz in kleinem Maßstab.

Im Juli veröffentlicht die ARPA eine maßgeblich von Larry Roberts formulierte Ausschreibung für ein Konzept eines aus 19 Netzknoten bestehenden paketvermittelnden Netzes zur Verbindung von Computern und eine konkrete Angebotsaufforderung für ein aus vier Netzknoten bestehendes Netz.

Die sehr kleine Firma Bolt, Berane und Newman (BBN) aus Cambridge/Mas. beteiligt sich an der

Ausschreibung. Dort formulieren Robert Kahn, Severo Ornstein und einige Kollegen den technischen Report Nr. 1763 als Angebot. Gegen Ende Dezember wird die Entscheidung der ARPA getroffen, daß BBN mit einem Team von sechs Leuten unter der Projektleitung von Frank Heart bis zum 1. September den ersten Netzknoten in Betrieb nimmt und das weitere Netz aufbaut.

Die Nachricht trifft bei BBN am 30. Geburtstag von Kahn ein.

1969

Das US-Verteidigungsministerium entscheidet, ein Computernetz zu bauen, das einem Atomkrieg standhält. Dazu wird eine Kommission gegründet, aus der später die DARPA hervorgeht.

Für den Aufbau des Netzes ist es schwierig, die Universitäten von dem Sinn der Vernetzung zu überzeugen. An der UCLA arbeitet der Spezialist für Verkehrstheorie Leonard Kleinrock, der zusammen mit Larry Roberts am MIT studiert hat. Kleinrock stimmt der Vernetzung zu, baut selbst das Network Measurement Center für das neue Netz auf und der erste Netzknoten wird am 1. September 1969 an der University of California in Los Angeles (UCLA) aufgestellt und mit dem dortigen Computer vom Typ Sigma 7 verbunden.

Er wird im Dezember mit zwei weiteren über normale Standleitungen mit 50 kbit/s verbunden: Stanford Research Institute International (SRI) in Menlo Park/Calif. Mit einer Scientific Data Systems 940 und die University of California in Santa Barbara (UCSB), wo eine → *IBM /360* steht. UCSB und SRI sind untereinander ebenfalls verbunden. Vom SRI geht eine einzelne Leitung zur University of Utah nach Salt Lake City mit einer angeschlossenen → *PDP-10*.

Die Verbindungen werden durch sog. → *IMPs*, die von BBN gebaut wurden, sichergestellt und liefen über Standleitungen im analogen Telefonnetz.

Die Verbindungen der einzelnen Hosts zu den IMPs wird von Leuten vor Ort programmiert, an der UCLA sind Stephen Crocker und Vincent C. Cerf darunter.Dieses Netz bekommt den Namen Arpanet. Damit gilt das erst später so genannte Internet allgemein als geboren.

Die ersten → *RFCs* werden entwickelt.

1970

Das auf Hawaii entwickelte Alohanet verbindet dort mehrere Forschungseinrichtungen.

Das Arpanet nutzt erstmals das Übertragungsprotokoll → *NCP*.

1971

Erstes überraschendes Ergebnis nach zwei Jahren Betrieb des Arpanet: Remote Logins stellen wider Erwarten nicht die Mehrheit der Anwendungen des Netzes dar.

Das Versenden von Nachrichten und persönlichen Mitteilungen (e-mail) steht im Vordergrund.

Ray Tomlinson von BBN entwickelt ein e-mail-Programm für verteilte Systeme.

Es sind 23 Rechner über 15 Netzknoten miteinander verbunden.

1972

Das Netz besteht mittlerweile aus 40 Rechnern aus dem militärischen und akademischen Bereich. Übertragungsgeschwindigkeit ist 9,6 kbit/s. Erstes Treffen einer 'Internetworking' Group mit dem Ziel, gemeinsame Standards bei der Datenübertragung zu entwickeln.

Auf der International Conference on Computer Communications im Hilton Hotel in Washington D.C. wird vom 24. bis 26. Oktober das Internet an 40 von der Industrie gesponserten Terminals einer großen Öffentlichkeit von über 1 000 Experten vorgestellt. Es werden verschiedene Anwendungen demonstriert, die überwiegend auf einem Paper von Kahn (RFC 371) aus dem Juli basieren.

Es gründet sich auf der Konferenz auch die International Networking Group, die erstmals Experten der Paketvermittlungstechnik aus mehreren Ländern zusammenführt.

Roberts verläßt die ARPA um mit Telenet ein eigenes kommerzielles Datennetz als Tochter von BBN aufzubauen.

Kahn wechselt selbst zu ARPA und macht sich Gedanken über das Zusammenschalten verschiedener autonomer Teilnetze unterschiedlicher technischer Plattformen. Er gewinnt Cerf für seine Ideen und beide arbeiten an einem universellen Übertragungsprotokoll – TCP nimmt Konturen an.

1973

Erste inoffizielle Verbindung zwischen dem University College in London und dem US-Netz mit Hilfe der Abt. für Verteidigungsangelegenheiten der British Telecom.

Erste Verbindung auch nach Norwegen.

Kahn und Cerf präsentieren im September ihre Ideen für TCP auf einem Treffen der International Networking Group an der Universität von Sussex in Brighton/GB.

Beide erarbeiten daraufhin an einem Wochenende im Cabana Hyatt Hotel in Palo Alto/Calif. ein handschriftliches Papier über TCP.

1974

Neun europäische Staaten – ohne Deutschland – planen, ein internationales Forschungsnetz (EIN, European Informatics Network) zu errichten, um Erfahrung mit Übertragungsverfahren und dem Austausch von Rechenkapazitäten bei Engpässen zu gewinnen. Das von der EG finanzierte und von Euratom betriebene Netz soll aus sieben Knotenrechnern bestehen.

Das Papier von Cerf und Kahn publizieren sie im Mai in den IEEE Transactions on Communications in ihrem Beitrag 'A Protocol for Packet Network Intercommunications'.

Die ARPA stellt ein Budget für weitere Arbeiten zur Verfügung. Cerf selbst, Ray Tomlinson bei BBN und Peter Kirstein am University College in London erarbeiten bis Dezember die Spezifikation, die von Darryl Rubin und anderen Studenten in Stanford in Software umgesetzt wird.

BBN nimmt offiziell das kommerzielle Telenet in Betrieb.

Es sind mittlerweile 62 Rechner angeschlossen.

1975

Es wird allgemein anerkannt, daß das Arpanet mittlerweile dem Versuchsstadium entwachsen ist. Die besser ausgestattete Defence Communications Agency (DCA) übernimmt die Fortführung des Projekts.

Erstmals wird das → *Betriebssystem* → *Unix* auf den → *Routern* eingesetzt.

1976

Die Königin eröffnet offiziell das erste britische Gateway zum US-Internet über Radarverbindungen nach Norwegen und weiter in die USA zur UCLA.

Das Betriebssystem Unix findet immer mehr Anhänger und bald wird das in diesem Jahr entwickelte UUCP die offizielle Sprache der Netzwerker, die von den BellLabs entwickelt wurde.

TCP wird in der Int. Federation of Information Processing diskutiert.

1977

TheoryNet an der University of Wisconsin ermöglicht einen electronic mail Service zu rund 100 Informatikern.

Am 22. November zeigt eine Demonstration die Verbindung mehrerer technisch unterschiedlicher Netze, als ein Computer in einem fahrenden Lieferwagen Daten über ein Funknetz in San Francisco, Leitungen nach Norwegen und GB sowie eine Satellitenstrecke nach Los Angeles sendet.

1978

Auf Anregung von Danny Cohen wird TCP in TCP und IP geteilt.

Es kommt zu einem informellen Treffen einer Gruppe von Experten als Vorläufer des → *IAB*.

1979

Die Norwegische Telekom und die UCLA verbinden sich über Satellit. Diese Entscheidung wurde maßgeblich von der NATO und ihren Plänen, über funktionierende Datenverbindungen im Falle von nuklearen Auseinandersetzungen zu verfügen, beeinflußt.

Usenet (oder auch heute häufig NetNews oder nur kurz news genannt) wird an der University of North Carolina von Tom Truscott und Steve Bellovin entwickelt und ermöglicht somit ausführliche Diskussionen zu jedem erdenklichen Thema. Es basiert auf UUCP.

1980

Die ARPA unterstützt die University of Berkely dabei, ein einheitliches Protokoll für die Rechner-Rechner-Kommunikation zu entwickeln. Dies sollte letztendlich zu TCP/IP führen.

1981

Das → *BitNet* (Because it's time) startet in New York.

Erstmals beschäftigen sich Künstler mit dem Netz und seinen Möglichkeiten.

Im August sind 213 Hosts angeschlossen.

1982

TCP/IP erblickt offiziell das Licht der Welt und es wird entschieden, daß der Quellcode jedem zugänglich zu machen ist, der an ihm interessiert ist. Dadurch wird der Name 'Internet' erstmals in großem Kreis publiziert.

MIT entwickelt eine TCP/IP-Version für den PC, die ebenfalls für öffentlich erklärt wird.

DEC und Sun Microsystems integrieren TCP/IP in ihre Software, so daß sich dieser Standard sehr schnell als der universelle Übertragungsstandard verbreitet.

Das EUnet (European Unix Network) wird eröffnet.

Es sind insgesamt 235 Hosts angeschlossen.

Cerf wechselt zu MCI, um dort mit MCI-mail das erste kommerzielle e-mail-System aufzubauen.

1983

Zum 1. Januar wird TCP/IP eingesetzt.

Arpanet wird in Arpanet und Milnet geteilt. Verbindungen zwischen beiden existieren weiter. Derartige Verbindungen werden DARPA Internet genannt. Später verküzt sich diese Bezeichnung nur zu Internet, was sich als Begriff für 'ein Netz von Netzen' durchsetzt. Die Teilung ist primär Resultat eines gestiegenen Sicherheitsbedürfnisses des Militärs. Milnet wird in das 'Defense Data Network' integriert, das ein Jahr vorher aufgebaut wurde.

Die 'National Science Foundation' übernimmt die Organisation der Verbindungen zwischen 60 Universitäten in den USA, einer in Norwegen und zwei in GB.

Insgesamt sind im August 562 Hosts angeschlossen.

An jeder Universität werden kleinere Rechner mit LANs verbunden, hauptsächlich durch die DEC und Xerox-Entwicklung Ethernet. PCs verbreiten sich und die Frage taucht auf, wie man kleine Computer mit großen Computern über Leitungen und Vermittlungselemente verbindet.

Die University of Wisconsin entwickelt das Konzept der 'name servers'. Rechner bekommen dadurch leicht merkbare Namen (im Gegensatz zu IP-Adressen). Zum ersten Mal braucht damit der Sender einer Nachricht nicht den genauen Weg seiner Daten durch das Netz zu wissen.

In GB wird JANET, das Joint Academic Network aus der Taufe gehoben.

1984

Die Internet Engineering Steering Group (→ *IESG*) wird in eine Task Force (→ *IETF*, drei

Treffen/Jahr, kümmert sich um technische Fragen) und die Research Task Force geteilt.

Neu gegründet wird das Internet Advisory Board (→ *IAB*), welches eine längerfristige Sichtweise hat.

Zur Uni Dortmund, wo man die erste deutsche Domäne einrichtet, wird die erste Verbindung nach Deutschland geknüpft.

Im August sind 1 024 Hosts angeschlossen.

1985

Die 'National Science Foundation' startet Phase 1 von NSFnet. IBM, MCI und Merit Network werden als Konsortium für den Betrieb des Netzes ausgewählt. Ziel ist eine etwas geordnetere Verbindung der mittlerweile entstandenen verschiedenen Netze in den USA durch Einrichtung von fünf Rechenzentren.

Der Bedarf bei den Universitäten nach Vernetzung steigt rapide an, als sie erkennen, daß sie mit einem Gateway Teil eines einzigen großen, globalen Netzes werden können. (Die Übertragungsrate der Backbones steigt im Laufe der Zeit bis 1995 auf 45 Mbit/s an.)

Die Übertragungsgeschwindigkeit in NSFnet und JANET steigt auf 2 Mbit/s.

In Japan wird JUNET (Japan Unix Network) in Betrieb genommen.

Kahn verläßt die ARPA und gründet die → *CNRI*.

Im Oktober sind 1 961 Hosts angeschlossen.

1986

Die extra gespannten Leitungen für das Netz werden durch gemietete Leitungen des öffentlichen Netzbetreibers ersetzt.

Das ARPANET geht im NFSnet auf, als die → NSF die Verantwortung übernimmt.

Cerf wechselt nach dem Aufbau von MCI-mail zur CNRI.

Im Februar sind 2 308, im November 5 089 Hosts angeschlossen.

1987

NSFnet wird zu NSFnet 2 aufgerüstet mit zentraler Verwaltung in der University of Michigan in Ann Arbor.

Zur Weihnachtszeit macht der Weihnachtsbaum-Virus auf sich aufmerksam und legt EARN, BitNet und das VNET von IBM lahm. Er sendet dem Empfänger eine e-mail mit Weihnachtswünschen und dem Bild eines Weihnachtsbaumes, versendet aber diesen Glückwunsch an alle in der privaten Mailingliste des Empfängers, wodurch der e-mail-Verkehr explosionsartig zunimmt.

Im Dezember sind 28 174 Hosts angeschlossen.

1988

Im Juli sind 33 000, im Oktober 56 000 Hosts angeschlossen.

Erster großer Virenbefall des Internet: der von dem amerikanischen Studenten Robert Morris Jr. programmierte 'Worm' bohrt sich im November durchs Netz und befällt rund 6 000 angeschlossene Rechner, die vorübergehend lahmgelegt sind.

1989

EUnet (European Unix Network) in Europa und Aussienet in Australien werden angeschlossen.

Kommerziellen Benutzern wird unter strengen Auflagen die Nutzung erlaubt.

ARPANET hört zum Jahresende offiziell auf zu existieren.

Im Januar sind 80 000, im Juli 130 000 Hosts angeschlossen.

Erste Gateways zu einem kommerziellen Online-Dienst und einem kommerziellen e-mail-Provider werden zwischen CompuServe sowie MCI-mail und dem Internet eingerichtet.

Das NFSnet wird auf T1-Leitungen mit 1,544 Mbit/s aufgerüstet.

1990

Im Oktober sind 313 000 Hosts angeschlossen.

1991

Thinking Machines nimmt den Informationsdienst → *WAIS* in Betrieb.

Um den technischen Standardisierungsprozeß am Laufen zu halten, befürwortet CNRI mit der Internet Society dafür ein eigenes Gremium.

Es sind 376 000 Hosts im Januar, 535 000 im Juli und 617 000 im Oktober angeschlossen.

Die Zahl von Internetzugängen wächst schätzungsweise mit 200 % in Europa und 100 % in den USA.

1992

Tim Berners-Lee im CERN in der Schweiz schreibt das erste Programm für das World Wide Web. Ein einfaches Programm, um durch das Internet zu navigieren und Informationen über es zu erhalten und zu ordnen.

Die Internet Society wird offiziell mit Cerf als Präsident gegründet und übernimmt die Aufsicht über die Internet Steering Group.

Die Zahl angeschlossener Rechner steigt von 727 000 im Januar über 1 000 000 auf über 1,4 Mio.

Das amerikanische Backbone wird von T1 mit 1,5 Mbit/s auf T3 mit 45 Mbit/s umgestellt.

Rußland wird ans Internet angeschlossen.

1993

Das Weiße Haus gibt bekannt, daß das CIA Zugriff auf den gesamten Internetverkehr hat und auch in Zukunft haben wird.

Gleichzeitig geht das Weiße Haus online. Der amerikanische Präsident bekommt seine eigene e-mail-Adresse.

Die BT in GB verbindet 60 britische Universitäten mit 34 Mbit/s-Links und hat Pläne für 155 Mbit/s im Auge. Gleiches wird für das National Research and Education Network (NREN) in den USA geplant, das als künftiges Backbone vorgesehen ist. Darüber hinaus denkt man an 622 Mbit/s und startet Forschung im Bereich von 2,5 Gbit/s über Glasfaserkabel.

Erstmals entdecken kommerzielle Anwender das Internet in nennenswert größerem Umfang.
Im März machen WWW-Operationen 0,1 % des Gesamtverkehrs aus. Im September sind es bereits 1 %.

1994

Vizepräsident Al Gore ruft die National Infrastructure Initiative (NII) aus, die zum Communication Superhighway (Datenautobahn) führen soll.
Im Rahmen des Mice-Projects an der UCL werden erstmals, dank großer Bandbreite, Videobilder über das Internet geschickt.
Weltweit wird die Zahl der Nutzer auf 32 Mio. geschätzt. Eine offizielle Zählung der Internet Society ergibt rund 3 Mio. Hosts, davon 2/3 in den USA (Tendenz: sinkend) und rund 170 000 in Deutschland. Das öffentliche Interesse am Internet und seinen Diensten explodiert (insbes. durch WWW) geradezu, so daß bis zum Jahr 2000 rund 100 bis 300 Mio. Nutzer vorhergesagt werden.
Am 1. Dezember 1994 verfügen 90 Länder über Internet-Anschluß mit 42 883 Netzen. Zuwachsrate: 160 000 Nutzer/Monat.
Das FBI nutzt das Internet erstmals als Informationsquelle zur Verbrechensbekämpfung und stellt gezielt Anfragen.
Eine Diskussion über die kommerzielle Nutzung des Internet läuft an.
Rund 10 % des Internet-Verkehrs gehen auf WWW zurück.
Electronic Shopping verbreitet sich in Gestalt von Electronic Malls auf dem Internet.
Im dritten Quartal steigt die Anzahl der rein kommerziell genutzten Hosts um 36 %.

1995

Im Februar werden erstmals halbduplex Telefongespräche über das Internet geführt, im Juni auch vollduplex.
Ab dem 30. April werden Zuschüsse von der NSF gestrichen. Das Internet muß auf eigenen Beinen stehen und soll von einer Stiftung getragen werden.

Gleichzeitig gründet die NFS das → *BNS* und kehrt zu ihren Wurzeln zurück, da das neue Netz dem akademischen Bereich vorbehalten ist.
Zur Jahresmitte werden erstmals mehr kommerzielle Domänen (.com) als ursprünglich traditionell das Internet nutzende Domänen (.edu) registriert.
Am 4. September bricht für vier Stunden das Backbone in den USA zusammen.
Rund 4 Millionen Hosts hängen am Netz.

1996

→ *Intranets* tauchen auf.
Die Deutsche Telekom nimmt ein eigenes deutsches Backbone mit 34 Mbit/s in Betrieb.
CompuServe in München sperrt zeitweise auf staatsanwaltliche Anordnung Internet-Newsgruppen mit sensitivem Inhalt. Hierdurch und durch andere, ähnlich gelagerte Vorfälle wird eine verstärkte Diskussion um Inhalte radikalpolitischer und pornographischer Art ausgelöst.
Mit 'First Radio' nimmt die erste Radiostation ihren Betrieb auf, die nur im Internet (WWW) sendet. Gegen Ende des Jahres sind 82 Radiostationen im Internet vertreten.
Die Radiosendungen im Internet lösen zusammen mit der Internet-Telefonie und anstehenden technischen Verbesserungen wie IPv6 und → *RSVP* eine Diskussion über Echtzeitdienste im Internet aus.
Die Zahl der Hosts steigt auf 9,5 Mio.
In den USA werden an Universitäten erste Selbsthilfegruppen eingerichtet, nachdem Studenten, nach nächtelangen Internet-Sessions übermüdet durch Prüfungen fielen und Durchfallquoten stiegen.

1998

Die US-Regierung wird die Finanzierung der Internet Society stoppen.

1999

Die Zahl der Hosts in Europa wird die der USA übertreffen.

2000

Es wird mit über 100 Mio. Nutzern weltweit gerechnet.

Die Zahl der Domänen nahm, nach Angaben der ISOC, folgenden Verlauf:

Zeit	Anzahl
Juli 1988	900
Oktober 1988	1 280
Januar 1989	2 600
Juli 1989	3 900
Oktober 1989	4 800
Oktober 1990	9 300
Januar 1991	11 200
Juli 1991	16 000

Internet Society

Abgekürzt mit ISOC. Bezeichnung eines das → *Internet* mit betreuenden Gremiums, das seit Anfang 1992 vornehmlich für PR und Lobbyismus zugunsten des Internet zuständig ist, sich aber auch mit anderen Fragen sozialer, politischer und technischer Art beschäftigt. Es hat über 100 Mitglieder und wird bis 1998 von der US-Regierung finanziert. Unterhalb der ISOC arbeiten drei regionale Einheiten, genannt → *InterNIC*, die den täglichen Betrieb des Internet abwickeln.
Die Unterstützung der Nutzer des Internets in Deutschland wird durch eine deutsche Sektion ISOC.DE sichergestellt.
Die ISOC definiert ihre Mission als: „To assure the beneficial, open evolution of the global Internet and is related internetworking technologies through leadership in standards, issues and education".
→ *http://www.isoc.org/*
→ *http://www.isoc.de/*

InterNIC

Abk. für Internet Network Information Center. Bezeichnung für drei regionale Unterorganisationen (Nordamerika, Europa und Asien) der → *Internet Society*, die die Tagesgeschäfte abwikkeln, z.B. Vergabe von → *IP*-Adressen und Verwaltung von → *DNS*.
→ *http://www.internic.net/*

Internspeicher

→ *Speicher.*

Internverbindung

Verbindung zwischen Endgeräten einer Nebenstellenanlage oder verschiedenen Endgeräten einer kleinen TK-Anlage bzw. zwischen Schnurlostelefonen, die an einer Basisstation hängen. Internverbindungen gehen nicht über das öffentliche Netz und sind daher kostenfrei.

Interpreter

Bezeichnung für ein Programm, das den Quellcode eines in einer bestimmten Programmiersprache geschriebenen Programms schrittweise in ausführbaren Maschinencode übersetzt (compiliert) und den übersetzten Befehl noch vor dem Übersetzen des nächsten Befehls ausführt.
Es wird, im Gegensatz zum → *Compiler*, kein speicherbarer Programmcode generiert, d.h. das Programm wird aus dem Quellcode durch erneute schrittweise und auch langsame Übersetzung bei jedem Programmlauf erzeugt.

Interrupt, Interrupt-Vektor, -Handler

Begriff aus der Rechnertechnik. Bezeichnet Signale von Peripheriebausteinen an die → *CPU* und die Unterbrechung des aktuellen CPU-Zyklus. Dient der Synchronisation der CPU-Tätigkeit mit nicht-periodischen, unvorhersehbaren Ereignissen, wie z.B. Empfang von Daten oder Tastatureingabe.
Das aktuell laufende Mikroprogramm wird unterbrochen und die CPU verzweigt zu einer für den speziellen Interrupt vorgesehenen Adresse (Interrupt-Vektor). Das dort stehende Programm (Interrupt-Handler) bearbeitet die Interruptursache und kehrt nach Abarbeitung wieder an die alte Stelle zurück und bearbeitet das alte Mikroprogramm weiter.

Intersymbolinterferenz

Begriff aus der Funktechnik. Bezeichnung für unerwünschte Störungen eines Funksignals durch interferierende Signale gleicher Frequenz der gleichen Basisstationen (im Gegensatz dazu: → *Gleichkanalstörung*), was zu elektromagnetischen Nichtlinearitäten der Funksignale führt.
Die Störung resultiert aus der Mehrwegeausbreitung, was durch Reflexionen am Ort des Empfangs zu störender Interferenz mit dem zeitverzögerten und mehrmals empfangenen gleichen Signal führt.

Intranet

1. Allgemein eine Anfang 1996 aufgekommene Bezeichnung für private Datennetze (→ *LAN*, → *MAN* oder → *WAN*).
2. Im besonderen und meistens gemeint die privaten Datennetze, die die Protokolle des → *Internets* (→ *TCP/IP*) und entsprechende Dienste wie → *e-mail*, → *FTP*, → *SMTP*, → *telnet*, hausinternes → *WWW*, hausinterne Newsgroups (→ *Usenet*) etc. ermöglichen. Besonderes Kennzeichen von Intranets ist die gemeinsame technische Basis lokaler wie globaler Netze. Mit dem globalen Internet sind Intranets üblicherweise über einen → *Firewall* verbunden. Es sind aber auch isolierte Intranets denkbar. Die oben skizzierten Anwendungen werden selten in einem Intranet von Anfang an bereitgestellt. Üblicherweise vollzieht sich die Evolution der Anwendungen wie folgt:

   - Einfache Datenbanken (z.B. Telefonbuch und Adreßverzeichnisse).
   - Homepage-Publishing auf Abteilungsebene von Informationen aller Art (z.B. Produktinformationen zur Vertriebsunterstützung).
   - Zugang für externe Nutzer durch Firewalls auf Informationen, die von Bedeutung für externe Institutionen sind (z.B. Produktinformationen zum Marketing).
   - E-mail,
   - Diskussionsgruppen,
   - Voicemail,
   - Videoconferencing.

   Intranets werden überwiegend hausintern genutzt, z.B. zur Verbindung zwischen mehreren Abteilungen oder geographisch verteilten Einheiten. Darüber hinaus ist die Anbindung von Geschäftspartnern oder Kunden denkbar.
   Grundidee ist, daß Informationen, die auf → *Servern* liegen über das Intranet durch Nutzer mittels → *Browsern* abgerufen werden können. Es eignen sich dafür Anwendungen, bei denen standardisierte Informationen der gesamten Belegschaft eines Unternehmens oder größeren Teilen davon zugänglich gemacht werden müssen. Dies können, z.B., sein:

   - Telefon-, Raum- und Adreßlisten,
   - Belegungslisten von Parkplätzen, Konferenzräumen, Projektionsgeräten etc.,
   - Geschäftsberichte,

- Bekanntmachungen von organisatorischen und personellen Veränderungen,
- Produktbeschreibungen aller Art.

Obwohl nicht ganz so umfangreiche Möglichkeiten bestehen wie mit → *Groupware,* ist die Internet-Technologie mit den für die hausinterne Kommunikation relevanten Diensten (e-mail, Newsgroups und WWW) eine echte Alternative dazu, insbesondere wenn es auch um die Verbreitung oder den Abruf multimedialer Informationen geht (z.B. Personen- oder Produktdatenbanken mit Foto).
Erste Intranets wurden bereits ab 1994 (nach dem Erfolg des → *WWW*) in einzelnen Unternehmen, insbesondere der Computerbranche, realisiert und kamen im Frühjahr 1996 in die größere Diskussion. Es wird erwartet, daß bis zum Jahr 2000 jedes größere Unternehmen über ein Intranet verfügen wird.
Für den Aufbau eines Intranets benötigt man:

- Router bzw. Switche (für leistungsfähigere Anwendungen) zum Anschluß der Nutzer und der Server,
- Server,
- Server-Betriebssoftware,
- Software für Suchmaschinen (auf einem Server),
- Proxy-Server bei größeren Netzen,
- Front-End-Software zum Abrufen der Informationen,
- Front-End-Software zum Erstellen der abzurufenden Informationen,
- Verbindungsnetz im LAN oder WAN-Bereich,
- Firewalls zum Abschotten des Intranets vom restlichen Internet.

Wirtschaftliche Gründe zum Aufbau eines Intranets können sein:

- Dezentrale Einspeisung von Informationen möglich (ohne gesonderte Organisation dafür),

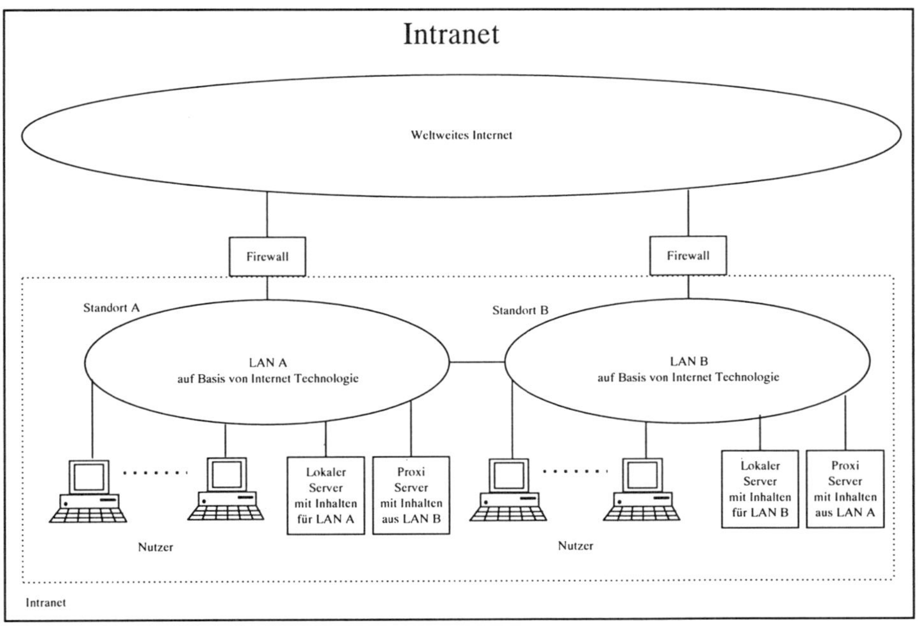

- Sehr schnelle und auch einfache Bereitstellung von Informationen (z.B. für Kunden oder Lieferanten) sichert zeitlichen Vorsprung,
- Internet-Software integriert verschiedene Betriebssystemplattformen (Unix, Windows NT, Macintosh etc.), sowohl für Server als auch für Clients, wodurch dedizierte (und teure) Software dafür wegfällt,
- Hard- und Software-Technologie ist heute stabil und zu günstigen Konditionen verfügbar.

Weitere positive Effekte eines Intranets können sein:

- Stärkung der Verantwortung der Mitarbeiter für Informationen und unternehmensinterne Kommunikationsflüsse,
- Geringerer Papierverbrauch,
- Einsparung von Portokosten,
- Leichter Zugang zu den für den einzelnen Mitarbeiter relevanten Informationen, dadurch effektivere Informationsselektion und -verarbeitung,
- Geringer Schulungsaufwand, da die Bedienung eines Browsers vielen Mitarbeitern eines Unternehmens bereits bekannt ist.

INTUG

Abk. für International Telecommunications Users Group.
Bezeichnung des internationalen Dachverbandes der nationalen Vereinigungen von Nutzern von Telekommunikationsdienstleistungen.
→ *ECTUA*, → *Telecom e.V.*

INUP

Abk. für Intelligent Network User Part.
→ *IN*, → *SS#7.*

Inverser Multiplexer, Inverses Multiplexing

Selten, eher international gebrauchte Bezeichnung für das Aufsplitten breitbandiger Datenströme beim Teilnehmer mit von ihm gekauftem Gerät (→ *CPE*) für eine breitbandige Datenübertragung über mehrere voneinander unabhängige 64 kbit/s-Kanäle im ISDN. Derartige Verfahren werden auch → *Multirate ISDN* oder Bandwidth-on-Demand genannt.
Einen Standard für inverse Multiplexer ist von der Gruppe → *BONDING* erarbeitet worden.
Der Verbindungsaufbau zwischen inversen Multiplexern erfolgt üblicherweise in vier Phasen:

- Ein inverser Multiplexer ruft einen zweiten über einen Kanal an.
- Der angerufene inverse Multiplexer überträgt die Rufnummern seiner anderen zur Verfügung stehenden Kanäle.
- Der anrufende inverse Multiplexer ruft je nach Bedarf eine bestimmte Anzahl benötigter Kanäle des zweiten Multiplexers an.
- Beide inverse Multiplexer synchronisieren alle Kanäle und beginnen mit der Datenübertragung.

Durch das Schalten von mehreren Datenkanälen durch das ISDN, die üblicherweise alle verschiedene Wege nehmen, fallen bei den einzelnen Kanälen verschiedene → *Delays* an, die durch geeignet dimensionierte → *FIFO*-Speicher in den inversen Multiplexern ausgeglichen werden können, wodurch die einzelnen Kanäle miteinander synchronisiert werden können. Anwendungen für derartige Techniken sind, z.B. hochqualitative → *Videokonferenzen*, LAN-LAN-Interconnections oder Wählverbindungen als Ersatzschaltungen für den Ausfall von breitbandigen Standleitungen.

Ionosphäre

Bezeichnung für den äußersten Teil der Gashülle der Erde, in dem Ionen und Elektronen die Ausbreitung von elektromagnetischen Wellen meßbar beeinflussen. Dies ist oberhalb der Stratosphäre ab einer Höhe von 50 km bis kurz vor der Grenze der Lufthülle in 500 km Höhe der Fall.
Man unterscheidet verschiedene Effekte und Konzentrationen von Elektronen und Ionen, die sich in Abhängigkeit verschiedener Parameter (z.B. Tageszeit) verändern, was wiederum Rückwirkungen auf die reflektierten elektromagnetischen Wellen hat. In der Höhe von 50 bis 90 km liegt die D-Schicht, darüber von 90 bis 130 km die E-Schicht, die zusammen mit der FI-Schicht zwischen 140 und 250 km und der FII-Schicht von 250 bis 500 km für die Entstehung von → *Raumwellen* verantwortlich sind. Die F-Schichten existieren auch nachts.
Die Schichten und deren nicht konstanten Eigenschaften führen zu einer Inhomogenität, die beachtet werden muß, wenn man Funkverbindungen durch Reflexion an ihnen verlängern möchte, was insbesondere im Bereich von 3 bis 30 MHz nahezu ohne Probleme möglich ist. In anderen Frequenzbereichen sind Schwankungen und Unzuverlässigkeiten die Folge. Dem kann mit → *Diversity*-Empfang oder besonderen Übertragungscodes begegnet werden.
→ *HF.*

IOS

Abk. für Internetwork Operating System.
Bezeichnung eines → *Betriebssystems* aus dem Hause Cisco, das für → *Multimedia*-Anwendungen in LANs gedacht ist.

IP

1. Abk. für Internet Protocol.
   Ein Protokoll der TCP/IP-Familie auf Schicht 3 des → *OSI-Referenzmodells.* IP ist für den verbindungslosen Transport von Daten vom Sender über mehrere Netze zum Empfänger zuständig. Es liegt mittlerweile in Version 6 vor (IPv6, auch IPng für Next Generation genannt). Version 6 löst verschiedene Probleme der alten Version 4, ist zu dieser abwärtskompatibel und gilt als geeigneter für → *Multimedia.*
   Es verfügt über einen größeren Adreßvorrat (128 Bit lange Adresse), ermöglicht IP-Adressen-Portabilität (z.B. beim Wechsel des → *ISPs*) und verschiedene Parameter für → *QoS* und Sicherheit. → *TCP/IP*,

→ *UDP*. IPv6 ist im RFC 1752 definiert. Zur neuen Version:
→ *http://www.playground.sun.com/pub/ipng/html/ipng-implementations.html/*

2. Abk. für Intelligent Peripheral.
Bezeichnung für Endgeräte, die in neueren Konzepten zur Weiterentwicklung des → *IN* eine Rolle spielen, in dem Endgeräte selbst Intelligenz in Form von Speichern und Prozessoren besitzen, die durch Netzressourcen genutzt werden können.
→ *SN*.
3. Abk. für International Prefix.
Bezeichnung für die Ziffernfolge in einem Land, die gewählt werden muß, um im Selbstwahlverkehr eine Verbindung ins Ausland aufzubauen (in Deutschland die 00).

IPC

Abk. für Interprocess Communication.
Sorgt bei → *Multithreading* für die koordinierte Zusammenarbeit einzelner Threads, in die ein Programm zerlegt wurde, um einen geordneten und effektiven Programmablauf zu gewährleisten.
Mechanismen zur IPC sind Semaphore und Locks.

IPCP

Abk. für Internet Protocol Control Protocol.
Bezeichnung eines im Mai 1992 als RFC 1332 definierten und im → *Internet* benutzten Protokolls zur dynamischen Vergabe von IP-Adressen, z.B. für mobile oder temporäre Nutzer.

IPI-3

Abk. für Intelligent Peripheral Interface (Protocol) No. 3.
Bezeichnet ein leistungsfähiges Protokoll zur Kommunikation von CPU und Rechnerperipherie, das ursprünglich entwickelt wurde, um schnelle Input-Output-Prozesse mit geringstmöglicher Leistung der CPU abzuwickeln.

IPNG

Abk. für Internet Protocol Next Generation.
Jargon für die 6. Version des Internet Protocols (→ *IP*).

IPQM

Abk. für In-Process Quality Measurement System.

IPS

Abk. für Internet Protocol Suite.
Bezeichnung der auf → *IP* aufbauenden Protokolle, die im → *Internet* eingesetzt werden.

IPSEC

Abk. für Internet Protocol Security.
Bezeichnung eines das → *Internet* mitverwaltenden Gremiums, das mit zur → *Internet Society* (ISOC) gehört und das insbesondere für Sicherheitsaspekte zuständig ist.
→ *http://www.ietf.org/html.charter/ispec-charter.html/*

IPv4, v6

→ *IP*.

IPX

Abk. für Internet Packet Exchange Protocol.
Bezeichnung eines proprietären Protokolls aus dem Hause Novell, wo es zusammen mit NetWare entwickelt wurde, das aus → *LANs* heraus Verbindungen über das → *Internet* ermöglicht und damit das Bindeglied zwischen LAN-Protokollen und den Internet-Protokollen herstellt.
IPX ist Bestandteil des Netzbetriebssystems Novell NetWare und dadurch weit verbreitet.
Auf IPX baut das Sequence Packet Exchange Protocol (SPX) auf, dem höhere Protokolle folgen, wie das Netware Core Protocol (NCP), das Service Advertising Protocol (SAP) oder das Routing Information Protocol (→ *RIP*).
Es ist abgeleitet vom Protokoll XNS aus dem Hause Xerox.

IR

Abk. für Implementation Requirements.
Begriff aus dem Bereich internationaler Normung.

IRA

Abk. für International Reference Alphabet.
Bezeichnung des Alphabetes → *IA5*.

IRC

Abk. für Internet Relay Chat.
Bezeichnung des Dienstes im → *Internet*, der Online-Konversation zwischen zwei oder auch mehreren Teilnehmern in Echtzeit ermöglicht. Alles, was dabei ein Teilnehmer am IRC über seine Tastatur eingibt, erscheint automatisch auf den Bildschirmen der anderen Teilnehmer.
Realisiert wird dies mit Hilfe einer → *telnet*-Verbindung oder einem IRC-Programm, die Verbindung zu einem IRC-Server im Internet aufnimmt, der für die Verwaltung der vielen einzelnen Datenströme der an dem IRC Beteiligten sorgt.

IRD

Abk. für Integrated Receiver and Descrambler.
Andere Bezeichnung für → *Set-Top-Box*. Bezeichnung für einen Empfänger von TV-Signalen, der gleichzeitig eine Verschlüsselung (z.B. für → *Pay-TV*) entschlüsselt.

IrDA

Abk. für Infrared Data Association.
Bezeichnung einer Vereinigung von knapp 100 Unternehmen aus den Bereichen Computertechnik

und Telekommunikation mit Sitz in Walnut Creek, CA.
Gleichzeitig auch Name eines durch sie geschaffenen Industriestandards für Infrarotschnittstellen zwischen mobilen Rechnern und festen Rechnern (Punkt-zu-Punkt) oder auch anderen tragbaren kleinen Geräten (→ *Modems*, → *Faxgeräte*, → *Laptops*).
Das gesamte Kommunikationsprotokoll ist in drei Schichten aufgebaut. Unterste Schicht ist IrDA SIR (Serial Infra Red). SIR ist technisch einfach im Aufbau (nutzt → *UARTs* wie den 16550) mit einer Reichweite von 3 m bei 30° Abstrahlwinkel. Zwischen Sender und Empfänger muß in diesem Bereich Sichtverbindung bestehen. Gesendet wird auf einer Wellenlänge von 880 nm. Die Datenübertragungsrate liegt bei 115,2 kbit/s halbduplex. Die Datenrate soll in Zukunft steigen: 1,15 Mbit/s und 4 Mbit/s sind geplant.
Der Standard gilt als sparsam im Energieverbrauch und günstig.
Die Datenübertragung erfolgt → *HDLC*-ähnlich mit dem IrLAP-Protokoll in der Schicht über SIR. Darüber liegt IrLMP (Link Management Protocol).
Gegründet wurde IrDA im Herbst 1993. Im Nov. 1993 wurde ein Vorschlag von HP zur seriellen Infrarot-Datenübertragung (SIR) zwei anderen Vorschlägen (Sharp, General Magic) vorgezogen und zur Norm erklärt.
→ *Wireless LAN.*
→ *http://www.irda.org/*

IRE

Abk. für Institute of Radio Engineers.
Bezeichnung einer der Vorläuferorganisationen der → *IEEE*. Gegründet 1912.

Iridium

Bezeichnet ein Projekt für → *Satellitenmobilfunk* der Firma Motorola (mittlerweile 17 weitere Partner), das mobile satellitengestützte Telekommunikation mittels Handgeräten weltweit ermöglichen soll. Gesamte Investitionskosten: 3,4 bis 3,8 Mrd. $, Kosten je Satellit: 38 Mio. $. Aus Deutschland ist die Vebacom GmbH mit 10 % beteiligt. Lieferant für die → *GMSCs* wird Siemens sein.

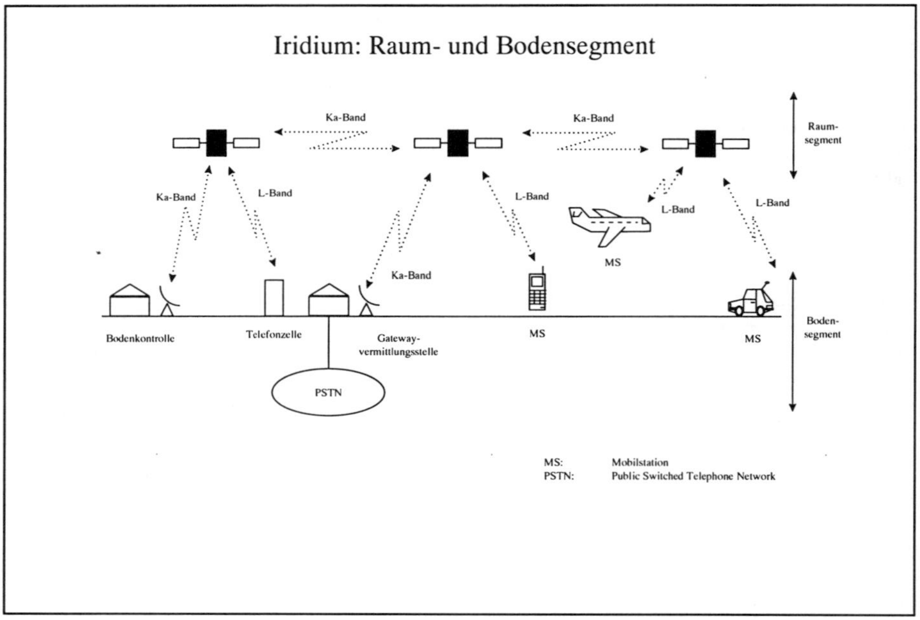

Iridium verfügt über 66 Betriebssatelliten auf sechs Bahnen und sechs Ersatzsatelliten (auf jeder Bahn einer). Ursprünglich sah die Konfiguration 77 Satelliten vor, woraus der Name Iridium resultiert, welches das 77. Element im Periodensystem ist. Nach der Namenswahl erkannte man jedoch die Möglichkeit, durch Umgruppierung der Satelliten und Bahnen nur 66 Satelliten zu benötigen. Es gibt aber keine Pläne, durch die Änderung der Satellitenzahl den Namen in Disprosium zu ändern.
Die Satelliten werden in polare → *LEOs* geschossen (778 km, 100 Min. Umlaufzeit). Die Sprachübertragung erfolgt digital moduliert mit → *QPSK* und Faltungscodierung. Genutzt wird ferner ein kombiniertes → *TDMA* und → *FDM*-Verfahren.

Jeder Satellit (689 kg schwer) stellt 3 840 vollduplex Sprachkanäle auf 48 Beams, die von hochbündelnden Mehrstrahlantennen abgestrahlt werden zur Verfügung und ist, im Gegensatz zu anderen Satelliten-Mobilfunk-Systemen, über sog. Cross-Links mit anderen Satelliten verbunden. Diese sollen mit 25 Mbit/s im Bereich zwischen 22,5 GHz und 23,55 GHz (→ *Ka-Band*) operieren. In diesem Bereich liegt auch der Funk für Systemsteuerung (Erde-Satellit).

Die Verbindung mit dem Festnetz laufen über 20 weltweit verteilte GMSC, von denen 16 in den ersten drei Betriebsjahren in Betrieb gehen sollen.

Eine GMSC wird in Düsseldorf bei der Vebacom GmbH stehen.

Die Satelliten haben eine erwartete Lebenszeit von fünf bis acht Jahren. Die Inklination liegt bei 86° (quasi polare Umlaufbahn), die minimale Elevation bei 8°.

Es wird Sprach- und Datenübertragung (letztere mit 2,4 kbit/s) angeboten. Dazu → *GPS* und globales → *Paging*.

Die Idee zu einem satellitengestützten Mobilfunknetz kam 1987 von Motorola-Ingenieuren aus Chandler/Arizona, woraufhin die Entwicklung begann.

Das Iridium Konzept wurde 1990 auf vier gleichzeitigen Pressekonferenzen in London, Melbourne, Peking und New York bekanntgegeben. Eine Trägergesellschaft (Iridium Inc.) wurde 1991 etabliert und 1992 hat die → *WARC* Frequenzen für mobile Satellitendienste zugewiesen. Die → *FCC* hat im Oktober 1994 5,15 MHz im 1,6-GHz-Bereich (L-Band, 1621,35 bis 1626,5 MHz) zugewiesen. Dieser Bereich kann erweitert werden bis auf 1618,25 MHz, falls nur ein satellitengestütztes → *CDMA*-System (→ *Glo-balstar*, → *Odyssey*, → *Ellipso*) zugelassen wird.

Im Mai 1996 wurden durch die ITU international die Nummern 8816 und 8817 als Vorwahl zum Iridium-Netz reserviert. Im Juli 1996 wurde das Hauptkontrollzentrum im US-Bundesstaat Virginia in Betrieb genommen. Dort werden ca. 100 Personen arbeiten.

Erste Satelliten wurden 1996 fertiggestellt und sollten anschließend regelmäßig gestartet werden. Der Testbetrieb mit fünf Satelliten in zwei Umlaufbahnen soll ab 1997 aufgenommen werden mit anschließendem Wirkbetrieb ab Dezember 1998. Ab 2003 soll Gewinn gemacht werden. Erwartete Teilnehmerzahlen: 1,6 Mio. 2002; 3,2 Mio. 2007; 4,5 Mio. 2015.

→ *http://www.iridium.com/*

IRP

Abk. für Interior Routing Protocol.

Bezeichnung eines Protokolls zum → *Routing* innerhalb von Teilnetzen des → *Internets*, die als autonome Systeme betrachtet werden können und keine Routinginformationen mit anderen externen Netzen austauschen.

→ *ERP*.

IRQ

Abk. für Interrupt Request Line.

Bezeichnet in Rechnern spezielle Kanäle, über die → *Interrupts* zur → *CPU* gesendet werden können. Verschiedene derartige Kanäle sind für verschiedene Peripheriegeräte reserviert, z.B. für → *Drucker*, → *Maus*, Bus-Controller ...

IRSG

Abk. für Internet Research Steering Group.

Bezeichnung eines das → *Internet* mitverwaltenden Gremiums. Ist der → *IRTF* unterstellt.

IRT

Abk. für Institut für Rundfunktechnik.

Bezeichnung eines gemeinsamen Instituts der deutschen, schweizerischen und österreichischen öffentlich-rechtlichen Rundfunkanstalten zur technischen Weiterentwicklung des Rundfunks. Sitz ist München.

IRTF

Abk. für Internet Research Task Force.

Bezeichnung eines Gremiums, das sich längerfristige technische Forschungsarbeit bedingende Weiterentwicklungen des → *Internet* zur Aufgabe gemacht hat. *IRTF* ist dem → *IAB* direkt unterstellt und über dem → *IRSG* angesiedelt.

IRTF gliedert sich in sieben Forschungsgruppen.

IS

1. Abk. für Interim Standard.
   Bezeichnung für vorläufige Standards in den USA.
2. Abk. für International Standard.
   Bezeichnung für international gültige Standards der → *ISO*.

IS 54

Abk. für Interim Standard No. 54.

→ *AMPS*.

IS 95

Abk. für Interim Standard No. 95.

→ *CDMA*.

IS 136

Abk. für Interim Standard No. 136.

→ *D-AMPS*.

ISA

1. Abk. für Industry Standards Architecture.
   Bezeichnet einen synchronen 8 oder 16 Bit breiten Datenbus, der als PC-Bus (8 Bit breit, auch XT-Bus genannt, weil auch un-

verändert im → *XT* eingesetzt) 1981 zum Einsatz in den ersten → *PCs* von IBM entwickelt wurde und später auch im → *AT* PC von IBM mit 16 Bit Breite zum Einsatz kam. Überträgt je 8 Bit mit einem Paritätsbit. Verfügt über 8 Daten- und 20 Adreßleitungen bzw. 16 Daten- und 24 Adreßleitungen. In der letzteren Version können daher bis zu 16 MByte Speicher adressiert werden. Externer Bus-Master zur direkten Kontrolle des Busses ist nicht möglich. Wird daher von der → *CPU* oder einem → *DMA*-Controller gesteuert. Überträgt mit 4 oder auch 5 MByte/s (getaktet mit 4,77 beim PC- oder 8 MHz beim AT-Bus) und gilt daher heute als langsam und überholt. Besitzt allerdings niedrige Latenzzeiten und ist billig. Wurde später von IBM (→ *MCA*) und anderen (→ *EISA*) erweitert.

2. Abk. für Integrated Services Architecture. Bezeichnung eines seit 1994 existierenden Projektes zunächst der → *IRTF* und mittlerweile der → *IETF* mit dem Ziel, eine Servicearchitektur für das → *Internet* zu definieren, die Echtzeitdienste und Nicht-Echtzeitdienste durch verschiedene Mechanismen (Überlastkontrolle, Prioritäten, Bandbreitenreservierung etc.) auf einer technischen Ebene integriert. Bestandteil der ISA ist das → *RSVP*.
   → *http://www.ietf.cnri.reston.va.us/ html.charters/intserv-charter.html*

ISAM

Abk. für Indexed Sequential Access Method.
Bezeichnung einer weitverbreiteten indexsequentiellen Datenbankzugriffsmethode.
Nachteilig sind schlechte Performanceeigenschaften in dynamischen Datenbeständen bei häufigen Einfüge- und Löschoperationen.
ISAM war erste indexsequentielle Zugriffsmethode. Vorgestellt von IBM 1966. War Bestandteil des Betriebssystems OS/360 für den → *Mainframe* → *IBM /360*.

ISC

Abk. für International Switching Centers, Auslandsvermittlungsstellen.

ISDN

Abk. von Integrated Services Digital Network.
Von der → *ITU* in Grundzügen 1984 im Rotbuch genormt (Verbesserungen 1988). Bezeichnet das digitale Netz zur gleichzeitigen digitalen Übertragung von Sprache und Daten. Im herkömmlichen Fernmeldenetz war nur die Übertragung analoger Töne möglich. Daneben existierten separate Netze zur leitungsvermittelnden und paketvermittelnden Datenübertragung (Datex-P und Datex-L). Ziel ist, über nur ein Netz (ISDN) alle Dienste mit einer Reihe zusätzlicher Dienstmerkmale (wie z.B. Anrufweiterschaltung ...) abzuwickeln.
ISDN baut auf die Trennung von Nutzsignalkanälen und Signalisierungkanälen und nutzt → *SS#7* zwischen den Vermittlungen (nicht im D-Kanal des Teilnehmeranschlusses). Es gibt zwei ISDN-Anschlüsse:

- Der Basisanschluß, bestehend aus zwei Nutzkanälen (B-Kanal, Bearer Channel) zu je 64 kbit/s (56 kbit/s in USA) und einem Signalisierungskanal (D-Kanal, Data Channel) zu 16 kbit/s, in ISDN-Terminologie beschrieben durch die Formel 2B+D. Der Anschluß erfolgt über eine Zweidrahtleitung zu 192 kbit/s (inkl. 48 kbit/s Synchronisationsinformation). Die B-Kanäle sind in Deutschland im → *TDMA* Verfahren mit dem → *4B3T*-Code auf den Drähten realisiert.
  Dadurch vermindert sich die Übertragungsrate auf 120 kBaud (→ *Baud*). In anderen Teilen Europas und den USA wird ein quaternärer Code (→ *2B1Q*) mit 80 kBaud genutzt. Duplexübertragung wird mit dem → *Echokompensationsverfahren* erreicht. Bis zu acht Endgeräte können an dem bis zu 150 m langen vieradrigen (1a, 1b, 2a, 2b) Anschlußbus, genannt S-Bus, über zwölf vorhandene S_0-Schnittstellen angeschaltet werden. Der Bus wird mit 100 Ohm an beiden Enden abgeschlossen. Diese Endgeräte können, im Falle des nationalen 1TR6-Protokolls auf dem D-Kanal, durch die Endgeräteauswahlziffer (EAZ), welche die letzte Ziffer der Nummer des Teilnehmers ist, unterschieden werden.
  Sie wird einfach an die normale Rufnummer angehängt. Beim Euro-ISDN in der Varianten des Mehrgeräteanschlusses werden hingegen aus dem Bestand der lokalen Vermittlung nicht notwendigerweise aufeinanderfolgende Rufnummern für die Endgeräte (MSN, Multiple Subscriber Number, Mehrfachrufnummern) vergeben, von denen auch mehrere nur ein Endgerät adressieren können. Auch in diesem Fall werden die Nummern beim Endgerät eingestellt.
  Endgeräte, die nicht für einen Anschluß an den S-Bus vorgesehen sind, können über einen Terminaladapter (TA) angeschlossen werden. Man unterscheidet dabei verschiedene TAs. Mit dem TA a/b (→ *a/b-Wandler*) können alte analoge Endgeräte, mit dem TA X.21/X.21bis Endgeräte, die bislang am Datex-L-Netz und mit TA X.25 Endgeräte, die bislang am Datex-P-Netz hingen, angeschlossen werden.
- Der Primärmultiplexanschluß, bestehend aus 30 B-Kanälen (wegen → *PCM-30*-System, → *E1*), einem Synchronisationskanal und ei-

nem Signalisierungskanal (D-Kanal) mit einer Kapazität von 64 kbit/s.
In den USA und Japan existiert eine andere PCM-Hierarchie, weswegen dort PCM-24 (→ *T1*) die Grundlage ist und daher ein Primärmultiplexanschluß nur 23 B-Kanäle plus einen D-Kanal besitzt.

In der Vermittlungsstelle ist der Teilnehmer über eine Line Termination (LT) angeschlossen. Sie stellt die U-Schnittstelle zur Verfügung. Beim Teilnehmer wird mit einer Network Termination (NT) abgeschlossen, vor der die S-Schnittstelle mit dem Terminal Equipment (TE) liegt.
Man unterscheidet beim angeschlossenen Teilnehmer zwischen zwei NTs:

Weitere → *Dienstmerkmale* des ISDN sind definiert in I.252 bis I.257.
Der Zugang von Nicht-ISDN-Netzen zum ISDN wird in G.704 festgelegt.
Der D-Kanal nutzt ein separates D-Kanal-Protokoll, das erst in der Ortsvermittlung zu SS#7 umgesetzt wird. Mangels geeigneter Standards wurde die Signalisierung zwischen dem Teilnehmer und der Ortsvermittlung zunächst mit nationalen Protokollen abgewickelt.
Das auf dem D-Kanal abgewickelte Signalisierungsprotokoll richtete sich in Deutschland zunächst nach → *1TR6*, in Frankreich nach, z.B., → *VN2* und in GB nach → *DASS2*. Erst seit Dezember 1993 existiert ein europaweiter Standard (→ *Euro-ISDN*) nach E-DSS1, auch nur → *DSS1*

ISDN-Schnittstellenschema

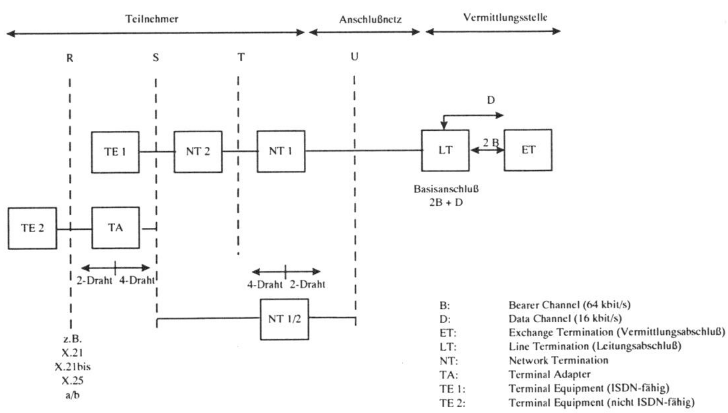

- NT1 mit Funktionen der Schicht 1 des → *OSI-Referenzmodells*. NT1 entspricht der LT in der Vermittlungsstelle, nur auf der Teilnehmerseite.
- NT2 mit Funktionen von Schicht 1 bis 3 des → *OSI-Referenzmodells*.

Ursprünglich war ISDN auch zur LAN-Kopplung vorgesehen, jedoch hat die enorme Entwicklung des Bandbreitenbedarfs in diesem Bereich die ISDN-Entwicklung überholt. Die letzten Entwicklungen führten zu einer europaweiten Normung des ISDN-Standards (auch → *Euro-ISDN* genannt) und zum Breitband-ISDN, genannt → *B-ISDN*, das wiederum auch zur LAN-Kopplung dienen soll.

genannt. 1TR6 ist dabei ein von der Deutschen Telekom in den 70er Jahren entwickeltes Signalisierungsprotokoll. Es wird seit Dezember 1993 nur noch auf ausdrücklichen Wunsch installiert und nur noch bis zum Jahr 2000 vom Netz unterstützt.
Vorteile der europaweiten Lösung mit DSS1 sind:

- Endgeräte können in Großserie günstig hergestellt und in ganz Europa verkauft werden.
- ISDN-Dienstmerkmale können europaweit genutzt werden.

ISDN ist insbesondere in Deutschland erfolgreich und wird weltweit immer mehr eingesetzt. Seit ei nigen Jahren wächst auch der US-Markt. Es gab weltweit folgende Verbreitung:

Land	Ende 1995	Ende 1996
Deutschland	2 957 000	5 500 000
USA	3 104 750	3 564 550
GB	1 930 000	2 460 000
Frankreich	1 430 000	2 072 000
Japan	1 099 050	1 434 840

Erfolgsfaktoren für die Verbreitung in Deutschland sind der Boom der Online-Dienste und die Verbreitung der PCs in Verbindung mit günstigen ISDN-Karten für PCs und einer wirksamen Tarifpolitik. Insbesondere führt dies zu einer steigenden Verbreitung im Privatkundenmarkt. In Deutschland spielte auch ein zur CeBIT 1995 begonnenes und bis zum 30. Juni 1996 laufendes Förderprogramm der Deutschen Telekom eine Rolle, das rund 600 000 neue ISDN-Kunden (davon 2/3 Privatkunden) ergab. Die Zahl der durch die Deutsche Telekom vermarkteten B-Kanäle (in Mio.) in Deutschland nahm folgenden Verlauf:

Jahr	1990	1991	1992	1993	1994	1995	1996
Kannäle	0,084	0,28	0,6	1,1	1,8	2,9	5,5

Die PC-Karten sind als aktive und passive ISDN-Karten erhältlich. Bei aktiven Karten wickelt ein eigener Prozessor auf der Karte die Kommunikation ab, so daß auf dem PC ganz normal weitergearbeitet werden kann. Bei passiven Karten übernimmt diese Aufgabe der Prozessor des PCs.
Scherzhaft wird ISDN angesichts schleppender Einführung durch Netzbetreiber und aufkommende alternative oder leistungsfähigere Techniken (→ *ADSL*, → *Kabel-Modems*) auch mit 'I still don't need', 'Incredibly slow Data Networking', 'Innovations Subscribers don't need' oder 'Ist sowas denn nötig?' übersetzt.
Die Entwicklung von ISDN geht auf Ideen aus den späten 70er Jahren von AT&T zurück. Entwickelt wurde ISDN hauptsächlich in den 80er Jahren. Erster stabiler Standard wurde 1984 im → *Redbook* veröffentlicht. Weltweit gegen Jahresende 1987 erster Regeldienst in Frankreich (Numeris) und 1988 in GB.
In Deutschland gab es erste Feldversuche der Deutschen Telekom mit ISDN 1987 in Mannheim und Stuttgart. Der Regeldienst mit → *Overlaynetz* startete ab März 1989 in Ballungszentren (Berlin, München, Hannover, Hamburg, Frankfurt, Stuttgart, Mannheim) mit je 1 000 Anschlüssen. Ende 1989 gab es 114 ISDN-fähige Orts-Fernvermittlungen, bis Ende 1993 700 Vermittlungen.
Die 1. Internationale Verbindung nach NL wurde am 12. Oktober 1989 geschaltet. ISDN-Verbindungen nach Frankreich wurden ab Oktober 1990 geschaltet.
1 Mio. B-Kanäle waren im September 1993 in Betrieb. Ende 1994 wurden ca. 3% aller Hauptanschlüsse als ISDN-Anschluß betrieben. Die flächendeckende Verfügbarkeit wurde in Deutschland Ende 1995 erreicht, als die → *Digitalisierung* einer hinreichend großen Zahl von Vermittlungsstellen erreicht war.
Alle EU-Staaten bis auf Griechenland boten ab 1992 ISDN zumindest als Pilotversuch und ab 1994 auch als Regeldienst an.

→ *http://www.isdn.ocn.com/*
→ *http://www.sms.co.uk/isdn/home.htm/*
→ *http://www.informatik.uni-bremen.de/~henker/dank/*

ISI

Abk. für Intersymbol-Interferenz.
Bezeichnung für eine Störung digitaler Signale bei ihrer Übertragung über Kupferkabel.
Aufgrund der Frequenzabhängigkeit der Übertragungseigenschaften des Kupferkabels kommt es bei der Übertragung digital modulierter Signale (Symbole) zu einem 'Zerlaufen' der einzelnen Symbole, d.h. einzelne hintereinander beim Sender für eine bestimmte Symboldauer T generierte Symbole laufen bei der Übertragung ineinander über (die Symbole werden länger als T), so daß sie sich beim Empfänger gegenseitig überlagern.
Der Empfänger kann dann die einzelnen Symbole nicht mehr korrekt interpretieren.
Gegenmittel: nur kurze Übertragungsstrecken oder Signalregeneratoren sowie Entzerrerfilter beim Empfänger.

ISL

Abk. für Inter-Satellite-Link.
Bezeichnet bei satellitengestützten Mobilfunksystemen die Funkverbindungen zwischen den Satelliten.
Dies ist ein neues Konzept, das bislang noch nicht eingesetzt wird. Probleme entstehen durch den für die Übertragungstechnik höheren Energieverbrauch des Satelliten und die präzise Ausrichtung der Antennen.
ISLs sind geplant bei → *Iridium*.
→ *MUL*, → *GWL*.

ISLAN16-T

→ *IsoEnet*.

ISM

Abk. für Industrial, Scientific and Medical.
Bezeichnung für in Nordamerika bestimmte reservierte Frequenzbänder für Anwendungen in den betreffenden Bereichen, wie z.B. drahtlose Datenübertragung.
In den USA und Kanada sind folgende Bänder betroffen: 902 bis 928 MHz, 2 400 bis 2 500 MHz und 5725 bis 5850 MHz. In diesen Bändern gelten Sondervorschriften für den Betrieb unlizensierter Geräte zu entsprechenden Zwecken. Hiervon sind z.B. auch Mikrowellengeräte betroffen (um die 2 450 MHz).

ISO

Abk. für International Standards Organization und auch von der griech. Vorsilbe iso = gleich abgeleitet.

Die ISO wurde als Untereinrichtung der UNESCO 1946 gegründet. Sie ist eine Dachorganisation von mittlerweile über 90 nationalen Standardisierungsgremien (z.B. dem → *DIN* aus Deutschland) und trifft sich in Dreijahres-Abständen (Vollversammlung). Ziel der ISO ist die Entwicklung von Standards zur Erleichterung des internationalen Warenaustauschs.

Neben der Vollversammlung sind der Rat (18 Mitglieder), das Zentralsekretariat, Fachausschüsse (über 200 Technical Committees, TC) und weitere angeschlossene technische Sekretariate

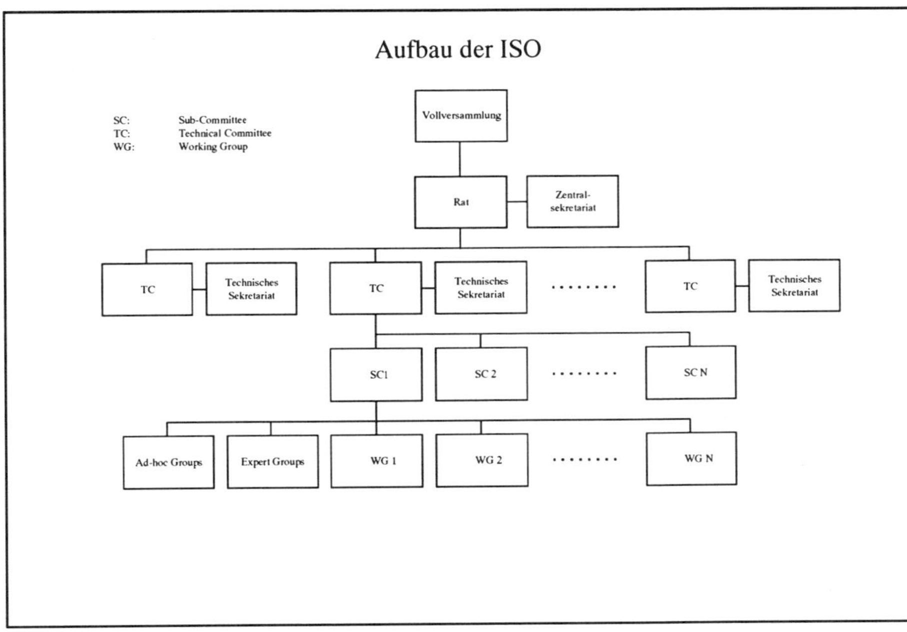

Organe der ISO.

Die TCs unterteilen sich, je nach Bedarf, in weitere Unterausschüsse (Sub-Committee, SC), die sich unter Umständen in Arbeitsgruppen (Working Groups, WG) und andere Gruppen mit speziellen Aufgaben (Expert-Groups, Ad-hoc-Groups etc.) unterteilen können.

Die Finanzierung der ISO erfolgt durch Mitgliedsbeiträge der nationalen Standardisierungsgremien und durch Verkauf der gedruckten Standards, weswegen diese nicht frei, z.B. im Internet erhältlich sind.

Die ISO beschäftigt sich, im Gegensatz zur → *ITU*, mit der Telekommunikation mehr aus dem Blickwinkel der Nachrichtenübertragung zwischen Rechenanlagen (Vermittlungsknoten) und weniger aus nachrichtentechnischer Sicht. Darüber hinaus hat die ISO ausdrücklich die Aktivitäten im Bereich der elektrotechnischen Normung an die → *IEC* delegiert. Kontakte:

ISO
General Secretariat
Case Postale 56
3 Rue de Varembe
1211 Genf 20
Schweiz
Tel. (+ 41) 0 22 / 7 49 01 11

→ *http://www.iso.ch/*

ISO-7-Bit-Code

Ein übliches Standardprotokoll für asynchrone und synchrone Benutzerstationen. Ein zeichenorientiertes Protokoll, in dem die Steuerinformation für die Übertragung in Form spezieller Zeichen enthalten ist. Der Code ist identisch mit → *IA 5*.

ISO-OSI-Referenzmodell

→ *OSI-Referenzmodell.*

ISOC

Abk. für → *Internet Society.*

Isochrone Verbindung

Eine Verbindung ist isochron, wenn in einem → *TDMA*-System Slots nicht in festen periodischen Zeiten einem Kanal zugeteilt sind (→ *synchrone* Verbindung), sondern die Zeiten zwischen

den Slots unterschiedlich lang sind. Diese Zeiten können ganzzahlige Vielfache einer vorgeschriebenen unteren Grenze bis hin zu einer oberen Grenze sein. Dadurch können die Slots von ihrer festen Idealposition im Zeitraster in engen Grenzen abweichen.
Dies erlaubt in einem Übertragungssystem in bestimmten Grenzen eine Flexibilität für → *burstartig* auftretende Last und gleichzeitig für Echtzeitdienste mit Anforderungen an Mindestbandbreite und → *Delay*.

isoEnet

Abk. für isochrones Ethernet. Auch offiziell ISLAN16-T, IVDLAN oder nur IVD genannt (Integrated Voice and Data LAN).

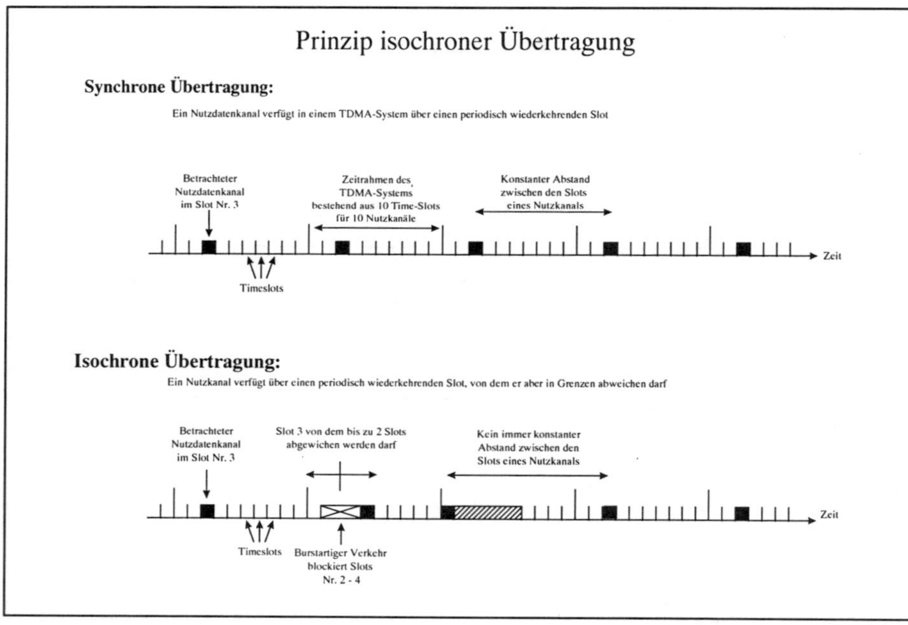

Bezeichnung für einen 1994 von der → *IEEE* als 802.9 verabschiedeten Standard für lokale Netze für multimediale Anwendungen. Es handelt sich um eine erste Netztechnik zum Austausch interaktiver Daten sowie Audio- und Videosignalen in Echtzeit über → *LAN* und → *WAN*.
isoEnet ist ein modifizierte Ethernet-Standard, der in Teilen zu diesem voll kompatibel ist.
isoEnet definiert einen Standard auf Schicht 1 und dem → *MAC*-Sublayer von Schicht 2 im → *OSI-Referenzmodell*, die kompatibel zu → *IEEE 802.3* bis *5* und → *ISDN* sind.
isoEnet stellt drei verschiedene Konfigurationen zur Verfügung. An einer vierten Konfiguration zum Übertragen von → *ATM*-Zellen mit 16 Mbit/s wird gearbeitet.
Mode 1 ist der unveränderte Betrieb als herkömmliches Ethernet mit einer Kapazität von 10 Mbit/s.
Mode 2 (Multiservice Mode) ist der Betrieb als herkömmliches Ethernet, ergänzt um 6,144 Mbit/s (P-Kanal) Bandbreite für 96 isochrone Kanäle zu je 64 kbit/s (B-Kanal). Diese können einzeln oder zusammengefaßt genutzt werden, wodurch sie unterschiedliche Bandbreiten unterstützen.
Mode 3 (reiner isochroner Mode) stellt 16 Mbit/s (C-Kanal) für insgesamt 250 frei kombinierbare Kanäle zu je 64 kbit/s (B-Kanal) zur Verfügung.

ISONET

Bezeichnung eines Netzes, das die → *ISO* in Genf mit nationalen Standardisierungsgremien verbindet, z.B. mit der → *ANSI* in den USA oder dem → *DIN* in Deutschland.

ISP

1. Abk. für Internet Service Provider.
   Bezeichnung für eine kommerzielle oder auch nicht-kommerzielle (z.B. Universitäten) Organisation oder Unternehmung, die verschiedene Dienstleistungen auf Basis des → *Internet* anbietet. Das Spektrum dieser Dienstleistungen unterscheidet sich von ISP zu ISP teilweise erheblich.
   Prinzipiell können es verschiedene Dienstleistungen sein, die sich an der Wertschöpfungskette für → *Online-Services* orientieren:

- Lokales, regionales, nationales, internationales oder globales Backbonenetz zum Transfer von → *IP*-Daten.
- Redaktionelle und grafische Aufbereitung von Informationsinhalten, z.B. für das WWW.
- Bereitstellung von Serverkapazität zur Speicherung der Informationsinhalte (Content-Hosting).
- Abrechnung von Zugriffen auf die Informationsinhalte.
- Anbieten von permanenten oder temporären Internet-Zugängen für geschäftliche und private Nutzer.
- Bereithalten verschiedener → *Server* für verschiedene Internet-Services.
- Leistungsstarkes LAN zur Verbindung der einzelnen Server.
- Verbindung zum → *Internet.*
- Verbindung zu anderen ISPs zur schnellen Datenübertragung untereinander.
- Verbindungen zu zentralen Austauschpunkten wie → *DE-CIX* in Deutschland oder → *MAE* in den USA.

2. Abk. für Information Service Provider. Bezeichnung in den USA für Anbieter von bestimmten Mehrwertdiensten (→ *VAS*). Dabei handelt es sich um über Telekommunikationsnetze zugängliche Datenbanken.
3. Abk. für International Standard Profile.

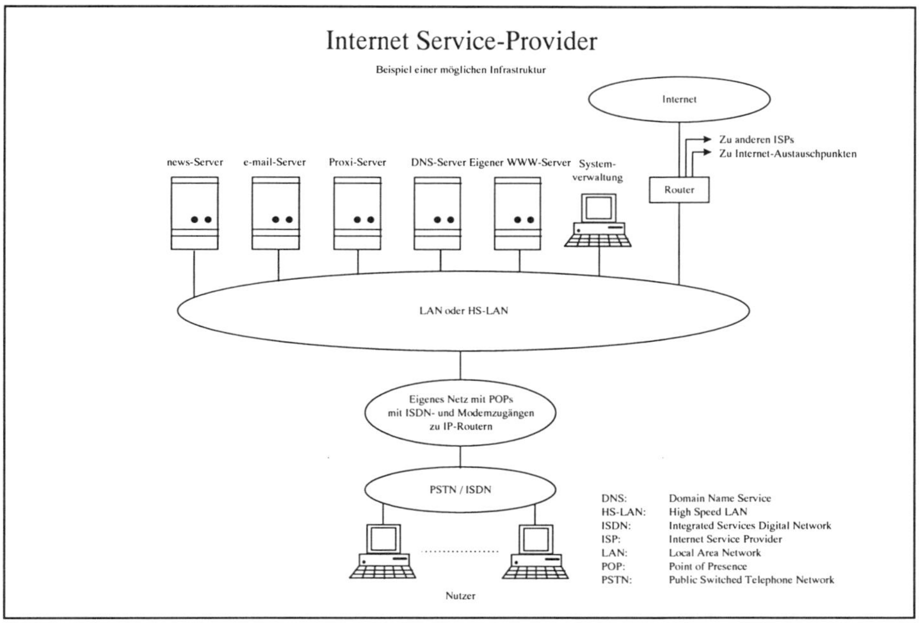

Um diese Dienstleistungen zu erbringen, betreibt der ISP eine Infrastruktur u.U. an verschiedenen und weit voneinander entfernten Standorten, die mit verschiedenen Systemen ausgerüstet sein können:

- Points-of-Presence (→ *POP*) an verschiedenen nutzernahen Standorten, um diesen den Zugang zum attraktiven Ortstarif zu ermöglichen.
- Diverse → *Server*: → *e-mail*-Server, news-Server, → *DNS*-Server, → *Proxy*-Server und ggfs. eigenen WWW-Server im Falle des Content-Hosting.
- Rechner zur Administration der Netzwerkumgebung.

ISPABX, ISPBX

Abk. für Integrated Services Private (Automatic) Branch Exchange.

Eine seltener auftauchende Bezeichnung für eine → *ISDN*-fähige Nebenstellenanlage.

ISPO

Abk. für Information Society Project Office.

Bezeichnung einer Einrichtung der EU, die sich mit der Entwicklung der Informationsgesellschaft beschäftigt und hierfür insbesondere verschiedene Projekte koordinieren soll. Eine andere wichtige Funktion ist das Informieren der interessierten Öffentlichkeit und das Bereithalten verschiedener Informationen über die Projekte und mögliche interessierte Teilnehmer und Kooperationspartner für die Wirtschaft. Adresse:

ISPO
BU 24 2/78
Rue de la Loi 200
1049 Brüssel
Belgien
Tel.: (+ 32) 0 22 / 96 88 00
Fax: (+ 32) 0 22 99 41 70

→ *http://www.ispo.cec.be/*

ISPT

Abk. für Instituto Superiore delle Poste e Telecommicazione.
Bezeichnung der höchsten Gerätezulassungsbehörde in Italien.

ISRC

Abk. für International Standard Recording Code.
Bezeichnung eines 1970 in Deutschland entwikkelten und 1992 von der → *IFPI* und auch von der → *ISO* anerkannten Verfahrens zur eindeutigen Identifizierung von Audio- und Videoaufnahmen. Dabei wird jedes einzelne Audio- oder Videostück mit einem aus zwölf Stellen bestehenden Code versehen, der auf dem Informationsträger gespeichert ist. Der ISRC enthält folgende Daten:

- Ländername (zwei Ziffern),
- Erstinhaber des Verwertungsrechtes (drei Ziffern),
- Aufnahmejahr (zwei Ziffern),
- Code für die Aufnahme selbst (fünf Ziffern).

Jedes Abspielen der Information wird im Abspielgerät sekundengenau registriert.
Der Code identifiziert ferner einen International Standard Recording File (ISRF), in dem die wichtigsten Informationen über ein Musikstück oder eine Videoaufnahme (Aufnahmeort und -zeit, Länge etc.) international verbindlich und standardisiert zusammengefaßt sind.
Der Austausch der Abrechnungsdaten und der ISRF erfolgt zwischen Herstellern von Tonträgern, Nutzern (Fernseh- und Radiostationen) und Rechteverwertern (Musikverlagen) mittels → *EDI*.

ISRF

Abk. für International Standard Recording File.
→ *ISRC*.

ISS

Abk. für International Switching Symposium.
Weltweit größte und bedeutendste wissenschaftliche Tagung auf dem Gebiet der Vermittlungstechnik. Sehr technisch orientiert und bis vor einigen Jahren völlig auf Vermittlungs- und Übertragungstechnik ausgerichtet. Erst seit den letzten Konferenzen (ab ca. 1992) ist die Veranstaltung auch mehr dienst- und anwendungsorientiert. Sie findet nur alle zwei oder drei Jahre, wechselnd in Europa bzw. in einem außereuropäischen Land, statt. Im ständigen Kommitee sitzen Vertreter aus Belgien, Deutschland, Frankreich, GB, Italien, Japan, Kanada, Niederlande, Spanien, Schweden und den USA.
Erste Konferenz war 1957 bei den Bell Laboratories in Whippany/New Jersey, USA, mit 100 Teilnehmern aus fünf Ländern und wurde von AT&T angeregt. Es folgte die ISS '60 in London.
Weitere Stationen waren bzw. werden sein:

ISS 74	München	ISS 76	Kyoto
ISS 78	Paris	ISS 81	Montreal
ISS 84	Florenz	ISS 87	Phoenix
ISS 90	Stockholm	ISS 92	Yokohama
ISS 95	Berlin	ISS 97	Toronto
ISS 99	Birmingham		

→ *http://www.iss97.org/*

ISS AE

Abk. für ISDN Supplementary Services Application Entity.
→ *SS#7*.

ISU

Abk. für Isochronous Service User bzw. Unit.

ISUP

Abk. für ISDN User Part.
→ *SS#7*.

ISV

Abk. für Independent Software Vendor.
In der int. Software-Vertriebsbranche die Bezeichnung für einen Verkäufer von Software, der nicht exklusiv an einen Lieferanten gebunden ist.

IT

1. In Deutschland Abk. für Informationstechnik oder -technologie.
2. International entsprechend für Information Technology.
   → *IT&T*.

IT & T

Abk. für Information Technology and Telecommunications.

ITA No. 2

Abk. für International Telegraphy Alphabet No. 2.
Bezeichnung für das international genormte Fernschreibalphabet (→ *Telex*).
Es handelt sich um einen Code mit fünf Bit, d.h. es sind 32 Zeichen möglich.
Jedes Zeichensignal zu fünf Bit wird mit einem 20 ms dauernden Startimpuls eingeleitet und einem 30 ms dauernden Stopimpuls abgeschlossen. Jeder Impuls eines Zeichenbit dauert ebenfalls 20 ms.

ITAEG

Abk. für Information Technology Advisory Experts Group.
Ein europäischer Verband.

ITC

Abk. für International Telecommunications Convention.
Der internationale Vertrag, der die Rechte, Pflichten und Aufgaben der Mitgliedsländer der → *ITU* regelt.

ITE

Abk. für Information Technology Equipment.
Generischer Begriff aus der Welt der europäischen Normung verschiedener Gremien auf diesem Sektor. Bezeichnet als Oberbegriff Geräte aller Art (Produkttypen), die Funktionen zur Information und Kommunikation übernehmen.

ITU-Organisationsstruktur

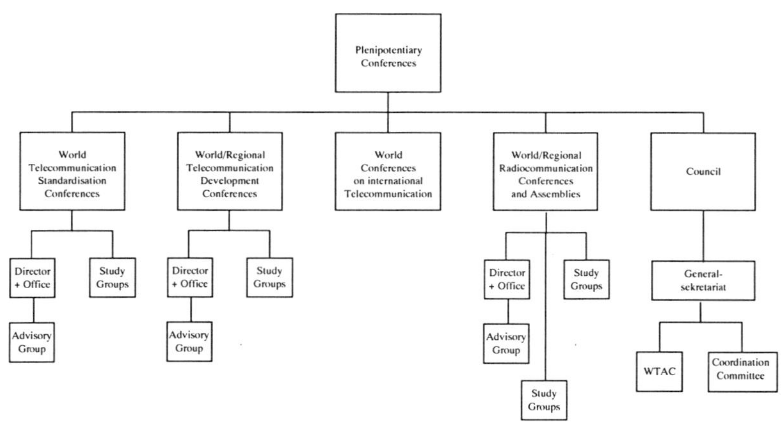

ITG

Abk. für Informationstechnische Gesellschaft (im → *VDE*).
Bezeichnung einer technisch-wissenschaftlichen Unterorganisation des VDE mit Empfehlungen ausarbeitenden Fachausschüssen (ca. 30, in sechs größere Fachbereiche gegliedert), die sich mit Aspekten der Nachrichtentechnik, Mikroelektronik und technischer Informatik beschäftigt. Die Empfehlungen dienen dem DIN oft als Vorlage zu Normen und werden mit → *DKE* und dem VDE abgestimmt.
Ehemals, bis 1986, NTG (nachrichtentechnische Gesellschaft) genannt.

ITSEC

Kurzform für Information and Technology Security.
Bezeichnung eines Kriterienkataloges für Sicherheitsanforderungen an vernetzte Computersysteme. Er wurde 1991 von der EU-Kommission verabschiedet, orientiert sich am → *Orange-Book* des US-Verteidigungsministeriums und wird in Deutschland vom → *BSI* angewendet.

ITSTC

Abk. für Information Technology Steering Committee.
Von der → *ETSI*, der → *CEN* und → *CENELEC* gegründetes Gremium zur Koordinierung der Standardisierungsarbeit zwischen allen Gremien.

ITTF

Abk. für Information Technology Task Force.

ITU

Abk. für International Telecommunications Union.
Eine UN-Unterorganisation mit Sitz in Genf. Mitglieder sind 184 Länder und 363 wissenschaftliche Institutionen, Firmen, öffentliche und private Netzbetreiber, Fernseh- und Rundfunkanstalten und andere nat. und int. Organisationen. Ihre Aufgaben sind:

- Internationale Zuteilung und Registrierung von Sende- und Empfangsfrequenzen,
- Koordinierung von Bemühungen zur Störungsbeseitigung im Funkverkehr,
- Koordinierung der Entwicklung von Fernmeldeanlagen,
- Vereinbarungen von Leistungsgarantien und Gebühren.

Die Standardisierungsarbeit wurde bis 1992 von der → *CCITT*, → *CCIR*, → *IFRB* und → *BDT* wahrgenommen. Nach der Umorganisation besteht die ITU aus vier Ausschüssen: ITU-T (für Standards in der TK), ITU-R (für Funkdienste), ITU-D (für weltweite Entwicklung des TK-Sektors) und dem General Secretariat. Die ITU-T (eigentlich: ITU-TS) ist dabei die Nachfolgerin der → *CCITT* und der wichtigste Ausschuß, da er die technischen Standards festlegt. Oft ist nur die ITU-T gemeint, wenn von der ITU gesprochen wird.
Alle vier Jahre tagt als höchstes Gremium die ITU Plenipotentiary Conference (kurz: Plenipot). Letzte Plenipot war im Herbst 1994 in Kyoto. Dazwischen tagt jährlich der Rat mit 46 Mitgliedern, der die laufende Arbeit koordiniert und das Budget festlegt. Die ITU beruft die → *WARC* ein und verwaltet sich gemäß dem → *ITC*.
→ *CMTT*, → *JTC*.
Die Empfehlungen der früheren CCITT und heute der ITU-T wurden in 26 Gruppen (Serien) geteilt. Jeder Serie wurde ein Buchstabe des Alphabets zugeordnet. Innerhalb der Serien sind die Empfehlungen durchnumeriert. Diese Serien sind:

Serie	Inhalt
A	ITU-interne Organisation, Gremien, Befugnisse, Abläufe, Prozeduren
B	Fachbegriffe, Definitionen, Symbole, Abkürzungen
C	Statistik
D	Charging, Tarife, Abrechnung
E	Numerierung, Adressierung, Betrieb von Telekommunikationsnetzen, insbes. Telefonie
F	Telegrafen-, Telematik-, Verzeichnis-, e-mail-Dienste
G	Drahtgebundene und drahtlose Übertragungstechnik
H	Verwendung von Leitungen für andere Dienste als Telefonie
I	ISDN und B-ISDN allg.
J	Hör- und Fernsehrundfunk
K	Schutz vor externen Störungen (Interferenz)
L	Mechanischer Schutz der Anlagen, auch Korrosionsschutz
M	Management, Qualität von TK-Systemen
N	Management, Qualität von Rundfunksystemen
O	Meßgeräte, Meßverfahren, Performance
P	Telefonübertragungsqualität, Zugangsnetze für Telefonie, Endgeräteeigenschaften
Q	Zeichengabe, Vermittlungstechnik
R	Fernschreibtechnik
S	Terminals für Telegrafendienste
T	Terminals für Telematikdienste
U	Zeichengabe in Telegrafennetzen
V	Datenübertragung über das analoge Fernsprechnetz (Modems)
X	Datenübertragung über digitale Netze
Z	Dokumentations- und Programmiersprachen

Kontakte:

Int. Telecommunications Union
Place des Nations
CH-1211 Genève 20
Suisse
Tel.: (+ 41) 0 22 / 7 34 01 50

→ *http://itu.ch/*

Die ITU entwickelte sich wie in der folgenden Übersicht beschrieben:

1865
Gründung am 17. Mai noch als International Telegraph Union in Paris von 20 europäischen Postverwaltungen, als das Verlegen von Transatlantikkabeln und Kabeln über Ländergrenzen hinweg die Zusammenarbeit auf dem Gebiet der Telegrafie erzwang.
1886
Der Sitz wird anläßlich einer internationalen Telegraph-Conference nach Bern verlegt.
1927
Für den aufkommenden Funkverkehr wird die → *CCIR* gegründet.
1934
Der Name wird in International Telecommunications Union geändert.
1947
Die ITU wird Teil der neu gegründeten UNO.
1956
Zur Übernahme der Standardisierungsaktivitäten wird die → *CCITT* gegründet.
1992
Die ITU und ihre Unterorganisationen werden restrukturiert. Dabei gehen die CCITT und die CCIR wieder in der ITU auf.

ITV

Abk. für Interactive Television.
Relativ selten benutzter Oberbegriff für Dienste wie → *Tele-Shopping*, → *Video-on-Demand* oder andere → *On-Demand-Services*, die auf dem herkömmlichen und analogen Fernseher und einer → *Set-Top-Box* als Endgerät basieren.

IuK

Im deutschen Sprachraum gängige Abk. für Informations- und Kommunikationstechnik.

IuKDG

Abk. für Informations- und Kommunikationsdienstegesetz.
Umgangssprachliche Bezeichnung ist auch Multimedia-Gesetz. Bezeichnung eines Gesetzes, das sich mit dem Datenschutz und der Datensicherheit von neuen Informations- und Kommunikationsdiensten beschäftigt. Es wurde vom Bundesministerium für Bildung und Forschung formuliert, gegen Ende 1996 vom Bundeskabinett verabschiedet und soll im Laufe des Jahres 1997 vom Bundestag gebilligt werden.
Bestandteile sind zwei Gesetze:

- Gesetz über die Nutzung von Telediensten,
- → *Signaturgesetz.*

Unter Telediensten werden dabei, im Gegensatz zu Mediendiensten, die unter die Medienhoheit der Länder fallen, alle individuell abrufbaren Dienste verstanden, weswegen sie unter die Gesetzgebung des Bundes fallen.
Das Gesetz über die Nutzung von Telediensten definiert als Dienstanbieter denjenigen, der eigene oder fremde Teledienste zur Nutzung bereithält oder den Zugang zur Nutzung ermöglicht. An diese Dienstanbieter wendet sich das Gesetz und definiert Rechte und Pflichten.

IV

Abk. für Informationsverarbeitung.

IVD, IVDLAN

Abk. für Integrated Voice and Data LAN.
→ *IEEE 802.9.*

IVOD

Abk. für Interactive Video on Demand.
Andere Bezeichnung für → *Video on Demand.*

IVPN

Abk. für International Virtual Private Network.
→ *VPN.*

IVR

1. Abk. für Individual Voice Recognition.
   → *Leistungsmerkmal* von Nebenstellenanlagen.
   → *ACD*, → *CTI.*
2. Abk. für Interactive Voice Response.
   Begriff aus der Nebenstellentechnik. Bezeichnet Systeme, bei denen stereotype repetitive Prozesse (z.B. Kontostandabfrage beim → *Tele-Banking*, Prospektbestellung, Ermittlung des Anrufergrundes zum Weitervermitteln zur passenden → *ACD*-Gruppe etc.), die nicht unbedingt einer Betreuung durch den Operator bedürfen, durch aufgezeichnete einzelne Audiosequenzen und Entscheidungsmöglichkeiten per Tasteneingabe (nur bei → *MFV*) oder Spracherkennung gesteuert werden. Typische Anwendung: Kontostandabfrage oder Erfragen der nächstgelegenen Filiale bei Tele-Banking oder Bestellung von Prospektmaterial oder Produktkatalogen. Weitere Anwendungsmöglichkeit sind Anrufer in Warteschlangen, die Ansagen hören bzw. bei Überlast des → *Call Centers* (kein Bedienplatz frei) ihren Namen und Nummer auf Band sprechen können, so daß sie schnellstmöglich zurückgerufen werden können, wenn ein Operator frei ist. Ferner kann das IVR-System mit einem → *Fax-on-Demand*-System gekoppelt werden, so daß gewünschte Informationen dem Anrufer per Fax unmittelbar nach seinem Anruf zugehen. Kann auch als Basis von einer → *MCP* im Telekommunikationsnetz selbst und nicht in der Nebenstellenanlage eingesetzt werden. Die Speicherung der vorgefertigten Auswahlmenüs bzw. der eingehenden Anfragen und Daten übernimmt dabei ein Voice Server. Üblicherweise wird zunächst im Rahmen einer Erprobung das Vokabular (besonders häufig genutzte Schlüsselwörter) für die Spracherkennung ermittelt. Die optimale Struktur und Länge der Dialoge ergibt sich in einem zweiten Schritt.
   → *EAS.*

IVS

Abk. für IBM Verkabelungssystem.

IWF

Abk. für Interworking Function. Auch Interworking Unit (IWU) genannt.
Bezeichnet in der Telekommunikation eine Art Blackbox zwischen heterogenen Netzen oder zwischen Netzen und nicht für den Anschluß an sie bestimmte Endgeräte. Anderes Wort für das, was in der Computer- und Datenkommunikation oft als → *Gateway* bezeichnet wird.
Eine IWF kann fester Bestandteil eines Netzes (z.B. eines Netzknotens) oder aber als eigenes Gerät (z.B. in Räumen des angeschlossenen Nutzers) separat ausgeführt sein.
Eine spezielle Form der IWF ist, z.B., der → *Terminaladapter.*
→ *GSM.*

IWU

Abk. für Interworking Unit.
→ *IWF.*

IWV

Abk. für Impulswahlverfahren.
Eine gewählte Ziffer wird durch eine ihrer Höhe/ihrer Wertigkeit entsprechende Anzahl Wähl-

impulse auf der Leitung codiert. Man unterscheidet dabei zwischen dem 10-pps- und dem 20-pps-Modus, bei denen 10 resp. 20 Impulse pro Sekunde generiert werden könnten (pulse per second). In Deutschland wurde das 10pps-Verfahren zur Steuerung der → *EMD*-Wähler verwendet. Bei Telefonen als Endgerät kann oft mit einem kleinen Schiebeschalter an der (Unter-) Seite zwischen diesen beiden Verfahren umgeschaltet werden.

→ *MFV*-Verfahren.

IXC

Abk. für Inter-Exchange Carrier, daher auch mit IEC abgekürzt.

Bezeichnet in den USA eine für die Fernvermittlung von → *LATA* überschreitenden Verkehr (Inter-LATA) zuständige Fernmeldegesellschaft im Gegensatz zur → *LEC*.

IXCs werden von der → *FCC* kontrolliert, LECs hingegen von den Behörden des jeweiligen Bundesstaates.

J

J

Bezeichnung einer 1990 von Kenneth E. Iverson, seinem Sohn Eric und Roger Hui entwickelten Programmiersprache, die insbesondere für mathematische Probleme gedacht ist. Sie geht auf → *APL* zurück, ohne deren Probleme zu übernehmen.

Jabber

Jargon für anhaltend fehlerhafte, unsinnige Daten, die von einer Netzwerkkarte auf das Netz gegeben werden.

Jacket

Bei → *Disketten* des Formats 5,25" die Bezeichnung für die flexible, schützende Kunststoffhülle, die auf der Innenseite mit einem Vlies zur Aufnahme von Staubpartikeln ausgekleidet ist.

→ *Floppy*.

JAM-Signal

→ *CSMA/CD*.

JANET

Abk. für Joint Academic (Research) Network.

Bezeichnet das britische Forschungsnetz, das 1983 gegründet wurde. Ab 1985 überträgt das Backbone mit 2 Mbit/s, ab 1993 mit 34 Mbit/s, weswegen es in SuperJANET umbenannt wurde. Der Ausbau auf 155 Mbit/s ist geplant.

JANET ging aus dem 1977 ins Leben gerufenen SERCnet hervor.

→ *WiN*, → *BERNET*, → *EARN*, → *BITNET*, → *NorthNet*, → *DANet*, → *Internet*.

JATE

Abk. für Japan Approvals Institute for Telecommunications Equipment.

Japanische Prüf- und Zulassungsbehörde für Telekommunikationsgeräte.

Java

Bezeichnung einer universellen, objektorientierten und interpretierten Programmiersprache zum Einsatz in vernetzten Systemen, speziell im → *Internet*. Ermöglicht, im Gegensatz zur Seitengestaltungssprache html (→ *WWW*), Applikationen, in die dynamische, laufend aktualisierte Elemente (sog. Applets, von Applications) eingebunden sind, die nicht einmalig geladen, sondern permanent online aktualisiert werden.

Java ist die erste Programmiersprache überhaupt, die speziell mit dem Blick auf die Nutzung von auf Netzen verteilten Ressourcen entwickelt wurde. Ist von → *C++* abgeleitet, jedoch etwas einfacher, portierbarer, leichter zu erlernen und robuster (verfügt, z.B. über → *Garbage Collection*).

Java-Code selbst wird durch den → *Compiler* in einen sog. Bytecode verwandelt, der durch das WWW zum → *Browser* heruntergeladen und dort durch einen → *Interpreter* weiterverarbeitet wird. Aus diesem Grund ist Java-Code gegenwärtig noch zwei- bis dreimal so langsam wie in C++ geschriebene und dann compilierte Programme.

Mit Java ist es möglich, im → *Browser* benötigte, aber nicht vorhandene spezielle Software zur Darstellung von Informationen im WWW dynamisch und nur bei Bedarf zum Browser runterzuladen, der dadurch automatisch aktualisiert wird.

Eine Schnittstelle, um Internet-Inhalte auch in herkömmliche Software einzubinden, stellt das im Mai 1996 angekündigte Java Beans dar. Dabei handelt es sich um eine Programmierschnittstelle zur Erstellung mehrfach verwendbarer Software, ähnlich dem → *OLE*-Mechanismus aus dem Hause Microsoft.

Der entsprechende Browser, um in Java geschriebene Applikationen zu nutzen, ist Hot Java, wobei mittlerweile auch andere Browser Java unterstützen.

Entwickelt 1991 bis 1995 unter der Leitung von James Gosling im Hause Sun. Benannt nach einem nordamerikanischen Jargon für Kaffee, nachdem andere Bezeichnungen (z.B. das ursprüngliche Oak oder Silk sowie DNA) in Diskussionen durchgefallen oder schon als Markenbezeichnung geschützt waren.

Ursprüngliches Ziel des Projektes war die Entwicklung einer hardwareunabhängigen Programmiersprache zur Programmierung von Controllern für Haushaltsgeräte (Waschmaschinen, Kühlschränke, → *Set-Top-Boxen*). Problem der Hersteller derartiger Geräte war, daß der technische Fortschritt in immer kürzeren Intervallen neue und vor allem billigere Controller (in Form von Hardwarebausteinen) hervorbrachte, man aber nicht mit jeder neuen Generation die gesamte Entwicklungsumgebung beim Hersteller ändern wollte, weswegen man an einem universell nutzbaren Entwicklungs- und Programmiertool interessiert war.

Das Team startete mit → *C++* und entwickelte es zu einer abgespeckten Version weiter, die man Oak nannte. Dieser Name wechselte später zu Java, als man erkannte, daß es bereits eine Sprache dieses Namens gab.

1992 war ein stabiler Standard erreicht, doch das Interesse an Java bzgl. seines ursprünglichen Zwecks hielt sich in Grenzen. Ab 1994 hingegen entwickelte sich das → *WWW* explosionsartig und man kam auf die Idee, mit Java einen neuartigen → *Browser* zu entwickeln. Im Mai 1995 war der Hot Java genannte Browser fertig und man entschied sich dazu, alles über Java im → *WWW* zu

veröffentlichen. Von der begeisterten Reaktion völlig überrascht, entschied man sich im Hause Sun, es als strategisches Produkt zum Einsatz im WWW zu positionieren. Ab Ende 1995 wurde Java an andere Unternehmen lizensiert und von der Internet-Gemeinde allgemein anerkannt.
Seither gibt es sehr viele Bestrebungen, Java universell einsetzbar zu machen. Die Datenbankfähigkeit stellt, z.B. → *JDBC* sicher. Das gesamte Potential von Java gilt trotzdem als noch nicht vollständig erschlossen. Alle mittlerweile existierenden Standardelemente sind in Java CORE zusammengefaßt und werden Lizenznehmern zur Verfügung gestellt.
Detailliertere Informationen genereller Art und über die Entwicklung sowie Beispiele findet man unter:
→ *http://www.sun.com/sunworldonline/swol-07-1995/swol-07-java.html.cop/*
→ *http://sun.java.com/*
→ *http://www.gamelan.com/*
→ *http://java.sun.com/applets/alpha/applets/stockdemo/standalone.html/*
→ *http://www.acl.lanl.gov/~rdaniel/classesJDK/PickTest2.html/*
→ *http://www.javasoft.com/*

Java Beans

→ *Java.*

Javascript

Bezeichnung einer von den Häusern Sun und Netscape gemeinsam entwickelten und im Dezember 1995 vorgestellten Scriptsprache, die es Laien erlauben soll, → *WWW*-Seiten in → *Java* zu erstellen.
→ *http://www.freqgrafx.com/index.html/*
→ *http://planetx.bloomu.edu/~mpscho/jsarchive*
→ *http://home.netscape.com/eng/mozilla/gold/handbook/javascript/index.html/*
→ *http://jrc.livespftware.com/*
→ *http://www.ce.net/users/ryan/java/*

JBIG

Abk. für Joint Bi-Level Image Experts Group.
Bezeichnung eines Standardisierungsgremiums der → *ISO* und des von ihm ausgearbeiteten Standards zur verlustlosen Bild- und Videodatenkompression (im Gegensatz zu → *MPEG* und → *JPEG*).
Angewendet werden kann dieses Verfahren nur auf binäre Bilder ohne Farben und Graustufen, also auf Schwarz-Weiß-Bilder (daher Bi-Level). Eine Ausweitung auf Farbbilder ist jedoch möglich, indem für jede zulässige Farbstufe das Verfahren einmal angewendet wird.
Prinzipiell werden noch nicht komprimierte Bildpunkte (→ *Pixel*) mit den bereits vorliegenden Kompressionsdaten benachbarter Bildpunkte verglichen, woraus sich Redundanzen ermitteln lassen.
Genutzt wird das Verfahren bei Faxgeräten.

JDBC

Abk. für Java Database Connectivity.
Bezeichnung einer generischen Schnittstelle für → *SQL*-Statements, die von einer speziellen Datenbankarchitektur unabhängig ist. JDBC wird von allen großen Datenbankanbietern mittlerweile unterstützt.
Damit lassen sich mit Hilfe der Programmiersprache → *Java* Client-Server-Anwendungen und → *Tools* programmieren, die auf einheitliche Weise, d.h. über nur eine grafische Benutzerschnittstelle (→ *GUI*) auf verschiedene darunterliegende Datenbanksysteme zugreifen können.
JDBC basiert auf dem SQL der → *X/Open*-Gruppe (SQL-Call-Level-Interface).
JDBC besteht aus zwei verschiedenen Schichten: dem JDBC-Application Programming Interface (JDBC-API) und dem JDBC-Driver-API. Die Driver-API ermöglicht eine sichere Kommunikation zwischen dem eigentlichen API und den verschiedenen Drivern.
→ *http://splash.javasoft.com/jdbc/jdbc.ps/*

JDC

Abk. von Japanese Digital Cellular.
→ *PDC.*

JEEC

Abk. von Joint ETSI ECMA Committee.
Bezeichnung eines Gremiums zur Koordinierung der Arbeit von → *ECMA* und → *ETSI*. 1991 gegründet.

JEIDA

Abk. für Japan Electronic Industry Development Association.
Bezeichnet ein japanisches Normungsgremium.

JEPI

Abk. für Joint Electronic Payment Initiative.
Bezeichnung einer gemeinsamen Initiative mehrerer international tätiger Unternehmen der Telekommunikationsbranche und von Hard- und Softwareherstellern mit dem Ziel, einen Standard für Clients und Server im → *WWW* für die sichere Abwicklung von finanziellen Transaktionen zu etablieren.
Eine erste Spezifikation wurde im September 1996 vorgestellt.

JESSI

Abk. für Joint European Submicron Silicon Initiative.
Bezeichnung eines Forschungsprogramms der EU-Länder D, NL, F, I und GB von 1989 bis 1996 mit dem Ziel der Förderung der Mikrotechnologie in

der Chipherstellung. Dabei soll der Vorsprung zu den USA und zu Japan aufgeholt werden. Als Nachfolgeprogramm gilt → *MEDEA*.

JG2AS

Zeitsender mit Standort in Kanto bei Tokio. Sendet mit 40 kHz.

→ *DCF77*, → *WWVB*, → *HBG*, → *M8F*.

JISC

Abk. für Japanese Information Standardisation Committee.

Bezeichnung eines japanischen nationalen Normungsgremiums.

Jitter

Von engl. to jitter = unruhig oder nervös sein. Allgemein das zeitliche Schwanken bestimmter Merkmale in einem Daten- oder Signalstrom.

1. Engl. für Signaldegeneration. Ein kurze Zeit auftretender zeitlich verschobener Takt digitaler Signale, also eine Schwankung der Zeitpunkte des Übergangs von einem Signal zum nächsten in einem Datenstrom. Ursache: Fehler der Signalgeber, des Kabels oder der Komponenten der Übertragungstechnik. Jitter ist eines der wichtigsten Probleme bei der digitalen Übertragung. Der Begriff ist definiert in G.702.
2. Bei paketorientierter Übertragung digitaler Daten das Schwanken des → *Delays*, hervorgerufen durch unterschiedliche Netzlast in verschiedenen Bereichen des Netzes, wodurch es zu verschieden langen Ende-zu-Ende-Laufzeiten der zu einer Verbindung gehörenden Pakete kommt.
3. Im engeren Sinne bei analogen Signalen Phasenschwankungen mit Frequenzen oberhalb von etwa 0,01 Hz. Unterhalb dieser Frequenz spricht man von → *Wander*.

Job

Bezeichnung für eine Zusammenstellung einzelner → *Tasks* zu einem kompletten, von einer Rechenanlage abzuarbeitenden Auftrag. Dabei können mehrere Programme, die miteinander nichts zu tun haben, zu einem Job kombiniert werden. Sie werden dann nacheinander aufgerufen und abgearbeitet.

→ *Thread*.

Joint-Editing

Bezeichnung für ein → *Leistungsmerkmal* bei Desktop-Videokonferenzsystemen. Dabei können z.B. Texte aus Textverarbeitungen und Kalkulationen aus Tabellenkalkulationsprogrammen gemeinsam und gleichzeitig durch die an der Videokonferenz Beteiligten bearbeitet werden.

Handelt es sich um gemeinsam bearbeitete Dokumente, wird auch vom Document Sharing gesprochen.

→ *Application Sharing*, → *Joint-Viewing*.

JOSS

Abk. für Johnniac Open Shop System.

Bezeichnung einer Kombination aus → *Betriebssystem* und → *Programmiersprache*, mit dem bis zu 12 Nutzern ein gleichzeitiger Zugang zu einem Computer ermöglicht wurde.

Entwickelt wurde das System gegen 1960 mit erster Inbetriebnahme am 7. November 1960 von J. Cliff Shaw bei der Rand Corporation.

Joint-Viewing

Bezeichnung für ein → *Leistungsmerkmal* bei Desktop → *Videokonferenzsystemen*. Dabei können die an der Videokonferenz Beteiligten gemeinsam den gleichen Bildschirminhalt betrachten (→ *WYSIWIS*). Ferner können von einem Teilnehmer separat eingespielte Videos und Bilder (z.B. die durch eine zusätzliche Objektkamera eingefangenen Bilder oder durch vorproduzierte Videos) allen anderen zugänglich gemacht werden.

→ *Application Sharing*, → *Joint-Editing*.

JPEG

Abk. für Joint Photographic Expert Group.

Zunächst nur der Name eines Standardisierungsgremiums, dann der Name selbst eines nicht verlustfreien Kompressionsverfahrens für Standbilder, das mittlerweile auch von der → *ISO* (ISO 10918) und der → *ITU* anerkannt wurde.

Der Algorithmus arbeitet nach dem Verlustprinzip, d.h. er entfernt irrelevante, für das menschliche Auge und daher den Qualitätseindruck des Bildes unwichtige Informationen (im Gegensatz zu → *JBIG*). Gedruckte Bilder ab 300 dpi können im Verhältnis 25:1, Monitorbilder mit 70 oder 80 dpi im Verhältnis 15:1 komprimiert werden.

Zugrunde liegt dabei ein symmetrischer Codec-Algorithmus, der verschiedene Qualitätsstufen zuläßt. Dabei wird jedes Bild in Blöcke einer Größe von 8 * 8 Pixel unterteilt. Jeder dieser Blöcke wird für sich komprimiert, wodurch bei der Dekompression bei starkem Kontrastunterschied zwischen benachbarten Blöcken störende Kanten entstehen können.

Bewegtbildsequenzen lassen sich mittels Motion-JPEG komprimieren. Dabei existiert jedoch keine standardisierte Lösung, sondern nur proprietäre Verfahren. Nach wie vor wird dabei jedes Bild (im Standard als frame bezeichnet) einzeln codiert. Die Kompressionsrate hängt dabei sehr vom Videoproduzenten ab und kann in Abhängigkeit von der Komplexität der Daten und frei wählbaren Parametern (Frame-Rate, Farbtiefe, Pixelanzahl ...)

zwischen 20:1 und 50:1, in seltenen Einzelfällen auch bei 160:1 liegen.

JSG

Abk. für Joint Study Group.
Bezeichnung eines gemeinsamen Standardisierungsgremiums mehrerer internationaler Normungsgremien auf Ebene der → *SG*s.

JTACS, J-TACS

Abk. für Japanese Total Access Cellular System.
Die japanische Variante des Mobilfunkstandards → *TACS*.

JTAM

Abk. für Job Transfer and Management.

JTC

Abk. für Joint Technical Committee.

1. Allgemein ein Gremium, das die Normierungsarbeit verschiedener Gremien auf gemeinsam bearbeiteten Gebieten koordiniert. Es wird mit Personen aller beteiligten Gremien besetzt.
2. Speziell ist häufig das Gremium zur Koordinierung der Normung zwischen der → *ISO* und der → *CCITT* bei überlappenden Arbeitsgebieten, wie z.B. der Datenkommunikation, gemeint.
   → *JTCI*.

JTCI

Abk. für Joint Technical Committee for ISO.
Ein Gremium zur Koordinierung der Normung zwischen der → *ISO* und der → *IEC* bei überlappenden Arbeitsgebieten wie z.B. der Informationstechnik.

JTM

Abk. für Job Transfer and Manipulation.
Bezeichnung eines Protokolls auf Schicht 7 des → *OSI-Referenzmodells*, welches bei der Übergabe von → *Job*s an geographisch entfernte Großrechner zur Stapelverarbeitung eingesetzt wird.
Seit dem Rückgang des Einsatzes von Großcomputern (→ *Mainframe*) verliert dieses Protokoll an Bedeutung. Genormt wurde es durch die → *ISO* in ISO 8831 und 8832.

JUG

Abk. für Java User Group.
Bezeichnung eines Zusammenschlusses von Nutzern (Programmierern) der Programmiersprache → *Java*.
Ziel ist der Informations- und Erfahrungsaustausch zwischen Nutzern, die allgemeine Förderung der Programmiersprache und ihrer Verbreitung, die Entwicklung von Programmen und Anwendungen sowie die Vertretung von Nutzerinteressen gegenüber Lizenznehmern von Java.
Die deutsche Sektion wurde nach einem ersten Treffen am 16. Februar 1996, am 24. April 1996 als e.V. gegründet.

Jukebox

Von engl. musicbox. Bezeichnung für ein Gerät zum Abspielen mehrerer → *CD-ROM*s mit automatischem Wechsel der jeweils benötigten CD. Kann als CD-ROM-Server (→ *Server*) eingesetzt werden.

Jumper

Bezeichnung für kleine (maiskorngroße) Stecker auf Zusatzkarten oder → *Motherboard*s für → *PC*s, die zwei Kontakte verbinden können.
Sie dienen zur Konfiguration des jeweiligen Boards in Abhängigkeit verschiedener Hardwareparameter und müssen vor dem Einbau in das Computergehäuse korrekt gesetzt werden.
Wie die Jumper zu setzen sind, kann dem Mannual des Motherboards entnommen werden, das der Hersteller des Boards erstellt und mit diesem zusammen verkauft.

JUNET

Abk. für Japan Unix Network.
Bezeichnung für den 1985 gegründeten japanischen Teil des → *Internet*.

K

K

Das großgeschriebene K ist die Bezeichnung für ein Vielfaches der Speichergröße → *Byte*. Oft wird es auch direkt als technische Abk. für KByte benutzt. Ein K ist eine Speicherkapazität von 2^{10} oder 1 024 Byte (nicht Kilo = 1 000).
→ *M*.

k

Das kleingeschriebene k ist die technische Abk. für kilo, was den Faktor 10^3 = 1 000 bedeutet.

Ka-Band

Bezeichnung des Frequenzbereiches innerhalb des → *K-Bandes* zwischen 17 und 31 GHz (Uplink: 27,5 bis 31 GHz, Downlink: 17,7 bis 21,2 GHz). Oft wird auch nur der obere Bereich des K-Bandes (33 bis 36 GHz) darunter verstanden. Wird für Satellitenfunk bei verschiedenen Forschungssatelliten genutzt. Ist auch in Planung für → *Teledesic*. Nachteilig ist, daß Funksignale dieser Frequenzen sehr leicht durch Nebel und Regen gestört werden.

Kabelfernsehen

→ *Breitbandkabelverteilnetz*.

Kabelmodem, -technik

Bezeichnung für eine neue Technik mit der lokale Kabelfernsehnetze prinzipiell wie ein → *LAN* zur Übertragung multimedialer Daten genutzt werden können. Üblicherweise werden dazu beim Teilnehmer (Frontend) und am Headend sog. Kabelmodems installiert, die den einzelnen Teilnehmern in Abhängigkeit von der verwendeten Technik und der Netzlast bis zu 10 oder sogar 30 Mbit/s im → *Downstream* und bis zu 800 kbit/s im → *Upstream* zur Verfügung stellt.
Die Bezeichnung → *Modem* ist dabei nicht ganz korrekt und bezieht sich weniger auf die Übertragung (digital) als vielmehr auf die Tatsache, daß ein zusätzliches externes Gerät notwendig ist.
Hauptanwendungsgebiete werden insbesondere im breitbandigen Zugang zum → *Internet* oder zu entfernten → *CD-ROM*-Servern gesehen.
→ *http:/www.teleport.com/~samc/cable5.html/*

Kabelverzweiger

Bezeichnet in → *Ortsnetzen* den Punkt, an dem mehrere → *Verzweigungskabel* zu nur einem → *Hauptkabel* zusammengeführt werden.

Kanal

1. In der Übertragungstechnik eine eingerichtete (unidirektionale) Punkt-zu-Punkt-Verbindung zur Übertragung von Signalen. Dabei wird zwischen Verkehrskanälen zur Übertragung von Nutzdaten und Signalisierungskanälen zur Übertragung von Signalisierungsdaten unterschieden.
2. In der Rechnertechnik ein Weg auf dem nur Daten zwischen einzelnen Einheiten des Rechners transportiert werden.

Kanalabstand

Innerhalb eines Funksystems der Abstand in Hz zwischen zwei direkt benachbarten Kanälen.
→ *Duplexabstand*.

Kanalbündelung

Bezeichnung für die parallele Nutzung mehrerer B-Kanäle im → *ISDN* zur Erzielung höherer Übertragungsraten. Dabei wird ein Zusatzgerät beim Teilnehmer eingesetzt, in das einerseits über eine Leitung n * 64 kbit/s eingespeist werden und auf der andererseits n Leitungen zu je 64 kbit/s abgehen, d.h. es werden unabhängig voneinander n B-Kanäle durch das ISDN aufgebaut.
Dem Empfänger obliegt es, aus den n Kanälen wieder einen einzigen hochbitratigen Kanal zu rekonstruieren.

Kanalcodierung

Codierverfahren, bei dem die Eigenschaft des Übertragungskanals (drahtgebundenes Fernmeldenetz, Funkkanal) berücksichtigt wird, um die Redundanz gezielt zur Fehlererkennung und Fehlerkorrektur zu erhöhen. Im Gegensatz dazu reduziert die → *Quellcodierung* die → *Redundanz*.
Beispiele für Verfahren zur Kanalcodierung sind → *Interleaving*, → *CRC* und der → *Faltungscodierer*.

Kanalgruppen-Umsetzer

→ *Cross Connect*.

Kanalteiler

Andere seltene und eher deutsche Bezeichnung für → *Multiplexer*.

Kapazitive Kopplung

Zwei Punkte sind miteinader kapazitiv gekoppelt, wenn sie sich mittels elektrischer Felder beeinflussen.
→ *Kopplung*, → *Galvanische Kopplung*, → *Induktive Kopplung*.

K-Band

Bezeichnung des Frequenzbereiches zwischen 10,9 GHz und 36 GHz. Oft gemeint ist speziell der Bereich zwischen 11 und 15 Gigahertz (Uplink: 14 bis 14,5 GHz, Downlink: 11,7 bis 12,2 GHz). Wird für Satellitenfunk von Telekommunikationssatelliten genutzt. Wenig störanfällig gegen Mikrowellenstrahlung im Vergleich zum → *C-Band* und kommt auch mit kleineren Antennen

aus. Dafür stärkerer Einfluß durch Regen und Nebel.
Wegen unterschiedlicher häufiger Anwendungen für Satellitenfunk wird das K-Band in die Unterbänder → *Ka-Band* und → *Ku-Band* unterteilt.
Die Nachbarbereiche sind → *X-Band*, → *Q-Band*.

KDD

Abk. für Kokusai Denshin Denwa.
Bezeichnet eine privatrechtlich gestaltete Gesellschaft, die in Japan für die internationale Telekommunikation (→ *NTT*) zuständig ist.

Kerberos

Bezeichnung eines Verschlüsselungsstandards, der vom MIT mitentwickelt wurde und mittlerweile weite Verbreitung, z.B. innerhalb von → *DCE*, gefunden hat. Das Verfahren ist prinzipiell ein Authentifizierungsverfahren und ermöglicht damit auch digitale Unterschriften. Es wird bei der Identifizierung von Clients durch einen → *Server* eingesetzt.
Es bietet drei Sicherheitsstufen:

- Authentifizierung beim Aufbau einer Verbindung,
- Authentifizierung einzelner Nachrichten,
- Verschlüsselung von Nachrichten.

→ *DES*, → *Kryptologie*.

Kermit

Datenübertragungsprotokoll für den Filetransfer, entwickelt von Frank da Cruz der Columbia University. Dabei können mehrere Dateien und weitere Befehle übertragen werden. Die Blocklänge variiert in Abhängigkeit von der Leitungsqualität zwischen 16 und 4 000 Bytes. Üblicherweise wird eine Blockgröße von 94 Byte verwendet
Kermit ist vielseitig zwischen PCs und Großrechnern einsetzbar, aber auch komplex. Es bedarf vieler Steuerinformationen und verfügt über einen Quoting genannten Mechanismus, mit dem in PC-Umgebungen gebräuchliche 8-Bit-orientierte Daten auch in terminalorientierten Umgebungen, die auf 7-Bit-Datenübertragung basieren, übertragen werden können.

Kernel

Von engl. kernel = Kern. Bezeichnet den Kern eines → *Betriebssystems*, der sofort nach dem Einschalten des Rechners beim → *Booten* in den Speicher geladen wird, dort aktiv wird und verbleibt. Er enthält die mindestnotwendigen Teile zum Rechnerbetrieb. Andere Teile des Betriebssystems werden erst bei Bedarf nachgeladen.
Was der Kernel genau ist, wie groß er ist und welche Funktionen er wahrnimmt, ist von Betriebssystem zu Betriebssystem verschieden.
Kernel ist nicht mit → *Core* zu verwechseln.

Kernspeicher

Andere Bezeichnung für → *Magnetkernspeicher*.

Kettendrucker

Bezeichnung für einen mechanischen Zeilendrukker, bei dem die Typen auf einer rotierenden Kette montiert sind. Oft für standardisierte, einfache Vordrucke genutzt (Formulare etc.). Heute kaum noch verbreitet.
Vorteilhaft ist die Robustheit und die hohe Druckgeschwindigkeit.
Nachteilig sind der begrenzte Typenvorrat, umständliche Wartungsarbeiten, ein schlechteres Druckbild als beim → *Typenraddrucker* und die Geräuschentwicklung.

KFS

Abk. für Kabelfernsehen.
→ *Breitbandkabelverteilnetz*.

KI

Abk. für Künstliche Intelligenz.
International oft auch mit AI für Artificial Intelligence bezeichnet. Seit Ende der 40er Jahre existierendes Fachgebiet. Teilgebiet der → *Informatik*. Es ist die Bezeichnung für den Versuch, menschliches Verhalten (insbesondere Problemlöseverfahren und Entscheidungsverhalten) mit Computersystemen nachzubilden. Ziel ist dabei, den Computer 'intelligenter' zu machen, z.B. indem er selber lernen kann. Teilgebiete sind Systeme zur automatischen Problemlösung und Entscheidungsfindung sowie die Mustererkennung (in der Sprach- und Bildverarbeitung), neuronale Netze und Expertensysteme.
Für Anwendungsprogrammierung wurden einige Sprachen entwickelt, etwa → *Lisp*, → *Prolog* und → *Smalltalk*.
Das Prinzip der KI, Denkprozesse als einzelne Schritte ähnlich einem Computerprogramm in Form von Anweisungen und mathematischen Gleichungen formulieren zu können, reicht in der Philosophie bis zu Platon (* 427 v. Chr., † 347 v. Chr.) und Aristoteles (* 384 v. Chr., † 322 v. Chr.) zurück. Ferner haben Gottfried Leibniz (* 1646, † 1716) und George Boole (* 1815, † 1864) weitere Grundsteine gelegt. Das moderne Konzept der KI wurde 1956 auf einer mittlerweile legendären Konferenz am Dartmouth College unter der Leitung von John McCarthy und Marvin Minsky erstmals ausführlich diskutiert, u.a. waren auch Allen Newell und Herbert Simon anwesend. Damit wurden KI-Ideen einer breiteren akademischen Öffentlichkeit bekannt gemacht. McCarthy gründete dann 1957 das AI-Institut am MIT.

Killer Application

Bezeichnung einer Softwareanwendung oder eines → *Dienstes*, die den großen Durchbruch auf einem

Gebiet darstellt und die Nachfrage nach der dazugehörigen Hardware oder dem Dienst selbst stimuliert.

Allgemein galt, beispielsweise, → *Tele-Banking* seinerzeit in den frühen 90er Jahren als Killer-Applikation für Datex-J (→ *Telekom-Online*) und → *Online-Dienste* gelten als Killer-Applikation für die Verbreitung von → *ISDN* unter privaten Nutzern.

In der Regel lassen sich neben einem niedrigen bis mäßigen Preis zwei hauptsächliche Kriterien festmachen:

- Narrensichere einfache Bedienung.
- Ein für jeden Nutzer offensichtlicher großer Nutzen.

Kinderruf

Andere Bezeichnung für → *Babyruf*.

Kinetics Internet Protocol

→ *KIP*.

KIP

Abk. für Kinetics Internet Protocol. Ein älteres Protokoll zur Vergabe von → *IP*-Adressen innerhalb von → *Apple Share*-Netzen.

Kissenverzerrungen

Bezeichnung für spezielle Bildverzerrungen bei Monitoren. Sie zeigen sich dadurch, daß senk- und waagerechte Linien in den Ecken des Monitors nach außen (schlaffes Kissen) oder innen (aufgeblähtes Kissen, auch Tonne genannt) laufen.

Kit

Abk. für Windows based Kernel-Software for Intelligent Communications Terminals.

Bezeichnet einen neuen Standard für das deutsche Btx-System (→ *Telekom-Online*). Ist Windows ähnlich. Soll auch Übertragung von Musik und Videos unterstützen.

Ziel ist, daß nicht mehr komplette Seiten durch das System vom Btx-Rechner zum Teilnehmer übertragen werden, sondern nur noch Objekte (Textdateien, Bilddaten, Audio-Files), die dann, von der lokalen Software beim Teilnehmer aufbereitet, auf dessen PC dargestellt werden sollen.

Langfristig gesehen werden sich KIT und → *HTML* nähern.

Klammeraffe

In Deutschland gebräuchlicher Jargon für das Zeichen @. Gesprochen 'at'. Das Zeichen wird in anderen Sprachen mit „Snabel-A“ (schwedisch) oder „Escargot“ (französisch) bezeichnet.

In vielen Ländern wird eine Beziehung zu Nase, Schnabel, Rüssel oder auch Schnecke (mit Schneckenhaus) hergestellt. Das Zeichen hat seinen Ursprung im Mittelalter in der Verschmelzung (Ligatur) zum schnellen handschriftlichen Schreiben der Buchstaben A und D, welche im Lateinischen als ‘ad’ die Bedeutung ‘zu’ oder ‘zu etwas hin’ haben.

Nach der Einführung des Buchdrucks mit beweglichen Lettern wurden etliche Ligaturen nicht mehr benötigt. Das Zeichen @ überlebte jedoch in einigen Kulturkreisen und wurde, z.B. im englischen Sprachraum, für die Preisauszeichnung genutzt, weswegen dort das Zeichen auch als „commercial at“ (kaufmännisches at) bekannt ist.

Seit einigen Jahren wird das Zeichen in der Welt des → *Internet* dazu verwendet, in → *e-mail*-Adressen die User-Bezeichnung von der → *Domäne* zu trennen. Über diesen Umweg ist es vielen Nutzern bekannt geworden und hält nun wieder Einzug in das geläufige typografische Arsenal, insbesondere in der Werbung.

→ *DNS*.

Klappenschrank

Begriff aus der Anfangszeit der Telekommunikation. Ein Arbeitsplatz in der Handvermittlung, bei dem durch Drücken eines Knopfes beim Teilnehmer ein Elektromagnet aktiviert wird, der die Verriegelung für eine Klappe löst. Diese Klappe klappt nach unten und zeigt so den Verbindungswunsch an. Das 'Fräulein vom Amt' meldete sich bei diesem Teilnehmer, fragte nach dem Verbindungswunsch und stöpselte diesen.

Nach Einführung der → *Zentralbatterie* wurden die Klappen durch Lämpchen ersetzt. Auch das Ende eines Gesprächs (Auflegen) wurde durch eine Lampe angezeigt.

Die Klappenschränke wurden durch die ersten automatischen und elektromechanischen Wähler ersetzt (→ *Heb-Dreh-Wähler*).

Klasse A, B, C, D

→ *Verkabelungsstandard*.

Klinkenstecker

Bezeichnung für einen weitverbreiteten Stecker bei Kopfhöreranschlüssen an HiFi-Anlagen.

Der Stecker besteht aus einem langen Stift mit kugelförmig abgerundeter Spitze. Der Stift wiederum ist unmittelbar unter der Spitze durch einen vom Rest des Stiftes isolierten Ring unterbrochen. Ring und Spitze stellen die Verbindung her (Ring: rechter Kanal, Spitze: linker Kanal).

Häufig wird der Stecker auch als Monostecker zum Anschluß von Boxen und Mikrofonen genutzt.

Den Stecker gibt es mit 3,5 mm und 6,3 mm Durchmesser.

KMU

Abk. für kleine und mittlere Unternehmen.

Bezeichnung aus dem Marketing. Eine Klasse von Unternehmen, deren Wettbewerbsfähigkeit gegenüber Großunternehmen durch den Einsatz moderner Telekommunikation gesteigert werden kann. Häufig auch in Deutschland schon mit SME (aus dem Englischen: Small and Medium Enterprises) bezeichnet.

Knoten

1. Allg. Begriff aus der Topologie bzw. Graphentheorie, der das Zusammenlaufen mehrerer Kanten (mindestens zwei) bezeichnet.
2. In Vermittlungssystemen jeder Ort, an dem Leitungen zu Vermittlungszwecken zusammenlaufen, unabhängig von der Hierarchieebene. Üblicherweise wird zwischen Anschlußknoten mit angeschlossenen Endteilnehmern und Vermittlungs- oder Durchgangsknoten ohne Endteilnehmer unterschieden.

Knotenvermittlung

Lange Zeit die dritthöchste Vermittlungsebene im Vermittlungsnetz der Deutschen Telekom oberhalb der Ortsvermittlungsebene. In Deutschland gab es ca. 650 Knotenvermittlungen. An jede Knotenvermittlung konnten max. 10 Ortsnetze angeschlossen werden.
Aufgabe war die Bündelung des Fernverkehrs verschiedener Ortsnetze und deren Weiterleitung unter Gesichtspunkten wie Netzauslastung und Leitungsverfügbarkeit.
Anfang der 90er Jahre kam es zur Restrukturierung der Netzebenen und der Einführung des → *BNK*.
→ *Ortsvermittlung*, → *Hauptvermittlung*, → *Zentralvermittlung*.

Knotenvermittlungsleitung

Im hierarchisch organisierten Netz der Deutschen Telekom die Bezeichnung für die Leitung zwischen der → *Knotenvermittlung* und der → *Hauptvermittlung*.

Koaxialkabel

Weitverbreitetes Kabel, bei dem ein Leiter konzentrisch um einen zweiten liegt. Beide Leiter haben dadurch die gleiche Längsachse und sind durch eine Isolierung getrennt.
Gegenüber der verdrillten Zweidrahtleitung, wie sie insbesondere bei Telefonanschlüssen verwendet wird, ergibt sich ein wesentlich besseres Abschirmungsverhalten gegenüber externen Störungen. Entwickelt wurde das Koaxialkabel in den 30er Jahren.
Ein Koaxialkabel kann ca. 10 800 analoge Fernsprechkanäle mittels Trägerfrequenztechnik übertragen.
Bis zu einer Länge von ca. 400 m kann ein Koaxialkabel die gleiche Bandbreite übertragen wie eine Glasfaser(→ *Glasfasertechnik*).

Für verschiedene Einsatzmöglichkeiten sind verschiedene Koaxialkabeltypen definiert worden, die sich in ihrer → *Impedanz* unterscheiden:

Typ	Impedanz	Anwendung
RG-58/U	53,5 Ohm	Selten Ethernet
RG-58A/U	50 Ohm	Ethernet (10Base2)
RG-58C/U	50 Ohm	Ethernet (10Base2)
RG-59	75 Ohm	Kabelfernsehen
RG-62	93 Ohm	→ *SNA*, → *ARCNet*

→ *Breitbandkabelnetz*.

Kollision

Bezeichnung für mehrere sich auf einem Übertragungsmedium zeitgleich überlagernde Übertragungsvorgänge. Führt zur Zerstörung der zu übertragenden Daten und macht eine Übertragungswiederholung erforderlich.
→ *CSMA/CD*, → *Collision Domain*.

Kollokation

Begriff aus der technischen → *Deregulierung* von Telekommunikationsmärkten, in Deutschland definiert in der Netzzugangsverordnung (→ *NZV*).
Er bezeichnet als Oberbegriff das physische Zusammenschalten von Netzen verschiedener Netzbetreiber bei der → *Interconnection*. Man unterscheidet dabei zwei verschiedene Arten:

- Physische Kollokation: Um sie handelt es sich, wenn technische Einrichtungen zum Zusammenschalten in Liegenschaften des marktbeherrschenden Netzbetreibers untergebracht sind.
- Virtuelle Kollokation: Um sie handelt es sich, wenn das Zusammenschalten an einem anderen Ort als beim marktbeherrschenden Netzbetreiber erfolgt, der marktbeherrschende Netzbetreiber jedoch für die gleichwertigen wirtschaftlichen, technischen und weiteren betriebsbedingten Voraussetzungen zu sorgen hat.

In Deutschland ist die physische Kollokation gemäß der NZV der Regelfall und wird nur den Netzbetreibern gewährt, die auch Anspruch auf entbündelte Leistungen (→ *Entbündelung*) haben. Virtuelle Kollokation erfolgt nur in Ausnahmefällen wenn ein Netzbetreiber nachweist, daß physische Kollokation nicht oder nicht mehr gerechtfertigt ist.
In ersten Fassungen der NZV wurde auch eine grundsätzliche Wahlmöglichkeit zwischen physischer und virtueller Kollokation in Erwägung gezogen, die aber nicht umgesetzt wurde.

Komforttelefon

Bezeichnung für ein Endgerät mit zusätzlichen (vielen) → *Leistungsmerkmalen*. Der Übergang vom einfachen Telefonapparat zum Komforttelefon ist fließend und permanentem Wandel unterworfen. Heute gelten Geräte mit Tastenwahl, Wahlwiederholung und Lautsprecher als Einfachgerät. Alles was darüber hinaus geht gilt als Komforttelefon.

Kommunikationssystem

Ein wie auch immer geartetes Kommunikationssystem zerfällt in der Regel in ein Anwendungssystem und ein Transportsystem. Das Transportsystem stellt dabei einen sicheren (fehlerfrei, qualitativ hochwertig) Transportweg zwischen Teilnehmern zur Verfügung. Das Anwendungssystem setzt diesen Transport voraus und interpretiert die transportierten Daten auf eine bestimmte Art und Weise (Sprache, Bilder, Daten), um sie dem Teilnehmer entsprechend zugänglich und nutzbar zu machen.
Das Transportsystem kann grundsätzlich eine → *verbindungslose Datenübertragung* oder eine → *verbindungsorientierte Datenübertragung* unterstützen.
Das Konzept der Trennung von Transport- und Anwendungsfunktionen findet sich insbesondere im → *OSI-Referenzmodell* wieder, einer abstrakten Beschreibung (→ *Architektur*) verteilter offener Kommunikationssysteme.

Kompandierung

Kunstwort, zusammengesetzt aus Kompression und Expandierung. Bezeichnet Verfahren zur Dynamikreduzierung akustischer Signale. Dabei werden bestimmte Signalbereiche bevorzugt und andere weniger berücksichtigt.

Kompatibilität

Übereinstimmung verschiedener technischer Geräte, Einrichtungen oder Programme in entscheidenden, fest definierbaren Parametern, damit diese zusammenarbeiten können.

Kompression, Kompressionsverfahren

Bezeichnung für eine Klasse von Verfahren, bei der eine Datenmenge bei gleichem Informationsgehalt durch Wegfall von Redundanz und/oder Irrelevanz verringert wird. Man unterscheidet:

- Verlustfreie Verfahren, die nur Redundanzen beseitigen und daher zu keinen Qualitätseinbußen führen.
- Verlustbehaftete Verfahren, die Redundanz und Irrelevanz beseitigen und daher, in Abhängigkeit der Art der zu komprimierenden Daten, zu geringen Qualitätseinbußen führen.

Ferner unterscheidet man:

- Symmetrische Verfahren, bei denen Kompression und Dekompression durch einen Algorithmus, der nur in unterschiedliche Richtungen durchlaufen wird, gleich schnell (in Echtzeit) durchgeführt werden können.
- Asymmetrische Verfahren, bei denen Kompression und Dekompression durch verschiedene Algorithmen ermöglicht werden. Dies führt üblicherweise zu einem länger andauernden Kompressionsprozeß und einem schnellen Dekompressionsprozeß.

Prinzipiell unterscheidet man mehrere Ansätze für die Kompression:

- Die Reduzierung von Irrelevanz durch Ignorieren von Informationen, die durch die menschlichen Sinne nicht oder nur sehr eingeschränkt wahrgenommen werden. Beispiele: Einschränkung des Frequenz- oder Dynamikbereichs bei Audiodaten, die Reduktion der Farbtiefe bei Bilddaten.
- Die Reduzierung von Redundanz durch die Codierung von häufig vorkommenden Informationssymbolen oder Folgen von Informationssymbolen durch kurze Codes und die von seltener vorkommenden durch längere Codes.
- Die Reduzierung von Redundanz durch die Ausnutzung zeitlicher Abhängigkeiten zwischen einzelnen Informationsträgern, z.B. bei aufeinanderfolgenden Bildern eines Films. In diesem Fall braucht nur ein Bild übertragen zu werden, gefolgt von den Differenzen der Folgebilder.

Grundlegende Verfahren zur Kompression sind beispielweise → *Fraktale Kompression,* → *Huffman-Codierung,* → *LZW* und → *Wavelet Kompression.*
In Abhängigkeit des zu komprimierenden Datenmaterials sind verschiedene Standards entwickelt worden, die alle besondere Eigenschaften hinsichtlich Irrelevanz und Redundanz des speziellen Quelldatenmaterials ausnutzen:

- Kompression von Standbildern: → *GIF,* → *J-BIG,* → *JPEG,* → *PNG.*
- Kompression von Bewegtbildern: → *MJPEG,* → *MPEG.*
- Kompression von Audiodaten: → *Musicam.*

Konferenzschaltung

→ *Leistungsmerkmal* von Nebenstellenanlagen. Dabei werden mehr als zwei Teilnehmer zusammengeschaltet, was durch ein Anrufen, der Reihe nach, aller Beteiligten durch eine zentrale Person (Konferenzleiter) geschieht.

Konfiguration

Eine durch Parameter und ihre veränderbaren, aber eingestellten Werte definierte Struktur eines Gerätes, Netzes oder Dienstes zur Erfüllung einer gewünschten Funktion.

Konfigurationsmanagement

Bezeichnung für ein Aufgabengebiet des → *Netzmanagements.*
Betrifft die Planung, Erweiterung oder Veränderung des Netzlayouts und der Eigenschaften seiner Elemente.

Konsole

→ *Console.*

Kontrahierungszwang

→ *USO.*

Konvergenzfehler

Bezeichnung für eine spezielle Bildverzerrung bei Farbmonitoren. Dabei sind die einzelnen Elektronenstrahlen für die Farbanteile Rot, Grün und Blau nicht exakt auf die gleiche Pixelreihe oder -zeile justiert, weswegen eine einzige weiße Linie in zwei oder drei farbige einzelne Linien zerläuft.

Konverter

Anderes Wort für Umsetzer. Einrichtung zur Umsetzung eines Signals von einer Trägerfrequenz auf eine andere.
Man unterscheidet ferner Up-Konverter, der ein Signal in einem Sender auf die Funkfrequenz umsetzt, und Down-Konverter, der umgekehrt ein empfangenes Funksignal zur Weiterverarbeitung in eine andere Frequenz umsetzt.

Konzentrator

Bezeichnung eines Gerätes, das eine Anzahl von (vielen) logischen oder physischen Eingangsleitungen mit jeweils einer bestimmten Kapazität zu einer oder wenigen Ausgangsleitungen mit gleicher Kapazität zusammenfaßt (im Gegensatz dazu: → *Multiplexer*), wobei nur eine Eingangsleitung auf die Ausgangsleitung durchgeschaltet wird, d.h. die anderen Leitungen sind inaktiv.
Ein Konzentrator übernimmt somit die Funktion des Sammelns oder Konzentrierens in einer → *Vermittlung.* Ein → *Anrufsucher* ist z.B. eine mögliche Realisierung des Konzentrators im Telefonnetz.
In → *LANs* übernehmen diese Rolle → *Hubs.*

Koordinatenschalter

Bezeichnung einer Gruppe von elektromechanischen Wählern bei → *indirekt gesteuerten Vermittlungen.* Oberbegriff für Bausteine wie → *Crossbar-Switch.*

Kopfstelle

Bezeichnung für alle Einrichtungen neben der Empfangsantenne im hierarchisch höchsten Teil eines → *Breitbandkabelverteilnetzes.* Dort werden Rundfunkprogramme empfangen und eingespeist. Auch Headend genannt.

Koppelnetz

Baustein der Vermittlungstechnik, bei welchem ein- und abgehende Leitungen nach Maßgabe von Steuerinformationen miteinander verbunden werden. Früher mechanisch als sog. Raumkoppler ausgeführt (→ *Crossbar-Switch*), heute elektronisch als Halbleiterbaustein und als Raum- oder Zeitvielfachkoppler.

Kopplung

Bezeichnung für die Wechselbeziehung zwischen verschiedenen Stromkreisen, zwischen denen Energie übertragen werden kann.
→ *Galvanische Kopplung,* → *Induktive Kopplung,* → *Kapazitive Kopplung.*

Kreuzschienenschalter

→ *Crossbar-Switch.*

Kryptologie

Oberbegriff für das Entwickeln von Chiffremethoden zur Datensicherung (Kryptographie) und dem Aufbrechen von Chiffren (Kryptanalysis).
Das Anwenden einer Chiffre auf Daten bezeichnet man als Verschlüsseln oder Chiffrieren, den umgekehrten Vorgang als Entschlüsseln oder Dechiffrieren. Anstelle von Chiffre als Bezeichnung der Vorschrift oder Methode zur Datenverschlüsselung wird auch das Wort Code benutzt. Bekannte Verschlüsselungsalgorithmen und auch -produkte sind → *DES,* → *RSA,* → *IDEA,* → *RC 2, 4,* und *5,* → *PGP* oder → *Kerberos.* Man unterscheidet allgemein zwischen → *Public Key*-Verfahren und → *Private Key*-Verfahren in Abhängigkeit davon, ob zwei verschiedene Schlüssel oder nur einer für die Ver- und Entschlüsselung nötig sind.

KSDS

Abk. für Key Sequenced Entry Set.
Eine Variante von → *VSAM.*

KtK

Abk. für Kommission für den Ausbau des technischen Kommunikationssystems.
→ *Deregulierung.*

KTV

Abk. für Kabel-Television.
Bezeichnung aus der Frühzeit der Kabelfernsehnetze in Deutschland (70er Jahre).
→ *Breitbandkabelnetz.*

Ku-Band

Frequenzbereich innerhalb des → *K-Bandes* zwischen 15,3 und 17,2 GHz. Gemeint ist häufig der genutzte Bereich für Satellitenkommunikation. Genutzt von Intelsat, Eutelsat und russischen Satelliten. Uplink: 14 bis 14,5 GHz, Downlink: 10,7 bis 11,2 GHz. Derzeit mit ca. 20 Satelliten belegt.

KüFu

Abk. für Küstenfunk.

Künstliche Intelligenz

→ *KI.*

Kulissenwähler

Bezeichnung eines elektromechanischen Wählers aus den 20er Jahren. Entwickelt von der schwedischen Firma L.M. Ericsson. Verfügte über ein 20 mal 25 Kontakte großes Koppelfeld.

Kupferdoppelader

Andere Bezeichnung des gebräuchlichen Kabels für den Teilnehmeranschlußbereich im Fernsprechnetz.
→ *Verdrillte Zweidrahtleitung.*

Kurzstreckenfunk

Bezeichnung für eine besondere Form des → *Betriebsfunks*, bei der leistungsstarke Handfunksprechgeräte ohne Formalitäten, Auflagen und Registrierung sowie in beliebiger Anzahl von jedermann gekauft und zur analogen Sprachübertragung betrieben werden können. Daneben gibt es Ähnlichkeiten mit dem → *CB-Funk*, von dem sich der Kurzstreckenfunk durch die geringere Reichweite und die höhere Übertragungsqualität unterscheidet. Vorteil des Systems ist, daß es keiner Netzinfrastruktur bedarf, weswegen ein eigener Netzbetreiber oder Dienstanbieter fehlt. Die Gerätenutzung ist daher, vom Anschaffungspreis abgesehen, völlig kostenfrei.
Die Datenübertragung erfolgt direkt von Endgerät zu Endgerät auf drei definierten Frequenzen:

- 149,0250 MHz,
- 149,0500 MHz,
- 149,0375 MHz.

Die Frequenz 149,05 MHz darf allerdings nur in einem Abstand von 35 km zur polnischen Grenze verwendet werden. Ferner dürfen alle Frequenzen oberhalb von 600 m im Schwarzwald und auf der südlichen Schwäbischen Alb nicht genutzt werden. Durch das gemeinsame Nutzen von Frequenzen von mehreren voneinander unabhängigen Nutzern ist das Einhalten von Funkdisziplin nötig. Die Sendeleistung der Handgeräte darf 0,5 W nicht übersteigen. Sie können sich untereinander bei entsprechender Einrichtung erkennen, so daß man mit ihnen als geschlossene Benutzergruppe ein eigenes kleines Netz über eine Distanz von 3 bis 4 km aufbauen kann. Ein Anschluß der Endgeräte an andere öffentliche oder private Netze ist nicht zulässig. Anwendungsszenarien beschreiben Anwendungen auf Großbaustellen, in Stadien, bei Konzertveranstaltungen oder auf Messen. Das System geht zurück auf eine Initiative der Hersteller, insbesondere der Unternehmen Bosch und Motorola, die dieses System im Februar 1995 beim → *BAPT* in Mainz vorschlugen, als über die neue Nutzung der Funkfrequenzen des außer Betrieb genommenen → *B-Netzes* entschieden wurde. Mit der Amtsblattverfügung Nr. 23 vom 25. September 1996 unter der Nr. 156/96 genehmigte das → *BMPT* das System. Die oben genannten Frequenzen sind in Deutschland nur bis zum Jahr 2005 reserviert, da eine europaweite Frequenzverteilung für derartige Systeme angestrebt wird. An dieser wird durch das → *ERC* gearbeitet.

Kurzwahl

→ *Leistungsmerkmal* von Nebenstellenanlagen und → *Komforttelefonen*. Bezeichnet die Möglichkeit, Rufnummern zu speichern (→ *Rufnummerngeber*) und diese durch Wählen einer kurzen Ziffernfolge abzurufen und zum Teilnehmer durchzuwählen. Existieren z.B. 20 Nummernspeicher für 20 Telefonnummern, so ist die Kurzwahl eine Funktionstaste gefolgt von einer Nummer von 1 bis 20. Die Telefonnummern können, je nach Hersteller der Nebenstellenanlage, entweder im Endgerät selbst oder in der Vermittlungsstelle der Nebenstellenanlage gespeichert werden. Vorteil der Speicherung in der Vermittlungsstelle ist, daß dort Speicher bei Bedarf problemlos nachgerüstet werden können. Bei Kurzwahl ist häufig auch → *Nachwahl* möglich. Üblicherweise unterscheidet man zwei Kurzwahlprinzipien:

- Zentrale Kurzwahl, wobei die Kurzwahlziele für alle an eine Nebenstellenanlage angeschlossenen Teilnehmer gleich sind und von einer zentralen Stelle verwaltet werden,
- Gruppenkurzwahl: Mehrere Nebenstellen können zu einer Gruppe zusammengefaßt werden. Dieser Gruppe werden Kurzwahlziele zugeordnet, auf die nur die Gruppenmitglieder Zugriff haben und die nur sie verwalten können,
- Individuelle Kurzwahl, bei der jeder Teilnehmer seine Kurzwahlziele selbst verwaltet.

Kurzwelle

Bezeichnet den Frequenzbereich von 3 - 30 MHz.
→ *HF.*

KVst

Abk. für → *Knotenvermittlungsstelle.*

KVz

Abk. für → *Knotenverzweiger.*

KW

Abk. für → *Kurzwelle.*

KxK

Abk. für → *Koaxialkabel.*

L

L2TP

Abk. für Layer 2 Tunneling Protocol.

Bezeichnung für ein gemeinsam vom Hause Cisco und vom Hause Microsoft entwickeltes Protokoll zum → *Tunneling* über das → *Internet* innerhalb einer Punkt-zu-Punkt und Ende-zu-Ende-Verbindung zwischen einem → *Server* und einem Client.

La

1. Abk. für Leitungsausrüstung.
2. Abk. für Location Area.
   In Mobilfunknetzen nach dem → *GSM*-Standard die Bezeichnung für das u.U. mehrere Zellen (→ *zellulare Systeme*) umfassende Gebiet, in dem sich eine mobile Station (→ *MS*) ohne einen Location Update im → *VLR* frei bewegen kann. Ein VLR kann dabei mehrere LAs verwalten.

LAA

Abk. für Locally Administrated Adress.

Bezeichnung für eine Adresse eines Netzwerkadapters, die lokal und nicht vom Hersteller der Karte vergeben und eingestellt wurde.

→ *UAA*.

Lader

Bezeichnung eines Programms, das mehrere Objektprogramme zu einem lauffähigen Programm zusammenfügt und dieses in einen vorbestimmten Bereich des Arbeitsspeichers lädt.

→ *Compiler*, → *Binder*.

LAN

Abk. für Local Area Network.

Bezeichnet lokale Netze mit einer Ausdehnung von bis zu 10 Kilometern und einigen Hundert angeschlossenen Stationen. Die Mehrheit der LANs dehnt sich jedoch nur über einige Hundert Meter innerhalb von Gebäuden aus.

Beispiel: → *Ethernet*, → *Fast Ethernet*, → *Token Bus*, → *Token Ring*, → *TCNS*, → *ARCnet*, → *HYPERchannel*, → *Luckynet*, → *DECnet*, → *StarLan*.

Elemente zum Verbinden einzelner → *Segmente* zu LANs sind → *Bridge*, → *Router*, → *Switch*, → *Hub* oder → *Gateway*.

→ *WAN*, → *MAN*, → *GAN*, → *Shared Medium*.

Landesfernwahlnetz

Anderes Wort für Fernnetz. Der Name leitet sich aus dem Ende der 40er Jahre definierten Ziel der Landesfernwahl ab, d.h. der kompletten Umstellung auf automatischen Betrieb.

LANE

Abk. für Local Area Network Emulation.

Bezeichnung für einen Dienst in → *ATM*-Netzen, bei der mittels des Netzes ein → *LAN* nachgebildet wird.

LAP-B

Abk. für Link Access Procedure Balanced.

Ein beim → *HDLC*-Datenübertragungsverfahren eingesetztes bitsynchrones Protokoll auf dem → *MAC*-Layer der Schicht 2. Es regelt die Datenübertragung zwischen gleichberechtigten Stationen.

LAP-D

Abk. für Link Access Procedure D-Channel.

Ein → *Schicht-2-Protokoll* für die Signalisierung im → *ISDN* D-Kanal. Standardisiert in Q.920 und 921.

LAP-F

Abk. für Link Access Procedure for Frame Mode Bearer Services.

Ein Protokoll auf Schicht 2 des → *OSI-Referenzmodells* für die Signalisierung bei → *Frame Relay*. Basiert auf LAP-D. Standardisiert in Q.922.

LAP-M

Abk. für Link Access Protokoll for Modems.

Anpassung des bei → *HDLC* gebräuchlichen → *LAP-B*-Protokolls für bitsynchrone Übertragung mit Modems nach dem → *Start-Stop*-Verfahren. Wird z.B. genutzt bei → *V.42*. Dort auch definiert.

Laptop

Von engl. lap = Schoß. Ein Computer, den man auf den Schoß legen kann. Bezeichnung für handliche, tragbare → *Computer*, die auch unabhängig vom Stromnetz eingesetzt werden können.

Erster tragbarer Computer war die → *IBM 5100* (1975), gefolgt vom → *Osborne-1* (1981) und dem ersten echten IBM-kompatiblen Laptop Portable aus dem Hause Compaq (1982).

Die große Zeit der Laptops begann gegen Ende der 80er Jahre.

Laser

Abk. für Light Amplification by Stimulated Emission of Radiation.

Bezeichnung für monochromatische Lichtquellen (sehr eng begrenztes Spektrum), die eine stark gebündelte Strahlung aussenden. Erreicht werden Wellenlängen zwischen 180 nm und 1 mm.

Einsatzgebiete: → *Glasfasertechnik*, → *CD* und Werkstoffbearbeitung in der Industrie und der Medizin.

Laser Disc

→ *LD.*

Laserdrucker

Bezeichnung eines Konstruktionsprinzips für → *Drucker* (Seitendrucker) mit sehr hoher Druckqualität.
Erster Laserdrucker überhaupt kam 1975 aus dem Hause IBM. Erster kommerziell erfolgreicher Laserdrucker war 1984 der Laser-Jet aus dem Hause HP für um die 3 000 $, der bis heute fortentwickelt wurde und Maßstäbe setzte.
Der Laserdrucker findet vornehmlich im geschäftlichen Bereich seinen Einsatz. Seit Mitte der 90er Jahre wird er aber auch vermehrt im privaten Bereich genutzt.
Seine Leistung liegt bei 4 bis 10 ppm (→ *ppm*).
Nachteile:

- Teurer als → *Tintenstrahldrucker* in Anschaffung und Unterhalt.
- Kann kein Endlospapier verarbeiten.
- Leere Tonerbehälter müssen umweltgerecht entsorgt werden.
- Großer Platzbedarf.

Vorteile:

- Leise bis sehr leise.
- Sehr hohe Druckqualität.

Last

→ *Verkehrswert.*

LAT

Abk. für Local Area Transport.
Begriff aus dem Netzmanagement von → *DNA* aus dem Hause DEC. Es ist lediglich für geographisch nicht weit ausgedehnte Netze geeignet, da es nur wenige bekannte → *Hosts* voraussetzt, die geringe Datenmengen in regelmäßigen Intervallen senden.

LATA

Abk. für Local Access and Transport Area.
Ein Begriff aus der Regulierungspolitik der USA im Zusammenhang mit der Teilung von AT&T und den RBOCs. Bezeichnet das Gebiet, in dem ein → *LEC* (im Gegensatz zum → *IXC*) auch Dienste wie Fernverbindungen etc., die über ein Ortsnetz hinausgehen, anbieten kann. In den USA gibt es 161 LATAs.
Der Begriff wurde durch das → *MFJ* eingeführt.

Latenzzeit

1. Auch Umdrehungswartezeit genannt.
   Bezeichnet bei Festplatten die Zeit, die nach der Positionierung des Schreib-/Lesekopfes maximal gewartet werden muß, bis ein gewünschter zu lesender Block wieder am Kopf vorbeikommt und gelesen oder beschrieben werden kann. Bei Festplatten, die sich i.d.R. mit 3 600 U/min drehen, liegt diese Zeit somit bei 8,33 ms, bei neuen 3,5"- oder 5,25"-Laufwerken, die sich mit 4 400 oder 5 400 U/min drehen, liegt diese Zeit bei 6,8 bzw. 5,5 ms.
2. In LANs die Zeit, die ein Datenpaket benötigt, um ein aktives Netzelement (→ *Bridge*, → *Router*, → *Hub*) zu durchlaufen.
3. In LANs die Zeit zwischen der Anforderung eines Übertragungskanals durch eine sendewillige Station und der Zuteilung eines Kanals an diese.

Lauflängencodierung

Bezeichnung für ein Verfahren zur Datenkompression, daß bei der Quellcodierung eingesetzt wird.
Es beruht darauf, daß in einer wie auch immer gearteten Datei oft vorkommt, daß bestimmte Zeichen mehrmals hintereinander erscheinen. Diese Zeichenfolge wird dann durch das Zeichen selbst und eine Zahl für seine Häufigkeit ersetzt.
Eingesetzt z.B. bei → *MNP 5.*

Lauthören

→ *Leistungsmerkmal* von Telefonen. Durch eine → *Funktionstaste* am Gerät kann ein leistungsstarker Lautsprecher während eines Gesprächs im Gerät eingeschaltet werden, so daß andere im Raum anwesende Personen das Gespräch verfolgen können. Die Lautstärke kann dabei oft geregelt werden. Üblicherweise wird der Lautsprecher durch nochmaliges Betätigen der Funktionstaste wieder abgeschaltet.

LAWN

Abk. für Local Area Wireless Network.
Bezeichnung für Funk-LANs.
→ *Wireless LAN.*

Layer

→ *Schicht.*

L-Band

Bezeichnung für den Frequenzbereich von 390 bis 1 550 MHz, manchmal auch enger gefaßt. Nachbarbereiche: → *P-Band* und → *S-Band.*

LBRV

Abk. für Low Bit Rate Voice (Technology).
Oberbegriff für alle Sprachcodieralgorithmen, die zu einer Datenrate mit deutlich weniger als 64 kbit/s führen, z.B. → *ADPCM*, → *CVSD* oder → *LPC.*

LBT

Abk. für Listen Before Talk.
Bezeichnet eine Industriepraxis bei nicht lizensierten Geräten zur drahtlosen Kommunikation

(→ *IMS*). Problem bei derartigen Anwendungen ist, daß u.U. ein Gerät erstmals in einer Umgebung eingesetzt wird, in der andere derartige Geräte bereits aktiv sind. Dabei kann mit einer Übertragung eine bereits bestehende Übertragung unterbrochen oder gestört werden, was z.B. im medizinischen Bereich fatale Folgen haben könnte. Daher soll das Gerät zunächst automatisch vor jedem Sendevorgang prüfen, ob nicht auf der Frequenz schon ein anderes Gerät aktiv ist.
Zusätzlich zu dieser Maßnahme sind entsprechende Geräte mit nur begrenzter Sendeleistung ausgestattet.

LCC

Abk. für Life Cycle Cost.
Begriff aus der Kostenrechnung. Bezeichnet die im Anschluß an die → *IFC* entstehenden Kosten wie z.B. die Kosten für → *OAM* und die Kosten für bedarfsgerechten Ausbau.

LCD

Abk. für Liquid Crystal Display, Flüssigkristallanzeige.
Die Funktionsweise besteht darin, daß durch das Anlegen von Spannung Flüssigkristallstrukturen einheitlich ausgerichtet werden und den Bereich, zwischen dem die Spannung besteht, sichtbar verfärben.
Entwickelt erstmals 1971 von Hoffmann-La Roche und BBC. Die Flüssigkristalle wurden allerdings schon um 1880 entdeckt.

LCN

Abk. für Local Communications Network.
Bezeichnung für ein lokales (im Sinne von regional) Netz oder ein Teil davon, das im → *TMN* als eine zusammenhängende Einheit für den Transport von Managementinformationen angesehen wird.

LD

1. Abk. für Laser Diode.
   Bezeichnung für die Lichtquelle (neben der → *LED*) in Systemen zur Glasfaserübertragung.
2. Abk. für Laser Disc.
   30 cm Plattendurchmesser. Ist lediglich in den USA etabliert.
3. Abk. für Long Distance (Carrier).
   In den USA gängige Abk. für Carrier, die Fernverkehr abwickeln, wie z.B. AT&T, MCI oder Sprint.

LDAP

Abk. für Lightweight Directory Access Protocol.
Bezeichnung für ein Protokoll, das den einfachen Zugang zu Directory-Systemen nach → *X.500* über das → *Internet* ermöglicht. Dabei wird nicht → *DAP* genutzt, wodurch Protokoll-Overhead vermieden wird. Prinzipiell ist LDAP eine abgemagerte Version von X.500.
Netzbetriebssysteme und applikationsspezifische Verzeichnisse können so miteinander verbunden werden.
LDAP setzt direkt auf → *TCP/IP* auf und arbeitet als Client-Server-Anwendung.
LDAP wurde an der Universität von Michigan entwickelt und 1995 in RFC 1777, 1778 und 1779 definiert.

LDCELP

→ *CELP*.

LDM

Abk. für Lineare Deltamodulation.
→ *Deltamodulation*.

LDO

Abk. für Local Delivery Operator.
Bezeichnung eines Operators, der private Endkunden im Ortsbereich mit eigenem Netz bedient.

LDR

Abk. für Low Data Rate.
Bezeichnung für verhältnismäßig niedrige Datenraten bis ca. 64 kbit/s. Darüber: → *HDR*.

LE

1. Abk. für Local Exchange, Ortsvermittlungsstelle.
2. Abk. für Leitungsendgerät. Deutsche Bezeichnung für → *LT*.

Leaky Bucket

Bezeichnung eines Verfahrens des Verkehrsmanagements zur Vermeidung von Überlast in → *ATM*-basierten Telekommunikationsnetzen.
Es wird dabei ein Zwischenspeicher (Bucket, Eimer) zur Verfügung gestellt, in dem in einem ATM-Netzknoten eintreffende Zellen zunächst gespeichert werden können, wenn mehr Zellen eintreffen als für diese Verbindung hinausgehen. Welche Zellen direkt verworfen werden und welche in den Eimer gelangen, wie groß der Eimer ist und was passiert, wenn der Eimer voll ist, hängt von der genutzten AAL (→ *ATM*) und diversen Verbindungsparametern ab.

Learning Bridges

→ *Spanning Tree*.

Least Cost Routing

Bezeichnung für ein Routingverfahren im Rahmen von → *VPNs*, bei dem die für den Anwender kostengünstigste Verbindung gewählt wird. Dies bedeutet in der Regel, daß über das VPN das Gespräch so nah wie möglich an den externen Gesprächspartner herangeführt wird, um dann im öffentlichen Netz die günstigen Gebühren im

Nahbereich nutzen zu können. An diesem Punkt kommt es dann zum Übergang der Verbindung aus dem VPN ins öffentliche Netz (Break Out).
Die Auswertung, welche Verbindung wie geschaltet wird, erfolgt anhand der gewählten Rufnummer und Routingtabellen.

LEC

Abk. für Local Exchange Carrier.
Bezeichnet in den USA eine nur regional tätige Telefongesellschaft (→ *RBOC* oder eine andere unabhängige Gesellschaft), die dort in ihrem Service-Area (→ *LATA*) bis auf wenige Ausnahmen ein Monopol auf Festnetzdienste hält.
→ *IXC.*

LECS

Abk. für LAN Emulation Configuration Server.
→ *LUNI.*

LED

Abk. für Light Emitting Diode, Leuchtdiode, Lumineszenzdiode.
Eine Halbleiterdiode (elektrooptischer Wandler), die Licht erzeugt. Verwendet in Anzeigen aller Art und der Glasfasertechnik.
Eine LED verbraucht weniger Strom als eine normale Glühlampe vergleichbarer Leistung, aber mehr als → *LCDs.*

Leistungsmanagement

Bezeichnung für ein Aufgabengebiet des → *Netzmanagements.*
Betrifft die Erfassung und Auswertung von Leistungsdaten der verwalteten Netzelemente und die Ermittlung der Effizienz des gesamten Netzes.

Leistungsmerkmal

Im Gegensatz zum → *Dienstmerkmal* eine Funktionalität eines Endgerätes, das u.U. dienstunabhängig ist und zur normalen Funktionalität zusätzliche Funktionalität, z.B. zur leichteren, schnelleren oder einfacheren Bedienung, bietet.
Es kann ein Leistungsmerkmal eines Endgerätes sein, → *Dienstmerkmale* steuern oder nutzen zu können.
→ *MMI*, → *Funktionstaste.*
Beispiele für Leistungmerkmale (nicht nur von Telefonen) sind:

- → *Akustische Raumüberwachung*
- → *Amtsholung*
- → *Anrufschutz*
- → *Auto Answer*
- → *Automatischer Rückruf*
- → *Babyruf*
- → *Blockwahl*
- → *Direktwahl*
- → *Elektronischer Tonruf*
- → *Elektronisches Codeschloß*
- → *Fernabfrage*
- → *Forwarding*
- → *Freisprechen*
- Gebührenanzeige
- → *Gesprächsunterbrechung*
- → *Heranholen*
- → *Intercom-Verbindung*
- → *Konferenzschaltung*
- → *Kurzwahl*
- → *Lauthören*
- → *Nachwahl*
- → *Paging*
- → *Parken*
- → *Rufnummerngeber*
- → *Rufweitermeldung*
- → *Rundsenden*
- → *Sammelanschluß*
- → *Sperre*
- → *Terminanruf*
- → *Toll Saver*
- → *Trennen*
- → *Umlegen*
- → *Wahl bei aufgelegtem Hörer*
- → *Wahlkorrektur*
- → *Wahlvorbereitung*
- → *Wahlwiederholung*
- → *Zielwahl*

Leitstation

Beim → *Polling* die Station, die eine andere Station zu einer Aktion auffordert.

Leitungscode

Vorschrift für die Umsetzung eines digitalen Signals in ein Signal, das für die digitale Übertragung über eine Leitung geeignet ist, z.B. → *MI-Verfahren.*
→ *Digitale Modulation.*

Leitungsprotokoll

→ *Prozedur.*

Leitungsvermittlung

Im Gegensatz zur → *Speichervermittlung* ein Vermittlungsprinzip, bei dem für die gesamte Verbindungsdauer ein durchgehender Kanal geschaltet wird, auf dem die zu übermittelnden Daten vom Sender zum Empfänger gelangen, d.h. alle Daten nehmen den gleichen Weg und kommen immer in der Reihenfolge an, in der sie auf den Weg gebracht wurden.
Angewendet z.B. im → *ISDN* und → *GSM.*
Nachteilig sind bei Sprache die geringe Kanalauslastung (nur ca. 50 %) und infolge der Trennung von Nachrichtenübertragung und Signalisierung eine relativ lange Zeit für den Verbindungsaufbau.

Bei der Übermittlung von Daten wurden die Leitungsvermittlungen (→ *Datex-L*) bis Mitte der 90er Jahre wegen der besseren Kanalauslastung durch → *Speichervermittlungsprinzipien* (z.B. → *Datex-P* nach → *X.25*, → *Frame Relay* und → *ATM*) ersetzt.

Leitungswähler

Spezieller Wähler, z.B. in → *EMD*-Wähler-Technik, der, in elektromechanischen Vermittlungen eingesetzt, die Aufgabe des Expandierens übernimmt. I.d.R. werden 10 eingehende Leitungen auf 100 Hauptanschlußleitungen verteilt. Es werden daher die letzten zwei Ziffern der Rufnummer ausgewertet.

→ *Anrufsucher*, → *Gruppenwähler.*

LEO

1. Abk. für engl. low earth orbit = niedrige Erdumlaufbahn.
   Bezeichnet Satellitenbahnen in niedrigen Höhen, um die 500 bis 2 000 km. Damit liegen derartige Bahnen knapp unterhalb des unteren der zwei Van-Allen-Strahlungsgürtel (1 500 bis 5 000 km und 13 000 bis 20 000 km).
   Innerhalb der Van-Allen-Gürtel liegt ein für Satelliten nicht nutzbarer Bereich, in dem vom Magnetfeld der Erde festgehaltene ionisierte Teilchen die Elektronik von Satelliten beschädigen könnten.
   Polare LEOs haben eine → *Inklination* von 85° bis 95°, andere (normale) LEOs eine von 45° bis 60°.
   Die Umlaufzeit auf derartigen Bahnen liegt bei 1,4 bis 2,5 h.
   → *GEO*, → *ICO*, → *MEO*
2. Abk. für Lyons Electronic Office.
   Auch LEO-I genannt. Bezeichnung für einen der ersten serienmäßig produzierten Computer aus dem Jahr 1953. Es handelte sich um einen für den britischen Lebensmittelhersteller Lyons gebauten Computer. Es war auch der erste Rechner überhaupt, der nur für kaufmännische Zwecke gebaut wurde. Er leitete sich aus den Erfahrungen ab, die man beim Bau und Betrieb der → *EDSAC* gesammelt hatte.

LES

Abk. für LAN Emulation Server.

Bezeichnung für den Server in einem → *ATM* gestützten → *LAN*, der → *virtuelle LANs* realisiert.

Letztweg

Bezeichnet in elektromechanischen und hierarchisch aufgebauten Vermittlungssystemen den Weg, den ein Anruf beim Durchschalten als letzte Möglichkeit nimmt, wenn er sich durch die offizielle Hierarchie des Vermittlungssystems durchschaltet und keine Querverbindungen nutzen kann.

→ *Direktweg*.

Level 1 und 2 Gateway

Bezeichnung von Schnittstellen bei neuen interaktiven Multimedia-Diensten wie → *Home-Shopping*, → *Pay-per-View*, → *Video-on-Demand*, → *Near-Video-on-Demand* und anderen → *On-Demand-Diensten*. Das Level-1-Gateway ist dabei das Gateway zu der Summe aller Dienste, d.h. die Oberfläche, die der Teilnehmer zu Hause auf seinem TV-Gerät sieht und alles, was mit der Verwaltung mehrerer Dienste zusammenhängt.

Das Level-2-Gateway ist das Gateway zu einem einzelnen Dienst, z.B. zum Home-Shopping.

LEX

Abk. für Local Exchange, Ortsvermittlungsstelle.

LF

Abk für Low Frequency.

Frequenzband von 30 bis 300 kHz. Breitet sich entlang der Erdoberfläche aus und überbrückt stabil Distanzen bis zu 1 500 km. In Deutschland auch Langwellenbereich oder Kilometerwellenbereich genannt.

Nachbarbereiche sind → *VLF* und → *MF*.

Lichtwellenleiter (-technik)

→ *Glasfasertechnik.*

LIFO

Abk. für Last In - First out.

Begriff aus der Warteschlangentheorie. Beschreibt dabei eine Zuteilungsstrategie bzw. einen Algorithmus zur Abarbeitung vorliegender Anforderungen. Dabei wird die zuletzt eingegangene Anforderung (die mit der kürzesten Wartezeit) zuerst bearbeitet. Somit wird eine Art Stack bzw. Kellerspeicher realisiert.

→ *FIFO*.

Link

Engl. für Verbindung.

In der Vermittlungstechnik meist für eine dauerhafte feste Verbindung im Sinne eines Kabelbündels gebraucht, das zwei Vermittlungsstellen miteinander verbindet.

Eine Verbindung zwischen zwei Endstellen besteht üblicherweise aus mehreren Links, da die Verbindung mehrere Vermittlungsstellen zu durchlaufen hat.

→ *Big Pipe*, → *Trunk*.

Link Layer

Bezeichnung für Schicht 2 des → *OSI-Referenzmodells*.

Linpack

Abk. für Linear Algebra Package.

Bezeichnung einer Sammlung von in der Programmiersprache → *Fortran* geschriebener Software zum Lösen von Gleichungssystemen der linearen Algebra. Entwickelt von Jack Dongarra vom Computer Science Department der University of Tennessee gegen Ende der 70er Jahre.

Aus diesem Paket wird die viele Fließkommaoperationen erfordernde Software zur Lösung dichtbesetzter linearer Gleichungssysteme zum Test von Großrechnern herangezogen. Dabei kommen Systeme mit 100 Gleichungen und 100 Unbekannten zum Einsatz.

Grund für die Wahl dieses Verfahrens waren die hohe Standardisierung bei Softwarepaketen zur Lösung dichtbesetzter großer linearer Gleichungssysteme, die einen Leistungsvergleich ermöglichten. Zusätzlich können derartige Verfahren auf nahezu allen Rechnern eingesetzt werden.

Linux

Bezeichnung eines Dialektes des → *Betriebssystems* → *Unix*, insbesondere für PCs. Komplett mit grafischer Benutzeroberfläche (Windows-System) und → *TCP/IP* für Netzwerkverbindung, weswegen es insbesondere in vernetzten Umgebungen genutzt wird. Linux wird auf CD mit ausführlicher Dokumentation nahezu kostenlos und über das → *Internet* komplett kostenlos weitergegeben. Der seinerzeit 22jährige finnische Informatikstudent Linus Benedict Torvalds aus Helsinki entwickelte Linux in Anlehnung an → *Posix* und SunOS 4.1 ab April 1991 für seinen 386er PC, weil er mit DOS und → *Minix* unzufrieden war und sich echtes → *Unix* nicht leisten konnte.

Zum Test und Abgleich mit möglicherweise ähnlichen Projekten gab er es im September 1991 ins → *Internet* und erwartete lediglich einige Kommentare zu Fehlern. Statt dessen erhielt er komplette neue Passagen von Code zurück, wodurch Linux anfing zu wachsen und sich permanent verbesserte. Neue Entwicklungen hielten schnell Einzug in Linux. Nach einiger Zeit arbeiteten Tausende weltweit in ihrer Freizeit an Linux mit und portierten es auf verschiedene Plattformen. Ab März 1993 galt das System als stabil und auch professionell einsetzbar. Es verbreitete sich bis 1994 weltweit, obwohl seine Installation auf einem PC als langwierig galt.

→ *http://sunsite.unc.edu/pub/Linux/*

→ *http://www.ngs.fi/lsm/*

LISA

Bezeichnung eines PCs aus dem Hause Apple. Auch Abk. für Local Integrated Software Achitecture.

Der Rechner war mit dem 68000 Prozessor (32 Bit) aus dem Hause Motorola ausgerüstet, hatte 1 MByte RAM und eine Floppy-Disk mit 720 KB. Er verfügte über Mausführung und eine (bei Xerox entlehnte) grafische Oberfläche.

Vorgestellt 1983 für rund 10 000 $. Der Rechner war trotz fortschrittlichen technischen Konzepts ein Flop, da er zu teuer und zu langsam war. Darüber hinaus mangelte es an Software. Er brachte Apple zusammen mit dem ebenfalls gescheiterten → *Apple III* in ernsthafte wirtschaftliche Schwierigkeiten.

Der Rechner war der Sage nach auch nach Stephen Jobs unehelicher Tochter benannt.

Lisp

Abk. für List Processor.

Name einer nichtprozeduralen Programmiersprache der fünften Generation. Basiert auf einem mathematischen Kalkül. Wird fast ausschließlich im Bereich der künstlichen Intelligenz (→ *KI*) eingesetzt und ist dort die am weitesten verbreitete Sprache. Eignet sich gut für rekursive Programmierung. Hat mächtige Werkzeuge zur Bearbeitung von Listen. Die Listen bestehen dabei aus kleineren Einheiten, den Atomen, die Symbole, Zeichenketten oder Zahlen sein können. Mit dieser Technik lassen sich beliebig verschachtelte und komplexe Datenstrukturen erzeugen.

Der Sprachumfang kann leicht erweitert werden.

Vorarbeiten für Lisp gab es seit 1954 am MIT. Um 1956, bei einer Konferenz über künstliche Intelligenz in Dartmouth, KI-Aufgaben auf einer IBM 704 lösen zu können, suchte John McCarthy nach einer geeigneten Sprache. Er griff die Ideen für Lisp wieder auf und entwickelte Lisp bis Ende der 50er Jahre weiter. Erstes Programmierhandbuch erschien 1962, das einen Standard setzte. Wegen der Erweiterbarkeit von Lisp wurden einige Dialekte entwickelt, z.B. Interlisp. Standardisierungsbemühungen zur Vereinigung der Dialekte waren nicht erfolgreich, weswegen Lisp das Image anhaftet, eine unstabile und unübersichtliche Sprache zu sein.

Lisp wirkte auf die Entwicklung von → *Logo*, → *Prolog*, → *Smalltalk* und → *Scheme*.

Listowner

Bezeichnung für den Verwalter und häufig auch Gründer einer → *Mailing-list*.

LKZ

Abk. für Länderkennzahl.

Deutsche Bezeichnung für Country Code (→ *CC*).

LL

Abk. für → *Local Loop*.

LLA

Abk. für Logical Layered Architecture.

→ *TMN*.

LLC

1. Abk. für Logical Link Control.
   Eine Teilschicht der Schicht 2 im → *OSI-Referenzmodell.* In → *IEEE 802.2* für diverse LAN-Protokolle der Serie IEEE 802 spezifiziert. Vorteil des Konzeptes einer gemeinsamen Teilschicht innerhalb von Schicht 2 für verschiedene darunterliegende LANs ist, daß z.B. Netzbetriebssysteme mehrere auf unterschiedlicher Hardware basierende LANs verwalten können. Aufgabe des LLC ist die Adressierung und Fehlerprüfung der zu übertragenden bzw. empfangenen Blöcke.
2. Abk. für Lower Layer Capabilities.
   Bezeichnung in der Übertragungstechnik für Schicht-1- bis -3-Funktionen im Gegensatz zu den → *HLC.*

LMDS

Abk. für Local Multipoint Distribution Service.

LMI

Abk. für Local Management Interface.
→ *ILMI.*

LNA

Abk. für Low Noise Amplifier.

LNNI

Abk. für LAN Emulation Network Node Interface.
Bezeichnung für die Schnittstelle zwischen zwei Servern, die ein Protokoll eines lokalen Netzes (LAN) innerhalb eines → *ATM*-Netzknotens emulieren (→ *LANE*).

LOC

Abk. für Loss of Channel.
Bezeichnung für einen Fehler in Multiplexsystemen, bei denen ein → *Multiplexer* feststellt, daß bei einem einzelnen logischen Kanal kein Signal mehr vorhanden ist. Dann auch Bezeichnung des Signals, das der Multiplexer an das Netzmanagement weitergibt.
→ *LOP*, → *LOS.*

Local Bus

Auch VL-Bus genannt (VESA-Local Bus).
Bezeichnung eines 1991 von einem Zusammenschluß mehrerer Hersteller (→ *VESA*) entwickelten 112poligen Buskonzeptes für rechnerinterne Anschlüsse von Peripherie (Grafikkarten, Drucker, Netzwerkkarten etc.) an Rechnerbausteine. Ist prozessorgebunden (Intel-Familie).
Maximale Übertragungsrate liegt mit 32 Bit Nutzdatenbreite bei 132 MByte/s (Version 1.0) bzw. mit 64 Bit Nutzdatenbreite bei theoretischen 200 MByte/s (Version 2.0). Wird mit 33 oder 40 (Version 1.0) bzw. 50 MHz (Version 2.0) getaktet. Der Takt entspricht dem externen Takt des Prozessors. Gilt als Weiterentwicklung des → *ISA*-Bus. Eine prozessorunabhängige Variante des Local Bus ist → *PCI.*
→ *ISA*, → *EISA*, → *Microchannel.*

Local Loop

Englische Bezeichnung des Teilnehmeranschlußbereiches, teilweise auch des Ortsvermittlungsbereiches insgesamt. Kommt von engl. loop = Schleife und bezeichnet die Schleife des verdrillten Zweidrahtkabels von der Vermittlung über den Apparat beim Teilnehmer zur Vermittlung zurück.

Lochmaske

Auch Schlitzmaske oder Deltamaske genannt. Bei Monitoren die Bezeichnung für das konisch gelochte Blech innerhalb der Bildröhre vor dem Bildschirm. Es dient als Maske vor dem Bildschirm zur Steuerung des Elektronenstrahls, der dadurch nur an bestimmten Stellen durch die Löcher in der Maske den Bildschirm erreichen kann. Dadurch kann ein Elektronenstrahl nur die Punkte einer bestimmten Farbe auf dem Bildschirm erreichen. Hinter jedem Loch der Lochmaske befindet sich ein Farbtripel (Rot, Grün, Blau) auf dem Bildschirm. Fallen alle drei Elektronenstrahlen durch ein Loch der Maske, wird das betreffende Farbtripel zum Leuchten gebracht.
Externe Störeinflüsse können durch die Lochmaske weniger zu fehlgeleiteten Elektronenstrahlen führen, die das Bild verfälschen könnten.
Hohe Präzision wird durch eine bestimmte Materiallegierung (Invar) erreicht, die sich durch die Elektronenstrahlen nicht erhitzt und nicht ausdehnt oder verzieht.
Wird nur bei Farbbildschirmen benötigt.
→ *Trinitron Technik.*

LOF

Abk. für Local Operational Function.

Logikanalysator

Hardwareentwicklungshilfe, die die Zustände frei wählbarer Leitungen, die von einem Triggersignal erregt werden, speichert und in Form von Impulsdiagrammen darstellt.

Logikbomben

Bezeichnung für eine spezielle und selten vorkommende Art von → *Viren.* Dabei handelt es sich um Programmteile, die in eine Software bewußt von ihren Programmierern als Mechanismus eingebaut wurden und für den Nutzer überraschend bei bestimmten, vom Programmierer unerwünschten Aktionen ausgeführt werden, z.B. beim illegalen Kopieren. Logikbomben liegen auch in weitaus schädlicheren Fällen vor, z.B. bei Buchhaltungsprogrammen, die von einem entlassenen Mitarbeiter so programmiert wurden, daß sie schädliche Aktionen durchführen, sobald sein Name nicht mehr auf der monatlichen Gehaltsliste erscheint. Üblicherweise beendet sich das Programm mit einer entsprechenden Meldung sofort, stürzt ab oder weist den Nutzer mit einem geöffneten Fenster auf die Illegalität oder Unerwünschtheit der Aktion hin.

Login

1. Auch – selten – Logon genannt. Der Vorgang der Anmeldung eines Teilnehmers in einem System, also der Vorgang des Eingebens von Teilnehmerkennung (→ *Identifizierung*) und Paßwort sowie die Überprüfung der Zutrittsberechtigung durch das System (→ *Authentifizierung*).
2. Bezeichnung für das bei der Anmeldung eines Teilnehmers in einem Rechnersystem verwendete Kürzel (→ *Identifizierung*).

Login Script

Bezeichnung für eine Folge von Anweisungen, ähnlich einem kleinen Programm, die nach dem → *Login* eines Computernutzers automatisch von dessen Computer durchlaufen werden, um bestimmte Programme oder Systeme zu konfigurieren. Man unterscheidet:

- Systemweites Login-Script: Festgelegt durch den → *LSA*. Es ist für alle Computernutzer im Einflußbereich des LSAs gleich und wird zwangsweise durchlaufen. Es kann sinnvollerweise nur vom LSA geändert werden.
- Individuelles Login-Script: Festgelegt in Grundzügen oft durch den LSA (→ *Default*-Einstellungen, empfohlene Werte etc.), aber durchaus auch individuell abgestimmt auf den einzelnen Nutzer, der es auch ändern kann.

Logischer Kanal

Ein Kanal, welcher die Datenübertragung erlaubt, jedoch physikalisch nicht oder nur teilweise existiert (Paketvermittlung).

Logo

Bezeichnung einer einfachen Programmiersprache zur didaktischen Anwendung schon im Kindesalter, dessen Name sich von griech. logos = Wort ableitet. Der Grundbefehlsatz verfügt über Befehle zur grafischen Darstellung von Linien und daraus zusammengesetzten Figuren, wobei der Cursor die Linien entlangläuft (auch Turtle, Schildkröte genannt). Durch die Generierung eigener Erweiterungen kann die Sprache ein leistungsfähiges Werkzeug werden. Gilt neben → *Basic* als die belächelte Programmiersprache für Kinder und Anfänger. Logo wurde Mitte der 60er Jahre am MIT vom Mathematiker und Pädagogen S. Papert entwickelt und 1967 erstmals professionell verwendet. Es wurde insbesondere von → *Lisp* beeinflußt.

Logon

Andere Bezeichnung für → *Login*.

Lokale Mobilität

Bezeichnung für eine bestimmte Art der → *Mobilität*. Prinzipiell handelt es sich dabei um eine räumlich eng begrenzte Kombination von → *Terminalmobilität* und → *persönlicher Mobilität*.
Beispiel für eine praktische Realisierung sind → *WLL*-Systeme, z.B. auf Basis von → *DECT*, bei denen ein Teilnehmer sich mit seinem Endgerät innerhalb seiner Nachbarschaft bewegen kann. Alle an ihn gerichteten Verbindungswünsche werden zu seinem mobilen und mitgeführten Endgerät geleitet.
Der Umfang der lokalen Mobilität wird dabei durch technische Parameter, üblicherweise dem Funkversorgungsbereich des WLL-Systems, begrenzt.

Lokales Netz

→ *LAN*.

Long Term Fading

→ *Fading*, → *Abschattung*.

Look & Feel

Bei grafischen Benutzeroberflächen (→ *GUI*) das einheitliche, durchgehende, optische Styling (Look) der Bedienelemente wie z.B. Buttons, Scrollbars, Flächen, Schriften und Farben sowie die Gestaltung der durch den menschlichen Benutzer wahrgenommenen dynamischen Aktionen (Feel), z.B. Drücken eines Buttons, wobei er seine Schattierung zeitabhängig ändert und ein dazu passender Ton hörbar wird.

LON

Abk. für Local Operating Network.
Bezeichnung für eine Technologie zur Realisierung eines schmalbandigen → *LANs* für Steuerzwecke. Zentrales Element ist der Neuron-Chip, der in das zu steuernde Endgerät eingebaut werden kann. Über eine geeignete Infrastruktur (230-V-Inhouse-Stromversorgungsnetz, LAN etc.) kann der Chip angesprochen und mit abzuarbeitenden Programmen (z.B. Licht an- und ausschalten zu bestimmten Zeiten) versorgt werden. Eingesetzt im Automobilbau, in der Industrieautomatisierung und in der Vernetzung von Gebäuden zu Meß-, Steuer- und Regelzwecken bei der Gebäudetechnik. Entwickelt in den USA vom Hause Echelon.

LOP

Abk. für Loss of Payload.
Bezeichnung für einen Fehler in Transportnetzen. Bezeichnet den Verlust der Nutzdaten in einem

logischen Kanal bei Vorhandensein der Signalisierungs- bzw. Managementinformationen. Tritt z.B. nach einem → *LOS* hinter dem ersten Signalverstärker auf, wenn dieser selbständig Netzmanagementinformationen erzeugt und einfügt. Der auf ihn folgende Signalverstärker kann diese zwar erkennen, stellt jedoch keine Nutzdaten fest und meldet daher einen LOP an das Netzmanagement.
→ *LOC.*

LOS

1. Abk. für Line of Sight, Sichtverbindung.
   Bezeichnung aus dem Richtfunk- oder auch, seltener, aus dem Satellitenfunkbereich. Gemeint sind meistens Richtfunkverbindungen mit Hilfe von Infrarot- oder Laserverbindungen.
2. Abk. für Loss of Signal.
   Bezeichnung für einen Fehler in Transportnetzen, wenn ein Signalverstärker den Verlust des Eingangssignals, d.h. den Verlust eines elektrischen oder optischen Signals in einem physischen Kanal feststellt. Danach auch Bezeichnung für das Signal, das der Signalverstärker zur Fehleranzeige an das Netzmanagement weitergibt.
   → *LOC,* → *LOP.*

LP

Abk. für Layer Protocol.
Bezeichnung aus dem → *OSI-Referenzmodell.*

LPC

Abk. für Linear Predictive Coding.
Ein digitales Quellcodierungsverfahren für Sprache. Es ermöglicht digitale Sprachübertragung mit 2,4 bis 4,8 kbit/s mittels → *Modem* über analoge Telefonkanäle und wirkt dadurch wie eine Verschlüsselung. Die Sprachqualität bei derartig niedrigen Bitraten ist niedrig, da alle individuellen Sprechermerkmale herausgefiltert werden.
LPC wird als ein Teil der Sprachcodierung, z.B. im → *GSM*-System oder bei → *ATC*, genutzt.

LQ

Abk. für Letter Quality.
Bezeichnet im Gegensatz zu → *NLQ* eine Druckqualität bei → *Nadeldruckern*, die so gut ist, daß in dieser hohen Qualität offizielle Geschäftsbriefe ohne Ansehensverlust gedruckt und versendet werden können. LQ reicht nicht an die Druckqualität von → *Tintenstrahldruckern* oder → *Laserdruckern* heran.

LR

Abk. für Location Register.
Selten benutzter Oberbegriff im Mobilfunk für Datenbanken wie → *HLR* und → *VLR.*

LRC

Abk. für Longitudinal Redundancy Check; Längsparitätsprüfung.
→ *Paritätsbit.*

LSA

Abk. für Local System Administrator.
In Unternehmen und Computernetzen die für Netzknoten und die EDV-Verwaltung (oft auch für die TK-Anlagen-Wartung) zuständige Person. Zuständig für Wartung, Reparatur, Neuanschaffung, Accountverwaltung und Paßwortzuteilung.
→ *Sysop.*

LSB

Abk. für Least Significant Bit; niederwertigstes Bit.
Bezeichnet das Bit in einem → *Wort* (z.B. in einem → *Byte* etc.) mit der niedrigsten Wichtung. Gegenteil ist das → *MSB.*

LSI

Abk. für Large Scale Integration.
Bezeichnet bei der Chipherstellung eine Technik der integrierten Herstellung von Bauelementen auf einem monolithischen Halbleitersubstrat. In LSI-Technik werden ca. 5 000 Bauelemente integriert. Entwickelt wurde sie gegen Ende der 60er Jahre.
→ *SSI,* → *MSI,* → *VLSI.*

LSSGR

Abk. für LATA Switching Systems Generic Requirements.
Begriff aus der → *Deregulierung* Nordamerikas.
→ *LATA.*

LT

Abk. für Line Termination.
Bezeichnung für eine Leitungsendeinrichtung im → *ISDN.* Sie schließt die Teilnehmerleitung in der ISDN-Vermittlungsstelle ab.

LTG

Abk. für Line Trunk Group.
Bezeichnung für die → *Teilnehmerschaltung* in digitalen Vermittlungssystemen, die über die Teilnehmerschaltung in analogen Systemen hinaus noch weitere Aufgaben wahrzunehmen hat.
→ *SLIC.*

LTM

Abk. für Line Terminal Multiplexer.

Lucent Technologies

Bezeichnung für den aus den Bell Laboratories und den früheren AT&T-Unternehmensteilen Netzwerktechnik, Business-Kommunikationssysteme und Mikroelektronik zu Anfang 1996 her-

vorgegangenen Technologieteil des Konzerns AT&T.
→ *http://www.lucent.com/*

Luckynet

Name eines glasfaserbasierten → *LAN*s mit einer Übertragungsrate von 2,5 Gbit/s. Vorgestellt von AT&T Bell Labs, 1992.

LUF

Abk. für Lowest Usable Frequency.
Tiefstmögliche Frequenz für eine Funkübertragung zwischen zwei auf der Erdoberfläche weit voneinander entfernten Stationen, die die Reflexion an der → *Ionosphäre* ausnutzt. Diese Frequenz ist tages- und jahreszeitabhängig.

Luftschnittstelle

Bei Funksystemen die Schnittstelle zwischen sendender und empfangender Antenne. Definiert werden alle Protokolle, die eine sichere Datenübertragung mit Funk ermöglichen, z.B. Übertragungsfrequenz, Frequenzhub, Bandbreite, Modulationsverfahren, Zugriffsmethode, Zeitrahmenstruktur und Sicherungsprotokoll.

Luminanz

Bezeichnet bei Videosignalen das Helligkeitssignal. Eine natürliche Helligkeit läßt sich in 256 Stufen darstellen; man braucht 8 Bit zur Codierung. Wichtig ist, daß verschiedene Farben gleicher Luminanz vom menschlichen Auge unterschiedlich hell wahrgenommen werden.
Häufig wird die Luminanz auch mit Y abgekürzt.
Schwarzweißfernseher benötigen nur dieses Signal zur Bilddarstellung.
→ *Chrominanz*, → *YUV*.

LUNI

Abk. für LAN (Emulation) User Network Interface.
Bezeichnung der Schnittstelle zu einem LAN-Server innerhalb eines → *ATM*-Netzes. Der Zugang erfolgt mit Hilfe eines LAN Emulation Configuration Servers (LECS).
Der LAN Emulation Server nutzt das Adress Resolution Protocol (→ *ARP*).

Lurker

Von engl. lurker = Schleicher. In der → *Internet*-Gemeinde der Jargon für denjenigen, der die → *Newsgroups* im → *Usenet* nur passiv, d.h. als die Information konsumierender Leser nutzt, ohne selbst informationshaltige Beiträge zu schreiben und an die Newsgroups zu senden, so daß andere auch davon profitieren.

LW

Abk. für → *Leitungswähler*.

LWL

Abk. für Lichtwellenleiter.
Anderes Wort für Glasfaser.
→ *Glasfasertechnik*.

LZW-Codierung, -Kompression

Abk. für Lempel, Ziv und Welch.
Bezeichnung eines von diesen Herren entwickelten verlustlosen Algorithmus zur → *Kompression* von Bilddaten. Wird genutzt, z.B., von → *GIF*.
Grundprinzip ist, daß bestimmte im Quelldatenmaterial (häufig) vorkommende Symbolfolgen in einer Tabelle abgelegt und mit einem Index versehen werden. Anschließend werden nur noch die Indices der Tabelle, die kürzer als die Quelldatensymbole sind, in ihrer Reihenfolge übertragen.
Nachteilig ist, daß die Tabelle selbst nicht mit übertragen wird und vor der Dekompression rekonstruiert werden muß.
Ferner führt das Verfahren nur so lange zu einer Kompression, solange die Tabelle nicht selbst länger als das Quelldatenmaterial ist. Dies bedeutet, daß das Quelldatenmaterial über eine große Redundanz und nur sehr wenige, nur selten vorkommende Datensymbole, welche die Tabelle verlängern würden, verfügen darf.

M

M

1. Bezeichnung einer Programmiersprache, die 1972 aus → *Mumps* heraus entwickelt wurde. M ist insbesondere im Bereich der medizinischen Informatik verbreitet.

   Weltweit bieten rund 400 Firmen M-basierte Software (insbesondere Datenbanken) für medizinische Zwecke an.
2. Technische Abk. für MByte.

   Bei der Beschreibung von Speichergrößen ein Präfix (ähnlich → *K*), das einem Faktor von 2^{20} (entspricht 1 048 576) gleichkommt (nicht mit Mega = 1 000 000 zu verwechseln).

   1 M entspricht z.B. 16 Blöcken zu je 64 K.

M1

Bezeichnung einer Schnittstelle beim → *Netzmanagement* von ATM-Netzen zwischen einem System zum Netzmanagement in privaten ATM-Netzen und einem an dieses Netz angeschlossenen Endgerätes.

M2

Bezeichnung einer Schnittstelle beim → *Netzmanagement* von ATM-Netzen zwischen einem System zum Netzmanagement in privaten ATM-Netzen und den zu diesem Netz gehörenden Netzkomponenten.

M3

Bezeichnung einer Schnittstelle beim → *Netzmanagement* von ATM-Netzen zwischen einem System zum Netzmanagement in privaten ATM-Netzen und einem System zum Netzmanagement in öffentlichen Netzen.

M4

Bezeichnung einer Schnittstelle beim → *Netzmanagement* von ATM-Netzen zwischen einem System zum Netzmanagement in einem öffentlichen ATM-Netz und den Netzelementen in diesem Netz.

Schnittstellen des Netzmanagements von ATM-Netzen

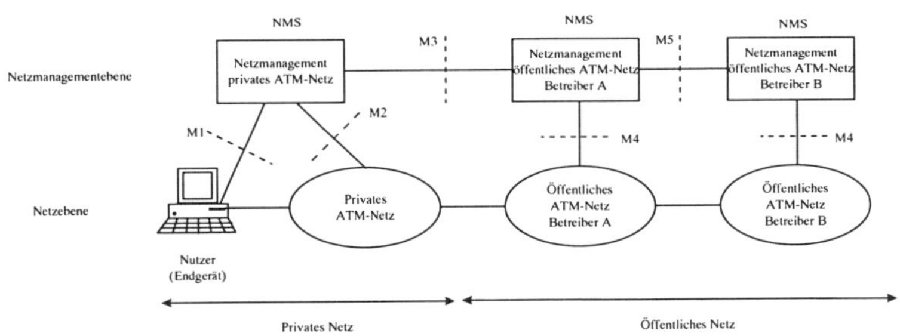

M5

Bezeichnung einer Schnittstelle beim → *Netzmanagement* von ATM-Netzen zwischen einem System zum Netzmanagement in einem öffentlichen ATM-Netz und einem System zum Netzmanagement in einem anderen öffentlichen Netz.

M13

Kurzbezeichnung für → *Multiplexer*, die 28 → *DS1*-Kanäle in einem → *DS3*-Kanal zusammenfassen.

M.30

Standard der → *ITU* für die grundsätzlichen Definitionen von → *TMN*-Systemen.

M8F

Zeitsender mit Standort in Rugby/GB. Sendet mit 60 kHz. Andere Zeitsender sind → *DCF 77*, → *HBG*, → *WWVB* und → *JG2AS*

MAC

1. Abk. für Media Access Control.
   Unterschicht der Schicht 2 des → *OSI-Referenzmodells* unter → *LLC*. Regelt den Zugriff auf das Übertragungsmedium nach verschiedenen Strategien. Grundsätzlich unterscheidet man dabei Konkurrenzsysteme, bei denen viele Stationen gleichberechtigt um den Medienzugriff konkurrieren (z.B. → *CSMA/CD* oder → *Aloha*) und kollisionsfreie Zuteilungsprotokolle (→ *Token*-Verfahren). Von Relevanz, z.B., bei IEEE 802.
2. Abk. für Multiplexed Analogue Components.
   Grundlegende Übertragungstechnik von Bildinformationen bei verschiedenen neuen Fernsehnormen, wie z.B. → *D2-MAC*, → *HD-MAC* und → *MUSE*. Dabei werden die Bildinformationen für Luminanz, Chrominanz und Ton zeitlich versetzt hintereinander auf demselben Träger übertragen, so daß es nicht zu gegenseitiger Beeinflussung (Störungen) kommt, wenn z.B. bei der Aufnahme kleinkarierter Anzüge die Luminanz derart hochfrequent wechselt, daß sie in den Bereich des Farbträgers hineinreicht und vom Empfänger als Farbe mißinterpretiert wird, was als ein störendes Zittern einzelner Bildteile wahrgenommen wird.
3. Abk. für Macintosh, eine Rechnerlinie aus dem Hause Apple mit dem Betriebssystem → *MacOS*.

Mach

Bezeichnung eines Derivates des Betriebssystems → *Unix*, entwickelt seit 1985 von der Carnegie Mellon University (CMU) aus Pittsburgh/PA. Dabei wird der → *Kernel* neu entwickelt, aber die Schnittstellen des Unix BSD 4.3.-Systems werden beibehalten.

Das MACH-Projekt nimmt dabei insbesondere auf neue technische Entwicklungen Bezug, wie z.B. Mehrprozessorarchitekturen oder Vernetzung von Rechnern.

So ist Mach 3 z.B. Basis von → *GNU*.

MacOS

Abk. für Macintosh Operating System.

Bezeichnung des Betriebssystems für die Rechnerlinie Macintosh aus dem Hause Apple. Nachfolger soll → *Copland* werden.

Macrozellen

Bezeichnung einer Zellengröße in zellularen Mobilfunknetzen mit einem Radius von ca. 1 km.

Sie dienen z.B. zum Abdecken entsprechend großer Gebiete oder als Overlay-Zellen (→ *Umbrellacells*) für → *Microzellen*. Dies ermöglicht langsamen Verkehr (Handies von Fußgängern) von schnellem Verkehr (Autotelefone) zu trennen und so die Zahl der → *Handover* herabzusetzen, was die Systemstabilität erhöht und Signalisierungsverkehr vermeidet.

→ *Picozellen*, → *Ruralcells*.

MAE

Bezeichnung von zentralen Punkten, an denen sich amerikanische Internet-Service-Provider (→ *ISP*) zum zentralen Austausch von Nachrichten aller Art untereinander und zum Übergang ins restliche → *Internet* zusammengeschlossen haben.

Zwei wichtige MAEs sind der MAE West in Silicon Valley/Los Angeles und der MAE East in Washington D.C. Für die Verbindung nach Europa sorgt der MAE Europe in Frankfurt/Main.

→ *CIX*, → *GIX*.

Mäuseklavier

→ *DIP-Schalter*.

Magic Cap

Bezeichnung eines offenen → *Betriebssystems* aus dem Hause General Magic für Netzknoten, die verschiedene zeitunkritische, personalisierte Dienste anbieten (→ *e-mail*, Tele-Shopping, → *Online-Services* etc.).

Magic Cap kann auch als Betriebssystem für Endgeräte, die diese Dienste nutzen, eingesetzt werden und stellt dann auch eine grafische Nutzeroberfläche zur Verfügung.

→ *Telescript*.

Magic Carpet

Bezeichnung eines Hard- und Softwarestandards für → *Set-Top-Boxen*. Entwickelt von Silicon Graphics und ihrer Tochter MIPS.

Die Hardware besteht aus einem → *ASIC*, der parallel zwei nach → *MPEG 2* codierte Videodatenströme bearbeiten (decodieren) kann. Daneben sind Funktionen für 3D-Grafik und Audiodaten vorgesehen.

AT&T, Samsung und Time-Warner-Cable haben ihre Unterstützung bereits zugesagt.

Magnetblasenspeicher

Bezeichnung für ein spezielles, serielles und schnelles Speichermedium in Rechenanlagen. Es handelt sich um einen nichtflüchtigen Speicher mit wahlfreiem Zugriff, bei dem die Information in Form unterschiedlich magnetisierter Bereiche (Domänen, Magnetisierung je um 180° gedreht) ge-

speichert ist, die durch das Anlegen äußerer Felder auf dem Speichermedium hin- und herbewegt werden können. Die Domänen wandern dabei 'wie Blasen' über die Oberfläche.
Zugriffszeit im Millisekundenbereich.
Einzelne zuverlässige Bausteine verfügen über Kapazitäten von 1 Mbit, andere über 4 Mbit, allerdings wurde die Technik der Magnetblasenspeicher und ihrer aufwendigen Ansteuerung insgesamt nicht zufriedenstellend beherrscht, weswegen sich diese Art des Speichers nicht durchsetzen konnte.
1960 erste Arbeiten von Andrew H. Bobeck und H.E.D. Scovil, deren Ergebnisse 1969 veröffentlicht wurden. 1978 vom Hause Texas Instruments kommerziell eingeführt. Andere Firmen folgten. Ebenso stiegen viele in den 80er Jahren wieder aus.

Magnetkernspeicher

Auch nur Ferritkernspeicher oder Kernspeicher genannt.
Bezeichnung eines wahlfreien permanenten → *Speichers* mit kleinen Ferritkernen als binäres Speichermedium aus der Urzeit der Computerei. Unterscheidung von log. 0 und 1 erfolgte durch unterschiedliche Magnetisierungsrichtungen.
Entwickelt 1951 vom chinesischen Ingenieur An Wang (*1920), der im gleichen Jahr die Wang Laboratories Inc. gründete. Ferner entwickelt von Jay Forrester 1951, der ihn am 11. Mai 1951 zum Patent anmeldete. Erster Rechner mit Magnetkernspeicher war auch 1951 der → *Whirlwind*. Erster kommerziell erhältlicher Rechner war 1954 die Univac 1103A.
In der Folgezeit wurden die Ringkerne immer kleiner, bis sie schließlich einen Durchmesser unter 1 mm hatten. Nachteilig waren hohe Kosten (1970 kostete ein Kernspeicher mit 64 KByte rund 250 000 $, obwohl er damit noch rund 200 mal billiger war als ein vergleichbarer Halbleiterspeicher), großes Volumen und ein hoher Leistungsbedarf. Mit dem Aufkommen magnetischer Speichermedien schwand die Bedeutung des Kernspeichers. IBM beschloß 1968, die Entwicklung von derartigen Speichern zu stoppen. In den 70er Jahren verschwand diese Art des Speichers völlig. 1981 allerdings bot der amerikanische Speicherspezialist Ampex noch Magnetkernspeicher an (64 KByte für 4 800 DM). Die Ringe hatten nur noch einen Durchmesser von 0,15 mm.

Magnetplattenspeicher

→ *Festplatten*.

Magnettrommelspeicher

Auch nur kurz Trommelspeicher genannt.
Bezeichnung des ältesten externen Speichermediums für Computer. Auch als Arbeitsspeicher fand der Magnettrommelspeicher Verwendung. Dabei wurde ein Metallzylinder (Trommel) mit einer Schicht aus magnetisierbarem Material beschichtet. Die Trommel rotiert mit 3 000 bis 5 000 Umdrehungen in einem Gehäuse. Schreib- und Leseköpfe können an die Trommel herangefahren werden und die in kreisförmigen Bahnen angeordneten Daten lesen und schreiben.
Nachteilig waren die enorme Größe und die notwendige exakte Justierung des Schreib-/Lesekopfes.
Der Österreicher G. Tauschek (Ingenieur) entwickelte auf Basis des von Pfleuderer konstruierten Magnetbandes den Magnettrommelspeicher. Die Kapazität einer 20 cm langen Trommel mit 10 cm Durchmesser liegt zunächst bei 500 000 Bit. Ein Jahr später erhielt er ein Patent darauf.
1945 entwickelte der Deutsche Gerhard Dirks einen Magnettrommelspeicher zur Reife. Später wurden die ersten Magnettrommeln, 1951, beim → *Mark III* und IV verwandt. 1952 waren die IBM 605 und ein Jahr später der meistbenutzte Röhrenrechner der 50er Jahre, die → *IBM 650*, mit Trommelspeicher ausgerüstet.
In den 70er Jahren wurde die Magnettrommel von der → *Festplatte* abgelöst.

MAHO

Abk. für Mobile Assisted Handover.
→ *Handover*.

Mailbox

1. Allgemein gängige Bezeichnung für einen Anrufbeantworter im Netz, auf den Nachrichten für einen Teilnehmer gesprochen werden können, wenn dieser nicht erreichbar oder registriert ist. Der Teilnehmer kann die Nachrichten später abhören. Eingesetzt z.B. in → *GSM*-Netzen oder bei 0190er-Diensten.
2. Bezeichnet eine über Telekommunikationsnetze per → *Modem* und → *Computer* (PC) anrufbaren anderen Computer, von dem aus Daten abgerufen werden können. Die Computer, die z.B. mittels eines Modems oder auch über das → *ISDN* erreichbar sind, bilden auf diese Art Computernetze und sind über eine eindeutige Adresse (Telefonnummer) erreichbar, so daß man an sie Nachrichten verschicken oder von ihnen Informationen abrufen kann.
   Zugang erhalten Nutzer durch → *Paßwort* und ihren Nutzernamen nach vorheriger Anmeldung beim → *Sysop* der Mailbox.
   Nutzer werden üblicherweise in einen Userlevel eingeordnet, der festlegt, welche Rechte er dort hat, d.h. welche Angebote an Diskussionsrunden etc. er nutzen kann. In Abhängigkeit seines Mailbox-gemäßen Verhaltens durch zahlreiche Uploads oder Teilnahme an Diskussionsrunden kann der

Sysop den Nutzer hochstufen und mit weiteren Rechten ausstatten.

Finanzierung der Technik erfolgt bei kleinen Mailboxen, die der Sysop als reines Hobby betreibt, durch ihn selbst und bei größeren Mailboxen durch Mitgliedsbeiträge (5 bis 10 DM/Monat) der Nutzer oder durch Werbung.

Üblich ist, daß man Download-Kontingente für die in einer Mailbox enthaltenen Daten hat, die sich bei Upload eigener Daten entsprechend erhöhen, so daß eine Mailbox nicht nur durch → *Sauger* ausblutet, sondern auch mit neuen Daten beschickt wird.

Schnittstellen nach → *V.21* und → *V.22* galten lange Zeit als Standard, mittlerweile hat sich → *V.22bis* wegen höherer Rate etabliert. In Deutschland existieren schätzungsweise zwischen 10 000 und 20 000 einzelne Mailboxen, die sich zumeist mit anderen Mailboxen, die Informationen zu ähnlichen oder gleichen Themen anbieten, zu Netzen zusammengeschlossen haben. Beispiele für Mailboxnetze sind → *CL-Netz*, → *Fidonet*, → *MausNet*, → *T-Netz* und → *Z-Netz*. Im Unterschied zu → *Online Services* bieten die semiprofessionellen Mailboxen üblicherweise nur → *e-mail*, Diskussionsforen (Zahl schwankt je nach Mailbox zwischen 20 und 100) und Software zum → *Download*.

→ *Netcall*, → *Crashmail*.

Mailhost

Andere Bezeichnung für Message Transfer Agent (→ *MTA*).

Mailing-List

Bezeichnung für eine Liste von → *e-mail*-Adressen, die auf einem → *Server* im Internet durch → *Mail-Robots* automatisch verwaltet wird.

Die Liste wird üblicherweise automatisch von Software verwaltet, jedoch existiert ein (menschlicher) Listowner, der für die Softwarekonfiguration und alle mit der Liste und ihrem Thema zusammenhängenden Probleme verantwortlich ist. Meistens handelt es sich um den Gründer der Liste.

Personen können sich in die Liste eintragen und wieder entfernen lassen bzw. an die Liste eine mail schicken, die dann automatisch an alle Personen, die in der mail stehen, verteilt wird.

Das Eintragen in die Liste erfolgt häufig durch eine mail mit leerem → *Subject* und einem Text der lautet 'subscribe' an die Liste. Das Entfernen durch das identische Prozedere, nur mit dem Schlüsselwort 'unsubscribe'.

Viele Mailing-Lists verschicken nicht jede e-mail einzeln, sondern periodisch (z.B. einmal pro Woche) eine 'Digest' genannte Zusammenfassung aller in der Vorwoche eingetroffenen einzelnen e-mails.

Darüber hinaus kann man bei manchen Mailing-Lists Schlüsselwörter angeben, um den Fokus der e-mails weiter zu begrenzen. Dann erhält man nur die Auswahl an e-mails, deren Thema sich auf das Schlüsselwort bezieht.

Einen geordneten Überblick über rund 12 000 Mailing-Lists mit Suchmöglichkeit erhält man unter:

→ *http://scwww.ucs.indiana.edu/mlarchive/*

Mail-Robots

Bezeichnung für Software-Routinen zur Verwaltung von → *Mailing-Lists*. Ihre Aufgaben, die vollständig nicht von jedem Mail-Robot erfült werden, sind:

- Kopieren einer an sie gerichteten e-mail und Verschicken an alle in der Mailing-List eingetragen Empfänger.
- Verwalten der Mailing-List-Einträge, d.h. Eintragen neuer Empfänger und Löschen alter Empfänger.
- Zusammenstellen von e-mails zu längeren Beiträgen (Digesting), die dann erst versendet werden.
- Auswahl von e-mails anhand von Schlüsselwörtern, die von Empfängern vorgegeben werden und Versenden der so herausgefilterten e-mails an die betreffenden Empfänger.
- Archivierung der e-mails.

Einsatzbereich z.B. bei Presseverteilern oder im Marketing.

Bekannte derartige Programme sind LISTSERV oder majordomo.

→ *Spam*.

Mainframe

Oberbegriff für Großcomputer (sowohl von der Rechenleistung als auch vom Volumen her). Mainframes befinden sich auf dem Rückzug, da heutige → *Workstations* und teilweise sogar PCs sowie → *Client-Server*-Konzepte sie zu einem Großteil überflüssig gemacht haben. Im technisch-wissenschaftlichen Bereich sind noch → *Supercomputer* verbreitet.

Erste Mainframes kamen in den 60er und frühen 70er Jahren auf den Markt. Ihre Hochzeit hatten die Mainframes Anfang der 70er Jahre mit oft Hunderten von angeschlossenen → *Terminals*. Mitte der 70er Jahre machten ihnen dann → *Minicomputer* zu schaffen. Beispiel für Mainframes: → *IBM /360* (vorgestellt 1964) oder /370 (vorgestellt 1970), die als Synonyme dafür gelten.

Makeln

Bezeichnet in modernen → *PBXen* und neuerdings auch in öffentlichen Netzen (→ *ISDN*) ein → *Dienstmerkmal* des Telefondienstes.

Dabei kann ein Teilnehmer mit zwei anderen Teilnehmern wechselseitig sprechen und zwischen ihnen hin- und herschalten, um z.B. Rückfrage zu halten. Dabei können die beiden → *B-Teilnehmer* nicht (wie bei der → *Dreierkonferenz*) hören, was mit dem anderen → *B-Teilnehmer* gesprochen wird.

Makro

Bezeichnung einer freien Zusammenstellung beliebiger Befehle aus Anwendungsprogrammen auf Computern durch einen Anwender zu einem kleinen, speicherbaren Programm, die per Tastenkombination innerhalb des Anwendungsprogramms abgerufen werden kann. Ziel ist die Automatisierung häufig vorkommender Arbeitsschritte.

MAN

1. Abk. für Metropolitan Area Network.

   Bezeichnet private Netze mit einer Ausdehnung bis zu 20 km (Stadtgebietsgröße). Kennzeichnend sind drei Faktoren: hohe Datenrate (High Speed) zwischen 34 und 140 Mbit/s, Ausdehnung auf Stadtgebietsgröße und Zugriffsverfahren aus dem → *LAN*-Bereich. In letzter Zeit werden vermehrt an MAN-Techniken auch die Anforderungen zur → *isochronen* Datenübertragung von Sprache und anderen Echtzeitdaten gestellt. Beispiele für MAN-Techniken sind → *FDDI* oder auch → *DQDB* nach IEEE 802.6.

   → *WAN*.
2. Abk. für Mobitex Access Number.

   → *Mobitex*.

Managed Objects

→ *MO*.

Management Domain

→ *MD*.

Manchestercodierung

Ein Verfahren, Informationen zur bitseriellen Übertragung im Basisband zu codieren. Die einzelnen Bit werden dabei nicht einem festen Pegel zugeordnet, sondern einem in der Mitte der Periode folgenden Pegelwechsel. Die logische 1 entspricht so, z.B., dem Wechsel von 0 nach 1 und die logische 0 umgekehrt dem Wechsel von 1 nach 0. Dies ist somit ein selbsttaktendes Verfahren.

Mantelmoden

Begriff aus der → *Glasfasertechnik*.

Bezeichnet → *Moden*, die sich, bedingt z.B. durch Fehlstellen, starke Krümmung der Glasfaser oder äußere Einkopplung, im Mantel der Glasfaser über Strecken bis zu einigen 100 Metern ausbreiten. Dies kann zu Fehlmessungen bei Faserprüfungen führen.

MAP

1. Abk. für Mobile Application Part.

   → *SS#7*.
2. Abk. für Mobile Access Protocol.

   → *MPT 1327*.
3. Abk. für Manufacturing Automation Protocol.

   Bezeichnung für ein von General Motors Anfang der 80er Jahre mit 16 anderen Firmen zusammen entwickeltes Kommunikationsprotokoll, um industrielle Automatisierungssysteme verschiedener Hersteller in die Produktion zu integrieren. Dabei werden die Bereiche Konstruktion, Fertigung, Fertigungssteuerung und Fertigungsüberwachung in ein System integriert. Basis ist das → *OSI-Referenzmodell* und → *IEEE 802.4* (Token Bus), weswegen es auch mit 10 Mbit/s überträgt.

   Treibende Kraft bei der Entwicklung waren zunächst hausinterne Probleme bei General Motors in der Automobilproduktion. Erstmals eingesetzt 1984.

   → *TOP*.

Mapping

Bezeichnung für den Vorgang des Einfügens von → *ATM*-Zellen in Container der → *SDH*-Struktur um Daten von einem ATM-Netzknoten per SDH-Leitung zum anderen ATM-Netzknoten übertragen zu können.

Mark I

Name eines frühen Großcomputers aus der Anfangszeit der Computer Mitte der 40er Jahre. Wurde auch '(IBM) Automatic Sequence Controlled Calculator', ASCC, genannt.

16 m Länge, 2,5 m Höhe, 35 Tonnen Gewicht, 800 km Leitungen und 765 299 Einzelbauteile (darunter 3 000 Kugellager, 3 304 Relais, 175 000 Steckkontakte).

Die Eingabe von Daten erfolgte über Lochstreifen, die Ausgabe über 36 Schreibmaschinen (Fernschreiber).

Zur Einstellung von Konstanten standen 420 von Hand zu bedienende Drehschalter zur Verfügung.

Es wurden 6 Sekunden für die Multiplikation zweier zehnstelliger Zahlen benötigt. Es konnten bis zu 23stellige Zahlen verarbeitet werden. Die Addition benötigte 0,3 Sekunden. 50 % der Zeit gingen für Reparatur und Wartungsarbeiten verloren, da beim Einschalten immer einige der Röhren ausfielen. Weil Aiken noch mit dem Dezimalsystem arbeitete, hatte sein Konzept bald ausgedient.

Vorwiegend wurden mit dem Mark I ballistische Tabellen für die US-Marine erstellt, insbesondere in den letzten Kriegsmonaten die Reichweite von schweren Bombern bei verschiedenen Zuladungen und verschiedenen Windrichtungen.

Die Entwicklung des Mark I reicht bis in die 30er Jahre zurück. Nachdem er bereits 1936/37 erste Ideen dazu hatte, fing der amerik. Mathematikprofessor Howard Hathaway Aiken (* 1900, † 1973) mit Unterstützung der IBM und seinen Mitarbeitern Clair D. Lake, Benjamin M. Dufree und Francis ('Frank') E. Hamilton 1939 an, aus zusammengeschalteten Lochkartenbaugruppen und Relais einen ersten Großrechner zu konstruieren.

Oberster IBM-Lenker bei diesem Projekt war James Wares Bryce. Aiken nahm an der Harvard University in Cambridge/Mass., im Harvard Computation Center, am 7. August 1944 den Rechner in Betrieb, der der Universität von IBM letztlich geschenkt wurde. Die Pressestelle der Uni schrieb in einer Mitteilung seinerzeit über die Inbetriebnahme des "World's greatest Mathematical Calculator".

Schon bei seiner Inbetriebnahme war er allerdings technisch überholt. Die Angaben zu seinen Kosten schwanken zwischen 400 000 $ und 5 Mio. $ seit 1939.

Er blieb 15 Jahre in Betrieb. Nachfolgemodelle waren die → *Mark II* und → *Mark III*. Aufgrund der permanent klappernden Relais galt der Rechner als extrem laut. Eine wichtige Rolle spielte dieser Rechner auch bei der Einführung des Begriffes → *Bug* in die Computerwelt.

Mark II

Name eines elektromechanischen Großcomputers aus der Frühzeit der Rechnertechnik. Nachfolger des → *Mark I*.

Hatte bereits 2 400 Elektronenröhren und war etwa zwölfmal schneller als der → *Mark I*.

Aiken stellte 1947 seinen Mark-II-Rechner vor. In den folgenden Jahren wurde dieser Rechner zum Mark III und Mark IV weiterentwickelt, bei denen schon Magnetbänder der Dateneingabe dienten und die → *Magnettrommel* als Speicher verwendet wurde.

Mark III

Name eines elektromechanischen Großcomputers aus der Frühzeit der Rechnertechnik Ende der 40er / Anfang der 50er Jahre. Nachfolger des → *Mark II*.

Der Mark III besteht aus 2 000 Relais, 5 000 Röhren und 1 300 Dioden. Ein Magnetband wird zur Eingabe des Programms verwendet. Darüber hinaus nutzte er als einer der ersten Rechner überhaupt einen → *Magnettrommelspeicher*.

Aiken stellte 1952 den Mark III vor, dem später noch der wenig bekannte Mark IV folgte.

Marisat

1976 in Betrieb genommenes erstes Satellitensystem für den Telefondienst zu Schiffen. Von einem US-Konsortium finanziert und betrieben. Besteht aus drei Satelliten in → *GEO*. Erster Satellit 1976 über dem Pazifik, gefolgt von zwei weiteren über Atlantik und dem Indischen Ozean. Wird zivil und militärisch genutzt.

Das Marisat-System ging 1979 im → *Inmarsat*-A-System auf. Sendeleistung einer Bodenantenne: 40 W bei einem Antennendurchmesser von 1,2 m.

Maschinensprache

Oft auch Maschinencode genannt. Bezeichnung für die von einem Computer unmittelbar verstandene 'Sprache', die schon gar keine solche mehr ist, sondern lediglich aus einer Folge von 0 und 1 besteht, die im Speicher abgelegt werden und den Rechner steuern.

Mit dem Wortteil 'Maschine' ist in diesem Fall das Rechenwerk des Computers gemeint.

Zur für den Menschen komfortableren Codierung wurden Bitmuster mit mnemoischen Codes versehen, woraus sich die → *Assemblersprache* als nächst höhere Sprache auf dem Weg in Richtung → *Programmiersprache* entwickelte.

In Maschinensprache vorliegende Programme werden durch → *Compiler* erzeugt und können durch einen Computer direkt und sehr schnell ausgeführt werden. Derartige Programme sind aber nur auf einer einzigen technischen Hardwareplattform lauffähig, da sie direkt auf einen bestimmten Typ eines → *Mikroprozessors* zugeschnitten sind.

Maske

1. Kurzbezeichnung für → *Lochmaske*.
2. Bezeichnung für eine bestimmte Einteilung des Bildschirms in Text und Eingabemöglichkeiten bei interaktiver Software.

   Durch Masken können real in Papierform vorliegende Unterlagen, z.B. Formulare oder Fragebögen, nachgebildet werden. Sie erleichtern dem Nutzer der Software die Bedienung.

   → *Default*.

Maskerade

Jargon für den Zugriff nicht autorisierter Personen auf Datenbestände in Datenbanken oder andere Ressourcen eines Computersystems, die sich mißbräuchlich einer real existierenden Authentisierung und Identifikation einer autorisierten Person bedienen.

Mask Pitch

Bezeichnung für den Abstand der Mittelpunkte der Löcher einer → *Lochmaske* in Monitoren.

Massenspeicher

Bezeichnung für Speichermedien, welche die Größe eines internen → *Hauptspeichers* in einem Computer erheblich übertreffen und dauerhaft als externe Speicher eingesetzt werden können.

Der Begriff wird heute dank großer Hauptspeicher und fest eingebauter Speicher (→ *Festplatten*) kaum noch benutzt. Er bezog sich auf Speichermedien, wie z.B. Magnetbänder.

Matrix

Bezeichnung für eine weite Auslegung des Begriffs → *Internet*.

Als Matrix wird jedes letzte kleine und auch nicht permanent über einen → *ISP* oder über eine eigene Standleitung an das Internet angeschlossene System (auch → *LAN*) bezeichnet.

Grundsätzliches Kriterium ist die → *e-mail*-Fähigkeit, d.h. Matrix und Internet unterscheiden sich durch die nur semipermanente Anbindung der internen Firmennetze.

Der e-mail-Dienst wurde gewählt weil es sich bei ihm um den populärsten im Internet genutzten Dienst handelt.

Matrixdrucker

Bezeichnung für eine Klasse von → *Druckern*, die einzelne Zeichen und Symbole (Buchstaben, Sonderzeichen) aus kleineren grafischen Einheiten, z.B. Punkten, aufbauen. Qualitätskennzeichen ist die Angabe der Auflösung in → *dpi*.

Beispiele sind der → *Nadeldrucker*, der → *Thermodrucker* und auch der → *Tintenstrahldrucker*.

MATV

Abk. für Master Antenna Televison.

Bezeichnet in großen Wohnanlagen (Hochhäusern etc.) Gemeinschaftsantennen, von denen aus in ein lokal begrenztes Kabelnetz eingespeist wird.

Maus

Bezeichnung für eine vom Nutzer handgesteuerte Positionierungs- und Bedienungseinheit für Mikrocomputer.

Die Bewegung der Maus durch die Hand eines Nutzers steuert direkt den → *Cursor* auf dem Bildschirm (Positionierung), wobei durch Drücken einer Maustaste (Bedienung) die Funktion des Bedienfeldes aktiviert wird, auf dem der Cursor gerade steht.

Zur genauen Bedienung und zum Schutz vor Verunreinigungen durch Staub oder Fusseln wird die Maus üblicherweise auf einer speziellen Unterlage bewegt, deren Oberflächenmaterial auf das Material der Kugel abgestimmt ist und Mauspad genannt wird. Eine platzsparende Sonderform der prinzipiell umgedrehten Maus, bei der man die Maus nicht selbst, sondern nur die Kugel als Bewegungsdetektor bewegt, ist der Trackball. Er wird insbesondere in → *Laptops* eingesetzt.

Das erste mausähnliche Steuergerät war noch aus Holz hergestellt. Es war von Douglas Engelbart 1963 in Stanford bei Xerox entwickelt worden und bestand aus zwei Steuerrädchen, die zwei variable Widerstände für jede mögliche Bewegungsrichtung steuern,.

Die erste digitale Maus (die in kleinen Stückzahlen gebaut und verkauft wurde) gab es im Rahmen des Projektes Alto im → *PARC* von Xerox Anfang der 70er Jahre, entwickelt durch Jack S. Hawley, der später mit 'Mouse House' in Berkeley/Kalifornien sein eigenes Unternehmen gründete und die Maussteuerung perfektionierte.

1981 brachte Xerox den PC 'Star' als ersten serienmäßigen PC mit der Maus auf den Markt. Problem in jener Zeit: kaum ein Programm unterstützte die Maussteuerung.

1982 gab es die erste kommerziell einzeln erhältliche Maus aus dem Hause Genios mit drei Tasten für IBM PCs. Microsoft entschloß sich, die Mausbedienung in seine Produkte zu integrieren und entwickelte zuerst MS Word für die Maussteuerung. Weitere Programme folgten.

1983 brachte Apple den → *LISA* mit einer Zweitasten-Maus heraus. Als dieser kein großer Erfolg wurde, folgte ein Jahr später der Macintosh mit einer Eintasten-Maus. Auf diesem war ein Grafikprogramm vorinstalliert, das den sinnvollen Einsatz der Maus aller Welt zeigte und zu ihrer endgültigen Etablierung führte.

Ab 1983 unterstützte auch MS-DOS 2.11 erstmals eine Maus. Die von einer japanischen Firma im Auftrag entwickelte Microsoft-Maus mit zwei Tasten wurde eingeführt.

1993 wurden optische Mäuse eingeführt, die nicht auf mechanischer Detektion der Mausbewegung mittels einer rollenden Kugel basierten, sondern auf der Veränderung der Reflexion einer Lichtquelle (Laser) an einer reflektierenden Unterlage (optisches Mauspad).

MausNet

Bezeichnung eines → *Mailboxsystems* mit starrer Baumstruktur, dessen Wurzeln im Jahr 1984 liegen. Maus ist Abk. für Münsteraner Apple User Service.

Seinerzeit entwickelten Jörg Stattaus, Gereon Steffens und einige andere eine Software für Mailboxen, die komfortabler als seinerzeit übliche Software für C64-basierte Mailboxen war. Ab 1988 erfolgte eine systematische Vernetzung der bis dahin nur lose vernetzten einzelnen lokalen Inseln mit eigener Software für diese.

Der Nachrichtenaustausch zwischen den einzelnen Mailboxen erfolgt in der Nacht zwischen 3 und 4 Uhr von den Blättern des Baumes aus zur Wurzel und dann zurück zu den Blättern. Dadurch garantierte maximale Nachrichtenlaufzeit von einem

Tag, die durch weitere Nachrichtentransfers nach gleichem Schema in Unterbäumen im Laufe eines Tages verkürzt werden kann.

Jede Mailbox hat als Kennung das KFZ-Kennzeichen der Stadt. Bei mehreren MausNet-Mailboxen in einer Stadt erhält jede eine zusätzliche Nummer.

Das MausNet gilt als kontrolliert und bescheiden gewachsen, deswegen aber auch als stabil mit geringer Fluktuation einzelner Mailboxen.

Mauspad

→ *Maus.*

M-Bone

Abk. für Multicast Backbone.

Bezeichnung für spezielle reservierte Leitungskapazitäten im → *Internet,* auf denen → *Multicasting* möglich ist.

Das Netz nutzt dabei den Mechanismus der Multicastadresse von → *IP* aus, die eine Gruppe einzelner IP-Adressen umfaßt. Dabei werden Daten nur an diese eine Multicastadresse gesendet. Ein multicastfähiges Netz mit multicastfähigen Routern übernehmen die Verteilung an die Einzeladressen. Dabei kommen Routingverfahren zum Einsatz, die die Verkehrslast auf den Leitungen minimieren, indem die Daten erst an denjenigen Knoten in diejenigen Äste verzweigt werden, an denen adressierte Teilnehmer vorhanden sind.

Erste Multicasts auf dem M-Bone erfolgten nach dessen Einrichtung im März 1992. Dabei wurde eine Konferenz der → IETF mit Videobild und Ton über das Internet übertragen. Mittlerweile ist das M-Bone eine globale Struktur, an der insbesondere Universitäten und Forschungseinrichtungen angeschlossen sind.

Das M-Bone ist inzwischen dabei, das Experimentierstadium zu verlassen. Die Protokolle migrieren auch in andere Teile des Internet.

→ *http://www.mbone.de/*

mbps

Abk. für Mega Bit Per Second.

MBS

1. Abk. für Mobile Broadband System.
   Name eines in Europa im Rahmen von → *RACE* in der Entwicklung befindlichen Mobilfunkstandards für Breitbanddienste (z.B. mobile Bewegtbildübertragung, Video).
2. Abk. für Maximum Burst Size.

MBX

Abk. für → *Mailbox.*

MC

Abk. für Micro Channel.

→ *MCA.*

MCA

Abk. für Micro Channel Architecture.

Name eines prozessorunabhängigen synchronen Busstandards im PC-Bereich aus dem Hause IBM. Überträgt 10 bis maximal 32 MByte/s (mittelschnell) mit 16 oder 32 Bit parallel. Kann daher 16 MByte oder 4 GByte adressieren. Wird mit 10 MHz getaktet. Ist von IBM hoch standardisiert und besitzt sehr hohe Latenzzeiten. Gilt als teuer. Ist inkompatibel zum älteren → *ISA*-Bus und zum folgenden → *EISA*-Bus, da sich die Platine und Stecker verkleinert haben.

Vorteil: Neue passende Adapterkarten brauchen aber nicht mehr über DIP-Schalter konfiguriert werden, sondern werden mittels Set-Up-Programmen und Tastatur vom normalen PC aus konfiguriert. Jede Karte hat eine individuelle von IBM vergebene und dort auch von den Lizenznehmern beantragte Nummer.

Wurde von IBM ursprünglich 1987 für seine → *PS/2*-Baureihe entwickelt und dort im PS/2 Modell 80 mit 80 386 Prozessoren erstmals eingesetzt. Ziel der Entwicklung war, einen leistungsfähigen Bus für den 32-Bit-Prozessor 80386 ohne die Restriktionen des → *ISA*-Bus zu entwickeln. Zweites Ziel war, Nachahmer fernzuhalten. Die Spezifikationen wurden daher nur unter bestimmten Bedingungen (u.a. hohe Lizenzgebühren) anderen Unternehmen zugänglich gemacht. Herkömmliche, bis dahin verwendete Steckkarten konnten nicht angeschlossen werden und wegen der restriktiven Politik gab es nur wenige Neuentwicklungen und kein Bauteil, das die Vorzüge der MCA überzeugend ausnutzte. Diese Busarchitektur ist daher nur gering (und wenn, dann in der 32-Bit-Breite) verbreitet und gilt, trotz seiner höheren Leistungsfähigkeit als das bis dahin meistverwendete → *ISA,* als kein großer Erfolg. Als Antwort auf dieses proprietäre System gilt der → *EISA*-Bus.

MCC

Abk. für Mobile Country Code.

Im Mobilfunknetz nach dem → *GSM*-Standard die Bezeichnung für eine Kennzahl, die ein Land (mit u.U. mehreren Mobilfunknetzen, → *MNC*) eindeutig identifiziert.

MCDN

Abk. für Meridian Customer Defined Network.

Bezeichnung für ein proprietäres Signalisierungsprotokoll aus dem Hause Northern Telecom zur Verbindung von Nebenstellenanlagen der Produktlinie Meridian über private Netze, wie z.B. Corporate Networks (→ *CN*).

MCGA

Abk. für Multi Colour Graphics Array.

→ *CGA.*

MCHO

Abk. für Mobile Controlled Handover.
→ *Handover.*

MCM

Abk. für Multicarrier Modulation.
Bezeichnung für Mehrträgerübertragungsverfahren (im Gegensatz zu Einträgerübertragungsverfahren), wie z.B. → *DMT.*

MCP

Abk. für Mass Calling Plattform.
Bezeichnung für Einrichtungen in Telekommunikationsnetzen zur Auswertung von Massenanrufen, wie z.B. bei → *DRTV.* Lösung z.B. durch → *IVR.*

MCR

Abk. für Minimum Cell Rate.
→ *ATM.*

MCS

Abk. für Multipoint Communication Services.
Bezeichnung für Telekommunikationsdienste, bei denen mehrere Teilnehmer zusammengeschaltet werden.
Definiert ist der Begriff in T.122 und T.125 im Zusammenhang mit → *Videokonferenzen* zwischen mehreren Teilnehmern, die → *Application-Sharing* nutzen.

MCS-L1 und -L2

Abk. für Mobile Communication System on Land Version 1 and 2.
Andere Bezeichnung: → *NTTM.*

MCT

Abk. für Mobile Communication Terminal.
Andere Bezeichnung für → *MS.*

MCU

Abk. für Multipoint Control Unit.
Bezeichnung für die Einheit bei → *Videokonferenzen*, die von einem zentralen Punkt aus bei einem Teilnehmer alle angeschlossenen Teilnehmer mit entsprechenden Datenströmen über ein (öffentliches) Telekommunikationsnetz versorgt.

MD

1. Abk. für Mini-Disc.
   Bezeichnet einen → *CD*-Firmenstandard aus dem Hause Sony. Ursprünglich für den CD-Walkman als Konkurrenz zur digitalen Compact Cassette (→ *DCC*) entwickelt, soll die wiederbespielbare CD mit einem Durchmesser von 6,8 cm und einer Speicherkapazität von 140 MByte die Disketten und auch die Audio-Kassetten ersetzen und → *CD-ROMs* Konkurrenz machen. Genutzt wird das Datenkompressionsverfahren → *ATRAC.* Definiert im Rainbow-Book. Musik-Spielkapazität 74 Min.
   Erste MD-Geräte kamen um 1992 von Sony auf den Markt. Dieser entwickelt sich seither eher schleppend. Seit 1996 haben andere Hersteller der Unterhaltungselektronik ebenfalls Produkte vom Autoradio mit MD-Spieler, MD-Walkman und auch MD-Hifi-Anlagen im Angebot, so daß er sich besser entwickelt.
2. Abk. für Mediation Device.
   Bezeichnung einer Umsetzungseinrichtung.
3. Abk. für Management Domain.
   Bezeichnung für einen von einem Dienstbetreiber verwalteten Versorgungsbereich beim → *X.400*-Dienst, der zwischen privaten (→ *PRMD*) und öffentlichen (→ *ADMD*) → *Domain* unterscheidet.

MDA

Abk. für Monochrome Display Adapter.
Bezeichnung eines Standards aus dem Hause IBM für Grafikkarten in Computern zur Unterstützung von zwei Farben und der Darstellung von Zeichen (80 Zeichen in 25 Zeilen bei 720 * 350 Punkten). Je Zeichen stand eine 9 * 14 Punkte Matrix zur Verfügung, von der 7 * 9 Punkte genutzt werden konnten. Bei MDA werden nur digitale Signale an den Monitor gegeben. Es steht ein 4 KByte großer Video-Speicher zur Verfügung.
Eingesetzt bei den ersten PCs zu Anfang der 80er Jahre.

MD5

Im → *Internet* benutzter Algorithmus zur → *Authentisierung.* Er basiert auf einer One-Way-Hashfunktion mit Schlüssel, d.h. aus dem Ergebnis des Hashens kann nicht umgekehrt auf den verwendeten Schlüssel geschlossen werden.
Aus einer beliebig langen Nachricht wird ein 128 Bit langer sog. Message Digest ermittelt. Dieser wird an die unverschlüsselte Nachricht angehängt, wodurch der Keyed Digest entsteht. Der Empfänger ermittelt aus der Nachricht mit dem gleichen Verfahren den Message Digest und vergleicht ihn mit dem übertragenen. Sind beide gleich, weiß der Empfänger, daß die Nachricht authentisch ist.
→ *DES,* → *PGP,* → *RSA.*

MDF

1. Abk. für Mehrkanal-Datenübertragung mit Frequenzmultiplex.
   Andere Bezeichnung für Wechselstromtelegrafie.
   → *WT.*
2. Abk. für Main Distribution Frame.
   Englische Bezeichnung für → *Hauptverteiler.*

MDNS

Abk. für Managed Data Network Services.

MDPSK

Abk. für Modified Differential Phase Shift Keying.
Name eines Verfahrens der → *digitalen Modulation*. Eine Mischung aus → *AMI* und → *DPSK*, das sich für längere Inhouse-Verkabelungen eignet.

MDT

1. Abk. für Mittlere Datentechnik.
   Deutscher Begriff. Bezeichnet Rechner, z.B. für den Mittelstand. Jahrelanger typischer Vertreter war die Firma Nixdorf. Geprägt wurde der Begriff in den 70er Jahren durch die Interessengemeinschaft gleichen Namens, die von Adler, Kienzle, Nixdorf und Philips-Electrologica (zuvor Siemag) gegründet wurde. Diesem Verbund schlossen sich später weitere Firmen an.
2. Abk. für Mean Down Time.
   Bezeichnung für die mittlere Zeit, die eine Störung dauert; eingeschlossen sind die Wartezeit auf Reparaturen, die Reparatur selbst und die Zeit, das System wieder in Gang zu setzen.
   → *MTTR*, → *MTBF*.

MDTRS

Abk. für Mobile Digital Trunked Radio System.
→ *TETRA*.

MDZ

Abk. für Mehrkanal-Datenübertragung mit Zeitmultiplex.
Bezeichnung für die Übertragungstechnik im → *IDN*.

ME

Abk. für Mobile Equipment.
Bezeichnung in Mobilfunksystemen für das mobile, blanke Gerät, so wie es verkauft wird (im Gegensatz zur → *MS* ohne SIM-Karte, Zubehör etc.) ohne Bezug zu einem konkreten Nutzer oder einem laufenden Gespräch.

Mechatronik

Kunstwort, entstanden aus den Begriffen Mechanik und Mikroelektronik.
Bezeichnet das Zusammenwachsen dieser beiden Disziplinen.

MEDEA

Abk. für Micro-Electronics Development for European Applications.
Bezeichnung eines im Juni 1996 gestarteten Förderprogramms der EU, das auf den Ergebnissen des Programms → *JESSI* aufbaut. Ziel ist die Bereitstellung von Chipsätzen und Halbleiterbausteinen für Anwendungen in den Bereichen

- Multimedia- und Kommunikationstechnologien,
- Automobil- und Verkehrsanwendungen,
- Prozeß- und Fertigungstechnik.

Media Lab

Bezeichnung eines von Prof. Nicholas Negroponte (eigentlich studierter Architekt) gegründeten und immer noch geleiteten Instituts am → *MIT* in Boston, das sich mit den Folgen der Informationsgesellschaft in allen Facetten (→ *Multimedia*, → *Cyberspace*) und ihrer Gestaltung beschäftigt.

Mehrfachempfang

Auch Diversity genannt.
Beschreibt mehrere Methoden zum besseren Empfang gestörter elektromagnetischer Wellen. Bezeichnet dabei den mehrfachen Empfang des gleichen Signals mit unter verschiedenen Bedingungen arbeitenden Antennen (→ *Frequenzdiversity*-Verfahren), mit verschiedenen Trägerfrequenzen, an verschiedenen Orten oder zu verschiedenen Zeiten. Ziel ist die Gewinnung eines zweiten Signals, das zusammen mit dem ersten Signal Rückschlüsse auf das ursprünglich gesendete Signal zuläßt.

Mehrgeräteanschluß

Auch Bus-Anschaltung oder Bus-Betrieb genannt.
Bezeichnung einer Anschlußvarianten (neben dem Anlagenanschluß) beim → *Euro-ISDN*. Dabei können bis zu vier Telefone und vier weitere Endgeräte (→ *Fax*, → *PC*) angeschlossen werden. Der Bus, an den die Geräte angeschlossen werden, kann über bis zu 12 Anschlußbuchsen verfügen, so daß Geräte umgestöpselt werden können.

Mehrmodenfaser

Bezeichnung für Glasfasern, die in einem Kern mit dickerem Durchmesser mehrere → *Moden* führen können.
→ *Multimode-Gradientenindexfaser*, → *Multimode-Stufenindexfaser*, → *Glasfasertechnik*.

Mehrpunktverbindung

Bezeichnung für Verbindungen mit mehr als zwei Teilnehmern, z.B. → *Videokonferenzen*.

Mehrwegeausbreitung

Bezeichnung eines Effektes beim → *Fading* elektromagnetischer Wellen. Beschreibt dabei die Tatsache, daß sich ein gesendetes Signal durch Reflexion und Beugung auf verschiedenen Wegen ausbreiten kann, die unterschiedlich lang sind, weswegen sich die Teilwellen des Signals beim Empfänger in einer unterschiedlichen Phase überlagern. Zentrales Kennzeichen der Mehrwegeausbreitung sind frequenzselektive Signaleinbrüche oder Verstärkungen (bis zu 30 oder 40 dB). Die Verstärkungen resultieren in einer Aussteuerung an den Empfänger angeschlossener Verstärker in den nicht-linearen Bereich.

Dieser Effekt wird auch Rayleigh-Fading oder Short-Term-Fading genannt, da der Betrag der Empfangsfeldstärke einer Rayleigh-Verteilung (benannt nach seinem Entdecker, Lord Rayleigh) folgt.

In besonders ungünstigen Fällen treten durch Interferenzen am Ort des Empfängers Signaleinbrüche von 50 dB auf, so daß sich die Signale auslöschen. Dies wird Multipath-Fading genannt und tritt bei Bewegung des Empfängers periodisch in Abständen von $\lambda/2$ auf.

Bei Kurz- und Mittelwellen entsteht die Mehrwegeausbreitung durch Reflexion an der Ionosphäre. Im UKW-Bereich wird durch sog. Großbasisantennen dieser Effekt vermieden.

→ *Gleichkanalstörung*, → *Intersymbolinterferenz*.

Mehrwertdienst

Deutsche Bezeichnung für → *VAS*.

Memory-Effekt

→ *Akku*.

Memphis

→ *Windows 95*.

MEO

Abk. für Medium Earth Orbit.

Bezeichnet wie → *ICO* Satellitenbahnen in niedrigen Höhen zwischen 6 000 km und 36 000 km. Zwischen 2 000 km und 6 000 km liegt ein für Satelliten nicht nutzbarer Bereich, in dem vom Magnetfeld der Erde festgehaltene ionisierte Teilchen die Elektronik von Satelliten beschädigen.

→ *GEO*, → *HEO*, → *LEO*.

MES

Abk. für Master Earth Station.

MESI

Abk. für Modified, Exclusive, Shared, Invalid.

Mesochron

Anderes Wort für synchron.

Message Switching

Deutsche Bezeichnung: Sendungsvermittlung. Oft auch mit Datagramm-Dienst bezeichnet. Eine Sonderform der → *Paketvermittlungstechnik*, bei der eine Nachricht nicht in viele kleine, sondern in ein einziges Paket eingeteilt und, mit Steuerinformationen versehen, mit einer → *verbindungslosen* Datenübertragung durch ein Netz übermittelt wird.

Metaconta

Name einer rechnergesteuerten Familie von Vermittlungsstellen der ITT aus den 70er Jahren. Nutzt → *Crossbar-Switches* und auch → *Reed-Relais*. War Nachfolger einer Baureihe mit → *Rotary-Wählern*. Nachfolger der Metaconta-Reihe wurde → *System 12*.

→ *Pentaconta*.

Metran

Abk. für Managed European Transmission Network.

Im April 1991 von 26 europäischen Netzbetreibern gestartete Initiative zur Etablierung eines europäischen Netzes auf → *SDH*-Basis. Ist nach dem → *GEN*-Projekt der nächste Schritt in Richtung digitaler, europaweit breitbandiger Verbindungen.

MF

1. Abk. für Medium Frequency (Mittelwelle). Frequenzband von 300 kHz bis 3 MHz. Anwendung: Rundfunk. In Deutschland auch Mittelwellenbereich oder Hektometerwellenbereich genannt. Die Bodenwelle breitet sich bis zu 150 km weit aus. Die Raumwelle praktisch nur nachts durch Reflexion an der → *Ionosphäre*. Nachbarbereich: → *LF*, → *HF*.
2. Abk. für Multi Frequency.
3. Abk. für Mediation Function.
   Bezeichnung für die Funktionen im → *TMN*, die Informationen zwischen → *OSF* und → *NEF* übertragen. Informationen werden gebündelt, gespeichert, angepaßt, gefiltert; Grenzwerte werden überwacht.

MF 2

Abk. für Multifunktions (Tastatur) in Version 2.

Bezeichnung für ein Standardlayout für Tastaturen. Durch das → *DIN* genormt. Sie war die erste Norm für Computertastaturen überhaupt.

MFC

Abk. für Multi Frequency Code.

Englischsprachige Bezeichnung des → *MFV*.

MFJ

Abk. für Modified Final Judgement.

Bezeichnung eines Urteils des US-Bundesgerichts unter Richter Harold Greene aus dem Jahr 1982, welches die Zuständigkeiten von Fernnetzbetreibern und Ortsnetzbetreibern definierte.

Es führte zur Auflösung des Telefonnetzmonopols der AT&T und zur Entstehung der sieben Baby Bells (→ *RBOC*).

Diese dürfen keinen Fernverkehr und keine → *VAS* anbieten, ebensowenig wie sie Geräte

(Terminals, Telefonapparate, Vermittlungen) herstellen dürfen.

MFLOPS

Abk. für Million Floating Point Instructions per Second.
Leistungskenngröße von gleitkommafähigen Prozessoren.

MFPA

Abk. für Multi Functional Peripheral Association.
Bezeichnung eines Konsortiums, das Standards für den Zugriff auf Peripheriegeräte über → *LANs* entwickelt.

MFV

Abk. für Mehrfrequenz-Wahlverfahren, auch Tonwahl oder DTMF (Dual Tone Multi Frequency) genannt.
Von den → *Bellcore* ist der geschützte Begriff (Handelsmarke) Touchtone üblich, der auch weltweit bei Konsumenten eine gebräuchliche Bezeichnung ist. Dabei wird eine am Tastentelefon gewählte Ziffer nicht durch eine Anzahl Impulse (→ *IWV*), sondern durch einen aus zwei Frequenzen bestehenden Ton codiert.
Hauptsächlicher Vorteil ist eine wesentlich kürzere Verbindungsaufbauzeit sowie eine Fernsteuerungsmöglichkeit für → *Mehrwertdienste*, → *Anrufbeantworter* oder andere Ferndiagnosegeräte.
MFV kann in Deutschland nur genutzt werden bei Telefonen, die an eine digitale Ortsvermittlungsstelle angeschlossen sind.
Die Frequenzen zur Codierung hängen von der Zeile und Spalte der gedrückten Taste im Tastenfeld ab. Jede Zeile und jede Spalte hat eine Frequenz. Mit acht Frequenzen kann man somit 16 Tasten (0...9, *, #, A...D) codieren.
Neben einer Einsparung von Frequenzgeneratoren bietet die Überlagerung von zwei Tönen den Vorteil einer besseren Unterscheidbarkeit gegenüber Umgebungsgeräuschen. Die Frequenzen sind so ausgewählt worden, daß sie in der natürlichen Umgebung selten vorkommen.
Von den 16 Möglichkeiten werden i.d.R. die Buchstaben nicht genutzt. Die Frequenzen (max. zulässige Abweichung 1,8 % von der Nennfrequenz), die Dauer der Töne (die Töne müssen eine Länge von mindestens 50 ms mit ebensolangen Pausen haben, um von der Vermittlungsstelle erkannt zu werden) und ihr Pegel sind int. in Q.23 (Q.24 spezifiziert die Geräte, die Q.23 fähig sein sollen) genormt und können der folgenden Tabelle entnommen werden:

	1209 Hz	1336 Hz	1477 Hz	1633 Hz
697 Hz	1	2	3	A
770 Hz	4	5	6	B
852 Hz	7	8	9	C
941 Hz	*	0	#	D

MGA

Abk. für Monochrome Graphics Adapter.

Bezeichnung eines Grafikkarten-Standards aus dem Hause Hercules, daher als Hercules Graphics Card bekannt (→ *HGC*).

MH, MHC

Abk. für Modified Huffman Code.

Bezeichnung eines veränderten und dadurch effizienteren Codes, basierend auf der → *Huffman*-Codierung, zur Quellcodierung.

MHDL

Abk. für Mimic Hardware Description Language.

Bezeichnung der ersten Hardwarebeschreibungssprache für Schaltkreise, bestehend aus analogen Komponenten (Widerstand, Spule, Kondensator). Maßgeblich entwickelt von der → *IEEE* ab 1988 auf Basis der funktionalen Programmiersprache Haskell. Erster stabiler Standard existierte ab Frühjahr 1992, niedergelegt im MHDL Language Reference Manual (LRM).

→ *Verilog*, → *VHDL*.

MHEG

Abk. für Multimedia and Hypermedia Information Objekt Expert Group.

Bezeichnung eines Standardisierungsgremiums der → *ISO* und des von ihm selbst ausgearbeiteten Standards ISO 13522 für die Kodierung von Multimedia- und Hypermediaobjekten, die in entsprechenden multimedialen oder hypermedialen Diensten eingesetzt werden. Ziel ist, multimediale und hypermediale Informationen so darzustellen, daß sie plattformübergreifend von verschiedenen Computerplattformen und Anwendungen verarbeitet werden können. MHEG definiert dafür Strukturen zur Zusammenstellung von Objekten verschiedener Medientypen.

Es wird an verschiedenen MHEG-Varianten gearbeitet (MHEG 1, 2, 3, 4 und 5).

MHS

1. Abk. für Message Handling System.
   Oberbegriff für Electronic Mail Systeme, z.B. → *X.400*. MHS umfassen alle anderen Komponenten eines e-mail-Systems, wie User Agents (→ *UA*) oder Message Transfer Agents (→ *MTA*).
2. Abk. für Message Handling Service. Bezeichnung für ein Transportsystem für e-mail innerhalb von Novell Netware.

MHX

Abk. für Mobitex Main Exchange.

Teil der Netzinfrastruktur von → *Mobitex*.

MIB

Abk. für Management Information Base.

Begriff aus dem → *Netzmanagement*. MIBs bezeichnen Datenbestände, mit deren Hilfe das Netzmanagementsystem → *SNMP* alle zu verwaltenden Objekte (Managed Objects, MO, z.B. Geräte, Rechner, Server, Hubs, Bridges, Router ...) im Netz verwaltet.

Es wird zwischen MIB-1 nach RFC 1156 und MIB-II nach RFC 1213 unterschieden.

Microchannel

Andere Bezeichnung für → *MCA*.

Microsoft Network

Bezeichnung für den für Herbst 1995 gestarteten → *Online-Dienst* aus dem Hause Microsoft. Eng an → *Windows 95* gekoppelt, da dort der Zugriff integriert ist. Ursprünglich auf eigener Technik basierend geplant, erfolgte im Herbst 1995 ein Schwenk auf → *Internet*-Standards.

MIDI

Abk. für Musical Instrument Digital Interface.

Bezeichnet einen Schnittstellen- und Dateistandard aus den 80er Jahren zur Übertragung und Speicherung von Tondateien, auf den sich alle Musikinstrumentenhersteller geeinigt haben. Daher ist er bei den meisten Synthesizern und elektrischen Instrumenten verfügbar.

Er integriert Musikinstrumente, PCs und weitere Geräte (Lichtsteuerungsanlagen, Studioequipment), so daß z.B. von einer E-Gitarre gespielte Töne gleich in einem Komponierprogramm in Noten umgesetzt werden können. Auch kann mit geeigneter Software aus einer vorliegenden MIDI-Datei die Partitur erzeugt oder in Echtzeit auf dem Bildschirm dargestellt werden. Darüber hinaus kann eine MIDI-File durch die Software nachbearbeitet werden, indem Tempo oder Instrumente verändert werden.

Es werden dabei nicht die Töne selbst, sondern Werte für Tonhöhe, Länge, Klangbild, Lautstärke und Instrumententyp definiert. MIDI-Dateien sind an der Endung *.MID erkennbar. Als Faustregel ergeben eine Minute Ton eine Datei von ca. 20 kByte.

MIDI bietet 16 serielle logische Kanäle und kann skaliert werden. Die mächtigste Obermenge ist der General-MIDI-Standard, in dem 128 Instrumente und 60 weitere klangerzeugende Rhythmusgerätschaften definiert sind..

Viele MIDI-Dateien sind kostenlos über das → *WWW* erhältlich.

Die Qualität beim Abspielen von MIDI-Dateien hängt entscheidend von der verwendeten → *Soundkarte* ab. Sie sollte mindestens 2 oder noch besser 4 MByte komprimierte → *Wavetables* besitzen.

Midrange

Begriff aus der Rechnertechnik der 80er Jahre. Bezeichnet eine Rechnergröße zwischen Workstations und Mainframes. Für mittelständische Betriebe gedacht, wie z.B. die IBM AS/400. In Deutschland oft auch 'Mittlere Datentechnik' (→ *MDT*) genannt.

MIF

Abk. für Management Information Format.

Bezeichnung des Formates, in dem Informationen zum von der → *DMTF* definierten → *Netzmanagement* ausgetauscht werden.

Mikrocontroller

→ *Controller*.

Mikrokanal

→ *MCA*.

Mikroprozessor

Bezeichnung für integrierte Bausteine auf Halbleiterbasis, die früher (bis Anfang der 70er Jahre) in Großcomputern verteilte Einheiten in einem Bauteil zusammenführten.

Mikroprozessoren sind Teile der → *CPU* und beinhalten die Funktionen einer arithmetisch-logischen Einheit (ALU), → *Register* zum Zwischenspeichern, Befehlsdekodierung und Ablaufsteuerung sowie Ein- und Ausgabeeinheiten zum Anschluß an ein rechnerinternes Bussystem.

Mikroprozessoren können nach folgenden Kriterien klassifiziert werden: Fester Befehlssatz mit einfacher oder multipler → *Wortlänge* oder variabler Befehlssatz mit einfacher oder multipler Wortlänge.

Eine spezielle Art sind → *Bit-Slice*-Prozessoren.

Die Leistung eines Prozessors wird in → *MIPS* oder → *FLOPS* gemessen.

Bekannte heutige Mikroprozessoren sind die Prozessoren der x86-Linie aus dem Hause Intel, die der → *Power-PC-Linie* oder die nach der → *SPARC*-Architektur aus dem Hause SUN.

Integrierte Bausteine (→ *ICs*) gab es bereits lange, doch der erste Prozessor im engen Sinne kam erst Anfang der 70er Jahre auf den Markt. Intel stellte am 15. November 1971 den von Marcian Edward 'Ted' Hoff (* 28. Oktober 1937) sowie S. Mazor und F. Fagin entwickelten 4-Bit-Prozessor 4004 vor. Damit ebnete Intel den Weg für universelle leistungsfähige Mikroprozessoren, in die alle Grundfunktionen eines Rechners integriert sind. Erste Anwendung war eine elektrische Registrierkasse der japanischen Firma Busicom, die bei Intel einen aus mehreren Chips bestehenden Chipsatz in Auftrag gegeben hatte. Hoff hatte jedoch den Ehrgeiz, alle geforderten Funktionen auf nur einem Chip zu vereinigen. Der 4004 kostete 200 $ und enthielt 2 250 Transistoren auf einer Fläche von

4 mm * 4 mm. Er verfügte über einen Addierer, 14 Register und einen Stack. Er konnte 60 000 Instruktionen pro Sekunde bearbeiten. Er war in einem länglichen Gehäuse mit acht Kontaktstiften untergebracht. Vorher benötigten gleiche Bausteine eine Fläche von 2 m^2.

Intel war sich seinerzeit nicht sicher, ob diese Technologie Zukunft hat, stellte jedoch ein Jahr später den 8-Bit-Prozessor 8008 (3 300 Transistoren, 0,5 kHz Takt) vor, der diverse Entwicklungen bei der Konkurrenz nach sich zog.

Offizielle Bezeichnung war seinerzeit 'programmierbarer Microcomputer auf einem Chip'.

Das Wort Mikroprozessor taucht erstmals 1972 auf. Der Fortschritt führte seither zu permanenten Leistungssteigerungen, wobei die Faustregel gilt, daß sich die Rechenleistung eines Prozessors alle zwei Jahre verdoppelt (→ *Moores Law*).

Mikrowellen

Bezeichnung für elektromagnetische Wellen im Frequenzbereich von über 890 MHz bis ca. 20 GHz.

Mikrozellen

1. Bezeichnung einer Zellengröße in zellularen Mobilfunknetzen (→ *zellulare Systeme*) und → *DECT*-Systemen mit einem Radius von ca. 200 m. Gedacht für Anwendungen in dichter besiedelten Gebieten, in großen Gebäuden mit viel Publikumsverkehr (Messehallen, Kongreßzentren, Bahnhöfe, Flughäfen, Stadien) oder auf Firmengeländen. Darüber hinaus dienen sie zur Versorgung sonstiger 'Funklöcher', die durch natürliche Gegebenheiten entstehen (Tunnel, Brücken, Hügel, Senken). Üblicherweise werden die → *BS* zur Versorgung eine Mikrozelle über eine Glasfaserstrecke oder Mikrowellen-Richtfunk an die nächstgelegene größere BS angeschlossen.

   → *Ruralcells*, → *Makrozellen*, → *Umbrellacells*, → *Picozellen*.
2. Bezeichnung für den Versorgungsbereich eines Access Points (AP) in einem → *Wireless LAN* mit einem Durchmesser von einigen 10 Metern.

Millimeterwellen

Deutsche Bezeichnung für die Wellenlänge im → *EHF*-Frequenzbereich.

Milnet

Abk. für Military Network.

Militärisch genutztes Netz der USA. Es ging 1983 aus dem → *Arpanet* hervor, das in Arpanet und Milnet geteilt wurde. Dies war primär Resultat eines gestiegenen Sicherheitsbedürfnisses des Militärs. Das Milnet wiederum wurde in das auch andere Systeme umfassende 'Defense Data Network' (→ *DDN*) integriert.

MIMD

Abk. für Multiple Instruction - Multiple Data.

Bezeichnung eines Verarbeitungsprinzips bei Computern. Ist die Grundlage für massiv parallele Rechner (→ *MPP*). Dabei werden verschiedene Befehle auf verschiedenen funktionalen Einheiten (Prozessoren) mit unterschiedlichen Daten verarbeitet.

MIME

Abk. für Multipurpose Internet Mail Extension.

Bezeichnung eines Standards im Umfeld des → *Internets* zum Ermöglichen von multimedialen → *e-mails*. Es wird so auch möglich, in e-mails integrierte Audio- und Videodateien (Binärdateien) mit → *TCP/IP* zu versenden. Die Grenzen, die → *SMTP* setzte werden damit überwunden.

MIME I und II wurden 1993 definiert in RFC 1521 und 1522. Prinzipiell wird der in RFC 822 definierte Header des SMTP um einige weitere Felder erweitert, die z.B. den Inhalt der mail angeben. Dabei werden folgende Typen und Subtypen von Inhalten unterschieden:

- Text
  - Plaintext (ohne Formatierung)
  - Richtext (mit Formatierung)
- Multipart Content Type (mehrteilige Nachricht)
  - Alternativ (gleicher Inhalt in mehreren Teilen)
  - Mixed (mehrere Teile verschiedenen Inhalts)
- Message Content Type (mehrteilige Nachricht)
  - Alternativ (gleicher Inhalt in verschiedenen Formaten)
  - Mixed (mehrere Teile verschiedenen Inhalts)
- Message Content Type
  - Format nach SMTP
  - Externe Datei, die per → *FTP* angefordert werden muß
- Application Content Type (Binärdatei)
  - Format → *Postscript*
  - Format MS-Word
- Image Content Type (Bilddaten)
  - Format → *GIF*
  - Format → *JPEG*
- Audio Content Type (Audiodateien)
  - Bislang keine Subtypen definiert
- Video Content Type (Videodateien)
  - Format → *MPEG*
  - Format Quicktime

MIME kann große Nachrichten selbständig in kleinere Pakete zerlegen, übertragen und beim Empfänger wieder zusammensetzen.

Minicomputer

Begriff aus der Rechnertechnik der 70er Jahre. Bezeichnete die Generation leistungsfähiger Arbeitsplatzrechner, die die → *Mainframes* ablösten. Beispielsweise die → *VAX* aus dem Hause DEC.
Die nächstkleinere Generation von Rechnern wurde als → *Mikrocomputer* bezeichnet.

Mini-Disc

1. Bezeichnung eines von der → *CD* abgeleiteten handlicheren CD-Formates aus dem Hause Sony.
   → *MD*.
2. Heute selten gebrauchte Bezeichnung für → *Disketten* des Formates 5,25". Ursprung liegt darin, daß in den 70er Jahren zunächst Disketten mit einem Durchmesser von 8" gängig waren, zu denen die 5,25" Disketten im Vergleich deutlich kleiner aussahen.

Minitel

Auch Télétel genannt. In Frankreich weit verbreiteter Btx-ähnlicher Dienst mit 7 000 Servern, 25 000 Informationsanbietern, 7 Mio. Terminals, rund 2.5 Mrd. Anfragen jährlich und 110 Mrd. Online-Stunden. Gilt mit 2,4 kbit/s als langsam.
Integrierte und wichtige Dienste sind das elektronische Telefonbuch, die Fahrplanauskunft und TV-Programmübersichten.
Darüber hinaus werden auch → *e-mail*, → *Foren* und andere Kommunikationsdienste angeboten, die jedoch bei weitem nicht so intensiv genutzt werden wie die reinen Informationsdienste. Meistgenutzter Dienst ist das elektronische Telefonbuch. Die Erfolgsfaktoren waren:

- Billige Terminals (teilweise erfolgte kostenlose Verteilung),
- → *Killer-Application*: elektronisches Telefonbuch, unterstützt durch weitgehende Abschaffung gedruckter Telefonbücher,
- Offener Zugang für jeden Anbieter von Informationen,
- Einfaches Gebührenschema,
- Nationale Verbreitung.

Insbesondere durch die kostenlose Verbreitung der Terminals und den Aufbau einer ausgedehnten, landesweiten Infrastruktur blieb der Dienst insgesamt jedoch defizitär.
In fast jedem Postamt steht ein derartiges Terminal. Die Terminals verteilen sich zu 53 % auf Privathaushalte und 47 % auf professionelle Nutzer. Sie waren 1978 konzipiert worden und entsprechen heute mit einem 9"-Screen, 25 Zeilen zu 40 Zeichen und einem Sonderzeichensatz mit 63 grafischen Symbolen nicht mehr dem Stand der gegenwärtigen Technik. 1978 erschien ein Bericht bei der France Télécom, ausgearbeitet von den Ingenieuren Simon Nora und Alain Minc, die im Auftrag der französischen Regierung einen Bericht über die Rolle der Informationstechnologie in Frankreichs Zukunft verfaßt hatten.
Dieser Bericht führte zu einem für alle Bürger offenen Computersystem mit der ersten Anwendung: dem elektronischen Telefonbuch. Grund dafür lag darin, daß in Frankreich die hohe Anzahl an Neuanschlüssen in den 70er Jahren zu sehr schnell veraltenden Telefonbüchern führte. Mittlerweile kann das System auch von PC-Nutzern mit Modem genutzt werden.
Die Anzahl der Terminals nahm folgenden Verlauf (Angaben in Mio.):

1983:	0,12	1989:	5,062
1984:	0,531	1990:	5,607
1985:	1,187	1991:	6,001
1986:	2,237	1992:	6,272
1987:	3,373	1993:	6,485
1988:	4,228	1994:	6,5

Mini-Tower

→ *Tower*.

Minix

Bezeichnung eines Derivates des → *Betriebssystems* → *Unix* für → *PCs*. Es dient in erster Linie Lern- und Lehrzwecken. Entwickelt Mitte der 80er Jahre.

MIPS

Abk. für Million Instructions per Second. Seltener auch MOPS (Million Operations per Second) genannt.
Maßeinheit für die Leistung eines Mikroprozessors. Aussagekraft eingeschränkt, da keine einheitliche Definition vorhanden. Je nach Prozessortyp kann eine Instruktion (ein Befehl) mehrere Takte in Anspruch nehmen. Ferner verfügt auch ein einzelner Prozessor über Befehlsmengen mit unterschiedlichem Bedarf an Takten je Befehl. Daher ist nur der Vergleich der MIPS-Werte ähnlicher Architekturen oder gleicher Prozessorfamilien sinnvoll. Meistens wird ein statistischer Mix der am meisten vorkommenden Befehle zugrunde gelegt. Daher ist die Größe eine Durchschnittsgröße.

MIS

Abk. für Management Information Systems. Es existieren mehrere Bedeutungen.

1. Im Bereich von → *LANs*: Bezeichnung bei der Verwaltung lokaler Netzwerke. Bezeichnet dort Subsysteme, welche die eigentliche Systemverwaltung durch statistische Daten und sonstige Informationen über

Netz, Netzauslastung und Fehler mit Informationen versorgen.

2. Im Bereich des Informations-Managementes in Unternehmen: Bezeichnung für unternehmensweite Informationssysteme, die die Führungsebene eines Unternehmens mit relevanten Daten versorgen. Zwei Linien können dabei unterschieden werden: die des → *Data Warehouse* und des → *OLAP*.

Mister Cool

Abk. für Multimedia ISDN Terminal for Cooperation over long Distances.

MIT

Abk. für Massachusetts Institute of Technology.
Bezeichnung einer akademischen und hochrenommierten Einrichtung nahe bei Boston.
→ *http://www.mit.edu/*

MITI

Abk. für Ministry for international Trade and Industry.
Bezeichnung des japanischen Außenhandels- und Wirtschaftsministeriums.

MiTT

Abk. für Minutes of Telecommunication Traffic.
Ein international üblicher Maßstab zum Vergleich von Telefongesellschaften (z.B. MiTT von internationalem Verkehr o.ä.).

Mittlere Betriebsdauer

→ *MTBF.*

MITV

Abk. für Microsoft Interactive Television.
Bezeichnung für das Userinterface für → *Set-Top-Boxen* aus dem Hause Microsoft.
→ *Tiger.*

MJ

Abk. für Modular Jack.
Bezeichnung für einen speziellen Stecker; insbesondere in den USA verbreitet.

MLP

Abk. für Multi Link Procedure.

ML-PPP

Abk. für Multilink-Point-to-Point-Protocol.
→ *PPP.*

MLT 3

Abk. für Multi Level Transmit 3 Coding.
Ein Leitungscodierverfahren für → *Basisbandübertragung*. Im Gegensatz zum nur zweistufigen → *NRZI*-Kodierverfahren wird ein dreistufiges Signal verwendet, was zu einer Senkung der Grundfrequenz führt (nur 31,25 MHz gegenüber 62,5 MHz). Das Kodierverfahren unterscheidet drei Zustände (z.B. -1, 0, +1). Eine Null wird durch Beibehalten des aktuellen Zustandes und eine Eins durch einen Wechsel des Zustandes codiert. Dabei wird zyklisch von der -1 zur 0, von der 0 zur +1, von der +1 zur 0, von der 0 zur -1 usw. gewechselt.

Problematisch bei diesem Verfahren ist, daß der Empfänger bei u.U. nur geringen Signalunterschieden drei verschiedene Signale detektieren muß. Um zu lange Bitfolgen gleicher Wertigkeit mit gleichen Signalpegeln zu vermeiden, werden daher oft Scrambler in Form von Schieberegistern zugeschaltet, die die Bitfolgen zunächst verändern. MLT 3 ist ein geeignetes Übertragungsverfahren für 100 Mbit/s-Übertragung über → *UTP* und → *STP*, genutzt z.B. von → *FDDI* über Twisted Pair.

MM

1. Abk. für → *Multimedia.*
2. Abk. für Mobility-Management.
   Bezeichnet in Mobilfunksystemen alle Funktionen und Vorgänge, die mit den die Mobilität unterstützenden Funktionen zusammenhängen, wie z.B. → *Roaming* oder → *Handover.*

MMC

Abk. für Multimedia-Collaboration.
Eine Form des → *Tele-Working.*

MMDS

Abk. für Multipoint Microwave (oder auch: Multichannel Multipoint) Distribution System.
Bezeichnung für Verteilung (Punkt-zu-Mehrpunkt) digitaler TV-Signale mit Funksystemen im Mikrowellenbereich von 750 bis 850 MHz.
Erstmals angewendet gegen Ende 1995 in Japan.

MMF

Abk. für Multimode Fiber.
→ *Multimode-Gradientenindex-Faser.*

MMI

Abk. für Man Machine Interface.
Int. mittlerweile gängige Bezeichnung für das, was der Teilnehmer letztendlich sieht oder erhält, wenn er an einem Dienst teilnehmen möchte. Menge aller Bedienungselemente und Prozeduren für Geräte und Dienste. Bei Handies, z.B., die Anzeige (mehrzeiliges → *LCD*) und die Tastatur.
Für den Erfolg eines Dienstes wird das MMI immer wichtiger. Ein Dienst kann noch so gut funktionieren und sinnvoll sein. Eine zu komplizierte Benutzung schreckt viele potentielle Nutzer ab.
Andere Bezeichnung: → *GUI.*

MMJ

Abk. für Modified Modular Jack.

Bezeichnung für spezielle Stecker, die ähnlich dem → *RJ12* aufgebaut sind, im Unterschied zu diesem den einrastenden Plastikclip jedoch nicht zentriert an der Oberseite, sondern an der schmalen Längsseite haben.

MMIC

Abk. für Microwave Monolithic Integrated Circuit.

Bezeichnung für → *ICs* zur Verarbeitung von Mikrowellensignalen.

MML

Abk. für Man-Machine-Language.

Bezeichnung für eine von der → *ITU-T* empfohlene Kommandosprache.

MMM

Abk. für Multimedia-Mail.

→ *MIME*.

MMO

Allgemein gängige Abkürzung für Mannesmann Mobilfunk, Betreiber des D2-Netzes in Deutschland nach dem → *GSM*-Standard.

MMOSA

Abk. für Multi-Media Operating System Architecture.

Bezeichnung des Hauses Microsoft für eine Anwendungsarchitektur, die das Zusammenwirken von PCs, → *Video-Servern*, → *Set-Top-Boxen*, → *TMN* und anderen Diensten definiert.

Gilt als noch nicht vollständig definiert.

MMR

Abk. für Modified Modified Read.

Bezeichnung eines Verfahrens zur zweidimensionalen Quellencodierung, das auf dem → *Read-Verfahren* basiert. Angewendet bei → *Fax* der Gruppe 4.

Dabei wird das Fax ausgehend von einer Zeile codiert, indem für alle folgenden Zeilen jeweils nur die Änderung zur vorangegangenen Zeile übertragen wird.

MMS

Abk. für Manufacturing Message Specification.

Bezeichnung für ein Anwendungssystem in der Automatisierungstechnik.

MMS 43-Code

Abk. für Modified Monitored Sum 43 Code.

Ein redundanter, ternärer, gleichstromfreier Übertragungscode mit niedriger Frequenz. Ein Sonderfall des → *4B3T*-Code.

Genutzt z.B. beim Basisanschluß des → *ISDN*.

MMSK

Abk. für Modified Minimum Shift Keying.

Eine Sonderform der → *FSK*.

MNC

Abk. für Mobile Network Code.

In Mobilfunknetzen nach dem → *GSM*-Standard die Bezeichnung für eine eindeutige, ein Mobilfunknetz in einem Land identifizierende ein- oder zweiziffrige Nummer.

Ein MNC kann u.U. mehrere Netze weltweit in allerdings nicht benachbarten Ländern identifizieren. Die weitere Unterscheidung der Netze erfolgt durch den Mobile Country Code (→ *MCC*).

In Deutschland hat D1 die MNC 01 und D2-Privat die MNC 02.

MNO

Abk. für Mobile Network Operator.

Bezeichnung für den Betreiber eines Mobilfunknetzes.

MNP

Abk. für Microcom Networking Protocol.

Eine Familie abwärtskompatibler Fehlerkorrekturprotokolle für Wählmodems, die Hayes-kompatibel sind. Das Kürzel MNP wird um eine Zahl von 1 bis 10 ergänzt, die man als Level bezeichnet. Die Level 6 bis 10 bezeichnet man als extended Services.

Entwickelt wurden die Protokolle vom US-Modemhersteller Microcom.

MNP 1

Abk. für Microcom Networking Protocol Level 1.

Erstes Fehlerkontrollprotokoll der Firma Microcom für → *Modems*.

Aus den zu übertragenden Daten werden Blöcke gebildet für die Prüfsummen berechnet werden, die man den Blöcken hinzufügt. Zusätzlich werden Start- und Stopbits hinzugefügt, wodurch der Overhead steigt. Durch diese geringe Effizienz (nur ca. 70 % Durchsatz) ist das Protokoll heute kaum noch im Einsatz.

Die Daten werden nach dem asynchronen byteorientierten Halbduplexverfahren ausgetauscht, was sehr geringe Ansprüche an die Modems stellt.

MNP 2

Abk. für Microcom Networking Protocol Level 2.

Gegenüber → *MNP 1* verbessertes Übertragungsprotokoll. Daten werden mit Start- und Stopbits asynchron, byteorientiert und vollduplex übertragen. Ansonsten wie MNP 1.

Durch die gleichzeitige Verwendung beider zur Verfügung stehender Kanäle im Duplexverkehr steigt der Durchsatz auf ca. 84 %.

MNP 3

Abk. für Microcom Networking Protocol Level 3. Bezeichnung für ein Fehlerkontrollprotokoll, das Nutzdaten mittels einer Checksumme (CRC) schützt. Daten werden synchron bitorientiert vollduplex übertragen. Von der → *DEE* werden die Daten asynchron entgegengenommen.
Die Start- und Stopbits werden im Modem entfernt, daher höherer Durchsatz von 105 bis 108 % als bei → *MNP 1* und -2.

MNP 4

Abk. für Microcom Networking Protocol Level 4. Gegenüber → *MNP 3* werden fehlerhafte Daten erneut angefordert (→ *HDLC*-ähnlicher Prozeß). Die Leitungsqualität wird dadurch permanent kontrolliert, was zu einer Änderung der Paketlänge führt: bei guten Leitungen werden die Pakete länger (256 Byte), bei schlechten Leitungen kürzer (64 Byte). Dieses Verfahren wird mit Adaptive Packet Assembly bezeichnet.
Die Protokollinformationen in den übertragenen Datenpaketen ändern sich üblicherweise nicht von Paket zu Paket, so daß diese in bestimmten Phasen der Verbindung weggelassen werden, was zu einer Reduzierung des Protokoll-Overheads führt (Data Phase Optimization). Durch diese Maßnahmen erreicht MNP 4 einen Durchsatz von 120 %.

MNP 5

Abk. für Microcom Networking Protocol Level 5. Ein Protokoll zur Datenkompression der Firma Microcom, der sehr weit verbreitet ist und seit seiner Einführung in den 80er Jahren zum De-facto-Standard für Datenkompression bei Wählmodems wurde.
Es arbeitet immer zusammen mit dem Übertragungsprotokoll → *MNP 4*: bitorientiert, überträgt synchron im Vollduplexbetrieb. Wird häufig in → *Modems* eingesetzt und kann u.U. die effektive Datenrate verdoppeln. Der Kompressionsalgorithmus arbeitet in Echtzeit und adaptiert sich automatisch laufend an die zu komprimierenden Daten. Grundlegender Mechanismus ist die → *Huffman*-Codierung und eine → *Lauflängencodierung*. Die Kompressionsrate schwankt je nach Datentyp zwischen 1,3/1 und 2/1 mit einem langfristigen Mittelwert von 1,63/1. Der Algorithmus erkennt bereits komprimierte Daten nicht, was u.U. zu einer Vergrößerung der Datenmenge führt!
→ *V.42bis*.

MNP 6

Abk. für Microcom Networking Protocol Level 6. Ein Datenübertragungsverfahren für → *Modems*, das aus → *MNP 5* heraus entwickelt wurde und zusätzlich zwei Techniken 'Statistical Duplexing' und 'Universal Link Negotiation' einsetzt. Es ist insbesondere für → *Highspeed*-Modems gedacht. Beim Statistical Duplexing wird angeschlossenen Endgeräten bei einer Datenübertragung des Modems nach → *V.29* (Halbduplex) eine Vollduplexverbindung angezeigt, obwohl zwischen den Modems die Daten nur halbduplex übertragen werden. Bei Universal Link Negotiation wird vor der eigentlichen Datenübertragung zwischen den Modems der Standard bei von den beteiligten Modems beherrschten inkompatiblen Standards ausgehandelt.

MNP 7

Abk. für Microcom Networking Protocol Level 7. Ein Datenübertragungsprotokoll mit Fehlerkorrektur- und Datenkompressionsverfahren für → *Modems* von der Firma Microcom Inc. Überträgt synchron und bitorientiert im Vollduplexbetrieb vorher selbst komprimierte Daten und kann dadurch den effektiven Datendurchsatz u.U. verdreifachen. Vorgestellt im Januar 1988. Sollte → *MNP 5* ersetzen. Verfügt im Vergleich zu diesem über einen effektiveren Kompressionsalgorithmus (Verhältnis 3/1).

MNP 8

Abk. für Microcom Networking Protocol Level 8. Ein Fehlerkorrektur- und Datenkompressionsverfahren für → *Modems* von der Firma Microcom Inc. Überträgt synchron und bitorientiert im Halbduplexbetrieb vorher selbst komprimierte Daten und kann dadurch den effektiven Datendurchsatz u.U. verdreifachen.

MNP 9

Abk. für Microcom Networking Protocol Level 9. Ein Fehlerkorrektur- und Datenkompressionsverfahren für → *Modems* aus dem Hause Microcom Inc. mit gegenüber → *MNP 7* verbessertem Kompressionsalgorithmus. Es überträgt synchron und bitorientiert im Vollduplexbetrieb vorher selber komprimierte Daten und kann dadurch den effektiven Datendurchsatz u.U. verdreifachen.

MNP 10

Abk. für Microcom Networking Protocol Level 10.
Neuer Fehlerkontrollmechanismus (keine Datenkompression) aus dem Hause Microcom, entwickelt für schlechte Leitungen, z.B. für die Übertragung großer Datenmengen über interkontinentale Leitungen oder für Mobilfunkübertragungen.
Es stützt sich dabei auf die Verfahren → *V.42bis* und → *MNP 5*.

MO

1. Abk. für Magneto-Optical (Discs).
   Bezeichnet wiederbeschreibbare magnetooptische Wechselplatten, ein Speichermedium für Computer. Entwickelt von Hitachi, Sony und 3M im Format von 3,5".

Platten hatten Kapazität von 128 MB, später 230 und, ab 1995, auch 650 MB.

2. Abk. für Managed Objects.
   Bezeichnung eines von einem System zum → *Netzmanagement* verwalteten Objektes. Dieses Objekt ist das logische Abbild (z.B. ein Datensatz mit relevanten Daten) eines physisch real existierenden Gerätes im Netz.

MOA

Abk. für Mobitex Operators Association.
→ *Mobitex*.

Mobile Station

→ *MS*.

Mobile Switching Centre

→ *MSC*.

Mobilfunk

Oberbegriff für drahtlose Telekommunikation im weiteren Sinne und drahtlose Telefonie im engeren Sinne. Man unterscheidet den öffentlichen bewegten Flugfunk-, Seefunk- und Landfunkdienst sowie zwischen analogen und digitalen Systemen. Ferner wird zwischen verschiedenen Mobilfunkarten wie → *Paging*, → *Bündelfunk*, → *Datenfunk*, → *Satellitenmobilfunk* und Mobilfunk im engeren Sinne unterschieden.
Allgemein wird zwischen Systemen der 1. Generation (analoge → *zellulare Systeme*), der 2. Generation (digitale → *zellulare Systeme*), der 2,5 Generation (→ *PCN*-Systeme) und denen der 3. Generation (→ *UMTS*, → *FPLMTS*) unterschieden.
Nicht enthalten in dieser Klassifikation sind die nationalen Mobilfunknetze der vorzellularen Zeit (→ *A*- und → *B*-Netz, → *ARP*, → *OLT*, → *OLN*, → *RS 1*, → *TAV*, → *RTMI*, → *Telephone de Voiture*, → *Mobilophone*, → *System 2 - 4*, → *Natel A* und *B*, → *MTD*), die in ganz Europa Ende 1989, vor Einführung moderner digitaler zellularer Systeme, noch rund 90 000 Teilnehmer hatten.
Zum Mobilfunk im engeren Sinne siehe IMTS, NMT450, NMT450i, NMT900, AMPS, TACS, E-TACS, C-450, NAMTS, Radiocom 2000, RTMS, ACS sowie GSM, JDC, D-AMPS und DCS 1800.

Mobilfunk: Übersicht über verschiedene Anwendungen

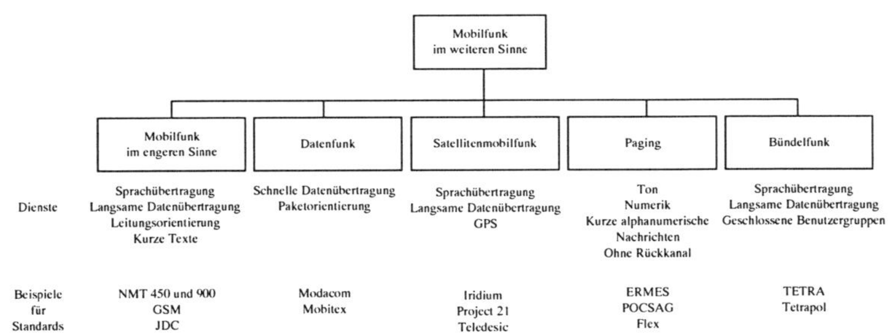

Die Entwicklung des Mobilfunks und seiner benachbarten Bereiche nahm folgenden Verlauf:

1885

In Stuttgart konstruiert Wilhelm Emil Fein (* 1842, † 1898) ein tragbares Telefon, das sich Soldaten als Tornister auf den Rücken schnallen können. Ein flexibles Rohr kann vom Soldaten zum Sprechen zum Mund geführt werden. Die Verbindung von der Vermittlung zum tragbaren Telefon erfolgt über ein langes Kabel, d.h. die Soldaten sind 'angeleint'.

1888

Heinrich Hertz entdeckt, daß elektromagnetische Wellen künstlich erzeugt werden können und weist die Identität von Licht und elektromagnetischen Wellen experimentell nach.

1894
Oliver Lodge hält, aufbauend auf den Erkenntnissen von Hertz, Vorlesungen über die Erzeugung und Wirkung elektromagnetischer Wellen.
1895
Der Italiener Guglielmo Marconi (* 1874, † 1937) hat die Studien von Hertz und Lodge gelesen. Er zieht daraus den Schluß, daß es durch Anwendung der Erkenntnisse möglich ist, Nachrichten per Funk übertragen zu können.
Er baut die erste praktisch nutzbare Übertragungseinrichtung für elektromagnetische Wellen (Sender und Empfänger) und überträgt Funksignale über eine Distanz von zwei Meilen in der Nähe von Salisbury in GB und meldet darauf ein Patent an.

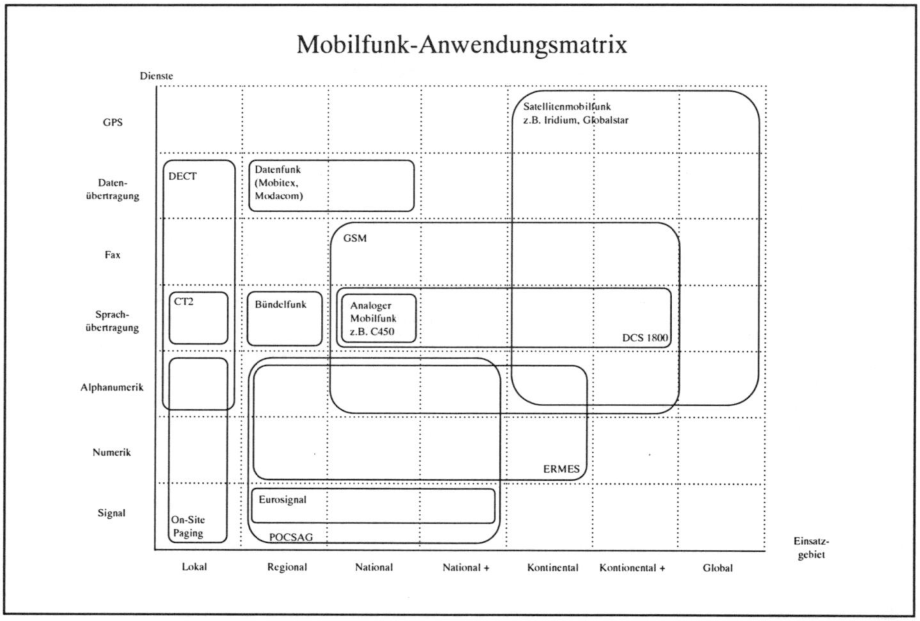

1897
Marconi erhält ein Patent für seine Funktelegraphie. Ihm gelingen im Bristol-Kanal bahnbrechende Funkversuche.
1899
Marconi überbrückt den Kanal von GB nach Frankreich per Funk.
1900
Marconi erhält das Patent Nr. 7777 für die Innovation, die Funkeinrichtung über einen geschlossenen, abgestimmten Schaltkreis mit der Antenne zu koppeln, was die Reichweite vergrößert.
1901
Durch Marconi wird erstmals der Atlantik von Neufundland/Kanada nach Cornwall in England per Funk überbrückt. Erstes Zeichen sind die drei Morse-Punkte für den Buchstaben 'S'.
1903
Erste internationale Drahtlos-Tagung in Berlin.
1906
Erste Funkübertragung von menschlicher Sprache.
1908
Öffentlich zugänglicher Funkverkehr zwischen Stationen auf dem Festland und Schiffen wird in Japan eingeführt.
1910
Ein frühes Beispiel für Mobiltelefonie liefern Lars Magnus Ericsson (der Gründer der gleichnamigen Firma) und seine Frau Hilda in Schweden. Nach langen Diskussionen läßt er sich auf ihren Druck darauf ein, ein Auto zu kaufen, wobei er die Überlegung hat, sein Telefon mitzuführen. Er rüstet zu diesem Zweck das Auto – einen offenen Tourenwagen – mit einem Telefon aus und legt zwei lange, angelähnliche Stangen bei, an deren Enden sich zwei leitende, metallene Haken befinden. Diese werden über einige Meter Kabel mit dem Telefonapparat im Auto verbunden.
Will man nun während einer Reise telefonieren, so muß man lediglich in die Nähe der damals noch überirdisch mit Masten verlegten Telefonleitungen fahren, parken und die langen Stangen mit den Haken über ein Paar Leitungen legen und gegebenenfalls so lange ein anderes Paar nehmen, bis man einen Satz gefunden hat, auf dem gerade nicht schon telefoniert wird.

Ist dieses gefunden, dann kurbelt man im Wagen am Dynamo und gab so dem Fräulein vom Amt ein Klingelzeichen.
Dies war zwar kein Beispiel für echte Mobiltelefonie, sondern bestenfalls eine erste Festnetz-Telepoint-Anwendung, aber immerhin ein Beispiel für frühe Terminal-Mobilität und belegt, daß man sich schon früh mit dem Thema Mobilität beschäftigt hat.

1912

Die Titanic sinkt auf ihrer Jungfernfahrt im April und beschleunigt die Ausstattung von Schiffen mit Funkgeräten.
Der US-Kongreß verabschiedet das Funkgesetz.

1915

J.A. Fleming und Lieben erfinden die Vakuumröhre und legen damit den Grundstein für Verstärkerschaltungen.

1918

Erste Versuche für Telefonie aus Eisenbahnen auf der militärisch genutzten Strecke Berlin-Zossen im Langwellenbereich.

1920

Die Polizei von Detroit nutzt mobile Funktelefone in ihren Autos, um besser Kontakt mit der Zentrale halten zu können.

Frühe 20er Jahre

Weiterer polizeilicher Zwei-Wege-Funkdienst in Bayonne/New Jersey.

1926

Am 1. Januar 1926 geht zwischen Berlin und Hamburg, als Resultat der Versuche von 1918, der öffentliche Landfunkdienst in der zivilen Eisenbahn in Betrieb. Er wird betrieben von der 'Zugtelephonie AG', die hierzu von der Deutschen Reichspost eine Lizenz erhält.
Die Übertragung der Gespräche erfolgte dabei von auf den Dächern der Waggons gespannten Drähten (Langdrahtantenne) hin zu den entlang der Strecke aufgestellten Telegrafenleitungen, so daß nur über eine Distanz von wenigen Metern gefunkt wird. Weiterhin kann je Zug immer nur ein Gespräch geführt werden – dann schon ist die Kapazität des Systems erschöpft. Drei Zugvermittlungsstellen vermitteln dabei täglich im Schnitt 37 Gespräche ins Festnetz.

1929

Im Mai wird in Kanada von der dortigen Eisenbahn ein ähnlicher Dienst wie in Deutschland drei Jahre zuvor eingerichtet, als Fernsprechen vom fahrenden Zug aus ins Festnetz nach dem Wechselsprechverfahren ermöglicht wurde.

1935

In der Zeitschrift Radio Crafts veröffentlicht der amerikanische Zeitungsherausgeber Hugo Gernsbach die Vision eines Mobiltelefons.

1939 bis 1945

Durch den 2. Weltkrieg kommt die zivile Weiterentwicklung zum Stehen. Ressourcen werden in die Entwicklung von Radar und des militärischen Sprechfunks umgeleitet, was allerdings dafür sorgt, daß es rasche technische Fortschritte gibt, die nach 1945 auch den zivilen Sektor beeinflussen.

Übersicht: Mobilfunkstandards weltweit

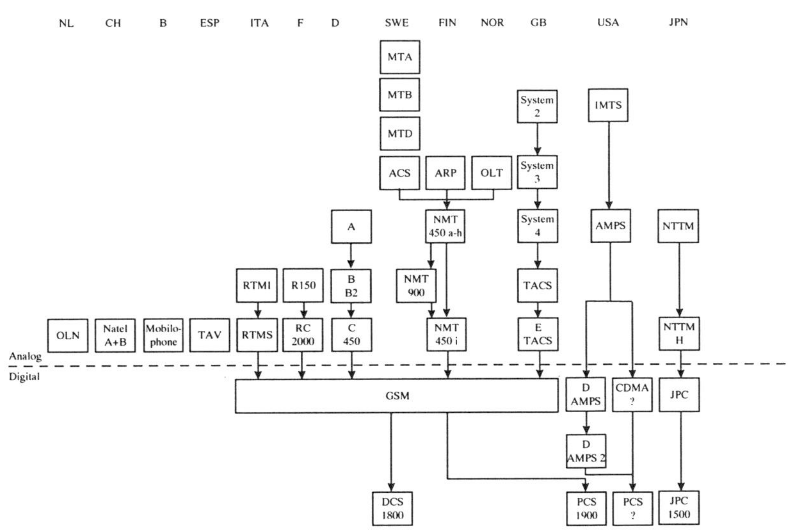

1946

Nach dem Krieg ist die Menge an gut ausgebildeten Funktechnikern vom Militär der Nährboden für rasche Weiterentwicklungen, auch im zivilen Funksektor.

Der erste kommerzielle Mobilfunkdienst (von AT&T) nimmt seinen Betrieb in St. Louis/Missouri auf. Er arbeitet auf drei Kanälen im Halbduplexbetrieb im 150-MHz-Bereich. Die Vermittlung erfolgt manuell über eine Zentrale. Die Frequenzen sind ihm von der FCC zugeteilt worden. Er ist derart erfolgreich, daß von AT&T in weiteren 25 Städten im gleichen Jahr entsprechende Dienste eingerichtet werden.

1947

Erste Ideen für ein zellulares Netz in den Bell Laboratorien in den USA. Noch fehlen die technischen Voraussetzungen dafür.

In Cambridge erhält ein Taxiunternehmer die erste Lizenz in GB, ein analoges Netz für seine Firma zu betreiben.

1949

Erstes Mobilfunksystem nach dem Krieg in Europa ist OLN in den Niederlanden. Es ist die Abk. für Openbaar Ladelijk mobilofoon-Net. Es ist ein handvermitteltes analoges Mobilfunknetz und wurde erst 1986 (!) endgültig eingestellt. Es ermöglicht Halbduplex-Verbindungen und arbeitet im 80 MHz-Bereich.

1950

Erste private Teilnehmer werden in Deutschland für den Mobilfunk registriert. Die Inselnetze in Ballungsgebieten arbeiten auf verschiedenen Frequenzen (30- und 80-MHz-Bereich).

In Schweden wird eine Versuchsanlage für Mobilfunk installiert. Später sollte MTA daraus entstehen. Die Antenne wird auf einem Wasserturm montiert.

1955

In Schweden geht das analoge Mobilfunknetz MTA in Betrieb. Es ist das erste vollautomatische Mobilfunknetz und wird bis 1969 in Betrieb sein.

1956

In GB, in South Lancashire, startet das System 1. Ein analoges handvermitteltes Mobilfunksystem.

In Frankreich startet im Großraum Paris das Telephone de Voiture bzw. R150 genannte System. Ein manuelles analoges Mobilfunknetz. Arbeitet im 160- und in Ballungsgebieten auch im 450-MHz-Bereich (Uplink: 165,2 bis 168,9 MHz, Downlink: 169,8 bis 173,5 MHz). Es ist zunächst handvermittelt und wird dann 1973 auf automatischen Betrieb umgestellt. Nach Inbetriebnahme des NMT-450-F-Systems 1987 werden die Frequenzen im 450-MHz-Band an dieses System gegeben. Das System wird nur in zehn dichter besiedelten Gebieten angeboten und erreicht daher nur 10 % Flächendeckung.

1958

Das A-Netz geht offiziell in Deutschland in Betrieb und ist somit das erste Mobilfunknetz, das eine Verbindung zwischen dem Mobilfunknetz und dem PSTN herstellt. Ferner ist es eine Zeitlang (ca. 1968) das weltweit größte zusammenhängende Mobilfunknetz.

1964

AT&T nimmt seinen Improved Mobile Telephone Service (IMTS) in Betrieb, das in Grundzügen schon ein zellulares System ist.

In Japan wird Mobiltelefonie aus Zügen beim Tokaido-Express eingeführt.

In Deutschland startet bei der TeKaDe die Entwicklung des B-Netzes mit dem Ziel, Selbstwählverkehr zu ermöglichen.

1965

In Schweden wird, auf der Technik von MTA aufbauend, das analoge MTB in Betrieb genommen.

In GB startet das System 1 nun auch im Raum London, dort mit 300 Teilnehmern.

1969

Erste konzeptuelle Arbeiten starten innerhalb der Telekommunikationsgruppe des Nordic Council in Skandinavien, die später zum NMT-Standard führen sollen. Zunächst beschäftigt man sich noch mit manuellen Systemen als man erkennt, daß die Technik für vollautomatische zellulare Systeme noch in weiter Ferne ist.

1971

Erstes Resultat der Skandinavier ist das analoge manuelle System MTD, das in Schweden in Betrieb geht (bis 1988). Es folgen Dänemark (ab 1974) und Teile Norwegens.

Zweites analoges Mobilfunknetz in GB. Start in London. Operiert im 160-MHz-Bereich (Uplink: 158,53 bis 159,90 MHz, Downlink 163,03 bis 164,40 MHz) mit 37 Halbduplexkanälen und 25 kHz Kanalbandbreite. Es wird 1973 um weitere 18 Kanäle erweitert. Dennoch kommt es zu Kapazitätsengpässen (insbes. in London), weswegen 1981 System 4 in Betrieb genommen wird. System 3 wird 1986 geschlossen.

Auf der Funkausstellung in Berlin präsentiert sich das B-Netz.

1972

In Deutschland geht das vollautomatische B-Netz in Betrieb. Es ist weltweit das erste vollautomatische Mobilfunknetz und gilt seinerzeit als technisches Optimum.

In Italien geht das die Zentren und Hauptverkehrsstraßen versorgende RTMI in Betrieb. Es erreicht Ende der 70er Jahre seine Kapazitätsgrenze in Mailand und Rom und führt zur Weiterentwicklung zu RTMS. Bietet im 160-MHz-Bereich 32 Duplexkanäle, wovon vier Rufkanäle sind, die gleichzeitig für Funkruf genutzt werden können.

Erste technische Eckwerte und Standards des NMT-Systems werden definiert.

Mitte der 70er Jahre
Das spanische analoge Mobilfunknetz TAV aus der vor-zellularen Zeit geht in Betrieb. Es arbeitet im 160-MHz-Bereich. Es wird nur in den Städten Madrid und Barcelona aufgebaut und wird 1991 geschlossen.

1974
Die FCC reserviert 40 MHz für einen analogen zellularen Mobilfunkdienst. Die Frequenzen werden später für AMPS genutzt.

1976
Mit Marisat geht das erste kommerzielle, satellitengestützte Mobilfunksystem in Betrieb. Es werden Vollduplex-Verbindungen für Sprach-, Daten- und Fernschreibverbindungen angeboten.

1977
In Belgien geht das automatische analoge Mobilfunknetz Mobilophone im 150-MHz-Bereich in Betrieb. Beim Anrufen einer Mobilstation muß der Aufenthaltsort im Netz bzw. die Nummer der Überleiteinrichtung bekannt sein.
Das A-Netz in Deutschland stellt seinen Dienst mit zuletzt noch 787 Teilnehmern ein.
In den USA werden zwei Versuchssysteme für analoge Mobiltelefonie lizensiert. Nur eins wird überleben.

1978
AT&T testet das erste vollautomatische, zellulare, kommerzielle Mobilfunksystem in Chicago.
In den USA stehen rund 20 000 Kunden auf Wartelisten für Mobilfunkanschlüsse.
Im Großraum Tokyo geht das analoge, zellulare System NTTM in Betrieb.
Die Schweiz nimmt das analoge Natel A im 160-MHz-Bereich in Betrieb.

1979
Erste konzeptuelle Arbeiten für das deutsche System C450 starten.

1980
Die Schweiz nimmt aus Kapazitätsgründen ein zu Natel A technisch identisches Netz, Natel B, in Betrieb. Allerdings bietet Natel B Umbrellacells und Handover. In beiden Systemen sind Gespräche auf drei Minuten Länge begrenzt.
In Italien startet die Arbeit an RTMS.

1981
Gegen Ende des Jahres gehen NMT-450-Netze in Skandinavien in Betrieb.
Erstes automatisches, analoges, landesweites, nicht-zellulares Mobilfunksystem in GB, System 4, wird in Betrieb genommen. Operiert im 160-MHz-Bereich, genau wie System 3, allerdings sinkt die Bandbreite auf 12,5 kHz, so daß 110 Duplexkanäle zur Verfügung stehen. Dennoch kommt es bereits Ende 1982 zu Kapazitätsproblemen. Nachfolger wird TACS. System 4 läuft unterdessen aus.

1982
Im Juni ergreifen Deutschland und Frankreich auf der Vollversammlung der CEPT in Wien die Initiative und schlagen die Entwicklung eines paneuropäischen Mobilfunkstandards vor. Die CEPT greift die Idee auf, gründet die Group Speciale Mobile (GSM) und fängt an, ein System zu entwickeln, das später diesen Namen übernehmen wird.
Das B-Netz wird durch das B2-Netz erweitert.
In GB wird TACS aus AMPS abgeleitet und von einem Joint-venture der British Telecom sowie den Dienstanbietern Racal und Cellnet Personel genormt. TACS wurde im Vergleich zu AMPS für kleine Länder mit hoher Bevölkerungsdichte entwickelt, was zu einer geringeren Kanalbandbreite (25 kHz vs. 30 kHz) führte.

1983
Weltweit gibt es ca. 100 000 Mobiltelefonierer.
Das erste zellulare System geht in den kommerziellen Betrieb: AMPS.
Erste Arbeiten für NMT 900 starten.

1984
Erste Tests von GPS in Kalifornien.

1985
Beim NMT-450-System werden aus Kapazitätsgründen Kleinzellen eingeführt, was zu Signalisierungsproblemen führt.
Das GSM-System nimmt Gestalt an, denn es fällt die Entscheidung, ein digitales System zu entwikkeln.
Das C-Netz geht in Deutschland am 1. September in Frankfurt, Hamburg und Düsseldorf in den Probebetrieb.
In Frankreich geht das analoge, automatische, dezentrale System Radiocom 2000 in Betrieb. Es ermöglicht erst ab 1989 in Paris mit spezieller Kleinzellentechnik Handover.
In Italien geht nach fünf Jahren Entwicklung RTMS im Großraum Rom in Betrieb. Es erreicht keine landesweite Deckung.
In GB geht das analoge zellulare TACS-System in Betrieb.

1986
NMT 900 wird eingeführt. Mit ihm tauchen erstmals Umbrellacells auf.
Am 1. Mai geht das C-Netz in Deutschland in den Wirkbetrieb.

1987
13 Staaten unterzeichnen das GSM MoU.

1988
Mit Inmarsat-C geht der erste kommerzielle, mobile, satellitengestützte Datendienst in Betrieb.
Am Jahresende gibt es in den USA 2 Mio. zellulare Funktelefone und weitere 2 Mio. im Rest der Welt.

1989
Die ersten → *Handys* kommen in Deutschland für rund 10 000 DM, rechtzeitig zum Weihnachtsgeschäft, auf den Markt.

1990
Weltweit gibt es 11,1 Mio. Mobiltelefonierer.

1992

Der GSM-Standard erreicht auf 8 000 Seiten eine Reife, die es ermöglicht, erste Netze aufzubauen.

Das C-Netz erreicht Flächendeckung in Deutschland.

1993

Mit Inmarsat M geht der erste digitale, mobile Satellitendienst in Betrieb.

NMT 450i wird standardisiert. Es übernimmt moderne Features aus dem NMT-900-Standard in die NMT-450-Technologie.

Im Juni starten erste GSM-Netze in Deutschland und damit weltweit.

Im September startet das erste DCS-1800-Netz weltweit in GB: Mercury One-2-One.

1994

Im April startet das zweite DCS-1800-Netz in GB: Orange.

Im Mai startet das erste DCS-1800-Netz in Deutschland: E-Plus.

Gegen Jahresende ist der GSM-Standard in 26 europäischen und genausovielen außereuropäischen Ländern eingeführt.

Zum Jahresende stellt das B-Netz seinen Betrieb ein.

TFTS ist das erste genormte (von der → *ETSI*) terrestrische Flugtelefonsystem weltweit. Zuvor gab es nur Satelliten-Systeme und proprietäre, analoge und digitale Systeme in den USA.

Innerhalb eines Jahres (Ende 1993 auf Ende 1994) wächst die Zahl der Teilnehmer in zellularen Mobilfunknetzen von 27 Mio. auf 42 Mio. weltweit.

Mobilität

In Telekommunikationssystemen die Bezeichnung für die Beweglichkeit von Geräten und auch Nutzern von Telekommunikationsdiensten.

Man unterscheidet verschiedene Arten der Mobilität, die von verschiedenen funk- und drahtgebundenen Telekommunikationssystemen (→ *Mobilfunk*, → *UPT*) unterstützt werden:

- → *Lokale Mobilität*,
- → *Persönliche Mobilität*,
- → *Terminalmobilität.*

Mobilophone

Belgisches automatisches, analoges Mobilfunknetz aus der vor-zellularen Zeit. In Betrieb seit 1977 im 150-MHz-Bereich. Beim Anrufen einer → *MS* muß der Aufenthaltsort im Netz bzw. die Nummer der Überleiteinrichtung bekannt sein.

Mobitex

Bezeichnung für einen proprietären Standard für ein digitales, zellulares Mobilfunknetz zur paketorientierten Datenübertragung aus dem Hause Ericsson.

Die Mobitex-Standards umfassen die unteren drei Schichten des → *OSI-Referenzmodells*. Sendet im Bereich 415 bis 430 MHz (Europa) oder im 900-MHz-Band (Nordamerika) bei einem Duplexabstand von 10 MHz und einem Kanalabstand von 12,5 kHz. Moduliert auf dem Funkkanal mit → *GMSK*. Kanalzugriff erfolgt mit dem slotted → *Aloha*-Protokoll.

Je Funkkanal können in Abhängigkeit der Paketlänge bis zu 13 000 Datenpakete/Stunde übertragen werden.

Zwischen den Netzknoten wird → *HDLC* zur Datenübertragung genutzt.

Über die Funkschnittstelle werden die zu übertragenden Pakete (MPAK, Mobitex Packets) mit 8 kbit/s Nutzdatenrate übertragen. Man unterscheidet vier Paketformate, die jeweils maximal 512 Byte Nutzdaten transportieren können. Das benutzte Protokoll ist ROSI (Radio Signalling Protocol).

Die Bitfehlerrate des Systems liegt bei 10^{-6}.

An das Funkmodem (Anschluß über → *PCMCIA*-Slot oder serielle Schnittstelle) werden die mobilen Endgeräte auf Schicht 2 des → *OSI-Referenzmodells* mit dem Mobitex Asynchronous Command Protocol (MACP) angeschlossen.

Durch die Mobitex Access Number (MAN) können einzelne Funkmodems, Hosts und sonstige Endgeräte identifiziert werden.

Bei Bedarf können die Daten verschlüsselt werden (für Anwendungen in Behörden).

Die Netzinfrastruktur besteht aus den Elementen Basisstation (BAS, etwa so groß wie ein Aktenkoffer), Ortsvermittlung (MOX, Mobitex Area Exchanges), Hauptvermittlung (MHX1) oder Regionalvermittlung (MHX, Mobitex Main Exchange), dem Network Control Center (NCC) und dem Backbone-Netz.

Das NCC ist über die hierarchisch höchstgelegene MHX mit allen anderen Netzteilen verbunden und kontrolliert ständig den Zustand einer BAS. Alle Teile der Netzinfrastruktur können vom NCC aus konfiguriert werden.

Die BAS sendet mit 25 W und teilt den Funkmodems in ihrem Bereich, die mit 2 oder 6 W senden, Funkkanäle zur Datenübertragung zu. Jede BAS führt eine Datenbank über die in ihrem Versorgungsbereich sich aufhaltenden mobilen Einheiten.

Die Daten können weiter übertragen werden, wenn sich der mobile Teilnehmer aus dem Bereich einer BAS entfernt und in den Bereich einer anderen BAS eindringt (→ *Handover*).

Internationales → *Roaming* ist ebenfalls möglich.

MOX versorgt mehrere BAS und stellt Übergänge zu anderen paketvermittelnden Festnetzen zur Verfügung. Ferner sind die → *Hosts* in den Unternehmen, deren Daten über mobile Terminals abgefragt werden sollen, an die MOX angeschlossen.

Die MHX verbindet mehrere MOX und andere MHX, da die MHX hierarchisch in bis zu drei Ebenen angeordnet werden können. Die Daten

werden innerhalb des Netzes über die niedrigste Netzebene transportiert, die Sender und Empfänger gemeinsam haben.
Die technische Plattform stellt Möglichkeiten für folgende Dienste und → *Dienstmerkmale* von mobilen Terminals aus zur Verfügung:

- e-mail,
- Fax,
- Mailbox,
- Datenbankabfragen,
- Geschlossene Benutzergruppen (unbegrenzte Gruppengröße, Einzelteilnehmer sind Mitglied in bis zu acht verschiedenen geschlossenen Gruppen),
- Gruppenruf (unbegrenzte Gruppengröße, Einzelteilnehmer sind Mitglied in bis zu 15 Gruppen),
- Notruf,
- Günstiges Gebührenschema, wenn Nutzer geographisch nur begrenzt agiert.

Anwendungen ergeben sich in jedem Szenario, in dem keine Echzeitdaten übertragen werden müssen:

- Zugriff von Polizei aus ihren Fahrzeugen heraus auf zentrale Kriminal- und Fahrzeugdatenbanken.
- Mobile oder temporär aufgestellte → *POS-Terminals*.
- → *Telemetrieanwendungen*.
- Abruf von Kundendaten durch Service- und Vertriebsmitarbeiter im Außendienst.
- Parkraumbewirtschaftungs- und Parkleitsysteme.
- Flottensteuerung in Speditionen, im öffentlichen Nahverkehr, bei Kurierdiensten oder bei Taxis.
- Verkehrszustandsinformationssysteme.

Die ersten Überlegungen hinsichtlich mobiler Datenfunknetze gab es in Schweden bereits in der Mitte der 70er Jahre, als Servicetechniker im Außendienst der Swedish Telecom den Zugriff auf zentrale Datenbanken wünschten. Die erste systematische Entwicklung startete kurz danach und man erkannte schnell, daß sich mit einem mobilen Datenfunknetz mehr Anwendungen ergeben. Mobitex wurde daraufhin in den 80er Jahren von Ericsson und der schwedischen Telia entwickelt und ist mittlerweile in 20 Ländern weltweit eingeführt. Es war bei seiner ersten Inbetriebnahme 1986 in Schweden das erste öffentliche, zellulare, mobile und paketorientierte Datenfunknetz überhaupt.
Die Pflege und Weiterentwicklung von Mobitex und die Etablierung internationaler Roaming-Abkommen wird durch die mittlerweile gegründete Mobitex Operators Association (MOA) sichergestellt.
Die konkrete technische Umsetzung liegt in den Händen von Eritel, einem Joint-venture von Ericsson und und der schwedischen Telekom.

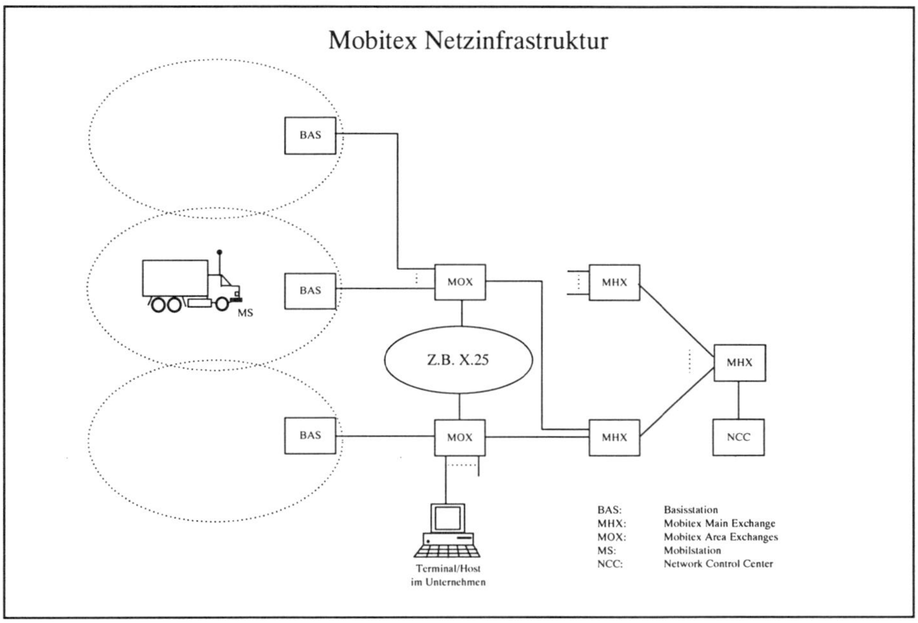

In Deutschland wollte nach der Lizenzvergabe im Mai 1994 die GfD seit Ende 1995 ein Netz nach diesem Standard aufbauen. 60 % der Bevölkerung sollten Mitte 1996 versorgt sein. Für Mitte 1997 wurde ursprünglich Flächendeckung mit 1 500 BAS angestrebt. Im September 1996 wurde die GfD jedoch durch ihre Gesellschafter wegen mangelnder Geschäftsaussichten für mobilen Datenfunk in Deutschland liquidiert.

→ *http://www.ericsson.se/mobitex/*

MOC

1. Abk. für Mobile Originated Call.
   Int. gängige Abk. für von der → *MS* abgehende Gespräche.
2. Abk. für Managed Object Classes.

MoD

1. Abk. für Movie on Demand.
   Andere, seltener benutzte Bezeichnung für → *Video on Demand.*
2. Abk. für Multimedia-on-Demand.
   Andere, seltener benutzte Bezeichnung für eine ganze Gruppe von Diensten, wie z.B. → *Video on Demand*, → *Teleshopping* oder → *Information-on-Demand.*

Modacom

Abk. für Mobile Data Communication.

Mobiles, paketorientiertes, digitales und zellulares Datenfunknetz aus dem Hause Motorola, das in Deutschland die technische Grundlage für das gleichnamige Netz der Deutschen Telekom ist.

Die Sendefrequenz liegt im 427-MHz-Band und der Kanalabstand beträgt 12,5 kHz.

Das System stellt eine Funkschnittstelle nach X.25 mit 9 600 bit/s zur Verfügung. Diese wird u.U. auf mehrere Verbindungen verschiedener MS aufgeteilt. Man rechnet mit einer Nettorate von 4 800 bit/s. Genutzt wird → *RD-LAP.*

Der Kanalzugriff erfolgt nach dem → *S-DSMA*-Verfahren. Ferner wird Inbandsignalisierung genutzt.

Tarifiert wird nach der Menge der zu übertragenden Daten, und nicht nach Verbindungsdauer (je übertragene 36 Byte 0,8 Pfennig). Auch die Herstellung einer Verbindung kostet, im Gegensatz z.B. zu → *GSM,* nichts. In der monatlichen Grundgebühr ist ferner in der Regel eine Menge von Daten zur freien Übertragung enthalten.

Prinzipielle Zellenstruktur sind → *BS* in → *Mikrozellen*, die bei Bedarf durch → *Umbrellacells* ergänzt werden. → *Handover* möglich.

Die BS sind untereinander über das Datex-P-Netz mit 64 kbit/s verbunden. Ihre Verwaltung wickeln in Deutschland im Netz der Deutschen Telekom drei Area Control Computer (ACC) ab. Ferner gibt es ein → *OMC* (zentrale Netzsteuerung). Das System eignet sich insbesondere für häufige Übertragung kleiner Datenmengen bis zu 2 KByte, z.B. e-mail.

Neben dem Online-Betrieb ist auch Offline-Betrieb möglich. Bis zu 100 Datenpakete zu max. 2 KByte Länge werden dann max. 24 Stunden gepuffert. Daten gehen so nicht verloren, auch wenn das mobile Endgerät abgeschaltet ist, man sich in einem Tunnel befindet oder durch ein Funkloch fährt.

Hauptsächliche Anwendungsfälle sind:

- Flottenmanagement,
- Außendienstunterstützung,
- Datenübertragung zum → *POS*,
- Datenübertragung im Bereich der Telemetrie, z.B. zur Steuerung entfernter technischer Anlagen (Pumpen, Heizungs-, Lüftungs- oder Klimaanlagen, Alarmanlagen, Automaten aller Art).

Ein Feldversuch durch die Deutsche Telekom wurde ab Februar 1993 im Bereich Bonn-Hamm-Wesel mit 40 → *BS* und zwei regionalen Leitzentralen durchgeführt.

Das System ging in den Wirkbetrieb ab März 1994. OMC in Dortmund. Im Endausbau sind seit Ende 1995 80 % der Fläche Deutschlands mit 767 BS und seit Ende 1996 85 % der Fläche versorgt. Der weitere Netzausbau hat insbesondere das Ziel der besseren Versorgung von Gebäuden. Gegen Ende 1996 gab es rund 13 000 Nutzer im Netz.

In Europa wird dieser Standard ansonsten nur noch in der Schweiz eingesetzt. Grenzüberschreitender Datenverkehr mit dem schweizerischen Netz ist daher möglich.

Modem

Kunstwort von Modulator und Demodulator, daher heißt es offiziell auch der und nicht das Modem.

Ein Gerät, das digitale Signale in analoge elektrische Signale für die Übertragung über normale analoge Telefonleitungen umwandelt oder umgekehrt. Der → *Akustikkoppler* ist kein Modem, da er keine galvanische Kopplung herstellt.

→ *Bell 103*, → *Bell 212A*, → *V-Serie*, → *HST*, → *PEP*, → *Nullmodem.*

Erstes Modem wurde 1958 von den Bell Laboratories als 'Dataphone' vorgestellt. Der Dataphone-Set verband Großrechner über analoge Wählleitungen des Telefonnetzes mit 300 bit/s mit angeschlossenen Terminals, meistens mechanische und langsame Drucker, für die die 300 bit/s ausreichend waren. Das Gerät hatte das Format von vier nebeneinanderliegenden Schuhkartons.

Erstes Modem in Deutschland wurde von der Bundespost 1965 mit 300 bit/s vorgestellt. Gegen Ende der 70er Jahre wurden erste Modems nur für PCs entwickelt. Es handelte sich um interne Modems aus dem Hause Hayes Microcomputer Products aus Georgia/USA für den → *Apple II* und erste frühe andere PCs unter → *CP/M*. Der genutzte Standard war → *Bell 103*. Entwickelt wurde der Modem von den Gründern des Hauses Hayes: Dale Heatherington und Dennis Hayes, die den Modem mit der Bezeichnung 80-103 auf einer rund 6 * 11 cm großen Platine im Wohnzimmer von Dennis Hayes entwickelt hatten.

Aus dem Hause Hayes kamen 1980 auch die ersten Smartmodems mit automatischer Wählmöglichkeit, die den → *Hayes*-Befehlssatz (AT-Modems) einführten.

Erste Nicht-Post-Modems in Deutschland waren ab 1988 mit 2 400 bit/s zugelassen.

Moden

Begriff aus der → *Glasfasertechnik*. Bezeichnet verschiedene Strahlrichtungen innerhalb einer Glasfaser.

Durch die Welleneigenschaft des Lichtes wird nicht jeder Lichtstrahl beim Auftreffen auf den Mantel des inneren, den Strahl leitenden Kerns total reflektiert. Vielmehr sind nur bestimmte Winkel möglich, bei denen die Grenzbedingungen der Totalreflexion erfüllt sind. Diese Strahlrichtungen werden als Moden bezeichnet.

Moden hoher Ordnung verfügen über einen kleinen Auftreffwinkel, Moden niedriger Ordnung (die fast parallel zur Faserachse verlaufen) über einen großen Auftreffwinkel.

→ *Modendispersion*, → *Einmoden-Faser*, → *Multimode-Stufenindex-Faser*, → *Multimode-Gradienten-Indexfaser*, → *Mantelmoden*.

Modendispersion

Begriff aus der → *Glasfasertechnik*.

Bezeichnung des Effektes, daß ein Lichtimpuls am Ausgang des Lichtleiters zeitlich 'breiter' ist als er am Eingang ursprünglich eingespeist wurde. Dies tritt insbesondere bei → *Multimode-Fasern* auf. In ihrem Kern mit einem im Vergleich zur → *Einmoden-Faser* größeren Durchmesser legen Impulse mit verschiedenen Wellenlängen, bedingt durch differierende Reflexionen am Mantel der Glasfaser, verschieden lange Wege zurück, weswegen die verschiedenen → *Moden*, die zu einem Zeitpunkt eingespeist wurden, zu verschiedenen Zeitpunkten aus dem Leiter wieder austreten.

Bei Einmoden-Fasern ist die Modendispersion Null.

Moderator

Bezeichnung für eine Person, die bei Diskussionsrunden in → *Online-Services* (z.B. bei den Netnews im → *Usenet*) eingehende Beiträge zunächst liest und bewertet, um sie anschließend zu veröffentlichen oder zurückzuhalten, d.h. die Beiträge werden nicht automatisch veröffentlicht. Ziel ist ein inhaltlich hohes Niveau und zum Thema überhaupt passende Beiträge, wobei thematisch keine Zensur ausgeübt werden soll, d.h. Themen durchaus kontrovers diskutiert werden können.

Modul

Bezeichnung für eine abgeschlossene Einheit mit klar definierten Schnittstellen, die zumeist in einer systematischen Ordnung anderer Module eine feste Funktion erfüllt.

Meistens in Zusammenhang mit Hardware-Bausteinen (Speicherchips etc.) oder Software-Strukturen (Funktionen, Prozeduren, Unterprogrammen) benutzt.

Modula, Modula-2

Bezeichnung einer prozeduralen, höheren Programmiersprache. Wurde auf strukturierte Programmierung hin zugeschnitten. Vorteil ist ein geringer Sprachumfang und eine einfache Syntax.

Dank eines modularen Konzeptes geeignet zur Entwicklung umfangreicher Programme in großen Teams.

Modula wurde in den frühen 70er Jahren konzipiert von Nikolaus Wirth und als Nachfolger von → *Pascal* 1975 vorgestellt. Sie wurde bis Ende der 70er Jahre zu Modula-2 weiterentwickelt. Aus einer abgemagerten Version von Modula-2, ergänzt um weitere neue Merkmale, ist → *Oberon* entstanden.

Modulation

1. Allgemein jede Art der Umsetzung eines physikalischen Signals in ein anderes.
2. In der Nachrichten- und Übertragungstechnik die Anpassung eines oder mehrerer zu übertragenden Signale an die Eigenschaften eines Kanals durch Umsetzung auf eine andere Darstellung der Eingangssignale in dem Kanal angepasste Ausgangssignale. → *Digitale Modulation*

Modulationsindex

→ *FSK*.

Moiré-Effekte

Bezeichnung für optische Störungen bei ungenügend hoher → *Auflösung* von Monitoren oder Faxgeräten.

Durch die Überlagerung verschiedener Raster, z.B. ein kleinkariertes Jackett eines Nachrichtensprechers und die Zeilen und Spalten eines Monitors, bilden sich regelmäßige dunkle Flecken, die bei Bewegung des Monitorbildes flimmern.

Monitoring

Andere Bezeichnung für das Überwachen eines Netzes und seiner Komponenten von einem zentralen Punkt aus, sowohl im → *LAN*, als auch im → *WAN*-Bereich.

Monitor-Splitter

Bezeichnung eines Gerätes, in das ein Bild eines Computermonitors eingespeist wird und das dieses Bild an mehreren Ausgängen anderen Monitoren zur Verfügung stellt, so daß an vielen Monitoren gleichzeitig das gleiche Bild nur eines Rechners angezeigt wird. Kenngrößen derartiger Geräte sind die Anzahl der anschließbaren Monitore (bis hinauf in den dreistelligen Bereich möglich) und die zulässige Entfernung vom Monitor-Splitter bis hin zu den einzelnen Monitoren.

Anwendungsgebiete sind Schulungen und Präsentationen auf Messen oder Ausstellungen.

Monomode-Faser

Andere Bezeichnung für → *Einmoden*-Faser.

Moores Law

Bezeichnung für die Faustregel, daß sich die Anzahl der auf einem Prozessor integrierbaren Transistoren alle zwei Jahre verdoppelt. Der Ausspruch aus dem Jahr 1965 wird James Earl Moore (* 1929) zugeschrieben, im Juli 1968 einer der Gründer der Firma Intel.

MOP

Abk. für Maintenance Operations Protocol.

Bezeichnung für ein proprietäres Datenübertragungsprotokoll aus dem Hause DEC zur Verbindung von → *Server* und → *Client*.

MOPS

Abk. für Million Operations per Second.

→ *MIPS*.

MOS

Abk. für Metal-Oxide Semiconductors.

Bezeichnung für elektronische Bauelemente auf Halbleiterbasis. Diese Technologie eignet sich insbesonders für → *ICs* und → *Mikroprozessoren* mit hoher Integrationsdichte. Steven R. Hofstein und Frederick P. Heimann entwickelten in dem RCA Electronic Research Laboratory den ersten IC in MOS-Technologie im Jahr 1962. In großem Maßstab wurden ICs in MOS-Technologie nach diesen Entwicklungsarbeiten ab 1970 eingesetzt.

→ *CMOS*.

Mosaic

→ *WWW*.

Motherboard

Bezeichnung für die Trägerplatine eines → *PCs*, auf der die Hauptelemente untergebracht sind, bestehend aus Chipsatz (→ *CPU* und ggfs. Coprozessor), → *Cache*, Hauptspeicher (→ *RAM*) und freien Steckplätzen zur Erweiterung. Alle weiteren Aggregate des PCs fallen unter Peripheriegeräte. Man unterscheidet von der Größe her die Standardgröße, die etwa bis Ende der 80er Jahre bis zur Klasse der → *ATs* verbreitet war und seither die kleineren → *Baby Boards*.

→ *Soundkarte*.

MOTIS

Abk. für Message Oriented Text Interchange System.

Andere Bezeichnung für den im → *X.400* Standard festgelegten e-mail-Dienst der → *ISO*.

Motif

Von der → *OSF* entwickelte Funktions- und Klassenbibliothek für grafische Benutzeroberflächen von Anwendungen, die unter dem Betriebssystem → *Unix* laufen. Gilt zwar als unübersichtlich und langsam, hat sich aufgrund der Funktionsvielfalt jedoch durchsetzen können.

MoU

Abk. für Memorandum of Understanding.

Ein i.d.R. von vielen beteiligten Firmen, Behörden, Standardisierungsgremien und ähnlichen Institutionen unterzeichnetes Papier (Übereinkommen) mit dem Ziel, gemeinsam an der Realisierung eines oder mehrerer zusammenhängender Ziele im gegenseitigen Interesse zu arbeiten.

Ein MoU definiert übergeordnete Ziele und bestenfalls einige Verfahrensweisen zur Erreichung der Ziele, nicht aber eine echte vertragliche Grundlage, weswegen ein MoU in der Regel um weitere, Verträge, die die Zusammenarbeit im Detail regeln, ergänzt wird. Ein MoU führt im Bereich der Tele- und Datenkommunikation häufig zu Standards oder De-facto-Standards.

MOX

Abk. für Mobitex Area Exchange.

Teil der Netzinfrastruktur von → *Mobitex*.

MP

Abk. für Multilink PPP.

→ *PPP*.

MPEG

Abk. für Motion Picture Expert Group.

Ursprünglich Name eines gemeinsamen Normungsgremiums der → *ISO* und der → *IEC* (genau: ISO/IEC JTC1/SC29/WG11), dann eines internationalen und technisch fortgeschrittenen (→ *H.261*) Standards für Multimedia-Anwendungen selbst, mittlerweile in zwei Versionen (1 und 2) vorliegend. Die Arbeiten an MPEG 3 wurden eingestellt, während an MPEG 4 seit 1993 gearbeitet wird. ISO und CCITT haben auch diesen Standard mittlerweile anerkannt (ISO 11172).

Die Verfahren sind asymmetrisch, d.h. die Codierung ist sehr viel aufwendiger als die Decodie-

rung. Ferner handelt es sich um ein verlustbehaftetes Verfahren (im Gegensatz zu → *JBIG*).
Grundsätzlich werden dabei zwei Codierverfahren angewendet: Intraframe Coding nutzt Irrelevanz und Redundanz in ein und demselben Bild (von Zeile zu Zeile) und Interframe Coding Irrelevanz und Redundanz zwischen aufeinanderfolgenden Bildern, d.h. hier kommt die Zeit als Komponente mit hinein, so daß Geräte, die dieses Verfahren nutzen, Bildspeicher brauchen.
MPEG 1 basiert auf → *JPEG* (JPEG benötigt als Moving JPEG 3 bis 5 mal größere Kompressionsdaten als MPEG 1), betrachtet aber immer eine ganze Reihe von Bildern und wertet die Unterschiede zwischen den Bildern im Rahmen dieser Sequenz aus. Basis ist ein asymmetrischer, prediktiver, bidirektionaler Algorithmus, der versucht, das jeweils nächste Bild 'vorherzusehen'.
Videos in VHS-Qualität werden zu 1,2 bis 1,5 Mbit/s oder auch bis zu 6 Mbit/s Datenströmen komprimiert, so daß auf einer CD-ROM bis zu 72 Minuten Film gespeichert werden können. Es werden 30 Halbbilder/s geliefert mit einer Auflösung von 352 * 288 Pixel. Größere Bilder werden durch Interpolation von Bildpunkten geliefert, was zu Lasten der Qualität geht (unter VHS-Qualität).
Das CD:i-System basiert z.B. auf MPEG 1. Dabei wird der Video-Datenstrom mit 1 150 Mbit/s, der Audiodatenstrom mit 0,256 Mbit/s und der Systemdatenstrom zur Verwaltung mit 0,094 Mbit/s veranschlagt.

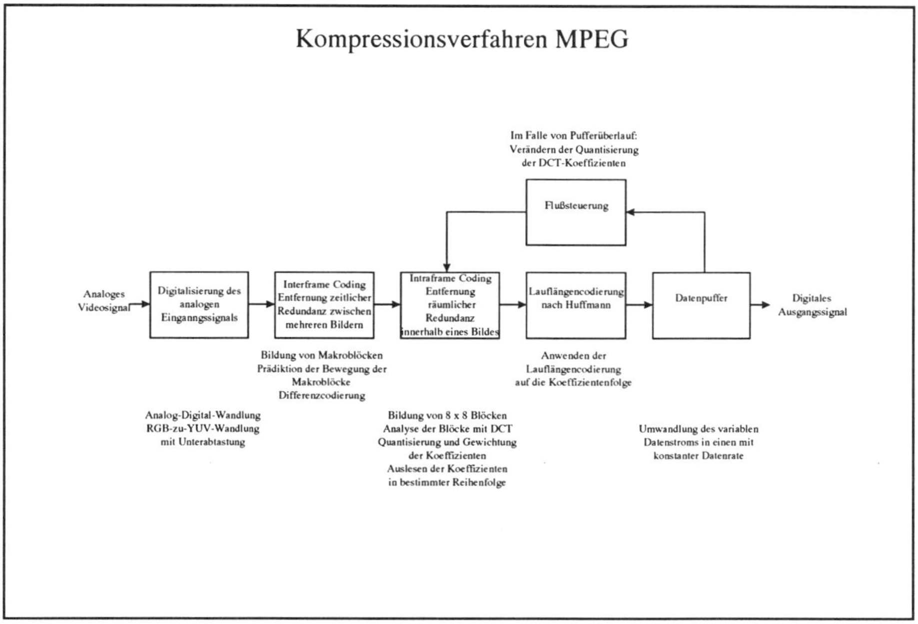

MPEG 2 komprimiert 3,4 Mbit/s Videodatenströme um den Faktor 10 auf rund 320 bis 380 kbit/s und Videodatenströme in Studioqualität nach CCIR 601 von 166 Mbit/s auf 4 Mbit/s. Ist insgesamt für den Bereich von 6 Mbit/s bis 40 Mbit/s ausgelegt. Darüber hinaus wird eine wesentlich höhere Auflösung geboten (704 * 480 Pixel) bei 60 Halbbildern/s. Derartig codierte 100-Minuten-Filme benötigen dann etwa 1,5 GByte.
Es wird erwartet, daß sich MPEG 1 im Bereich von CD-ROM und Multimediaanwendungen auf dem PC durchsetzen wird, wohingegen MPEG 2 bei interaktivem Fernsehen über Breitbandverteilnetze angewendet wird.
Mittlerweile anvisiert wird MPEG 4, das Audio- und Videodatenströme im Bereich deutlich unter 64 kbit/s codieren soll (um den Faktor 350). Ein stabiler Standard hierfür wird für 1998 oder später erwartet. Anwendungsbereich dieser Technik sollen kleinformatige Bilder für die Übertragung in schmalbandigen Systemen (Mobilfunk) sein. Dabei werden neue Verfahren der objektorientierten Codierung (fraktale Codierung) eingesetzt werden, die die 'Semantik' der Bilder ausnutzen. Die sog. → *Wavelets*-Codierung ist eine weitere Technik, von der man sich Fortschritte verspricht.
Die Gruppe MPEG wurde 1988 gegründet. MPEG 1 wurde im Dezember 1991, MPEG 2 wurde für die Bestandteile System, Audio und Video im November 1994 in Singapur verabschiedet.

MPLPC

Abk. für Multi Pulse Linear Predictive Coding.

Eine Sonderform des → *LPC*.

MPMLQ

Bezeichnung eines Kodieralgorithmus für Sprache, der Sprache mit nur 6,4 kbit/s codiert und komprimiert. Definiert in G.723.1.

MPMP

Abk. für Microwave Point to Multipoint.

Bezeichnung für Richtfunksysteme im Zugangsnetzbereich (→ *WLL*).

Dabei wird im Downlink über einen Rundstrahler gesendet (Broadcast), wohingegen im Uplink eine Punkt-zu-Punkt-Verbindung mit Richtfunk realisiert wird.

Derartige Systeme sind nicht standardisiert, sondern basieren auf Eigenentwicklungen.

MPOA

Abk. für Multi Protocol Over → *ATM*.

MPP

Abk. für Massive Parallel Processors.

Bezeichnung aus dem Bereich der → *Supercomputer*, bei denen nicht einige wenige Prozessoren parallel arbeiten, sondern 100 und mehr.

Im Gegensatz zu → *SMP* verfügt jeder Prozessor über seine eigenen Ressourcen wie Speicher, I/O-System, Betriebssystem-Instanz und alle diese Einheiten verbindenden System-Busse. Es wird unter den Prozessoren daher nichts geteilt (shared nothing).

→ *Multiprozessorsystem*, → *Vektorrechner*.

MPR

1. Abk. für Multi Protocol Router.
   Bezeichnung eines → *Routers*, der mehrere Protokolle versteht.
2. Schwedische Abkürzung für den nationalen Rat für Meßtechnik und Prüfung der schwedischen Regierung. Mittlerweile in SWEDAC umbenannt. Definierte 1987 MPR I und mit MPR II im Jahre 1990 die mittlerweile weltweit gängige Standardnorm für zulässige Strahlungsleistungen von Monitoren. Bei der Meßmethode werden in 50 cm Entfernung auf drei Ebenen 16 Meßpunkte installiert und in zwei Frequenzbändern Messungen der Strahlungsleistung gemacht. Verschärft wurde MPR II durch → *TCO 91* und -92.

MPT 1322

Bezeichnung eines englischen Standards für Schnurlostelefonie.

→ *CT0*.

MPT 1327/43

Bezeichnung eines englischen Standards für Bündelfunk, verabschiedet vom Ministry of Post and Telecommunications (MPT), der sich auch in Europa als De-facto-Standard durchgesetzt hat und ebenfalls in Übersee eingesetzt wird.

In MPT 1327 definiert das Mobile Access Protocol (MAP) für den Zugriff auf die Funkschnittstelle.

Basis ist eine digitale Signalisierung in einem separaten Signalisierungskanal mit 1 200 bit/s und → *FFSK*-Modulation. Möglich ist ferner bei bestimmten Endgeräten ein → *SMS* mit bis zu 32 Zeichen. Er führte zur Entwicklung des → *ETSI*-Standards → *BIIS 1200*, der die digitale Signalisierung abwickelt.

MPX

Abk. für → *Multiplexer*.

MR, MRC

Abk. für Modified Read Code.

Bezeichnung eines zweidimensionalen Codes zur Quellcodierung. Wird z.B. genutzt bei Fax Gruppe 4. Dabei wird eine horizontale Zeile der abgetasteten Vorlage codiert unter Bezugnahme auf die darüberliegende, vorausgegangene Zeile.

Der MRC ist eine Weiterentwicklung des → *MHC*. Wurde nach seinem Erfinder benannt.

MS

1. Abk. für Mobile Station.
   Bezeichnet in Mobilfunknetzen den beweglichen Terminal: → *Handy*, Autotelefon, Satellitentelefon oder -fax auf Schiffen im konkreten Kontext einer Verbindung (also im Gegensatz zu → *ME* mit → *SIM-Card* und Nutzer).
2. Abk. für Mobile Subscriber.
   Bezeichnung für einen von der → *ITU* im Zusammenhang mit Mobilfunknetzen geprägten Begriff. Die Bezeichnung Mobile Station wird dort vermieden.
3. Abk. für Mobile Services.
   Bezeichnung aus dem offiziellen Standardtext zur Spezifikation des → *GSM*-Systems.
4. Abk. für Message Store.
   Bezeichnet in → *X.400*-Systemen die für Mitteilungsspeicherung und Mitteilungsabruf zuständige Instanz. Angesiedelt zwischen dem User Agent (→ *UA*) und dem Message Transfer Agent (→ *MTA*).
5. Abk. für Microsoft.
   Der weltweit größte Softwarehersteller mit Produkten wie → *MS-DOS*, → *Windows*, → *Windows* NT, → *Windows 95*.
   → *http://www.microsoft.com/*

MS-DOS

Abk. für Microsoft Disk Operating System.

Bezeichnung für ein zunächst auf → *Disketten* installiertes → *Betriebssystem* für → *PCs* aus dem Hause Microsoft, das sich zum De-facto Standard entwickelte und um die grafische Benutzeroberfläche → *Windows* erweitert wurde.

Die Entwicklung nahm folgenden Verlauf:

1980

Tim Paterson von Seattle Computer Products entwickelte im April das 16-Bit-Betriebssystem QDOS (Quick and Dirty Operating System), das insgesamt 6 KByte verbraucht und stark → *CP/M* ähnelt.

IBM ist gerade dabei, den PC zu entwickeln und wirde auf der Suche nach einem Betriebssystem im August bei Microsoft fündig, nachdem man sie beim Hersteller von CP/M versetzt.

MS sagt eine kurze Entwicklungszeit zu und ist froh, daß im September Tim Paterson sein mittlerweile unter 86-DOS firmierendes System MS anbietet. MS kauft die Rechte für 50 000 $ und fängt an, es im Oktober selber weiter zu entwikkeln.

1981

Tim Paterson beginnt, bei Microsoft zu arbeiten.

Im August wird der PC von IBM vorgestellt. Das Betriebssystem PC DOS 1.0 von IBM ist auf einer beigelegten 160-KByte-Diskette enthalten. Microsoft bringt MS-DOS 1.0 für IBM-PCs zusammen mit diesem auf den Markt. 4 000 Zeilen Assemblercode waren die Basis. Es werden nur einseitige Diskettenformate mit 160-KByte-Speicher (acht Sektoren, 40 Spuren) unterstützt.

1982

MS-DOS 1.1 für PCs mit einem 320-KByte-Diskettenlaufwerk

1983

MS-DOS 2.0 im März für PCs mit Unterstützung von Festplatten und hierarchischen Dateisystemen. Später wird MS-DOS 2.01 mit der Unterstützung int. Zeichensätze und MS-DOS 2.11 mit Fehlernachbesserungen nachgeschoben.

1984

MS-DOS 3.0 für → *ATs* (erstmals netzwerkfähig mit MS-DOS 3.1) und MS-Net. DOS 3.0 unterstützt erstmals auch 1,2-MByte-Laufwerke und 20-MByte-Festplatten.

1985

MS-DOS 3.1 erscheint im März und mit MS-DOS 3.2 (Dezember) werden erstmals 3,5"-Disketten unterstützt, allerdings nur das 720-KByte-Format.

1986

MS-DOS 3.21 unterstützt Tastaturen mit abgesetzten Zehner- und Cursorblöcken.

1987

MS-DOS 3.3 erlaubt es, Partitionen auf einer Festplatte einzurichten. Es wird lange Zeit als stabilste DOS-Version gelten und häufig auch der Version 4.0 vorgezogen werden.

1988

MS-DOS 4 wartet mit einer grafischen Benutzeroberfläche auf, ist allerdings voller Bugs, weswegen noch im gleichen Jahr die Version 4.1 nachgeschoben wird. Festplattenpartitionen können größer als 32 MByte sein.

1991

Version 5 mit Speicheroptimierung, überarbeiteter DOS-Shell und verbesserten Hilfefunktionen.

1993

MS-DOS erscheint mit vielen neuen Hilfsprogrammen in den Versionen 6 und 6.2.

1994

Microsoft bringt gegen Jahresende DOS 6.22 heraus.

MSA

Abk. für Metropolitan Statistical Area.

In der Lizensierung von zellularen Mobilfunkdiensten der USA häufig benutzter Begriff. Orientiert sich an Gebieten, die von der Zensusbehörde der USA für statistische Erhebungen definiert wurden. Bezeichnet, im Gegensatz zu → *RSA*, die dichtbesiedelten Gebiete.

Nicht zu verwechseln mit → *MTA* und → *BTA*.

MSAF

Abk. für Multimedia Services Affiliate Forum.

Bezeichnung eines von der Deutschen Telekom, AT&T, Lotus NTT, Novell, Telstra and Unisource im Oktober 1995 gegründeten → *Forums* zur Entwicklung von multimedialen Anwendungen und Diensten über private und öffentliche Datennetze.

Etablierung einer Organisationsstruktur und von Working Groups im März 1996.

Mittlerweile rund zwei Dutzend Mitglieder aus den Bereichen Carrier und Endgerätehersteller.

→ *Multimedia.*

MSB

Abk. für Most Significant Bit, hochwertigstes Bit.

Bezeichnet in einem Wort (→ *Byte* etc.) das → *Bit* mit der höchsten Wichtung. Das Gegenteil ist das → *LSB*.

MSC

1. Abk. für Mobile Switching Centre.

   Bezeichnet in Mobilfunknetzen die Vermittlungsstelle, die sowohl von → *MS* zu MS als auch von MS ins Festnetz und umgekehrt (→ *GMSC*) vermittelt. Normalerweise kontrolliert ein MSC mehrere → *BS* oder → *BSC* und ist mit dem → *HLR* und → *VLR* verbunden oder direkt ausgestattet.

2. Abk. für Message Switching Center. International gängige Bezeichnung für Speichervemittlungen im → *Gentex*-Netz.
3. Abk. für Message Sequence Charts. Bezeichnung eines von der → *ITU* standardisierten Verfahrens zum Protokolltest. → *SDL*.

MSI

Abk. für Medium Scale Integration.

Bezeichnet bei der Chipherstellung eine Technik der integrierten Herstellung von Bauelementen auf einem monolithischen Halbleitersubstrat. In MSI-Technik werden ca. 500 Bauelemente integriert. Entwickelt wurde die Technik gegen Mitte der 60er Jahre.

→ *SSI*, → *LSI*, → *VLSI*.

MSIN

Abk. für Mobile Subscriber Identification Number.

In Mobilfunknetzen nach dem → *GSM*-Standard die Bezeichnung für eine Nummer, die den Teilnehmer innerhalb des Mobilfunknetzes eindeutig identifiziert.

MSK

Abk. für Minimum Shift Keying.

→ *FSK*.

MSM

Abk. für Micronetics Standard.

→ *Mumps*.

MSN

Abk. für (Microsoft Network.

Abk. für Multiple Subscriber Number.

Bezeichnung des → *Dienstmerkmals* der Mehrfachrufnummer im → *ISDN*.

MSNet

Abk. für → *Microsoft Network*.

MSO

Abk. für Multiple System Operator.

In den USA gebräuchliche Bezeichnung für ein Unternehmen, welches mehr als ein Kabelfernsehnetz betreibt, im Gegensatz dazu die → *SSO*.

MSS

Abk. für Mobile Satellite Services.

Bezeichnet Dienste wie Fernsprechen, → *Fax*, Datenübertragung und → *GPS*, die von Satelliten unterstützt werden. Bezieht sich speziell auf die neuen Projekte wie → *Iridium*, → *Project 21* und → *Globalstar* sowie andere Systeme des → *Satellitenmobilfunks*.

MSV 1 und -2

Abk. für Medium Speed Version 1 bzw. 2.

Bezeichnung für Datenübertragungsprotokolle nach dem Prinzip des → *Polling* für verschiedene Netzkonfigurationen aus dem Hause Siemens.

Genutzt werden die Codes → *EBCDIC* und → *ASCII* (7 Bit mit Paritätsbit). Bei beiden Protokollen gibt es die Aufforderungsphase, die Datenübermittlungsphase und die Abschlußphase.

MSV1 kann für Punkt-zu-Punkt- und Punkt-zu-Mehrpunkt-Verbindungen genutzt werden, MSV2 nur für Punkt-zu-Punkt-Verbindungen.

Bei MSV1 gibt es eine Leit- und eine Unterstation, wohingegen bei MSV2 beide Stationen gleichberechtigt sind.

Bei MSV1 sendet in der Aufforderungsphase die Leitstation eine Aufforderung zum Senden an die Unterstationen, die daraufhin sofort Daten sendet (Datenübermittlungsphase) oder eine negative Quittung schickt. Sollen Daten von der Unterstation empfangen werden, sendet die Leitstation eine Aufforderung zum Datenempfang, dem eine positive Quittung der Unterstation und Datensenden (Datenübermittlungsphase) von der Leitstation oder nur eine negative Quittung der Unterstation folgt. Sind alle Daten gesendet, teilt die jeweils sendende Station der empfangenden Station dies in der Abschlußphase durch Senden eines bestimmten Steuerzeichens mit.

Bei MSV2 können sich die beiden gleichberechtigten Stationen gleichzeitig Sendebereitschaft signalisieren, weswegen Prioritäten vergeben werden, so daß die höherpriore Station ihre Daten zuerst senden kann. Die Aufforderungsphase unterscheidet sich von der bei MSV1, wohingegen alle anderen Protokollphasen gleich sind.

Die Initiative ergreift immer die sendewillige Station, die an die Empfangsstation ein Steuerzeichen sendet. Diese antwortet mit einer positiven Quittung, woraufhin die Sendestation direkt mit dem Senden beginnt (Datenübermittlungsphase).

Ist die Empfangsstation nicht empfangsbereit, sendet sie eine negative Quittung, woraufhin die Sendestation dies mit einem Steuerzeichen bestätigt und erneut ihre Sendebereitschaft signalisiert. Die Anzahl, wie häufig dies geschieht, kann gewählt werden.

MS-Windows

→ *Windows*.

MTA

1. Name eines analogen schwedischen Mobilfunknetzes, seinerzeit das erste automatische (!) Mobilfunknetz. In Betrieb von 1955 bis 1969. Seine Entwicklung startete 1950 mit der Installation einer Antenne auf einem Wasserturm.

2. Abk. für Major Trading Areas, Hauptgeschäftszentren.

   Eine in den USA gebräuchliche Bezeichnung für größere Gebiete, die für Service Provider besonders attraktiv sind und daher der Regulierung von Lizenzen für neue → *PCS*-Mobilfunknetze bedürfen. MTAs werden nach allgemein anerkannten Geschäftsatlanten und Marketing-Führern (von Rand McNally) definiert und orientieren sich an politischen und/oder ökonomischen Grenzen. Sie haben ungefähr die Größe eines US-Staates. In den USA gibt es 51 MTAs und 493 → *BTA* (Basic Trading Areas, Größe mehrerer Counties, Landkreise). Nicht zu verwechseln mit → *MSA* und → *RSA*. MTAs sind u.U. größer als die korrespondierenden MSAs, um größere geographisch und ökonomisch zusammengehörende Gebiete durch nur einen Mobilfunkanbieter abdecken zu können.

3. Abk. für Message Transfer Agent.

   Auch Mailhost genannt. Bestandteil von → *SMTP* und auch → *X.400*. Übernimmt in e-mail-Systemen den Weitertransport der Nachricht durch das Netz an den Ziel-Netzknoten, die nach dem → *Store-and-Forward*-Prinzip arbeiten. Darüber hinaus speichert das Ziel-MTA die Nachrichten solange, bis die User Agents (→ *UA*) sie abholen. Alle MTAs eines e-mail-Systems (→ *MHS*) bilden zusammen das Message Transfer System (→ *MTS*).

MTB

Name eines analogen schwedischen Mobilfunknetzes, auf der Technik von MTA aufbauend, allerdings mit mehr Funktionalität und Kapazität. Ebenfalls wurde der Platzbedarf für die Vermittlungen und Sendestationen erheblich verringert. Nahm Betrieb 1965 auf.

MTBF

Abk. für Mean Time Between Failures.

Bezeichnung des aus Erfahrungswerten gewonnenen mittleren Ausfallabstandes (mittlere Betriebsdauer) technischer Systeme. Angabe in Tagen, Monaten oder Jahren. International anerkanntes Qualitätskriterium.

→ *MTBSO*, → *MTTR*.

MTBSO

Abk. für Mean Time Between Service Outages.

Aus der Erfahrung eines Netzbetreibers oder Dienstanbieters gewonnener Begriff, der die Qualität eines Dienstes, Netzes, einer Vermittlung oder eines anderen technischen Systems beschreibt.

→ *MTTR*, → *MTBF*.

MTC

1. Abk. für Mobile Terminated Call.

   International gängige Abk. für bei der (MS ankommende Gespräche.

2. Abk. für Message Type Code.

   Bezeichnung für ein acht Bit langes Datenfeld in einer Nachricht im → *SS#7*-Netz.

MTD

Name eines analogen, handvermittelten, schwedischen Mobilfunknetzes aus vorzellularer Zeit. In Betrieb von 1971 bis 1988 in Dänemark (seit 1974), Schweden und Teilen Norwegens. Entstand aus den Bemühungen, ein vollautomatisches, analoges, zellulares Netz zu konzipieren. Dies führte später zu → *NMT 450*.

MTP

Abk. für Message Transfer Part.

→ *SS#7*.

MTS

Abk. für Message Transfer System.

Bezeichnet in → *e-mail*-Systemen die Menge aller → *MTAs*.

MTTR

Abk. für Mean Time To Repair.

International gängige Bezeichnung für die durchschnittliche Reparaturzeit. Eine aus der Erfahrung gewonnene Kenngröße technischer Systeme (Netze, Vermittlungsstellen, Router etc.) zur Beschreibung der Qualität von Technik und Service.

→ *MTBSO*, → *MTBF*.

MTU

Abk. für Maximum Transfer Unit.

Bezeichnet in paketvermittelnden Netzen (→ *Paketvermittlung*) die maximal zulässige Länge eines Datenpaketes, das zwischen zwei Stationen übertragen werden kann.

MUD

Abk. für Multi User Dungeon (auch: Dimension).

Bezeichnung für Spiele über das → *Internet*, an denen mehrere Personen teilnehmen können oder für Rechner, die dies ermöglichen.

Münzer

Jargon für den öffentlichen Münzfernsprecher, bzw. die Telefonzelle.

MÜW

Abk. für Monopolübertragungsweg.

Begriff des deutschen Gesetzgebers, der ihn in einer Verwaltungsverordnung des BMPT aus dem Jahr 1992 definiert. Bezeichnet bestimmte Leistungen (Mietleitungen), die ein Anbieter von Te-

lekommunikationsdiensten zwingend anbieten muß. Umfaßt analoge und digitale Leitungen.
→ *DDV*, → *Standardfestverbindungen*.

MUF

Abk. für Maximum Usable Frequency.
Bezeichnet bei Funkverbindungen, die die Reflexion an der → *Ionosphäre* ausnutzen, die höchste dafür noch nutzbare Frequenz für die Verbindung zwischen zwei voneinander weit entfernten Punkten. Die MUF ist tages- und jahreszeitabhängig.

MUL

Abk. für Mobile User Link.
Bezeichnet in satellitengestützten Mobilfunksystemen die Funkverbindung zwischen dem mobilen Teilnehmer und dem Satelliten.
→ *GWL*, → *ISL*.

Multibus

→ *Baum*.

Multicasting

Bezeichnung der Fähigkeit eines Netzes oder Dienstes, Verbindungen zu mehreren angeschlossenen Teilnehmern herzustellen bzw. Nachrichten an mehrere Teilnehmer zu versenden.
Es besteht dabei die Möglichkeit, mehrere Teilnehmer über nur eine Adresse (Multicast, Gruppenadresse) anzusprechen. Grundsätzlich unterscheidet man verschiedene Möglichkeiten, derartige Multicasts durchzuführen:

- In leitungsvermittelnden Netzen (→ *Leitungsvermittlung*) ist es notwendig, entsprechend viele und voneinander unabhängige Verbindungen zu schalten. Dies geschieht zentral und sternförmig von einer Stelle aus. Im Falle, z.B., von → *Videokonferenzen* im → *ISDN* übernimmt eine → *MCU* diese Funktion.
- Im Falle von paketvermittelnden Netzen (→ *Paketvermittlung*) ist es möglich, mit den Netzressourcen effizienter umzugehen und bei entsprechend leistungsfähigen Netzknoten die zu verteilenden Daten nur ein einziges Mal auszusenden. Die Netzknoten analysieren dann selbständig die Datenpakete und kopieren nur an den notwendigen Verzweigungspunkten die Daten auf mehrere verschiedene Verbindungen weiter, so daß sich der Datenstrom erst an spätestmöglichen Punkten verzweigt.

→ *Broadcast*.

Multichannel Feed

Bezeichnung für einen → *Broadcastdienst*. Ist eine Variante von → *Pay-TV*, bei der ein Programm über mehrere Kanäle ausgestrahlt wird, wobei jeder Kanal das übertragene Ereignis aus einer anderen Kameraperspektive einfängt. Durch Hin- und Herschalten zwischen den Kanälen übernimmt der Zuschauer selbst die Aufgabe der Bildregie.
Gedacht ist an Sportveranstaltungen, z.B. Kameras in verschiedenen Wagen bei Autorennen oder verschiedene Kameraperspektiven beim Fußball (Hinter-Tor- bzw. Spielfeldrandkamera, Totale).

Multifrequenz-Monitor

→ *Multisync-Monitor*.

Multilink-Funktion

Bezeichnung für die Fähigkeit von Systemen der Schnurlostelefonie, mehrere Mobilteile gleichzeitig über eine Basisstation zu betreiben.

Multimedia

Weitverbreiteter Oberbegriff. Keine einheitliche und in allen Bereichen anerkannte Definition existent. Bezeichnet im weitesten Sinne alle Anwendungen, die Sprach-, Audio-, Text-, Stand- und Bewegtbildkommunikation oder -anwendungen oder Teile von ihnen in einer einzigen Anwendung integrieren. Bei der Stand- und Bewegtbildkommunikation wird häufig noch zwischen Real- und Trickfilm (Computergrafik, Computeranimation, Animation) unterschieden.
Eine strenge Definition bedingt, daß mindestens drei unterschiedliche Medien (auch Inhalte genannt) in einer Anwendung integriert sein müssen, um als Multimedia-Anwendung zu gelten.
Darüber hinaus gilt als wichtiges Element die Möglichkeit für den Nutzer, die ihm dargebotenen multimedialen Inhalte interaktiv zu beeinflussen. Als mögliche Interaktion gelten dabei:

- Inhalte auswählen,
- Art der Präsentation verändern,
- Zeitpunkt der Präsentation beeinflussen,
- Inhalte weiter verarbeiten.

Ohne die Bedingung der Interaktion wäre (analoges) Fernsehen (Bewegtbild, Ton, Schrift) auch schon Multimedia. Alle Definitionen von Multimedia setzen darüber hinaus das Vorliegen der multimedialen Inhalte in digitaler Form zur digitalen Übertragung, Beeinflussung und ggfs. Weiterverarbeitung voraus. Die unterschiedlichen Medien können differenziert werden als:

- Diskrete Medien, wie z.B. Text oder Grafiken, also Medien, bei denen die Inhalte als einzeln definierte Objekte aufgefaßt werden können.
- Kontinuierliche Medien, wie z.B. Audiosequenzen (Sprache, Geräusche, Töne) oder Real- und Animationsbilder oder -videos.

Für lokale und nicht-vernetzte Anwendungen (→ *Offline*) wird meistens auf → *CD-ROM* (in

Zukunft auch auf → *DVDs*) und PCs zurückgegriffen.
Im Bereich der Telekommunikation gilt Multimedia bzw. gelten multimediale Anwendungen (→ *Tele-Learning*, → *Tele-Medizin*, → *Tele-Working*) als die treibenden Kräfte hinter der Einführung neuer Breitbanddienste (→ *B-ISDN*, → *ATM*) und entsprechender Infrastrukturen (→ *ADSL*, → *Glasfasertechnik*, → *FITL*). Basiselement der meisten multimedialen Anwendungen im Bereich der Telekommunikation ist die → *Videokonferenz*.
Erstmals intensiv genutzt wurde der Begriff 1985 bei der Vermarktung des Heimcomputers → *Amiga*, als niemand so recht wußte, wofür multimediale Anwendungen, von Computerspielen abgesehen, genutzt werden konnten. Seit ca. 1992 ist Multimedia ein Mode- und Schlagwort im Bereich der Telekommunikation. In Deutschland zum 'Wort des Jahres 1995' gewählt durch die Gesellschaft für deutsche Sprache (Wiesbaden).

Multimedia-Gesetz

Umgangssprachliche Bezeichnung für das Informations- und Kommunikationsdienstegesetz.
→ *IuKDG*.

Multimode-Laufwerk

Bezeichnung eines Laufwerks, das sowohl normale → *CD-ROMs* als auch → *CD-ROM-XA* abspielen kann.

Multimode-Gradienten-Index-Faser

Begriff aus der → *Glasfasertechnik*. Oft auch nur Gradientenindex-Faser genannt. Es handelt sich um eine Glasfaser mit einem annähernd parabelförmig von der Mitte der Faser nach außen hin abnehmenden Profil des → *Brechungsindex* über den Querschnitt der Glasfaser. Dies verringert die → *Modendispersion* dadurch, daß das Licht um so schneller ist, je weiter es von der Faserachse entfernt ist. Dadurch erreichen alle → *Moden* ungefähr gleichzeitig das Ende der Faser (Impulsverbreiterung unter 0.5 ns/km, sonst: um die 20 ns/km).
Derartige Fasern haben Kern- und Manteldurchmesserkombinationen von 50 μm/125 μm und 62,5 μm/125 μm, wobei der zweite Typ besonders häufig verlegt wird, insbesondere bei Inhouse-Verkabelungen.
Die Vorteile der → *Multimode-Stufenindex-Faser* bleiben dabei z.T. erhalten.
→ *Dispersion*, → *Einmoden-Faser*.

Multimode-Stufenindex-Faser

Begriff aus der → *Glasfasertechnik*. Oft auch nur Stufenindexfaser genannt. Es handelt sich um eine Glasfaser mit einem großen Querschnitt des Kerns (Durchmesser: um die 100 μm). Kennzeichen ist ein großer Sprung des → *Brechungsindexes* zwischen Kern und Mantel. Es wird ein Spektrum von → *Moden* (bis zu einigen 100) geführt, was zu einer Impulsverbreiterung von 20 bis zu 50 ns/km führt.
Einsetzbar ist diese Faser bis zu einigen km Länge. Sie verfügt über eine Dämpfung von mehreren dB/km.
Vorteil dieser Faser ist, daß durch den großen Kern leichte (kostengünstige) Einkopplungsmöglichkeit von Signalen besteht. Zu den Nachteilen zählt die geringe Kapazität aufgrund der Impulsverbreiterung (unter 34 Mbit/s) und die nur mögliche kurze Übertragungsdistanz (ca. 1 bis 2 km), die nur durch Repeater vergrößert werden kann.
Die Multimode-Stufenindexfaser war die erste Glasfaserart, die praktisch zum Einsatz kam. Sie wird heute nur noch selten eingesetzt.
→ *Dispersion*, → *Einmodenfaser*, → *Multimode-Gradientenindex-Faser*.

Multipath-Fading

Bezeichnung einer besonderen Art des → *Fadings*. Ein Sonderfall der → *Mehrwegeausbreitung*.

Multiples Versteigerungsverfahren

Bezeichnung für ein Versteigerungsverfahren von Mobilfunklizenzen, das bei der Versteigerung von → *ERMES*-Lizenzen am 23. September 1996 durch das → *BAPT* in Deutschland erstmals angewendet wurde.
Das Verfahren basiert auf folgenden Punkten:

- Antragstellung von Interessenten auf Zulassung bei der Auktion.
- Prüfung der Anträge durch das BAPT unter sachlichen und fachlichen Gesichtpunkten.
- Festlegung und Bekanntgabe von Mindestgeboten.
- Paralleles Versteigern durch das BAPT, dabei befinden sich die zugelassenen Bieter voneinander getrennt in separaten Räumen ohne die Möglichkeit einer Kontaktaufnahme. Über einen PC sind sie mit einem Auktionator verbunden. Nur auf dessen Bildschirm werden die Gebote aller Bieter sichtbar.
- Zuschlag erhält das Höchstgebot.

Multiplexer

Einrichtung, die mehrere Kanäle niedriger Kapazität in einen Kanal höherer Kapazität zusammenfaßt. Umgekehrt teilt ein Demultiplexer einen Datenkanal höherer Kapazität in mehrere Kanäle niedrigerer Kapazität auf. Die dabei erlaubten niedrigen und höheren Raten (Multiplexstufen) bilden eine Multiplexhierarchie.
Die Kapazität des Ausgangskanals ist dabei die Summe der Kapazitäten der eingehenden Kanäle (im Gegensatz zum → *Konzentrator*). Üblicher-

weise haben alle eingehenden Kanäle die gleiche Kapazität. Ist dies nicht der Fall, handelt es sich um einen flexiblen Multiplexer (→ *FMUX*).

Weltweit haben sich mehrere digitale Hierarchiestufen herausgebildet (Europa, Japan, Nordamerika), obwohl die → *PCM*-Technik mit 64 kbit/s allgemein anerkannt ist.

→ *SDH*, → *SONET*, → *PDH*.

Andere Multiplexverfahren sind z.B. → *FDM*, → *TDMA*, → *SDMA*, → *STM*.

Multipol

Name einer höheren problemorientierten Programmiersprache für den Einsatz im schaltungstechnischen Bereich.

Multiport Bridge

Bezeichnung einer → *Bridge*, die nicht nur zwei, sondern mehrere → *LAN*s miteinander verbindet.

Multiprocessing

Bezeichnung einer Betriebsart eines Rechensystems, die sich auf die Hardware bezieht. Dabei arbeiten mehrere (gleiche) Prozessoren auf einem Arbeitsspeicher.

→ *Multitasking*, → *Multiprogramming*, → *Multiprozessorsystem*, → *Singleprocessing*, → *Singleprogramming*.

Multiprogramming

Bezeichnung einer Betriebsart eines Rechensystems. Bezieht sich dabei auf die Bearbeitung von Software. Im Gegensatz zum → *Singleprogramming* werden hier die Programme im Arbeitsspeicher nicht hintereinander, sondern zeitlich verzahnt abgearbeitet.

Multiprogramming ist sowohl mit → *Singleprocessing* als auch mit → *Multiprocessing* möglich.

Multiprozessorsystem

Bezeichnung von Computersystemen mit mehreren → *Mikroprozessoren*, die fest oder lose gekoppelt sind. Insbesondere die Aufteilung der Aufgaben zwischen den Prozessoren und deren Synchronisation (mittels Semaphor-Mechanismen) ist von zentraler Wichtigkeit. Vorteil derartiger Systeme: höhere Leistung durch Arbeitsteilung und Parallelbetrieb.

→ *Parallelrechner*.

Multirate ISDN

Bezeichnung für parallele Datenübertragung über mehrere im → *ISDN* geschaltete 64-kbit/s-Kanäle. Für den Nutzer steht ein einziger n * 64-kbit/s-Kanal zur Verfügung, obwohl real n voneinander unabhängige Kanäle zu je 64 kbit/s durch das ISDN u.U. auf verschiedenen Wegen geschaltet werden. Die Synchronisation der einzelnen Kanäle obliegt mit speziellen Algorithmen den Endeinrichtungen.

Üblich sind Verbindungen mit 128 kbit/s, 384 kbit/s oder 2,048 Mbit/s.

Das Aufsplitten und Zusammensetzen der Datenströme geschieht in vom Teilnehmer gekauften und unterhaltenen Geräten, sog. → *inversen Multiplexern*.

Multisync-Monitor

Auch Multifrequenz-Monitor genannt.

Bezeichnung für einen Monitor, der mit verschiedenen → *Zeilenfrequenzen* betrieben werden kann und sich auf verschiedene Bildsignale mit verschiedenen → *Auflösungen* selbst einstellt.

Multitasking-Betrieb

Bezeichnung der Fähigkeit eines Rechensystems, mehrere Prozesse (Tasks) 'gleichzeitig' auszuführen. Die Gleichzeitigkeit bezieht sich dabei auf eine Abwicklungsstrategie, bei der den Aufträgen jeweils für eine kurze Zeit (Zeitscheibe) der Prozessor zugeteilt wird, so daß es für mehrere Teilnehmer mit jeweils eigenen Prozessen den Anschein hat, als ob ihre Programme alle gleichzeitig auf dem Rechner laufen.

Es gibt darüber hinaus verschiedene Strategien, wie neue hinzukommende Prozesse behandelt werden und wie laufende Prozesse mit Prioritäten versehen werden können.

Multithreading

Bezeichnung für die Fähigkeit einer Software, bestimmte Funktionen einer Anwendung simultan ausführen zu können, d.h. nicht mehrere Programme laufen parallel auf einem Rechner (→ *Multitasking*), sondern innerhalb eines Programms werden verschiedene Funktionen aus Sicht des Anwenders gleichzeitig ausgeführt. Ein Thread ist dabei die kleinste Einheit ausführbarer Programmcode, dem ein Teil des → *Betriebssystems* (der Thread Scheduler) entsprechend einer bestimmten Priorität Rechenzeit zuteilt.

Beispiele für Multithreading:

- Berechnungen in einer Tabellenkalkulation laufen parallel zur Eingabe von Daten.
- Eine Rechtschreibprüfung einer Textverarbeitung läuft parallel zur Texteingabe, d.h. ein falsch geschriebenes Wort in einem Text wird sofort automatisch korrigiert, obwohl der Nutzer bereits weiterschreibt.
- Bei Programmen zur Bildbearbeitung wird das Bild in verschiedene Bereiche zerlegt und auf jeden Bereich wird die gleiche Operation (z.B. Stärken des Kontrastes) simultan durchgeführt.

Die Koordinierung der einzelnen Threads erfolgt durch Synchronisationsmechanismen, sog. Locks,

die für die Zusammenführung der einzelnen Threads sorgen. Der Oberbegriff hierfür ist auch Interprocess Communication (→ *IPC*).
Ferner wird in manchen Betriebssystemen zwischen Real Time Threads (hohe bis sehr hohe Priorität) und Time Sharing Threads (niedrige bis mittlere Priorität) unterschieden. Ein Beispiel für einen Real Time Thread sind Aktionen (z.B. Dekompression) zum Abspielen von Video- und Audiodaten einer CD-ROM, die zusammen ein Stück Film ergeben.

Multivendor Umgebung

Bezeichnung für die Kopplung von Rechnern, Druckern und anderen Computern oder Datenübertragungseinrichtungen von verschiedenen Herstellern.

Mumps

Abk. für Massachusetts General Hospital Multiprocessing System.
Bezeichnung einer 1972 entwickelten Kombination von → *Unix* und einem Datenbanksystem speziell für die Anforderungen des medizinischen Bereichs.
Seit Mitte der 70er Jahre wird Mumps von dem Hause Micronetics als MSM (Micronetics Standard Mumps) gepflegt.
Von Mumps wurde die Programmiersprache → *M* abgeleitet.

Muse

Abk. für Multiple Subsampling Encoding.
Bezeichnung eines japanischen Standards für hochauflösendes Fernsehen (→ *HDTV*).
Durch zu lange Entwicklungszeit und weiter fortgeschrittene Technik wurde das Projekt 1994 eingestellt.

Music on Hold

→ *Leistungsmerkmal* von Nebenstellenanlagen. Bezeichnet das Zuspielen von mehr oder weniger guter Musik oder von Jingles zu den Teilnehmern, die in einer Warteschlange auf Annahme ihres Gesprächs warten oder während sie weiterverbunden werden.
Eine intelligentere Alternative ist das Einspielen von gesprochenen Produktinformationen oder anderen individuellen und auf das einsetzende Unternehmen zugeschnittenen Ansagen, was aber eine Aufnahmemöglichkeit bei der Nebenstellenanlage voraussetzt.

Musicam

Abk. für Masking-pattern Adapted Universal Subband Integrated Coding and Multiplexing.
Bezeichnung eines Algorithmus zur digitalen Quellcodierung (→ *Kompression*) von Audiodaten. Bestandteil von → *MPEG 2*. Dabei handelt es sich um ein Subband-Codierverfahren. Es wird der analoge, ursprüngliche Audiodatenstrom durch einen Polyphasenfilter in 32 Teilfrequenzbänder zerlegt, die vom menschlichen Ohr unterschiedlich gut wahrgenommen werden. An diese Eigenschaft werden die Codierverfahren (Abtasten, Analog-Digital-Wandlung) angepaßt, so daß der Qualitätsverlust beim wichtigsten Frequenzband niedriger ist als bei den weniger wichtigen.

Angewendet z.B. auch bei → *ADR*.

Mute

International gängige Bezeichnung für → *Stummschaltung*.

MUX

Abk. für → *Multiplexer*.

MVDS

Abk. für Multipoint Video Distribution System.

Bezeichnung für breitbandige Telekommunikationssysteme, bei denen die Teilnehmer nicht über Leitungen, sondern Funksysteme (Punkt-zu-Mehrpunkt) angeschlossen werden.

In den USA wurden bereits Frequenzen im Bereich von 28 GHz getestet, in GB sind Frequenzen im Bereich von 40 GHz vorgesehen.

MVI

Abk. für Multi-Vendor Interactions.

Bezeichnung eines nordamerikanischen Zusammenschlusses von 22 Organisationen aus den Bereichen Hersteller und Netzbetreiber.

MVI definierte mittelfristige Grundlagen zur Weiterentwicklung von → *IN* mit dem Ziel, IN insgesamt offen zu halten, so daß Soft- und Hardware verschiedener Hersteller im IN eines Netzbetreibers zusammenarbeiten können.

MVIP

Abk. für Multi Vendor Integration Protocol.

Bezeichnung eines 1990 entwickelten Busses und des zugehörigen Transportprotokolls für → *CTI*. Wird üblicherweise in Telefonservern und bei verteilten Computer-Telefonsystemen eingesetzt. Basiert auf der Mitel ST-Bus Definition. Gilt als Alternative und größte Konkurrenz zu der Hardware-Plattform von → *SCSA*.

Auf dem 40adrigen MVIP-Bus können in der Spezifikation MVIP-90 insgesamt 16 Datenströme (Streams) zu je 32 Kanälen abgewickelt werden, was 256 Vollduplex-B-Kanälen zur Sprachübertragung im ISDN entspricht.

H-MVIP (High Capacity MVIP) stellt hingegen insgesamt 3072 B-Kanäle zur Verfügung, was 256 → *H0*-Kanälen zur Videoübertragung entspricht.

→ *http://www.semicon.mitel.com/mvip/*

MVS

Abk. für Multiple Virtual Storage.

Ein → *Betriebssystem* aus dem Hause IBM für Großrechner (→ *Mainframe*).

Es ermöglicht → *Teilnehmerbetrieb* und das Arbeiten mit virtuellem Speicher.

Entwickelt wurde MVS in den 70er Jahren als Weiterentwicklung des Betriebssystems der → *IBM /360*, das auch schon einen virtuellen Speicher unterstützte.

Eingeführt wurde es dann 1981 für die Weiterentwicklung der IBM /360-Linie; die IBM /370 XA.

N

NA

1. Abk. für → *Numerische Apertur.*
2. Abk. für Network Aspects.

NAB

Abk. für National Association of Broadcasters. Bezeichnung des Zusammenschlusses von Rundfunkstationen in den USA mit Sitz in Washington.

Nachbarkanalstörung

Begriff aus der Funktechnik. Bezeichnung für unerwünschte Störungen durch die Interferenz benachbarter Kanäle mit eng beieinanderliegenden Frequenzen.
→ *Gleichkanalstörung*, → *Intersymbolinterferenz.*

Nachricht

In DIN 44300 ist der Begriff definiert als: 'Gebilde aus Zeichen oder kontinuierlichen Funktionen, die auf Grund bekannter oder unterstellter Abmachungen Informationen darstellen und die zum Zweck der Weitergabe als zusammengehörig angesehen und deshalb als Einheit betrachtet werden'.
Die Abgrenzung von Nachricht, → *Information* und → *Signal* variiert mitunter.

Nachrichtenvermittlung

Bezeichnung einer Form der Übertragung und Weiterleitung von Informationen, bei der die Daten einer Nachricht komplett ohne weitere Zerlegung (z.B. in → *Pakete*) durch ein Netz nach dem → *Store-and-Forward-Prinzip* übertragen werden.

Nachwahl

Bezeichnung für ein → *Leistungsmerkmal* von Nebenstellenanlagen oder → *Komforttelefonen.* Prinzipiell eine besondere Form der → *Kurzwahl* zu einer anderen Nebenstellenanlage mit Durchwahl.
Als Kurzwahlziel wird dabei nur die Rufnummer der Nebenstellenanlage gespeichert und zusätzlich ein Nachwahlcode im Rufnummernspeicher abgelegt.
Ein bestimmter Nebenstellenteilnehmer der angewählten Nebenstellenanlage kann dann durch Wählen der Kurzwahlnummer und ergänzende "Nachwahl" der gewünschten Durchwahl (Nebenstellennummer) erreicht werden.

NACISA

Abk. für NATO Communications and Information Systems Agency.
Bezeichnung für die Organisationseinheit des NATO-Militärbündnisses, die sich mit der Planung, Inbetriebnahme, Wartung und dem Ausbau von Kommunikations- und Informationssystemen für Konsultations-, Kommando- und Kontrollstrukturen in der NATO beschäftigt.

Nadeldrucker

Bezeichnung für einen mechanischen Druckertyp, bei dem jede mögliche Type durch eine Matrix einzelner Punkte dargestellt wird (→ *Matrixdrukker*), die bei genügend hoher Auflösung für den Betrachter zu einem Zeichen verschmelzen.

Die Nadeln eines Nadeldruckkopfes können dabei von einem Hebel angeschlagen werden und dadurch an einer Stelle ein Farbband gegen das Papier drücken, wodurch ein einzelner Punkt entsteht.

Üblich waren 7-, 9- und 24-Nadeldrucker. Ein 9-Nadeldrucker kostete Mitte der 80er Jahre um die 250 bis 500 $. 1988 stellte Epson einen 48-Nadeldrucker vor, der eine höhere Auflösung als seinerzeit gängige → *Laserdrucker* leistete, aber keinen Markt fand. So konnte sich die Nadeltechnik nicht nennenswert weiterentwickeln, da sie im privaten Anwenderbereich von leiseren → *Tintenstrahldruckern* und bei professionellen Anwendern von preisgünstigeren Laserdruckern verdrängt wurde.

Die Druckqualität kann bei vielen Geräten eingestellt werden: → *LQ*, → *NLQ*.

Vorteile: günstige Preise in Anschaffung und Unterhalt, ermöglicht Durchschläge, eine genügend hohe Auflösung (bei 24-Nadeldruckern), hohe Druckgeschwindigkeit bei niedrigen Qualitätsansprüchen und eine robuste Bauart.

Nachteile: hohes knatterndes Geräusch und eine geringe Druckgeschwindigkeit bei qualitativ hohem Ausdruck.

NAH

Abk. für Network Administration Host.

Bestandteil der Netzinfrastruktur des → *Modacom*-Systems. Bezeichnet den Teil zum → *Netzmanagement.*

Nahnebensprechen

→ *NEXT.*

NAK

Abk. für Negative Acknowledgement, negative (verweigerte) Quittierung.

Abkürzende Bezeichnung eines Signals, das bei zeichenorientierten Protokollen die erfolglose Übertragung eines Datenblocks (z.B. infolge von Fehlern) anzeigt und den Sender zur nochmaligen Übertragung desselben auffordert.

N-AMPS

→ *NC-FDMA.*

NAMTS

Abk. für Nippon Automatic Mobile Telephone System.

→ *NTTM*.

NANP

Abk. für North American Numbering Plan.

Bezeichnung für den → *Numerierungsplan* der USA.

NAT

Abk. für Network Address Translation.

Bezeichnung für ein in RFC 1631 (Funktion) und RFC 1918 (reservierte Adressen) definierten Protokolls im → *Internet*.

Natel A und B

Schweizerisches, analoges Mobilfunknetz aus der vor-zellularen Zeit. Name leitet sich aus 'Nationales automatisches Telefonsystem' oder 'Nationales Autotelefonnetz' ab.

Natel A sendet im 160-MHz-Bereich auf 13 Kanälen. Dabei ist die Schweiz in fünf Versorgungsbereiche aufgeteilt, die unabhängig voneinander arbeiten. Natel B unterstützt → *Umbrella-Cells* und → *Handover*. Gespräche sind bei A und B aber auf drei Minuten begrenzt.

Start 1978 (Natel A). Durch Kapazitätsprobleme wurde bereits 1980 ein paralleles, technisch identisches Natel-B-Netz aufgebaut, das allerdings 38 Kanäle zur Verfügung stellt. Nachfolger Natel C (eingeführt 1984) basiert auf → *NMT-900*-Technologie.

In den frühen 90er Jahren wurde Natel D auf Basis des → *GSM*-Standards eingeführt.

NARUC

Abk. für National Association of Regulatory Utility Commissioners.

Name eines Verbandes in den USA.

NASNA

Abk. für National Association of State 911 Agencies.

Name eines Verbandes in den USA. Bezeichnung eines Gremiums, das auf dem Gebiet der Notrufnummern anderen Standardisierungsgremien zuarbeitet und als Forum der Einzelstaaten und ihrer Behörden angesehen werden kann.

→ *NENA*.

NATOA

Abk. für National Association of Telecommunications Officers and Advisors.

Bezeichnung eines Verbandes in den USA.

NB

Abk. für Narrowband, Schmalband.
Üblicherweise alle Bandbreiten unter 64 kbit/s.
→ *Breitband*.

NBS

Abk. für National Bureau of Standards.
Normungsgremium in den USA, das sehr eng mit der → *ANSI* zusammenarbeitet. Ist im wesentlichen für physikalisch-technische Grundlagenforschung zuständig. Vergleichbar mit der deutschen Physikalisch-technischen Bundesanstalt in Braunschweig. Mittlerweile umbenannt in → *NIST*.

NC

Abk. für Network Computer.
Auch Internet-Computer, Web Computer, Web PC, Browser-Box oder Net-Top-Box genannt.
Bezeichnung einer neuen Generation von PCs, die nach dem ursprünglichen Konzept an das → *Internet* angeschlossen werden und dessen Möglichkeiten nutzen sollten. Mittlerweile eine universelle Plattform für diverse hochentwickelte Kommunikationsendgeräte für geschäftliche wie auch private Nutzung.
Ausgangspunkt für die Entwicklung war die Vermutung, daß rund 80 % der PC-Nutzer rund 90 % der Möglichkeiten ihres PCs oder der auf ihm laufenden Software nie oder nicht häufig nutzen.
Ziel ist daher, einen NC für um die 500 $ (verschiedene Versionen werden zwischen 300 und 1 000 $ anvisiert) für breite Käuferschichten (Familien mit geringem Budget, Schulen) zu konzipieren, die bislang keinen PC hatten.
Darüber hinaus sind Unternehmen, die → *Intranets* betreiben, die ersten potentiellen Nutzer, für die sich niedrige Anschaffungs- und auch Schulungskosten schnell bezahlt machen sollen.
Ein weiterer potentieller Anwender sind Internet-Service-Provider (→ *ISPs*), die gegen eine geringe monatliche Zugangsgebühr Privatkunden einen NC zur Verfügung stellen.
Der NC soll ohne → *Disketten*- und → *CD-ROM-Laufwerk* und mit nur kleiner oder keiner → *Festplatte*, eingebautem → *Modem*, Schnittstelle zum Drucker, → *Smart-Card*-Reader, nur 4 MByte → *RAM* sowie billigem Prozessor auskommen und Programme bei jeder Nutzung aus dem Internet beziehen (nur benötigte Programmteile). Nutzerdaten und Dateien werden dort auf → *Servern* gespeichert. Einige Konzepte gehen davon aus, den NC an den Fernseher anzuschließen, so daß er in der Grundausstattung keinen Monitor hat. Eine weitere Idee ist eine drahtlose Tastatur oder eine Fernbedienung.
Die zweite Nutzergruppe, die allerdings die ersten Anwender in großem Maßstab sein werden, sind Unternehmen mit eigenen Intranets, bei denen sich der Vorteil der niedrigeren Wartungskosten durch

zentrale Software-Wartung schnell bemerkbar macht.
Als Vorteile des NC werden angesehen:

- Probleme mit Installation von Peripheriegeräten und Software werden verringert,
- Keine teuren oder schnell veraltenden PCs stehen mehr in den privaten Haushalten,
- Bei derartig zentralisierten Systemen sinkt der Administrationsaufwand,
- Geringes Gewicht von knapp über 1 kg,
- Nutzer arbeiten immer mit den aktuellsten Softwareversionen, die im Netz vorgehalten werden,
- Durch die einfach zu bedienende Software sollen auch Laien mit dem PC umgehen können,
- Einarbeitungszeit für Profinutzer soll erheblich geringer sein, wodurch Schulungskosten gespart werden,
- Geringer Preis.

Nachteilig wirken sich aus:

- Ungeklärte Fragen des Datenschutzes (private Daten auf Servern im Internet),
- Niedrige Kapazität des Internet (langes Warten auf den → *Download* von Software steigert Telefonkosten, permanenter Down- und → *Upload* steigert die Netzlast zusätzlich).

Als kritische Erfolgsfaktoren werden daher angesehen:

- Kostengünstiger und schneller Netzzugang für den Nutzer,
- Preiswerte und schnelle Mikroprozessoren,
- Einfach zu bedienende Software (abgespeckte bzw. modular aufgebaute Versionen von → *Betriebssystem* und Anwendungssoftware, → *Componentware*),
- Modularer Aufbau des gesamten Systems mit Peripheriegeräten,
- Plattformunabhängige Programmiersprachen für verteilte Anwendungen.

Die Idee des NC wurde Mitte 1995 im Hause Oracle geboren, das Ende Januar 1996 in Japan einen Prototypen vorstellte. Erste Minimalstandards (z.B. allgemeine Anerkennung von → *JAVA* als Programmiersprache für Anwendungen im → *WWW*) wurden nach einer Zusammenkunft der Hauptanbieter in San José Ende April 1996 im Mai 1996 von einer Allianz von Apple, Sun, IBM, Oracle und Netscape als erste Version des 'NC Reference Profile 1' verabschiedet.
Im Sommer 1996 signalisierten über 100 weitere Unternehmen aus den Bereichen Basistechnologie, Produktion und Vertrieb weltweite Unterstützung. Ab August 1996 stabiles Profil. Das Referenzprofil definiert Richtlinien für Hardware, WWW-Standard, e-mail-Protokolle, Internet-Protokolle, Multimedia-Formate und Boot-Protokolle.
Es erlaubt eine Familie von Geräten (WWW-Only-Rechner, Full-Internet-Rechner, → *Bildtelefone*, → *Notebook*, → *Set-Top-Boxen*, → *Pager*) für verschiedene Zwecke, deren gemeinsame Basis die Anschließbarkeit an das Internet oder das Intranet ist.
Ziel der Allianz ist es auch, die Macht von Microsoft bei Anwendungssoftware und Intel bei Prozessoren zu brechen. Mehrere andere Hersteller unterstützen die Allianz. Insbesondere Oracle-Chef Larry Ellison ('Ein Computer, den meine Mutter bedienen kann') und Sun-Mitgründer Scott McNealy ('Das Netz ist der Computer') gelten als maßgebliche Kraft und Fürsprecher für den NC. Ellison sagte bis zum Jahr 2000 insgesamt 100 Mio. verkaufte NCs voraus. Es ist anerkannt, daß es sich um ein ehrgeiziges Ziel handelt, da die bisherigen Fortschritte seit Vorstellung des Konzepts gering sind.
Das Konkurrenzkonzept aus dem Hause Microsoft und Intel ist der → *SIPC* bzw. der Handheld PC (HPC).
→ *http://www.nc.ihost.com/*

NC-FDMA

Abk. für Narrow Channel Frequency Division Multiple Access.
Steht für ein System der amerik. Firma Motorola zur Kapazitätssteigerung im → *AMPS*-System durch Aufteilung der 30-kHz-Kanäle in drei 10-kHz-Kanäle. Wird auch als N-AMPS bezeichnet.

NCC

1. Abk. für Network Control Center.
   Teil der Netzinfrastruktur von → *Mobitex*.
2. Abk. für New Common Carrier.

NCOS

Abk. für Network Computer Operating System.
Bezeichnung für das → *Betriebssystem* des → *NCs*.

NCP

1. Abk. für Network Control Protocol.
   Früher Standard für Datenübertragung im → *Internet*. Wurde 1970 erstmals eingesetzt und 1982 durch das bessere → *TCP* ersetzt.
2. Abk. für Network Control Program.
   Ein Programm, das unter dem Betriebssystem → *VMS* läuft und die Konfiguration lokaler und entfernter Netzressourcen ermöglicht.
3. Abk. für Netware Core Protocol.
   Bezeichnung für das zentrale Protokoll des Netzbetriebssystems NetWare aus dem Hause Novell.

NCSA

1. Abk. für National Center for Supercomputing Applications.
   Bezeichnung einer Großforschungsanlage in den USA. Entwickelte z.B. den → *Browser* 'Mosaic' für das → *WWW*.
2. Abk. für National Computer Security Association.
   Bezeichnung einer Vereinigung von 3 800 Unternehmen aus der Hard- und Softwarebranche, die Konzepte zum Schutz vor dem unautorisierten Eindringen in Computersysteme erarbeitet. Sitz: Carlisle, Pennsylvania/USA. Die Empfehlungen sind in Dokumenten wie dem → *TSEC* und dem → *TNI* veröffentlicht.
   → *http://csrc.ncsl.nist.gov/*
   → *http://hoohoo.ncsa.uiuc.edu/*

NDC

Abk. für National Destination Code.

Auch Bereichskennzahl genannt. Bezeichnung für die in → *E.164* definierte Ziffernfolge im → *Numerierungsplan* eines Landes.

Mit dem NDC können verschiedene Optionen realisiert werden:

- Auswahl bestimmter Netze (Netzkennzahl)
  - Mobilfunknetze verschiedener Betreiber,
  - Festnetze verschiedener Betreiber;
- Auswahl bestimmter Dienste (Dienstkennzahl);
- Auswahl bestimmter geographischer Netzteile (Ortsnetzkennzahl).

NDC, → *CC* und → *IP* zusammen dürfen max. 6 Ziffern lang sein.

NE

Abk. für Network Element, Netzelement.

Z.B. ein → *Multiplexer*, ein → *Cross Connect*, eine → *Vermittlungsstelle* etc.

Near Video on Demand

Bezeichnet ein System, bei dem ein Videofilm auf verschiedenen Kanälen eines Kabelfernsehnetzes in periodischen Abständen gestartet wird, so daß ein Konsument, der diesen Film sehen möchte, jeweils nur diese wenigen Minuten bis zum nächsten Filmstart warten muß.

Ist der Konsument durch eine Unterbrechung (Telefongespräch) abgelenkt, kann er wiederum auf einen anderen Kanal wechseln, auf dem der Film später angefangen hat, wodurch er nichts vom Film verpaßt.

Dieses Sytem ist für die Nutzung des → *Hyperbandes* in Kabelfernsehnetzen im Gespräch.

→ *VoD*, → *PPV*, → *Multichannel Feed.*

NEAX 61

Digitales Vermittlungssystem der japanischen Firma NEC. Konzipiert für 100 bis 80 000 Anschlüsse und 600 000 → *BHCAs*.

Nebenanschluß

Amtliche Bezeichnung für die Nebenstellen an einer Nebenstellenanlage.

Nebensprechen

Unerwünschte Erscheinung in Fernsprechnetzen. Die Übertragung von störenden Signalspannungen von einem Adernpaar in einem Kabel auf ein benachbartes Paar oder das Vorhandensein von Restladung auf einer Sammelschiene in einer TDM-Vermittlung.

Es werden Nahnebensprechen auf einer Leitung am Kabelanfang (→ *NEXT*) und Fernnebensprechen auf einer Leitung am Kabelende (→ *FEXT*) unterschieden.

Unterdrückung des Nebensprechens erfolgt durch besonderen Kabelaufbau (Abschirmung) und andere Ausgleichsmaßnahmen.

Nebenstelle, Nebenstellenanlage

Nebenstelle bzw. → *Nebenanschluß* ist das einzelne Endgerät, das an eine TK-Anlage angeschlossen ist. Nebenstellenanlage ist die Gesamtheit aus TK-Anlage und die an sie angeschlossenen Nebenstellen.

International üblich ist die Bezeichnung → *PBX*.

Die Reichstelegraphenverwaltung erlaubte in Deutschland im Jahr 1900 zuerst für private Zwecke den Anschluß von vorerst fünf Nebenstellen an einen Hauptanschluß.

NECA

Abk. für National Exchange Carrier Association.

Bezeichnung für den Verband der Carrier in den USA.

NEF

Abk. für Network Element Function. Bezeichnung im → *TMN* für die Funktion, die von Network Elements (→ *NE*) ausgeführt wird.

Negativdarstellung

Bezeichnung für die Darstellung von Zeichen auf einem Bildschirm, bei dem, im Gegensatz zum herkömmlichen Buchdruck, eine helle Schrift auf dunklem Hintergrund zu sehen ist.

→ *Positivdarstellung*.

NEMA

Abk. für National Electrical Manufacturers Association.

Bezeichnung eines US-Verbandes von Herstellern von Elektrokleingeräten.

NENA

Abk. für National Emergency Numbers Association.
Name eines Verbandes in den USA, der mit Vertretern der angeschlossenen Dienstleister besetzt ist und auf dem Sektor der Notrufe anderen Standardisierungsgremien zuarbeitet.
→ *NASNA*.

NET

Abk. für Norme Européenne de Télécommunication.
Französische Bezeichnung für → *ETS*.

NET3

Bezeichnung des nationalen D-Kanal-Protokolls im → *ISDN* in der Schweiz.

NetBIOS

Abk. für Network Basic Input-Output System.
Eine mittlerweile in die Jahre gekommene Anwendungsprogrammierschnittstelle, die üblicherweise im PC-Bereich eingesetzt wird, um über nicht geroutete Netze (→ *Routing*) zu kommunizieren. Sie stellt 19 Befehle zur Verfügung, die in vier Gruppen unterteilt werden können:

- Name-Support: Unterstützen die Vergabe von logischen und eindeutigen Namen für einzelne PCs in einem Netz und die Vergabe von Namen für Gruppen von mehreren PCs.
- Session-Support: Unterstützen PCs bei dem Aufbau einer logischen Verbindung (Session, Sitzung) zu einem anderen PC im Netz. Beispiele für häufig benutzte Kommandos sind CALL (aktiver Aufbau einer Sitzung durch einen Sender), LISTEN (Vorbereiten einer Station zum passiven Aufbau einer Sitzung als Empfänger), SEND (Senden von Daten während einer Sitzung) und RECEIVE (Empfangen von Daten während einer Sitzung).
- Datagramm-Support: Unterstützung beim Versenden von Daten unabhängig von einer Sitzung zu einem einzelnen PC, einer Gruppe oder allen am Netz angeschlossenen PCs.
- General Support: Diverse Kommandos zum allgemeinen Betrieb, z.B. RESET.

NetBIOS arbeitet auf den Schichten 3 bis 5 des → *OSI-Referenzmodells* und stammt von IBM und Microsoft.

Netcall

In Netzen aus → *Mailboxen* die Bezeichnung für die Prozedur zur Durchführung des täglichen (nächtlichen) Nachrichtenaustausches zwischen einer Mailbox und einer benachbarten Mailbox des gleichen Netzes.
→ *Crashmail*.

Netiquette

Kunstwort, von Net und Etiquette abgeleitet. Oberbegriff für alle Verhaltensmaßregeln und ungeschriebenen Gesetze bei der Benutzung des → *Internet* und seiner Dienste. Jeder → *Newbie* sollte sich als erstes mit der Netiquette vertraut machen.
→*Flame*, → *Spam*.
→ *http://www.fau.edu/rinaldi/net/index.html/*
→ *http://www.ping.at/guides/netmayer/*

Netizen

Kunstwort, zusammengesetzt aus Network und Citizen. Bezeichnung für die → *Internet*-Teilnehmer aus bürgerrechtlicher Sicht, nach der keine Zensur stattfinden und jede Meinung im Internet frei geäußert und jede Information frei verbreitet werden darf.

Netter

Jargon, abgeleitet von Net oder → *Internet*. Bezeichnung für Leute, die sich stunden- oder nächtelang im Internet (→ *WWW*, → *Usenet*) herumtreiben.
→ *Surfen*.

NetNews

→ *Usenet*.

Netz

Häufig auch in Anlehnung an den englischsprachigen Begriff Network als Netzwerk bezeichnet.
Oberbegriff für alle Ressourcen, die voneinander entfernte → *Dienstzugangpunkte* verbinden und diesen → *Dienste* zu Kommunikationszwecken zur Verfügung stellen. Dies trifft sowohl auf in ihrer Ausdehnung sehr begrenzte Netze (→ *LAN*) als auch auf in ihrer Ausdehnung sehr große Netze zu. Bei letzteren (Telekommunikationsnetze) unterscheidet man sehr häufig bei den Diensten zwischen dem → *Bearer Service* als reinem Trägerdienst und dem → *Tele-Service* als einem mehr anwendungsorientiertem Dienst.
Die Anbieter von diesen verschiedenen Dienstleistungen müssen nicht notwendigerweise gleich sein. Man unterscheidet daher Network-Provider (→ *Carrier*) und → *Service-Provider*. Teile des Netzes können in → *Backbone* oder → *Zugangsnetz* unterteilt werden. Daneben werden Netze aus verschiedenen → *Netzknoten* gebildet, die über Verbindungen mit verschiedenen Kapazitäten (→ *Links*, → *Trunks*) miteinander Daten austauschen können. Man kann Netze dann anhand der → *Netztopologie* klassifizieren.
Der Aufbau und die Dimensionierung eines Netzes geschieht mit Hilfe von Methoden der → *Verkehrstheorie*.
Der Betrieb und die Wartung von Netzen wird mit → *Netzmanagementsystemen* vorgenommen.

Da öffentlich zugängliche Netze auch von verschiedenen Betreibern (Network-Provider, Netzbetreiber, → *Carrier*) aufgebaut und unterhalten werden können, ist oft ein Zusammenschalten der Netze notwendig, um Nachrichten auch zwischen den Netzen austauschen zu können. Dies wird mit → *Interconnection* bezeichnet.

Netzabschluß

Bezeichnung für die technische Einrichtung zwischen öffentlichem Netz und Endgerät eines Teilnehmers, an die nur noch das Endgerät angeschlossen werden braucht, um einen Dienst des Netzes in Anspruch nehmen zu können.
Der Netzabschluß im analogen Telefonnetz ist die → *TAE*, im → *ISDN* ist es die → *NT*.

Netzbegriffe

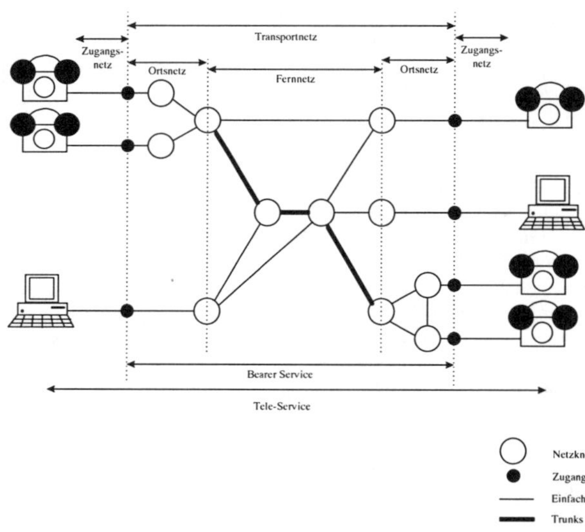

Netzknoten

Ganz allgemein in einem wie auch immer gearteten Netz zu Datenübertragungszwecken ein Punkt des Zusammenlaufens verschiedener Datenübertragungsstrecken. Bei einer weiteren Differenzierung wird zwischen verschiedenen Netzen unterschieden. In Weitverkehrsznetzen eine andere Bezeichnung für eine → *Vermittlungsstelle*.
In LANs die Bezeichnung für verschiedene Netzelemente wie → *Bridges*, → *Switches*, → *Router* oder → *Hubs*.

Netzmanagement

Auch Netzmanagementsystem genannt, abgekürzt mit NMS. Oberbegriff für das Management von → *LANs* (→ *SNMP*, → *CMIP*, → *WBEM*) und auch öffentlichen Netzen (→ *TMN*), wobei die Grenzen mittlerweile verwischen, da auch LAN-ähnliche Strukturen und Mechanismen in öffentlichen Netzen eingesetzt werden bzw. weil Systeme zum Netzmanagement aus dem LAN-Bereich in den Bereich öffentlicher Netze migrieren.
Verwaltet werden durch ein Netzmanagementsystem die → *Netzknoten* und alle am Netz angeschlossenen und, im Gegensatz zu → *CPE*, im Besitz des Netzbetreibers befindlichen Geräte, die allgemein als Managed Objects (MO) bezeichnet werden.
Die Aufgaben des Netzmanagements lassen sich in mehrere Klassen einteilen, für die es einzeln oder in Kombination kommerziell erhältliche Softwarepakete auf dem Markt gibt. Die Aufgaben sind:

- → *Fehlermanagement* (Fault-Management),
- → *Konfigurationsmanagement* (Configuration-Management),
- → *Sicherheitsmanagement* (Security-Management),
- Abrechnungsmanagement (→ *Accounting-*Management),
- Leistungsmanagement (Performance-Management).

Ziel bei der Entwicklung von NMS sind Systeme, die alle fünf Bereiche abdecken. Sie werden als Integrated Network Management Systems (INMS) bezeichnet.

Im Gegensatz dazu stehen viele einzelne Maßnahmen, die nur Teilbereiche abdecken, z.B. Messungen mit Kabeltestern, Monitoring-Systeme für die Netzlast oder LAN-Analyzer mit Simulationsfähigkeiten.

Netzstruktur

Andere Bezeichnung für die → *Netztopologie*.

Netzteil

Bezeichnung für den Teil eines auf eine Spannungsversorgung angewiesenen technischen Systems (beliebiges Gerät), das die Spannungsversorgung sicherstellt und häufig das technische System mit einem öffentlichen Spannungsversorgungsnetz, aus dem eine Primärspannung bezogen wird, koppelt und diese Spannung mit einem Transformator in eine dem technischen System angepaßte Sekundärspannung umwandelt.

Netztopologie

Struktur und Aufbau eines Netzes zur Verbindung mehrerer → *Netzknoten*, z.B. → *Stern*, → *Doppelstern*, → *Ring*, → *Baum*, Linie (→ *Bus*), voll- oder teilvermascht (siehe Bild Seite 340).
Es gibt verschiedene Klassifikationen der möglichen einzelnen Topologien. Eine teilt die Topologien in Punkt-zu-Punkt-Verbindungen und in Broadcast- oder → *Shared-Medium*-Topologien ein.Bei der ersten Klasse nehmen die Nachrichten auf dem Weg von einem bestimmten Netzknoten zum nächsten einen Pfad von einem Netzknoten zum nächsten, wohingegen bei der zweiten Klasse alle an ein Medium angeschlossenen Netzknoten die Nachricht empfangen und anhand von Daten im → *Header* der Nachricht entscheiden, ob die Nachricht für sie bestimmt ist.

Netzzugangsverordnung

→ *NZV*.

Neumann-Rechner

→ *Von-Neumann-Rechner*.

Newbie

Jargon für Neulinge im → *Internet*, die mit dem Umgang mit → *e-mail*, → *Newsgroups* oder anderen Diensten noch nicht allzusehr vertraut sind, Fehler machen oder sich nicht an die → *Netiquette* halten.

News

→ *Usenet*.

NEXT

1. Abk. für Near End Crosstalk.
   Eine spezielle Form des → *Nebensprechens* auf als verdrillte Zweidrahtleitung realisierten Kabeln, bei dem sich Informationen von Teilnehmern, die sich beide auf einer Seite des Übertragungsweges befinden, überlagern. Gleichzeitig Bezeichnung für ein Maß der Dämpfung durch das Nahnebensprechen. NEXT ist nur für die

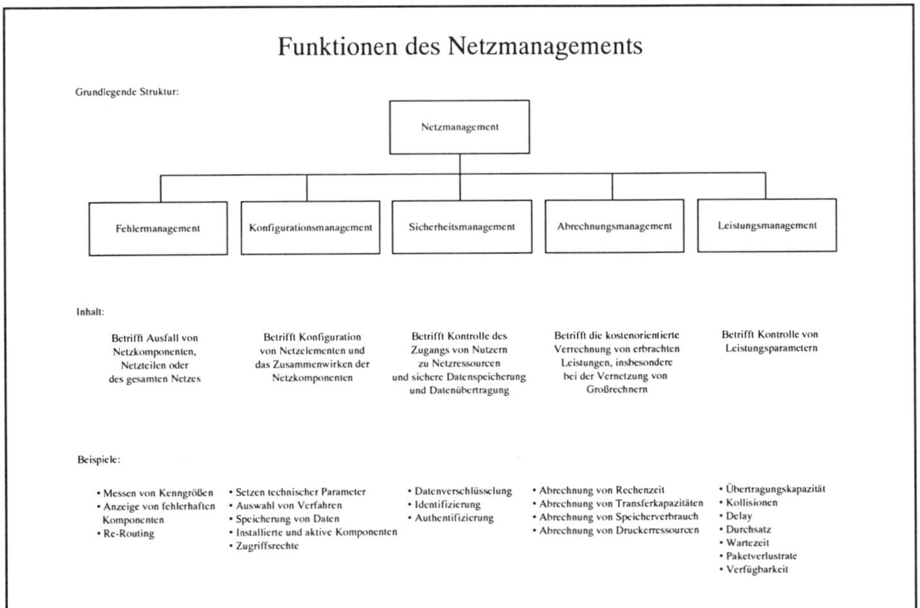

ersten Meter eines Übertragungsweges von Relevanz und erzeugt im allgemeinen größere Störungen als das Fernnebensprechen (→ *FEXT*). Meßtechnisch wird dieser Qualitätsindikator erfaßt, indem ein Meßgerät ein Signal auf eine Ader des Kabels schickt und das resultierende Signal auf der zweiten Ader mißt. Üblicherweise wird ein ganzer Frequenzbereich schrittweise getestet.
→ *ACR*.

2. Bezeichnung für ein von Steven Jobs, nach seinem Weggang im Frühjahr 1985 von der von ihm mitgegründeten Firma Apple, gegründetes Unternehmen, das spezielle leistungsfähige Rechner produziert.
Es konnte sich mit bescheidenem Erfolg am Markt etablieren, erreichte aber nicht ganz ihre eigenen hochgesteckten Ziele. Next brachte 1988 sein erstes Produkt auf den Markt. Es war eine in den USA nur für Universitäten verfügbare → *Workstation*, die mit dem → *Betriebssystem* → *NextStep* und dem → *Mikroprozessor* 68030 aus dem Hause Motorola sowie mit einem Laufwerk für wiederbeschreibbare optische Platten ausgestattet war.

NextStep

Bezeichnung eines → *Betriebssystems* (32 Bit) mit grafischer Benutzeroberfläche aus dem Hause Next. Ursprünglich nur für → *Next*-Rechner gedacht, dann auch auf → *PCs* portiert.

NF

Abk. für Niedrig-Frequenz (-Technik).
Im Gegensatz zu → *HF* für Höchstfrequenz.

NFS

Abk. von Network File System.
Eine Mitte der 80er Jahre von der Firma Sun entwickelte Software, welche mit virtuellen Verbindungen einen transparenten Zugriff auf Festplatten und Dateien über ein Netz und somit ein verteiltes Dateisystem ermöglicht. Basiert auf einer eigens von Sun entwickelten → *RPC*-Technologie namens ONC/RPC (Open Network Computing) und nutzt IP von → *TCP/IP*. Sie hat sich im → *Unix*-Bereich durch die Veröffentlichung des Quellcodes zum weitverbreiteten De-facto-Standard entwickelt und existiert mittlerweile auch für andere Plattformen wie → *VMS*, → *MVS* und → *DOS* (PC-NFS).

Netztopologien

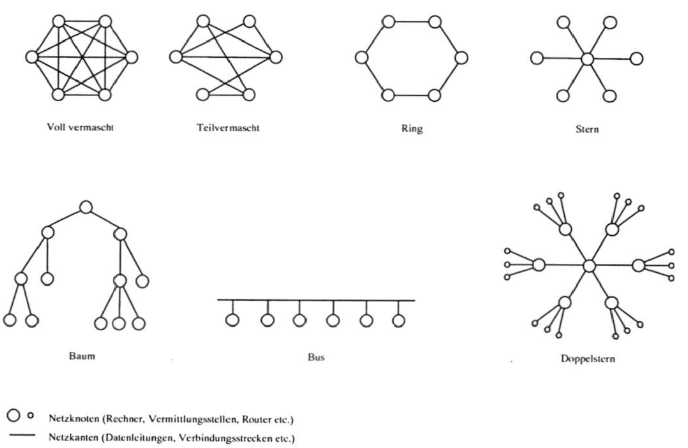

NGSO

Abk. für Non-Geostationary Orbit.
Bezeichnung für Umlaufbahnen von Satelliten um die Erde, die keine geostationären Umlaufbahnen (→ *GEO*) sind. Beispiele hierfür sind → *LEO*, → *MEO* oder → *HEO*.

NI

Abk. für Network Indicator.
Bezeichnung eines zwei Bit langen Datenfeldes in einer Nachricht im → *SS#7*-Netz. Der NI ist Teil des → *SSF*, das wiederum Teil des → *SIO* ist.

Nibble

Bezeichnung für ein halbes → *Byte* (Halbbyte), also vier Bit.

NIC

1. Abk. für Nearly Instantenous Coding.
2. Abk. für National ISDN Committee.

   Bezeichnung eines Gremiums in den USA, das sich mit der Einführung, Verbreitung und Weiterentwicklung des → *ISDN* beschäftigt.

   → *NUIF*, → *VIA*.
3. Abk. für Network Interface Card.

   Bezeichnung für Einsteckkarten für PCs, die den Zugang zu einem → *LAN* ermöglichen. Eine NIC ist im → *OSI-Referenzmodell* auf Schicht 1 angesiedelt, nimmt aber nach der → *IEEE 802*-Serie wesentlich mehr Funktionen, auch von Schicht 2, wahr.
4. Abk. für Network Information Center.

   Bezeichnung für die nationalen Instanzen, die nationale Angelegenheiten des → *Internet* übernehmen, wie z.B. die Verteilung von → *Domänen* oder die Zuteilung von → *IP-Adressen*.

   Für letztere Aufgabe wurden die Adressen in drei Kategorien eingeordnet. Kategorie A ist ein Adreßpaket von 256 Adressen, Kategorie B von 65 536 Adressen und Kategorie 15 von über 16 Mio. Adressen. Während in der Vergangenheit Kategorie-A-Pakete gefragt waren, besteht mittlerweile große Nachfrage nach Kategorie B.

   Wegen der Knappheit von IP-Adressen werden keine Pakete der Kategorie C mehr vergeben.

   Interessenten für IP-Adressen müssen nachweisen, daß 25 % der angeforderten IP-Adressen sofort und weitere 25 % innerhalb des nächsten Jahres vergeben werden können. Ferner müssen Pläne der Subnetze und ein Verteilungsschlüssel eingereicht werden.

   → *http://www.nic.de/*

Nichtamtsberechtigung

→ *Berechtigung*.

Nickname

Auch Screenname genannt. Jargon für die Bezeichnung (Pseudonym), die sich Teilnehmer beim → *Chatten* in → *Online-Services* zur Verkürzung der Ansprache geben müssen.

Meistens eine kurze, prägnante und durchaus persönliche Bezeichnung für eine Person, ähnlich einem Spitznamen.

NID

Abk. für Network Information Database.

Bezeichnung einer Datenbank für die Version 2 (IN/2) des → *IN*.

NII

Abk. für National Information Infrastructure.

Ein von Robert Kahn (→ *Internet*) in seiner Zeit als Initiator der → *CNRI* in den 80er Jahren geschaffener Begriff, der erst im US-Wahlkampf 1992 populäres Thema wurde, als der damalige Senator und spätere Vizepräsident Al Gore ihn wieder aufgriff und zum großen Ziel proklamierte.

Die Vision ist, jeden US-amerikanischen Haushalt an ein universelles, Telekommunikation und Computersysteme integrierendes Netz anzuschließen und so jedem US-Bürger die Möglichkeit zu bieten, auf Datenbestände von Bibliotheken, Archiven und Forschungseinrichtungen zugreifen zu können. Darüber hinaus sollen auch weitere Einrichtungen (Universitäten, Krankenhäuser etc.) vernetzt werden.

Die NII ist auch unter anderen Begriffen, wie z.B. Databahn, Communication Highway, Information Highway oder Superhighway oder auch in Deutschland als Datenautobahn populär.

Ein anderer Begriff, der in diesem Zusammenhang diskutiert wird, ist der des → *Global Village*.

Damit wird einerseits ausgedrückt, daß mit den Möglichkeiten moderner Telekommunikation große Distanzen problemlos überbrückt werden können und so die ganze Welt zu einem (virtuellen) Dorf zusammenrückt, andererseits ganz allgemein durch länderübergreifende Probleme (Umweltverschmutzung, Ozonloch etc.) die Welt nicht mehr als eine Sammlung unabhängig voneinander bestehender und agierender Staaten, sondern nur noch als eine Einheit gesehen werden kann.

Al Gore warf den Begriff des Highway auch deshalb in die Diskussion, da er von seinem Vater inspiriert wurde, der seinerzeit Vorsitzender einer Senatskommission war, die sich mit der Errichtung des amerik. Fernstraßennetzes beschäftigte.

→ *Information at your Fingertips*.

NIM

Abk. für Network Interface Module.

→ *NIC*.

N-ISDN

Abk. für Narrowband-ISDN.

Bezeichnet, im Gegensatz zum → *B-ISDN*, schmalbandige Standardanwendungen von → *ISDN*.

Der Begriff wird nur selten in der Literatur gebraucht, zumeist dann zur Verdeutlichung des Gegensatzes zu B-ISDN.

NIST

Abk. für National Institute of Standards and Technology, zuvor National Bureau of Standards genannt.

Bezeichnung eines Normungsgremiums in den USA, das sich insbesondere um Standards im Bereich der Meßtechnik kümmert.

NIU

Abk. für Network Interface Unit.

NKÜ 2000

Abk. für Netzknoten im Übertragungsnetz 2000.

Bezeichnung eines Projektes/Konzeptes und eines Bausteins im → *SDH*-Netz der Deutschen Telekom.

NKÜ 2000 ist dabei ein → *Cross Connect*, ergänzt um einen Steuerrechner, eventuelle Cross Connect-Multiplexer und → *Gateways* zum → *PDH*-Netz.

NLP

1. Abk. für Network Layer Protocol.

   Bezeichnung des Protokolls, das zwischen den Netz-Schichten zweier voneinander entfernter, aber miteinander kommunizierender Systeme abgewickelt wird.

   → *OSI-Referenzmodell.*
2. Abk. für Natural Language Processing.

   Bezeichnung für Spracherkennungs- und Sprachsynthesesysteme für natürliche Dialoge, z.B. bei → *IVR.*

NLQ

Abk. für Near Letter Quality.

Bezeichnung aus der Zeit der → *Nadeldrucker.* Bezeichnet eine Druckqualität, die einem sauberen Ausdruck, der auch als offizieller Geschäftsbrief verschickt werden kann (LQ, Letter Quality), bereits nahe kommt.

NM

Abk. für Network Management, → *Netzmanagement.*

→ *TMN*, → *CNM.*

NMA

Abk. für Network Management and Administration.

Bezeichnung eines Systems zur Verwaltung von Telekommunikationsnetzen. Wurde von Bellcore entwickelt. War eines der ersten Netzmanagementsysteme (→ *Netzmanagement*) für öffentliche Netze, die die Verwaltung eines Netzes von zentraler Stelle aus ermöglichten.

NMC

Abk. für Network Management Center.
Bezeichnung für die zentrale Stelle, an der das → *Netzmanagement* vorgenommen werden kann.

NMF

Abk. für Network Management Forum.

Bezeichnung einer internationalen Vereinigung von Herstellern aus den Bereichen der Tele- und Datenkommunikation, die die verschiedenen Aktivitäten zur Entwicklung eines → *Netzmanagements* koordiniert.

NMS

1. Abk. für Netzmanagement Station.
   → *SNMP.*
2. Abk. für Network Management System, Netzmanagementsystem.
   → *Netzmanagement.*

NMT

Abk. für Nordic Mobile Telephone System.
Bezeichnet eine Familie von mittlerweile drei analogen, zellularen Mobilfunkstandards: → *NMT 450*, → *NMT 900* und → *NMT 450i.*
NMT wurde primär für die Anwendung in dünn besiedelten, großflächigen Gebieten entwickelt (insbes. NMT 450). NMT 450i hat einige technische Merkmale auch von NMT 900 übernommen.
Konzeptuelle Arbeiten starteten 1969. Damals beschäftigte man sich noch mit manuellen Systemen und entwickelte zunächst → *MTD*, das in Dänemark, Schweden und Teilen Norwegens aufgebaut wurde. Zunächst von den → *PTTs* von Dänemark, Finnland, Norwegen und Schweden genormt (erste Standards 1973) und eingeführt. Dort auch internationales → *Roaming* möglich. Daher kam es bereits kurz nach Einführung zu Kapazitätsproblemen in Ballungsräumen, was schon 1983 zu ersten konzeptuellen Arbeiten an NMT 900 führte (1986 eingeführt). Mittlerweile weltweit verbreitet mit insges. 3 Mio. Nutzern. Obwohl in die Jahre gekommen mit einem jährlichen Zuwachs von 800 000 Nutzern (1993). Erlebt derzeit in Osteuropa eine Renaissance.
An der Weiterentwicklung können in den NMT-Normungsgremien alle Länder teilnehmen, die NMT eingeführt haben.

NMT 450

Abk. für Nordic Mobile Telephone System at 450 MHz.
Bietet 180 Kanäle im 450-MHz-Band (Uplink: 453 bis 457.5 MHz, Downlink: 463 bis 467.5 MHz) bei einer Kanalbandbreite von 25 kHz und einem Duplexabstand von 10 MHz. Nutzt → *FDMA* und überträgt die Signalisierung mit → *FFSK* (1 200 Hz ist logisch 1, 1 800 Hz logisch 0) und 1 200 bit/s. Unterstützt aus Kapazitäts-

gründen auch Kleinzellen, was aber Signalisierungsprobleme ergab. War das erste vollautomatische, länderübergreifende System, das → *Roaming* ermöglichte, allerdings noch nicht → *Handover* von einer Zelle in einem Land zur zweiten Zelle in einem anderen Land. Wurde zu → *NMT 900* weiterentwickelt. Mittlerweile in 21 Ländern eingeführt. Die → *BS* hängen an → *MSCs*, die über spezielle Transitvermittlungen am öffentlichen Telefonnetz hängen.

Fortentwicklungen für Anwendungen in speziellen Ländern (benannt NMT 450 A in Österreich, NMT 450 B in Benelux, NMT 450 E in Spanien, NMT 450 F in Frankreich, NMT 450 CS in Tschechien, NMT 450 H in Ungarn) unterscheiden sich durch geringe Abweichungen der technischen Parameter, wie z.B. Kanalbreite (20 statt 25 kHz) und Frequenzbereich.

Letzte länderunabhängige Fortentwicklung war → *NMT 450 i*.

In den 70er Jahren wurde das System genormt und getestet. Es ging Ende 1981 in Skandinavien in den Wirkbetrieb. Die Kleinzellentechnik wurde 1984 eingeführt.

NMT 450 i

Analoger Mobilfunkstandard, der auf den Standards → *NMT 450* und → *NMT 900* aufbaut und 1993 genormt wurde. Im wesentlichen handelt es sich um das System NMT 450, in welchem auch die Dienstmerkmale des Systems NMT 900 und weitere Features (z.B. → *VOX*) angeboten werden.

NMT 900

Abk. für Nordic Mobile Telephone System at 900 MHz.

Auf dem → *NMT-450*-Standard basierend mit einigen weiteren Dienstmerkmalen und technischen Änderungen.

Uplink: 890 bis 915 MHz, Downlink: 935 bis 960 MHz, 1 000 (1 999 mit Interleave-Technik) Kanäle, Duplexabstand: 45 MHz, Kanalbandbreite 12.5 kHz, nutzt → *FFSK* mit 1 200 bit/s für die Signalisierungsübertragung). Hat das Konzept der → *Umbrella Cells* eingeführt. Es kann höhere Verkehrsdichten verkraften als NMT 450.

NMT-900-Systeme dienten in Skandinavien der Kapazitätserweiterung, nachdem NMT-450-Netze ab 1984 Kapazitätsprobleme hatten, die durch Einführung der Kleinzellentechnik und Probleme damit 1985 nicht gelöst werden konnten. Start der Standardisierung war 1983. Erstmals war ein NMT-900-System 1986 in Betrieb. Mittlerweile sind Mobilfunknetze nach diesem Standard in neun Ländern in Betrieb.

NNE

Abk. für Network Node Equipment.

→ *Node*.

NNI

1. Abk. für Network Node Interface.

   Die Schnittstelle von Vermittlungsknoten zu Übertragungsleitungen, über die andere Knoten erreichbar sind (im Gegensatz zum → *UNI*).

2. Abk. für Network-to-Network-Interface.

   Bezeichnung für standardisierte Schnittstellen zwischen Netzen gleichen technischen Standards, aber verschiedener Netzbetreiber (z.B. zwischen verschiedenen nationalen → *Frame-Relay*-Netzen), oder zwischen Netzen verschiedener Standards (z.B. Frame-Relay zu → *ATM*).

   Zu beachten ist, daß trotz technischer Standards häufig wegen Lücken im Standard, bewußt zugelassener Wahlmöglichkeiten oder unterschiedlicher Interpretation des Standards durch Hersteller der Datenverkehr zwischen den Netzen über die NNI nicht problemlos abgewickelt werden kann.

   Eine Lösung sind spezielle NNIs, die nur eine verbindliche Minimalkonfiguration definieren.

3. Abk. für Nederlands Normalisatie-Instituut.

   Nationales Normungsgremium der Niederlande, vergleichbar mit dem deutschen → *DIN*.

NNS

Abk. für National Numbering Scheme.

Bezeichnet länderspezifische → *Numerierungspläne*.

NNTP

Abk. für Network News Transfer Protokoll.

Ein zum → *OSI-Referenzmodell* konformes Transportprotokoll, das auf → *TCP* und → *IP* aufbaut und regelt, wie News zwischen beteiligten Rechnern im → *Internet* ausgetauscht werden.

NO

Abk. für Network Operator, Netzbetreiber.

NOC

Abk. für Network Operation Center.

Bezeichnung eines zentralen Punktes in einem Netz zum → *Netzmanagement*.

Node

1. Allgemein die Bezeichnung für einen Knoten in einem wie auch immer gearteten Netz.
2. In Mailboxsystemen die → *Mailbox* der niedrigsten Hierarchieebene, an der die Teilnehmer hängen.

nömL

Abk. für nicht-öffentlichen mobilen Landfunk.
Offizielle und rechtliche Bezeichnung für → *Kurzstreckenfunk*.

Non-Impact-Drucker

→ *Drucker*.

Normungsgremien

→ *Standardisierungsgremien*, → *Aufsichtsgremien*.

Nortel

Int. gebräuchliche Abk. für den Namen des kanadischen Herstellers Northern Telecom.
→ *http://www.nortel.com/*

NorthNet

Akademisches Netz in Kanada.
→ *BITNET*, → *EARN*, → *Internet*, → *WiN*, → *JANET*.

NOS

Abk. für Network Operating System.
Bezeichnung für → *Betriebssysteme* zur Verwaltung von → *LANs*, wie z.B. Netware von Novell oder Windows NT von Microsoft.

Notizbuchfunktion

→ *Leistungsmerkmal* von Telefonen. Eine während des Gesprächs genannte Rufnummer kann in das Gerät eingetippt und dort vorübergehend gespeichert werden. Nach Beendigung des laufenden Gesprächs kann sie per einfachem Tastendruck gewählt werden.

NREN

Abk. für National Research and Education Network.
Bezeichnung für das breitbandige → *Backbone* des → *Internet* in den USA, das als Grundstein der → *NII* angesehen wird.

NRM

Abk. für Normal Response Mode.
Bezeichnung eines Kommunikationsmodus von → *HDLC*. Es wird dabei eine Halbduplex-Kommunikation zwischen zwei Stationen aufgebaut, von denen eine Primär-, die andere Sekundärstation ist.

NRZ-Code, -Signale

Abk. von No Return to Zero.
Bezeichnung eines nicht selbsttaktenden Leitungskodierverfahrens. Signale ohne Nulldurchgang, d.h. die elektrischen Signale gehen nicht auf Null zurück, wenn mehrere logische Einsen hintereinander übertragen werden. Ein Manchester-codiertes Signal ist z.B. ein NRZ-Signal. NRZ-Signale werden, z.B. bei → *HDLC* oder → *SDLC* bei der Verbindung vom → *Terminal* zum → *Modem* verwendet.

NRZI

Abk. für Non Return to Zero, Invert on Ones.
Bezeichnet ein Leitungscodierverfahren mit invertierten → *NRZ*-Signalen.

NSA

Abk. für National Security Agency.
Name einer Datenschutz- und -sicherheitsbehörde in den USA, gegründet 1952. Über ihre Arbeit ist nicht viel bekannt. Deutsches Gegenstück ist das → *BSI*.

NSAP

Abk. für Network Service Access Point.
Bezeichnung für den Zugangspunkt zu einem Netz, das auf Schicht 3 des → *OSI-Referenzmodells* das Protokoll → *CIDR* der → *ISO* zur Datenübertragung nutzt.
Der NSAP wird durch eine 20 Byte lange Adresse identifiziert. Häufig bezeichnet NSAP auch die Adresse selbst.

NSC

Abk. für National Service Code.
Bezeichnet die Präfixe in → *Numerierungsplänen*, die länderindividuell bestimmte Mehrwertdienste (→ *VAS*) kennzeichnen, z.B. stehen 0800 in den USA und 0130 in Deutschland beide für den Freephone-Service (gebührenfreies Telefonieren).
→ *IN*.

NSF

1. Abk. für National Science Foundation.
   Bezeichnung einer Stiftung in den USA, die einen Großteil des → *Internet* (→ *NSFNet*) betreibt.
2. Abk. für Norges Standardiseringsforbund.
   Nationaler Standardisierungsverband in Norwegen, vergleichbar mit dem → *DIN* in Deutschland.

NSFNet

Abk. für National Science Foundation Network.
Bezeichnung des Forschungsnetzes in den USA. Inbetriebnahme im Juli 1988. Ist Teil des → *Internet*. Basiert auf → *T3*-Leitungen. Entspricht dem → *DFN* in Deutschland.

NSP

Abk. für Network Service Plattform.

NSS

Abk. für Network Subsystem.
→ *GSM*.

NStA

Selten benutzte deutsche amtliche Abk. für → *Nebenstellenanlage.* Häufiger genutzt wird → *PBX.*

NT

1. Abk. für Nachrichtentechnik.
2. Abk. für Network Termination.
   → *Netzabschluß* des → *ISDN* beim Teilnehmer.

NTA

Abk. für Network Termination Analogue.
Bezeichnung analoger Anschlüsse an Telekommunikationsnetze.

N-TACS, NTACS

Abk. für Nippon Total Access Cellular System.
Die japanische Variante des Mobilfunkstandards → *TACS.*

NTBA

Abk. für Network Termination (of) Basic Access.
Bezeichnung für den → *Netzabschluß* beim Teilnehmer mit einem Basisanschluß des → *ISDN.*

NTG

Abk. für Nachrichtentechnische Gesellschaft.
Mittlerweile umbenannt in → *ITG.*

NTIA

Abk. für National Telecommunications and Information Agency.
Bestandteil des US-Handelsministeriums, das insbesondere die Entwicklung auf den Sektoren der Dienste und Basistechnologien in der Telekommunikation und Informationsverarbeitung fördert.
Ferner teilt die NTIA das Frequenzspektrum — ähnlich wie die → *FCC* im zivilen Bereich — im staatlichen Bereich (Flugsicherheit, Militär, Behörden) zu.

NTP

Abk. für Network Time Protocol.
Bezeichnung eines umfangreichen Protokolls zur Synchronisation von Uhrzeiten mehrerer Rechner über das → *Internet* mit einer Genauigkeit im Millisekunden-Bereich. Definiert in RFC 1305.
Eine einfache Variante ist → *SNTP.*

NTSC

Abk. für National Television System Committee.
Zunächst nur Name eines Normungsgremiums, das auch schon den Schwarzweiß-Standard definierte, dann auch allgemein übliche Bezeichnung des nordamerikanischen Farbfernsehstandards.
Bezeichnet einen analogen US-Fernsehstandard mit einem Bildformat von 4:3 und einer Auflösung von 640 * 480 → *Pixeln* (525 sichtbare Zeilen). 30 Bilder/s. Zeilensprungverfahren (2:1). Bereits 1953 von obigem Gremium definiert, aber auch in Japan, Korea und Kanada verbreitet. Sehr anfällig für Farbstörungen, daher auch "Never the same colour" genannt.

NTT

Abk. für Nippon Telephone & Telegraph Public Corporation.
Bezeichnung für die staatliche japanische Post- und Fernmeldeverwaltung. Zuständig für die nationale Versorgung mit Telekommunikation.
→ *http://www.ntt.co.jp/*
→ *KDD.*

NTTM

Name des von der japanischen NTT betriebenen Mobilfunknetzes.
Auch NAMTS (Nippon Automatic Mobile Telephone System) oder MCS-L1 genannt. Analoges zellulares Mobilfunknetz.
Bietet 600 Duplexkanäle im 900-MHz-Bereich (Uplink: 925 bis 940 MHz, Downlink: 870 bis 885 MHz) bei 25 kHz Kanalbandbreite und 55 MHz Duplexabstand. Die Signalisierung erfolgt mit 300 bit/s.
Die Kapazität des Systems war in Ballungsgebieten schnell erreicht und führte zum Ergänzungssystem NTTM-H (auch genannt MCS-L2) mit gleichem Frequenzbereich, aber nur 12.5 kHz Kanalbandbreite sowie Diversity-Empfang und automatischer Leistungsregelung.
Die Signalisierung erfolgt digital mit 2.4 kbit/s. Zusätzlich wurde unterhalb des Sprachbandes eine In-Band-Signalisierung (Associated Control Channel) mit 100 bit/s eingeführt. Die Kanalzahl stieg insgesamt auf 2 400.
Die → *MS* dieses Systems sind für → *Dual-Mode*-Betrieb ausgelegt und können sich auch im NTTM-System einloggen. Umgekehrt geht dies nicht.
Es ist seit 1978 in Betrieb (Start im Großraum Tokyo), aber auch in Kuwait eingeführt. Ein Ergänzungssystem wurde ab 1988 aufgebaut.

NTU

Abk. für Network Terminating Unit.
Allgemeine Bezeichnung der technischen unintelligenten Einheit (Anschlußbuchse), die vom Netzbetreiber bei einem Kunden installiert wird und bis zu dem der Netzbetreiber die Verantwortung übernimmt.
Die NTU bei → *ISDN* ist die → *NT.*

NUA

Abk. für Network User Adress.
Bezeichnung der Nummer eines Anschlusses an einem → *X.25*-Netz.
→ *NUI.*

NuBus

Bezeichnung eines 32 Bit breiten Busses im Macintosh-II-Rechner der Firma Apple, der nur 32 Bit breit überträgt (keine Unterstützung von nur 16 Bit breiter Übertragung).

Ein Ziel bei der Entwicklung war weitestgehende Prozessorunabhängigkeit, weswegen ein sehr allgemeines Interface als Kommunikationsmodell definiert wurde.

NUI

Abk. für Network User Identification, Benutzerkennung oder -identifizierung.

1. Bezeichnung der Netzzugangsberechtigung für Nutzer von Stationen an → *LANs*.
2. Bezeichnung für die Netzzugangsberechtigung für Teilnehmer an → *X.25*-Netzen zur Inanspruchnahme kostenpflichtiger Dienste. → *NUA*.

NUIF

Abk. für National ISDN Users Forum.

Bezeichnung einer Vereinigung der Nutzer des → *ISDN* in den USA, das die Interessen der Nutzer gegenüber den Carriern und den Herstellern von ISDN-Endgeräten vertritt.

→ *NIC*, → *VIA*.

Nullmodem

Bezeichnung für eine Einrichtung zur Kopplung zweier Datenendeinrichtungen (und nicht einer Datenendeinrichtung und einer Datenübertragungseinrichtung!) ohne zwischengeschalteten → *Modem*, bei der die Leitungen für Empfangsdaten und Sendedaten nach → *RS 232 C* über Kreuz geführt werden. Bei guten Nullmodems werden darüber hinaus auch noch die Leitungen zur Flußsteuerung geeignet gekreuzt.

Der Nullmodem kann ein spezielles Flachkabel mit mehreren Leitern sein, bei dem zwei Leiter verdreht werden oder ein handtellergroßes, zumeist mit Leuchtdioden zur Kontrolle versehenes Gerät zum Anschluß normaler Bandkabel an je einem Ende, das den Tausch der zwei Leiter intern vornimmt.

Anwendung: Verbindung zweier PCs (und nicht eines PCs als Datenendeinrichtung und eines Modems als Datenübertragungseinrichtung).

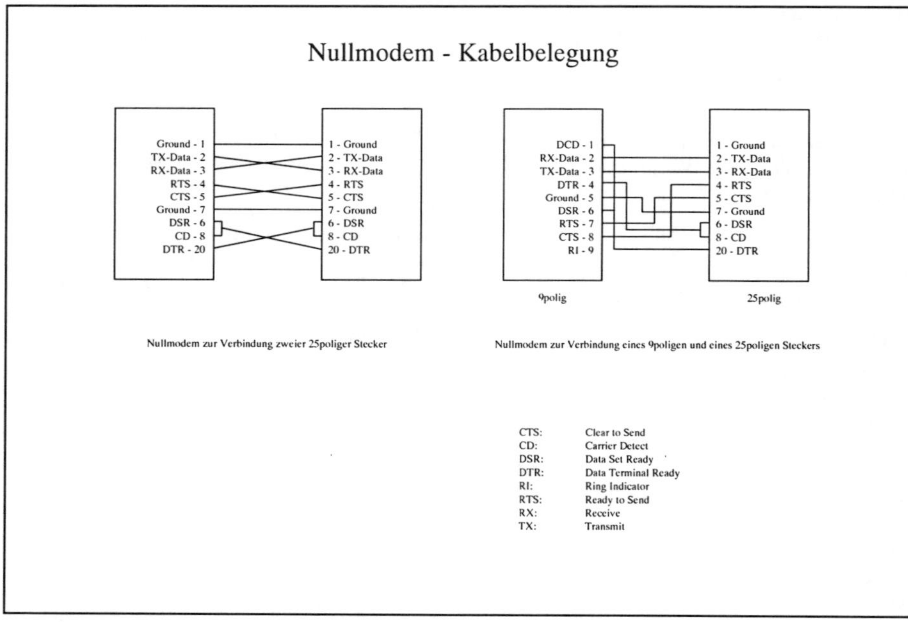

Numerische Apertur

Begriff aus der Optik, von praktischer Verwendung, z.B. bei der → *Glasfasertechnik*.

Licht kann in die Stirnseite einer Glasfaser nur unter einem bestimmten maximalen Winkel (Akzeptanzwinkel) eintreten. Der Sinus des halben Akzeptanzwinkels wird als numerische → *Apertur* (NA) bezeichnet.

Numerierungsplan

Bezeichnung für die Summe aller Vorschriften zum Format und zur Bedeutung von Wählziffern und Ziffernkombinationen in Telekommunikationsnetzen. Der Plan legt Stellenzahl für Vorwahlen und Anschlüsse fest und definiert Sondernummern (Polizei, Feuerwehr, Premium Rate

Services ...).

Weltweit gilt derzeit die Empfehlung E.163 der → *ITU*-T für den Telefondienst, die max. 12 Ziffern zuläßt. Ab 1996 soll E.164 gelten (Numbering Plan for the ISDN Era), welches insbesondere mit Blick auf → *ISDN* entwickelt wurde und max. 15 Stellen plus 40 für ISDN-Subadressen zuläßt. Dabei besteht eine Nummer aus dem Country Code (CC), dem National Destination Code (→ *NDC*) und der Subscribernumber (SC).

F.69 ist die entsprechende Empfehlung für den Telexdienst und X.212 für Datennetze.

Man unterscheidet freie und netzgebundene sowie jeweils offene und verdeckte Numerierungspläne. Bei offenen Numerierungsplänen ist anhand der Nummer die Steuerung im Netz erkennbar. Bei netzgebundenen Numerierungsplänen ist die Struktur des Leitungsnetzes anhand der Ziffern erkennbar, d.h. es tauchen bestimmte Ziffernkombinationen auf.

→ *NANP*, → *ETNS*.

Nummernportabilität

Bezeichnung für die Möglichkeit, beim Wechsel des Dienstleisters (Service- oder Network-Provider) einer Telekommunikationsdienstleistung die Adresse (Nummer), unter der ein Teilnehmer erreichbar war, beizubehalten.

Insbesondere in deregulierten Märkten mit mehreren Dienste- und Netzanbietern (gerade bei Sprachvermittlungsdiensten) von Bedeutung.

Technisch realisierbar mit dem → *IN*.

Nummernschalter

Bezeichnung für das Bauteil in Telefonapparaten mit Wählscheibe, das aus der Drehbewegung der Scheibe die codierten Impulsfolgen erzeugt.

→ *IWV*.

Nummernschema

→ *Numerierungsplan*.

Nummernspeicher

→ *Rufnummerngeber*.

NUTEK

In schwedischer Landessprache die Abk. für das schwedische Zentralamt für industrielle und technische Entwicklung.

Darüber hinaus ist oft gemeint die von diesem Amt beschlossene Empfehlung für energiesparende Monitore, die nach drei Minuten einen dunklen Bildschirm zeigen, nach fünf bis 60 Minuten in den → *Standby*-Modus bei max. 30 W Stromverbrauch gehen und nach mehr als 60 Minuten in den → *Suspend*-Modus mit max. 8 W Stromverbrauch.

→ *DPMS*.

Nutzdaten

Bei der Datenübermittlung die Daten eines → *Blocks* oder → *Paketes*, welche keine Auswirkungen auf die Steuerung oder Interpretation dieses Blocks oder Paketes haben. Nutzdaten können, müssen aber nicht gleichbedeutend mit Anwendungsdaten sein.

NVoD

Abk. für → *Near-Video-on-Demand*.

NVP

Abk. für Nominal Velocity of Propagation.

Bezeichnung für die Ausbreitungsgeschwindigkeit von elektrischen Signalen auf physikalischen Medien, insbesesondere auf Kabeln.

Über die NVP und den NVP-Wert eines Kabels kann die genaue Länge eines Kabels, z.B. im Rahmen der Gebäudeverkabelung durch ein → *LAN*, ermittelt werden.

NYAS

Abk. für New York Academy of Sciences.

Bezeichnung einer 1817 gegründeten Vereinigung von Wissenschaftlern mit Sitz in New York. Sie hat heute ca. 45 000 Mitglieder in 160 Ländern weltweit und gliedert sich in 21 einzelne thematisch orientierte Sektionen, wovon eine die Sektion 'Computer and Information Sciences' ist.

Publiziert wird monatlich das Magazin 'The Sciences' sowie 'Annals' zu bestimmten Schwerpunktthemen, von denen ca. 200 gegenwärtig erhältlich sind. Neben den Sections und den Publikationen gibt es mehrere Programme, wie das Human Rights of Scientists Program, das Science and Technology Policy Program und das Science Education Program. Ferner tritt die NYAS als Kongreßveranstalter auf.

Adresse:

New York Academy of Sciences
2 East 63rd Street
New York
NY 10021, USA

→ *http://www.nyas.org/*

Nyquistsches Abtasttheorem

Das Nyquistsche Abtasttheorem betrifft die Frage, wie oft ein analoges Signal (bei der A/D-Wandlung) abgetastet werden muß, um es aus dem digitalen Signal (durch eine D/A-Wandlung) originalgetreu wieder rekonstruieren zu können.

Das Nyquistsche Abtasttheorem besagt, daß ein beliebiges, analoges Signal (Frequenzgemisch), das aus mehreren analogen Signalen fester Frequenz und Amplitude konstruiert ist, mit einer Abtastrate von 2f abgetastet werden muß, wenn f die höchste in dem Frequenzgemisch vorkommende Frequenz ist.

Entwickelt in den 20er Jahren von Harry Nyquist (* 1889, † 1976), einem amerikanischen Physiker in den Forschungslaboratorien von Bell.
→ *Abtasttheorem.*

NZDF

Abk. für Non-Zero Dispersion Fibre.
Bezeichnung einer speziellen Art von → *Glasfasern*, bei denen die → *Dispersion* Null ist.

NZV

Abk. für Rechtsverordnung über besondere Netzzugänge, auch nur kurz Netzzugangsverordnung genannt.
Bezeichnung einer Verordnung der Bundesregierung vom 1. Oktober 1996, mit der sichergestellt werden soll, daß marktbeherrschende Anbieter von → *Telekommunikationsdienstleistungen* allen Kunden, sowohl Endkunden als auch anderem Netzbetreibern, den Netzzugang zu fairen Bedingungen gewährleisten. Die NZV ist Bestandteil des → *TKG.* Ferner wird mit der Verordnung sichergestellt, daß Netze verschiedener Netzbetreiber zusammengeschaltet werden (→ *Interconnection*), damit Telekommunikationsdienstleistungen netzübergreifend und zu tragbaren Konditionen in Anspruch genommen werden können.
Innerhalb der NZV werden drei verschiedene Arten von Netzzugangsleistungen unterschieden:

- Allgemeiner Netzzugang: Zugang von Nutzern von → *Telekommunikationsdienstleistungen* zu einem Netz. Näheres wird eine zu erstellende Kundenschutzverordnung regeln.
- Besonderer Netzzugang: Der Zugang von Anbietern von Telekommunikationsdienstleistungen oder anderen Netzbetreibern zu Netzen eines Netzbetreibers (→ *Kollokation*).
- Entbündelte Leistungen: Anspruch von Anbietern von Telekommunikationsdienstleistungen auf genau abgegrenzte, benötigte und beim marktbeherrschenden Anbieter nachgefragte Dienstleistungen (→ *Entbündelung*).

O

OADM

Abk. für Optischer Add-Drop-Multiplexer.
→ *ADM.*

OAM

Abk. für Operation, Administration and Management.
→ *O & M.*

OAN

Abk. für Optical Access Network.
Oberbegriff für Zugangsnetze auf Glasfaserbasis.
→ *Glasfasertechnik*, → *FITL*, → *PON.*

OAsk

Abk. für Ortsanschlußkabel.

OAsl

Abk. für Ortsanschlußleitung.

OB

Abk. für → *Ortsbatterie.*

Oberflächenwellen

→ *Boden-Oberflächenwellen.*

Oberon

Bezeichnung für eine von → *Modula-2* abgeleitete objektorientierte Programmiersprache, die mittlerweile in Version 2 vorliegt und von den Professoren Wirth und dessen Kollegen Guthknecht an der ETH Zürich entwickelt wurde.
Oberon ist dabei nicht nur eine Programmiersprache, sondern zusätzlich ein → *Betriebssystem* und eine spezielle Rechnerarchitektur. Letztere hat keine Bedeutung erlangt, wohingegen das restliche Oberon-System für mehrere andere Rechnerplattformen erhältlich ist und nach dem Ende des offiziellen Forschungsprojektes an der ETH auch von einzelnen Entwicklergruppen weiterentwickelt wird.

OBF

Abk. für Ordering and Billing Forum.
Bezeichnung eines Gremiums in den USA, das Richtlinien für den Austausch von Informationen zu → *Charging*, → *Billing* und → *Accounting* zwischen verschiedenen → *Carriern* erarbeitet.
Mitglieder sind Soft- und Hardwarehersteller und Carrier.

Objective C

Bezeichnung einer von Brad Cox entwickelten objektorientierten Varianten der Programmiersprache → *C*, die jedoch, im Gegensatz zu → *C++*, keine große Bedeutung erlangt hat.

Obsidian

Bezeichnung eines geplanten satellitengestützten Mobilfunksystems.

OC-1, -3, -12, -24, -48

Abk. für Optical Carrier.
Bezeichnung der Bitratenhierarchie beim nordamerikanischen Standard → *SONET.* OC-1 entspricht dabei 51,84 Mbit/s, OC-3 622 Mbit/s, OC-12 622 Mbit/s und OC-48 2,5 Gbit/s.
Auch als STS bezeichnet (Synchronous Transport Signal).

OCC

1. Abk. für Operational Control Centre.
   → *Inmarsat.*
2. Abk. für Optischer Cross Connect.
   → *Cross Connect.*

OCE

Abk. für Open Collaborative Environment.

OCL

Abk. für Outlet Channel Module.

OCR, OCR-A und OCR-B

1. Abk. für Optical Character Recognition (oder Reading).
   Oberbegriff für Dinge wie automatisches optisches Erkennen und Einlesen von gedruckten Texten durch Scanner.
   Haupteinsatzbranchen: Sparkassen, Banken (dort zuerst eingesetzt), Versandhandel. Leistungsfähigkeit der Geräte reicht von 200 bis 35 000 Belege in der Stunde. Normalerweise sind Geräte mit zwei unabhängigen Erkennungsalgorithmen ausgestattet, moderne Geräte setzen bis zu sechs ein und erreichen Erkennungsquoten von 99,9 % bei Maschinenschrift und 95 % bei Handschrift (→ *OHR*).
   → *CMC-7*-Schrift, → *E-13-B*-Schrift.
2. OCR-A und OCR-B sind zwei international standardisierte maschinen- und menschenlesbare Schriften. OCR-A ist auch durch das → *DIN* als DIN 66008 normiert.

Octet

→ *Oktett.*

ODA

1. Abk. für Object Definition Alliance.
   Bezeichnung einer im Juli 1995 von Oracle und Apple, Compaq sowie Xerox gegründeten Vereinigung mit dem Ziel der Definition allgemeingültiger Standards für, objektorientierte und interaktive Online-Anwendungen. Die ODA wird mit der → *OMG* zusammenarbeiten und ggfs. Er-

gebnisse erzielen, die → *COBRA* um multimediale Elemente weiterentwickeln.

2. Abk. für Open Document Architecture. Bezeichnung der Dokumentenarchitektur nach ITU I.410.

ODA/ODIF

Abk. für Office Document Architecture/Office Document Interchange Format.

Bezeichnung eines in ISO 8613 definierten Dokumentenstandards für unstrukturierte Dokumente zur Verarbeitung und Versendung im Büro oder zu internen Zwecken.

Im Rahmen von EWOS (European Workshop for Open Systems) wurden auf Basis von ODA Teilmengen für konkrete Anwendungen gebildet, z.B. für → *Teletex* oder → *DTP*-Programme.

Im Gegensatz zu → *EDI* oder → *EDIFACT*, bei denen die übertragenen Daten direkt zur maschinellen Weiterverarbeitung gedacht sind, steht hier der Empfang und die Verwendung durch den menschlichen Nutzer im Vordergrund.

ODBC

Abk. für Open Database Connectivity.

Bezeichnung einer standardisierten Schnittstelle der Datenbankabfragesprache → *SQL* unter der Oberfläche → *Windows*.

ODBMG

Abk. für Object Database Management Group.

Bezeichnung einer Vereinigung von Datenbankherstellern mit dem Ziel, objektorientierte Datenbanken zu fördern.

ODBMS

Abk. für Object-Oriented Database Management System.

Bezeichnung für objektorientierte → *DBMS*.

Odette

Abk. für Organisation for Data Exchange by Teletransmission in Europe.

Bezeichnung für ein Verfahren für → *EDI* insbesondere in der Automobilindustrie.

ODL

Abk. für Optical Data Link.

ODP

Abk. für Open Distributed Processing.

Name eines → *ITU*-Standards. Dient als Referenzmodell und basiert auf verschiedenen Ansichten eines verteilten Prozesses. Fünf verschiedene Ansichten (Sprachen) stehen zur Verfügung, um offene verteilte Systeme zu modellieren und zu beschreiben. Das Konzept der 'Bindenden Objekte' stellt dabei Möglichkeiten zur Verfügung, um kontinuierliche Datenströme zu modellieren. ODP ist z.B. relevant für → *TINA*.

ODTM

Abk. für Open Distributed Transaction Management.

Bezeichnung eines offenen verteilten Transaktionsmanagements.

Odyssey

Bezeichnung für ein System des → *Satellitenmobilfunks*. Von der kalifornischen Firma TRW konzipiert. Weiterer Partner mittlerweile Teleglobe (Kanada). Investitionshöhe 1,4 Mrd. bis 2,3 Mrd $, Kosten je Satellit: 150 Mio. $.

Zwölf Satelliten in drei → *MEOs* auf 10 354 km Höhe. 2 800 Kanäle je Satellit bei 37 Zellen je Satellitenlaufbahn. → *Inklination* von 55°, minimale → *Elevation* von 30°.

Uplink: 1,610 GHz bis 1,625 GHz, Downlink: 2,4835 GHz bis 2,5 GHz. Satellitengewicht: 1 224,5 kg. Das höhere Gewicht im Vergleich zu anderen satellitengestützten Mobilfunksystemen resultiert aus den in größerer Flughöhe benötigten größeren Antennen und Schutz gegen kosmische Strahlung. Dies führt zu einer höheren Lebensdauer der Satelliten (10 Jahre), die wiederum die Kosten senken soll.

Übertragen wird mit → *QPSK*, → *Faltungscodierung* und → *CDMA*.

Geplant sind sieben oder zwölf Erdstationen. Keine Inter-Satellite-Links. Jeder Satellit hält Kontakt zu einer Bodenstation.

Geplant sind alle gängigen schmalbandigen Dienste wie Telefonie (auch mit Konferenzschaltung), → *Fax* und → *Paging*. Ferner Datenübertragung bis 9,6 kbit/s.

Erhielt Frequenz und Zulassung im Januar 1995 von der → *FCC*. Ein erstes System mit sechs Satelliten könnte Mitte 1998 in Betrieb gehen. Geplanter Start des Regelbetriebes Mitte 1999. 1,5 Mio. erwartete Teilnehmer 2001; 2,3 Mio. im Jahr 2007.

O/E

→ *E/O*.

ÖbL

Abk. für Öffentlicher (bewegter) Landfunk.

In Deutschland die jahrzehntelange amtliche Bezeichnung für → *A-Netz*, → *B-Netz* und → *C-Netz*.

OEM

Abk. für Originally Equipment Manufacturer.

Bezeichnet in Märkten die tatsächlichen Hersteller von Geräten im Gegensatz zu Vertriebsfirmen, die diese Geräte nur kaufen und nach einem Branding (z.B. leichte Änderungen am Design, eigenes Etikett etc.) als eigene Produkte über eigene Vertriebsstrukturen, mit eigenem Marketing und zu eigenen Konditionen verkaufen.

OF

Abk. für Optical Fibre, Glasfaser.
→ *Glasfasertechnik.*

OFA

Abk. für Optical Fiber Amplifiers, optische Faserverstärker.
Bezeichnung für optische Verstärker in Glasfasersystemen (→ *Glasfasertechnik*). Heute zumeist Erbium-dotierte Faserverstärker (EDFA) zur Verstärkung optischer Signale mit einer Wellenlänge im Bereich von 1 550 nm. Neuentwicklungen sind Praseodym-dotierte OFAs (PDFA) für den Bereich um 1 300 nm.

OFDM

1. Abk. für Optical Frequency Division Multiplexing.
   Andere Bezeichnung für → *WDM.*
   → *OTDM*, → *OSDM.*
2. Abk. für Orthogonal Frequency Division Multiplexing.
   Bezeichnung eines Multiplexverfahrens, das sich für stark gestörte terrestrische Übertragung digitaler Rundfunksignale besonders gut eignet. Ist unempfindlich gegen Echos.

Off Hook

Englische Bezeichnung für das Abheben des Hörers vom Telefonapparat. Oft synonym für den Beginn einer Fernsprechverbindung gebraucht.

Off-Line

Anderes Wort für indirekte Datenfernverarbeitung. Die Datenverarbeitungsanlage ist nicht mit den zur Übertragung der Daten genutzten Fernmeldewegen (oder Datenleitungen) verbunden. Die Daten werden auf Datenträgern zwischengespeichert, z.B. auf Magnetbändern, die hin- und hertransportiert werden.

Off-Site-Paging

Öffentliches Paging.
→ *Paging*, → *On-Site-Paging.*

Offset Antenne

Bezeichnung für eine bestimmte Bauform der → *Parabolantenne*, bei der nur ein Teil der Parabolantenne (Offset-Spiegel) als Reflektor fungiert und das empfangene Signal zum Speise- oder Empfangssystem reflektiert.
Man umgeht so das Problem der Abschattung durch das an einer mechanischen Halterung im Strahlengang befindliche Speisesystem.

OFTEL

Abk. für Office of Telecommunications.
Britisches Regulierungsgremium für alle Fragen der Telekommunikation.

OFTP

Abk. für Odette File Transfer Protocol.
Bezeichnung für das Datenübertragungsprotokoll im Rahmen von → *Odette*. Es wird als Branchenstandard für die Dateiübertragung im Rahmen von → *EDI* in der Automobil- und Mineralölbranche eingesetzt.

OGC

Abk. für Open GIS Consortium.
Bezeichnung für eine Gruppe von nordamerikanischen Universitäten, Behörden und Softwarehäusern, die sich 1994 zusammengetan haben, um einen einheitlichen Standard für geographische Informationssysteme (→ *GIS*) zu erarbeiten.

OHR

Abk. für Optical Handwriting Recognition.
Oberbegriff für alle Systeme zur maschinellen Erfassung von Handschrift (Belegleser, → *PDAs*). Derartige Systeme erreichen unter Umständen (Druckschrift etc.) eine Erkennungsquote von 95 %.
→ *OCR.*

OHU

Abk. für Overhead Unit.

OIA

Abk. für Office Information Architecture.
Bezeichnung eines Standards aus dem Hause IBM zum Dokumentenaustausch. Bei OIA besteht eine Nachricht aus den Teilen Präfix, Command-Sequence, Data-Unit, Document-Unit und Suffix. Die eigentliche Dokumenteninformation liegt dabei in dem Teil Document-Unit.

Oktett

Eine Gruppe von acht Bit, auch → *Byte* genannt. Octet ist die offizielle Bezeichnung des Byte in den Normen der → *OSI.*

OLAP

Abk. für Online Analytical Processing.
Neben dem → *Data Warehouse* eine zweite mögliche Realisierung von Management Informationssystemen (MIS) zum Zweck des Datenzugriffs, Berichtswesens und der Analyse.
OLAP bezeichnet einen von der → *OMG* definierten Standard zur Entwicklung von Anwendungen, die der Entscheidungsfindung im Management von Unternehmen dienen.
Grundlage ist eine Analyse komplexer, bereits im Unternehmen vorhandener, Datenbestände anhand von zwölf Regeln, die der Begründer des relationalen Datenbankschemas, E.F. Codd, aufgestellt hat.
→ *http://www.olapcouncil.org/*

Oldman

Jargon für Amateurfunker in den USA, ähnlich wie → *Ham.*

OLE

Abk. für Object Linking and Embedding.

Bezeichnung für eine Technik, Programmteile miteinander zu verbinden, wenn sie gebraucht werden, d.h. ein Programm besteht aus mehreren Teilen, die erst wenn sie durchlaufen (dynamisch) zusammengefügt werden. Darüber hinaus kann dieses Programmteil von mehreren Programmen genutzt werden und ist somit mehrmals verwendbar. Diese Technik geht ökonomischer mit dem Speicherplatz um.

OLE stammt aus dem Hause Microsoft. Als Weiterentwicklung für physisch verteilte Anwendungen gilt → *Active-X.*

OLI

Abk. für Optical Line Inlet.

→ *OLO.*

OLN

Abk. für Openbaar Ladelijk mobilofoon-Net.

Name eines handvermittelten, analogen, niederländischen Mobilfunknetzes aus vor-zellularer Zeit. Es ging bereits 1949 in Betrieb und wurde erst 1986 (!) endgültig eingestellt.

Ermöglichte Halbduplex-Verbindungen und arbeitete im 80-MHz-Bereich. Nachfolger wurde → *ATF-1.*

OLO

Abk. für Optical Line Outlet.

OLT

1. Analoges norwegisches Mobilfunknetz aus der vor-zellularen Zeit. In Betrieb bis Oktober 1990. Operierte im 160-MHz-Band (Uplink: 159,050 bis 160,025 MHz, Downlink: 167,050 bis 168,025 MHz).
2. Abk. für Optical Line Termination.

   Begriff aus der → *Glasfasertechnik.* Bezeichnet in einer Ortsvermittlungsstelle die Einheit, die von der Vermittlungsstelle ankommende Signale elektrooptisch wandelt und auf das Glasfaseranschlußnetz legt. Umgekehrt wird auch von Teilnehmern kommender Verkehr optoelektronisch in von der Vermittlungsstelle schaltbare elektrische Signale umgewandelt und an diese weitergegeben. Eine OLT hat heute üblicherweise eine Kapazität von 1664 * 64 kbit/s, die auf bis zu 16 aktive optische Netze (→ *AON*) verteilt werden können.

   → *ONU*, → *Splitter.*

OLTP

Abk. für Online Transaction Processing.

Bezeichnet eine Methode der zentralisierten Transaktionsverarbeitung, bei der eine Folge von Aufträgen (Transaktionen) nacheinander auf einem entfernten → *Server* abgearbeitet wird, während der → *Client* selbst die Verbindung hält (online) und auf deren Fertigstellung wartet. Die offene und verteilte Version hiervon ist → *ODTM.*

O & M

Allg. gebräuchliche Abk. für Operation and Maintenance.

Bezeichnet alles, was mit Betrieb und Wartung eines Netzes und seiner Einrichtungen (Leitungen und Vermittlungen) zu tun hat. In der Literatur gibt es auch den Begriff OAM oder OAM & P, was für Operation, Administration, Maintenance & Provisioning steht.

→ *OMC*, → *TMN*, → *QoS.*

OMA

Abk. für Object Management Architecture.

Bezeichnung einer grundlegenden Vorschrift zur Beschreibung objektorientierter Systeme. OMA ist eine detaillierte Beschreibung der Ziele und Vorgehensweise der → *OMG* und unterstützt die Kommunikation und Kooperation zwischen Objekten in offener, heterogener Umgebung. Wurde 1990 von der OMG vorgestellt. Nachfolger bzw. konkrete Anwendung und Spezifikation des in OMA definierten Object Request Brokers (→ *ORB*) war → *COBRA.*

OMAP

Abk. für Operation and Maintenance Application Part.

→ *SS#7.*

OMC

1. Abk. für Operation & Maintenance Center.

   Bezeichnet in heutigen Telekommunikationsnetzen die Zentrale, mit welcher das Netz gesteuert und gewartet wird.

   → *QoS*, → *TMN.*
2. Speziell ein Element der Netzinfrastruktur von → *GSM* und von → *ERMES.*

OMG

Abk. für Object Management Group.

Bezeichnung eines industriellen Standardisierungsgremiums, das 1989 gegründet wurde, um objektorientierte Standards für die Beschreibung verteilter Systeme (Distributed Object Computing, DOC) zu erarbeiten. Durch dieses universelle Architekturmodell soll die globale Interoperabilität allgemeiner, verteilter Anwendungen über die

Grenzen von Programmiersprachen, Betriebssystemen und Hardwarearchitekturen hinweg gefördert werden. Gründungsmitglieder waren DEC, HP, IBM und Sun. Mittlerweile über 700 Mitglieder vom Hersteller bis zum Anwender.

Die OMG brachte zuerst 1990 → *OMA* heraus, gefolgt 1991 von → *COBRA*.

→ *http://www.omg.org/*

ON

Abk. für → *Ortsnetz*.

ONA

Abk. für Open Network Architecture.

Ein von der amerik. → *FCC* definierter Begriff.

→ *ESP*.

eine → *Set-Top-Box* mit herkömmlichem, analogen TV-Gerät sein.

Denkbare Realisierungsformen sind → *Information-on-Demand* , → *Video-on-Demand* und → *Tele-Shopping*.

On-Hook

Englische Bezeichnung für das Auflegen des Hörers auf die Gabel bzw. das Endgerät. Oft wird der Begriff synonym für das Beenden einer Fernsprechverbindung benutzt.

→ *Off-Hook*.

ONKz

Abk. für Ortsnetzkennzahl.

Amtliche Bezeichnung der ein → *Ortsnetz* eindeutig identifizierende Kennzahl, die von einem anderen Ortsnetz aus gewählt werden muß, wenn ersteres erreicht werden soll.

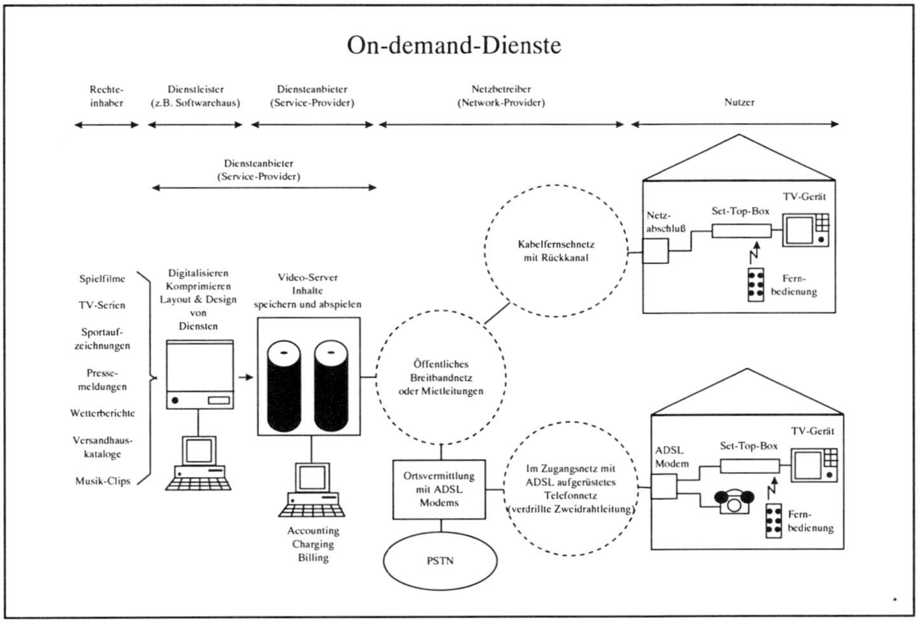

ONC/RPC

Abk. für Open Network Computing.

Ein Dienst für Verbindungen über → *LANs* und andere Netze für → *Unix*-basierte Rechner.

→ *NFS*.

On-demand-Dienste (-Services)

Oberbegriff für verschiedene, neue multimediale Dienste (→ *Multimedia*), bei denen auf einem geographisch vom Abrufenden weit entfernten → *Server* abgelegte Informationen gezielt durch Nutzer über breitbandige Telekommunikationsdienste durchsucht und abgerufen werden können. Das Endgerät kann dabei der heimische PC oder

Online

Bezeichnung für den Zustand, bei dem ein → *Client* direkt über Übertragungsmedien und für längere Zeit (auch wenn zwischen zwei Datenabfragen eine längere Zeit vergeht) mit einer Datenquelle (→ *Server*) verbunden ist.

Online-Dienst, -Services

Oberbegriff für kommerzielle Computerinformations- und Datendienste für Privat- und Geschäftskunden. Ausgehend vom Ursprung der Online-

Dienste, dem → *Internet*, entwickelten sich rein kommerzielle Anbieter.
Grundelemente sind:

- Informationsdienste aller Art (Wetter, Zugfahr- und Flugpläne, Börsenkurse, Softwareprogramme etc.),
- Kommunikationsdienste (→ *e-mail*, → *Chat*, → *Foren*).

Den Teilnehmern werden diese Dienste gegen monatliche Grundgebühren und zeit- oder datenvolumenabhängige Nutzungsgebühren angeboten. Der Teilnehmer ist dabei in der Regel über das analoge Telefonnetz und ein → *Modem* oder über das → *ISDN* mit einem → *Server* gekoppelt.

Wertschöpfungskette Online-Dienste

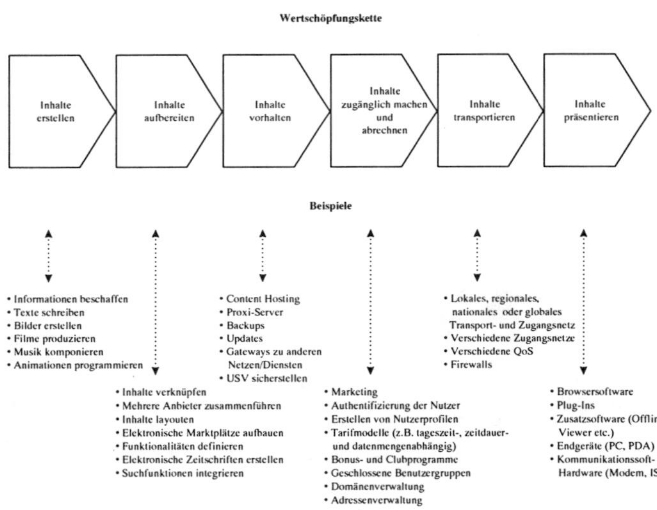

Beispiele für Online-Dienste sind → *CompuServe*, → *Microsoft Network*, → *eWorld*, → *Prodigy*, → *America Online*, → *GEnie*, → *PersonaLink*, → *Delphie*, → *Fidonet*, → *Z-Netz*, → *CL-Netz* und das → *Internet*.

Daneben werden unter Online-Services in weiterem Sinne auch Datenbankanbieter verstanden, die Datenbankenzugriffe über große Entfernungen mittels Telefonleitungen (analog oder via ISDN) anbieten. Weltweit existieren ca. 6 000 Datenbanken verschiedenster wissenschaftlicher Disziplinen.

Ende 1996 hatten weltweit ca. 12 Mio. Teilnehmer Zugang zu verschiedenen nationalen und internationalen kommerziellen Online-Services (ohne Internet). Für das Jahr 2000 werden 15 Mio. Online-Nutzer für Europa vorausgesagt.

Es ist absehbar, daß sich auch proprietäre technische Plattformen verschiedener Online-Dienste zum Internet-Standard des WWW (→ *html*) entwickeln.

On-Off-Keying

→ *ASK*.

ONP

Abk. für Open Network Provision.

Bezeichnet im Rahmen der → *Deregulierung* das Konzept des offenen Netzzuganges. Oberbegriff in Europa für seit Anfang der 80er Jahre (seit 1990 massiv) von der EU geforderte Maßnahmen der Netzbetreiber. Eine einheitliche Definition existiert nicht, vielmehr fallen eine ganze Reihe von Forderungen darunter, wie z.B. der offene Zugang zu Netzen anderer Länder, die Forderung nach Verbindung von Mobilfunk- und Festnetzen, der fairen Preisgestaltung gegenüber (neuen) Mitbewerbern, die auf Übertragungsdienste eines (bisherigen) Monopolisten angewiesen sind etc.

Prinzipiell lassen sich zwei Punkte herausarbeiten:

- Diskriminierungsfreier Zugang zu Netzen und Diensten für Nutzer und andere Netzanbieter.
- Diskriminierungsfreie Konditionen für diese Zur-Verfügung-Stellung der eigenen Netze oder Netzteile für andere (Netzbetreiber). Diese Konditionen müssen auf objektiven, nach-

vollziehbaren und veröffentlichten Kriterien basieren.

→ *Interconnection*, → *Kollokation*, → *Entbündelung*, → *NZV*.

On-Site-Paging

Bezeichnung für → *Paging* auf privaten Grundstücken mit privaten Paginganlagen, z.B. auf Firmen- oder Messegeländen.
→ *Off-Site-Paging*.

ONT

Abk. für Optical Network Termination.
→ *ONU*.

On-The-Fly-Switch

→ *Switch*.

ONU

Abk. für Optical Network Unit.
Bezeichnet den letzten Punkt eines Glasfasernetzes. Aufgabe ist die optoelektronische Wandlung (O/E), Trennung von Breitband- und Schmalbandsignalen und die Umsetzung des Ausgangssignals auf kupferbasierte Netze, u.U. in Verbindung mit → *Multiplex*-Verfahren.
Eine ONU versorgt üblicherweise zwischen vier und 256 Teilnehmer und hat die Größe eines Schuhkartons. Sie wird unter dem Bürgersteig oder oberirdisch in Schaltkästen untergebracht.
In Abhängigkeit des Standorts der ONU spricht man von → *FTTC*, → *FTTB*, → *FTTH*, → *FTTO*.
Die ONU kann auch geteilt werden in Optical Network Termination (ONT, installiert z.B. im Keller) mit dann max. 16 Ports zu den mit zwei Glasfasern und 2,56 Mbit/s angeschlossenen Service Units (SU) in den einzelnen Haushalten.
→ *Splitter*.

OO

Abk. für Objekt-Orientierung.
Ein ursprünglich aus der Software-Technik stammender Begriff, der mittlerweile etliche andere Bereiche erfaßt hat (Organisationslehre, Projektmanagement ...).
Grundlegender Gedanke ist, daß Dinge (Datenstrukturen, Dateien, Vorgänge, Unternehmensteile...) nicht nur aus Daten oder anders gearteten Parametern der verschiedensten Arten, sondern auch aus Eigenschaften bestehen. Beides zusammen (ein Ding und seine Eigenschaften) ergeben ein Objekt. Die Eigenschaften legen fest, was mit dem Objekt bzw. dessen Daten bzw. den das Ding definierenden Parametern geschehen kann. Dies führt dazu, daß die gleiche Operation, angewendet auf verschiedene Objekte, zu verschiedenen Resultaten führen kann.
Im Falle von Datenstrukturen z.B. definiert sich ein dazugehöriges Objekt aus den Daten der Struktur selbst (dem einzelnen Datensatz) und den Funktionen, die diese Daten manipulieren (Einlesen, Auslesen, Löschen, Verketten, Speichern, ...).
Primär ist heute von objektorientierten Programmiersprachen die Rede, deren Entwicklung folgenden Verlauf genommen hat.
1961 begannen O.J. Dahl und K. Nygaard am Norwegian Computer Center mit der Arbeit an der Programmiersprache → *Simula*.
1967 wurde mit der heute fast ausgestorbenen Sprache Simula eine Sprache vorgestellt, die bereits das objektorientierte Klassenkonzept enthielt (Simula 67). Sie war ihrer Zeit weit voraus und erfreute sich insbesondere in Skandinavien großer Beliebtheit.
1971 wurden in den Xerox-Labors (Palo Alto Research Center, PARC) objektorientierte Konzepte formuliert, die mehr als ein Jahrzehnt später zu → *Smalltalk* führten. Ziel dieses Projektes war die Erleichterung von Arbeit für den Programmierer. Es sollte eine möglichst intuitive Programmierumgebung geschaffen werden. Der Simula-Kenner Alan Kays war die treibende Kraft.
1972 entwarf Parnas in einem Artikel das Geheimnisprinzip (Information Hiding) und entwikkelte eine Idee der objektorientierten Programmierung: die Kapselung.
1973 beschrieben William Wulf und Mary Shaw in Anlehnung an den Artikel von Dijkstra in 'Global Variable considered harmful' das Konzept der abstrakten Datentypen und der Kapselung von Daten und Objekten.
1982 hatte Bjarne Stroustrup erste Gedanken für die objektorientierte Programmierung und veröffentlichte den Artikel 'An Abstract Data Type Facility for the C Language'.
1983 wurde die Programmiersprache → *C++* von Bjarne Stroustrup entwickelt.
1985 stellte die Firma Digitalk → *Smalltalk* vor, eine objektorientierte Sprache für kleine bis mittlere Anwendungen.

OOK

Abk. für On-Off-Keying.
→ *ASK*.

OOP

Abk. für Objekt-Orientiertes Programmieren (Object Oriented Programming).
→ *OO*.

OPAL

Abk. für Optische Anschlußleitung.
Bezeichnete zunächst sieben Pilotprojekte und später ein größeres Folgeprojekt der Deutschen Telekom. Es wurden in den sieben Piloten verschiedene → *FITL*-Strategien und -Topologien schwerpunktmäßig mit passiver Technik (→ *PON*) getestet.

Einen Überblick über die sieben Projekte verschafft folgende Tabelle:

	1	2	3	4	5	6	7
Telefon (analog)	x	x		x	x	x	
ISDN-Basisanschluß		x		x	x	x	
ISDN-Primärmultiplex		x			x		
Datenübertragung		x		x	x	x	
Breitbandverteildienst: Innenstadt und Wohngebiet	x			x	x		
Breitbandverteildienst: Wohngebiet			x			x	x
Breitbandverteildienst: Ländliche Gegend			x				x
Erprobung spez. Managementsysteme	x	x	x	x	x	x	
Erprobung div. Topologien	x	x	x	x	x	x	x
Topologie	B	B/S	B/S	DS	DS	DS	V
Anzahl Teilnehmer	19 2	50	4500	200	192	200	
In Betrieb ab	6/ 90	7/91	9/92	7/91	7/91	7/91	

Standorte:

1	Köln	2	Frankfurt/M.
3	Lippetal	4	Leipzig
5	Köln	6	Nürnberg
7	Bremen		

Topologien:

B	Bus
B/S	Bus mit Splittern
DS	Doppelstern
V	Verbindungsleitung

Mittlerweile ist OPAL ein Programm der Deutschen Telekom, um in den neuen Bundesländern im Anschlußbereich Glasfaserkabel zu verlegen. Dabei kommen die Erfahrungen aus den Pilotversuchen zum Tragen. Üblicherweise werden die Verkabelungsstrategien → *FTTC* und → *FTTH* mit aktiver Technik eingesetzt.

OPAX

Abk. für Operator Exchange.

OPC

Abk. für Originating Point Code.
Bezeichnet in → *SS#7*-Netzen innerhalb einer Signalisierungsnachricht den Identifizierungscode der sendenden Vermittlungsstelle.

OPD

Abk. für Oberpostdirektion.

Open Blueprint

Bezeichnung einer Architektur für offene verteilte Systeme aus dem Hause IBM.

OpenDoc

Bezeichnung eines offenen und objektorientierten Standards im PC-Bereich zum Datenaustausch zwischen und Zusammenarbeit von Applikationsprogrammen, ähnlich dem → *OLE* aus dem Hause Microsoft. Eingesetzt bei → *OS/2* und → *MacOS*.
OpenDoc gilt als plattformübergreifender als OLE oder dessen Weiterentwicklung → *Active-X*.
Die neueste Version von OpenDoc erlaubt eine Verbindung von OpenDoc und → *Java Beans*, d.h. der Entwickler kann Inhalte aus dem → *Internet* wie Java-Applets und Active-X-Komponenten in seine eigenen Applikationen einbinden.
→ *http://www.software.ibm.com/clubopendoc/*

Open Group

Bezeichnung der aus → *OSF* und → *X/Open* hervorgegangenen Herstellervereinigung zur Förderung offener Standards im Bereich der Datenkommunikation.
→ *http://www.opengroup.org/*

Operator (-dienste)

Bezeichnung für die Person, die im Rahmen von Auskunfts- oder Auftragsdiensten die Wünsche von Teilnehmern entgegennimmt. Die dadurch realisierten Dienste werden als Operatordienste bezeichnet, z.B. Telefonauskunft, Weckdienst, Sekretariatsservice, Annahme alphanumerischer Nachrichten für → *Paging* oder auch in → *Call Centern* etc.

OPGW

Abk. für Optical Ground Wire.
Bezeichnung für Unterseekabel auf Glasfaserbasis (→ *Glasfasertechnik*), die unmittelbar auf dem Meeresgrund verlegt sind und nicht mit Hilfe eines Schlittens, der hinter dem Verleger hergezogen wird, in den Meeresgrund eingegraben werden.

Optische Anrufsignalisierung

Eine Vorrichtung an einem Endgerät (Telefon, Fax etc.), die einen eingehenden Anruf optisch signalisiert, z.B. durch eine blinkende Lampe.
Möglich ist ferner eine separate Montage an der Wand, z.B. in einer Werkstatt, um bei unbesetztem Büro einen eingehenden Anruf auch bei laut laufenden Maschinen wahrnehmbar anzuzeigen.

Optischer Horizont

Bezeichnet den geometrischen Horizont, bis zu dem sich elektromagnetische Wellen oberhalb von

3 GHz als Direktwellen ausbreiten. In Analogie zum Licht spricht man auch vom 'Ausleuchten', wenn es um die Reichweite derartiger Wellen geht.
→ *Radiohorizont.*

Optischer Richtfunk

Bezeichnung für → *Richtfunk* mittels Laserstrahlen und → *LEDs*. Optischer Richtfunk ermöglicht üblicherweise Übertragungsraten von 2 über 40 bis 155 Mbit/s und wird zur Verbindung mehrerer Inhouse-LANs (→ *LAN*) bei u.U. durch öffentliche Straßen getrennten verteilten Standorten einer Firma innerhalb eines Ortes eingesetzt. Es können so Distanzen von wenigen Metern (zwischen Gebäuden, auf die andere Straßenseite) bis hin zu ca. 5 km überbrückt werden. Richtfunkstrecken über eigenem Grund und Boden (innerhalb eines Werkgeländes) sind genehmigungsfrei. Werden fremde Grundstücke überquert, ist beim → *BAPT* eine Genehmigung (100 DM/Monat) einzuholen.
Voraussetzung für den Betrieb derartiger Anlagen ist eine Mindesthöhe, in der die Anlagen gebaut werden, und bei der Verwendung von Lasern in den Systemen eine ausreichende Kennzeichnung des lasergefährdeten Bereiches sowie ein Laserbeauftragter im nutzenden Betrieb.
Aus technischer Sicht muß zwischen Sender und Empfänger Sichtverbindung bestehen. Ferner müssen Sender und Empfänger möglichst erschütterungsfrei aufgebaut sein.
Beeinträchtigung durch die Witterung (Regen, Schnee, Nebel) führen zu einem Sinken der Nutzdatenrate und in ungünstigen Fällen (starker Nebel oder dichter Schneefall) zu einem Totalausfall. Für solche Situationen empfiehlt sich ein automatisches Umschalten auf eine für die Dauer der gestörten Sicht permanent durchgeschaltete → *ISDN*-Verbindung (n * 64 kbit/s).
Kurzfristige komplette Unterbrechungen der Sichtverbindung, z.B. durch Vögel, stellen kein Problem dar.
Vorteil derartiger Systeme sind eine einfache und schnelle Installation, geringe Geräteabmessungen sowie niedrige Kosten.

Optisches Fenster

Bezeichnung für den Wellenlängenbereich, bei dem die optische Dämpfung von Glasfasern minimale Werte annimmt. Man unterscheidet dabei drei Fenster bei 850 nm (1. Fenster), 1 300 nm und 1 550 nm.
→ *Glasfasertechnik.*

Optobus

Name eines bidirektionalen optischen breitbandigen Datenübertragungssystems für den Nahbereich aus dem Hause Motorola.
Es handelt sich dabei um zweimal zehn Multimode-Glasfasern mit identischen Transceivern an jedem Ende, die Daten mit 3 Gbit/s (1,5 Gbit/s je Richtung, 150 Mbit/s je Glasfaser) über maximal 30 m übertragen. Die genutzten Laser arbeiten mit einer Wellenlänge von 850 nm.
Es existieren nur wenige Protokoll-Implementierungen auf den Transceivern, so daß die oberen Schichten vom Anwender selbst ergänzt werden müssen. Dies erlaubt aber auch die Anpassung an andere gängige, höhere Protokolle.
Prototypen wurden Ende 1994 erstmals vorgestellt, Serienfertigung ab Anfang 1996.

Optoelektronik

Oberbegriff für den Bereich der Elektronik, der sich mit der Erzeugung, Registrierung und Nutzung von Licht zur Datenübertragung und Datenverarbeitung beschäftigt, auch oft Photonik genannt.
Unter Licht versteht man den vom menschlichen Auge wahrnehmbaren Bereich des elektromagnetischen Spektrums mit Wellenlängen von 360 nm bis 830 nm.
→ *Laser*, → *Glasfasertechnik*, → *LED.*

OQPSK

Abk. für Offset Quadrature Phase Shift Keying.
→ *PSK.*

Orange Book

1. Bezeichnung eines Standards, der die bespielbare CD (→ *CD-R*, CD recordable) definiert. Von Sony und Philips veröffentlicht.
2. Bezeichnung einer Standardveröffentlichung der → *ITU* aus dem Jahre 1976, die u.a. → *X.25*-Schnittstellen zu → *SS#6* und → *PCM* definierte.
3. Bezeichnung eines Sicherheitsstandards zum Schutz von Kommunikationssystemen vor unbefugter Benutzung. Auch mit TCSEC bezeichnet (Trusted Computer System Evaluation Criteria). Definiert wurde der Standard bereits 1983 vom US-Verteidigungsministerium.
   Er definiert sieben Sicherheitslevel mit verschiedenen Sicherheitsmechanismen (sortiert nach aufsteigender Sicherheit):

Level	Beschreibung
D	Keiner oder nur minimaler Schutz
C 1	Identifizierung und Authentifizierung (benutzergesteuerter Zugang)
C 2	Kontrollierter Zugriffsschutz, Protokollierung der Vorgänge
B 1	Objektklassifikation Zugriffskontrolle vorgeschrieben
B 2	Strukturierungsschutz
B 3	Sicherheitsdomänen, Verwaltung durch Administrator
A 1	Sicherheitsentwurf

Ein europäisches Äquivalent ist → *ITSEC-91*, das in Deutschland vom → *BSI* angewendet wird.

ORB

Abk. für Object Request Broker.
Bestandteil von → *CORBA*.

Orbcom

Bezeichnung eines weltweiten, geplanten, satellitengestützten Pagingsystems (→ *Paging*), das auch von Funkamateuren genutzt werden kann. Entwickelt von Orbital Sciences, Terminals von Magellan Systems. 36 Satelliten (43 kg) mit vier Jahren Betriebszeit in sechs Umlaufbahnen in 775 km Höhe sind geplant.

Das System nutzt → *FDMA* und bietet Datenraten von 2,4 kbit/s im Uplink (148,905 MHz bis 149,9 MHz) und 4,8 kbit/s im Downlink (137 bis 138 MHz). Inbetriebnahme ist für Ende 1997 geplant.

Orbit

Bezeichnung einer Umlaufbahn eines Satelliten oder eines anderen Raumflugkörpers um die Erde.

Satelliten können auf einem Orbit nur (von der Erde aus gesehen) mit einem Differenzwinkel von 4° positioniert werden, da der Sendestrahl der Erdfunkstelle sonst auch Nachbarsatelliten tangiert. Für Fernsehsatelliten mit größerer Leistung sind 8° empfohlen.

→ *MEO*, → *LEO*, → *GEO*, → *ICO*.

Organizer

Bezeichnung für kleine Taschencomputer mit beschränktem Funktionsumfang: Notiz-, Adreß- und Telefonbuch, Taschenrechner, Kalender und Wekker. Im Gegensatz zum → *PDA* mit kleiner Tastatur ausgestattet.

Ortsanschlußleitung

Bezeichnung für die Leitung vom → *Hauptverteiler* bis zum Endverzweiger. Nicht notwendigerweise nur eine Leitung oder ein Kabel, da sich u.U. der → *Kabelverzweiger* noch dazwischen befindet.

Ortsbatterie

Begriff aus der Frühzeit des Telefonverkehrs. Die Telefone wurden damals (1880 bis 1920) nicht zentral von der Vermittlungsstelle gespeist, sondern waren vor Ort mit einer eigenen Batterie ausgestattet. Die Verbindungswünsche wurden der örtlichen Handvermittlung mittels eines Kurbelinduktors mitgeteilt. Bis 1905 war dies die ausschließliche Art des Betriebs von Fernsprechanschlüssen.

Nachteil: Hoher Wartungsaufwand, gilt als unzuverlässig.

→ *Zentralbatterie*.

Ortsnetz

Historisch gewachsener Begriff. Umfaßt alle Teilnehmer, Vermittlungseinrichtungen und Verbindungsleitungen in dem Bereich, in dem eine Verbindung ohne Wählen einer → *Ortsnetzkennzahl* hergestellt werden kann, d.h. der Begriff Ortsnetz ist nicht über Entfernung oder Teilnehmerzahl, sondern über den → *Numerierungsplan* definiert.

Das Ortsnetz gliedert sich in das Ortsanschlußleitungsnetz (→ *Zugangsnetz*, von der → *TAE*-Dose beim Teilnehmer zur ersten Vermittlungsstelle) und Ortsverbindungsleitungsnetz mit den Vermittlungen und den sie verbindenden Leitungen. In Deutschland gibt es 1 461 Ortsnetze der Deutschen Telekom in den neuen und 3 749 in den alten Ländern. Größtes Ortsnetz ist Berlin mit über 100 Vermittlungsstellen.

Analoge Ortsnetze können bis zu drei Ebenen besitzen, digitale Ortsnetze in der Regel maximal zwei.

Vermittlungsstellen in Ortsnetzen, an denen Teilnehmer angeschlossen sind, werden auch Teilnehmervermittlungsstellen genannt.

Ortsnetzkennzahl

Bezeichnung der zwei- bis vierstelligen Kennzahl, unter der ein → *Ortsnetz* angewählt werden kann.

Die → *Verkehrsausscheidungsziffer* (durchweg die Null) ist nicht Bestandteil der Ortsnetzkennzahl.

Ortsvermittlungsstelle

Bezeichnung für alle Vermittlungsstellen in der letzten Vermittlungsebene vor dem Teilnehmer. Auch Local Switch genannt. Die Kabel zu den Teilnehmern werden dort an einen → *Hauptverteiler* angeschlossen.

OS/2

Standardbetriebssystem (→ *Betriebssystem*) aus dem Hause IBM für → *PCs*. Kann im → *Multitasking*-Betrieb und, wenn vernetzt, auch im → *Multiuser*-Betrieb laufen.

OS/2 wurde zunächst von IBM und Microsoft gemeinsam ab 1985 als Nachfolger von → *MS-DOS* entwickelt, um die Möglichkeiten des 80386-Prozessors ohne Einschränkungen nutzen zu können. Als Name wurden während der Entwicklung NEWDOS, ADOS, DOS 5.0, DOS/286 oder CP/DOS gehandelt.

OS/2 wurde im April 1987 als Version 1.0 gemeinsam von IBM und Microsoft angekündigt, doch erst rund ein Jahr später von IBM mit der Nachfolgerlinie der ersten PC-Generation, PS/2, auf den Markt gebracht. Es war zunächst (bis Version 1.3) speziell auf den Prozessor Intel 80286 zugeschnitten und existierte als Standardversion von Microsoft und als Extended Edition von IBM

mit zusätzlicher Kommunikations- und Datenbanksoftware.
1988 folgte Version 1.1, 1989 Version 1.2 und bereits 1990 Version 1.3 mit neuer Benutzeroberfläche (Presentation Manager).
Microsoft stieg aus dem Projekt Anfang der 90er Jahre aus. OS/2 hatte seither Schwierigkeiten, sich gegen → *Windows* (insbesondere ab Mai 1990 Windows 3.0) zu behaupten, auch wegen der geringen Auswahl an Software. OS/2 wurde zwischenzeitlich immer wieder totgesagt, aber dennoch weiterentwickelt. 1992 folgte Version 2.0, alleine entwickelt von IBM, wie ebenfalls Version 2.1 im Jahre 1993.
OS/2 wurde für viele Anwender erst 1995 interessant, als PC-Discounter Ende 1994 anfingen, ihre PC-Clones serienmäßig mit vorinstalliertem OS/2 Warp 3.0 und kompletter Standardsoftware auszustatten, das zudem noch im Bonus-Pack einen kostenlosen → *Internet*-Zugang enthielt. Ab Januar 1996 stand OS/2 auch für den → *PowerPC* zur Verfügung.
Nächste Weiterentwicklung war die ab Mitte 1996 unter dem Codenamen Merlin entwickelte Folgeversion mit integrierter Spracherkennung.
→ *http://www.software.ibm.com/os/*

OS-9

Ein Betriebssystem für Echtzeitanwendungen, das in den späten 70er Jahren ursprünglich von Microware für den Motorola 6809 (8-Bit-Datenbus, 16-Bit-Register) geschrieben wurde und 1983 auf den 68000 umgeschrieben wurde. Mittlerweile in der Version 3.0 aktuell. Gilt als optimales → *Betriebssystem* für Echtzeitanwendungen im Bereich Messen, Steuern, Regeln und Automatisieren im industriellen Bereich. Ist modular um einen Kern aufgebaut und vollständig in Maschinensprache geschrieben.
Dient heute auch als Basis für das Betriebssystem CD-RTOS (Real Time Operating System) von interaktiven → *CD-i*-Anwendungen von Philips und von → *Set-Top-Boxen* in den USA. Dort Grundlage von → *DAVID*.

OSB

Abk. für oberer Sonderkanalbereich.
→ *Breitbandkabelverteilnetz.*

Osborne-1, Osborne Executive

Bzeichnung von zwei frühen tragbaren Computern aus dem Hause Osborne Computers. Entwickelt Anfang der 80er Jahre.
Der Osborne-1 im Format einer Kühlbox verfügte 1981 über ein 24-Zeilen-Display (12 cm Bildschirmdiagonale), zwei Floppy-Laufwerke, Z-80-Prozessor und 64-KByte-RAM. Er kostete 1 795 $ und wog 13 kg.
Ausgerüstet war er mit → *CP/M* als → *Betriebssystem* und Software für über 1 500 $, womit das Software-Bundling erfunden war: WordStar, SuperCalc, ein paar CP/M → *Utilities* und → *BASIC*.
Die Entwicklungsgeschichte des Osborne begann 1980. Der in die USA emigrierte britische Verleger von Computerbüchern Adam Osborne verkaufte seinen Verlag an McGraw-Hill und gründete 1981 Osborne Computers. Er war seiner Zeit rund zehn Jahre voraus, als er den ersten tragbaren Rechner entwickelte, baute und vertrieb. Die Nachfrage war mäßig, aber zufriedenstellend, bis nach der Vorstellung des Nachfolgemodells Osborne Executive, zu einem Zeitpunkt, als die Lager noch mit dem ersten Modell gefüllt waren. Entscheidender Fehler: das Nachfolgemodell war nicht IBM-kompatibel.

OSC

Abk. für Optical Supervisory Channel.
Bezeichnung eines separaten Kanals in glasfaserbasierten Übertragungssystemen zur Übertragung von Managementinformationen außerhalb der Hauptsignale.
→ *Glasfasertechnik.*

OSDM

Abk. für Optical Space Division Multiplexing.
Bezeichnung für die Technik, einen neuen logischen Kanal bei Glasfaserkabeln durch das Einführen einer weiteren Faser zu erreichen.
→ *OTDM*, → *WDM*.

OSF

1. Abk. für Open Software Foundation.
   Auch Hamilton-Group genannt. Bezeichnung einer 1988 von IBM, Siemens, Nixdorf, HP, Bull, DEC und Apollo gegründeten Vereinigung. Gilt als Reaktion auf die Kooperation von AT&T und Sun bei der Entwicklung von System V des → *Betriebssystems* → *Unix*. Mittlerweile über 300 Mitglieder. Ursprüngliches Ziel: Entwicklung einer auf AIX von IBM basierenden, vollständig offenen Unix-Umgebung, ohne Lizenzgebühren an AT&T zahlen zu müssen. Dieser Ansatz kann als gescheitert angesehen werden, da die Mitgliedsunternehmen nur Teile der OSF/1-Spezifikation realisierten bzw. nur einzelne Unternehmen sie komplett für bestimmte Hardware-Plattformen umgesetzt haben. 1989 wurde, davon abgesehen, → *Motif* und 1990 → *DCE* vorgestellt. Im Mai 1989 erfolgte Zutritt zu → *X/Open*, mit der sie vollständig Ende 1995 verschmolz. Adresse:

   OSF
   11 Cambridge Center
   Cambridge MA 02142
   USA

   → *http://www.osf.org/*

2. Abk. für Operation System Function. Bezeichnung einer der Komponenten von → *TMN*, die Netzmanagementfunktionen erfüllt (Überwachen, Koordinieren, Steuern).

OSI-Referenzmodell

Oft auch ISO-OSI-Referenzmodell, 7-Schichten-Modell, Schichtenmodell, Layermodell, Ebenenmodell, Architekturmodell oder nur Referenzmodell genannt.

Es handelt sich um ein von der → *ISO* vorgelegtes, abstraktes Modell, welches die Protokollschichtung für den Kommunikationsverbund offener und verteilter Systeme funktionell beschreibt.

Offen steht hier für 'nicht an einen Firmenstandard gebunden' und verteilt für 'physikalisch an mehreren Orten vorhanden'.

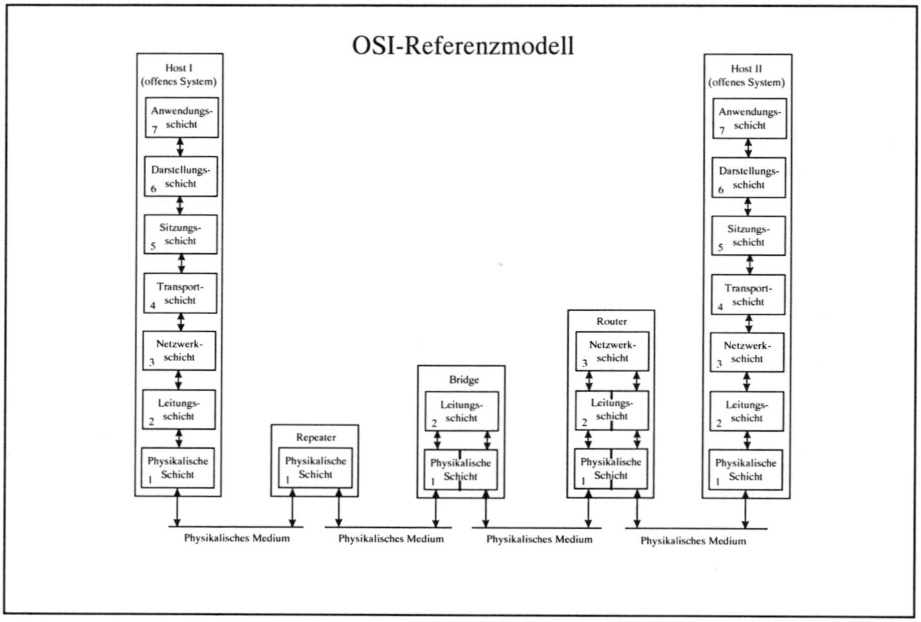

(z.B. → *Codierung*, → *Routing*, Fehlererkennung ...). Der Grundgedanke ist dabei der einer jeden Modularisierung: Definition einzelner Module (hier: Schichten) und ihrer Schnittstellen (hier: sog. Dienstzugangspunkte) mit dem Ziel, bestimmte Funktionen in Einheiten zusammenzufassen und die Module austauschbar, überschaubar und leichter handhabbar zu machen (Baukastenprinzip).

Genauso, wie ein Computerprogramm in mehrere Teile zerfällt (Funktionen), zwischen denen man exakte Schnittstellen (Parameterübergaben) definiert, so zerfällt auch eine Anwendung eines Programms in einem verteilten System, d.h. vernetzten System, logisch gesehen, in viele verschiedene Aufgabenbereiche.

Unter System ist jede technische Einrichtung zur Datenübertragung zwischen geographisch verteilten Kommunikationspartnern zu verstehen (Computer, → *Router* oder jede andere Art von → *Netzknoten*).

Für den Neuling ist das Modell nicht einfach zu durchschauen.

Das Modell hat mittlerweile einige Erweiterungen und Revisionen erfahren. So wurden einzelne Schichten (Layer) mittlerweile in Unterschichten geteilt.

Jede von anderen unabhängige Schicht beschreibt dabei einen zusammengehörenden, für die Datenübertragung und -verarbeitung relevanten Bereich

Ziel bei der Entwicklung des Modells war daher die Definition eines universellen Systems zur Beschreibung der Kommunikation in verteilten Systemen, damit heterogene Rechnersysteme miteinander kommunizieren können.

Eine Verbindung zwischen zwei Programmen, die auf unterschiedlichen Rechnern laufen, durchläuft die sieben Schichten, die die Datenpakete aufbauen, die letztlich über das Medium (z.B. ein Kabel, oder aber auch einen Funkkanal) transportiert werden.

Es wurden bis dato mehrere Protokolle der unteren drei Schichten definiert (für die Übertragung der Daten zuständig). Die oberen vier Schichten (für die Anwendung zuständig) sind vergleichsweise leer geblieben.

Die → *ITU* hat das OSI-Referenzmodell nahezu wortgleich zur ISO in die X.200-Empfehlung übernommen.

An dieser Stelle werden nun die einzelnen sieben Schichten näher vorgestellt.

Das Medium

Das physikalische Medium wird vom Referenzmodell als gegeben vorausgesetzt und ist nicht in einer eigenen Schicht definiert, weswegen es nicht Bestandteil des Referenzmodells ist.

Es wird davon ausgegangen, daß es unterhalb von Schicht 1 liegt (daher selten auch als Schicht 0 bezeichnet) und Schicht 1 alle notwendigen speziell auf das Medium zugeschnittenen Konventionen definiert. Beispiele für unterschiedliche Medien sind das → *Koaxialkabel*, ein Funkkanal, die Glasfaser (→ *Glasfasertechnik*) oder die verdrillte → *Zweidrahtleitung*, von der es wiederum verschiedene Ausprägungen gibt.

Die physikalische Schicht, Bitübertragungsschicht, Physical Layer, PHY, 1.Schicht

Diese unterste Schicht definiert Protokolle, die unmittelbar auf dem Medium operieren.

Sie definiert den Auf- und Abbau einer Verbindung und das Datenformat (physikalische Form elektrischer, elektromagnetischer oder optischer Signale) der Daten, wie sie letztlich auf das Medium gelegt werden, z.B. die Fragen, wieviele Volt eine logische Null oder Eins repräsentieren, welches Medium (verdrillte Kupferzweidrahtleitung, Koaxialkabel, Glasfaser, Richtfunkstrecke) benutzt werden kann und wie lang es maximal oder minimal sein darf, wie groß eventuell nötige Abschlußwiderstände sein müssen, ob und wie parallel/seriell oder umgekehrt gewandelt wird und ob und wie synchronisiert wird.

Ferner werden die physikalischen Parameter der auch für den Benutzer sichtbaren Verbindung geregelt: wie groß ist der Stecker zum Medium, wieviele Pins hat er, welche davon werden genutzt und welche Funktionen übernehmen diese.

Schicht 1 ist im OSI-Referenzmodell die Schicht mit den meisten bereits definierten Protokollen.

Beispiele für Protokolle der Schicht 1 sind → *V.24*, V.35, V.36 oder → *X.21*.

Da insbesondere X.21 ein wichtiges, weitverbreitetes Protokoll der Schicht 1 ist, wird Schicht 1 auch häufig X.21-Schicht genannt.

Die Verbindungsschicht, Sicherungsschicht, Data Link Layer (oder auch nur Link Layer), DL, 2. Schicht

Die Bits, die zwischen zwei Stationen (d.h. über Teilstrecken, es müssen also nicht die Endstationen Sender und Empfänger sein) ausgetauscht werden, werden von dieser 2. Schicht mit einem fehlererkennenden oder -korrigierenden Protokoll übertragen.

Es geht hier um falsch übertragene, verlorengegangene oder doppelte Daten auf Bitebene. Ferner wird Flußkontrolle vorgenommen, falls das Medium die Daten nicht so schnell übertragen kann, wie Daten von Schicht 3 zum Senden übergeben werden.

Werden Blöcke übertragen, so müssen diese sinnvoll numeriert werden, um beim Empfänger wieder richtig zusammengesetzt werden zu können.

Als Dienst stellt Schicht 2 also für alle höheren Schichten eine fehlerfreie Verbindung zwischen zwei einzelnen Netzknoten zur Verfügung.

Sehr häufig genutztes Protokoll der Schicht 2 ist eine Version des → *HDLC*-Protokolls (z.B. → *LAP-B* bei → *X.25*). Ein anderes Beispiel ist → *BSC*.

Im → *LAN*-Bereich mit → *Shared Media* wird die Schicht 2 oft in zwei Unterschichten zerlegt: Logical Link Control (→ *LLC*, → *IEEE 802.2*) und Media Access Control (→ *MAC*). Die letztere regelt, wer wann senden darf, LLC übernimmt die Fehlerkorrektur.

Ein Beispiel für ein Protokoll zur Flußkontrolle auf Schicht 2 ist das → *Stop-and-Wait-Protokoll.*

Die Netzwerk-Schicht, Vermittlungsschicht, Network-Layer, N, 3. Schicht

Auch Paketebene genannt. In einem Netz sind i.d.R. nicht alle Knoten vollständig miteinander vernetzt, sondern die Daten müssen über mehrere Netzknoten und u.U. über mehrere heterogene Netze geleitet werden. Zwischensysteme, die nur Daten weiterleiten und an die keine Teilnehmer angeschlossen sind, verfügen meistens nur über die unteren drei Schichten.

Die Schicht 3 übernimmt das → *Routing*, d.h. angekommene von Schicht 2 empfangene Pakete sind fehlerfrei, ihre Adresse wird gelesen, ausgewertet und anhand vorhandener Informationen (Routing-Tabellen etc.) kann der Netzknoten entscheiden, wohin die Daten weitergesendet werden müssen.

Dies geschieht in Abhängigkeit von vorher festgelegten Parametern: Tarif, Dienstqualität etc. Die Überwachung der Netzauslastung ist ebenfalls eine Aufgabe der Schicht 3.

Aus Sicht der nächsthöheren 4. Schicht erfolgt der Datentransport durch Leistungen der Schicht 3 völlig unabhängig von einer bestimmten gewählten Technik der Vermittlung, Übertragung und völlig unabhängig von dem gewählten Übertragungsmedium.

Die Transportschicht, Transport Layer, T, 4. Schicht

Dieses Protokoll kümmert sich um die Ende-zu-Ende-Verbindung, z.B. um das erneute Aufbauen einer Verbindung, wenn zwischendurch in instabilen Netzen die Verbindung zusammenbricht etc. Daher werden Protokollinformationen dieser Art in den Zwischensystemen nicht ausgewertet. Protokolle der 4. Schicht werden deshalb auch oft Ende-zu-Ende-Protokolle genannt.

Während sich Schicht 2 um die Verbindung zwischen einzelnen Netzknoten kümmerte und Schicht 3 eine Ende-zu-Ende-Verbindung zwischen den Geräten im Auge hatte, ist die Aufgabe der Schicht 4 die Verwaltung der Verbindung zwischen dem in dieser Maschine laufenden Prozeß und dem Prozeß auf der fernen Maschine. Beispielsweise wird hier Adreßkonvertierung vorgenommen (Name zu Rufnummer, → *X.400* zu → *TCP/IP*).

Die Sitzungsschicht, Kommunikationssteuerungsschicht, Session Layer, S, 5. Schicht

Hauptaufgabe ist die Aufnahme, die grundlegende Durchführung und Beendigung einer Sitzung (Session) aus Anwendungssicht, wozu oft direkt auf Ressourcen des Betriebssystems zurückgegriffen wird, da viele Betriebsparameter (z.B. Time-Outs) überwacht werden müssen. Zur Aufnahme gehört die Identifikation und Authentifizierung (z.B. durch Paßwortabfrage). Ein weiteres Beispiel für die Aufgabe dieser Schicht ist das Festlegen, ob es sich um eine Vollduplex- oder Halbduplexverbindung handelt.

Zur Durchführung gehört z.B. eine u.U. erforderliche Synchronisation. Oft ist es notwendig, in einen Datenstrom aus Sicherheitsgründen Synchronisationsmarken einzufügen, die dann erst von der empfangenden Station bestätigt werden müssen, bevor die Übertragung weitergeht. Dies hat den Vorteil, daß, falls doch ein Fehler bemerkt wird, die Übertragung erst von der letzten derartigen Marke an wieder aufgenommen werden muß.

Ferner könnten während einer Sitzung Gebühren anfallen, die ermittelt und verbucht werden müssen. Während einer Sitzung kann diese auch durch Fehler in tieferen Schichten beendet worden sein. In einem solchen Fall wird sie durch Schicht 5 automatisch wieder aufgebaut.

Zur Beendigung gehört ein sorgfältiger Abbau aller Verbindungen und ein Logoff.

Die Darstellungsschicht, Präsentationsschicht, Presentation Layer, PRE, 6. Schicht

Schicht 6 interpretiert die Daten. Das Problem ist, daß fast jedes Rechnersystem sein eigenes Datenformat hat. Selbst wenn z.B. die Bitzahl für die Repräsentation von Daten festliegt, ist unklar, ob das höchst- oder das niederwertigste Bit zuerst übertragen wird. Ferner gibt es unterschiedliche Formate für Buchstaben (→ *ASCII* oder → *EBCDIC*), REAL-Zahlen, Uhrzeiten, Druckformate etc. Die sechste Schicht wandelt die Datenformate in ein der Übertragung angepaßtes Format um und sorgt beim Empfänger für die Rückverwandlung. Ferner spielen Fragen der Datensicherheit (Kryptographie) eine Rolle.

Die Anwendungsschicht, Verarbeitungsschicht, Application Layer, APP, 7. Schicht

Die oberste Schicht 7 stellt dem Anwender und seinen Programmen (oder evtl. nur dem Betriebssystem) direkt verteilte Datenübertragungsanwendungen zur Verfügung. Ein Beispiel wäre der X.400-Dienst für → *e-mail*, → *X.500* für einen Directory-Dienst oder → *JTM* und → *VTP* im Großrechnerumfeld. Andere Beispiele sind → *FTAM* oder auch verteilte Datenbanken. Weil es auf dieser hohen Schicht sehr viele unterschiedliche potentielle Anwendungen gibt, ist sie am schwierigsten zu standardisieren und beinhaltet dementsprechend heute im Vergleich zu, z.B. den unteren drei Schichten, nur sehr wenige standardisierte Anwendungen. Aufgaben, die hier zu definieren sind: Dienstgüte (Latenzzeit, Varianz derselben, zulässige Bitfehlerrate), Authentifizierung und Identifikation (Zugangsberechtigung) und benötigte lokale Betriebsmittel.

Scherzhaft werden die sieben Schichten des OSI-Referenzmodells zur Beschreibung technischer Systeme manchmal durch zwei weitere Schichten 8 (Politik) und 9 (Religion) ergänzt, um auch nicht-technische Sachverhalte beschreiben zu können.

Umgekehrt wird das Konzept häufig zur schnellen schematischen Einordnung auf zwei Schichten reduziert:

- die Diensteschicht oder Anwendungsschicht (Schichten 4 bis 7),
- die Übertragungsschicht (Schichten 1 bis 3).

Durch die Nutzung von EDV-Systemen in allen Bereichen von Industrie, Handel und Wissenschaft entstand in den 60er und 70er Jahren das Bedürfnis, die diversen Komponenten derartiger Systeme (Terminals, Hosts, Drucker, Scanner etc.) lokal oder auch weltweit zu vernetzen. Hierfür entwickelten Hersteller zunächst eigene Systeme (→ *SNA*, → *DECNET*, → *Transdata*), die inkompatibel zueinander waren. Hieraus entstand der Wunsch, eine offene Kommunikationsarchitektur zu definieren, damit sich Systemkomponenten verschiedener Hersteller ergänzen. Die Entwicklung des OSI-Referenzmodells startete 1977 bei der ISO und ein Jahr später bei der CCITT. Beide arbeiteten ab Februar 1978 zusammen. Der Standard wurde dann 1983 von der ISO verabschiedet. Basiert konzeptuell (Anzahl und ungefähre Funktion der Schichten) auf SNA von IBM.

OSIRM

Abk. für → *OSI-Referenzmodell.*

OSPF

Abk. für Open Shortest Path First.

Bezeichnung eines im → *Internet* genutzten hierarchisch aufgebauten und komplexen Protokolls für Routing (→ *IGP*). Gilt als Nachfolger für → *RIP*. Dabei werden vom Teilnehmer vorgegebene Parameter und Informationen über die → *Netztopologie* genutzt, um den kürzesten Weg zwischen → *Routern* im Internet zu finden. Dies setzt voraus, daß die Routing-Maps in den Routern nach jeder Änderung der Netztopologie (nach jedem Einfügen eines Routers) aktualisiert werden. OSPF erlaubt Multipath-Routing und eine bessere Lastverteilung im Internet.

OST

Abk. für Office of Science and Technology.
Ein Teil der → *FCC*.

OTA

Abk. für Office of Technology Assessment.
Bezeichnung eines 1972 eingerichteten und 1995 wieder aufgelösten Büros des US-Kongresses mit der Aufgabe, ihn in Angelegenheiten der Technikfolgenabschätzung zu beraten.

OTAR

Abk. für Over the Air Rekeying.
Bei Funksystemen Bezeichnung für die Möglichkeit, daß ein geänderter Schlüssel über den Funkkanal dem Entschlüsselungsgerät selbst mitgeteilt wird und in diesem, z.B. auf eine → *Chipkarte*, aufgespielt wird. Es ist damit möglich, den Schlüssel von einer zentralen Stelle aus öfter zu ändern. Angewendet z.B. bei analogem → *Bündelfunk*.

OTDM

Abk. für Optical Time Division Multiplexing.
Bezeichnung für die Technik, für einen weiteren logischen Kanal in einer Glasfaser die Bitrate durch Erhöhung der Pulsfrequenz des Lichtes einzuführen bzw. die bestehende Datenrate neu unter den logischen Kanälen aufzuteilen.
→ *OSDM*, → *WDM*.

OTDR

Abk. für Optical Time Domain Reflectometer.
Bezeichnung eines Meßgerätes in der → *Glasfasertechnik*, mit dem man die lokale Dämpfung einer Glasfaser ermitteln kann.
Dies geschieht, indem ein Lichtimpuls in die Faser gespeist wird und seine Streuleistung zurück infolge der Rayleigh-Rückstreuung in Abhängigkeit der Zeit registriert wird. Die Rückstrahlungsleistung ist proportional zur lokalen Dämpfung der Faser.

OTMX

Abk. für optischer Terminal Multiplexer.

Outbound Call Center

→ *Call Center*.

Outslot-Signalisierung

Andere Bezeichnung für Außerbandsignalisierung. Bezeichnung für die Übertragung von Informationen zur Verbindungssteuerung nicht im gleichen Kanal wie die Nutzdaten bei digitalen Systemen. Gegenteil: Inslot-Signalisierung.

Outsourcing

Begriff aus der Betriebswirtschaft. Beschäftigt sich mit der Frage 'Make or Buy'. Bezeichnet das Auslagern von (klassischen und bisher im und vom Unternehmen wahrgenommenen) Tätigkeiten aus einem Betrieb, wie z.B. die Abgabe aller Computeraktivitäten an ein externes Rechenzentrum oder von Wartungsarbeiten an einen Hersteller. Dabei unterscheidet man verschiedene Formen:

- Gründung einer eigenen Tochterfirma und Übergang eigener Anlagen und eigenen Personals in diese,
- Verkauf bislang eigener Anlagen an eine Fremdfirma und/oder Übergang bislang eigenen Personals an die Fremdfirma,
- Einfache Abgabe der Dienstleistung an eine Fremdfirma, die eigene Anlagen betreut.

Overhead

Bezeichnung für alle Daten und Vorgänge, die über Nutzdaten und den reinen Nutzdatentransport hinausgehen.

Overlay-Netz

Bezeichnet ein zeitweise existierendes Netz, das neben einem bestehenden aufgebaut wird und dieses, z.B. auf stark belasteten Verbindungen, entlastet oder neue Technologien einführt. Es kann auch schrittweise zu einem Ausbau des Overlay-Netzes und zu einer Außerbetriebnahme des bestehenden Netzes kommen. Die Technik des Overlay-Netzes wurde, z.B., seit 1986 bei der Einführung des → *ISDN* im Netz der Deutschen Telekom in Deutschland angewendet, als zunächst die führenden Wirtschaftszentren mit ISDN-Verbindungen miteinander verbunden wurden.

Overspill

Bezeichnung für die Überreichweite von terrestrischem und satellitengestütztem Rundfunk über hoheitliche Landesgrenzen hinweg.

Overvoice

Bezeichnung für die Einspeisung von Signalisierungsdaten in Frequenzbereiche oberhalb des Sprachbandes bei 3850 Hz.
→ *DOV*.

OVSt

Abk. für → *Ortsvermittlungsstelle*.

OXC

Abk. für Optical Cross Connect.

Bezeichnung für einen optoelektronischer Vermittlungsbaustein, an dem Leitungen aus Glasfasern angeschlossen sind.

→ *Cross Connect,* → *Glasfasertechnik.*

P

PA

Abk. für Primary Access.
International übliche Bezeichnung und Abkürzung für den Primärmultiplexanschluß beim → *ISDN*.

PABX

→ *PBX*.

PAC

Abk. für Paging Area Controller.
Bezeichnung für einen Teil der Netzinfrastruktur bei → *ERMES*.

Packet Sniffer

Bezeichnung für im → *Internet* tätige Programme innerhalb von → *Routern*.
Sie können den Datenstrom durch den Router zu ursprünglich statistischen Zwecken im Zuge von Verkehrs- und Lastanalysen nach bestimmten einstellbaren Bitkombinationen durchsuchen (durchschnüffeln) und diese auswerten.
Mit derartiger Software kann gezielt nach Paßwörtern, Nutzerkennungen, Schlüsselwörtern (z.B. Credit-Card-ID) und Netzadressen gesucht werden, was dadurch auch die Möglichkeit des Mißbrauchs eröffnet.
Benutzerprofile können ebenso angelegt werden, wie es auch zum Mißbrauch der gesammelten Daten selbst kommen kann.

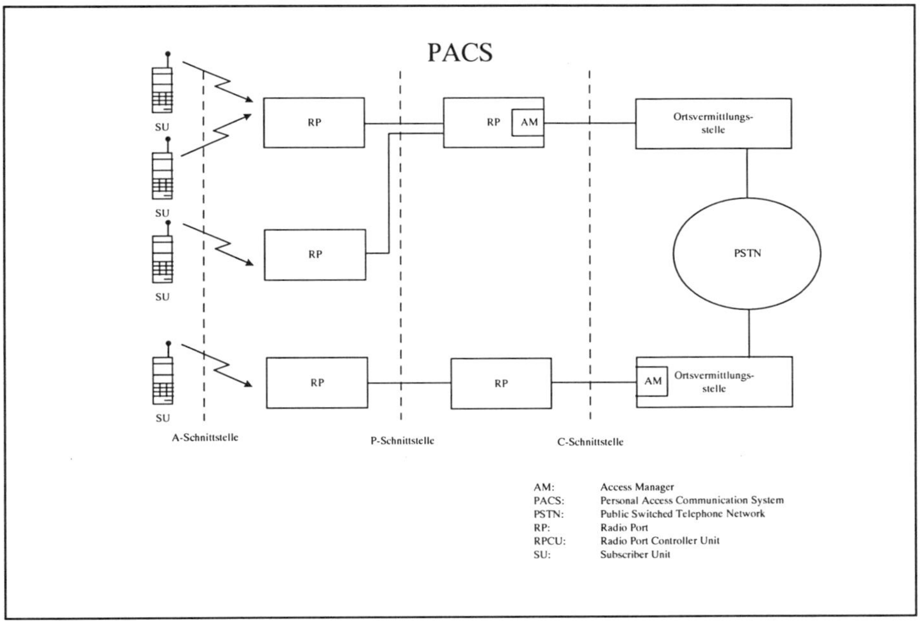

PACE

Abk. für Priority Access Control Enabled.
Bezeichnung eines in der Entwicklung befindlichen deterministischen Zugriffsprotokolls aus dem Hause 3Com.
Es arbeitet auf der Schicht 2 des → *OSI-Referenzmodells*.

Packet Filter

Bezeichnung für die einfachste von drei möglichen und unterschiedlich sicheren Varianten des → *Firewall*.

Packet Handler

→ *PH*.

PACS

Abk. für Personal Access Communications System.
Bezeichnung für einen Standard der → *ANSI* für eine generische Luftschnittstelle für drahtlose Telekommunikationsdienste. Ursprünglich handelte es sich um einen Industriestandard aus dem Hause Motorola für drahtlose und mikrozellulare Zugangsnetze (→ *zellulares System*) zu Telekommunikationsnetzen für Sprachübertragung, der bei Bellcore aus Kombination von → *PHP* und → *WACS* Mitte der 90er Jahre entstanden ist. Die Weiterentwicklung wird gefördert von der → *TIA*.
Mit PACS lassen sich digitale, zellulare Funksysteme zur Ermöglichung → *lokaler Mobilität* mit

→ *Roaming* aufbauen. Der Zellendurchmesser kann bis zu 400 m betragen.

PACS basiert auf einem → *TDMA*-Verfahren mit 8 Timeslots je Frequenz, → *FDD* und arbeitet in den USA im Bereich zwischen 1 920 MHz und 1 930 MHz.

PACS kann aber auch mit → *TDD* genutzt werden. In diesem Fall spricht man von PACS-UB (Unlicensed Version B).

PACS nutzt Pi/4-QPSK. Datensicherung erfolgt durch Verschlüsselungsalgorithmen (Public-Key-Verfahren).

PACS ist für drahtlose Anschlußnetze konzipiert worden und stellt leitungsvermittelte und paketvermittelte Schnittstellen zur Verfügung. Es soll auch in erweiterten Versionen Mobiltelefonsysteme für Fußgänger mit lokaler Mobilität unterstützen (→ *Telepoint*). Daher wurde es für geringe Geschwindigkeiten optimiert, funktioniert aber auch bis zu Geschwindigkeiten des Mobilteils von 70 Meilen/Std.

Ein PACS-System besteht aus dem Mobilteil (Subscriber Unit, SU), das über die A-Schnittstelle (Air-Interface) mit einer Funkfeststation (Radio Port, RP) verbunden ist. Dieser ist über die P-Schnittstelle (Port-Interface) mit einem Radio Port Controller (RPC) verbunden. Jeder RPC kann mehrere (etwa 20 bis zu 100) RPs kontrollieren und ist mit diesen über eine → *E1* oder → *T1*-Leitung verbunden. Der RPC verfügt über einen Access Manager (AM), der über die C-Schnittstelle (Control-Interface) mit dem öffentlichen Netz verbunden ist. Der AM kann aber auch Bestandteil des öffentlichen Netzes sein.

Die SU sendet mit durchschnittlich 25 mW und mit einer Spitzenleistung von 200 mW.

Aufgabe des AM ist die Abwicklung aller Kommunikation mit dem öffentlichen Netz sowohl was den Nutzdatentransfer angeht als auch was den Signalisierungsdatentransfer betrifft. Ein AM kann z.B. über das → *SS#7* bei entfernten Datenbanken (→ *HLR*, → *VLR*) Anfragen über temporär im Einflußbereich des AM befindliche mobile Teilnehmer durchführen.

Mögliche Dienste, die über einen PACS-Zugang abgewickelt werden können, sind analoge Sprachübertragung, → *Fax*, → *ISDN* und → *X.25*.

Erste Entwicklungsarbeiten begannen Mitte der 80er Jahre. Erste Spezifikationen im März 1994, seither weitere Definitionen von Standards.

→ *http://www.pcsi.com/html/pacsfaq.html/*

PAD

1. Abk. für Packet Assembler-Disassembler.
   Bezeichnung eines Geräts, welches nicht-paketorientierten Endgeräten den Zugang zu paketvermittelnden Netzen ermöglicht. Aus einem asynchronen Bitstrom wird durch den PAD eine Folge strukturierter Pakete. Der PAD ist in → *X.3* genormt. Dient zur Anpassung analoger Terminals an → *X.25*-Netzwerke. PADs gibt es in entsprechenden Netzen (also vom Netzbetreiber zur Verfügung gestellt) oder fest installiert als → *Firmware* auf entsprechenden Einsteckkarten für PCs.
2. Abk. für Padding (Field).

Pager

→ *Paging*.

Paging

1. Auch Radio Messaging, öffentlicher Personenruf oder nur Personenruf genannt.
   Der Begriff Paging leitet sich von dem des (Hotel-) Pagen ab, der mit einem Gong, einer Triangel oder durch Ausruf auf eingegangene Nachrichten für Hotelgäste aufmerksam machte.
   Paging ist Oberbegriff für alle Funkrufdienste zur (noch) einseitig gerichteten Übermittlung codierter Signale oder kurzer Nachrichten mittels Funkdiensten zu einem mobilen Teilnehmer mit Empfänger.
   Es wird zwischen On-Site-Paging (nicht öffentlichem Paging) auf begrenzten Arealen und Off-Site-Paging (öffentliches Paging) im öffentlichen Bereich unterschieden.
   Die Empfangsgeräte sind handtellergroße Geräte (Pager, beim On-Site-Paging oft auch 'Piepser' genannt), die manchmal mit verschiedenen Leuchtdioden oder einer mehrstelligen Anzeige ausgerüstet sind. Fast immer werden verschiedene Dienstklassen angeboten, die sich nach den übertragenen Daten unterscheiden:

   - Nur-Ton,
   - Mehrere unterschiedliche Töne (oder Anzeigen),
   - Nur Ziffern (numerisches Paging),
   - Kurze, beliebige Buchstabenfolgen (alphanumerisches Paging).

   In der Vergangenheit existierten diverse Firmenstandards und Signalisierungsstandards (→ *POCSAG*), jedoch keine einheitliche Norm für ein komplettes System. Zukünftiges europäisches System wird → *ERMES* sein. Daneben existieren diverse proprietäre Systeme, wie z.B. → *Flex*.
   Vorteil von Paging-Systemen gegenüber herkömmlichen Mobilfunkdiensten ist die Einfachheit des technischen Systems, der geringe, genutzte Frequenzbereich, der günstige Tarif und die geringe Größe der Empfänger. Weiterhin ermöglichen viele Paging-Systeme einen Gruppenruf, d.h. ein Ruf wird nicht an einen einzelnen be-

stimmten Empfänger, sondern an eine Gruppe, z.B. von Außendienstmitarbeitern oder an ein Notfallteam abgegeben.
Neuere Entwicklungen sehen auch die Quittierung des Eingangs einer Nachricht vor, d.h. es wird eine begrenzte Feedback-Möglichkeit geben, so daß der Sender weiß, daß die Nachricht beim Empfänger angekommen ist.
Erste Paging-Systeme in den 50er Jahren gab es in den USA, wo Teilnehmer an diesem Dienst mit Geräten so groß wie ein Anrufbeantworter kurze Sprachnachrichten empfangen konnten. Mit steigender Nachfrage nach diesem Dienst mußte die je Paging-Vorgang genutzte Bandbreite reduziert werden, was zu den Paging-Techniken der Übertragung von kurzen Signalen führte. Bis in die 90er Jahre war Paging nur für Geschäftsleute interessant. Veränderungen im Marketing, Gerätedesign und Gebührenschema (→ *CPP*) führten zu ansteigenden Zahlen im Privatbereich, wo die Zukunft liegt. Seither jährliches Wachstum der Teilnehmerzahlen um 30% im weltweiten Durchschnitt.

2. Bei Schnurlostelefonen (→ *CT*) das → *Leistungsmerkmal* der Basisstationen, ein Signal an das Mobilteil zu senden und bei ihm ein akustisches Signal (Piepsen) auszulösen. Gedacht zum Wiederfinden verlegter Mobilteile.

Paket

Ein Datenblock mit festem Format, welcher einen → *Header* mit Verwaltungs- und Steuerdaten sowie Nutzdaten enthält.

Paketvermittlung

Eine Variante der → *Speichervermittlung*. Es handelt sich um eine Vermittlungsart, bei der einer Verbindung nicht ein durchgehender, physikalischer Kanal zur Verfügung gestellt, sondern die Nachricht beim Sender selbst in kleine, einzelne und u.U. verschieden lange Pakete aufgeteilt wird, welche dann unabhängig voneinander einzeln durch das Netz geschickt werden und in Abhängigkeit der Netzauslastung u.U. alle verschiedene Wege bis zum Empfänger nehmen.
Sonderformen der Paketvermittlung sind das → *Message Switching* und → *Hop-by-Hop*.
Beispiele für paketvermittelnde Netze sind → *X.25* und → *Frame Relay*.
Zu den Vorteilen der Paketvermittlungstechnik zählen:

- Bessere Netzauslastung,
- Endgeräte verschiedener Anschlußraten können miteinander kommunizieren.

Die Nachteile sind:

- Kein direkter Dialogbetrieb möglich,
- Ungeeignet für zeitkritische Anwendungen,
- Heutige Paketvermittlungstechniken reichen nur bis 2 Mbit/s.

PAL

Abk. für Phase Alternation Line.
Analoge westeuropäische Fernsehnorm, die auch in anderen Teilen der welt verwendet wird.
Bildverhältnis 4:3 mit 768 * 576 Pixeln (625 Zeilen, von denen 575 sichtbar sind, zu je 346 Pixel). Benötigte Bandbreite: 3,5 MHz. Bildwiederholfrequenz: 25 Halbbilder/s (erst geradzahlige, dann ungeradzahlige Zeilen). Wird mit Rest-Seitenband-Amplitudenmodulation übertragen.
Bewirkt, im Gegensatz zum nordamerikanischen → *NTSC*, eine automatische Farbkorrektur, ist allerdings ein wenig teurer. Daher oft mit "Pay additional luxory" bezeichnet. Die Farbverfälschungen werden durch Phasenänderung des Signals erreicht. Dabei wird die Farbdifferenzkomponente (R-Y) von Zeile zu Zeile in ihrer Phase um 180° umgeschaltet. Durch eine Addition der Signale zweier aufeinanderfolgender Signale hebt sich daher ein Phasenfehler auf.
PAL wurde ab 1959 von Walter Bruch (* 1908, † 1990) bei der Telefunken AG entwickelt. Er führte das System am 3. Januar 1963 erstmals Experten der → *EBU* vor, die in den folgenden Jahren die Systeme PAL, → *SECAM* und NTSC weiter untersuchten und versuchten, einen europ. Standard zu definieren, wozu es aus politischen Gründen, trotz technischer Überlegenheit des PAL-Systems, nicht kam. PAL wurde dennoch 1965 eingeführt, in Deutschland anläßlich der Funkausstellung am 25. August 1967. Seither hat sich PAL in über 60 Ländern weltweit etabliert.

PAL Plus

Abk. für Phase Alternation Line Plus.
Analoge westeuropäische Fernsehnorm. Bildverhältnis 16:9.
Hervorgegangen aus dem Projekt Q-PAL der Universität Dortmund Mitte der 80er Jahre. Dann initiiert von ARD und ZDF 1988. Dieser Initiative traten 1989 Hersteller bei. Insbesondere vorangetrieben von Nokia, Grundig, Thomson und Philips. Benötigte Bandbreite: 5 MHz. Je 572 Pixel in 576 Zeilen. Kompatibel zu → *PAL*.
1994 wurden in Deutschland rund 2 000 Std. Programm in PAL Plus ausgestrahlt.

Palmtop

Von engl. palm = Handfläche. Andere Bezeichnung für → *PDA*.

PAM

Abk. für Puls-Amplituden-Modulation.
Darstellung eines Analogsignals durch Abtasten mit regelmäßiger Abtastperiode und Darstellung

jedes Abtastwertes durch einen zur Amplitude proportionalen einzelnen Puls. Angewendet in der Telefonie.

PAMA

Abk. für Preassigned Multiple Access.
Bezeichnung eines herkömmlichen Verfahrens zur festen Zuteilung von Satellitenkanälen zu Bodenstationen.
→ *DAMA*.

PAMD

Abk. für Public Access Mobile Data Network.
Selten verwendeter Oberbegriff für ein öffentlich zugängliches Mobilfunknetz zur ausschließlichen Datenübertragung.

PAN

Abk. für Public Access Network.

PAMR

Abk. für Private Access Mobile Radio.
Bezeichnung für private → *Bündelfunk*-Anwendungen auf Werksgeländen etc.

PAN

Abk. für Personal Access Number.
Bezeichnung einer Authentifizierungsnummer, die einem Teilnehmer Zugang zu dem Dienst → *VCC* ermöglicht. Die Nummer ist zufallsgeneriert, einmalig und steht in Verbindung mit einer ausgegebenen Karte (→ *Smart Card*).

PANS

Abk. für Pretty Amazing New Stuff.
Scherzhafte Bezeichnung für alle neuen Dienstmerkmale des Telefondienstes, wie z.B. im → *ISDN*, die theoretisch möglich wären, praktisch aber nur sehr schwierig realisert werden können, da z.B. viele Telefone nicht dafür geeignet sind. Eine Möglichkeit, dieses Hindernis zu überwinden, stellt → *ADSI* dar.
Der Begriff selbst soll bewußt im Kontrast zum sogenannten → *POTS* stehen.

PAP

Abk. für Password Authentication Protocol.
Bezeichnung eines zur Familie der → *PPP*-Protokolle gehörenden Protokolls zur Authentifizierung bei dem an der Verbindung beteiligten Partner.

Paperware

Scherzhafte Bezeichnung in vielen Hochtechnologiebranchen für lediglich auf dem Papier existierende Konzepte, Projektvorhaben, Zeitpläne und Ideen jeglicher Art im Gegensatz zur real existenten → *Hardware*, → *Software* und → *Firmware*. Ein weiterer Schritt bei der Konkretisierung dieser auf dem Papier stehenden Konzepte ist die → *Vapourware*.
→ *Slideware*.

PARC

Abk. für Palo Alto Research Center.
Die zentrale Forschungseinrichtung des amerikanischen Unternehmens Xerox.

Parität

→ *Paritätsbit*.

Paritätsbit

Bit zur Fehlererkennung, welches einem bestimmten zu überprüfenden und aus mehreren Bits bestehenden Block hinzugefügt wird.
Bei zeichenorientierten Protokollen wird ein Paritätsbit oder Paritätszeichen zugefügt, welches die Zahl der logischen Einsen dieses Zeichens auf eine gerade (gerade Parität) oder ungerade (ungerade Parität) Anzahl ergänzt. Dieses Verfahren nennt man Querparität.
Dabei kann unterstellt werden, daß die Bits in einem rechteckigen Muster angeordnet werden, woraus sich eine Längs- (LRC, Longitudinal Redundancy Check) oder Querparität (VRC, Vertical Redundancy Check) ermitteln läßt.
Für Zeichenfolgen in einem Block verwendet man ein zusätzliches Blockprüfungszeichen, um dort die Längsparität aller ersten, zweiten usw. Bits aller Zeichen auf eine gerade (ungerade) Anzahl von Einsen zu ergänzen.

Parken

→ *Leistungsmerkmal* von TK-Anlagen. Dabei lassen sich laufende Gespräche in einen Wartezustand legen, so daß der Teilnehmer, z.B., (mehrere) eingehende Rufe zunächst nach Wichtigkeit abfragen kann. Über die Gespräche in Wartestellung informieren optische Anzeigen am Endgerät.

PARS

Abk. für Private Advanced Radio System.

Part 68

Kurzform für die Rules and Regulations of the Federal Communications Commission, Part 68: Connection of Terminal Equipment to the Telephone Network.
Bezeichnung für technische Minimalanforderungen, die von der → *FCC* 1977 definiert wurden und nach denen jedes Endgerät (Telefon, → *Anrufbeantworter*, → *Modem*) an das Telefonnetz in den USA angeschlossen werden darf, sofern es diese Spezifikationen erfüllt.
Part 68 gilt als konsequente Weiterverfolgung der Linie der FCC nach der → *Carterphone Decision*. Es löste eine Flut von neuen, bunteren und leistungsfähigeren Endgeräten aus, die nicht von

einer Telefongesellschaft gemietet werden mußten, sondern selbst im Geschäft gekauft werden konnten.

Der weltweite Einfluß dieser Entscheidung blieb gering, da sich die Zulassungspraxis für Endgeräte in anderen Ländern nur sehr langsam änderte.

Partial Response-Verfahren

Ein Verfahren zur Übertragung binär codierter Signale, welches praktisch als einziges den maximalen Wert der Frequenzbandausnutzung von 2 Bit/s je Hz erreicht (→ *Abtasttheorem*). Seine Spektralfunktion ist auf das Nyquistband beschränkt. Es ist nicht selbsttaktend.

Partition

Bezeichnung für einen abgetrennten Speicherbereich auf einer → *Festplatte*, der physikalisch mit anderen Partitionen auf nur einer Festplatte lokalisiert ist, logisch aber vom Rechner als ein eigenes Laufwerk behandelt wird.

Dient üblicherweise zur sauberen Inhaltsstrukturierung der Festplatte, z.B. durch Anlegen einer Partition für Daten und einer für Programme.

Party

Andere Bezeichnung für den Partner in einer Kommunikationsbeziehung. Dabei muß die Beziehung nicht symmetrisch sein, wie z.B. beim Telefonieren (→ *A-Teilnehmer*, → *B-Teilnehmer*), sondern kann asymmetrisch sein (Manager und → *Agent*).

PAS

Abk. für Public Available Specifications.

Bezeichnung für ein spezielles vereinfachtes Standardisierungsverfahren bei der → *ISO* und der → *ETSI*, das die schnelle, unbürokratische und einfache Übernahme von Standards zum Ziel hat, die von anderen Institutionen, insbesondere sog. → *Foren*, erarbeitet wurden.

Pascal

Bezeichnung einer höheren Programmiersprache der dritten Generation, die insbesondere eine GOTO-freie, strukturierte Programmierung ermöglicht, einen disziplinierten Programmentwurf und selbstdokumentierende Programme unterstützt und leicht zu erlernen ist. Wurde seinerzeit insbesondere zu didaktischen Zwecken zur Ausbildung von Informatikern an Universitäten entwickelt. Mit ihr ausgebildete Informatiker nahmen die mächtige Sprache jedoch mit in ihre berufliche Umwelt, wodurch sie sehr erfolgreich wurde.

Seit der Version 5.5 von Turbo-Pascal sind auch objektorientierte Elemente in Pascal enthalten.

Benannt nach dem französischen Mathematiker, Physiker und Philosophen Blaise Pascal (* 1623, † 1662), der zur Erleichterung der Arbeiten seines Vaters ab 1642 eine erste mechanische Rechenmaschine konstruierte.

An der ETH Zürich wurde Pascal seit 1968 überwiegend aus → *Algol 60* heraus von Nikolaus Wirth entwickelt und 1970 vorgestellt. Pascal zog Sprachen wie → *Modula-2* (auch von Wirth), → *Pearl*, → *C* oder → *Ada* nach sich. Erster Standard war der Wirth-Jensen-Standard, gefolgt von einem Standard der → *ISO* (in Deutschland DIN 66256).

In den frühen 80er Jahren erste große Popularität in den USA durch die Entwicklung von K. Bowles an der University of California/San Diego, wo UCSD-Pascal entwickelt wurde. 1983 kam in den USA ferner aus dem Hause Borland Turbo-Pascal für → *MS-DOS* und → *CP/M*-Rechner auf den Markt und verkaufte sich bei einem Preis von 50 $ (80 % billiger als andere → *Compiler*) und einem erheblichen Vorsprung in Sachen Qualität und Leistung innerhalb eines Jahres 300 000mal. Es wurde somit zum De-facto-Standard. Entwickelt wurde Turbo-Pascal vom seinerzeit 22jährigen Dänen Anders Heijsberg bei der noch jungen Firma Borland.

Passive optische Netze

→ *PON*.

Paßwort

Bezeichnung für eine Buchstaben-, Zeichen- und/oder Zahlenkombination, die der Nutzer eines Computersystems als Teil seines → *Logins* eingeben muß. Die Verwendung von Paßwörtern ist einer der einfachsten Sicherheitsmechanismen zum Schutz vor unbefugtem Eindringen in Computersysteme. Programme zum Paßwortbrechen nutzen die Tatsache aus, daß als Paßwort häufig Wörter aus der unmittelbaren Umgebung eines Nutzers verwendet werden, damit dieser sie sich leichter merken kann. Oft sind zum Paßwortbrechen nicht einmal diese Programme nötig. Untersuchungen ergaben, daß nach den einfachen Regeln bis zu 25 % der Paßwörter gewählt werden.

Bei der Auswahl eines sicheren Paßwortes sollten daher folgende Regeln beachtet werden:

- Keine Vor- oder Nachnamen von Freunden, Bekannten, Verwandten oder bekannten Stars (Schauspieler, Sportler, Politiker, Musiker, Models...),
- Keine Buch-, Zeitungs-, Zeitschriften-, Platten- und Filmtitel,
- Kein Name von Orten, Straßen, Plätzen, Gewässern oder sonstigen geographischen Begriffen,
- Keine Figurennamen aus Comics, Filmen, Fernsehserien oder Büchern,
- Keine Namen von Planeten, Automobilmarken und -typen, Unternehmen ganz allgemein etc.,

- Keine Lieblingshobbys, Autokennzeichen, Abteilungskennzeichnungen, Raumnummern, Telefonnummern, Geburtsdaten, ...,
- Keine Wochentage, Monatsnamen, Feiertage oder Jahreszeiten,
- Keine dieser Kombinationen rückwärts geschrieben.

Folgende Regeln dienen dem Finden eines geeigneten Paßwortes:

- Länger als vier Zeichen,
- Sollte eine Zahl enthalten,
- Sollte ein Sonderzeichen (§, $, %, &, /, =, +, #, ?, !, ...) enthalten,
- Sollte Groß- und Kleinbuchstaben an ungewöhnlichen Stellen enthalten.

Patchfeld

Andere Bezeichnung für einen Rangierverteiler bei der Gebäudeverkabelung.
→ *Patchkabel.*

Patchkabel

Bezeichnung für kurze bis sehr kurze Kabel (von einigen 10 cm Länge bis max. ca. 5 m Länge), die zum Verbinden von Elementen innerhalb von Netzknoten und innerhalb eines Raumes benutzt werden. Beispiele sind die Verbindung von Elementen der Gebäudeverkabelung (→ *Primär-*, → *Sekundär-* oder → *Tertiärverkabelung*) mit den eigentlichen Schaltelementen oder deren → *Patchfeldern* innerhalb von Netzknoten von → *LANs*, → *MANs* oder → *WANs*.

Verschiedene Formen von Pay-TV

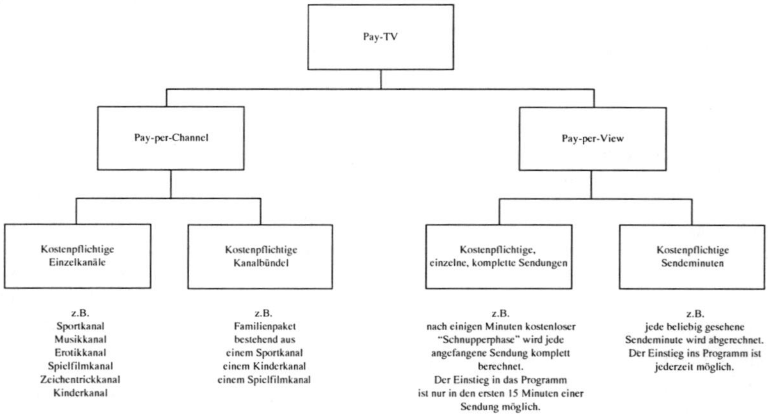

Patch

Begriff aus der Softwaretechnik. Bezeichnet Anweisungen in Programmen, die ursprünglich nicht vorgesehen waren.
Sie sind meistens im letzten Augenblick eingefügt worden, z.B. um Fehler zu beheben oder risikoreiche Codezeilen vor dem Kompilieren (→ *Compiler*) auszublenden.
Eine hohe Zahl von Patches in einem Programm (Quellcode) deutet auf schlechte Qualität der Software selbst, z.B. infolge eines schlechten oder unerfahrenen Programmierers oder des Software-Engineerings bei der Erstellung hin. Meistens werden die Patches mit der Folgeversion der Software behoben.

PATU

Abk. für Panafrican Telecommunication Union.
Bezeichnung der panafrikanischen Fernmeldeunion mit Sitz in Kinshasa.
→ *UAPT.*

Pay per View

→ *PPV.*

Pay-TV

Oberbegriff für Pay-per-View (→ *PPV*) und Pay-per-Channel. Bezeichnung für eine kostenpflichtige TV-Form eines im Gegensatz zum → *Free-TV* kommerziellen Veranstalters.

Bei Pay-per-View zahlt der Zuschauer nur das, was er tatsächlich sieht (abgerechnet in Minuten, angefangenen Viertelstunden oder angefangenen Sendungen), wohingegen der Zuschauer bei Pay-per-Channel eine (monatliche) Gebühr für einen Kanal oder ein Kanalpaket zahlt, den oder die er empfangen kann, unabhängig davon, ob und wieviel er ihn oder sie nutzt. Daher heißt die zweite Möglichkeit oft auch Abonnenten-Fernsehen, z.B. in Deutschland die Sender Premiere oder DF1.

Der Empfang des verschlüsselten TV-Signals ist nur mit einem speziellen Gerät (Decoder, → *Set Top Box*) zum Entschlüsseln möglich, das gemietet oder gekauft werden muß.

Weltweit existieren mehr als zehn verschiedene Systeme zur Ver- und Entschlüsselung von TV-Programmen.

→ *Video-on-Demand*, → *Near-Video-on-Demand*, → *Multichannel Feed.*

Payload

Bezeichnung für das letztlich dem Nutzer zur Verfügung stehende und von ihm zu bezahlende Nutzdatenvolumen in Datenpaketen, die gebührenpflichtig übertragen werden.

Die Payload einer 53 Byte großen Zelle bei → *ATM* ist z.B. 48 Byte groß.

P-Band

Bezeichnung für den Frequenzbereich von 225 bis 390 MHz. Sein Nachbarbereich ist das → *L-Band.*

PBX

Abk. von engl. private branch exchange = private Nebenstellenanlage.

Auch: PABX für Private Automatic Branch Exchange oder EPABX für Electronic Private Automatic Branch Exchange genannt.

Bezeichnung einer privaten automatischen → *Nebenstellenanlage.* Hauptsächlich für Telefonie (→*CBX*) vorgesehen. Vermittelt nach dem Durchschalteprinzip, d.h. zwischen den Teilnehmern besteht eine durchgehende Verbindung.

PC

Abk. für Personal Computer.

1. Oberbegriff für kleine Arbeitsplatzrechner für eine Person, ursprünglich im Stand-Alone-Betrieb, die seit frühen Formen zu Anfang der 70er Jahre (→ *IBM 5100*) seit ca. 1976 auf dem Markt sind: → *PET 2000*, → *Apple I*, → *TRS 80* und *100*, → *VC 20*, → *C 64*. Erste größere Welle dann in den frühen 80er Jahren (→ *XT*, → *AT*, → *Apple II*). Daneben gab es auch schon früh tragbare Modelle (→ *Osborne*, → *Laptop*, → *PDA*). Neuere Konzepte sind der → *NC* und der → *SIPC*. Gegenwärtig sinken die Preise für PCs innerhalb der ersten drei Jahre nach Markteinführung um jährlich 60%.

Die Entwicklung des PCs läßt sich durch folgende wirtschaftliche Fakten gut nachvollziehen:

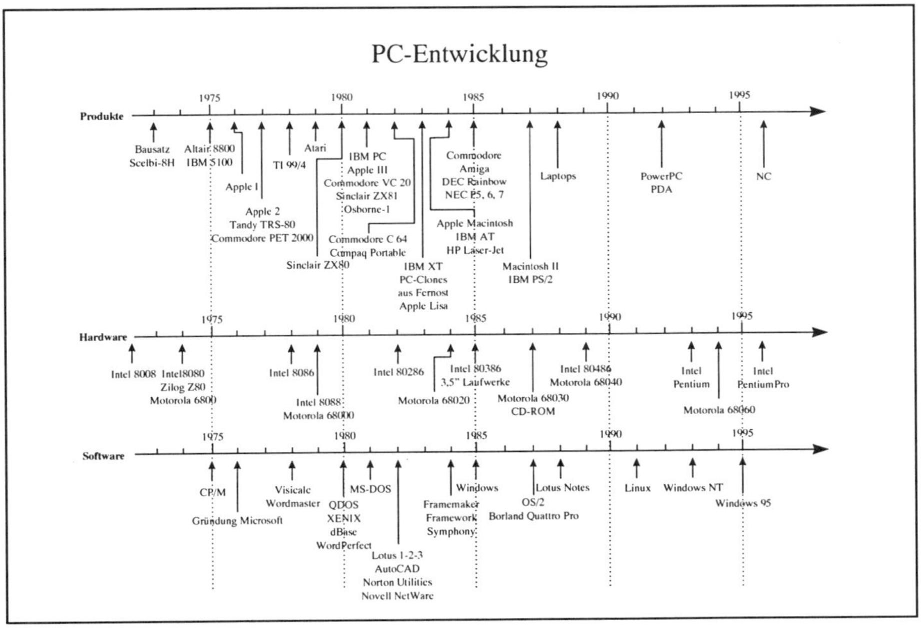

1981
Der Ur-PC aus dem Hause IBM kommt auf den Markt.
1982
Der PC kommt nach Deutschland.
1983
Erste PC-Clones aus Fernost tauchen auf.
1984
Erstmalig wird in den USA mehr Geld für PCs als für → *Mainframes* ausgegeben.
1986
Gegen Ende des Jahres stehen in deutschen Büros rund eine Mio. PCs.
1988
Rund 10% der PCs weltweit sind vernetzt (→ *LANs*).
Die Zeit der → *Laptops* kommt.
1989
Erstmals wird weltweit mehr Geld mit PCs als mit Mainframes verdient.
1993
Erstmals werden mehr PCs an Privatleute (60%) als an Unternehmen verkauft.
1994
In den USA wird erstmals mehr Geld für PCs als für Farbfernseher ausgegeben.
Weltweit werden erstmals mehr PCs als PKW verkauft.
Rund 60 % der PCs weltweit sind vernetzt (LANs).
1995
In Deutschland existieren 11 Mio. PCs, davon 4 Mio. in Privathaushalten. Rund 10 % davon haben ein Modem.
In 60 % aller deutschen Haushalte mit Kindern steht ein PC.
Die PCs, die an Privatkunden verkauft werden, sind leistungsfähiger als diejenigen, die an Geschäftskunden verkauft werden.
1996
Weltweit sind rund 50 Mio. PCs in Betrieb.

2. Konkret gemeint ist oft ein bestimmtes Modell eines Arbeitsplatzrechners aus dem Hause IBM. Er wurde 1981 mit einem Intel-Prozessor auf den Markt gebracht. Seither erfuhr er zahlreiche Verbesserungen und kompatible Nachbauten ('Clones').

   IBM stellte im August 1981 in den USA seinen serienmäßig mit dem noch PC-DOS genannten Betriebssystem ausgestatteten PC für 3 000 $ vor und wurde von Apple mit großen Anzeigen 'Welcome IBM. Seriously.' im PC-Markt willkommen geheißen.

   Die Obergrenze von 640 KByte für den Speicher wurde als luxuriös und geradezu durch Programme unerreichbar angesehen.

   Der erste Prozessor war ein Intel 8088, getaktet mit 4,77 MHz und mit einem 8 Bit breiten Bus. Der Ur-PC verfügte zunächst über 16 KByte RAM (später auch 64 oder gar 640 KByte), eine-20-MByte Festplatte und zwei 5,25“-Laufwerke (160 kByte). Der Bildschirm war einfarbig grün und lediglich ASCII-fähig. Der Takt erhöhte sich im Laufe der Zeit über 8 auf 10 MHz.

   Der Rechner war maßgeblich von Bill Lowe und Philip Don Estridge in Boca Raton unter dem Codenamen 'Chess' entwickelt worden und wurde in der allgemeinen Rechnerterminologie als → *Mikrocomputer* eingestuft.

   Niemand, auch nicht IBM, ahnte, daß damit eine Lawine losgetreten wurde.

   Ein Jahr später wurde der PC in Europa eingeführt und fand im Herbst 1982 seinen ersten Käufer in Deutschland. Bekannte Nachfolgemodelle waren zunächst der → *XT*, der → *AT* und der → *PS/2*.

3. Abk. für Printed Circuit.

   Internationale Abk. für gedruckte und standardisierte Leiterplatten zur Bestückung mit elektronischen Bauelementen.

PC-AT

→ *AT*.

PC-Bus

→ *ISA*.

PCC

Abk. für Protocol Converter.

Sehr selten benutzter Begriff. Heute wird eher das Wort → *Gateway* verwendet.

PCCA

Abk. für Portable Computer Communications Association.

Bezeichnung einer Vereinigung von Herstellern tragbarer Computer und von Peripherieherstellern, die sich mit dem Ziel gebildet hat, Datenübertragungsprotokolle für → *Wireless LANs* zu entwikkeln.

PC Card Standard, PC Card 95

PC Card Standard war zunächst die andere und offizielle Bezeichnung für Standards der → *PCMCIA*.

PC Card 95 ist der Ende 1994 und Anfang 1995 verabschiedete Nachfolger für den PCMCIA 2.1-Standard.

Der Standard lehnt sich eng an den → *PCI-Bus* an und definiert einen 32 Bit breiten Bus, der mit 33 MHz getaktet ist und max. 132 MByte/s übertragen kann. Der Stecker verfügt über 68 Pins.

Karten gemäß dem PC Card 95 Standard werden mit 3,3 V betrieben.

→ *http://www.pc-card.com/*

PCI

1. Abk. für Protocol Control Information.
   Eine Bezeichnung von Dateneinheiten im → *OSI-Referenzmodell*. PCI sind die Daten, die zur Steuerung des Protokolls auf der entsprechenden Schicht benötigt werden. Zusammen mit der Service Data Unit (SDU) ergibt PCI eine → *PDU*.
2. Abk. für Peripheral Component Interconnect.
   Bezeichnung eines Standards aus dem Hause Intel für einen Datenbus in einem → *PC*, der mit verschiedenen → *Mikroprozessoren* zusammenarbeiten kann.
   Der Standard baut auf dem prozessorabhängigen → *Local Bus* auf und hat bei einer höchstmöglichen Taktrate von 33 MHz einen Durchsatz von 66 MByte/s bis zu 132 MByte/s. Die Busbreite beträgt 32 Bit.
   Eine Erweiterung des Standards auf eine Breite von 64 Bit mit dann maximaler Übertragungsrate von 264 MByte/s ist vorgesehen. Vorgestellt wurde der PCI-Bus im Jahre 1993. Er gilt als Alternative zum → *EISA*- und zum → *MCA*-Bus.

PCIA

Abk. für Personal Communications Industry Association.
Bezeichnung für eine Vereinigung von Herstellern im Bereich Funksysteme (→ *Paging*, → *Bündelfunk*, → *Mobilfunk*).

PCM

1. Abk. für Pulse Code Modulation.
   Bezeichnet ein Verfahren, bei dem die menschliche Stimme mit einer Frequenzbreite von 4 kHz angenommen wird und gemäß dem Shannonschen Abtasttheorem mit 8 000 Hz abgetastet wird. Die 8 000 Abtastwerte in jeder Sekunde werden zu je 8 Bit codiert, wobei in der Regel die international gebräuchliche A-Kompandierungskennlinie (Nordamerika: μ-Kennlinie) gebraucht wird.
   Dies führt zu einer Sprachbitrate von 64 kbit/s, wie sie z.B. im → *ISDN* auf den Nutzkanälen verwendet wird.
   Das Verfahren selbst ist bereits relativ alt. 1926 erhielt Paul M. Rainey aus den USA ein Patent auf ein Puls-Code-System, doch wurde es nicht weiter angewandt oder weiterentwickelt.
   Als eigentlicher Entwickler der PCM gilt der Brite Alec Harley Reeves (* 1902), der 1937 in den ITT-Laboratorien in Paris bei der Entwicklung von digitalen Richtfunksystemen die Grundlagen neu formulierte und ein Jahr später und 1942 ein Patent darauf erhielt. Unzureichende Technik verhinderte allerdings den kostengünstigen Einsatz in großem Maßstab.
   Erstmals wurden PCM-Systeme dann praktisch eingesetzt zur Sprachverschleierung zu militärischen Zwecken im 2. Weltkrieg (→ *PCM-24*-System). Diese zunächst geheime Entwicklung wurde bei den Bell Laboratories von Harold S. Black für die US-Army geleitet und 1947 publik.
   Dann wurde die PCM erst sehr spät für zivile Zwecke wiederentdeckt. Die zivile Entwicklung bei der japanischen NTT startete 1951 und erhielt durch technischen Fortschritt (insbesondere in der Halbleitertechnik) in den 50er und 60er Jahren Auftrieb.
   PCM ist von der → *CCITT* in G.711/712 genormt und wurde nach Tests in den 60er Jahren (PCM-24 1962 in den USA, 1964 in Japan, ab 1965 marktreife Technik) in den 70er Jahren erstmals auf Fernleitungen zur digitalen Sprachübertragung eingesetzt, was die Zahl der kupferkabelgestützten Verbindungen zwischen den Fernvermittlungsstellen reduzierte.
   Im → *Ortsnetz* der Deutschen Telekom in Stuttgart wurde 1972 die erste PCM-Strecke in Deutschland über 5,7 km in Wirkbetrieb genommen, nachdem schon 1969 zwischen Nürnberg-Mitte und Fürth-Mitte über 9 km die erste PCM-Übertragungsstrecke in Deutschland getestet wurde.
2. In der Rechnertechnik die Bezeichnung für Plug Compatible Systems, d.h. Maschinen eines Herstellers sind kompatibel zum Betriebssystemstandard eines anderen Herstellers.
   Beispiel dafür sind die → *Mainframes* aus dem Hause Amdahl, die in den 70er Jahren PCMs zu den → *IBM /360* waren.

PCM-24, -30, -120, -480, -1920, -7680

PCM-24 ist die Bezeichnung einer Standardkonfiguration bei Fernleitungen in Telefonnetzen. Sie bezeichnet digitale 1.544-kbit/s-Verbindungen, die aus 24 einzelnen PCM-Kanälen in einem Zeitrahmen von 125 μs plus einzelnem F-Bit für Test- und Synchronisationszwecke bestehen. Genormt in G.733. Verbreitet in Nordamerika.
PCM-30 ist die Bezeichnung einer Standardkonfiguration bei Fernleitungen. Bezeichnet digitale 2,048-Mbit/s-Verbindungen, die aus 30 einzelnen PCM-Kanälen zu je 64 kbit/s und zwei Kanälen für Prüf-, Synchronisations- und Steuerzwecke bestehen. Dabei werden auf zwei Doppeladern (→ *Simplexverfahren*) 30 Duplexkanäle zu je 64 kbit/s im → *TDMA*-Verfahren mit dem → *HDB3*-Code übertragen. Jeder Zeitrahmen dauert 125 μs

und ist in 32 Zeitschlitze (→ *Slots*) zu je 8 Bit eingeteilt. 16 derartige Rahmen (Frames) ergeben einen Multiframe. Genormt in G.732. PCM-30 ist in Europa sehr weit verbreitet. In Deutschland wurde sie 1971 zur Verbindung von Ortsvermittlungsstellen mit Knotenvermittlungsstellen eingeführt. Nach PCM-30 folgen die nächsthöheren Stufen der europäischen PCM-Hierarchie mit 8,448, 34,368, 139,264 und 565 Mbit/s bei entsprechender Kanalzahl 120, 480, 1 920 und 7 680. Diese Systeme wurden auf Verbindungen zwischen Knoten- und Zentralvermittlungen eingesetzt. PCM-1920 wurde ab 1985 in Deutschland im Fernbereich eingesetzt, PCM-7680 ab 1986.

PCMCIA

Abk. für Personal Computer Memory Card International Association.

Bezeichnung einer nichtkommerziellen Gruppe, die von Speicherkartenherstellern gegründet wurde und mittlerweile mehr als 250 internationale Computerhersteller als Mitglieder hat. Die Gruppe hat einen De-facto-Standard für scheckkartengroße Einsteckkarten für portable Computer geschaffen. Diese Karten dienen mittlerweile nicht nur Speicherzwecken, sondern z.B. auch der Anbindung von Netzwerkkabeln, Druckern oder auch datenübertragungsfähigen Mobilfunktelefonen an die portablen Rechner.

Scherzhaft wegen der Länge der Abkürzung wird sie auch mit "People Can't Memorize Computer Industry Acronyms" übersetzt.

Man unterscheidet seit Version 2.01 drei Bauformen der Steckkarten:

Typ	Dicke	Anwendungsbeispiele
I	3,3mm	Speicherkarten
II	5 mm	Modem- und Netzwerkkarten
III	10,5 mm	Festplattenlaufwerke

Erster Standard PCMCIA 1 standardisierte 1990 Speicherkarten. Es folgte 1991 die Version PCMCIA 2.1. Sie definierte einen 16 Bit breiten Bus mit einem Takt von 8 MHz und ist eng an den → *ISA*-Bus-Standard angelehnt. Der Stecker verfügt über 68 Pins. Die Karten werden mit 5,5 V betrieben. Der im Frühjahr 1995 in Berlin verabschiedete nächste Standard (Berlin Release) bietet mehr Möglichkeiten und einfachere Handhabung als die Vorgängerversion. Als aktuelle Version gilt dieser → *PC-Card-95*-Standard.

→ *http://www.pc-card.com/*

PCN

Abk. für Personal Communication Networks.

Europäisch geprägter Begriff, der nicht eindeutig definiert ist, aber seinen Ursprung in einer Studie aus dem Jahr 1989 des britischen Handelsministeriums hat. Die Studie war der Anstoß zur Entwicklung des → *DCS-1800*-Standards. PCN ist ein Konzept in der mobilen Telekommunikation, bei der personalisierte Telekommunikationsdienste über mobile, handtellergroße Endgeräte (→ *Handy*) ermöglicht werden sollen.

Verschiedene Aktivitäten im europäischen Rahmen haben das Ziel, die ersten Ansätze aus dem Bereich des digitalen und zellularen Mobilfunks zusammen mit dem Konzept des → *IN* aufzugreifen und weiter zu entwickeln. Hierzu zählen insbesondere Aktivitäten im Rahmen von → *RACE* und in der Ferne die Entwicklung von → *UMTS* oder im internationalen Rahmen → *IMT 2000*.

Diese Entwicklung schließt → *persönliche Mobilität* und → *Terminalmobilität* sowie persönliche → *Dienstmerkmale* (→ *Forwarding*, → *Screening*, → *Barring*) ein. Der Teilnehmer kann dann den Telefondienst persönlich und nach seinen Bedürfnissen beeinflussen.

Mit Blick auf die historische Entwicklung dieses Begriffs betrifft PCN (im Gegensatz zu → *PCS*) nur die mobile Telekommunikation und wird dort insbesondere als Synonym für das System → *DCS 1800* benutzt, das 1993 erstmals in GB in Betrieb ging.

PCR

Abk. für Peak Cell Rate.

→ *ATM*.

PCS

1. Abk. für Personal Communication Services.
   Ein im Gegensatz zu → *PCN* ein in den USA geprägter Begriff. Prinzipiell bezeichnet er eine ganze Reihe sehr inhomogener und unkoordinierter Aktivitäten in den USA, ein Telekommunikationssystem zu entwickeln, das → *persönliche Mobilität* und → *Terminalmobilität* in Fest- und Mobilfunknetzen sowie Personalisierung von Diensten ermöglicht. Technische Basis zur Realisierung sind die bestehenden Netze und → *IN*. Seit 1990 versucht die → *FCC* mit Blick auf → *FPLMTS* die Aktivitäten zu steuern.
   → *PCN*.
2. Bezeichnung der neuen Generation von digitalen Systemen des → *Mobilfunks* in den USA nach den Standards → *PCS 1900* oder → *CDMA*.
3. Abk. für Plastic Clad Silicia.
   Bezeichnung für einen speziellen Aufbau von Glasfasern, bei dem ein das Licht führender Glaskern (Grundmaterial: Silizium) zum Schutz mit einem → *Cladding* aus Kunststoff ummantelt ist.
4. Abk. für Personal Conferencing Specification.
   Bezeichnung für eine Anfang 1995 festgelegte proprietäre Spezifikation eines offe-

nen Industriestandards für → *Videokonferenzsysteme*, der sich gegen die Standards → *H.320*, → *H.323* und → *T.120* der → *ITU* nicht behaupten konnte und Ende 1995 aufgegeben wurde. Initiiert wurde er vom Hause Intel und unterstützt von der → *PCWG*. Er erlaubte PC-Nutzern, Dokumente, Anwendungen und Grafiken kombiniert mit Audio- und Videodaten zu bearbeiten. Als Transportmedium kamen verschiedene Medien in Frage, z.B. analoge Telefonleitungen (über → *Modems*), → *ISDN*, → *WANs* und → *LANs*.

Die Architektur bestand aus verschiedenen Schichten für die obigen Übertragungsmedien, darüber eine transportunabhängige Schnittstelle, ein Audio-Subsystem, ein Video-Subsystem, das auf H.320 und Intels → *Indeo* basierte, dem Multipoint-Communication-Service aus T.120 sowie den Komponenten Asset Exchange und Conference Management. Version 1 war auf ISDN beschränkt, geplante Version 2 sollte auch LAN-Verkehr ermöglichen.

PCS 1900

Abk. für Personal Communication Services at 1900 MHz.

Bezeichnung für einen Firmenstandard für Mobiltelefonie in den USA. Ging aus dem → *DCS-1800*-Standard hervor und gilt als Favorit für → *PCS*-Systeme in den USA.

PCWG

Abk. für Personal Conferencing Workgroup.

Bezeichnung eines Standardisierungsgremiums mit 17 Hard- und Softwarefirmen (u.a. Intel, Compression Labs, AT&T, Lotus, HP, NEC, Ericsson, Novell, Olivetti), das den Konkurrenzstandard → *PCS* zu → *H.320* und → *T.120* von → *Videokonferenzsystemen* definierte und unterstützte. Von Intel 1994 mit großem Aufwand angekündigt, scheiterte das Vorhaben, den eigenen Standard am damaligen Marktführer für Videokonferenzen (Picturetel) vorbei zu pushen, weswegen im Frühjahr 1995 die eigenen Spezifikationen auch H.320-kompatibel gemacht wurden.

→ *IMTC*, → *Indeo*.

PC-XT

→ *XT*.

PD

Abk. für → *Public Domain* (Software).

PDA

Abk. für Personal Digital Assistant.

In Anlehnung an die Computer-Nomenklatur und den Begriff → *Laptop* auch Palmtop genannt. Bezeichnet eine neue Generation kleinformatiger tastaturloser → *Organizer* (ca. DIN-A5-Format), die Eigenschaften von Taschenrechner, elektronischem Telefon-/Adreßverzeichnis, Notizbuch, PC und Mobiltelefon in sich vereinigen (sollen).

Ein PDA verfügt in der Regel über Touchscreen mit Stifteingabe, eine intuitive Benutzeroberfläche und Handschriftenerkennung.

Erste Produkte waren PDAs ohne die Möglichkeit der drahtlosen Vernetzung. Spätere Produkte hatten einen → *PCMCIA*-Slot, so daß man sie über ein → *Handy* in ein Mobilfunknetz einbinden konnte (→ *TDP*).

Insgesamt entwickelt sich der Markt wesentlich langsamer als erwartet.

Beispiel für einen PDA: der Newton aus dem Hause Apple.

→ *Personal Communicator*.

Die Entwicklung des PDAs verlief bislang folgendermaßen:

1992

Erste Produkte werden vorgestellt. Das Konzept wird überall diskutiert.

1993

Apple bringt den Newton mit großem Werbeaufwand auf den Markt. Es ist das erste Modell der neuen PDAs.

1993 bis 1994

Andere Hersteller ziehen nach.

1994

Zum Jahresanfang wird den PDAs ein riesiger Markt prognostiziert.

Zur Jahresmitte sorgen mangelhafte Stifteingabe in Verbindung mit unzureichender Handschriftenerkennung und dem völligen Fehlen drahtloser Kommunikationsmöglichkeiten für massives Wegbrechen der Märkte.

Darüber hinaus gelten die Geräte immer noch als zu schwer und energieverschwendend.

Resultat: AT&T schließt seine gerade erst gegründete PDA-Firma Eo, Intel stoppt die Entwicklung spezieller Chips, Motorola verschiebt zunächst seine Einführung eines PDAs und Compaq steigt gar nicht erst ein.

Apple arbeitet an Verbesserungen.

1995

Zubehör für drahtlose Kommunikation kommt auf den Markt (PC-Cards zur Verbindung mit Handys).

HP stellt im September eine Technologiestudie des Omnigo vor, der mit einem Handy gekoppelt werden kann.

Im Laufe des Jahres werden rund 500 000 Geräte weltweit verkauft.

1996

Apple bringt im Januar eine wesentlich verbesserte Softwareversion für den Newton auf den Markt. Die Handschrifterkennung verbessert sich spürbar.

Ein Massenmarkt für PDAs wird für die Zeit ab 1999 erwartet (jährlich weltweit ca. 5,6 Mio. Stück).

Die Yankee Group sagt für die Zeit von 1996 bis 2000 einen Markt von 2,4 Mio. Geräten weltweit voraus.

1997

Motorola zieht sich aus dem Markt zurück.

PDAM

Abk. für Proposed Draft Amendment.

PDAU

Abk. für Physical Delivery Access Unit.

Bezeichnung für die real ausgedruckte Form einer Nachricht, mit der in → *MHS* die Übergabe einer Nachricht per Briefdienst (→ *Snail Mail*) an einen berechtigten Empfänger erfolgt.

PDC

Abk. von Personal Digital Cellular (vorher: Pacific Digital Cellular, auch JDC (Japanese Digital Cellular) genannt).

Ein digitaler, zellularer, japanischer Mobilfunkstandard im 900-MHz-Bereich.

Insgesamt → *D-AMPS* sehr ähnlich. Uplink: 940 bis 960 MHz, Downlink: 810 bis 830 MHz. Kanalabstand von 25 kHz und 130 MHz Duplexabstand.

Das TDMA-Verfahren arbeitet auf sechs Timeslots, die in drei Duplexkanäle geteilt werden. Es wird digital moduliert nach Pi/4 QDPSK. Über die Luftschnittstelle gehen je Frequenzkanal 42 kbit/s. Sprache wird mit einem Vocoder (→ *VSELP*) auf 6,7 kbit/s komprimiert, die mit 11,2 kbit/s (inklusive Fehlerkorrektur) gesendet wird. An Half-Rate-Codecs (→ *CELP*) mit 5,6 kbit/s wird gearbeitet.

Es werden Sprachübertragung, Fax (Gruppe 3) mit 2,4 kbit/s und Datenübertragung mit → *MNP 4* und 4,8 kbit/s unterstützt. Das System ist für hohe Verkehrsdichten in dichtbesiedelten Gebieten (Tokio, Osaka) optimiert. Studien zufolge ist die Teilnehmerkapazität im PDC-System fast doppelt so groß wie im → *GSM*-System. Die Sprachqualität liegt unter der des GSM-Systems.

1989 genormt und seit 1991 in Betrieb. Es ist auch eine PDC 1500 Version im Bereich von 1.5 GHz vorgesehen.

PDF

Abk. für Portable Document Format.

Bezeichnung eines auf → *PostScript* basierenden Dateiformats, um elektronisch Dokumente speichern und austauschen zu können.

PDFA

Abk. für Praseodym-dotated Fibre Amplifier.

→ *OFA*.

PDH

Abk. für Plesiochrone Digital Hierarchy.

Bezeichnet eine spezielle digitale Übertragungstechnik zwischen → *Netzknoten*, die nicht über einen identischen Takt verfügen und daher nicht bitsynchron, sondern bestenfalls rahmensynchron übertragen können. Von der → *ITU* in G.703 und G.704 genormt.

Nach dem Übergang von analoger zu digitaler Übertragung im Festnetz ergab sich die Frage nach der Synchronisation des Bitstroms. Problem war, daß bei den vielen verteilten Netzknoten eines großen Übertragungsnetzes kein gemeinsamer, synchroner genauer Takt zur Verfügung stand, da kein landesweites Normaltaktnetz zur Verfügung stand. Jeder Vermittlungsknoten verfügte somit über einen eigenen lokalen Takt, der nur begrenzt mit dem Takt benachbarter Knoten synchronisiert werden konnte.

Mittels hochentwickelter Bitstopfverfahren und Prüfung einzelner Bits konnte, durch wirtschaftliche Zwänge begünstigt, ein einfaches Verfahren mit 'fast' synchroner (plesiochroner) Übertragung etabliert werden, bei der die Anforderungen an den gemeinsamen Takt bescheiden waren.

Differenzen werden z.B. dadurch ausgeglichen, daß die Systemdatenrate einer Hierarchiestufe größer ist als das Vierfache der darunterliegenden Hierarchie. Diese Differenzen dienen zum Aufnehmen der Stopfbits. Dadurch hat jede Multiplexebene einen eigenen, an die Übertragungsverhältnisse dieser Ebene angepaßten Rahmenaufbau.

Darüber hinaus legt PDH Bitraten für Multiplexkanäle fest. Dabei wird zwischen Nordamerika und Japan (1 544 kbit/s, → *DS 1*) und dem Rest der Welt (2 048 kbit/s, → *E1*) auf der untersten Multiplexhierarchie unterschieden. Als Basis dienen überall 64 kbit/s (→ *PCM-30* und *-24*), von denen in Europa 32 Kanäle, sonst nur 24 zur ersten Multiplexstufe zusammengefaßt werden. Es folgen in Europa → *E2*, → *E3* und → *E4* und sonst → *DS2* und → *DS3*.

Ein Nachteil der PDH-Technik ist die fehlende Möglichkeit, Signale einer niedrigen Hierarchiestufe direkt aus dem Datenstrom einer hohen Stufe auskoppeln zu können. Dies wird nur möglich durch ein Durchlaufen aller Hierarchiestufen bis hinunter zur gewünschten Ebene und anschließendes Zusammensetzen wieder auf die höhere Stufe zurück.

Von der → *CCITT* wurde PDH 1972 genormt. In Deutschland wird PDH-Technik im Netz der Deutschen Telekom mit 2, 8 und 34 Mbit/s seit 1975 eingesetzt. Zwei weitere Ebenen mit 140 und 565 Mbit/s kamen 1985 hinzu.

PDH-Netze werden national und international mehr und mehr durch → *SDH*-Technik ersetzt. Die neuen Carrier in Deutschland werden PDH-Technik nicht mehr einsetzen.

PDM

1. Abk. für Phasendifferenzmodulation.
   Deutsche Bezeichnung für Differential Phase Shift Keying (DPSK).
   → *PSK.*
2. Abk. für Pulse Duration Modulation, Pulsdauermodulation.
   Bezeichnung eines Modulationsverfahrens, bei dem die Dauer der einzelnen Impulse verändert wird und Träger der Information ist.

PDN

Abk. für Public Data Network.

Oberbegriff für öffentliche Datennetze. Allgemein unterscheidet man → *CSPDN*, → *DFPDN* und → *PSPDN.*

PDP 1, 4, 5, 6, 8, 11, 12, 15

Abk. für Programmed Digital Processor.

Bezeichnung einer erfolgreichen Serie von Computern aus dem Hause DEC, die als Prozeßrechner für die Industrie starteten, sich aber dann sehr erfolgreich in der Klasse der → *Minicomputer* und → *Mikrocomputer* etablierten.

Die PDP-Serie wurde entscheidend von Ingenieuren des MIT beeinflußt, die in ihr viele Ideen und Konzepte verwirklichten, die zuvor in einigen Einzelbauten von Experimentalrechnern am MIT getestet wurden.

DEC stellte zwei Jahre nach seiner Gründung, im Dezember 1959, den PDP-1/A als Prototypen auf der Eastern Joint Computer Conference in Boston/MA vor. Erstes Gerät wurde später der PDP-1B. Das Serienmodell (50 Stück wurden hergestellt) kam im November 1960 als PDP-1 auf den Markt. Aufgrund seines Preises (120 000 $), seiner Abmessungen und seines Gewichtes handelte es sich um einen revolutionären Rechner. Er eröffnete die Klasse der Minicomputer. Der 18-Bit-Rechner verfügte als erster Computer über Tastatur und Bildschirm als hauptsächliche Ein- und Ausgabegeräte.

Im April 1963 folgte, nach dem PDP-4 im Juli 1962, der 12-Bit-Rechner PDP-5 für 27 000 $. Ein Jahr später, im Oktober, kam der erste 36-Bit-Rechner PDP-6 auf den Markt.

Mit dem PDP-8 (Programmed Data Processor) brachte DEC 1965 den ersten massenproduzierten Computer für unter 20 000 $ auf den Markt (18 000 $, zunächst 25 000 $ geplant). Es wurden sagenhafte 50 000 Stück in mehreren Varianten bis in die 70er Jahre hinein verkauft. Er verfügte in der ersten Version über einen → *Magnetkernspeicher* mit 4 oder 8 Kiloworten zu je 12 Bit. Der Assemblercode konnte über acht Befehle verfügen – einer davon war NOOP (no operation). Der Preis für die einfachste Version der PDP-8 sank im Laufe eines Jahres auf unter 10 000 $. Bis zu 32 Terminals konnten an ihn angeschlossen werden.

1970 brachte DEC den PDP-11 auf den Markt, der seine Europapremiere auf der Hannover-Messe feierte. Im Laufe der Jahre wurden von ihm rund 250 000 Stück abgesetzt, womit er der erfolgreichste Minicomputer der Welt war. Der PDP-11 verfügte bereits über eine offene Busarchitektur (→ *Unibus*), auf deren Basis viele Anbieter weitere Applikationen anbieten konnten. Der Adreßraum erstreckte sich über unglaubliche 64 Kiloworte zu je 16 Bit – also insgesamt 128 KByte.

1977 folgte der PDP-Reihe die → *VAX* als Nachfolgemodell, obwohl die PDP-11 bis zum Anfang der 90er Jahre weitergebaut wurde, ebenso wie Spezialrechner der Reihen PDP-12 und PDP-15.

PDQ

Abk. für Parallel Data Query.

PDU

Abk. für Protocol Data Unit.

Begriff aus dem → *OSI-Referenzmodell.* Bezeichnet dabei generisch das auf einer Schicht hergestellte Datenpaket, das an die darunterliegende Schicht über einen Dienstzugangspunkt (Service Access Point, SAP) weitergegeben wird.

Die PDU besteht aus den beiden Teilen SDU (Dienstdateneinheit, Service Data Unit, der von der nächst höher gelegenen Schicht übernommenen dortigen PDU) und der PSI (Protocol Service Information, auch PCI genannt), also dem entsprechenden → *Header.*

Mehrere PDUs können durch Blocken zu einer größeren PDU zusammengesetzt werden bzw. durch Entblocken wieder zerlegt werden.

Beispiel: Die PDU der → *ATM*-Schicht in ATM-Netzen ist die ATM-Zelle mit 53 Byte.

PDV (-Bus)

Abk. für Prozeßautomatisierung mit Daten-Verarbeitungsanlagen.

Bezeichnung für einen bitseriellen Bus zur Meßdatenerfassung. Genormt als DIN 19241. Der mechanische Stecker folgt → *V.24*, die elektrischen Signale darüber → *RS 422.*

Es können bis zu 100 Stationen (Prozeßfunktionseinheiten, PFE) mittels Buskoppler (BK) an den bis zu 3 km langen Bus angeschlossen werden, der mit 50 bit/s bis zu 1 Mbit/s überträgt. Datenübertragung erfolgt durch ein → *ARQ*-Verfahren.

Der Bus zeichnet sich dadurch aus, daß Stationen besonders einfach ein- und ausgeschaltet werden können, auch während des Busbetriebs.

PE

Abk. für Physical Entity.

→ *IN.*

Peak-Time, Peak-Off-Time

Bezeichnung für die Zeit in einem Telekommunikationsnetz mit der höchsten Netzlast (Peak-Time) bzw. mit der eher niedrigen Netzlast (Peak-Off-Time).

Um zu einem Lastausgleich zu gelangen und das Netz möglichst gleichmäßig und hoch auszulasten, bietet der Netzbetreiber üblicherweise verschiedene Gebührenstrukturen (→ *Charging*) zu den beiden Zeiten an.

PEAN

Abk. für Pan European ATM Network.

Bezeichnung für die internationalen Verbindungen bzw. das daraus resultierende Komplettnetz der einzelnen nationalen ATM-Pilot-Netze. Das → *MoU* dazu wurde 1992 von sechs Netzbetreibern aus fünf Ländern unterzeichnet. 1993 traten weitere 10 bei.

Technisch gesehen baut das Netz auf 34 Mbit/s-Verbindungen auf. Später sollen 140 Mbit/s auf PDH-Basis oder 155 Mbit/s auf SDH-Basis folgen.

→ *ATM*.

PEARL

Bezeichnung einer Anfang der 70er Jahre in Deutschland von der Industrie und Hochschulinstituten gemeinsam entwickelten problemorientierten Programmiersprache für den Einsatz in der Prozeßsteuerung der Industrie.

Man unterscheidet die genormten (DIN 66253) Basic-PEARL und Full-PEARL.

Beeinflußt wurde PEARL bei seiner Entwicklung von → *Pascal*.

PEB

Abk. für Peripheral Extension Bus.

Bezeichnung eines universell nutzbaren Busses aus dem Hause Dialogic zur Verbindung von → *PC* und Peripheriegeräten.

PECL

Abk. für Pseudo Emitter Coupled Logic.

PED

Abk. für Portable Electronic Device.

In den USA der Oberbegriff für allerlei kleine und daher tragbare elektronische Geräte, zumeist der Unterhaltungselektronik, wie z.B. Walkman, tragbare kleine → *CD*-Player, → *MD*-Player oder auch → *Handys*, → *Laptops* sowie → *PDAs*.

Peer-to-Peer

Begriff, der das gleichberechtigte Verhältnis von an einer Kommunikation beteiligten Einheiten (im Gegensatz zu → *Client/Server* oder → *Host* zum → *Terminal*) andeutet.

PEG

Abk. für Public, Educational and Governmental.

Bezeichnung für öffentliche Programme aus den Bereichen Erziehung, Wissenschaft und aus dem Behördensektor, für die Platz in Kabelfernsehnetzen in den USA reserviert bleiben muß.

PEL

Abk. für Picture Element, Bildpunkt.

Auch → *Pixel* genannt.

PEM

Abk. für Privacy Enhanced Mail.

Bezeichnung für ein Datensicherungsverfahren für → *e-mails* im → *Internet*. Seine Entwicklung startete auf Grundlage von Ideen von John Linn für ein auf → *DES* basierendes, symmetrisches Verschlüsselungsverfahren aus dem Hause DEC; 1987 im → *RFC* 989, was bis August 1991 zu den RFCs 1113 bis 1115 führte, in denen ein asymmetrisches Verfahren definiert ist. Neufassung von PEM erfolgte im Februar 1993 in den RFCs 1421 bis 1424.

PEM setzt im Gegensatz zu → *PGP* auf einen Schlüsselaustausch durch eine übergeordnete Schlüsselverwaltungsinstanz (Behörde des Staates oder eine durch diesen lizensierte, vertrauenswürdige Stelle).

Pentaconta, Pentacross

Name einer Familie von Vermittlungssystemen aus dem Hause ITT mit → *Crossbar-Schaltern* als Koppelelement. Entwickelt ab 1950, erster Einsatz ab 1958. Vorläufersystem basierte auf → *Rotary-Wählern*. Nachfolgemodelle waren → *Metaconta* und → *System 12*.

PEP

Abk. für Packetized Ensemble Protocol.

Bezeichnung eines herstellerspezifischen Standards für → *Modems* aus dem Hause Telebit.

Vorteil des Verfahrens ist, daß das Protokoll die Übertragungsrate permanent in 10 bit/s-Schritten den Gegebenheiten der Übertragungsstrecke anpaßt. Maximal können so 12 000 bit/s übertragen werden.

Neuere Entwicklungen (TurboPEP) erreichen 23 000 bit/s.

Modems mit dieser Technik gelten als teuer und selten. Um dennoch mit Modems aus dem Hause Telebit kommunizieren zu können, unterstützen diese auch die gängigen Standards der → *V-Serie*.

Perigäum

Bezeichnung für den erdnächsten Punkt einer elliptischen Satellitenumlaufbahn um die Erde.

→ *Apogäum*, → *Apsiden*.

PERM

Abk. für programmgesteuerte elektrische Rechenmaschine München.

Bezeichnung eines 1956, nach vier Jahren Bauzeit, unter der Leitung des in den USA geschulten R. Piloty in Betrieb gegangenen frühen Computers. Für einige Wochen war der aus 2 000 Röhren gebaute Parallelrechner der schnellste Rechner der Welt. Er wurde zunächst als Forschungsobjekt und später als Standardrechner eingesetzt. Erst 1972 wurde er stillgelegt.

Personal Communicator

Neuer und noch unvollkommen definierter Begriff, der für zukünftige Telekommunikationsnetze (→ *UMTS*, → *IMT 2000*) eine Art Adapter an die weltweit verbreiteten Standards und Schnittstellen in einem Terminal integriert und sich den jeweils angeforderten Diensten anpaßt.

Personal Computer

→ *PC.*

Personalisierung

Oberbegriff für die Möglichkeit von Nutzern von Telekommunikationsdiensten in Fest- und Mobilfunknetzen, ihre durch sie genutzten Dienste zu beeinflussen, z.B. durch → *Screening*, → *Barring*, → *Forwarding* sowie → *persönliche Mobilität* und → *Terminalmobilität.*

→ *Dienstmerkmale.*

Personenrufdienst

Andere Bezeichnung für → *Paging.*

Persönliche Mobilität

Bezeichnet die Eigenschaft eines Telekommunikationsnetzes, die für einen Teilnehmer bestimmten Anrufe immer an das Terminal zu routen, an dem dieser, z.B. mittels einer → *Smart-Card*, registriert ist. Dies setzt eine persönliche, den Nutzer identifizierende (und nicht das Endgerät, das Terminal oder die Anschlußbuchse) Telefonnummer voraus.

→ *Mobilität*, → *UPT.*

PET 2000

Abk. für Personal Electronic Transactor.

Bezeichnung eines der ersten echten → *PCs* aus dem Hause Commodore.

Er war ausgestattet mit 4 KByte RAM und 14 KByte ROM. Im ROM enthalten: Microsofts Basic (8 KByte).

Der PET 2000 kam 1977 in den USA für 795 $ auf den Markt. Der PET wird mittlerweile als Sammlerstück gehandelt und war bereits der Nachfolger eines Einplatinenrechners, des KIM 1.

Pflichtleistungsverordnung

Zuletzt 1990 revidierte, für die Telekom bindende Verordnung, die gewisse zu erbringende Pflichtleistungen definiert, wie z.B. die Versorgung öffentlicher Plätze und Orte mit öffentlichen Fernsprechern.

PFM

Abk. für Pulsfrequenzmodulation.

Bezeichnung eines Modulationsverfahrens, bei der die Pulsfrequenz moduliert und dadurch Träger der Information wird.

PGA

Abk. für Professional Graphics Adapter.

Bezeichnung eines Standards für → *Grafikkarten* für → *PCs* aus dem Hause IBM mit analogem Bildsignal. Auflösung von 640 * 480 Bildpunkten. Wegen hoher Kosten kaum im privaten Bereich verbreitet. Wurde lediglich im professionellen Bereich bei → *CAD*- oder → *DTP*-Anwendungen eingesetzt.

PGP

Abk. für Pretty Good Privacy.

Bezeichnung eines als → *Freeware* in der Programmiersprache → *C* sehr weit verbreiteten Datensicherungsverfahrens zur Versendung von mit → *IDEA* verschlüsselten → *e-mails* und zur Nutzung von digitalen Unterschriften mit → *RSA* im → *Internet* (→ *Kryptologie*). Es handelt sich, im Gegensatz zu → *PEM*, um ein dezentrales Verfahren, da es ohne eine zentrale vertrauenswürdige Institution im Internet zur Schlüsselverwaltung auskommt. Bei PGP müssen die Kommunikationspartner zunächst über sichere Kommunikationswege den Private Key zur Entschlüsselung austauschen.

Entwickelt wurde PGP 1991 von Philipp R. Zimmermann in den USA, der es auch im Internet zur Verfügung stellte. Er wurde daraufhin im Frühjahr 1993 von den US-Behörden angeklagt, da Krypto-Software unter das Waffengesetz fällt und nicht an Ausländer abgegeben werden darf. Die Strafe dafür liegt bei 10 Jahren Gefängnis und 1 Mio. $ oder mehr Geldstrafe. Ziel der US-Initiative war das Durchsetzen eines den US-Behörden eher passenderen Standards für Verschlüsselung, der von diesen leichter entschlüsselt werden konnte. Das Verfahren ist im Januar 1996 ergebnislos eingestellt worden.

PGP wurde von mehreren Personen und Institutionen in Europa und Nordamerika weiterentwickelt, weswegen verschiedene Versionen existieren.

Im Sommer 1996 wurde zur Vermarktung von Produkten, die PGP nutzen, die PGSoftware in San Francisco gegründet.

→ *http://www.thur.de/ulf/krypto/pgp.html*

→ *PEM.*

PH

Abk. für Packet Handler.

Bezeichnung für den Übergang vom → *ISDN* zum → *X.25*-Netz in einer ISDN-Vermittlungsstelle.

Phonem

Begriff aus der Sprachverarbeitung (Sprachanalyse und -synthese). Bezeichnung für die nicht weiter zerlegbaren und damit kleinsten Lautelemente einer Sprache oder eines Dialektes, aus denen sich die Wörter dieser Sprache zusammensetzen.

Die meisten Sprachen bestehen aus ca. 40 Phonemen. So besteht z.B. die englische Sprache aus 44 Phonemen.

Phone Phreaks

→ *Hacker*.

Photo-CD

→ *CD-ROM XA*.

Photonik

Bezeichnung für die mehrere natur- und ingenieurwissenschaftliche Disziplinen vereinigende Systemtechnik, die optische, optoelektronische und festkörperphysikalische Technologien zu Anwendungen im Bereich der Energietechnik oder Kommunikationstechnik vereint.

Praktische Anwendungsbeispiele sind Sonnenkollektoren oder die → *Glasfasertechnik*.

Fernziele sind der Bau eines nicht mehr auf verlustbehafteter Leitung und Schaltung von Strömen und Spannungen basierenden Computers und der Bau von optoelektronischen Schaltelementen zur schnelleren Vermittlung von optischen Datenströmen.

PHP

Abk. für Pacific Home Phone System oder auch Pacific Handy Phone System sowie Personal Handy Phone System.

Ursprüngliche Bezeichnung des japanischen Standards für digitale Schnurlostelefonie. Jetzt → *P-HS*, da PHP der Name eines renommierten Verlagshauses in Japan ist.

PHS

Abk. für Personal Handyphone System oder auch Pacific Home (Handy) Phone System.

Andere Bezeichnung war auch ursprünglich → *PHP*. Bezeichnet einen digitalen japanischen Standard für Schnurlostelefonie.

Sendet im 1,9-GHz-Bereich (1895 bis 1918,1 MHz) mit → *TDMA* und → *TDD* als Duplexverfahren, 300 kHz Kanalabstand (77 Trägerfrequenzen insgesamt), vier Duplex-Kanäle auf einer Frequenz (5 ms Rahmenlänge), Pi/4-QPSK und einem 32 kbit/s → *ADPCM*-Sprachcode. Je Frequenz gehen 384 kbit/s über die Luftschnittstelle.

In das System integriert ist eine automatische Kanalauswahl, so daß immer der Kanal mit der geringsten Störung ausgewählt und auf ihn gewechselt wird, sofern er verfügbar ist.

Das zur Verfügung stehende Frequenzspektrum ist aufgeteilt in 40 Frequenzen von 1906,1 bis 1918,1 MHz exklusiv für öffentlichen Gebrauch (→ *Telepoint*) und 37 Frequenzen von 1895 bis 1906,1 MHz für Büro- und Heimanwendungen. Von diesen 37 Frequenzen sind wiederum die unteren zehn für kombinierte Anwendungen (privat und öffentlich, MS-zu-MS-Kommunikation) vorgesehen. Die Kanäle Nr. 12 und 18 werden für Kontroll- und Managementfunktionen in privaten Systemen (→ *Nebenstellenanlagen*) bereitgehalten.

Kanäle werden im Falle eines Verbindungsaufbaus dynamisch zugeteilt.

→ *Handover* zur Errichtung zellularer Systeme wird unterstützt. Durchschnittliche Sendeleistung der Mobilstation (→ *MS*) ist 10 mW (80 mW Spitzenleistung). Durchmesser der Zellen: 200 m. Sendeleistung der Basisstation (→ *BS*): 500 mW im Durchschnitt und 4 W als Spitzenleistung.

Handover dauert verhältnismäßig lange (bis zu 2,2 s!).

Neben Sprachübertragung ist → *Fax* für Gruppe 3 mit 4,2 und 7,8 kbit/s und Datenübertragung mit 2,4, 4,8 und 9,6 kbit/s möglich. Eine generische Luftschnittstelle für → *Telepoint*-Anwendungen ist vorgesehen. Ferner ist PHP in der Diskussion für → *RLL*-Anwendungen.

Verabschiedet von der → *TTC* Studiengruppe No. 52 auf Initiative des japanischen Handelsministeriums aus dem Jahr 1989. Erste vorläufige Standards im März 1993. Kompletter Standard seit Anfang 1994. TTC selbst definierte Netzschnittstelle, → RCR hingegen das Common Air Interface. Wurde erfolgreich erstmals 1994 in Telepointversuchen in Saporro und Tokio getestet. Im Februar 1995 wurden 21 lokale PHS-Lizenzen vergeben. Derartige Systeme sind im Laufe von 1995 in Betrieb gegangen.

Pickup

Begriff aus der Nebenstellentechnik. Bezeichnet ein → *Leistungsmerkmal* von → *Nebenstellenanlagen*, die die Annahme eines eingehenden Rufes für eine bestimmte Nebenstelle von einer anderen Nebenstelle aus erlaubt.

Sinnvoll z.B. in mit mehreren Personen besetzten Büros oder beim Annehmen eines Gespräches, das schon zum → *Anrufbeantworter* weitergeschaltet wurde.

Picozellen

Bezeichnung einer Zellengröße in zellularen Mobilfunknetzen und bei digitalen schnurlosen Sy-

stemen, die auch an → *Nebenstellenanlagen* angeschlossen werden können (→ *DECT*, → *CT3*). Picozellen verfügen über einen Radius von ca. 20 m (!) und sind gedacht für Indoor-Anwendungen.
→ *Microzellen*, → *Makrozellen*, → *Umbrella-Cells*, → *Ruralcells*, → *Zellulare Systeme*.

PICS

Abk. für Protocol Implementations Conformance Statement.
→ *X.400*.

Piggy-Backing

Engl. für → *Huckepackverfahren*.

Pigtail

Begriff aus der → *Glasfasertechnik*. Bezeichnet spezielle standardisierte Anschlußfasern von nur wenigen Metern Länge. Dabei ist die eine Seite mit einem Glasfaserstecker versehen, wohingegen die andere Seite ein 'rohes' Stück Glasfaser ist, das durch → *Spleißen* an die Faser eines Glasfaserkabels angefügt wird. Somit können die Fasern über den Pigtail mit seinem Stecker an elektrooptische Bausteine angeschlossen werden.

PIM

Abk. für Protocol Independent Multicasting.
Bezeichnung eines Protokolls zum → *Multicasting* im → *Internet*, das von einigen Herstellern von → *Routern* unterstützt wird.

PiMf

Abk. für Paare in Metallfolie.
Offizielle Bezeichnung des → *VDE* für einen Kabeltyp, bei dem eine verdrillte Zweidrahtleitung mit einer Metallfolie geschirmt ist.
International üblich ist die Bezeichnung STP (Shielded Twisted Pair). Der Schirm kann dabei tatsächlich aus einer Folie (F/STP) oder aus einem Geflecht von Metallfasern bestehen (S/STP).
→ *ViMf*.

PIN

1. Abk. für Personal Identification Number. Allgemeine Bezeichnung einer persönlichen (meistens vierstelligen) Geheimzahl, die jemand zur Authentifizierung eingeben muß. Einsatz erfolgt meistens in Verbindung mit einer Karte, z.B. einer → *Smart Card*. Beispiele: Kreditkarten, Scheckkarten, Firmenausweise.
2. Bei Steckern zur Verbindung von Kabeln mit einer Buchse die Bezeichnung für das die Verbindung mit dem Gegenstück herstellende leitende Endstück in Form eines Stiftes. Der Pin wird in dem Gegenstück des Steckers (Buchse) in eine Hülse geführt und stellt so den Kontakt in der Steckverbindung her. Oft werden die Stecker mit Pin auch als männlicher Stecker und diejenigen mit Hülse als weiblicher Stecker bezeichnet.

ping

Abk. für Packet Internet Groper.
Bezeichnung eines Programms, das dazu dient, → *IP*-Verbindungen zwischen zwei IP-Adressen zu testen. Es wird dabei festgestellt, ob ein bestimmter Rechner (spezifiziert durch seinen → *Host*-Namen) im Netz überhaupt noch aktiv und wie gut die Verbindung zu ihm ist. Damit können Fehler in Verbindungen festgestellt werden.
Ping sendet jede Sekunde ein 64 Byte langes Datenpaket mit Echo-Request und stellt fest, wie lange es dauert (und ob überhaupt), bis der angerufene Rechner antwortet. Diese Zeit wird mit Round-Trip-Delay bezeichnet. Darüber hinaus gibt ping meistens mehrere weitere Daten zur Auswertung aus. So werden bei mehreren mit ping gesendeten Paketen die Veränderungen des Round-Trip-Delays und mögliche Paketverluste ersichtlich. Alle drei Angaben lassen Rückschlüsse auf die Qualität der Verbindung zu.
Bei der Verwendung von ping ist darauf zu achten, daß bei Verbindungen über mehrere Netze hinweg (von einem LAN über ein X.25-Netz in ein zweites LAN) ping für jedes Netz einzeln angewendet werden muß, um dessen Übertragungsqualität feststellen zu können.
Die → *Utility* ping ist bei den meisten → *TCP/IP*-Software-Paketen im Preis enthalten.

Ping-Pong-Verfahren

→ *Halbduplex*, → *TDD*.

Pipe

Begriff aus der Interprozeßkommunikation. Bezeichnet einen verbindungsorientierten Kanal (auch Stream genannt) zwischen zwei Prozessen auf einem Rechner.
Named Pipes verbinden dabei untereinander unabhängige Prozesse, wohingegen Anonymous Pipes Prozesse verbinden, die in einer Beziehung zueinander stehen (Vater-Sohn-Prozesse etc.).
→ *Socket*.

Pits

Bezeichnung für kleine Vertiefungen auf dem metallischen Trägermaterial einer → *CD*, die letztlich den auf sie treffenden Laserstrahl durch unterschiedliche Länge und Abstände zeitabhängig streuen und dadurch Information enthalten, die gelesen werden kann.

Pixel

Kunstwort, Kurzform für Picture Element, Bildpunkt oder -element. Die kleinste unzerlegbare Einheit eines Bildes auf einem Schirm.

Pixelfrequenz

Bezeichnung für die Anzahl der pro Sekunde von einem Monitor neu gezeichneten → *Pixel.* Angegeben in MHz.

Pixelgrafik

Auch Rastergrafik genannt. Im Gegensatz zur → *Vektorgrafik* die Beschreibung geometrischer Figuren durch die Anordnung von kleinen Punkten, die in geordneter und systematischer Darstellung für das menschliche Auge geometrische Figuren ergeben.
Vorteil ist die Möglichkeit der photorealistischen Darstellung von Objekten. Nachteilig ist ein Qualitätsverlust bei der Vergrößerung der Darstellung.

PKI

Abk. für Philips Kommunikations Industrie.
Bezeichnete den vermittlungs- und informationstechnischen Zweig von Philips. Sitz: Nürnberg. Hervorgegangen 1982 aus der TeKaDe. Teile wurden 1995 an AT&T verkauft und andere Teile Philips direkt zugeschlagen, wodurch die PKI aufgelöst wurde.

PL

Abk. für Padding Length.

PL/1

Abk. für Programming Language No. 1.
Bezeichnung einer im Hause IBM entwickelten problemorientierten → *Programmiersprache* für Großrechner. Sehr reichhaltige Funktionen. Sowohl für technisch-wissenschaftliche als auch für kaufmännische Aufgaben geeignet, da sie Elemente von → *Fortran* und → *Cobol* gleichermaßen in sich vereinigt. Auch von → *Algol 60* beeinflußt. Daher aber auch schwer überschaubar und schwer erlernbar.
PL/1 wurde 1964 der Öffentlichkeit vorgestellt und fand keine besonders große Verbreitung. Es entwickelte sich aus PL/1 heraus der Dialekt PL/M.

Plan 9

Bezeichnung eines verteilten → *Betriebssystems* für → *Computer* verschiedener Leistungsstufen (vom → *Laptop* über → *PCs* bis hin zu → *Workstations*) in vernetzten Umgebungen, aus dem Hause AT&T bzw. → *Lucent* Technologies.

Plan 9 ist in großen Teilen in → *C* geschrieben und stellt ein mächtiges → *GUI* sowie viele → *Utilities* zur Verfügung.

Vorgestellt von Lucent Technologies im Frühjahr 1996. Entwickelt wurde es von Technikern, die sonst an → *Unix* arbeiten.

→ *http://netlib.bell-labs.com/plan9/*

→ *http://www.ecf.toronto.edu/plan9/*

Plankalkül

Bezeichnung für ein von Konrad Zuse (→ *Zuse Z1*) im Jahre 1945 entwickeltes und rein akademisches Konzept, das gemeinhin als die erste → *Programmiersprache* angesehen wird, wenngleich es keine → *Compiler* und Programme im herkömmlichen Sinne gab.
Sie war praktisch nie von Bedeutung und erlangte lediglich akademisches und insbesondere historisches Interesse.

PLCP

Abk. für Physical Layer Convergence Protocol.
Bezeichnung einer Teilschicht auf Schicht 1 des → *OSI-Referenzmodells.* Aufgabe ist die Anpassung von Daten an die Übertragungsgeschwindigkeit und → *Slots* auf dem physikalischen Medium.

Plenipot

→ *ITU.*

Plesiochron

Andere Bezeichnung für 'fast' synchron, d.h. Abweichungen von einem gemeinsamen Takt sind innerhalb eines klar definierten kleinen Rahmens erlaubt, d.h. die Bitraten von Signalen weichen von den im Standard vorgesehenen Nennwerten ab.
Diese Differenzen werden z.B. durch Bitstopfverfahren ausgeglichen. Für verschiedene Bitratenhierarchien (→ *PDH*) werden dabei erlaubte maximale Abweichungen in Bit definiert.

PLEX

Abk. für Programming Language for Exchanges.
Bezeichnung einer proprietären Programmiersprache aus dem Hause Ericsson zur Programmierung von Vermittlungsstellen der Baureihe → *AXE 10.*

PLMN

Abk. für Public Land Mobile Network.
Allgemeiner Oberbegriff für landgestützte (im Gegensatz zum → *Satellitenmobilfunk*) Systeme des → *Mobilfunks.*

Plotter

Bezeichnung für computergesteuerte Geräte zur exakten Ausgabe von Zeichnungen und Bildern, bei denen, im Gegensatz zu herkömmlichen → *Druckern,* keine Symbole oder einzelne Bildpunkte, sondern Linienzüge und Flächen dargestellt werden.
Dabei wurde zunächst bei ersten Plottern ein an einer Halterung befestigter Stift, durch zwei Elektromotoren (X- und Y-Koordinaten) gesteuert, über das Papier geführt. Heutige Plotter arbeiten nach dem Prinzip des → *Tintenstrahldruckers* und können verschiedene Farben darstellen, mit denen

große Flächen bei großer Auflösung eingefärbt werden können.

Als Standard für die Ansteuerung von Plottern gilt → *HPGL*. Impulse zur Entwicklung derartiger Geräte kamen noch aus der Fertigungstechnik, wo bereits vorher numerisch gesteuerte Systeme (CNC-Systeme) entwickelt worden waren. Erste Modelle kamen noch lochstreifengesteuert Anfang der 60er Jahre auf den Markt.

Haupteinsatzgebiete waren Konstruktionsbüros des Maschinenbaus, Entwicklungsabteilungen der Elektroindustrie, Architekturbüros, Küchenstudios und die Werbebranche.

Heute dienen Plotter hauptsächlich zur hochqualitativen Herstellung großformatiger Ausdrucke.

PLT

Abk. für Payload Type.

→ *ATM*.

Plug-In

Bei Software einzelne Softwaremodule, die eine bestehende und funktionsfähige Software um zusätzliche Features erweitern und zu der ersten kompatibel sind.

In der Regel wird die Plug-In-Software zeitlich getrennt und unabhängig von der anderen Software nachinstalliert und ist oft hardwareabhängig.

Beispiele sind einzelne Viewer zum Betrachten von Stand-, Bewegt- oder 3D-Bildern, zum Abspielen von Audioclips oder zum Aufnehmen von Tönen die z.B. zusätzlich zu einer → *Groupware* oder einem → *Browser* für das → *WWW* angeboten werden.

Der Vorteil der Plug-In-Software ist, daß der Nutzer sich die Software gezielt auf seine Bedürfnisse zuschneiden kann, was u.U. Speicherplatz und Ladezeit spart. Darüber hinaus kann gezielt auf den technischen Fortschritt reagiert werden, ohne eine komplett neue Version der ursprünglichen Software auf den Markt bringen zu müssen.

Plug-In-Chip (-Card)

Bezeichnung einer speziellen Form des → *SIM* mit besonders kompakter Größe zum Festeinbau des SIM im Mobiltelefon. Vorteil ist, daß nicht vor jeder Inbetriebnahme die scheckkartengroße → *Smart-Card* eingeschoben werden muß.

In der Regel kann der Plug-In-Chip in eine scheckkartengroße Plastikschablone eingesetzt werden und steht so bei Bedarf portierbar als Smart-Card zur Verfügung.

PM

Abk. für Performance Management, Leistungsmanagement.

Bezeichnung für einen Teil des → *Netzmanagements*.

PMD-Layer

Abk. für Physical Media Dependent Layer.

1. Bezeichnung der untersten Schicht des Protokollstapels von → *FDDI*.
2. Allgemeine Bezeichnung für die unterste Schicht von Protokollstapeln, die verschiedene physikalische Medien zulassen und wo verschiedene Protokolle für die unterste Schicht existieren, die den Datentransport an das im Einzelfall konkret vorliegende Medium (z.B. Koaxialkabel, Glasfaser, verdrillte Zweidrahtleitung) anpassen.

PMR

1. Abk. für Private Mobile Radio.

   Englischer Oberbegriff für → *Bündelfunk* oder → *Betriebsfunk*.
2. Abk. für Public Mobile Radio.

   Bezeichnet den öffentlichen → *Mobilfunk* mit allen Ausprägungen.

PMXA, PMxAs

Abk. für Primärmultiplexanschluß, d.h. 30 Nutzkanäle (B-Kanäle) zu je 64 kbit/s, einen Steuerkanal zur Übertragung von Signalisierungsinformationen mit 64 kbit/s und einen Synchronisationskanal mit 64 kbit/s.

→ *ISDN*.

PMxFAs

Abk. für Primärmultiplex-Festanschluß.

PN

1. Abk. für Personal Number oder Personal Numbering.

   Bezeichnet ein Konzept, bei dem ein Teilnehmer lediglich eine einzige Nummer für seinen Privatanschluß, seinen Büroanschluß, sein Handy etc. hat. Angestrebter Standard ist → *UPT*.
2. Abk. für Pseudo-random Noise.

   Engl. Bezeichnung für störendes Rauschen.

PNC

1. Abk. für Paging Network Controller.

   Teil der Netzinfrastruktur bei → *ERMES*.
2. Abk. für Personal Number Calling.

   → *PN*.

PNG

Abk. für Portable Networks Graphics (Format).

Bezeichnung eines Dateiformates und gleichzeitig des bei der Dateierzeugung verwendeten Kompressionsverfahrens für Grafiken.

Gilt als Nachfolger des ehemals weitverbreiteten Dateiformates → *GIF*.

PNNI

Abk. für Private Network to Network Interface.
Bezeichnung der Schnittstelle zwischen privaten und öffentlichen Netzen mit → *ATM*-Technik.

PNO

Abk. für Public Network Operator.
Der Betreiber eines öffentlich zugänglichen Netzes (unabhängig von den Diensten, die darüber angeboten werden).

PnP

Abk. für Plug and Play.
Das 'and' wird dabei zum amerikanisch-breiten gekürzten 'n'. Bezeichnet im Computerbereich insbesondere → *PCs*, die von jedermann gekauft und ohne komplizierte Installation von Hard- oder Software durch Einstecken des Steckers für die Spannungsversorgung in Betrieb genommen werden können.

POCSAG (-Code)

Abk. für Post Office Codes Standardisation Advisory Group.
Es handelt sich um ein Signalisierungsverfahren bzw. ein Funkprotokoll für → *Paging*-Systeme, wie z.B. Cityruf in Deutschland.
Die auf POCSAG basierenden Systeme übertragen mit 512 bit/s, neuere Systeme auch mit 1 200 oder 2 400 bit/s.
Die von der Funkrufzentrale gesammelten Funkrufe werden ausgesendet. Jeder Funkruf besteht dabei aus der Adresse des Empfängers und der eigentlichen Nachricht. Die Empfänger nehmen alle Nachrichten an und analysieren die Adresse. Wenn die eigene Adresse gefunden ist, meldet sich der Pager akustisch beim Besitzer und zeigt die Nachricht an. Dieses Verfahren setzt voraus, daß der Pager permanent aktiv ist und den Funkkanal abhört, was die Nutzungsdauer von Batterien verringert.
Es existiert keine Rückverbindung vom Pager zur Funkrufzentrale.
POCSAG ist nicht ein Standard für ein komplettes Paging-System, sondern deckt nur die unteren Layer ab, ist also ein Baustein von mehreren für ein Paging-System. Wird auch für mobile Datenkommunikation (z.B. beim Standard → *Mobitex*) genutzt.
POCSAG ist frei von Patenten und wurde daher auch Grundlage von diversen Firmenstandards weltweit, die allerdings nicht immer kompatibel mit POCSAG sind.
Entwickelt Ende der 70er Jahre von einer Gruppe von Herstellern und Carriern mit Sitz in London auf Betreiben der British Telecom. Ursprüngliches Ziel war die Aufhebung der Grenzen der bis dahin bestehenden Paging-Verfahren (z.B. begrenzte Adressierung) und die Ermöglichung eines weltweiten Standards. Das Protokoll wurde von der → *CCIR* 1982 als CCIR Radiopagingcode No. 1 genormt und 1983 und 1984 um die Möglichkeit zur Übertragung numerischer und alphanumerischer Zeichen erweitert.

→ *http://www.gate.net/~braddye/epocsag.html/*

→ *http://www.germany.net/box/netbox/technik/computer/security/pocsag.html/*

POF

Abk. für Plastic Optical Fiber.

Begriff aus der → *Glasfasertechnik.*

POH

Abk. für Path Overhead.

Bezeichnung für Daten, die in → *SDH*-Netzen zusätzlich zu den Nutzdaten auf einem virtuellen Pfad transportiert werden. Dienen der Qualitätskontrolle und der Überwachung von Alarmen.

POI

1. Abk. für Point of Information.

   Bezeichnet offen zugängliche Terminals, über die Informationen angeboten werden, die von einem → *Server* über das Telekommunikationsnetz zu diesem Terminal transportiert werden. Wird z.B. in Flughäfen und Bahnhöfen oder in Supermärkten aufgestellt. Über Auswahlmenüs kann der Benutzer die gewünschte Information anfordern.

   → *POS.*

2. Abk. für Point of Interconnection.

   → *Interconnection.*

Point

1. Bei → *Mailboxen* die Bezeichnung für Teilnehmer, die nicht das gesamte Angebot der Mailbox, sondern nur bestimmte thematisch eingegrenzte und ausgewählte Bereiche nutzen.
2. Auch Didotpoint genannt. Bezeichnung für die 1785 von dem französischen Drucker Françoise Ambroise Didot (* 1730, † 1804) auf Basis von Vorabeiten von Fournier eingeführte Maßeinheit für Schriften und alle anderen Satzmaterialen (Linien, Zeichen, Regletten etc.). Abgekürzt mit p oder einem kleinen hochgestellten Punkt hinter einer Zahl, z.B. 8˙ bei dieser Schrift.

   1 Punkt entspricht 1/72 eines Zolls bzw. inch (= 2,54 cm) und im metrischen System 0,3759 mm; das Meter ergibt exakt 2 660 Punkte.

   Die Angabe in Punkt hat sich bis heute als vorteilhaft erwiesen, weshalb sie noch sehr weit verbreitet ist.

Poissonverteilung

Bezeichnung für eine in der → *Verkehrstheorie* häufig zugrunde gelegte Verteilung von Zufallsgrößen. Fundament von → *Erlang B*.

Die Poissonverteilung sagt aus, daß, wenn ein Ereignis im Durchschnitt mit der Häufigkeit a in einem Zeitintervall auftritt, sich dann die Wahrscheinlichkeit $P(n)$ dafür, daß es in einem Zeitintervall n-mal auftritt, aus folgender Beziehung ergibt:

$$P(n) = (a^n e^{-a})/n!$$

Polarisation

Die ausschließliche Auslenkungsrichtung elektromagnetischer Wellen innerhalb eines Frequenzgemisches. Wird bei der Satellitenfunkübertragung eingesetzt zur Mehrfachausnutzung einer Trägerfrequenz, die horizontal und vertikal (um 90° phasenverschoben) polarisiert wird. Mit der gleichen Antenne lassen sich beide Signale empfangen und trennen.

Policy

Bezeichnung für die Statuten bzw. die Philosophie eines selbstverwalteten → *Online-Services* anbietenden Netzes, wie z.B. das → *Fido-Netz*. Sie legt fest, wie mit Werbung, kommerziellen Teilnehmern, sensitiven Inhalten und Verstößen gegen die Regeln verfahren wird.

Polling

1. Der Aufruf von einer Leitstation an eine Unterstation (Sendestation), Daten zu senden. Im Gegensatz zum Handshake-Betrieb kann beim Polling nur einer der Verbindungspartner einen Transfer starten. Er fragt meist periodisch den potentiellen Sender, ob er etwas senden will, weswegen zwischen den beteiligten Stationen meistens ein hierarchisches Verhältnis besteht. Eingesetzt häufig zwischen → *Mainframe* und → *Terminal*. Bekannte Polling-Protokolle sind → *BISYNC* oder auch → *MVP1* und *2*.
2. Oft gemeint ist auch → *Fax-Polling*.

Polymorphe Viren

Bezeichnung für eine spezielle Art von → *Viren*. Gilt als neue Generation. Kennzeichen ist, daß sie sich bei jeder Infektion eines neuen Trägers durch Verschlüsselung wandeln und daher durch Erkennung bestimmter Muster durch Virenschutzprogramme (Scanner) nicht erkannt werden können.

Eine eigene Klasse bilden dabei polymorphe Viren, die nicht nur sich selbst, sondern zusätzlich auch den Wandlungsalgorithmus modifizieren.

PON

Abk. für Passive Optical Network.

Optische Netze werden als passiv bezeichnet, wenn es außer den optoelektronischen Wandlern an den Enden keine weiteren Elemente (Verstärker) gibt, die eine eigene Spannungsversorgung benötigen. Dies führt dazu, daß PONs von ihrer Ausdehnung her so bemessen werden müssen, daß ein eingespeistes Signal, das an mehreren Stellen geteilt/abgezweigt wird, für jeden einzelnen dieser abgezweigten Anschlüsse noch stark genug sein muß, um dort genutzt zu werden. Üblich ist heute die Versorgung von 32 einzelnen Haushalten mit einem eingespeisten Signal.

Ein PON spart gegenüber Kupferkabeln Kosten bei der Verlegung und beim Unterhalt der Netze, da wesentlich weniger Elemente benötigt werden und Glasfaser eine wesentlich geringere Bitfehlerrate aufweist.

PONs werden insbesondere im Anschlußbereich (→ *FITL*) eingesetzt. Man unterscheidet Sterntopologien, bei denen jeder Teilnehmer eine eigene Faser ins Haus erhält (teuer), Doppelstern-Strukturen, in denen mit → *Splittern* in eine zweite Ebene verzweigt wird und Bus- sowie Ringtopologien. Ferner unterscheidet man, inwieweit Glasfaser tatsächlich bis an das Endgerät des Teilnehmers herangeführt wird (→ *FTTH*, → *FT-TC*, → *FTTB*).

Bei den letzten drei Topologien teilen sich jeweils mehrere Teilnehmer die zur Verfügung stehende Bandbreite. Diese Systeme sind zwar günstiger in der Installation, bedürfen aber exakter Dimensionierung, um zukünftigen Bandbreitenbedarf integrieren zu können.

→ *OLT*, → *ONU*, → *Glasfasertechnik*, → *OPAL*, → *BONT*.

POO

Abk. für Point of Offer.

Im Gegensatz zum → *POS* wird nicht der Ort des Verkaufs, sondern der des Angebots bezeichnet, d.h. ein Anbieter oder → *Service-Provider* bietet einen Dienst in einer Filiale an. Dies wäre der POO. Von diesem Ort aus werden Terminals beim Kunden am POS betreut, d.h. die konkreten Angebote werden aktualisiert und Buchungen werden von den POS entgegengenommen.

POP

1. Abk. für Point of Presence.

   Bezeichnet in der Datenkommunikation die Orte (in der Regel Großstädte) von → *Online-Diensten*, an denen Einwahlknoten (→ *Mailboxen*, Netzzugänge anderer Art) von Teilnehmern zum Ortstarif angewählt werden können. POPs sind dabei, im Gegensatz zu → *VPOPs*, mit eigenem Gerät der Dienstanbieter ausgestattet.

   → *POI*, → *POS*.

2. Abk. für Point of Presence.
   In den USA die Bezeichnung für den Ort in einem → *LATA*, an dem bei dem Netz eines → *LECs* der Übergang zum Fernnetz eines → *IXCs* erfolgt.
3. Abk. für Point of Purchase.
   Eine andere Bezeichnung für den → *POS*.

POP3

Abk. für Post Office Protocol.
Bezeichnung für ein im RFC 1725 definiertes Protokoll zum Transfer von → *e-mails*, die mit → *SMTP* zu einem Mailhost (→ *MTA*) gebracht wurden und von dort zu einem ansonsten off-line befindlichen Rechner (→ *UA*) transportiert werden sollen.
POP3 setzte sich seit seiner ersten Version, 1984, gegen das verbindungslose → *DMSP* durch.
Eine Obermenge von POP3 ist → *IMAP4*.

Port

Allgemeiner Oberbegriff für einen Anschluß (Eingang, Ausgang), über den Daten und Steuerinformationen in ein Gerät ein- oder ausgegeben werden.

Portabilität

Begriff, der die (leichte) Überführbarkeit üblicherweise von → *Software* beschreibt, die auf verschiedenen Computersystemen eingesetzt werden kann.

1. Codeportabilität liegt vor, wenn der in einer Hochsprache vorliegende → *Code* von verschiedenen → *Compilern* für verschiedene Rechnerplattformen oder von Compilern für verschiedene → *Dialekte* einer Programmiersprache verarbeitet werden kann.
2. Eine andere Form von Portabilität liegt vor, wenn der bereits compilierte → *Code* auf verschiedenen Computerplattformen eingesetzt werden kann.

Portable

Bezeichnung für nicht fest eingebaute Mobiltelefone größeren Formats. Erste Bezeichnung für aktenkoffergroße Geräte zum Mitnehmen (Tragen, Umhängen) von Mitte bis Ende der 80er Jahre. Für handtellergroße Geräte hat sich später die Bezeichnung → *Handy* eingebürgert.
→ *VSAT*.

Portal

Bezeichnung für die Schnittstelle zwischen einem kabelgestützten → *LAN* und einem Funk-LAN (→ *Wireless LAN*). Die Einheit aus Hard- und Software sorgt dafür, daß die Benutzer des WLANs Ressourcen des LANs nutzen können und umgekehrt.
→ *IEEE 802.11*.

POS

Abk. für Point of Sale.
Der Begriff bezeichnet im betriebswirtschaftlichen Sinne tatsächlich nur die Kasse mit allen sie direkt umgebenden Angeboten. Hier ist jedoch der elektronische POS gemeint, an dem man mittels einer u.U. universellen Karte (EC-Karte, Kreditkarte ..., → *Smart Card*) seine gekauften Waren bezahlen kann.
Moderne POS-Terminals verfügen über → *X.25*- oder → *ISDN*-Verbindungen, bei denen X.25-Daten über den D-Kanal geschickt werden (geht nur bei → *Euro-ISDN*), zu → *Servern*, wo z.B. die → *PIN* geprüft wird. Die übertragenen Datenmengen liegen dabei im Bereich von ca. 500 Byte pro Transaktion. Entscheidendes Kriterium für diese Dialoganwendung ist der schnelle Verbindungsaufbau.
→ *POI*, → *POP*.

Positivdarstellung

Bezeichnung für die Darstellung von Zeichen auf einem Bildschirm, bei der, wie beim herkömmlichen Buchdruck auch, eine dunkle Schrift auf hellem Untergrund zu sehen ist.
→ *Negativdarstellung*.

Posix

Abk. für Portable Operating System Interface (for Computer Environments).
Offizielle Bezeichnung des Normenentwurfs des → *IEEE* (Standardisierungsgruppe 1003) für einen einheitlichen Standard des Betriebssystems → *Unix*. Hervorgegangen sind die Standardisierungsbemühungen der IEEE aus Aktivitäten einer, im Gegensatz zu AT&T, kommerziell orientierten Gruppe der Vereinigung der nordamerikanischen Unix-Nutzer die sich /usr/group nannte.
Erste Konzepte wurden 1984 noch sehr unstrukturiert veröffentlicht. Es folgten, nach Auflösung der /usr/group, Arbeiten der IEEE, die 1986 zu einem ersten Gesamtpapier und 1988 zu einem endgültigen stabilen Standard führten.
Definiert wurden neun Gruppen, wobei oft auch nur IEEE 1003.1 als Posix definiert wird:

1003.0	Grundlagen
1003.1	Systemschnittstelle
1003.2	Shell und Dienstprogramme
1003.3	Testverfahren
1003.4	Echtzeiterweiterungen
1003.5	Tools für → *ADA*
1003.6	Systemerweiterungen
1003.7	Erweiterungen zur Systemerweiterung
1003.8	Netzwerkerweiterungen

Posting

Bezeichnung für eine → *e-mail*, die nicht an einen einzelnen Empfänger gerichtet ist, sondern öffentlich zugänglich in Foren, → *Newsgroups* etc. erscheint, z.B. im → *Usenet* des → *Internet*.

Postmaster

Bezeichnung der Person, die in einem Unternehmen oder einem Teil davon für das Funktionieren des → *e-mail*-Systems zuständig ist.
→ *LSA*.

Postneuordnungsgesetz

Abgekürzt mit PTNeuOG. Bezeichnung für die 2. Stufe der → *Deregulierung* des Post- und Telekommunikationswesens in Deutschland nach dem → *Poststrukturgesetz*. Verabschiedet 1994 und in Kraft getreten am 1. Januar 1995.

Postreform

Andere Bezeichnung für die → *Deregulierung* des Post- und Telekommunikationssektors in Deutschland in zwei Stufen: → *Poststrukturgesetz*.

PostScript

Name einer vektororientierten Seitenbeschreibungssprache für Drucker. Die Information über die auf einer Seite vorhandenen Bilder und Texte wird dabei in einem editierbaren → *ASCII*-File (Textdatei) abgelegt, wo die Bestandteile eines Bildes (z.B. ein Quadrat) mit Koordinaten und geometrischen Abmessungen (Vektoren) angegeben werden (z.B. Position der linken oberen Ecke und Seitenlänge). Vorteil: durch Verändern dieses Files per Hand wird das Bild auch verändert, d.h. es ist kein Grafikprogramm zum Malen eines Bildes oder keine Textverarbeitung zum Schreiben und Gestalten eines Textes erforderlich. Außerdem können mit dieser Methode Zeichnungen von hoher Präzision einfach erstellt werden.
1978 entwickelten zwei Mitarbeiter des Xerox-Entwicklungslabors PARC, John Warnock und Charles Geschke, eine erste Variante einer Seitenbeschreibungssprache. Sie verließen mit ihrem Know-how Xerox und gründeten Adobe Systems. Apple bot ihnen eine Zusammenarbeit bei der Entwicklung einer Seitenbeschreibungssprache nach dem Xerox-Vorbild an, die unabhänig von der Hardwareplattform ist. Wenig später kamen die ersten dazu passenden Geräte auf den Markt.
Die Zusammenarbeit währte nicht lange. Man trennte sich im Streit. Apple entwickelte daraufhin → *Truetype*. 1987 wurde PostScript dank des Erwerbs der Lizenz von Adobe durch IBM zum Industriestandard. 1990 wurde PostScript Level 2 vorgestellt. Vorteile gegenüber Level 1: höhere Geschwindigkeit, bessere Speicherökonomie, Dateikomprimierung und Speichern von Formularen.

Poststrukturgesetz

Auch Postverfassungsgesetz genannt. Bezeichnung eines am 8. Juni 1989 verabschiedeten Gesetzes (in Kraft seit 1. Juli 1988), auch als 1. Stufe der Postreform bezeichnet. Mit ihm startete die → *Deregulierung* des deutschen Telekommunikationsmarktes. Es folgte als 2. Stufe das → *Postneuordnungsgesetz*. Basiert auf den Empfehlungen einer zwei Jahre vorher eingesetzten Kommission und brachte folgende Änderungen:

- Aufteilung der Deutschen Bundespost in die drei Unternehmen Postdienst, Postbank und Telekom.
- Beschränkung des Monopols der Telekom auf den Telefondienst und die Übertragungswege im Festnetz ausschließlich der Vermittlung. Ansonsten Einführung von Wettbewerb im Festnetz.
- Freier Wettbewerb im Bereich des Mobilfunks.
- Komplette Freigabe der Märkte für Endgeräte und Zulassung der Telekom als Geräteanbieter.

PostVerfG

Abk. für Postverfassungsgesetz.
Eine andere Bezeichnung für → *Poststrukturgesetz*.

POTS

Abk. für Plain Old Telephone Service.
Bezeichnet den herkömmlichen analogen Telefondienst aus der Zeit vor der Digitalisierung der → *Vermittlungsstellen* und der Einführung von Mehrwertdiensten (→ *VAS*) oder des → *IN*.
Es handelt sich dabei um Telefonieren ohne alle weiteren → *Dienstmerkmale* (ohne z.B. → *Advanced Call Routing*). POTS bezeichnet einen Dienst, im Gegensatz zu → *PSTN*.

PowerPC

Bezeichnung einer → *PC*-Serie, gemeinsam entwickelt von Apple, IBM und Motorola (AIM) als Reaktion auf leistungsstarke PCs mit Prozessoren von Intel und → *Software* von Microsoft (→ *Wintel*). Im Oktober 1991 kündigten die beteiligten Unternehmen die Kooperation an und starteten die Entwicklung von leistungsstarken PCs. Allen Power-PCs liegt die einheitliche Hardwarekonfiguration → *CHRP* zugrunde. Basiert auf → *RISC*-Technologie aus dem Hause IBM, wie sie z.B. in den R6000-Workstations (→ *Workstation*) eingesetzt werden und den → *Bus*- und → *Cache*-Systemen der M8800-Serie aus dem Hause Motorola.
Gemeinsames Entwicklungszentrum ist Somerset in Austin/Texas, das dort von IBM und Motorola unterhalten wird.
Mittlerweile gibt es vier Prozessoren, alle in → *CMOS*-Technik. Einsatzzweck des 601 und des 604 sind leistungsstarke → *Desktop*-PCs, des 603 leistungsstarke → *Notebooks* und des 620 leistungsstarke → *Server* und → *Workstations*.

Prozessortyp	601	603	604	620
Hergestellt seit	1993	1994	1995	1996
Cache in KByte	32	16	32	64
Datenbusbreite	64	-	64	144
Adreßbusbreite	32	-	32	43
Transistoren in Mio.	2,8	1,2	-	7
Chipfläche in mm²	121	85	-	-
Takt in MHz	66/100	75	100	133/155
Spannung in V	3,6	3,3	3,3	3,3
SpecInt	60	64	160	-
SpecFp	80	105	165	-

Als → *Betriebssystem* steht u.a. seit Januar 1996 → *OS/2*, → *WindowsNT* und seit Ende 1996 → *MacOS* zur Verfügung.

PPAU

Abk. für Packet Processor Access Unit.

PPC

1. Abk. für → *Power PC*.
2. Abk. für Pay-per-Channel.
   → *Pay-TV*.

PPI

Abk. für Points per Inch.
Bezeichnung für das Auflösungsvermögen grafischer Geräte. Z.B. hat Fax Gruppe 3 ein Auflösungsvermögen von 100 bis 200 ppi und Gruppe 4 von 200 bis 400 ppi
→ *Point*.

PPM

1. Abk. für Parts per Million.
2. Abk. für Pulse Position Modulation.
   Bezeichnung eines Modulationsverfahrens, bei dem sich die Position der Impulse (Variation durch die Zeit) in Abhängigkeit charakteristischer Größen des zu modulierenden Eingangssignals verändert und so zum Träger der Information wird.
3. Abk. für Pages per Minute.
   Bezeichnung für ein Leistungsmaß für Drucker. Gibt an, wieviele Seiten der Drukker pro Minute vollständig drucken kann. Diese Größe ist abhängig von der Auflösung der Seite (→ *dpi*), der Seitengröße und dem Inhalt der Seite.

PPP

Abk. für Point-to-Point-Protocol.
Ähnlich wie das ältere → *SLIP* ein Protokoll der → *TCP/IP*-Familie für seriellen Datentransfer über Wählverbindungen.Im Gegensatz zu SLIP gilt PPP als das allgemeinere und leichter zu konfigurierende Protokoll, weswegen viele Produkte nur PPP und nicht SLIP unterstützen. Es besteht aus einer Sammlung aus mehreren anderen Protokollen, wie z.B. dem LCP (Link Control Protocol), mit dem die an der Verbindung beteiligten Instanzen Details der Verbindung aushandeln. Beispiele hierfür sind die maximale Paketlänge, die Leitungsqualität oder ob Kompressionsverfahren verwendet werden sollen. Authentifizierungsprotokolle wie → *CHAP* und → *PAP* erlauben ein gewisses Maß an Sicherheit, und eine Menge von Network Control Protocols (NCP) regelt die Modalitäten, welche Netzprotokolle wie über die serielle Verbindung abgewickelt werden. Ferner verfügt es über eine eigene Fehlererkennung durch die Verwendung des Rahmenformates von → *HDLC*, in dem eine Prüfsumme enthalten ist.
Weiterentwicklung in RFC 1717 ist das Multilink-PPP (ML-PPP, auch MP genannt), das mehrere virtuelle Verbindungen zwischen den beteiligten Stationen u.U. über verschiedene PPP-Verbindungen über verschiedene physikalische Medien (z.B. → *Frame-Relay* und → *ISDN*) aufbaut und zu einer ML-PPP-Verbindung zusammenfaßt, wodurch die genutzte Bandbreite skaliert werden kann. Hierbei wird ML-PPP durch → *BACP* unterstützt, was die Eingriffe des Nutzers minimiert.

PPS

1. Abk. für Pulse per Second.
   → *IWV*.
2. Abk. für Precision Positioning System.
   → *GPS*.
3. Abk. für Produktions-Planungs-System.
   Bezeichnung für eine EDV-Software, die produktionstechnische Vorgänge optimiert (Maschinen-, Personaleinsatz, Losgrößen).

PPV

Abk. für Pay per View.
Bezahlt wird in einem → *Pay-TV*-System nur das, was man sieht (nach Zeit), im Gegensatz zum klassischen Pay-TV, bei dem man einen festen Monatsbetrag für einen Kanal zahlt und den Schlüssel für einen Decoder (→ *Set-Top-Box*) bekommt, so daß man den Kanal empfangen kann.

PQFP

Abk. für Plastic Quat Flat Pack.
Bezeichnung für ein flaches, quadratisches Kunststoffgehäuse mit häufig vielen hundert Anschlüssen (Metallbeinchen) zur Aufnahme eines → *IC* und seinen Schutz vor äußeren Einflüssen.

Präambel

Andere Bezeichnung für → *Flag*.

Prädiktor

Begriff aus der Quellkodierung und -dekodierung. Ein Prädiktor ermittelt aus vorangegangenen Signalen nach einer festgelegten Vorschrift einen Schätzwert für das nächste erwartete Signal. Bei einem adaptiven Prädiktor ist diese Vorschrift variabel und hängt z.B. von den vorangegangenen

Werten und anderen kurzzeitigen Charakteristika des Signals ab.

Präferenzrecht, -position

Begriff aus der → *Deregulierung*. Bezeichnung für eine bevorzugte Position aufgrund rechtlich begründeter Kriterien bei Zuteilung knapper Ressourcen, z.B. hinsichtlich Frequenzen oder Wegerechten.

Pre-Dialer

Von engl. Pre-Dialer = Vorwähler. Begriff aus der Nebenstellentechnik. Bezeichnet in leistungsfähigen Nebenstellenanlagen das automatische Anwählen eines Teilnehmers und erst anschließendes Durchschalten zum Anrufer, sobald die Verbindung zustande gekommen ist.

Premium Rate (Services)

Bezeichnung für eine spezielle Art des → *Charging*, bei dem zumeist für spezielle Mehrwertdienste (→ *VAS*) hohe Gebühren durch einen kurzen Zeittakt anfallen. Dienste, die diese Gebühren erfordern, werden als Premium Rate Services bezeichnet. In Deutschland wegen der Vorwahl auch 0190er-Dienste genannt.

PRESTEL

Abk. für Press Telephone (Button).

Bezeichnung des ersten Systems für → *Videotex* überhaupt. Mitte der 70er Jahre in GB erdacht von Sam Fedida, noch unter dem Namen Viewdata. Nach Feldversuch mit 1 500 Teilnehmern (18. September 1978 bis 26. März 1979) am 27. März 1979 in Betrieb genommen. Immer noch in Betrieb in GB, NL, Finnland und Australien.

→ *Btx*.

Price Cap

Begriff aus der Deregulierung und Liberalisierung von Märkten. Bezeichnet dabei ein Verfahren der Preisregulierung. Dabei werden mehrere Dienste zu einem Korb (Cap) zusammengefaßt. Ihre zugelassenen Preise und Preisentwicklungen werden durch eine Formel (RPI-X) reguliert, die sich aus der durchschnittlichen jährlichen Inflationsrate (RPI, Retail Price Index) und einem Faktor X zusammensetzt, der wiederum aus der durchschnittlichen Produktivitätssteigerung der regulierten Unternehmen ermittelt wird.

Die Dienste im Korb müssen sich in ihrer Gesamtheit preislich gemäß der Formel entwickeln, können aber innerhalb des Korbes durchaus verschiedene Entwicklungen nehmen.

Private Key (-Verfahren, -Algorithmus)

Bezeichnung für eine Klasse von kryptografischen Verfahren (→ *Kryptologie*) zur Verschlüsselung und Entschlüsselung von Daten zum Schutz vor unbefugtem Zugriff. Dabei wird, im Gegensatz zu → *Public Key*-Verfahren, nur ein Schlüssel für beide Vorgänge genutzt. Daher auch symmetrisches Verfahren genannt.

Für das Verfahren ist es notwendig, daß der Sender mit dem Schlüssel seine Nachricht verschlüsselt und der Empfänger sie mit dem gleichen Schlüssel entschlüsselt. Daher müssen beide sich zuvor auf eine sichere Art über den Schlüssel verständigt haben. Die Sicherheit des Verfahrens hängt damit von der Geheimhaltung des Schlüssels ab. Vorteil des Verfahrens ist, daß die Algorithmen zur Ver- und Entschlüsselung sehr schnell ablaufen und direkt in Form von Hardware-Bausteinen implementiert werden können.

Bekanntestes Privat-Key-Verfahren ist → *DES*.

Primärmultiplexanschluß

→ *ISDN*.

Primärspeicher

Andere Bezeichnung für → *Arbeitsspeicher*.

Primärverkabelung

Auch Campusverkabelung genannt. Bezeichnung für die Verkabelung ähnlich eines → *Backbone* im → *LAN*-Bereich. Dabei versorgt die Primärverkabelung auf einem Betriebsgelände die → *Sekundärverkabelung* in mehreren Gebäuden.

Print-Server

→ *Server*.

PRMA

Abk. für Packet Reservation Multiple Access.

PRMD

Abk. für Private Management Domain.

Bezeichnet in → *X.400*-Systemen die Domänen der Kunden von Betreibern eines X.400-Systems.

→ *ADMD*.

Prodigy

Name eines → *Online-Service*-Anbieters in den USA. Angeboten durch einen Joint-venture von IBM und Sears mit Sitz in White Plains/New York.

Programm

Eine Folge von Anweisungen zur Erfüllung einer Aufgabe. Das Programm steuert die Arbeit einer oder mehrerer Funktionseinheiten. Die Form, in welcher die Folge definiert wird, hängt von der verwendeten → *Programmiersprache* ab.

Programmiersprachen

Bezeichnung für eine Reihe von künstlichen Werkzeugen zur Programmierung von → *Computern*.

Nach DIN 44300 eine zum Abfassen von Programmen geschaffene Sprache.
Computer können auf verschiedene Arten programmiert werden, weswegen sich verschiedene Stufen von Programmiersprachen unterscheiden, die den Programmierer verschieden stark bei der Programmierung unterstützen. Man spricht üblicherweise von verschiedenen Generationen von Programmiersprachen.
Neben den Sprachen spielen heute umfangreiche → *Tools* eine Rolle, die den Programmierer bei seiner Arbeit unterstützen. Ein systematisches Vorgehen bei der Programmierung wird durch → *Software-Engineering* erreicht.
Die verschiedenen Programmiersprachen haben sich bei ihrer Entwicklung gegenseitig beeinflußt.

3. Generation (seit 1960)
Höhere Programmiersprachen mit → *Compilern* für unterschiedliche Hardwareplattformen entstehen (→ *Fortran*, → *Cobol*, → *Basic*, → *Comal*, → *C*).
Programmcode wird dabei von Compilern in Maschinencode umgesetzt. Die Programmierung löst sich von der unterliegenden Hardware.
4. Generation (seit 1970)
Tools und Beschreibungssprachen (→ *SDL*) zur automatischen Generierung von Programmcode einer höheren Programmiersprache, z.B. zur Umsetzung von technischen Standards in Programmcode. Vielfältige Werkzeuge für Programmierer und Benutzer von Software werden entwickelt und eingesetzt.

Stammbaum der Programmiersprachen

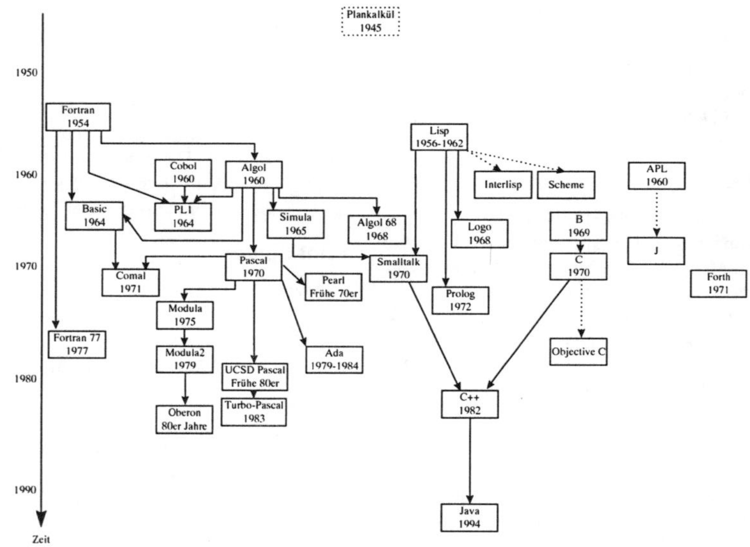

Als eine Art erste Programmiersprache gilt gemeinhin das → *Plankalkül*. Es werden seither fünf verschiedene Generationen unterschieden.
1. Generation (seit 1945)
Pure → *Maschinensprache*, sehr hardwareorientiert. Die Befehle müssen binär am Computer, häufig durch umfangreiche Kaskaden von Kipp- und Drehschaltern, eingestellt werden.
2. Generation (seit 1955)
→ *Assemblersprachen*. Die Programmierung erfolgt sehr maschinennah durch Eingabe mnemoischer Codes. Programme dürfen dabei wegen des noch sehr beschränkten Speicherplatzes nicht besonders groß sein.

5. Generation (seit 1980)
Objektorientierte Sprachen (→ *OO*, → *Smalltalk*, → *C++*, → *Lisp*, → *Prolog*).

Programmviren

→ *Viren*.

Project 21

Auch Inmarsat-P genannt. Bezeichnung für ein satellitengestütztes Mobilfunknetz von der Betreibergesellschaft → *INMARSAT*. Investitionsvolumen: 2,6 Mrd. $, davon 2,2 Mrd. $ in Satelliten (260 Mio $ je Satellit) und 350 Mio. $ in Bodentechnik.

Deutsche Beteiligung: Deutsche Telekom AG durch die DeTeMobil.

Ab 2001 sollen zwölf Satelliten (zehn Betriebs- und zwei Ersatzsatelliten) in zwei → *ICOs* auf einer Höhe von wahrscheinlich 10 355 km und einer Umlaufdauer von 360 Min. globale mobile Dienste mit Handgeräten im → *Dual-Mode*-Betrieb ermöglichen. Inklination von 45° bei minimaler Elevation von 20°. Keine Inter-Satellite-Links.

5 300 Kanäle je Satellit. Kanalzugriff nach → *TDMA* und → *FDMA*, Duplexverfahren → *F-DM*.

INMARSAT C-Dienst, terrestrische und satellitengestützte Telefonie. Darüber hinaus wird globales → *Paging* und → *GPS* ermöglicht.

Erst relativ spät konzipiert, auf Druck der anderen Projekte für satellitengestützten Mobilfunk. Erste Satellitenstarts ab 1999. Wirkbetrieb ab 2001. Ziel: 1 Mio. Nutzer 2001; 2,5 Mio. 2002; 15 Mio. Nutzer weltweit 2010.

Prolog

Abk. für Programming in Logic.

Bezeichnung einer höheren objektorientierten Programmiersprache der fünften Generation. Wird neben → *Lisp*, von der es abgeleitet ist, hauptsächlich zur Erforschung der → *künstlichen Intelligenz* beim Bau von Expertensystemen oder natürlichsprachigen Anwendungen eingesetzt und hat ansonsten keine herausragende Bedeutung erreicht.

Prolog wurde 1972 in Marseille vorgestellt. Alain Colmerauer dort und Kowalski in Edinburgh haben sie entwickelt. Prolog wurde später insbesondere in Japan gefördert.

Bis in die 80er Jahre existierten nur → *Interpreter*, die im Vergleich mit → *Compilern* anderer Sprachen sehr langsam waren.

1983 entwickelte David H. D. Warren die nach ihm benannte Warren Abstract Machine (WAM), die ein Prolog-Programm in spezielle WAM-Instruktionen übersetzt, die dann rund zehnmal schneller ausgeführt werden können als Programme mit Hilfe von Prolog-Interpretern. Seither ist WAM Grundlage jeder modernen Prolog-Plattform.

Für bestimmte Hardware-Plattformen existieren seit jüngster Zeit auch echte Compiler, die in umfangreiche Entwicklungstools mit Programmbibliotheken integriert sind.

PROM

Abk. für Programmable Read Only Memory.

Bezeichnet einen Halbleiterbaustein, der einmal beschrieben und vielfach gelesen werden kann. Löschbare PROMs sind → *EPROMs* (mit UV-Licht) oder → *EEPROMs* (elektrisch löschbar).

Prompt, Prompt Character

Deutsche Bezeichnung ist Eingabeaufforderung. Ein spezielles Zeichen auf dem Bildschirm, das dem Benutzer anzeigt, daß von ihm eine Eingabe erwartet wird. Oft ein spezielles Zeichen (Buchstabe, Sonderzeichen), oft auch nur der → *Cursor*.

Protokoll

Die Gesamtheit von Steuerungsverfahren und Betriebsvorschriften, nach denen die Datenübermittlung zwischen zwei oder auch mehreren zusammenarbeitenden Funktionseinheiten oder Partnern erfolgt. Gemäß ISO-OSI und seinem → *OSI-Referenzmodell* können die Funktionen bei der Datenkommunikation in Dienste und dazugehörige Protokolle unterteilt werden. Wo ein Protokoll auftaucht, ist auch eine Schnittstelle. Ein einzelnes Protokoll ist üblicherweise nur für einen klar bestimmten Teil der gesamten Kommunikationsbeziehung zuständig. Alle möglichen zusammenwirkenden und aufeinander abgestimmten Protokolle, die eine gesamte Kommunikationsbeziehung abdecken und erst ermöglichen, bezeichnet man als Protokoll-Stapel, international auch Protokoll-Stack genannt (→ *Architektur*).

Ein Kochrezept ist prinzipiell auch eine Art von Protokoll.

Protokollanalysator

Bezeichnung für Kommunikationsmeßgeräte, die auf logischer Ebene Protokolle in Netzwerken testen.

Protokollstapel, -stack

→ *Protokoll*.

Proxy-Agent, -Services, -Server

Von lat. proximus (sup. von prope) = nächster, sehr nahe (bei).

Bezeichnung für Dienste, die 'vertretungshalber' für andere Netzelemente ausgeführt werden. Damit ist es möglich, Sicherheitsfeatures zu realisieren. Proxy-Agents, die Proxy-Services ermöglichen, werden oft an Schnittstellen zwischen Netzen eingesetzt und erlauben nur eine definierte Menge von Operationen. Für den Nutzer erscheinen sie → *transparent*. Ein Proxy-Server ist ein → *Server*, der sich nahe bei dem Client befindet und vertretungshalber die Bereitstellung von Daten, Programmen etc. für weiter entfernte Server übernimmt. Erst wenn die auf dem Proxy-Server befindlichen Daten nicht die vom Client angeforderten Daten erhalten, ist es nötig, auf den 'echten', weit entfernten Server zuzugreifen.

Ein Anwendungsbeispiel sind → *WWW*-Server von → *ISPs*, die 80 bis 90 % der am häufigsten angefragten WWW-Seiten enthalten und somit eine Netzlast auf den → *Backbones* des → *Inter-*

net vermeiden sowie mit schnellen Antwortzeiten für die Kunden des ISPs zufriedenstellende Dienstqualität ermöglichen.

Prozedur

Bezeichnung für die Festlegung der Abläufe an der Schnittstelle der Datenendeinrichtung zur Datenübertragungseinrichtung zum Aufbauen, Halten und Trennen einer Verbindung.

Der Begriff der Prozedur wird in der Praxis synonym zum Begriff Leitungsprotokoll benutzt.

→ *Protokoll.*

Prozeß

1. Begriff aus der Rechentechnik. Bezeichnet den Teil eines sich in der Abarbeitung befindlichen Programms, der gerade in einem Rechner vom → *Mikroprozessor* aktiv bearbeitet wird.
2. In der Verfahrenstechnik die Umformung und/oder der Transport von Materie, Energie und/oder Information. Einen Rechner, der in diesen Prozeß durch Messungen und nötigenfalls eine Steuerung in Echtzeit eingreift, bezeichnet man als Prozeßrechner.

Prozeßrechner

→ *Prozeß.*

Prozessor

→ *Mikroprozessor.*

PRS

Abk. für Premium Rate Service.

International übliche Bezeichnung für Dienste mit besonders hohen Gebühren, in Deutschland die sogenannten 0190er-Dienste.

→ *Charging.*

PRX und PRX/D

PRX ist ein analoges Vermittlungssystem der Firma Philips aus den 70er Jahren, das zum digitalen System PRX/D weiterentwickelt wurde.

→ *DIV 200, 400.*

PS

1. Abk. für Proposed Standard.
   Bezeichnung eines Status von in der Diskussion befindlichen → *RFCs.*
2. Abk. für Proportionalschrift.
   Bezeichnet Schriftarten, bei denen die einzelnen Buchstaben nur soviel Platz im Schriftbild erhalten, wie sie tatsächlich aufgrund der typographischen Gestalt benötigen, d.h. ein 'l' ist weniger breit als ein 'O'.
3. Abk. für Paging Systems.
   → *Paging.*
4. Abk. für → *PostScript.*

PS/2

Abk. für Personal System (Series) 2.

Bezeichnung der nach dem → *PC*, dem → *XT* und dem → *AT* vierten Baureihe von Arbeitsplatzrechnern aus dem Hause IBM. 1987 auf den Markt gebracht.

PS/2 ist mit dem neuen → *Betriebssystem* → *OS/2* Version 1.0 ausgestattet. Die Rechner sind mit dem Intel 80386 ausgerüstet und unterstützen 16 MByte RAM und → *Multitasking*. Die Forderung nach einer Mindestausrüstung von 2 MB RAM erschien seinerzeit als utopisch. Das Bussystem des Mikrokanals (→ *MCA*) ist eine Eigenentwicklung von IBM, mit dem sie sich gegen Wettbewerber abschotten wollten. Die Offenlegung der Spezifikation wurde sehr restriktiv gehandhabt, weswegen die PS/2-Linie kein großer Erfolg wurde.

PSD

Abk. für Power Spectral Density.

PSE

Abk. für Personal Security Environment.

Bezeichnung für den an eine Person gebundenen, individuellen, privaten Sicherheitsbereich und alle damit verbundenen Sicherheitsmechanismen wie → *PIN*, → *Smart Card*, → *TAN.*

Pseudocode

Bezeichnung für in Form eines Struktogramms bereits vorliegenden Ablaufplan für ein Programm, der in einem zweiten Schritt mit einer → *Programmiersprache* in ein lauffähiges Programm umgesetzt werden kann. Die Erzeugung von Pseudocode ist ein Schritt der → *strukturierten Programmierung*. Es liegt zwar noch kein reiner Programmcode in einer Programmiersprache vor, aber zumindest ein in späteren Strukturen ähnlicher Code, eben ein Pseudocode.

Pseudoternärverfahren

Wie → *Bipolarverfahren*, jedoch dauern die Impulse nicht T, sondern nur T/2.

PSI

Abk. für Protocol Service Information.

→ *PDU.*

PSK

Abk. für Phase Shift Keying.

Deutsche Bezeichnung ist Phasenumtastung. Bezeichnung für ein Verfahren der → *digitalen Modulation*, bei dem die binären Nullen und Einsen durch analoge Schwingungen konstanter Amplitude und Frequenz, aber unterschiedlicher Phasenlage codiert werden, so daß die Phase Träger der zu übertragenden Information wird. Problem der PSK ist die genaue phasensynchrone Abstimmung des Empfängers, weswegen diese Modulation nicht

gut für Anwendungen beim Mobilfunk und andere Übertragungsarten mit starken Phasenfehlern geeignet ist. Einfachste Form der PSK ist die Binary PSK (BPSK, 2-PSK), bei der die Zustände 0 und 1 durch zwei verschiedene, um 180° differierende Phasen dargestellt werden. BPSK ist gegen Amplituden- und Phasenstörungen sowie gegenüber Störungen durch Rauschen nur gering empfindlich. Wegen der Bandbreiteneffizienz von 1 werden allerdings höherwertige Verfahren angewendet.
Bei der Quadrature PSK (QPSK, 4-PSK) werden vier Zustände zur Codierung von je 2 Bit dargestellt. Dies ist das Standardmodulationsverfahren für Satellitenübertragungen. Es stehen dabei vier verschiedene Phasen zur Verfügung (+/- 45° und +/- 135°), die um je 90° differieren und bei denen die Amplitude konstant ist, weswegen sie bei der Demodulation vernachlässigt werden kann. Ferner ist die Phasendifferenz von 90° sehr hoch. QPSK wird daher bei Übertragungsstrecken verwendet, die empfindlich für Amplitudenschwankungen sind, z.B. Satellitenstrecken (lange Übertragungsstrecke durch die Atmosphäre, Dämpfung). Übertragungskanal muß u.U. dann sehr breitbandig ausgelegt sein, z.B. 33 MHz bei Fernsehübertragung über den Satelliten Astra 1 E. Die 4-PSK ist ein Sonderfall der → *4-QAM*, bei der die zu modulierenden Signale nur aus +1 und -1 bestehen.
Bei der Offset-QPSK erfolgt der Übergang zwischen verschiedenen Phasenlagen zeitlich versetzt. Es ergeben sich geringere Schwankungen der Signalamplitude als bei QPSK und sie ist deshalb unempfindlicher gegen Verzerrungen, verfügt dafür aber über eine geringere Bandbreiteneffizienz.
Bei der Differentiellen QPSK (DQPSK) ist die Information nicht mehr in der absoluten Phasenlage, sondern in deren Änderung enthalten. Auch DQPSK ist unempfindlicher gegen Verzerrungen als QPSK und wird im Mobilfunk bei → *D-AMPS* und → *JPC* als Pi/4-DQPSK angewendet. Ebenso bei → *V.26*. Vorteil ist, daß kein kohärenter Empfänger wie bei der PSK benötigt wird. Es wird also lediglich Taktsynchronisation zwischen Sender und Empfänger gefordert.
Bei der differentiellen PSK unterscheidet man DPSK 0 und DPSK 1. Bei einer binären 0 wird bei DPSK 0 die Phase um 180° geändert, bei einer binären 1 bei DPSK 1.
Ferner sind auch höherwertige DQPSK möglich, bei der nicht einzelne Bit, sondern Dibits verschlüsselt werden. Die Phasendrehung beträgt dann jeweils das Vielfache von 90°, ggfs. mit einem Offset von 45°. Auch hierfür werden zwei Verfahren A und B unterschieden:

Dibit	Variante A	Variante B
00	0°	45°
01	90°	135°
10	180°	225°
11	270°	315°

PSN

Abk. für Packet Switch Node.
Bezeichnung für die Netzknoten im → *Internet*.
→ *IMP*.

PSO

Abk. für Private Service Operator.
Der Begriff wurde für neue private Dienstanbieter von Telekommunikationsdiensten als Gegensatz zu → *PTO* geschaffen.

PSPDN

Abk. für Packet Switched Public Data Network.
Ein öffentliches, paketvermittelndes Datennetz, üblicherweise ein → *X.25*-Netz, z.B. → *Datex-P*.
→ *CSPDN*.

PSR

Abk. für Previous Slot Reuse Bit.

PSTN

Abk. für Public Switched Telephone Network.
Offizielle Bezeichnung der → *ITU* für ein öffentliches, leitungsvermittelndes Telefonnetz, also die Infrastruktur (im Gegensatz zu → *POTS*).
→ *GSTN*.

PSU

Abk. für Power Supplying Unit.
Bezeichnung für die Spannungsversorgung in Vermittlungsstellen und sonstigen technischen Einrichtungen aller Art, nicht nur in der Telekommunikation.

PSW

Abk. für Programmstatuswort.

Pt, PT

1. Klein geschrieben die Abk. für → point.
2. Groß geschrieben die Abk. für Payload Type.

PTAT

Abk. für Private Trans Atlantic Cable.
Bezeichnung für ein privat finanziertes Glasfaserkabel (→ *Glasfasertechnik*) zwischen Europa und Nordamerika, das nicht, wie andere → *TATs*, von den nationalen (staatlichen) → *PTTs* finanziert wurde. Verlegt 1988.

PTNeuOG

Abk. für → *Postneuordnungsgesetz*.

PTO

Abk. für Public Telephone Operator.
Ein mit exklusiven (monopolartigen) Rechten ausgestatteter, öffentlicher Telefondienstanbieter. Muß nicht zwingenderweise in staatlichem Besitz

sein. Entscheidend sind die exklusiven geschützten Rechte.
→ *PSO.*

PTI

Abk. für Payload Type Identifier.
→ *ATM.*

PTT

1. Abk. für engl. Post, Telephone and Telegraph.
   Bezeichnet, int. allgemein üblich, die (bisher meistens) staatlichen Monopolverwaltungen für das Post- und Fernmeldewesen, in Deutschland also bis 1989 das Bundesministerium für Post und Telekommunikation (→ *BMPT*) mitsamt der Bundspost.
   In letzter Zeit aufgrund fortschreitender Deregulierung keine einheitliche Abgrenzung mehr möglich. Manchmal ist auch von → *Telcos* oder nur von → *Carriern* die Rede. PTT taucht als Abk. häufig im Namen einer Telekom auf, auch wenn diese keine Postdienste mehr anbietet.
2. Abk. für Push-to-talk.
   Bezeichnung für die Taste an Funkgeräten, die den Empfänger und den Lautsprecher ausschaltet und den Sender sowie das Mikrophon anschaltet. Ermöglicht → *Halbduplex*-Verbindungen.

PUC

Abk. für Public Utilities Commission.

Public Domain (Software)

Streng genommen die Bezeichnung des öffentlichen Raumes, bzw. für alles, was dort öffentlich ersichtlich vorgeht. Im Bereich der Softwaretechnik Bezeichnung für Programme, die der Öffentlichkeit gehören, d.h. die im Gegensatz zur → *Freeware* ohne Rücksicht auf Urheberrecht gebührenfrei weitergegeben und kopiert werden können. In Deutschland, genaugenommen, rechtlich nicht möglich, da nach dem Urheberrechtsgesetz zwangsläufig jedes Werk geistiger Aktivität geschützt ist.
→ *Crippleware*, → *Dongleware*, → *Shareware.*

Public Key (-Kryptography, -Algorithm)

Bezeichnung für eine Klasse von kryptografischen Verfahren (→ *Kryptologie*) zur Ver- und Entschlüsselung von Daten zum Schutz vor unbefugtem Zugriff. Dabei werden, im Gegensatz zu → *Private Key*-Verfahren, zwei verschiedene Schlüssel genutzt. Daher auch asymmetrische Verfahren genannt. Dabei kann einer der Schlüssel, auch im Gegensatz zu Private Key-Verfahren, öffentlich zugänglich gemacht werden.

Grundidee ist, daß die Verschlüsselung auf einer mathematischen Funktion basiert, deren inverse Funktion nur schwer und mit hohem Aufwand (für einfache Entschlüsselung durch Ausprobieren) zu berechnen ist. Die Verschlüsselung wird mit Hilfe eines bekannten Schlüssels (Public Key) und eines bekannten Algorithmus durchgeführt, die ein Empfänger einem Sender über u.U. öffentlich zugängliche Kanäle zur Verfügung stellt.

Die Entschlüsselung der mit dieser Funktion vom Sender verschlüsselten Nachricht erfolgt durch den Empfänger durch einen zu seinem Public Key passenden Secret Key, den nur er kennt und der aus dem Public Key nicht einfach und nicht ohne größeren Aufwand herzuleiten ist.

Durch Umkehrung des Verfahrens in Fällen, in denen es nicht um vertrauliche Daten, sondern um → *Authentifizierung* geht, kann er als digitale Unterschrift benutzt werden.

In diesem Fall wird mit dem Secret Key die Nachricht verschlüsselt und über die Entschlüsselung mit dem allen anderen zugänglichen und nur einem Sender zugeordneten Public Key geprüft, ob die Quelle der Nachricht mit dem vermuteten Sender übereinstimmt.

Im Herbst 1975 veröffentlichten zwei Forscher der Stanford University, Whitfield Diffie und Martin Hellman, in einem Text 'Multiuser Cryptographic Techniques' die Idee eines Systems, in dem Daten mit einem ersten Schlüssel beim Sender verschlüsselt und mit einem anderen, vom ersten Schlüssel abgeleiteten zweiten Schlüssel beim Empfänger dechiffriert werden können. Das Papier gelangte zu anderen Forschern, die an dem gleichen Thema arbeiteten und eine konkrete Umsetzung des Konzeptes zustande brachten, z.B. → *RSA.*

Seit 1977 erlangten die Verschlüsselungsmethoden nur langsam ihre heutige Bedeutung, da die begrenzte Rechenkapazität von → *PCs* bis Anfang der 90er Jahre den Prozeß der Ver- und Entschlüsselung genügend langer Schlüssel noch nicht in ausreichend kurzer Zeit bewältigen konnte. Zusätzlich gab es Patentstreitigkeiten zwischen den Entwicklern verschiedener Verfahren und eine sehr restriktive Exportpolitik der US-Behörden bezüglich Informationen über die Verschlüsselungsmethoden, da ihrer Meinung nach Verschlüsselungsalgorithmen kriegswichtige Güter darstellten, die unter entsprechende Exportbeschränkungen fallen (→ *PGP*). Mit dem Aufkommen des → *WWW* und damit der Nutzung des → *Internets* zu Beginn der 90er Jahre wuchs der Bedarf nach sicherer Datenübertragung und damit nach Verschlüsselungsverfahren rapide an. Viele sehen in wirksamen Verschlüsselungsverfahren einen Hauptfaktor für die zukünftige Etablierung des Internets als allgemein anerkanntes Kommunikationsmedium.

Punkt

Deutsche Bezeichnung für → *Point.*

Pushbutton Dialing

Genau übersetzt: Tastenwahl. Vom Sinn her eine andere Bezeichnung für das Tonwahlverfahren.
→ *DTMF*.

PVC

Abk. für Permanent Virtual Circuit.

Bezeichnung für eine fest geschaltete → *virtuelle Verbindung*. Sie ist zwar für eine dauerhafte Nutzung ausgelegt (z.B. regelmäßige Nutzung durch ein Unternehmen dreimal täglich zur Datensicherung), dennoch nicht fest physikalisch durchgeschaltet. Sie existiert nur in den → *Routing*tabellen innerhalb der Netzknoten und wird bei Bedarf aktiviert.

Die Netzknoten sind zusätzlich mit Reroutingtabellen ausgestattet, die bei Ausfall der in den Routingtabellen eigentlich vorgesehenen Weiterleitungspfade alternative Weiterleitungspfade enthalten. Begründung für PVCs ist, daß bei vielen Anwendungen (z.B. → *LAN*-LAN-Kopplung) sowieso immer nur die gleichen Partnersysteme miteinander in Verbindung treten (z.B. Hersteller und Zulieferer oder Zentrale und Filiale). In diesen Fällen gibt es keine Notwendigkeit, frei wählbare Verbindungen (→ *SVC*) zur Verfügung zu stellen. Eine Auswahl einiger, weniger Verbindungen, die dann aber in den Rountingtabellen fest geschaltet (fest eingetragen) sind, reicht für derartige Anwendungen aus.

Angewendet werden PVCs z.B. bei → *Frame Relay*.

PVXC

Abk. für Pulse Vector Exciting Coding.

PWA

Abk. für Predicted Wordlength Assignment.

Q

Q2

Bezeichnung einer Schnittstelle zwischen einfachen Netzelementen eines Übertragungsnetzes und dem diese steuernden Managementsystem. Definiert im Rahmen des → *TMN*.

Q3

Bezeichnung einer Schnittstelle zwischen Vermittlungseinrichtungen und dem diese steuernden Managementsystem. Ferner die einzige Schnittstelle des Operation Systems des → *TMN* zum Data Communication Network (DCN), über das die Vermittlungen angesprochen werden. Definiert im Rahmen des TMN. Wird z.B. bei → *SDH* genutzt.

Q.931

Bezeichnung für den Standard der → *ITU*, durch den das Signalisierungsprotokoll im → *D-Kanal* des → *Euro-ISDN* spezifiziert ist.

QAAs

Abk. für Quality Assurance Activities.

QAF

Abk. für Q Adaptor Function.
Bezeichnung im → *TMN*, das an der → *Q-Schnittstelle* Informationsströme zu → *NEF* und/oder → *OSF* an die Außenwelt (u.U. nicht konforme TMN-Systeme) anpaßt.

QAM

Abk. für Quadrature Amplitude Modulation.
Bezeichnet ein digitales → *Modulationsverfahren*, das sich insbesondere für die Übertragung hoher Datenraten eignet und dabei die → *ASK* und → *PSK* kombiniert, d.h. der Träger wird in Amplitude und Phase moduliert.
Bei der QAM sind verschiedene Varianten möglich. Die 64-QAM codiert 6 Bit/Symbol. Sie wird zur Fernsehübertragung über Kabelnetze oder auch bei → *V.22*, → *V.29* oder → *V.32* eingesetzt. Ferner ist sie bei digitalen Richtfunkstrecken seit Jahren im Einsatz und wird dort auch hauptsächlich angewendet. Sie ist robust gegen Phasenfehler.
Mit steigender Wertigkeit (16-, 64-, 256-, 1 024-QAM) steigt die Bandbreiteneffizienz (4, 6, 8, 10 bit/s/Hz), aber auch das für eine sichere Übertragung erforderliche Signal-zu-Rauschverhältnis. Üblich sind die Wertigkeiten 16, 64 und 256.

Q-Band

Bezeichnung eines Frequenzbereichs von 36 - 46 GHz. Nachbarbereiche: → *V-Band* und → *K-Band*.

Q-Bus

Bezeichnung eines Busses zur Datenübertragung zu Peripheriegeräten bei den Rechnern der PDP-Serie und der MicroVAX (beide von DEC).

QIC

Abk. für Quarter Inch Cartridge.
Bezeichnung eines weitverbreiteten, linearen und digitalen Aufzeichnungsverfahrens für Daten auf Bandmedien. Entwickelt im Hause 3M im Jahre 1972. Hat wegen begrenzter Kapazität (5 GByte) Mitte der 90er Jahre gegenüber → *DAT* an Boden verloren.
Das Band befindet sich im → *Streamer* fest eingebaut und hat eine Lebensdauer von ca. 10 000 Durchläufen. QIC kann mechanische Fehler (Kratzer, Knicke im Band) bis zu 2 cm Länge alle 20 cm korrigieren. Die Daten werden in parallelen Spuren übereinander auf dem Band aufgezeichnet, wobei Spur für Spur beschrieben wird. Der Schreib-/Lesekopf wird nach Bandende mit einem Schneckenantrieb in eine neue Position für die nächste Spur bewegt und das Band läuft zurück.
Dies führt zu einer großen Suchzeit, was bei manchen Geräten dadurch ausgeglichen wird, daß eine Spur reserviert für Informationen über Inhalt und Position des Inhalts auf dem Band ist.
Die Laufwerke haben Formate von 3,5" (geringe Kapazität von ca. 125 MByte) und 5,25" (höhere Kapazität, bis in den GByte-Bereich), so daß man sie in den respektiven Schacht des PC-Gehäuses einbauen kann.
Das Band ist ¼ Zoll breit. Anfangs neun Spuren (QIC-24), später Kapazitätserhöhung über 15 und 18 bis auf 42 Spuren (2,5 GByte). Neuentwicklungen bis zu 144 Spuren.
Bedingt durch viele Firmenstandards und Weiterentwicklungen existieren viele einzelne Produkte auf dem Markt, die nicht unbedingt alle miteinander harmonieren.
→ *DLT*.
→ *http://www.qic.org/*

Quantisierung

Bezeichnung eines Prozeßschrittes bei der Analog-Digital-Wandlung. Ein wertkontinuierliches (analoges) Eingangssignal wird dabei in ein wertdiskretes Ausgangssignal transformiert.

Quantisierungsfehler

→ *Quantisierungsrauschen*.

Quantisierungsintervall

Bei der → *Quantisierung* der Abstand zwischen zwei zulässigen, diskreten Werten.

Quantisierungsrauschen

Unerwünschtes Rauschen, das durch den Qualitätsverlust eines Signals bei der → *Quantisierung* und später bei der Digital-analog-Wandlung entsteht. Das ursprünglich analoge Signal, das jeden beliebigen Wert annehmen kann, läßt sich durch die Abbildung in eine endliche Zahl diskreter Werte später nicht wieder originalgetreu rekonstruieren. Die Differenz zwischen dem Originalsignal und dem rekonstruierten Signal wird als Quantisierungsfehler bezeichnet, der als → *Quantisierungsrauschen* meßbar ist.

QAPSK

Abk. für Quadrature Amplitude Phase Shift Keying.
Eine Sonderform der → *PSK* und → *ASK*.

QCIF

Abk. für Quarter Common Intermediate Format.
Bezeichnung eines Standardbildformats bei der Echtzeitübertragung digitaler einzelner Bilder innerhalb eines Videodatenstroms nach → *H.261* als Teil von → *H.320*. Auflösung 144 * 176 Pixel bei 30 Bildern/s.
→ *CIF*.

QD2

Bezeichnung einer proprietären und nicht genormten → *Netzmanagement*-Schnittstelle der Deutschen Telekom, die dem Informationsmodell von G.733 ähnelt. Wird auch von anderen Carriern in Europa übernommen.

QDOS

Abk. für Quick and Dirty Operating System.
→ *MS-DOS*.

QuickTime

Bezeichnung eines frei erhältlichen Zusatzes zum Betriebssystem → *Windows* oder → *OS/2* zur Aufnahme, Bearbeitung und Wiedergabe von digitalen Video-, Audio- und → *MIDI-Daten*.
Entwickelt im Hause Apple.

QL

Abk. für → *Querleitung*.

QMF

Abk. für Quadrature Mirror Filter.

QORC

Abk. für Quadrature Overlapped Raised Cosine.

QoS

Abk. für Quality of Service.
Bezeichnet alle Faktoren, die die Dienstgüte beeinflussen, wie z.B. Netzausfallzeiten, Bitfehlerraten auf Kanälen, Verzögerungszeiten bei Verbindungsaufbau und -abbau, Stabilität der Verbindung, Gebührenstruktur und → *Blockierungswahrscheinlichkeit*. QoS kann für verschiedene Dienste und Netze unterschiedlich definiert sein. Für den Telefondienst z.B. ist ein zentrales Kriterium die Blockierungswahrscheinlichkeit, die in der → *Hauptverkehrsstunde* zwischen 1 % und 5 % liegt.

Verschiedene Begriffe mit Bezug zu QoS wurden 1988 im → *Blue Book* der → *ITU* unter E.800 definiert.

Daneben gibt es Gütekriterien für den Fernsprechverkehr: → *EFS*, → *ES*, → *SES*.

QPSK

Abk. für Quadrature Phase Shift Keying.

Ein Sonderfall der → *PSK*.

QPSX

Abk. für Queued Packet- and Synchronous-Exchange.

Bezeichnung eines auf dem Standard → *DQDB* basierenden Produktes der gleichnamigen Firma. Wird fälschlicherweise manchmal als Synonym für → *DQDB* verwendet.

QSIG

Signalisierungsstandard zwischen → *PBX*en verschiedener Hersteller. Benannt nach der mit Q bezeichneten Schnittstelle zwischen PBXen.

QSIG ist Übereinkunft europäischer PBX-Hersteller, die eine → *ISDN*-transparente Schnittstelle zwischen PBXen verschiedener Hersteller definiert.

Somit sollen → *Dienstmerkmale*, die bisher nur in Netzen eines Herstellers möglich waren, auch in Multi-Vendor-Netzen möglich werden, z.B. → *Forwarding*, → *Screening*, → *Barring*.

Abgeleitet wurde QSIG von einem erfolgreichen Vorgängerstandard aus GB mit dem Namen → *DPNSS*, der wiederum von ISDN-Protokollen abgeleitet wurde. Daher ist QSIG fast vollständig kompatibel zu DPNSS, aber sonst zu keinem der drei anderen Standards zur Verbindung von PBXen aus Australien, Japan oder den USA.

Bisher liegt kein einheitlicher Standard vor, sondern nur ein → *MoU* seit 1. Februar 1994. Entwicklungsforum war die → *ECMA* auf Anregung der EU. QSIG hat gute Chancen, zum weltweiten Standard in diesem Bereich und durch → *ISO* und → *IEC* standardisiert zu werden, jedoch steckt die Arbeit noch in den Kinderschuhen. Skeptiker befürchten, daß die Standardisierung von QSIG nicht mit der technischen Weiterentwicklung der PBXen und der Weiterentwicklung proprietärer Protokolle wie → *Cornet* oder → *MCDN* mithalten kann.

QSL-Karte

Bezeichnung aus dem Amateurfunkbereich für eine Karte, die alle wichtigen Daten (Datum, Dauer, Namen der Beteiligten, ...) eines geführten

Funkgesprächs enthält und als gegenseitige Bestätigung für beide Gesprächsteilnehmer gilt.
QSL-Karten sind oft kunstvoll oder originell gestaltet und daher auch Grundlage von Wettbewerben.

Quality of Service

→ *QoS*.

Quantisierung

Um ein aus unendlich vielen Werten bestehendes analoges Signal auf eine begrenzte Menge zur Verfügung stehender Signale abzubilden (z.B. durch Abtastung), ist eine Vorschrift nötig, welche Bereiche der analogen Werte gemeinsam auf einen einzigen konkreten und noch zulässigen Wert abgebildet werden. Dieser Vorgang heißt Quantisierung.

Quellcodierung

Oberbegriff für Codierverfahren, die direkt an der Nachrichtenquelle ansetzen und die Daten der Signalquelle codieren. Es wird dabei → *Redundanz* aus den Quelldaten gezielt herausgefiltert.
Quellcodierung wird zur Bitratenreduktion (Kompression) eingesetzt.
Beispiele sind die → *Huffman-Codierung* (eingesetzt bei → *Fax* nach Gruppe 3) oder die Codierung nach Fano.
→ *Kanalcodierung*.

Querleitung

Bezeichnung für die Leitungen im hierarchisch aufgebauten Telefonnetz der Deutschen Telekom, die aufgrund von Verkehrsflüssen die Vermittlungsstellen unter Umgehung der echten Hierarchie verbinden. Querleitungen verbinden z.B. nicht unmittelbar aufeinander folgende Hierarchiestufen miteinander (z.B. → *Knotenvermittlungsstelle* mit → *Zentralvermittlungsstelle*) oder untergeordnete Vermittlungsstellen mit der eigentlich nicht für sie zuständigen, aber geographisch nächstgelegenen Vermittlungsstelle der nächsthöheren Ebene.

Querparität

→ *Parität*.

Queue

Englisch für Warteschlange. Übliche Bezeichnung für Warteschlangen aller Art in → *Wartesystemen* oder auf → *Servern*. Warteschlangen sammeln Aufträge/Anfragen etc. und arbeiten sie nach einer bestimmten Strategie ab (→ *FIFO*, → *LIFO*).

Quittierung

Bestätigung der korrekten (oder fehlerhaften) Übertragung empfangener Daten.

qwertz, qwerty

→ *Tastatur*.

R

R 150

→ *Téléphone de Voiture.*

RACE

Abk. für Research on Advanced Communications in Europe.
Zweiphasiges Forschungsprogramm der EU (Definitionsphase RACE I von 1984 bis 1987, Hauptphase RACE II von 1988 bis 1994) zur Förderung der Wettbewerbsfähigkeit und technologischen Stellung Europas auf dem Telekommunikationssektor. RACE ist in viele einzelne Projekte unterteilt. Wurde im Juli 1985 von der EU beschlossen.
→ *ESPRIT*, → *ACTS*, → *COST*.

Rack

Mechanische Gestelle und Schränke zur Aufnahme von technischen Geräten aller Art. In Breite, Höhe, innerer Unterteilung und Befestigungsmöglichkeiten oft genormt. International auch Cabinet oder Bay genannt.

RAD

Abk. für Rapid Application Development.
Bezeichnung für den Vorgang der Softwareentwicklung unter Zuhilfenahme diverser Tools, die Bausteine von Code und des → *GUI* zur Verfügung stellen. Im Idealfall wird programmiert, ohne eine Zeile Programmcode selbst zu schreiben.

Radio Link

Engl. für Funkstrecke, Funkverbindung.

Radio Telephone Mobile System

→ *RTMS*.

Radiocom 2000

Bezeichnet ein analoges, zellulares, automatisches französisches Mobilfunknetz.
Sendet in verschiedenen Frequenzbändern mit 12.5 kHz Kanalraster auf 256 Kanälen und einem Duplexabstand von 10 MHz. Einsatz im 200-MHz-Band (194,7 bis 199,5 Uplink, 202,7 bis 207,5 MHz Downlink, 215,5 bis 223,5 Uplink, 207,5 bis 215,5 Downlink), im 420-MHz-Band (414,8 bis 417,8 Uplink, 424,8 bis 427,9 Downlink) und im 900-MHz-Band.
Nutzung erfolgt in den Bereichen Paris, Lyon und Marseille (192 Kanäle) im 200-MHz-Band. Das 420-MHz-Band wird für den landesweiten Ausbau genutzt.
Nutzt → *FFSK* mit 1,2 kbit/s für die Signalisierung zum Verbindungsauf- und -abbau und Zeichengabe mit 50 bit/s während des Gesprächs unterhalb des Sprachbandes. Die Signalisierung zwischen → *BS* zum → *Handover* erfolgt mittels 300 bit/s über ein Modem und gewählte Amtsleitungen. Insgesamt ist Radiocom 2000 ein sehr dezentrales System, da alle → *BS* an der nächstgelegenen lokalen Ortsvermittlung und nicht etwa an einem → *MSC* hängen. In strengem Sinne ist es daher eher eine Ergänzung des Festnetzes und weniger ein echtes Mobilfunknetz. Sehr wohl hängen mehrere BS an einem → *OMC*. Als Besonderheit ist anzuführen, daß bereits geschlossene Benutzergruppen möglich sind (Bündelfunk-ähnlich).
Entwickelt seit 1981 von Matra. Ging im November 1985 technisch und am 21. Januar 1986 offiziell im Großraum Paris in Betrieb und ist für landesweit 500 BS ausgelegt. Handover war bis 1989 nicht möglich, seither, dank Einführung einer Kleinzellentechnik, auch nur im Raum Paris. Nach Kapazitätsproblemen erfolgte seit 1990 die Nutzung vom 900-MHz-Band in den Räumen Paris, Lille und Strasbourg.

Radiohorizont

Bezeichnet die maximale Reichweite von elektromagnetischen Wellen im Bereich bis zu 3 GHz, die an der Ionosphäre reflektiert werden und weiter als an den → *optischen* Horizont reichen.

Radom

Kunstwort aus Radar und Dom. Bezeichnet bei empfindlichen Radarantennen die für elektromagnetische Wellen durchlässige Kunststoffabdeckung zum Schutz vor Witterungseinflüssen.

RAI

Abk. für Remote Alarm Indication.
Begriff aus dem Netzmanagement. Bezeichnet ein Fehlermeldungssignal, das in Gegenrichtung zum Datenfluß an alle dort befindlichen Netzkomponenten weitergegeben wird, um einen entfernten Fehler anzuzeigen.

RAID

Abk. für Redundant Array of Inexpensive Disks.
Bezeichnung einer Speicherarchitektur für ausfallsichere hochleistungsfähige Systeme. Ziel waren Massenspeichersysteme mit Zugriffen in Echtzeit bei hoher Datensicherheit und Datensicherung, ebenfalls in Echtzeit.
Das komplexe RAID-Konzept sieht vor, die Arbeit mehrerer Plattenspeicher zu koordinieren, die sich Datenlast und Fehler- bzw. Verlustrisiko teilen.
Die eingesetzten Medien sind zwar meist Festplatten, jedoch kommen auch, allerdings selten, Bandlaufwerke oder optische Speicher in Betracht.
Insgesamt werden sieben Basisstrategien verfolgt (RAID 0 bis 6), um Datensicherheit zu gewährleisten oder den Transfer zwischen externem Speicher und Rechner zu ermöglichen. Diese sieben Level sind für verschiedene Systemgrößen und Anwendungsfälle definiert, d.h. die Datensicherheit oder Performance steigen nicht unbedingt mit

dem benutzten Level. Die Basisstrategien und ihre Anforderungen sind ausführlich definiert, nicht standardisiert ist hingegen die technische Realisierung, weswegen es eine Reihe nicht-kompatibler Firmenlösungen auf gleichen Levels gibt.

Level 0 definiert gleichzeitiges, paralleles Schreiben oder Lesen auf mehreren Platten. Die Daten werden in sog. Streifen über mehrere Platten eines Arrays verteilt (Striping), d.h. die Integrität der Daten hängt nicht von einem einzigen Plattenstapel ab. Die Leistungsfähigkeit steigt zwar prinzipiell, jedoch nimmt die Datensicherheit noch nicht zu.

Auf Level 1 werden die Daten eines Plattenstapels zur Sicherung auf einem zweiten dupliziert (Spiegeln). Level 1 gilt als relativ günstig und wird bei kleinen Netzwerken verwendet.

Auf Level 2 werden beim Plattenspiegeln automatisch Paritätsbits zur Fehlerkorrektur mitgespeichert. Dieser teure Schritt wird nur selten, z.B. bei hohen Transferraten, eingesetzt.

Level 3 nutzt mehrere Laufwerke (4 oder 5). Dabei werden auf einem Laufwerk die Paritätsdaten zur Fehlerkorrektur separat gespeichert. Die Nutzdaten werden byteweise auf mehrere Platten verteilt. Schreib- und Lesevorgänge finden dabei gleichzeitig auf identischen Spuren in identischen Sektoren statt. Level 3 wird empfohlen bei Anwendungen, bei denen große Dateien bearbeitet werden, z.B. bei CAD/CAM-Anwendungen.

Bei Level 4 arbeiten die Laufwerke unabhängig voneinander, d.h. jedes wird einzeln mit einem Befehl angesteuert. Jedem ist ein eigenes zweites Laufwerk zur Aufnahme der Fehlerkorrekturdaten zugeordnet. Da Level 4 aufwendig ist, wird es wie Level 2 auch nur selten eingesetzt.

Auf Level 5 (der ähnlich zu Level 3 ist) arbeiten die Platten unabhängig voneinander, die Fehlerkorrekturdaten werden aber verteilt über alle Platten gespeichert, d.h. der Ausfall eines Laufwerks führt nicht zum Ausfall des gesamten Systems. Level 5 ist am weitesten verbreitet.

Level 6 wurde erst spät definiert. Im Vergleich zu Level 5 werden die Fehlerkorrekturdaten über die Laufwerke verteilt, allerdings doppelt. Selbst beim Ausfall von zwei Laufwerken arbeitet das Gesamtsystem weiter. Das verlangsamt die Schreibgeschwindigkeit, steigert aber die Datensicherheit.

Level 7 wurde von Storage Computer entwickelt und erst 1995 definiert. Das Speichersystem wird dabei durch einen eigenen unabhängigen Rechner mit Echtzeitbetriebssystem verwaltet, an den andere nur noch einen Speicherbefehl inklusive Daten abgeben und entsprechend sofort entlastet werden. Die Ausführung des Befehls übernimmt der Verwaltungsrechner.

RAID erreichte einige Verbreitung im Mainframe-Bereich, wird aber auch zunehmend bei → *Client/Server-Strukturen* mit PCs eingesetzt.

Erstmals definiert 1987 von drei Wissenschaftlern der University of California in Berkeley, die das System noch 'Redundant Array of Independent Disks' nannten. Nach der Marktreife, ein Jahr später, wurde das Wort Independent durch Intelligent und noch etwas später durch Inexpensive ersetzt.

Rainbow-Book

→ *MD.*

RAM

Abk. für Random Access Memory, Schreib-Lese-Speicher.

Ein flüchtiger Speicher (heute auf Halbleiterbasis, bis Anfang der 70er Jahre: Magnetkernspeicher) mit wahlfreiem Zugriff, auf den zum Schreiben und Lesen zugegriffen werden kann.

Daten im RAM werden im Gegensatz zu denen im → *ROM* durch Ausschalten des Rechners (Unterbrechen der Stromversorgung) oder durch Booten (Reset) gelöscht.

Im Laufe der Jahre gab es folgende Entwicklung der Speicherkapazität der Chips (16 Kbit entsprechen ca. 1 DIN-A4-Seite):

Jahr	Serienkapazität	Laborkapazität
1979	64 kbit	
1983	256 kbit	1 Mbit
1986	1 Mbit	4 Mbit
1989	4 Mbit	
1991		64 Mbit
1993	64 Mbit	
1994		256 Mbit

→ *DRAM*, → *SRAM*.

RAMAC

Abk. für Random Access Method of Accounting and Control.

Bezeichnung eines ersten experimentellen Computers aus dem Hause IBM mit einer → *Festplatte* als Speichermedium. Dabei ist auf 50 mit 1 200 U/min rotierenden Platten Platz für 10 Mio. zehnstellige Zahlen. Entwickelt von 1956 bis 1958.

IBM stellte dann 1958 die kommerzielle Version als RAMAC 305 mit Magnetplattenspeicherung und Drucker mit Druckstab vor, teilweise auch nur mit IBM 305 bezeichnet.

Rapid Application Development

→ *RAD.*

Rapid Prototyping

Begriff aus dem → *Software-Engineering*. Bezeichnet den schnellen Aufbau einfacher Prototypen von Software, die Grundfunktionen durchführen. Ziel ist dabei eine schnelle Überprüfung des Erreichens vorgegebener Ziele, insbesondere bei der Mensch-Maschine-Interaktion, d.h. der einfa-

chen Bedienbarkeit durch Testen der Prototypen durch echte spätere Benutzer.
Die Software wird dadurch nicht nur durch ihre Programmierer (Informatiker) entwickelt, sondern die späteren Benutzer sind früh und dauerhaft in den Entwicklungsprozeß eingebunden.

RARC

Abk. für Regional Administrative Radio Conference.
Eine bei Bedarf stattfindende Tagung ähnlich der → *WARC*, die jedoch nur regionalen Charakter hat. Sie kann nicht → *ITU*-Standards ändern, sondern bestenfalls Änderungswünsche an die WARC weiterleiten.

RARP

Abk. für Reverse Address Resolution Protocol.
→ *ARP*.

Rastergrafik

→ *Pixelgrafik*.

RAU

Abk. für Remote Access Unit.

Raummultiplex

→ *SDMA*.

Raumsegment

Bezeichnet bei der Beschreibung von Satellitensystemen alle technischen Systeme, die im Weltraum installiert sind, sowie deren Parameter (Satelliten, Bahnen ...).
→ *Bodensegment*.

Raumüberwachung

→ *Akustische Raumüberwachung*.

Raumvielfach

Begriff aus der Vermittlungstechnik. Jeder bestehenden Verbindung wird dabei eine über fest im Raum angeordnete (mechanische) Koppelpunkte zusammengeschaltete, durchgängige Verbindung zugeordnet. Diese Koppelpunkte sind in der Regel Wählarme von → *EMD*- oder → *Heb-Dreh-Wählern* oder die Kontaktzungen von → *Cross-Bar-Schaltern*.
→ *Zeitvielfach*.

Raumwelle

Bezeichnung für elektromagnetische Wellen beim Funk, die sich nicht entlang der Erdoberfläche (Bodenwellen) zum Empfänger ausbreiten, sondern an der → *Ionosphäre* reflektiert werden und so zum Empfänger gelangen.

Rauschen

Allgemeine Bezeichnung für mehrere durch verschiedene Ursachen entstandene, unerwünschte und länger andauernde Störsignale, die sich dem Nutzsignal überlagern.
Als thermisches Rauschen wird das Rauschen bezeichnet, das durch elektrische und elektronische Bauelemente und die durch sie auftretende Leitung von Strom selbst verursacht wird, da sie temperaturabhängig ist.
Als atmosphärisches, galaktisches oder kosmisches Rauschen bezeichnet man das Rauschen bei der Funkübertragung, das durch Ionisierungsvorgänge und Inhomogenitäten der Atmosphäre und durch Strahlungsquellen innerhalb von ihr oder im Weltraum entsteht. Dieses Rauschen ist frequenz-, wetter- und jahreszeitabhängig.

Rayleigh-Fading

Andere Bezeichnung für Effekte des → *Fading* infolge von → *Mehrwegeausbreitung*.

RBOC

Abk. für Regional Bell Operating Company.
Bezeichnung für die regional operierenden Unternehmen, die im Zuge der → *Deregulierung* in den USA 1984 (→ *Divestiture*) aus dem monolithischen Bell-Konzern AT&T in den USA hervorgegangen sind. Aufgrund eines Gerichtsurteils mußte der landesweit operierende Konzern aus wettbewerbsrechtlichen Gründen in viele regionale und lokale Einheiten aufgespalten werden. Diese sind Pacific Telesis, US West, Southwestern Bell, Ameritech, Bell South, Bell Atlantic und Nynex. Diese Unternehmen werden auch scherzhaft 'Baby Bells' genannt.
RBOCs sind wiederum Holdings der → *BOCs*.

RBHC

Abk. für Regional Bell Holding Company.

RBS

Abk. für Radio Base Station (System).
Andere Bezeichnung für → *BS*.

RC

1. Abk. für Request Counter.
   Bezeichnung für einen Zähler in jeder Station bei → *DQDB* zur Verwaltung einer verteilten Warteschlange. Der RC zählt die stromaufwärts bereits von anderen Stationen reservierten Übertragungsrahmen.
   → *CC*.
2. Abk. für Reference Configuration.

RC 2, 4 und 5

Bezeichnung von Verfahren zur Verschlüsselung von Daten zur sicheren Übertragung über öffentliche Netze. Wurden von Ronald Rivest entwickelt und sind Eigentum des Unternehmens, das auch den → *RSA* vermarktet.
RC 2 ist ein Verfahren, das einen Block fester Länge verschlüsseln kann. Schlüssellänge zwi-

schen 1 und 2 048 Bit mit einer häufig genutzten Länge von 40 Bit, auf die in vielen Programmen die Schlüssellänge begrenzt ist.

RC 4 ist ein Verfahren zur Verschlüsselung kontinuierlicher Datenströme und gilt als 1 000 bis 10 000 mal schneller als RSA. RC 4 setzt einen geheimen Schlüssel voraus, der Sender und Empfänger bekannt sein muß. Üblicherweise wird eine hohe Primzahl gewählt (z.B. 40 Bit oder 128 Bit lang). Die Schlüssellänge kann aber ebenfalls zwischen 1 und 2 048 Bit variieren.

Die zu verschlüsselnden Daten werden durch eine mathematische Operation mit dem Schlüssel beim Sender verschlüsselt, übertragen und beim Sender durch eine inverse Operation entschlüsselt.

Nachteilig ist, daß Sender und Empfänger sich über den zu benutzenden geheimen Schlüssel verständigen müssen.

Die Verschlüsselung ist nicht völlig sicher. Andrew Tyman, ein Student am MIT, brach einen 40-Bit-Code innerhalb von acht Tagen mit einer Workstation.

Die Zeit zum Codebrechen bzw. der Anspruch an die Rechenleistung des codebrechenden Rechners kann durch Nutzung eines längeren Schlüssels ebenfalls verlängert werden.

RC 5 ist ein Verfahren zur Verschlüsselung von Blöcken fester Länge und erlaubt eine durch den Nutzer definierte Schlüssel- und Datenblocklänge.

RC 2000

→ *Radiocom 2000.*

RCR

In Japanisch die Abk. für Development Center for Radio Systems.

Bezeichnung einer japanischen Einrichtung auf dem Gebiet der nationalen Forschung und Standardisierung auf dem Funksektor, ähnlich der → *TTC*. Hat z.B. an → *PHS* mitgearbeitet.

RCU

Abk. für Remote Concentrator Unit.

R&D

Abk. für Research and Development.

International übliche Abkürzung für Forschung und Entwicklung.

→ *F&E.*

RDA

Abk. für Rufdatenaufzeichnung.

→ *CRJ.*

RDI

Abk. für Remote Defect Indication.

Begriff aus dem Netzmanagement. Bezeichnet ein Fehlermeldungssignal, das in Richtung des Datenflusses an alle weiteren Netzkomponenten weitergegeben wird, um diesen einen entfernten Fehler anzuzeigen.

RD-LAP

Abk. für Radio Data Link Access Protocol.

Bezeichnung eines von der Firma Motorola entwickelten Protokolls für die paketorientierte Datenübertragung über Funkschnittstellen. Eingesetzt weltweit, z.B. im → *Modacom*-Netz in Deutschland oder in den USA im dortigen Ardis-Netz.

RD-LAP arbeitet mit 9600 bit/s, einer Vorwärtsfehlercodierung mit Trellis-Codierung und → *Interleaving*. Deckt die Schichten 1 bis 3 im → *OSI-Referenzmodell* ab.

RDN

Abk. für Radio Data Network.

Bezeichnung für mobile Datenfunknetze, wie z.B. → *Modacom.*

RDP

Abk. für Remote Data Processing.

Bezeichnung für Datenfernverarbeitung, → *DFV.*

RDS

1. Abk. für Radio Data System.
   1987 von der → *EBU* genormter und eingeführter Service, welcher dafür sorgt, daß statische Informationen durch einen UKW-Sender übertragen und vom Empfangsgerät (Radio) empfangen und auf einem Display angezeigt werden können. Beispiele für derart übertragene Daten sind eine Senderkennung, eine Kennung für die Art des Programms (Jazz, Pop, Klassik, Schlager etc.), Programminformationen (Musiktitel, Interpret, CD-Bestellnummer, Moderator) und Verkehrs- oder Wetterhinweise.
   Die Datenrate liegt bei ca. 1 200 bit/s.
2. Abk. für Running Digital Sum.
   Ein Verfahren zur Codeüberwachung.

RDSS

Abk. für Radio Determination Satellite Service.

Bezeichnung für Dienste zur Positionsbestimmung mit Hilfe von Satelliten, wie z.B. → *GPS.*

RDT

Abk. für Remote Digital Terminal.

Read Ahead

Bezeichnung für eine Strategie beim → *Festplattenzugriff*. Dabei werden nicht nur die Daten des angeforderten Sektors von der Festplatte gelesen und in den Speicher transportiert, sondern auf Verdacht, daß diese Daten auch dazugehören und als nächstes benötigt werden, gleich die Daten der benachbarten Sektoren dazu.

Diese Methode ist allerdings nur dann effektiv, wenn die Festplatte dementsprechend organisiert ist, d.h. Programme und Daten kompakt zusammen in benachbarten Sektoren und nicht verstreut auf einer Platte liegen (→ *Fragmentierung*).

READ (-Code)

Abk. für Relative Element Address Destinate.
Bezeichnung eines Kodierungsverfahrens zur Quellcodierung. Ist genaugenommen eine Weiterentwicklung des → *Huffman-Codes*. Wird z.B. bei → *Fax* der Gruppe 3 angewendet. Dabei wird eine abgetastete Zeile als Referenz im Speicher zurückbehalten. Für die nächste Zeile werden nur die Änderungen gegenüber der Referenzzeile übertragen. Erst nach einer bestimmten Anzahl von Zeilen (K-Faktor) wird, zur Vermeidung von Fehlerfortpflanzung, wieder eine komplette Zeile übertragen.

Der K-Faktor liegt bei Gruppe-3-Faxen bei 2 bis 4 und wird zwischen den beteiligten Faxgeräten vor der Datenübertragung ausgehandelt. Bei Gruppe-4-Faxen kann je Seite nur die erste Zeile komplett übertragen werden. K entspricht dann der Anzahl Zeilen der kompletten Seite.

Ready-Busy-Protokoll

Bezeichnung eines zeichenorientierten Übertragungsprotokolls, auch abgekürzt mit RDY/BSY. Auch freilaufende Prozedur genannt.

Eingesetzt bei Übertragung über die Schnittstelle nach → *V.24* im asynchronen Betrieb, üblicherweise zum Anschluß von Peripheriegeräten, wie z.B. → *Druckern*.

Vorteil ist, daß keine zusätzliche Kommunikationssoftware nötig ist, da die einfache Funktionalität bereits in den Schnittstellendefinitionen und damit in der Schnittstellenhardware enthalten ist.

Die sehr einfache Funktionalität besteht darin, daß die Steuerleitung von einem empfangsbereiten Gerät (Status: Ready) auf +12 V gesetzt wird, wohingegen die Steuerleitung bei einem nicht-empfangsbereiten Gerät (Status: Busy, z.B. weil der Druckerspeicher gefüllt ist) auf -12 V gesetzt wird. Der angeschlossene Rechner wartet mit dem Übertragen weiterer Daten so lange, bis die Steuerleitung wieder auf +12 V liegt.

Real Color

Andere Bezeichnung für → *HiColor*.

Reale Einrichtung

Eine Einrichtung, die in ihrer physischen Existenz tatsächlich vorhanden ist und dementsprechende Wirkung zeigt. Faustregel: man sieht sie, und sie ist da.

→ *transparente Einrichtung*, → *virtuelle Einrichtung*.

Rec

Abk. für Recommendation.
→ *Empfehlung*.

Rechenbrett

Bezeichnung eines Rechenhilfsmittels, das noch vor dem → *Abakus* in Hochkulturen, z.B. bei den Sumerern 4000 bis 1200 v.Chr. genutzt wurde.

Rechenschieber

Auch, korrekter, Rechenstab genannt. Bezeichnung eines noch bis in die 70er Jahre hinein weit verbreiteten Rechenhilfsmittels im technisch-wissenschaftlichen und kaufmännischen Bereich für die Rechenarten Multiplikation, Division und Potenzrechnung. Obwohl bei geeigneter mechanischer Ausführung und Handhabung eine Genauigkeit von bis zu 1/1 000 erreicht werden kann, wurde der Rechenschieber primär für erste Überschlagsrechnungen genutzt.

Der Rechenschieber beruht auf der Eigenschaft, daß der Logarithmus eines Produktes auf die Addition der Logarithmen der einzelnen Faktoren zurückgeführt werden kann.

Konstruktiv ist der Rechenschieber ein ca. 25 bis 30 cm langes und ca. 3 bis 5 cm breites Lineal aus speziellem Holz oder Kunststoff mit einem schmaleren in ihm eingelassenen und verschiebbaren zweiten Stab, der sog. Zunge.

Beide werden durch einen ca. 3 bis 4 cm breiten, transparenten und über die gesamte Länge verschiebbaren Aufsatz, den sog. Läufer, ergänzt, der als Ablesehilfe dient. Beide Stäbe sind in der Standardversion mit logarithmischen Teilungen und Winkelfunktionen versehen.

Die Entwicklung des Rechenschiebers kann bis ins 17. Jahrhundert zurückverfolgt werden. Lord Napier veröffentlichte im Jahre 1617 als erster Logarithmentafeln (Napier wandte insgesamt rund 20 Jahre seines Lebens auf, die Logarithmen auszurechnen). Durch diese Entwicklung kam er auf die Idee, Multiplikationen durch Additionen entsprechender Logarithmen zu ersetzen. Auf dieser Basis entwickelte er sog. Rechenstäbchen, die schon eine Multiplikation ermöglichten.

1624 erfand der Engländer Edmund Gunter auf der Basis von Napiers Erkenntnissen den Rechenschieber. Zwei Jahre zuvor entwickelte der englische Mathematiker William Oughtred bereits ein ähnliches Gerät. Der Rechenschieber war damit der erste → *Analogrechner* überhaupt und blieb bis in die 70er Jahre des 20. Jahrhunderts weitverbreitet. Er wurde dann relativ schnell durch Tisch- und Taschenrechner abgelöst. Heute wird er von Liebhabern gesammelt.

Rechtsgrundlagen

Die Rechtsgrundlagen der Telekommunikation in Deutschland sind fixiert im → *FAG* bzw. im → *TKG*. Daneben gibt es mehrere Verordnungen, wie z.B. die → *TDSV*. Das → *BMPT* nimmt Hoheitsaufgaben wahr und ist neutraler Verwalter, z.B. des Frequenzspektrums. Seine ausführende Behörde dabei ist das → *BAPT.*

Recommendation

→ *Empfehlung.*

Record Locking

Begriff aus der Datenbanktechnik. Betrifft eine Methode der Konsistenzsicherung von Daten. Dabei wird, im Gegensatz zum → *File Locking*, nicht ein komplettes File für den Zugriff gesperrt, sondern nur ein einzelner Datensatz (Record) aus diesem File. Vorteil: andere Prozesse werden nicht komplett lahmgelegt und können auf den Rest des Files zugreifen, solange sie nicht gerade auf diesen einen Datensatz zugreifen, der von einem anderen Prozeß bearbeitet wird.

Red Book

1. Bezeichnet den in einem roten Buch veröffentlichten Standard für die von Philips und Sony Ende der 70er Jahre entwickelte Audio-CD mit max. 80 Min. (i.d.R. nur 76 genutzte Min.) Spielzeit. Veröffentlicht 1982.
2. Bezeichnet ferner die in einer Buchserie mit rotem Umschlag erschienenen Empfehlungen der → *CCITT* aus den Jahren 1960 (→ *Koaxialkabel* und → *FDM*-Systeme) und 1984 (→*MHS*, → *ISDN*, → *SS#7*).

Redundanz

Weitschweifigkeit. Bezeichnung für den Anteil einer Nachricht, die über das eigentlich Notwendige hinausgeht, der zum Erkennen der Nachricht nötig wäre. Häufig wird Redundanz gezielt zur Fehlerkorrektur oder -erkennung hinzugefügt. Durch Kompressionsverfahren wird Redundanz gezielt aus Datenmengen herausgeholt.
→ *JPEG*, → *MPEG.*

Reed-Relais

Elektromechanisches Bauteil aus der Frühzeit der elektromechanisch gesteuerten Vermittlungstechnik. Erstes großindustriell eingesetztes 'automatisches' Vermittlungsschaltelement, das sich durch seine geringe Größe und Robustheit auszeichnete. Aufgebaut aus federnden Kontaktzungen aus einer Eisen-Nickel-Legierung in einem mit einem Schutzgas gefüllten Glaskörper. Die Funktion beruht darauf, daß ein von außen angelegtes Magnetfeld über die Kontaktzungen geschlossen wird. Um den magnetischen Widerstand im Luftspalt zwischen den zunächst offenen Kontaktzungen zu vermindern, wird dieser Luftspalt geschlossen, womit auch Kontakt zwischen den Kontaktzungen hergestellt wird. Benannt ist das Relais nach seinem Erfinder, der es 1938 in den USA vorgestellt hatte. Weitere Entwicklungen waren das Ferreed-, das nur den halben Platz benötigende Flachreed-Kontakt-Relais (→ *FRK*, 1960 eingeführt) und das aus diesem hervorgegangene Multireed-Relais (1965), bei dem mehrere Relais platzsparend in einem Glaskörper untergebracht waren.

Referenzmodell

Kurzform für → *OSI-Referenzmodell.*

Reflexion

Ein Effekt, der in der Telekommunikation bei der Funkübertragung zum → *Fading* bei der Ausbreitung elektromagnetischer Wellen führt. Beschreibt dabei den Vorgang, daß Wellen an Oberflächen zum Teil reflektiert werden, was zu unerwünschten Phasensprüngen führt. Ein Teil der Welle durchdringt u.U. die Oberfläche (Transmission). Einfluß haben die Rauheit der Oberfläche, der Einfallswinkel der Welle, die komplexe dielektrische Konstante der Wand, ihre Dicke, die Frequenz der einfallenden Welle und die Polarisationsrichtung. Neben der Reflexion an der Ionosphäre spielen auch Reflexionen an Hindernissen auf dem direkten Weg zum Empfänger (Wände etc.) eine Rolle.
Innerhalb einer Wand kann es zu weiteren Reflexionen (Mehrfachreflexionen) mit Dämpfung kommen. Dies führt dazu, daß die Summe aus reflektierter und hindurchgelassener (transmittierter) Welle weniger als die eingefallene Welle ergibt.

Refresh

Bezeichnung des Auffrischens eines Speicherinhaltes eines dynamischen Speichers, z.B. eines → *DRAM*. Der Refresh ist bei dynamischen Speichern zwingend notwendig, um den Speicherinhalt nicht zu verlieren.

Refreshrate

Bei Monitoren eine andere Bezeichnung für die → *Bildwiederholfrequenz.*

Regelanschaltung

→ *Fremdanschaltung.*

Regenerator

Bezeichnung für einen speziellen Verstärker, der ein Signal vollständig wiederherstellt. Im Gegensatz zum → *Repeater* wird dabei nicht nur der Signalpegel angehoben, sondern auch die Signalform korrigiert, z.B. hinsichtlich der Flankensteilheit von Impulsen.

Register

1. Allgemein: ein Speicher zur Aufnahme eines einzelnen Datums.
2. Speziell in der Vermittlungstechnik bei elektromechanischen Wählern ein Speicher (mechanisch oder mit Relais ausgeführt) zur Aufnahme der Wählinformation (Nummer). Bei digitalen Vermittlungen der Speicher zur Aufnahme von Daten aller Art,

z.B. bei → *Speichervermittlungen* der Speicher zur Aufnahme der Pakete oder Zellen.

3. In der Computertechnik die Halbleiterspeicher einer → *CPU* und Hilfsspeicher zur Aufnahme von Ergebnissen einer Verknüpfung oder speziellen Anzeigen.

Regulierungsbehörde

In Deutschland die gegenwärtig vorläufige Bezeichnung für die nach dem → *TKG* ab dem 1. Januar 1998 einzurichtende oberste Bundesbehörde, die dem Bundesministerium für Wirtschaft unterstellt ist und die Regulierungsaufgaben wahrnimmt. Sie wird aus dem → BAPT hervorgehen. Welchen endgültigen Namen sie erhalten wird, ist gegenwärtig offen.

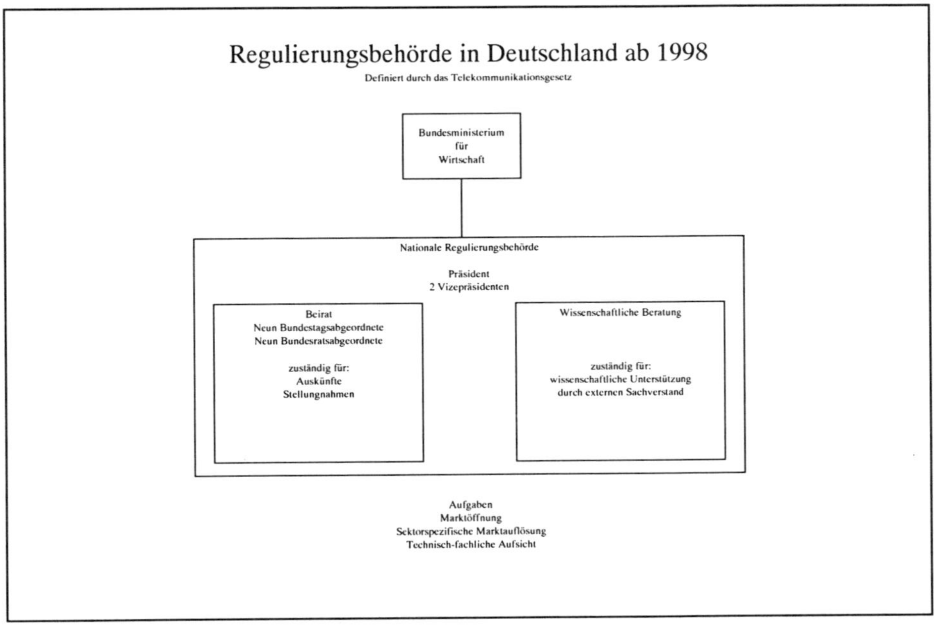

REL

Abk. für Release (Message).

Relay Host

Bezeichnung eines separaten → *Hosts* zur Trennung von verschiedenen Netzen (→ *LANs* und → *WANs*) aus Sicherheitsgründen.
Es handelt sich um eine mögliche Form des → *Firewalls*.

RELP

Abk. für Residual Excited Linear Prediction.
Ein digitales → *Quellcodierungs*verfahren für Sprache. Verfahren zur Restsignalerregung. Ermöglicht → *Sprachübertragung* mit 9,6 bis 16 kbit/s. Es führt zu sehr reduzierter Sprachqualität, insbesondere in stimmhaften Sprachabschnitten bei Kinder- und Frauenstimmen.
Die Sprache hört sich allgemein metallisch an. Das Verfahren ist nur auf die Eigenschaften der menschlichen Sprache hin optimiert worden und daher nicht für Musikübertragung und Signale von → *Modems* geeignet.
RELP kann als blockadaptive → *DPCM* mit Vorwärtsprädiktion und Übertragung des Basisbandsignals (tiefpass-gefiltertes Differenzsignal) interpretiert werden.
→ *RPE-LTP*.

Remote Bridges

→ *Bridges*.

Remote Network Access

→ *RNA*.

Rendering

Bezeichnung für die Umsetzung einer real dreidimensionalen Szenerie in eine zweidimensionale Darstellung durch Projektion der dreidimensionalen Objektdarstellung in die zweidimensionale Ebene der Bildschirmdarstellung und entsprechende Nachbearbeitung des entstehenden Bildes (Licht, Schatten, Farbverläufe). Die beim Rendering anfallenden Datenmengen sind geeignet, die zweidimensionale Darstellung weiter zu verändern, so daß der Betrachter den Eindruck erhält, er bewege sich durch die Szenerie. Eingesetzt bei virtueller Realität (→ *Cyberspace*).

Repeater

Auch seltener noch in Deutschland Aufholverstärker genannt. Bezeichnung eines Signalverstärkers in Kommunikationsnetzwerken mit lokaler Ausdehnung.
Ein Repeater arbeitet auf Schicht 1 des → *OSI-Referenzmodells*. Eingehende digitale Signale werden regeneriert (hinsichtlich ihres Signalpegels verstärkt) und auf der abgehenden Leitung weitergesendet. Er dient dazu, die maximale Ausdehnung von → *LANs* aufgrund der Signaldämpfung auf dem physikalischen Medium zu vergrößern.
Moderne Repeater können verschiedene physikalische Medien miteinander verbinden, z.B. verdrillte Zweidrahtleitung und Glasfaser.
Ein Repeater verbindet mehrere Segmente eines LANs miteinander und ist völlig → *transparent*. Er erweitert zwar die physische Reichweite des LANs, nicht aber, im Gegensatz zu → *Switches* oder → *Routern*, die den angeschlossenen Stationen zur Verfügung stehende Bandbreite.
Repeater vereinfachen die Fehlersuche in Bus-Netzen sofern ein Kabelschaden vermutet wird, da die vermuteten beschädigten Segmente einfach vom Repeater abgekoppelt werden können.
→ *Regenerator*, → *Brücke*, → *Gateway*.

Repeating Hub

Andere Bezeichnung für einen aktiven → *Hub*.

Repository

Auch Data Dictionary genannt. Begriff aus dem → *Software Engineering*. Keine einheitliche Definition existent. Bezeichnet aber grundsätzlich ein Datenhaltungssystem, in dem sämtliche Informationen über wiederverwendbare Softwarebausteine enthalten sind.
Ziel ist eine wirksame Unterstützung im Prozeß der:

- Softwareentwicklung,
- Softwarepflege.

Die gespeicherten Daten sind z.B.:

- Schnittstellenbeschreibungen,
- Funktionsbeschreibungen,
- Softwaredokumentation,
- Zugrundeliegende Modelle und Konzepte (Beziehungen zu anderen Softwarebausteinen),
- Der Programmcode der Softwarebausteine selbst,
- Die bisherige Verwendung der Softwarebausteine.

Zusätzlich enthalten Repositories Tools zum effizienten Versions- und Konfigurationsmanagement.
Im Gegensatz zu Programmbibliotheken verfügen Repositories nicht nur über einen standardisierten Programmcode, sondern auf einer höheren Ebene über komplette Programme, deren Beschreibungen und die zugehörigen Modelle.

Rerouting

Deutsch auch Umweglenkung, Ersatzschaltung oder Ersatzrouting genannt. Bezeichnung für eine bewußte Wahl eines anderen Weges durch ein Netz als in den eigentlichen Routingtabellen (→ *Routing*) vorgesehen. Gründe für Rerouting können verschiedene sein:

- Überlast in Netzteilen,
- Teil- oder Totalausfall von Übertragungsstrecken.

RES

1. Abk. für Regional Earth Station.
2. Abk. für Radio Equipment and Systems.
3. Abk. für Reserved.
   In Beschreibungen von technischen Standards der Platzhalter für kommende Weiterentwicklungen des Standards.

Retrain

Bezeichnung bei → *Modems* für das Verfahren, bei sich verändernder Verbindungsgüte durch Senden einer Trainingssequenz dies festzustellen und Übertragungsparameter der beteiligten Modems an die veränderten Bedingungen anzupassen.

Reverse Charging

Bezeichnung für eine Sonderform des → *Charging*, bei der der → *B-Teilnehmer* die Gebühren übernimmt. Im Falle der Sprachkommunikation wird i.d.R. von R-Gesprächen gesprochen. Auch in → *X.25*-Netzen möglich.

RF

1. Abk. für Radio Frequency, Funkfrequenz.
2. Abk. für Rundfunk.

RFC

Abk. für Request for Comments.
Ein ursprünglich aus der Internet-Szene stammender Begriff, der mit der Veröffentlichung von Standardvorschlägen des → *IAB* verbunden wird.
Jeder kann einen RFC an den von der → *ISOC* und dem → *FNC* eingesetzten RFC-Editor des Internet per e-mail schicken, der ihn prüft und an das IAB weiterleitet, wo der Vorschlag eingehend und im Detail geprüft wird. Dieser Prozeß ist im RFC 1543 beschrieben.
Somit wird aus dem Request ein Proposed Standard (PS), der mindestens zweifach implementiert wird.
Nachdem erste Erfahrungen gesammelt wurden (frühestens aber nach sechs Monaten) wird ggfs. aus dem Proposed Standard ein Draft Standard (DS), der wiederum nach angemessener Zeit

(frühestens vier Monate) zu einem Internet Standard werden kann.

Auf die Vorschläge an das IAB soll die Internetgemeinde mit Kommentaren und Anregungen per e-mail oder in den Newsgroups reagieren.

Die RFCs werden in der Reihenfolge ihres Verabschiedens seit 1969 durchnumeriert und mit Erscheinungsdatum veröffentlicht. Sie werden nicht aktualisiert oder in Teilen verändert, sondern bei Bedarf komplett durch einen neuen RFC ersetzt.

Es ist dabei zu beachten, daß nicht alle RFCs technische Informationen enthalten. Viele beschreiben technische Grundlagen oder fassen bestimmte, häufig gebrauchte Begriffe in einem Glossar zusammen. Ferner gibt es einige RFCs, die am 1. April veröffentlicht wurden und denen jede ernstzunehmende Grundlage fehlt. Darüber hinaus fassen spätere RFCs diverse frühe RFCs zusammen oder RFCs werden durch neue Entwicklungen obsolet. Man unterscheidet daher fünf Kategorien:

- Standards Track: verbindlicher, technischer Standard,
- Prototype: Standards in Vorbereitung, unterschieden nach den Kategorien PS, DS und Standard,
- Informationell: Glossars, Definitionen, Zusammenfassungen,
- Experimental,
- Historic.

Mittlerweile hat dieser Begriff aber auch Eingang in andere Bereiche der Netzwerktechnik und Telekommunikation gefunden. Ein durch dieses Verfahren zustande gekommener Standard wird auch weiterhin durch das Kürzel RFC und die Nummer identifiziert.

Einen Überblick über den Prozeß der Entwicklung von RFCs und alle bislang erschienenen RFCs gibt RFC 1920. Eine detaillierte Beschreibung des Prozesses findet man in RFC 1602.

Die mittlerweile fast 2 000 RFCs sind weltweit als ASCII-Datei auf diversen → *Servern* abgelegt und stehen dadurch jedem kostenlos zur Verfügung.

Die Idee zu den RFCs kam im Jahre 1969 Stephen D. Crocker, der mit einem anderen Internet-Veteranen, Vinton Cerf, schon auf der Van Nuys High School war. Er formte in den ersten Tagen des Internets eine informelle „Network Working Group", um unkompliziert technische Fragen zu diskutieren. Dies prägte den basisdemokratischen, informellen und auf Konsens basierenden Geist des Internets entscheidend und wirkt bis heute.

→ *http://www.internic.net/*

RFD

Abk. für Request for Discussion.

Bezeichnung für den Aufruf, den Vorschlag zur Einrichtung einer neuen und dauerhaften Diskussionsgruppe im → *Internet* zu kommentieren. Bei entsprechenden Resultaten erfolgt, nach einem → *CFV*, eine Abstimmung.

RFDs und die Diskussionen finden statt in der Diskussionsgruppe news.announce.newsgroups.

→ *Usenet*.

RFI

Abk. für Radio Frequency Interference.

Bezeichnung für Interferenz von elektromagnetischen Wellen.

RFU

1. Abk. für Reserved for Future Use.
   In schriftlichen Dokumenten, Zeichnungen etc. häufig benutzte Abk. zur Deklarierung gegenwärtig ungenutzter, aber fest eingeplanter Kapazitäten bei Kabeln, Formaten von Datenfeldern etc.
2. Abk. für Radio Frequency Unit.
   Bei Funksystemen die Hardware, die elektromagnetische Wellen sendet oder empfängt.

RG

Abk. für → *Regenerator*.

RGB

Abk. für Rot, Grün, Blau (Red, Green, Blue).

Die drei Farben, aus denen sich farbige Monitorbilder (Farbfernseher, Computermonitor) zusammensetzen.

→ *YUV*.

R-Gespräche

Bezeichnung für Gespräche, bei denen der → *B-Teilnehmer* die Gebühren übernimmt. Das R steht dabei für → *Reverse Charging*.

→ *Charging*.

Rheinfunkdienst

Bezeichnung für den 1950, nach Absprachen auf der Rheinfunkkonferenz 1949 in Den Haag, geschaffenen Sprechfunkdienst. Zum Sprech- und Telegrammverkehr sind Schiffe aller Staaten zugelassen, die dem vorläufigen Rheinfunk-Abkommen vom 28. April 1950 von Den Haag beigetreten sind. 1957 wurde dieses ersetzt vom Brüsseler regionalen Abkommen über den internationalen Rheinfunkdienst auf UKW zwischen Belgien, Frankreich, den Niederlanden, der Schweiz und Deutschland. Später wurde das Abkommen durch verschiedene Revisionen ergänzt. Dabei wurden weitere Dienste und geographische Gebiete (andere Binnenwasserstraßen) mit einbezogen.

Den deutschen Teil des Rheins versorgen dabei 10 Funkfeststationen, die im Bereich von 1,6 MHz und 3 MHz arbeiten. Gesprächsverbindungen werden zentral in Mannheim handvermittelt. Insgesamt wird der Rhein von der Mündung bis zu Kilometer 270 versorgt.

Richtfunk

Übertragungseinrichtung für Kommunikationsdienste über Funk. Benutzter Frequenzbereich 200 MHz bis 40 GHz (typisch: 2 bis 13 GHz). Fernsprechverkehr wird üblicherweise im Bereich von 4 bis 6 GHz abgewickelt. Ab 13 GHz treten erhebliche Dämpfungsschwankungen, z.B. durch Regendämpfung, auf, so daß digitale phasenmodulierte Signale übertragen werden, die dämpfungs- und störunempfindlicher sind als analoge Signale.

Die Richtfunkwirkung wird durch stark bündelnde Parabolantennen, z.B. sog. Hornparabolantennen, erzielt.

Zwischen den Stationen muß i.d.R. ab 3 GHz Sichtverbindung bestehen, d.h. die überbrückbare Entfernung hängt von der Höhe der Sendeantenne ab. Typische Entfernung ist 50 km, für 100 km ist bereits ein 100 m hoher Turm erforderlich.

Existiert keine Sichtverbindung, besteht trotzdem die Möglichkeit von Übersichtweiten-Verbindungen (Über-Horizont-Verbindungen) oder Scatter-Verbindungen.

Technischer Fortschritt sorgt mittlerweile für Ausfallzeiten von weniger als 1 Stunde/Jahr. Multi-Hop-Verbindungen mit regenerativen Repeatern (Relaisstellen) ermöglichen auch die zuverlässige Überbrückung größerer Distanzen.

Einen Überblick über die Entfernungen und Frequenzen gibt folgende Tabelle:

Frequenz/GHz	Entfernung/km
2	20 - 100
4	30 - 90
7,5	20 - 70
13	5 - 30
23	3 - 12
38	2 - 4
58	1 - 3

Grundsätzlich wird die überbrückbare Entfernung durch folgende Faktoren beeinflußt: Sendefrequenz, Sendeleistung, Gewinn von Sende- und Gewinn von Empfangsantenne sowie Höhe der Sende- und Empfangsantenne.

Seit 1995 weltweit die längste, direkt überbrückte Distanz sind 160 km in Mexiko, die den Golf von Kalifornien überbrückt.

Neue Richtfunksysteme entstehen durch den Einsatz von Lasern in → *optischen Richtfunksystemen.*

Erste analoge Richtfunksysteme wurden in den 30er Jahren eingesetzt. Nach 1945 erfolgte ein bescheidener Ausbau, der erst mit der Einführung des Fernsehens, 1952, einen Schub erhielt, da das Kabelnetz dafür nicht ausreichte. Bis 1955 wurde ein bundesweites Richtfunknetz von der damaligen Bundespost aufgebaut.

Ab 1954 wurden Richtfunksysteme auch verstärkt zur Übertragung von Fernsprechkanälen aufgebaut. Gegen Mitte der 70er Jahre verfügte die damalige Bundespost über ein Richtfunknetz von 90 000 km. Digitale Richtfunkverbindungen wurden ab 1981 eingesetzt.

Richtungsausscheidung

Bezeichnung für ein → *Leistungsmerkmal* von Nebenstellenanlagen.

Bezeichnet die Möglichkeit, daß bei mehreren vorhandenen Amtsleitungen mit Hilfe der Richtungsausscheidung eine bestimmte Leitung gezielt belegt werden kann, z.B. eine Leitung mit Gebührenerfassung oder eine reservierte Leitung, auf die nur bestimmte Personenkreise im Falle von belegten anderen Leitungen Zugriff haben.

Richtungsbetrieb

Vom → *DIN* geprägter Begriff für → *Simplexbetrieb* als Oberbegriff für Sende- und Empfangsbetrieb.

RIFF

Abk. für Resource Interchange File Format.

Bezeichnung eines Dateiformates aus dem Hause Microsoft.

RIFU

Abk. für → *Richtfunk.*

Rightsizing

Begriff aus der betrieblichen EDV-Praxis. Bezeichnet, ähnlich wie → *Downsizing,* den Vorgang, allmählich von → *Mainframe-* und → *Midrange*-Architekturen hin zu Client-Server- oder PC-Netz-Strukturen unter Beibehaltung der aktuellen Funktionalität zu migrieren.

Ring

Bezeichnung einer möglichen → *Netztopologie.* Eine Netzwerkstruktur mit geschlossener Ringstruktur. Die Informationsübertragung erfolgt nur in eine Richtung. Zur Vermeidung einer völligen Funktionsunfähigkeit bei Beschädigung des Ringes (z.B. Bauarbeiten) wird der Ring meist doppelt ausgeführt (→ *FDDI*), so daß bei Unterbrechung an einer Stelle der Ring ab der letzten Station auf der 2. Leitung in die andere Richtung weiterbetrieben werden kann.

Ringkernspeicher

Andere Bezeichnung für → *Magnetkernspeicher.*

RIP

1. Abk. für Raster Image Processor.

2. Abk. für Remote Imaging Protocol. Bezeichnung einer Beschreibungssprache für grafische und mit der → *Maus* gesteuerte Benutzerschnittstellen. Realisiert als Scriptsprache. Ist speziell für Oberflächen zur Benutzung von → *Mailboxen* gedacht.
3. Abk. für Routing Information Protocol. Das gebräuchlichste Interior Gateway Protocol (→ *IGP*) im → *Internet* und anderen größeren Netzen zum Austausch von → *Routing*-Informationen zwischen Netzknoten. Gilt als sehr einfaches und weil es Bestandteil des → *Betriebssystems* → *Unix* ist auch weit verbreitetes Routing-Protokoll. RIP verwendet sog. → *Hops* (Sprünge zwischen Routern) als Routing-Maß. Die höchste erlaubte Zahl von Hops ist 16. Dabei sagt die Anzahl von Hops innerhalb einer Verbindung nichts über die Qualität der Verbindung aus, z.B. kann eine Verbindung mit sechs Hops schneller sein als eine mit nur vier oder fünf Hops. Als Nachfolger gilt das komplexere → *OSPF*.

RIPE

Abk. für Reseaux IP Européenne.
Bezeichnung für die in Kontinentaleuropa genutzte Variante des → *IP*, das auf dem → *EUnet* genutzt wird.

RISC

Abk. für Reduced Instruction Set Computer.
Bezeichnet im Gegensatz zu → *CISC* eine Serie von Rechnern und Prozessoren unterschiedlicher Hersteller, die sich auf einen reduzierten Befehlssatz einfacher Assembleranweisungen begrenzen. Diese können vom Prozessor besonders schnell ausgeführt werden, wodurch die Schnelligkeit des Gesamtsystems steigt und einfach konstruierte Prozessoren möglich sind. Nachteilig ist, daß aufwendigere Operationen durch lange Sequenzen einfacher Befehle simuliert werden, was (u.U.) die Vorteile der schnelleren Bearbeitung der Einzelbefehle überkompensieren kann. RISC-Code ist daher im Schnitt 30 % länger als CISC-Code.
Die Idee des RISC rührt daher, daß Untersuchungen gezeigt haben, daß von Compilern erzeugte Programme in 80 % aller Fälle nur 20 % des Befehlssatzes von CISC-Prozessoren nutzen, so daß der Aufwand von CISC sich nicht lohne.
Erste RISC-Architektur wurde 1974 von John Cocke (*25. Mai 1925) bei der IBM im T.J. Watson Research Center im Rahmen des Forschungsprojektes „801“ entwickelt. An den Universitäten von Stanford und Berkeley entstanden weitere RISC-Konzepte im Jahr 1980. David A. Patterson in Berkeley erdachte das Konzept, das John Hennessy in Stanford anfing, umzusetzen.
1988 brachte Motorola die Chipfamilie 68000 (32 Bit) als RISC-Prozessoren heraus und 1990 kündigten IBM und HP beide kommerzielle RISC-Computer an.
1992 stellte DEC mit dem Alpha Chip eine 64-Bit-RISC-Architektur vor.
→ *Harvard-Architektur*.

RITL

Abk. für Radio in the Loop.
→ *RLL*.

RJ 11

Amerikanische technische Bezeichnung für den vierpoligen Western-Stecker, mit dem man das analoge Telefon an die Anschlußleitung anschließen kann. Eingeführt in den USA von AT&T gegen Ende der 60er Jahre und von dort aus weltweit verbreitet, mit nur geringer Verbreitung in Deutschland.
→ *TAE*.

RJ 14

Amerikanische technische Bezeichnung für den vierpoligen Western-Stecker mit zwei Steckverbindungen für zwei Anschlüsse.

RJ 45

Amerikanische technische Bezeichnung für den achtpoligen Western-Stecker. In Deutschland eingesetzt zum Anschluß von → ISDN-Endgeräten an den → S_0-Bus. Auch im → LAN-Bereich verbreitet.

RJE

Abk. für Remote Job Entry.
Begriff aus der Frühzeit der Datenkommunikation. Bezeichnet die Technik, daß sich ein Auftrag an ein Rechensystem (ein Job) einer entfernten, über eine Datenleitung angeschlossene Eingabeeinheit zuordnen läßt.
Vorgestellt 1967 als Bestandteil des OS/360-Systems der IBM für die → *IBM /360*.

RLC

Abk. für Reactive Load Control.

rlogin

Kunstwort für Remote Login.
Ein UNIX-Terminalemulationsprogramm. Es gehört eigentlich nicht zur → *TCP/IP*-Familie, sondern wurde erst mit dem Berkeley BSD Unix (einer Unix-Variante) eingeführt. Rlogin arbeitet effizienter als → *telnet*, setzt aber eine größere Funktionalität bei den angeschlossenen Terminals voraus.

RLL

Abk. für Radio (in the) Local Loop.
Bezeichnung für die Realisierung des Teilnehmeranschlusses (→ *Endleitung*) mittels Funk (z.B. mit → *DECT*, → *GSM*, → *CT2*, → *Richtfunk*). Wird

daher auch als Wireless Local Loop (→ *WLL*) bezeichnet. Ist überall dort eine Alternative, wo neue Netzbetreiber auftreten, die (noch) nicht über ein teures Ortsnetz verfügen oder die Regionen nur dünn besiedelt sind (lange Anschlußleitungen). Problem: Breitbanddienste über Funk (noch) nicht möglich.

Parameter bei der Konzeption eines RLL sind: erwartete Teilnehmer- und Verkehrsdichte (Innenstadt, Vorort, ländliche Gebiete), zu erbringende Dienste (nur Sprache, Sprachübertragung mit → *ISDN*-Funktionalität, volle ISDN-Funktionalität inkl. 64 kbit/s Datenübertragung, Breitbanddienste, lokale Mobilität) und erwartete Entwicklung.

RM

1. Abk. für Referenzmodell.
   Selten benutzte Abk. für das → *OSI-Referenzmodell.*
2. Abk. für Resource Management.

RMI

Abk. für Remote Method Invocation.

RMON, RMON 2

1. Abk. für Remote Monitoring, Fernüberwachung.
2. Abk. für Remote Network Monitoring.
   Bezeichnung eines in RFC 1757 definierten Protokolls zum Netzmanagement eines → *Ethernet*-Teilnetzes (→ *Token Ring*: RFC 1743). RMON definiert dabei neun Klassen von Daten, die erfaßt werden können. Sie beziehen sich auf Vorgänge in den unteren Schichten des → *OSI-Referenzmodells.* Dabei wird → *SNMP* genutzt, um die erfaßten Daten an eine zentrale Stelle zu übertragen. RMON 2 ist dabei ein Protokoll, das sich auf höhere Schichten des OSI-Referenzmodells erstreckt und auch dort Daten zum Netzmanagement erhebt.

RN

Abk. für Remote Node.

RNA

Abk. für Remote Network Access.

Bezeichnung für die Möglichkeit, über beliebige Übertragungsmedien, z.B. analoges Telefonnetz oder digitales → *ISDN*, transparente Netzverbindungen herzustellen.

RNC

Abk. für Radio Network Controller.

Ein Teil des → *ACC.*

RNG

Abk. für Radio Network Gateway.

Ein Teil des → *ACC.*

Roaming

Von engl. to roam = wandern, umherstreifen, herumstreunen.

Eigenschaft von Mobilfunknetzen (z.B. nach dem → *GSM*-Standard). Bezeichnet die Möglichkeit mobiler Nutzer, permanent unterwegs und erreichbar zu sein, dank der Fähigkeit des Netzes zur automatischen Lokalisierung von Teilnehmern in analogen und digitalen, zellularen Mobilfunknetzen, wenn sich diese durch mehrere Zellen und auch Netze (internationales Roaming) hindurchbewegen.

Netzbetreiber verschiedener Netze müssen sog. Roaming-Abkommen geschlossen haben und Daten zwischen → *HLR* und → *VLR* austauschen, damit internationales Roaming ermöglicht wird.

Roboter

Zunächst Begriff für menschenähnliche, automatische Maschinen, später nur noch für bewegliche automatische Maschinen (Industrieroboter).

Abgeleitet aus dem ungarischen Begriff für Schwerarbeiter. Der Ausdruck wurde 1922 durch den Tschechen Karel Capek eingeführt, der das Stück 'Rossum Universal Robot' schrieb.

1961 ließ sich George C. Devol ein Gerät zur automatischen Abarbeitung von Arbeitsschritten patentieren. Es wurde zuerst in der automatischen Fertigung von Bildröhren für TV-Geräte eingesetzt.

1972 wurde das erste Unternehmen, welches sich ausschließlich mit Robotern beschäftigt, gegründet: die Unimation Inc.

Weiter Einsatz von Industrierobotern erfolgte in der industriellen Produktion seit Anfang der 80er Jahre, insbesondere in der Automobilindustrie.

Röhrenkabel

Bezeichnung für eine spezielle Verlegungstechnik für Kabel, im Gegensatz zu → *Erdkabeln.*

Dabei werden die Kabel locker in einem Kabelschacht (Kunststoffrohr) verlegt.

Vorteil: leichte Auswechselbarkeit, geringe Wartungskosten, Möglichkeit zur Druckluftüberwachung.

Nachteil: höhere Verlegekosten und höherer Aufwand bei Erstverlegung.

ROM

Abk. für Read Only Memory.

Selten auch Festspeicher oder Festwertspeicher genannt. Bezeichnung eines nicht-flüchtigen Nur-Lese-Speichers in Rechenanlagen. Der Inhalt bleibt auch nach Abschalten der Stromversorgung erhalten.

Bei Flash-ROMs kann der Inhalt bei Bedarf geändert werden.

→ *RAM*, → *PROM*, → *EPROM.*

Root

1. Ganz allgemein in hierarchischen, stern- oder baumstrukturierten Systemen das höchste einzelne Element.
2. Konkret in Dateisystemen die Dateiwurzel.
3. In sternförmig organisierten LANs der zentrale → *Hub*, an den alle anderen angeschlossen sind.

   → *StarLAN*, → *VG-AnyLAN*.

ROR

Abk. für Rate of Return.

ROS

Abk. für Relational OLAP System.
→ *OLAP*.

ROSE

Abk. für Remote Operations Service Elements.
Ein Serviceelement auf Schicht 7 des → *OSI-Referenzmodells* aus der Gruppe der → *CASE*. ROSE ermöglicht die Ausführung von Aktionen in einem Netzelement, die von der Ferne her initiiert wurden.

ROSI

Abk. für Radio Signalling Protocol.
→ *Mobitex*.

Rotary-Wähler

Bezeichnung eines elektromechanischen Wählers aus den 20er Jahren. Vorgestellt von der Bell Telephone Manufacturing Company (später ITT) in Antwerpen. Verfügte über ein 10 mal 30teiliges Kontaktfeld.

Rotbuch

→ *Red Book*.

Round Robin

Bezeichnung eines Zuteilungsalgorithmus, im Deutschen auch als zyklische Suche bezeichnet. Wird bei der Internprogrammierung (→ *Betriebssystem*) von Rechenanlagen als Strategie für die Zuteilung von Betriebsmitteln eingesetzt. Kommt darüber hinaus im → *LAN*-Bereich als Zugriffsmechanismus (→ *MAC*-Sublayer der Schicht 2) zum Einsatz, z.B. bei → *VG-AnyLAN*.
Das Prinzip beruht auf einer Prüfung 'der Reihe nach' aller in Frage kommenden Einheiten. Können z.B. 50 an einen → *Hub* angeschlossene Stationen senden, von denen 15 einen Sendewunsch beim Hub angemeldet haben, dann werden, sobald die Möglichkeit des Sendens besteht, diese Stationen nicht nach der → *FIFO*-Strategie abgearbeitet, sondern es wird mit der Station der niedrigsten Ordnungsnummer angefangen, dann folgt die zweitniedrigste etc. Ursprünglich bezeichnete dies auch das Verfahren bei der Unterzeichnung von Verträgen, die Unterzeichner ihre Unterschriften kreisförmig unter dem Vertrag anordnen zu lassen, so daß alle gleichberechtigt auftreten konnten und niemand als eindeutiger Führer oder Privilegierter erschien.
Eine weitere Bezeichnung ist in GB die des Kinderabzählreims, bei dem im Kreise der Kinder nach einem Spruch abgezählt wird.

Round Trip Delay

Englische Bezeichnung für die maximale Umlaufzeit eines Datenpaketes in einem → *LAN*. Viele LANs lassen nur maximale Entfernungen zwischen zwei Stationen zu. Diese ergeben sich aus der Übertragungsgeschwindigkeit des Netzes und der maximalen Zeit, die Stationen das Medium abhören (bei → *CSMA/CD*), um festzustellen, ob eine andere Station bereits sendet.

Router

Selten auch Datenpaketvermittler genannt. Im → *OSI-Referenzmodell* ein Vermittlungsrelais, welches mehrere physisch verschiedene und auf Schicht 2 unterschiedliche Netze mit Schicht-3-Funktionen verbindet. Dabei werden nicht alle Datenpakete eines Segments geprüft und ggfs. in das andere angeschlossene Netz übertragen, sondern nur die Pakete, die auch an den Router adressiert (→ *MAC*-Adresse des Routers) sind. Dies unterscheidet den Router von der → *Bridge*. Daraus folgt weiter, daß die sendende Station wissen muß, daß die empfangende Station sich nicht im gleichen Netzsegment befindet.
Der Router wertet Schicht-3-Informationen (z.B. → *IP-Adressen*) aus und ermittelt anhand von → *Routing*-Tabellen den günstigsten weiteren Weg. Anhand dieser Information wird entschieden, was mit dem Paket weiterhin geschieht.
Die Routing-Tabellen werden fest vorgegeben (einprogrammiert), oder der Router ermittelt sie selbst aus Statistiken. Für die statistischen Daten sorgen Routingprotokolle, die im Netz auf den Routern selbst laufen. Sie sammeln im Netz Informationen über das Netz und seine → *Netztopologie* und stellen diese Daten dem Router zur Auswertung zur Verfügung. Diese Funktionen sind in den Routern selbst enthalten und werden von den Routerherstellern oft mitgeliefert.
Die Router tauschen diese Informationen mit Hilfe bestimmter Protokolle auch untereinander aus, wobei zu beachten ist, ob sie zu dem gleichen autonomen Netz oder Teilnetz (Interior Routing Protocol, → *IRP*) oder zu verschiedenen autonomen Teilnetzen gehören (Exterior Routing Protocol, → *ERP*).
Leistungskennzahl eines Routers ist der Durchsatz, der entweder in Paketen/Sekunde (dann legt der Hersteller gerne kurze Pakete zugrunde) oder in Byte/Sekunde (dann legt der Hersteller gerne

lange Pakete wegen des geringeren Management-Overheads zugrunde) angegeben wird.

Ferner hängt die Leistung eines Routers von der Bearbeitungszeit für ein Paket und die Zeit zwischen den Bearbeitungen zweier Pakete ab. Beides addiert sich zur Verweilzeit der Pakete im Router, die zwischen 250 und 1 800 µs beträgt.

→ *Gateway*, → *Repeater*, → *Bridge*.

Routing

1. Eine Funktion der Schicht 3 im → *OSI-Referenzmodell*. Man unterscheidet grundsätzlich zwei verschiedene Verfahren:

   - Verbindungsloses Routing, auch dynamisches Routing genannt. Jeder Rahmen wird einzeln geroutet; verlorene Rahmen werden wiederholt.
   - Pfadorientiertes Routing, auch statisches Routing genannt. Der Weg wird einmal beim Verbindungsaufbau festgelegt, Rahmen werden geordnet übertragen und nicht wiederholt. Eine bestimmte Bandbreite muß dafür reserviert werden.

   Bei ersterem ist eine hohe Zuverlässigkeit gegeben, wohingegen bei zweitem Datenverluste möglich sind. Die Verzögerung der Daten (→ *Delay*) hängt bei ersterem von der Güteklasse des gewählten Dienstes (→ *QoS*) und bei letzterem vom gewählten Pfad ab. Die Verzögerungsänderungen (Varianz) sind bei ersterem variabel, beim zweiten sind ebenfalls geringe Änderungen möglich. Verbindungsloses Routing unterstützt Daten optimal, pfadorientiertes Routing hingegen Daten, Sprache und Video gleichermaßen. Die Geräte, in denen entsprechende Verfahren implementiert sind, werden als → *Router* bezeichnet.

   → *RIP*, → *Hop*.
2. In der Nebenstellentechnik das Weiterleiten von eingehenden Anrufen in einem → *Call Center* zu einem anderen Call Center einer dafür beauftragten Service-Agentur oder einer Filiale. Ziel ist das Vermeiden von Endloswarteschlangen für Kunden.

RP

1. Abk. für Reference Point.
2. Abk. für Remote Programming.

   Bezeichnung für Techniken, bei denen, im Gegensatz zum Einsatz von → *RPC*, zwischen dem Client und dem → *Server* nicht eine permanente Verbindung besteht, sondern nur einmalig Daten und Prozeduren zu deren Verarbeitung vom Client zum Server transferiert und dort selbständig bearbeitet werden.
3. Abk. für Radio Port.

   → *PACS*.

RPC

Abk. für Remote Procedure Call.

Ein im → *Internet* verwendetes Protokoll aus der Sitzungsschicht der → *TCP/IP*-Architektur. Es dient zur Kommunikationssteuerung, insbesondere in verteilten Systemen und nutzt anstelle von TCP → *UDP*.

→ *RP*.

RPCU

Abk. für Radio Port Controller Unit.

→ *PACS*.

RPE

Abk. für Radio Paging Equipment.

RPE-LTP

Abk. für Regular Pulse Excitation with Long Term Prediction.

Ein digitales → *Quellcodierungs*verfahren für die Übertragung digitalisierter Sprache über Funkkanäle. Das → *RELP*-Verfahren wird dabei durch adaptive Unterabtastung und Langzeitprädiktion verbessert. Das Verfahren wurde von IBM und Philips entwickelt und 1988 standardisiert. Es gilt als eine Kombination der Verfahren RPE-LPC und MPE/LTP. Es ermöglicht mit 13 kbit/s fast gleichwertige Sprachqualität zu einem 64-kbit/s-PCM-Signal. In einer ersten Stufe (Linear Prediction Code, LPC) wird das Sprachsignal innerhalb von 20 ms 160 mal abgetastet. Jeder Abtastwert wird dabei mit 13 Bit codiert. Mit einem speziellen Verfahren (Schur-Rekursionsalgorithmus) werden acht sog. Reflexionskoeffizienten ermittelt, die in an das menschliche Gehör angepasste logarithmische LAR-Koeffizienten umgerechnet werden (Log-Area-Ratio).

Anschließend wird je Datensatz für 20 ms eine weitere Datenreduktion durch lineare Interpolation zwischen den LAR-Werten vorgenommen. In einem zweiten Schritt (LTP, Long Term Prediction) wird wiederum eine Datenreduktion vorgenommen, indem die Werte benachbarter Blöcke zu je 20 ms miteinander verglichen werden. Eine Umrechnung mit Hilfe einer Kreuzkorrelationsfunktion sorgt für eine Datenreduktion. Technische Realisierung des gesamten Verfahrens erfolgt durch Signalprozessoren (→ *DSP*), die diesen Prozeß in einer Zeit von rund 57,5 ms durchführen.

RPM

Abk. für Radio Packet Modem.

Bezeichnung eines → *Modems* aus dem Hause Motorola, welches das → *RP-LAP* realisiert und in entsprechenden mobilen Datenfunknetzen (z.B. → *Modacom*) eingesetzt wird.

RPOA

Abk. für Recognized Private Operating Agencies.
Ein Begriff aus dem Statut der → *ITU*, der privatwirtschaftliche Betreiber von Telekommunikationsnetzen von öffentlichen Betreibern abgrenzt.

RPU

Abk. für Radio Port Unit.

RPZ

Abk. für Reichspostzentralamt.
Bezeichnung der obersten deutschen post- und fernmeldetechnischen Behörde von 1928 bis 1945. Es ging 1928 aus dem Telegraphentechnischen Reichsamt (TRA) hervor und zählt somit zu den Wurzeln des → *FTZ*.

RQMS

Abk. für Reliability and Quality Measurement System.

RR

Abk. für Radio Regulations, Funkvorschriften.
Bezeichnung für das Regelwerk der → *CCIR*, das international verbindlich Verfahren zur Frequenzverteilung festlegt.
Die ersten RRs wurden 1906 auf der 1. Funkkonferenz in Berlin statuiert.

RS

Abk. für Regenerator Section.
Bezeichnung für den Teil einer Leitung, der zwischen zwei Regeneratoren liegt.

RS 1

Abk. für Radiophone Manual System 1.
→ *System 1*.

RS 3

Abk. für Radiophone System 3.
→ *System 3*.

RS 232 C

Schnittstelle aus dem Jahre 1969, damals von der → *EIA* als Standard Nr. 232 in Version C standardisiert. Die EIA hatte ihn zusammen mit den Bell-Labs und anderen Herstellern entwickelt. Auch nach ihrem Hersteller Centronics-Schnittstelle genannt.
Weit verbreitete, serielle amerikanische Schnittstelle zur Datenübertragung mit geringen Datenraten über sehr kurze Entfernungen (20 kbit/s, bis ca. 15 m); international fast identisch in den → *CCITT*-Empfehlungen → *V.24* (Funktion) und V.28 (elektrische Eigenschaften) genormt. Das amerikanische Verteidigungsministerium übernahm ebenfalls, fast ohne Änderungen, den Standard als Mil-Std-188C. DIN 66020 entspricht ebenfalls dieser Spezifikation. Zwischen Centronics-Standard und CCITT-Versionen bestehen dennoch geringfügige Unterschiede, die i.A. für die Praxis irrelevant sind. Häufig genutzt für PC-Peripherie wie → *Modem*, Drucker oder → *Maus*.
Nachfolgenorm ist die RS 449.

RS 449

Nachfolgerin der → *RS 232 C*. Genormt von der → *EIA* zusammen mit den dazugehörigen RS 422 und RS 423 in den 70er Jahren. Gilt im Vergleich zur RS 232 C als robuster und weniger fehleranfällig. Ist mit einigen weiteren Merkmalen ausgestattet.
Sie kann größere Entfernungen mit einer höheren Datenrate überbrücken.
RS 449 wurde von der Industrie weitgehend ignoriert und in größerem Umfang lediglich bei den → *Macintosh*-Rechnern aus dem Hause Apple eingesetzt.

RSA

1. Abk. für Rivest-Shamir-Adleman (-Verfahren, -Standard, -Algorithmus).
   Bezeichnung eines Firmenstandards zur Datenverschlüsselung im öffentlichen Netz.
   Es war das erste Verfahren dieser Art (asymmetrisch) überhaupt und basiert auf der Primzahlenzerlegung und einem öffentlichen Schlüssel (→ *Public-Key-Verfahren*).
   Wie → *RC4* wurde auch RSA entwickelt von und benannt nach den Mathematikprofessoren am MIT Ronald L. Rivest, Adi Shamir und Leonard M. Adelman, die anschließend zur Vermarktung des Verfahrens eine gleichnamige Firma (RSA Data Security Inc., mit Sitz in Redwood City/Kalifornien) gründeten. Grundlegender Gedanke ist, daß in einem Zwei-Schlüssel-System eine Station mit einem (öffentlichen, public) Schlüssel nachweisen kann, daß sie den anderen (geheimen, private) Schlüssel ebenfalls besitzt, ohne diesen preisgeben zu müssen.
   Vorteil dieses Verfahrens ist, daß mit dem geheimen Schlüssel der Empfänger eine Identifizierung des Senders vornehmen kann. Da das Verfahren rechenintensiv ist, werden große Datenbestände nicht mit RSA gesichert, sondern z.B. nur der über das Netz zu übertragende öffentliche Schlüssel zur eigentlichen Datenverschlüsselung.
   Dem Kürzel RSA folgt häufig eine Zahl zur Kennzeichnung der Schlüssellänge in Bit, z.B. RSA 129.
   → *DES*, → *Elgamal-Algorithmus*.
   Die Erzeugung des öffentlichen Schlüssels S_1 und des privaten Schlüssels S_2 erfolgt

nach folgenden Regeln, wenn P_1 und P_2 zwei Primzahlen sind:

$$P_1 * P_2 = M$$
$$(P_1 - 1) * (P_2 - 1) = R$$
$$S_1 * S_2 = 1 \bmod R$$

S_1 wird zusammen mit M dem Erzeuger der verschlüsselten Nachricht zugänglich gemacht. S_2 kann hieraus nur mit sehr großem Aufwand rekonstruiert werden. Der verschlüsselte Text TV ergibt sich aus dem Klartext TK nach der Vorschrift:

$$TV = (TK)^{S1} \bmod M$$

Der Erzeuger sendet TV zum Empfänger, dem S_2 und M zugänglich gemacht wurden. Er kann den Text gemäß folgender Vorschrift entschlüsseln und damit den Klartext TK ermitteln:

$$TK = (TV)^{S2} \bmod M$$

In der Praxis erfolgt die Verwaltung der Schlüssel durch eine vertrauenswürdige, frei zugängliche und öffentliche Stelle, z.B. besonders kontrollierte Unternehmen wie Banken, Versicherungen, Kreditkartenunternehmen oder Telekommunikationsunternehmen.
Die Entwicklung startete nach einem Papier über → *Public Key Kryptography*. Erstmals vorgestellt im September 1977 in der Zeitschrift ‘Scientific American’, wo ein 129 Bit langer Schlüssel vorgestellt wurde. Es wurden 100 $ von den Entwicklern ausgesetzt für denjenigen, dem es gelingen würde, den Code zu brechen. Die Entwickler prognostizierten, sie würden das zu ihren Lebzeiten nicht mehr erleben. Im April 1994 erklärten vier Wissenschaftler, sie hätten zusammen mit 600 weiteren Freiwilligen und 1 600 weltweit über das → *Internet* verbundenen Computern vom PC mit Intel 80386 Prozessor bis zur → *Cray C90* (Rechenleistung rd. 5 000 MIPS-Jahre) innerhalb von acht Monaten einen Code mit 426 Bit langem Schlüssel durch Primfaktorzerlegung geknackt. Dies führte dazu, daß Ronald Rivest 100 $ an die Forscher zahlen mußte, die er 1977 in der 'Scientific American' ausgesetzt hatte, als er erklärte, er werde die Auszahlung der Summe wohl nicht mehr erleben.
→ *http:/www.rsa.com/*

2. Abk. für Rural Service Areas.
Bezeichnung eines in den USA feststehenden Begriffs für ländliche Gegenden, der durch die → *FCC* definiert wurde. Wird bei der Lizensierung von zellularen Mobilfunknetzen in den USA verwendet. Bezeichnet, im Gegensatz zu → *MSA*, die dünnbesiedelten Gebiete. Nicht zu verwechseln mit → *BTA* und → *MTA*.

RSI

Abk. für Repetitive Strain Injuries.
Bezeichnung für alle körperlichen Probleme, die im Handgelenk, in der Hand, den Fingern und im Unterarm durch Tippen entstehen.
Kennzeichen sind Kribbeln, Taubheit oder Schmerzen in diesen Körperteilen. Vorbeugemaßnahmen: Leichtes und entspanntes Tippen, Pausen geeigneter Dauer in geeigneten Abständen, ergonomische Sitzposition.

RSM

Abk. für Remote Subscriber Multiplexer.
Bezeichnung für einen Multiplexer, der bis zu 60 Leitungen von Teilnehmern in dünnbesiedelten Gebieten bündelt und einer Ortsvermittlung zuführt.
Der RSM verfügt selbst nicht über Vermittlungsfunktionen.
→ *RSS*.

RSOH

Abk. für Regenerator Section Overhead.

RSS

Abk. für Remote Subscriber Switch.
Bezeichnung für die Vermittlungsstellen eingeschränkter Funktionalität für nur wenige Teilnehmeranschlüsse in dünnbesiedelten Gebieten. Üblicherweise hängt der RSS an einer mit voller Funktionalität ausgerüsteten Ortsvermittlungsstelle und wird von dieser gesteuert, d.h. die Vermittlungsfunktionen liegen im RSS, die Steuerfunktionen in der Ortsvermittlung.
→ *RSM*.

RST

Abk. für Readibility, Signal Strengths, Tone Quality.
Bezeichnung für eine von Funkamateuren angewendete Klassifizierung der Qualität des Nachrichtenempfangs. Die drei Parameter können mit folgenden Graden angegeben werden:

- Readibility (Lesbarkeit): 1 ... 5,
- Signal Strengths (Feldstärke): 1 ... 9,
- Tone Quality (Verständlichkeit und Reinheit): 1 ... 9.

RSVP

Abk. für (Resource) Reservation Setup Protocol.
Bezeichnung eines von der → *IETF* und dem Hause Cisco entwickeltes End-to-End-Internetwork-Protokoll, das für verschiedene Anwendungen über das → *Internet* verschiedene Netzressourcen reserviert, um eine bestimmte Dienstgüte

(→ *QoS*) zu erreichen. Ziel ist, Echtzeitdienste über das Internet zu ermöglichen und für andere Dienste die zur Verfügung stehenden begrenzten Ressourcen effektiver zu nutzen. Dies wird durch die Einführung der nächsten Version des → *IP-Protokolls* (IPv6) noch unterstützt.

Mit RSVP wird zunächst vom Sender zum Empfänger ein Pfad durch das Internet bestimmt. Allen an diesem Pfad beteiligten → *Routern* (die mit RSVP-Software ausgerüstet sein müssen) teilt RSVP mit, daß bestimmte Ressourcen reserviert werden müssen. Diese Reservierung wird durch die Einteilung der Anwendung, die den Datentransport wünscht, in mehrere fest definierte Verkehrsklassen erreicht. Jede Verkehrsklasse wird in den Routern einer eigenen Warteschlange zugeteilt, die vom Router entsprechend den Anforderungen an die Verkehrsklasse abgearbeitet wird.

Theoretisch ist es möglich, jede dieser Warteschlangen mit einem eigenen Ein- und Ausgangsport zu versehen und an diese eigene Übertragungsstrecken anzuschließen, so daß es möglich sein kann, eigene Sub-Netze für die Verkehrsklassen aufzubauen, für die dann auch separat abgerechnet werden kann, d.h. es könnte dann verschiedene Tarifklassen im Internet geben.

Es wird erwartet, daß zunächst der Nutzer bei seinem Internet Service Provider (→ *ISP*) telefonisch anruft und sich durch diesen mit RSVP die gewünschten Kapazitäten reservieren läßt. Zu einem späteren Zeitpunkt soll der Reservierungsmechanismus automatisch aus der Anwendung beim Nutzer heraus gestartet werden.

RSVP ist zentraler Bestandteil der → *ISA*:

Ein vorläufiger Standard wurde im März 1996 erreicht. Erste Produkte werden seit Ende 1996 mit neuen Routern verbreitet. Mit einer endgültigen Verabschiedung des Standards durch die IETF wird im Laufe von 1997 gerechnet.

Es wird davon ausgegangen, daß insbesondere große Backbone-Betreiber dieses Verfahren nutzen werden, um leistungsfähige Übertragungsstrecken im Internet für Großkunden anzubieten.

Daneben ist eine Migration aus einzelnen Inseln heraus, z.B. zwischen Universitäten, denkbar.

→ *RTP*.

RTCA

Abk. für Radio Technical Commission for Aeronautics.

Bezeichnung einer Non-Profit-Organisation mit Sitz in Washington D.C., die Standards für den Betrieb elektronischer Geräte (insbesondere zur funkgestützten Kommunikation) an Bord von Flugzeugen definiert. Derartige Standards werden von der Industrie zur Entwicklung von entsprechenden Geräten genutzt.

Die Standards beinhalten auch Empfehlungen zum Betrieb elektronischer Geräte durch Passagiere, wie z.B. die Zulassung des Betriebs von → *Handys*, tragbaren CD-Spielern oder eines Walkman.

Die meisten Fluggesellschaften weltweit halten sich freiwillig an die von der RTCA ausgesprochenen Empfehlungen.

RTMI

Automatisches, analoges italienisches Mobilfunknetz aus der vor-zellularen Zeit. In Betrieb von Ende 1972 bis März 1990. Versorgte Wirtschaftszentren und Hauptverkehrsstraßen. Erreichte Ende der 70er Jahre seine Kapazitätsgrenze in den Ballungsräumen Mailand und Rom. Dies führte zur Weiterentwicklung und damit zu dem Nachfolgesystem → *RTMS*.

RTMI bot im 160-MHz-Bereich 32 Duplexkanäle, wovon vier Rufkanäle waren, die gleichzeitig für Funkruf (→ *Paging*) genutzt werden konnten.

RTMS

Abk. für Radio Telephone Mobile System.

Ein analoges, automatisches, zellulares italienisches Mobilfunksystem.

Uplink: 460 bis 465 MHz, Downlink: 450 bis 455 MHz. 200 Kanäle bei 25 kHz Kanalabstand und 10 MHz Duplexabstand und vier Rufkanälen. Ermöglicht → *Roaming*, → *Handover* und unterstützt Kleinzellen (→ *zellulare Systeme*).

Der Handover wird sowohl von Teilen in der → *BS* und Teilen des → *MSC* gemanagt. BS ohne Handover-Controller sind bei geringer Auslastung auch möglich, so daß dann in diesen Zellen kein Handover möglich ist.

Der gesamte Versorgungsbereich ist in 10 Rufzonen unterteilt, von denen jede 30 000 Teilnehmer versorgen kann. Eine Rufzone wird dabei von einer bis drei Steuerzentralen, an denen auch die BS hängen, versorgt, von denen eine den Übergang zum öffentlichen Festnetz ermöglicht.

In der Entwicklung war RTMS ab 1980. In Betrieb seit September 1985 (Start im Großraum Rom) mit bescheidenem Erfolg. Lediglich einige 10 000 Nutzer zu seiner besten Zeit. Keine landesweite Deckung.

RTOS

Abk. für Real-Time Operating System.

Oberbegriff für echtzeitfähige → *Betriebssysteme*.

→ *Echtzeit*.

RTP

Abk. für Real-Time Protocol.

Bezeichnung des von der → *IETF* standardisierten Protokolls, das Echtzeitanwendungen im → *Internet* unterstützt, z.B. Videokonferenzen.

Dies wird durch einen erweiterten → *Header* ermöglicht, in dem Zusatzinformationen stehen. Diese sind z.B. die Art der übertragenen Nutzdaten (Sprache, Video, ...) oder der Zeitpunkt der

Erzeugung der Daten, wodurch die Daten einfacher in eine bestimmte (korrekte) Reihenfolge gebracht oder nach Ablauf einer bestimmten Zeit verworfen werden können.
Ein anderes Protokoll für Echtzeitdienste im Internet ist das → *RSVP*.

RTS

Abk. für Ready to Send.
→ *CSMA/CA*.

RTSE

Abk. für Reliable Transfer Service Element.
Ein Serviceelement auf Schicht 7 des → *OSI-Referenzmodells* aus der Gruppe der → *CASE*.

RU

Abk. für Remote Unit.
Oberbegriff für alle Arten von abgesetzten Einheiten, die sich nicht unmittelbar in einer Vermittlungsstelle oder in einem wie auch immer gearteten Netzknoten befinden.

Rückfrage

Andere Bezeichnung für → *Makeln*.

Rückkanal

Bezeichnung eines an einer Kommunikation beteiligten, gerichteten Kanals. Üblicherweise als Abgrenzung zum Begriff des → *Uplink* (oder Upstream) ist der Rückkanal von anderer Struktur als ein Hinkanal. Rückkanäle werden zu Steuerzwekken eingesetzt. Sie sind schmalbandiger als Hinkanäle und über sie fließt nicht permanent ein Datenstrom.
Ferner unterscheidet man integrierte und nicht-integrierte Rückkanäle. Bei integrierten Rückkanälen wird der Rückkanal auf dem gleichen Medium realisiert wie der Hinkanal.
Häufig in Verbindung mit neuen Formen des interaktiven Fernsehens (→ *ITV*) erwähnt.
Eine mögliche Realisierung dieser Strukturen unterschiedlicher Hin- und Rückkanäle ist → *ADSL*.

Rufnummerngeber

Auch Rufnummernspeicher, Nummerngeber oder Nummernspeicher genannt. Begriff aus der Technik der Nebenstellenanlagen (→ *PBX*). Bezeichnung für die Bauteile in → *Komforttelefonen*, → *Handys* und Nebenstellenanlagen, die häufig benötigte Rufnummern speichern. Diese Nummern können durch einen vereinfachten Bedienungsvorgang gewählt werden, z.B. durch Drücken einer → *Funktionstaste*.
Das → *Leistungsmerkmal* Rufnummerngeber kann verwirklicht sein in öffentlichen Vermittlungsstellen, Vermittlungseinrichtungen oder Nebenstellenanlagen, in Endgeräten oder in Zusatzeinrichtungen. Es gibt eine Vielzahl unterschiedlicher Ausführungsformen, die sich auch hinsichtlich der Benutzerverfahren stark unterscheiden. Man unterscheidet üblicherweise:

- → *Kurzwahl*,
- → *Direktwahl*,
- → *Wahlwiederholung*.

Rufnummernspeicher

→ *Rufnummerngeber*.

Rufton, -zeichen

Auch Freiton genannt. Amtliche Bezeichnung des Geräusches, den ein Endgerät zur Anzeige eines eingehenden Verbindungswunsches abgibt, also z.B. das Läuten des Telefons (→ *Wecker*).
In Deutschland ist der Rufton des Telefons eine halbe Sekunde lang und wird alle fünf Sekunden wiederholt, bis der → *A-Teilnehmer* auflegt oder der → *B-Teilnehmer* abhebt.
In anderen Teilen der Welt hat der Rufton zwei Sekunden Dauer mit vier Sekunden Pause.

Rufumleitung

Andere Bezeichnung für → *Forwarding*.

Rufweitermeldung

→ *Leistungsmerkmal* von Anrufbeantwortern. Dabei wird eine zuvor einprogrammierte Nummer angerufen, sobald eine Nachricht aufgenommen wurde. Die aufgenommene Nachricht wird dann abgespielt, wofür zur Sicherstellung der korrekten Identität der die Nachricht abhörenden Person ein → *PIN* eingegeben werden muß.

Ruhe vor dem Telefon

Bezeichnung für ein → *Leistungsmerkmal* von → *Komfortgeräten* oder Nebenstellenanlagen. Auch → *Anrufschutz* genannt.

Rundfunk

Laut Rundfunk-Staatsvertrag von 1991 ist der Begriff folgendermaßen definiert: Die für die Allgemeinheit bestimmte Veranstaltung und Verbreitung von Darbietungen aller Art in Wort, in Ton und in Bild unter Benutzung elektrischer Schwingungen ohne Verbindungsleitungen oder längs oder mittels eines Leiters. Der Begriff schließt Darbietungen ein, die verschlüsselt verbreitet werden oder gegen besonderes Entgelt empfangbar sind, sowie Fernsehtext.
Technisch existieren vier Rundfunkbereiche I, II, IV und V mit folgenden Eckwerten:

Bereich	Frequenz	Kanal
Bereich I	47 - 68 MHz	Kanal K 2-4
Bereich II	174 - 230 MHz	Kanal K 5-12
Bereich IV	470 - 606 MHz	Kanal K 21-37
Bereich V	606 - 860 MHz	Kanal K 38-60

Rundsenden

→ *Leistungsmerkmal* von → *Fax*-Geräten. Dabei können Nachrichten zunächst in einen Speicher eingelesen werden. Anschließend wird der Speicherinhalt an eine zuvor festgelegte Gruppe von Empfängern zu einer zuvor u.U. festgelegten Zeit automatisch verschickt.
Vorteil: das Einlesen der Nachricht für jeden Empfänger entfällt (Zeitersparnis) und günstige Tarife, z.B. in der Nacht, können ausgenutzt werden (Kostenersparnis). Mit Hilfe derartiger Systeme lassen sich Mehrwertdienste aufbauen (→ *VAS*), bei denen Massenfaxe zu Marketingzwecken versendet werden. Dieser verfügt über leistungsstarke Geräte mit Rundsendefunktion.
Ein Anwendungsbeispiel ist der Anbieter von Last-Minute-Reisen, der nachts viele Reisebüros im ganzen Land über seine aktuellen Angebote informiert und dafür einen Mehrwertdienstanbieter mit Fax-Dienst nutzt.
Ein anderes Beispiel ist der Versender von Computerzubehör und Elektronik, der seine Kundschaft (Wiederverkäufer) täglich über wechselnde Preise informieren muß.

Ruralcells

Bezeichnung einer Zellengröße in zellularen Mobilfunknetzen (→ *zellulare Systeme*) mit einem Radius von ca. 6 bis 30 km.
Gedacht für Großflächen-Anwendungen in dünn besiedelten Gebieten.
→ *Microzellen*, → *Makrozellen*, → *Umbrellacells*, → *Picozellen*.

RWP

Abk. für Remote Write Protocol.
Bezeichnung eines in RFC 1756 definierten Protokolls zur einfachen Kommunikation zwischen Teilnehmern über das → *Internet*. Dabei wird auf aufwendige → *e-mail*-Protokolle verzichtet.
Als Transportprotokoll können → *TCP* und → *UDP* genutzt werden.

Rx

Abk. für Receiver.
Engl. Bezeichnung für Empfänger.

RZ

Abk. für Rechenzentrum.

S

S_0

→ *ISDN.*

S_{2M}

→ *ISDN.*

SA

Abk. für Source Address.

SAA

Abk. für Systems Application Architecture.
Bezeichnung von IBM für ihre Architektur von Anwendungsprogrammen für Mainframe- und Midrange-Rechner und deren Fähigkeit, miteinander zu kommunizieren und Daten auszutauschen. Ziel war, die Grenzen zwischen unterschiedlichen IBM-Systemen zu verwischen und durchlässiger zu machen. SAA ist somit kein einkaufbares Produkt, sondern vielmehr eine Menge offen einsehbarer und jedermann zugänglicher Regeln und Leitlinien zu den vier Bereichen Hardware und Betriebssystemplattform, einheitliche Benutzerunterstützung, einheitliche Programmierunterstützung und einheitliche Kommunikationsunterstützung.
Trotz starker Proklamierung durch IBM wurde dieses visionäre Konzept nie wirklich umgesetzt.
1985 wurde die Entwicklung von Earl Wheeler initiiert. Das Konzept wurde dann 1987 von IBM angekündigt. Bis 1989 sollte das Konzept zu 70 % umgesetzt sein. Dieses Ziel wurde nicht erreicht. Ab 1990 häufte sich Kritik und ab 1993 geriet das System in Vergessenheit.

Sackpost

Scherzhafter Jargon von überzeugten Anhängern von → *e-mail* für die alte herkömmliche Briefpost, ähnlich dem int. gebräuchlichen → *Snail Mail.*

SAD

Abk. für Speech Activity Detection.
Eine andere Bezeichnung für → *VOX.*

Sag

Bei Stromversorgungssystemen ein kurzzeitiges Unterschreiten der im Netz zulässigen Minimalspannung.
→ *USV*, → *Spike.*

S-Aloha

Abk. für Slotted Aloha.
→ *Aloha.*

Salutation

Bezeichnung eines umfassenden, herstellerübergreifenden Standards und des diesen Standard definierenden Konsortiums zur Einbindung von Bürogeräten aller Art (Kopierer, → *Fax*geräte, → *Drucker*, → *PCs*, → *Workstations*, → *PDAs*, Telefon) in eine Umgebung, in der zwischen diesen Geräten plattform- und netzunabhängig Daten ausgetauscht werden können.
Grundgedanke ist, daß sich die Geräte dezentral untereinander verständigen und sich mitteilen, welche Fähigkeiten sie haben und welche nicht, wodurch sich zentrale Server erübrigen.
Definiert wird dazu ein Protokoll zum Austausch dieser Daten und ein Application Programming Interface (API).
Das Konsortium wurde am 13. Juli 1995 von fünf Unternehmen gegründet und umfaßt mittlerweile über 35 nordamerikanische und asiatische Mitglieder. Seit 1994 wurde insbesondere bei der japanischen Dependance von IBM in Tokio an Salutation gearbeitet. Erste Bezeichnung war Smart Office. Mittlerweile liegt seit 24. Juni 1996 die Version 2 der Salutation Architecture Spezification vor. Das erste Produkt kam am 30. Oktober 1995 aus dem Hause IBM auf den Markt.
→ *http://www.salutation.org/*

Sammelanschluß, -ruf

Begriff aus der Nebenstellentechnik. Dabei werden mehrere Telefone einer Anlage zu einem Sammelanschluß zusammengefaßt und sind unter einer Rufnummer erreichbar. Sie werden im Falle eines eingehenden Anrufes entweder alle gleichzeitig gerufen (Gespräch geht an das Telefon, bei dem zuerst abgehoben wird) oder es wird eine freie Nebenstelle gesucht, zu der der Anruf durchgestellt wird. Interessant z.B. bei Kundendienstcentern.
Jede Nebenstelle des Sammelanschlusses kann außerdem gezielt unter ihrer Nebenstellenrufnummer erreicht werden.

Sampling

Englische Bezeichnung für den Vorgang des Abtastens bei der Analog-digital-Wandlung. Sample ist ein Abtastwert und Samplingrate die Abtastrate (angegeben in Abtastvorgang pro Sekunde, Einheit: Hz).

SAP

Die Abk. wird für die gleiche Langform in zwei verschiedenen Zusammenhängen benutzt.

1. Abk. für Service Access Point.
   → *IN.*
2. Abk. für Service Access Point, Dienstzugangspunkt.
   Bezeichnung für die Schnittstelle zweier Schichten im → *OSI-Referenzmodell*, über die eine höhergelegene Schicht Dienste der darunterliegenden Schicht in Anspruch nimmt.
   → *PDU.*

SAR

Abk. für Segmentation and Reassembly (Sublayer).
→ *ATM*.

SARA

Abk. für Satellite Radio.
Bezeichnung des für Eutelsat-Satelliten geplanten digitalen Hörrundfunks.
→ *DAB*, → *ADR*, → *DSR*, → *DVB*.

SARSAT

Abk. für Search and Rescue Satellite Aided Tracking System.
→ *GDSS*.

SAS

1. Abk. für Single Attachement Station.
   → *FDDI*.
2. Abk. für Subscriber Alerting Signal.

SASE

Abk. für Specific Application Service Elements.
Bezeichnung eines anwendungsspezifischen Anwendungsdienstelementes auf Schicht 7 des → *OSI-Referenzmodells*.
→ *CASE*.

Satcom

Abk. für Satellite Communications.
International gängige Bezeichnung für alle Arten von Telekommunikation mit Hilfe von Satelliten.

SatFu

Abk. für Satellitenfunk (-verbindung).

SatFv

Abk. für Satellitenfestverbindung.

Satellite Dish

→ *DTH*.

Satelliten-Büro

→ *Tele-Working*.

Satellitenmobilfunk

1. Oberbegriff für eine Reihe von Systemen, die zur Jahrtausendwende globale Erreichbarkeit mittels Handtelefonen unter einer Rufnummer ermöglichen sollen. Mögliche Systeme sind Iridium, Project 21, Odyssey, Globalstar, ECCO, Ellipso, Tritium, Teledesic, Spaceway, Orbcom, Obsidian und Aries (siehe jeweils dort).
   Eckpunkte eines solchen Systems sind die Bahnhöhe, die Satellitenanzahl des Gesamtsystems, die Systemkosten und der Betriebsmodus der Handgeräte, die im Single-Mode-Betrieb nur auf die Satelliten zugreifen oder im Dual-Mode-Betrieb sich in terrestrische Mobilfunknetze einordnen (wo vorhanden) und sich nur dort, wo keine Mobilfunknetze zur Verfügung stehen (Wüste, Katastrophengebiete, Inseln, Hochgebirge ...), in das Satellitensystem einschalten.
   Die Höhe der Flugbahn hat entscheidenden Einfluß auf die Erreichbarkeit des Satelliten durch Handgeräte mit nur schwacher Leistung und somit auf die Akzeptanz derartiger Systeme durch den Markt. Ferner ergibt sich durch die Höhe der Flugbahn die Anzahl benötigter Satelliten zum Ausleuchten der gesamten Erde und somit die Gesamtkosten des Systems.
   → *Transponder*, → *GEO*, → *LEO*, → *HEO*, → *ICO*, → *Inklination*, → *Elevation*.
2. Ferner heutige, bereits bestehende Satellitensysteme, die mit großen, fest eingebauten Geräten oder → *VSATs* Mobilfunk ermöglichen.
   → *Inmarsat*, → *Eutelsat*.

Sauger

Im Jargon der → *Mailbox*-Szene Nutzer, die nur Daten aus der Mailbox zu sich herunterladen (→ *Download*), aber selber nichts in die Mailbox einspeisen.

S-Band

Bezeichnung für den Frequenzbereich von 1 550 bis 3 900 MHz. Zerfällt intern in die Bereiche S_e-Band (1,55 GHz bis 1,65 GHz) und S_c-Band (2 GHz bis 2,4 GHz). Nachbarbereiche: → *L-Band* und → *C-Band*.

SBC

Abk. für Sub-Band Coding.

SBS

Abk. für stimulierte Brillouin-Streuung.
Ein schmalbandiges, nicht-lineares Rauschen bei → *OFDMA*, das die maximale Sendeleistung von Lasern in Glasfasersystemen begrenzt. Durch den SBS-Effekt wird, insbesondere wenn das Sendespektrum sehr schmalbandig ist, ein Teil der Leistung zum Sender reflektiert.
Gegenmaßnahme: Frequenz- oder Phasenmodulation des Sendesignals (Dithering).

SBus

Ein von der Firma Sun entwickelter Busstandard. Er ist ein sog. Chip-Bus, d.h. die angeschlossenen Karten sind direkt am → *CPU*-internen Bus angeschlossen. Auf den Karten ist somit keine zusätzliche Treiberlogik nötig. SBus-Karten sind so groß wie eine Postkarte und besitzen einen 96poligen Stecker.

SC

1. Abk. für Study Committee (Commission). Oft auch SG (Study Group) genannt. Bezeichnung für ein permanentes Standardisierungsgremium innerhalb einer Standardisierungsorganisation, das sich dauerhaft mit einem Arbeitsfeld beschäftigt (im Gegensatz zur → *TG*, Task Group).
2. Abk. für Subcommittee.
   In Normungsgremien ein Unterausschuß.
3. Abk. für Service Center.
   → *TFTS*.

Scanner

Bezeichnung eines Peripheriegerätes für Computer zur Digitalisierung und zum Einlesen ein- oder mehrfarbiger grafischer Vorlagen aller Art in den Computer zur weiteren Verarbeitung.

Grundprinzip: die Vorlage wird zeilenweise beleuchtet und das reflektierte Licht wird mittels → *CCD*-Bausteinen oder Photomultipliern (bei teuren Scannern) detektiert.

Scanner erlauben in Verbindung mit → *OCR* auch das Einlesen von Texten (zur Weiterverarbeitung).

Bei Farbscannern werden drei Verfahren unterschieden: die 3-Paß-Methode, und zwei 1-Paß-Methoden, wie die Filtermethode und die Prisma- oder Spektralmethode.

Bei der 3-Paß-Methode wird die Vorlage dreimal mit jeweils einem anderen Farbfilter für jede Grundfarbe gescannt.

Bei der 1-Paß-Methode wird in einem Arbeitsgang für jeden Farbanteil der Grundfarbe gescannt, indem die Vorlage mit jeder der drei Farben gleichzeitig belichtet wird.

Bei der Prisma-Methode wird die Vorlage mit weißem Licht gescannt. Das reflektierte Licht wird durch ein Prisma geleitet und in die Spektralfarben zerlegt. Jede der drei Grundfarben wird durch eine eigene Reihe CCD-Elemente detektiert.

Es werden drei Bauformen unterschieden:

- Handscanner,
- Flachbettscanner,
- Trommelscanner.

Der preiswerte kleine Handscanner mit einer Auflösung von 200 bis 400 dpi ist üblicherweise 105 mm breit und muß mit ruhiger Hand in gleichmäßiger Geschwindigkeit über eine Vorlage geführt werden, bei großen Vorlagen entsprechend mehrmals, was eine nicht immer einfache Nachbearbeitung im Computer zur Folge hat. Handscanner werden insbesondere im privaten Bereich eingesetzt.

Der Flachbettscanner mit einer Auflösung ab 200 dpi verfügt über eine Glasplatte, auf die die Vorlage (üblicherweise bis DIN A3 geeignet) gelegt werden muß. Beides wird mit einer Haube abgedeckt. Die Abtastmechanik unter der Glasplatte führt das Scannen aus. Flachbettscanner sind preiswerter als Trommelscanner, kommen in ihrer Qualität nicht ganz an sie heran, reichen aber für den normalen (auch geschäftlichen) Nutzer.

Die teuren Trommelscanner mit einer Auflösung von bis zu einigen 1 000 dpi waren die ersten Scanner überhaupt. Bei ihnen wird die Vorlage auf eine durchsichtige Trommel gespannt und lichtdicht abgedeckt. Die Trommel rotiert, wobei die Vorlage sehr präzise gescannt wird. Trommelscanner werden bei den professionellen, hauptsächlich bildverarbeitenden Dienstleistungsbetrieben (z.B. Design-, Grafik-, Foto- oder Reprostudios) eingesetzt. Sie gelten als teuer und erfordern eine erfahrene Bedienung.

Scart-Buchse

Auch Euro-AV-Buchse genannt. Bezeichnung einer weitverbreiteten Steckverbindung an Fernsehern und Videorecordern zur Übertragung von Bild- und Tonsignalen. Genormt in DIN EN 50049. Verfügt über 21 Pole.

Scatterverbindungen

Bezeichnungen für besondere Funkverbindungen bei → *Richtfunk*systemen, die nicht auf direkter (Sicht-) Verbindung basieren, sondern bei denen die Antennen auf einen gemeinsamen Punkt der → *Troposphäre* ausgerichtet sind, der die Signale reflektiert. Überhorizontverbindungen werden so ermöglicht. Einsatz allerdings nur bei der Überwindung extrem großer, unzugänglicher Gebiete, wie z.B. Meeren.

Nachteilig sind hohe Dämpfungsverluste, so daß entsprechende Empfänger rauschfreie Vorverstärker benötigen und Sender große Sendeleistungen.

SCBus

Bezeichnung eines Bussystems, genutzt bei → *CTI*. Gilt als Nachfolger der → *PEB*-Technik. Überträgt mit 512 bis 2 048 Kanäle zu je 64 kbit/s für 256 oder 1 024 Vollduplexkanäle.

SCC

Abk. für Specialised Common Carrier.

Bezeichnung aus den USA für Unternehmen, die nur ein spezielles Produkt auf dem Markt für Telekommunikationsdienstleistungen jedermann zugänglich anbieten, z.B. Festverbindungen, Datenübertragungsdienste, X.400-Dienste etc.

SCCs wurden 1971 von der → *FCC* definiert, um einen begrenzten Wettbewerb durch Dienstangebote neben der AT&T zu ermöglichen. Seither dereguliert und lizensiert die FCC die SCCs.

SCCP

Abk. für Signalling Connection Control Part.

→ *SS#7*.

SCE

Abk. für Service Creation Environment.
→ *IN*.

SCF

Abk. für Service Control Function.
→ *IN*.

Schicht

Im allgemeinen Kommunikationszusammenhang eine nach der Aufgabe abgegrenzte und zusammengehörige Funktion zur Ermöglichung von Kommunikation. Schnittstellen von und zu einer Schicht können standardisiert sein. Die Art der Erbringung der internen Funktionen hingegen ist es nicht. Anstelle von Schicht wird auch oft von Ebene oder Layer gesprochen.
Seit Definition des → *OSI-Referenzmodells* sind aufgrund neuer Erfordernisse oder Erkenntnisse bereits Schichten in Teilschichten zerlegt worden. Es gilt der Grundsatz, daß bei einem funktionierenden Kommunikationssystem zwar einzelne Teilschichten, nicht jedoch komplette Schichten übersprungen werden dürfen.

Schlitzmaske

→ *Lochmaske*.

Schmalbandübertragung

Nach CCITT I.113 Oberbegriff für alle Übertragungsraten unter 2 Mbit/s. Darüber kommt der Bereich der → *Weitbandübertragung*.

Schnittstelle

Logische oder auch physische Trennung einzelner Funktionseinheiten. Eine Schnittstelle muß nicht immer physisch in Gestalt einer Buchse oder eines Steckers existent sein. Eine Schnittstelle kann auch der Übergang in einem Programm sein, z.B. zwischen Haupt- und Unterprogramm.

Schnurlose Telefone

→ *CT*.

Schritthaltender Verbindungsaufbau

Andere Bezeichnung für → *indirekte Steuerung* elektromechanischer Vermittlungen, bei denen eine gewählte Ziffer nach der anderen ausgewertet wird und jede einzelne, nach ihrer Eingabe durch den → *A-Teilnehmer*, ein Vermittlungselement (→ *Wähler*) steuert, bevor die nächste Ziffer eingegeben werden kann.

SCM

Abk. für Sub Carrier Multiplexing.
Eine Multiplextechnik um digitale Informationen über analoge Kabelfernsehnetze (→ *Koaxialkabel*) gleichzeitig mit den Fernsehsignalen zu verbreiten. Dient der kostengünstigen Einführung von Breitbanddiensten, da zunächst der Bau eines Glasfasernetzes entfällt.

SCP

Abk. für Service Control Point.
→ *IN*.

SCR

Abk. für Sustainable Cell Rate.
→ *ATM*.

Scrambler

Ein Gerät, das ein digitales Signal verschlüsselt, indem es in ein Pseudo-Zufallssignal umgesetzt wird. Rückwandlung übernimmt ein Descrambler.

Screenager

In Anlehnung an den Begriff Teenager der Jargonausdruck für die mit dem Computer und neuen elektronischen Medien (→ *Online Services*) großwerdenden Kinder, die diese beherrschen und aktiv nutzen.
Oft wird auch von der Nintendo-Generation gesprochen.

Screening

Die Bearbeitung eingehender Anrufe nach bestimmten Kriterien (z.B. Teilnehmerrufnummer, Status des Angerufenen) und Entscheidung, ob der Anruf dann durchgeschaltet, auf die → *Mailbox* geschaltet oder an einen anderen Anschluß weitergeschaltet (→ *Forwarding*) wird.

Screening Router

→ *Firewall*.

Screenname

Andere Bezeichnung für → *Nickname*.

Screen Sharing

Bezeichnung für ein mögliches Feature von → *Videokonferenz*systemen, bei dem beide Teilnehmer auf den gleichen Bildschirminhalt blicken, z.B. um gemeinsam ein Dokument zu bearbeiten.
→ *Joint Editing*.

SCS

Abk. für Signalling Capability Set.
→ *IN*.

SCSA

Abk. für Signalling Computing System Architecture.
Eine Hard- und Softwarearchitektur zur Implementierung von Sprach- und Telekommunikationsdiensten des US-Herstellers Dialogic. Gilt als eine technische Lösung für → *CTI*. Prinzipiell geht es darum, die traditionelle Nebenstellenanlage durch einen SCSA-Server, der in ein → *LAN* eingebunden wird, zu ergänzen. Vorgestellt im

Frühjahr 1993. Mittlerweile eine Initiative aus 30 aktiven und 100 beratenden Firmen, die von weiteren ca. 260 Firmen unterstützt wird.
SCSA beschreibt ein Hardwaremodell mit einer busgestützten Kommunikation zwischen Netzknoten, ein verteiltes Vermittlungsmodell in den Knoten und Funktionen zur Sprach- und Anrufverarbeitung. Ein zweiter Teil von SCSA beschreibt als Softwaremodell den Rahmen für Telephony Application Objects (TAO), mit denen für spezielle Anwender eigene Anwendungen maßgeschneidert werden können.
SCSA verträgt sich mit → *TSAPI* und → *TAPI*.
Größter Konkurrent ist → *MVIP*.

SCSI

Abk. für Small Computer System Interface, ausgesprochen etwa 'Scuzzy'.
Ein Bussystem für → *PCs* und vergleichbare Rechner zum Anschluß von Peripheriegeräten. Es werden einige Varianten unterschieden. Erster Standard war SCSI-1. SCSI-2 ist seit über sechs Jahren in der Diskussion, wurde jedoch nicht zum Standard. Ist aber abwärtskompatibel zu SCSI-1. Am SCSI-3-Standard wird mittlerweile gearbeitet. Vorgesehen sind zwei neue physikalische Interfaces (serielle Schnittstelle und → *Fiber Channel*) und mehr als acht anschließbare Einheiten.
SCSI ist ein in der Grundversion 8-Bit-paralleler Multimaster I/O-Bus für Standardschnittstellen zwischen einem Hostadapter und bis zu sieben peripheren Einheiten (acht insgesamt: Hostadapter plus sieben Peripheriegeräte, daher Adressierung mit 3 Bit). Der Bus darf dabei maximal 6 m lang werden (Singleended SCSI, der am weitesten verbreitete Standard) und überträgt 5 MByte/s.
Als Fast-SCSI (manchmal auch Ultra-SCSI genannt, dies aber aus lizenzgründen nicht zulässig) werden synchron übertragende Systeme mit 10 oder mehr Mbit/s bezeichnet. Dies wird durch Verdoppelung (Fast-10), Vervierfachung (Fast-20) oder Verachtfachung (Fast-40) des Taktes erreicht.
Unter Wide-SCSI versteht man Systeme, die anstatt der üblichen 8 Bit sogar 16 (Wide-16) oder 32 Bit (Wide-32) parallel übertragen, wofür allerdings meistens ein zweites Kabel nötig ist. Alle Befehle und Meldungen des Protokolls werden davon unabhängig nur mit 8 Bit übertragen. Wird ein breiterer Bus eingesetzt, wird dies zu Beginn einer Übertragung mit einer Meldung festgelegt.
Durch Kombination der beiden Parameter Taktrate und Busbreite erreicht man verschiedene Übertragungsraten, die sich aus der folgenden Tabelle ergeben. Einträge in MByte/s.

Taktzeit, Kurzbezeichnung	8 Bit	16 Bit	32 Bit
200 ns, norm. SCSI	5	10	20
100 ns, Fast-10	10	20	40
50 ns, Fast-20	20	40	80
25 ns, Fast-40	40	80	160

Nicht alle dieser Kombinationen sind mittlerweile spezifiziert. Die Kombination Fast-20 ist bereits festgelegt.
In Abhängigkeit vom Standard und der Art des Busabschlusses (symmetrisch, auch differentiell genannt, oder unsymmetrisch) differiert die max. Buslänge.
Dies ist aus folgender Tabelle ersichtlich (Angabe in Metern).

	Symmetrisch	Unsymmetrisch
Normales SCSI	25	6
Fast-10	25	3
Fast-20	25	1,5

Der Bus besteht physikalisch aus einer Folge von Segmenten (Daisy Chain) mit Leitungsabschluß. Die Segmente werden durch die Geräte getrennt. Die entsprechenden Stecker haben 50 oder 68 Pole.
Mittlerweile weit verbreitet, z.B. in PCs zum Anschluß von Festplatten, → *CD-ROM*-Laufwerken oder Bandlaufwerken.
1979 entwickelte die Firma Shugart das Shugart Associates System Interface; ein System, das die ANSI später zu SCSI-I machen sollte. Zuerst wurde es 1984 für den Apple → *Macintosh* entwikkelt. Von ANSI X3T9.3 dann 1986 als SCSI-1 genormt.

SD

Abk. für Single Density.
Bezeichnet, im Gegensatz zu → *DD* und → *HD*, eine → *Diskette* mit einfacher Aufzeichnungsdichte. Von Bedeutung nur bei sehr frühen 8"-Disketten. Gesamtkapazität in der Regel 360 KByte.

SD-9

Abk. für Super Density (ROM).
Bezeichnung eines vorgeschlagenen Firmenstandards für Video-Discs, die das → *CD*-Prinzip als Träger für Videoinformationen nutzt. Wurde von der Firma Matsushita entwickelt und baut auf dem System der → *SD-ROM* auf. Im Unterschied zu diesem ist die Trennschicht zwischen den beiden Trägerschichten der Information halbtransparent, weswegen nur ein Lesekopf benötigt wird. Scheibendicke: 1,2 mm. Kapazität: 9 GByte.
Vorgestellt im Frühjahr 1995, obsolet geworden im September 1995 nach Einigung der Industrie auf die → *DVD*.
→ *Video-CD*.

SD-10

→ *SD-ROM*.

SD-CD

Abk. für Super Density Compact Disc.
→ *SD-ROM*.

SDD

Abk. für Software Description Database.

SDDI

Abk. für Shielded Distributed Data Interface. Bezeichnung für 'FDDI über Kupferkabel'. Genutzt wird eine Verkabelung in Stern-Form mit → *STP*-Kabeln, die mit 150 Ohm abgeschlossen werden. Die Kodierung auf dem Medium erfolgt nach → *NRZI*.
→ *FDDI*.

SDF

Abk. für Service Data Function.
→ *IN*.

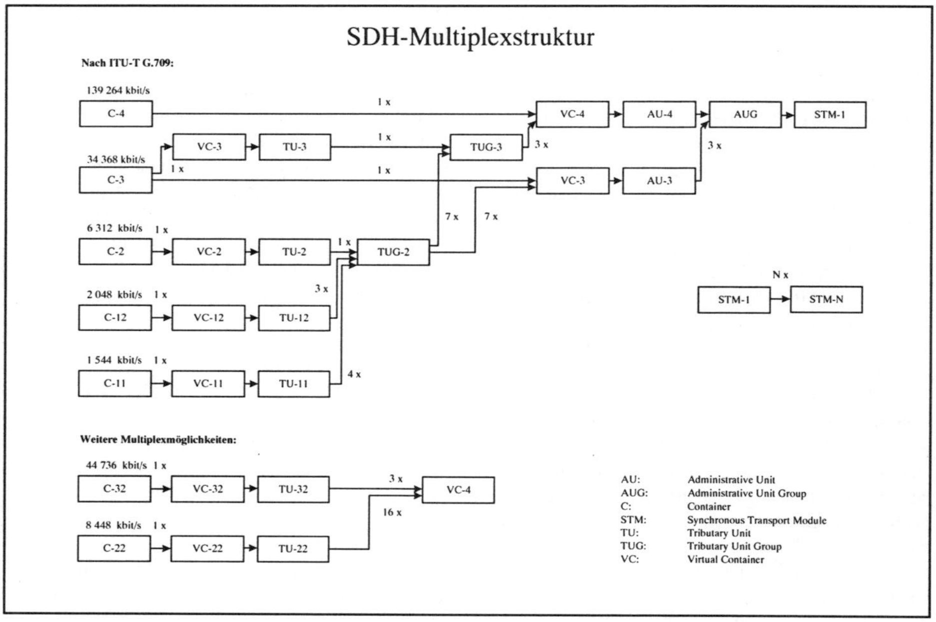

SDH

Abk. für Synchronous Digital Hierarchy.

Bezeichnet eine spezielle, digitale, transparente und leistungsstarke Multiplex-Übertragungstechnik für Glasfaser-Fernleitungen und Richtfunkstrecken.

Datenraten von 155 Mbit/s, 622 Mbit/s, 2,5 Gbit/s bis aktuell 13 Gbit/s, mit der Möglichkeit der Integration von Netzmanagement-Funktionen in speziellen dafür reservierten Kanälen (ECC, Embedded Control Channel). SDH definiert Schicht 1-Funktionen im → *OSI-Referenzmodell*. Insbesondere in Zusammenhang mit → *ATM*-Netzen erwähnt, da die SDH-Übertragungstechnik die Netzknoten mit ATM-Vermittlungstechnik verbindet (neben der PDH-Technik). Zentrale Elemente einer SDH-Übertragungsstrecke sind die Terminalmultiplexer, die Cross-Connect-Systeme und Regeneratoren.

Die Begriffshierarchie besteht aus Synchronen Transport Modulen (STM), die zwischen Netzknoten transportiert werden, in die Virtuelle Container (VC) eingelagert sind, die Ende-zu-Ende-Transporte übernehmen und in die u.U. kleinere VCs eingelagert sind. In diese VCs sind wiederum die echten evtl. verschiedenbitratigen Nutzsignale als Tributary Units (TU) eingelagert.

STM und VC werden darüber hinaus noch mit einer Reihe von Verwaltungsdaten versehen.

Ein SDH-Rahmen (STM) besteht aus 270 Spalten mit je einem Byte zu je 9 Zeilen, also insgesamt 2430 Bytes, die in einer Periode von 125 μs übertragen werden. Diese Rahmen unterteilen sich in die von den Multiplexern selbst erzeugte Section Overhead (SOH) und mehrere Administrative Unit Groups (AUG). Auf die AUGs wird über Pointer zugegriffen.

Der SOH befindet sich in den ersten neun Byte der ersten drei Zeilen (Regenerator Section Overhead, RSOH) und den letzten fünf Zeilen des Rahmens (Multiplex Section Overhead, MSOH), den AU-Pointerbereich (Administrative Unit) in den ersten neun Byte der vierten Zeile und dem Nutzsignal im Rest des Rahmens.

Der RSOH- und der MSOH-Bereich können als eigene Kanäle mit 192 und 576 kbit/s interpretiert werden. Beide werden als Data Communication Channels (DCC) bezeichnet und enthalten die

Steuerinformationen für die Elemente Multiplexer, Cross-Connect und Regenerator. In vermaschten SDH-Netzen ändern sich diese Daten zwischen den einzelnen SDH-Knoten, wohingegen die Nutzdaten unverändert bleiben.

Die Nutzdaten werden letztlich in die VC gepackt. Sie bestehen aus dem Path Overhead (POH) im ersten Byte jeder Zeile und dem Tributary Unit Frame in den Bytes drei bis fünf aller Zeilen. Der VC-4 hat demnach eine Kapazität von neun Zeilen zu 260 Spalten zu je 8 Bit, also 2 340 Byte, entsprechend 149,76 Mbit/s.

Der POH ist für die Transportqualität des VC zwischen den Endpunkten zuständig. In diesem Nutzsignal können diverse Zubringerkanäle (TU) enthalten sein, die alle aus den Ebenen der PDH stammen können.

Datenströme unterschiedlicher Kapazität werden dabei in die VCs gepackt. Mit einer Pointerbildung wird es möglich, die VCs an den Netzknoten als transparente Kanäle zu behandeln.

Mehrere VCs können wiederum in einen größeren gepackt werden, die auf eine von vier hierarchischen Multiplexstufen gemultiplext werden. Diese Stufen sind 1 664 kbit/s, 6 848 kbit/s, 48 960 kbit/s und 150 336 kbit/s (VC-12 = 2 Mbit/s, VC-21 = 6 Mbit/s, VC-32 = 45 Mbit/s, VC-4 = 140 Mbit/s).

Diese Kanäle werden dann mit den weiteren Steuerinformationen RSOH, MSOH und AU-Pointer versehen auf einer SDH-Leitung einer bestimmten SDH-Stufe übertragen (155 520 kbit/s, 622 080 kbit/s, 2 488 320 kbit/s und 9 953 280 kbit/s).

Diese Stufen sind die STM (STM 1, STM 4, STM 16 und STM 64), wobei die Zahl hinter dem STM das Vielfache der Grundbitrate angibt. Grundsätzlich kann diese Zahl jeden ganzzahligen Wert annehmen, die Empfehlung ist jedoch, daß die Werte 1, 4 und 16 genommen werden. Ein STM-N verfügt immer über N AUGs.

Probleme bei der SDH-Technik entstehen durch jahreszeitlich bedingte Laufzeiteffekte auf u.U. verschiedenen, im Netz verwendeten Medien, die durchaus genau getaktete synchrone Signale zu asynchronen Signalen verzerren (→ *Jitter*). Weiterhin ungelöst ist die Frage, wie man z.B. bei grenzüberschreitendem Verkehr u.U. weltweite Synchronizität herstellen will.

Übertragungsmedium ist primär die Glasfaser. Bei niedrigen Raten werden aber auch Richtfunkstrekken eingesetzt. Die Unterschiede zu PDH sind:

- Netzweit wird nur eine Quelle für den Takt genutzt (entweder → *GPS*, lokale Atomuhren oder Zeitsender, wie z.B. → *DCF77*),
- einfacheres Multiplex, da höherstufige Signale stets ein ganzzahliges Vielfaches der Basisbitrate von 155,52 Mbit/s sind,
- ein Standard für Glasfaserstrecken im Monomode-Betrieb wird unterstützt, so daß Geräte verschiedener Hersteller genutzt werden können,
- Kanäle für Netzmanagement sind festgelegt, die ein netzzentrales Management unterstützen.

SDH ist ein sehr flexibles Multiplexsystem, da Signale einer niedrigen Hierarchiestufe dank der Pointerstrukturen direkt aus den höheren Stufen ausgekoppelt werden können (mit Add-Drop-Multiplexern), ohne die gesamte Hierarchie durchlaufen zu müssen, d.h. aufwendige Demultiplex- und Multiplexsysteme entfallen.

SDH gilt als Nachfolger der → *PDH*-Technik und ist von der CCITT 1988 in G.707 (Bitratenhierarchie), G.708 (Network Node Interface) und G.709 (Multiplexstruktur der einzelnen Bitraten) genormt worden.

Erstmals wurde SDH-Technik eingesetzt Ende der 80er Jahre. Größere Verbreitung weltweit seit 1993 mit der Installation breitbandiger Fernnetze auf Glasfaserbasis. In Deutschland setzt die Deutsche Telekom seit 1993 im Neuausbau nur noch SDH ein. Die neuen alternativen → *Carrier* bauen Transportnetze für ihre ATM-Netze ebenfalls mit SDH-Übertragungsnetzen auf.

Es wird erwartet, daß SDH der kommende Standard für das Fernnetz mit Transportaufgaben für die nächsten 20 bis 30 Jahre sein wird.

SDI

Abk. für Subscriber Distribution Interface.

Internationale Bezeichnung für den → *Endverzweiger*.

SDK

Abk. für Software Development Kit.

Bezeichnung für Bibliotheken von Softwarefunktionen eines technischen Systems, die bausteinartig von Entwicklern zu individuellen Anwendungen zusammengesetzt werden können, was den Entwicklungsprozeß und damit die Marktpenetration erleichtert und beschleunigt.

SDL

Abk. für Specification and Description Language.

Eine objektorientierte Beschreibungssprache für ereignisorientierte Prozesse und Protokolle in der Telekommunikation. Theoretische Grundlage des Konzeptes sind parallele Zustandsautomaten mit endlich vielen Zuständen. Dient zur nichtsprachlichen Beschreibung dieser Prozesse durch Symbole und soll somit Fehler infolge von Übersetzung und anderen sprachlichen Unzulänglichkeiten vermeiden. SDL liegt in einer grafischen Version vor und ähnelt dabei Flußdiagrammen sowie einer Art Syntaxnotation und Programmiersprache. Darüber hinaus existieren mittlerweile

spezielle SDL-to-C- und SDL-to-TTCN-Compiler, die in SDL grafisch spezifizierte Prozesse in lauffähigen → *C-Code* oder in → *TTCN*-Statements umwandeln. Trotz der Komplexität und Mächtigkeit gilt SDL wegen seiner grafischen Darstellungen als leicht erlernbar. SDL wird in der Entwicklung, bei der automatischen Code-Generierung, beim Test und bei der Weiterentwicklung von komplexen und verteilten Softwareprotokollen, die unter Echtzeitbedingungen laufen, eingesetzt.
Es wurde von der CCITT in den 70er Jahren entwickelt und 1976 zum Standard erhoben. 1988 wurde eine erweiterte stabile zweite Version mit formaler Syntax und Semantik als Z.100 vorgelegt.
Eine objektorientierte Version existiert seit 1992. Seither wird SDL auch in anderen CCITT-Standards als Beschreibung anstelle von oder ergänzend zu laufendem englischem Text eingesetzt.
→ *http://www.telelogic.se/*

SDLC

Abk. für Synchronous Data Link Control.
Ein bitsynchrones und verbindungsorientiertes Schicht-2-Protokoll von IBM zum Datentransport in der → *SNA*-Welt. Wird insbesondere in zentral organisierten Netzen mit → *Mainframe* und → *Terminal* eingesetzt. Dabei werden die an den Host angeschlossenen peripheren Einheiten mit → *Polling* angesprochen. Je Datenblock können 256 Byte übertragen werden.
→ *HDLC.*

SDMA

Abk. für Space Division Multiple Access.
Bezeichnet allgemein Verfahren, bei denen verwendete Frequenzen an mehreren Orten verwendet werden, z.B. in zellularen Mobilfunksystemen oder Satellitensystemen mit stark bündelnden und entkoppelten Antennen.

SD-ROM

Abk. für Super Density Read Only Memory.
Auch SD-10 oder SD-CD genannt. Bezeichnung eines vorgeschlagenen Firmenstandards, welcher die → *CD* als Speichermedium für Videoinformationen nutzt. Vorgestellt am 24. Januar 1995, nachdem es im September 1994 der Hollywood Digital Video Disc Advisory Group vorgestellt wurde. Serienreife Geräte wurden seinerzeit für Ende 1996 erwartet. Bis dahin sollten 250 Titel bereitstehen. Beeinflußte maßgeblich den später realisierten Standard → *DVD.*
Entwickelt von Toshiba, unterstützt vom Mediengiganten Time-Warner und später auch von Thompson, Hitachi, JVC EMI, Matsushita, Pioneer und Mitsubishi. Speicherkapazität: 10 GByte, je 5 GByte in einer Schicht (oben und unten), d.h. es sind zwei Leseköpfe nötig oder die Scheibe muß herumgedreht werden. Daher kann auch kein Label auf der Platte angebracht werden. Scheibendicke: 1,2 mm. Scheibendurchmesser: 12 cm. Spurabstand: 0,725 μm, kleinste Pit-Länge: 0,4 μm, Laserwellenlänge: 650 und 635 nm. Numerische Apertur: 0,6. Jede einzelne 0,6 mm dicke Scheibe wird einzeln hergestellt und dann mit einer zweiten verklebt.

Die Fehlerkorrektur erfolgt mit einem → *Reed-Solomon* Product-Code.

Die SD-ROM unterstützt acht Audiokanäle. Ton wird nach Dolby AC-3 codiert. Bild nach → *MPEG-2*. Ist für eine Spielzeit von 142 Min. je Seite bei durchschnittlicher Datenrate von 4,69 Gbit/s geeignet. Ferner besteht Speicherplatz für Untertitel in bis zu 32 Sprachen.

Eine Variante ist die → *SD-9*. Konkurrenzvorschlag war die → *Video-CD*.

SDSL

Abk. für Symmetric Digital Subscriber Line.

Bezeichnung einer Technologie, mit der es möglich ist, breitbandige, bidirektionale Kanäle von 160 kbit/s bis 2,048 Mbit/s auf analogen Anschlußleitungen (verdrillte Zweidrahtleitung) zu realisieren. Es gilt dabei, daß, je kürzer die Anschlußleitung, desto höher die Datenrate ist.

Eine Weiterentwicklung von → *ADSL*, vorgestellt von AT&T im Frühjahr 1996.

S-DSMA

Abk. für Slotted Digital Sense Multiple Access.

Bezeichnung eines Zugriffsverfahrens auf ein Übertragungsmedium auf der → *MAC*-Teilschicht von Schicht 2 des → *OSI-Referenzmodells*. Eingesetzt z.B. beim → *Modacom*-System.

SDU

1. Abk. für Service Data Unit.
   → *PDU.*
2. Abk. für Satellite Data Unit.
   Bezeichnung für den Teil der Bordelektronik in einem Flugzeug, der für Satellitenfunk zuständig ist.

SDVR

Abk. für Speaker Dependant Voice Recognition.

Bezeichnung für Spracherkennungssysteme, die nur bestimmte Sprecher erkennt. Hierfür muß das System zunächst an den Sprecher herangeführt werden und bestimmte individuelle Charakteristika der Sprache des Sprechers erkennen.

→ *SIVR.*

SE

Abk. für → *Simultaneous Engineering*.

Sea-Me-We

Abk. für South East Asia - Middle East - Western Europe.
Bezeichnung eines von Singapur über den Mittleren Osten bis nach GB verlaufenden Glasfaserkabels. Kapazität: zwei Fasern zu je 2,5 Gbit/s.

Seamless Handover

→ *Handover.*

SEAS

Abk. für Signalling, Engineering and Administration System.
Bezeichnung eines Systems, entwickelt von Bellcore, zum Management von → *IN* in Telekommunikationsnetzen.

SECAM

Abk. für Séquentiel Couleur à Mémoire, was ungefähr 'Farben hintereinander mit Speicherung' bedeutet.
Name des 1957 von Henry de France entwickelten Farbfernsehsystems, das u.a. in F, GRE, vielen Staaten Afrikas und des Mittleren Ostens und in modifizierter Form im ehemaligen Ostblock (SECAM-Ost) verbreitet ist.
Prinzip ist, daß die U- und V-Signale nicht, wie bei → *NTSC* oder → *PAL*, gleichzeitig durch Quadraturmodulation verschlüsselt, sondern nacheinander übertragen werden, wobei jeweils eine Komponente in einer Verzögerungsleitung zwischengespeichert wird. SECAM arbeitet mit 25 Halbbildern/s, einer → *Zeilenfrequenz* von 15,625 kHz und zeigt 625 Zeilen.
SECAM ist in Grenzen kompatibel zu PAL, was die Darstellung der Bilder, nicht aber der Farben betrifft.

Second Level Cache

→ *Cache.*

Second Level Support

→ *Back-Office.*

SEDAS

Abk. für Standardregelung einheitlicher Datensysteme.
Ein in Deutschland angewendeter Standard für → *EDI* in der Handelsbranche.

SeeFuDb

Abk. für Seefunkdienstbüro.

Segment

1. In der LAN-Technik Bezeichnung für ein zusammenhängendes Kabelstück, innerhalb dessen die Signale ohne → *Repeater* transportiert werden können. Die Größe der Segmente ist vom genutzten Medium (Glasfaser, Koaxialkabel etc.) abhängig. Mehrere über → *Bridges* und/oder Repeater verbundene Segmente zusammen bilden das → *LAN*. Falls das LAN dem → *Ethernet*-Standard entspricht, werden alle Segmente, die über einen Repeater verbunden sind als → *Collision-Domain* bezeichnet.
2. Bezeichnung der Übertragungseinheit bei → *TCP*.

Sektor

Bei magnetischen Speichermedien (→ *Diskette*, → *Festplatte*) ein bestimmter Winkelbereich auf einer einzelnen Spur. Stellt die kleinste Einheit dar, auf die zugegriffen werden kann.

Sektorversatz

Bei → *Festplatten* die deutsche Bezeichnung für den → *Interleave-Faktor*

Sekundärverkabelung

Auch vertikale Verkabelung genannt. Bezeichnung für die Verkabelungsstruktur, die in einem Gebäude mehrere Etagen und die diese Etagen versorgende → *Tertiärverkabelung* verbindet.
→ *Primärverkabelung.*

Selbsttätiger Rückruf

Andere Bezeichnung für → *automatischer Rückruf.*

Selbsttätiger Verbindungsaufbau

Andere Bezeichnung für → *Direktruf.*

Selektives Abhören

Leistungsmerkmal von Anrufbeantwortern. Dabei kann beim Abhören der Nachrichten zum Beginn der nächsten Nachricht gesprungen werden, um die Zeit zum Abhören aller Nachrichten zu verkürzen.

Sendebetrieb

→ *Richtungsbetrieb.*

SEP

Abk. für Signalling End Point.
→ *SS#7.*

SER

Abk. für Symbol Error Rate, Symbolfehlerrate.
Bezeichnung für den Anteil fehlerhafter Symbole bei digitaler Modulation in einem Strom von Symbolen. Angegeben in ein fehlerhaftes Symbol je bestimmter Symbolmenge.

SERES

Abk. für Search and Rescue Satellite.
→ *GDSS.*

Server

Eine Einrichtung, die in einem verteilten System zentrale Dienste für mehrere Nutzer (Clients) anbietet.

Server können mit den Clients über lokale Netze verbunden sein. Der Zugriff kann aber auch über Telekommunikationsnetze der verschiedensten Art erfolgen.

In Unternehmen sind im allgemeinen Clients (PCs) und Server über ein → *LAN* miteinander verbunden.

Beispiele hierfür sind:

- Ein File-Server in einem Computernetz ist z.B. ein Rechner, welcher zentral Daten und/oder Dateien verwaltet und anderen zur Verfügung stellt.
- Ein Software-, Application- oder Anwendungsserver stellt zentral Programme dem Netz oder den Anwendern zur Verfügung.
- Ein Print-Server verwaltet zentral Print-Aufträge aus dem Netz von am Netz angeschlossenen Rechnern und verteilt sie auf entsprechende Drucker.
- Ein CD-ROM-Server ist ein Geräte mit mehreren CD-ROM-Laufwerken, auf die über das LAN zugegriffen werden kann.
- Ein e-mail-Server fungiert für alle Teilnehmer am e-mail-Dienst als Mailbox und verwaltet alle ein- und abgehenden e-mails. Er stellt oft auch ein Gateway zu externen Mailsystemen her (z.B. → *Internet*).

Die Nutzer greifen eher sporadisch auf die Server zu, da sie mit der nötigen Rechenleistung (im Gegensatz zum → *Host*) selbst ausgestattet sind.

Vorteile der Client-Server-Architektur sind:

- Bessere Ressourcennutzung,
- Zentrale Datensicherung möglich,
- Zentrale Verwaltung der neuesten Softwareversionen,
- Der Nutzer muß selbst nichts über die genaue physikalische Datenhaltung wissen (das LAN ist transparent).

Als Nachteil gilt, daß, wenn der Server ausfällt, alle am LAN angeschlossenen Stationen ebenfalls davon betroffen sind.

Als Wegbereiter der Client-Server-Architektur gilt Sybase, die 1989 ihre Datenbanksysteme danach ausrichteten.

Service-Bypassing

→ *Bypassing.*

Service Provider

Bezeichnung für ein Unternehmen, welches am Markt Dienste anbietet. Dabei muß das Unternehmen nicht unbedingt eigene Netze besitzen. Entsprechende Kapazitäten (z.B. Gesprächsminuten, Bandbreite, Speicherplatz auf → *Servern*) kauft der Service Provider bei einem oder mehreren anderen Unternehmen (Network Provider).

Hinter der Einführung von Service Providern stehen zwei Konzepte:

- Durch die Trennung der Funktionen Network Provision und Service Provision ist es möglich, Wettbewerb in begrenztem Maße einzuführen, auch wenn lediglich ein Netz (und somit ein Network Provider) zur Verfügung steht.
- Durch die Konzentration der technischen Seite beim Network Provider und der Dienste und aller damit zusammenhängender Marketing- und Kundenbetreuungsaktivitäten erfolgt beim Network Provider und beim Service Provider eine Konzentration auf das Kerngeschäft. Ziel ist, dadurch eine Steigerung der Qualität insgesamt zu erreichen.

In Deutschland kamen Service Provider erstmals 1993 mit der Einführung digitalen Mobilfunks (D1/D2-Netze) auf.

SES

1. Abk. für Satellite Earth Station, Satelliten-Bodenstation.
   → *Bodensegment.*
2. Abk. für Severely Errored Seconds.
   Bezeichnung eines Gütemaßes in der Fernsprechtechnik, angegeben in Prozent. Bezeichnet den Anteil der schwer gestörten Sekunden bei der Sprachübertragung mit einer Bitfehlerrate größer als 10^{-3}.
   → *EFS*, → *ES.*

Set-Top-Box

Abgekürzt mit STB. Bezeichnung eines Gerätes, das auf den Fernseher gestellt wird und in neuen interaktiven und digitalen Video- sowie TV-Dienstsystemen oder bei bestehenden Pay-per-View-Systemen (→ *Pay-TV*) Funktionen wie Dekomprimierung, Decodierung, Digital-Analogwandlung, Rückkanalverwaltung, Empfang der Fernbedienung oder die Freischaltung und Abrechnung vornimmt.

Weltweit sind derzeit Standardisierungsaktivitäten im Gange, um eine Mindestfunktionalität und technische Standards zu ermitteln. Ein Resultat ist dabei nicht absehbar. Dabei wird die Entwicklung von der Frage beeinflußt, ob das TV-Gerät oder der PC als Endgerät für neue multimediale Dienste genutzt werden wird. Als Fortentwicklung der STB ist ein universelles Gerät zur Abwicklung aller im privaten Haushalt anzutreffenden TK-Dienste im Gespräch, der → *HCT.*

→ *Magic Carpet*, → *OS-9*, → *DAVIC*, → *DAVID*, → *Tiger*, → *DVB.*

Setup

1. In der Telekommunikation der Aufbau einer Verbindung zwischen zwei Teilnehmern.
2. In der Datentechnik die erstmalige Installation von → *Software* auf einem → *Computer*.

Setup-Time

Verbindungsaufbauzeit. Zeit für den Aufbau einer Verbindung bei verbindungsorientierter Übertragung bzw. Leitungsvermittlung.

SF

Abk. für Service Feature.
→ *IN*.

SFMA

Abk. für Specific Functional Area of Management.

SFT

Abk. für Simple File Transfer.
Bezeichnung eines einfachen Übertragungsprotokolls zur Übertragung von Dateien zwischen → *Hosts*.

SFTP

Abk. für Shielded Field Twisted Pair.
Auch Common Foil Screen Unshielded Twisted Pair genannt. Bezeichnung für einen Kabeltypen, bei dem eine verdrillte Zweidrahtleitung aus Kupfer mit einer Metallfolie geschirmt ist.
→ *STP*.

SfV

Abk. für → *Standardfestverbindung*.

SG

Abk. für Study Group.
Manchmal auch → *SC* (Study Commission) genannt.
→ *CCITT*, → *ITU*.

SGM

Abk. für Schutzgas-Metallrelais. Eine besondere Bauform des → *ESK-Relais*.

SGML

Ein Standard der → *ISO*, vorgestellt 1986 als ISO 8879. Basiert auf einer IBM-Entwicklung (GML) und ist der am weitesten verbreitete Standard für die Strukturierung und Kennzeichnung von Inhaltselementen in Form von Text. Anwendung bei Dokumentenaustausch im Verlagswesen.
Vorteil ist, daß festgelegte Schlüsselworte (Markup-Anweisungen, z.B. Title, Chapter, Footnote ...) in einem Text es dem Autor gestatten, die logische Struktur seines Dokumentes und seine Inhalte (Text, Bilder, Tabellen etc.) zu spezifizieren, ohne auf die Gestaltungsgepflogenheiten (Layout) und das spätere Aussehen des Textes im Verlag Rücksicht nehmen zu müssen.
Eine wichtige Ableitung von SGML ist → *HTML*, das im → *WWW* zum Einsatz kommt.

SGMP

Abk. für Simple Gateway Management Protocol.
Bezeichnung für den Vorläufer von → *SNMP* für das Netzmanagement von auf → *TCP/IP* basierenden Netzen.

Shannonsche Kanalkapazität

Ein Kanal der Bandbreite B (in Hz) hat bei der Signalleistung S sowie der Störleistung N die maximale Kanalkapazität

$$C = B\, ld(1 + S/N).$$

Shared Billing

Bezeichnung für ein spezielles Verfahren des → *Charging*, bei dem sich mehrere Leistungserbringer die vom Anrufer zu zahlenden Gebühren teilen. Üblich bei Mehrwertdiensten, wie z.B. bei Ansagediensten das Aufteilen der Gebühren zwischen dem Netzbetreiber und dem Dienstanbieter.

Shared Medium

Bezeichnung aus der → *LAN*-Technik. Alle Stationen sind dabei an einem Medium angeschlossen, das z.B. Bus- oder Ringtopologie hat. Die Vermittlungsfunktion wird daher von speziellen Daten in den transportierten Paketen wahrgenommen, so daß das eigentliche LAN-Protokoll nur die Schichten 1 und 2 des → *OSI-Referenzmodells* belegt.

Shared Memory

Bezeichnung eines Speichers oder Speicherbereichs, auf den mehrere Prozesse ohne spezielle Sicherung zugreifen können. Dient z.B. der Interprozeßkommunikation oder der Verwaltung von → *Queues*.

Shareware

Bezeichnung für einfach zugängliche Software, die man kostenlos erhält, frei kopieren darf oder zu günstigen Konditionen kaufen kann und erst nach einer Weile des Testens (in der Regel ein Monat) vollständig bezahlt bzw. bezahlen sollte, sofern man zufrieden ist und sie weiterhin nutzen möchte. Die Höhe des zu zahlenden Preises liegt überwiegend bei 10 bis 20 $.
Untersuchungen ergaben, daß nur ca. 5 % bis 7 % aller Nutzer von Shareware der Empfehlung, diese zu bezahlen, nachkommen. Eine Kontrolle existiert nicht, obwohl es die 'Association of Shareware Professionals' gibt.
Die genauen Wurzeln der Shareware-Idee liegen im dunkeln. Als Begründer des Shareware-

Gedankens gilt Jim Knopf, der 1981 ein Datenbankprogramm 'PC-File' kostenlos weitergab, verbunden mit der Bitte, Anwender sollten ihm ein Honorar von 10 $ spenden. Seine Idee wurde begeistert aufgenommen, er selbst wurde mit positiven Reaktionen überhäuft.
→ *Freeware*, → *Dongleware*, → *Public-Domain-Software*, → *Crippleware*.

Shell

Bezeichnung für den Teil eines → *Betriebssystems*, der sich aus Sicht des Benutzers schützend wie eine Muschel (engl. shell) um den → *Kernel* des Betriebssystems legt und eine Benutzerschnittstelle mit Kommandos zur Verfügung stellt. Die Shell nimmt Eingaben über die Maus oder Tastatur entgegen, interpretiert sie und gibt entsprechende Anweisungen an den Kernel weiter.
Oft ist die Shell mit einem → *GUI* zur einfachen Bedienung gekoppelt.

SHF

Abk. für Super High Frequency.
Frequenzband von 3 GHz. bis 30 GHz. Wird in Deutschland Zentimeterwellenbereich genannt. Ausbreitung erfolgt fast optisch in direkter Linie. Bei manchen Frequenzen infolge von Molekülresonanzen der in der Atmosphäre vorkommenden Moleküle sehr hohe Dämpfung. Nachbarbereich: → *EHF*, → *UHF*.

Shortcut

Bei Anwendungssoftware die Bezeichnung für eine kurze Tastaturkombination zum Auslösen einer bestimmten, öfter vorkommenden Aktion, die ansonsten umfangreichere Manipulationen in verschiedenen Auswahlmenüs der Software erfordert hätte.
Shortcuts sind ein mögliches Mittel, Software ergonomisch an professionelle Benutzer anzupassen, die die Software häufig benutzen und für die es lästig ist, sich bei immer wiederkehrenden Operationen durch mehrere gestaffelte und ausführlich erläuterte Auswahlmenüs zu bewegen. Oft können Benutzer Shortcuts in Programmen selbst definieren.

Short Term Fading

Andere Bezeichnung für einen Effekt des → *Fadings*, die → *Mehrwegeausbreitung*.

SHTTP

Abk. für Secure Hypertext Transfer Protocol.
→ *WWW*.

Shuttle-System

Bezeichnung einer einfachen Aufzeichnungsmethode bei Anrufbeantwortern. Dabei werden Ansage und Nachricht hintereinander auf einem Band gespeichert.

SI

Abk. für Service Indicator.
Bezeichnung einer vier Bit langen Anzeige im → *SIO* innerhalb einer Nachricht im → *SS#7*-Netz.

SIB

Abk. für Service Independent Building Block.
→ *IN*.

Sicherheitsmanagement

Eine Funktion des → *Netzmanagements*, bei der insbesondere zwei Risiken beachtet werden müssen:

- Schutz vor – unerwünschtem – Eindringen Unbefugter in das Netzmanagementsystem (Manipulation von Daten, unbemerktes Umkonfigurieren etc.).
- Schutz vor einem Systemausfall infolge von Überlast oder Fehlern.

Siecor-Technik

Begriff aus der → *Glasfasertechnik*. Bezeichnet eine spezielle Art des Kabelaufbaus bei Glasfaserkabeln. Andere Bezeichnung: → *Hohlader-Technik*.

SIF

1. Abk. für Signalling Information Field.
   Bezeichnung eines variabel langen Feldes innerhalb einer Nachricht im → *SS#7*-Netz.
2. Ähnlich wie → *CIF* die Bezeichnung eines Bildformates komprimierter Videosignale. Genutzt bei → *MPEG-1*. Unterscheidet sich von CIF in der zeitlichen Reihenfolge der Bilder.
3. Abk. für Source Input Format.
   Bezeichnung für das unveränderte Bildformat am Eingang eines Monitors.

SigG

Abk. für → *Signaturgesetz*.

Signal

Ein Signal im nachrichtentechnischen Sinne ist eine physikalische Größe, deren Parameter geeignet verändert werden können, so daß das Signal Träger von Information werden kann.
Beispiel: die Sinusschwingung einer Spannung auf einem Kabel, die sich in den Parametern Amplitude, Frequenz oder Phase verändern kann.
Der Begriff ist von der → *ITU* in I.112 definiert.

Signalisierung

Andere Bezeichnung für → *Zeichengabe*.

Signature

Bezeichnung für einige Zeilen, die der Versender einer → *e-mail* obligatorisch an jede seiner versendeten Nachrichten anhängt. Diese Zeilen enthalten üblicherweise mindestens seinen Namen, die e-mail-Adresse, die postalische Adresse sowie seine Fax- und Telefonnummern. Häufige Ergänzungen sind Scherze, lockere Sprüche und kleine → *ASCII*-Grafiken.
→ *Smileys*, → *Netiquette*, → *Internet*.

Signaturgesetz

Abgekürzt mit SigG. Bezeichnung eines sich im Entwurfsstadium (Referentenentwurf durch das Bundesinnenministerium vom 19. August 1996) befindlichen Gesetzes in Deutschland, das die rechtsverbindliche, elektronisch erzeugte und verifizierbare Unterschrift für in elektronischer Form vorliegende Dokumente zum Inhalt hat.
Dieses Signaturgesetz wird Bestandteil des Informations- und Kommunikationsdienste-Gesetzes (IuKDG, auch Multimedia-Gesetz genannt) und durch eine Signaturverordnung (SigV) ergänzt werden.
Der Inhalt der einzelnen Paragraphen fixiert folgende Punkte:

- Lizenzerteilung für Zertifizierungsstellen,
- Vergabe von Signaturschlüssel-Zertifikaten und Zeitstempeln,
- Unterrichtungspflicht der Zertifizierungsstellen,
- Inhalt und Gültigkeitsdauer von Signaturschlüssel-Zertifikaten,
- Gültigkeitsdauer digitaler Signaturen,
- Sperrung von Signaturschlüssel-Zertifikaten,
- Dokumentationspflicht und -dauer der Zertifizierungsstelle,
- Einstellung lizensierter Tätigkeiten,
- Datenschutz,
- Kontrolle und Durchsetzung von Verpflichtungen,
- Technische Komponenten zur Gewährleistung von Sicherheit,
- Behandlung ausländischer Signaturschlüssel-Zertifikate.

Die Zertifizierungsstellen sind privatwirtschaftliche Unternehmen und sollen in einen Wettbewerb zueinander treten. Sie werden vom Bund bzw. seiner Regulierungsbehörde zugelassen sofern Zuverlässigkeit und Fachkunde nachgewiesen werden und durch ihn auch überwacht. Sie geben Schlüsselpaare (einen öffentlichen und einen privaten Schlüssel) auf Chipkarten, die durch eine → *PIN* geschützt sind, sowie dazugehörige Signaturschlüssel-Zertifikate mit einem öffentlichem Schlüssel aus und führen öffentlich zugängliche Verzeichnisse der öffentlichen Schlüssel und ihrer Besitzer. Die Signaturschlüssel-Zertifikate bestätigen ebenfalls die Zuordnung eines öffentlichen Schlüssels zu einer Person oder einem Unternehmen und liegen in elektronischer Form vor, können damit also ebenfalls als Anhang an ein elektronisch signiertes Dokument elektronisch verschickt werden. Die Zertifikate enthalten den Namen des Inhabers, den öffentlichen Signaturschlüssel und den Algorithmus, mit dem der Schlüssel benutzt werden kann.
Besitzer von Schlüsseln können diese sperren lassen, z.B. wenn sie den Verdacht haben, daß der Schlüssel gebrochen wurde oder wenn ihr Schlüssel-Zertifikat oder die Chipkarte verloren gegangen sind.
Mit Blick auf den technischen Fortschritt, der mit leistungsfähigeren Computern Signaturen brechen könnte, wurde die Gültigkeit von Schlüsselpaaren auf fünf Jahre festgelegt. Die Zertifizierungsstellen müssen die Daten über die Schlüsselvergabe 30 Jahre lang aufbewahren.
Das Gesetz und Verfahren ist prinzipiell mit Bestrebungen in anderen Ländern vergleichbar, weswegen die internationale Anwendung der Verfahren gewährleistet ist. Ausländische Signaturschlüssel-Zertifikate werden daher in Deutschland anerkannt, soweit in dem ausländischen Staat vergleichbare Verfahren mit vergleichbarer Sicherheit angewendet werden und der andere Staat deutsche Zertifikate ebenfalls anerkennt.
Das Gesetz selbst definiert die Ziele und grundlegenden Verfahren, ist aber hinsichtlich der Ausführung wenig konkret und verweist auf die Signaturverordnung (SigV), die ebenfalls als Entwurf vorliegt.

SigV

Abk. für Signaturverordnung.
→ *Signaturgesetz*.

SII

Abk. für Static Invocation Interface.
→ *COBRA*.

SIM

Abk. für Subscriber Identity Module.
Bezeichnet allgemein ein Modul, das, in ein Terminal eingeschoben, dem Nutzer die Identifizierung und somit auch die Nutzung des Terminals und diverser Dienste erlaubt.
Heute z.B. im → *GSM*-Netz in Form einer → *Smart Card* im Scheckkartenformat oder in Form eines → *Plug-In-Chips* eingesetzt. In Zukunft werden SIMs auch in → *PCN*-Systemen und/oder → *UPT* genutzt.

SIMD

Abk. für Single Instruction - Multiple Data.
Bezeichnung eines Verarbeitungsprinzips in Computern, das Grundlage der → *Vektorrechner* ist.

Grundidee ist die Ausführung gleicher Befehle auf verschiedenen funktionalen Einheiten (Prozessoren) mit unterschiedlichen Daten.
→ *MIMD*.

SIMM (-Chips)

Abk. für Single In Line Memory Modul.
Bezeichnung für eine platzsparende Gehäuseform von Speicherbausteinen und anderen → *ICs*. Die einzelnen Module sind mit einer glatten Kontaktfläche (nicht mit Pins! → *SIP*) ausgestattet. Das ganze Modul wird in einen speziellen Sockel gesteckt.
→ *DIP*.

Simplex

Betriebsart einer Leitung, bei welcher nur Übermittlungsbetrieb in einer Richtung möglich ist. Die eine Station sendet also nur, die andere empfängt nur.

Simula

Abk. für Simulation Language.
Name einer höheren Programmiersprache. Wurde aus → *Algol 60* weiterentwickelt und beeinflußte ihrerseits → *Smalltalk*. Gilt als mächtige und erste objekt-orientierte Sprache (→ *OO*) überhaupt, die auch für komplexe Anwendungen einsetzbar ist, insbesondere für die Durchführung von Simulationen.
Sie wurde in Norwegen in den 60er Jahren von Ole-Johan Dahl und G. Kristen Nygaard am norwegischen Computerzentrum entwickelt.

Simultaneous Engineering

Abgekürzt durch SE. Bezeichnung für gleichzeitige Forschungs-, Entwicklungs- und Konstruktionsarbeiten innerhalb eines Projektes, aber an ggf. geographisch verteilten Standorten und u.U. in verschiedenen Unternehmen, z.B. Hersteller und Zulieferer. Einzelne Teilaufgaben werden dabei parallel in beiden Unternehmen bearbeitet.
Realisierung erfolgt über → *Tele-Kooperation*.

Single-ended SCSI

→ *SCSI*.

Singlemode Faser

Begriff aus der → *Glasfaser*technik.
→ *Einmoden-Faser*.

Singleprocessing

Bezeichnung einer Betriebsart beim Rechnerbetrieb, die sich auf den Betrieb der Hardware bezieht. Bezeichnet den Betrieb eines Zentralprozessors, dem ein Arbeitsspeicher zugeordnet ist. Singleprocessing wird meistens zusammen mit → *Singleprogramming* angewendet.
→ *Multiprocessing*, → *Multiprogramming*.

Singleprogramming

Bezeichnung der Betriebsart eines Rechensystems, das sich auf die Bearbeitung von Software bezieht. Dabei werden die im Arbeitsspeicher eines Rechners liegenden Programme nacheinander abgearbeitet. Singleprogramming wird durchweg zusammen mit → *Singleprocessing* angewendet.
→ *Multiprocessing*, → *Multiprogramming*.

Sinnbilder

Selten gebrauchte deutsche Bezeichnung für → *Icon*.

SIO

Abk. für Service Information Octet.
Bezeichnung eines 8 Bit breiten Informationsfeldes innerhalb einer Nachricht im → *SS#7*-Netz.

SIP (-Chips)

1. Abk. für Single Inline Package.
   Bezeichnung einer speziellen Gehäuseform für → *ICs*. Dabei sind die Anschlüsse (Pins) alle auf einer Seite in einer Reihe angeordnet.
   → *SIMM*, → *DIP*.
2. Abk. für SMDS Interface Protocol.
   Bezeichnung eines Zugangsprotokolls mit drei Schichten zu → *SMDS*.

SIPC

Abk. für Simple Interactive Personal Computer.
Bezeichnung für die von Intel und Microsoft vorgelegte Referenzspezifikation eines einfachen PCs, der als universelle Zugangsstation für diverse Kommunikations- und Unterhaltungsdienste dienen soll.
Die Konzeption des SIPC gilt als Reaktion auf das Konzept des → *NC*.

SIR

Abk. für Serial Infrared (Interface).
Bezeichnung einer genormten Schnittstelle für serielle Datenübertragung mit Infrarotverbindungen der → *Irda*.

SITA

Abk. für Société Internationale de Télécommunications Aeronautique.
Bezeichnung der internationalen Vereinigung, die ein internationales Datennetz für Luftlinien betreibt.

Site

Auch Web-Site genannt. Im → *WWW* die Bezeichnung für das gesamte hierarchische System aus → *Homepage* und darunterliegenden Seiten inklusive aller → *Hyperlinks* innerhalb dieser Seiten und der nach außen gehenden Hyperlinks.

Beim Aufbau einer Site ist es nötig, folgende Punkte zu beachten:

- Zielgruppe des die Site unterhaltenden Unternehmens,
- Zielgruppe der mit der Site adressierten Nutzer,
- Haupt- und Nebenziele, die mit der Site, z.B. im Marketing, verfolgt werden,
- Erarbeitung eines Konzeptes, das die Vorteile des WWW in dem Angebot der Site richtig nutzt:
  - Aktualisierung,
  - Großer Umfang der präsentierten Informationen,
  - e-mail-Response-Funktion,
  - Multimedia-Fähigkeit,
  - Fähigkeit zur Darstellung virtueller Realität,
- Welcher Aufwand wird in die Entwicklung gesteckt?
- Welcher Aufwand wird in die permanente Pflege gesteckt?

Hiervon können dann abgeleitet werden:

- Funktionalität,
- Grafisches Design,
- Text,
- Make or Buy, sowohl die Software als auch die Hardware betreffend:
  - eigene vs. fremde Erstellung,
  - eigener vs. fremder Server,
  - eigener vs. fremder Support während des Betriebs.

SIVR

Abk. für Speaker Independent Voice Recognition.

Bezeichnung für Spracherkennungssysteme, die die Sprache jeden Sprechers erkennen können.

→ *SDVR*.

SIW

Abk. für Strategic Information Warfare.

Bezeichnung aller Mittel auf dem Gebiet des unautorisierten Eindringens in militärische Datenverarbeitungs- und Kommunikationssysteme zur Bekämpfung des Gegners. Gängige Methoden reichen vom einfachen Ausspähen bis hin zu gezielter Manipulation von Datenbeständen und dem Einsetzen von → *Viren*.

SIW wurden in großem Maßstab erstmals während des Golfkriegs durch die Alliierten gegen Einrichtungen des Irak eingesetzt. Nach diesem Erfolg erkannten viele andere Staaten die Wichtigkeit dieses Mittels und starteten ihrerseits derartige Aktivitäten.

Skyphone

Bezeichnung eines gemeinsam von British Telecom, Singapore Telecom und Telenor International gegründeten Konsortiums, das kommerziellen Telefondienst an Bord von Interkontinentalflügen verschiedener Fluggesellschaften mit B-747- und Airbus-A-340-Flugzeugen anbietet. Technische Basis ist das → *INMARSAT*-Netz und eine Cabin Telecommunications Unit (CTU) im Flugzeug selbst. Dabei handelt es sich um eine kleine Nebenstellenanlage. Kosten: ca. 16 DM/Minute, die über Kreditkarten abgerechnet werden.

→ *TFTS*.

SLA

Abk. für Service Level Agreement.

Bezeichnung für individuell ausgehandelte Leistungsvereinbarungen über zu erbringende Telekommunikationsdienste und deren Dienstgüte zwischen dem Betreiber eines Netzes und seinem Kunden.

SLEE

Abk. für Service Logic Execution Environment.

→ *IN*.

SLI

Abk. für Service Logic Interpreter.

Bezeichnung für eine neue Komponente im Konzept IN/2 des → *IN*.

SLIC

Abk. für Subscriber Line Interface Circuit (Card).

Bezeichnung für den integrierten Halbleiterbaustein in digitalen Vermittlungen, der die → *BORSCHT*-Funktionen wahrnimmt.

Slideware

In vielen Hochtechnologiebranchen verwendeter Jargon für nur oder erst auf bunten Folien existierende und/oder funktionierende Technologien, die, insbesondere auf Kongressen oder Messen, von Führungspersönlichkeiten eines Unternehmens gezeigt und als Produkt angekündigt werden.

→ *Vapourware*, → *Paperware*.

SLIP

Abk. für Serial Line Internet Protocol.

Bezeichnung eines Kommunikationsprotokolls, mit dem sich → *TCP/IP*-Protokolle über serielle Leitungen (z.B. Telefonleitung) nutzen lassen. Dient z.B. zur Anbindung einzelner nicht permanent über → *LANs* vernetzten Rechnern an das → *Internet*.

SLIP hat gegenüber dem variableren und jüngeren → *PPP* den Nachteil, daß fehlerbehaftete Daten nicht erkannt werden und es schwerer zu konfigurieren ist. Nicht alle Produkte unterstützen SLIP.

SLMA

Abk. für Subscriber Line Module Analogue.
Englischsprachige Bezeichnung der Teilnehmerschaltung. Die Funktionen, die diese wahrzunehmen hat, werden mit → *BORSCHT* umschrieben.

SLOC

Abk. für Source Lines of Code.
Begriff aus dem → *Software-Engineering*. Bezeichnung eines Maßstabes für die Länge von Programmen oder Programmteilen (Funktionen, Routinen) in ihrem Quellcode, der häufig bei der Beurteilung der Effektivität von Software herangezogen wird.
Das Maß SLOC/FP (→ *FP*) wird oft zur Beurteilung der Effektivität von Software herangezogen.

Slot

1. Engl. für Zeitschlitz. Bezeichnet die Zeit, die mit kompletter Bandbreite beim → *TDMA*-Verfahren einer Station zur Verfügung gestellt wird.
2. In PCs ein verfügbarer Steckplatz für Zusatzkarten, wie z.B. ISDN-Karten oder interne Modems.

Slotted Aloha

→ *Aloha*.

SLP

Abk. für Service Logic Program.
Bezeichnung der Programme zur Steuerung eines Dienstes im → *IN*, die neben anderen SLPs im → *SCP* gespeichert sind und aufgerufen werden, sobald vom → *SSP* her eine entsprechende Aufforderung dazu gekommen ist.

SLS

Abk. für Signalling Link Selection.
Bezeichnung für den Identifizierungscode einer Signalisierungsverbindung im → *SS#7*-Netz. Ist Bestandteil des → *CIC*.

SLT

Abk. für Subscriber Line Termination.

SM

Abk. für Security Management, Sicherheitsmanagement.
Ein Teil des → *Netzmanagements*.

Smalltalk

Bezeichnung einer höheren, objektorientierten (→ *OO*) Programmiersprache. Durch eine spezielle, ebenfalls objektorientierte Programmierumgebung (mitgelieferte Tools, → *Editor*, → *Compiler*, User-Interface etc.) gilt Smalltalk als sehr benutzerfreundlich. Es ist in seiner Gesamtheit jedoch schwierig zu erlernen und erfordert Routine zur Erstellung effizienter Programme.
Der vorgegebene Befehlssatz kann leicht erweitert und modifiziert werden, wodurch die Sprache sehr flexibel ist.
Zum Erlernen der objektorientierten Programmierung gilt Smalltalk als besser geeignet als → *C++*.
Es wurde 1970 von Alan Kay im Rahmen des Projektes Alto (→ *Ethernet*) in der Learning Research Group im Hause Rank Xerox entwickelt, als es um die Erforschung von grafischen Benutzerschnittstellen ging. Smalltalk wurde von den Sprachen → *Simula* und → *Lisp* beeinflußt. Selbst beeinflußte es die Entwicklung von → *C++*.
→ *KI*.

Smart Agents

→ *Agents*.

Smart Card

Auch einfach nur Chipkarte genannt. Bezeichnung für eine Plastikkarte im Scheckkartenformat, oft mit integriertem Chip und Speicherbaustein.
Die Karten werden in entsprechende Geräte zum Lesen geschoben (Smart-Card-Reader), die als Stand-Alone-Zusatzgeräte oder in andere Geräte integriert erhältlich sind.
Genormt, den Abmessungen nach, durch die → *ISO* in ISO 7810, 7811; andere Dinge in ISO 7812, 7813.
Smart Cards mit Mikrocontroller sind genormt in:

Standard	Inhalt
ISO 7816-1	Abmessungen
ISO 7816-2	Abmessungen und Lage der Kontakte des integrierten Chips
ISO 7816-3	Zur Verfügung stehende elektrische Eigenschaften, Protokolle und deren Auswahl
ISO 7816-4	Internationale Befehle
ISO 7816-5	Numerierung und Registrierungsprozedur für verschiedene Anwendungen
ISO 7816-6	Internationale Datenstrukturen
ISO 7816-7	Sicherheitsmerkmale
ISO 7816-8	Abfragebefehle

Neben der puren Plastikkarte mit erhabenen Buchstaben (Hochprägung) ohne jegliches weiteres Speichermedium unterscheidet man fünf weitere grundlegende Kartenkonstruktionen:

- Karte mit Barcode, der von speziellen Lesegeräten erfaßt werden kann. Die Bedeutung dieser Karten rührt von der Verwendung des Barcodes im Bereich der Logistik her. Derartige Karten werden in Zukunft an Bedeutung verlieren und für Anwendungen im Bereich der Telekommunikation erst gar nicht zum Einsatz kommen.

- Karte mit zwei- oder dreispurigen Magnetstreifen auf der Rückseite, die entwickelt wurde, um eine Maschinenlesbarkeit zu ermöglichen und den manuellen Übertrag per Hand von Kartendaten zu vermeiden. Ergänzt wird die Karte oft durch eingeprägtes Hologramm und Hochprägung. Beispiel für diesen Kartentyp ist die Kreditkarte. Gilt als sehr billig (15 bis 60 Cent/Karte), verfügt aber nur über geringe Speichermöglichkeit und ist auch einfach zu fälschen bzw. unbrauchbar zu machen.
- Karte mit Speicher (→ *ROM*) und u.U. einfacher verdrahteter Logik, die nur bestimmte einfache Sicherheitsfunktionen durchführen kann, die den Zugang zum Speicher kontrolliert. Beispiel für diesen Kartentyp ist die Telefonkarte. Kosten zwischen 50 Cent und 5 $. Dies ist die Chipkarte in engerem Sinn. Der Speicher ist fast immer zwischen 256 Byte und 8 KByte groß. Wird er zum Teil für Funktionen der verdrahteten Logik genutzt, können max. 4 KByte für die Nutzdaten verwendet werden.
- Karte mit Mikrocontroller, die eigentliche Smart Card, die zwischen 3 und 15 $ kosten kann, je nach gewähltem Mikrocontroller, der beliebige kleine Programme ausführen und geringe Datenmengen bis 16 KByte (in Zukunft mehr) sicher speichern kann. Es ist möglich, den Speicher in separate und voneinander unabhängige Bereiche zu teilen.
  Ein Sonderfall dieser Karte ist die Kryptocontroller-Karte, die zusätzlich einen Coprozessor hat, der ausschließlich für die Verschlüsselung von Daten zuständig ist.
  Ein weiterer Sonderfall ist die kontaktlose Chipkarte, wo Speicherinhalte berührungslos durch Vorbeiführen (Abstand < 100 cm) an einem induktiven Lesegerät abgerufen werden können. Vorteil dieser Methode ist die Unempfindlichkeit gegenüber Vandalismus und die bequeme Handhabung der Karte (schnellere Bearbeitungszeit im Vorübergehen). Anwendungsgebiete liegen z.B. im öffentlichen Personennahverkehr oder in Zugangkontrollsystemen.
- Karte mit optischem Speicher, die als teuer (zwischen 4 und 8 $) gilt, aber sehr viele Daten (aktuell bis 6 MByte) speichern kann. Die Daten sind ähnlich wie bei einer → *CD* optisch gespeichert und können mit Lasergeräten gelesen werden. Die Daten sind allerdings frei zugänglich gespeichert, weswegen keinerlei Sicherheit für sie besteht. Ferner können die Daten nur einmalig in den Speicher geschrieben werden.
  Derartige Karten sind wegen mangelnder Anwendungsstandards noch nicht weit verbreitet. Ihnen wird aber eine große Zukunft (etwa im medizinischen Bereich) prognostiziert.

Neben diesen relativ klar abgegrenzten, verschiedenen Kartentypen existieren diverse Karten, die mehrere der genannten Merkmale in sich vereinen. Derartige Karten werden Hybridkarten genannt.

Man unterscheidet für Smart-Cards drei grundlegende Anwendungen:

- Identifizierungskarten (Zugangs- oder Zugriffskarten): Karten, die oft mit Foto einer Person, Name, Unterschrift etc. ausgestattet sind und deren enthaltene Information maschinenlesbar ist. Verwendet für elektronische Zugangssysteme in Gebäuden oder direkt an Geräten.
- Informationskarten: Karten, bei denen Informationen über den Inhaber gespeichert sind: Name, Adresse, Alter, Blutgruppe, Allergien, Versicherungsschutz, Führerscheinklasse ...
- Zahlungskarten: Hier werden weitere drei grundlegende Typen unterschieden:
  - Kreditkarten zum Attestieren einer Kreditwürdigkeit des Karteninhabers.
  - Debit-Cards zum schnellstmöglichen Abbuchen vom Bankkonto des Karteninhabers (Beispiel in Europa: EC-Karte).
  - Cash-Cards (elektronische Geldbörse) zum direkten Bezahlen eines auf der Karte gespeicherten Betrages (Beispiel: Telefonkarte).

Beispiel für eine Anwendung in Telekommunikationssystemen ist die → *persönliche Mobilität*. Auf der Karte sind Name und Nummer sowie andere Verwaltungsdaten eines Teilnehmers gespeichert. Mit der Karte kann der Teilnehmer sich an einem Terminal registrieren. Dies geschieht z.B. im → *GSM*-Netz. In diesem Fall wird die Karte als Identifizierungskarte verwendet.

Erste Idee, einen Mikrochip auf einer Plastikkarte im Scheckkartenformat zu integrieren, hatte der Deutsche Jürgen Dethloff im Jahr 1967. Die Idee galt seinerzeit als exotisch, so daß sie niemand ernsthaft weiterverfolgte.

Erstes Patent auf eine Plastikkarte mit integriertem Speicherchip wurde dann an Roland Moreno im Jahr 1974 vergeben. Massenanwendung durch die französische Bull als Telefonkarte Ende der 70er Jahre.

Erste Karten mit (mehreren) Prozessoren und Bausteinen 1977 von Motorola für die französische Cartes Bancaires. Von Motorola kam 1979 auch die erste Karte mit nur einem integrierten Baustein. Optische Speicher in Karten existieren seit den frühen 80er Jahren.

Smart Hubs

→ *Hubs*.

Smartmodems

→ *Modems*, → *Hayes*-Befehlssatz.

Smart Office

→ *Salutation*.

SMAS

Abk. für Services Management Application System.

SMASE

Abk. für Systems Management Applications Service Element.

Ein Protokoll auf Schicht 7 des → *OSI-Referenzmodells*.

SMD

1. Abk. für Surface Mounted Devices. Bezeichnet eine Technik bei der Bestükkung von Leiterplatten, bei denen die Bauteile direkt 'ohne Beinchen' auf die Leiterplatten gelötet werden. Ermöglicht sehr flache und kompakte Baugruppen.
2. Bezeichnet einen Bus in der Rechnertechnik. Überträgt mit 3 Mbit/s und benötigt einen speziellen SMD-Controller. Gilt als veraltete Technik für 8"-Disketten-Laufwerke.

SMDS

Abk. für Switched Multibit Data Service.

Ein in den USA weitverbreiteter, zellorientierter, verbindungsloser und öffentlicher Hochgeschwindigkeits-Breitband-Datendienst für anisochrone → *LAN*-LAN-Verbindungen. SMDS ist der einzige international genormte, breitbandige Übertragungsdienst.

In Europa auch CBDS (Connectionless Broadband Data Service) genannt.

SMDS-Netze sind verbindungslos, nutzertransparent und übertragen in Europa mit 34 oder 45 Mbit/s (→ *E1* und → *E3*). Ursprünglich wurden sie für die digitale Hierarchie in Nordamerika definiert: → *T1* und → *T3* (1,5 Mbit/s und 45 Mbit/s).

SMDS definiert einen Dienst und keine Technologie, d.h. keine Transportplattform. Daher kann der Dienst SMDS über technisch verschiedene Netze realisiert werden. Hierfür werden zwei als Basis diskutiert: → *DQDB* und → *ATM*.

SMDS kann variable Paketlängen bis 9 188 Byte von einer Anwendungssoftware mit beliebiger Datenrate entgegennehmen, z.B. 64 kbit/s für Zweigstellen, 2 Mbit/s oder 34 Mbit/s für größere Filialen und 155 Mbit/s für Firmenzentralen mit Zentralrechner. Die entgegengenommenen Datenpakete setzt SMDS automatisch in Datenzellen für DQDB oder ATM mit fester Länge um, d.h. diese Aufgabe wird der Anwendung abgenommen. Es werden z.Zt. alle gängigen Datenübertragungsanwendungen unterstützt: → *TCP/IP*, → *SNA*, → *OSI* u.a. Dies führt dazu, daß Rechner direkt an die standardisierte Schnittstelle (Subscriber Network Interface, SNI) angeschlossen werden können. Bei den 34-Mbit/s-Anschlüssen erfolgt der Zugang über das → *HSSI*, bei 2 Mbit/s, 64 kbit/s und 128 kbit/s über → *X.21*. Isochrone Zugänge und → *Frame-Relay*-Zugänge erfolgen nach G.703.

Das SMDS-Protokoll besteht aus drei Ebenen, die den Ebenen 1 und 2 des → *OSI-Referenzmodells* entsprechen. Diese drei Ebenen werden mit SMDS Interface Protocol Layer 1, 2 oder 3 (SIP-L1, 2 oder 3) bezeichnet. SIP-L1 nimmt dabei die Daten von der nutzenden Anwendung entgegen und versieht sie u.a. mit Quell- und Zieladresse. SIP-L3 ist für die Unterteilung der gesamten Daten in die 53 Byte großen ATM- oder DQDB-Zellen verantwortlich.

Für die verschiedenen Zugangsgeschwindigkeiten sind max. zulässige Verzögerungen definiert. Sie betragen z.B. 140 ms bei 2 Mbit/s und 20 ms bei 34 Mbit/s. Dienstgüte wird ferner durch eine mittlere Ausfallzeit des Netzes von max. acht Stunden/Jahr gewährleistet. Die Fehlerrate liegt bei 5 x 10^{-8} Paketen. Diese Qualitätskriterien werden in erster Linie durch eine großzügige Dimensionierung des zugrundeliegenden Übertragungsnetzes erreicht.

Die Adressierung erfolgt nach → *E.164*.

Diskutiert wird insbesondere die Anwendung des SMDS-Dienstes über → *ATM*-Netze. Obwohl ATM als die Vermittlungstechnik für die Integration von Sprache, Bildern und Daten (also Multimedia-Anwendungen allgemein) propagiert wird, werden in den nächsten Jahren Datenanwendungen (LAN-Kopplung) über DQDB im Vordergrund stehen. Unter diesen gilt der SMDS-Dienst als aussichtsreichster Kandidat. Bisher waren derartige Dienste zur LAN-Kopplung über große Distanzen nur als permanente digitale und vor allem teure Mietleitungen zu haben, die nach Entfernung und max. Datenrate berechnet wurden; unabhängig davon, ob sie genutzt wurden oder nicht. Gemietete Standleitungen waren nicht auf die Charakteristika des LAN-Verkehrs (bursty traffic) optimiert. SMDS wurde auf LAN-Verkehr hin zugeschnitten und stellt eine Art → *Backbone* als Mietleitung zur Verfügung, die sich mehrere Kunden teilen (und daher auch die Kosten). Dieses Prinzip wird auch 'Shared Bandwidth' genannt. Es wird nur das Datenvolumen in Rechnung gestellt, das tatsächlich über die Leitung geht.

Für den Netzbetreiber bietet SMDS einige → *OAM*-Funktionen zum Verkehrs- und Netzmanagement.

Ferner erlaubten festgeschaltete Punkt-zu-Punkt-Mietleitungen lediglich die Verbindung von zwei

Punkten, nicht aber → *Multicast*-Dienste, wie z.B. Videokonferenzen mit mehreren Teilnehmern. Beim Multicast können einer Multicast-Adresse beliebig viele, einzelne, reale Adressen in Form einer Liste zugeordnet werden.

Daneben bietet SMDS Multipoint-Service, also die Zuordnung mehrerer Nummern zu einem Anschluß zur Unterscheidung verschiedener Endgeräte, garantierte Dienstqualität durch Definition von Parametern wie max. Verzögerung und Verfügbarkeit des Dienstes, Bereitstellung von Sicherheits-Dienstmerkmalen wie Adreß-Screening und → *CLI*.

LAN-Kopplungen haben den Vorteil, daß dieselbe Anwendung, die bislang nur lokal zur Verfügung stand, auch entfernt zur Verfügung gestellt werden kann.

SMDS wurde in den späten 80er Jahren von → *Bellcore* entwickelt und 1989 in einer Reihe von Technical Advisories (TA) vorgestellt. 1991 und 1992 wurden Feldversuche in den USA durchgeführt. Die ESIG (European SMDS Interest Group) wurde 1991 gegründet, um SMDS in Europa zu fördern (mittlerweile 28 Mitglieder). Erste Feldversuche in Europa gab es im September 1991 (Turin, Italien). Feldversuche in Deutschland durch die Deutsche Telekom gab es ab November 1991 in Stuttgart und München mit insges. fünf Unternehmen, nachdem das Netz bereits seit Ende 1990 funktionsfähig war. Ab März 1993 wurde SMDS als Regeldienst der Telekom unter der Produktbezeichnung → *Datex-M* (erster Regeldienst in Europa) angeboten. Mittlerweile steht der Dienst an 42 Standorten zur Verfügung.

→ *http://www.smds-ig.org/*

SME

Abk. für Small and Medium Enterprises.

Begriff aus dem Marketing. Englische Bezeichnung für die kleinen und mittleren Unternehmen.

→ *KMU*.

SMF

1. Abk. für Singlemode Fibre, oft auch Monomode Fibre genannt.

   → *Einmoden-Faser*.

2. Abk. für Service Management Function.

SMI

Abk. für Structure and Identification of Management Information.

Bezeichnung eines möglichen Systems der Strukturierung und Auswahl von Parametern des → *Netzmanagements*. Definiert in RFC 1155.

Smileys

Bezeichnung aus der Welt des → *Internet*. Bezeichnet dort die aus einzelnen → *ASCII*-Zeichen zusammengesetzten Bilder, die als menschliche Gesichter interpretiert werden können und in → *e-mails* oder in → *Chats* eingesetzt werden, um den Gemütszustand des Schreibers anzudeuten (daher auch Emoticons oder Happy Faces genannt) oder Ironie zu kennzeichnen.

Der Smiley :-) ist ein auf der Seite liegendes lachendes Gesicht, ;-) ebenso, nur blinzelt es. Der Smiley :^(hingegen verfügt über eine große Nase und ist unglücklich oder verstimmt und der Schreiber dieses Smileys 8-{) ist Brillen- und Schnurrbartträger. Darüber hinaus haben sich viele weitere Formen etabliert, deren genaue Bedeutung nirgendwo offiziell spezifiziert ist, sondern in großen Grenzen dem Nutzer oder Leser überlassen bleibt.

→ *Netiquette*, → *Signature*.

SMP

1. Abk. für Symmetrical Multi Processing.

   Bezeichnet eine Rechnerarchitektur von Supercomputern, die auch in aufwendige Server migriert. Zunächst waren davon Server mit → *RISC*-Prozessoren unter dem Betriebssystem → *Unix* betroffen, doch werden nun auch leistungsfähige → *PCs* davon berührt.

   Bei SMP wird ein Rechner mit mehreren → *CPUs* ausgestattet, auf die die Last verteilt wird. Beim symmetrischen Multiprocessing kann jede CPU (im Gegensatz zum asymmetrischen Multiprocessing) jede Aufgabe (I/O-Bearbeitung, Berechnungen, Bearbeitung von Videosignalen etc.) leisten. Die einzelnen Prozessoren teilen sich ('shared everything') dabei, im Gegensatz zu → *MPP*, die Systemressourcen wie Speicher, Bus, I/O-System und Betriebssystem.

   Hauptanwendungsgebiet von SMP ist → *OLTP*.

   Bei der Strategie der Lastverteilung wird zwischen der Strategie der Weak Affinity und der Strong Affinity unterschieden. Bei der ersten Strategie durchläuft der Prozeß mehrere CPUs und wechselt von einer CPU so schnell wie möglich zur nächsten. Jeder Wechsel allerdings zieht Verwaltungs- und Update-Zyklen nach sich, was den Overhead steigert. Die zweite Methode beläßt einen Prozeß möglichst lange bei einer CPU; idealerweise, bis die dieser CPU zugewiesene Teilaufgabe komplett abgearbeitet ist. Dies führt u.U. bei anderen Prozessen zu längeren Wartezeiten, was das Betriebssystem schon vor kompletter Abarbeitung zu einem CPU-Wechsel veranlassen kann. Welche Methode besser ist, hat sich noch nicht herausgestellt.

2. Abk. für Service Management Point.

   → *IN*.

3. Abk. für Simple Management Protocol.
   Eine Zwischenstufe bei der Entwicklung des → *SNMP* von Version 1 zu Version 2.

SMPTE

Abk. für Society of Motion Picture and Television Engineers.
Bezeichnung eines Standardisierungsgremiums in den USA im Film- und TV-Bereich.
Adresse:

SMPTE
595 Hartsdale Avenue
White Plains, N.Y. 10607

SMR

Abk. für Specialised Mobile Radio.

SMS

1. Abk. für Service Management System.
   Bezeichnung für das System zur Kontrolle der → *SCPs* (Statistiken, Gebührenverwaltung, Routingtabellen, Programmierung und Transfer von → *SLPs* etc.) im → *IN*. Aktuell werden die Verbindungen über ein → *X.25*-Netz abgewickelt, Ziel ist eine Anpassung an → *Q3* aus dem → *TMN*.
2. Abk. für Short Message Service.
   Ein Dienst im → *GSM*-Netz.

SMT

Abk. für Station Management.
Ein Protokoll aus der → *FDDI*-Familie.

SMTP

Abk. für Simple Mail Transfer Protocol.
Bezeichnet ein im Dokument RFC 821 und 822 des → *Internet 1982* definiertes → *e-mail*-System zur transparenten, verbindungsorientierten Übermittlung mehrzeiliger → *ASCII*-codierter Nachrichten.
RFC 821 definiert die Verfahren (eigentliches SMTP), wie eine Nachricht durch das Internet transportiert wird. Es setzt auf → *TCP/IP* als Übertragungsprotokoll auf und ist Grundlage des standardmäßigen e-mail-Dienstes im Internet. Der Message Transfer Agent (→ *MTA*) baut dabei mit TCP/IP eine Verbindung zum Empfänger auf, wobei er sich am Domain Name System (DNS) orientiert. Ist die Verbindung etabliert, werden Sender und Adressat übertragen. Daraufhin kann der MTA des Empfängers entscheiden, ob er die Nachricht annehmen möchte oder nicht. Anschließend kann die eigentliche Nachricht übertragen werden. Dies funktioniert nur bei permanent erreichbarem Empfänger. Lokale PCs werden jedoch häufig ausgeschaltet. SMTP legt die Post, falls möglich, in einem Mail-Server ab, von wo sie mit → *POP3* von Rechnern abgeholt werden kann, die sonst offline sind. SMTP dient also nur zum Versenden von Nachrichten und nicht zum Empfangen. Dafür werden andere Protokolle wie → *POP*, → *DMSP* oder → *IMAP* genutzt.
RFC 822 hingegen (in enger Definition schon kein SMTP mehr) definiert das Format der Nachrichten, die verschickt werden können. Dabei werden die verwendbaren Zeichen auf die 128 Zeichen des ASCII-Zeichensatzes beschränkt (7 Bit). Binärdateien (Bilder etc.) können hiermit nicht ohne weitere Sondermaßnahmen verschickt werden.
Derartige Grenzen werden durch → *MIME* ausgeweitet.

SN

1. Abk. für Service Node.
   Bezeichnung für einen Netzknoten, der im Zusammenhang mit der Fortentwicklung von → *IN* diskutiert wird. Ein SN besteht dabei aus einer → *IP*, einer → *SCF*, einer Vermittlungsfunktionalität und bietet die Möglichkeit, Dienste zu definieren in einem physischen oder logischen Knoten.
2. Abk. für Sequence Number.

SN T&M

Abk. für Signalling Network, Testing and Maintenance.
→ *SS#7*.

SNA

Abk. für Systems Network Architecture.
Eine von IBM 1974 angekündigte und ein Jahr später umgesetzte hierarchische und hardwareunabhängige Architektur ähnlich dem späteren → *OSI-Referenzmodell* (siehe nächste Seite) zur Rechner-Rechner-Kommunikation in der IBM-Welt. Verfügt über acht Schichten. Es wird dabei zwischen der physischen, logischen und funktionalen Struktur eines Netzes unterschieden.
Auch heute noch sehr weit verbreitet und ständig weiterentwickelt, insbesondere in der Großrechnerwelt. Häufig auch scherzhaft mit 'So und nicht anders' bezeichnet.
Nach SNA-1 und SNA-2 1975 folgten weitere verbesserte Versionen in den Jahren 1977 (SNA-3), 1978 (SNA-4), 1983 (→ *APPC*) und 1985 (→ *APPN*), die außerhalb der reinen SNA-Welt um Produkte wie Token-Ring-LANs (1985) ergänzt wurden.
Das Schicht-2-Protokoll SDLC (Synchronous Data Link Control) war Vorbild von → *HDLC*, genau wie → *X.25* auf SNA zurückgeht.
Eine geplante universelle Weiterentwicklung sollte auch → *SAA* sein.

SNADS

Abk. für Systems Network Architecture Distribution System.
Bezeichnung einer Schnittstelle zu → *SNA*.

Snail Mail

Engl. für Schneckenpost. Auch Sackpost genannt. Jargon für die herkömmliche Briefpost mit Bezugnahme auf deren im Vergleich zur → *e-mail* sehr niedrigen Geschwindigkeit.

SNAP

Abk. für Sub Network Access Protocol.

SNG

Abk. für Satellite News Gathering.
Bezeichnung für die Überspielung von Beiträgen für Nachrichtensendungen mit kleinen, mobilen Einheiten über Satellit. Häufig sind Live-Einspielungen in Nachrichtensendungen gemeint.

Vergleich: SNA und OSI-Referenzmodell

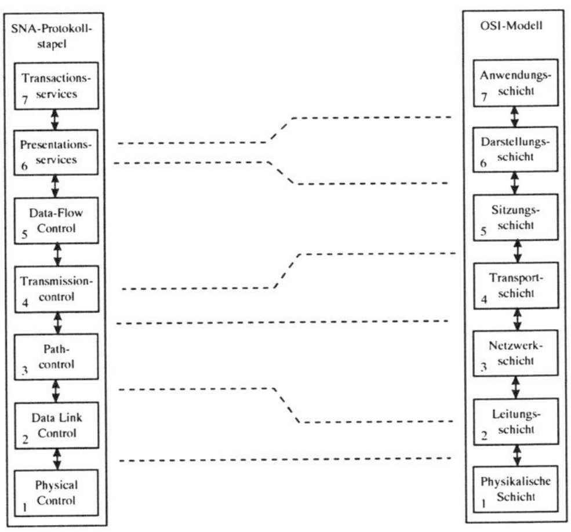

SNI

1. Abk. für Subscriber Network Interface. Oberbegriff für Teilnehmerschnittstellen zu Kommunikationsnetzen wie z.B. → *X.21*.
2. Abk. für Siemens-Nixdorf.

SNMP

Abk. für Simple Network Management Protocol.
Ein Protokoll für das → *Netzmanagement* (i.d.R. für → *LANs*) aus der → *Internet*-Welt, das der Kommunikation mit Netzwerkelementen dient.
SNMP definiert eine Menge von einfachen Kommandos, Formate von Status- und Fehlermeldungen und ein Modell, bestehend aus → *Agenten*, Managern und einer Management Information Base (MIB). Dabei werden die Informationen zwischen dem Manager und den Agenten ausgetauscht.
Die Agenten befinden sich i.d.R. innerhalb der → *Router* oder → *Hubs*. Aufgabe der Agenten ist das Sammeln der Daten, die an die Management Information Base zur Auswertung weitergegeben werden. In dringenden, kritischen Fällen können die Agenten Meldungen direkt an die Netzmanagement-Station (NMS) leiten. Ermöglicht wird so das Management eines heterogenen Netzwerkes von einem zentralen Punkt aus, der NMS. Der Datentransfer erfolgt mit dem verbindungslosen → *UDP*- oder dem verbindungsorientierten → *TCP*.
Ohne Gateways ist SNMP nicht geeignet zum Netzmanagement von → *SNA*-, → *ISDN*- oder → *X.25*-Systemen.
Ferner ist eine sorgfältige Konfiguration der Agenten notwendig, da diese sonst bei bestimmten Vorkommnissen automatisch Daten erzeugen (sog. Trap-Funktion) und an die MIB schicken, unabhängig davon, ob sie diese Daten wünscht und ob sie dort sofort weiterverarbeitet oder gespeichert werden.
Dieses unkontrollierte Generieren von Verkehr verschwendet Bandbreite, weswegen ein gezieltes → *Polling* durch die NMS bei Bedarf sinnvoller ist.
Im Vergleich zu → *CMIP* bietet SNMP nur einen eingeschränkten Funktionsumfang. SNMP wurde

von der Internet Engineering Task Force entwickelt. Erste Produkte gab es ab 1988. Es wurde seit dem Durchbruch 1992 zum De-facto-Industriestandard beim Netzwerkmanagement. Ursprünglich nur als einfache, schnelle Zwischenlösung gedacht, bis eine OSI-Version nach dem → *OSI-Referenzmodell* definiert würde (→ *CMIP*). Da dies nicht geschah, ist seit 1994 die SNMP Version 2 (SNMPv2) auf dem Markt, die einige Begrenzungen und Sicherheitslücken (insbesondere bei globalen öffentlichen Netzen) der ersten Versionen korrigiert. Rund ein Drittel aller Netzmanagementsysteme nutzt mittlerweile SNMP.

Snobol

Bezeichnung einer Anfang der 60er Jahre von den Bell Labs entwickelten höheren Programmiersprache.

Insbesondere gedacht zur Bearbeitung von Zeichenketten (Mustervergleich, -erkennung, -austausch, -manipulation). Existiert mittlerweile in Version 4 und ist nicht sonderlich verbreitet.

SNR

Abk. für Signal-to-Noise-Ratio, Signal-zu-Rausch-Verhältnis.

Ist ein Gütekennzeichen für Übertragungswege und gibt das logarithmische Verhältnis der ursprünglich gesendeten Signalleistung zur (störenden) Rauschleistung an. Analoge Fernsprechkanäle bieten ein SNR von 40 dB.

SNTP

Abk. für Simple Network Time Protocol.

Bezeichnung eines Protokolls, mit dem im → *Internet* die Uhrzeiten von Rechnern synchronisiert werden können. Definiert im März 1995 unter RFC 1769 als einfache und zu diesem kompatible Variante von → *NTP*.

SOCC

Abk. für Serial Optical Channel Converter.

Ein IBM-Produkt zur Anbindung von → *Workstations* an optische → *LANs*.

Socket

Bezeichnung einer Möglichkeit der Interprozeßkommunikation unter dem → *Betriebssystem* → *Unix*, die mit der Varianten BSD Unix eingeführt wurde. Bezeichnet den logischen Endpunkt einer Verbindung mittels → *TCP*, → *UDP* oder → *IPX/SPX*. Sockets verfügen über eine Identifikation, die auch Port genannt wird.

→ *Pipe*.

SoD

Abk. für Service-on-Demand.

Bezeichnung, ähnlich wie → *ITV*, für → *Video-on-Demand* oder → *Information-on-Demand*.

Softkey

Begriff aus der Nebenstellentechnik. Deutsch selten Dialogtaste genannt.

Bezeichnet Tasten auf Telefonapparaten an einer Nebenstellenanlage, die nicht beschriftet sind und beim Drücken kontextabhängige Aktionen einleiten. Die Funktionen können unterschiedlich sein, z.B. wird in Abhängigkeit des Status (Gespräch läuft; freier Apparat) unterschieden. In der Regel befinden sich die Tasten direkt unter einem → *LCD*, auf dem ihre aktuelle Funktion angezeigt wird.

Die Verwaltung der unterschiedlichen Funktionen und deren Anzeige wird von der Software (daher der Name) im Endgerät vorgenommen, z.B. im Telefon oder → *Handy*.

Eine Technik, die Softkeys nutzt ist z.B. → *ADSI*.

Software

Oft abgekürzt mit SW. Bezeichnet die Programme, die in einem System laufen und die sich ohne großen Aufwand, im Gegensatz zur → *Hardware*, ändern können.

→ *Firmware*.

Software-Engineering

Bezeichnung für die systematische Erstellung von lauffähigen Computerprogrammen, die unter bestimmten Gesichtspunkten (Effektivität, Speicherplatzausnutzung, schneller Programmablauf) optimiert ist und sich anerkannter, technisch-wissenschaftlicher Methoden bedient.

Der Begriff wurde erstmals 1968 auf einer von der NATO einberufenen Konferenz über die „Software Crisis" eingeführt.

→ *SLOC*, → *FP*, → *CAST*, → *CASE*, → *Repository*.

SOGT

Abk. für Senior Officials Group for Telecommunications.

SOH

Abk. für Section Overhead.

Bezeichnung für die ersten neuen Bytes jeder der neuen Zeilen eines STM-1-Rahmens bei der → *SDH*. Enthält Verwaltungsdaten zum sicheren Transport von Nutzdaten zwischen Netzknoten in SDH-Netzen.

→ *POH*.

SOHO

Abk. für Small Office – Home Office.

Begriff aus dem Marketingbereich der Telekommunikation. Bezeichnet den Markt für kleine Büros und Büros zu Hause, etwa von leitenden Angestellten oder Freiberuflern, die sich für Anrufbeantworter, anspruchsvolle Telefone, Schnurlostelefone, PC-Karten oder kleine Nebenstellenanlagen und Telefon-Fax-Kombigeräte sowie Tele-Banking und → *Online-Services* als innovative Dienste interessieren.

Solaris

Bezeichnung für ein → *Betriebssystem* (32 Bit) mit grafischer Benutzeroberfläche aus dem Hause Sun für → *Workstations*. Ein → *Unix*-Derivat.

Solitonenleitung

Bezeichnung für Leitung von Lichtimpulsen durch selbstverstärkende Glasfasern. Wird erreicht z.B. durch erbiumdotierte Zwischenverstärker, die alle 25 km in der Glasfaser zwischengeschaltet werden.
Befindet sich aktuell in der Forschung.

SOM

1. Abk. für Start of Message.
2. Abk. für System Object Model.
   → *DSOM*.

SONET

Abk. für Synchron Optical Network.
1985 auf Vorschlag der → *Bellcore* und AT&T entstanden zur synchronen Multiplexbildung, um die Aufwendungen für das Stopfen in der synchronen → *PCM*-Multiplexbildung zu vermeiden.
Bezeichnet einen → *SDH*-ähnlichen, vorläufigen US-Standard (seit 1987) für die digitale Datenübertragung im Fernnetz über optische Medien mit leicht geringeren Bitraten. Dient in den USA als Übertragungsverfahren für → *ATM*-Systeme.
Es werden folgende Hierarchiestufen unterschieden (OC = Optical Carrier, auch STS für Synchronous Transport Signal Level genannt):

Stufe	Datenrate
OC 1	51,840 Mbit/s
OC 3	155,520 Mbit/s
OC 9	466,560 Mbit/s
OC 12	622,080 Mbit/s
OC 18	933,120 Mbit/s
OC 24	1,244 Gbit/s
OC 36	1,866 Gbit/s
OC 48	2,488 Gbit/s

Die SONET-Entwicklung von Bellcore gilt als Vorläufer des SDH-Standards der CCITT, aus der sich dann wiederum der SONET-Standard der ANSI T1.105/106 von 1988 ableitet.

Soundkarte

Bezeichnung für die zusätzliche Steckkarte in → *PCs* zur Verarbeitung externer oder Erzeugung interner Tonsignale (Musik, Geräusche). Enthält analoge und digitale Bausteine auf einer Platine.
Hauptbestandteile: Synthesizer (Klangerzeuger), → *MIDI*-Schnittstelle, AD/DA-Wandler zur Aufnahme externer, analoger Töne oder zum Abliefern intern erzeugter Töne an die analoge Außenwelt und meistens eine → *CD-ROM*-Schnittstelle.
Ferner sind häufig folgende Schnittstellen zur Außenwelt integriert: Phone-Out (Kopfhörer), Line-Out (Lautsprecher), Line-In (Mikrophon) und Audio-In/CD-ROM-In.
→ *DSPs* auf Soundkarten sind nur für Sonderfälle bei professionellen Anwendungen zu empfehlen.
Gehört seit ca. 1995 zur Serienausstattung von PCs.

Source Routing

Bezeichnung eines in entsprechenden → *Bridges* zur Kopplung von Teilnetzen, die nach dem → *Token-Ring*-Prinzip arbeiten, vorhandenen Protokolls zur Verwaltung der Bridges und Teilnetze in größeren Netzen mit mehreren möglichen Wegen von einem Sender zu einem Empfänger. Ziel ist die Bestimmung eines optimalen Weges zwischen zwei an das gesamte Netz angeschlossenen Stationen. Im Gegensatz zum → *Spanning Tree*-Algorithmus erfolgt das Routing durch die Stationen selbst. Die Stationen ihrerseits können über Broadcast-Messages einen Weg suchen, bei dem sie über max. 13 Bridges (→ *Hops*) gehen dürfen.
Die Stationen senden dabei mehrere Testdatenpakete an den gewünschten Empfänger. Jede von diesen Testpaketen auf ihrem Weg zum Empfänger durchlaufene Bridge fügt in diesen Testrahmen ihre Adresse ein. Das beim Empfänger zuerst angekommene Testdatenpaket wird inklusive der Informationen über die durchlaufenen Bridges an den Sender zurückgeschickt, der damit eine Information über den optimalen Pfad erhalten hat, über den in einem zweiten Schritt die eigentlichen Nutzdaten übertragen werden können.
Vorteil dieses Verfahrens ist, daß der bestmögliche Weg gewählt wird. Nachteilig ist der zusätzlich generierte Verkehr auf dem Netz und die dadurch zusätzlich verbrauchte Rechenleistung in den Netzknoten. Darüber hinaus wirken sich Veränderungen in der Netztopologie nicht sofort auf die einmal ermittelten, optimalen Routinginformationen in den Stationen aus, d.h. das Verfahren muß regelmäßig angewendet werden, um nicht nach einiger Zeit nur noch einen suboptimalen Weg zu haben. Entsprechende Token-Ring-Karten für PCs löschen daher durch einfaches Ausschalten des PCs die betreffenden Routinginformationen und ermitteln diese bei jedem Anschalten von neuem. Source-Routing empfiehlt sich daher nur für Netze mit einem relativ geringen Anteil an segment-übergreifendem Verkehr und mit nur allmählichen Änderungen an der Topologie.

SP

1. Abk. für Signalling Point.
   → *IN*.
2. Abk. für → *Service Provider*.

SPA

Abk. für Software Publishing Association.
Bezeichnung einer nordamerikanischen Interessenvereinigung der Softwareindustrie zur Vertretung ihrer Interessen, insbesondere zur Etablierung eines wirksamen Schutzes gegen Raubkopien und Softwarepiraterie aus dem Ausland.

Spaceway

Bezeichnung eines satellitengestützten Mobilfunksystems. Initiiert von der amerikanischen Firma Hughes Aircraft. Zunächst als reines US-Projekt geplant, wird nun weltweite Flächendeckung angestrebt. Das System soll mit neun bis 17 Satelliten in einer Höhe von rund 36 000 km (→ *GEO*) operieren und Bandbreiten von 16 kbit/s bis 6 Mbit/s zur Verfügung stellen. Investitionskosten: 3,2 bis 6 Mrd. $. Das System nutzt eine Bandbreite von rund 500 MHz bei 2,5 GHz im → *Ka-Band.*
Größe der Empfangsantenne der → *MS*: 26 Inches. Die Satelliten haben ein Gewicht von 8,355 t und eine Lebensdauer von 15 Jahren. Geplante Kosten für Nutzer: 6 $ für 30 Minuten Videokonferenz.
Seine Inbetriebnahme ist für 1998 geplant.
Konkurrent dieses Systems ist → *Teledesic.*
→ *http://www.hcisat.com/SPACEWAY/spaceway.html/*

SPAG

Abk. für Standards Promotion and Application Group.
Bezeichnung einer europäischen Vereinigung von Herstellern von Computern und Datenkommunikationsgeräten, die sich um die Förderung von Protokollen nach dem → *OSI-Referenzmodell* bemühen.

Spam

Jargon für unerwünscht erhaltene → *e-mail* (Massen-e-mails, Pressemitteilungen, Werbemails etc.). Grund für die Ablehnung ist, daß die Empfänger mit (aus ihrer Sicht) unnötigen Kosten belastet werden, da sie zum Laden der e-mail in ihren Rechner die Kosten für die Datenübertragung über das Telefonnetz zahlen.
→ *Flame*, → *Netiquette*, → *mail-robots.*

Spanning Tree (Algorithm, Protocol)

Abgekürzt häufig mit STA oder STP. Bezeichnung eines in größeren → *LANs* nach dem → *Ethernet*-Protokoll mit mehreren möglichen Pfaden zwischen zwei Stationen eingesetzten Protokolls zur Pfadbestimmung (→ *Routing*).
Das Protokoll läuft in → *Bridges* oder → *Switches* und entlastet damit die angeschlossenen Stationen davon, optimale Wege selbst bestimmen zu müssen. Dabei kennen die Bridges und Switches die gesamte Topologie des Netzes, was durch Learning Bridges ermöglicht wird, die die Ziel- und Quelladressen der durch sie hindurchgehenden Pakete selbständig analysieren und dadurch Veränderungen des Netzes registrieren. Das gesamte Netz wird bei dem Verfahren als Baum (Tree) aufgefaßt, in dem die angeschlossenen Stationen die Blätter und die Bridges und Switches die Wurzeln sind.
Das Verfahren verfolgt drei Ziele:

- Verhindern kreisender Datenpakete in einem LAN mit mehreren möglichen Pfaden zwischen zwei Stationen,
- Bestimmung eines optimalen Pfades bei mehreren Alternativen,
- Bereitstellung eines alternativen Pfades bei Störung oder Ausfall eines präferierten Pfades.

Das Verfahren wurde im Hause DEC entwickelt und ist in → *IEEE* 802.1 D definiert. (Schicht 2 des → *OSI-Referenzmodells*).
→ *Source Routing.*

SPARC

Abk. für Scalable Processor Architecture.
Eine insbesondere von der Firma Sun geförderte und im Juli 1987 vorgestellte sowie hochleistungsfähige Rechnerarchitektur nach dem → *RISC*-Prinzip für → *Workstations*. Erstes Modell mit dieser Rechnerarchitektur war die Sun 4. Hervorgegangen ist diese Architektur aus dem RISC I-Projekt an der Universität in Berkeley.

SPC

1. Abk. für Stored Programme Control.
   Steht für die erste Generation von speicherprogrammierten Vermittlungen. Löste die rein mechanischen Koppelfelder, wie z.B. → *Crossbar-Switches* in den 60er Jahren in den USA ab. Anstelle des mechanischen Koppelfeldes trat ein elektronisches, das nach dem → *TDMA*-Verfahren beschaltet wurde.
2. Abk. für Semipermanent Circuits.

SPE

Abk. für Synchronous Payload Envelope.

SPEC

Abk. für Systems (Standard) Performance Evaluation Cooperation.
Bezeichnung einer Ende 1988 von HP, Apollo, Mips und Sun gegründeten Initiative. Mittlerweile über 20 Mitglieder. Geht auf eine Idee der Zeitschrift 'Electronic Engineering Times' zurück. Ziel: Definition und Durchführung herstellerunabhängiger, standardisierter und nachvollziehbarer Leistungstest für Prozessoren und Computer unter

dem Betriebssystem → *Unix*. Produkte verschiedener Hersteller sollen so leichter zu vergleichen sein.

Das Testverfahren wird mit Specmarks bezeichnet und wurde im Laufe der Zeit verändert.

1989 wurden zehn Programme zum Test definiert (vier in → *C*, sechs in → *Fortran*).

Dabei wurde darauf geachtet, daß es sich um reale, zu lösende Probleme aus Wissenschaft und Technik handelt und nicht um hintergrundlose Belastungs- und Rechentests. Testresultate waren die Kennzahlen SPECint[89] und SPECfp[92] als Integer- und Fließkommazahl. Diese Verfahren und Resultate wurden wegen ihrer zu leichten Manipulierbarkeit teilweise kritisiert.

Daraufhin wurde eine neue Programmsammlung (SPEC92) mit den Teilen CINT92 und CFP92 definiert. Da auch diese Werte wegen einer Fülle von einstellbaren Parametern oft nicht aussagekräftig waren, wurden 1994 abgemagerte Testprozeduren mit nur noch vier Variablen als SPECint92base und SPECfp92base definiert, die neben den unveränderten (Peak-) Prozeduren stehen. Die 92er Testverfahren wurden im Laufe von 1996 ungültig, da die Weiterentwicklung zu SPECint95 (sieben C-Programme) und SPECfp95 (zehn Fortran-Programme) führte.

1996 wurde mit SPECweb96 ein Verfahren zum Test der Leistungsfähigkeit von → *WWW*-Servern spezifiziert.

Dabei rufen mehrere Abfrageprozesse von einem oder mehreren Rechnern eine definierte Menge von HTML-Dateien nach bestimmten Zugriffsmustern ab. Diese wurden aus Log-Dateien von realen, großen WWW-Servern ermittelt, um die Belastung möglichst realistisch simulieren zu können. Die Zahl der Zugriffe pro Sekunde wird während des Tests nach und nach gesteigert. Als Ergebnis des Tests wird die mittlere Antwortzeit in Abhängigkeit von der steigenden Last ermittelt. Diese Ergebnisse werden in der Größe SPECweb96 zusammengefaßt, indem die maximale Anzahl an Zugriffen für die jeweiligen Mengen von HTML-Dateien gemittelt werden.

→ *GAMM-Mix*, → *Gibson-Mix*, → *Linpack*.

→ *http://www.specbench.org/*

Speicher

1. Allgemein elektronische oder magnetische Medien zur kürzeren oder längeren Aufnahme von digitalen Informationen in Rechenanlagen. Man unterscheidet Speichermedien nach:

   - Speicherkapazität,
   - Zugriffszeit,
   - Speichermedium (Halbleiter, magnetische oder optische Materialien).

   Eine weitere Unterscheidung differenziert zwischen:

   - Internen Speichern, die zur → *CPU* gehören,
   - Externen Speichern.

   → *Magnetblasenspeicher*, → *Magnetkernspeicher*, → *Festplatte*, → *Diskette*, → *RAM*, → *ROM*.
2. Bei der Rechnerarchitektur nach → *von Neumann* die Einheit zur Aufnahme von Daten und Programmen innerhalb eines Rechners. In dieser Funktion auch → *Arbeitsspeicher* genannt.
3. In der Nebenstellentechnik auch → *Rufnummerngeber* genannt.

Speichervermittlung

Oberbegriff für ein Vermittlungsprinzip, bei dem nicht physikalische Kanäle für die Dauer einer Verbindung permanent durchgeschaltet werden, sondern bei denen die zu übertragenden Datenmengen in einzelne Teile zergliedert und in Teilmengen durch das Netz geschickt werden, wobei diese Teilmengen in den Vermittlungsknoten zwischengespeichert und (z.B. unter Auslastungsgesichtspunkten) weitergeleitet werden.
Man unterscheidet die → *Zellen-* und die → *Paketvermittlung*.

Speicherwerk

Andere Bezeichnung für → *Arbeitsspeicher*.

Sperre

Bezeichnung eines → *Leistungsmerkmals*, bei dem bestimmte Kategorien ausgehenden Verkehrs für einen Anschluß, z.B. in einer Nebenstellenanlage, nicht zugelassen werden.
Beispiele sind:

- Alle abgehenden Verbindungen,
- Verbindungen mit einer bestimmten Vorwahl,
- Alle Verbindungen exklusive derjenigen mit einer bestimmten Vorwahl,
- Fernverbindungen,
- Auslandsverbindungen,
- Interkontinentale Verbindungen.

→ *Berechtigung*.

SPI

Abk. für Service Provider Interface.

Spice

Abk. für Simulation Program with Integrated Circuits Emphasis.
Bezeichnung eines weitverbreiteten Simulationsprogramms für die Entwicklung von → *ICs*. Entwickelt in den frühen 70er Jahren an der Univer-

sity of California in Berkeley. Seither zahlreiche Verbesserungen und neue Versionen.

Spike

Auch Puls genannt. Bei Spannungsversorgungssystemen ein kurzfristiges Überschreiten der maximal zulässigen Netzspannung mit einer Dauer von 0,5 bis 200 μs.
→ *USV*, → *Sag*.

SPKL

Abk. für Simple Public Key Mechanism.

SPL

Abk. für Self Provision Licence.
Begriff aus der Regulierung. Bezeichnet in Großbritannien sog. Selbstversorger, d.h. Unternehmen, die z.B. ihr eigenes → *Corporate Network* betreiben.

Spleißen

Begriff aus der → *Glasfasertechnik*. Bezeichnet den Vorgang, bei dem zwei Fasern unter einem Lichtbogen bei ca. 2 000°C miteinander verschmolzen werden. Ziel ist eine stoffschlüssige, dämpfungsarme und dauerhafte Verbindung. Notwendig dafür ist beim Spleißen eine hohe mechanische Justierung mittels Mikromanipulatoren und Präzision.
Die Verbindung wird anschließend mit Spleißschutzvorrichtungen (Spleißschutzhalter, Spleißkassette, Spleißbox, Spleißmuffe) gegen mechanische und Umweltbelastungen geschützt.
Mit mikroprozessorgesteuerten automatischen Spleißgeräten (Aktenkoffergröße oder kleiner) lassen sich Verbindungen mit einer Dämpfung unter 0,2 dB (bei → *Multimode-Gradienten-Indexfaser*) oder um die 0,3 bis 0,4 dB (bei → *Einmodenfasern*) herstellen.

Splitter

1. Begriff aus der → *Glasfasertechnik*. Bezeichnet optische Verteiler, die von der → *OLT* kommende Signale von zwei Glasfasern mit Kapazitäten von 140 oder 565 Mbit/s auf bis zu (aktuell) 32 → *ONUs* oder → *ONTs* verteilen. Ziel des Einsatzes ist Bandbreitenoptimierung, um möglichst viele Teilnehmer an Glasfaserübertragungsleitungen anzuschließen.
2. Bezeichnung passiver Verteilkomponenten im → *Breitbandkabelverteilnetz*.
   Dabei wird ein Signal einer Eingangsleitung gleichmäßig auf mehrere gleich starke Signale auf Ausgangsleitungen aufgeteilt. Üblich sind zwei bis acht Ausgangsleitungen. Splitter werden am Ende des Verteilsystems in niedrigen Netzebenen eingesetzt.
3. → *Monitor-Splitter*.

Splitspeedmodus

Bezeichnet bei → *Modems* die Betriebsart mit unterschiedlichen Übertragungsraten für Hin- und Rückkanal.

Spoofing

Begriff aus der Szene der → *Hacker*. Bezeichnet das gezielte Manipulieren von Informationen in → *Headern* von Datenpaketen, insbesondere im → *Internet* mit dem Ziel, bestimmte Identitäten (Address Spoofing), Paketarten etc.vorzutäuschen um in, z.B. durch → *Firewalls* geschützte, Systeme eindringen zu können.

Spooling

Begriff aus der Frühzeit der Datenkommunikation. Entstanden Mitte der 60er Jahre. Früher wie heute ist oft ein Problem, daß von langsamen Peripheriegeräten (Drucker, Modem) weiterzuverarbeitende Daten nicht so schnell weiterverarbeitet werden können, wie sie zur Verfügung stehen. Um dies auszugleichen, ist ein Pufferspeicher nötig. Das Ablegen der Daten in diesem Puffer und deren Abarbeiten wird mit Spooling bezeichnet.

Spotbeams

Bezeichnung aus der Satellitentechnik. Bezeichnet die Unterteilung eines → *Footprints* in weitere kleine Einheiten (Zellen).

Sprachübertragung, -vermittlung

Bei Sprache handelt es sich um sehr redundante Daten, d.h. der Verlust oder die Störung einzelner Daten während der Übertragung kann in großen Grenzen toleriert werden (Knistern, Rauschen), der menschliche Empfänger kann die übertragene Information dennoch verstehen. Auch die Verzögerung (z.B. bei der Vermittlung über Satellitenstrecken) ist tolerierbar. Sie liegt bei Leitungsvermittlung im → *PSTN* bei 20 bis 30 ms und bei Satellitenverbindungen bei 250 ms.
Kritischer ist hingegen eine Änderung der Verzögerung (→ *Jitter*) während einer Verbindung, weil dies i.d.R. dem Hörer unangenehm auffällt und technische Komponenten evtl. durch zu lange Verzögerung die digitalen Sprachdaten nicht mehr korrekt einer Analog-digital-Wandlung unterziehen können.
Darüber hinaus ist die menschliche Sprache dadurch gekennzeichnet, daß nur in 40 % der Zeit während eines Monologes phonetische Leistung erzeugt wird, die restlichen 60 % sind Gesprächspausen eines Sprechers. Ferner spricht bei einem durchschnittlichen Telefongespräch in 10 % der Zeit keiner der beiden Gesprächsteilnehmer.
Derartige Pausen und Lücken können mit modernen Verfahren (→ *VOX*, → *TASI*) ausgenutzt werden, um andere Sprachsignale auch noch im gleichen Kanal zu übertragen. Transatlantikkabel

konnten durch diese Techniken ihre Kapazitäten verdoppeln.

Andere Eigenschaften der menschlichen Sprache (z.B. gegenüber Musik), die bei Kompression ausgenutzt werden, ist, daß die Verständlichkeit nur wenig leidet, wenn das Frequenzspektrum (Sprachhöhe) und der Dynamikbereich (Lautstärke) eingeengt werden.

Während junge Menschen einen Frequenzbereich von 20 Hz bis 20 kHz und ältere Menschen von 30 Hz bis 15 kHz wahrnehmen können, beträgt die Bandbreite, die durch normale Sprache genutzt wird, den Bereich zwischen 100 Hz und 10 kHz (noch engerer Kernbereich: 175 Hz bis 4,2 kHz), von denen für die Übertragung von Sprache über Telekommunikationsnetze üblicherweise der Bereich von 300 Hz bis 3,3 kHz genutzt wird. Der nicht genutzte Bereich auf den Übertragungssystemen, die eine Bandbreite von 4000 Hz haben, zerfällt in zwei Guard-Bänder (→ *FDMA*) ober- und unterhalb der genutzten Bänder.

Zur Sprachcodierung: → *ADPCM*, → *ATC*, → *CELP*, → *IMBE*, → *LPC*, → *MPMLQ*, → *PCM*, → *RELP*.

→ *Datenvermittlung*, → *Videokonferenz*, → *DS-VD*.

Sprachverschleierung

Leistungsmerkmal analoger, schnurloser Telefone. Sie können im Gegensatz zu digitalen Systemen sehr leicht abgehört werden, weswegen auf Knopfdruck bei wichtigen Gesprächspassagen die Möglichkeit besteht, die Sprache künstlich auf der Funkstrecke vom Mobilteil zur Basisstation zu verschleiern.

SPS

Abk. für Standard Positioning Service.

→ *GPS*.

SQ

Abk. für Shielded Quart.

Bezeichnung für einen bestimmten Kabeltypen, bei dem zwei verdrillte Zweidrahtleitungen aus Kupfer einfach geschirmt ein Kabel ergeben.

SQAM

Abk. für Staggered Quadrature Amplitude Modulation.

Eine Sonderform der → *QAM*.

SQL

Abk. für Structured Query Language.

Ausgesprochen S-Q-L oder auch Sequel. Im Datenbankbereich weitverbreitete, international zum De-facto-Standard gewordene Abfragesprache. Auch von der → *ISO* und der → *ANSI* genormt.

SQL enthält Sprachelemente zur Definition und zur Manipulation von Datenstrukturen.

Vorteil: SQL ist weitgehend standardisiert und im PC- und Großrechnerbereich anzutreffen. Sehr weit verbreitet.

Nachteile: Für Anfänger schwer zu erlernen, da kryptische Kürzel beherrscht werden müssen. Nicht jede Information, die in einer Datenbank steckt, kann mittels SQL herausgeholt werden.

Viele Hersteller bieten eigene Dialekte und/oder Erweiterungen an.

Von dem Gründer des relationalen Datenbankmodells E.F. Codd (der sich allerdings früh wieder zurückzog) ins Rollen gebrachte Sprache. IBM verwandelte den Vorläufer Set Query Language in Structured Query Language, was von vielen Forschern (Codd, Date) als Rückschritt betrachtet wurde. 1979 stellte die vom ehemaligen Amdahl-Mitarbeiter Larry Ellison gegründete Firma Relational Software Inc. 'Oracle' vor (heute auch Name des Unternehmens). Es war die erste kommerzielle relationale Datenbank. Im Paket enthalten war SQL.

SQORC

Abk. für Staggered Quadrature Overlapped Raised Cosine.

SQPSK

Abk. für Staggered Quadrature Phase Shift Keying.

Eine Sonderform der → *PSK*.

S/R

Abk. für Send and Receive, Senden und Empfangen.

SR

Abk. für System Release.

Bezeichnung aus der Softwaretechnik. Bezeichnet mehrere zusammengehörige Versionen einzelner Programme, die jeweils in einer bestimmten Version miteinander getestet wurden und ohne Probleme zusammenarbeiten können.

SRAM

Abk. für Static RAM.

Bezeichnet statische → *RAMs*, bei denen die Information in Form einer bistabilen Kippstufe (Flipflop), realisiert durch zwei rückgekoppelte Inverter, gespeichert wird.

Im Gegensatz zu → *DRAMs* benötigen SRAMS keine Refresh-Zyklen und sind daher schneller, aber auch teurer. Darüber hinaus haben gleichkapazitative Bausteine in SRAM-Technik wegen der hohen Anzahl an Bauelementen je Einzelschaltung ein wesentlich größeres Volumen als DRAM-Bausteine.

Typischer Einsatzzweck für derartige Speicher ist der → *Cache*.

SRC

Abk. für Strategic Review Committee.

Bezeichnung bei der → *ETSI* für Gruppen, die die langfristige technische Entwicklung vor einer eigentlichen Standardisierung beobachten und daraus Empfehlungen für den Standardisierungsprozeß erarbeiten (Zeitplan, Zusammenarbeit mit anderen Gremien, Umfang etc.).

SRF

Abk. für Specialised Resource Function.

→ *IN*.

SRR

Abk. für Short Range Radio.

Funkübertragung über kurze Distanzen.

SS

1. Abk. für Switching System, Vermittlungssystem.
2. Abk. für Single Sided.
   Bezeichnung für magnetische Speicher (→ *Disketten*, → *Festplatten*), die im Gegensatz zu mit → *DS* gekennzeichneten Disketten nur einseitig nutzbar sind. Daher auch mit 1S bezeichnet.
3. Abk. für Spread Spectrum (Techniques), Bandspreizverfahren.
   Bezeichnung für ein spezielles Verfahren zur Verteilung der Ressourcen Zeit und Frequenz in einem Funksystem. → *CDMA*, → *SS-CDMA*.
4. Abk. für Service Subscriber.

SS#2

Abk. für Signalling System No. 2.

Bezeichnet ein Zeichengabesystem der → *CCITT*, das für Fernsprechverbindungen innerhalb Europas eingesetzt wird.

SS#3

Abk. für Signalling System No. 3.

Ursprünglich konzipiert für den End- und Durchgangsverkehr in Europa. Wird nur noch in sehr wenigen Ländern eingesetzt.

SS#4

Abk. für Signalling System No. 4.

Bezeichnet ein Zeichengabesystem der → *CCITT*, das für den Transatlantikverkehr eingesetzt wurde. Es berücksichtigte insbesondere die Eigenschaften von Transatlantikkabeln.

SS#6

Abk. für Signalling System No. 6.

Bezeichnet ein Zeichengabesystem der → *CCITT*, das für analoge, elektronisch gesteuerte → *SPC*-Systeme entwickelt und 1968 standardisiert wurde. Basiert auf → *CCIS*. Hatte insgesamt keine große Bedeutung, da bald durch → *SS#7* ersetzt. Übertrug die 20-Bit-Signalisierungsdaten im Signalisierungsnetz mit 2 400 bit/s. Eingesetzt wurde es in den USA ab 1976 (20 Vermittlungen in Madison, Wisconsin; Chicago, Illinois) und einigen Ländern des pazifischen Raumes. Dabei kam in den USA eine von AT&T erarbeitete Variante zum Einsatz.

SS#7

Abk. für Signalling System No. 7.

Auch genannt Common Channel Signalling System 7 (CCS7), Zeichengabesystem Nr. 7 (ZGS 7) oder Zentralkanalzeichengabe nach Nr. 7 (ZZG7).

Bezeichnet ein modulares digitales Signalisierungssystem, standardisiert durch die → *ITU*, das auf der Trennung der Übertragung von Nutzinformationen und Steuerungsinformationen (→ *Zeichengabe*) aufbaut. Das so entstehende Netz nur für Signalisierungsinformationen ist prinzipiell ein → *Overlay-Netz*. Man unterscheidet dafür drei verschiedene mögliche Betriebsarten, von denen in der Praxis eigentlich nur die beiden ersten realisiert werden:

- Assoziierte Betriebsweise: Hierbei wird ein Signalisierungsnetz zum Übertragen der Informationen des SS#7 parallel zum Nutzdatennetz aufgebaut. Beide Netze haben die gleiche Struktur.
- Quasi-assoziierte Betriebsweise: Hierbei wird ein Signalisierungsnetz zum Übertragen der Informationen des SS#7 nicht immer parallel zum Nutzdatennetz aufgebaut. Beide Netze haben aber eine ähnliche Struktur.
- Nichtassoziierte Betriebsweise: Hierbei wird ein Signalisierungsnetz zum Übertragen der Informationen des SS#7 völlig unabhängig von der Topologie des Nutzdatennetzes aufgebaut. Beide Netze haben eine unterschiedliche Struktur.

SS#7 wird in allen neueren Telekommunikationssystemen eingesetzt (→ *ISDN*, → *GSM*).

Ziel bei der Entwicklung von SS#7 war ein universeller Einsatz in analogen Netzen, im ISDN, in Mobilfunknetzen sowie die Unterstützung des → *IN* und von Netzmanagementaufgaben (→ *TMN*). Ein solches Zeichengabenetz wird betrachtet als eine Menge von Signalisierungspunkten (Signalling Points, SP), die über Signalisierungsverbindungen (Signalling Links, SL) in Verbindung stehen. SPs sind dabei die digitalen Vermittlungsstellen in dem entsprechenden Netz. Sie sind durch eine eindeutige Identifizierungsnummer im SS#7-Netz eines Betreibers gekennzeichnet. Über diese Nummer kann der SP eindeutig referenziert werden.

Bei den SPs unterscheidet man zwei verschiedene Arten. Teilweise müssen Strecken von einem SP

zu einem zweiten SP über einen dritten geführt werden. Dieser wird dann als Signalling Transfer Point (STP) bezeichnet und ist normalerweise im Fernnetz zu finden. SPs an denen Verbindungen im SS#7-Netz nur enden oder beginnen, werden mit Signalling End Points (SEP) bezeichnet. In der Praxis wird es sich um kleine Ortsnetze mit nur einer Ortsvermittlungsstelle oder um den zentralen SP eines größeren Ortsnetzes handeln.
Die SLs zwischen den SPs bestehen aus Redundanzgründen zur Erhöhung der Sicherheit aus zwei Vollduplexkanälen mit 64 kbit/s. Von diesen SLs werden, je nach Lastanfall im SP, bis max. 16 parallel betrieben, die ein Signalling Link Set ergeben. Mehrere Signalling Link Sets ergeben eine Signalling Link Group.

sage Transfer Parts (MTP, untere drei Schichten) und anwendungsspezifische User Parts (UP, obere Schicht), wobei der Term 'User' sich auf eine SS#7 nutzende Instanz im Netz und nicht auf den Fernsprechteilnehmer bezieht.
MTP stellt dabei ein allgemeines Transportsystem für die Daten der UPs zur Verfügung. UP-Daten dienen der Steuerung von Nutzkanälen und den damit verbundenen, grundlegenden Funktionen der Dienstmerkmale. Die drei Schichten von MTP entsprechen weitgehend den drei unteren Schichten des → *OSI-Referenzmodells* (Schicht 3 nur teilweise).
Daten ohne Nutzkanalbezug können im SS#7-Netz ausgetauscht werden, indem MTP um den Signalling Connection Control Part (SCCP) ergänzt

Struktur von SS#7-Netzen

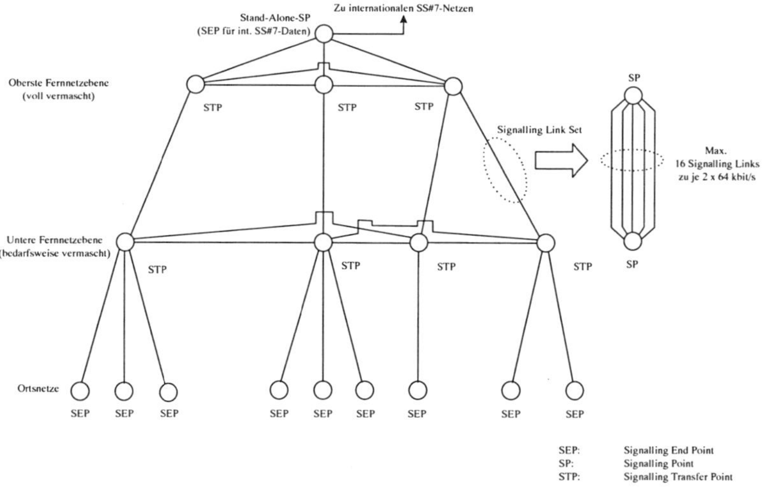

SPs im Fernnetz bzw. in hohen laststarken Ebenen des Netzes sind überwiegend mit SLs vollständig vermascht. In unteren Netzebenen hängt der Grad der Vermaschung sehr stark von den Nutzkanalkapazitäten zwischen den einzelnen SPs ab.
Alle Signalisierungsinformationen zu einer Nutzdatenverbindung nehmen im SS#7-Netz den gleichen Weg.
Das SS#7-Protokoll besteht aus vier Schichten und ist ähnlich wie → *X.25* aufgebaut. SS#7 wird von der ITU noch immer modifiziert mit dem Ziel, es konform zum → *OSI-Referenzmodell* zu machen.
Viele sehen in SS#7 die Geburt der → *IN*-Konzepte.
Grundlegendes Konzept ist die Teilung von SS#7-Funktionen in für alle Anwendungen gleiche Mes-

wird. Mit dem SCCP können Adressen aus anderen Netzen ohne SS#7-Signalisierung und entsprechendes Adreßformat transportiert werden. SCCP entspricht dem oberen Teil von Schicht 3 im OSI-Referenzmodell.
Die unterste Schicht von MTP ist die Signalisierungs-Übertragungsschicht, die einen 64-kbit/s-Kanal zur Verfügung stellt und den Zugriff regelt. Die Signalisierungsdaten für Nutzkanäle werden als Pakete über 64-kbit/s-Links übertragen und haben einen solchen Umfang, daß mit einem 64-kbit/s-Signalisierungslink ca. 1 600 Nutzkanäle bedient werden können. Diese Zahl schwankt jedoch in Abhängigkeit vom Nutzlastverkehr zwischen 900 und 2 000. Die übertragenen Nachrichten sind unterschiedlich lang. Im Schnitt haben

Messungen eine durchschnittliche Länge von 22 Byte bei 100-%-Telefonverkehr ergeben.
Es wird erwartet, daß mit mehr → *IN*-Diensten in der Zukunft die Länge auf durchschnittlich 70 Byte anwachsen wird, da bei IN-Diensten die SS#7-Pakete eine Länge von durchschnittlich 150 Byte haben.
Für den SS#7-Kanal kann mit Ausnahme des Zeitschlitzes 0 jeder beliebige andere → *Slot* eines 2,048 Mbit/s Multiplexsignals (→ *E1*) verwendet werden. Auf der nächsthöheren Schicht werden die Daten HDLC-ähnlich gesichert. Über dieser Sicherungsschicht befindet sich die Nachrichtenlenkung und das Netzmanagement.
Auf dieser Ebene 3 werden die 14 Bit lange Adresse der sendenden Vermittlungsstelle (Origination Point Code, OPC), die 14 Bit lange Adresse der Zielvermittlungsstelle (Destination Point Code, DPC), die vier Bit lange Kennzeichnung der ausgewählten Signalisierungsstrecke (Signalling Link Selection, SLS) und das Dienstinformationsbyte (Service Information Octet, SIO) ausgewertet.
Bestandteil des SIO ist der vier Bit lange Service Indicator (SI) und das ebenfalls vier Bit lange Service Subscriber Field (SSF).
Bestandteil des SSF wiederum ist der zwei Bit lange Network Indicator (NI). Die anderen zwei Bit des SSF sind noch nicht definiert.
Die Nachricht der UPs wird in das Signalling Information Field (SIF) des MTP-Pakets gesteckt.
Der NI zur Kennzeichnung verschiedener Zeichengabenetze (je zwei nationale und internationale) kann folgende Werte annehmen:

NI-Bitmuster	Bedeutung
00	inat0, internat. Zeichengabenetz
01	inat1, internat. Zeichengabenetz
10	nat0, nationales Zeichengabenetz, z.B. im ISDN
11	nat1, nationales Zeichengabenetz, z.B. zweites Anschlußnetz

Die SS#7-Funktionen für die Abwicklung internationalen Verkehrs sind dabei überwiegend in einem eigenen und aus Sicherheitsgründen u.U. gedoppelten SP konzentriert, an den die anderen SPs des Netzes sternförmig angeschlossen sind.
Nur wenn der internationale Verkehr einen geringen Anteil im Netz hat, wird die entsprechende Funktionalität in einem herkömmlichen SP integriert.
Das SI wird analysiert, sofern die Auswertung des DPC ergeben hat, daß die empfangende Vermittlungsstelle auch die Zielvermittlungsstelle (SEP) ist. Anderenfalls handelt es sich um eine Transfervermittlungsstelle (STP) und die Nachricht wird weitergeleitet. Entsprechend dem SI wird der Anwendungsteil der Nachricht interpretiert (ISUP, TUP ...). Dabei gilt folgende Zuordnung zwischen dem Bitmuster des SI und einem Anwendungsdienst:

SI-Bitmuster	Anwendungsteil
0000	SNM, Signalling Network Management
0001	SN T&M, Signalling Network Testing & Maintenance
0010	OMAP, Operation and Maintenance, Application Part
0011	SCCP, Signalling Connection Control Part
0100	TUP, Telephone User Part
0101	ISUP, ISDN User Part
0110	DUP 1, Data User Part 1
0111	DUP 2, Data User Part 2
1000 bis 1101	Noch frei
1110	FuN C, Genutzt in geschlossenen Netzen
1111	TUP+, Telephone User Part in internat. Netzen, IN = inat0

Die Zuordnung der Signalisierungsnachricht zu einem bestimmten Nutzkanal übernimmt ein 12 Bit langer Circuit Identification Code (CIC), zu dem auch das vier Bit lange SLS gehört.
CIC, OPC, DPC zusammen mit einem Message Type Code (MTC) und einem variabel langen Parameterfeld werden als Signalling Information Field (SIF) oder Routing Label bezeichnet.
Werden keine Nutzdaten oder Managementdaten zwischen zwei Netzknoten ausgetauscht, werden → *FISUs* übertragen.
Es wurden für verschiedene Zwecke verschiedene UPs und Application Parts (AP) definiert:

- ISUP (ISDN User Part) für die Nutzung im ISDN von Diensten und Dienstmerkmalen, die sich aus der Integration von Telefon- und Datendiensten ergeben. Mit ISUP werden Daten für Auf-, Abbau und Überwachung von leitungsvermittelten B-Kanalverbindungen zwischen den Knoten im ISDN übertragen.
- TUP (Telephone UP) für die Nutzung des Fernsprechdienstes.
- DUP (Data UP) für leitungsvermittelte Datennetze.
- MAP (Mobile AP) für die Anwendung in Mobilfunknetzen, die ein SS#7-konformes Netz haben (z.B. → *GSM*).
- OMAP (Operation and Maintenance AP) für die Durchführung von Netzmanagementaufgaben. Es werden Daten zum Auf- und Abbau von Zeichengabeverbindungen übertragen, ebenso Daten für das Routing oder zur Messung des Verkehrs.
- INAP (Intelligent Network AP) für die Anwendung von → *IN*.
- ISS AE (ISDN Supplementary Services Application Entity) für erweiterte ISDN-

Dienstmerkmale, wie Rückruf bei besetztem (CCBS, Completion of Call to Busy Subscriber) oder Rückruf von nicht antwortendem angerufenem (CCNR, Completion of Call on no Reply) Teilnehmer.

Alle APs greifen dabei zunächst auf einen TCAP (Transaction Capabilities Application Part) zurück. TCAP setzt auf SCCP auf und stellt Möglichkeiten zur Steuerung von Transaktionen zwischen räumlich verteilten Anwendungen zur Verfügung.

SCCP (Signalling Connection Control Part) steuert Zeichengabeverbindungen und ist derart flexibel konfiguriert, um nahezu beliebige Daten verbindungslos oder -orientiert übertragen zu können. Hierzu gehört die Ende-zu-Ende-Zeichengabe (z.B. Dienstewechsel während einer bestehenden Verbindung) oder der Austausch von Daten zwischen → *HLR* und → *VLR* im → *GSM*.

SNM (Signalling Network Management) wickelt eine Rekonfiguration des SS#7-Netzes bei Störungen und die Überlastabwehr ab.

SN T&M (Signalling Network Testing & Maintenance) enthält Funktionen zum Test einer Übertragungsstrecke für Signalisierungszwecke.

TUP+ wird in Deutschland von der Deutschen Telekom für internationale Verbindungen eingesetzt.

Internationale Qualitätsforderungen sehen 10 Min. Unverfügbarkeitsdauer je Jahr und Signalling Link und Signalling End Point vor (nur Signalisierungsfunktionen der Vermittlungsstelle gehen in diese Forderung ein, nicht andere Probleme der Vermittlung, die auch einen Stillstand des SS#7-Systems bedingen).

Netzbetreiber müssen sich vor dem Einsatz eines SS#7-Netzes entscheiden, welche Dienste sie anbieten möchten. In Abhängigkeit davon werden die UPs ausgewählt. Als minimale Anforderungen an ein SS#7-Netz gelten MTP und TUP, bei Komfortdiensten zusätzlich noch ISUP und SCCP.

SS#7 ging aus dem CCITT System No. 6 hervor (→ *SS#6*), welches wiederum die internationale Version von → *CCIS* war, und wurde von 1973 bis 1976 insbesondere mit dem Blick auf das ISDN standardisiert. Daher ist es für Verbindungen mit einem Raster von 64 kbit/s optimiert, kann aber flexibel anderen Raten angepaßt werden.

Erste stabile Version gab es 1980 mit Verbesserungen 1984 und 1987. Die einzelnen Versionen sind untereinander nicht unbedingt kompatibel. Darüber hinaus gibt es Abweichungen zu einer von der → *ANSI* genormten Version für Nordamerika. Die Abweichungen zu dieser Version sind nicht durch die → *ITU* dokumentiert. Der Name ergab sich aus dem Umstand, daß die ITU und zuvor die CCITT ihre Signalisierungssysteme einfach durchnumerierten, so daß das 1988 im Blue Book als Q.700 bis Q.795 beschriebene Verfahren das siebte war. In Deutschland wurde SS#7 1986 bei einem Betriebsversuch der damaligen Deutschen Bundespost getestet und ab 1987 im ISDN-Feldversuch erstmals eingesetzt. Es ging mit dem ISDN-Wirkbetrieb ebenfalls in den Wirkbetrieb über.

SS#7 ersetzte bei der Deutschen Telekom das analoge Signalisierungsverfahren → *IKZ 50*.

1991 wurden die SS#7-Netze der Mobilfunknetzbetreiber in Deutschland angebunden. Ab 1992 erfolgte der Aufbau des → *IN* und die Anbindung internationaler SS#7-Netze.

Ab 1996 wurde das SS#7-Netz auch für das ATM-Netz der Deutschen Telekom genutzt.

Das SS#7-Netz der Deutschen Telekom ist mit 2 100 SPs (inkl. 900 STPs) und rund 11 000 Signalling Link Sets eines der größten der Welt.

SSA

Abk. für Serial Storage Architecture.

Bezeichnung einer Schnittstellendefinition für Massenspeichersysteme von IBM, Micropolis und Conner.

SSA ermöglicht Datentransfers mit 80 MByte/s und den Anschluß von bis zu 126 Geräten, die bis zu 20 m entfernt sein können. Der Stecker verfügt über neun Kontakte.

Als Konkurrenz gelten im unteren Anschlußbereich die schnellen Versionen von → *SCSI* und in der gleichen Leistungsklasse der → *Fibre Channel*.

SSB

Abk. für Single Side Band.

SS-CDMA

Abk. für Spread Spectrum Code Division Multiple Access.

Eine Sonderform des → *CDMA*.

SSCOP

Abk. für Service Specific Connection Oriented Protocol.

Ein Teil der Signalisierungsprotokolle von → *ATM*.

SSCP

Abk. für Service Switching and Control Point.

Bezeichnung für eine Einheit des → *IN*, die die Funktionen von → *SCP* und → *SSP* vereint.

SSDA

Abk. für Synchronous Serial Data Adapter.

Bezeichnung für → *IC*s zur seriellen, synchronen Datenübertragung.

SSEC

Abk. für Selective Sequence Electronic Calculator.

Bezeichnung eines elektromechanischen Rechners aus der Frühzeit der Computer. Er war der erste

Computer, der vollständig von IBM entwickelt wurde.

12 500 Röhren und 21 400 Relais auf einer Fläche von 10 * 20 m bei 2 m Höhe. Als langsame externe Speicher standen 36 Lochstreifenleser zur Verfügung. Er baute auf Erfahrungen mit dem → *ENIAC* und → *von Neumanns* Konzepten auf. Es war somit die erste Maschine, die Programme wie Daten behandelte, die also die elektronische Verarbeitung mit einem intern gespeicherten Programm verband.

Darüber hinaus war es die erste Anlage, die von einer eigenen Schaltkonsole aus gesteuert werden konnte, von der aus auch die Vorgänge mitverfolgt werden konnten.

Der SSEC ist rund 250mal schneller als sein Vorläufer, die ASCC (→ *Mark I*). Zwei vierzehnstellige Zahlen werden in 0,285 ms addiert und zwei gleich große Zahlen in ca. 20 ms multipliziert.

IBM stellte die SSEC am 27. Januar 1948 in New York in einem Schaufenster Ecke 57. Straße und Madison Avenue vor. Es wurde ein einziges Exemplar unter der Leitung von Robert A. Seeber jr. gebaut, das dort vier Jahre überraschend zuverlässig seinen Dienst verrichtete.

SSF

1. Abk. für Service Switching Function.
   → *IN*.
2. Abk. für Service Subscriber Field.
   Bezeichnet ein vier Bit langes Feld innerhalb einer Nachricht im → *SS#7*-Netz

SSI

Abk. für Single Scale Integration.

Bezeichnet bei der Chipherstellung eine Technik aus der Frühzeit der Halbleitertechnik der integrierten Herstellung von Bauelementen auf einem monolithischen Halbleitersubstrat. In SSI-Technik werden ca. 50 Bauelemente integriert.

→ *LSI*, → *MSI*, → *VLSI*.

SSK

Abk. für Strahlenschutzkommission.

Bezeichnung eines Gremiums in Deutschland, das die Sendeleistung von Funkanlagen prüft.

SSL

Abk. für Secure Sockets Layer.

Bezeichnet ein von Netscape Communications Inc. entwickeltes Verfahren zur Sicherung von Datenübertragung im Rahmen des → *WWW* im → *Internet*. Dabei wird der Datenstrom unmittelbar auf der Bitebene gesichert. Der unbefugte Zugriff wird dadurch verhindert. Es stehen dafür Verfahren zur Geheimhaltung, Authentifizierung (elektronische Unterschrift) und Datenintegrität zur Verfügung. SSL ist als Schnittstelle zwischen → *TCP/IP* und dem → *HTTP* oder dem → *SNMP* definiert. SSL gilt als nicht ganz so sicher wie → *SHTTP*.

SSM

Abk. für Single Segment Message.

SSMA

Abk. für Spread Spectrum Multiple Access.

Eine Sonderform des → *CDMA*.

SSO

Abk. für Single Service Operator.

In den USA die Bezeichnung für den Betreiber lediglich eines einzelnen Kabelfernsehnetzes, im Gegensatz zum → *MSO*.

SSP

Abk. für Service Switching Point.

→ *IN*.

SSS

Abk. für Switching Sub-System.

→ *GSM*.

SST

Abk. für Spread Spectrum Technology.

Oberbegriff für Techniken wie → *CDMA*.

ST

1. Abk. für Segment Type.
2. Abk. für Singapore Telecom, der nationale Carrier von Singapur.

STA

Abk. für → *Spanning Tree Algorithm*.

Stacker

Bezeichnung für Zusatzgeräte, die an Bandlaufwerken (→ *Streamer*), die als externe Massenspeicher in großen Rechenanlagen genutzt werden, zum automatischen Kassettenwechsel befestigt sind. In Abhängigkeit des verwendeten Standards für die Kassetten und ihrer Größe liegt die Kapazität eines Stackers bei bis zu 16 (→ *DAT*) oder 100 (→ *Video-8*) Kassetten.

Der Stacker wechselt Kassetten aus, wenn eine davon vollständig bespielt ist. Das Bandlaufwerk steuert den Stacker selbständig, wodurch es u.U. bei sequentiellen Stackern zu langen Suchzeiten nach einzelnen Files kommt, da die Bänder hintereinander durchsucht werden müssen.

Standard

Der Begriff eines technischen 'Standards' wurde von der → *ISO* definiert als: 'A technical specification or other document available to the public, drawn up with cooperation and consensus or general approval of all interests affected by it, based on the consolidated results of science, technology and

experience, aimed at the promotion of optimum community benefits and approved by a body recognised on the national, regional or international level.'
→ *Empfehlung*.

Standardfestverbindungen

Bezeichnung der Deutschen Telekom für deren Produkte, die auf → *Monopolübertragungswegen* basieren. Im Gegensatz zu diesen wird aber ein zusätzlicher → *Mehrwert* in Form von Schnittstellen angeboten.
Es gibt analoge und digitale Standardfestverbindungen. Digitale haben Datenraten von 64 kbit/s, 2, 34 und 149 Mbit/s.
→ *DDV*.

Standardisierungsgremien

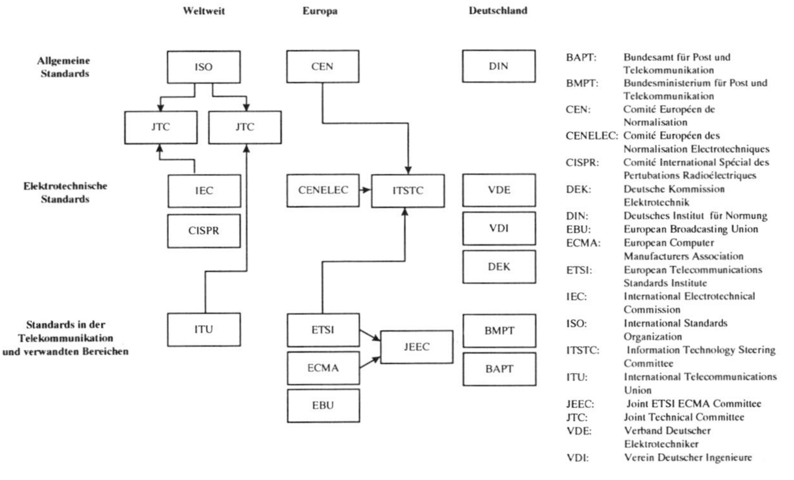

Standardisierungsgremien

Oberbegriff für verschiedene, jeweils unterschiedlich zusammengesetzte, organisierte und kontrollierte Institutionen, die De-jure- und/oder De-facto-Standards festlegen. De-jure-Standards werden, im Gegensatz zu de-facto-Standards, von verschiedenen Organisationen festgelegt, die supranationaler Art, nationaler Art oder branchenspezifischer Art sein können. Man unterscheidet die Standardisierungsgremien anhand der Parameter der Erarbeitung von De-jure- oder De-facto-Standards, nach der regionalen Bedeutung und nach der Beschäftigung mit verschiedenen oder mit einem Fachgebiet.
Es gibt mehrere Klassifizierungen, z.B. die folgenden:

- Internationale Gremien mit Bedeutung für verschiedene Fachgebiete: → *ISO*,
- Regionale Gremien mit Bedeutung für verschiedene Fachgebiete,
- Nationale Gremien mit Bedeutung für verschiedene Fachgebiete: → *AFNOR*, → *ANSI*, → *DIN*, → *BSI*,
- Internationale Gremien mit Bedeutung für ein Fachgebiet:
  - De-jure-Standards:→ *CCITT*, → *CCIR*, → *ITU*,
  - De-facto-Standards: → *DAVIC*, → *IETF*,
- Regionale Gremien mit Bedeutung für ein Fachgebiet:
  - De-jure-Standards: → *ATU*, → *CEN*, → *CENELEC*, → *CEPT*,
  - De-facto-Standards: → *EBU*, → *ECMA*, → *ECSA*, → *ECTEL*, → *ETSI*,
- Nationale Gremien mit Bedeutung für ein Fachgebiet: → *IEEE*, → *SMPE*, → *ITG*, → *TTC*,
- Nationale, regionale oder internationale Nutzervereinigungen: ATM-Forum, Frame-Relay-Forum.

Weitere Gremien: → *CBEMA*, → *EEA*, → *EIA*, → *ERC*, → *ESPA*, → *IEC*, → *IFRB*, → *JEEC*, → *URSI*, die in verschiedenen Foren tagen, → *WARC*, → *RARC*.
→ *Aufsichtsgremien*.

Standby-Zeit

Bei akkubetriebenen Endgeräten wie → *Handys* etc. die Zeit der maximalen Betriebsbereitschaft (üblicherweise die maximale Empfangsbereitschaft) mit einer Akkuladung eines bestimmten Akkutyps.

Die in Prospekten und Datenblättern angegebene Standby-Zeit ist allgemein unter optimalen Laborbedingungen ermittelt worden und berücksichtigt keine Belastungen durch in dieser Zeit geführte Gespräche oder extreme Umgebungstemperaturen (Liegenlassen im Auto bei direkter Sonneneinstrahlung), die den Akku beeinflussen.

Faustregel: Abziehen von ¼ der angegebenen Standby-Zeit bei herkömmlicher Nutzung.

Ein anderer Kennwert der Belastbarkeit ist die → *Dauergesprächszeit.*

Standleitung

Umgangssprachliche, nicht genormte Bezeichnung für gemietete und permanent zur Verfügung stehende, nicht vermittelte Leitungen. Die Übertragung erfolgt synchron. Kein Verbindungsauf- und -abbau.

→ *Monopolübertragungsweg*, → *DDV*, → *Standardfestverbindung*, → *HfD.*

Stangenwähler

1. Deutsche Bezeichnung für die Frühform des → *Heb-Dreh-Wählers*, als dessen kennzeichnendes, mechanisches Merkmal noch eine große, senkrechte Stange war.
2. Bezeichnung eines indirekt gesteuerten elektromechanischen Maschinenwählers. Vorgestellt 1926 durch die Western Electric Co. Verfügte über fünf auswählbare Richtungen mit je 100 Ausgängen.

Stapelverarbeitung

→ *Batch.*

Starlan

Bezeichnet einen → *LAN*-Standard. Überträgt mit 1 Mbit/s über Twisted-Pair-Kabel. Ohne → *Repeater* oder → *Hubs* können maximal 500 m überbrückt werden, mit ihnen ist das LAN unbegrenzt ausbaubar.

Start-Stop-Verfahren

Bezeichnung für ein binäres Asynchronverfahren, bei dem der Empfänger durch einen Startschritt dazu aufgefordert wird, die Daten zu empfangen.

Der Startschritt hat dabei die Dauer des einem Code-Element entsprechenden und den dem Ruhezustand entgegengesetzten Kennzustandes. Darauf folgt die Gruppe der Code-Schritte und der Stop-Schritt. Letzterer hat mindestens die Dauer eines Schrittes. Sein Kennzustand bleibt, wenn nicht unmittelbar ein weiteres Zeichen folgt, als Ruhezustand stehen.

Statische Mobilität

Oft auch → *lokale Mobilität* genannt. Bezeichnet die Mobilität von Schnurlostelefonen (→ *CT*) im Gegensatz zu der der Mobilfunknetze. In Schnurlostelefonen wird Mobilität nur in einem eng begrenzten Raum bei geringen Geschwindigkeiten erlaubt.

Statisches Routing

→ *Routing.*

StatMux

Kunstwort für statistischer Multiplexer. Bezeichnung eines → *Multiplexers*, der → *STDM* nutzt und dabei den Eingangskanälen nicht feste Zeitschlitze (→ *Slot*) im Ausgangsdatenstrom zuordnet, sondern die Kapazität der Ausgangsleitung besser ausnutzt, indem diese dynamisch nach Bedarf zugeteilt wird.

STB

Abk. für → *Set-Top-Box.*

STDM

1. Abk. für Synchronous Time Division Multiplexing.
   Eine besondere Form des → *TDM*, die bei → *SDH* genutzt wird.
2. Abk. für Statistical Time Division Multiplexing.
   Bezeichnet ein Verfahren bei → *Multiplexern*, das nur aktive (eingeschaltete) Stationen berücksichtigt und so die verfügbare Bandbreite besser ausnutzt. Es wird dabei jedem aktiven Anschluß, nach einer dynamischen Zuteilungsstrategie für eine bestimmte Zeit (Zeitscheibe), die volle Übertragungsgeschwindigkeit zugeteilt. In dieser Zeit kann bit- oder byteweise übertragen werden.
   → *StatMux.*

Steigleitung

Andere Bezeichnung für → *Sekundärverkabelung* im → *LAN*-Bereich.

STEP/Express

Bezeichnung eines internationalen Standards über ein Format, mit dem Produktionsdaten über Telekommunikationsnetze ausgetauscht werden können, ähnlich → *EDI*/Edifact.

Stern, Sternnetz

Bezeichnet eine Netztopologie, bei der alle anderen Stationen über Leitungen an einer zentralen Station hängen. Die zentrale Station verwaltet alle

Verbindungen zwischen den einzelnen angeschlossenen Stationen.
Oft wird die zentrale Station auch Sternkoppler oder → *Hub* genannt.
→ *Starlan*, → *Doppelstern*, → *Bus*, → *Ring*.

Steuerdaten

Im Gegensatz zu den Nutzdaten eines → *Paketes* die Daten, die Einfluß auf die Wegsteuerung des Paketes durch das Netz haben. Neben anderen Verwaltungsdaten im → *Header* des Paketes untergebracht.

Sternkoppler, -konzentrator

Andere Bezeichnung für → *Hub* oder → *Konzentrator*.

Stichdose

Bezeichnung einer Antennensteckdose als Abschluß einer Leitung des → *Breitbandkabelverteilnetzes* beim Teilnehmer. Es existieren Stichdosen mit zwei, drei oder vier Ausgängen, an denen die Signale der Leitung, nach Frequenzbereichen aufgeteilt (FM, TV, Satellitenempfang), zur Verfügung stehen.
→ *Durchgangsdose*, → *Filterdose*.

Still

Englische Bezeichnung für ein Standbild oder Foto.

STK

Abk. für → *Sternkoppler*.
Andere Bezeichnung für → *Hub* oder → *Konzentrator*.

STL

Abk. für Standard Template Library.
Bezeichnung einer standardisierten Bibliothek mit → *C++*-Code zur leichteren Erstellung von Programmen.
Wurde entwickelt von Alexander Stepanov, Meng Lee und weiteren Mitarbeitern von Hewlett Packard. Wurde im Juli 1994 Teil des neuen C++-Standards der → *ANSI*.

STM

1. Abk. für Synchronous Transport Module.
   → *SDH*.
2. Abk. für Synchronous Transfer Mode.
   Ein Vermittlungsprinzip, bei dem n * 155,25 Mbit/s übertragen werden können. Arbeitet leitungsvermittelnd und ist Grundlage für die → *SDH*. In STM-Systemen werden physikalische Kanäle in mehrere feste, geordnete (z.B. mittels → *TDMA*) logische Kanäle (Slots) unterteilt, die den virtuellen Verbindungen fest zugeordnet sind. Das → *Routing* orientiert sich nur nach den Slots; es werden also keine → *Header* von Daten ausgewertet. Ferner läßt sich die Bitrate daher, im Gegensatz zu → *ATM*, nur in sehr groben Stufen unterteilen.
3. Abk. für Statistical Multiplexing.
   Andere Bezeichnung für → *STDM*.
   → *StatMux*.

Störabstand

Andere Bezeichnung für das → *Signal-zu-Rausch-Verhältnis*.

Störimpulse

Bezeichnung für nicht weiter klassifizierbare, unerwünschte kurzzeitige Störungen bei der Ausbreitung elektromagnetischer Wellen, deren Ursache in externen Quellen zu suchen ist. Beispiele: Autoanlasser, Generatoren, nicht entstörte Elektrogeräte etc.

Store-and-Forward

Vermittlungsprinzip der → *Speichervermittlung*, bei dem der Datenfluß von der Quelle zur Senke unterbrochen wird, indem die Daten in Vermittlungsknoten zwischengespeichert werden und später (zu geeigneterer Zeit, z.B. bei geringerer Netzauslastung oder zu Zeiten geringer Gebühren) weitergeleitet werden.
→ *Hop-by-Hop*.

STP

1. Abk. für Shielded Twisted Pair.
   In offizieller deutscher Terminologie auch → *PiMf* genannt. Bezeichnung für ein mit einer Metallfolie abgeschirmtes, verdrilltes Kupferdoppeladerkabel. Dabei sind die beiden Doppeladern jeweils mit einem Gewebe aus Kupferfäden umgeben und gegeneinander verdrillt. (Kosten je 100 m: ca. 200 $, teuer !), maximale Datenrate: 500 Mbit/s. Verlegung erfordert Sorgfalt und Erfahrung.
   → *UTP*, → *Zweidrahtleitung*.
2. Abk. für Service Transfer Point.
   → *IN*.
3. Abk. für → *Spanning Tree Protocol*.
4. Abk. für Signalling Transfer Point.
   → *SS#7*.

Streamer

Andere Bezeichnung eines Bandlaufwerkes mit Video-8- oder → *DAT*-Kassetten zur Datensicherung bei Computersystemen. Früher nur bei Großcomputern üblich, heute auch für PCs zu empfehlen, wenn regelmäßig Sicherungskopien (→ *Backup*) großer Datenbestände anzufertigen sind.

String

Von engl. string = Kette. Eine Menge zusammengehöriger und als eine Einheit betrachteter → *ASCII*-Daten.

Strowger-Vermittlung

→ *Heb-Dreh-Wähler.*

Strukturierte Verkabelung

Bezeichnung für die systematische, zukunftssichere und offene Verkabelung von Gebäuden oder Teilen von ihnen zur Unterstützung von Telekommunikationsdiensten und auch → *LANs*. Der Trend geht dabei weg von dedizierten Netzen hin zu einem diensteneutralen Netz mit Glasfaser im Backbone und Kupferkabeln im Anschlußbereich der Endgeräte.
Berücksichtigung finden dabei Standards aus den Bereichen

- Gebäudeverkabelung (→ *Verkabelung*),
- Elektromagnetische Verträglichkeit,
- Sicherheit.

Eine strukturierte Verkabelung (im Gegensatz zu einem unkontrollierten Wildwuchs verschiedener Kabeltypen, Kabelmedien und Topologien) unterstützt:

- Wachsende Anzahl vernetzter Computer in Unternehmen,
- Mobilität der Anwender (Umstrukturierung des Unternehmens, Umzüge etc.),
- Immer kürzer werdende Innovationszyklen von Hard- und Software.

→ *Primär-*, → *Sekundär-*, → *Tertiärverkabelung.*

Strukturierte Programmierung

Bezeichnung für ein Programmieren, das auf Sprünge innerhalb von Programmen verzichtet und sich lediglich auf die drei Elemente Reihung, Verzweigung und Wiederholung stützt. Ferner zerlegt strukturierte Programmierung Programme in einzelne Module (Funktionen, Unterprogramme, Routinen) mit klar definierten Schnittstellen (Eingabedaten, Ausgabedaten).
Strukturierte Programme lassen sich unter Rückgriff auf entsprechende Struktogramme (→ *Pseudocode*) leichter erzeugen und dokumentieren sowie verstehen als unstrukturierte, nach dem Bastel- oder Trial-and-Error-Prinzip erzeugte Programme (→ *Workaround*).
Es gibt Programmiersprachen, die strukturierte Programmierung unterstützen (z.B. → *Pascal*) und solche, die dafür weniger geeignet sind (z.B. → *Basic*).
Da Sprünge häufig in Programmiersprachen durch den Befehl GOTO realisiert werden, spricht man auch von GOTO-freier Programmierung. In der Zeitschrift "Communications of the Association of Computing Machinery" erschien 1968 ein Artikel des niederländischen Professors Edsger Wybe Dijkstra mit dem Titel "GOTO Statement considered harmful". Durch diesen Artikel wuchs das Interesse an strukturierter Programmierung und der Artikel bildete die Basis für die Lehre der GOTO-freien Programmierung.

STS 1, 2, 4 ...

Abk. für Synchronous Transport Signal (Modul).

Bezeichnung für die Grundbitraten der nordamerikanischen → *SONET*-Hierarchie. Gegenstück zum europäischen → *STM* der → *SDH*-Hierarchie. Oft auch mit → *OC* bezeichnet.

STU

1. Abk. für Set-Top-Unit, anderes Wort für → *Set-Top-Box.*
2. Abk. für Subscriber Terminal Unit.

   Oberbegriff für Endgeräte beim Teilnehmer eines Multimedia-Dienstes. Hierunter fallen z.B. → *Set-Top-Boxen.*

Stufenfaser, Stufenindexfaser

Kurzbezeichnungen für → *Multimode-Stufenindexfaser.*

Stummschaltung

1. → *Leistungsmerkmal* von Telefonen. Dabei kann per Knopfdruck das Mikrofon im Hörer ausgeschaltet werden, damit der Teilnehmer mit anderen im Raum anwesenden Personen vertrauliche Rückfrage vornehmen kann, die der Gesprächspartner nicht mithören soll.
2. Auch Mute genannt. → *Leistungsmerkmal* von Autoradios in Verbindung mit einer → *Freisprecheinrichtung*, das bei einem eingehenden Anruf im Autotelefon automatisch für ein Leiserstellen des Autoradios sorgt.

SU

1. Abk. für Service Unit.

   → *ONU.*
2. Abk. für Service User.

   → *IN.*

Subject

Bezeichnung für ein Feld im → *Header* einer → *e-mail*, das eine Kurzbeschreibung des Inhalts der e-mail enthält (Umfang: einige Worte), so daß der Empfänger ohne Lesen der gesamten e-mail weiß, um was es geht.

SUI

Abk. für Speech User Interface.
Bezeichnung für eine Sprachsteuerung technischer Systeme durch den Menschen, z.B. bei der neuesten Version von → *OS/2.*

SUMR

Abk. für Satellite User Mapping Register.
Bezeichnung für eine Datenbank in satellitengestützten Mobilfunksystemen, deren Aufgabe es ist, eine Zuordnung eines mobilen Teilnehmers zu einem Satelliten vorzunehmen.
Dies wird neben einem → *HLR* und einem → *VLR* nötig sein, da das VLR lediglich geographische Zuordnungen abspeichert, die während eines Gesprächs weitgehend konstant bleiben, wohingegen das SUMR die sich bewegenden Satelliten berücksichtigt. Durch die fliegenden Satelliten verändert sich die Topologie des Netzes permanent. Darüber hinaus kann der Teilnehmer u.U. Kontakt zu mehreren Satelliten haben. Die Gesprächsverbindung wird aber nur über einen geführt.

Supercomputer

Bezeichnung i.d.R. für Großrechner im wissenschaftlich-technischen Bereich, wie z.B. Vektorrechner oder → *Cray*-Rechner.
Die Klasse der Supercomputer kam in den späten 60er Jahren auf, als spezielle Rechner zur Bearbeitung technisch-wissenschaftlicher Probleme gebaut wurden, die insbesondere viele Gleitkommaoperationen durchführten. Mit dem → *Whirlwind* existierte ein einzelnes Modell eines Supercomputers allerdings bereits lange Zeit zuvor.
Erster kommerziell hergestellter Supercomputer war 1964 die CDC 6600 (→ *CDC*). Erster vektororientierter Supercomputer war im Jahre 1976 die → *Cray-1.*
Einsatzbereiche und Anwendungen sind, z.B., rechenintensive Simulationen aller Art (Crash-Tests) oder Wettervorhersagen.
Da viele Supercomputer insbesondere in der militärischen Forschung eingesetzt wurden (Simulation von Atombombenexplosionen, Flugzeugdesign, Raketendesign), schrumpfte der Markt für derartige Rechner ab 1989 nach Ende des kalten Krieges erheblich, was zu einigen Konkursen in der Branche führte.
Darüber hinaus führten Leistungssteigerungen und die Vernetzung von leistungsstarken → *Mainframes* und insbesondere → *Workstations* zu → *Clustern* zu einer zurückgehenden Nachfrage.

Supervisor

Andere Bezeichnung für → *LSA.*

Surfen

Jargon, Bezeichnung für das spielerische, ziellose, stunden- oder nächtelange Benutzen von Online-Diensten, insbesondere des → *Internet* und dort speziell des → *WWW* und am Rande des → *Usenet.*
→ *Netter.*

Suspendierung

Anderes Wort für → *Verbindungsabbau.*

SVC

Abk. für Switched Virtual Circuits.
Eine gewählte → *virtuelle Verbindung.* Im Gegensatz zu → *PVC* ist der Weg durch das Netz nicht fest in den Netzknoten in den Tabellen mit Informationen für das → *Routing* gespeichert. Es wird zu Beginn der Datenübertragung ein Weg vom Sender zum Empfänger bestimmt, den dann alle Datenpakete nehmen.
Bei PVCs stehen dem Nutzer lediglich die fest definierten PVCs zur Verfügung, wohingegen er bei den SVCs beliebige Verbindungspartner wählen kann.

SVD

Abk. für (Digital) Simultaneous Voice and Data.
Bezeichnung für einen in der Normung befindlichen Industriestandard, der es ermöglicht, Sprache und Daten gleichzeitig über analoge Leitungen zu transportieren. Mit entsprechendem Modem (→ *V.34*) soll dies mit 28,8 kbit/s möglich sein. Gleiche Funktionalität ist sonst nur über das → *ISDN* möglich.
Initiative ging von Intel aus, die einige Firmen dafür gewinnen konnte, u.a. Hayes Microcomputer, Rockwell und US Robotics.

SVGA

Abk. für Super VGA (Video Graphics Display).
Bezeichnung für eine Weiterentwicklung der → *VGA*-Grafikkarte für PCs.
Auflösung zunächst bis 1 024 * 768 Pixel, später auch 1 280 * 1 024 Pixel, bei 256 aus 262 144 Farben. Mindestvideospeicher 1 MByte. → *Zeilenfrequenz* 35 bis 38 kHz und Bildfrequenz 56 bis 60 Hz.

SVID

Abk. für System V Interface Definition.
Bezeichnung einer speziellen Definition des Betriebssystems → *Unix.*

SW

Abk. für → *Software.*

Swan

Abk. für Sun Wide Area Network.
Bezeichnung einer Netzsoftware für → *WANs* aus dem Hause Sun, die sich dadurch auszeichnet, daß sie auf den Protokollen des → *Internet* basiert. Für Anwendungen im Internet, wie z.B. → *WWW* oder

über ein beliebiges anderes WAN stehen daher gleiche Protokolle und gleiche Benutzeroberflächen zur Verfügung.

Swapping

Bezeichnung einer Speicherverwaltungstechnik, bei der sich nicht das komplette Programm, sondern nur aktuell benötigte Teile von ihm im Arbeitsspeicher befinden. Bewegt sich das Programm weiter, werden abgelaufene Teile ausgelagert und die neuen Bereiche eingelagert.
Vorteil: der verfügbare Speicher kann mehreren Prozessen zugänglich gemacht werden und das Programm kann größer sein als der zur Verfügung stehende Speicher.

SWFD

Abk. für Selbstwähl-Ferndienst.
Nach 1945 war die Landesfernwahl des Teilnehmers das Ziel beim Wiederaufbau des Fernsprechnetzes, d.h. jeder Teilnehmer sollte selbst seinen in einem anderen Ortsnetz befindlichen Gesprächspartner anwählen können und die Verbindung sollte ohne Einschaltung des Fernamtes und ohne Handvermittlung hergestellt werden.

SWIFT

Abk. für Society for Worldwide Interbank Financial Telecommunication.
Bezeichnung für einen internationalen → *EDI*-Standard im Bankenwesen und für den Zusammenschluß international tätiger Banken, die ein eigenes Datennetz zur Abwicklung des weltweiten Zahlungsverkehrs betreiben.
Gegründet 1973 von 239 Banken. Sitz: La Hulbe/Belgien. Das Netz auf Basis von → *X.25* nahm seinen Betrieb 1974 mit Technik von Burroughs (heute Unisys) auf.

Switch

1. Englisch für Schalter. Bezeichnet als Kurzform eine Einheit, in der Vermittlungsfunktionen ausgeführt werden, z.B. ein → *Koppelfeld*, eine → *Nebenstellenanlage* oder eine komplette Vermittlungsstelle.
2. Oft werden international die Vermittlungsstellen als Switch bezeichnet. Dabei unterscheidet man Local Switches (Ortsvermittlungsstellen) und Central Switches oder Switch Offices (Fernver-mittlungsstellen).
3. Im → *LAN*-Bereich werden Multiport-Bridges in → *Ethernet*-LANs als Switch bezeichnet.
   Während Bridges die Bandbreite im Gesamtnetz optimieren helfen, sorgt ein Switch zur Optimierung der Bandbreite in jedem einzelnen angeschlossenen Segment eines LANs. Switches ermöglichen damit exklusive und nach Bedarf wechselnde Verbindungen zwischen angeschlossenen Segmenten, so daß den über den Switch verbundenen Segmenten exklusiv die gesamte Bandbreite des LANs zur Verfügung steht.
   Bei Switches werden mehrere Stationen (Rechner mit hohem Kommunikationsbedarf oder auch → *Hubs*) an einen Switch angeschlossen. Stationen können dann, ohne das restliche LAN zu belasten, über den Switch miteinander kommunizieren. Switches arbeiten auf Schicht 2 des → *OSI-Referenzmodells*. Sie sind eine einfache Möglichkeit, die zur Verfügung stehende Bandbreite eines LANs durch Teilen des LANs besser auf weniger Nutzer aufzuteilen und dabei bisher genutzte Geräte weiter zu verwenden. Alternativen wären sonst (teurere) High-Speed-Netze. Im Unterschied zu → *Bridges* sind Switches meistens Hardware-basiert und daher schneller (→ *Latenz*: ca. 50 μs). Während in herkömmlichen Bridges die → *CPU* über Software die eingehenden Pakete analysiert und entscheidet, was mit ihnen weiter geschehen soll, wird dieser Prozeß in Switches durch intelligente Hardware realisiert, die an jedem einzelnen Port, an den Stationen angeschlossen sind, vorhanden ist. Die CPU übernimmt nur noch übergeordnete Management- und Konfigurationsaufgaben.
   Zu welchem Port und welcher dort angeschlossenen Station ein eingelesenes Paket weitergeleitet werden muß, wird im Switch anhand von Adreßtabellen ermittelt mit einer Zuordnung von → *MAC*-Adressen zu Portnummern. Sie werden je Port (mit üblicherweise 1 024 oder 4 096 Einträgen) oder als Pool für den gesamten Switch verwaltet. Werden mehr Stationen an den Switch angeschlossen als Einträge in der Tabelle verwaltet werden, werden die ältesten Adreßeinträge gelöscht. Ist ein Paket an eine Station adressiert, die nicht (mehr) in der Adreßliste steht, wird das Paket an alle angeschlossenen Ports und Stationen weitergegeben.
   Bei den Switches werden drei verschiedene Switch-Techniken unterschieden:

   - Store-and-Forward-Switche,
   - Cut-Through- oder On-the-Fly-Switche,
   - Fragment-Free-Switche.

   Bei normalen Store-and-Forward-Switches wird ein Datenpaket erst komplett eingelesen. Dann folgt die Auswertung der Adresse. Dieses Verfahren ist sicher, aber langsam. Ferner ist eine Geschwindigkeitsanpassung zwischen den einzelnen Segmenten, z.B. zwischen dem herkömmlichen Ethernet und dem Fast Ethernet, möglich. Bei Cut-Through-Switches hingegen wird die 14 Byte lange Adresse analysiert und ausgewertet, sobald nur sie komplett im Switch ist, was insbesondere bei großen Paketen einen erheblichen Zeitgewinn bedeutet. Dies reduziert die → *Latenzzeit*. Dadurch ist allerdings keine Geschwindigkeitsanpassung zwischen den einzelnen Segmenten möglich und ein Datenpaket wird u.U. in ein Segment gegeben, in dem sich gerade eine Kollision ausbreitet. Bei Fragment-Free-Switches wird das Paket bis zum 72. Byte eingelesen und erst dann weitergeleitet. Dies hat den Vorteil, daß sowohl die Adresse eingelesen und ausgewertet ist, als auch daß das Zeitfenster für eine Kollision im betreffenden Segment abgewartet wurde und sichergestellt werden kann, daß keine Kollision den Datentransport stört.

Jedes dieser Verfahren hat spezifische Vor- und Nachteile, weswegen Hersteller von Switches dazu übergegangen sind, alle Verfahren zu implementieren. Der Switch analysiert dann automatisch LAN-Last-Parameter (z.B. Anzahl der → *Kollisionen*) und nimmt eine Wahl des passenden Verfahrens vor (Cut-Through bei wenigen Kollisionen, Store-and-Forward bei vielen Kollisionen).

Kenngrößen moderner Switche sind die Filterrate, die angibt, wieviele Pakete pro Sekunde bearbeitet (nicht durchgeleitet!) werden können und die Forwarding-Rate, die angibt, wieviele Pakete pro Sekunde durch den Switch durchgeleitet (eingelesen, bearbeitet, weitergeleitet) werden können. In beiden Fällen legt man das kleinstmögliche → *Ethernet*-Paket zugrunde. Weitere Kenngrößen sind die Anzahl verwaltbarer MAC-Adressen (von Bedeutung nur in sehr großen LANs), die Latenzzeit (abhängig vom Switch-Verfahren) und der Durchsatz der Backplane. Letzterer Kennwert gibt an, welche Kapazität innerhalb des Switches zwischen den Ports über diverse Busse transportiert werden kann und ist wichtig in wachsenden LANs. Für sie gilt die Faustregel, daß sie mindestens 50% der Summe der Einzelkapazitäten aller Ports des Switches haben soll.

Für Switches ist es von Vorteil, eine serielle Schnittstelle zu besitzen, da sie dann über ein angeschlossenes Terminal konfiguriert und weiterhin verwaltet werden können, auch wenn das LAN selbst ausfällt. Während des LAN-Betriebes werden Switches üblicherweise mit → *SNMP* verwaltet.

Einsatzmöglichkeiten für Switches sind insbesondere Stationen in Arbeitsgruppen, die häufig miteinander Daten austauschen, z.B. eine Abteilung und ihr → *Server* (File- oder Druckserver). Die Abteilung kann dann nur über den Switch miteinander kommunizieren und belastet nicht den Rest des LANs.

Switched Hub

→ *Hub*.

Sx

Abk. für → *Simplex*.

Symmetrisches Kabel

Begriff aus dem → *Verkabelungsstandard* EN 50173 der → *CENELEC*.
Ein symmetrisches Kabel ist jedes aus einem oder mehreren metallenen, symmetrischen Verseilelementen bestehendes Kabel, d.h. jedes Kabel aus einem oder mehreren Paaren oder Vierern bestehende Kabel.

Synchron

Von griech. synchron = gleichzeitig, -laufend, (zeitlich) zusammenfallend.

1. Im physikalischen Sinn sind zwei Signale synchron, wenn ihre korrespondierenden Merkmale genau zum gleichen Zeitpunkt auftreten (Phasengleichheit).
2. Im Sinne der digitalen Codierung bedeutet Synchronität nicht nur Phasen- oder Taktgleichheit, sondern auch die Korrespondenz von Bits.
3. Im Sinne der digitalen Datenübertragung bedeutet Synchronität die zeitlich periodische Wiederkehr in festen Abständen der Zuteilung von Übertragungskapazität zu einem Kanal auf einem Medium.
4. Im Sinne der Datenkommunikation sind zwei an einer Datenübertragung beteiligte Kommunikationspartner (Sender und Empfänger) synchron, wenn sie sich im gleichen Stadium eines die Kommunikation regelnden Algorithmus (Protokoll) befinden.

Synchrone Übertragung

Datenübertragung, bei der der Empfänger mittels eines Taktgebers mit dem Sender ständig gleichphasig gehalten wird. Schneller als asynchrone Übertragungsverfahren, bei denen durch zusätzliche Informationen im normalen Datenstrom Synchronität hergestellt werden muß.

SYNET

Abk. für Synchronous Network.
Bezeichnung der Deutschen Telekom für ihr Projekt zum Aufbau eines nationalen synchronen Fernnetzes und zur Überleitung des Netzes von

der → *PDH*-Technik zur → *SDH*-Technik. Das Netz besteht aus den Komponenten → *NKÜ 2000* und → *VISYON*.
Gestartet 1989.

Sysop

Abk. für System Operator.

1. In Computernetzen der lokale Verwalter einer → *Mailbox* oder eines Netzknotens. Zuständig für Wartung, Zuteilung von → *Paßwörtern*, Diensteangebot etc.
2. Andere Bezeichnung für → *LSA*.

System 1

Erstes Mobilfunksystem in GB, handvermittelt und analog. Startete 1956 in South Lancashire und 1965 im Raum London, dort mit 300 Teilnehmern.

System 3

Zweites analoges Mobilfunknetz in GB. Start 1971 in London. Operierte im 160-MHz-Bereich (Uplink: 158,53 bis 159,90 MHz, Downlink 163,03 bis 164,40 MHz) mit 37 Halbduplexkanälen und 25 kHz Kanalbandbreite. Wurde 1973 um weitere 18 Kanäle erweitert. Dennoch kam es zu Kapazitätengpässen (insbesondere in London), weswegen 1981 → *System 4* in Betrieb genommen wurde. System 3 wurde 1986 geschlossen.

System 4

1. Erstes automatisches, analoges, landesweites, nicht-zellulares Mobilfunksystem in GB. Startete 1981 und erreichte landesweite Deckung. Operierte im 160 MHz-Bereich genau wie → *System 3*, allerdings sank die Bandbreite auf 12,5 kHz, so daß 110 Duplexkanäle zur Verfügung standen. Dennoch kam es bereits Ende 1982 zu Kapazitätsproblemen. Nachfolger wurde → *TACS*. System 4 lief bis zur Schließung 1991 aus.
2. System IV war Bezeichnung für ein elektromechanisches Vermittlungssystem aus dem Hause Siemens.
   → *EWS* I.

System 12

Auch System Alcatel 1000 S12 genannt. Vermittlungssystem zum Einsatz in Fest- und Mobilfunknetzen aus dem Hause Alcatel SEL AG, hervorgegangen aus dem System 1240 der ITT, das auf dem Labortyp 1230 und dem Pilotsystem 1220 basiert. Ist neben dem E10 das zweite Vermittlungssystem aus dem Hause Alcatel.
Einziges Vermittlungssystem mit vollverteilter Steuerung. Es bietet mit Zusatzeinrichtungen auch die Möglichkeit, breitbandige Datenströme zu vermitteln.
Darüber hinaus wird es auch in Mobilfunksystemen eingesetzt.
Neben dem Vermittlungssystem → *EWSD* das Standardvermittlungssystem bei der Deutschen Telekom.

Systemviren

Bezeichnung für eine bestimmte Art von → *Viren*. Auch BSI für Boot System Interface oder Bootsektor-Virus genannt.
Sie nisten sich im → *Boot*-Sektor einer → *Diskette* oder → *Festplatte* ein, indem sie den originalen Boot-Sektor in einen anderen Sektor kopieren und diesen als defekt markieren. Ferner vermindern sie die Anzahl der auf dem Datenträger belegten Bytes um ihre eigene Größe, damit sie darüber nicht erkannt werden können. Anschließend wandert der Virus ins → *RAM*, um von dort aus auf jeden Boot-Sektor einer neuen Diskette oder Festplatte zu springen.

Systimax

Bezeichnung des proprietären Standards für Inhouse-Verkabelung aus dem Hause AT&T.

T

T1, -1c, -2, -3, -4

Abkürzende Bezeichnung in den USA und Japan für eine standardisierte Datenverbindung (Transmission Link, Trunk). Auch oft als → *DS 0, 1, 2, 3, 4* bezeichnet.

T1 liegt bei 1,544 Mbit/s. Die interne Struktur schwankt, da T1 bereits von AT&T vor einer Standardisierung durch die ITU eingeführt wurde.

Im System von AT&T werden über einen T1-Link i.d.R. 24 ISDN-Kanäle mit 56 kbit/s (DS0), 24 Signalisierungskanäle zu je 8 kbit/s und zusätzlich ein 8-kbit/s-Steuerkanal zur Rahmensynchronisation abgewickelt. Die 56 kbit/s resultieren aus der Abtastung mit 8 kHz, wobei die Abtastwerte jedoch nur mit 7 Bit (nicht wie in Europa üblich mit 8 Bit) codiert werden. Ein T1-Rahmen ist 193 Bit lang: (24 * (7 + 1)) + 1 Bit und dauert 125 μs. Das 193. Rahmenbit toggelt von Rahmen zu Rahmen und ergibt das Bitmuster 010101...

Im System der ITU werden 8 Datenbit je Nutzkanal verwendet und das Steuerungsbit ist das 1. (und nicht das 193.) Bit im Rahmen. Ferner toggelt es nur in den ungeraden Rahmen, während es in den geraden Rahmen mit zu Signalisierungszwecken herangezogen wird.

Nicht komplett genutzte T1-Kanäle sind als → *Fractional T1* bekannt.

T1c ist eine Zwischenstufe mit 3,142 Mbit/s und wurde 1977 mit einer Generation neuer Multiplexer eingeführt, die zwei T1-Leitungen zusammenfaßt.

T2 liegt bei 6,312 Mbit/s und stellt 96 Nutzkanäle zur Verfügung.

T3 liegt bei 44,736 Mbit/s und besteht aus 27 T1 Kanälen mit insgesamt 672 Nutzkanälen.

T4 liegt bei 274,176 Mbit/s und stellt 4 032 Nutzkanäle zur Verfügung.

Die später von der ITU definierten Raten (gültig für den Rest der Welt) sind → *E1, 2, 3, 4*.

Diese Hierarchie stammt aus der Anfangszeit digitaler Datenübertragung mit → *PCM* (1961), als noch keine international verbindliche Norm existierte.

T1-Verbindungen wurden ab 1962 in Nordamerika zwischen Fernvermittlungsstellen zur Übertragung von PCM-codierter Sprache eingeführt.

T1-Leitungen im Anschlußbereich zum breitbandigen Datentransfer wurden als Produkt für Großkunden in Nordamerika 1977 eingeführt. Weil es seinerzeit teuer war, errang diese Art des Anschlusses erst Mitte der 80er Jahre eine gewisse Bedeutung. In den 90er Jahren stieg der Bedarf nach Anschlüssen mit Kapazitäten zwischen den offiziellen Bitraten, weswegen es zum Angebot von Bitraten außerhalb der offiziellen Hierarchie kam (→ *Fractional T1*).

T.120

Standard der → *ITU* für → *Application Sharing* (auch zwischen mehreren Teilnehmern) bei → *Videokonferenzsystemen*. Als Medium werden → *ISDN*, analoge Telefonnetze (Modem) und → *LANs* unterstützt. Auch als Standard für 'audiographical conferencing' bezeichnet.

T.120 faßt mehrere Unterstandards zusammen, die sich in zwei Gruppen gliedern. T.120 bis T.125 definieren die technischen Gegebenheiten einer Sitzung, wohingegen T.126 bis T.127 Standards für Anwendungen definieren.

T.120 wurde im Dezember 1995 in Santa Clara dank Unterstützung durch das → *IMTC* verabschiedet, nachdem andere proprietäre Standards wie → *PCS* an Boden verloren hatten und es im April 1995 zur Kooperation der Unternehmen Microsoft und Picturetel kam.

TA

1. Abk. für Terminaladapter.
   Mit ihm können auch nicht-ISDN-fähige Endgeräte für 2-Draht-Schnittstellen an das → *ISDN* (mit 4-Draht-Schnittstelle) angeschlossen werden. Standardisiert in mehreren Varianten, wie z.B. → *a/b-Wandler*, → *X.21*, → *X.21bis* und → *X.25* für verschiedene Dienste in I.461 und I.463.
2. Abk. für Technikfolgenabschätzung.
   Interdisziplinäre Analyse aller Folgen in Wirtschaft und Gesellschaft, die Resultate des Einsatzes der Technik betreffend.

TAC

1. Abk. für Total Area Coverage.
   Name eines Pagingsystems der späten 60er Jahre in den USA.
2. Abk. für Terminal Access Controller.

TACS

Abk. für Total Access Communication System.

Bezeichnet einen technischen Standard für ein analoges, zellulares, automatisches Mobilfunknetz. In Europa hauptsächlich in GB und Irland, aber auch in Italien und Spanien verbreitet. In insgesamt 10 Ländern eingeführt.

Basiert in Teilen auf → *AMPS* und operiert im 900-MHz-Band (Uplink: 890 bis 915 MHz; Downlink: 935 bis 960 MHz) bei einer Kanalbandbreite von 25 kHz und 45 MHz Duplexabstand. Bietet 1 000 Kanäle an. Weltweit ca. 1 Mio. Nutzer. Wurde weiterentwickelt zu → *E-TACS*, um in Ballungsgebieten (konkret: Großraum London) mehr Kanäle zur Verfügung stellen zu können.

TACS wurde im Vergleich zu AMPS für kleine Länder mit hoher Bevölkerungsdichte entwickelt, was zu einer geringeren Kanalbandbreite (25 kHz vs. 30 kHz) führte. Kann bis zu 14,04 Erl/km² abwickeln.

In Japan regional betrieben mit leichten technischen Änderungen. Die zwei japanischen Systeme J-TACS (Uplink: 915 bis 925 MHz, Downlink: 860 bis 870 MHz, 400 Kanäle mit 25 kHz Bandbreite bei 55 MHz Duplexabstand und einem Signalisierungskanal mit 8 kbit/s) und N-TACS (Signalisierungskanal, Up- und Downlink wie J-TACS, 800 Kanäle mit 12,5 kHz Bandbreite bei 55 MHz Duplexabstand) operieren regional.

Genormt 1982 von einem Joint-venture der British Telecom sowie den Dienstanbietern Racal und Cellnet Personel. In Betrieb seit 1984.

TAE, TAE-F, TAE-N

Abk. für Telekommunikations-Anschalte-Einrichtung (Telekom-Begriffsschöpfung), auch TAE-Steckdose genannt.

Eine Standard-Steckverbindung zum Anschluß analoger Endgeräte wie Telefon, Telefax, Anrufbeantworter und → *Modem* an das analoge Telefonnetz.

Man unterscheidet zwischen der TAE-F (für Fernsprecheinrichtungen wie Telefone) und der TAE-N (für Nicht-Fernsprechendgeräte, z.B. Anrufbeantworter, → *Modems*, → *Fax*). Der Unterschied liegt in der verschiedenen Steckerausführung, d.h. F-Stecker passen nicht in N-Buchsen und umgekehrt. Da die Kontaktbelegung identisch ist, kann man sich behelfen, indem man die das Einschieben der Stecker in die Buchsen verhindernden und überstehenden Plastikzungen der Stecker mit einer Klinge oder einem Messer entfernt.

TAG

Abk. für Technical Advisory Group.

Bezeichnung für beratende Gruppen der → *IEEE*, die im Gegensatz zu den Working Groups keine Standards selber erarbeiten, sondern nur auf Anfrage Informationen den Working Groups zur Verfügung stellen.

Tagesverkehrskurve

→ *TVK.*

Taligent

Bezeichnung des gemeinsam von IBM, Apple und Motorola entwickelten objektorientierten → *Betriebssystems*. Apple ist bereits aus der Entwicklung ausgestiegen und die Zukunft von Taligent ist fraglich.

TAN

Abk. für Transaktionsnummer.

Bezeichnung für Nummern, die der Nutzer eines → *Home-Banking*-Dienstes als zur → *PIN* zusätzliche Sicherheitsmaßnahme zu jeder Buchung (Transaktion) angeben muß. Zulässige und gültige TANs werden dem Nutzer in Form von Listen von Zeit zu Zeit von der Bank zugeschickt.

Praktisch angewendet in Deutschland im Rahmen aller Home-Banking-Anwendungen in → *Telekom-Online*, wo sich das Verfahren außerordentlich gut bewährt hat.

Tandy

→ *TRS 80, TRS 100.*

TAO

Abk. für Telephony Application Objects.

Bezeichnung für die Softwarearchitektur des Systems → *SCSA* für → *CTI.*

Tap

Engl. für Abzweigung und Abk. für Terminal Access Point.

Eine technische Einrichtung mit einem Dorn, welcher beim Anschluß eines Gerätes an ein Kabel durch die Isolierung und Abschirmung des Kabels bis auf den Innenleiter durchgedrückt wird und so die leitende Verbindung herstellt. Wurd z.B. bei → *Ethernet* (→ *CSMA/CD*) lange Zeit angewendet.

Tap-Off

Engl. Bezeichnung für Abzweiger.

TAPI

Abk. für Telephone Application Programming Interface.

Bezeichnung einer Softwareschnittstelle für → *CTI*. Gemeinsame Entwicklung von Microsoft und Intel. Entkoppelt die Anwendung von der Hardware und bietet den Anwendungen zwei Schnittstellen. Die Simple-Schnittstelle verfügt über lediglich vier Funktionen, die Full-Schnittstelle hat über 100, die nach grundlegenden, zusätzlichen und erweiterten Funktionen klassifiziert sind.

TAPI ist unabhängig vom zugrundeliegenden Netz (→ *PSTN*, → *ISDN*, Mobilfunknetz).

TAPI gilt, im Gegensatz zu → *TSAPI*, als kleine Einzelplatzlösung.

Tarifierung

→ *Charging.*

TARM

Abk. für Telephone Answering Recording Machine.

Bezeichnung für Anrufbeantworter, oft gemeint sind solche, die die Sprache digital aufzeichnen (keine Bänder).

TASI

Abk. für Time Assignment Speech Interpolation.

Bezeichnung eines Verfahrens, das es ermöglicht, auf einem mehrkanaligen System mehr Sprachka-

näle als die Nennzahl zu übertragen. Dies wird durch eine Ausnutzung der Sprechpausen erreicht, die weiteren Kanälen zugeteilt werden können.
Angewendet werden derartige Systeme in Unterseekabeln (dort auch zuerst überhaupt eingesetzt), bei Satellitenstrecken (→ *DSI*) und im Mobilfunk (→ *VOX*).

Task

Bezeichnung für einzelne Aufträge (Prozesse, Programme) an ein System, die unabhängig voneinander bearbeitet werden.
→ *Multitasking*

Tastatur

Bezeichnung eines Eingabemediums bei verschiedenen Geräten.
Das Layout der Buchstaben und Sonderzeichen auf der Tastatur ist weitgehend zufällig erfolgt. Es existierten, insbesondere im 19. Jh., verschiedene Layouts. Remington-Rand in den USA ließ sich das heute gebräuchliche Layout 1878 patentieren und hatte die Buchstaben seinerzeit derart verteilt, daß es unmöglich war so schnell zu schreiben, daß sich die Typenhebel bei mechanischen Schreibmaschinen verhakten. Es handelte sich damit nicht um ein besonders effektives Layout.
Man unterscheidet internationale (amerikanische) Tastaturen, die, im Gegensatz zur deutschen Tastatur, keine Umlaute und kein ß besitzen. Ferner fängt die erste Reihe Buchstaben oben links mit der Tastenkombination 'qwertz' an; im Gegensatz dazu die internationale mit 'qwerty' (z und y sind ausgetauscht). Das Layout mit 'qwerty' wurde von der → *ISO* 1991 zum Standard erhoben.

TAT

Abk. für Trans Atlantic Trunk.
Bezeichnung der Transatlantikabel, die für Telefonie und andere Telekommunikationsdienste verlegt wurden. Kabel für Telegraphie existierten bereits früher. Die Kabel werden von Gesellschaften betrieben, an denen die großen Carrier Anteile halten. Lebensdauer analoger Kupferkabel: 20 - 30 Jahre. Seit 1988 (8. Kabel) werden nur noch Glasfaserkabel verlegt (→ *Glasfasertechnik*). Die Kapazitäten gelten als nicht komplett genutzt, was ein Grund dafür ist, daß die Preise für transatlantische Verbindungen so hoch sind.
Erstes Transatlantikkabel für Telefonie (TAT 1) wurde 1956 zwischen GB und Kanada über 3 619 km mit 36 Sprechkanälen ausgelegt. Ab 1960 verfügte es über 87 Kanäle (mit spezieller Technik, die Sprechpausen in Kanälen für die Übertragung anderer Kanäle nutzt). Es wurde am 27. November 1978 abgeschaltet. Es folgten TAT 2 bis 4 mit je 138 Sprechkreisen. Diese Kabel sind nicht mehr in Betrieb. TAT 5 mit 720 Sprechkreisen wurde 1970 von Conit/Cadiz nach Green Hill/Rhode Island verlegt. Es verfügt alle 10 Seemeilen über einen → *Repeater* (361 insgesamt). TAT 6 wurde 1976 von St. Hilaire de Riez/Vendee nach Green Hill/Rhode Island mit 684 Repeatern alle 5,1 Seemeilen für 4 000 Sprechkreise verlegt. Es folgte 1983 von Lands End/GB nach Tuckerton/New Jersey TAT 7 mit 660 Repeatern alle 5,1 Seemeilen für 4 200 Sprachkanäle. Seit 1988 TAT 8 von Tuckerton/New Jersey nach Penmarch/Frankreich und Widemouth/GB (Verzweigung 300 km vor Europa) verlegt wurde, werden nur noch Glasfaserkabel verlegt. TAT 8 verfügt über 7 560 Kanäle zu 64 kbit/s in vier → *Einmodenfasern*. Zusätzlich sind zwei Ersatzfasern verlegt. Genutzt wird ein Licht von 1 310 nm. TAT 9 mit 560 Mbit/s ist seit 1992 in Betrieb.
Es folgten die gleichdimensionierten TAT 10 ein und TAT 11 zwei Jahre später.

TAV

Spanisches analoges Mobilfunknetz aus der vorzellularen Zeit. Arbeitet im 160-MHz-Bereich. Wurde nur in den Städten Madrid und Barcelona Mitte der 70er Jahre aufgebaut; 1991 geschlossen.

TAXI

Abk. für Transparent Asynchronous Receive/ Transmit Interface.

TbF

Abk. für Technische und betriebliche Funktionsbestimmungen.
Bezeichnung eines Regelwerkes, nach dem Unternehmen technisches Gerät an das Netz der Deutschen Telekom anschließen dürfen, um ihrerseits (z.B. als Anbieter von → *Mehrwertdiensten*) Telekommunikationsdienstleistungen anbieten zu können.

TBL

Abk. für Technik der Betriebslenkung.
Seltenere Bezeichnung für Teile des → *Netzmanagements*.

TBR

Abk. für Technical Basis for Regulations. Bezeichnet die Grundlage von → *CTRs* der → *ETSI*.

TC

1. Abk. für Telecommunications.
2. Abk. für Technical Committee.

TCA

Abk. für Telecommunication Act.
In den USA die Bezeichnung für das zentrale gesetzliche Regelwerk zur Regelung des Telekommunikationswesens.

TCAP

Abk. für Transaction Capability Application Part.
→ *SS#7*.

TCIF

Abk. für Telecommunications Industry Forum.

Bezeichnung für ein von der → *ATIS* unterstütztes Gremium in den USA, das Richtlinien für die Einführung neuer Techniken und Dienste für die US-Industrie erarbeitet.

TCM

Abk. für Trellis Codierte Modulation.

Eine aufwendige Modulationsmethode mit Fehlerkorrekturmechanismus.

Da bei hochwertigen → *digitalen Modulationsverfahren* (z.B. → *ASK* oder → *PSK*) die Signale im Zustandsraum sehr eng beieinanderliegen, ist der Vorgang der Decodierung schwierig.

TCM sorgt dafür, daß zwei in Amplitude und Phase ähnliche Zustände im Zustandsraum nicht unmittelbar nebeneinander liegen können. Somit ist es möglich, selbst bei stark verrauschten Signalen die digitalen Signale zu decodieren.

TCNS

Abk. für Thomas Conrad Network System.

Bezeichnung eines Hochleistungs- → *LANs* der Thomas Conrad Corporation. Übertragungsgeschwindigkeit: 100 Mbit/s. An einen aktiven → *Hub* (Smart Hub) werden sternförmig bis zu acht Stationen über Glasfaserkabel und maximal 1 500 m angeschlossen.

Bei Koaxialkabel als Medium sinkt die Entfernung auf 100 m, bei → *STP* auf 150 m. Bis zu 32 der Hubs lassen sich zusammenschalten.

Andere LAN-Techniken, wie z.B. → *Ethernet*, lassen sich über → *Brücken* anschließen.

Zugrunde liegt ein → *Token*-Verfahren.

TCNZ

Abk. für Telecom New Zealand.

Der nationale → *Carrier* in Neuseeland.

TCO 91, 92, 95

Bezeichnung für Normen aus den entsprechenden Jahren der schwedischen Angestelltengewerkschaft TCO für Bildschirmarbeitsplätze.

TCO 91 stellt dabei eine Ergänzung und Verschärfung von → *MPR II* dar, da ein zusätzlicher Meßpunkt in 30 cm Entfernung vor dem Bildschirm eingeführt wurde und zusätzlich die Grenzwerte verringert wurden.

TCO 92 ergänzt TCO 91 um Vorschriften aus den Bereichen Energiesparschaltung, Elektrizitäts- und Brandsicherung.

TCO 95 erstreckt sich auch auf Tastatur sowie auf Hitze und Geräuscherzeugung. Ebenfalls soll die globale Umweltverträglichkeit beim Herstellungsprozeß berücksichtigt werden.

TCP/IP

Abk. für Transmission Control Protocol und Internet Protocol.

Für den Datentransport zwischen DV-Umgebungen unter → *Unix* entwickelte und dort weitverbreitete Protokollkombination. Auch Grundlage des → *Internet*. TCP/IP arbeitet auf den Schichten drei und vier des → *OSI-Referenzmodells*.

TCP ist dabei ein verbindungsorientiertes Transportprotokoll, das bereits in der 2. Version vorliegt (erste wird nicht mehr verwendet) und eine Vollduplex-Punkt-zu-Punkt-Verbindung ermöglicht. Es erweitert das darunterliegende IP um Funktionen zur Datensicherung und Verbindungssteuerung.

Der Verbindungsaufbau wird durch einen Drei-Wege-Handshake vorgenommen. Fehler werden erkannt und in Grenzen korrigiert, weswegen TCP, im Vergleich zum seltener benutzten → *UDP*, als langsam gilt. TCP wird daher dort verwendet, wo viele Daten sicher übertragen werden müssen. TCP ist definiert im RFC 791.

IP ist das verbindungsunabhängige Vermittlungsprotokoll. Als zentrale datentragende Einheit wird das → *Datagramm* definiert. IP ist vom genutzten Medium unabhängig und gleichfalls für LANs wie für WANs geeignet. IP wird von mehreren darüberliegenden Protokollen genutzt, nicht nur von TCP, sondern ebenso von → *UDP*.

IP-ähnlich ist auch das Internet Control Message Protocol (ICMP)

Eine IP-Adresse besteht bei Version 4 des IP aus vier Zahlen zwischen 0 und 255, die durch Punkte voneinander getrennt sind (Dotted Notation). Die IP-Adresse bzw. Teile von ihr werden von Netzadministratoren vergeben. Jeder Administrator vergibt dabei den Teil der Adresse, der sein Netz beschreibt. Dabei haben die Administratoren für Eindeutigkeit zu sorgen. Im weltweiten Internet übernehmen die Rolle der Administratoren die Network Information Center (→ *NIC*).

IP ist definiert im RFC 793.

Durch das Konzept der → *DNS* ist es möglich, der IP-Nummernkombination einen oder mehrere umgangssprachliche und dadurch leicht zu merkende Wortkombinationen zuzuordnen.

Vinton Cerf und Bob Kahn entwickelten 1974 erste Ansätze zu → *TCP* in ihrem Beitrag 'A Protocol for Packet Network Intercommunications'. Verabschiedet wurde TCP 1982 nach einigen Jahren Arbeit. Genaugenommen ist es aus → *NCP* hervorgegangen.

TCSEC

Abk. für Trusted Computer System Evaluation Criteria.

→ *Orange Book*.

TD

Abk. für Telegrammdienst.

→ *Telegramm.*

TDD

Abk. für Time Division Duplex.

Duplexverfahren, bei dem dieselbe Frequenz für Uplink und Downlink, aber zu verschiedenen Zeiten genutzt wird. Dabei wird periodisch im Ping-Pong-Verfahren zwischen Up- und Downlink hin- und hergeschaltet. Wird z.B. bei → *CT2* angewendet. Vorteil dieser Technik gegenüber einem FDD-System mit verschiedenen Frequenzen für Up- und Downlink ist der Wegfall der teuren Duplexbausteine, die durch einen einfachen Schalter ersetzt werden und die Möglichkeit der Nutzung von Antennen-Diversity beim Senden und Empfangen bieten. Nachteilig ist die erforderliche, aufwendige Synchronisation zwischen Sender und Empfänger. Diese ist sehr schwierig, wenn die Laufzeitunterschiede zwischen dem Sender und verschiedenen Empfängern stark unterschiedlich ausfallen oder wenn starke Störungen durch → *Mehrwegeausbreitung* auftreten.

TDHS

Abk. für Time Domain Harmonic Scaling.

Bezeichnung für ein bei der Sprachcodierung angewendetes Verfahren. Eingesetzt bei → *ATC.*

TDMA

Abk. für Time Division Multiple Access.

Ein Zugriffsverfahren für einen Kanal oder ein Medium, bei dem die volle Bandbreite des Kanals für eine bestimmte Zeit dem Teilnehmer oder der sendenden Station zur Verfügung gestellt wird. Die Zeit wird in sog. Slots unterteilt. Zwischen den Slots liegen, nicht für Nutzdatenübertragung genutzte, Guard-Times als Schutzzeiten, die zur Synchronisation dienen.

Beim TDMA-Verfahren sind beim Zugang zum Medium ein Multiplexer und am Ende beim Empfänger ein Demultiplexer notwendig, die genau zueinander synchronisiert sein müssen.

TDMA ist frequenzökonomischer als → *FDMA*, erfordert aber sehr genaue Synchronisation und damit hochentwickelte Hardwarebausteine.

Alle digitalen zellularen Mobilfunknetze wenden TDMA in Verbindung mit FDMA an.

→ *CDMA*, → *SDMA.*

TDP

Abk. für Telocator Data Protocol.

Bezeichnung für einen Protokollstapel zum Übertragen auch längerer Nachrichten (bis 64 KByte) und Dateien zu mobilen Empfängern. Möglich ist auch Datenübertragung zu mehreren Empfängern, Speichern und Abrufen von Nachrichten und Sperren von Nachrichtenempfang. TDP ist der Nachfolger eines Protokolls mit dem Namen TAP. Entwickelt von der → *PCIA*. Zwei Jahre wurde es getestet. Eine zweite Version wurde Ende 1995 vorgestellt.

Es wird erwartet, daß dieses Protokoll zur Datenübertragung zu → *PDAs* und für Two-Way → *Paging* eingesetzt und deren Verbreitung fördern wird.

TDR

Abk. für Time Domain Reflectometer.

Bezeichnet in der → *Ethernet*-Welt einen Kabeltester; ein Gerät zum Testen von Kabeln und Auffinden von Fehlern.

TDSV

Abk. für Telekommunikationsdienstunternehmen-Datenschutzverordnung.

Bezeichnung für eine Verordnung des → *BMPT* vom 10. Juli 1996 über den Umgang der Unternehmen, die Telekommunikationsdienstleistungen anbieten, mit kundenbezogenen Daten.

TE

Abk. für Terminal Equipment.

TED

1. Abk. für Teledialog.
   Erster Name des → *Televoting*-Dienstes der Deutschen Telekom.
2. Abk. für Television Disc.
   Bezeichnung eines Aufzeichnungsverfahrens von Bildinformationen auf eine Platte. Entwickelt von Telefunken Anfang der 70er Jahre. Sie war kein besonders großer Erfolg.
   → *VLP*, → *AHD/VHD.*

TEDIS

Abk. für Trade Electronic Data Interchange System.

Bezeichnung eines Programms der EU zur Einführung des elektronischen Datentransfers im Handelssektor über Telekommunikationsnetze.

Erster Beschluß aus dem Oktober 1987, Ergänzung um eine zweite Phase im Juli 1991.

TEI

1. Abk. für Terminal Endpoint Identifier.
2. Abk. für Text Encoding Initiative.

Teilhaberbetrieb

Begriff aus der Welt der Großrechner. Bezeichnet eine Betriebsart, bei der mehrere Teilnehmer über → *Terminals* oder Stand-alone-Rechner und Datenleitung an einen Zentralrechner angeschlossen sind, an diesen aber nur klar definierte Anfragen (→ *Transaktionen*) aus einer streng begrenzten Menge stellen dürfen. Die Benutzer dürfen nicht frei verschiedene Programme aufrufen oder selber

programmieren. Klassische Beispiele: Buchungssysteme für Hotels, Fluglinien etc.
→ *Teilnehmerbetrieb.*

Teilnehmerbetrieb

Begriff aus der Welt der Großrechner. Bezeichnet eine Betriebsart, die eine Kombination von → *Multiprogramming* und Dialogverarbeitung ist. Dabei haben mehrere Teilnehmer mittels Terminals unabhängig voneinander Zugriff auf einen zentralen Rechner. Die Zuteilung des Rechners an die einzelnen individuellen → *Prozesse* erfolgt mittels der Zuteilung fester Zeitscheiben. Dadurch hat jeder Teilnehmer den Eindruck, der Rechner stehe ihm allein zur Verfügung.
→ *Teilhaberbetrieb.*

Teilnehmernetz

Andere Bezeichnung für → *Zugangsnetz.*

Teilnehmerschaltung

Bezeichnet in der Vermittlung den Teil der → *Ortsvermittlung*, an dem der Teilnehmer mit seiner einzelnen Leitung angeschlossen ist. Die Aufgaben sind (→ *Borscht*):

- Erkennen des Gesprächswunsches des Teilnehmers,
- Suche nach einer freien Wahlstufe,
- Elektrische Versorgung des Anschlusses.

Teilschicht

→ *Schicht.*

TEKADE

Abk. für Telefon, Kabel und Drahtwerke.
Nürnberger Unternehmen, das zu den Amtsbaufirmen der Deutschen Bundespost gehörte und 1982 in der → *PKI* von Philips aufging.

TEL

Abk. für Trans Europe Line.
Bezeichnung für den Zusammenschluß von 14 → *Carriern* aus Ost- und Mitteleuropa sowie Deutschland und Österreich, die gemeinsam ein 14 000 km langes Glasfaserkabel von Deutschland und Österreich über Mittel- bis nach Osteuropa verlegen wollen.
Bis 1995 waren 4 000 km verlegt.

telco

Abk. für Telecommunication (Telephone) Company.
In den USA sehr beliebte, aber auch mittlerweile international übliche Abkürzung für alle Unternehmen, die Dienstleistungen im Markt für Telekommunikation anbieten (Netz- und Dienstanbieter).
Häufig nur im Sinne von → *PTT* benutzt.
→ *Carrier.*

Tele-Arbeit

→ *Tele-Working.*

Tele-Banking

Auch Home-Banking oder Electronic-Banking genannt. Bezeichnung für alle Formen der Abwicklung von Bankgeschäften mit Hilfe von Telekommunikationseinrichtungen.
Hauptsächliche Anwendungsform ist das direkte Zusammenschalten von Bankcomputer und privatem PC mit Hilfe eines Online-Dienstes (in Deutschland → *Telekom-Online*) zur Durchführung von Transaktionen (Überweisungen) oder dem Abruf von Informationen (Kontostand, Börsenkurse etc.).
Weitere Realisierungsmöglichkeit sind Operatordienste, die über ein → *Call Center* realisiert werden. Dort berät ein Mitarbeiter der Bank und führt ggfs. Transaktionen durch.
Eine Variante davon für standardisierte Abfragen, wie z.B. den Kontostand, sind → *IVR*-Systeme.

Telecenter

→ *Tele-Working*

Telecom

Bezeichnung der weltweit größten einzelnen Fachmesse, ausschließlich für Vermittlungs-, Übertragungs- und Kommunikationstechnik. Seit 1971 immer in Genf stattfindend. Nur alle vier Jahre. Zuletzt 1995.
→ *http://www.itu.ch/TELECOM/*

Telecom e.V.

Kurzbezeichnung für die deutsche Vereinigung von Anwendern der geschäftlichen Telekommunikation e.V. Bezeichnung eines Verbandes von Nutzern der Telekommunikationsdienstleistungen.
Nicht zu verwechseln mit der Telekom (Deutsche Telekom AG).
→ *ECTUA*, → *INTUG.*

Tele-Commuter

→ *Tele-Working.*

Teledesic

Bezeichnung eines geplanten Satellitensystems für Mobilfunk. Initiiert von Bill Gates (Microsoft) und Craig McCaw (McCaw Mobile Communications). Die geplanten Investition liegen insgesamt bei 9 Mrd. $, die Kosten je Satellit bei 10 Mio. $. Kalkuliert wird mit einer Teilnehmerzahl von 10 bis 20 Mio. Das System besteht aus 924 Satelliten (davon 840 aktiv, je vier Reservesatelliten in jeder Umlaufbahn) mit Inter-Satelliten-Links im 60-GHz-Bereich auf 21 polaren Umlaufbahnen in 700 km (435 Meilen) Höhe. 95 % Flächendeckung weltweit. Die Inklination soll 98,2° betragen, die minimale Elevation 40°, da Übertragung im

→ *Ka-Band* (1 GHz Bandbreite) infolge athmosphärischer Störanfälligkeit am besten möglich ist, wenn der Satellit fast direkt über der → *MS* steht. Dies führt zur hohen Zahl von Satelliten.

Umlaufzeit eines Satelliten um die Erde: 95 Min. Satellitendurchmesser: 12 m. Satellitengewicht: rund 770 kg. Länge der Empfangsantenne der MS: 25,4 cm.

Jeder Satellit kann 1 400 16-kbit/s-Sprachkanäle und 15 → *T1*-Kanäle gleichzeitig abwickeln. Es wird mit einer Lebenszeit der Satelliten von 10 Jahren gerechnet.

Zugriffsverfahren sind → *TDMA* und → *FDMA*. Vermittlungstechnik ist → *ATM*-basiert. Die Erde wird in 20 000 Superzellen geteilt (ca. 160 km Kantenlänge), wobei jede wiederum in neun kleinere Zellen unterteilt ist (ca. 53,3 km Kantenlänge). Der → *Footprint* eines Satelliten mit einem Radius von 706 km versorgt maximal 64 Superzellen. Superzellen sind in Bändern parallel zum Äquator angeordnet. Multimediadienste von normaler Telefonie über Videokonferenzen bis hin zu hochqualitativer Standbildübertragung im medizinischen Bereich. Hauptanwendungsbereiche sind Datentransfer, Medizin und Gesundheit, Bildung, Wissenschaft. Damit wird als Markt weniger der private oder geschäftliche Nutzer anvisiert, als vielmehr Reseller oder geschäftliche Großkunden.

Es werden Übertragungsraten von 16 kbit/s über 2,048 Mbit/s, 155,52 Mbit/s bis hin zu 1,24 416 Gbit/s zur Verfügung gestellt. Terminals sollen 1 000 $ (Sprachkommunikation) und 6 000 bis 8 000 $ (Breitbandkommunikation) kosten. Kosten für Sprachübertragung: 4 Cent/Minute.

Das Projekt wurde 1994 der Öffentlichkeit vorgestellt und ist aus dem Projekt → *Brilliant Pebbles* hervorgegangen. Die Inbetriebnahme ist für 2001 geplant. Das Konkurrenzsystem ist → *Spaceway*.

→ *http://www.uscom.ch/companies/lt/teledesic/teled.html/*

Tele-Dienste

Oberbegriff für alle Dienste, die eine Form der → *Tele-Präsenz* durch Telekommunikation erzeugen. Meistens auf bestimmte Anwendungsfälle oder -branchen zugeschnitten, wie z.B. → *Tele-Working*, → *Tele-Medizin*, → *Tele-Banking* oder → *Tele-Learning*.

Telefax

→ *Fax*.

Telefon

Das Endgerät bei der Sprachkommunikation.

Telefonnetz

Oft gebrauchte Bezeichnung für das Netz, das Sprachkommunikation abwickelt, obwohl der Telefondienst (Sprachvermittlung) mittlerweile nicht mehr der einzige ist, der über dieses Netz abgewickelt wird. Oft auch Fernsprechnetz genannt. Streng genommen existiert kein Telefonnetz.

→ *PSTN*, → *POTS*.

Telegrafen-Wegegesetz

Abgekürzt mit TelwegG.

Bezeichnung für das Gesetz über Wegerechte für Telekommunikationsleitungen. Verabschiedet am 18. Dezember 1899, Ausführungsbestimmungen vom 26. Januar 1900. Gültigkeit im Zuge der → *Deregulierung* begrenzt bis zum 31. Dezember 1997.

Telegramm

Bezeichnung für eine schriftliche, über ein Telekommunikationsnetz übertragene Nachricht mit begrenztem Schriftsatz. Früher auch → *Depesche* genannt. Wird in Deutschland über das → *GENTEX*-Netz der Deutschen Telekom abgewickelt.

1849 wurde in Deutschland der jedermann zugängliche Telegraphiedienst eingeführt, nachdem erste derartige Nachrichten bereits seit 1833 übertragen wurden, teilweise noch in Labors oder mit Hilfe anderer und ähnlicher experimenteller Anordnungen.

Telekom-Online

Auch nur T-Online genannt. Bezeichnung für den aus Btx und schließlich Datex-J hervorgegangenen → *Online-Service* der Deutschen Telekom AG. Besonderes Kennzeichen ist dabei die Offenheit der Plattform, d.h. die technische Infrastruktur wird von der Telekom bereitgestellt, jedoch werden die Inhalte nicht von ihr speziell ausgewählt. Vielmehr kann jeder sich in das System als Anbieter einklinken.

Zugangsnetz über das ISDN oder das analoge Telefonnetz, welches aber auch über ISDN geht zu einer von 79 Btx-Vermittlungsstellen (zentrale Leitstelle in Ulm) mit bundesweiter einheitlicher Rufnummer zum Ortstarif.

Zugangsgeschwindigkeiten 1,2; 2,4; 4,8; 9,6; 14,4; 28,8 oder 64 kbit/s (14,4 oder höher ist üblich). Gateway zu anderen Diensten und externen Rechnern über → *Datex-P*. Externe Rechner kommunizieren über das EHKP oder X.29 mit den Btx-VSt. Eine Umstellung auch auf → *IP* ist geplant. Aktueller Standard zur Darstellung der abrufbaren Informationen ist → *KIT*, der abwärtskompatibel zum CEPT-Standard ist.

Es besteht die Möglichkeit der Bildung von → *CUGs*. Primäre Anwendung ist der Abruf von auf Servern abgelegten Informationen aller Art (Flug- und Bahnpläne etc.). Dieses System heißt nach wie vor Btx. Zusätzliche Dienste sind: Senden und Empfangen von Telexnachrichten, e-mail an andere Telekom-Online-Nutzer, Internet e-mail, WWW, Versenden einer Nachricht an Cityruf-Teilnehmer, Senden von Fax.

Zusätzlich stehen Gateways zu allen anderen europäischen Videotex-Systemen mit CEPT-Standard zur Verfügung.

Mit Btx können auch Daten übertragen werden, weswegen Btx ein für kleine Betriebe gut nutzbares System zur Datenübertragung kleinerer Datenmengen ist. Es kann somit eine Alternative zu einem Anschluß an ein → *X.25*-Netz sein.

Die Entwicklung war über die Jahre hinweg vom großen Flop und Verlustbringer Btx und dem Erfolg von Datex-J und anschließend T-Online gekennzeichnet. Die Wandlung resultiert primär von einer Änderung des Marketingkonzeptes, das Datex-J nicht mehr als Videotex-System oder als datenorientierten Mehrwegdienst vermarktete, sondern als echten Online-Dienst positionierte.

Die Annahme, daß Haushalte auf Basis des Fernsehers sich massenhaft an dem Dienst beteiligen würden, erwies sich für Btx als falsch. Die Nutzung für geschäftliche Anwendungen entwickelte sich hingegen besser als erwartet. Später kamen die weite Verbreitung des PCs und der generelle Erfolg der Online-Services hinzu.

Grundlage der Neuausrichtung als Datex-J war eine Fokussierung auf den PC als Endgerät und eine Vielzahl technischer Änderungen: bundesweit einheitliche Nummer, Zugriff zum Ortstarif, Steigerung der Zugriffsgeschwindigkeit (ISDN).

Darüber hinaus wurde die Dienstpalette um Internetzugang (e-mail, WWW) erweitert. Eine weitere wichtige Neuerung war der neue multimediale Grafikstandard → *KIT*.

Die Entwicklung nahm folgenden Verlauf:

Mitte der 70er Jahre

Der Brite Sam Fedida entwickelt 'Viewdata' in Großbritannien mit der Absicht, einen Informationsdienst zu ermöglichen, der von privaten Teilnehmern mit in deren Haushalten bereits vorhandenen Geräten (Telefon, Fernseher) genutzt werden kann.

Frühjahr 1976

Fedida besucht das FTZ in Darmstadt und demonstriert das britische → *PRESTEL*-System in einem Lieferwagen über eine Mietleitung nach London.

September 1977

Auf der IFA in Berlin wird ein Videotext-Demonstrator präsentiert. Eine Umfrage unter Messebesuchern beweist starkes Interesse.

1977, 1978

Nichtöffentliche Tests im Labor des FTZ.

1978

Standardisierung eines Videotext-Systems bei der → *CEPT* beginnt. Der Begriff Videotext wird von der CCITT eingeführt.

März 1978

Das Versandhaus Quelle zeigt erste Tele-Shopping-Anwendungen mit einem Videotext-System im Wembley Conference Center in London.

September 1979

Auf der IFA wird eine nationale Variante des nun Bildschirmtext (Btx) genannten Systems präsentiert, in dem bereits 350 Anbieter vertreten sind.

1980

Eine Unternehmensberatung sagt dem System eine große Zukunft voraus, da es das ideale Kommunikationsinstrument für → *KMUs* darstellt.

2. Juni 1980

In Berlin und Neuss starten zwei Feldversuche mit je 1 000 Geschäfts- und 2 000 Privatkunden, die das britische Alpha-Prestel-System nutzen. Die Feldversuche sollen ca. 46 Mio. DM gekostet haben und wiesen eine hohe Akzeptanz nach, wobei Nachrichten und Warenpräsentationen im Vordergrund standen.

November 1980

Der erste externe Rechner wird zugeschaltet.

Mai 1981

CEPT verabschiedet nach langen Verhandlungen den Standard CEPT/T/CD-06-01, der ein Kompromiß zwischen → *PRESTEL*, → *Antiope* und zusätzlichen deutschen Elementen ist.

Juni 1981

Entscheidung nach ersten Resultaten der Feldversuche, Btx bundesweit bis 1985 einzuführen.

November 1981

Auftragsvergabe an IBM, eine entsprechende Infrastruktur für bis zu 150 000 Teilnehmer zu konzipieren und aufzubauen.

1982

Das BMPT schätzt den Bedarf an Modems bis 1985 auf 400 000 und bestellt diese bei Atari.

Eine Unternehmensberatung prognostiziert die Zahl der Teilnehmer für 1986 auf 1 Mio. und die Zahl der Anbieter auf 50 000. Für 1987 werden 1,5 Mio. Teilnehmer erwartet.

18. März 1983

Der Btx-Staatsvertrag wird nach langen Verhandlungen über den gläsernen Bürger, Datenschutz und Gefahr für den Rundfunk unterschrieben.

September 1983

Offizieller Start von Btx auf der IFA in Berlin, noch mit einer Zwischenlösung, bedingt durch die Umstellung auf den CEPT-Standard. Es werden weitere ausgesuchte Teilnehmer in Frankfurt, Hamburg, München und Stuttgart angeschlossen. Noch kein offener Zugang für jedermann.

Ende 1983

10 155 Teilnehmer. 140 Ortsnetze haben Zugang zum System.

Juni 1984

Auf der Telematica in Stuttgart wird Btx mit CEPT-Standard offiziell in Betrieb genommen.

Ende 1984

21 329 Teilnehmer.

Alle Ortsnetze mit mehr als 3 000 Teilnehmern haben Zugang zu Btx.

Es zeichnet sich ab, daß die Zuwachszahlen nicht so wie erwartet sind.

Frühjahr 1985
100. Dienstanbieter.
Juni 1985
Bundesweiter Zugang zum Ortstarif.
Ende 1985
38 894 Teilnehmer.
Frühjahr 1986
Die damalige Bundespost bietet eigene Terminals an: Multitel.
Ende 1986
58 365 Teilnehmer.
1987
Erste PC-Anwendungen. Eine Btx-Karte kostet um die 1 000 bis 1 500 DM. Start einer langfristigen Neukundenbefragung, zunächst nur bei Geschäftskunden.
Frühjahr 1987
Zusätzlicher Dienst: Senden und Empfangen von Telexnachrichten.
Juni 1987
Zusätzlicher Dienst: Alphanumerische Suchfunktion und transparente Datenübertragung.
November 1987
Verbindung zum französischen Videotext-System Télétel.
Ende 1987
95 936 Teilnehmer.
1988
Liberalisierung des Endgerätemarktes in Deutschland. Erste Modems (2,4 kbit/s), die frei käuflich, aber von der damaligen Bundespost lizensiert sind, sind im Handel erhältlich.
März 1988
100 000 Teilnehmer.
April 1988
Festlegung von Spezifikationen für Software-Decoder.
Juni 1988
Zusätzlicher Dienst: Senden von Nachrichten an → *Cityruf-Empfänger.*
Ende 1988
146 929 Teilnehmer.
1989
Zusätzlicher Dienst: Verbindung zum niederländischen Viditel-System.
Erste lizensierte Software-Decoder ohne 100 %ige CEPT-Kompatibilität. Innerhalb von zwei Monaten sind 24 verschiedene Decoder auf dem Markt.
Entwicklung einer neuen und leistungsfähigeren Netzinfrastruktur beginnt.
Ende 1989
194 827 Teilnehmer.
März 1990
Zusätzlicher Dienst: Senden von Fax.
August 1990
Erster neuer Zugangsknoten in den neuen Bundesländern.
November 1990
Definition der neuen Technik (Struktur der Btx-Vermittlungsstellen, Verbindungen zu externen Rechnern (X.29) und Anschluß von ASCII-Terminals).
Ende 1990
260 111 Teilnehmer.
1991
Ende der Zwangslizensierung von Software-Decodern durch die Telekom.
Mai 1991
Neuer Dienst: Verbindung zum Telebrief-System.
Juni 1991
Erste neue Marketing-Konzepte zum Relaunch des Systems.
Ende 1991
302 274 Teilnehmer.
1992
Zugangsgeschwindigkeit für Modems verdoppelt sich auf 2,4 kbit/s.
ISDN-Zugänge werden eingerichtet.
Definition von Qualitätscontainern.
Zugriff auf X.25-Netze, um internationale Datenbankanbieter anschalten zu können.
Sommer 1992
Punktuelle Inbetriebnahme der neuen Technik.
August 1992
Zusätzlicher Dienst: Telebox-400 Gateway.
Oktober 1992
Relaunch des Systems unter der Bezeichnung Datex-J anläßlich der Telematica in Stuttgart.
Ende 1992
340 423 Teilnehmer.
Januar 1993
Zusätzliche Möglichkeit für Anbieter: Definition einer ersten Hauptseite (Homepage).
Einführung einer Gastkennung, die es Nicht-Btx-Teilnehmern an öffentlichen Terminals ermöglicht, auf die gebührenfreien Seiten zur Probe zuzugreifen.
Oktober 1993
Zusätzliche Dienste: Verbindungen zu Videotext-Systemen in Österreich, Schweiz und Luxemburg.
Volle Flächendeckung in den neuen Ländern.
Dezember 1993
Etablierung einer Arbeitsgruppe zur Definition eines neuen multimedialen Darstellungsstandards.
Ende 1993
496 671 Teilnehmer.
1994
Einführung einer bundesweit einheitlichen Zugangsnummer.
März 1994
Versuche mit Fotos in Datex-J.
Herbst 1994
Telekom und die Bundesländer einigen sich auf neue Systeme (Suchfunktionen und Übersichten) zur besseren Auffindbarkeit von Qualitätsinhalten.
7. November 1994
Präsentation des ersten multimedialen Decoders gemäß dem neuen KIT-Standard.

Ende 1994
704 000 Teilnehmer.
Januar 1995
Einführung eines neuen Suchsystems.
Zugangsknoten in Berlin und Frankfurt/M. mit 14,4 kbit/s.
März 1995
Zugangsknoten in Bonn, Düsseldorf, Hamburg, Hannover und München mit 14,4 kbit/s.
April 1995
Einrichtung von Verbindungen zu externen Rechnern mit 64 kbit/s.
1. Juli 1995
Änderung des Namens zu Telekom-Online.
Einführung von Internet-Diensten wie → *Telnet* oder → *FTP*.
September 1995
Zur IFA in Berlin Einführung von Internet e-mail und WWW.
Mai 1996
Preissenkung für Internet-Zugang auf 5 Pfg. pro Minute.
August 1996
Ausgründung aller Aktivitäten der Deutschen Telekom bezüglich Telekom-Online in die T-Online Data GmbH & Co. KG mit Sitz in Darmstadt.
September 1996
Eigene Homepage im Internet für jeden T-Online-Nutzer
70 Einwahlknoten sind mit 28,8 kbit/s-Modemzugängen ausgerüstet.
Weitere Pläne:

- Zugang zu allen T-Online Inhalten über das Internet ab Frühjahr 1997,
- Anbindung externer Server über TCP/IP,
- Volumenorientierte Abrechnung des Speicherplatzes für Inhalteanbieter (anstelle von seitenorientierter Abrechnung).

Telekommunikation

Im klassischen Sinne der Nachrichtentechnik die Sprache- und Bewegtbildkommunikation über größere Entfernungen mittels analoger Signale. Heute die Übertragung digitaler Daten (unerheblich, welche Art Nachrichten damit codiert sind) über Übertragungsnetze (belanglos ob vermittelnd oder nicht).
Das → *TKG* definiert den Begriff als „den technischen Vorgang des Aussendens, Übermittelns und Empfangens von Nachrichten jeglicher Art in der Form von Zeichen, Sprache, Bildern oder Tönen mittels Telekommunikationsanlagen“. Diese Definition ist eng verbunden mit denen der → *Telekommunikationsanlagen* und der → *Telekommunikationsdienstleistung*.
Das Wort selbst wurde von E. Estaunié geschaffen. Er veröffentlichte 1904 in Paris ein Buch mit dem Titel 'Tarif practique de Télécommunication électrique' und vereinigte damit erstmals die Begriffe Telegraphie und Telephonie zu dem Begriff Telekommunikation.

Telekommunikationsanlagen

Der Begriff ist im → *TKG* definiert als „technische Einrichtungen und Systeme, die als Nachrichten identifizierbare elektromagnetische oder optische Signale senden, übertragen, vermitteln, empfangen, steuern oder kontrollieren können“.
Der Begriff ist eng verbunden mit denen der → *Telekommunikation* und der → *Telekommunikationsdienstleistung*.

Telekommunikationsdienstleistungen

Der Begriff ist im → *TKG* definiert als „das gewerbliche Angebot von Telekommunikation einschließlich des Angebots von Übertragungswegen“. Derartige Dienstleistungen werden mit Hilfe von → *Telekommunikationsanlagen* erbracht.
Der Begriff ist weiterhin eng verbunden mit dem der → *Telekommunikation*.

Telekommunikationsordnung

→ *TKO*.

Telekommunikationsgesetz

Abgekürzt mit TKG. Bezeichnung eines Gesetzes, das die deregulierte Telekommunikationswelt in Deutschland betrifft. Es gilt im internationalen Vergleich als sehr wettbewerbsfreundlich.
Das TKG regelt im Detail Fragen zu folgenden Punkten:

- Nummernvergabe durch den Regulierer,
- Nummernportabilität zwischen Dienstanbietern,
- Lizenzklassen für Netze und Dienste,
- Interconnection von Netzbetreibern,
- Mindestdienstangebot,
- Frequenzvergabe und -nutzung,
- Entgelte.

Bestandteil des Gesetzes sind mehrere Verordnungen, die leichter zu ändern sind als das Gesetz selbst:

- Universaldienstverordnung (UDV), → *USO*,
- Entgeltregulierungsverordnung (EV),
- Verordnung über besondere Netzzugänge (Netzzugangsverordnung, → *NZV*).

Das TKG definiert einige Grundbegriffe, wie z.B. → *Telekommunikation*, → *Telekommunikationsanlage* und → *Telekommunikationsdienstleistung*. Es faßt damit erstmals die bislang durch verschiedene Verordnungen geregelten Sprach- und Datendienste in einem Regelwerk zusammen und unterscheidet diese nicht mehr.

Für bestimmte Telekommunikationsdienstleistungen sieht das TKG Lizenzen vor:

- Lizenzklasse 1: Betrieb von Übertragungswegen für öffentliche Telekommunikationsdienste zum Zwecke des Mobilfunks.
- Lizenzklasse 2: Betrieb von Übertragungswegen für öffentliche Telekommunikationsdienste zum Zwecke des Satellitenfunks.
- Lizenzklasse 3: Betrieb von Übertragungswegen für öffentliche Telekommunikationsdienste zum Zwecke des Erbringens von Telekommunikationsdienstleistungen, die nicht unter die Lizenzklassen 1 oder 2 fallen.
- Lizenzklasse 4: Anbieten von öffentlichem Sprachtelefondienst.

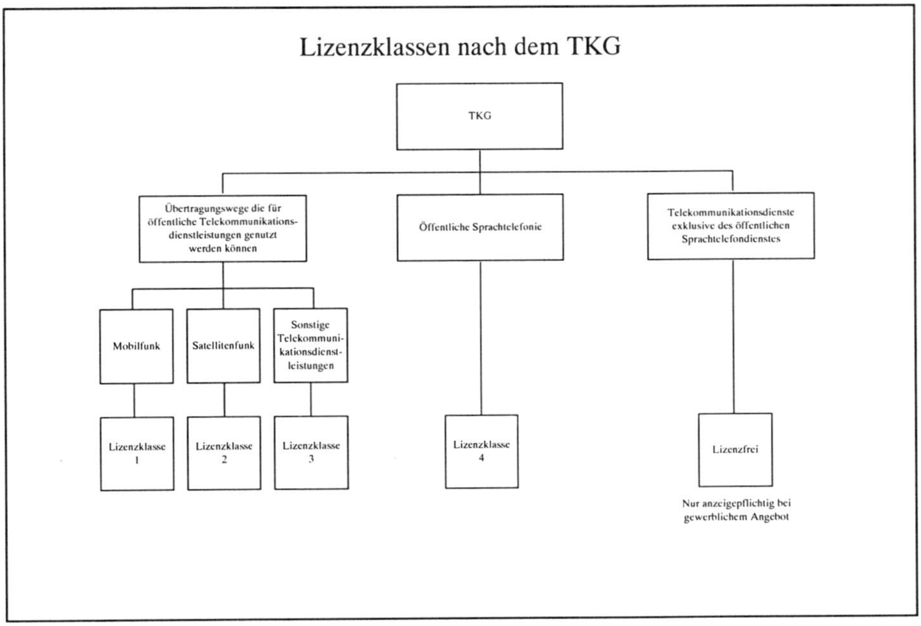

Lizenzen der Klassen 1 bis 3 können bereits beantragt werden und sind mit ihrer Erteilung gültig, wohingegen Lizenzen der Klasse 4 zwar beantragt werden können, aber erst ab dem 1. Januar 1998 wirksam werden. Ziel dieser Regelung ist das Garantieren von Investitionssicherheit. Die Veröffentlichung eines Eckpunktepapiers zum erwarteten TKG erfolgte am 27. März 1995.
Der Referentenentwurf selbst wurde im Juni 1995 durch das → *BMPT* veröffentlicht und, nach teilweise sehr kontroversen Diskussionen modifiziert, im Januar 1996 vom Bundeskabinett verabschiedet und dem Bundestag zugeleitet, der es auf Ausschußebene im März 1996 diskutierte. Nach Verabschiedung und Veröffentlichung im Bundesgesetzblatt trat es im August 1996 in Kraft. → *Deregulierung.*

Telekommunikations-Verleihungsverordnung

Bezeichnung einer am 1. November 1995 in Kraft gesetzten und bis 31. Dezember 1997 gültigen Verordnung, die regelt, in welchen Fällen Telekommunikationsdienste auf privater Infrastruktur (z.B. Kabel von Energieversorgern) angeboten werden können.
Es darf kein Durchleitungsverkehr stattfinden, d.h. ein Endpunkt der Verbindung muß sich innerhalb des Anbieternetzes befinden, das maximal eine Ausdehnung von 25 km (Radius) haben darf. Festverbindungen dürfen ebenfalls nicht durchgeschaltet werden, d.h. es muß mindestens einen Vermittlungsvorgang innerhalb des Netzes geben.

Telekonferenz

Andere Bezeichnung für → *Videokonferenz.*

Tele-Kooperation

Bezeichnung für Formen der Zusammenarbeit zwischen verschiedenen selbständigen Unternehmen (im Gegensatz zu → *Tele-Working* zwischen Einzelpersonen und ihrem Arbeitgeber) an geographisch verteilten Standorten mit Hilfe von Tele- und Datenkommunikation. Praktisches Anwendungsbeispiel ist → *Simultaneous Engineering* zwischen Hersteller und Zulieferer.

Tele-Learning

Bezeichnung für alle Formen des Lernens, bei denen Telekommunikationsdienste zum Einsatz kommen und Lehrer und Lernender räumlich getrennt sind. Auch Distant-Learning, seltener Tele-Training oder Tele-Tutoring genannt. Wird sowohl im privaten Bereich, z.B. für Kinder in der Schule, als auch im geschäftlichen Bereich, z.B. bei der beruflichen Fortbildung, eingesetzt.

Grundidee ist, daß die Lerninhalte an zentraler Stelle vorrätig gehalten und von dort unter Einsatz von Telekommunikationsnetzen und -diensten nach Bedarf durch die Lernenden abgerufen werden können. Basis dafür ist meistens der PC und die Datenübertragung mit → *Modem* über das analoge Telefonnetz oder das → *ISDN* für → *Videokonferenzen.*

Heterogene Zielgruppen bei Lernenden, die insbesondere bei beruflicher Fortbildung auftreten, führten bisher bei herkömmlicher Schulungsmethodik hinsichtlich Themenauswahl, Lerntempo und -niveau zu einem Zwang zu individuellen, aufwendigen und dadurch auch teuren Fortbildungsprogrammen.

Wesentlicher Vorteil von Tele-Learning hingegen ist die Unabhängigkeit von einem organisierten Kursbetrieb. Der Lernende kann sein Lerntempo selbst bestimmen und nach Belieben wieder da einsteigen, wo er zuletzt den Kurs verlassen hat.

Ferner galten bisher Seminare mit Referenten als teuer und führten zu langen Fehlzeiten der Mitarbeiter an ihrem Arbeitsplatz.

Die Einbeziehung multimedialer Elemente führt zu besseren Vermittlungsmöglichkeiten, auch komplizierter Sachverhalte, und kommt der Art der menschlichen Aufnahme von Informationen stärker entgegen als eine rein textbasierte Wissensvermittlung. Insbesondere der Merkeffekt steigt um 15 bis 20 %.

Tele-Learning-Systeme erlauben einen flexiblen Einsatz, da sie häufig Online- und Offline-Systeme miteinander kombinieren. Dabei kommen Offline-Systeme in Form von Lernprogrammen im Computer → *CBT* (Computer Based Training) zum Einsatz, die der Lernende selbst hinsichtlich Lerntempo beeinflussen kann. Nur bei größeren Schwierigkeiten wird ein Tutor Online dazugeschaltet.

Grundbaustein für eine multimediale Anbindung des Tutors und auch anderer Lernender ist die Videokonferenz, die mit heutiger Technik auch die Möglichkeit zum gemeinsamen Bearbeiten von Aufgaben und den Austausch von Daten bietet.

Ein wichtiges didaktisches Element sind multimediale Datenbanken, in denen Wissen abrufbar abgelegt ist, entweder in Form von Stichworteintragungen oder als multimediale Lektionen. Daten können heruntergeladen und offline genutzt oder es kann online in den Datenbanken gesucht werden.

Tele-Marketing

Bezeichnung für den Einsatz von Telekommunikationssystemen im Rahmen eines Marketing-Mix zur Beeinflussung des Kommunikationsverhaltens der Nachfrager.

Möglichkeiten sind die Einrichtung von → *Call-Centern* (→ *Hotline,* → *Helpdesk*) oder ein → *Fax-Polling* sowie → *Fax-on-Demand*-Dienst.

→ *CTI.*

Telematik

Kunstwort, zusammengesetzt aus Telekommunikation und Informatik. Deutet an, daß sich diese beiden Disziplinen immer mehr annähern und ist Oberbegriff für die Integration von Sprache-, Daten-, Stand- und Bewegtbildkommunikationstechnik.

Telematik war in den 80er Jahren einige Zeit ein Modewort und bezog sich seinerzeit nur auf die Anwendung von Nicht-Sprach-Diensten über Telekommunikationsnetze, die aus dem Zusammenwachsen der Computer- und Telekommunikationstechnik entstanden (z.B. Fernwirken). Wurde diesbezüglich jedoch von → *Multimedia* überrundet und konnte sich nicht durchsetzen.

Tele-Medizin

Allgemein die Bezeichnung für den Einsatz von Telekommunikationsdiensten im Bereich des Gesundheitswesens. Dabei gibt es drei Hauptanwendungsbereiche:

- Telepräsenz von Fachärzten bei Diagnosen, Besprechungen, vor oder bei Operationen bis hin zur Fernsteuerung von exakter als Chirurgen arbeitenden Operationsrobotern durch erfahrene weit entfernt befindliche Ärzte.
- Multimediale Patientenakten, die alle jemals für einen Patienten angefertigten Röntgenbilder, Laborwerte, EKGs, EEGs und seine Krankengeschichte etc. enthalten.
  → *DICOM.*
- Vernetzung von Kliniken, Krankenkassen, externen Datenbanken und niedergelassenen Ärzten zur schnelleren Leistungsabrechnung und Fortbildung (medizinisches Fachwissen verdoppelt sich – statistisch – alle 3,5 Jahre).

Ein bislang weniger beachteter Schwerpunkt ist die Entwicklung multimediafähiger Endgeräte zur Ein- und Ausgabe medizinischer und multimedialer Daten, etwa ein PC mit Anschlüssen für Stethoskop, Blutdruckmeßgerät, Mikrofon, Videokamera und evtl. das Mikroskop.

Telemetrie

Bezeichnung für → *Fernwirken,* auch Temex (Telemetry Exchange) genannt, d.h. das ferngesteuerte Messen, Regeln und Überwachen technischer Anlagen über das öffentliche Telekommunikationsnetz. Dabei werden hohe Anforderungen an Datenübertragungsqualität, Datendurchsatz und Echtzeitverhalten gestellt.

Téléphone de Voiture

Französisches analoges Mobilfunknetz (auch R 150 genannt) aus der vor-zellularen Zeit. Zunächst handvermittelt, dann auf automatisches Wählen umgestellt.
Arbeitete im 160- und in Ballungsgebieten auch im 450-MHz-Bereich (Uplink: 165,2 bis 168,9 MHz, Downlink: 169,8 bis 173,5 MHz).
Das System wurde nur in zehn dichter besiedelten Gebieten angeboten und erreichte daher nur 10 % Flächendeckung.
Ging 1956 im Großraum Paris in Betrieb. Vorgänger von → *RC 2000*. Handvermittlung wurde 1973 auf automatischen Betrieb umgestellt. Nach Inbetriebnahme des → *NMT-450-F*-Systems, 1987, wurden die Frequenzen im 450-MHz-Band an dieses System gegeben.

Telepoint

International gebräuchliche Bezeichnung für öffentliche Schnurlostelefonie, bei der Basisstationen an öffentlich stark frequentierten Plätzen (Bahnhof, Flughafen, Hotels, Einkaufszentren ...) zur Verfügung gestellt werden und der private Nutzer mit seinem eigenen Schnurlosteil hinaustelefonieren (und somit Gebühren zahlen) kann. Man kann i.d.R. nicht angerufen werden. Der Versuch der Deutschen Telekom wurde im Frühjahr 1993 unter dem Namen Birdie schon kurz nach Beginn der Testphase in einigen Großstädten (München mit → *CT2* und Münster mit → *CT1+*) wieder eingestellt.
Heute in Betrieb ist in GB eine Anwendung nach dem CT2-Standard und eine in Frankreich, ebenfalls mit CT2. Darüber hinaus gibt es andere kommerzielle Dienste in Fernost, wo Telepoint-Dienste, z.B. basierend auf → *PHS* in Japan, durchaus erfolgreich sind.
Über Anwendungen mittels → *DECT* wird zwar nachgedacht, allerdings werden den Telepoint-Diensten nach dem Erfolg von → *GSM* in Deutschland und im übrigen Europa kaum Chancen eingeräumt.
Angestrebt wird hingegen die Integration von DECT und GSM in Dual-Mode-Geräten.

Tele-Präsenz

Bezeichnung für die Zuschaltung anderer Personen zu einer Besprechung etc. durch ein → *Videokonferenzsystem*. Ist ein Schlüsselelement der → *Tele-Dienste*.

Telescript

Bezeichnung einer Software aus dem Hause General Magic für Datenübertragung und die Ausführung verteilter Programme und Prozesse in Netzwerken. Die Netze können dabei aus Computern, Telefonen, → *PDAs* und den sie verbindenden Übertragungswegen bestehen.
Telescript erlaubt das Design von verteilten Anwendungen in derartigen Netzen, in denen die Netzelemente mit Telescript Engines zum Interpretieren von Programmen ausgerüstet sein müssen, um in den Knoten Telescript Programme, die zwischen den Knoten hin- und hertransportiert werden und → *Agents* genannt werden, ausführen zu können.
Mit Telescript ist es möglich, diese Agents zu definieren. Der Transfer eines Agents von einem Netzelement zu einem anderen wird Trip genannt. Für diesen Transfer wird der Agent in eine besondere, besser gesicherte und transportierbare Form gebracht.
Man unterscheidet zwei Formen: High und Low Telescript. High Telescript ist → *C*- oder → *Pascal*-ähnlich und wird üblicherweise zur Formulierung der Anwendung durch den Menschen benutzt. Low Telescript wird von den Telescript Engines direkt verstanden und ausgeführt. Low Telescript nutzt umgekehrte polnische Notation.
→ *Magic Cap*.

Teleservice

Anwendungsdienst, der nicht nur ein Netz als Transportmedium benötigt, sondern ein spezielles Endgerät, das die übertragenen Daten entsprechend interpretiert und dem Nutzer oder Bediener eine für ihn sinnvolle Anwendung zur Verfügung stellt.
Beispiel: Telefonie, Fax oder Videokonferenz. Ein Teleservice umfaßt damit alle sieben Schichten des → *OSI-Referenzmodells*.
Im Gegensatz zu netznahen Diensten (→ *Bearer-Service*) werden Teleservices oft auch als anwendungsnahe Dienste bezeichnet.
Der Begriff ist von der → *ITU* in I.112 definiert.

Tele-Shopping

Bezeichnung für unterschiedliche Formen der Produktpräsentation und des Verkaufes mit Hilfe von TV-ähnlichen zu diesem Zweck produzierten Programmen und der Telekommunikation.
Im allgemeinen werden im weiten Sinne folgende Stufen unterschieden: Einblenden einer Telefonnummer für die Bestellannahme in einen TV-Werbespot (→ *DRTV*), längere Verkaufssendung (mehrere Minuten) mit ausgedehnter Produktpräsentation und eindeutiger Verkaufscharakteristik auf einem normalen Fernsehkanal mit anderen Sendungen, eigener TV-Shopping-Kanal mit ausschließlichen Verkaufssendungen und als letzte Stufe interaktive Formen, bei denen ein elektronischer Katalog auf einem → *Video-Server* abgelegt ist und von dort abgerufen und eingesehen werden kann, auch mit den zwei Stufen, daß zunächst eine

Telefonnummer auf ein Bestellcenter verweist, oder daß interaktiv bei vom Zuschauer ausgesuchten Artikeln per Knopfdruck bestellt werden kann, indem ein Signal vom Zuschauer (von seiner → *STB* über einen → *Rückkanal*) aus zum Video-Server zurückgeht und von dort zu dem Teleshopping-Unternehmen weitergeleitet oder von diesem abgerufen wird.

Tele-Teaching

Bezeichnung für den Einsatz von Telekommunikationsdiensten und Inhouse-Netzen zur Lehre im universitären Bereich.
Dabei wird ein in einem entfernten Hörsaal vortragender Dozent dort per Videokamera aufgenommen. Über breitbandige Verbindungen (z.B. → *ATM-Netz*) werden die Daten in Echtzeit zu einer anderen Universität übertragen, wo mittels Video-Beam das Bild in einem Hörsaal auf die Leinwand projiziert wird.
Neben dem Video-Beam gehören eine Dozentenkamera und eine Publikumskamera sowie zwei Mikrofone (Dozent, Publikum) dazu. Sollen Zwischenfragen nicht zugelassen oder Publikumsreaktionen nicht eingefangen werden, kann das System auf eine Simplexverbindung ohne jede Interaktivität reduziert werden.
Auf diese Weise haben nicht nur die Studenten vor Ort die Möglichkeit, den Vorlesungen weltweit anerkannter Experten zu folgen. Das Studienangebot von Universitäten kann so verbessert oder erweitert werden.
Im Inhouse-Bereich ist bei Hörsaalüberfüllung die gleiche Technik denkbar. Die Vorlesung wird über leistungsfähige Backbones (→ *FDDI*, → *ATM*) in einen anderen Hörsaal am Ort übertragen.

Télétel

Andere Bezeichnung für → *Minitel*.

Teletex

Bezeichnung für den Bürofernschreibdienst der damaligen Bundespost. Von PC zu PC oder von Schreibmaschine zu Schreibmaschine wurden dabei Daten mit 1 200 bit/s (später auch 2 400 bit/s) übermittelt. Der Dienst wurde 1981 im Probebetrieb und 1982 im Wirkbetrieb eingeführt und war, bedingt durch den Boom des → *Fax*, nicht sonderlich erfolgreich. Daher wurde er 1993 wieder eingestellt.
International wurde der Dienst mit viel Aufwand genormt in den Standards der → *ITU* S.60 ff.

Televoting

Bezeichnung für einen Dienst des → *IN*. Dabei werden an einer zentralen Stelle auflaufende Anrufe lediglich gezählt. Somit können telefonisch Abstimmungen realisiert werden. In Deutschland von der Deutschen Telekom angeboten und erkennbar an dem Präfix 0137.

Tele-Working

Auch Telecommuting, Tele-Arbeit, Home-Working oder noch deutlicher Tele-Heimarbeit genannt. Die betroffenen Personen werden als Tele-Arbeiter, Tele-Worker oder Tele-Commuter bezeichnet.
Umfassender Begriff, der die Zusammenarbeit außerhalb der Unternehmensräume verteilter Mitarbeiter eines Unternehmens mit Hilfe der Telekommunikation und entsprechenden Endgeräten (PC) bezeichnet. Folgende Vorteile von Tele-Working werden diskutiert:

- Reduzierung des Pendelverkehrs in die Städte mit Reduzierung von Smog, Umweltbelastung, Verkehrstoten, Flächen für den ruhenden und bewegten Verkehr etc. (1 Mio. Tele-Worker bringen geschätzte 312,5 Mio. Liter Treibstoffersparnis/Jahr).
- Bessere Integration von Behinderten.
- Bessere Vereinbarkeit von Arbeit mit der Familie und besonders den Kindern.
- Höhere Selbstbestimmung der Tele-Worker (freie Zeiteinteilung).
- Höhere Produktivität durch höhere Motivation.
- Es werden weniger Büroflächen in den Unternehmen benötigt.
- Leichtere Expansion des Unternehmens ohne räumliche Expansion möglich.
- Erhöhte Reputation eines Arbeitgebers, der Tele-Working seinen Mitarbeitern anbietet.
- Möglichkeit der Einrichtung hochqualifizierter Arbeitsplätze in strukturschwachen Gebieten.

Als Nachteile werden diskutiert:

- Hohe Telekommunikationskosten.
- Hohe (wenn auch sinkende) Investitionen in technisches Gerät (PC, Videokonferenzsysteme, ISDN, e-mail-Systeme, neue Abrechnungsverfahren). Ein Telearbeitsplatz kostet, je nach Ausstattung, 5 000 bis 10 000 DM.
- Führungsprobleme: Fehlende Kontrolle der Arbeitszeit und der Arbeitsergebnisse.
- Soziale Isolation: Fehlende direkte Kommunikation der Mitarbeiter untereinander, dadurch schlechtere Abstimmung und schlechteres Betriebsklima.
- Ungeklärte versicherungs- und arbeitsrechtliche Fragen, z.B. Unfall am Arbeitsplatz oder wer zahlt für die Geräte.
- Datenschutzprobleme.
- Organisationsprobleme.

Es wird zwischen zwei Tele-Working-Arten unterschieden:

- Alternierendes Tele-Working, bei dem der Mitarbeiter sich zu bestimmten Zeiten (an bestimmten Tagen) im Unternehmen zu Besprechungen oder verwaltungstechnischen Arbeiten einfinden muß. Üblich sind 4/1 oder 3/2-Modelle, bei denen der Mitarbeiter einen oder zwei Tage nicht im Büro ist.

- Echtes Tele-Working, bei dem der Mitarbeiter ausschließlich von zu Hause oder mobil vom Kunden aus arbeitet und keinen festen Arbeitsplatz mehr im Unternehmen hat.

Ferner wird scherzhaft von Guerilla-Teleworking gesprochen, wenn sich Mitarbeiter (dann genannt: Road-Warrior) mit Laptop auf Geschäftsreisen, Kongressen etc. kurzzeitig über Modem und Telefon in das Firmennetz einloggen, um z.B. ihre eigene e-mail zu bearbeiten und eigene Anfragen oder Faxe zu versenden. Von der Arbeitsorganisation her unterscheidet man zwei Formen:

- Dezentrales Tele-Working: Sitzen die Mitarbeiter bei sich zu Hause, wird häufig von Home-Working gesprochen. Arbeiten sie mit Multimedia-Diensten (Videokonferenzen) zusammen, ist eine Bezeichnung auch Multimedia-Collaboration (MMC).
- Kollektives Tele-Working: Ferner gibt es die Möglichkeit der Einrichtung von Satelliten-Büros (auch Telecenter genannt, wenn sich mehrere Unternehmen zusammentun; dies spielt allerdings gegenwärtig kaum eine Rolle) von Unternehmen, z.B. in Vororten, die den Angestellten das Pendeln in die Städte ersparen. Diese Satelliten-Büros sind über breitbandige Leitungen mit den Einrichtungen (Server, Nebenstellenanlage) der Zentrale in der Stadt verbunden. Hier ist eine Anwendung für → *CN*.

Die nächste Stufe sind virtuelle Unternehmen, die gar keinen expliziten Firmensitz in Gestalt von angemieteten Büroräumen etc. haben, sondern nur aus miteinander vernetzten Home-Workern bestehen.

Insbesondere der Dienstleistungssektor eignet sich gut für die Anwendung aller Formen von Tele-Working. In anderen Unternehmen sind Vertriebs- und (mobile) Servicemitarbeiter ideal für Tele-Working geeignet. Als vorteilhaft hat sich die Freiwilligkeit von Tele-Working zusammen mit einer zugesicherten Rückkehrmöglichkeit ins normale Büro erwiesen. Tele-Worker müssen selbständig, leistungsstark und diszipliniert sein. Neue Mitarbeiter eignen sich nicht sofort für Telearbeit.

Telex

Abk. für Teleprinter Exchange.

Immer noch weit verbreiteter, international standardisierter Fernmeldedienst für das Übertragen von Fernschreibzeichen, daher auch Fernschreiben genannt. Die Geräte (Fernschreiber) werden international mit → *TTY* – für Teletype – abgekürzt. International erlaubter Zeichensatz ist im internationalen Telegrafenalphabet Nr. 2 definiert. Bei Einhaltung bestimmter Regeln ist auch das Übertragen anders codierter Informationen im 5-Bit-Code möglich. Die Übertragungsgeschwindigkeit liegt bei 50 bit/s.

In Deutschland werden Telexdaten über das → *ISDN* übertragen.

Ein Telex ist rechtlich gesehen gleichrangig mit einem Einschreiben mit Rückschein und dank dieser sehr hohen Rechtssicherheit heute noch sehr weit verbreitet, z.B. im Speditionsgewerbe. Dennoch gehen die Teilnehmerzahlen langsam zurück.

Wichtiges Merkmal des Dienstes sind geschlossene Benutzergruppen, die es gestatten, festzulegen, welche Teilnehmer miteinander korrespondieren dürfen. Externe Teilnehmer können in diese Gruppe nicht eindringen.

Telex wurde bereits in den 20er Jahren entwickelt und 1928 im Probebetrieb zwischen Hamburg und Berlin getestet. Seit Oktober 1933 wird Telex in Deutschland angeboten (weltweit erster Telexdienst; Start mit 20 Teilnehmern) und seit Juli 1935 offiziell ein Regeldienst.

Weltweit 1995 ca. 2 Mio. Anschlüsse, in Deutschland 145 000 mit langsam sinkender Tendenz (1987: Höchststand 160 000).

telnet

Ein Terminalemulationsprogramm (virtueller Terminaldienst) auf den Schichten 5 bis 7 des → *OSI-Referenzmodells*, das dazu dient, sich auf einem anderen (entfernten) Rechner – genannt Host – einzuloggen und dort Prozesse auszuführen, indem die Systemressourcen des anderen Rechners genutzt werden. Der eigene Rechner wird dabei lediglich zum unintelligenten → *Terminal*. Der Host wird somit quasi ferngesteuert. Definiert in RFC 854. Setzt auf → *TCP/IP* auf.

Telnet wurde mit Blick auf das ARPANET (später: → *Internet*) von der → *IETF* entwickelt und unterstützt Terminals mit Bilddurchlaufmodus anstatt Seiten- oder Formulardurchlauf. Baut zwei Simplexdatenströme in jede Richtung auf. telnet erfordert die Anmeldung beim → *Host* und erlaubt damit die Überprüfung der Benutzerberechtigung. Es wird kein bestimmter Terminaltyp vorausgesetzt, dieser wird beim Verbindungsaufbau zwischen den beteiligten Stationen vereinbart. Meistens werden allerdings Terminals nach → *VT100* oder → *VT220* emuliert.

Im Gegensatz zu → *FTP* werden nicht nur Dateisysteme auf dem entfernten Rechner durchsucht, sondern es werden Betriebsmittel von ihm aktiv genutzt (CPU-Zeit etc.). Dies erlaubt z.B. das Nutzen von Programmen, die auf dem eigenen Rechnertyp nicht laufen können, aber auf einem anderen, der mit telnet erreichbar und kontrollierbar ist. Dieses Verfahren erfordert somit eine Zugangsberechtigung für den anderen Rechner, Kenntnisse über dessen Software, die genutzt werden kann und ihre Bedienung sowie die Software auf dem eigenen Rechner, die telnet zur Verfügung stellt.

Beispiele für Anwendungen von telnet sind Datenbankrecherchen. Daher war telnet vor der Einführung von → *Gopher* und → *WWW* das führende Programm, um im Internet Informationen zu suchen.

Es gibt mehrere Softwarepakete, die telnet implementiert haben, aber nicht alle auch telnet heißen oder mit dem Schlüsselwort telnet aufgerufen werden. Quellen für telnet-Clients für PCs oder Macintoshs sind:

→ *http://www.cwsapps.com/term.html/*
→ *http://tucows.niia.net/softterm.html/*
→ *ftp://papa.indstate.edu/winsock-l/telnet/*
→ *http://www.tiac.net/users/mdw/imap/xwaisgif.html/*
→ *http://www.ncsa.uiuc.edu/SDG/Software/Brochure/Overview/MacTelnet*
→ *rlogin.*

TelwegG

Abk. für → *Telegrafen-Wegegesetz.*

TEMEX

1. Abk. für Telemetry Exchange.
   Englische Bezeichnung für → *Fernwirken* ganz allgemein.
2. Oft in Deutschland gemeint ist Fernwirken im → *ISDN* der Deutschen Telekom, z.B. das automatische Ablesen von Stromzählern u.ä. über die Telefonleitung oder die Überwachung von Sicherheitsdiensten über die Telefonleitung. In Deutschland erprobt 1986 in elf Standorten. Eingestellt wegen zu geringer Nachfrage und nur wenigen Anwendungsmöglichkeiten 1992.

Terminal

1. Im Sinne der Netzwerktechnik ein nicht autonom arbeitsfähiges Bildschirmgerät mit Eingabetastatur unterschiedlicher Komplexität an einem → *Hostsystem* (→ *Mikro-*, → *Mini-* oder auch → *Mainframe*-Rechner). Das Anwendungsprogramm selber wird auf dem Host ausgeführt, in welchem auch die wesentlichen Betriebsmittel (z.B. Dateien) verwaltet werden. Das Terminal dient lediglich als Ein- und Ausgabemedium sowie als Steuerungselement. Erste Terminals waren in den 50er und 60er Jahren Fernschreibgeräte (die an die Mainframes angeschlossen wurden). Erst später folgten Video Display Terminals (VDT) mit 80 Zeilen und 40 Zeichen großen monochromen Bildschirmen. Diese entwickelten sich weiter, wodurch sich viele verschiedene Typen mit unterschiedlicher Leistungsfähigkeit ergaben. Weit verbreitet sind die → *VT100* und → *VT200* (später auch VT300) aus dem Hause DEC. Umgangssprachlich wird das Terminal oft Slave, Secondary oder Dump-Terminal genannt; auf deutsch auch selten Datensichtgerät oder Datenendstation.
2. Im Sinne der Telekommunikation das Endgerät (nicht unbedingt auch der Netzendpunkt!), welches ein Teilnehmer nutzt, um einen → *Telekommunikationsdienst* in Anspruch zu nehmen.

Terminaladapter

Abgekürzt mit TA. Im → *ISDN* ein Gerät, das den Anschluß von analogen Endgeräten an das digitale ISDN erlaubt. Vorteil ist, daß der Nutzer seine alten Endgeräte weiter benutzen kann, ohne sich neue (und teure) ISDN-Endgeräte kaufen zu müssen, die es u.U. für ISDN nicht gibt, z.B. Anrufbeantworter.

Terminalemulator

Bezeichnung für ein Programm, das auf einem mit Eigenintelligenz ausgerüsteten Rechner (z.B. einem → *PC*) läuft, von diesem jedoch nur den Bildschirm und die Tastatur nutzt, um das Programm lokal von diesem Rechner aus zu steuern und zu kontrollieren, es aber auf einem anderen Rechner (→ *Host*) ausführen zu lassen. Die Kapazitäten des Rechners werden in diesem Fall nicht voll genutzt.

Die bekanntesten Terminals, die emuliert werden, sind → *VT100* oder → *VT220* von DEC oder 3270 von IBM.

→ *rlogin*, → *telnet.*

Terminalmobilität

Bezeichnet die Eigenschaft eines Endgerätes an einem Telekommunikationsnetz, mitgenommen oder bewegt zu werden. Im Gegensatz zu → *lokaler Mobilität* ist der Bewegungsraum sehr groß. Beispiel: Handy, Autotelefon.

→ *persönliche Mobilität.*

Terminanruf

Bezeichnung für ein → *Leistungsmerkmal* von Nebenstellenanlagen oder → *Komforttelefonen.*

Dabei kann der Nebenstellenteilnehmer über die Tastatur, nach Wahl eines Bediencodes, eine bestimmte Uhrzeit speichern. Dieser gespeicherte Termin wird dann am gleichen Endgerät durch ein besonderes akustisches Signal angezeigt.

Tertiärverkabelung

Auch Anschlußverkabelung genannt. Im LAN-Bereich die Ebene des Netzes, die einzelne Abteilungen oder Etagen eines Gebäudes versorgt und an die → *Sekundärverkabelung* anschließt. Die vernetzten Endgeräte mit ihren Nutzern sind an die Tertiärverkabelung angeschlossen.

TETRA

Abk. für Trans European Trunked Radio, mit einer wahrscheinlichen Änderung der Bezeichnung zu Terrifically Efficient Trunked Radio Access zwecks Betonung der angestrebten globalen Verbreitung des Standards.

Auch Tetra 25 genannt (wg. 25 kHz Kanalbandbreite). Bis 1991 auch MDTRS (für Mobile Digital Trunked Radio System) genannt. Digitales paneuropäisches → *Bündelfunksystem*. Als Konkurrent gilt → *Tetrapol*. Digitale Modulation nach Pi/4 DQPSK mit 18 kBaud bei einer maximalen Nutzdatenrate von 28.8 kbit/s und 25 kHz Kanalbandbreite, später auch 12,5 kHz Kanalbandbreite (TETRA 12,5). Duplexkanalabstand 10 MHz.

Kanalzugriff erfolgt mit einem → *TDMA*-Verfahren mit vier Zeitschlitzen zu je 14,166 ms und 432 Bit, in denen 60 ms Sprache komprimiert übertragen werden, wobei Sende- und Empfangszeitschlitze zwei Zeitschlitze versetzt sind.

Innerhalb des Slots werden die Nutzdaten nach einer Zeit von 1 ms für die Linearisierung des Verstärkers zunächst 216 Bit übertragen, gefolgt von einer Trainings- und Synchronisationssequenz, der wiederum die zweiten 216 Bit und eine Guard Period folgen.

Je Kanal wird mit 36 kbit/s (oder 18 kbit/s) über die Luftschnittstelle übertragen. Die Nettobitrate liegt, je nach Sicherungsprotokoll, bei 4,8 bis 7,2 kbit/s. Die Kanäle können zukünftig auch zusammengeschaltet werden, so daß sich Übertragungsraten zwischen 19,2 (geschützt) und 28,8 kbit/s (ungeschützt) ergeben. Insgesamt kann somit bei der geschützten, leitungsvermittelten Datenübertragung zwischen den Raten 2,4; 4,8; 7,2; 9,6; 14,4; 19,2 kbit/s und bei der ungeschützten leitungsvermittelten Datenübertragung zwischen 7,2; 14,4; 21,6 und 28,8 kbit/s gewählt werden.

Neben diesem Standard für Sprache und Daten (Tetra V+D, Voice and Data) sollen zusätzlich in weiteren Entwicklungen des Standards X.25-Schnittstellen zur Verfügung stehen (Tetra PDO, Packet Data Optimized).

Der Radius der Funkzellen beträgt 58 km.

Als Frequenz für Anwendungen von → *BOS* ist der Bereich 380 bis 400 (von der NATO freigegeben) oder 420 bis 470 MHz vorgesehen. Zunächst sollen in Europa je 3 MHz von 380 bis 383 MHz und 390 bis 393 MHz freigegeben werden, die ab 1998 um 5 MHz erweitert werden sollen. Zivile Nutzung könnte im Bereich von 870 bis 890 MHz möglich sein.

Neben zentraler Kommunikationssteuerung über Trunked Site Controller (TSC), die die Rolle von → *BS*, z.B. im → *GSM*-Netz übernehmen, und Leitrechner (wie bei heutigem → *Bündelfunk*) ist auch direkte Kommunikation möglich. Die Geräte fungieren darüber hinaus auch als Relaisstationen, z.B. an Zellgrenzen oder für leistungsschwache andere Geräte. Man spricht vom 'Dual Watch Mode'. Ferner sind folgende Leistungsmerkmale vorgesehen: Einzelrufe, Gespräche Gerät zu Gerät (ohne Zentrale oder → *Dispatcher*), Gruppenrufe mit und ohne Bestätigung, Verschlüsselung von Sprache, Rundspruch, Vollduplexrufe.

Die Zusatzdienste sind: Offener Kanal für eine Gruppe (ähnlich Taxiruf; jeder kann mithören), Prioritätsruf, Notruf (in belegten Systemen das zwangsweise Durchschalten eines Rufes), nachträglicher Verbindungseintritt, Mithören mit zwei Klassen (normales Mithören und Umschalten entfernter Sender auf Sendebetrieb), Verschlüsselung mit verschiedenen, frei wählbaren Algorithmen, Authentifizierung.

Schnittstellen zum PSTN und ISDN sind im Standard vorgesehen.

Zielgruppe für Bündelfunk sind → *EVUs* und die Gruppe der → *BOS*. Darüber hinaus Betreiber großer Werks- und Industrieanlagen.

In der Entwicklung seit 1990. Entwurfsstandard wurde im November 1994 von der ETSI vorgestellt, aber noch nicht verabschiedet. Dieses MoU wurde am 4. November 1994 von Herstellern, Netzbetreibern, Regulierungsbehörden und Geräte-Testinstitutionen unterzeichnet. Dem MoU sind mittlerweile 46 Teilnehmer aus 11 Ländern beigetreten. Erste Feldtests starteten auf der Insel Jersey Ende März 1996 und in Dänemark im Herbst 1996. Verabschiedung des Standards ist für 1997 mit Einführung und ersten Produkten 1998 geplant.

Die Zukunft von Tetra gilt insgesamt nicht als sicher, da mit der Phase 2+ des → *GSM*-Standards diverse Leistungsmerkmale (geschlossene Benutzergruppe, Gruppenruf etc.) im normalen Mobilfunk eingeführt werden, die sehr Tetra-ähnlich sind. Darüber hinaus steht mit → *Tetrapol* ein fertiger Standard bereits zur Verfügung.

Tetrapol

Proprietärer Standard für → *Bündelfunk* aus dem Hause Matra Communication.

Tetrapol gilt als Konkurrent zu → *Tetra*, hat aber Preisnachteile und technische Handicaps (keine gleichzeitige Übertragung von Sprache und Daten möglich), ist allerdings technisch ausgereift und verfügbar.

Tetrapol kann in bestehende analoge Bündelfunksysteme integriert werden, so daß eine sanfte Mi gration von einem Standard zum nächsten möglich ist.

Es nutzt → *FDMA* und kann variabel auf Frequenzen von 70 bis 500 MHz mit einem Kanalraster von 10 oder 12,5 kHz eingesetzt werden. Je Nutzdatenkanal können 8 kbit/s übertragen werden. Sprache wird mittels → *CELP* auf 6 kbit/s komprimiert. Daten können in Abhängigkeit der verwendeten Sicherungsprotokolle mit einer Nutzdatenrate von 2,4 bis 7,2 kbit/s übertragen werden.

Die Verbindungsaufbauzeit ist kleiner als 500 ms.

Ende der 80er Jahre entschieden sich die französische Polizei und etwas später die US-amerikanische Polizei für ein Bündelfunksystem auf Basis von FDMA, wodurch ein Bedarf nach einem neuen, leistungsfähigen, aber analogen System da war. Die Technik selbst wurde 1995 in mehreren europäischen Ländern eingeführt.

Mittlerweile haben sich neun Unternehmen weltweit zum Tetrapol-Forum zusammengeschlossen. Die Anwender organisieren sich im Tetrapol User Club.

TEX

Abk. für Transit Exchange, Durchgangsvermittlung.

TF

Abk. für Trägerfrequenz (-verfahren).

Bezeichnung für die Bündelung analoger Fernsprechkanäle im Frequenzvielfach. Diese Technik wurde durch → *PCM30*-Systeme bzw. gleich durch PDH abgelöst.

TFE

Abk. für Türfreisprecheinrichtung.

Bezeichnung für die Möglichkeit, bei kleinen TK-Anlagen für den privaten Gebrauch (→ *SOHO*) auch die Gegensprechanlage der Haustür und den Öffnungsmechanismus in sie integrieren zu können.

→ *Apothekerschaltung.*

TFH

Abk. für Trägerfrequenzanlagen auf Hochspannungsleitungen.

Bezeichnung für (ehemals hauptsächlich) Telefonie und mittlerweile auch digitale Datenübertragung über Hochspannungsleitungen zu internen Zwecken der Energieversorgungsunternehmen wie:

- Betriebsführung,
- Störungseingrenzung,
- Störungsbeseitigung,
- Überwachung.

Überwiegend wird auf Freileitungen der höchsten Ebene im Hochspannungsnetz der Frequenzbereich von 15 bis 500 kHz genutzt. Mit einer Sendeleistung von 10 W können Entfernungen von 500 bis 1 000 km überbrückt werden.

Erste derartige Systeme wurden in den 20er Jahren entwickelt.

→ *TRT.*

TFM

Abk. für Tamed Frequency Modulation.

TFS

Abk. für Tunnelfunksystem.

Bezeichnet ein System der Deutschen Bahn AG, das mobiles Telefonieren aus Hochgeschwindigkeitszügen in Tunneln über das → *C-Netz* ermöglicht. Dazu werden Schleppantennen im Tunnel über Verstärker (max. Entfernung 1 500 m) und Glasfaserkabel verbunden. Diese sind für einen Tunnel an einer Kopfstation angeschlossen, die → *C-Netz*, → *Eurosignal* und UKW-Rundfunk empfängt und einspeist.

TFT

Abk. für Thin Film Transistor.

Bezeichnung für eine spezielle Technik der → *LCDs*, die zum Bau flacher Bildschirme eingesetzt werden können.

TFTP

Abk. für Trivial File Transfer Protocol.

Nutzt → *UDP* zum schnellen, unkomplizierten Versenden von Dateien mit weniger Aufwand als → *FTP*.

TFTS

Abk. für Terrestrial Flight Telecommunication System.

Bezeichnet ein von der ETSI als ETS 300326 genormtes terrestrisches, digitales, zellulares Flugtelefonsystem, das Telefonieren und Datenübertragung aus Flugzeugen ohne Satellitenschaltungen ermöglichen soll. Viele technische Basisparameter von → *GSM* wurden übernommen.

Uplink von 1 670 bis 1 675 MHz und Downlink von 1 800 bis 1 805 MHz. Kanalabstand: 30,3 kHz. Stützt sich auf → *TDMA* und bietet je Flugzeug vier Kanäle zu 9,6 kbit/s (später acht Kanäle zu 4,8 kbit/s) bei einer gesamten Datenrate von 44,2 kbit/s (inkl. Organisationskanal). Insgesamt soll ein TFTS-System 164 Funkkanäle für bis zu 2 000 Sprachkanäle zur Verfügung stellen. Es wird Pi/4 DQPS benutzt. Zwischen den Ground Stations (GS) ist ein mobile controlled → *Handover* möglich, der zur Laufzeitmessung dient.

Die Infrastruktur besteht aus den Elementen Air Station (AS), Ground Station (GS) und Ground Switching Center (GSC). Es wird zwischen drei GS unterschieden, die in ihrer Leistung divergieren. Die GS höchster Leistung (20 W) versorgt Flugzeuge mit einem Abstand von 50 bis 350 km in Höhen zwischen 4 500 bis 13 000 m von der GS. Die GS mittlerer Leistung (2 W) versorgt Flugzeuge mit einer Distanz bis zu 50 km. Die GS schwacher Leistung (AP GS, Airport Groundstation) versorgt Flugzeuge am Boden und in einer Entfernung bis zu einigen Kilometern. Jede GS ist mit Sende- und Empfangsanlagen einer bestimmten Anzahl ausgerüstet, die vom prognostizierten Verkehr im Versorgungsbereich abhängt. Für Europa werden ca. 40 bis 50 GS benötigt.

Die GSC kontrollieren eine oder mehrere GS und sind die Schnittstellen zum Festnetz.

Neben Sprachübertragung auch Fax sowie leitungs- und paketvermittelte Datenübertragung geplant. Weiterhin geplant ist eine Erweiterungsstufe, die die Integration geeigneter Datenkompressionsverfahren (Half-Rate-Codecs) und die Aufteilung der Trägerfrequenzen in acht Kanäle zu je 4,8 kbit/s vorsieht.

Serviceprovider planen feste Tarifierung auf Zeitbasis (Minute zu 2 $) ohne Gesprächsweitenauswertung. TFTS kann wegen der nötigen Bodenstationen (GS) nicht auf interkontinentalen Flügen eingesetzt werden.

Frequenzen wurden von der → *WARC* 1992 freigegeben. Genormt bei → *ETSI* bis 1994. Seitdem im Aufbau befindlich in zwei Stufen. Erste Stufe umfaßte einige wenige Flugzeuge und sechs GS in Frankreich, Großbritannien und Nordirland, Schweden und Italien. Zweite Stufe ist Ausbau des Systems über Europa bis Ende 1997.

In Deutschland betreibt die DeTeMobil seit Frühjahr 1996 vier GS bei Hannover, Frankfurt/Main, München und Dresden/Leipzig.

Mittlerweile auch im Mittleren Osten, in Asien, Australien, Afrika und Amerika eingesetzt.

→ *Skyphone.*

Tfx

Abk. für Telefax.

→ *Fax.*

Tg, TG

1. Abk. für → *Telegramm.*
2. Abk. für Task Group.
   Bezeichnung für nur zeitweise existierende Gremien zur Standardisierungsarbeit (im Gegensatz zu → *SCs*, Study Committees), die einen klar abgegrenzten thematischen Bereich eingehend untersuchen sollen. Nach Abschluß der Arbeit wird die TG aufgelöst. TGs unterstehen permanenten Standardisierungsgremien, wie der → *ITU*, → *CCIR* und werden von diesen einberufen.

TGMS

Abk. für Third Generation Mobile System.

Bezeichnung für ein System des → *Mobilfunks* der dritten Generation, z.B. → *UMTS.*

Thermodrucker, Thermotransferdrucker

Bezeichnung eines bestimmten Konstruktionsprinzips für → *Drucker* (→ *Matrixdrucker*). Dabei wird zwischen zwei Verfahren, dem direkten Thermodruck und dem Thermotransferdruck unterschieden.

Beim direkten Thermodruck wird hitzeempfindliches Spezialpapier durch Heizelemente einer Matrix erhitzt und dauerhaft verfärbt. Dieses Verfahren wird häufig bei Faxgeräten eingesetzt.

Beim Thermotransferdruck (auch Thermodiffusionsdruck genannt) werden einzelne Punkte durch das Aufschmelzen einer wachsartigen Farbe auf das Papier gebracht. Diese Farbe befindet sich als feste, wachsartige Substanz auf einem Farbträger, der zwischen Druckpapier (auch Nehmermaterial genannt) und einer Matrix aus Heizelementen durchgeführt wird. Durch Erhitzen auf ca. 100°C der ca. 25 μm * 25 μm großen und voneinander unabhängig ansteuerbaren Heizelemente kann die Farbe gezielt zum Schmelzen und Übertragen (Diffundieren) auf das Druckpapier gebracht werden. Alle einzelnen Matrixelemente zusammen bilden den Thermokopf, auch Thermoleiste genannt.

Das Trägermaterial für die Farbe besteht aus Polyesterfolie. Als Nehmermaterial kommen herkömmliches Papier oder leichter Karton in Frage.

Derartige einfarbige Drucker finden sich für kleinformatige Ausdrucke an Kassen verschiedener Art und an Waagen.

Durch einen Farbträger, der abwechslend die Grundfarben Gelb, Magenta und Cyan enthält, lassen sich durch Überlagerung aller drei Farbanteile auf dem gleiche Nehmermaterial auch Ausdrucke in natürlichen Farben herstellen.

Anwendungsgebiete sind hier in der elektronischen Fotografie zu suchen, bei der ein Bild in einem Fotoapparat zunächst aufgenommen und elektronisch gespeichert wird. In einem zweiten Schritt erfolgt der Ausdruck des Fotos auf einem Stück Papier.

Nachteile sind, daß Durchschläge bzw. Kopien nur mit teurem Spezialpapier möglich sind, die relativ hohen Anschaffungs- und Unterhaltskosten sowie die geringe Geschwindigkeit.

Vorteile sind die geringe Geräuschentwicklung, verschiedene Schrifttypen, hohe Auflösung und die sehr gute Lesbarkeit (hoher Kontrast).

Thick-Ethernet

Eine Variante von → *Ethernet.*

Thin Ethernet

Eine Variante von → *Ethernet.*

Thread

→ *Multithreading.*

TIA

Abk. für Telecommunications Industry Association.

Ein Verband in den USA, der Standards entwickelt.

TIFF

Abk. für Tagged Image File Format.

Bezeichnung eines Dateiformates für gerasterte Bilder.

TIGA

Abk. für Texas Instruments Graphic Adapter.

Bezeichnung für einen Standard für Grafikkarten für PCs. Speziell für professionelle Anwendungen (→ *DTP*) geeignet.

Auflösung größer als 1 280 * 1 025 Pixel mit üblicherweise 256 aus 16 Mio. Farben. 60 oder 70 Hz → *Bildwiederholfrequenz*.

Vorteil dieses Standards (ähnlich wie auch bei → *XGA*) ist ein eigener Grafikprozessor (34010 mit 16 Bit oder 34020 mit 32 Bit) auf der Grafikkarte.

Tiger

Bezeichnung für ein Video-Server → *Betriebssystem* aus dem Hause Microsoft. Die dazugehörige Oberfläche ist → *MITV*.

TILU

Abk. für Telecommunications Industry Liaison Unit.

Bezeichnung einer Abteilung des FBI in den USA, die für Kontakte zu Standardisierungsgremien zuständig ist und diesen (insbesondere dem → *ECSP*) auf dem Gebiet des zulässigen, kontrollierten Überwachens (Abhören, Fangschaltung etc.) zuarbeitet.

TIME

Abk. für Telecommunications, Informationtechnology, Media and Entertainment.

Insbesondere im angelsächsischen Sprachraum verbreitete Abkürzung, die die Konvergenz der vier Industriebereiche Telekommunikation, Computerindustrie, Medien und Unterhaltungsindustrie beschreibt.

→ *Information Highway*.

Timeout

Bezeichnung für ein Kontrollsignal das besagt, daß eine Aktion in einem technischen System abgebrochen werden soll, da die hierfür normalerweise benötigte Zeit abgelaufen ist.

Dient dazu, unkontrollierte Zustände (Warten) zu verhindern und Systemressourcen zu schonen.

Time-Sharing

Bezeichnung für eine Eigenschaft von Betriebssystemen, die Rechenkapazität unter mehreren Nutzern aufzuteilen und sie nur für eine kurze Zeit (Zeitscheibe) einem Nutzer exklusiv zur Verfügung zu stellen.

Timeslot

→ *Slot*.

TINA-C

Abk. für Telecommunications Informations Networking Architecture Consortium.

Bezeichnet eine 1993 gegründete, weltweite Arbeitsgruppe von 37 Netzbetreibern, Geräte- und Softwareherstellern sowie Dienstanbietern. Ziel: eine Architektur auf Basis verteilter Systeme zu entwickeln, die als Rahmen für die Spezifikation auf Telekommunikationsnetzen basierter Dienste und Anwendungen dient, damit insbesondere die Software standardisiert werden kann. Die Laufzeit des Projektes ist zunächst für 1993 bis 1997 vorgesehen.

TINA-C definiert eine Menge von Prinzipien, Empfehlungen und Regeln für die Definition, Implementierung und Einführung für weite Teile der in TK-Systemen benötigten Software zur Kontrolle von Vermittlungen und zu OA & M-Zwecken.

Die Logical Framework Architecture (LFA) und das Distributed Processing Environment (DPE) definieren die allgemeinen Anforderungen, wie z.B. technologische Aspekte, Spezifikation und Aufbau von Diensten, Managementarchitektur und Ressourcenverwaltung.

Darüber hinaus werden wiederverwendbare Softwareroutinen (ähnlich → *IN*) definiert.

Beteiligte schickten ihre Wissenschaftler zu den → *Bellcore*-Laboratorien, wo derzeit die Arbeit läuft.

Zur Beschreibung des Konzepts wird, z.B., auf → *IDL* zurückgegriffen.

Tintenstrahldrucker

Bezeichnung einer zu den → *Matrixdruckern* gehörenden Klasse von → *Druckern*, die die → *Nadeldrucker* beim Einsatz im privaten Bereich weitgehend ablösten.

Man unterscheidet vom Prinzip her die Bubble-Technik (Bubble-Jet-Drucker) und die Drucktechnik mit Piezo-Elementen.

Bei der Bubble-Technik wird die Tinte durch ein ringförmig um die Düse (Tintenkanal) angebrachtes Heizelement zum Sieden gebracht und durch den Druck der dabei entstehenden Gase aus einer Düse gepreßt. Durch das Abkühlen der Gasblase entsteht ein Unterdruck in der Düse, der für ein Nachfließen des nächsten Tintentropfens sorgt. Es

stehen zwischen 64 und 256 Düsen je Druckkopf zur Verfügung.
Bei der Technik mit Piezo-Elementen wird das einen tintengefüllten Kanal umschließende Piezo-Element durch einen elektrischen Impuls zur Kontraktion gebracht, wodurch sich das Volumen des Kanals verringert und an einem Ende des Kanals ein Tintentropfen herausgespritzt wird. Derartige Geräte verfügen über Druckerköpfe mit 9, 12, 18, 24, 48 oder 64 Düsen.
Die Leistung moderner Tintenstrahldrucker liegt zwischen 0,5 und 4 ppm (→ *ppm*).
Erster Tintenstrahldrucker, nachdem es den ersten → *Plotter* aus dem Hause Applicom schon 1978 gab, war ein Modell aus dem Hause HP im Jahre 1984.
Vorteile:

- In Anschaffung und Unterhalt günstiger als → *Laserdrucker,*
- Höhere Auflösung als → *Nadeldrucker,*
- Wenige austauschbare Teile im Verbrauch (Tintenpatrone),
- Sehr leise.

Nachteile:

- Erfordern etwas teureres Papier als Nadeldrucker,
- Nicht ganz so gutes Druckbild wie Laserdrukker,
- Ältere Modelle tendieren zum Schmieren.

TK

Im deutschen Sprachraum übliche Abk. für → *Telekommunikation.*

TK-Anlage

Anderes Wort für eine kleine Nebenstellenanlage im privaten Bereich.
→ *PBX.*

TKG

Abk. für → *Telekommunikationsgesetz.*

TKO

Abk. für Telekommunikationsordnung.
Verordnung über die Bedingungen und Gebühren für die Benutzung der Einrichtungen des Fernmeldewesens, gültig seit 1. Januar 1988 für alle nationalen TK-Dienste der Telekom. Löste seinerzeit die Fernmeldeordnung, Direktruf-Verordnung, Telegramm-Verordnung und die Verordnung über Fernschreib- und Datexnetze ab. Wurde am 1. Juli 1991 selbst durch → *AGB*s abgelöst.

tld

Abk. für Top-Level-Domain.
Bezeichnung für die oberste → *Domäne* einer Adresse im → *Internet* nach dem RFC822-Format. Die tld besteht entweder aus einer Länderkennung (de für Deutschland, uk für Großbritannien, se für Schweden etc.) oder einer Kennung, die die Art des Nutzers anzeigt, als edu für Teilnehmer aus dem Erziehungs- oder Bildungsbereich, mil für Militär, gov für Behörden, org für Organisationen aller Art usw.

Tln

Abk. für Teilnehmer.
Bezeichnung für den Nutzer eines Telekommunikationsdienstes.

T & M

Abk. für Test and Maintenance, Probebetrieb und Wartung.

TM

Abk. für Transmission and Multiplexing.

TMA

Abk. für Telecommunications Managers Association.
Bezeichnung eines internationalen Berufsverbandes für Führungskräfte in der Telekommunikation.

TMN

Abk. für Telecommunication Management Network.
Bezeichnet allgemein in modernen (digitalen) Telekommunikationsnetzen alle Einrichtungen zur → *QoS*- und Netzkontrolle. Ist als separates Netz realisiert (i.d.R. nach → *X.25*), über welches alle relevanten statistischen Daten zur Auswertung, Alarmmeldungen und Steuersignale zu einem → *OMC* geleitet werden. Darüber hinaus ist beabsichtigt, IN in TMN zu integrieren. Dies soll letztlich zu einem System führen, in dem Service-Definition und Service-Verwaltung (inkl. Qualitätskontrolle und Abrechnung) integriert sind.
Werden heute von verschiedenen Herstellern noch verschiedene → *O & M*-Systeme angeboten, so gibt es internationale Bestrebungen bei der ITU-T, TMN auf funktionaler Ebene zu standardisieren. Erste Resultate: M.30. Definiert werden dabei fünf Bereiche:

- Konfigurationsmanagement,
- Fehlermanagement,
- Gebührenmanagement,
- Leistungsmanagement,
- Sicherheitsmanagement.

Bestandteile des TMN sind üblicherweise → *OSF*, → *MF*, → *WSF*, → *NEF* und → *QAF*.
→ *SNMP*, → *CMIP*, → *CMISE*, → *ROSE*, → *ACSE*, → *SMASE*, → *COBRA*, → *NMA*, → *SEAS*.

TMNV

Abk. für TMN für Vermittlungsstellen.

TMOS

Abk. für Telecommunication Management and Operating System.
Ein Produkt der schwedischen Firma Ericsson zur Steuerung und Verwaltung von Telekommunikationsnetzen. Dient zur → *O & M*.
→ *TMN*.

T-Netz

Bezeichnung eines → *Mailboxsystems*, das aus dem → *Z-Netz* als eigenes Subnetz nach internen Querelen mit dem Anspruch hervorging, unbürokratischer und thematisch offener zu sein. Ende 1995 weitgehend aus dem Z-Netz ausgegliedert als eigene Newsgroup im → *Usenet*, doch gibt es Bestrebungen, die Selbständigkeit wieder herzustellen.

TNI

Abk. für Trusted Network Interpretation.
Bezeichnung eines in einem Dokument der → *NCSA* definierten Kataloges von Kriterien und Maßnahmen mit denen sichere Datenübertragung über Telekommunikationsnetze zwischen Computern erzielt werden soll.

TNIC

Abk. für Telex Network Identification Code.
Bezeichnung für einen Code aus einem oder aus maximal zwei Buchstaben für verschiedene Telexnetze (nationale oder unterschiedlicher internationaler Betreiber). Festgelegt wurde der TNIC von der → *ITU*.

TO

Abk. für Telecommunications Operator.

Token

Von engl. token = Ticket, Fahrschein (Fahrberechtigung).
Ein spezielles Zeichen in Form eines Bitmusters, welches das Zugangsrecht zu einem physikalischen Medium, das für Datenübertragungszwecke genutzt werden kann, steuert.
Eine sendewillige Station wartet bis sie das Token erhält. Ist sie im Besitz des Tokens, hat sie die momentane Kontrolle über das Übertragungsmedium und somit das Senderecht. Die gesendeten Daten werden an die Nachbarstation weitergereicht, die prüft, ob die Daten für sie bestimmt sind und die Daten ggfs. an die nächste Station weitersendet.
Nach dem Senden wird das Token selbst auf dem Medium an die nächste Station gesendet, welche es bei Bedarf behält und nun ihrerseits ihre Daten senden kann. Bei einem derart organisierten Netzwerk spricht man oft von → *Token-Ring* oder Token-Bus. Spezifiziert z.B. in IEEE 802.4 (Bus) und IEEE 802.5 (Ring). Beim Append-Token-Protokoll wird zwischen einem Frei-Token und einem Belegt-Token zur Anzeige des Status unterschieden. Der Belegt-Token wird an die Nutzdaten drangehängt. Der Empfänger entfernt die Nutzda-

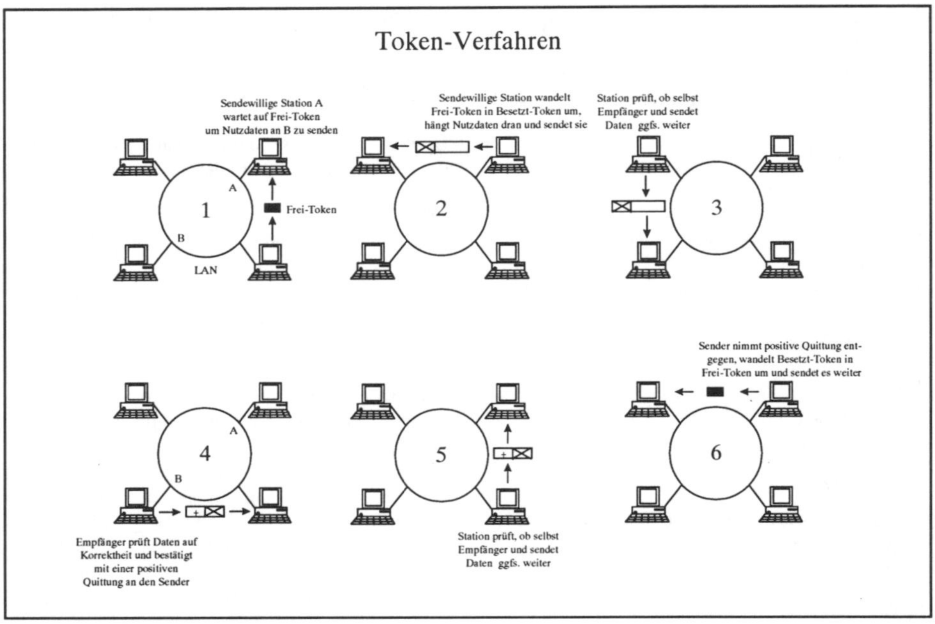

ten und hängt eine positive Quittung (ACK) dran, falls er sie korrekt empfangen hat. Hat er sie nicht korrekt empfangen, hängt er eine negative Quittung (NAK) dran und fordert damit den Sender zum erneuten Senden auf. Vorteile der Token-Strategie sind die Stabilität und der hohe Durchsatz in Hochlastfällen sowie Fairneß, da alle Stationen gleich behandelt werden.

Es kann eine maximale Zeit vorhergesagt werden, die eine Station bis zum Senden warten muß.

Token Protokolle sind schon länger bekannt, kamen jedoch erst 1986 zum Durchbruch, als IBM zuvor sein → *Token-Ring*-Protokoll vorstellte.

Token-Verfahren können auch auf anderen Netztopologien als Ringe eingesetzt werden. In diesen Fällen bilden die Stationen jedoch logisch durch ihre Adressen einen Ring und geben in dieser Form über die physische Topologie das Token weiter. Die Reihenfolge ist durch die Adressen in Tabellen festgelegt, die in den Stationen gespeichert sind.

Fällt eine Station aus oder kommt eine Station neu hinzu, werden die Tabelleneinträge in der logisch folgenden und vorhergehenden Station durch gesonderte Verfahren aktualisiert, so daß die neue Station in den Ring eingebunden wird.

Token-Ring

Oberbegriff für ein deterministisches LAN-Übertragungsprotokoll nach dem technischen Standard der → *IEEE* 802.5 mit einer Übertragungsrate von 4 Mbit/s oder, seit 1989 im Standard vorgesehen, 16 Mbit/s. Maßgeblich entwikkelt wurde der Standard von der IBM für ursprünglich 4 Mbit/s. Als Medium wird für 4 Mbit/s → *UTP* benutzt, obwohl heute für höhere Geschwindigkeiten → *STP* gebräuchlich ist. Auf dem Medium wird mit → *Manchester*-Codierung übertragen.

Die Stationen werden an das Medium, von dem üblicherweise zwei für Ersatzschaltungen im Fehlerfall verlegt sind, mit Hilfe von Multistation Access Units (MAU) angeschlossen. Dort wird der Ring entsprechend der aktiven und passiven (ausgeschalteten oder gestörten) Stationen physisch durch Relais durchgeschaltet. Im Falle von gestörten Stationen werden diese einfach überbrückt, so daß sich der Ring wieder über sie schließt. Intelligente MAUs verfügen üblicherweise über Funktionen des → *Netzmanagements.*

Die MAUs können bei der Verwendung von verdrillter Zweidrahtleitung und passenden Verstärkern bis zu 750 m voneinander entfernt sein. Werden Glasfaserkabel genutzt, kann diese Entfernung bis auf 2 km steigen.

Der Token-Ring wurde ursprünglich 1985 von IBM als LAN-Topologie eingeführt.

Token-Ring

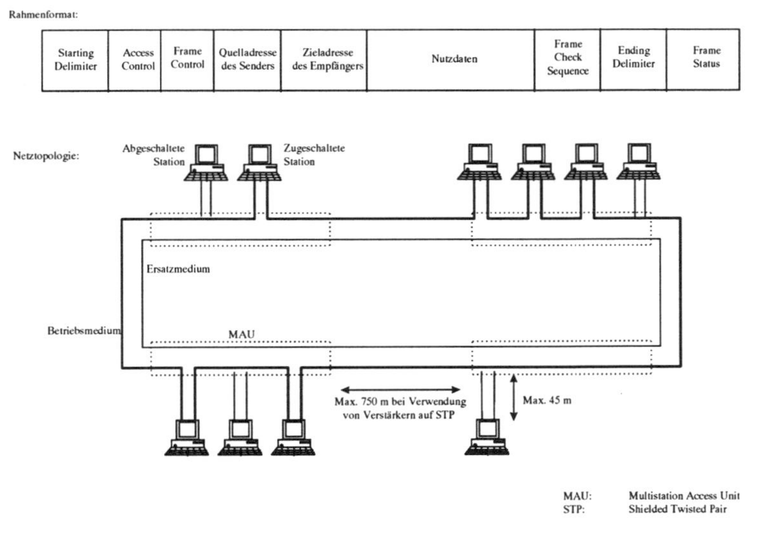

Toll Free Service

International gebräuchliche Bezeichnung für gebührenfreie Dienste (0130er-Nummer in Deutschland, 800er-Nummer in den USA).

Auch Green Line oder Green Number Service genannt.

Toll-Office

In Nordamerika die Bezeichnung für → *Vermittlungsstellen* im Fernverkehr.

Toll Quality

Englischsprachige Bezeichnung für die Übertragung von Sprache in einer mit dem öffentlichen analogen Telefonnetz vergleichbaren Qualität.

Toll Saver

Bezeichnung eines Leistungsmerkmals von Anrufbeantwortern. Dabei wird bei der Fernabfrage dem abfragenden Anrufer mitgeteilt, ob Anrufe abzuhören sind oder nicht, indem im ersten Falle nach zweimaligem Klingeln der Anruf entgegengenommen wird und sonst (keine Anrufe abzuhören) fünfmal geklingelt wird, d.h. der Anrufer braucht nur den Rufton mitzuzählen und spart, sobald er den Rufton dreimal gehört hat, Gesprächsgebühren.

T-Online

→ *Telekom-Online.*

Tool

Von engl. tool = Werkzeug. Bezeichnung für Software, die selbst bei der Erstellung oder Verwaltung anderer Software hilfreich ist, z.B. Programmbibliotheken bereit hält oder leistungsstarke → *Editoren* zur Verfügung stellt.

Nicht mit → *Utilities* zu verwechseln.

Tonruf

Bezeichnung für einen melodischen, elektronisch erzeugten Rufton des Telefons im Gegensatz zum Klingeln einer echten Klingel mit Glocke und Klöppel in alten Telefonapparaten.

Die Melodie kann dabei bei modernen Geräten unter mehreren ausgewählt und in ihrer Lautstärke eingestellt werden.

Bei Nebenstellenanlagen können unterschiedliche Tonfolgen interne oder externe Anrufe anzeigen.

Mittlerweile gängig bei allen modernen Telefonen.

Tonwahl

Andere Bezeichnung für → *MFV.*

TOP

1. Abk. für Technical and Office Protocols.

   Bezeichnung für ein auf dem → *OSI-Referenzmodell* basierendes Protokoll für den Einsatz in der Bürokommunikation. TOP ist Ergänzung zu → *MAP* in der Produktion; Übertragungsmedium ist ein nach → *IEEE 802.3* spezifiziertes → *LAN.*
2. Abk. für Transaction Oriented Processing. → *Transaktion.*

Topologie

→ *Netztopologie.*

ToR

Abk. für Terms of Reference.

Bei Ausschreibungen, z.B. für technisches Gerät wie Netze, Nebenstellenanlagen, Gebäudeverkabelungen etc., die Vorgaben hinsichtlich Termine, Qualität, Kosten, zu erbringende Leistung und Form der Angebote des Ausschreibenden, an die sich die an der Ausschreibung Teilnehmenden zu halten haben.

Touchtone

→ *MFV.*

Tower

Bezeichnung einer Form von Gehäusen für die Aufnahme der Hauptbestandteile des → *PC*s. Das Gehäuse in hochkant stehender Quaderform ist (im Gegensatz zum → *Desktop*) dazu vorgesehen, neben oder unter dem Schreibtisch zu stehen und u.U. mehrere Steckkarten aufzunehmen. Der → *Monitor* wird im allgemeinen separat auf dem Schreibtisch positioniert.

Kleinere, nur halb so hohe Gehäuse mit wesentlich geringerem Platzbedarf (dafür weniger Einsteckplätzen), werden mit Mini-Tower bezeichnet.

TP-PMD

Abk. für Twisted Pair - Physical Layer Dependent.

Bezeichnung einer bestimmten Verkabelung bei → *FDDI.* Kann 100-Ohm- und 150-Ohm-Kabel unterstützen.

→ *MLT-3.*

TPC

Abk. für Trans-Pacific-Cable.

Bezeichnung für Kabel zwischen den USA und Kanada einerseits sowie den pazifischen Inseln (Hawaii, Guam) und Japan/Korea andererseits. Es existieren sechs derartige Kabelsysteme, die sich teilweise vor den Küsten splitten oder auch ringförmig den Nordpazifik umschließen. Beispiel für ein ringförmiges Kabel und gleichzeitig das letzte neu verlegte ist TPC-5, das am 21. Dezember 1995, nach Fertigstellung der südlichen Verbindung von Kanagawa/Japan über Guam und Hawaii nach Kalifornien, in Betrieb genommen wurde.

TPDDI

Abk. für Twisted Pair Distributed Data Interface. Bezeichnung für eine → *MAN*-Technologie ähnlich der → *FDDI*-Technologie, nur mit → *Twisted Pair* als Medium.

TPI

Abk. für Tracks per Inch.

Bezeichnet eine Aufzeichnungsdichte bei → *Festplatten* und → *Disketten*. Gibt an, wieviele Spuren pro Inch (= 2,54 cm) genutzt werden können.

TRA

1. Abk. für Telegraphentechnisches Reichszentralamt. Bis 1928 die oberste zentrale Behörde für das Fernsprech- und Telegraphenwesen in Deutschland. Ging dann im Reichspostzentralamt (RPZ) auf.
2. Abk. für Telecommunications Resellers Association. Bezeichnung eines Verbandes von Großhändlern von Telekommunikationsendgeräten.

Traceroute

Bezeichnung einer Software zum Testen einer → *IP*-Verbindung. Dabei wird als Ergebnis des Tests der ermittelte Verbindungsweg von Testdaten durch das Netz mittels → *ICMP* ausgegeben.

Trackball

→ *Maus.*

TRADACOMS

Abk. für Trading Data-Communications.

Ein in Großbritannien eingesetzter nationaler Standard für → *EDI* mit den Elementen Bestellung, Lieferung und Zustellung.

Tradic

Abk. für Transistor Digital Computer.

Bezeichnung des ersten Computers mit Halbleitertechnik aus der Mitte der 50er Jahre.

Bestand aus 800 Transistoren sowie 11 000 Germaniumdioden. Erfordert eine Leistung von knapp unter 100 W. Es wird ein Magnetkernspeicher mit 24 Bit Wortbreite eingesetzt. Gewicht: 8 kg. Die Programmierung erfolgte über Steckverbindungen (Befehle) und Schalter (Zahlen in Binärform).

Wurde am 19. März 1955 vorgestellt und für die US-Luftwaffe gebaut. Er wurde unter der Leitung von J.H. Felker in den Bell Laboratories entwickelt.

Traffic Policing

Bezeichnung für Mechanismen, die bei Überlast in → *ATM*-Netzen Zellen gemäß fester Regeln aussuchen, verwerfen und dadurch Überlast abbauen.

Traffic Shaping

Bezeichnung für den Vorgang, burstartig auftretenden Verkehr am Eingang von Weitverkehrsnetzen durch Zwischenpufferung zu glätten, um nicht im Netz selbst Überlast zu erzeugen und Zellenverluste zu provozieren. Ist insbesondere bei → *ATM*-Netzen von Bedeutung.

→ *Traffic Policing.*

TRAG

Abk. für Technical Regulations Application Committee.

Training, Trainingssequenz

Bezeichnung für die vor einer Datenübertragung zwischen → *Modems* und → *Faxgeräten* automatisch ablaufende Prozedur, bei der spezielle Datenmuster als Trainingssequenz über die Leitung geschickt werden, um die Übertragungsqualität zu ermitteln und Übertragungsparameter bei den beteiligten Endgeräten optimal einzustellen.

Transaktion

1. Allgemein der kleinste, unteilbare und daher an einem Stück ununterbrochen abzuarbeitende Prozeß einer Anwendung. Transaktionen werden daher vollständig oder gar nicht abgearbeitet. Kennzeichen sind die ACID-Merkmale Atomicity, Consistency, Isolation und Durability.
2. Speziell ist häufig eine logisch zusammenhängende Folge von Operationen in einer Datenbank gemeint, die die Datenbank von einem konsistenten in einen anderen konsistenten Zustand überführt.

Transceiver

Kunstwort, abgeleitet aus Transmitter und Receiver (Sender und Empfänger). Bezeichnet einen Netzanschluß mit Sende- und Empfangseinrichtung.

Transcoder

Bei Farbfernsehern die Einheit zur Umsetzung eines Farbfernsehsignals von einem Standard (z.B. → *SECAM*) auf einen zweiten Standard (z.B. → *PAL* oder → *NTSC*).

Transdata

Bezeichnung eines Konzeptes zur Kommunikation in verteilten Systemen aus dem Hause Siemens. Entstanden in den frühen 70er Jahren. Vergleichbar mit → *DECNET* oder → *SNA*.

Trans Europe Line

→ *TEL.*

Transit Exchange

Bezeichnung einer Vermittlung ohne angeschlossene Teilnehmer. Vermittlung erfolgt dort zwischen → *Trunks.*

Transmission

Bezeichnung eines Effektes, der zum → *Fading* bei elektromagnetischen Wellen führt. Beschreibt das Durchdringen der Wellen von Hindernissen, z.B. Wänden, und deren Folgen (Dämpfung).

→ *Reflexion.*

Transmodulator

Bezeichnung für technische Geräte, die ein nach einem bestimmten Modulationsverfahren digital moduliertes Signal in ein anderes moduliertes, digitales Signal umsetzt. Dies kann, z.B. an der Kopfstation von → *BK*-Netzen, nötig sein, um von Satelliten ausgestrahlte breitbandige → *QPSK*-modulierte Signale in schmalbandige QAM-Signale umzuwandeln und sie in die BK-Netze einzuspeisen.

Transparente Einrichtung

Eine Einrichtung, die scheinbar nicht existiert (weil sie vom Nutzer nicht bemerkt wird), tatsächlich aber existent ist. Faustregel: Man sieht sie nicht, sie ist aber da.

→ *reale Einrichtung*, → *virtuelle Einrichtung.*

Transponder

Kunstwort aus Transmitter und Responder. Besteht in der Satellitentechnik neben Empfänger und Sender aus einem Umsetzer (auch → *Konverter* genannt) bzw. einem Verstärker. In der Regel besitzen Satelliten zwischen 10 und 40 Transponder.

Transputer

Kunstwort, gebildet aus Transmitter und Computer.

Bezeichnet einen → *Mikroprozessor* mit eigenem Arbeitsspeicher und Datenkanälen zur Kommunikation zwecks Verbindung mit weiteren Transputern.

Mehrere Transputer können derart zu Ketten und Netzen zusammengesetzt werden, daß sie parallel arbeiten und so ihre Leistung maximieren.

→ *Parallelrechner.*

Traps

Bezeichnung für Meldung spontaner Ereignisse von Netzelementen an das → *Netzmanagementsystem.*

TRAU

Abk. für Transcoder and Rate Adaptor Unit.

Bezeichnung eines Teils des Base Station Controllers (→ *BSC*), der wiederum Teil der Netzinfrastruktur bei → *GSM* ist.

Aufgabe ist eine Umsetzung der speziellen Kanalstrukturen für Sprach- und Datenkommunikation des GSM-Standards in gängige Standards der Festnetzkommunikation, also die Herstellung eines herkömmlichen 64-kbit/s-PCM-Sprachsignals für das Festnetz aus dem 16-kbit/s-Nutzsignal (13,2 kbit/s Sprache plus Schutzoverhead) des GSM-Systems.

Treiber

International üblich auch Driver genannt. Begriff aus der Rechnertechnik. Bezeichnung für Software zur Steuerung von peripherer Hardware, z.B. von Druckern, Floppy-Disk-Laufwerken oder CD-ROM-Laufwerken.

Trennen

Bezeichnung eines → *Leistungsmerkmals* in Nebenstellenanlagen. Bezeichnet dort das Herauslösen einer gewünschten Verbindung aus einer Konferenzschaltung.

Ein Leistungsmerkmal ähnlicher Funktionalität findet sich auch bei vielen anderen herkömmlichen Telefonen. Dort ist auch das Beenden einer Verbindung ohne Auflegen des Hörers zur sofortigen Wahl einer neuen Rufnummer gemeint.

Trinitron-Technik

Bei Monitoren aller Art (Fernsehgeräten, Computermonitore) die Bezeichnung dafür, daß die → *Lochmaske* keine kreisrunden Löcher enthält, sondern kleine rechteckige Öffnungen.

Dies führt zu einer dichteren Packung der Öffnungen auf der Lochmaske, so daß auch die Bildpunkte auf dem Bildschirm dichter werden. Ferner ist der Bildschirm selbst aus schwarzem oder grauem Glas, so daß die Farben leuchtender erscheinen. Statt eines Lochabstandes von 0,28 mm (runde Löcher) sind Abstände knapp unter 0,26 mm möglich.

Durch die dichte Lochung ist die Maske etwas instabil, was durch eine Fixierung mit dünnen Fäden wieder ausgeglichen wird. Die Maske selbst kann auch durch horizontal und vertikal gespannte Drähte realisiert werden (dann Drahtharfe genannt).

Vorteile: größere Schärfe und Leuchtkraft des Bildes.

Nachteil: höhere Kosten als bei der herkömmlichen Lochmaske, u.U. stärkerer Treppeneffekt bei der Darstellung diagonaler Linien; die Stabilisierungsfäden können bei hellen Flächen auf dem Bildschirm als Schatten sichtbar sein.

Triple DES

→ *DES.*

Triple W

Andere Bezeichnung für → *WWW.*

Triple X

Bezeichnet die oft zusammen erwähnten drei Normen → *X.3*, → *X.28* und → *X.29*, die insgesamt die Anbindung von Terminals an → *PAD*s und deren Funktionsweise beschreiben.

Tritium

Mobiles Satellitenfunksystem, geplant von der Firma Hughes. Die Satelliten sollen dabei in → *LEO*s kreisen.

Trojanische Pferde

Bezeichnung für eine bestimmte Art von → *Viren*. Mehrere Interpretationen möglich.
Trojanisches Pferd als Virus selbst: Kennzeichen ist, daß trojanische Pferde vorgeben, vom Nutzer gewünschte Zwecke zu erfüllen oder dies auch tatsächlich tun, sie nebenher, unbemerkt vom Nutzer der Software, aber noch weitere unerwünschte Operationen durchführen.
Trojanisches Pferd als Trägermedium: Ganz allgemein wird auch die voll funktionstüchtige Trägersoftware, die den Virus von einem Rechner zum nächsten transportiert und dort freisetzt, als trojanisches Pferd bezeichnet. Beliebt als Träger ist weitverbreitete Software für bekannte Computerspiele.

Trommeldrucker

Bezeichnung für eine, heute nur noch selten anzutreffende, Bauart mechanischer Zeilendrucker.
Die Typen befinden sich dabei auf einer rotierenden Trommel, wobei für jede Schreibstelle auf der Breite der Trommel über den Umfang der Trommel jedes zulässige Zeichen nur einmal vorhanden ist. Ferner ist für jede Schreibstelle ein eigener Anschlaghammer verfügbar, der das Papier nach der Einstellung der Type durch Rotation der Trommel gegen die Type auf der Trommel drückt. Je Trommeldrehung wird eine vollständige Zeile gedruckt.
Vorteil derartiger Geräte war eine hohe Druckgeschwindigkeit bei standardisierten, einfach zu druckenden Vorlagen (Formulare etc.). Darüberhinaus galten Trommeldrucker als zuverlässig und robust.
Von Nachteil war der begrenzte Zeichenvorrat, die fehlende Darstellungsmöglichkeit von Bildern und Grafiken sowie die hohe Geräuschentwicklung.

Trommelscanner

→ *Scanner*.

Trommelspeicher

→ *Magnettrommelspeicher*.

Troposphäre

Bezeichnung der Luftschicht über der Erdoberfläche, die an den Polen bis in eine Höhe von 8 km und am Äquator bis in eine Höhe von 16 km reicht.
Die Ausbreitung elektromagnetischer Wellen wird in der Troposphäre durch die Witterung (Nebel, Regen, Schnee) und verschiedene Temperaturschichten beeinflußt (gedämpft bzw. gebrochen).
Oberhalb der Troposphäre folgt die Stratosphäre.

TRS

1. Abk. für Telegram Retransmission System. Offizielle standardisierte ITU-Bezeichnung für Speichervermittlungssysteme im internationalen Telegrammnetz.
2. Abk. für Telephone Relay Service.

TRS 80, TRS 100

Abk. für Tandy Radio Shack Model 80 und 100.
Bezeichnung eines der ersten PCs neben dem → *Apple II* und dem → *PET 2000*. Wurde von der Warenhandelskette für Unterhaltungselektronik TRS auf den Markt gebracht.
Der TRS 80 nutzte als erster überhaupt den Z80 als Prozessor und verfügte über 4 KByte ROM (mit eingebautem Basic) und ebensoviel RAM.
Der TRS 100 war mit 32 KByte Speicher, einem eingebauten → *Modem* und ROM-basiertem Basic ausgerüstet; er konnte mit seinen Batterien vier Stunden lang betrieben werden. Ein mehrzeiliger LCD diente als Anzeige. Es handelte sich um einen der ersten portablen Rechner (Laptop).
Der TRS 80 wurde 1977 auf den Markt gebracht. Für die Entwicklung hat Tandy nur 150 000 $ ausgegeben. Bis 1979 werden 100 000 Stück verkauft.
Der TRS-80 zog das Modell 100 nach sich, einen der ersten echten Portables.
1978 brachte Tandy den TRS 80 für 1 800 DM auf den deutschen Markt.
1982 brachte Tandy den TRS 80 Modell 16 mit 128 KByte RAM und maximal zwei 8"-Diskettenlaufwerken für 5 000 $ auf den Markt.

TRT

Abk. für Tonfrequenz-Rundsteuertechnik.
Wie → *TFH* auch eine Technik zur Sprach- und Datenübertragung über Hochspannungsleitungen, eingesetzt in der Mittel- und Niederspannungsebene des Hochspannungsnetzes.
Nachteilig sind die vielen Verzweigungen in den Mittelspannungs- und in den Niederspannungsnetzen (15/20 kV und 230/400 V), die dazu führen, daß in diesen Netzen keine stückweise anpaßbaren Wellenleiter vorliegen, deren Wellenwiderstand konstant und Dämpfung gering ist. Datenübertragung ist daher nur → *unidirektional* und mit nur geringer Datenrate möglich (einfache Schaltkommandos).
Erste Anwendung ab 1930.

TRU

Abk. für Transceiver Unit, Sendeeinheit.

True Color

Echtfarbdarstellung einer Grafik. Dabei wird jeder Farbwert eines Bildpunktes mit 24 Bit codiert, was ca. 16,7 Mio. verschiedenen Farben entspricht und einen fotorealistischen Eindruck ermöglicht. Jeder

Farbwert von Rot, Grün und Blau wird mit 8 Bit (ermöglicht 256 Stufen) codiert.
→ *Hi Color.*

Trueimage

Seitenbeschreibungssprache aus dem Hause Microsoft. Gilt als → *PostScript*-Clone.

Truetype

Bezeichnung einer vom Hause Apple entwickelten Beschreibungssprache für Buchstabensätze (Fonts, Schriften). Geht auf einen Streit mit Adobe zurück, mit denen zunächst → *PostScript* entwickelt worden war. Apple gab daraufhin an Microsoft das Recht weiter, Truetype-Schriften in Windows zu verwenden und erhielt im Gegenzug das Recht, die Microsoft-Entwicklung einer Seitenbeschreibungssprache → *Trueimage* zu verwenden.

Truetype-Buchstaben werden durch mathematische Beschreibung ihrer Umrisse (nicht als Bitmap) definiert und als normale graphische Objekte definiert, die, wie alle anderen auch, skaliert, rotiert, gespiegelt, mit Farbe gefüllt etc. werden können. Da nur eine Darstellung der Objekte gespeichert werden braucht, aus der die skalierten Schriften einfach errechnet werden können, benötigen Truetype-Schriften weniger Speicherplatz als Schriften, von denen die unterschiedlich großen Schriften, jede für sich als Bitmap gespeichert, vorliegt.

Truetype-Schriften benötigen, im Gegensatz zu PostScript, nur eine Datei für Druck und Bildschirmdarstellung.

Truetype-Schriften sind üblicherweise an einem TT hinter dem Schriftnamen erkennbar.

Vorgestellt 1989.

Trunk

Von engl. trunk = Stamm, Strang.

Bezeichnung für ein Kabelbündel zwischen Netzknoten.

TRX

Abk. für Transceiver, Sender.

TSAC

Abk. für Telephone Service Application Center.

TSAG

Abk. für Telecommunication Standardization Advisory Group.

Bezeichnung eines Normungsgremiums bei der → *ITU.*

TSAPI

Abk. für Telephony Service Application Programming Interface.

Bezeichnung einer Anwendungsschnittstelle der Firma Novell zu ihrem Netzmanagementsystem zur Integration von Telefondiensten in Netware-LANs (→ *CTI*). Wurde Ende der 80er Jahre von Novell und einigen Herstellern, insbesondere AT&T, von → *PBX* entwickelt.

TSAPI setzt auf → *CSTA* auf und ist eine Netzwerklösung, weswegen es nur in Verbindung mit einer PBX und einem Netware-Server eingesetzt werden kann.

TSAPI gilt, im Gegensatz zu → *TAPI,* als große CTI-Lösung.

TSB

1. Abk. für Telecommunication Standardization Bureau.
2. Abk. für Technical Standards Bulletin.

TSC

Abk. für Trunked Site (System) Controller.

Ein Teil der Netzinfrastruktur von → *Tetra.*

TSEC

Abk. für Trusted Computer System Evaluation Criteria.

Bezeichnung eines in einem Dokument des → *NCSA* definierten Kataloges von Kriterien, nach denen Datensicherheit beim Betrieb von Computern erreicht werden soll. Auch Orange Book genannt.

TSI QPSK

Abk. für Two Symbol Interval Quadrature Phase Shift Keying.

Eine Sonderform der → *PSK.*

TSL

Abk. für Telephone Service Licence.

Begriff aus der Lizensierung. Bezeichnet eine allgemeine Lizenz zum Angebot des Telefondienstes in Großbritannien.

TSR-Programme

Abk. für Terminate and Stay Resident Programme.

Bezeichnung für Programme, die aus dem Arbeitsspeicher des Rechners entfernt werden können, ohne ihn neu booten zu müssen.

tss

Abk. für Telecommunication Switching System.

Name eines digitalen Vermittlungssystems aus dem Hause → *PKI.*

T-Stecker

Ein T-förmiges Verbindungsstück zum Verbinden mehrerer Koaxialkabel, üblicherweise mit zwei weiblichen Anschlüssen (Hülsen) und einem männlichen Anschluß (Pin). Bei den Anschlüssen handelt es sich um → *BNC*s.

Benutzt bei der Gebäudeverkabelung zum Aufbau von → *LANs.*

TT

Abk. für → *Truetype.*

TTA

Abk. für Telecommunication Technology Association.
International übliche Bezeichnung für ein koreanisches Standardisierungsgremium auf dem Gebiet der Telekommunikation. Ähnlich dem europäischen → *ETSI.*

TT & C

Abk. für Telemetry, Tracking and Command.
Bezeichnung für Kontrollfunktionen eines Satellitenkontrollzentrums in künftigen satellitengestützten Mobilfunksystemen.

TTC

Abk. für Telecommunications Technology Council (Committee).
Ein japanisches Normungsgremium auf dem Telekommunikationssektor, ähnlich dem europäischen → *ETSI.*

TTCN

Abk. für Tree and Tabular Combined Notation.
Bezeichnung einer eindeutigen Beschreibungssprache für Protokolltests.
Für verschiedene zusammenhängende Teile eines Protokolls (Abstract Test Suites genannt, ATS) liegen TTCN-Spezifikationen vor.
In den 80er Jahren startete die Entwicklung durch die → *ISO* und die → *IEC*, die 1990 TTCN in einem Standard ISO/IEC 9646 Teil 3 veröffentlichten.

TTS

Abk. für Text-to-Speech.
Bezeichnung für die Umwandlung von Text in Sprache mittels Sprachsynthese.

TTU

Abk. für Teletex-Telex-Umsetzer.

TTX

Abk. für → *Teletex.*

TTY

Abk. für Teletype, Fernschreiber (→ *Telex*).
Abgeleitet von dem ersten großen Hersteller dieser Geräte, der Teletype Corporation.
Wird oft synonym für asynchrone Übertragung und für unintelligente → *Terminals* verwendet.
Fernschreiber waren die ersten Ein- und Ausgabegeräte, die in den 50er Jahren über Datenleitungen an Großrechner angeschlossen wurden. Erste öffentliche Vorführung dieser Möglichkeit war 1940 bei der Jahrestagung der American Mathematical Society am Dartmouth College in Hanover/New Hampshire. In der McNutt Hall führte George R. Stibitz (* 1904) zwei Fernschreiber vor, die über Leitungen mit einem Rechner im 400 km entfernten New York verbunden waren. Dort stand ein Rechner, den Stibitz mit dem Bell-Ingenieur Samuel Williams gebaut hatte. Über einen Fernschreiber wurden Daten eingegeben, in New York durch den Complex Number Computer bearbeitet und wieder zurückgesandt.

TU

1. Abk. für Tributary Unit.
   Bezeichnet in einer Hierarchiestufe der → *SDH* einen virtuellen Container (VC) einer nächstniedrigeren Hierarchiestufe zusammen mit dem auf ihn zeigenden Pointer innerhalb des SDH-Rahmens der höheren Stufe.
2. Abk. für Traffic Unit, Verkehrseinheit.
   Die englischsprachige Maßbezeichnung der Größe → *Erlang.*

TUDLV

Abk. für Telekommunikations-Universaldienstleistungsverordnung.
Andere Bezeichnung für die UDV.
→ *USO.*

TUG

Abk. für Tributary Unit Group.
→ *TU.*

Tunneling

Auch Encapsulation genannt. Bezeichnung für das Ineinandergreifen zweier verschiedener Protokolle auf der gleichen Schicht des → *OSI-Referenzmodells.* Dabei werden die Daten des einen Protokolls noch einmal in die Datenpakete des anderen Protokolls verpackt, d.h. die gleiche Schicht wird doppelt durchlaufen.
Gründe für Tunneling können verschieden sein, z.B. der Übergang von einem Protokoll zu einem anderen Protokoll, wobei die Migration Schrittweise in verschiedenen Teilen des Netzes vorgenommen wird.
Meistens handelt es sich um zwei verschiedene Protokolle, z.B. bei → *IP* over → *ATM*, manchmal sind aber auch beide Protokolle gleich, z.B. bei → *ATMP* oder → *L2TP.*

TUP

Abk. für Telephone User Part.
→ *SS#7.*

Turbo-Pascal

Bezeichnung einer höheren Programmiersprache.
→ *Pascal.*

Turing-Machine

Bezeichnung eines fundamentalen, mathematisch formulierten Modells einer Rechenmaschine zur Beschreibung der Verarbeitung von Zeichen in der → *Informatik*. Mit dem Modell wurden in der Folgezeit fundamentale Ergebnisse der theoretischen Informatik erzielt.

Die Turing-Machine war so gestaltet, daß Funktionen durch endliche Prozesse aus einigen Grundoperationen abgebildet wurden. Dadurch konnte sie zur Bestimmung von endlichen → *Algorithmen* bzw. zur Berechenbarkeit von Problemen eingesetzt werden.

Obwohl von einer Turing-Machine gesprochen wird, handelt es sich lediglich um ein Gedankenmodell. Es ist nie ein entsprechender Computer nach dem Modell gebaut worden, obwohl einige Überlegungen in einen der ersten britischen Computer der 50er Jahre eingingen.

Erdacht wurde das Konzept im Jahr 1937 in Princeton vom Mathematiker Alan Mathison Turing (* 1912, † 1954), der in jenem Jahr ein Papier „On Computable Numbers with an Application to the Entscheidungsproblem“ über die „Universelle Maschine“ publizierte.

Turnkey System

Ähnlicher Begriff wie beim Hausbau. Bezeichnung für komplett ausgerüstete Systeme (Hard- und Software), die dem Kunden betriebsfertig ('schlüsselfertig') übergeben und daher sofort eingesetzt werden können.

TVerleihV

Abk. für → *Telekommunikations-Verleihungsordnung*.

TVK

Abk. für Tagesverkehrskurve.

Bezeichnung für eine graphische Darstellung des in Netzen generierten Verkehrs. Der Verkehr wird dabei über der Zeit in Stunden über einen Zeitraum von 24 Stunden aufgetragen.

TVRO

Abk. für Television Receive Only (Satellite Dish).

Bezeichnung für Satellitenantennen, die Fernsehsignale nur empfangen können. Die Bezeichnung leitet sich davon ab, daß die ersten Modelle von Geräten abstammten, die bei TV-Sendern sowohl zum Senden als auch zum Empfangen eingesetzt wurden.

TVS

Abk. für Televoting System.
→ *Televoting*.

TVSt

Abk. für Teilnehmervermittlungsstelle.
Oberbegriff für Vermittlungsstellen, an denen Endteilnehmer angeschlossen sind.

TWG

Abk. für → *Telegrafen-Wegegesetz*.

Twinax (-Stecker)

Bezeichnung für eine spezielle Art der zweipoligen Steckverbindung. Verbreitet im → *LAN*-Bereich zur Verbindung von → *Koaxialkabeln*.

Twinaxialkabel

Bezeichnung für ein Kabel mit drei (nicht zwei!) konzentrischen Leitern. Prinzipiell wie ein → *Koaxialkabel* aufgebaut, nur mit drei konzentrischen und gegeneinander isolierten Leitern.

Twisted Pair

Engl. Bezeichnung für zwei kunststoffisolierte, umeinander verdrillte Kupferleitungen (→ *verdrillte Zweidrahtleitung*). Sie wird seit Jahrzehnten als Hauptanschlußleitung in Telekommunikationsnetzen verwendet und auch in → *LAN*s eingesetzt.
Man unterscheidet verschiedene Bauformen, z.B. → *UTP* oder → *STP*.

Twisted Quad

Engl. Bezeichnung für vier kunststoffisolierte verdrillte Kupferleitungen. Dabei bilden zwei sich gegenüberliegende Leiter ein Leiterpaar.

Tx

Abk. für Transmitter.
Englische Bezeichnung für Sender.

Typenraddrucker

Auch selten Daisy Wheel Printer genannt.
Bezeichnung für einen mechanischen → *Drucker*, bei dem die Typen an flexiblen Hebeln sitzen, die sternförmig von einer rotierbaren Nabe abgehen (Typenrad). Durch Drehen der Nabe kann der gewünschte Hebel mit einer Type in die Druckposition gelangen. Ein Hammer drückt den Hebel gegen ein Farbband und dieses auf das Papier, wodurch das Zeichen gedruckt wird.
Wird als Farbband ein nur einmal verwendbares Karbonband verwendet, ist der Ausdruck sehr sauber und kaum als Computerausdruck erkennbar.
Durch Austausch des Typenrades kann der Schrifttyp variiert werden.
Diese Art Drucker kam 1970 in ersten Modellen auf den Markt und war zu Anfang der 80er Jahre eine Alternative zu → *Nadeldruckern* in Fällen, bei denen es auf Schönschrift ankam. Er kostete seinerzeit um die 3 000 $ und ist heute, bedingt

durch den Fortschritt und Preisverfall der → *Laser-* und → *Tintenstrahldrucker*, nur noch selten zu finden. Nachteilig sind die hohe Geräuschentwicklung, der begrenzte Zeichenvorrat an den Typenrädern, die niedrige Druckgeschwindigkeit und die fehlende Grafikfähigkeit. Vorteile sind die im Vergleich zum → *Kettendrucker* gute Druckqualität, die niedrigen Anschaffungs- und Unterhaltungskosten sowie das einfache Austauschen der Typenräder.

U

U- und UK$_0$-Schnittstelle

Bezeichnung einer Zweidrahtschnittstelle zur digitalen Übertragung. Im öffentlichen ISDN wird auf den Anschlußleitungen die U-Schnittstelle mit Echokompensation als UK$_0$-Schnittstelle bezeichnet.
Bei Nebenstellenanlagen gibt es verschiedene, herstellerspezifische U-Schnittstellen, die durch Adapter (private Netzwerk-Terminatoren, private NTs) in vierdrahtige → *S$_0$*-Schnittstellen gewandelt werden können.

UA

Abk. für User Agent.
Bezeichnet in → *e-mail*-Systemen die Applikation, innerhalb derer eine Nachricht (e-mail) erzeugt wird. Üblicherweise die Front-End-Software, die diverse Funktionen zum Erzeugen, Verwalten, Senden und Empfangen von e-mails zur Verfügung stellt. Darüber hinaus mit → *GUI* zur einfachen Bedienung ausgestattet.
Die UAs bilden zusammen mit dem Message Transfer System (→ *MTS*) ein Message Handling System (→ *MHS*). Die UAs sind mit den Message Transfer Agents (→ *MTA*) des MHS verbunden, von denen sie periodisch ihre neuen e-mails abfragen.
→ *X.400.*

UAA

Abk. für Universally Administrated Address.
Bezeichnung für eine 6 Byte lange, weltweit eindeutige Adresse eines Netzwerkadapters, die bei diesem durch den Hersteller fest eingestellt (eingebrannt) wurde.

UAE

Abk. für universelle Anschlußeinrichtung.
Bezeichnung für Anschlußbuchsen, an die sowohl analoge als auch digitale Endgeräte angeschlossen werden können.

UAPT

Abk. für Union Africaine des Postes et Télécommunications.
Bezeichnung für die afrikanische Post- und Fernmeldeunion. Sitz: Brazzaville.
→ *PATU.*

UART

Abk. für Universal Asynchronous Receiver and Transmitter.
Bezeichnung eines integrierten elektronischen Bausteins zur Abwicklung serieller und bitorientierter Kommunikation. Eigentlich ein → *Controller*, der mit Peripheriebausteinen seriell kommuniziert, mit dem Speicher aber über eine parallele Leitung verbunden ist. UART ist der wichtigste Baustein auf der seriellen Schnittstellenkarte für → *PC*s. Wichtigste Funktion ist die Umsetzung von parallel vom Speicher empfangener Zeichen in bitorientierte Datenströme in einem bestimmten Protokollformat.
Üblich sind UART Chips die eingehende serielle Datenströme bis ca. 38,4 kbit/s unterstützen. Sie können jeweils nur 1 Bit zwischenspeichern und senden dann einen → *Interrupt* an die → *CPU*, was bei hohen Datenraten zu einem hohen Overhead führt. Neuere Bausteine unterstützen dank größerem Puffer bis zu 115,2 kbit/s.
Man unterscheidet Single-Protokoll- und Multi-Protokoll-Chips. Letztere können die Daten in Abhängigkeit von Steuersignalen in verschiedene Rahmenformate umsetzen.
Bekannte UARTs sind die Chips 8250, 16450, 16450A oder 16550 von Western Digital.
UARTs kamen 1972 auf und wurden seither in ihrer Leistungsfähigkeit (Geschwindigkeit, Kapazität, nicht nur Umsetzung parallel-seriell, sondern Umsetzung in Rahmenformate, Fehlerprüfung) ständig verbessert.

UBIDEP

Abk. für Universal Building Information and Data Exchange Protocol.
Bezeichnung eines Managementprotokolls zum Datenaustausch innerhalb von Gebäuden, zwischen Elementen der Gebäudetechnik (Heizung, Lüftung, Klima, Licht, Sicherheit).

UBR

Abk. für Unspecified Bit Rate.
→ *ATM.*

UCC

Abk. für User Communication Channel.

UDP

Abk. für User Datagram Protocol.
Bezeichnung eines verbindungslosen Anwendungsprotokolls zum Transport von → *Datagrammen* der IP-Familie (→ *TCP/IP*). Setzt auf → *IP* auf. UDP ist die Basis von → *WAIS*, → *NFS* über XDR und → *RPC*, → *SNMP* und → *TFTP*.
Im Vergleich zum wesentlich häufiger verwendeten TCP verzichtet UDP auf Fehlererkennung und -korrektur, arbeitet daher schneller. UDP ist deshalb besser geeignet bei Anwendungen, die kurze Nachrichten versenden und diese notfalls komplett wiederholen können oder bei Anwendungen, die in Echtzeit durchgeführt werden müssen (Sprach- oder Videoübertragung).
Durch die Notwendigkeit der kompletten Wiederholung von Nachrichten bei Fehlern benötigt die Verwendung von UDP in einem Netz allerdings größere Bandbreiten (als TCP) und erfordert ein

komplizierteres Bandbreitenmanagement des Netzbetreibers. Darüber hinaus erhöht sich durch die nötigen Verzögerungen der → *Delay*. Dies kann dadurch ausgeglichen werden, daß die das UDP-Protokoll nutzende Anwendung die gleichen Daten mit verschiedenen UDP-Datagrammen mehrmals hintereinander sendet, in der Hoffnung, eines werde schon ungestört und nur gering verzögert ankommen. Dieses Verfahren wird bei manchen Programmen für Sprachübertragung über das Internet (Internet-Telefonie, -Videokonferenz) angewendet, erhöht aber wiederum die Bandbreitennutzung (-verschwendung) erheblich.

UDV

Abk. für Universaldienstverordnung.
→ *USO*.

Überleiteinrichtung

In älteren Mobilfunknetzen (→ *Mobilophone*, → *B-Netz*) die Bezeichnung des → *MSC*, in dessen Versorgungsbereich sich ein zu rufender mobiler Teilnehmer aufhält. Diese Ortung wird bei modernen Mobilfunknetzen automatisch vorgenommen, z.B. mittels → *HLR* und → *VLR*.

ÜP

Abk. für Übergabepunkt.
Begriff der Deutschen Telekom, der den Punkt des öffentlichen Netzes beschreibt, an dem dieses zu Ende ist. Dies ist nicht notwendigerweise der Anschlußpunkt des Teilnehmers, da u.U. noch eine Inhouse-Verkabelung nötig wird (z.B. Ebene 4 beim → *BK-Netz*).

ÜSFu

Abk. für Übersee-Sendefunkstelle.

UHF

Abk. für Ultra High Frequency.
Frequenzband von 300 MHz bis 3 GHz. In Deutschland auch Dezimeterwellenbereich genannt. Ausbreitung erfolgt fast optisch auf direkter Linie. Überhorizontverbindungen durch Beugung möglich. Empfindlich für Dämpfung. Nachbarbereiche sind → *VHF* und → *SHF*.

UI

Abk. für → *User Interface*.

UIFN

Abk. für Universal International Freephone Number.
Bezeichnung einer international gültigen Nummer, bei der der Angerufene die Gebühren übernimmt (Freephone, Tollfree, gebührenfreie Rufnummer). Hatten viele Länder dafür unterschiedliche Nummern (z.B. 800 in den USA, 0130 in Deutschland), so wird nach der Standardisierung der UIFN durch die → *ITU* 1996 eine Nummer international gültig und unabhängig von Land und Carrier vergeben, so daß z.B. Werbebriefe oder kontinentweit (über Satellit) ausgestrahlte TV-Werbespots nur noch eine Nummer anzeigen brauchen.
Die UIFN besteht aus der nationalen Vorwahl, der Ziffernfolge ‘800’ und acht weiteren Ziffern, die die Global Subscriber Number ergeben (GSN).

UIT

Abk. für Union Internationale de Télécommunications.
Französische Bezeichnung der → *ITU*.

UKITO

Abk. für United Kingdom Technology Organization.
Bezeichnung eines Zusammenschlusses von Unternehmen der Hochtechnologie in GB mit dem Ziel (ähnlich → *ESPRIT*), der japanischen Vormachtstellung in den betreffenden Märkten entgegenzutreten.

ULSI

Abk. für Ultra Large Scale Integration.
Begriff aus der Halbleitertechnik. Bezeichnet Bausteine mit einem höheren Integrationsgrad als → *VLSI*.

Ultra-SCSI

→ *SCSI*.

Umbrellacells

International übliche Bezeichnung einer Zellengröße und auch -funktion in zellularen Mobilfunknetzen. Umbrellacells bedecken größere räumliche Areale, in denen sich aber durchaus noch mehrere Unterzellen (→ *Mikro-*, → *Makro-* und → *Picozellen*) befinden. Umbrellacells dienen i.d.R. der Versorgung der zwischen den kleineren Zellen liegenden, nicht von kleineren Zellen versorgten Gebieten.

UML

Abk. für Unified Modelling Language.

Umlegen

Begriff aus der Nebenstellentechnik. Bezeichnet dort ein → *Leistungsmerkmal*. Dabei kann ein Gespräch von einer Nebenstelle zu einer anderen weitergegeben werden.
Gespräche lassen sich durchweg beliebig oft von Nebenstelle zu Nebenstelle umlegen. Die angerufene Sprechstelle erhält das Gespräch in der Regel nach kurzer Rückfrage, sobald die anrufende Nebenstelle den Hörer auflegt (Übergabe) oder das Gespräch durch, z.B. Drücken der Erdtaste, übernimmt (Übernahme).
Eine weitere Art des Umlegens ist das Umlegen eines Gesprächs ohne jede Rückfrage auf eine andere Nebenstelle.

Umsetzer

→ *Konverter.*

UMTS

Abk. für Universal Mobile Telecommunication System.

Bezeichnung eines mehrere Mobilfunksysteme wie → *GSM*, → *DECT* und → *ERMES* integrierenden → *PCN*-Mobilfunknetzes der 3. Generation, das z.Zt. von der ETSI im Rahmen mehrerer → *RACE*-Projekte untersucht wird und voraussichtlich nach ca 2005 in Betrieb gehen soll. Standardisiert wird es von der Special Mobile Group (SMG) innerhalb der ETSI. Das → *UPT*-Konzept soll auch unterstützt werden. Ziel ist es, dem Teilnehmer ein Endgerät für verschiedene Netze (GSM, DECT, ERMES ...) zur Verfügung zu stellen und erstmals Roaming und Handover zwischen verschiedenen Netzen zu ermöglichen.

UMTS wird in Bereichen von 1 885 bis 2 025 MHz und 2 110 bis 2 200 MHz arbeiten und somit die dem → *IMT 2000* zugewiesenen Frequenzen nutzen. Die ETSI hat seit 1990 die Standardisierung parallel zur ITU (CCIR) in wechselnden Gremien unter dem Aspekt europäischer Interessen aufgegriffen, aber in dem Bewußtsein, daß die Forderung nach weltweitem Roaming nur erreichbar ist, wenn der internationale IMT 2000-Standard und der europäische UMTS-Ansatz weitgehend (im Sinne von Teilmengenkompatibilität) deckungsgleich werden.

Es sollen Datenraten von 2 Mbit/s ermöglicht werden. Weltweit eine Luftschnittstelle.

Allgemein besteht Einigkeit, daß UMTS kein revolutionärer, sondern ein evolutionärer Ansatz ist, da die enormen Kosten für ein komplett neues, u.U. weltweites, Overlaynetz zu hoch wären. UMTS wird daher auf bestehenden Netzen (GSM, ISDN) aufbauen und Funktionalität wie → *UPT* mittels des → *IN*-Konzeptes ermöglichen.

Erste Ideen in den späten 80er Jahren, dann Formulierung einzelner Konzepte und Untersuchung vieler einzelner Aspekte im Rahmen von RACE I und II. Frequenzreservierung 1992. Seit 1994 Bestrebungen, UMTS und → *IMT 2000* einander anzunähern. Es wird erwartet, daß ein stabiler erster Standard gegen Ende 1998 fertig sein wird.

Ungerade Parität

→ *Parität.*

UNI

1. Abk. für User Network Interface.
   Bezeichnung der Schnittstelle zwischen einem Netzknoten und einem Teilnehmer (im Gegensatz zu → *NNI*).
2. International übliche Abk. für Ente Nazionale Italiano di Unificazione. Nationales italienisches Normungsgremium, vergleichbar mit dem deutschen → *DIN.*

Unibus

Bezeichnung der ersten Busarchitektur in Rechenanlagen zur Verbindung von → *CPU* mit peripheren und insbesondere vergleichsweise langsamen Einheiten (Drucker etc.). 16 Bit breit. Asynchroner und bidirektionaler Betrieb mit 1,7 Mbit/s. Erstmals eingesetzt 1970 in der PDP 11 aus dem Hause DEC.

Durch die Veröffentlichung technischer Spezifikationen konnten andere Hersteller, z.B. von Peripheriegeräten, ihre Produkte darauf abstimmen, was mit zum Erfolg der PDP 11 beitrug.

Unicode

Bezeichnung eines Codierungssystems zur digitalen Kodierung von alphanumerischen Zeichen. Basiert, im Gegensatz zum → *ASCII*, nicht auf 7 oder 8 Bit, sondern auf 16 Bit.

Vorgeschlagen vom Unicode Consortium (Gründer: DEC, Microsoft, IBM, HP, Apple) und mittlerweile von der → *ISO* als Standard verabschiedet. Weiterhin unterstützt von Aldus, Borland, Lotus, Next, Unisys, Taligent, Sun, Xerox, Wordperfect und Metaphor.

Vorteil ist, daß damit auch die Kodierung von Schriftzeichen möglich ist, die nicht dem lateinischen Alphabet entnommen sind. Vorgesehen sind Arabisch, Hebräisch, Griechisch, Kyrillisch, Armenisch, Indisch, Chinesisch, Japanisch, Koreanisch (Einheitszeichen und Symbole wie Bopomofo, Hiragana, Katakana, Hangul ...) und ferner Sonderzeichen für mathematisch-technische sowie graphische Anwendungen.

Unidirektional

Bezeichnung für Kommunikation in nur eine Richtung, z.B. beim → *Paging.*
Gegensatz: → *Bidirektional.*

Unisource

Konsortium aus PTT Netherlands, Swiss Telecom und Schwedens Telia, welches → *VPN* für Großkunden betreibt.

UNITACS

Abk. für Unified Total Access Communication System.
Name eines Mobilfunksystems in China und Hongkong.

Univac (Univac I, Univac II)

Abk. für Universal Automatic Computer.

Univac bzw. Univac I war die Bezeichnung des ersten serienmäßig hergestellten, digitalen Computers der Welt. Er kostete seinerzeit 1 Mio. $. Bis 1956 wurden 46 Exemplare der UNIVAC I gebaut. Die Programme wurden an Schalttafeln gesteckt. Er nutzte Magnetband als externen Speicher.

Erster Anwender war die Zensus-Behörde der USA, an die im März 1951 der erste Rechner ausgeliefert wurde. Die Univac I wurde, wie andere frühe Rechner auch, häufig im militärischen Bereich eingesetzt.

Bei dem fünften gebauten Exemplar der Univac I verzögerte sich die Auslieferung im November 1952 und das Projektteam bei Remington-Rand entschied sich dazu, auf Basis von einigen wenigen ausgezählten Stimmbezirken, mit dem noch nicht ausgelieferten Rechner die Ergebnisse hochzurechnen. Wenige Minuten nach Schließung der Wahllokale an der Ostküste der USA sagte das Univac-Team für den Fernsehsender CBS einen Sieg für Dwight D. Eisenhower voraus, den der Sender jedoch bezweifelte. Erst als nach Mitternacht das vorläufige Endergebnis die Vorhersage bestätigte, gab man im Fernsehen die Univac-Ergebnisse auch bekannt. Damit war er der erste Rechner, der Wahlergebnisse auf Basis einer Hochrechnung vorhersagte. Vier Jahre später wurde gezielt eine → *IBM 701* eingesetzt.

Die Väter des → *ENIAC*, Eckert und Mauchly, gründeten nach Streitereien im ENIAC-Team 1948 ihre eigene Firma, Eckert-Mauchly Computer Corp., und bauten die BINAC (Binary Automatic Computer), die schon mit Germaniumdioden arbeitete. Ursprünglich sollte er in ein Flugzeug von Northrop eingebaut werden, doch hierzu kam es nicht.

1950 wurde die Firma infolge nicht budgetmäßiger Auftragsabwicklung, kurz vor dem Ruin stehend, von der Remington-Rand Corp. übernommen. Unter diesem Dach entstand die UNIVAC I, die ab 1951 für 1 Mio. $ verkauft wurde.

1955 erfolgte die Fusion mit Sperry zur Sperry Rand Corp.

Das Nachfolgemodell Univac II kam 1956 auf den Markt und wog noch 1 400 kg. Sie war mit 2 000 Röhren ausgerüstet und beherrschte die vier Grundrechenarten intern mit 22 Stellen bei zehnstelliger Ein- und Ausgabe. Eine Addition dauerte 10 ms, eine Multiplikation ca. 50 ms.

Universal Serial Bus

Abgekürzt mit USB.

Bezeichnung einer seriellen Busarchitektur für → *PCs*, die flexibler und universeller einsetzbar als bisherige Busarchitekturen sein soll. Besitzt eine multifunktionale Schnittstelle für anzuschließende Telefone, → *Modems*, Mäuse, Game Ports, Tastaturen, → *Druckern*, → *Scannern* und anderen peripheren Komponenten.

Der Bus kann max. 127 Geräte bedienen (ursprünglich nur 63 geplant). Kabelsegment zwischen zwei angeschlossenen Einheiten max. 5 m lang. Segmente werden als Daisy Chain behandelt.

Der Zugriff auf den Bus wird über ein → *Token-Protokoll* geregelt. Überträgt mit 12 Mbit/s.

Es ist sowohl isochrone als auch asynchrone Datenübertragung möglich.

Der Bus wird über Stecker mit vier Pins angeschlossen. Über zwei Pins läuft dabei die Stromversorgung für periphere Kleingeräte, die keine eigene Stromversorgung haben.

Unterstützt Stern-Hub-Konfigurationen und ermöglicht automatische Erkennung und Konfiguration spezieller USB-geeigneter Peripheriegeräte.

Treibende Kraft bei der Entwicklung war die Absicht, einen leistungsfähigen Bus für → *CTI* zu entwickeln. Vorgestellt Mai 1995. Veröffentlichung einer ersten Revision am 15. Januar 1996. Unterstützt von Intel und Microsoft. Ferner Compaq, DEC, IBM, NEC und Northern Telecom. Erste Produkte gab es 1996.

Als Konkurrenz in bestimmten Einsatzfällen gilt der Standard → *IEEE 1394*.

→ *http://www.teleport.com/~usb/*

Universal Service Obligation

→ *USO*.

Universaldienst, -verpflichtung

→ *USO*.

UNIX

Bezeichnung eines auf verschiedenen Plattformen vom PC bis zum Großrechner hin universell einsetzbares → *Betriebssystem*. Es ist das einzige dieser Art. Ermöglicht → *Multitasking* und → *Multiuserbetrieb*. Sehr geringe Lizenzgebühren, frei verfügbar im universitären Bereich.

Verfügt über einen in → *Assembler* geschriebenen Kern von 2 000 Zeilen Code (10 %) und eine umfangreiche Bibliothek von ca. 150 Funktionen, die in → *C* geschrieben sind (90 %).

Seine Weiterentwicklung wird von diversen Konsortien betrieben, auf die Nutzervereinigungen (→ *GUUG*) Einfluß nehmen zu versuchen.

Die Ur-Version aus einem Vorgängerprojekt 'Multics' wurde von Ken Thompson für eine PDP-1 in den Bell-Laboratories 1969 entwickelt. Erste lauffähige Version dann ca. 1970 auf einer PDP-7, in PDP-7-Assembler geschrieben. Um Portierbarkeit zu ermöglichen entwickelte Thompson die Programmiersprache B, aus der Ritchie später → *C* ableitete. 1971 war Unix in C umgeschrieben und lief auf einer PDP-11.

Es folgten mehrere Portierungen auf andere Rechner und mehrere Entwicklungsschritte: Version 6 im Jahre 1976, Version 7 (1978), Version 8 (1983) und Version 9 (1986). Aus Version 7 entstanden über 20 unterschiedliche Entwicklungslinien und Firmendialekte, die nach AT&T-Regelung nicht Unix heißen dürfen, z.B. AT&T System III (1981/1982, gilt als Standard), davon abgeleitet

V1 im gleichen Jahr, V2 (1984), V3 (1986), V3 Release 1 (1987) und V4 (1989). Es folgte dann System IV.
Die Universität Berkeley leitete von der AT&T Version 7 ihr BSD 3 (Berkeley Software Distribution) ab, das wiederum zu BSD 4.2 (1983) und BSD 4.3 (1986) führte. Aus BSD 4.2 entstanden wiederum ULTRIX-32 aus dem Hause DEC und SUN-OS aus dem Hause SUN. 1984 gründete sich als Vorläufer von → *X/Open* in Europa die → *BISON*, die offiziell die verschiedenen Unix-Linien vereinheitlichen wollte, inoffiziell aber an einem Gegengewicht zu AT&T arbeitete. 1988 folgte die Gründung der → *OSF*, die ein offenes Unix zum Ziel hatte und auf BSD 4.3 aufbaute, ähnlich wie X/Open. Dieser Gruppe traten 1987

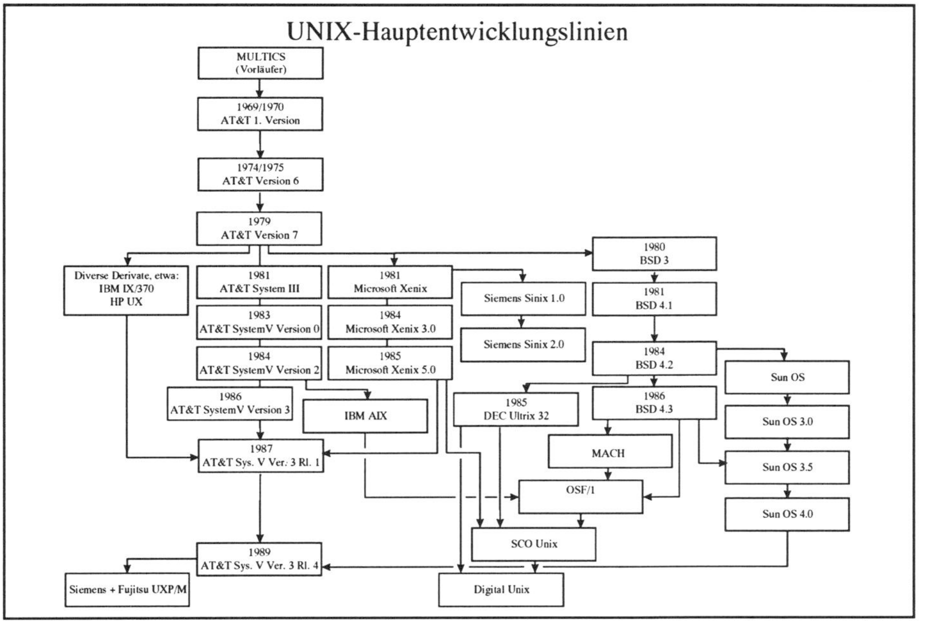

auch amerikanische Unternehmen bei.
Ferner existieren weitere Firmenstandards, z.B. SINIX aus dem Hause Siemens, IX/370 und AIX aus dem Hause IBM (1985), Xenix (abgeleitet von Version 7 der AT&T, Xenix Version 3.0 1984 und Version 5.0 1985) aus dem Hause Microsoft, das auch Grundlage von SCO Unix wurde und das von BSD abgeleitete Mach von der Carnegie Mellon University.
Das Unix System IV.4 entwickelte sich aus System IV, SunOS und XENIX heraus.
OSF entwickelte, beeinflußt von AIX und Mach, seine Version OSF/1, das wiederum zusammen mit Ultrix das Digital Unix von DEC beeinflußte.
Ferner existieren → *GNU* und → *Linux* als Unix-Derivate für PCs.

Unterabtastung

Bezeichnung für eine nicht genügend häufige Abtastung eines analogen Signals, um dieses digital darzustellen und nach einer Übertragung wieder in das korrekte analoge Ausgangssignal zurückzuwandeln. Die abgetasteten Werte lassen dabei auch eine Interpretation als ein anderes Signal zu. Dies wird auch als → Aliasing bezeichnet.
Die korrekte Anzahl an Abtastwerten zur Rekonstruktion des Ursprungssignals ergibt sich aus dem → *Shannonschen Abtasttheorem*.

UPC

1. Abk. für Usage Parameter Control.
2. Abk. für Universal Product Code.
   Bezeichnung für das nordamerikanische Artikelnummernsystem im Einzelhandel, ähnlich dem europäischen → *EAN*.

Uplink

Bezeichnet in Mobilfunksystemen das Frequenzband für das Senden der Mobilstation (MS) zur Basisstation (BS). In der Regel liegt die Frequenz des Uplinks unter der des → *Downlinks*.

Upload, Uploading

Bezeichnung für den Datentransfer von einem → *Client* zu einem → *Server*.
In → *Online*-Services der Transfer von Software vom Rechner eines Teilnehmers zum Zentralrechner des Online-Services zur Veröffentlichung und

zum allgemeinen Zugänglichmachen von Informationen. Das Gegenteil ist der → *Download.*

Upstream

Bezeichnet in Festnetzen den Kanal einer Verbindung vom Teilnehmer zum Netz bzw. zur Teilnehmervermittlung. Die Bezeichnung wird im allgemeinen für digitale Teilnehmeranschlüsse verwendet, insbesondere bei der Nutzung von → *ADSL.*

UPS

Abk. für Uninterruptable Power Supply.

Bezeichnet die unterbrechungsfreie Stromversorgung für → *LANs*. Man unterscheidet dabei zwei Betriebsarten, On-Line und Off-Line. Beim On-Line-Betrieb werden die Rechner am LAN permanent durch eine Batterie gespeist, die wiederum vom Netz aufgeladen wird, d.h. zwischen Netz und LAN liegt die Batterie. In diesem Fall ist ein Umschalten beim Ausfall der regulären Stromversorgung nicht erforderlich.

Beim Off-Line-Betrieb wird das LAN durch die reguläre Stromversorgung gespeist und erst im Fall einer Störung wird innerhalb einer sehr kurzen Zeit ($<10^{-3}$ s) auf Batteriebetrieb umgeschaltet.

UPT

Abk. für Universal Personal Telecommunications.

Ein Telekommunikationskonzept, das → *persönliche Mobilität* und → *Personalisierung* von Diensten und Dienstmerkmalen im Fest- und Mobilfunknetz länder- und betreiberübergreifend ermöglicht.

Genormt von der → *ITU-T* und der → *ETSI.*

UPT wird mit → *IN* realisiert und bietet folgende Funktionalitäten:

- Persönliche weltweite Mobilität, d.h. Erreichbarkeit unter einer UPT-Nummer zum Abwickeln von eingehenden und abgehenden Anrufen.
- Netztransparente UPT-Nummer, d.h. die persönliche Mobilität erstreckt sich über Fest- und Mobilfunknetze verschiedener Betreiber in verschiedenen Ländern gleichermaßen.
- → *Charging* seiner Aktivitäten über einen einzigen UPT-Account, d.h. auch wenn der Benutzer mehrere Netze und Dienste innerhalb eines Abrechnungszeitraums in Anspruch genommen hat, so erhält er dennoch nur eine Rechnung von seinem UPT-Service-Provider.
- Standardisierte → *Identifikation* und → *Authentifizierung* weltweit und betreiberunabhängig.
- Persönliches und durch den Teilnehmer selbst konfigurierbares Diensteprofil, bestehend aus Diensten (z.B. Telefonie) und Dienstmerkmalen (z.B. → *Kurzwahl,* → *Forwarding,* → *Dreierkonferenz* etc.).
- Hohe Sicherheit.

Der Dienstnutzer erhält weltweite Mobilität für Dienstzugang und persönliches Dienstprofil (ab UPT-Phase 2 durch eine weltweit standardisierte netz- und endgeräteunabhängige → *Smart-Card,* mit der er sich bei Terminals zeitweise registriert). Erster einjähriger Feldversuch von Telenor in Zusammenarbeit mit Ericsson ab Ende 1993 in Norwegen.

UPU

Abk. für Universal Postal Union, Weltpostverein. Sitz: Bern.

URI

Abk. für Universal Resource Identifier.

→ *WWW.*

URL

Abk. für Universal Resource Locator.

→ *WWW.*

URSI

Abk. für Union Radio Siences International.

Eine internationale wissenschaftliche Vereinigung, die sich insbesondere mit der Erforschung der Ausbreitung elektromagnetischer Wellen beschäftigt.

USASCII

Abk. für United States American Standard Code for Information Interchange.

Bezeichnung einer nationalen Sonderform des → *ASCII*-Zeichensatzes für die USA.

USB

1. Abk. für → *Universal Serial Bus.*
2. Abk. für unterer Sonderkanalbereich.
   → *Breitbandkabelverteilnetz.*

USBS

Abk. für User Signalling Bearer Service.

Ein Zeichengabeübermittlungsdienst von → *SS#7.*

USDC

Abk. für US Digital Cellular.

Andere, neuere Bezeichnung für → *D-AMPS.*

Usenet

Bezeichnung eines Systems elektronischer Diskussionsforen auf Basis von öffentlich zugänglichen e-mail (elektronische schwarze Bretter). Das Usenet (oder auch heute häufig mit NetNews, was eigentlich der Inhalt der vom Netz Usenet angebotenen Dienste ist, oder noch kürzer mit News bezeichnet) ermöglicht ausführliche Diskussionen zu jedem erdenklichen Thema (Newsgroups genannt). Man unterscheidet zwischen moderierten und unmoderierten Newsgroups. Bei moderierten Newsgroups werden die e-mails vor ihrer Veröffentlichung von jemandem unter bestimmten Gesichtspunkten (z.B. inhaltliche Qualität und Relevanz) geprüft und ggfs. abgelehnt. Bei unmoderierten Newsgroups wird die → *e-mail* sofort unverändert veröffentlicht.

Es existiert ein umfangreiches Regelwerk für die Einführung neuer Newsgroups, die Bestimmung und Auswechslung von Moderatoren etc.

Ist heute ein sehr wichtiger → *Internet*-Dienst und in ähnlicher Form auch Bestandteil anderer → *Online*-Dienste.

Erdacht 1979 von zwei Studenten (Tom Truscott und Jim Ellis) an der Duke University of North Carolina zur Verbindung von zwei Universitäten. Implementiert und dann weiterentwickelt von den Studenten Steve Bellovin und Steve Daniel an der gleichen Uni. In Betrieb ab 1980 an zwei Universitäten.

1981 weiterentwickelt von Mark Horton und Matt Glickman zu einem leistungsfähigeren System an der University of California/Berkeley.

Erste öffentliche Version 1982. Weiterentwicklung ab 1984 durch Rick Adams vom Center for Seismic Studies. Moderierte Newsgroups wurden dabei eingeführt.

Weitere Software-Releases folgten Ende 1986 und im Herbst 1987.

User Interface

Andere Bezeichnung für → *MMI*.

Userlevel

→ *Mailbox*.

USO

Abk. für Universal Service Obligation, sog. Kontrahierungszwang oder Universaldienstverpflichtung.

Begriff aus dem Telekommunikationsrecht. Ein in einem Gebiet tätiger Anbieter von Telekommunikationsdienstleistungen muß das gesamte Gebiet mit einem Angebot gleicher Dienste (Universaldienst) in gleicher Qualität zu gleichen Konditionen für alle Kunden versorgen, sofern dies zumutbar ist und darf sich nicht nur „die Rosinen 'rauspicken".

Der Begriff des Universaldienstes ist dabei dynamisch zu sehen und verändert sich durch den technischen Fortschritt. Er wird daher von der jeweiligen Regulierungsbehörde durch eine leichter als ein Gesetz änderbare Verordnung definiert. Ebenso werden die Begriffe Qualität und Konditionen durch den Regulierer definiert.

In Deutschland ist die Universaldienstverordnung (UDV) Bestandteil des → *TKG*. Je nach Bedarf und technischem Fortschritt kann die Universaldienstverordnung (auch Telekommunikations-Universaldienstleistungsverordnung, TUDLV, genannt) geändert werden.

Darüber hinaus definiert das TKG Ausnahmen vom Universaldienst und Mechanismen wie es zum Ausgleich zwischen Anbietern kommt, von denen einige nicht in allen Fällen dem Universaldienstzwang unterliegen.

Als Universaldienst werden in Deutschland angesehen:

- Sprachtelefonie (3,1 kHz Bandbreite) mit → *Dienstmerkmalen* des → *ISDN*,
- Auskunftsdienst,
- Herausgabe von Teilnehmerverzeichnissen (Telefonbücher),
- Bereitstellung öffentlicher Telefonzellen,
- Bereitstellung eines Festleitungsangebotes gemäß der EU-Richtlinien 92/44/EWG, Anhang II, vom 5. Juni 1992.

USTA

Abk. für United States Telephone Association, Vereinigung amerikanischer Telefongesellschaften.

Sitz: Washington.

USV

Abk. für unterbrechungsfreie Stromversorgung.

Bei Hochleistungsrechnern und speziellen großen Vermittlungen ein Merkmal der Grundausstattung. Wird zunehmend auch für → *LAN*s und deren → *Server* interessant.

USVs werden in Europa durch den Standard EN50091 genormt.

USVs müssen üblicherweise folgende Bedingungen erfüllen:

- Sicherstellung einer konstanten Ausgangsspannung, die unabhängig von Überschreiten (Puls, Spike) oder Unterschreiten (Sag) der Netzspannung ist,
- Sicherstellung einer sinusförmigen Ausgangsspannung,
- Ausfilterung von gefährlichen Überspannungen (z.B. durch Blitzschlag),
- Bei Netzausfall genügend große Reservekapazität zur Sicherstellung eines geordneten Herunterfahrens der zu schützenden Systeme bzw. bis zum Zuschalten von dauerhaften Reservesystemen (Notstromgeneratoren).

Utility

Von engl. utility = Nützlichkeit. Bezeichnung für ein Hilfsprogramm. Einfache, kleine Software, die hilfreich ist, indem sie häufig vorzunehmende Operationen durchführt, z.B. Festplatte defragmentieren, komplette Festplatte oder Diskette kopieren, Dateien komprimieren oder dekomprimieren etc.

Nicht mit → *Tool* zu verwechseln.

UTP

Abk. für Unshielded Twisted Pair.
Bezeichnung eines nicht abgeschirmten, verdrillten Kupferdoppeladerkabels. Kosten je 100 m: ca. 75 $. Die maximale Datenrate hängt von der zu überbrückenden Entfernung ab. Kommerzielle Systeme nutzen heute Bandbreiten bis zu 155 Mbit/s.

Die Verdrillung bietet einen gewissen Schutz gegen äußere Einflüsse, liegt aber deutlich unter dem Schutz des → *Koaxialkabels.* Telefonkabel sind typische UTP-Kabel. Eine bessere Schirmung ergibt sich durch zusätzliche konstruktive Maßnahmen, was zum → *STP* führt.
→ *Zweidrahtleitung.*

UUCP

Abk. für Unix-to-Unix-Copy.
Bezeichnung für eine Menge einzelner Programme, welche Datenübertragung zwischen miteinander vernetzten Rechnern unter dem → *Betriebssystem* → *Unix* ermöglicht. Im einfachsten Fall werden lediglich Dateien übertragen. In anspruchsvolleren Anwendungen sind diese Daten → *e-mails.*

UUS

Abk. für User-to-User-Signalling.
Bezeichnung für ein Dienstmerkmal im → *Euro-ISDN.*

V

V-Band

Bezeichnung für einen Frequenzbereich von 46 bis 56 GHz. Nachbarbereich ist das → *Q-Band.*

V-Empfehlungen

Oft auch V-Serie genannt. Eine Serie von Empfehlungen der → *ITU,* meistens noch entwickelt von ihrem Vorgänger, der → *CCITT,* für die serielle Datenübertragung digitaler Daten über Telefonnetze mittels analoger Signale. Allgemein werden dafür → *Modems* genutzt. V-Protokolle arbeiten auf Schicht 1 des → *OSI-Referenzmodells.*

V.17

Standard der → *ITU* zur Faxübertragung mit 14 400, 12 000, 9 600 oder 7 200 bit/s. Die Daten werden synchron mit 2 400 Baud übertragen. Gilt als State-of-the-Art. Dabei wird die digitale Information auf einen Träger mit 1 800 Hz mittels 128-QAM moduliert (liegt in der Mitte des Bandes von 300 bis 3 300 Hz des analogen Fernsprechkanals). Ferner wird → *TCM* genutzt.

V.21

Standard der → *ITU* zur synchronen und asynchronen (Start-Stopp) Datenübertragung im Duplexbetrieb mit 300 bit/s. Eingeführt 1964. Nutzt → *FSK* mit je zwei Frequenzen, 980 Hz für die logische 1 und 1 180 Hz für die logische 0 beim Sender bzw. 1 650 und 1 850 Hz beim Empfänger.

V.22

Standard der → *ITU* zur asynchronen und synchronen Datenübertragung im Duplexbetrieb mit 1 200 bit/s.
→ *PSK.*

V.22bis

Standard der → *ITU* zur synchronen Datenübertragung im Duplexbetrieb mit 1 200 bit/s und 2 400 bit/s. Es erfolgt keine Geschwindigkeitsanpassung an die Leitungsqualität. 2 400 bit/s gelten allgemein heute als unterster Standard bei der Datenübertragung über analoge Fernmeldenetze.

V.22bis nutzt → *QAM* mit vier unterschiedlichen Signalamplituden, einer Sendefrequenz von 1 200 Hz und einer Empfangsfrequenz von 2 400 Hz. Überträgt mit 600 Baud.

V.23

Standard der → *ITU* für asynchrone Datenübertragung mit verschiedenen Übertragungsraten im Hin- und Rückkanal. Dabei wird mit 600 oder 1 200 bit/s im Hin- und mit 75 bit/s im Rückkanal (meist zur Fehlerkontrolle genutzt) übertragen. Bei nur 1 200 bit/s Duplexbetrieb, sonst Halbduplexbetrieb. Eingeführt 1964. Wurde gezielt zur Nutzung mit billigen → *Modems* für Abruf- und Onlinedienste entwickelt. In Deutschland daher für Btx bis 1992 gebräuchlich. Nutzt → *FSK* mit zwei Frequenzen. V.23 verliert stark an Bedeutung.

V.24

Standard der → *ITU,* in dem ein Bündel von Schnittstellenleitungen für die serielle Schnittstelle zwischen einem → *Modem* und einer digitalen Benutzerstation, z.B. einem PC, definiert wird. Oft ist die Schnittstelle auch direkt in PCs integriert. Sie wird dort mit COM bezeichnet und zum Anschluß von peripheren Geräten verwendet (Drucker ...). Sehr weit verbreitet. In Deutschland genormt als DIN 66020 im Teil 1.

V.25 und V.25bis

Standard der → *ITU* zum automatischen Verbindungsaufbau durch → *Modems.* Weniger leistungsfähig als der → *Hayes*-Befehlssatz und daher kaum verbreitet. V.25 unterstützt nur Befehle zum Wählen und Auswerten von Wahlvorgängen. In Deutschland genormt als DIN 66021 im Teil 4.

V.26 und V.26bis

Standard der → *ITU.* V.26 definiert die Nutzung von 2 400 bit/s-Modems auf festgeschalteten Leitungen. V.26bis ist ein Standard zur synchronen Datenübertragung im Halbduplexbetrieb mit 1 200 bit/s und 2 400 bit/s. Nutzt 4phasige DPSK.

V.26ter

Standard der → *ITU* und wie → *V.26bis* auch für die synchrone Datenübertragung im Duplexbetrieb mit 1 200 bit/s und 2 400 bit/s.

V.27, V.27bis und V.27ter

V.27 definiert die Nutzung von 4 800 bit/s-Modems über festgeschaltete Leitungen. V.27bis definiert die Nutzung von kombinierten 1 200 bit/s und 2 400 bit/s Modems über festgeschaltete Leitungen. V.27ter ist ein Standard der → *ITU* zur Faxübertragung im Halbduplexbetrieb mit 4 800 und → *Fallback* auf 2 400 bit/s. Nutzt 8phasige DPSK (1 600 Baud). Der Kanal wird vor der Verbindung durch Trainingssequenzen getestet. Bei schlechten Kanälen wird automatisch mit 2 400 bit/s und 4-PSK übertragen. Eingeführt 1976.

V.28

Beschreibung der physikalischen und elektrischen Eigenschaften der → *V.24*-Schnittstelle, wie Steckerbelegung und Spannungspegel. In Deutschland genormt durch → *DIN* als DIN 66259 im Teil 1.

V.29

Standard der → *ITU* zur Halbduplex-Fax-Übertragung mit 9 600 bit/s und → *Fallback* auf 7 200 und 4 800 bit/s. Nutzt 16stufige → *QAM* als Verfahren der → *digitalen Modulation* auf 1 700 Hz (9 600 bit/s) bzw. 8-PSK (7 200 bit/s). Eingeführt 1976.

V.32

Standard der → *ITU* aus dem Jahr 1984 zur synchronen Datenübertragung im Duplexbetrieb mit 4 800 und 9 600 bit/s (1987). Es erfolgt eine Reduzierung der Übertragungsgeschwindigkeit von 9 600 auf 4 800 bei schlechter Leitung, jedoch keine Erhöhung, wenn die Qualität wieder zunimmt. Nutzt Fehlerkorrektur und Datenkompression nach V.42bis sowie eine 16stufige → *QAM* oder 32stufige → *TCM*

V.32bis

Standard der → *ITU* zur Datenübertragung mit 14 400 bit/s mit permanenter Anpassung der Übertragungsgeschwindigkeit (→ *Fallback* auf 12 000, 9 600, 7 200 und 4 800 bit/s) an die Leitungsqualität. Abwärtskompatibel zu V.32. Nutzt Fehlerkorrektur und Datenkompression nach V.42bis sowie eine bis zu 128stufige → *TCM*.

Die Arbeit an dem Standard war im Januar 1991 abgeschlossen. Erste Produkte kamen im Herbst 1992 auf den Markt.

V.32terbo

Festgelegter Firmenstandard von AT&T zur Datenübertragung mit 16 800 oder 19 200 bit/s, der von einem Konsortium von rd. 30 Modemherstellern unterstützt wird. Es erfolgt permanente Anpassung der Übertragungsgeschwindigkeit an die Leitungsqualität. Durch spezielle Signalverarbeitung soll V.32terbo dem Standard → *V.FC* bei schlechten Leitungen überlegen sein. Gilt nur als temporärer Zwischenstandard.

V.34

Standard der → *ITU* zur Datenübertragung mit 28 800 bit/s; genormt im Herbst 1994. Auch (früher) V.fast genannt. Erste Modems nach diesem Standard waren ab Ende 1994 auf dem Markt. Es erfolgt keine Anpassung der Datenrate an die Leitungsqualität. Nutzt 256-QAM und → *TCM*. Bietet schnelleren Verbindungsaufbau und bessere Analyse der Leitungsqualität (Precoding, Preemphasis) als ältere Modemstandards.

V.34+

Bezeichnung eines firmenspezifischen Standards aus den Häusern AT&T und US-Robotics (später auch Motorola) zur Datenübertragung von 31,2 oder 33,6 kbit/s mit → *Modems* über analoge Telefonleitungen. In beiden Fällen wird mit einer Schrittgeschwindigkeit von 3 429 → *Baud* gearbeitet. V.34+ wird mit als Grundlage für V.34bis angesehen.

V.34bis

Noch nicht genormt. Diskussionsname für Schnittstellen mit höheren Datenraten als → *V.34*, z.B. 32 000 bit/s, die die 3-kHz-Bandbreite einer analogen Telefonleitung voll ausnutzen würden. Grundlage ist u.a. der Firmenstandard → *V.34+*. Es erfolgt permanente Anpassung der Datenrate an die Leitungsqualität.

V.42

Bezeichnung eines von der → *ITU* definierten Fehlerkontrollprotokolls, das in → *Modems* zur Übertragung digitaler Daten über analoge Telefonleitungen genutzt wird. Enthält auch → *LAP-M* und → *MNP 3* und 4.

→ *V.42bis.*

V.42bis

Standard der → *ITU* zur Datenkompression. Wird oft in → *Modems* eingesetzt. Häufig mit Fehlerkorrekturprotokoll nach → *V.42*. Kann u.U. den tatsächlichen Datendurchsatz vervierfachen. Erkennt (z.B. im Gegensatz zu dem in V.42bis auch enthaltenen → *MNP 5*) bereits komprimierte Daten. V.42bis ist besonders gut für Textdateien.

V.110

Bezeichnung für einen Standard der → *ITU* zur Übertragung von Daten mit Datenraten für asynchrone Übertragung von 1 200, 2 400, 4 800, 9 600, 19 200 oder 38 400 bit/s zwischen einem Anschluß im → *ISDN* und einem herkömmlichen analogen → *Modem* oder von synchron 56 oder 64 kbit/s.

V.120

Bezeichnung für einen Standard der → *ITU*, der eine asynchrone Datenübertragung mit 57 600 bit/s im → *ISDN* definiert.

V.fast

→ *V.34*

V.FC

Abk. für V.fast class.

Festgelegter Firmenstandard zur Datenübertragung mit 24 000 bit/s, entwickelt von Rockwell und unterstützt von rd. 130 Modemherstellern. Es erfolgt permanente Anpassung der Übertragung an die Leitungsqualität. Modems nach V.FC können durch Austausch eines Bausteins zu → *V.34* aufgerüstet werden.

VACC

Abk. für Value Added Common Carrier.

In den USA gebräuchliche Bezeichnung für Anbieter von → *Mehrwertdiensten* über eigene Netze.

VAD

1. Abk. für Voice Activated Dialing.
   Bezeichnung für die Möglichkeit, eine Nummer zu wählen, indem der Teilnehmer die Nummer einfach in den Hörer spricht oder einen Namen aus dem persönlichen, im Endgerät oder im Netz (in einer Datenbank) gespeicherten, Notizbuch aufruft. Insbesondere interessant für Mobilfunkanwendungen (erhöhte Sicherheit im Auto) und für die → *Personalisierung* von Diensten.
   Bei Anwendungen mit Speicher im Netz wird diese Funktion durch → *IN* ermöglicht.
2. Abk. für Voice Activity Detector.
   Bezeichnung für die elektronische Schal-

nen breitbandigen Hin- und einen schmalbandigen Rückkanal auf einem Adernpaar. Ist daher eher für den privaten Kunden gedacht (→ *Video-on-Demand* etc.).

VAM

Abk. für Verband der Anbieter von Mobilfunkdiensten.
→ *http: //www.mce.de/VAM/*

VANS

Abk. für Value Added Network Services.
Anderes Wort für → *VAS*.

VAPC

Abk. für Vector Adaptive Predictive Coding.

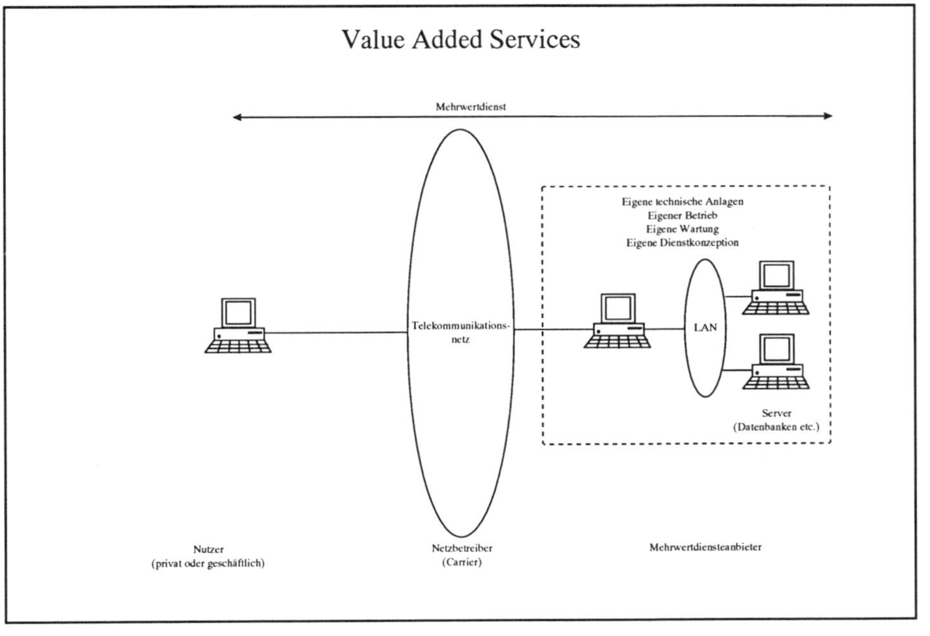

tung in → *VOX*-Systemen, die Sprachaktivität feststellt und den Kanal freigibt.

VADS

Abk. für Value Added Data Services.
Bezeichnet → *VAS* auf Datennetzen.

VADSL

Abk. für Very High Bit Rate Asymmetrical Digital Subscriber Line.
Bezeichnung eines speziellen Leitungscodierverfahrens für kurze Anschlußleitungen auf Basis von verdrillter Zweidrahtleitung. Ermöglicht noch höhere Datenübertragungsraten zwischen Teilnehmervermittlungsstelle und Teilnehmer als → *ADSL*. Verfügt im Gegensatz zu → *VHDSL* über ei-

Vapourware

Von vaporisieren = verdampfen. Jargon für Hard- oder Software, die schon sehr lange (u.U. seit Jahren) vom Hersteller angekündigt, aber noch nicht auf dem Markt erhältlich ist. Sie liegt quasi wie ein Nebel oder Dampf über der Branche.
→ *Paperware*, → *Slideware.*

VAS

Abk. für Value Added Services.
Bezeichnung für Mehrwertdienste, wie z.B. → *Audiotex*, → *e-mail* nach → *X.400* oder → *EDI*.
Die exakte Abgrenzung zu den Grund- oder Basisdiensten (z.B. Telefondienst) fällt manchmal schwer. Prinzipiell wird jedoch eine zusätzliche

Dienstleistung über die reine Übertragungs- und Vermittlungsleistung (→ *Netzdienste*) hinaus erbracht. Diese Dienstleistung benötigt oft (z.B. bei Audiotex) zusätzliche, an das Netz angeschlossene Geräte, die von einem vom Netzbetreiber verschiedenen Dienstleister und nicht vom Netzbetreiber selbst beschafft, angeschlossen, betrieben und gewartet werden. Dieser Mehrwertdienstanbieter nimmt auch das Marketing vor.

Die Abrechnungen der erbrachten Mehrwertdienste kann durch den Dienstleister oder durch den Netzbetreiber (z.B. bei den 0190er Diensten in Deutschland) erfolgen.

VAX

Abk. für Virtual Addressing Experimental oder auch Virtual Address Extension.

Bezeichnung eines 32-Bit-Rechners (Klasse der → *Minicomputer*) aus dem Hause DEC mit dem Betriebssystem → *VMS*.

DEC brachte im Oktober 1975 die von Chester Gordon Bell (*1934) maßgeblich entwickelte VAX 11/780 mit dem von David Cutler entwikkelten Betriebssystem → *VMS* auf den Markt. Neu war vor allem die virtuelle Adreßtechnik und eine Luftkühlung. Das System galt als zuverlässig und es gab viel Software für die Rechner. Der Rechner verkaufte sich fast von alleine und beherrschte die von ihm definierte Klasse der (Super-) Minicomputer über ein halbes Jahrzehnt. DEC wird dadurch hinter der IBM zweitgrößter Rechneranbieter der Welt.

VBN

Abk. für Vermittelndes Breitbandnetz (ab 1989) und zuvor: Vorläufer-Breitbandnetz.

Bezeichnung für ein alle wirtschaftlichen Zentren Deutschlands abdeckendes, selbstwählfähiges digitales Breitbandnetz der Deutschen Telekom für eine begrenzte Anzahl Teilnehmer. Wegen der restriktiven Anwendungsvorschriften und später nur noch zurückhaltenden Vermarktung wurde VBN in seiner späten Phase auch scherzhaft 'Verbotenes Breitbandnetz' genannt.

Basis war ein digitales leitungsvermittelndes Netz auf Glasfaserbasis mit zwei Hierarchieebenen (drei Durchgangsvermittlungsstellen in Düsseldorf, Hannover und Frankfurt sowie dreizehn Breitbandanschlußvermittlungen (BAV) in den Bedarfsschwerpunkten), das mit 140 Mbit/s Daten überträgt. An den Anschlußvermittlungen sind die Teilnehmer über sehr komplexe, aber dadurch auch flexible Schnittstellen angeschlossen. Das zu seiner Zeit weltweit einmalige Netz konnte maximal 1 000 Teilnehmer aufnehmen und versorgte zu besten Zeiten rund 700 Teilnehmer.

Die Technik des VBN wurde von Nixdorf und Bosch/ANT geliefert und zuvor zusammen mit der Deutschen Telekom entwickelt.

Leitungskapazitäten für Videokonferenzen mußten zuvor rechtzeitig bei einem zentralen Reservierungsplatz (ZRP) angemeldet werden.

Selbstwählverkehr war darüber hinaus ebenfalls möglich. Kunden waren hauptsächlich Fernsehsender, deren regionale Studios und Firmen mit eigenen Videokonferenzstudios. Die Deutsche Telekom betrieb 13 eigene Studios. Diese Teilnehmer hatten Gelegenheit, ein extrem schnelles Übertragungsnetz zu nutzen und mit breitbandigen Kommunikationsformen zu experimentieren, um entsprechendes Know-how zu sammeln. Genutzt wurde das VBN zu seinen besten Zeiten (1991) im Schnitt 200 Std./Monat.

Die Wurzeln des VBN reichen zurück bis in die Mitte der 80er Jahre. Ab 1985 wurde ein Videokonferenzversuchsnetz aufgebaut. Der Aufbau war 1989 abgeschlossen, ebenso wie der Versuchsbetrieb. Es fing der Regelbetrieb am 23. Februar 1989 im VBN genannten Hochgeschwindigkeitsnetz an. Der technische Fortschritt, insbesondere im Bereich der Bildkompression, sorgte jedoch dafür, daß Videokonferenzen heute zu wesentlich günstigeren Konditionen, aber nur unwesentlich schlechterer Qualität über → *ISDN*-Anschlüsse abgewickelt werden können. Dies und eine starke Anhebung der Preise auf kostendeckendes Niveau führte dazu, daß der größte Teil der Anwender innerhalb von kurzer Zeit auf ISDN-Technik umstieg und heute so gut wie nur noch die Rundfunksender am VBN angeschlossen sind, die Videoübertragung in Studioqualität benötigen. Die Zahl der Anschlüsse lag damit 1995 unter 100. Zusätzlich wurde seit der Mitte der 90er Jahre das Netz nicht mehr aktiv vermarktet und es wurden keine Neuanschlüsse mehr vorgenommen.

vBNS

Abk. für Very Highspeed Backbone Network Service.

Bezeichnung eines 1995 von der → *NFS* gegründeten breitbandigen Netzes, das dem akademischen Bereich, insbesondere der Erforschung breitbandiger, multimedialer Kommunikationsdienste, vorbehalten bleibt.

Grundlage sind zunächst → *OC-3*-Verbindungen mit 155 Mbit/s. Später sollen OC-12-Verbindungen mit 622 Mbit/s folgen. Für 1998 ist ein OC-48-Backbone mit 2,6 Gbit/s geplant.

VBR

Abk. für Variable Bit Rate, im Gegensatz zur → *CBR*.

Bezeichnet Verbindungen mit nicht-konstanter Bitrate, z.B. komprimierte Video-Datenströme in Echtzeitübertragung.

VC 20

Bezeichnung eines ersten Kleincomputers ohne Bildschirm (Anschluß an Fernseher), Disketten-

laufwerk und Festplatte aus dem Hause Commodore. Speichermedium war ein externer Cassettenrecorder. Das Diskettenlaufwerk wurde später angeboten.
Die Abk. VC steht dabei für Volkscomputer.
Vorgestellt 1981 für unter 300 $. Entwickelt maßgeblich von Chuck Peddle. Seine Produktion betrug in Spitzenzeiten 9 000 Stück täglich. Er war der erste Mikrocomputer, von dem 1 Mio. Stück verkauft wurden.
Nachfolgemodell war der → *C64*.

VC

1. Abk. für Virtual Channel, virtueller Kanal. Mehrere VCs können einen virtuellen Pfad (VP) bilden.
   → *ATM*.
2. Abk. für Virtual Container.
   Bezeichnet in → *SDH*-Netzen Nutzdaten (Container), die mit → *POH*-Daten versehen und dadurch zu VCs wurden.

VCC

1. Abk. für Virtual Channel Connection.
   → *ATM*.
2. Abk. für Virtual Calling Card.
   Bezeichnung für einen neuen Dienst von Telefongesellschaften, mit dem man von fremden Anschlüssen aus auf eigene Rechnung telefonieren kann, indem dieser fremde Anschluß zum eigenen virtuellen Anschluß wird. In Deutschland z.B. die T-Card der Deutschen Telekom.
   → *PAN*.

VCELP

Abk. für Vector Code Excited Linear Prediction.
→ *CELP*.

VCI

Abk. für Virtual Channel Identifier.
→ *ATM*.

VCR

Abk. für Video Cassette Recorder.
International gängige Abk. für Videorecorder.

VDE

Abk. für Verband Deutscher Elektrotechniker.
Bezeichnung eines 1893 in Berlin gegründeten technisch-wissenschaftlichen Verbandes.
Adresse:

VDE e.V.
Stresemannallee 15
60596 Frankfurt/Main
Tel.: 0 69 / 6 30 80

VDEW

Abk. für Vereinigung Deutscher Elektrizitätswerke.

VDI

Abk. für Verein Deutscher Ingenieure.
Bezeichnung des größten deutschen und auch europäischen technisch-wissenschaftlichen Vereins von Ingenieuren aller Fachrichtungen mit rund 127 000 Mitgliedern. Gegründet am Pfingstmontag 1856 in Alexisbad.
Adresse:

VDI e.V.
Stresemannallee 15
60596 Frankfurt/Main

→ *http://www.vdi.de/*

VDIF

Abk. für VESA Display Identification File.
→ *DDC*, → *VESA*.

VDMA

Abk. für Verband deutscher Maschinen und Anlagenbau.
Sitz: Frankfurt/Main.
Adresse:

VDMA e.V.
Stresemannallee 15
60596 Frankfurt/Main

VDPI

Abk. für Verband deutscher Postingenieure.
1923 gegründet. Rund 15 000 Mitglieder. Größter Berufsverband von Ingenieuren der Kommunikationstechnik in Europa. Ziel ist die Interessenvertretung gegenüber Öffentlichkeit, Politik und Unternehmen. Sitz ist Bonn.

VDT

Abk. für Video Display Terminal.
Frühe Bezeichnung für → *Terminals*, die (im Gegensatz zu Fernschreibern als Terminals) über Tastatur und Bildschirm verfügen.

VDU

Abk. für Video Display Unit.
Bezeichnung aus der Frühzeit des Computers für optische Anzeigen.

VE

Abk. für Vermittlungseinheit.
Oberbegriff für Teile von digitalen Vermittlungen.

Vektorgrafik

Im Gegensatz zur → *Pixelgrafik* die Darstellung von grafischen Objekten nicht durch eine lokal bestimmte Form einer Ansammlung von Punkten, sondern durch eine Beschreibung geometrischer Charakteristika und Parameter, welche Linienzüge definieren, z.B. Mittelpunktkoordinaten und Radius als Beschreibung der geometrischen Figur des Kreises.
Idealerweise werden Vektorgrafiken über den → *Plotter* ausgegeben.

Vektorrechner

Selten, in Deutschland auch Feldrechner genannt. Bezeichnung einer Klasse von → *Computern*, die das Prinzip der Fließbandverarbeitung anwenden. Dabei werden mehrere Prozessoren hintereinandergeschaltet. Ein Auftrag für das System wird durch die Prozessoren durchgereicht, so daß es zu einer überlappenden Verarbeitung von Aufgabenteilen kommt.
Derartige Rechner verfügen über mehrere Prozessoren in der Größenordnung von 16.
Neben der parallelen Verarbeitung im Rechenwerk selbst verfügen Vektorrechner auch über spezielle Mechanismen für den gleichzeitigen Transport von zusammengehörenden Daten, z.B. eines Vektors, vom Speicher zum Rechenwerk, um sie dort gleichzeitig verarbeiten zu können.
Durch die spezielle Art der parallelen Übertragung vom Speicher zu den Prozessoren und die dortige parallele Verarbeitung eignen sich Vektorrechner insbesondere für die Verarbeitung von Vektoren, Matrizen und Tensoren.
Erster Vektorrechner überhaupt war 1973 der Forschungscomputer → *CDC Star*. Erster kommerzieller und in größeren Stückzahlen gebauter Vektorrechner war die → *Cray-1*.
→ *MPP*, → *Supercomputer*, → *Mainframe*.

VEMMI

Abk. für Video Enhanced Man Machine Interface.
Bezeichnung eines multimedialen Standards für → *Videotext*. Ersetzt in Europa den alphanumerischen CEPT-Standard.
Erste Version von VEMMI wurde 1992 von der → *ETSI* erarbeitet. Diese wurde in weiten Teilen Grundlage vom deutschen Standard → *KIT*, der allerdings erheblich erweiterte Funktionen hatte. KIT wurde nach Fertigstellung Ende 1994 an ETSI und → *ITU-T* weitergeleitet. Der ITU-Standard wurde Mitte 1995 als VEMMI 2.0 verabschiedet und unterscheidet sich nur geringfügig von KIT. Der Anfang 1996 vorgelegte ETSI-Standard wiederum verfügt über weitere Features.

VEPC

Abk. für Voice Excited Predictive Coding.

Verbindung

Oberbegriff für nutzbare, durchgeschaltete physikalische Leitungen oder → *virtuelle Pfade* zwischen fest definierten Netzzugangspunkten eines Netzes.
→ *Verbindungsorientierte Datenübertragung*, → *Verbindungsaufbau*, → *Verbindungsabbau*.

Verbindungsabbau

Bezeichnung für die dritte Phase einer → *Verbindung* bei → *verbindungsorientierter Datenübertragung*. Dient dem geordneten Ende der Verbindung. Andere Bezeichnungen: Suspendierung oder Auslösung.

Verbindungsaufbau

Bezeichnung für die erste Phase einer Verbindung bei → *verbindungsorientierter Datenübertragung*. Auch Setup genannt. Zerfällt wiederum in die Teile → *Initiierung*, → *Belegung*, Wahl, → *Einrichtung* und → *Eintritt*. Dient dem geordneten Aufbau und Beginn der → *Verbindung*.

Verbindungsaufbauzeit

→ *Setup-Time*.

Verbindungslose Datenübertragung

→ *Verbindungsorientierte Datenübertragung*.

Verbindungsorientierte Datenübertragung

Kennzeichen eines verbindungsorientierten Systems ist, daß sich die Verbindung in die Phasen Verbindungsaufbau, Nutzdatenübertragung und → *Verbindungsabbau* unterteilen läßt. Dies ist bei verbindungsloser Datenübertragung nicht der Fall.

Verfügbarkeit

Bezeichnung eines Gütemaßes für die Betriebszuverlässigkeit von Telekommunikationsnetzen. Ist ein Maß für die Wahrscheinlichkeit, das Netz leistungsfähig anzutreffen und nutzen zu können. Die Verfügbarkeit V ergibt sich aus der Beobachtungsdauer B und der Störzeit S während der (hinreichend lang gewählten) Beobachtungsdauer:

$$V = (B - S) / B$$

Vergebührung

→ *Charging*.

Verilog

Bezeichnung einer Beschreibungssprache für Layout von Hardwarebauteilen wie → *ASICs*, deren Stärke in der Simulation der durch sie beschriebenen Schaltung liegt. Entwickelt in den 80er Jahren von der US-Firma gleichen Namens.

Verkabelung (-sstandard)

Ein Bestandteil der → *strukturierten Verkabelung* ist die Gebäudeverkabelung. Sie bezeichnet eine universell nutzbare und daher herstellerneutrale Verkabelung eines Gebäudes oder Teilen davon zu Kommunikationszwecken aller Art (Telekommunikation- oder Datenkommunikation).
Bestandteil von Standards zur Gebäudeverkabelung sind normalerweise:

- Vorgehen bei der Planung der Verkabelung,
- Netzdesign (Topologien),
- Installation,
- Elektromagnetische Verträglichkeit, → *EMV*,

- Leistungs- und Anwendungsklassen von Kabeltypen.

Es existieren verschiedene, wenn auch ähnliche Klassifikationen und Standards für Verkabelungen.

Für Deutschland verbindlich sind die Standards EN 50173 vom 4. Juli 1995 sowie die DIN 44312-5, die zusammen mit dem Standard der → *ISO* und der → *IEC* 11801, von dem die deutschen und europäischen Standards abgeleitet sind, Steckverbindungen, Kabeltypen und Kabellängen sowie elektrische Eigenschaften definieren.

So definiert EN 50173 auch die Begriffe → *Primär-*, → *Sekundär-* und → *Tertiärkabel.*

Auf den amerikanischen Markt zugeschnitten ist die gemeinsame Kategorisierung der → *EIA* und der → *TIA* 'Commercial Building Telecommunications Wiring Standard' EIA/TIA-568, die fünf Kabelklassen definiert. In ihr sind allerdings nur geschirmte und vieradrige Kupferkabel mit einer Impedanz von 100 Ohm erfaßt, für die bestimmte Anforderungen hinsichtlich Dämpfung und Nahnebensprechen definiert werden. Die Einteilung der Kabel in Kategorien definiert daher einen möglichen Kabeltypen. Die Kategorisierung wird, obwohl es sich um einen US-Standard handelt, jedoch auch international sehr häufig verwendet.

- Cat-1: Kabel zur Datenübertragung mit geringer Bandbreite. Elektrische Signale im → *NF*-Bereich.
- Cat-2: Kabel zur Datenübertragung mit einer Bandbreite von bis zu 1 MHz.
- Cat-3: Kabel zur Datenübertragung mit einer Bandbreite von bis zu 16 MHz.
- Cat-4: Kabel zur Datenübertragung mit einer Bandbreite von bis zu 20 MHz.
- Cat-5: Kabel zur Datenübertragung mit einer Bandbreite von bis zu 100 MHz.
- Cat-6: In Vorbereitung: Kabel zur Datenübertragung mit einer Bandbreite von bis zu 600 MHz.

Die → *ISO* und die → *IEC* definierten in ISO 11801 folgende prinzipiell ähnliche Klassen für Kabel, die für Inhouse-Verkabelungen für LANs oder MANs benutzt werden. Sie basieren auf dem US-Standard, spezifizieren aber zusätzlich eine maximale Kabellänge von 100 m vom → *Switch* oder → *Hub* bis zum angeschlossenen Rechner. Von diesen 100 m sind 90 m für die reine Inhouse-Verkabelung und 10 m für die Switch-Verkabelung und den Stationsanschluß des Rechners an die Buchse in der Wand vorgesehen.

- Klasse A: Geeignet für geringe Anforderungen, wie z.B. analoge Sprachübertragung. Geeignet für größere Entfernungen. Maximale Übertragungsfrequenz 100 kHz. Eine Verkabelung dieser Klasse wird kaum eingesetzt.
- Klasse B: Geeignet für mittlere Bitraten, z.B. bei der digitalen Sprachübertragung von Nebenstellenanlagen. Geeignet für mittlere Entfernungen. Übertragungsfrequenz bis 1 MHz. Eine Verkabelung dieser Klasse wird kaum eingesetzt.
- Klasse C: Geeignet für hohe Bitraten bis 16 Mbit/s und Übertragungsfrequenzen bis 20 MHz über kurze Entfernungen, z.B. durch → *10BaseT* oder → *Token-Ring.* Eine Verkabelung dieser Klasse ist wegen dieses Einsatzen in → *LAN*s sehr weit verbreitet.
- Klasse D: Geeignet für sehr hohe Datenraten auf kurzen Entfernungen. Übertragungsfrequenz bis 100 MHz. Benutzte Protokolle sind z.B. → *CDDI.* → *Fast Ethernet* oder → *ATM.* Eine Verkabelung dieser Klasse findet sich immer häufiger, insbesondere dort, wo Verkabelung neu und zukunftssicher angelegt wird.
- Klasse E: In Vorbereitung: Kabel zur Datenübertragung mit einer Bandbreite von bis zu 600 MHz.

Der → *VDE* definierte für Glasfaserkabel eine wesentlich detailliertere und 14 Positionen umfassende Kennzeichnung. Die Bedeutung der einzelnen Positionen ist:

Pos.	Bedeutung
1	Kabeltyp A: Außen zu verwendendes Kabel I: Innen zu verwendendes Kabel
2	Adertyp V: Vollader D: Bündelader, gefüllt W: Hohlader, gefüllt
3	Ausführung der Kabelseele F: Füllung S: Metallenes Element
4	Material des 1. Außenmantels H: LSZH Y: PVC 2Y: PE ZN2Y: PE und nichtmetallene Zugentlastung LZN2Y: PE-Schichtenmantel und nichtmetallene Zugentlastung
5	Typ des Außenmantels B: Mit Bewehrung B2Y: Mit Bewehrung und PE-Schutzhülle
6	Adernanzahl (2x, 3x, 4x ...)
7	Anzahl der Fasern je Ader (1, 2, 3, 4 ...)
8	Fasertyp E: Einmodenfaser G: Gradientenindexfaser
9	Kerndurchmesser in μm
10	Manteldurchmesser in μm

Pos.	Bedeutung
11	Dämpfungskoeffizient in dB/km
12	Zu benutzende Wellenlänge B: 850 nm F: 1300 nm H: 1550 nm
13	Bandbreite in (MHz * km) und Dispersion in (ps/nm/km)
14	Verseilungstyp Lg: Lagen

Für Kabel aus Kupfer definierte der VDE folgende, elf Positionen umfassende Kategorisierung:

Pos.	Bedeutung
1	Kabeltyp A: Außen zu verwendendes Kabel I: Innen zu verwendendes Kabel
2	Leiterisolation (Adernmantel) 2Y: PE 02Y: Zell PE 02YS: Zell PE mit Skin LZN2Y: PE-Schichtenmantel und nichtmetallene Zugentlastung
3	Gesamtschirmung C: Geflecht aus einzelnen Metallfasern D: Umlegung St: Folie StC: Folie und Geflecht StD: Folie und Umlegung
4	Material des 1. Außenmantels H: LSZH Y: PVC 2Y: PE
5	Material des 2. Außenmantels H: LSZH Y: PVC 2Y: PE
6	Verseilungsart (2x, 3x, 4x ...)
7	Anzahl der Paare (2 x 2x, 4 x 2x ...)
8	Leiterabmessungen, angegeben in mm² der Querschnittsfläche des Leiters, z.B. 0,14; 0,5; 0,51; 0,55; 0,6; 0,64
9	Typ der Adernschirmung (→ *PiMf*, → *ViMf*)
10	Vierer
11	Verseilungstyp Bd: Bündel Lg: Lagen

Verkehrsausscheidungsziffer

Auch nur Ausscheidungsziffer genannt. Deutsche Bezeichnung für von der Ortsvermittlung erkennbare Ziffern oder Ziffernkombinationen, die die weitere Rufbearbeitung von der normalen Prozedur abweichen läßt.
Z.B. die 00 als Kennung für Auslandsgespräche oder auch die 0130 oder 0180.
→ *IN*.

Verkehrsmenge

Begriff aus der → *Verkehrstheorie*.
Bezeichnet die Summe der Belegungsdauer Y und ergibt sich aus dem Produkt von Belegung (c) und mittlerer Belegungsdauer (t_m) während einer Beobachtungsperiode:

$$Y = c\ t_m.$$

→ *Verkehrswert*, → *Angebot*.

Verkehrsspitzenzeit

Andere Bezeichnung für → *Hauptverkehrsstunde*.

Verkehrstheorie

Die Mathematik, insbesondere die Statistik und die Wahrscheinlichkeitsrechnung, nutzende Unterdisziplin der Nachrichten- und Vermittlungstechnik, die sich mit den ursprünglichen Eigenschaften von Verkehr auf einem Netz (Wartezeiten, Bedienzeiten, Verlusten, Gesprächsdauer, deren statistische Verteilung etc.) sowie deren Beeinflussung durch vermittlungs- und netztechnische Einrichtungen beschäftigt.
Als Begründer der Verkehrstheorie und Namenspatron für in der Verkehrstheorie benutzte Einheiten gilt der Däne → *Erlang*.
→ *Verfügbarkeit*, → *Verkehrsmenge*, → *Verkehrswert*, → *Angebot*, → *Verlustsystem*, → *Wartesystem*, → *Erlang A*, → *Erlang B*.

Verkehrswert

Begriff aus der → *Verkehrstheorie* und oft auch nur (generierter) Verkehr, Last oder Netzlast genannt. Bezeichnet die auf die Beobachtungsdauer T bezogene → *Verkehrsmenge* Y:

$$y = Y/T$$

Die Einheit des Verkehrswerts ist → *Erlang* (Erl).
→ *Angebot*.

Verlustsystem

Begriff aus der → *Verkehrstheorie*. Ein (Vermittlungs-)System, bei dem nach dem Verlustprinzip gearbeitet wird, d.h. Belegungswünsche werden abgewiesen, wenn die gewünschte Verbindung infolge einer Blockierung nicht hergestellt werden kann. Die anrufende Station erhält ein Besetztsignal.

Vermaschte Struktur

Netztopologie, bei der jede Endstation mit mehr als zwei anderen verbunden ist. Voll-vermaschte Struktur liegt vor, wenn jede Station mit jeder verbunden ist.

Vermittlungsstelle

Der Ort in einem Netz, wo Daten in verschiedene Richtungen nach Maßgabe von Steuerinformationen wechseln können. Die Steuerinformation (egal ob z.B. als Header in einem Nutzdatenpaket oder auf einem separaten Kanal geliefert) wird nur in Vermittlungsstellen ausgewertet. Die Vermittlungsstelle muß nicht immer auch ein Netzknoten sein. In ringstrukturierten Netzen sind Vermittlungseinrichtungen Teile der Endgeräte, da in ihnen die Auswertung der Steuerinformation erfolgt.

Vermittlungssysteme

Die großen Hersteller von Vermittlungssystemen sind in Europa Alcatel (ehemals SEL und ITT), Ericsson, Siemens, Nokia und Philips. In Nordamerika sind es AT&T und Northern Telecom und in Asien Fujitsu.
Daneben gibt es noch eine Reihe von Herstellern von Nebenstellenanlagen, wie z.B. in Deutschland DeTeWe, Bosch Telecom oder Hagenuk.

Zu den Vermittlungsprodukten der Hersteller: → *EWSD*, → *EWSF*, → *ENSAD*, → *DMS 10*, → *DMS 100*, → *AXE 10*, → *ESS1*, → *ESS5*, → *tss*, → *DIV 200* und *400*, → *System 12*, → *NEAX 61 E*, → *Metaconta*.

Vermittlungstechnik

Die Vermittlungstechnik zerfällt prinzipiell in die beiden Bereiche → *Leitungsvermittlung* und → *Speichervermittlung*.
Letztere gliedert sich darüber hinaus in → *Paket-* und → *Zellenvermittlung*, wobei man bei der Zellenvermittlung versucht, die spezifischen Vorteile der Leitungs- und Paketvermittlungstechnik miteinander unter Umgehung der Nachteile zu kombinieren.

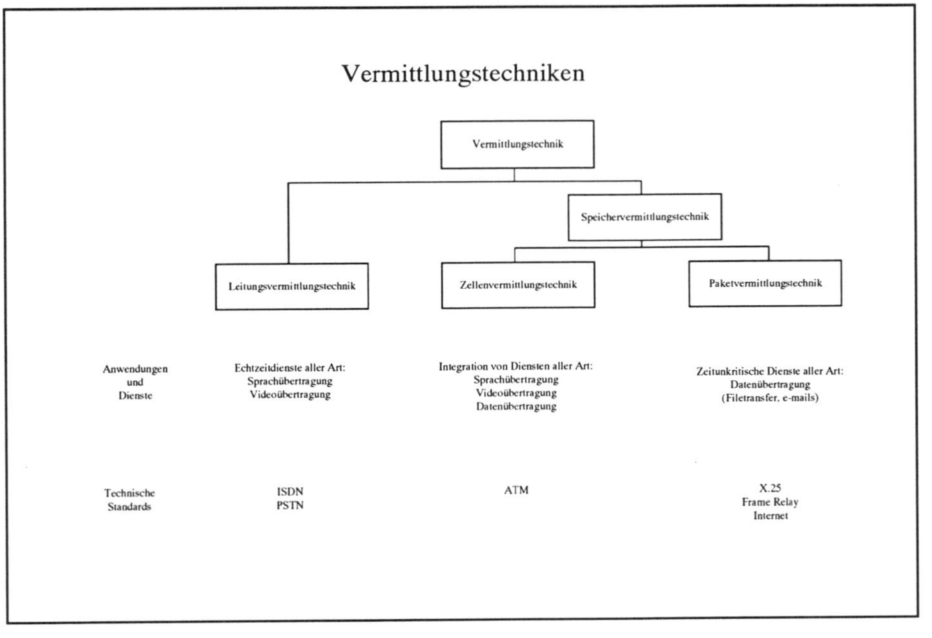

Ferner kommt es durch das Vordringen von Computertechnik aus dem LAN-Bereich in die Telekommunikation (→ *Shared Medium*, → *DQDB*, → *ATM*) zu Bestrebungen von entsprechenden Herstellern, auch in den Markt für öffentliche Systeme zu gehen.
Alle Hersteller haben unterschiedliche Generationen von Vermittlungssystemen auf den Weg gebracht, wobei sich verschiedene technische Prinzipien bei mehreren Herstellern durchsetzten und andere wiederum keine weitere Verbreitung als bei einem Hersteller fanden.
Zur Technik: → *Heb-Dreh-Wähler*, → *Viereckwähler*, → *Crossbar*, → *EMD-Wähler*, → *Reed-Relais*, → *ESK-Relais*, → *Herkon-Relais*, → *SPC*, → *Vermittlungstechnik*.

Veronica

Abk. für Very Easy Rodent-Oriented Net-wide Index to Computerized Archives.
Bezeichnung eines Informationssystems im → *Internet*, das entwickelt wurde, um in → *Gopher*-Systemen per Stichwortsuche an Informationen zu kommen.
Veronica ist für Gopher das, was → *Archie* für → *FTP* ist.
→ *WAIS*, → *WWW*.

Verseilung

Bezeichnung für das Verdrillen von einzelnen Adern oder von Adernpaaren innerhalb von Kabeln zur Kompensation der elektromagnetischen Kopplung der einzelnen Adern untereinander.

Bei der Sternverseilung werden alle einzelnen Adern miteinander verdrillt.
Bei der Dieselhorst-Martin-Verseilung werden erst einzelne Adern paarweise miteinander verdrillt. In einem zweiten Arbeitsgang werden diese verdrillten zwei Adern mit zwei weiteren verdrillten Adern wiederum verdrillt.

Versit

Bezeichnung eines am 30. November 1994 gegründeten Industriekonsortiums in den USA, bestehend aus den Unternehmen Apple, IBM, Siemens-Rolm und AT&T. Ziel ist die Formulierung offener Standards für → *CTI* und für → *Videokonferenzsysteme*. Der Versit-Standard basiert auf dem → *CSTA*-Standard, soll darüber hinausgehend aber auch → *H.320* oder → *T.120* für Video- oder multimediale Kommunikation enthalten.
→ *http://www.versit.com/*

Verteildienste

→ *Broadcast-Medium.*

Verteiler

→ *Splitter.*

Verteiltes System

Ein Rechensystem, bei dem eine Reihe einzelner Funktionseinheiten unter denen Zusammenhänge bestehen, an verschiedenen lokalen Standorten in Zusammenarbeit Anwendungen bewältigen. Es gibt verschiedene Grade der Verteilung.

Vertikale Verkabelung

Andere Bezeichnung für → *Sekundärverkabelung.*

Vertikalfrequenz

Andere Bezeichnung für → *Bildwiederholfrequenz.*

Verzeichnisdienst

→ *X.500.*

Verzweigungskabel

Bezeichnet in → *Ortsnetzen* das Kabel zwischen dem → *Endstellenverzweiger* und dem → *Kabelverzweiger.*
Im Durchschnitt sind Verzweigungskabel in Deutschland 300 m lang (internationaler Durchschnitt: ca. 1 bis 2 km), 90 % sind unter 500 m lang. Sie enthalten maximal 100 und im allgemeinen 30 kupferbasierte Doppeladern (international üblich: 40 bis 60 Doppeladern).
Der Leiterdurchmesser liegt bei 0,4 mm, 0,6 mm und neuerdings auch 0,35 mm oder 0,5 mm.
Die Kabel sind mit Petrolat-Gel gefüllt.

VESA

Abk. für Video Electronics Standards Association.
Bezeichnung einer Interessenvereinigung von über 100 Grafikkarten- und Monitorherstellern, die Standards für diese definiert. Definierte als erstes einen Standard für Super-VGA und später noch u.a. → *Local Bus*, → *DDC* und → *DPMS.*

VFN

Abk. für Vendor Feature Node.
Bezeichnung eines Hosts, Terminals oder → *Servers* am Fernsprechnetz zur Ermöglichung eines Mehrwertdienstes (→ *VAS*).

VGA

Abk. für Video Graphics Adapter.
Bezeichnung eines heute üblichen Standards für PC-Grafikkarten. Zeilenfrequenz: 31,5 kHz. Höchste Auflösungen waren 720 * 400 Pixel im Text- und 640 * 480 Pixel im Grafikmodus mit 16 aus 262 144 Farben oder 320 * 300 Pixel bei 256 Farben (wahlweise 16 aus 64 Graustufen). Weiterentwicklung auch 256 Farben bei 640 * 480 oder 720 * 400 Pixeln. Matrixgröße 9 * 16 im Text- bzw. 8 * 16 im Grafikmodus. 15poliger Stecker.
1987 von IBM für die PC-Line PS/2 ab dem Modell 50 auf den Markt gebracht. Die Grafikfunktionen waren auf einem eigenen Chip auf der Hauptplatine realisiert und entwickelten sich durch Nachbauten zu einer eigenen Grafikkarte.
Eine echte Weiterentwicklung war → *SVGA.*

VG-AnyLAN

Bezeichnung eines schnellen Standards für → *LAN*s, genormt von IEEE 802.12.
Der Standard überträgt mit 100 Mbit/s. VG steht dabei für Voice Grade. Dabei werden grundsätzlich die Standards → *IEEE 802.2* und 802.5 unterstützt, was die Bezeichnung AnyLAN erklärt.
Das Netz muß aber für einen dieser Standards ausdrücklich konfiguriert sein. Dementsprechend liegt die max. Paketlänge bei 1 500 oder 4 500 Byte. Zugriffsverfahren ist → *Round Robin* mit zwei Prioritäten (Normal Priority und High Priority).
Vorteil des Standards gegenüber, z.B., FastEthernet ist, daß auch nicht so qualitative Kabel, wie z.B. der Klasse UTP 3, (weiter) genutzt werden können.
Topologisch besteht das Netz aus einem zentralen → *Hub* (Kontrollinstanz), an dem weitere Hubs baumförmig angeschlossen sind. Diese nachgeordneten Hubs führen auch die Verwaltung der Übertragungsrechte durch. Eine Station, die dabei übertragen möchte, signalisiert dies mit einer Priorität ihrem Hub, der, sofern er der einzige Hub im Netz ist, auf das Ende der aktuellen Übertragung wartet und dann die folgenden Anforderungen nach Round Robin abarbeitet. Ist diesem Hub ein weiterer überlagert, gibt er den Sendewunsch nach Ende der aktuellen Übertragung an diesen weiter. Der Sendewunsch wandert derart bis zur Zentrale

hinauf, die festlegt, welcher Hub nun die Anforderung komplett bearbeitet. Dieses Recht wird vergeben und der betreffende Hub bearbeitet nach Round Robin die vorliegenden Anforderungen.
Die Hubs selbst besitzen Adreßtabellen über alle Stationen. Beim Empfang eines Paketes wird dieses gespeichert und die Bestimmungsadresse wird analysiert. Daraufhin wird das Paket an den entsprechenden Port weitergeleitet.
Historisch gesehen entstand diese Norm dadurch, daß HP kein → *FastEthernet* anbieten wollte, sondern mit AT&T in den HP Research Labs in Bristol ein eigenes Protokoll entwickelte, das auf hohen Ebenen Ethernet-kompatibel sein sollte, um bestehende Investitionen zu schützen. Erste Bezeichnung war 100BaseVG. Später stieß IBM dazu und erweiterte den Standard um die Token-Ring-Komponente, weswegen der Name in 100VG-AnyLAN geändert wurde.
Es ist umstritten, welchen Erfolg dieser Standard haben wird. Etablierte Standards wie → *FDDI* und kommende wie → *ATM* sorgen für unsichere Zukunft.

VHD

Abk. für Video High Density.
→ *AHD.*

VHDL

Abk. für Very High Speed Hardware Description Language.
Bezeichnung einer objektorientierten Programmiersprache, die speziell zum Beschreiben und Testen (Verhaltenssimulation) im Entwicklungsstadium von Hardwarebausteinen wie → *ASICs* entwickelt wurde. Es handelt sich gegenwärtig um die weitverbreitetste Sprache dieser Art.
VHDL erlaubt die Definition von parallel ablaufenden Programmteilen und die Bildung von kompletten, wiederverwendbaren Programmteilen.
Entwickelt wurde VHDL in den 80er Jahren im Auftrag des US-Verteidigungsministeriums, auf dessen Druck es sich auch schnell verbreitete. Eine Weiterentwicklung sind → *VITAL* und VHDL-A. Die Arbeiten an VHDL-A begannen 1989 mit dem Ziel, VHDL derart zu erweitern, daß analoge und digitale sowie hybride Schaltungen beschrieben und simuliert werden können. Die Arbeiten sind gegenwärtig nicht abgeschlossen. Es werden zwei Varianten (Jade und Opal) näher untersucht.
Von VHDL ausgehend entwickelten sich Synthesetools, die aus der VHDL-Beschreibung direkt Layoutpläne für ASICs erzeugen können.
→ *MHDL*, → *Verilog.*

VHDSL

Abk. für Very High Digital Subscriber Line.
Bezeichnet ein Übertragungsverfahren für breitbandige Signale über Kupfertelefonleitungen (→ *Zweidrahtleitung*) im Teilnehmeranschlußund im Inhousebereich über sehr kurze Entfernungen (10 m bis 500 m) mit einer Datenrate von mehr als 2 048 Mbit/s im Hin- und Rückkanal (im Gegensatz zu → *VADSL*). Aufgrund der geringen Entfernung können nur einzelne Abschnitte der Strecke Teilnehmervermittlung-Teilnehmer überbrückt werden. Daher ist VHDSL insbesondere für → *FTTC*- oder → *FTTB*-Anwendungen interessant.
VHDSL erfordert richtungsgetrennte Übertragung über zwei Doppeladern. Ist für geschäftliche Anwendungen gedacht.
→ *ADSL*, → *HDSL.*

VHF

Abk. für Very High Frequency.
Frequenzband von 30 MHz. bis 300 MHz. In Deutschland auch UKW, Ultrakurzwelle (-nbereich) oder Meterwellenbereich genannt. Es erfolgt keine Reflexion an der → *Ionosphäre.* Reichweite daher gering. Nachbarbereiche: → *HF*, → *UHF.*

VIA

Abk. für Vendors ISDN Association.
Bezeichnung einer von vorwiegend nordamerikanischen Herstellern von → *ISDN*-Endgeräten (Telefonen, → *Terminaladaptern*, Nebenstellenanlagen, PC-Karten) im Juli 1996 gebildeten Vereinigung mit Sitz in Kalifornien.
Ziele sind die Herstellung weltweiter ISDN-Kompatibilität, Implementation offener Standards, Vereinfachung von Konfigurationsprozeduren und Förderung von Interoperabilitätstests.
Die VIA ist der → *NUIF* und der → *NIC* angeschlossen.

Video-8

Bezeichnung eines Magnetband-Kassettenformates, das ursprünglich in Videokameras eingesetzt wurde, sich aber im Laufe der Jahre auch als Speichermedium für Daten durchgesetzt hat, z.B. für → *Backups.*
Die Kassetten sind klein und vergleichsweise preiswert. Sie fassen bis zu 5 GByte an Daten. Nachteil ist die niedrige Datenübertragungsrate und die geringe Bandlaufgeschwindigkeit, was zu langen Suchzeiten führt, u.U. mehrere Stunden. Bestimmte Laufwerke mit speziellen → *Treibern* laufen jedoch schneller (Exabyte-Laufwerke).
→ *DAT*, → *QIC*, → *Streamer.*

Video-CD

Bezeichnung eines von Sony und Philips gemeinsam mit 3M entwickelten und vorgeschlagenen → *CD*-Standards zur Speicherung von Videodaten, der sich letztlich nicht vollständig durchsetzen konnte. Speichervermögen: 7,4 GByte. Die Informationen wurden in zwei nur 40 μm übereinanderliegenden Schichten zu je 3,7 GByte aufgetragen. Discdurchmesser: 12 cm. Discstärke: 1,2 mm inkl. Schutzüberzug (→ *Cladding*). Die Pits waren nur noch 0,45 μm lang. Der Spurabstand betrug 0,84 μm.

Für die Speicherung von 270 Minuten Film waren Datenraten zwischen 1 und 10 Mbit/s eines → *MPEG-2* codierten Datenstroms vorgesehen. Dies führt zu einer Bildqualität über VHS, aber unter Studioqualität. Unterstützt werden ferner insgesamt sechs Audiokanäle.

Zunächst wurde dieser Standard auch von Mitsumi und Ricoh unterstützt. Oft wurd auch von Multimedia-CD oder High Density Multimedia Compact Disc System (HDMM-CD) gesprochen.

Ferner hatten einige Filmfirmen sich zu diesem Standard bekannt.

Der Laser wurde mit einer Wellenlänge von 635 nm arbeiten und konnte auf eine der zwei Schichten fokussiert werden.

Der Standard wurde seit Anfang 1993 bei Sony entwickelt und im Herbst 1994 angekündigt. Vorgestellt wurde er am 25. Januar 1995. Hinfällig ist er dann seit Anfang 1996, als die → *DVD* vorgestellt wurde.

→ *SD-ROM*, → *SD-9*, → *SD-10*.

Video Disc

1. Andere Bezeichnung für die → *DVD*.
2. Vor der Standardisierung der → *DVD* die Bezeichnung für mehrere miteinander konkurrierende Standards, die die → *CD* als Speichermedium für Videoinformationen nutzen möchten, wie → *Video-CD*, → *SD-ROM*, → *SD-9*, → *SD-10*.

Video on Demand

Abgekürzt mit VoD.

Bezeichnung für einen neuen → *On-Demand-Dienst*, bei dem über Kupfer- oder in Zukunft Glasfaser-Breitbandnetze dem Nutzer Videofilme auf Wunsch zugespielt werden, die dieser sich dann auf seinem Fernseher ansehen kann. Die Auswahl erfolgt dabei über das Telefon (z.B. mittels → *DTMF*) oder diverse interaktive Techniken, bei denen, z.B., ein Rückkanal in einem Seitenband des Fernsehkanals (Austastlücke) geschaltet wird, über den die Signale an den Dienstanbieter zurückübermittelt werden, die der Nutzer mittels einer speziellen Fernbedienung zur Filmauswahl erzeugt. Grundsätzlich werden also ein breitbandiger Vorwärtskanal (Videosignal) und ein schmalbandiger Rückkanal (Steuersignale) benötigt. Weltweit laufen mehrere Versuche auf diesem Gebiet, das als Vorstufe zum interaktiven Fernsehen angesehen wird. Die Feldversuche starteten mit vielen Vorschußlorbeeren, erwiesen sich jedoch in ihren Ergebnissen bislang ernüchternd sowohl was die Leistungsfähigkeit der Technik als auch der Akzeptanz durch den Verbraucher anging.

→ *PPV*, → *Near Video on Demand*.

Videokonferenz (-system)

Ein Dienst über Telekommunikationsnetze und LANs. Heute meistens in niedriger, aber zufriedenstellender Qualität über → *ISDN* und 64-kbit/s-Kanäle (bzw. 128 oder 384 kbit/s) sowie analoge Telefonleitungen auch als Punkt-zu-Mehrpunkt-Verbindungen abgewickelt.

Im Unterschied zum → *Bildfernsprechen* wird nicht nur Ton und Bild zwischen zwei Personen, sondern werden auch Daten, für z.B. → *Application Sharing* und dies u.U. zwischen mehreren Personen, übertragen.

International wichtige Standards sind → *H.320*, → *H.323* und → *T.120*, nachdem proprietäre Standards sich nicht durchsetzen konnten.

Allgemein werden drei Systeme unterschieden:

- Studio-Videokonferenzen (allgemein auch raumorientierte Systeme genannt),
- Mobile Videokonferenzsysteme (allgemein auch Rollabouts genannt),
- Desktop-Videokonferenzen:
  - Aufrüst-Kits,
  - Komplettsysteme.

Studio-Videokonferenzen in fest eingerichteten Studios verursachten in der Vergangenheit hohe Kosten (500 000 bis 1 Mio. DM Studiogeräte, Personalkosten für Techniker, Kameraleute, Beleuchter und Regie, Verbindungskosten für Breitbandübertragungen). Sie gelten als schwer in den Arbeitsablauf integrierbar und erfordern lange Vorbereitungen. Ihr Vorteil ist, daß mehrere Personen an der Videokonferenz teilnehmen können, die selbst nicht mit der Abwicklung der Videokonferenz beschäftigt sind. Darüber hinaus ist dank optimaler Studiotechnik und breitbandiger Verbindungen eine sehr hohe Qualität erreichbar. Zugrundeliegende Netze sind das → *VBN*, → *DDV* und insbesondere das → *ISDN*.

Bei den mehrere 10 kg schweren Rollabout-Videokonferenzanlagen ist das technische Gerät auf, und/oder in einem mobilen, rollbaren Container stationiert und kann zwischen Büros hin- und hertransportiert werden. Im allgemeinen erfolgt die Steuerung des vom Nutzer der Videokonferenz etwas weiter weg befindlichen Rollabouts über eine Fernsteuerung zur Kontrolle der Kamera (Zoom, Kamerarichtung, Bildausschnitt). Rollabouts sind wesentlich billiger als Studiokonferenzen, können aber wegen der nötigen Vorausplanung und nicht permanenter Verfügbarkeit für jeden potentiellen Nutzer ebenfalls nicht uneingeschränkt in den üblichen Arbeitsablauf integriert werden. Desktop-Videokonferenzsysteme (DVC, Desktop Videoconference System) sind an den

→ *PC* an- und in ihn einbaubare Geräte (Kamera, Karte), die zu günstigen Preisen erhältlich sind, so daß sich eine weite Verbreitung ergeben und die Videokonferenz in den normalen Arbeitsablauf integriert werden kann. Hier wird im Handel zwischen Aufrüst-Kits (Kamera, Sound- und Videokarte, Boxen, Mikrofone, Software, ca. 1 500 bis 10 000 DM) und Komplettsystemen (PC mit Software und installierten Einzelteilen, 3 000 bis 15 000 DM) unterschieden.

Zugrundeliegende Netze sind das → *LAN* oder ISDN (üblicherweise 128 kbit/s bei 5 Bildern/s, idealerweise 384 kbit/s bei 30 Bildern/s). In letzterem auch Point-to-Multipoint-Konferenzen möglich (dafür → *MCU* erforderlich). Seit 1995 existiert auch Videokonferenzsoftware für Video-

- Mikroskop,
- Externe Objektkamera an einem eigenen Tisch zum detaillierteren Betrachten anderer Objekte (Schmuck, Zeichnungen, Skizzen, kleine Werkstücke).

In fernerer Zukunft werden über Breitbandanwendungen 'true' Videoconferences mit 2 Mbit/s und mehr (z.B. über → *ATM*-Netze) abgewickelt werden können.

Bei der Vermittlung von Daten im Rahmen eines Videokonferenzdienstes ist zu beachten, daß der Verlust von Daten in Grenzen (bis zu einer → *BER* von 10^{-11} toleriert werden kann, ebenso wie eine geringe Verzögerung. Eine Veränderung der Verzögerung (→ *Jitter*) wird hingegen vom

Übersicht: Systematik der Videokonferenzsysteme

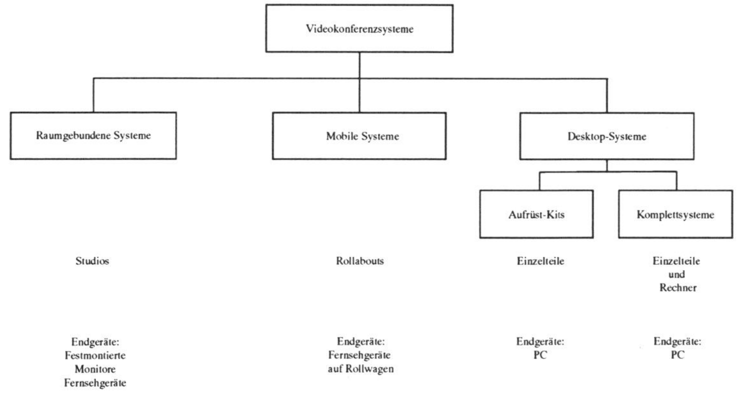

konferenzen über das → *Internet*, die allerdings in ihrer Qualität nicht mit denen über das ISDN vergleichbar sind.

Desktop-Videokonferenzen haben ferner den Vorteil, daß das Benutzen der Geräte als von den Nutzern leicht erlernbar gilt (Windows-ähnliche Benutzeroberfläche, PC als Endgerät).

Oft können an Videokonferenzsysteme zusätzliche Einheiten angeschlossen werden, die je nach Einsatzzweck (im Maschinenbau, in der Medizin) konfiguriert werden:

- Videorekorder zum Zuspielen von vorher aufgenommenen Videos,
- Mobile Handvideokamera,
- Endoskopiekamera,

Nutzer als unangenehm empfunden.

→ *Sprachvermittlung*, → *Datenvermittlung*, → *Screen Sharing*, → *Joint Editing*, → *Joint Viewing*, → *Indeo*, → *PCS*, → *ABK*, → *Versit*, → *IMTC*, → *PCWG*.

Der Videokonferenztechnologie wird bereits seit längerer Zeit ein Durchbruch vorausgesagt, doch erfolgt die Marktpenetration wesentlich langsamer als erwartet, obwohl durch Desktop-Systeme und die Standards H.320 und T.120 zu Anfang der 90er Jahre ein erheblicher Schub erfolgte.

Die Entwicklung der Videokonferenztechnologie nahm folgenden Verlauf:

1880

Alexander Graham Bell (* 1847, † 1922) entwikkelt nur vier Jahre nach Erfindung des Telefons ein 'Photophon'. Es war eine Art optisches Telefon, bei dem Licht mit Spiegeln übertragen wurde. Die Probleme beim Verwenden dieser Einrichtung über längere Strecken außer Haus blieben allerdings ungelöst.

1883

Der französische Romanautor Albert Robida (* 1848, † 1926) beschreibt die Welt des Jahres 1952 und erläutert den Gebrauch des 'Telefonoskops', mit dem jeder mit jedem Sprech- und vor allem auch Blickkontakt aufnehmen kann und amüsiert sich bereits über voyeuristische Erlebnisse bei Fehlverbindungen.

1927

In den Bell Labs gelingt es, Bewegtbilder über eine Telefonleitung von New York nach Washington D.C. zu übertragen.

1936

Zwischen Berlin und Leipzig wird ein Fernseh-Sprechdienst eingeführt. Der Ton wird dabei mit herkömmlicher Fernsprechtechnik übertragen – das Bild mit Fernsehtechnik. Die Städte München und Nürnberg erhalten in Postämtern ebenfalls Bildtelefonkabinen.

1948

George Orwell beschreibt eine düstere Vision des Lebens im Jahr '1984' und zeigt, daß optische Telekommunikationssysteme auch die Gefahr des massiven Mißbrauchs in sich bergen: 'Big Brother is watching you!'.

1964

Auf der Weltausstellung in Osaka zeigt AT&T einen Bildtelefondienst.

1970

In Pittsburgh/Pennsylvania wird der 'Picturephone' genannte Bildtelefondienst von AT&T in Betrieb genommen. Je ein Bild wird im Abstand mehrerer Sekunden übertragen. Prognosen der AT&T sagen voraus, daß dieser Dienst 'in den 80er Jahren zur Standardausstattung eines jeden Haushalts gehören wird'.

1984

Erster Standard für digitale Bildkompression: H.120.

1985 bis 1989

In Deutschland wird ein „Vermittelndes Breitbandnetz“ (→ *VBN*) genanntes Videokonferenznetz aufgebaut. Das damals weltweit einzigartige Netz ermöglichte High-Quality-Videokonferenzen per Selbstwahl aus speziellen Studios heraus.

Seit 1987

Weltweit werden ISDN-Netze aufgebaut.

1990

Verabschiedung von → *H.320* als Standard für Desktop-Videokonferenzen.

1991

Im Frühjahr sorgt das Zurückgehen von Geschäftsreisen infolge der Angst vor Bombenterror im Kielwasser des Golfkrieges für ein wachsendes Interesse an Videokonferenzsystemen.

1992

Erste Produkte für PC-Videokonferenzen über das ISDN. Die Deutsche Telekom beschließt im Oktober das Projekt 'European Videotelephony' mit dem Ziel, bis 1995 einen europaweiten Bildtelefondienst einzuführen.

1993

Die Zahl regelmäßiger Nutzer von Videokonferenzen in Deutschland wird auf 500 Anwender geschätzt.

1994

Erste H.320-konforme Produkte

Intel pusht mit der → *PCWG* seinen Standard

1995

Durchbruch der H.320-basierten Desktop-Videokonferenzen.

Intel paßt sich H.320 an.

Erste Bundlings beim Verkauf von PC und Videokonferenzsystemen.

Erste Videokonferenzen über das → *Internet.*

1996

Verabschiedung von T.120.

Erstes Videokonferenz-Telefonbuch der Deutschen Telekom mit rund 1 000 Einträgen.

Videokonferenzversuchsnetz

→ *VBN.*

Videoserver

Rechnersystem mit hoher Verarbeitungskapazität und angeschlossenen Massenspeichern, um die benötigten Informationen wie Spielfilme, Videoclips, Werbespots, Lerneinheiten etc. zu speichern, zu verwalten und zu nutzen. Wird als Datenserver in neuen multimedialen Netzen und bei neuen multimedialen Diensten, wie z.B. → *Video on Demand*, benötigt. Die z.B. mit → *MPEG 2* komprimierten Filme benötigen (100-Min.-Filme) ca. 1,5 GByte. Ein Server für 1 000 derartige Filme also ungefähr 1,5 TByte.

Videotex

Auf der Welt weitverbreiteter Name für von zentralen Servern über Telekommunikationsnetze abrufbare Informationen aller Art und deren Darstellung auf Bildschirmen (PCs, Fernseher). Weltweit haben derartige Systeme um die 10 Mio. Teilnehmer, davon alleine 5,5 Mio. in Frankreich.

Es existieren verschiedene Standards für die Darstellung von Zeichen und Buchstaben, z.B. → *Antiope* oder das aus dem ersten Videotex-System überhaupt (→ *Viewdata*) hervorgegangene → *PRESTEL*. Deutsches System ist Btx, aus dem Datex-J und schließlich → *Telekom-Online* wurde, das sich an einen europäischen Standard der CEPT bzw. → *KIT* und → *VEMMI* hält.

Prinzipiell handelt es sich um → *Online-Services*, jedoch wurde der Begriff Videotex in der Telekommunikationswelt durch die → *ITU* geprägt.

Videotext

Bezeichnung eines in Deutschland von Rundfunkanstalten angebotenen Dienstes, bei dem in Randbändern des Fernsehkanals (horizontale → *Austastlücke*) mitgelieferte Textinformationen auf dem TV-Bildschirm sichtbar gemacht werden können. Voraussetzung dafür ist, daß das Fernsehgerät mit einem entsprechenden Decoder und evtl. einem Seitenspeicher ausgestattet ist, der die Signale decodiert und speichert. Vorgestellt 1977 auf der Funkausstellung in Berlin. Eingeführt in Deutschland 1980 bei ARD und ZDF. 1985 gab es 1 Mio. Videotext-taugliche Fernsehgeräte, 1989 waren es fünf, 1990 sieben, 1991 zehn und 1996 20 Millionen. 1995 waren 45 % aller Haushalte und 1996 62 % mit einem derartigen Gerät ausgestattet. Durchschnittlich wird es von 6 Mio. Nutzern mindestens einmal täglich verwandt. Mittlerweile einige Tausend Seiten bei div. TV-Sendern im Angebot. Auch Software wird von TV-Sendern auf diese Weise verbreitet.

Viereckwähler

Name eines elektromechanischen Wählers aus der Frühzeit der Vermittlungstechnik. Von Siemens 1925 auf den Markt gebracht. Es handelt sich hierbei um eine kleinere und verbesserte Variante des → *Heb-Dreh-Wählers* durch Anordnung des Motors vor der Kontaktbank, Erhöhung der Freiwahlgeschwindigkeit und ein Vielfachbandkabel. Den Namen erhielt der Wähler, da der Auswahlhebel mit seiner Bewegung ein Viereck nachzeichnet.

View

Bezeichnung für eine Sammlung von Objekten, die ein → *Agent* eines → *Netzmanagement*-Systems verwaltet und von dem die entsprechenden Verwaltungsdaten zugänglich (sichtbar) gemacht werden können.

Viewdata

Name des ersten → *Videotex*-Systems überhaupt, das von Samuel Fedida Mitte der 70er Jahre in GB entwickelt wurde. Laborversuch bei der britischen Telecom 1976, gefolgt von einem Feldversuch 1978, bei dem das System der britischen Telecom den Namen → *Prestel* erhielt.

ViMf

Abk. für Vierer in Metallfolie.

Offizielle Bezeichnung des → *VDE* für zwei verdrillte Zweidrahtleitungen, die durch eine Metallfolie abgeschirmt sind.

→ *PiMf.*

Virenchecker

Bezeichnung für ein Programm zum Schutz vor einem → *Virus*. Es ist ein permanent auf einem Rechner im Hintergrund laufendes Programm, das die auf dem Rechner ablaufenden Aktionen auf für einen → *Virus* typische Aktionen überwacht und ggfs. den Nutzer des Rechners darüber informiert.

→ *Virencleaner*, → *Virenscanner*.

Virencleaner

Bezeichnung für ein Programm zum Schutz vor einem → *Virus*. Nach dem Erkennen eines Befalls wird die befallene Software mit dem Virencleaner behandelt, der versucht, den korrekten unbefallenen Zustand wiederherzustellen.

→ *Virenchecker*, → *Virenscanner*.

Virenscanner

Bezeichnung für ein Diagnoseprogramm zum Schutz vor einem → *Virus*. Nach dem Aufruf, meistens automatisch nach dem → *Login* eines Nutzers, sucht der Virenscanner die → *Festplatte* und den Speicher des Rechners nach Viren ab und aktiviert bei detektierten Viren ggfs. automatisch den → *Virencleaner*.

Das komplette Durchsuchen (Scannen) der Dateien auf der Festplatte ist die sicherste, aber auch langwierigste Methode. Bei der Quick-Scan-Methode werden hingegen nur der Anfang und das Ende einer Datei geprüft, da sich dort bevorzugt Viren anhängen.

Beim Heuristic-Scannen werden übliche Techniken der Viren ausgenutzt und die Dateien der Festplatte werden nach charakteristischen, gefährlichen Operationen durchsucht, z.B. undokumentierten Befehlen des Betriebssystems, direkte Laufwerkszugriffe, Befehle zum Verändern von Systemeinstellungen etc. Diese Vorgehensweise detektiert Programmaktionen, die allerdings auch (selten) von herkömmlichen, nicht infizierten Programmen durchgeführt werden, weshalb es in diesem Fall häufig zu Fehldiagnosen des Virenscanners kommt.

→ *Virenchecker*.

Virus

Bezeichnung für einen Programmzusatz in einer Software, der ohne Wissen und Zutun seiner Anwender einer Software zugefügt wurde, mit dem eigentlichen Zweck der Trägersoftware nichts mehr zu tun hat und vom Nutzer unbeabsichtigte Aktionen, die von lustig über störend bis sehr schädlich gehen können, auf einem Computer durchführt.

Viren gliedern sich grundsätzlich in → *Systemviren* und Programmviren.

Übertragungswege sind alle üblichen Wege der Softwaredistribution (Diskette, CD-ROM, Internet, sonstige Netze via Modem).

Zum Schutz dienen → *Virenchecker*, → *Virencleaner* und → *Virenscanner*.

→ *Logik-Bomben*, → *Trojanische Pferde*, → *Würmer*.
Der Begriff Virus für schädliche Software wurde 1981 an der Universität von Süd-Kalifornien geschaffen, als sich Wissenschaftler mit der Entwicklung selbstreproduzierender Software beschäftigten. 1982 arbeitete die amerikanische Computerindustrie selber an Viren zum Schutz von unerlaubten Operationen (Kopieren), ließ davon wegen zu vieler unerwünschter Nebenwirkungen aber wieder ab.

Virtual Private Network

→ *VPN*.

Virtuelle Einrichtung

Physisch nicht vorhandene, aber dennoch mit allen Eigenschaften anders realisiert und nutzbare Einrichtung. Faustregel: Man sieht sie, aber sie ist nicht da. Eine virtuelle Verbindung ist eine physisch nicht existente Verbindung, welche durch, beispielsweise, einen Puffer realisiert ist, in welchen der Sender seine Daten gibt. Der Sender hat somit das Gefühl, seine Daten seien tatsächlich über eine Verbindung unterwegs zum Empfänger, der sie vielleicht erst bei geringerer Netzlast aus dem Puffer ausliest.
→ *reale Einrichtung*, → *transparente Einrichtung*, → *logische Einrichtung*.

Virtuelle Realität

→ *Cyberspace*.

Virtuelle Verbindung

Begriff aus der → *Speichervermittlungstechnik*. Bezeichnung für eine physikalisch nicht permanent durchgeschaltete Verbindung. Beim Aufbau einer virtuellen Verbindung wird ein Übertragungsweg für die Dauer der Verbindung zwar fest definiert, aber nicht für die Dauer der Verbindung exklusiv reserviert, wie dies bei der leitungsvermittelnden Technik erfolgt. Es wird somit eine einheitliche logische Verbindung aufgebaut, d.h. alle Daten bzw. Datenpakete, die gesendet werden, nehmen den gleichen Weg durch das Netz.
Der Vorteil ist, daß die Pakete nicht alle einen Header mit Adresse bekommen müssen, die in jeder Vermittlung von neuem ausgewertet wird, sondern daß die Pakete mit einer Kennung zur Identifizierung des virtuellen Pfades ausgestattet werden. Innerhalb der Vermittlung muß das Paket also nur noch einer virtuellen Verbindung zugeordnet werden.
Der Routing-Overhead wird dadurch stark verringert und die Leitungen werden besser ausgenutzt, da sie auch anderen Nutzern mit anderen virtuellen Verbindungen zur Verfügung gestellt werden können. Man unterscheidet dabei

- Permanente virtuelle Verbindungen (→ *PVC*),
- Gewählte virtuelle Verbindungen (→ *SVC*).

Angewendet wird diese Technik, z.B. bei → *Frame Relay* oder → *ATM*.

Virtuelles LAN

Abgekürzt mit VLAN. Bezeichnung für LANs, die unabhängig von ihrer realen physikalischen Topologie logisch konfiguriert werden können.
In verschiedenen Publikationen werden jedoch im Detail verschiedene Dinge unter dem Begriff des VLANs verstanden, weswegen man sorgfältig differenzieren muß.
Grundsätzlich birgt ein VLAN zwei große Vorteile:

- Die Systemverwaltung kann angeschlossene Stationen (User) und periphere Resourcen (Server, Drucker ...) nach Belieben zu sinnvollen logischen Gruppen zusammenfassen. Dies erlaubt ein Verändern der informationstechnischen Strukturen gemäß den betrieblichen Erfordernissen (wer arbeitet mit wem zusammen an welchen Produkten und hat Zugriff auf welche Daten?), z.B. im Falle von Umzügen, der Durchführung temporär begrenzter Projekte oder der Änderung von Zuständigkeiten.
- VLANs unterstützen Methoden zur Eindämmung von Broadcast-Meldungen, von denen Netzmanagementprogramme erheblichen Gebrauch machen, und vermeiden damit Bandbreitenverschwendung.

VLANs werden durch Switching (→ *Switch*) und/oder mit virtuellen → *Routern* auf Schicht 2 und/oder Schicht 3 des → *OSI-Referenzmodells* realisiert. Man unterscheidet daher im allgemeinen zwei Arten von VLANs:

- Statische VLANs: Die Identifizierung eines VLANs geschieht durch die vom Systemverwalter fest eingestellten Portnummern eines → *Switches*. Ein virtuelles Subnetz wird damit durch eine Liste von Portnummern realisiert.
- Dynamische VLANs: Subnetze werden durch MAC- oder IP-Adressen gebildet, die in einer Datenbank gehalten und zu Subnetzen gruppiert werden. Die Ports der Switche werden durch die Switche selbst automatisch danach konfiguriert.

Aktuell gibt es keinen Standard für VLANs, da es sich um eine relativ junge Technik handelt, die Mitte der 90er Jahre aufgekommen ist. Erste Arbeiten im Rahmen der → *IEEE* haben erst begonnen, so daß ein Standard erst für 1998 erwartet wird. Einige Hersteller bieten daher vorerst ihre eigenen Lösungen an.

Virtuelles Unternehmen

→ *Tele-Working*.

Visit

→ *Hit.*

Visitor Location Register

→ *VLR.*

VISYON

Abk. für Variables Intelligentes Synchrones Optisches Netz.

Bezeichnung eines Pilotversuchs der Deutschen Telekom zur Einführung der → *SDH* in Deutschland. Basiert auf einer Ringstruktur und Glasfaser als Übertragungsmedium und den Bauteilen → *ADM*, → *FMUX* (für Teilnehmeranschlüsse) und → *Cross-Connectoren.* Startete 1990 in den Ortsnetzen Aachen, Köln, Düsseldorf und Hannover. Endausbau soll 1997 erreicht werden.

Ist neben dem → *NKÜ 2000* Bestandteil des Projektes → *SYNET.*

VITAL

Abk. für VHDL Initiative Towards ASIC Libraries.

Bezeichnung einer Weiterentwicklung von → *VHDL* aufgrund einer Inititative verschiedener Hardwarehersteller von → *ASIC*s.

VKS

Selten benutzte Abk. für → *Videokonferenzsystem.*

VL

Abk. für Verbindungsleitung.

VLAN

Abk. für → *virtuelles LAN.*

VL-Bus

Abk. für VESA Local Bus.

→ *VESA*, → *Local Bus.*

VLC

Abk. für Variable Length Coding.

Oberbegriff für eine Gruppe von Quellcodierungsverfahren, bei denen Daten fester Länge durch Symbole variabler Länge codiert werden. Dies ermöglicht, daß häufig vorkommende Datenmuster durch kürzere Symbole codiert werden, wohingegen seltenere Datenmuster durch längere Symbole codiert werden. Beispiele sind der Morsecode oder die Huffmann-Codierung, wie sie z.B. beim → *Fax* angewendet wird.

VLDB

Abk. für Very Large Database.

Bezeichnung für sehr große Datenbanken, die spezielle Management- und Hardwareanforderungen haben. Bedingt durch technischen Fortschritt ist die Grenze, ab wann dies der Fall ist, in permanenter Wandlung begriffen.

VLF

Abk. für Very Low Frequency.

Frequenzband von 3 kHz bis 30 kHz. Breitet sich als Bodenwelle über größte Entfernungen aus. Empfang unter Wasser ebenfalls möglich. Wird von der Ionosphäre reflektiert und weltweit für militärische Zwecke (Kommunikation zu U-Booten) und für die Navigation eingesetzt. Nachbarbereiche: → *ELF*, → *LF.*

VLIW

Abk. für Very Long Instruction Word, sehr langes Befehlswort.

Neben → *CISC* und → *RISC* eine weitere grundsätzliche Möglichkeit, → *CPU*s zu konzipieren.

Grundidee ist, die Leistungsfähigkeit nicht durch ein Erhöhen der Taktrate (und damit durch ein schnelleres Abarbeiten von Befehlen) zu erreichen, sondern die CPU in die Lage zu versetzen, während eines Befehlszyklus mehrere Operationen parallel auszuführen.

Die CPU verfügt dafür über mehrere Funktionsblöcke, die alle mit einem VLIW angesprochen werden können. Es ist Aufgabe des → *Compilers*, den Quellcode nach voneinander unabhängigen (und daher parallel ausführbaren) Operationen zu durchsuchen und diese in einem VLIW so zusammenzufassen, daß bei Ausführung des VLIW möglichst immer alle Funktionsblöcke ausgelastet sind.

Nachteilig ist ein langsamer Prozeß beim Compilieren und die extreme Hardwareabhängigkeit des erzeugten Codes, was beim Wechsel des Prozessors (selbst innerhalb einer Prozessorfamilie) eine Recompilierung notwendig macht.

Die Wurzeln der Idee des VLIW-Rechners werden Turing und dem Jahr 1946 zugeschrieben. Erste Ansätze zur Implementierung gab es in den 60er und 70er Jahren zur Zeit der ersten → *Supercomputer*, als man über parallele Systeme nachdachte. Erste echte VLIW-Systeme wurden von den Unternehmen Multiflow, Cydrome und Culler Anfang der 80er Jahre vorgestellt, die jedoch keinen großen Erfolg hatten, so daß bis heute kein kommerziell erfolgreicher VLIW-Rechner hergestellt wurde. Einige Unternehmen (z.B. HP, Intel und Philips) arbeiten an VLIW-Konzepten weiter.

VLP

Abk. für Video Long Play.

Bezeichnung eines analogen Verfahrens zur Videodatenaufzeichnung auf einer Platte. Entwickelt Anfang der 70er Jahre von Philips. Bescheidener Erfolg.

→ *TED*, → *AHD/VHD.*

VLR

Abk. für Visitor Location Register.

In Mobilfunknetzen die Datenbank, die für einen bestimmten Bereich, der aus einem oder mehreren Location Areas bestehen kann (→ *LA*), temporär Daten über alle sich in diesem Bereich aufhaltenden → *MS* speichert.

Jeder dieser Bereiche verfügt über ein eigenes VLR. Das VLR bezieht seine initialen Daten aus dem → *HLR* und tauscht mit diesem während der Aufenthaltsdauer einer MS im LA bei Bedarf Daten aus.

VLSI

Abk. für Very Large Scale Integration.

Bezeichnet in der Halbleitertechnik eine seit 1975 entwickelte Technik bei der Chipherstellung, die die Integration von noch ca. 50 000 und mehr Transistoren auf einem monolithischen Substrat erlaubt.

→ *SSI*, → *MSI*, → *LSI*.

VM/CMS und /SP

Abk. für Virtual Machine/Conversational Monitor System und System Product.

Die Bezeichnung eines → *Betriebssystems* für → *Mainframe* und → *Midrange*-Rechner aus dem Hause IBM.

Es zeichnet sich dadurch aus, daß jeder Benutzer seine individuelle Arbeitsumgebung auf einem Rechner erhält und so den Eindruck bekommt, als ob ihm ein spezieller Rechner exklusiv zur Verfügung stünde (Virtual Machine).

CMS dient dabei als Schnittstelle zur Verwaltung mehrerer Teilnehmer. Unter VM/SP können mehrere Betriebssysteme als untergeordnete Betriebssysteme parallel laufen.

Die Wurzeln reichen zurück bis 1964 als im IBM Cambridge Scientific Center das Control Program-40/Cambridge Monitor System (CP-40/CMS) für Mehrbenutzerbetrieb entwickelt wurde. Erstmals konnten 15 Benutzer gleichzeitig auf einem System arbeiten. Als erstes wurde es auf der → *IBM /360* eingesetzt. Später wurde das Konzept der virtuellen Maschine als VM/370 auf einer /370 vorgestellt.

VMEbus

Ein von einem herstellerunabhängigen Konsortium entwickelter 32 Bit breiter Bus, der aber auch 16-Bit-Übertragung unterstützt. VMEbus-Karten gibt es in den Größen 3U, 6U und 9U.

VMS

1. Bezeichnung des → *Betriebssystems* für → *VAX*-Rechner aus dem Hause DEC.
2. Abk. für Voice Mail System.
   → *Voice Mail.*

VN1, VN2, VN3, VN3+, VN4-, VN 4, VN5, VN6

Abk. für Version Numeris.

Bezeichnung verschiedener Versionen des nationalen Signalisierungsprotokolls im D-Kanal des → *ISDN* in Frankreich. Die Versionen existieren auf Vermittlungsstellen im französischen ISDN, genannt Numeris. Nicht alle Vermittlungsstellen sind also mit jeweils der neuesten Version ausgerüstet.

VN1 aus dem Jahr 1987. VN6 mit voller Euro-ISDN-Funktionalität wird für 1997 erwartet.

VNET

Name des hausinternen globalen Netzes von IBM.

VNK

Abk. für Vermittelnde Netzknoten.

Oberbegriff für → *WNK* und → *BNK*.

VMZ

Abk. für Verkehrsmanagementzentrum.

Vocoder

Abk. für Voice Coder.

Bezeichnung für einen elektronischen Baustein oder eine mit diesem realiserte Vorschrift zur digitalen Codierung der menschlichen Sprache (→ *Sprachübertragung*). Dabei werden, im Gegensatz zu herkömmlichen Digitalisierungsverfahren wie → *PCM* oder → *ADPCM*, Eigenschaften der menschlichen Sprache ausgenutzt, so daß es möglich ist, je nach gewünschter Qualität Sprache mit sehr niedrigen Datenraten von 2,4 bis 13,2 kbit/s zu übertragen.

Ein Beispiel für einen Vocoder ist → *VSELP*.

VoD

→ *Video on Demand.*

VoFR

Abk. für Voice over Frame-Relay.

Bezeichnung für die Übertragung von Sprache über paketvermittelnde Netze nach dem Standard → *Frame-Relay*.

Voice Activated Dialing

→ *VAD.*

Voicemail

Andere Bezeichnung für elektronische Briefkästen, in denen Sprachnachrichten in TK-Netzen zwischengespeichert und vom Nutzer abgerufen werden können.

Realisierung sowohl in Nebenstellenanlagen als auch in öffentlichen Netzen möglich.

Voice Server

→ *IVR.*

Vollamtsberechtigung

→ *Berechtigung.*

Voll-Backup

→ *Backup.*

Vollduplex

→ *Duplex.*

Vollständige Erreichbarkeit

→ *Erreichbarkeit.*

Vollvermaschte Struktur

→ *vermaschte Struktur.*

Von-Neumann-Rechner

Bezeichnung für Rechner, die bestimmten Gesetzmäßigkeiten und fundamentalen Grundregeln in ihrem Aufbau folgen.

John von Neumann (* 28. Dezember 1903, † 8. Februar 1957), Professor in Princeton, definierte drei Konzepte, die bis heute Gültigkeit haben:

- Die Existenz lediglich eines zentralen Rechenwerkes, der → *CPU* (und nicht von parallel arbeitenden Werken), zur Abarbeitung eines Programms.
- Die Unabhängigkeit der Rechnerstruktur von dem konkret zu lösenden Problem. Dies führt zur Existenz eines (veränderbaren, austauschbaren) Programms mit Sprungbefehlen infolge von bedingten Verzweigungen im Speicher.
- Das Programm ist eine Folge logischer Entscheidungen. Sie werden wie die benötigten oder erzeugten Daten (Zwischenergebnisse etc.) im gleichen Speicher abgelegt, der aus Teilen fester Länge (Speicherplätze, -zellen) besteht, die einzeln adressiert werden können.

Die Unabhängigkeit führte zum Begriff des Universalrechners, der, mit verschiedenen Programmen ausgerüstet, für viele Zwecke eingesetzt werden kann.

Insgesamt ergibt sich damit als Grundstruktur für einen Rechner folgendes Modell:

- Speicher (→ *ROM* und → *RAM*) für Daten und Programme,
- Zentrale Recheneinheit CPU,
- Ein- und Ausgabeeinheit,
- Verbindung von Speicher, CPU und Ein-/Ausgabeeinheit über den Datenbus,
- Verbindung der CPU mit dem Speicher über den Adreßbus.

Die drei Grundsätze wurden 1946 von John von Neumann, basierend auf Arbeiten zusammen mit weiteren Amerikanern, Burks und Goldstine, formuliert. 1949 wurde mit dem → *EDSAC* der erste Rechner nach diesem Prinzip gebaut. Es folgten 1952 der EDVAC (Electronic Discrete Variable Computer) und sein Vorläufer MANIAC.

Im gleichen Jahr stellte IBM den Rechner → *IBM 701* vor. Er war der erste serienmäßig von IBM produzierte Computer, dessen Konzept sich an Neumanns Vorstellungen orientierte. Sein Röhrenzentralspeicher umfaßte 2 048, später 4 096 36-Bit-Worte.

Vorgruppe

Begriff aus der klassischen analogen Fernsprechtechnik.

Bezeichnet eine Gruppe aus drei je 4 kHz breiten Fernsprechkanälen (mit den Kanalträgerfrequenzen 12, 16 und 20 kHz).

Vorhaltespeicher

Deutsche Bezeichnung für → *Cache.*

Vorspann

Deutsche, selten gebrauchte Bezeichnung für → *Header.*

VOX

Abk. für Voice Operated Transmission.

Bezeichnet in Mobil- und Satellitenfunknetzen die Fähigkeit des Netzes, Sprachaktivität auf dem Funkkanal zu erkennen und nur dann den Kanal mit Daten zu belegen. In anderen Fällen, z.B. Gesprächspausen, wird der Kanal anderen zur Verfügung gestellt und u.U. (z.B. im → *GSM*-System) die Mobilstation kurzfristig abgestellt. Vorteile: bessere Kanalausnutzung und längere Batterielebensdauer. Dem Empfänger wird i.d.R. → *Comfort-Noise* eingespielt.

VP

Abk. für Virtual Path.

Bezeichnet in → *ATM*-Netzen innerhalb der Verbindungshierarchie eine Menge zusammengefaßter virtueller Kanäle (VCs). Auf einer physikalischen Leitung wiederum können mehrere VPs realisiert sein. VPs werden mit Cross-Connects (CCs) geschaltet. Das Schalten von VPs beinhaltet nicht das Schalten von VCs. Umgekehrt gilt dies nicht!

VPC

Abk. für Virtual Path Connection.

→ *ATM.*

VPI

Abk. für Virtual Path Identifier.

→ *ATM.*

VPN

Abk. für Virtual Private Networks.

Noch keine einheitliche Definition existent. Etwa: die Möglichkeit, Leitungen des öffentlichen Netzes so für Sprachkommunikation zu nutzen, daß mehrere private Netze und Netzelemente (z.B.

Nebenstellenanlagen) derart verbunden werden, daß sie für den Nutzer an diesen Netzelementen wie ein einziges privates Netz wirken. Dieses Netz ist virtuell, das öffentliche zwischengeschaltete Netz ist transparent, d.h. die Verbindungen zwischen den einzelnen Netzen werden jeweils wieder neu aufgebaut. Dies führt zu kostengünstigem Betrieb, da nur für die tatsächliche Kapazität bezahlt werden muß (im Gegensatz zur Tarifierung beim Einsatz von Festverbindungen, die bezahlt werden müssen, unabhängig von ihrer Kapazitätsauslastung). Üblich sind daher Mischformen, bei denen Festverbindungen die Grundlast abdecken und Überlast über Wählverbindungen abgewickelt wird.

Zur Realisierung von VPNs wird das → *IN* genutzt. VPN ist im → *CS1* des IN als ein Dienst definiert.

VPN sind eine Variante der → *CN*s.

Ferner entfallen bei der ersten Varianten die Hardwarekosten für → *Multiplexer* und → *Router*.

Features aus dem Nebenstellenbereich (z.B. eigene Nummerierungspläne) lassen sich so auch in verteilten, größeren Anlagen realisieren, z.B. bei großen Firmen mit mehreren, weit auseinanderliegenden Fabrikgeländen und Gebäudekomplexen.

→ *Break Out*, → *Least Cost Routing*.

VPOP

Abk. für Virtual Point of Presence.

Bezeichnung für virtuelle Einwahlknoten, die es Providern von Online-Diensten (z.B. → *ISP*) gestatten, an Orten zum Ortstarif eine Einwahlmöglichkeit anzubieten ohne dort mit eigenem teuren Gerät (→ *POP*) präsent sein zu müssen.

Zielgruppe für diese von Netzbetreibern angebotene Dienstleistung sind vermehrt Anbieter von Online-Diensten, die ihr Netz nach und nach ausdehnen.

Üblicherweise wird ein VPOP über eine Sondernummer realisiert (→ *IN*), mit der nur Ortstarife dem Einwählenden berechnet werden. Die Nummer wird vom Netzbetreiber realisiert.

VPU

Abk. für Virtual Physical Unit.

VQ

Abk. für Vector Quantisation.

VQL

Abk. für Variable Quantum Level (Coding).

VR

Abk. für Virtual Reality, virtuelle Realität, → *Cyberspace*.

VRC

Abk. für Vertical Redundancy Check.

Bezeichnung für einen Mechanismus zur Fehlererkennung. Dabei wird eine Querparitätsprüfung vorgenommen (→ *Parität*). Zumeist zur Erhöhung der Sicherheit in Verbindung mit einem → *LRC*.

VRML

Abk. für Virtual Reality Modeling Language.

International ist die Aussprache "Wörml" für die Abkürzung üblich.

Bezeichnung einer Sprache aus dem Hause SGI für das → *WWW*, die dreidimensionale Darstellung und interaktive Simulation von Erlebniswelten in Echtzeit erlaubt. Maßgeblich mitentwickelt von Mark Pesce aus der Notwendigkeit heraus, ein visuell leistungsstarkes → *GUI* für Netzwerkbetriebssysteme zu entwickeln. Erste Ideen reichen bis 1990 zurück.

Vorgestellt in Version 1.0 Anfang 1995. Diese unterstützte keine Audioeffekte und Interaktion. Nach Arbeiten an Version 1.1, die von anderen Entwicklungen überholt wurden, wurde Version 2.0 im Frühjahr 1995 aus mehreren Standardvorschlägen ausgewählt und am 4. August 1996 offiziell eingeführt. Zum Nutzen von in VRML erstellten WWW-Inhalten benötigt man spezielle Browser oder aber Zusatzsoftware zu bestehenden Browsern.

→ *http://www.sdsc.edu/vrml/*

→ *http://www.vrml.com/*

→ *http://www.tnt.uni-hannover.de/tnt/subj/vrml/*

VRU

Abk. für Voice Response Unit.

Bezeichnung für die Module oder Einsteckkarten in Nebenstellenanlagen, die das Feature → *IVR* ermöglichen.

VSA

Abk. für Virtual Scheduling Algorithm.

VSAM

Abk. für Virtual Storage Access Method.

Bezeichnung einer weitverbreiteten Datenbank-Zugriffsmethode für Direktzugriffsspeicher (wahlfreier Zugriff), die 1972 von der IBM vorgestellt wurde. Man unterscheidet die zwei Varianten KSDS (Key Sequenced Data Set) und ESDS (Entry Sequenced Data Set), die sich hinsichtlich der Einsortierung der Datensätze in die Datei unterscheiden (Einsortierung nach dem Schlüssel oder der Reihenfolge des Eintrags).

VSAT

Abk. für Very Small Aperture Terminal.

Bezeichnet im Satellitenmobilfunk Endgeräte, die im Vergleich zu festinstallierten Terminals für Satellitennetze keinen Schrank-, sondern nur noch Aktenkoffercharakter haben. Einsetzbar z.B. bei → *INMARSAT M*.

Die Empfangsanlagen haben Spiegel mit Durchmessern von 1,2 m bis 1,8 m und sind konstruktiv oft so beschaffen, daß sie sich zusammenklappen oder -falten lassen. Sie verfügen nur über eine geringe → *Apertur*.
VSATs sind nicht mit → *Handys* zu verwechseln.

VSB

Abk. für Vestigal Side Band.

VSE

Abk. für Virtual Storage Extended, erweiterte virtuelle Speicherung.
Bezeichnung eines → *Betriebssystems* aus dem Hause IBM, das 1978 vorgestellt wurde.

VSELP

Abk. für Vector Sum Excited Linear Prediction.
Bezeichnung eines → *Vocoders*, der z.B. bei → *D-AMPS* eingesetzt wird.

VSt

Abk. für Vermittlungsstelle.
Oft wird die Abk. in Verbindung mit einem weiteren Präfix verwendet, z.B. OVSt für Ortsvermittlungsstelle.

V-Sync

Bezeichnung für die Länge des Synchronisationssignals für das vertikale Bildsignal. Angegeben in μs.

VT

1. Abk. für Vermittlungstechnik.
2. Abk. für Virtual Terminal.
   Ein Protokoll auf Schicht 7 des → *OSI-Referenzmodells*.

VT 52, 100, 200, 220, 300, 320

Bezeichnung von → *Terminals* aus dem Hause DEC. Insbesondere VT100, 200 und 220 sind sehr weit verbreitete und von vielen anderen Herstellern nachgebaute De-facto-Standards.
Der VT52 war ein einfacher, zeilenorientierter Terminal, der lediglich → *ASCII*-Zeichen darstellen konnte.
Der VT100 war auch der erste Terminal, der den Standard 3.64 der → *ANSI* für zeichenorientierte Terminals mit Full-Screen-Darstellung verwendete.
Mittlerweile auch weit verbreiteter Standard zur Terminalemulation, entweder als Softwareemulation oder bei Geräten der Konkurrenz.
Als Softwareemulation wird VT100, z.B. bei → *T-Online* eingesetzt.

VTAM

Abk. für Virtual Telecommunications Access Method.
Bezeichnung eines Protokolls aus der → *SNA*-Welt, welches die Steuerung von Kommunikationsverbindungen übernimmt.

VTM

Abk. für Verband der Telekommunikationsnetz- und Mehrwertdienstanbieter e.V.

VTP

Abk. für Virtual Terminal Protocol.
Bezeichnung eines Schicht-7-Protokolls das den terminalunabhängigen Zugriff von Programmen auf entfernte Terminals ermöglicht. Standardisiert als ISO 9040 und 9041.

VTR

Abk. für Video Tape Recorder.
Heute nicht mehr gebräuchliche Bezeichnung, ersetzt durch → *VCR*.

Vtx

Abk. für → *Videotex*.

VXC

Abk. für Vector Exitation Coding.

VXI-Bus

Bezeichnet eine Weiterentwicklung des → *VME*-Busses für meßtechnische Anwendungen. Wurde durch ein Konsortium von fünf Herstellern 1987 bis 1989 definiert. Besteht aus acht verschiedenen Bussystemen und zusätzlichen Leitungen für diverse Zwecke und kann daher Industriebedürfnissen flexibel angepaßt werden.

Vzk

Abk. für → *Verzweigungskabel*.

W

W3, W3C

Abk. für WWW-Consortium.
Bezeichnung eines Zusammenschlusses verschiedener Institutionen, die das → *WWW* weiterentwickeln.
→ *http://www.w3.org/*

W48

Bezeichnung für ein in den 50er und 60er Jahren weitverbreitetes Telefon (W für Wählapparat) in Deutschland. Maßgeblich entwickelt von Siemens und der Firma Reiner aus München. Seit den frühen 50er Jahren in Verwendung.
Gilt als 'der' klassische Fernsprechapparat. Hörerkabel mit Baumwollgarn ('Eisengarn') umwickelt. Korpus aus duroplastischem → *Bakelit*, zunächst nur in schwarz, später auch in weiß. Insgesamt 1,9 kg schwer. Ausgerüstet mit einem → *Wecker* aus zwei Metallklingeln der Firma Eichhoff.

WAC

Abk. für Wide Area Centrex.
Bezeichnung (hauptsächlich in Nordamerika gebräuchlich) für netzweit → *Centrex*-Dienste, die mittels → *IN* realisiert werden.

WACS

Abk. für Wireless Access Communication System.
Name eines von Bellcore entwickelten Standards für → *RLL-Anwendungen* mit → *BS* in Größe eines Schuhkartons und einem Zellendurchmesser von 300 m. Nutzt → *FDD* (im Gegensatz zu → *TDD* bei → *CT2*, → *DECT* und → *PHP*), → *TDMA* und 32 kbit/s → *ADPCM* für Sprache. Stellt je Timeslot 10 Kanäle zur Verfügung. Moduliert mit → *QPSK*. Entwickelt Anfang der 90er Jahre. Stabiler Standard seit November 1993. Ein Derivat von WACS mit Merkmalen von → *PHP* ist → *PACS*.

WAD

Abk. für Wohnungsanschlußdose.
Bezeichnung für den Anschluß in einer Wohnung für das Kabelfernsehen. Über die → *WAL* ist die WAD an den → *HVV* am → *HÜP* angeschlossen, der innerhalb des Hauses den Endpunkt des → *Breitbandkabelverteilnetzes* darstellt.

Wafer

Begriff aus der Halbleitertechnik.
Bezeichnet den Rohling aus Halbleitermaterial, aus dem hundert oder bis zu tausend einzelne integrierte Schaltungen hergestellt werden. Ist meistens aus Silizium gefertigt und eine runde Scheibe mit ca. 10 cm Durchmesser.

Wahl bei aufgelegtem Hörer

Bezeichnung eines → *Leistungsmerkmals* von → *Komforttelefonen*.
Ohne den Hörer abgehoben zu haben, kann eine Rufnummer angewählt werden, z.B.

- durch Verwendung einer Funktionstaste (→ *Kurzwahl*).
- durch Verwendung eines Lautsprechers und eines Displays zur Anzeige der ausgesendeten Rufnummer und zur Signalisierung des Verbindungszustandes (Wählton, Freiton, Melden des Angerufenen).

Üblicherweise wird durch erneutes Drücken einer → *Funktionstaste* der eingeleitete Verbindungsaufbau bzw. die Verbindung abgebrochen
Das Abheben des Hörers neutralisiert den gesamten Vorgang und leitet das Gespräch ein.

Wahlkorrektur

Bezeichnung eines → *Leistungsmerkmals* von Telefonen mit Tastenwahl. Dabei kann während des Wählens einer Teilnehmernummer diese Ziffer für Ziffer korrigiert werden. Realisierung durch → *Blockwahl*.

Wahlvorbereitung

→ *Leistungsmerkmal* eines → *Komforttelefons*. Dabei kann eine gewünschte Rufnummer zunächst eingegeben werden, ohne daß eine Verbindung hergestellt wird. Dieses Leistungsmerkmal kann als Notizbuchfunktion genutzt werden, wenn während einer bestehenden Verbindung eine Rufnummer notiert und anschließend angerufen werden soll. Die Rufnummer wird in einem Display angezeigt, kann daraus u.U. direkt gespeichert oder korrigiert werden.

Wahlwiederholung

→ *Leistungsmerkmal* entsprechend ausgestatteter Endgeräte (Telefone, Faxgeräte etc.), die die zuletzt gewählte Nummer (eine oder eine bestimmte Anzahl) speichern und deren nochmalige Wahl ohne erneute Eingabe erlauben.
Eine Variante ist die → *erweiterte Wahlwiederholung*, bei der mehrere Nummern gespeichert werden, (auch History-Funktion genannt).
Darüber hinaus gestatten es einige Geräte, selbständig im Besetztfall die Nummern in zeitlich wachsenden Abständen anzurufen bis eine Verbindung hergestellt wird.
→ *Rufnummerngeber*.

WAIS

Abk. für Wide Area Information System.
Bezeichnung eines 1991 aus einem Projekt der Firmen Dow Jones Information Service, Thinking Machines und Apple entstandenen Informations-Suchsystems im → *Internet*. Wais sucht anhand

von Stichworten in Archiven und Datenbanken, die ihm explizit angegeben werden. Es liefert die Adresse für die gesuchten Informationen (und nicht etwa die Information selbst, wie bei → *WWW*) zurück.

Waitstate

Bezeichnung für Wartezyklen eines Prozessors, die dieser machen muß, um sich an einen langsameren Prozessor, langsameren Speicher oder sonstige langsamere Peripheriebausteine anzupassen.

WAL

Abk. für Wohnungsanschlußleitung.
Bezeichnet die Verbindungsleitung innerhalb eines Hauses von der → *WAD* über den → *HVV* zum → *HÜP* des → *Breitbandkabelverteilnetzes.*

Walsh-Function

→ *CDMA.*

WAN

Abk. für Wide Area Network.
Ein privates oder öffentliches Netz (Weitverkehrsnetz) mit einer Ausdehnung von mehr als 10 km. Es verbindet häufig mehrere → *LANs* als → *Backbone* miteinander.
→ *MAN.*

Wander

Im engeren Sinne Phasenschwankungen mit Frequenzen von unter 0,01 Hz. Oberhalb dieser Frequenz spricht man von → *Jitter.*
Im weiteren Sinne ist Wander jede länger andauernde Störung eines digitalen Signals, die sich in einer zeitlichen Verschiebung charakteristischer Merkmale des Signals um die Idealposition zeigen.
Der Begriff ist von der → *ITU* in G.701 definiert.

WAP

Abk. für Wide Area Paging.
Bezeichnung für → *Paging* mit globaler Versorgung, wie es jetzt durch → *Inmarsat* und in Zukunft durch neue Satellitenmobilfunksysteme ermöglicht werden soll.

WARC

Abk. für World Administrative Radio Conference.
In Deutschland auch Weltfunkkonferenz genannt.
Eine von der → *ITU* einberufene, internationale Konferenz zur Festlegung von Sende- und Empfangsfrequenzen. Letzte große Änderung des gesamten Frequenzspektrums von 9 kHz bis 275 GHz war 1979.
Erste „richtige" WARC 1967, nach Vorläufern ('Int. Radio Conferences') seit 1906. Durch die rasche Einführung von Funkgeräten, insbesondere auf Schiffen, wurde eine systematische Einteilung der Frequenzen nötig, um Interferenzen zu verhindern. Auf der 2. Konferenz 1912 wurde das Spektrum bis 3 MHz zugeteilt. Das regulierte Frequenzspektrum nahm im Lauf der Zeit zu:

1927:	bis 30 MHz
1932:	bis 60 MHz
1938:	bis 200 MHz
1947:	bis 10,5 GHz
1959:	bis 40 GHz
1979:	bis 275 GHz

Letzte WARC waren 1992 in Torremolinos, Spanien, und dann im November 1995.
Jede WARC erhält einen thematischen Schwerpunkt, der häufig im Namen anklingt: WARC-MOB 87 beschäftigte sich mit den Frequenzen für Satellitenmobilfunk. WARC 88 beschäftigte sich mit den Sendefrequenzen für geostationären Satellitenfunk.

Ward-Christiansen-Protokoll

→ *X-Modem.*

Wartesystem

Begriff aus der Warteschlangentheorie. Ein Vermittlungssystem, welches ankommenden Verkehr im Falle der Blockierung der gewünschten weiterführenden Verbindung nicht zum Verlustverkehr macht (ihn abweist), sondern ihn in eine Warteschlange einreiht und ihn nach endlicher Zeit bedient. Bei der Klassifizierung von Vermittlungssystemen wird häufig zwischen Warte- und Verlustsystemen unterschieden, obwohl, streng genommen, nur Verlustsysteme existieren. Unendlich lange Warteschlangen existieren nicht und mit einer kleinen, dennoch aber endlichen Wahrscheinlichkeit kann eine Warteschlange auch voll sein. Der dann ankommende Belegungswunsch wird letztlich natürlich abgewiesen und so zum Verlustverkehr.

Watchdog

Begriff aus der Szene der → *Hacker.* Bezeichnet kleine und vom Betreiber eines → *Routers* unbemerkt von dritten Parteien in diesen eingeschleuste Programme, die die durch ihn hindurchgehenden Daten nach bestimmten Merkmalen absuchen und ggfs. diverse unerwünschte Aktionen (Datenmanipulation) durchführen.

Watchzone

→ *EISA.*

WATTC

Abk. für World Administrative Telegraph and Telephone Conference.

Wave Length Division Multiplexing

→ *WDM.*

Wavelan

Bezeichnet ein Produkt des Hauses NCR für ein drahtloses → *LAN* (→ *Wireless LAN*). Es wird auf den Frequenzen zwischen 902 und 928 MHz eingesetzt und nutzt CSMA/CS für Übertragungen mit 2 Mbit/s über 250 m. Im Rechner selbst kommt ein 16 Bit breiter → *ISA*- oder ein 32 Bit breiter → *MCA*-Bus zum Einsatz.

Wavelet-Codierung

Neues Codierverfahren, von dem man sich Fortschritte in der Datenreduktion für Bild- und Bewegtbilddaten erhofft. Anstelle der Fast Fourier Transformation (FFT) wird ein Wavelet-Transformation genanntes Verfahren genutzt.

Grundidee ist, wie bei der Fouriertransformation, die Zerlegung komplexer Verläufe von Signalen in verschiedene Grundformen einfach zu handhabender Signale. Das ursprüngliche, komplexe Signal ergibt sich aus der Überlagerung der einfachen Grundsignale. Während bei der Fourieranalyse ein Signal in unendlich lange, periodische Sinusschwingungen zerlegt wird, werden bei der Wavelet-Codierung die komplexen Signale in zeitlich eng begrenzte und nur sehr wenige Schwingungen umfassende Signalelemente zerlegt, die mit Wavelets bezeichnet werden.

Es gibt verschiedene Mengen von grundlegenden Wavelets. Derartige Mengen sind Gegenstand weltweiter Forschungsaktivitäten und werden gezielt für bestimmte, zu codierende Signalformen entwickelt. Mit einer passend definierten Menge von aufeinander abgestimmten Wavelets ist es möglich, beliebige Signalformen zu rekonstruieren.

Ein beliebiges Signal wird dann in eine Menge von Wavelets zu bestimmten Zeitpunkten und mit bestimmten Wavelet-Koeffizienten zerlegt. Die Wavelet-Koeffizienten geben ähnlich der Fourier-Koeffizienten an, wie stark ein Wavelet an dieser Stelle zum ursprünglichen Signal beiträgt.

Neben Wavelets kommen auch Wavelet-Pakete zum Einsatz. Dabei handelt es sich um zeitlich begrenzte Schwingungen mit Sinuscharakter, die jedoch häufiger als die Wavelets, aber ungeordneter als Sinus- oder Cosinuspakete, schwingen.

Wavelets eignen sich insbesondere für die Analyse sehr unstetiger Signale, z.B. von Standbild- oder Bewegtbildsignalen, bei denen in einer Bildzeile starke Kontraste auftauchen können. Andere Anwendungsfelder ergeben sich bei der Filterung verrauschter Signale und bei der Berechnung von großen Matrizen.

Die Wavelet-Analyse wurde in den späten 80er Jahren entwickelt und verließ das Experimentierstadium um 1996 mit dem Einzug in diverse PC-gestützte Analysetools.

→ *http://www.amara.com/current/wavelet.html/*

→ *http://www.math.sc.edu/~wavelet/*

Waves

Begriff aus der digitalen Tontechnik. Dateien mit der Endung WAV beinhalten Abtastwerte eines beliebigen Geräusches, Tons oder Musikstücks, zusammengesetzt im Gegensatz zu → *Wavetables* u.U. auch aus mehreren Instrumenten.

Eine Kenngröße ist die Abtastrate, die sich je nach Anwendung zwischen zwei Extremwerten bewegt:

- 11 kHz für dumpfe Radioqualität,
- 44 kHz für CD-Qualität.

Andere Kenngrößen und ebenfalls von der Anwendung abhängig ist die Bitanzahl der einzelnen Abtastwerte (Datenbreite):

- 4 Bit für Nur-Sprache,
- 8 Bit für PC-Anwendungen,
- 2 * 16 Bit für Stereo-CD-Qualität.

Sehr verbreitet (z.B. bei → *CD-ROMS*) ist eine Abtastrate von 22 kHz mit 8 Bit Datenbreite.

Eine Variation der beiden Kenngrößen verändert entscheidend bei gegebener Länge, z.B. eines Musikstückes, seinen Speicherbedarf.

Wavetables

Begriff aus der digitalen Tontechnik. Bezeichnung für eine Datei, die eine digitale Aufnahme eines einzelnen Instrumentes (einen Ton oder einige wenige Töne) enthält. Auf Basis dieser Daten ist es mit entsprechender Software (→ *MIDI*) möglich, komplette digitale Arrangements zu erzeugen. Wavetables sind nicht mit → *Waves* zu verwechseln!

WBEM

Abk. für Web based Enterprise Management.

Bezeichnung für einen Ansatz zum → *Netzmanagement*, bei dem Netze (z.B. → *LAN*s und → *MAN*s) über → *Browser* und mit Unterstützung von Protokollen wie → *HMMP*, → *HMON* und → *HMMS* verwaltet werden. Angekündigt wurde eine Unterstützung anderer Standards wie → *DMI* und → *SNMP*. WBEM wurde von Cisco, Compaq, Intel, Microsoft und BMC-Software ins Leben gerufen und erfährt mittlerweile Unterstützung von rund 70 weiteren Unternehmen der Hard- und Softwarebranche. Zu den Vorteilen dieses Ansatzes zählen:

- Direkter und einfacher Zugang zu Daten des Netzmanagements,
- Verteiltes Netzmanagement wird unterstützt,
- Alarmmeldungen können gefiltert werden.

Zu den Nachteilen zählen:

- Sicherheit muß adressiert werden,
- Duplexkommunikation erfordert zusätzliche Maßnahmen bei den Endgeräten.

Mit ersten Produkten wird für Ende 1997 gerechnet.

WDM

Abk. für Wave Length Division Multiplexing.

Deutsche Bezeichnung: Wellenlängen-Multiplexing. Auch als Optical Frequency Division Multiplexing (OFDM) bezeichnet. Eine Möglichkeit, neue logische Kanäle bei Glasfasern einzuführen (→ *OSDM*, → *OTDM*).

WDM ist eine seit den frühen 80er Jahren in der Erforschung befindliche Multiplextechnik, die zu höherer Bandbreiteneffizienz führen soll und deren kommerzielle, großflächige Nutzung erst in einigen Jahren möglich sein wird.

Grundgedanke ist, daß verschiedene Kanäle innerhalb einer Glasfaser gleichzeitig durch die Übertragung optischer Signale mit verschiedenen Wellenlängen realisiert werden. Auf einem Faserpaar sollen mit vier Wellenlängen bis zu 10 Gbit/s übertragen werden können.

Genau wie man über einen Kupferdraht verschiedene Verbindungen mit verschiedenen Frequenzen realisiert, ist bei der optischen Übertragungstechnik eine bessere Ausnutzung der Kapazität durch die Nutzung von Lasern verschiedener Wellenlängen möglich.

Bei WDM-Systemen mit vier Kanälen zu je 2,5 Gbit/s ist die → *Dispersion* geringer (Faktor 16) als bei einer Glasfaser mit einer Wellenlänge und einer Kapazität von 10 Gbit/s.

Erste Systeme, die zwei oder vier unterschiedliche Wellenlängen zum Übertragen von je 2,5 Gbit/s nutzen, sind bereits kommerziell auf dem Markt.

Voraussetzungen: steilflankige, bandbegrenzte optische Filter und stabile Laser.

Allgemein unterscheidet man normales WDM bei einem Abstand der genutzten Wellenlängen von mehreren nm (z.B. 3 nm bei einigen Produkten im dritten optischen Fenster mit 1 545, 1 548, 1 551 und 1 554 nm) und Dense WDM mit einem Abstand von nur 1 nm.

Web

Kurzform für The World Wide Web, kurz: → *WWW*.

Web PC

→ *NC*.

Web-Site

→ *WWW*.

Wechselbetrieb

Vom → *DIN* geprägter deutscher Begriff für → *Halbduplexbetrieb*.

Wechselsprechen

→ *Halbduplex*.

Wecker

Bezeichnung für die mechanische Klingel mit Glocke und einem elektromagnetisch betriebenen Klöppel in alten Telefonen zum Aussenden des → *Ruftons*.

WEEB

Abk. für Western European → *EDIFACT* Board.

Weitbandübertragung

Seltener benutzter Begriff für Übertragungsraten im Bereich von 2 Mbit/s bis 45 Mbit/s. So definiert von der → *ITU* in I.113.

Im allgemeinen Sprachgebrauch also auch eine Breitbandübertragung (da über 2 Mbit/s).

Weitverkehrsnetz

→ *WAN*.

Weitverkehrsvermittlungsstelle

Bezeichnung für die 23 voll vermaschten Vermittlungsstellen in der seit 1995 höchsten Fernnetzebene der Deutschen Telekom.

Vorher handelte es sich um → *Zentralvermittlungen*.

Wellenlängenmultiplex

Deutsche Bezeichnung für → *WDM*.

Wellenwiderstand

Bezeichnung für eine Kenngröße elektrischer Leiter. Abgekürzt mit Z. Bezeichnet das Verhältnis von Spannung zur Stromstärke einer elektrischen Welle längs einer homogenen Doppelleitung. Auch definiert über den Eingangswiderstand einer unendlich langen Leitung bzw. der Widerstand, mit dem eine endlich lange Leitung abgeschlossen werden muß.

Physikalisch gesehen ist der Wellenwiderstand vom Dielektrikum bzw. dessen relativer Permittivität und den Abmessungen des Kabels abhängig.

Werden Kabel mit unterschiedlichen Wellenwiderständen verbunden, ergibt sich der Reflexionsfaktor r an der Verbindungsstelle aus dem Quotienten aus von Differenz Z2-Z1 und Summe Z1+Z2 der einzelnen Wellenwiderstände.

Der Wellenwiderstand spielt eine um so größere Rolle, je höher die Betriebsfrequenz der Leitung ist. Bei sehr hohen Frequenzen nähert sich der Wellenwiderstand einem konstanten Wert, der z.B. bei Kupferkabeln um 150 Ohm und bei Freileitungen um 600 Ohm liegt.

WEP

Abk. für Wired Equivalent Privacy Algorithm.

Bezeichnung eines Verschlüsselungsalgorithmus, der Bestandteil von → *IEEE 802.11* ist.

Die Daten werden dabei durch einen Zufallszahlencode, genannt → *RC4*, verschlüsselt.

WER

Abk. für Word Error Rate, Wortfehlerrate.

Western-Stecker

Bezeichnung für einen weltweit in der Telekommunikation und bei sonstigen Computerterminals verbreiteten vierpoligen Stecker für Kabel, der erst seit 1991 auch von der Deutschen Telekom in Deutschland verwendet wird.
Seinen Ursprung hat der Stecker in den USA. Genormt durch die → *ISO* als vierpolige Version unter ISO 8877. Auch → *RJ11* (vierpolig) und → *RJ45* (achtpolig) genannt.

WfMC

Abk. für Workflow Management Coalition.
Bezeichnung eines internationalen Zusammenschlusses von Hard- und Softwareunternehmen, Beratungshäusern sowie einigen Endanwendern von → *Workflow Management Systemen.*

WG

Abk. für Working Group.
Bezeichnung aus dem Bereich der Standardisierungsgremien.

Whirlwind

Bezeichnung des ersten digitalen Hochleistungsrechners von Anfang der 50er Jahre, der oft als Prototyp diente für Innovationen, die später in Computern zum Standard wurden. Prinzipiell handelte es sich bei ihm um einen ersten → *Supercomputer.*
Er bestand aus 5 000 Röhren und 11 000 Germanium-Dioden. Speichermedium war eine Kathodenstrahl-Speicherröhre. Später wurde er auch, als erster Rechner überhaupt, mit → *Magnetkernspeicher* ausgerüstet.
Der Einsatzzweck war lange nicht festgelegt und wechselte in Abhängigkeit des aktuellen Geldgebers. Whirlwind wurde letztlich ab 1958 zur Luftraumüberwachung eingesetzt.
Die Wurzeln des Projektes reichen bis in die 40er Jahre zurück. Am Lincoln Laboratory des MIT wurde 1951 nach jahrelanger Arbeit, seit 1944 unter Führung von Jay W. Forrester und unter maßgeblicher Beteiligung von Robert Rivers Everett, 'Whirlwind' als Prototyp der Öffentlichkeit vorgestellt. Er war zunächst als Analogrechner geplant, seit 1945 dann aber, nach Erkennen der Überlegenheit des Konzepts, als Digitalrechner ins Auge gefaßt worden. Eine solide Konzeption zu seinem Bau existierte ab 1947.
Ab 1950 war er betriebsbereit. Bis 1955 war er der schnellste Computer der Welt. Er konnte zwei fünfstellige Zahlen in 6 hunderttausendstel Sekunden multiplizieren.
Der Whirlwind steht heute im Museum des Hauses DEC im Marlboro Tower in Marlboro/Ma.

White Book

1. Bezeichnung für den in einem weißen Buch veröffentlichten → *MPEG-1*-Standard und die Video-CD.
2. Bezeichnung aller Empfehlungen der → *CCITT* und → *ITU-T*-Konferenz von 1968 (FDM-Systeme kleiner und mittlerer Kapazität) resp. 1992 (→ *B-ISDN*), die in einem Buch mit weißem Umschlag veröffentlicht wurden.

White Paper

Allgemeine Bezeichnung für einige wenige Blätter, die einen Überblick über einen technischen Standard verschaffen und Schlüsselwerte und wichtige Anwendungen zusammenfassen. Dieser braucht nicht offiziell standardisiert zu sein, es kann sich auch um einen Firmenstandard handeln.

Wide SCSI

→ *SCSI.*

Wildcard

Ein Symbol zur Darstellung mehrerer Möglichkeiten unbekannter, aber tatsächlich geforderter Angaben oder Parameter in → *Adressen,* → *Kommandos* oder Dateinamen. Üblicherweise der Stern * (Asteriks).

WiN

Abk. für Wissenschaftsnetz.
Ein seit Juni 1990 in Deutschland bestehendes Netz mit rund 450 Anschlüssen, das exklusiv Wissenschaft und Forschung zur Verfügung gestellt wird. Wird von der Deutschen Telekom im Auftrag des → *DFN* betrieben. Basierte zunächst auf → *X.25*-Technik, so daß Netzübergänge zum → *Datex-P*-Netz existieren. Zusätzlich existieren Netzübergänge zu anderen internationalen Forschungsnetzen.
Es werden Anschlüsse von 9,6 kbit/s bis 1,92 Mbit/s zur Verfügung gestellt. Der Ausbau auf 34 bzw. 155 Mbit/s und damit → *ATM* zum B-WIN erfolgte 1996.

WINC

Abk. für Worldwide Military Command and Control System.
Bezeichnung für das oberste und geheimste Datennetz des amerikanischen Verteidigungsministeriums. Basiert auf → *X.25*-Technik.

Winchesterplatte

→ *Festplatte.*

Windows (MS Windows)

Bezeichnung einer auf dem → *Betriebssystem* → *DOS* aufbauender grafischen Benutzeroberfläche aus dem Hause Microsoft. Es entwickelte sich wie folgend beschrieben:

1985

Mit der Version 1.03 bricht im November das Windows-Zeitalter für PC-Nutzer dank Microsoft an. Bis zur Version 3.0 halten viele diese Benutzeroberfläche für einen Witz: sie ist häßlich und langsam. Es wollte sich kein Erfolg einstellen.

1987

Windows 2.0 erscheint.

1990

Windows war komplett neu erstellt worden und wird als Version 3.0 im Mai vorgestellt. Es durchbricht erstmals unter MS-DOS die 640-KByte-Speicherbarriere und setzt neue Maßstäbe bei Benutzeroberflächen im PC-Bereich. Endlich stellt sich ein großer Erfolg ein und binnen weniger Jahre existiert kein PC mehr ohne Windows.

1991

Zusammen mit fallenden Chippreisen infolge von Konkurrenzprozessoren zu der Intel-Chiplinie sorgt Windows 3.0 dafür, daß die Nachfrage nach PCs erheblich steigt.

1992

Windows 3.1 mit → *OLE*, TrueType Fonts und Drag-and-Drop-Operations kommt auf den Markt.

1995

Windows 95 kommt auf den Markt, wogegen sich Windows 3.11 noch bis Anfang 1997 gut behaupten kann.

1996

Mit Windows CE erfolgt nach Pen-Windows und Winpad der dritte Anlauf des Hauses Microsoft, sich den Markt für Betriebssysteme für kleine und mobile Computer (→ *PDA*s) zu sichern.

Windows NT

Abk. für Windows New Technology.

Bezeichnung eines → *Betriebssystems* (32 Bit) mit grafischer Oberfläche für Netzwerke von → *PC*s aus dem Hause Microsoft. Auch als Einzelplatz-Betriebssystem ohne Netzwerkunterstützung geeignet. Benötigt mindestens 16 MByte → *RAM*. Ist → *Multitasking*-fähig und unterstützt DOS sowie (unter bestimmten Bedingungen) → *POSIX*-Programme.

Windows NT läuft auf folgenden Plattformen:

- PC mit Intel-Prozessoren (Pentium),
- → *PowerPC*,
- Mips von HP,
- Alpha von Digital.

Seine Entwicklung nahm folgenden Verlauf:

1993

Gegen Jahresende brachte Microsoft mit Windows NT nach langen Verzögerungen und Umwidmung vom Betriebssystem für PCs zum Server-Netzwerk-Betriebssystem sein erstes portierbares 32-Bit-Betriebssystem auf den Markt.

1994

Microsoft bringt gegen Jahresende Windows NT 3.5 und startet die Entwicklung des Nachfolgesystems unter dem Codenamen Cairo.

1996

Windows NT 4.0 kommt im Herbst mit dem → *Look & Feel* des Windows 95 auf den Markt.

Windows 95

Bezeichnung eines Betriebssystems (32 Bit) mit grafischer Benutzeroberfläche für → *PCs* aus dem Hause Microsoft.

Läuft ab dem Prozessor Intel 80386 mit 4 MByte RAM an aufwärts. Empfohlen werden mindestens 80486 mit 8 oder, noch besser, 16 MByte RAM.

Ursprünglich sollte Windows 95, entwickelt unter dem Codenamen Chicago, gegen Ende 1994 auf den Markt kommen, doch dieser Termin wurde gegen Jahresmitte 1994 auf die erste Jahreshälfte 1995 verschoben, wodurch das System seinen endgültigen Namen erhielt.

Die Markteinführung für Windows 95 wurde dann im Frühjahr 1995 vom April in den August verschoben. Kurz vor August gab es noch Klagen gegen die Verbindung von Betriebssystem und Online-Dienst-Zugang, die mit einer Trennung von beidem durch Microsoft umgangen wurden.

Am 24. August startete, nach dem größten Beta-Test aller Zeiten (400 000 Tester) unter den Klängen des Rolling-Stones-Songs ‘Start me Up’, der Verkauf in den USA, am 5. September in Deutschland.

Die Entwicklung von Windows 95 hatte angeblich 400 Mio. $ gekostet, wovon alleine 150 Mio. in eine globale Marketing-Kampagne gesteckt wurden. 700 Entwickler hatten drei Jahre daran gearbeitet. Der Verkauf blieb zunächst hinter den Mega-Erwartungen zurück, wurde dennoch aber als ‘zufriedenstellend’ bezeichnet.

Nach Schätzungen hat Microsoft 19 Mio. Exemplare alleine im Jahr 1995 verkauft.

Ab Ende 1995 erfolgte die Weiterentwicklung zu Windows 96 unter dem Codenamen Nashville, später ab 1996 auch Memphis. Schnell wurde jedoch klar, daß es kein völlig neues Windows 96 oder 97 geben wird, sondern ein Add-On, das insbesondere die Internet-Integration ermöglicht. Prinzipiell läuft es darauf hinaus, das Bedienungsprinzip eines → *Browsers* als Nutzeroberfläche mit der Bezeichnung Active-Desktop für die Betriebssystemfunktionalität einzusetzen und gleichzeitig auch die Möglichkeit des Internet-Zugangs nahtlos zu integrieren.

Wireless Ethernet

Andere Bezeichnung eines Standards für → *Wireless LAN*s der Standardisierungsgruppe → *IEEE 802.11*.

Wireless LAN

Auch kabel-/drahtloses Netz/LAN, Funk-LAN oder WLAN genannt. Bezeichnung für drahtlose → *LANs* mit Funkübertragung zwischen einer drahtgebundenen Netzinfrastruktur und portablen Rechnern mit → *lokaler Mobilität*.

WLANs sind nur selten ein Ersatz für kabelgestützte LANs, sondern werden eher als deren Ergänzung in bestimmten Arbeitsumgebungen eingesetzt.

Einfachste Form eines WLAN ist das Basic Service Area (BSA) in dem die anzuschließenden mobilen Einheiten selbst über Sender und Empfänger verfügen und untereinander Daten ohne jede weitere Infrastruktur austauschen. Derartige Systeme werden auch Ad-hoc-LAN genannt.

Das BSA kann erweitert werden, indem ein Access-Point (AP) alleine als Verstärker wirkt, Daten empfängt und verstärkt in Bereiche außerhalb der Reichweite des Senders weitersendet.

Die dritte und am weitesten verbreitete Konfiguration ergibt sich aus verschiedenen APs, die über ein drahtgestütztes LAN miteinander verbunden sind und bei denen der Datentransport von einem mobilen Sender zum mobilen Empfänger über eine Funkstrecke zum AP, dann über das LAN zu einem anderen AP und von dort über eine zweite Funkstrecke zum Empfänger erfolgt. Derartige Systeme werden Extended Service Area (ESA) genannt.

Die einzelnen, von den APs abgedeckten Bereiche (Durchmesser 50 bis 200 m innen und bis zu 600 m außen) sind Zellen, die im Vergleich zum → *Mobilfunk* derart klein sind, daß sie → *Mikrozellen* genannt werden.

Weltweit existieren verschiedene Standards für WLANs, z.B. in Europa → *HiperLAN* und auch → *DECT* sowie in Japan und den USA → *IEEE 802.11*. In der Forschung befinden sich darüber hinaus Systeme, die auf ATM basieren (Wireless ATM, WATM).

Allgemein wird für funkgestützte WLANs der Frequenzbereich um die 2,4 GHz (2,4 bis 2,4835 GHz in Nordamerika, → *ISM*, 2,4 bis 2,5 GHz in Europa) genutzt. Es gibt aber auch Systeme, die mit IR arbeiten (→ *Irda*).

Die Kosten für eine an ein WLAN angeschlossene Station sind gegenwärtig ca. fünfmal höher als bei drahtgebundenen LANs. Dieser Faktor variiert jedoch in Abhängigkeit vom verwendeten Standard und Hersteller.

Die Datenübertragungsraten liegen bei 1 bis 3 Mbit/s.

Gründe für das Einsetzen von WLANs sind:

- Einrichtung von LANs nur für kurze Zeit (Messen, Konferenzen, Seminare, kurze personelle Überlast, temporäres LAN vor einem bereits feststehenden Umzug).
- Einrichten von LANs innerhalb sehr kurzer Zeit (nach einem plötzlichen Umzug, nach dem Totalverlust des drahtgestützten LANs infolge eines Brandschadens).
- Bauliche Hindernisse für eine kabelgestützte

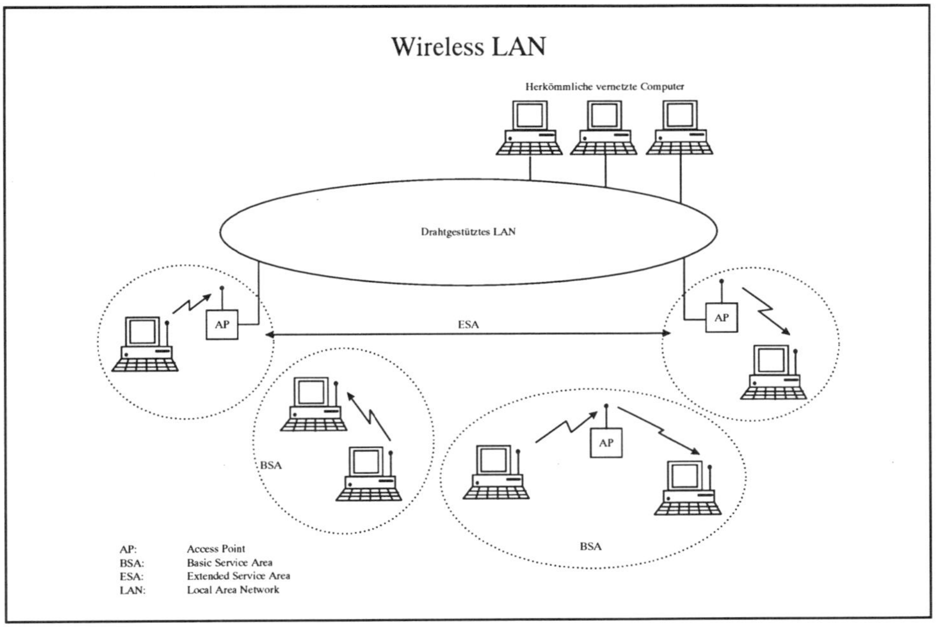

Lösung (volle Kabelkanäle, Denkmalschutz, Unmöglichkeit baulicher Veränderungen aus anderen Gründen).

- Notwendigkeit für mobile oder transportable Arbeitsplätze bzw. mobile Datenerfassungsgeräte (z.B. in der Lagerhaltung, bei Inventuren oder in Krankenhäusern).

Der heutige Einsatz von Wireless LANs wird durch drei Faktoren begünstigt:

- Höhere Datenraten als noch vor einigen Jahren.
- Weite Verbreitung von → *Laptops* und anderen mobilen Datenerfassungsgeräten.
- Existenz von Standards.

Erste WLANs kamen in der Mitte der 80er Jahre auf und verfolgten den Ansatz, ein vollwertiges drahtgebundenes LAN zu ersetzen. Sie galten als teuer und basierten auf proprietären Lösungen einzelner Hersteller.
Ab Anfang der 90er Jahre gab es erste WLANs mit Anschluß an die kabelgestützte Infrastruktur. Erst mit der weiten Verbreitung von Laptops ab Mitte der 90er Jahre nahm die Dynamik im Markt zu.
Mittlerweile ist die technisch realisierbare Datenrate gestiegen und Standards etablieren sich. Die Technologie gilt dennoch als neu und teuer, weswegen sich der Markt langsamer als zunächst erwartet entwickeln wird.

Wirtsrechner

Deutsche Bezeichnung für → *Host*.

Wissenschaftsrat

Bezeichnung für ein 1957 zur Beratung der Bundesregierung in wissenschafts- und forschungspolitischen Fragen gegründetes Gremium. Es besteht aus 24 Wissenschaftlern und acht weiteren Personen des öffentlichen Lebens, die vom Bundespräsidenten in dieses Gremium berufen werden.
Die Wissenschaftler werden auf Vorschlag diverser wissenschaftlicher Institute und die anderen Personen auf Vorschlag von Bundesregierung und allen Landesregierungen berufen.
Neben dem Wissenschaftsrat steht eine Verwaltungskommission, die aus sechs von der Bundesregierung bestimmten Personen und 16 von den Landesregierungen bestimmten Personen besteht.

WITL

Abk. für Wireless in the Loop.
Bezeichnet den Einsatz von Funkstrecken im Ortsbereich zur Überbrückung der Strecke von der Ortsvermittlung bis zum Terminal. Wird dort eingesetzt, wo schnell eine Infrastruktur geschaffen werden muß. Gilt nur als Zwischenlösung bis zur Verlegung einer drahtgestützten Infrastruktur. Mögliche Techniken: → *DECT*, → *CT2*, → *PHS* oder auch → *GSM* sowie spezielle Techniken des → *Richtfunk*. Daneben existieren allerlei proprietäre Standards verschiedener Hersteller.
→ *CDMA*.

Wizard

Von engl. für Hexenmeister oder Genie. Jargon für extrem kompetenten und erfahrenen Experten auf einem Gebiet der Hard- und/oder Softwaretechnik.

WLAN

Abk. für Wireless Local Area Network.
Bezeichnet drahtlose → *LAN*s, auch genannt → *Wireless* LAN.

WLL

Abk. für Wireless Local Loop.
→ *RLL*.

WMAC

Abk. für Wireless Media Access Control.
→ *IEEE 802.11*.

WMS

Abk. für → *Workflow Management System*.

WNK

Abk. für Weitverkehrs-Netzknoten.
Begriff für neue Vermittlungsknoten der Deutschen Telekom, der durch die Auflösung der bisherigen Hierarchie von Zentral- und Hauptvermittlungen entstand. Ziel ist ein Fernnetz mit nur noch zwei Ebenen. Digitale Technik und Zentralkanalzeichengabe ermöglicht den Wegfall einer kompletten Hierarchieebene. 71 Zentral- und Knotenvermittlungen werden durch 23 WNK ersetzt, unter denen 500 → *BNK* arbeiten.

Workaround

Jargon in der Software-Szene für temporäre Programmierlösungen, die eine bestimmte Funktionalität (diese oft auch nur begrenzt) zur Verfügung stellen oder einen Fehler temporär auf umständliche, unelegante oder ineffiziente Weise zu umgehen helfen, bis eine dauerhafte und effiziente Problemlösung gefunden ist.

Workflow Management System

Abgekürzt mit WMS. Bezeichnung für eine Form der Realisierung einer → *CSCW*. Im Gegensatz zur → *Groupware* eignen sich WMS für stark strukturierte und arbeitsteilige Prozesse, die häufig ablaufen und einen hohen Anteil an formaler Interaktion einzelner Personen innerhalb einer Organisation (Unternehmen) haben.
Ziel von Workflowsystemen ist ein Computerabbild von Geschäftsprozessen innerhalb eines Unternehmens mit dem Ziel, diese zu unterstützen, zu dokumentieren und dadurch effizienter weil schneller zu gestalten. Workflowsysteme sind pro-

zeßorientiert und lassen es zu, in einem Unternehmen Geschäftsprozesse und Abläufe am Computer zu definieren, zu erfassen, zu verfolgen und zu kontrollieren. Mehrere Personen an u.U. geographisch verteilten Standorten können mit einem WMS auf alle für sie notwendigen Informationen eines Vorganges im WMS zugreifen und darauf aufbauend ihre Aufgaben abarbeiten.
Grundidee ist eine Trennung von zwei Elementen:

- Administrative Tätigkeiten: Planung, Steuerung und Kontrolle von Prozessen,
- Operative Tätigkeiten: Eigentliche Aufgabendurchführung.

Workflowsysteme werden üblicherweise im Prozeß des → *Business Process Reengineering* geschaffen. Im Rahmen dieses Prozesses werden als Ergebnis in einem WMS bestimmte Workflows implementiert, so daß Mitarbeiter eines Unternehmens von Tätigkeiten der oben erwähnten ersten Klasse (Administration) entlastet werden und sich nur noch der zweiten Klasse (Aufgabendurchführung) widmen brauchen. Teile davon können jedoch auch komplett automatisiert und durch ein WMS wahrgenommen werden.
WMS können sich über einzelne Abteilungen, über ganze Unternehmen und auch über mehrere Unternehmen in einem Unternehmensverbund (z.B. Produzent und Zulieferer) erstrecken.
Beispiele für WMS sind die Bearbeitung von Kundenanfragen, Aufträgen, Urlaubs- und Krankenscheinverwaltung oder Reisekostenabrechnungen etc.
WMS befinden sich heute noch weit am Anfang ihrer allerdings sehr schnell fortschreitenden Entwicklung und ihrer Einsatzmöglichkeiten, da sie bislang nur für sehr stark strukturierte und sehr häufig zu durchlaufende Prozesse existieren.
Viele Aktivitäten zu WMS werden durch die → *WfMC* koordiniert.

Workstation

1. Auch mit WS abgekürzt. Keine einheitliche Definition existent. Etwa: 'sehr leistungsfähiger Arbeitsplatzrechner' mit grafikfähigem, großem (>= 17") und hochauflösendem Bildschirm. I.d.R. mit einem Window-System ausgerüstet. Selten im Stand-alone-Betrieb genutzt, meistens vernetzt.
   Heute fast überholte Merkregel aus den 80er Jahren: die sechs Ms
   - Der Bildschirm hat mehr als eine Million Pixel.
   - Der Speicher mehr als eine Million Byte.
   - Der Netzanschluß überträgt mehr als eine Million Byte je Sekunde.
   - Die Rechenleistung liegt über eine → *MFLOP*.
   - Das System ist multiuserfähig.
   - Der Preis liegt unter einer Million DM.

   Heute definiert sich der Begriff Workstation meistens über die Fähigkeit eines Computers, aufwendige Grafiken und Videos in Echtzeit verarbeiten zu können, was nicht nur hohe Prozessorleistung (über die PCs mittlerweile verfügen), sondern auch einen oder mehrere leistungsfähige interne Bussysteme und spezielle Grafikkarten mit eigenen Prozessoren voraussetzt.
   Der Begriff selbst kam Anfang der 80er Jahre auf, als Firmen wie Sun und Apollo diese neue Rechnerklasse entwarfen.
2. Oft ganz allgemein als Oberbegriff für Bildschirmarbeitsplätze aller Art, d.h. → *PC*s und → *Terminal*s, gebraucht. Bezeichnet damit ein Gerät zur Dateneingabe über eine Tastatur und Datenausgabe über einen Bildschirm, an dem eine Person arbeiten und den Computer nutzen kann.

World Wide Web

→ *WWW*.

WorldTel

Bezeichnung einer im Januar 1995 gegründeten Organisation der → *ITU*, die sich insbesondere der Förderung der Verbreitung der Telekommunikation weltweit mit Schwerpunkt in den Entwicklungsländern verschrieben hat.

WORM

Abk. für Write Once Read Many Times.

Bezeichnet die Eigenschaft von → *CD-ROM*s, beschrieben und danach gelesen zu werden.

Wort

1. In der Übertragungstechnik die Kombination von Signalen, die eine einzelne Information codiert. Der → *ASCII*-Code z.B. hat eine Wortbreite von 7 bzw. 8 Bit.
2. In der Rechnertechnik das kleinste adressierbare und über rechnerinterne Datenleitungen transportierbare Standarddatenformat eines Rechnertyps.

WPABX

Abk. für Wireless Private Automatic Branch Exchange.

Bezeichnet → *PABX* mit schnurlosen Telefonen (→ *CT2*, → *DECT*) zur Abdeckung von, z.B., größeren Betriebsgeländen.

WQAM

Abk. für Weighted Quadrature Amplitude Modulation.

WRC

Abk. für World Radio Conference.
Wurde bis 1992 → *WARC* genannt und hat deren Aufgaben übernommen. Tagt alle zwei Jahre.

WS

Abk. für → *Workstation.*

WSF

Abk. für Workstation Function.
Bezeichnet im → *TMN* die Schnittstelle zum Menschen, d.h. wie Informationen an Wartungs- und Betriebspersonal weitergegeben und von diesem empfangen wird.

WT

Abk. für Wechselstrom-Telegrafie.
Bezeichnung für das Frequenzmultiplexverfahren (→ *FDM*) im Telexnetz. Manchmal auch Mehrkanal-Datenübertragung mit Frequenzmultiplex (MDF) genannt.
Dabei werden 24 Telexkanäle mit einer Bandbreite von je 40 Hz in einem Fernsprechkanal (Bandbreite 300 Hz bis 3 400 Hz) geführt. Die Mittenfrequenzen liegen dabei jeweils 120 Hz. voneinander entfernt.

WTAC

Abk. für World Telecommunications Advisory Council.
Bezeichnung eines Gremiums, das dem Generalsekretariat der → *ITU* zur Seite gestellt ist.

WTDM

Abk. für Wavelength Time Division Multiplexing.
→ *WDM.*

WTSC

Abk. für World Telecommunication Standardization Conference.
Sie wird alle vier Jahre von der → *ITU* einberufen und legt Themen für die Standardisierung fest, die von der ITU-T ausgearbeitet werden.

Würmer

Bezeichnung für eine bestimmte Art von → *Viren.*
Zentrales Kennzeichen für Würmer ist ihre Verbreitung über → *LAN*s. Die im LAN befindlichen Rechner sind Träger einzelner Würmer, die über das LAN miteinander kommunizieren und auf dem Netz oder auf den einzelnen Rechnern eine hohe Last generieren können, die zum Absturz des kompletten Systems führen kann.
Ihren Namen erhielten sie, weil sie wie die Teile eines Wurmes einzeln lebensfähig sind, sie aber auch zusammenwirken können.
Erster Wurm im → *PARC* von Xerox, als bei einem Experiment in einem LAN mehrere Rechner gemeinsam ein Problem bearbeiten sollten. Eine spezielle Software übernahm dabei die Kontrolle indem sie ermittelte, welche Rechner gerade aktiv waren und welche nicht. In diesem Fall kopierte sich die Kontrollsoftware selbst auf diesen Rechner, um von dort aus zu kontrollieren. Das Experiment dauerte über Nacht und führte dazu, daß irgendwann alle Rechner nur noch die Kontrollsoftware ausführten und alle anderen Rechner zu kontrollieren versuchten, was zu einem Zusammenbruch des LANs führte.

WUPE

Abk. für Wireless User Premises Equipment.
Bezeichnung für die Geräte eines → *WLL*-Systems, die ein Teilnehmer frei kaufen kann und die dauerhaft in seinen Besitz übergehen. Dies bedeutet auch, daß er sich um Installation, Wartung und Reparatur selber kümmern muß.
Beispiel ist ein schnurloses Telefon als Endgerät.

WWANS

Abk. für Wireless Wide Area Network.
Bezeichnung für funkbasierte → *WAN*s.

WWVB

Zeitsender mit Standort in Colorado/USA. Sendet mit 60 kHz.
→ *DCF77*, → *HBG*, → *JG2AS*, → *M8F.*

WWW

Abk. für World Wide Web, auch nur das Web, 3W oder Triple W genannt.
Bezeichnung für eine leicht zu bedienende Anwendung im → *Internet*, der mittels → *Hyperlinks* den einfachen Zugriff auf u.U. multimediale Informationen entfernter Datenbanken (WWW-Server) ermöglicht, ohne an eine bestimmte genormte Dateistruktur gebunden zu sein. Betrachtet und genutzt (ausdrucken, kopieren) werden die entsprechenden Daten mittels eines → *Browsers* (lokale Front-End-Software), der ggfs. um → *Plug-Ins* ergänzt ist. Es basiert auf dem Client-Server-Prinzip.
Die Dokumente können Text, Audiosequenzen, Stand- und Bewegtbilder enthalten. Damit ist das WWW prinzipiell das erste echte multimediale Informationssystem (→ *Multimedia*).
Weltweit gab es im Mai 1993 50, Ende 1994 etwa 12 000 und Ende 1995 30 000 WWW-Server.
Die statistische Auswertung der Serverzugriffe erfolgt über die Auswertung von → *Hits.*
Sinnvolle WWW-Nutzung erfordert mindestens ein 14,4-kbit/s-Modem. Einzelne Seiten auf den WWW-Servern werden über URLs (Universal Resource Lokator) angesprochen, die das Format von Internet-Adressen haben und üblicherweise mit dem Kürzel http: (Hypertext Transfer Protocol) anfangen. Das HTTP ist dabei ein spezielles Kommunikationsprotokoll, das mittlerweile für

verschiedene Rechner und Betriebssysteme sowohl kommerziell als auch frei verfügbar erhältlich ist. Für jede Übertragung von Daten wird durch HTTP eine eigene → *TCP*-Verbindung aufgebaut.

Andere Kürzel vor dem URL – wie gopher: oder ftp: – nutzen entsprechende Dienste des Internet.

Über eine Homepage, die ein einzelner Anbieter auf einem WWW-Server zur Verfügung stellt, gelangt man zu darunterliegenden Seiten des Anbieters mit seinen Informationen und über in ihnen enthaltene → *Hyperlinks* zu anderen Informationen, die u.U. auf einem ganz anderen Rechner auf der Welt liegen. Das gesamte hierarchische System aus Homepage und darunterliegenden Seiten inklusive aller Hyperlinks innerhalb dieser Seiten und der nach außen gehenden Hyperlinks wird als → *Site* (oder auch Web-Site) bezeichnet.

Zur Erstellung der Hypertext-Dokumente existieren spezielle Autorensysteme, die die Dokumente in einem speziellen Format aufbereiten, indem in den laufenden auf einer WWW-Seite sichtbaren Text später dort unsichtbare Steuerungsbefehle eingebunden werden. Dies ist die Hypertext Markup Language (→ *HTML*), die von → *SGML* abgeleitet worden ist. Aktuell ist seit 1996 Version 3.0

Ferner ist eine Variante SHTTP (Secure HTTP) im Gespräch, die eine sichere Datenübertragung auf Dokumentenebene mit drei Vertraulichkeitsstufen und Authentifizierung ermöglicht. SHTTP wurde von Enterprise Integrated Technologies Inc. entworfen und mittlerweile von der → *IETF* als Internetstandard anerkannt. Eine andere Möglichkeit, Verbindungen zu sichern ist → *SSL*.

Browserstandard war zunächst der von der NCSA (National Center for Supercomputing Applications) 1993 entwickelte Standard Mosaic, der zunächst in → *X/Windows* programmiert vorlag und später auf den PC portiert wurde. Nach dessen kostenloser Verbreitung über das WWW selbst nahm Ende 1993 die Entwicklung des WWW an Geschwindigkeit zu.

Daneben existiert der Explorer aus dem Hause Microsoft und der Navigator aus dem Hause Netscape, der im Herbst 1994 zunächst als 'Mozilla' (von Mosaic Killer) auf den Markt kam und von Marc Andreesen sowie anderen NCSA-Abtrünnigen und mit einer 5-Mio.-$-Unterstützung von Silicon Graphics-Gründer James Clark in der neugegründeten Mosaic Corp., die später in Netscape Communications Corporation umbenannt, entwikkelt wurde.

Der Netscape-Browser hat in den Folgejahren an Bedeutung massiv gewonnen und gilt heute neben dem Explorer als Standard.

Daneben existieren mittlerweile eine ganze Reihe weiterer Browser mit allerdings wesentlich geringerer Bedeutung. Aufgabe der → *Browser* ist das Laden der angeforderten Daten, das Darstellen derselben auf dem Bildschirm und die Schaffung des Zugangs durch eine leicht zu bedienende Benutzeroberfläche mit Mausbedienung.

Insbesondere die letzte Aufgabe sorgte für den Erfolg des WWW und des Internet in den letzten Jahren.

Entwickelt wurde das WWW ursprünglich 1990 in Genf auf eine Initiative von Physikern am Kernforschungszentrum CERN als weltweite, interaktive, verteilte Datenbank über Hochenergiephysik.

Die erste Version wurde vom britischen Spezialisten für Quantenphysik Tim Berners-Lee geschrieben, wobei multimediale Informationen zunächst keine Rolle spielten, sondern es um das Zugänglichmachen verschiedenformatiger Informationen aus verschiedenen und geographisch verteilten Quellen auf unterschiedlicher technischer Basis ging.

Die weltweite Verbreitung erfolgte ab 1994, als einfach zu bedienende Browser populär wurden und eine weitverbreitete Nutzung auch von Nicht-Technikern ermöglichten.

Der erste Browser wurde 1992 vom CERN entwickelt. Der erste Macintosh-Browser 1993, ebenfalls vom CERN. Erster kommerzieller Browser wurde dann von → *NSCA* entwickelt.

Die Nutzung des WWW stieg 1994 um 342 000 %. Monatliches Wachstum liegt bei 10 bis 30 %. 1995 wurde die Weiterentwicklung der → *Inria* übergeben.

Ab 1995 beeinflußt → *Java* die Entwicklung des WWW entscheidend.

→ *Gopher*.

WYSIWIS

Abk. für What You See Is What I See.

Von → *WYSIWYG* abgeleiteter Begriff, der bei Videokonferenz- und Joint-Editing-Systemen ausdrückt, daß beide Partner der Verbindung auf dem Bildschirm ihres Rechners (PC) jeweils genau das gleiche sehen, d.h. bearbeitet ein Teilnehmer der Videokonferenz, z.B. ein Dokument oder eine Zeichnung, macht sich diese Änderung auch gleich auf dem Bildschirm beim anderen Verbindungsteilnehmer bemerkbar.

WYSIWYG

Abk. für What You See Is What You Get.

Bezeichnung bei DTP, Textverarbeitungs- und Grafikprogrammen für die Tatsache, daß das, was man auf dem Bildschirm sieht, tatsächlich auch so aus dem Drucker kommt.

Der Begriff wurde zum ersten Mal in den 60er Jahren in einer US-Fernsehshow in einem Sketch benutzt, in dem eine heiratswillige Dame die Frage eines potentiellen Ehekandidaten, was er denn zu erwarten hätte, mit diesem Kürzel beantwortete.

Als erstes WYSIWYG-Programm gilt Bravo, das von Charles Simonyi im Jahr 1974 im Hause Rank Xerox geschrieben wurde.

X

X11

→ *X/Windows.*

X.20

Ein Standard der → *ITU.* Schnittstelle zwischen Datenendeinrichtung und Datenübertragungseinrichtung für die asynchrone digitale Datenübertragung über öffentliche Datennetze.

In Deutschland genormt vom → *DIN* als DIN 66244 im Teil 1.

X.21

Allgemeine Schnittstellendefinition der → *ITU,* die 1976 ausgereift und benutzbar war (in Arbeit seit ca. 1969; 1972 schon einmal von der CCITT-Vollversammlung angenommen). Verbesserung nochmal 1980. Betrifft die Schnittstelle zwischen Endgerät und Übertragungseinrichtung für synchrone Übertragung in einem öffentlichen digitalen Netz mit Leitungs- und Paketvermittlung sowie über Festverbindungen. X.21 betrifft die ISO-OSI Schicht 1, ist Teil von → *X.25* und definiert acht Verbindungsleitungen an der Schnittstelle. Die elektrischen Eigenschaften sind in X.27 definiert. Es bestehen viele Ähnlichkeiten zwischen X.21 und → *V.24.*

X.21 nutzt zeichenorientierte Verbindungssteuerung und nutzt dafür Elemente des → *SS#5* nach der Empfehlung V.2.

In Deutschland ist X.21 z.B. die Schnittstelle auf Ebene 1 zum → *Datex-P-* und → *Datex-L*-Netz der Deutschen Telekom.

X.21bis

Standard der → *ITU.* Eine Version von → *X.21,* mit der vorhandene synchrone Endeinrichtungen mit V-Schnittstellen für die Analogübertragung in digitalen Datennetzen verwendet werden können.

In Deutschland genormt von DIN als DIN 66021 im Teil 5.

X.25

Wichtige Schnittstellendefinition → *ITU* für die Schnittstelle zwischen der Endeinrichtung und einem digitalen paketvermittelnden Netz, d.h. der Standard sagt nichts darüber aus, wie das hinter dem Netzabschluß stehende Netz arbeitet, sondern nur etwas über die Form der Daten, die in dieses Netz gelangen. Dennoch wird einfach auch von ganzen X.25-Netzen gesprochen.

Die Netze bzw. die Geräte verschiedener Hersteller aus denen sie bestehen, sind nicht notwendigerweise alle zueinander kompatibel, da der Standard selbst sich auch weiterentwickelte.

Der korrespondierende Standard daher zur Verbindung mehrerer X.25-Netze ist → *X.75.* X.25 umfaßt die Schichten 1 bis 3 des → *OSI-Referenzmodells.* Standardübertragungsrate von 300 bit/s bis 64 kbit/s oder auch 2 Mbit/s, kann aber auch gesteigert werden bis auf 10 Mbit/s. In der Praxis kommen Anschlußraten von 9,6 kbit/s bis 64 kbit/s vor.

Bei z.B. 2-Mbit/s-Leitungen beträgt die Nettodatenrate zwischen 1,4 und 1,5 Mbit/s, je nach Leitungsqualität.

Auf Schicht 1 ist → *X.21* Teil von X.25.

Auf Schicht 2 ist das → *HDLC-* und → *LAP-B*-Protokoll definiert.

Auf Schicht 3 können bis zu 16 logische Kanalgruppennummern und 256 logische Kanalnummern vergeben werden, so daß insgesamt 4 096 logische Kanäle unterstützt werden. Ein Paket ist maximal 128 Byte lang.

Typische Anwendung: Reservierungssysteme von Fluggesellschaften etc., die über Zugänge nach X.25 und über ein paketvermittelndes Netz mit Reisebüros verbunden sind oder auch (moderne) Geldautomaten, obwohl bei diesen der Trend zu → *ISDN* geht.

X.25 entstand, historisch betrachtet, aus Überlegungen Ende der 60er Jahre (das Konzept der Paketvermittlung wurde 1967 erstmals in der Literatur erwähnt), über schlechte bis sehr schlechte analoge Leitungen digitale Daten in Form von Paketen zu übertragen, wobei den Endgeräten, die damals zumeist unintelligente Terminals mit nur sehr wenig eigener Prozessorleistung waren, möglichst viel Fehlerkorrektur abzunehmen war. Dies führte zu einem komplexen Protokoll mit hoher Datensicherheit, allerdings auch hohem Overhead.

Erste Empfehlungen im Oktober 1976, stabiler Standard ab 1980. Produkt der Deutschen Telekom ist → *Datex-P.* Technischer Fortschritt schlägt sich in → *Frame Relay,* einer speziellen Varianten von X.25, nieder.

Netze mit X.25-Schnittstellen gibt es in 86 Ländern weltweit.

X.25-Anschlüsse zu entsprechenden Netzen sind heute in der Wirtschaft sehr weit verbreitet und der klassische Anschluß für Datenverkehr Anwendungen sind z.B.:

- → *EDI,*
- Rechenzentrums-Backup,
- Anbindung von entfernten Terminals an Hosts (Geldautomaten),
- Datentransfer aller Art.

X.28

Standard der → *ITU* für die Kommunikation zwischen einer zeichenorientierten Datenendeinrichtung (Terminal) und → *PAD.*

X.29

Standard der → *ITU* für einen einfachen Paketassemblierer-Disassemblierer und dazugehöriges

Übertragungsprotokoll. Wird z.B. bei manchen → *Telekom-Online*-Systemen eingesetzt.

X.31

Standard der → *ITU*, der die Funktionsweise des → *PAD* beschreibt.

X.32

Standard der → *ITU* über das Protokoll zwischen einer paketorientierten Datenendeinrichtung, die über ein leitungsvermittelndes Netz auf ein Paketnetz, z.B. → *X.25*, zugreift. Oft wird auch von X.32 Dial-in oder Dial-out gesprochen.

X.75

Schnittstellendefinition der → *ITU* für die Schnittstelle zwischen einzelnen (nationalen) digitalen, paketvermittelnden Netzen oder für die Schnittstelle zwischen Netzknoten paketvermittelnder Netze. Betrifft die Signalisierung und basiert auf 64 kbit/s.

X.200

→ *OSI-Referenzmodell.*

X.400

Standard der → *ITU* und → *ISO* (dort ISO 10021) für → *e-mail* (auch Message Handling Service genannt, → *MHS*). Der Standard deckt die Schichten 5 bis 7 des → *OSI-Referenzmodells* ab.

Wegen seines großen Umfangs scherzhaft auch 'Standard der 400 Standards' genannt. Entscheidend sind X.401, 402, 408, 410, 411, 420 und 430. Wegen des großen Umfangs der Funktionalität gilt eine Implementierung als schwierig, aufwendig und teuer.

Definiert wird ein Verbindungsmodell für weltweite Netze zum Austausch von Nachrichten nach dem → *Store-and-Forward*-Prinzip. Es existieren im Standard viele Übergänge zu anderen Netzen wie z.B. zu → *Telex*, → *Fax*, zum → *Internet* oder zu anderen kommerziellen → *Online*-Services. Welche Gateways realisiert sind, hängt vom jeweiligen Service Provider ab.

User Agents (UA) erzeugen die e-mails in bestimmten Formen. Message Transfer Agents (MTA) transportieren die Nachrichten über andere MTAs zum MTA des Empfängers. Jedem MTA zugeordnet ist ein Message Storage (MS), in dem die Nachrichten temporär abgelegt werden. Vom MS des MTAs beim Empfänger werden die empfangenen Nachrichten abgerufen. Der Empfänger kann im MS seines MTAs die Nachrichten verwalten (speichern, weitersenden, ordnen etc.). Alle MTAs zusammen bilden das Message Transfer System (MTS). Gateways zu anderen Transportsystemen werden in X.400-Systemen als Access Units (AU) bezeichnet. Bei den Domains wird zwischen Administration Management Domains (ADMD) und Private Management Domains (PRMD) unterschieden. ADMD existieren jeweils eine pro Land, die in der Regel vom ehemaligen nationalen Carrier betrieben wird, in Deutschland z.B. von der Deutschen Telekom. Darunter befinden sich die PRMD von kommerziellen X.400-Dienstanbietern. X.400 hat mehrere Sicherheitsmerkmale, wie z.B. eine paßwortgeschützte Mailbox mit Verbindungsabbruch bei falschem Paßwort oder die garantierte Übertragung von Nachrichten innerhalb des X.400-Systems.

Zugangsnetze können → *ISDN*, analoge Zugänge über → *Modems* oder → *X.25* sein. Zukünftig werden auch Zugänge über Mobilfunknetze (→ *GFSM*, → *Modacom*, → *Mobitex*) genutzt werden.

X.400 wird hauptsächlich in der Wirtschaft eingesetzt (im Gegensatz zum Internet, das im akademisch-wissenschaftlichen Bereich verbreitet ist), wo Banken und Versicherungen zunächst die größten Anwender waren.

Grundsätzlich gibt es zwei Möglichkeiten der Nutzung von X.400 durch Anwender. Service-Provider bieten den Zugang zu einem MTA beim Service-Provider an, üblicherweise über ein P7-Interface, über das alle Dienste zur Verfügung gestellt werden. Benötigt wird lediglich ein X.400-Client. Zweite Möglichkeit ist das Aufstellen eines hausinternen MTAs und Zugang zu einem Service-Provider über ein P1-Interface. Vorteil dieser insbesondere von größeren Unternehmen genutzten Varianten ist die flexible Konfigurierbarkeit des Systems, das sich dann auch ohne Mehrkosten für den hausinternen e-mail-Versand einsetzen läßt.

Die Betreiber von ADMD verlangen oft Tests zur Konformität der Client-Software mit der eigenen Server-Software. Hersteller von X.400-Software verfügen über Protocol Implementation Conformance Statements (PICS), die die Konformität der betreffenden Software zu den verschiedenen X.400-Standards dokumentieren.

P1 und P7 definieren Befehlssätze zur Verwaltung von e-mails (Adreßverzeichnisse, Mailinglisten, Standardmails, e-mails erzeugen, abrufen, versenden, weiterleiten etc.).

X.400-Adressen definieren verschiedene Teile einer Adresse, die bestimmte Hierarchieebenen des weltweiten X.400-Systems definieren und für die Angaben gemacht werden müssen:

C:	Land	P:	PDMD
A:	ADMD	S:	Nachname
O:	Organisation	OU:	Organizational Unit

Ein Beispiel für einen großen X.400-Anwender ist der kommerzielle Online-Dienst CompuServe, der sein e-mail-System auf X.400 gründet.

Erste Version wurde 1984 verabschiedet. Erweiterungen 1988 und 1992 (→ *EDI*-Format in X.435), weswegen den Software-Versionen für X.400-Systemen oft eine Jahreszahl vorangestellt wird.

X.500

Standard der → *ITU* für Remote-Datenbankzugriff (Directory-Services). Ermöglicht verteilte Datenbanken.

Grundstruktur ist hierarchisch. Elemente sind der globale Directory Information Tree (DIT), Directory System Agents (DSA) und Directory User Agents (DUA). Die Verbindung vom DUA zum DSA wird mit dem Directory Access Protocol (DAP) hergestellt, um einen Nutzer der verteilten Datenbank mit ihr zu verbinden und die X.500-Dienste zu ermöglichen.

Standardisierung begann Mitte der 80er Jahre. Erste Standards dann definiert 1988.

X.700

Standard der → *ITU* für ein Agent-Manager Framework.

XB

Abk. für → *Crossbar* Schalter.

X-Band

Bezeichnung eines Frequenzbandes von 6,2 GHz bis 10,9 GHz. Der Bereich von 7 bis 8,5 GHz wird als Xc-Band bezeichnet. Oft gemeint sind spezielle Frequenzen für Satellitenfunk zwischen 7 und 9 GHz. Genutzt für militärische und staatliche Satelliten. Uplink: 7,925 bis 8,425 GHz; Downlink: 7,250 bis 7,750 GHz.

Nachbarbereiche: → *C-Band*, → *K-Band*.

XDCS

Abk. für X/Open Distributed Computed Services. Bezeichnung des Modells der → *X/Open* für verteilte Systeme.

XDM

Abk. für Extended Data Management.

→ *IN*.

XDR

Abk. für External Data Representation.

Bezeichnung eines proprietären Standards für die plattformunabhängige Beschreibung von Datenstrukturen aus dem Haus Sun. Dieses Verfahren wird beim → *NFS* zum Datenaustausch zwischen unterschiedlichen Hardwareplattformen genutzt und ist ähnlich → *ASN.1*.

X-Empfehlungen

Serie von Empfehlungen der → *ITU* (auch X-Serie genannt) für die Datenübertragung über digitale Datennetze.

Xenix

Bezeichnung eines Derivates des → *Betriebssystems* → *Unix* aus dem Hause Microsoft.

XGA

Standard aus dem Hause IBM für → *PC*-Grafikkarten. Vorgestellt 1991.

X-Modem

Eines der ältesten (und daher auch einfachsten) Dateiübertragungsprotokolle für den Filetransfer. Nach seinem Erfinder auch Ward-Christensen- oder nur Christensen-Protokoll genannt. Maximale Blocklänge 256 Bytes, wobei von der Deutschen Telekom 128 Byte als feste Blocklänge vorgegeben sind.

Dateien werden dabei einzeln übertragen, da weder Dateiname noch sonstige Attribute (Datum, Uhrzeit) übertragen werden. Zur Übertragung mehrerer Dateien ist daher das X-Modem-Protokoll mehrmals aufzurufen.

Die Fehlersicherung erfolgt durch → *Paritätsprüfung*. Dabei werden als fehlerhaft erkannte Blöcke beim Sender erneut angefordert. Erst wenn ein Datenblock korrekt empfangen wurde, erfolgt die Übertragung des nächsten Datenblocks.

Der Computer nur als Hobby nutzende Ward Christensen aus Chicago entwickelte das Protokoll 1977 als er mit Freunden Dateien über Modemverbindungen auf bequeme Art und Weise austauschen wollte. Er nannte es zunächst Modem und später X-Modem. Das Protokoll ist sehr erfolgreich und zieht ähnliche Entwicklungen wie z.B. insbesondere Y-Modem nach sich. Da es nicht besonders geschützt ist, nutzen es viele Hersteller und entwickeln eigene Versionen.

→ *Y-Modem*, → *Z-Modem*, → *Kermit*.

XNS

Abk. für Xerox Network System.

Bezeichnung für die Netzarchitektur aus dem Hause Xerox, die auf dem → *Ethernet* basiert.

XODIAC

Bezeichnung eines → *LAN*s mit 10 Mbit/s Übertragungsrate, 1,6 km max. Kabellänge, Koaxialkabel als Medium, → *CSMA-CD* als → *MAC*-Protokoll auf Schicht 2 des → *OSI-Referenzmodells* und Busstruktur. Hersteller ist Data General.

XON/XOFF (-Protokoll)

Bezeichnung für ein zeichenorientiertes Protokoll zur Flußsteuerung der Datenübertragung, abgeleitet aus Exchange On und Exchange Off.

Genutzt wird es bei der asynchronen Übertragung von Daten über die → *V.24*-Schnittstelle von Rechnern zu Peripheriegeräten, wie z.B. Druckern. Die Funktionalität ist sehr einfach. Ein empfangsbereites Peripheriegerät sendet das Zeichen XON zum Start einer Datenübertragung an den potentiellen Sender und das Zeichen XOFF zum Beenden einer Datenübertragung, z.B. wenn der eigene Speicher voll ist. Die sendewillige Station wartet nun bis das Zeichen XON gesendet wird und die Datenübertragung erneut beginnen kann.

X/Open

Bezeichnung für eine im Sommer 1988 von fünf vornehmlich europäischen Firmen aus der → *BISON*-Gruppe gegründeten Organisation zur Pflege und Weiterentwicklung des → *Betriebssystems* → *Unix*, mit dem Ziel, ein offenes portables Unix und daneben weitere offene Systeme und Anwendungen auf dieser Basis zu schaffen, z.B durch ein Common Applications Environment (→ *CAE*). Mitglieder sind Hard- und Softwarehersteller sowie Anwender. Sitz: London. Mächtige Mitglieder sind IBM und AT&T.
Im Mai 1989 traten die → *OSF* und die → *Archer*-Group bei. Zentrale Leitlinie ist der X/Open Portability Guide.
Durch die Heterogenität der Gruppe verläuft die Arbeit eher schleppend. Strenge Kritiker sprechen von einem 'Aussitzen bis zur einvernehmlichen Lösung'.
→ *OSF*.

XPSK

Abk. für Cross Correlated Phase Shift Keying.
Eine Sonderform der → *PSK*.

X-Schnittstelle

Bezeichnung für die Schnittstelle zwischen Diensten für das Netz- und Dienstmanagement verschiedener → *PTO*s im Rahmen des → *TMN*. Befindet sich gerade in der Entwicklung, z.B. bei → *EURESCOM*.

XT

Abk. für Extended Technology.
Bezeichnung der IBM-PCs nach der ersten großen technologischen Verbesserungswelle des Ur-PCs in den frühen 80er Jahren. Ihm folgte der → *AT*.
Der erste PC aus dem Hause IBM wurde 1983 mit dem neuen Intel 8086 Prozessor bestückt und somit zum XT. Ferner wurden eine 10 MByte große → *Festplatte* und drei freie Steckplätze eingebaut. Alles zusammen kostete 5 000 $.

XTA

Abk. für Cross-Talk-Attenuation.
Bezeichnung eines Maßes für das Nahnebensprechen.
→ *ACR*.

XT-Bus

→ *ISA*.

X/Windows

Bezeichnung einer grafischen Benutzeroberfläche für Rechner unter dem → *Betriebssystem* → *Unix*, die 1984 vom MIT vorgestellt wurde. Gilt als Richtlinie von der viele Hersteller abwichen, was zum herstellergeprägten Standard OSF/Motif der Open Software Foundation (→ *OSF*) führte.
Der Standard legt eine Client-Server-Architektur zugrunde (→ *Server*), so daß die auf einem Rechner laufenden Benutzerschnittstellen über eine → *TCP/IP*-Verbindung und ein Netzwerk auf Daten anderer Rechner zugreifen können.

Y

Y

Abk. für das Signal der → *Luminanz* in Videodatenströmen.

Y-Band

Bezeichnung für den Frequenzbereich von 1,605 bis 3,800 MHz. Genutzt für Funktelegraphie.

Yellow Book

→ *CD-ROM.*

Yellow Cable

→ *Ethernet.*

Y-Modem

Dateiübertragungsprotokoll für den Filetransfer mit → *Modem.*
Entwickelt wurde Y-Modem von Chuck Forsberg aus dem Hause Omen Technology. Er orientierte sich dabei am Protokoll → *X-Modem.* Im Gegensatz zu X-Modem werden die Dateinamen dabei mit übertragen.
Die maximale Blocklänge beträgt 1 024 Byte. Die Blocklänge wird automatisch an die Leitungsqualität angepaßt und beträgt die maximalen 1 024 oder 128 Byte.
Y-Modem Batch bezeichnet eine Variante, bei der vor der Übertragung der Nutzdaten ein separater Block mit den Namen, Größen und Erstellungsdaten der zu übertragenden Dateien gesendet wird. Dies erlaubt die bequeme Übertragung mehrerer Dateien innerhalb einer Sitzung ohne erneutes Aufrufen von Y-Modem.
→ *Z-Modem,* → *Kermit.*

Y-Modem Batch

→ *Y-Modem.*

YUV

Abkürzende Bezeichnung für die Darstellung von in Europa gebräuchlichen Videosignalen durch → *Luminanz* (Helligkeitssignal, Y) und zwei Signale für die Farbinformation → *Chrominanz* (Farbsignal, U und V).
YUV nutzt den Effekt aus, daß das menschliche Auge auf Farbunterschiede wesentlich unempfindlicher reagiert als auf Helligkeitsänderungen. YUV überträgt daher die Farbinformation in reduzierter Auflösung im Vergleich zur Helligkeitsinformation.
Gegenüber der Farbbilddarstellung mit → *RGB* benötigt YUV ca. 30% weniger Bandbreite bei fast gleicher Bildqualität.
Die YUV-Signale ergeben sich aus den RGB-Signalen, z.B. einer entsprechenden Fernsehkamera, gemäß folgender Regeln:

$$Y = 0{,}299\ R + 0{,}587\ G + 0{,}114\ B$$
$$U = -\ 0{,}169\ R - 0{,}331\ G + 0{,}5\ B$$
$$V = 0{,}5\ R - 0{,}419\ G - 0{,}081\ B$$

Im professionellen Bereich (TV-Studios, Videoproduktion) hat sich dieser Standard durchgesetzt.

Z

Z1, Zuse Z1

Erster programmgesteuerter mechanischer, nicht ganz funktionstüchtiger Rechner überhaupt. Verbessertes Nachfolgemodell war die → *Z2*.

Die Z1 verwendete bereits die duale Darstellung von Zahlen. Sie verfügte über nur ein fest installiertes Programm, aber schon über die Komponenten Eingabewerk, Rechenwerk, Steuerung und Speicher. Sie war nicht komplett funktionstüchtig, da Bleche mit Laubsägen unpräzise zugeschnitten wurden.

Zur Vereinfachung lästiger statischer Berechnung dachte der deutsche Bauingenieur Konrad Zuse (* 1910, † 1995) im Jahre 1934 über mechanische programmgesteuerte Rechenwerke nach. Zwei Jahre später verließ er eine Ingenieurfirma, um bei seinen Eltern an seiner Rechenmaschine zu arbeiten. Der 27jährige Zuse baute schließlich 1937 im Wohnzimmer seiner Eltern in Berlin-Tempelhof die mechanische Z1.

Z2, Zuse Z2

Verbesserter Nachbau einer Z1 von Konrad Zuse, die sich dadurch auszeichnete, daß sie im Rechenwerk bereits Relais nutzte. Die Z2 nahm 1939 ihren Betrieb auf. Nachfolgemodell wurde die → *Z3*.

Z3, Zuse Z3

Erster programmierbarer, elektromechanischer Computer der Welt überhaupt. Genutzt während des Krieges zur Berechnung von Tragflächenprofilen.

Speicher für 64 Zahlen mit je 22 Dualstellen, Rechenwerk mit 600 Relais, Speicher mit gut 1 400 Relais, Ergebnisanzeige durch ein Lampenfeld.

Die Z3 beherrschte Grundrechenarten und Quadratwurzelziehen. Die Multiplikation zweier Zahlen dauerte 4 bis 5 Sekunden. Die Addition 1/20 einer Sekunde, das Quadratwurzelziehen erfolgte in 4 Sekunden.

Die Programmeingabe erfolgte durch gelochten 35-mm-Kinofilm. Der Rechner fiel dem Krieg zum Opfer.

Ein Mitarbeiter Konrad Zuses, Helmut Schreyer, belegte bereits 1940 in seiner Promotionsarbeit den Nutzen von Röhren für Rechner und baute einzelne duale Prototypenschaltungen. Da sich die Regierung im Krieg weigerte, Mittel für den Bau eines leistungsfähigen Rechners mit 1 800 (!) Röhren und einer Taktung mit 1 MHz zur Verfügung zu stellen, wurde das Projekt eingestellt. Wäre es verwirklicht worden, wäre ein Rechner entstanden, der bereits wesentlich schneller und leistungsfähiger als der spätere erste Röhrenrechner → *ENIAC* gewesen wäre. Zuse stellte 1941 mit der Z3 (die noch V3, Versuchsgerät 3, hieß) den ersten programmierbaren und praktisch nutzbaren Rechenautomaten am 12. Mai der Öffentlichkeit in Gestalt einiger agbesandter Herren der Deutschen Versuchsanstalt für Luftfahrt vor. Durch den Übergang auf Telefonrelais war er leistungsfähig und auch zu vertretbaren Kosten zu produzieren. Mittlerweile wurde auch schon an der → *Z4* gebaut.

Z4, Zuse Z4

Letzter unter Kriegsbedingungen von Zuse gebauter Rechner. In den letzten Kriegstagen 1944 in Betrieb genommen. Später konnte er eine Z4 aus dem zerstörten Berlin retten und ging ins Allgäu, wo er sich in Hopferau bei Füssen niederließ. Die Z4 war in einem 60 m^2 großen Pferdestall deponiert. Sie war mit Magnetkernspeicher und Lochstreifenleser ausgestattet. Weitere techn. Daten: 15 km Draht, 20 000 Lötstellen, 2 000 Relais, Kosten von 250 000 DM, 100 000 Arbeitsstunden. Die Programmeingabe erfolgte über 35-mm-Filmstreifen.

Z.100

→ *SDL.*

ZB

Abk. für → *Zentralbatterie.*

Zeichengabe

Auch (abgeleitet von der englischen Bezeichnung Signalling) Signalisierung genannt. Bezeichnung für alle Vorschriften zum Austausch von Informationen, die den Aufbau, Abbau und die Kontrolle einer Verbindung in einem Telekommunikationsnetz betreffen (Call oder Connection Control, CC). Darüber hinaus kommen in letzter Zeit immer mehr die Funktionen des Netzmanagements hinzu (→ *TMN*).

Der Begriff ist von der → *ITU* in I.112 genormt.

Man kann Zeichengabeverfahren nach dem Netzteil unterscheiden, in denen es angewendet wird:

- Signalisierung im → *Zugangsnetz*, auch Teilnehmersignalisierung genannt (→ *1TR6*, → *DSS1*, → *DTMF*, → *MFV*),
- Signalisierung im Verbindungsnetz (→ *SS#7*).

Daneben unterscheidet man nach dem Kriterium der Integration von Nutz- und Zeichengabedaten:

- → *In-Band-Signalisierung*,
- → *Außenband-Signalisierung* .

Zeichenstopfen

Um innerhalb eines Datenstroms Nutzdaten von Steuerungsdaten (deren Bitmuster auch mal – zufällig – in den Nutzdaten auftreten) unterscheiden zu können, fügt man vor jedes Steuerungszeichen

ein weiteres vorher verabredetes Zeichen ein, welches der Empfänger vor Weiterverarbeitung der Daten wieder entfernt. Dieses Hinzufügen heißt Zeichenstopfen.
→ *Bitstopfen.*

Zeilenfrequenz

Auch Horizontalfrequenz genannt. Monitorparameter, der beschreibt, wie viele Zeilen je Sekunde auf dem Bildschirm geschrieben werden, d.h. wie häufig der Elektronenstrahl von links nach rechts läuft. Ergibt sich als Produkt auf Bildwiederholfrequenz und Zeilenzahl des Monitors.

Zeilensprungverfahren

→ *Interlaced.*

Zeitgetrenntlageverfahren

Andere (deutsche) Bezeichnung für das → *TDD*-Verfahren.

Zeitmultiplex

→ *TDM.*

Zeitversetztes Senden

Leistungmerkmal von Faxgeräten. Dabei kann eine Vorlage in den Speicher eingelesen und erst zu einer anderen einprogrammierten Zeit verschickt werden, um z.B. günstige Nachttarife zu nutzen. Oft in Verbindung mit → *Rundsenden.*

Zeitvielfach

Anderes Wort für das → *TDM*-Verfahren.

Zellen

1. Der Versorgungsbereich einer Basisstation (→ *BS*) in zellularen Mobilfunknetzen.
   → *Zellulares System.*
2. Bei der Datenübertragung → *Pakete* einer festen Länge.
   → *Zellenvermittlung.*

Zellenvermittlung

Ein Speichervermittlungsprinzip, bei dem nicht Pakete variabler Größe auf verschiedenen Wegen, sondern Zellen fester Größe auf jeweils demselben Weg nach dem → *Speichervermittlungsprinzip* vermittelt werden.
→ *Paketvermittlung*

Prinzipiell gesehen ist die Zellenvermittlung eine Rückentwicklung der Paketvermittlungstechnik, da durch eine Reduzierung des Overheads, z.B. durch Verzicht auf Fehlerkorrekturmechanismen (Schiebefensterprotokolle wie → *HDLC*), der Durchsatz verbessert wird. Die Fehler sollen nicht mehr auf einer unteren Ebene erkannt und korrigiert werden, sondern nur erkannt werden, wobei die Korrektur der Fehler im intelligenten Terminal durch → *FEC*-Maßnahmen erfolgt.

Zellulare Systeme

Oberbegriff für analoge und digitale Mobilfunksysteme, die nach dem zellularen Prinzip aufgebaut sind. Auch für → *Wireless LANs* und → *Satellitenmobilfunk* genutzt.

Problem analoger und nicht-zellularer Mobilfunksysteme der ersten Generation war, daß jede → *BS* das gesamte Frequenzspektrum nutzte. In den Randbereichen des Sendegebietes einer BS, wo der Sendebereich einer BS mit dem Sendebereich einer zweiten BS sich überlappten, kam es zu störenden Interferenzen. Lösung dieses Problems: die gesamte Bandbreite des Mobilfunksystems ein weiteres Mal in einem anderen Frequenzbereich zur Verfügung zu stellen. Dies hätte erheblichen Bandbreitenbedarf zur Folge. Zweiter Ansatz: das vorhandene Frequenzspektrum wurde aufgeteilt.

In erster Näherung kann der kreisförmige Sendebereich einer BS als Sechseck (Bienenwabe) angesehen werden. Eine Struktur ähnlicher Geometrie erhält man, indem man aus sieben dieser Waben eine größere Wabe zusammensetzt. Auf diese sieben einzelnen Waben kann der Frequenzbereich eines Mobilfunksystems aufgeteilt werden. Die so erhaltene Struktur wird → *Cluster* genannt. Aus den einzelnen Clustern kann ein landesweites Mobilfunknetz aufgebaut werden.

Hauptvorteil der Zellenstruktur ist die Wiederverwendung gleicher HF-Kanäle und damit die Versorgung beliebig ausgedehnter Gebiete. Durch Verkleinerung der Zellen und Einbau kleinerer Zellen kann das Mobilfunknetz den Teilnehmerzahlen angepaßt werden – es wächst mit. Dies ist für Ballungsgebiete, Verkehrsknotenpunkte, Börsen- oder Messebereiche sowie Neubaugebiete von großer Bedeutung.

Zu den einzelnen Zellgrößen und deren Einsatzmöglichkeiten: → *Picocells*, → *Mikrocells*, → *Makrocells*, → *Ruralcells*, → *Umbrellacells.*

Zellengröße ist durch systembedingte minimale und maximale Werte vorgegeben. Zellen dürfen nicht so klein werden, daß es zu permanenten → *Handovers* kommt, da dann die Netzlast nur durch Verwaltungsaufgaben und nicht durch Nutzdatenübertragung steigt. Das → *GSM*-System ist für Geschwindigkeiten bis zu 250 km/h ausgelegt, so daß eine Zelle mit einem Durchmesser von nur noch 1 km bereits in 14,4 Sekunden durcheilt ist. Durch übertragungstechnische Parameter dürfen die Zellen im GSM-System maximal einen Radius von 35 km haben.

Grundsätzlich kann gesagt werden, daß in zellularen Mobilfunksystemen die Zellen einen Radius in der Ordnung von 10 km haben, gegenüber Vorgängersystemen mit Zellradien von 50 bis 100 km. Je Zelle befindet sich eine BS mit einem i.d.R. 25 - 30 m hohen Mast, an dem sich die Antennen befinden, die die Zelle nach Maßgabe der Funknetzplanung ausleuchten. Durch spezielle Randbedin-

gungen (Abschattung durch Hügel, Hochhäuser, Straßenschluchten etc.) muß die Zelle nicht notwendigerweise rund sein, sondern kann sich der Geographie anpassen. Kleine Zellen ermöglichen weiterhin → *MS* mit geringer Sendeleistung, was sich positiv auf die Gerätegröße auswirkt. Durch technische Fortschritte verliert dieser Aspekt jedoch an Bedeutung.
Wichtig bei diesem Prinzip ist, daß eine MS sich aus einer Zelle herausbewegen und in den Einflußbereich einer anderen Zelle geraten kann. Das Gespräch muß dann von einer BS an die andere BS weitergegeben werden. Dies wird Handover genannt. Wenn die BS dabei die Empfangsfeldstärke der MS mißt und über den Zeitpunkt der Übergabe entscheidet, spricht man von einem zentralen Handover. Neue Mobilfunksysteme beziehen in ihre Handover-Entscheidung auch Messungen der MS ein, deren Ergebnisse an die BS per Funk und vom Nutzer unbemerkt übermittelt werden. Man spricht dann von einem mobile assisted Handover. Das → *DECT*-System läßt die MS über den Handover entscheiden. In einem solchen Fall liegt ein dezentraler Handover vor. Alle Techniken und Parameter, die die Handover-Technik beeinflussen, werden unter dem Begriff der Handover-Strategie zusammengefaßt.
Die genaue Abstimmung der zellularen Struktur ist Aufgabe der → *Funknetzplanung*.
Die Idee zellularer Systeme kam erstmals 1947 in den USA in den Bell Laboratorien auf. Die Entwicklung funktionsfähiger Systeme für den kommerziellen Einsatz startete in den frühen 70er Jahren in den USA und wenig später in Skandinavien. Erstes zellulares (analoges) System war → *AMPS*, gefolgt von → *NMT*. Erstes digitales zellulares System war → *GSM*. An → *Wireless LAN*s wird seit Anfang der 90er Jahre gearbeitet.

Zentralbatterie

Bezeichnung für die zentrale Speisung des Teilnehmeranschlußbereichs mit Strom von der Teilnehmervermittlung (Ortsvermittlung) aus. Eingeführt in Deutschland ab 1905.
→ *Ortsbatterie.*

Zentralkanalzeichengabe

→ *SS#7.*

Zentralvermittlung

Höchste hierarchische Ebene des Vermittlungsnetzes der Deutschen Telekom bis 1994 in Deutschland. Dabei konnten an eine Zentralvermittlung bis zu zehn Hauptvermittlungen angeschlossen werden. Mit acht derart aufgebauten Zentralvermittlungen wurden die alten Bundesländer versorgt.
→ *Knotenvermittlung.*

Zerberos

→ *Z-Netz.*

ZF

Abk. für Zwischenfrequenz.

ZfCh

Abk. für Zentralstelle für das Chiffrierwesen.
→ *ZSI.*

ZfM

Abk. für Zentralamt für Mobilfunk.
Bezeichnung des zentralen Amtes der Telekom für alle Angelegenheiten, die den Mobilfunk betreffen (terrestrisch und satellitengestützt). Gegründet am 1. Januar 1990 mit Sitz in Münster.

ZGS

Abk. für Zeichengabesystem.
Oft gemeint ist → *SS#7.*

Zielwahl

→ *Leistungsmerkmal* von Faxgeräten oder Komforttelefonen. Dabei können Nummern (oft auch Namen) eingegeben, gespeichert, mit einem einzigen Knopfdruck abgerufen und gewählt werden. Üblicherweise wird die gewählte Rufnummer in einer Anzeige (Display) angezeigt.
Nicht mit → *Kurzwahl* zu verwechseln.
→ *Rufnummerngeber.*

ZIG

Abk. für Zählimpulsgeber.
Bezeichnung eines Bauteils von → *Knotenvermittlungsstellen*, das Wählinformationen aufnimmt und Aktionen zu deren Speicherung und Verwertung einleitet.

ZMH

Abk. für Zone Mailing Hour.
→ *Fidonet.*

Z-Modem

Dateiübertragungsprotokoll für den Filetransfer. Entwickelt wie → *Y-Modem* auch von Chuck Forsberg aus dem Hause Omen Technology. Die Z-Modem-Spezifikation ist veröffentlicht und kann von jedermann frei genutzt werden, weswegen viele Modemhersteller es als Software den eigenen Produkten beilegen. Dadurch hat es sich sehr weit verbreitet.
Obwohl der Name es nahelegt ist Z-Modem kein Protokoll, das die Entwicklungslinie von → *X-Modem* und → *Y-Modem* geradlinig fortsetzt.
Mit Z-Modem können mehrere Dateien und weitere Befehle übertragen werden. Die Blockgröße variiert je nach Leitungsqualität zwischen 64 Byte und 2 048 Byte. Ein Verbindungsabbruch wird erkannt und die nicht gesendeten Daten werden gespeichert, so daß bei einer neuen Verbindung die Datenübertragung nahtlos fortgesetzt werden kann.
→ *Kermit.*

Z-Netz

Bezeichnung eines → *Mailbox*-Netzes für PCs in Deutschland. Sein Name leitet sich von der verwendeten Software Zerberus zum Betrieb der Mailboxen ab.

Es ist dezentral organisiert mit ca. 600 Mailboxen. Die Bedeutung dieses Mailbox-Systems sinkt aufgrund interner Querelen.

Im Gegensatz zu anderen Netzen für PCs (→ *Fidonet*, → *CL-Netz*) liegt der Schwerpunkt bei den angebotenen Diskussionsforen auf Nachrichten aller Art abseits der reinen Software und Computertechnik wie Umweltschutz, Frauen, linke politische Initiativen, soziale Probleme, Menschenrechte und Technikfolgenabschätzung.

Das Adreßformat entspricht dem im → *Internet* gebräuchlichen Format:

Username@Mailboxnummer.ZER.

ZRP

Abk. für Zentraler Reservierungsplatz.

Bezeichnung der zentralen Stelle zur Reservierung von Netzkapazitäten im → *VBN.*

ZSI

Abk. für Zentralstelle für Sicherheit in der Informationstechnik.

Bezeichnung einer Bundesbehörde mit Sitz in Bonn, die aus der Zentralstelle für das Chiffrierwesen (ZfCH) hervorgegangen ist. Aufgaben sind die Erarbeitung von Bedrohungsanalysen und Schutzkonzepten bei der Datenübertragung und Datenverarbeitung gefährdeter Institutionen sowie die Untersuchung und Bewertung entsprechender Hard- und Softwareprodukte.

Zugangsnetz

Auch Teilnehmernetz genannt. Bezeichnung für das Netz, an das Teilnehmer angeschlossen sind und über das sie Zugang zu Diensten haben. Beim Telefondienst das Ortsnetz. Technisch gesprochen das Netz über das ein Teilnehmer mit der nächstgelegenen Teilnehmervermittlung oder dem nächstgelegenen Teilnehmerzugangsknoten verbunden ist. Das Zugangsnetz läßt sich weiter unterteilen in zwei Bereiche:

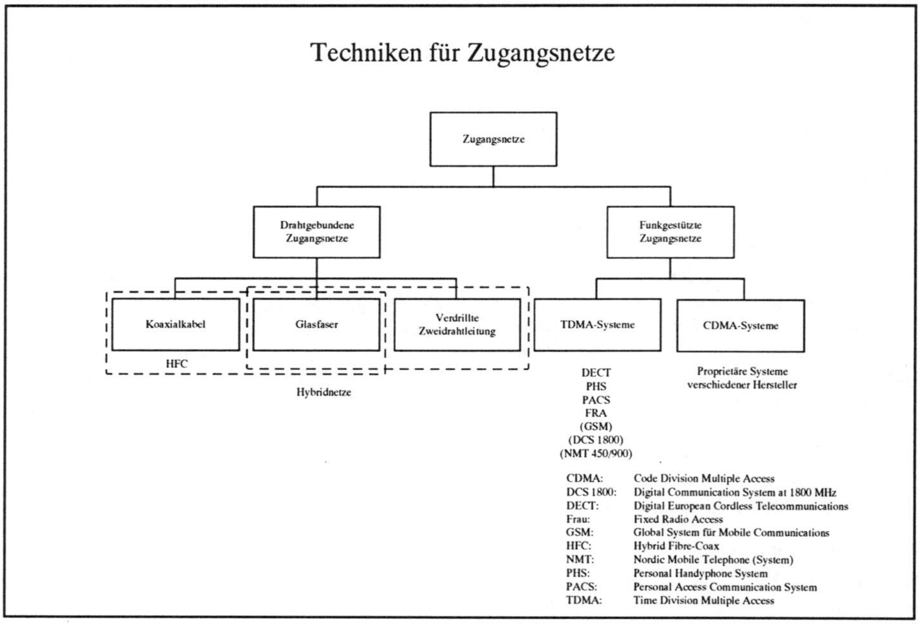

- Anschlußbereich/Anschlußnetz: Der Bereich des Zugangsnetzes, in dem bestimmte Netzressourcen exklusiv den Zugang nur eines Teilnehmers ermöglichen, z.B. bei einem kabelgestützten Anschluß die Endstellenleitung oder bei einem funkgestützten Anschluß die Funkstrecke zur Basisstation.
- Verteilbereich/Verteilnetz: Der Bereich in dem aus wirtschaftlichen Gründen verschiedene Zugänge mehrerer Teilnehmer auf einer Netzressource gebündelt und dem Teilnehmerzugangsknoten zugeführt werden, z.B. bei einem kabelgestützten Anschluß das Hauptkabel mit dem → *Kabelverzweiger* sowie dem → *Hauptverteiler* oder bei einem funkgestützten Anschluß der Anschluß der Basissta-

tion an den Teilnehmerzugangsknoten über eine Glasfaser oder eine andere Kabelverbindung.

→ *Core-Network.*

Zugriffsgeschwindigkeit, -zeit

→ *Festplatte.*

Zuse Z1, Z2, Z3, Z4

→ *Z1*, → *Z2*, → *Z3*, → *Z4.*

Zuteilung

→ *Frequenzzuteilung.*

Zuwachs-Backup

→ *Backup.*

Zuweisung

→ *Frequenzzuweisung.*

ZVEH

Abk. für Zentralverband der deutschen Elektrohandwerke.
Adresse:

ZVEH
Lilienthalallee 4
60487 Frankfurt/Main
Tel.: 0 69 / 2 47 74 70
Fax: 0 69 / 24 77 47 19

ZVEI

Abk. für Zentralverband der Elektrotechnik und Elektroindustrie.
Sitz: Frankfurt/Main.

Zweidrahtleitung

Standardanschlußleitung für das Telefon, auch Twisted Pair, Doppelader, → *UTP* oder verdrillte Zweidrahtleitung genannt, da es sich einfach um zwei umeinandergeschlungene Kupferkabel von ca. 0,4, 0,6 oder 0,8 mm Durchmesser handelt (→ *Koaxialkabel*). Bei längeren Strecken kommen dabei die Adern mit größerem Durchmesser zum Einsatz.
Die beiden Adern werden mit a und b bezeichnet (→ *a/b-Schnittstelle*).
Im → *LAN*-Bereich wird auch → *STP* eingesetzt.
Die übertragenen Signale werden gedämpft. Die Dämpfung einer Zweidrahtleitung ist in erster Näherung linear abhängig von der Länge der Leitung und zur Wurzel der Signalfrequenz sowie umgekehrt proportional zum Aderdurchmesser. Übertragungstechnisch ist die Zweidrahtleitung ein Tiefpaß, da ihr induktiver Widerstand proportional zur Frequenz steigt.
Werden daher Nachrichten mittels → *AM* oder → *PSK* übertragen, darf die Trägerfrequenz eine gewisse obere Grenze nicht übersteigen. Durch technische Maßnahmen kann diese Grenze bis auf 30 MHz heraufgeschoben werden.
Zweidrahtleitungen werden im Ortsnetz eingesetzt im → *Hauptkabel*, im → *Verzweigungskabel* und in der → *Endstellenleitung.*

Zweifachleitung

Andere Bezeichnung für → *Zweidrahtleitung.*

ZZF

Abk. für Zentralamt für Zulassungen im Fernmeldewesen.
Sitz ist in Saarbrücken. Nimmt seit dem 1. Juli 1987 die Aufgaben wahr, die vorher mit vom → *FTZ* wahrgenommen wurden: Typprüfung und Vergabe der Zulassungsnummer für den Bereich der Telekom.
Mit dem 1. Januar 1990 wurde es aus der Deutschen Bundespost herausgelöst und als selbständige Behörde dem → *BMPT* zugeordnet und im März 1992 in → *BZT* umbenannt.

ZZG

Abk. für Zentralkanalzeichengabe.
→ *SS#7.*

ZZK#7

Abk. für Zentraler Zeichen(gabe)kanal nach Protokoll Nr. 7.
→ *SS#7.*